盐城年鉴

2023

YANCHENG
NIANJIAN

盐城市地方志编纂委员会办公室　编

方志出版社
Publishing House of Local Records

图书在版编目（CIP）数据

盐城年鉴. 2023 / 盐城市地方志编纂委员会办公室编. —北京方志出版社，2023. 12
ISBN 978-7-5144-6010-0

Ⅰ. ①盐… Ⅱ. ①盐… Ⅲ. ①盐城—2023—年鉴
Ⅳ. ①Z525. 33

中国国家版本馆CIP数据核字（2023）第245767号

责任编辑：李志瑜
责任校对：刘玉霞
责任印制：梅中英
出 版 者：方志出版社
地　　址：北京市朝阳区潘家园东里 9 号（国家方志馆4层）
邮　　编：100021
网　　址：http://www.zgfzcb.cn
发　　行：方志出版社图书营销中心（010-67110500）
印　　刷：南京新世纪联盟印务有限公司
开　　本：889毫米×1194毫米　1/16
印　　张：36.5
字　　数：1375千字
版　　次：2023年12月第1版
印　　次：2023年12月第1次印刷
定　　价：320.00元

编辑说明

一、《盐城年鉴》是由盐城市人民政府主办、盐城市地方志编纂委员会办公室组织编纂的年度资料性文献。1998年首卷出版，本卷为第26卷。

二、《盐城年鉴(2023)》以马克思列宁主义、毛泽东思想、邓小平理论、“三个代表”重要思想、科学发展观、习近平新时代中国特色社会主义思想为指导，坚持辩证唯物主义和历史唯物主义的立场、观点和方法，旨在全面系统地记述2022年度盐城市自然、政治、经济、文化、社会、生态建设等方面的情况，客观真实地反映全市各行各业全面发展所取得的新成就、新经验以及需要解决的新矛盾和新问题，为各级领导科学决策提供参考依据，为社会各界了解盐城、研究盐城提供资料信息，为编修地方史志积累地情史料。

三、本卷记述起迄时间为2022年1月1日至12月31日。为保持内容资料的完整性、连续性，根据记述需要，部分条目和图片内容适当上溯或下延。

四、根据本行政区域经济社会发展特点，参照相关分类标准，采用分类编排法，设类目、分目、条目3个层次，个别分目下设副分目，条目为记述的基本层次；类目下设综述，宏观介绍各行业年度情况，不同类目下相近或相同内容，以参见法处理，部分条目后设延伸阅读。

五、本卷年鉴以图版、特载开卷，附录殿后。卷首彩图设喜迎中共二十大、淮水安澜、国际湿地、沿海绿城4个专题。特载收录专题文章《“国际生态朋友圈”——全球滨海论坛在盐城》《盐城绿色低碳发展示范区建设》《淮河入海水道二期工程盐城段建设》。卷末附录收录组织机构及负责人名录、文献选编、文件目录选编、媒体报道题录、统计资料5个部分。全书设类目36个、分目319个，收入条目2022个、图照178幅、表格62张。

六、本卷年鉴主体内容由各县（市、区）人民政府，盐城经济技术开发区、盐南高新区，市委各部委办，市各委办局，市各直属单位，省属驻盐各单位根据盐城市委办公室、市政府办公室《关于认真做好2023年盐城年鉴编纂工作的通知》要求，明确专人撰写，经单位主要负责人审定并加盖单位公章后供稿；盐城年鉴编辑部组织力量采编，补写部分特色专题和相关稿件。入鉴数据以市统计局公布的统计数字为准，统计数据四舍五入后保留小数点后2位，除表格以外的正文内容不保留小数点后无实质意义的"0"，表格中无实质内容的栏目以"—"代替，一次文献中的数据和计量单位保持原貌。全书数字用法执行国家标准《出版物上数字用法》（GB/T15835-2011）、标点符号用法执行国家标准《标点符号用法》（GB/T15834-2011），全书表格统一排序。数据采用法定计量单位，个别遵从习惯。入鉴图照，由盐城年鉴编辑部向各有关部门和部分摄影家专题征集并署名，或注明供稿单位。

七、本卷年鉴卷首设有目录，卷末附主题索引。2008年起，《盐城年鉴》随赠数据光盘。2013年起，《盐城年鉴》入载盐城史志网。2017年起，通过二维码形式链接全文。2018年起，开发《盐城年鉴》手机版。

盐城年鉴（2023）编纂委员会

编 辑 部　地　址　盐城市行政中心大楼2326室
邮　编　224005
电　话　0515-86662326 / 88192326
传　真　0515-86662323
电　邮　ycnj2325@126.com

历年盐城年鉴

盐城年鉴（2023）手机版

一千里湿地风光　两千年海盐古韵

世界自然遗产地

中国 盐城

Zhongguo Yancheng

城市快览

城市位置：江苏沿海中部　长江三角洲北翼

城市性质：沿海新兴中心城市　现代工商贸易城市　湿地生态旅游城市　长三角一体化发展中心区城市

城市历史：2142年建置史　1612年建城史

城市文化：海盐文化　铁军文化　湿地文化　海洋文化　淮剧杂技文化

行政区划：东台市　建湖县　射阳县　阜宁县　滨海县

响水县　大丰区　盐都区　亭湖区

一类口岸：盐城港大丰港区　盐城港滨海港区　盐城港射阳港区　盐城港响水港区　盐城南洋国际机场

市树市花：女贞和银杏　紫薇和牡丹

城市荣誉

国际湿地城市	国家生态文明建设示范区	全国科教兴市先进市
中国优秀旅游城市	国家绿色出行示范城市	全国粮食生产先进市
中国投资环境百佳城市	国家可持续发展试验区	全国无偿献血先进城市
国家森林城市	国家生态文明先行示范区	全国绿化模范城市
国家园林城市	国家新能源示范城市	全国科技进步先进市
国家卫生城市	国家新能源汽车推广城市	全国社会治安综合治理优秀市
国家创新试点城市	国家智慧城市试点城市	全国文明城市
国家知识产权示范城市	全国双拥模范城	全国健康城市建设样板市

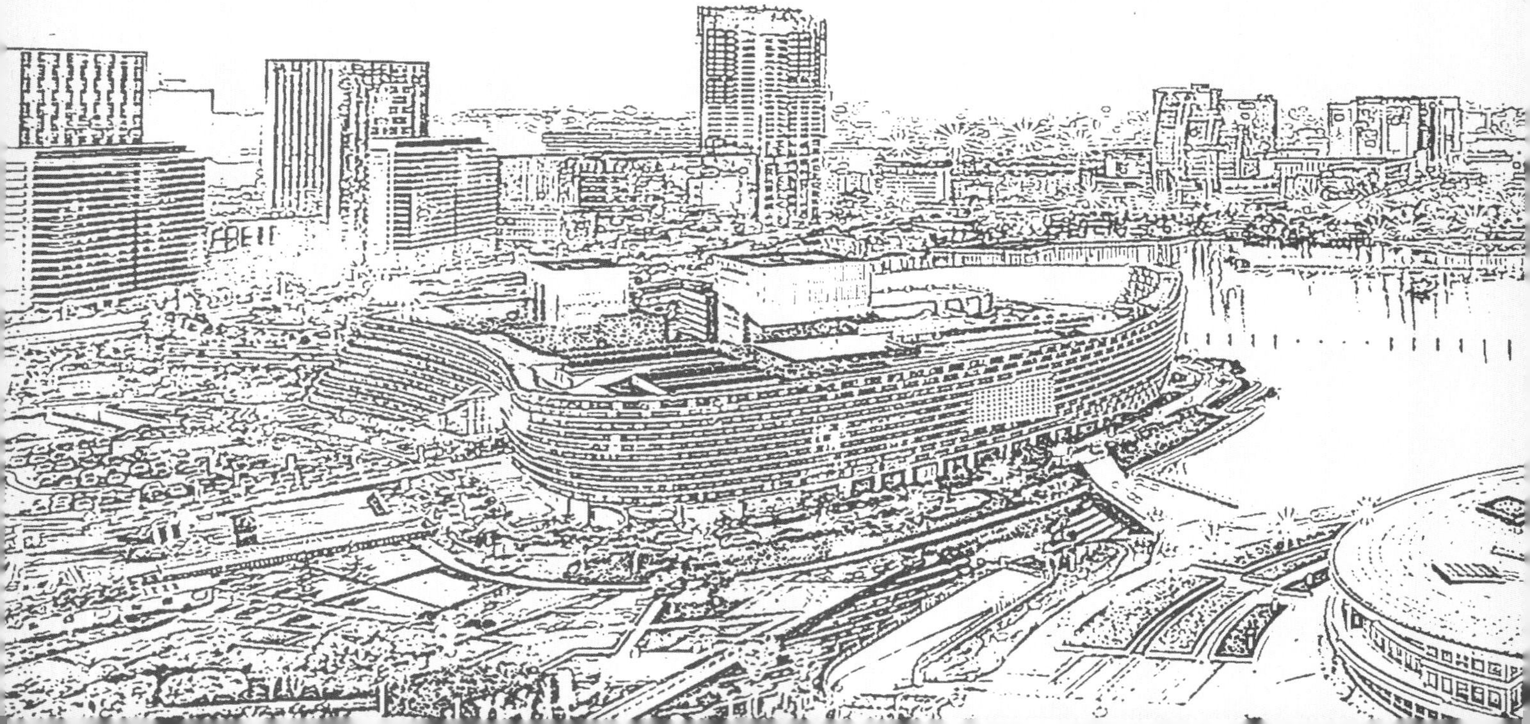

城市数字（2022）

总 面 积：17718平方千米（江苏省第一）
总 人 口：796.8万人（江苏省第二）
海 岸 线：582千米（占全省海岸线总长度的56%）
海涂面积：4553平方千米
（占全省海涂总面积的70%）
海域面积：18897平方千米

地区生产总值：7079.78亿元
人均GDP：105647元
一般公共预算收入：453.26亿元
社会消费品零售总额：2700.59亿元
城镇居民人均可支配收入：45896元
农村居民人均可支配收入：27794元

城市名片

世界自然遗产地：中国黄（渤）海候鸟栖息地（第一期）
国家级非物质文化遗产：盐城淮剧　建湖杂技
董永与七仙女的传说
国家级自然保护区：江苏盐城湿地珍禽国家级自然保护区
江苏省大丰麋鹿国家级自然保护区
国家AAAAA级旅游景区：中华麋鹿园
全国重点文物保护单位：新四军重建军部旧址——泰山庙
海春轩塔
新四军盐阜区抗日阵亡将士纪念塔
国家湿地公园：江苏九龙口国家湿地公园
江苏盐城大纵湖国家湿地公园

喜迎二十大
筑梦新时代

喜迎中共二十大

2022年，中共盐城市委始终坚持以习近平新时代中国特色社会主义思想为指引，围绕迎接中共二十大胜利召开，迅速掀起学习宣传贯彻中共二十大精神热潮，坚决贯彻习近平总书记“五个牢牢把握”和“全面学习、全面把握、全面落实”的重要指示，锚定勇当沿海地区高质量发展排头兵的目标定位，坚定信心、苦干实干，踔厉奋发、勇毅前行，为谱写中国式现代化盐城新篇章而团结奋斗。

·11月15日,学习贯彻党的二十大精神省委宣讲团宣讲报告会在盐城举行。 盐阜大众报报业集团 供图

10月25日，全市学习贯彻党的二十大精神大会召开。 盐阜大众报报业集团 供图

·5月12日，盐城市“青春心向党 建功新时代”主题团日活动举行。

共青团盐城市委　供图

·6月30日，盐城市第四届“赓续红色血脉 传承红色基因”红色故事宣讲大赛举行。

市委宣传部　供图

·9月22日，“喜迎二十大 志愿伴我行”首届盐城市志愿服务项目大赛启动。

单　丹　摄

·6月27日，盐城市“喜迎二十大 幸福连万家”系列文化活动启动。 周晨阳 摄

·6月27日，“为人民绽放”盐城市新时代文明实践文艺志愿服务队授旗仪式举行。 周晨阳 摄

·9月1日，东台市实验小学开展以“强国复兴有我——梦想与担当”为主题的开学典礼暨开学第一课教育活动。

张莉琳　练益华　摄　视觉江苏网　供图

·5月4日，共青团盐城市委在盐城市初级中学少奇广场举行“喜迎二十大、永远跟党走、奋进新征程”2022盐城市集中入团示范活动。

共青团盐城市委　供图

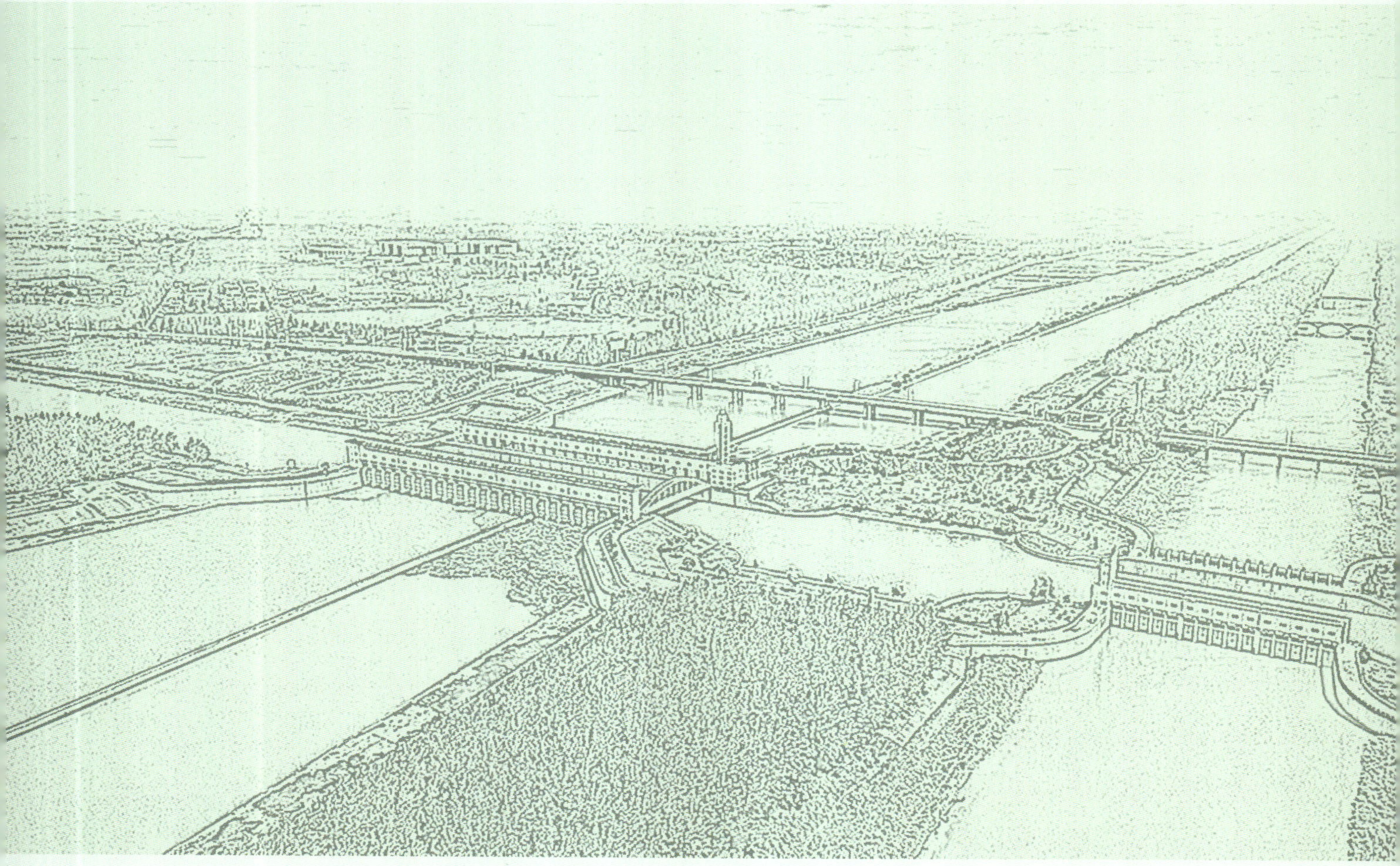

淮水安澜

盐城处于淮河下游入海尾闾，淮水流经阜宁县、滨海县、射阳县和淮海农场，东向入海。南宋建炎二年（1128），黄河在今濮阳决口，改道南行，夺泗、淮，由云梯关（位于今响水县黄圩镇云梯关村境内）入海，黄河所携泥沙逐渐淤塞了淮河入海通道。历史上，每当淮域大汛，上有高水压境，下有海潮顶托，河道滞阻，常常决堤漫流，淹没大片农田，盐城人民深受其害，称淮河为“淮祸”。1951年5月，毛泽东亲笔题词“一定要把淮河修好”，治淮工程全面拉开序幕。苏北灌溉总渠、淮河入海水道一期工程的建设，解决了淮河无专门独立排水入海通道的问题。2022年7月30日，为扩大淮河下游泄洪能力、提高洪泽湖及其下游防洪保护区防洪标准的战略性骨干工程——淮河入海水道二期工程开工。工程总长163.5千米，其中，盐城段从淮阜交界至扁担港，长96.1千米。

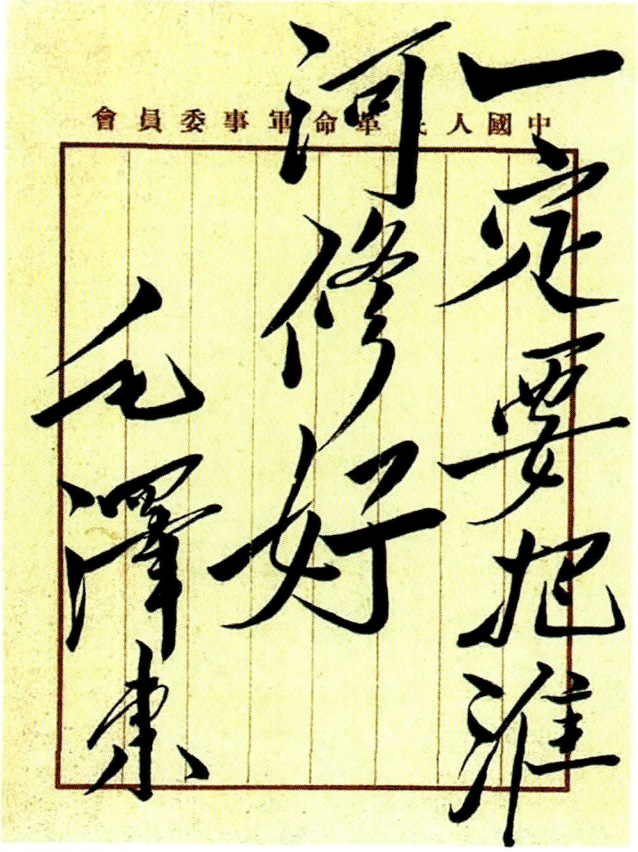

· 1951年5月，毛泽东亲笔题词“一定要把淮河修好”。

市地方志办　供图

· 1953年5月，中华人民共和国成立后第一个大型水利工程

· 2006年10月21日，淮河入海水道一期工程全面建成，结束淮河800多年无专门独立排水入海通道的历史。图为淮河入海水道

——苏北灌溉总渠竣工。图为苏北灌溉总渠俯瞰　　市水利局　供图

一期工程入海口　　市水利局　供图

·2022年7月30日，淮河入海水道二期工程开工。图为淮河入海水道二期工程盐城段开工现场

李思远　臧滨城　摄

· 淮河入海水道二期工程先导工程盐城市滨海县张家河闸站原貌　　藏滨城　摄

淮河入海水道二期工程先导工程盐城市滨海县张家河闸站改造建设现场　　陈其龙　摄　视觉江苏网　供图

Ramsar
CONVENTION ON WETLANDS
CONVENTION SUR LES ZONES HUMIDES
CONVENCIÓN SOBRE LOS HUMEDALES
(Ramsar, Iran, 1971)

CERTIFICATE
OF ACCREDITATION

This is to certify that

Yancheng City

is recognised as a

WETLAND CITY

By the Conference of the Parties to the Convention on Wetlands
in accordance with Resolution XII.10

Date of accreditation:
10. 11. 2022

Dr Musonda Mumba
Secretary General
Convention on Wetlands

国际湿地

盐城市境内湿地资源极其丰富，滩涂湿地、湖泊湿地、河流湿地、沼泽湿地、人工湿地种类齐全，总面积79.96万公顷，占全省湿地面积的27.26%。其中，盐城黄海湿地拥有太平洋西岸和亚洲大陆边缘面积最大、生态保护最好的海岸型湿地，拥有广袤的滩涂、独特的辐射沙脊群，拥有中国第一块滨海湿地类型世界自然遗产、全球第二块潮间带湿地遗产——中国黄（渤）海候鸟栖息地（第一期），为迁徙鸟类提供了丰富的食物资源，是勺嘴鹬、丹顶鹤等珍稀濒危候鸟保护不可替代的自然栖息地，具有全球突出普遍价值。2022年6月8日，《湿地公约》官网公布第二届国际湿地城市名单，盐城名列其中。

· 1月10—11日，以“和谐共生：携手构建人与自然生命共同体”为主题的全球滨海论坛在盐城举行。 盐阜大众报报业集团　供图

1月11日，在《湿地公约》第十四届缔约方大会上，《湿地公约》秘书处授予盐城“国际湿地城市”证书。

市湿地和世界自然遗产保护管理中心　供图

·1月10日，全球首个全面展示黄海湿地生态区域自然人文主题馆——中国黄海湿地博物馆在盐城开馆。

市湿地和世界自然遗产保护管理中心　供图

国际湿地

· 盐城黄海湿地　市委宣传部　供图

· 麋鹿奔腾　孙华金　摄

国际湿地

·雪中精灵——丹顶鹤　市委宣传部　供图

· 湿地飞鸟

孙华金　摄　盐阜大众报报业集团　供图

沿海绿城

盐城市深入贯彻习近平生态文明思想，积极参与全球环境治理，全面加强滨海湿地保护修复，稳妥推进碳达峰碳中和，加快建立健全绿色低碳循环发展经济体系，积极探索生态优先、节约集约、绿色低碳发展路径。2022年11月25日，江苏省委、省政府印发《关于支持盐城建设绿色低碳发展示范区的意见》，全面支持盐城加快绿色低碳高质量发展，打造推动绿色发展、人与自然和谐共生的示范城市，不断提升人民对绿色低碳发展的获得感、幸福感、安全感。

·5月16日，中国盐城市和克罗地亚查科韦茨市建立友好城市关系线上签字仪式举行。 市外办 供图

月16日，中国盐城市和日本鹿岛市建立友好城市关系20周年线上庆祝活动举行。　市外办　供图

· 5月18日，“共享盐海机遇，合作城就未来”中国盐城投资环境说明会暨丹顶鹤国际湿地生态旅游节开幕。

潘志飞　供图

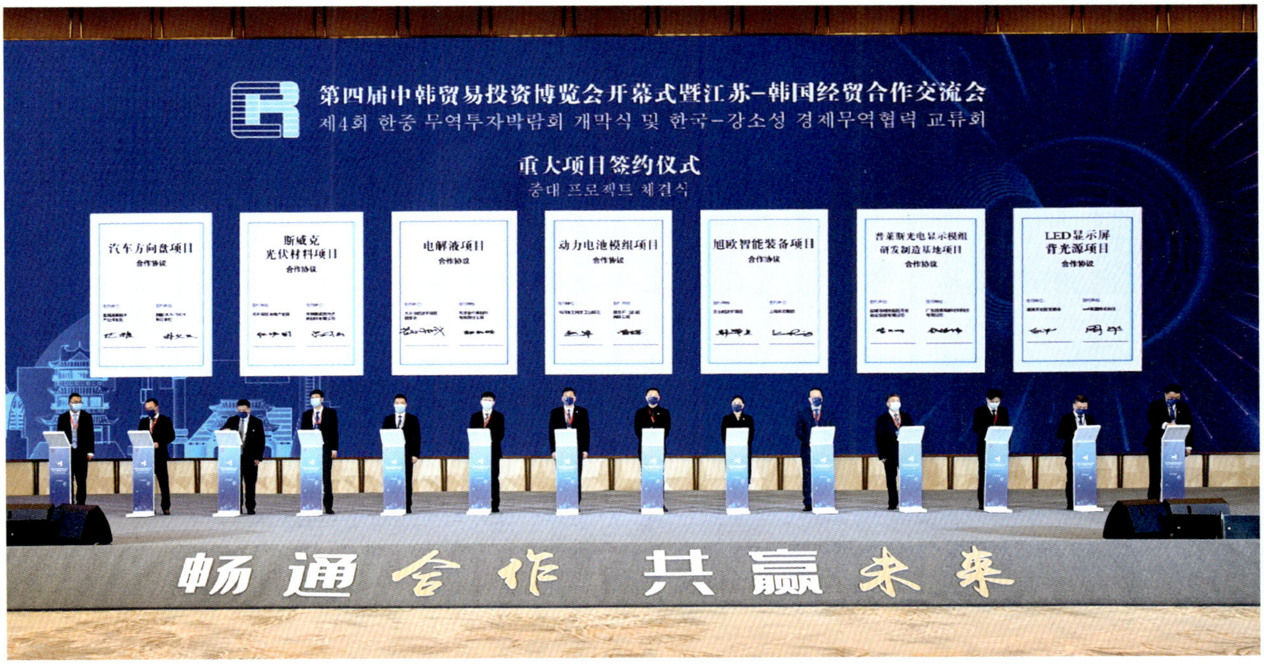

·11月18日，第四届中韩贸易投资博览会开幕式暨江苏—韩国经贸合作交流会在盐城举行。

盐阜大众报报业集团　供图

·8月2日，宁盐联络线开通运营。　　王亚洲　李思远　摄

12月29日，江苏第一条以县为主投资建设的高速公路——盐射高速通车。　　李思远　摄

·2月28日，黄海新区江苏凯金20万吨锂电池负极材料项目开工。　　滨海港工业园区　供图

·3月28日，长三角一体化产业发展基地重大项目签约仪式举行。　　部野乔　摄

·9月28日，比亚迪动力电池盐城基地一期竣工暨二期开工活动举行。　盐阜大众报报业集团　供图

·2月7日,盐城市人民政府与起亚株式会社共同签署起亚扩大投资合作协议。　　盐城经济技术开发区　供图

·4月7日,东风悦达起亚汽车有限公司第600万辆汽车下线。　　盐城经济技术开发区　供图

·10月18日，盐城市首个总投资4.2亿元的国家级海洋牧场示范区——滨海“陶湾1号”海洋牧场一期项目投入使用。

陈其龙 摄

·12月27日，由江苏双瑞风电叶片有限公司自主研发的18兆瓦SR260型叶片下线，叶轮直径260米，是全球最长海上风电叶片。

市发改委 供图

·7月19日，2022数字经济与超算产业化发展论坛在盐城举行，现场启动超算互联网建设标准发起仪式，举行合作签约仪式。

姚德政

超算互联网建设标准发起仪式
正式启动

2022数字经济与超算产业化发展论坛
合作签约仪式
合作协议
合作协议
合作协议
合作协议
合作协议

郜野乔　摄

· 3月8日，中汽股份登陆深圳证券交易所创业板，成为国内A股市场汽车试验场第一股。

大丰区融媒体中心 供图

·6月26日，江苏大丰经济开发区与阿特斯阳光电力集团光伏储能系统项目签约仪式在盐城举行。

盐阜大众报报业集团　供图

·9月26日，国信盐城滨海港2×100万千瓦高效清洁燃煤发电项目开工仪式举行。　李思远　摄

·9月26日，中国海油盐城"绿能港"（江苏LNG）项目投产仪式举行，标志着中国规模最大的液化天然气储备基地投产。

盐阜大众报报业集团　供图

·9月26日，中国海油盐城"绿能港"首船满载21万立方米液化天然气的卡塔尔"阿尔卡莎米亚"号液化天然气运输船运抵盐城港滨海港区。

盐阜大众报报业集团　供图

·海上风电场　盐阜大众报报业集团　供图

·盐城国能沿河“渔光互补”光伏电站项目鸟瞰　盐阜大众报报业集团　供图

022年，盐城市建成100个“口袋公园”、9个“乐享园林”，新增、改造绿地面积315公顷。　顾永生　摄　市住房和城乡建设局　供图

·9月25日，2022“盐城好秋色”文化旅游季暨荷兰花海百合花文化月开幕式在大丰举行。 周晨阳　摄

·5月20日，数梦小镇D·A艺术街区开街。　　孙　娜　摄　盐南高新区　供图

·10月1日，KK-PARK国际街区开街。　　盐城经济技术开发区　供图

·9月16日，第三届中国黄海·黄沙港开渔节开幕式在国家中心渔港——射阳县黄沙港举行。周晨阳　王亚洲　摄

·7月16日，盐城市大丰区荷兰花海“爱上夜花海”盛夏欢乐季活动开启。 邵 丹 摄 视觉江苏网 供图

·9月1日，东台市举办天仙缘文创市集活动。 杨佳宏 摄 视觉江苏网 供图

·1月1日，盐城市亭湖区2022元旦迎新年长跑活动在盐城外滩城市阳台风光带开跑。丁信枫　摄　视觉江苏网　供图

·6月26日，“中华海棠杯”盐城市第五届龙舟赛在南海未来城·中华海棠园开赛。

郜野乔　摄　江苏赢天下体育发展有限公司　供图

·8月10日，东台市实验小学戏曲社团学生表演越剧。　　练益华　摄　视觉江苏网　供图

·2022年，盐城市100家“长者幸福食堂”全部建成，首批84家正式运营。　　练益华　摄　视觉江苏网　供图

·6月27日，盐城市淮剧团创排的淮剧《宋公堤》全市巡演首场演出在射阳县杂技艺术中心开演。

周晨阳　摄

目　录

专题图片

特　载

大事记

盐城概览

自然地理

历史人文

城市标识

年度城市亮点

经济社会发展

国际湿地城市

世界自然遗产地

湿地资源保护

生物多样性保护

区域协作融合

融入长三角一体化

对口支援帮扶合作

中国共产党盐城市委员会

综　述

重要会议

深化改革

组织工作

人才工作

老干部工作

党校工作

盐城市人民代表大会

综　述

重要会议

人大立法

人大监督

议案建议

盐城市人民政府

综　述

重要会议

新冠肺炎疫情防控

民生实事项目

政务服务

外事工作

港澳事务

人事管理

信访工作

机关事务管理

中国人民政治协商会议盐城市委员会

综　述

重要会议

调研视察

中国农工民主党盐城市委员会

中国致公党盐城市总支部委员会

九三学社盐城市委员会

盐城市工商业联合会

群众团体

盐城市总工会

共青团盐城市委员会

盐城市妇女联合会

盐城市科学技术协会

盐城市归侨侨眷联合会

盐城市台湾同胞联谊会

盐城市青年联合会

盐城市文学艺术界联合会

盐城市残疾人联合会

盐城市红十字会

法　　治

综　述

人大立法

政法委及综治

价格监督管理

审　计

统　计

市场监督管理

知识产权

信用体系建设

沿海开放

沿海发展

招商引资

对外及对中国港澳台贸易

对外及对中国港澳台经济技术合作

开发园区

开放口岸

农　　业

综　述

农业生产经营

农业产业化

新材料产业

轻工业

纺织工业

化工产业

船舶工业

建材行业

电力行业

建筑业

商贸服务业

综　述

商圈经济

批发零售·住宿餐饮业

电子商务

物流业

会展业

粮食流通

供销合作

专项经营

商务服务业

居民服务业

数字经济

综　述

上市企业

保险业

其他非银行金融机构

旅游业

综　述

文旅融合

旅游资源

旅游业态

旅游营销

旅游管理

房地产业

房地产开发

房地产市场

房地产租赁与中介服务

房地产业监管

物业管理

城市建设

城市规划

城市更新

公共事业

城市公共交通

城市管理

乡村振兴

综　述

农村综合改革

镇村建设

富民强村

乡村治理

水利建设

水利规划

重点水利工程

城市水利

沿海水利

农村水利

水利管理

交通　邮政

交通综述

公路建设与运输

铁路建设与运输

空港建设与运输

内河航道建设与运输

交通运输管理

邮政业

生态环境

综　述

环境状况

水资源保护

土地资源保护

科技创新

科技交流与合作

行业科技

科技管理

教　　育

综　述

学前教育

义务教育

普通高中教育

特殊教育

职业教育

普通高等教育

社区教育

教育管理

文　化

文化场馆

公共文化活动

文学艺术

文化遗产保护

地域文化研究

社会科学

史志档案工作

大众传媒

文化产业

文化市场管理

卫生健康

综　述

医疗卫生服务

院前急救

疾病预防与控制

基层卫生

妇幼保健

健康盐城

爱国卫生

中医药事业

卫生监督

医药医政管理

医疗机构选介

体　　育

体育设施

全民健身

青少年体育

竞技体育

体育产业

收入与分配

就业创业

收入消费

社会保险

社会救助

社会福利

住房保障

社会事务

人口管理

婚姻家庭

妇女儿童事务

青少年事务

老龄事业

殡葬管理

社区建设

社会组织管理

志愿服务

民族宗教事务

退役军人事务

应急管理

应急处置

防灾减灾

安全生产监督管理

消防安全

市县发展

东台市

建湖县

射阳县

阜宁县

滨海县

响水县

大丰区

盐都区

亭湖区

人物 荣誉

新任市领导

市级领导职务变动

先进模范

退役功勋

“好人”典范

集体荣誉

附　　录

组织机构及负责人名录

文献选编

文件目录选编

媒体报道题录

统计资料

索　　引

特　　载

编辑　高兰会

“国际生态朋友圈”——全球滨海论坛在盐城

1 月 10—11 日，由自然资源部和江苏省政府主办，自然资源部国际合作司、省自然资源厅、盐城市政府、天合公益基金会承办的全球滨海论坛在盐城举行。论坛旨在贯彻习近平生态文明思想，落实全球发展倡议，构建人与自然生态共同体，共享生态文明建设成果，加强国际传播，扩大生态领域国际朋友圈，搭建滨海湿地迁飞候鸟、气候变化、生物多样性的国际交流论坛。

看规格 论坛得到生物多样性公约组织、《湿地公约》组织、保护迁徙野生动物物种公约组织、世界自然保护联盟响应和支持。论坛是江苏省首届省部共办的国际性会议。自然资源部副部长、国家海洋局局长王宏，省政府副省长储永宏，世界自然保护联盟主席、黄海湿地研究院名誉院长章新胜出席论坛开幕式，自然资源部总工程师张占海主持开幕式。联合国粮农组织总干事屈冬玉、《湿地公约》秘书长玛莎·罗杰斯·乌瑞格、世界自然保护联盟总干事布鲁诺·奥伯勒向论坛发来视频致辞。俄罗斯、英国、葡萄牙、柬埔寨、印度尼西亚等 13 个国家的副部长级官员或其代表出席论坛开幕式，法国、韩国、日本等 8 位滨海城市市长，30 多个国家和地区的近 400 名嘉宾出席论坛。与会嘉宾通过线上线下相结合的形式，围绕滨海湿地、海洋蓝碳、生物多样性、可持续发展等前瞻性、务实性、引领性议题开展深入探讨，共谋全球生物多样性治理新战略。

看主题 论坛围绕“和谐共生：携手构建人与自然生命共同体”主题，举行全球滨海论坛开幕式暨部长级论坛、国际咨询会、地方政府圆桌会暨黄（渤）海候鸟栖息地联盟会议 3 项活动，围绕“机遇与挑战：保育人与自然和谐共生的滨海生态系统”“世界遗产可持续发展对话”“基于自然的解决方案实践”“全国海洋碳汇联盟会议”开展 4 场专题研讨，举办全球大学生滨海湿地保护论坛、盐城黄海湿地国际摄影大赛颁奖活动暨《黄海故事》发布、中国黄海湿地博物馆开馆仪式、媒体集中采访、遗产地实地考察 5 场配套活动。

看成果 论坛回应国际社会对全球滨海地区的共同关切，为全球滨海地区保护管理与可持续发展分享中国方案和中国智慧。国内外嘉宾围绕全球滨海地区焦点热点和论坛自身发展集思广益，凝聚共识，为进一步采取有效行动和务实合作奠定坚实基础。国际咨询会发出推动全球滨海论坛建立进程的倡议，阐明建立全球滨海论坛的必要性，以及目标和路径。论坛发出《关于建立全球滨海论坛的倡议》，多个国际组织提出，希望中国在滨海生态保护方面发挥全球影响力。论坛发布《盐城共识》，共推全球滨海地区实现人与自然和谐共生的新思想、新目标和新方案；发布《全球滨海湿地城市可持续发展行动倡议》，通过滨海城市间更深入的联系与合作来促进滨海保护管理及可持续发展；发布《大学生滨海湿地保护论坛宣言》，呼吁青年采取实际行动保护湿地。从政府层面、社会层面、年轻一代等多方面形成各领域的共识。论坛期间，签署多项海岸和潮间栖息地生物多样性保护、世界遗产可持续发展相关项目与合作协议，成立海洋碳汇相关研究机构。

看《共识》《倡议》 论坛就全球滨海论坛的定位、职能、愿景、参与国际重大议题、打造机制化平台方面达成共识，不仅在生物多样性、滨海生态系统保护方面形成一致意见，也在促进文明交流互鉴、绿色发展、产业合作、人文交流上找到许多共同点。《盐城共识》加深了对滨海全球共同价值的认同，在设立开放型国际化务实性的高水平平台上形成共识。

《关于建立全球滨海论坛的倡议》由联合国机构及 20 多家国际组

1 月 10 日，《关于建立全球滨海论坛的倡议》在全球滨海论坛上通报。

市遗产保护中心　供图

织，剑桥大学等顶尖学术机构，全球八大主要候鸟迁飞路线中的4个区域性政府间组织，以及国际开发型金融机构代表联合发起，涉及到欧洲、亚洲、非洲、南北美洲、大洋洲。2017年，保护迁徙野生动物公约缔约方大会，首次提出建立全球滨海论坛的倡议，继而在2018年CBD联合国生物多样性大会、2019年湿地公约大会、2020年世界自然保护联盟大会上，都有呼吁建立全球滨海论坛的相关决议。2020年，第四届盐城黄（渤）海湿地国际研讨会发布2020《盐城共识》，国际组织建议中国政府考虑基于研讨会的国际影响力，召开全球滨海论坛。2022年，全球滨海论坛在盐城召开。全球滨海论坛是中国响应三大公约组织和世界自然保护联盟决议倡议，办成一个机制化的新型国际组织。

看盐城　盐城有浩瀚黄海的滋养，孕育着太平洋西岸和亚洲大陆边缘面积最大、生态保护最好的海岸型湿地，是全球候鸟迁飞的重要枢纽。2019年7月5日，中国·盐城黄（渤）海候鸟栖息地（第一期）成功列入《世界遗产名录》，成为全球第二块滨海潮间带湿地世界遗产，实现中国世界自然遗产从陆地走向海洋“零的突破”，为经济发达、人口稠密地区自然生态保护提供全新的“中国经验”。

后申遗时代，盐城以更大力度开展湿地保护与修复，成功创成国际湿地城市，黄海湿地生态修复入选“生物多样性100+全球特别推荐案例”。连续四年成功举办的黄（渤）海湿地国际会议，成为滨海湿地生态保护领域的知名交流合作平台，并在生态评估、生态修复、生态旅游、生态教育等方面开展一系列创新性、引领性的合作项目，为全球生态治理和可持续发展贡献“中国智慧”，提供“中国经验”。

盐城擦亮生态名片，搭建全球生态治理的交流平台，构建“国际生态朋友圈”。由黄（渤）海湿地国际会议到全球滨海论坛，从国内外专家学者到国内外城市领导和政府代表，盐城黄海湿地的国际品牌影响力不断放大，城市国际知名度显著提升。从2019年1月，中国黄（渤）海候鸟栖息地申遗区域保护联盟在盐城成立，到此次论坛发出《全球滨海湿地城市可持续发展行动倡议》，呼吁设立全球滨海湿地城市联盟，因为湿地而团结起来的国际“城市朋友圈”不断壮大。6月30日，盐城市作为国内唯一受邀地方政府代表线上参加联合国海洋大会的全球滨海论坛边会。11月5—13日，《湿地公约》第十四届缔约方大会举办。盐城市代表团出席在瑞士日内瓦召开的大会开幕式。会议期间，全球滨海论坛研讨会边会决定2023全球滨海论坛会议在盐城举办；《湿地公约》秘书处授予盐城“国际湿地城市”证书。

看影响　中央、国际等各级媒体报道此次会议，中央广播电视总台《新闻直播间》报道全球滨海论坛（预备会议），人民网、中央广播电视总台新闻客户端等诸多媒体都对全球滨海论坛（预备会议）进行报道。《参考消息》以《盐城黄海湿地案例启迪世界》和《一位英国候鸟专家的中国情缘》2篇报道整版聚焦盐城黄海湿地。国际鸟盟、湿地国际、球通讯社联盟平台、新华社New China、Facebook平台宣传报道此次会议。新华社关于全球滨海论坛的深度报道，在欧美地区、亚太地区17个国家以4种语言同时发布，并在第一时间被当地主流媒体、门户网站及重点资讯网站广泛转载落地，总量近500家次。

盐城绿色低碳发展示范区建设

11月15日，江苏省委、省政府印发《关于支持盐城建设绿色低碳发展示范区的意见》，盐城市成立盐城市绿色低碳发展示范区建设工作领导小组，制定《关于加快建设绿色低碳发展示范区的实施意见》及《盐城市加快建设绿色制造之城行动方案》《盐城市加快建设绿色能源之城行动方案》《盐城市加快建设绿色生态之城行动方案》《盐城市加快建设绿色宜居之城行动方案》4个行动方案。省发改委、科技厅、工信厅、财政厅等17个省直有关部门单位和盐城市政府签订合作厅市共建协议。

绿色低碳发展　盐城市明确发展定位，印发《关于加快绿色低碳发展做好碳达峰碳中和工作的实施意见》，持续抓好第二轮中央环保督察、审计署专项审计反馈问题以及长江经济带警示片披露问题整改。金光一期、国信2×100万千瓦清洁高效燃煤发电项目53.4万吨标煤获国家能耗单列。用足新能源抵扣能耗指标政策，服务重大产业项目用能需求，保障润阳光伏等33个报省审批项目能耗指标235.7万吨标煤。推进射阳港经济开发区等低（零）碳产业园区建设，建湖九龙口旅游度假区建成全国首个“碳中和”景区。推进东台市、大丰区建立健全生态产品价值实现机制省级试点示范，大丰区“投放湿地修复蓝色碳汇贷款”做法得到国家发改委肯定。加强能源消耗总量和强度调控，坚决遏制“两高”（高能耗、高排放）项目盲目发展，鼓励用能企业开展节能降碳改造，新培育省级以上绿色工厂15家。推动建筑产业绿色低碳转型，推广超低能耗建筑、近零能耗建筑，装配式建筑占新建建筑比例41%，争创国家绿色建材试点城市。落实节能优先方针，引导全社会形成绿色生活风尚，城市绿色出行比例72%，创成国家绿色出行示范城市。

绿色制造之城 推进新能源、钢铁等特色优势产业培育壮大工程，印发全市不锈钢、晶硅光伏和风电装备产业链培育工作方案，建立形成"部门＋地区＋专家＋机构＋企业"的产业链协同推进工作机制。2022年，新能源产业开票销售额1500亿元，实现翻番，其中晶硅光伏产业链开票销售1136亿元，首次突破千亿元大关。全市钢铁产业实现开票销售额1873.6亿元，同比增长9.45%。悦达起亚合营延期获国家发改委批复同意。推动获批全省唯一的国家绿色低碳领域关键核心技术项目，培育形成"专精特新"企业、"专精特新"小巨人企业等创新示范企业超30家。

战略性新兴产业加快培育。成立新能源、大健康、沿海等专班，持续推进新兴产业做大做强，全市工业战略性新兴产业产值占比41%，全市规模超10亿元战略性新兴产业企业55家。制定《盐城市数字基础设施强基专项行动推进方案》，加快推进数字基础设施建设。全年新增省级工程研究中心10家，清华大学大气污染物与温室气体协同控制国家工程研究中心入选首批新序列国家工程研究中心，江苏沿海可再生能源技术创新中心落户盐南高新区。盐城环保高新技术产业开发区等国家绿色产业示范基地加快建设。

绿色能源之城 构建"风光火气氢"一体化开发新格局，编制《关于进一步推进市场化集中式光伏发电项目健康有序开发建设意见》等政策措施。至2022年年底，全市新能源发电装机容量1252.85万千瓦，同比增长4.08%，占全省新能源发电装机容量的24.61%；全市新能源累计发电量265.17亿千瓦时，同比增长9.08%，占全省新能源发电量的29.33%，占盐城全社会用电量的59.07%；新增市场化集中式光伏项目10个，装机容量260万千瓦；全市6家整县屋顶分布式光伏开发试点实施方案获得省批复同意。国信射阳港和滨海港4台100万千瓦清洁高效煤电加快建设，国电投滨海港新增2台100万千瓦清洁高效支撑性煤电项目获得省支持。推动中俄东线、滨海LNG接收站苏皖外输管线建成试运行，加快响水、射阳、大丰等支线规划建设。9月26日，中国海油盐城"绿能港"（江苏LNG）项目投产，标志着中国规模最大的海化天然气储备基地正式投产。

12月12日，满载13万立方米液化天然气的巴哈马籍船舶"弗瑞特"号从卡塔尔的拉斯拉凡港运抵盐城港滨海港区。　　陈其龙　摄　视觉江苏网　供图

绿色生态之城 成功创成国际湿地城市。举办首届全球滨海论坛，成功争取2023年论坛继续在盐城举办。环境质量持续改善。统筹抓好长江经济带警示片、省政府挂牌督办等问题整改，中央生态环保督察反馈问题全省最少。打好蓝天、碧水、净土保卫战，落实长江大保护任务，空气质量优良天数比率84.1%、全省第一，PM2.5年均浓度每立方米26.6微克、全省第二，建成幸福河湖120条，国省考断面水质优Ⅲ比例、受污染耕地和重点建设用地安全利用率100%。盐都创成中国天然氧吧，东台、射阳创成国家生态文明建设示范区。全市湿地保护率85.4%。新增成片造林866.67公顷。

"生态＋"经济加快发展。擦亮"世界自然遗产"靓丽名片，推动生态＋文旅、康养等深度融合，西溪、九龙口景区入选全国非遗与旅游融合发展优选项目，射阳、盐都、亭湖创成省级全域旅游示范区，东台入选国家智慧健康养老示范基地、苏北苏中唯一。

绿色宜居之城 坚持城乡一体推进绿色宜居建设，棚户区改造和老旧小区整治工作保持全省领先；盐城高新区创成全国首批产城融合示范区，盐南高新区国家"智慧城市"试点通过验收。全市新开工城镇棚户区改造3.6万套、完成老旧小区改造149个，改善农村住房2.1万户，创成省级特色田园乡村15个、总数70个。城北地区改造实现三年阶段性目标。盐南珠溪古镇入选省级首批城市更新示范项目，大丰被纳入省生态宜居美丽乡村示范县（市、区）培育计划。

全省首个低（零）碳产业园区建设 10月，市委、市政府确定射阳港经济开发区作为全市首批首家零碳产业园区试点。11月，省委、省政府《关于支持盐城建设绿色低碳发展示范区的意见》明确要求"支持条件成熟园区开展零碳产业园区建设试点，推动射阳港零碳产业园区建设"。射阳港经济开发区地处江苏、盐城沿海中部，是中国大陆南北分界线的东部起点，2018年10月正式获批省级经济开发区。区域面积303平方千米，下辖7个农业型公司、1个社区，户籍人口约7000人，产业工人约3.1万人。园区重点发展新能源、健康、新材料三大主导产业，相继落户世界500强企业6家、国内500强企业11家。2022年实现全口径开票销售187.37亿元，规模以上工业开票销售额156.74亿元，实现税收5亿元。

年内，射阳港经济开发区搭建零碳电力系统。邀请中国能源研究会编制可行规划、新加坡盛裕集团编制建设规划，同步编制交通、市政等专项规划。规划面积12.6平方千米，其中核心片区2平方千米，一体规划、分布实施零碳核心区（新能源装备、海洋装备、高端装备）、拓展区（绿色氢氨甲醇“制储输用”储能装备及系统集成等）和联动区（新材料、叶片回收等循环化利用以及零碳社区等生活配套）三大功能板块，重点培植新能源装备、海洋装备、高端装备等主导产业以及海洋养殖、绿色氢氨甲醇等“制储输用”全产业链等特色产业。加快创建江苏沿海新型电力系统园区级试点，通过“源网荷储数”各环节协调互动，构建绿色能源供应体系。射阳港区已开发风电装机170万千瓦、集中式光伏装机40万千瓦，规划待开发近海310万千瓦、深远海1100万千瓦风电容量和85万千瓦滩涂光伏容量，接入海上风电、滩涂光伏等新能源，构建以新能源为主体的电力系统。年初，完成110千伏临港变改造和园区网架调整，基本满足零碳园区绿电接入、绿电溯源和绿电供应条件。联合北京电力交易中心建设国家绿色认证示范点，联手国家电网公司共建电碳耦合数字化中心，实现产品碳足迹精准追溯和就地交易消纳。推动“能—碳”双控管理平台二期建设，实现园区企业能耗、碳排在线监测、分析、预警，为企业设备节能改造、生产工艺迭代提供数据支撑。

淮河入海水道二期工程盐城段建设

7月30日，中华人民共和国成立以来江苏投资额和工程量最大的水利工程——淮河入海水道二期工程开工动员会举行。会议以视频形式在水利部和南京、淮安、盐城同步举行。

淮河入海水道二期工程是《淮河流域综合规划（2012—2030年）》《淮河流域防洪规划》确定的扩大淮河下游泄洪能力、提高洪泽湖及其下游防洪保护区防洪标准的战略性骨干工程，是国务院确定的进一步治淮38项工程之一，2020年纳入国家加快推进的150项重大水利工程，同时也是国家“十四五”规划纲要确定的102项重大工程之一。二期工程按设计行洪流量每秒7000立方米标准，工程总工期84个月，国家发改委核定可研总投资438亿元。工程建设内容包括河道工程、堤防工程、枢纽工程、穿堤建筑物及桥梁工程、影响处理工程5个部分。河道工程主要任务是二河进水闸下至海口枢纽扩挖河道深泓长度163.5千米。堤防工程主要任务是加高加固堤防317.6千米，北堤退建堤防21.62千米，南堤防渗处理68.1千米，堤防护坡233.61千米，河坡防护265.9千米，新建堤顶防汛道路320.3千米。枢纽工程主要任务是扩建二河枢纽、淮安枢纽、滨海枢纽和海口枢纽，拆除原淮阜控制闸，新建淮阜漫水闸。穿堤建筑物及桥梁工程主要任务是修建穿堤建筑物28座，处理跨河桥梁17座。影响处理工程主要任务是新建泵站9座，扩建泵站3座，拆除重建南八滩挡潮闸；疏浚河道125.65千米，新拆建小型建筑物146座。二期工程建成后，将扩大淮河洪水入海出路、提升全流域防洪除涝减灾能力，可使洪泽湖防洪标准由100年一遇提高到300年一遇，更好保护洪泽湖及下游地区2000多万人、200多万公顷耕地防洪安全；同时有效改善总渠以北地区排涝条件，为淮河出海二级航道建设创造条件，助推淮河生态经济带发展。

淮河入海水道二期工程盐城段　盐城市境内淮河入海水道二期工程从淮阜交界至扁担港，流经阜宁县、滨海县、射阳县及省淮海农场，长96千米。工程主要实施干河主体工程和渠北排灌影响工程。干河主体工程建设内容为扩挖深泓96千米，加高加固堤防；改扩建滨海枢纽、海口枢纽、淮阜控制3座枢纽工程；新建、改建淮阜漫水闸桥、黄海高架桥等5座桥梁；改建、扩建19座穿堤建筑物。渠北排灌影响工程建设内容为疏浚滨海、阜宁境内35条河道298千米；拆改建沿线建筑物156座。7月22日，工程可研正式获国家发改委批复，工程估算总投资438亿元，其中盐城市境内252亿元。

张家河闸站　7月，经省发改委批复，在盐城市境内实施先导工程张家河闸站工程。张家河闸站为穿北堤建筑物，设计排涝流量每秒60立方米，为Ⅱ等大（2）型泵站，主要建筑物级别为2级。工程概算总投资约1.8亿元，工期17个月，7月底开工建设。工程建成后使滨海县城排涝标准达到10年一遇，保障滨海县城区域经济社会发展及人民群众生命财产安全。年内，完成张家河闸站工程老闸拆除、基坑开挖、桩基施工、站身垫层浇筑和清污机桥基础水泥土回填处理，开展站身底板钢筋制安和金属结构、主机泵及电气设备生产制造，累计完成投资1.07亿元。

淮河入海水道二期工程盐城段河道工程　淮河入海水道二期工程盐城段长96.1千米，其中阜宁段长33.9千米、滨海段长62.2千米。年内，实施先行段河道14.5千米，其中阜宁县境内2千米、滨海县境内12.5千米。10月12日，14.5千米河道工程正式获省发改委批复，批复概算18.7亿元，工期18个月。11月下旬，河道工程施工、监理单位陆续进场。至年底，完成清基清表、临时道路建设、临时设施搭建及部分堤防填筑等工作，完成投资1.23亿元。

淮河入海水道二期工程盐城段征地拆迁　淮河入海水道二期工程盐城段2022年度14.5千米河道工程涉及永久征地1013.33公顷，房屋拆迁520户，面积7.3万平方米，搬迁人口1859人。10月12日先行用地使用林地获省林业局批复，11月7日先用用地获自然资源部批复。年内，完成房屋拆除488户，电力等专项设施迁改56.2千米，林木砍伐8.2万棵。

延伸阅读："一定要把淮河修好"

淮河是黄河与长江之间最大的一条河流，发源于湖北、河南两省交界处的桐柏山，流经河南南部，横穿皖北，进入江苏盱眙县境内，流入洪泽湖。淮河也是中国南北分界线上的重要标志，是串联起江苏、山东、安徽、河南、湖北五省的生命线。

黄河夺淮　淮河本来是一条河槽宽深、出路通畅、独流入海的河流。南宋建炎二年（1128），黄河在今濮阳决口，改道南行，夺泗、淮，向东由云梯关入海。夺淮初期，河道分流不定，时南时北，或南北分流甚至多股分流。金明昌五年（1194）黄河在阳武故堤决口，洪水吞没封丘县，一路南下侵夺淮阳以下的淮河河道。及至清朝咸丰五年（1855），黄河下游于河南省铜瓦厢决口，尾闾北归，由山东利津入海。700余年间，黄河洪水漫流遍及整个淮北平原，其间汉唐时期上百个大小湖沼，几乎尽被黄河泥沙所淤漫，导致淮河水系调蓄作用丧失，汛期泛滥加剧。淮河长期为旱涝灾害所困，一度成为"中国最难治理的河流"。

苏北灌溉总渠　1950年夏天，淮河流域再度发生严重水灾，无数良田被淹，民房被淹，受灾人口达1340万人。面对淮河重大灾情，毛泽东64天4次批示，水利部召开治淮会议连开19天，周恩来亲自参与并提出指导意见，最终确定"蓄泄兼筹"的治淮方案。1950年9月，国家组织编写《淮河入海水道查勘报告》，提出淮河入海水道方案，其中最重要的就是修建分泄淮水700个流量的苏北灌溉总渠。苏北灌溉总渠，西起洪泽湖边的高良涧，东穿大运河出淮安，下经阜宁，至滨海、射阳两县交界的扁担港入黄海，全长168千米。1950年11月6日，中央决定设立专门机构统筹治淮工作，治淮委员会在安徽蚌埠成立。1951年11月，苏北灌溉总渠开工，淮阴、盐城、扬州、南通4个专区的72万名民工，投入施工第一线。在没有机械设备的当时，苏北灌溉总渠全靠人工开挖。广大民工夜以继日地除积雪、破冻土、开龙沟、排积水，10万多人组成的后勤运输队伍为工地运送粮草器材。其中，盐城负责淮安摇头河至滨海扁担港口段，全长98千米，渠宽3米。1952年11月24日，根据治淮委员会的治淮总体规划要求，为确保渠北地区的大面积庄稼不受内涝，作为苏北灌溉总渠配套工程与总渠并列的排水渠全面开工。该河上起淮安县杨庙，下起扁担港入海口，全长171千米，由宝应、淮安、滨海、盐城、阜宁、建湖、射阳7个县20万民工负责开挖。1953年5月，排水渠全部竣工。至此，苏北灌溉总渠建成。

淮河入海水道一期工程　1951年，政务院《关于治理淮河的决定》中提出"蓄泄兼筹，以达根治之目的""应即开辟入海水道，加强运河堤防，及建筑三河活动坝等工程"。1991年11月，国务院在《关于进一步治理淮河和太湖的决定》中确定："'九五'期间建设入海水道，使洪泽湖大堤达到百年一遇的防洪标准。"1998年10月，试挖段正式破土动工；1999年1月，全面开工建设。

淮河入海水道一期工程西起洪泽湖东侧二河闸，贯穿江苏省淮安市的清江浦区、淮安区和盐城市的阜宁县、滨海县，并分别在淮安区境内与京杭大运河、在滨海县境内与通榆河立体交叉，在滨海县扁担港入黄海，全长163.5千米，河道宽750米，深约4.5米。其中，盐城段长97千米，穿越通榆河、204国道等主要公路、河流，途经阜宁县、滨海县、射阳县及淮海农场。淮河入海水道南堤，为一级堤防保护里下河地区122.33万公顷耕地，北堤为二级堤防保护渠北地区和滨海县城。南泓设计除涝流量为运西每秒119立方米、运东至滨海枢纽每秒274立方米、滨海枢纽下游每秒214立方米。北泓设计除涝流量老管河以上高片为每秒21～201立方米、老管河以下低片为每秒18～222立方米。

2003年6月28日，工程通水仪式在滨海枢纽举行。2006年10月21日，工程全面建成，通过竣工验收。淮河入海水道一期工程的建成，结束淮河800多年无专门独立排水入海通道的历史，淮河流域"蓄泄兼筹"防洪体系初步形成。

大 事 记

编辑　高兰会

1　月

1 日　市 2022 年元旦迎新年长跑活动在中华海棠园鸣枪开跑。

△　盐城海关签发盐城市首份《区域全面经济伙伴关系协定》原产地证书，标志区域全面经济伙伴关系协定（RCEP）在盐城正式落地。

2—3 日　由市供销合作总社、市委网信办、市农业农村局、盐阜大众报报业集团、盐城广播电视总台、江苏银宝控股集团主办的第二届“供聚农心销连万家”名特优农产品公益助农直播活动在盐南高新区举办。市县联动直播在线人数超 100 万人次，线上销售 105 万元，线下展销 18.6 万元。

6 日　全市产业发展大会暨重大项目建设动员会召开。会上，盐城市产业投资母基金（一期）揭牌成立。

△　盐城市青年商会第五次会员大会召开，选举产生新一届商会会长、副会长和理事。

9 日　2022 年盐城市“三下乡”集中服务活动暨“‘盐・读’全民阅读春风行动”启动仪式在建湖县九龙口镇举行。

10 日　全球首个全面展示黄海湿地生态区域自然人文主题馆——中国黄海湿地博物馆在盐城正式开馆。

10—11 日　由自然资源部和江苏省政府主办的全球滨海论坛在盐城举行，论坛主题为“和谐共生：携手构建人与自然生命共同体”。论坛期间，发布《2021 盐城共识》《关于建立全球滨海论坛的倡议》《全球滨海湿地城市可持续发展行动倡议》等理论成果，举办地方政府圆桌会议暨黄（渤）海候鸟栖息地联盟会议、全球滨海论坛媒体集中采访等活动。

11 日　东台、射阳、滨海与国家海洋局南通海洋环境监测中心站共建海洋中心签约仪式举行，标志着盐城市沿海五县（市）海洋中心建设实现全覆盖。

14 日　全市党史学习教育总结会议召开。会议学习贯彻习近平总书记关于党史学习教育的重要论述重要指示精神，全面贯彻中共十九届六中全会精神，落实中央和全省党史学习教育总结会议要求，系统总结盐城市党史学习教育的成效和经验。

17 日　黄海新区建设发展工作领导小组会议召开。会上，黄海新区、响水县、滨海县、海兴集团、盐城港集团分别汇报 2021 年工作完成情况和 2022 年重点工作安排，会议研究黄海新区重大产业和重点配套基础设施项目编排情况。

18 日　盐城市推动长江经济带发展领导小组会议暨迎接中央环保督察动员会议召开。会议落实省推动长江经济带发展领导小组会议部署，推动长江经济带生态环境突出问题整改，做好迎接中央环保督察各项准备。

19—22 日　盐城市代表团参加在南京召开的中国人民政治协商会议江苏省第十二届委员会第五次会议。市政协、住盐省政协委员提交提案 30 多件。

20 日　盐城市 2022 年“铁军魂盐城红”红色文化主题活动启动仪式暨纪念新四军重建军部 81 周年系列活动在新四军纪念馆举行。

20—23 日　盐城市代表团参加在南京召开的江苏省第十三届人民代表大会第五次会议。代表团向大会提交议案和建议 55 件。

22 日　“滋味盐城过大年”主题活动启动仪式在大洋湾生态旅游景区“盐渎古镇”古戏台举行。

24—25 日　中国致公党盐城市总支部委员会换届大会召开。

26 日　在南京召开的江苏省委农村工作视频会议上，盐城市蝉联省 2021 年度乡村振兴战略实绩考核设区市综合排名第一等次，盐城市 8 家单位、16 名个人获得全省乡村振兴先进集体和先进个人。

29 日　市委召开党外人士情况通报会，通报全市经济社会发展情况，就做好 2022 年工作听取市各民主党派、工商联负责人和无党派人士代表的意见建议。

2　月

6 日　盐城籍中国女足主教练水庆霞率领中国女足队在第 20 届印度女足亚洲杯决赛中夺冠。

7 日　市政府与起亚株式会社举行扩大投资合作签约活动。根据协议，起亚与悦达集团合作运营新合资公司，新增注册资本 9 亿美元，通过扩大投资、导入新车型、加大出口等方式，提升整车销量及产能利用率。

14 日　中韩（盐城）产业园建设工作联席会议第七次会议召开。会议总结 2021 年发展情况，会商下一阶段重点事项。

15 日　市新型冠状病毒肺炎（以下简称新冠肺炎）疫情防控工作视频调度会召开。会议按照党中央、国务院和省委、省政府决策部署，做好应急准备，落实境外物品防控、高风险岗位人员闭环管理等各项工作要求。

16 日　市设分会场组织收听收看全省疫情防控工作调度视频会议。省会结束后，召开全市新冠肺炎疫情防控工作视频调度会，传达省委办公厅印发的《关于认真贯彻落实省疫情防控工作会议精神扎实做好近期疫情防控工作的通知》精神。

18 日　大丰区政府与复旦大学附属中山医院合作共建苏北健康管理中心签约仪式在大丰举行。签约共建的苏北健康管理中心，位于大丰区斗龙港旅游度假区，是复旦大学附属中山医院唯一成立的健康管理中心，下设医疗、体检和康养三大板块，总投资 10 亿元，建设周期一年。

20 日　市委召开党外人士情况通报会，就市人大、政府、政协换届人事安排，向各民主党派、工商联和无党派代表人士通报有关情况，听取意见建议。

22—25 日　中国人民政治协商会议江苏省盐城市第九届委员会第一次会议召开。会议选举产生政协盐城市第九届委员会主席陈红红，副主席潘道津、唐伯平、戴荣江、徐龙波、李东成、丁成、汤冬青。

23—27日　盐城市第九届人民代表大会第一次会议召开。会议选举王荣为市九届人大常委会主任，崔浩、顾云岭、周键云、孙大明、陈平为市九届人大常委会副主任。会议选举周斌为市政府市长，勾凤诚、吴本辉、蒋巍、王连春、唐敬、谢继步、夏思军、王娟为市政府副市长；选举陈璐为市监察委员会主任；选举李江蓉为市中级人民法院院长；选举葛冰为市检察院检察长（须报经省人民检察院检察长提请省人大常委会批准）。

26日　2022年中韩（盐城）产业园建设第一次月度例会召开。会议研究省中韩（盐城）产业园发展工作协调小组第五次会议议题。

27日　市委、市政府举行全市城乡建设重点项目暨南海未来城鸿蒙科创园开工活动，全市63个城乡建设重点项目开工。

28日　市委、市政府在东台举行全市重大项目开工活动，总投资247亿元的11个重大项目集中开工。

3　　月

3日　黄河故道片区乡村振兴工作现场推进会在滨海召开。会上印发《2022年度黄河故道片区乡村振兴市级重点实施项目计划表》。

5—11日　盐城市8名全国人大代表参加在北京召开的第十三届全国人民代表大会第五次会议。

7日　盐城市高层次人才协会成立大会暨第一次会员代表大会召开。大会选举郭玉生为协会第一届理事会会长，审议通过《盐城市高层次人才协会章程（草案）》等，选举产生协会首届理事会组成人员、监事和副会长、秘书长，讨论决定副秘书长。

8日　市政府召开全市企业股改上市工作推进会，部署企业上市发展工作。会上印发《关于加快推进企业股改上市的实施意见》。

9日　市委、市政府召开第二轮中央生态环境保护督察迎查准备工作汇报会，分析研判突出生态环境问题，研究部署各项整改工作。

△　全市巡察工作会议暨八届市委第二轮巡察工作动员部署会召开。会议对近阶段和本轮巡察重点工作任务作说明，宣布市委巡察组组长授权任职及任务分工决定。

14日　市委中心组举行学习报告会，传达学习习近平总书记重要讲话和全国两会精神。

16日　盐城市新冠疫情防控重要管理措施“场所码”上线试运行。

23日　盐城市严格实行重点地区来盐返盐人员“7+7”健康管理措施。

27日　省长许昆林在盐城主持召开省疫情联防联控指挥部视频会议，调度全省疫情防控工作。省会结束后，市召开续会传达许昆林在盐城调研讲话精神，并对全市疫情防控工作进行再部署。

28日　长三角一体化产业发展基地领导小组工作例会在大丰召开。

30日　市委、市政府召开全市“科技创新推进年”动员部署会，表彰江苏中创清源科技有限公司、江苏金风科技有限公司等10家单位。

4　　月

1日　全市安全生产视频会议暨深化提升安全生产专项整治三年行动工作视频会议召开。会议通报全市安全生产工作情况，盐都区、市住房和城乡建设局、盐城海事局、市消防救援支队分别作交流发言，市安委会11个专业委员会作书面述职。

4日　市政府召开新闻发布会，解读《盐城市人民政府关于进一步帮助市场主体纾困解难稳定经济增长的二十条政策意见》。

7日　市委副书记、市长周斌主持召开第二轮中央生态环境保护督察工作视频推进会。

△　全市农产品保供促销视频调度会召开。

15日　盐城市举行全民国家安全教育日集中宣传教育活动。

16日　全市疫情防控工作视频调度会召开。会议听取射阳县突发疫情的最新处置情况汇报，就做好下一阶段工作进行研究讨论。会议就重点人群核酸检测、高速公路（国省道）沿线检查巡逻等工作交流经验做法。

20日　全民阅读工作图片展和“喜迎二十大·阅读颂辉煌”主题阅读活动暨第十届“盐渎风”全民读书节启动仪式举行。读书节持续3个月。

22日　全市“信访突出问题攻坚化解年”行动推进会召开。会议通报行动开展情况并部署相关工作。

24日　全市疫情防控工作视频调度会召开。会议强调要进一步提升核酸检测效能，抓实抓细疫情防控各项工作，用心用情解决好群众诉求，奋力夺取疫情防控和经济社会发展“双胜利”。会议听取全市疫情防控最新情况汇报。

27日　全市打击整治养老诈骗专项行动部署视频会召开。

5　　月

4日　“喜迎二十大、永远跟党走、奋进新征程”2022年盐城市集中入团示范活动在盐城市初级中学举办。盐城市初级中学、盐城市实验高级中学260余名新老团员代表参加此次活动。

5日　市委召开全市领导干部会议，宣布省委决定：徐缨任盐城市委委员、常委、书记。省委常委、组织部部长赵世勇出席会议并讲话，省委组织部副部长、省委非公有制企业和社会组织工作委员会书记周为号宣读省委有关决定。

7日　盐城市劳动模范表扬大会召开。会上宣读《中共盐城市委盐城市人民政府关于表扬盐城市劳动模范的决定》，授予300人“盐城市劳动模范”称号。

10日　全市领导干部“510”警示教育视频大会召开。

11日　2022年盐城市防灾减灾应急救援演练在大丰区大丰港石化新材料产业园举行。演练现场模拟当地突发自然灾害，造成人员伤亡、道路坍塌、供电供水中断、通信设施受损、老旧民房倒塌及企业危化品泄露等状况。演练设置应急启动、紧急抢险、人员搜救、次生灾害防控、新闻信息发布等科目，采取现场演练和录播展示相结合方式进行。

15 日　第二届“515 盐城消费节”暨“盐城网上消费节”在盐都区渎上·老西门特色夜市街区启动。消费节为期 3 个月，从 5 月 15 日持续到 8 月 15 日，开展超 1000 场活动。

16 日　市设分会场参加全省外资项目“云签约”暨外资总部企业“云授牌”活动。盐城市与 App（中国）、晶科集团、东山精密等外资项目企业实现“云签约”。

△　盐城市与日本鹿岛市开展建立友城关系 20 周年线上庆祝活动。

△　盐城市与克罗地亚查科韦茨市通过视频连线方式，签署建立友好城市关系协议书。

17 日　盐城市举行长三角一体化产业发展基地重大项目“云开工”仪式，天合（大丰）储能系列项目正式开工。

△　盐城市“黄海大讲堂”揭牌仪式暨市委党校 2022 年春季学期开学典礼举行。

18 日　“共享‘盐’海机遇，合作‘城’就未来”中国盐城投资环境说明会暨丹顶鹤国际湿地生态旅游节开幕。活动采用“主会场 + 分会场 + 云签约 + 在线直播”的形式。

△　以“能源转型和技术创新”为主题的 2022 江苏省新能源投资论坛在盐城开幕。活动现场，“盐城工融汇创新能源股权投资基金”揭牌，举行黄海新区综合能源产业创新联盟成立仪式，滨海港综合能源基地、中海油 LNG 二期、天能海洋能源装备等 10 个能源类项目签约。

△　首届“一老一小”健康产业发展国际高峰论坛在盐南高新区举办。盐南高新区与纳塔利（Natali）、国联通宝资本等企业现场签约 9 个健康产业项目，总投资超 12.6 亿元。

19 日　盐城市举行到村挂职名校优生与优秀村书记“青蓝结对”仪式。

20 日　市委、市政府召开全市深化全国文明城市创建工作推进会，表彰先进、总结工作、部署任务。

△　盐城市委农村工作领导小组会议召开。会议通报 2021 年乡村振兴考核结果，审议并原则通过全市农村住房条件改善五年行动方案、年度实施意见等。

△　首届盐城文化艺术节暨 D·A 艺术街区启幕。

26 日　江苏省沿海可再生能源技术创新中心落户盐城。中心选址盐南高新区西伏河科创走廊，启动区面积约 2 万平方米。

5 月 15 日，第二届“515 盐城消费节”暨“盐城网上消费节”在盐都区渎上·老西门特色夜市街区启动。　盐阜大众报报业集团　供图

27 日　盐城市“强国复兴有我”群众性主题宣传教育活动专题推进会召开。

△　“江苏省领事保护宣传周·盐城站”活动启动。宣传周包括新闻发布、启动仪式、知识讲座、宣传资料发放、领事保护知识图片巡展 5 个方面的活动。

28 日　盐城市工商业联合会（总商会）第九次代表大会召开。大会选举产生市工商联（总商会）第九届执行委员会，汤冬青当选为市工商联（总商会）第九届执委会主席（会长）。会议通过《盐城市工商业联合会（总商会）第九次代表大会决议》，宣读《致全市民营经济人士倡议书》。

30 日　盐城市举办庆祝 2022 年“全国科技工作者日”主场活动。会上表彰全市优秀科技创新团队和科技标兵、优秀科技工作者，为市青年科技人才志愿者服务队授旗。

31 日　盐城市设分会场参加 2022 江苏—北布拉邦新能源汽车产业合作交流会。盐城市 50 多家相关企业、机构与荷兰北布拉邦省新能源汽车产业的企业人士、专家学者参会。

6　月

1 日　“百万职工大比武、匠心逐梦新盐城”2022 年全市职工“十百千”工程暨精密结构件产业链五大行动在盐城启动。全年开展全市引领性劳动竞赛 10 场、引领性技能竞赛 100 场、其他各级各类劳动和技能竞赛 1000 场。

5 日　盐城市在大纵湖旅游度假区开展全国“放鱼日”增殖放流活动。活动现场，发放流青鱼 750 千克、蟹苗约 50 万只。2018 年以来，盐城市持续开展内陆水域增殖放流工作，累计放流草鱼、鲢鱼、鳙鱼等鱼种 6000 多万尾；开展海洋渔业资源增殖放流活动，年均放流海蜇、梭子蟹、大黄鱼等各类苗种 3 亿尾。

7—9 日　盐城市 2022 年高考开

考，全市3.36万名考生参加。

8日 《湿地公约》官网发布第二届国际湿地城市名单，全球25个城市获此殊荣，中国有7个城市上榜，盐城名列其中。

13日 全国革命老区干部学院联盟成立大会在盐城举行。江苏、福建、陕西、河南、宁夏、辽宁、山西、安徽、江西、新疆、广东等地的13家干部学院首批签约入盟。大会通过联盟章程，组成联盟理事会。

14日 全省农业社会化服务现场推进会在滨海召开。

15日 市委、市政府召开全市农村住房条件改善工作会议。会议明确未来五年及2022年重点任务，印发《盐城市农村住房条件改善专项行动实施方案》等文件。

△ 由省友协与中央广播电视总台国际在线主办，市友协和市外办承办的“江苏这十年”国际传播系列活动启动仪式暨“我在江苏这十年”系列报道开机仪式在盐城举办。

16日 黄河故道片区乡村振兴市级重点实施项目现场推进会在响水召开。

△ 江苏盐城港跨境电商园启幕暨江苏盐城港保税物流中心“云”签约仪式举行。

16—18日 盐城市2022年中考开考，全市7.88万名考生参加。

18日 全市文化和旅游产业发展大会召开。会上，盐城市和国内部分城市现场签订城市文旅区域战略合作协议，并签约15个文旅产业项目，总投资额116亿元。

19日 “艺术也有栖息地”——盐城沿海文化艺术周启动仪式在江苏黄海海滨国家森林公园举行。

22日 盐城市黄海湿地生态文化产业推广协会成立大会召开。大会审议通过《盐城市黄海湿地生态文化产业推广协会章程》《盐城市黄海湿地生态文化产业推广协会第一次会员大会选举办法》，选举产生第一届理事会理事，江苏黄海湿地文化公司总经理徐红欣任理事长，丁中明等7人任副理事长，曹顺为秘书长。

23—24日 新疆伊犁州政协主席赛尔建·乌合拜率队在盐城考察盐城市经济社会发展和政协工作情况。

25日 盐城市设分会场参加在南京举行的江苏省2022年迎峰度夏电力负荷管理演习。

26日 江苏大丰经济开发区与阿特斯阳光电力集团光伏储能系统项目签约仪式在盐城举行。2017年，阿特斯阳光电力集团在江苏大丰经济开发区投资建设6吉瓦光伏组件项目。至2022年年底，组件工厂12条生产线建成投产、产能达到6.5吉瓦。

△ “中华海棠杯”盐城市第五届龙舟赛在南海未来城·中华海棠园开赛。赛事分设12人龙舟赛、22人龙舟赛2种竞赛规模，100米直道竞速赛、200米直道赛、500米直道赛3个不同的竞赛项目。

△ 2022年盐城市“6·26”国际禁毒日暨创建“全国禁毒示范城市”主题宣传活动举行。

27日 市委、市政府举行全市城乡建设第二批重点项目暨城北地区解放路实验学校开工活动。60项城乡建设重点项目集中开工。

△ 盐城市“喜迎二十大 文明伴我行”新时代文明实践集中行动周启动仪式在射阳县黄沙港镇泊心广场新时代文明实践街区举行。

△ “强国复兴有我”——“喜迎二十大 幸福连万家”系列文化活动启动仪式暨淮剧《宋公堤》全市巡演首场演出活动举行。

28日 市委党校2022年春季学期第二批主体班开学仪式举行。

△ 盐城市举行首期“立德树人”论坛。全年举行3期。

30日 盐城市作为国内唯一受邀地方政府代表线上参加联合国海洋大会的全球滨海论坛边会。

△ 第三届中国·盐城创新创业大赛成都专场赛暨科创资源推介会在四川成都举行。

7　月

1日 2022盐城暑期游暨大纵湖露营嘉年华启动仪式举行。启动仪式现场推介盐城全市重点旅游景区、文旅街区、文博场馆和露营地的精品活动、特色亮点和优惠政策。

△ 《盐城市照护保险实施细则》正式施行。2021年12月31日，盐城市政府印发《关于建立照护保险制度的意见（试行）》。2022年，实施照护保险被盐城市委、市政府列入为民办实事民生重点项目。

2日 第12届江苏书展盐城分展场暨“喜迎党的二十大我为爷爷奶奶读一本好书”活动启动仪式在盐城经济技术开发区中韩文化客厅举行。

△ 江苏省事业单位统招笔试盐城考区开考。2022年盐城市事业单位统考职位483个岗位，1.87万名考生报考，设11个考点、667个考场。

5—7日 “筑梦江苏 共创未来”江苏中韩优秀大学生夏令营盐城行活动举行。在盐城期间，60余名中韩大学生实地参观中韩（盐城）产业园以及华人运通高合工厂、SK新能源（江苏）有限公司等企业，参加洽谈交流会畅聊学习生活感受。

8日 中国地方志指导小组秘书长，中国地方志指导小组办公室党组书记、主任崔唯航一行在盐城调研地方志工作并召开座谈会。

11日 “青春留盐城就未来”千名高校大学生暑期在盐实习实践活动启动。启动仪式上，宣传推介盐城青年人才政策，选聘“青春留盐”校园使者，授牌大学生暑期实习社会实践基地。

14日 “江苏省互联网协会走进园区”主题沙龙在盐南高新区举行。省互联网协会与盐南高新区管委会签订合作协议。

△ 盐城市文联召开三届八次全委会。会议选举产生新一届市文联主席，对市文联系统先进集体、市文艺志愿服务工作先进协会、全国性和全省性优秀文艺奖项获得者和单位进行表彰。

15日 市委书记徐缨会见日本驻上海总领事馆副总领事福田高干一行，就进一步加强盐城市与日本经贸合作，推动氢能产业加快发展进行交流。

△ 市委统战部、市欧美同学会联合举办“海创未来·盐之有你”主题沙龙。

19 日　盐城市与省交通运输厅签订交通运输现代化示范区建设厅市共建协议。

△　2022 数字经济与超算产业化发展论坛在盐城高新区举行。活动现场，盐城超级计算中心揭牌；国家超算无锡中心、中国科学院计算机网络信息中心等单位联合发起“超算互联网建设标准”制定工作；盐城超级计算中心与相关数字经济企业签约一批合作项目。

25 日　盐城市新时代党建理论与实践研究院成立。活动现场，举行马克思主义理论博士后科研流动站教学实践基地揭牌、首席专家聘任仪式。

28 日　2022 年中国青年创新创业交流营暨第九届“创青春”中国青年创新创业大赛启动仪式在盐城举行。全国创新创业领域专家学者、全国乡村振兴青年先锋代表等 400 余人参加。

△　全市国有企业党建工作推进会召开。

29 日　全国盐文化场馆联盟成立大会在中国海盐博物馆召开。中国海盐博物馆当选为联盟理事长单位。全国 18 个城市 31 家盐文化场馆及相关单位代表出席。

30 日　淮河入海水道二期工程开工动员会举行。会议以视频形式在水利部和南京、淮安、盐城同步举行。淮河入海水道二期工程为中华人民共和国成立以来江苏投资额和工程量最大的水利工程，全长 162.3 千米，自西向东设五大枢纽，设计行洪流量从每秒 2270 立方米扩大到每秒 7000 立方米。其中，盐城段工程长 96 千米，主体工程包括河道、枢纽、桥梁、穿堤建筑物工程等。

31 日　河海大学 · 盐城港集团校企人才合作座谈会在南京召开。

8　月

1 日　在南京召开的江苏省第 12 届双拥模范城（县、区）命名暨双拥模范单位和先进个人表彰大会上，盐城市和东台市、射阳县、滨海县、响水县、大丰区、盐都区被命名为江苏省双拥模范城（县、区）。

2 日　宁盐联络线开通运营暨盐城至南京直达高铁列车首发现场会在盐城举行。宁盐联络线开通运营后，盐城到南京的高铁通行时间减少 30 分钟，缩短至 2 小时内，车程减少 24 千米。

4 日　由省委宣传部、省文明办等主办，市委宣传部、市文明办、东台市政府等承办的第五届“童心里的诗篇”少儿诗会优秀作品咏唱会在东台举办。活动自 3 月启动以来，征集到海内外投稿近 16 万首，最终评选出一等奖 15 首、二等奖 45 首、三等奖 90 首以及优秀奖若干。

△　全市 2021 年耕地保护督察问题整改工作部署会召开。会议通报国家自然资源督察南京局 2021 年耕地保护督察交办问题、整改要求和下一步工作打算，滨海县作发言。

△　盐城市召开推进沿海地区高质量发展新闻发布会，介绍落实《江苏沿海地区发展规划（2021—2025 年）》的相关情况。

△　上海海事大学—盐城港集团产教融合人才培养基地揭牌仪式在盐城举行。盐城港集团和上海高级国际航运学院签署产教融合人才培养基地建设协议。

△　“德聚滨城 汇爱如海”江苏省道德模范与身边好人（盐城·滨海）现场交流活动在滨海举行。

8 日　江苏省 2022 年“全民健身日”盐城市分会场活动在盐南高新区举办。

9 日　中国共产党盐城市第八届委员会第三次全体会议举行。全会由市委常委会主持。全会总结上半年工作，部署下一阶段重点任务；审议通过全会《决议》。

12 日　由省总工会主办，市政府承办，市总工会、市体育局、盐南高新区管委会协办的第 20 届江苏省运动会职工部龙舟赛开幕式在中华海棠园举行。赛事至 8 月 14 日结束，分设 22 人龙舟 200 米直道竞速、22 人龙舟 500 米直道竞速 2 种竞赛项目。南京市、无锡市、徐州市、常州市、苏州市、省电信、省邮政等 16 支队伍 400 多名运动员参加比赛。

13 日　盐城市在苏州举行产业发展暨农业合作恳谈会，重点推介盐城产业基础和特色农业。活动期间，苏盐两市签订“苏盐农业战略合作框架协议”和农业领域相关合作协议。

17 日　全市公安英模先进事迹报告会举行。

18 日　全市数字经济发展推进会在盐南高新区召开。会上，举行数字经济示范标杆企业授牌仪式，印发《推进企业智能化改造和数字化转型“十百千万”工程实施方案》《盐城市数字经济发展三年行动计划》《关于成立盐城市数字经济工作领导小组的通知》等文件。

△　八届市委第三轮巡察工作动员部署会召开。会议宣布市委巡察组组长授权任职及任务分工决定。

19—20 日　第一届智汇盐城黄海论坛在东台举办。论坛以“探索绿色低碳发展新路径”为主题。论坛期间，举办智汇盐城智库联盟峰会。

24 日　由省习近平新时代中国特色社会主义思想研究中心、省委宣传部、省生态环境厅和盐城市委联合主办的“坚持生态优先绿色发展”理论研讨会在盐城召开。研讨会上，省习近平新时代中国特色社会主义思想研究中心大丰实践调研基地揭牌。

26 日　“她声音 · 向未来”《知乎女性》开播 5 周年分享会在盐城广播电视总台举行。

△　常州市与盐城市医疗卫生领域结对帮扶合作协议签约仪式在盐城举行。活动现场，常州市第一人民医院和阜宁县人民医院，常州市第二人民医院和响水县人民医院、射阳县人民医院，常州市中医医院和阜宁县中医院，常州市武进中医医院和滨海县中医院，常州市妇幼保健院和射阳县妇幼保健院，常州市老年病医院和盐渎街道社区卫生服务中心，常州市疾控中心和阜宁县疾控中心、亭湖区疾控中心、射阳县卫健委签订对口协助协议；常州市第一人民医院和阜宁县人民医院合作共建的“重症医学协作

中心”、常州市第二人民医院和射阳县人民医院合作共建的“医联体心胸外科专科”、常州市妇幼保健院和射阳县妇幼保健院合作打造的“常州市妇幼保健院技术协作单位”、常州市武进区中医院和滨海县中医院合作共建的“乳腺病科储军主任名医工作室”揭牌。

28 日　由省农业农村厅、市政府主办的 2022“苏韵乡情”乡村休闲旅游农业（盐城）专场推介暨“葡写美景，萄醉郭猛”盐都葡萄节开幕式举行。

28—29 日　辽宁省阜新市党政代表团在盐城考察交流。

30 日　中共中央、国务院授予市纪委监委第九监督检查室原主任朱陈全国“人民满意的公务员”称号，授予射阳县行政审批局全国“人民满意的公务员集体”称号。

9　月

1 日　阜宁县批准撤销辖区内 3 个渡口。至此，盐城市境内乡镇渡口全部撤销，实现“无渡市”目标。

2 日　2022 盐城自动驾驶算力峰会暨百度智能云—昆仑芯（盐城）智算中心揭牌仪式在盐南高新区举行。百度智能云—昆仑芯（盐城）智算中心是百度集团在江苏布局的首个智算中心，是百度智能云业务基于百度人工智能计算架构、昆仑芯通用 AI 计算处理器、百度百舸·AI 异构计算，打造出的可以服务包括全链路自动驾驶研发在内的人工智能技术研发平台。

3 日　盐城市“最美教师”评选活动结果揭晓，胥容华等 31 名教师被评为 2022 年盐城市“最美教师”。

△　盐城市伍佑街道珠溪片区综合更新、盐城市湿地公园和湿地博物馆建设、响水县安全住建“响”智汇建设、东台市何垛河两岸综合更新二期 4 个项目被确定为江苏省城市更新第一批省级试点项目。

7 日　在第六届江苏技能状元大赛上，盐城市电气装置项目获一等奖，CAD 机械设计、电气装置、机电一体化、网站设计与开发 4 个项目获二等奖，新能源汽车智能化、无人机应用技术、移动机器人等 5 个项目获三等奖；1 人获得江苏省五一劳动奖章，1 人获评江苏省青年岗位能手，9 人获评优秀指导教练；盐城技师学院获得省政府高技能人才摇篮奖，盐城市政府获得优秀组织奖。

9 日　“铁军魂盐城红”2022 红色文化主题月启动仪式暨“红动盐城”主题联展联演活动在盐都区世纪公园举行。主题月期间，全市组织开展主题活动 78 项。

13 日　省委宣传部在盐城召开江苏重大典型朱陈同志先进事迹媒体见面会。《新华日报》、省广电总台、《现代快报》《扬子晚报》等省级媒体参加。

15 日　由省政府主办，省发改委、省科学技术协会、盐城市政府承办的 2022 年全国大众创业万众创新活动周江苏分会场活动在盐城启动。活动采用线上线下方式。活动现场，盐城市盐都区作为“科创江苏”试点区县获得授牌。

16 日　第三届中国黄海·黄沙港开渔节开幕式在国家中心渔港——射阳黄沙港举行。黄沙港镇是国家重点镇、国家生态镇、国家卫生镇、国家文明渔港，拥有江苏沿海水域最宽、岸线最长、唯一闸下建港的渔港，2005 年获批建设国家中心渔港，2015 年 7 月通过农业部验收。

17 日　盐城港至南美杂货班轮航线开航，该航线开创盐城港杂货班轮装卸的先河，是盐城港开出的首条远洋航线。

△　省委决定，追授朱陈“江苏省优秀共产党员”称号。

20 日　市委书记徐缨会见韩国驻上海总领事金胜镐一行，就加强经贸合作、强化人文交流、推动绿色低碳发展等进行交流。

21 日　江苏省暨盐城市第十九届社科普及宣传周开幕式启动。

22 日　盐城市关工委成立 30 周年纪念会议召开。会上，表扬了全市关心下一代工作优秀集体和优秀个人，“五老”代表作交流发言。

△　由市委宣传部、市文明办、市民政局、共青团盐城市委主办的“喜迎二十大 志愿伴我行”首届盐城市志愿服务项目大赛启动。大赛期间，举行省学雷锋先进典型擂台赛、市级志愿服务项目大赛和全国文明单位志愿服务主题交流沙龙。

23 日　由市政府主办，市农业农村局、射阳县政府承办的 2022 年中国农民丰收节盐城庆祝活动在射阳四季果香现代农业科技产业园举行。活动为“夏粮、夏油生产贡献突出单位”颁奖授牌，并公布一批“丰收达人”名单，对先进集体和个人进行表扬。活动从 9 月中旬持续至 10 月中下旬。

△　盐城市举行全市应急管理系统综合行政执法机构集中揭牌仪式。

△　盐城市大米产业发展促进会成立。盐城市大米产业发展促进会是盐城市第一家产业发展促进会。会前举行盐城市大米产业发展促进会选举大会，听取并审议促进会筹备工作报告，审议通过《盐城市大米产业发展促进会章程（草案）》，讨论通过促进会成员单位会费管理办法，选举产生促进会首届理事会、监事会、专家委员会、秘书长等。

24 日　盐城市召开农业农村政银企对接会暨合作项目授信签约仪式。

25 日　2022“盐城好秋色”文化旅游季暨荷兰花海百合花文化月正式启动。

26 日　中国海油盐城“绿能港”首船液化天然气接卸仪式在黄海新区举行，中国规模最大的液化天然气储备基地正式投产。中国海油盐城“绿能港”是国家天然气产供储销体系建设及互联互通重点规划项目和基础设施重点工程项目。

△　江苏国信盐城滨海港 2×100 万千瓦高效清洁煤电项目开工建设。国信滨海港发电项目是盐城市与省国信集团战略合作项目，也是江苏“十四五”规划建设的重点能源项目。项目总投资约 97 亿元，由江苏国信股份有限公司、国家电投协鑫滨海发电有限公司、盐城市国能投资

有限公司共同投资建设，采用先进的二次再热超超临界技术，提升综合能源利用效率，打造绿色低碳高效燃煤示范基地。

△ 盐城市召开2022年野生动物保护联席会议暨秋冬季候鸟保护专项工作会议召开。会议通报2022年全市野生动物管理情况及秋冬季候鸟保护工作安排。

△ 省委宣传部在南京举行发布会，授予朱陈江苏“时代楷模”称号。朱陈是第19位江苏“时代楷模”。

26—28日 由上海市总工会、浙江省总工会、安徽省总工会、江苏省总工会和盐城市政府主办，江苏省部属企业工会、盐城市总工会和国家电投集团江苏公司承办，国家电投集团江苏电力有限公司生产监控调度培训中心、国家电投集团江苏海上风电公司、盐城工学院新能源学院协办的全国海上风电引领性劳动竞赛暨长三角地区2022年海上风电机组运行仿真技能竞赛开幕式在盐城举行。长三角三省一市和国家电投广东、山东区域的海上风电企业30支队伍60位选手参赛。竞赛分为理论知识考试、仿真实操考试两部分，设置一等奖2名、二等奖6名、三等奖8名、优秀奖8名，设置团体一等奖1个、二等奖2个、三等奖3个。

27日 大丰港铁路支线全线开工。大丰港铁路支线起于新长铁路大丰西站南端，止于大丰港站，正线全长50.6千米，建设工期2年6个月。

△ “盐韵城影同心同行”——长三角海峡两岸黄海湿地风光摄影大赛颁奖仪式暨优秀摄影作品展在江苏黄海海滨国家森林公园举行。活动征集两岸优秀摄影作品近千幅，评出获奖作品一等奖2件、二等奖10件、三等奖30件。

28日 省政府在南京召开中韩（盐城）产业园发展工作协调小组第五次会议，推动落实省委、省政府关于中韩（盐城）产业园工作要求，研究下一阶段重点工作。

△ 市委、市政府在射阳举行比亚迪动力电池盐城基地一期竣工暨二期开工活动。比亚迪动力电池盐城基地项目是比亚迪集团在江苏唯一的刀片电池制造基地，列入2022年省重大项目，项目总投资150亿元。

△ 风渡新材料（盐城）有限公司年产3万吨风电叶片零部件制造项目达产仪式举行。该项目于3月28日签约，一期总投资2.6亿元，建设生产线126条，主要生产风电叶片关键零部件。

29日 通威高效光伏组件制造基地项目签约活动在盐城举行。

△ 市委、市政府在江苏大丰港经济开发区举行30万吨粮食仓储项目开工仪式。该项目总投资15亿元，占地面积30.53公顷，分2期实施。

△ 盐城市属国有企业党建工作指导员聘任仪式举行。会上，宣读聘任方案，并向10名党建工作指导员颁发聘书。

△ 在江苏省第20届运动会上，盐城体育健儿夺得金牌57枚、奖牌182枚，团体总分2272分。

30日 盐城市社会各界向革命烈士敬献花篮活动在市烈士陵园举行。

10　月

1日 盐城首个集主题乐园与商业场景相结合的沉浸式国际娱乐街区——KK-PARK正式开街。KK-PARK集商业、娱乐、文化、旅游、生活于一体，拥有4家国际品牌、5家韩国品牌，集聚文创集合店、音乐房子、口袋屋等品牌商家26家。

10日 “国际湿地 沿海绿城‘发现盐城故事’网络大V盐城行活动”启动。活动现场，举行盐城、新浪微博战略合作签约仪式。

13日 盐城市基础设施领域不动产投资信托基金（REITs）专题培训会举行。

△ 2023年度全市城乡居民医保扩面征缴暨“江苏医惠保”推广工作推进会召开。

14日 黄河故道片区乡村振兴市级重点实施项目现场推进会在阜宁召开。

△ “常州·盐城科创飞地”揭牌仪式在常州举行。活动现场签署合作共建“常州·盐城科创飞地”协议和“溧阳·滨海科创飞地”协议，并为科创飞地揭牌。

20日 全市政府数字化转型工作视频推进会召开。会议通报全市政府数字化转型工作相关情况。

21日 全市城镇污水处理提质增效工作视频推进会召开。会议通报全市城镇生活污水处理提质增效攻坚行动年度工作推进情况，相关板块和部门作交流发言。

25日 盐城市设分会场组织收听收看省委召开的全省传达学习贯彻中共二十大精神大会。会议以视频形式召开。

△ 盐城市委召开全市学习贯彻中共二十大精神大会。

27日 盐城港与江苏远洋公司共同合作开辟的盐城港至日本国际直达集装箱班轮航线正式开航。

28日 盐城市举办欢迎2022级盐城大学生专场文艺演出。

△ 全市精密结构件产业链党建联盟成立大会召开。会上，通过《盐城市精密结构件产业链党建联盟章程（试行）》，高校党组织与产业链企业党组织代表共同签订“党建联建交流合作协议书”。

△ “新时代颂”2022江苏美术摄影主题联展盐城市作品展在市美术馆开展。

△ 盐城市动力及储能电池产业联盟成立大会举行。

31日 盐城市淮河入海水道二期工程建设领导小组第二次会议召开。

△ 盐城市第六届文化创意设计大赛颁奖仪式暨第七届文化创意设计大赛启动仪式举行。大赛收到作品近3000项，经过评审专家委员会分类评选、综合复议、投票决选，评出获奖作品42件，其中金奖6件、银奖12件、铜奖24件。

11 月

1 日　全市高质量党建引领乡村振兴发展大会召开。会议解读高质量党建引领乡村振兴"1+6"政策文件。

1—2 日　上海市政协副主席金兴明率队在盐城考察调研农业产业发展。

2 日　盐城市中级人民法院建院 80 周年会议召开。

3 日　云洲水上智能救生系统全球首发暨应用示范观摩大会在盐南高新区举行。

4 日　省农业农村厅和盐城市政府签署共同打造盐城农业强市合作框架协议。

△　智泰新能源 20 亿瓦时储能电池等 8 个重大项目在东台开工，总投资 230 亿元。

5—13 日　《湿地公约》第 14 届缔约方大会举办。会议分别在中国湖北武汉设线上线下主会场，在《湿地公约》秘书处总部瑞士日内瓦设线上线下分会场。盐城市代表团出席在瑞士日内瓦召开的大会开幕式。会议期间，全球滨海论坛研讨会边会决定 2023 全球滨海论坛会议在盐城举办 ;《湿地公约》秘书处授予盐城"国际湿地城市"证书。

8 日　盐城市举行"绿色盐城"重大项目政银企对接会暨合作项目签约活动。活动期间，盐城市与江苏银行签署支持盐城建设绿色低碳发展示范区、乡村振兴 2 个战略合作协议，与江苏省信用再担保集团有限公司签署全面战略合作协议，正式启动盐城市重大项目融资服务平台，发布"盐阜乡村振兴 · 创富贷"品牌，集中签约数十个合作项目。

△　"上交所资本市场服务周江苏行"活动走进盐城。全市 100 家重点企业主要负责人参加专题辅导培训。

9 日　市政府与万帮数字能源股份有限公司签订政企合作协议，在新能源产业、电能终端智慧应用、数字经济等方面开展合作。

9—13 日　中国 · 盐城第 12 届沿海发展人才峰会在盐城举行。峰会主题活动期间，发布关键核心技术人才攻关联合体等五大"揭榜挂帅"榜单，举行第 3 届中国 · 盐城创新创业大赛总决赛颁奖活动，表彰人才引进培育突出贡献企业代表，颁发"黄海明珠"领军人才资助奖牌，发布盐城市人才发展基金，举行"森林里 · 黄海英才湾"、5 个海外引才工作站揭牌活动，进行高层次人才创业项目、新增股权投资人才项目和新设立金融服务机构、人才载体合作项目等签约活动，成立长三角绿色低碳发展专家智库。峰会在主题活动外举办 8 场人才项目资本对接分会场活动。

12 日　由市委、市政府主办，市委组织部、市人力资源和社会保障局、盐南高新区共同承办的沿海人力资源服务业高质量发展论坛在盐城举行。论坛以"聚焦企业用工引才、助力盐城绿色发展"为主题，中西部省份和盐城本土 182 家知名人力资源机构与 24 家重点园区达成市场化服务企业用工引才战略合作协议。

13 日　江苏省杂技团作品《炼——倒立技巧》获得第 11 届中国杂技金菊奖。

14 日　省自然资源厅和盐城市政府签署共建绿色低碳发展示范区合作框架协议。

15 日　学习贯彻中共二十大精神省委宣讲团宣讲报告会在盐城举行。

△　市委党校 2022 年秋季学期第二批主体班开学仪式举行。

△　"永远跟党走 奋进新征程"——盐城红色地名故事我来讲主题活动举行。活动现场发布《盐阜大地上的红色地标》短视频。

17 日　市委、市政府举行全市城乡建设第四批重点项目暨城北地区康庄雅苑项目开工活动。67 项城乡建设重点项目集中开工。

△　盐城市召开城北地区改造推进会，总结三年工作成效，检阅项目建设成果，研究部署重点工作。

18 日　第 7 届中国创新挑战赛（盐城）现场赛举行。活动现场，有 3 家企业提出各自的技术创新需求，9 个挑战团队分小组讲解各自的技术路线和解决方案。最终经过评比，同济大学、中国矿业大学、上海理工大学获得优胜，分别与需求企业达成合作意向协议。

18—22 日　由中国国际商会主办，盐城市政府、中国国际商会会展部、中韩（盐城）产业园承办的第四届中韩贸易投资博览会暨江苏—韩国经贸合作交流会在盐城举行。展会主题为"畅通合作、共赢未来"。博览会期间举办第四届"一带一路"商协会圆桌会议（盐城）峰会、第二届中韩(盐城)跨境电商高质量发展论坛、江苏—韩国新能源汽车产业合作对接会等活动。

19 日　东台市获评第六批国家生态文明建设示范区，成为盐城市第三个获此荣誉的县（市、区）。

24 日　常州市委书记陈金虎率常州市党政代表团到盐城考察，并召开常州—盐城结对帮扶合作联席会议。会议听取常盐工业园区建设发展、溧阳市结对帮扶合作滨海县、武进区结对帮扶合作阜宁县等工作情况汇报。

△　全市优秀年轻干部"下基层、到园区、进机关"任前培训班开班。

26 日　盐城生物工程高等职业技术学校建校 70 周年发展大会举行。

28 日　盐城港滨海港区至南非德班港国际直达汽车滚装航线开航仪式举行。

30 日　以"推动绿色和谐发展 共建人类美好家园"为主题的全球滨海湿地城市联盟圆桌会议在盐城举行。会议采取"线上 + 线下"相结合形式。中国、日本、韩国、法国、意大利等国的 20 多个城市市长代表就共同推动全球滨海湿地城市间交流合作进行云端对话。会议形成《盐城共识》，决定将全球滨海湿地城市联盟圆桌会议固化为全球滨海湿地城市间的交流合作平台，在盐城设立秘书处，每年举办一次会议。

△　2022 年度全市质量大会召开，总结全市质量工作，部署质量发展任务，为 2021 年度市长质量奖获奖企业、市长质量奖提名奖获奖企业颁奖授牌。

12　月

1日　盐城市人大常委会发布公告，《盐城市物业管理条例》经盐城市第九届人民代表大会常务委员会第六次会议于2022年10月28日通过，经江苏省第十三届人民代表大会常务委员会第三十三次会议于2022年11月25日批准，自2023年2月1日起施行。

6日　全市机关干部和各界群众沉痛悼念和深切缅怀江泽民同志。

9日　中国共产党盐城市第八届委员会第四次全体会议在盐城举行。全会由市委常委会主持。

10日　省文化和旅游厅与市政府签署共建世界级滨海生态旅游廊道框架协议。合作内容包含打造滨海魅力空间、培育“生态绿＋海洋蓝”世界级旅游景区度假区、构筑海洋文化保护传承利用高地、助推盐城文旅深度融合发展、讲好“水韵江苏”海洋故事等方面。

△　省农业科学院新农学院盐城分院揭牌开班。揭牌仪式现场，与会嘉宾为省农业科学院新农学院盐城分院特色基地颁发证书。

△　第12届中国粮油榜正式开榜，江苏盐粮集团获评中国十佳粮油创新典范企业，连续12届获中国粮油榜奖项。

12日　耀宁年产12亿瓦时锂离子电池及系统总成项目在建湖开工，项目总投资102.3亿元。项目脱胎于吉利汽车集团，与吉利控股集团有着紧密的合作关系，采用打造制造基地、创新基地、上市总部基地“三个基地”的运营模式。

△　满载13万立方米液化天然气的巴哈马籍船舶“弗瑞特”号从卡塔尔的拉斯拉凡港抵达盐城港滨海港区。

13日　工信部中小企业局公布2022年度国家中小企业公共服务示范平台名单，盐城经济技术开发区上电智联科技（江苏）有限公司建设运营的“上电科盐城智能制造公共服务平台”获评的国家级中小企业公共服务示范平台。

12月20日，华人运通高合HiPhi Z首批量产车在盐城市高合城市精品工厂正式生产下线。

盐阜大众报报业集团　供图

16日　晶澳光伏产业园项目分别在盐城东台、河北宁晋举行云签约活动。签约仪式上，东台市政府与晶澳科技签约10吉瓦光伏电池10吉瓦光伏组件及配套项目。

△　纪念市湖海艺文社成立80周年座谈会召开。

△　盐南高新区管委会与市教育局举行深化合作办学签约活动，为盐城市聚亨路小学东校区、盐城市鹿鸣路初级中学东校区揭牌。

20日　华人运通高合HiPhi Z首批量产车在盐城市高合城市精品工厂正式生产下线，并于当日启程发运。

22日　长三角一体化产业发展基地（外资专场）投资洽谈会在上海举行。会上，大丰区推介长三角一体化产业发展基地投资环境，向中德氢能产业联盟相关负责人颁发招商顾问聘书，并与4家第三方机构签订外资招商战略合作协议，6个外资产业项目现场签约，协议投资额2.7亿美元。

22—23日　共青团盐城市第九次代表大会召开。大会听取并审议共青团盐城市第八届委员会工作报告，选举产生团市委新一届领导机构及盐城市出席共青团江苏省第十六次代表大会代表。

23—24日　盐城市残疾人联合会第六次代表大会召开。大会听取并审议市残联第五届主席团工作报告，选举产生市残联新一届领导机构及出席省残联第八次代表大会代表。

29日　江苏省第一条以县为主投资建设的高速公路——盐射高速正式建成通车。盐射高速东联射阳县城、射阳港，西接沈海高速，是射阳县建设综合交通运输网络的标志性工程，实现射阳与盐城大市区“1+5”高速高铁网的无缝对接，从射阳县城到盐城市区30分钟即可到达。

盐城概览

编辑　曹懿超

自然地理

位置面积 盐城市位于江苏沿海中部，地处北纬32° 34′ ~34° 28′，东经119° 27′ ~120° 54′。东临黄海，南与南通市、泰州市接壤，西与淮安市、扬州市毗邻，北隔灌河与连云港市相望。盐城市有着得天独厚的土地、海洋、滩涂资源，是江苏省土地面积最大、海岸线最长的地级市。全市土地总面积1.77万平方千米，其中沿海滩涂面积4553平方千米，占全省沿海滩涂面积的70%；海岸线长582千米，占全省海岸线总长度的56%。射阳河口以南沿海地段仍以每年10多平方千米的速度向大海延伸，被誉为"黄金海岸"，是江苏最大、最具潜力的土地后备资源。

成陆演变 盐城市是沿海成陆较早的地区之一。市境海陆几经变迁，经历桑田沧海、沧海桑田的演变过程。距今2万年左右，现市境均为陆地。距今7000年左右，气候普遍转暖，一次大规模海浸，今盐城市辖境均为大海，成为浅海湾的一部分。距今7000年至5000年的新石器时期，海面基本稳定。长江、淮河搬运入海的大量泥沙在浅海湾底部逐步堆积，形成呈西北—东南走向的岸外沙堤，海岸线长期稳定在阜宁、盐城一线，即被称为西冈的今羊寨、龙冈、大冈、安丰一线。秦汉前，距今约3900年至3300年，西冈以东开始形成新的内堤，即被称为东冈的今施庄、上冈、盐城、草堰、东台一线。南宋建炎二年（1128）黄河夺淮，历700余年，带来巨量泥沙入海与长江口入海北移的泥沙会合，盐城海岸线迅速向东淤长，海涂渐成陆地。

地形地貌 盐城市市域全境为平原地貌，西北部和东南部高，中部和东北部低洼，大部分地区海拔不足5米，最大相对高度不足8米。全境分为3个平原区：黄淮平原区、里下河平原区和滨海平原区。黄淮平原区位于苏北灌溉总渠以北，其地势大致以废黄河为中轴，向东北、东南逐步低落。废黄河海拔最高处8.5米，东南侧的射阳河沿岸最低处仅1米左右。里下河平原区位于苏北灌溉总渠以南，串场河以西，属里下河平原的一部分，总面积4000余平方千米，该平原区四周高、中间低，海拔最低处仅0.7米。滨海平原区位于灌溉总渠以南，串场河以东，总面积为7000余平方千米，约占全市总面积的一半，该平原区大致从东南向西北缓缓倾斜。东台境内地势较高，一般海拔为4米~5米，向北逐渐低落，到射阳河处海拔为1米~1.5米。

气候水文 盐城地处北亚热带向南暖温带气候过渡地带，一般以苏北灌溉总渠为界，渠南属北亚热带气候，渠北属南暖温带气候，具有过渡性特征。盐城气候受海洋影响较大，与同纬度的江苏省西部地区相比，春季气温低且回升迟；秋季气温下降缓慢且高于春温；年降水量也比江苏省西部地区明显偏多。季风气候明显，冬季受欧亚大陆冷气团影响，盛行偏北风且多寒冷天气；夏季受太平洋副热带高压影响，盛行偏南风且多炎热天气，空气温暖而湿润，雨水丰沛。

2022年，盐城年平均气温15.3℃~16.3℃，与常年同期相比，响水、盐都和大丰偏高1.1℃~1.4℃，其余地区正常略偏高0.6℃~1℃，其中四季气温均偏高。年平均降水量598.2毫米~944.8毫米，与常年相比，东台正常略偏少10%，其余地区偏少20%~40%，降水时间上分布不均，秋季偏多，春季、夏季和冬季均偏少。全市年平均日照时数1812.5小时~2171.1小时，与常年相比，地区均在正常范围内。全市年极端最高气温38.8℃，8月14日出现在盐都、东台；极端最低气温-8.9℃，12月23日出现在建湖。

2022年，盐城市6月23日入梅，入梅略偏迟（常年6月18日）；7月11日出梅，出梅正常（常年7月10日）。基本站梅雨量15.2毫米（射阳）~92毫米（东台），与常年同期相比：东台、大丰、滨海和响水显著偏少60%~80%，其余各站异常偏少80%以上。梅雨期多短时强降水、雷暴大风、冰雹等强对流天气。

2022年度全市灾害性天气频发，雾和霾、暴雨、大风、强对流、台风、高温和寒潮等对人民生产生活有一定的影响。其中，3月14日早晨，全市自北向南出现一次对流性天气，伴有7~8级阵风和短时强降水，射阳局地出现小冰雹；6月23日全市自北向南有一次雷阵雨天气过程，并伴有雷电、局部地区8~9级雷暴大风和短时强降水，全市雨量为中到大雨局部暴雨，降水量最大52毫米，出现在滨海县现代农业产业园区，18个站出现8级阵风，1个站出现9级阵风（最大风力每秒21.8米出现在东台市时堰镇）；受台风"梅花"影响，9月12日20时至15日20时，全市出现暴雨到大暴雨，加密自动站（包含交通站）有171个站超过50毫米，其中57个站达到100毫米以上，最大降水量171.7毫米，出现在东台市弶港镇蹲门村。另外，6—8月出现三轮较大范围的连续高温天气：6月16—18日、7月8—14日、8月2—15日。高温日数21（射阳）~29天（东台、盐城），射阳追平历史极值，其他地区高温日数均突破历史极值。连续高温日数，东台（14天）追平历史极值，盐城（14天）、大丰（14天）和建湖（12天）突破历史极值。极端最高气温38.8℃（8月14日，出现在东台、盐城），阜宁和东台的最高气温追平历史极值。10月2日，全市大部分地区出现35℃以上高温，3日地区最高气温均达35℃以上。极端最高气温36.2℃，10月3日出现在东台。地区极端最高气温均突破61年以来10月极值。

气温。全市2022年平均气温为15.3℃~16.3℃，与常年相比，响水、盐都和大丰偏高1.1℃~1.4℃，其余地区正常略偏高0.6℃~1℃，冬季（2021年12月至2022年2月）平均气温为3℃~4℃，与常年相比，响水偏高1.2℃，其余地区正常略偏高0.2℃~0.8℃；春季（3—5月）平均气温为14.2℃~16℃，其中，射阳比常年同期正常略偏高0.8℃，阜宁、大丰和东台比常年同期偏高1.2℃～1.4℃，其他地区比常年同期显著偏高1.5℃～1.7℃；夏季（6—8月）平均气温为27.4℃～28.7℃，与常年同期相比，射阳显著偏高1.7℃，其余地区异常偏高2.1℃～2.6℃；秋季（9—11月）平均气温为16.6℃～17.5℃，与常年同期相比，响水偏高1.3℃，其余地区正常略偏高0.2℃～0.7℃。2022年，全市气温与常年相比，3月、6月、8月和11月平均气温比常年同期异常偏高2.2℃～3℃，1月和4月平均气温比常年同期偏高1.2℃～1.3℃，5月正常略偏高0.7℃，2月、9月和10月正常略偏低0.3℃～0.8℃，12月显著偏低1.5℃。全市年极端最高气温38.8℃，8月14日出现在盐都、东台；极端最低气温-8.9℃，12月23日出现在建湖。

降水量。2022年，全市平均降水量598.2毫米～944.8毫米，与常年相比，东台正常略偏少10%，其余各站偏少20%～40%，降水时间上分布不均，秋季偏多，春季、夏季和冬季均偏少。冬季（2021年12月至2022年2月）降水量为24.1毫米～91.2毫米，与常年相比，东台和大丰正常略偏少20%不到，盐都偏少40%，其余地区显著偏少50%～70%；春季（3—5月）总降水量为89.7毫米～207.3毫米，与常年相比，东台基本持平，其余地区偏少20%～50%；夏季（6—8月）总降水量为275.3毫米～389.5毫米，与常年相比，大丰显著偏少50%，其余地区偏少30%～50%；秋季（9—11月）总降水量为196.2毫米~317毫米，与常年同期相比，阜宁正常略偏多10%，东台显著偏多60%～70%，其余地区偏多20%～40%。2022年，全市降水量与常年相比，1月和7月与常年基本持平，9月、10月和11月降水偏多30%～50%，3月显著偏多50%～60%，4月和6月偏少40%～50%，2月、8月和12月显著偏少60%～80%，5月异常偏少80%，全年总雨日70～88天，与常年相比，均偏少15.4～28.9天。

日照。2022年，全市总日照时数为1812.5～2171.1小时，与常年相比，地区均在正常范围内。冬季（2021年12月至2022年2月）日照时数435.8～496.5小时，与常年相比，地区均在正常范围内；春季（3—5月）日照时数554.7～626.6小时，与常年相比，地区均在正常范围内；夏季（6—8月）总日照时数为386.1～619.4小时，与常年相比，响水偏少20%～30%，其余地区正常；秋季（9—11月）总日照时数为400.1～457.1小时，与常年同期相比，大丰和东台偏少20%～30%，其余地区均在正常范围内。

2022年，全市日照时数与常年同期相比，1月、9月和11月偏少20%～30%，其余月份日照时数均在正常范围内。（王　群）

自然资源　盐城市自然资源十分丰富，拥有海洋和滩涂资源、岸线港口资源、石油天然气资源、生态旅游资源等自然资源。

土地资源。全市土地总面积1.77万平方千米。其中，耕地7768平方千米、园地173平方千米、林地636平方千米、草地103平方千米、湿地2261平方千米、城镇村及工矿用地2467平方千米、交通运输用地481平方千米、水域及水利设施用地3670平方千米、其他用地159平方千米。

海洋和滩涂资源。全市海岸线长582千米，占全省海岸线总长度的56%；全市海域面积1.89万平方千米，占全省海域面积的48%。全市滩涂总面积4553平方千米，占全省滩涂面积的70%，其中，潮上带面积2080平方千米、潮间带面积1139平方千米、辐射沙洲面积1334平方千米。

矿产资源。盐城属贫矿地区，主要矿种有黏土矿、地热、矿泉水及部分石油天然气，其中，探明石油天然气储量800亿立方米，高硅黏土储量281.5万吨。

岸线港口资源。全市沿海规划港口岸线129.2千米，其中，深水岸线64.9千米，利用港口岸线24.57千米。全市内水面积1.21万平方千米，领海面积6753平方千米，是中国唯一无赤潮的内海水域。盐城港下辖大丰、射阳、滨海、响水4个港区。大丰港区北距青岛港210海里，距连云港港120海里；东距日本长崎港460海里，距韩国釜山港465海里；南距中国台湾基隆港620海里；距上海港280海里，是国家一类开放口岸。滨海港区地处江苏沿海中部、连云港与长江口之内，与日本、韩国隔海相望，-10米等深线离岸最近处为1.22海里，深水直通大海，是江苏沿海水深条件最好的岸段之一、国家一类开放口岸。射阳港区位于中国南北地理分界线东部起点，是盐城港开港最早的港区，国家一类开放口岸、省级示范物流园、公共型保税仓库。响水港区距连云港港27海里，距日照港59海里，位于灌河南岸，依托灌河建港，基本形成电力能源、金属冶炼、环保化工、再生造纸、船舶修造五大支柱产业，国家一类开放口岸。至2022年年底，盐城港建成国家一类开放口岸4个，拥有生产性码头泊位82个，其中万吨级以上泊位26个；泊位年综合通过能力1.23亿吨，集装箱年通过能力8.7万标准箱，滚装汽车20万辆；拥有国内外航线22条。

生态旅游资源。市域东部拥有太平洋西海岸、亚洲大陆边缘最大的海岸型湿地，被列入世界重点湿地保护区，湿地保护区内建有世界上第一个野生麋鹿保护区和国家级珍禽自然保护区，为联合国人与自然生物圈成员。市域西部地处里下河地区腹地，大纵湖、九龙口、马家荡等湖泊水域面积近百平方千米，为典型的潟湖型湖荡湿地，原始生态环境保存较好，被誉为“金滩银荡”。2022年，全市有世界自然遗产1处、国家级自然保护区2个、国家AAAAA级旅游景区1个、国家AAAA级旅游景区20个、国家AAA级旅游景区32个、国家AA级旅游景区6个。

历史人文

历史述略 盐城市历史悠久，是中国东部沿海开发利用较早的地区之一。阜宁县施庄镇东园遗址、东台市溱东镇开庄遗址、阜宁县板湖镇陆庄遗址等古人类活动遗存证明，在五六千年前的新石器时代，黄海之滨，淮河两岸，射阳湖畔，已有盐阜先民在这块狭长的土地上劳动、生息、繁衍，孕育盐城的远古文明。战国时期，先民们利用近海之利"煮海为盐"。秦汉时代，境内"煮海兴利，穿渠通运"，盐铁业相当发达，当时人口较多，使用铁制农具和牛耕技术比较普遍。汉武帝元狩四年（前119），朝廷将古射阳县东部靠黄海的一部分划出来单独设县，因遍地皆为煮盐亭场，到处是运盐的盐河，故称盐渎县。其时有县无治，由射阳丞（今扬州市宝应县）代管。东汉时，富春人（今浙江省杭州市富阳区）孙坚，因讨平许昌、许韶父子农民起义军有功，出任盐渎丞，是见之于史书的最早的盐渎县丞。东汉末年，曹操令江淮民西迁，废盐渎县。西晋复县。东晋安帝义熙七年（411），盐渎因"环城皆盐场"而更名为盐城，盐城成为名副其实的产盐之城。盐城因"盐"置县，因"盐"兴城，在之后漫长的时间里，盐城的海盐生产无论是技术，还是产量、质量，在海盐生产历史上都独领风骚。盐城以海盐文化著称于世，海盐文化是这座城市文明的根基和灵魂。北齐时于盐城设射阳郡，陈时改为盐城郡。隋大业十四年（618），江淮农民起义军领袖韦彻据盐城称王，立射州，分为射阳、新安、安乐3县。唐初，废射州（直至清末，境内未设过州、郡），复置盐城县。唐朝时期，盐城曾是长安与海外交往的要津之一。日本遣唐使粟田真人、阿倍仲麻吕（即晁衡），新罗国太子金士信等，均由射阳河口登陆，西去长安。宋代，盐城属楚州，岳飞和韩世忠、梁红玉夫妇曾在盐城一带抗金。元末张士诚率盐民起义，建立大周政权，前后坚持14年，是震撼和瓦解元末腐朽统治的一支重要力量，最后在平江（今苏州市）称吴王。明初，盐城属应天府，朱元璋"洪武赶散"（古称"红巾赶散"），苏州、松江、嘉兴、湖州、杭州等地4000余名无田农户迁往江北，一部分落户盐城。清初，盐城先属江南省，后划归江苏省。清雍正九年（1731）建阜宁县。乾隆三十三年（1768）建东台县。民国期间，境内先后设江苏省行政第十督察区、盐城行政督察区、第六行政督察区。盐城区辖盐城、东台、阜宁、兴化4县。1940年10月，东进北上的新四军与南下的八路军在白驹狮子口会师，成立华中总指挥部。皖南事变后，新四军在盐城重建军部，陈毅为代军长，刘少奇为政治委员。从此，盐城成为苏北抗日根据地的心脏。刘少奇、陈毅等老一辈革命家在此留下战斗足迹。1941年9月，成立盐阜区行政公署。1948年上半年，全盐阜区成为解放战争的大后方，为淮海战役、渡江战役的胜利，为解放全中国做出贡献。是年10月，盐城全境解放。

建置沿革 西周前为"淮夷"地。汉武帝元狩四年（前119）始建盐渎县。东晋安帝义熙七年（411），因"环城皆盐场"更名盐城。南北朝先设射阳郡，后改盐城郡。隋大业十四年（618），韦彻据盐城称王，立射州，分射阳、新安、安乐3县。唐武德七年（624），废射州，复盐城县，属楚州；乾元元年（758），置盐城监以管楚州盐务。南唐升元元年（937），划属泰州并设海陵监驻东台场，以监管南北盐场，东台名始见史书。宋代属楚州。元代隶扬州路、淮安路（后改扬州府、淮安府）。明清时分属扬州、淮安二府。其间，阜宁于清雍正九年（1731）建县，东台于乾隆三十三年（1768）建县。民国年间先属淮扬道，后废道隶省，先后设江苏省行政第十督察区、盐城行政督察区、第六行政督察区，治所均设盐城。1941年9月，盐阜区行政公署成立，盐城分为盐城、盐东、建阳3县，阜宁分为阜宁、阜东2县，盐阜行政区辖盐城、盐东、建阳、阜宁、阜东、淮安、涟水7县和涟灌阜边区办事处；东台县属苏中二分区。1942年4月，析射阳河以南、串场河以东、黄沙港以北建射阳县，同时将涟灌阜边区改为潮南县（后改滨海县）；5月，析东台北部建台北县，均属苏中二分区；11月，东台、泰东2县并为东台县。1944年10月，台北县并入东台县，因二分区撤销，改隶苏中四分区。1945年10月，盐阜行政区改为盐阜分区；11月，东台县析出小海、滨海和堤东区，与9月成立的大中集垦区特区合并为台北县；12月，盐阜分区改为苏皖边区五分区，辖盐城、盐东、建阳、阜宁、阜东、射阳、滨海、淮安、涟东9县；原苏中三、四分区合并为苏皖边区一分区，东台、台北二县均隶一分区。1947年2月，以通榆公路为界改五分区为新的五分区和十一分区，路西的盐城、建阳、阜宁、涟东、淮安5县为五分区，路东的盐东、射阳、阜东、滨海4县为十一分区；9月，五分区和十一分区又合为五分区，仍辖9县。1949年5月，苏皖边区一、五分区改为泰州行政区和盐城行政区，盐城行政区辖盐城、盐东、建阳、阜宁、阜东、射阳、滨海、淮安、涟东9县，东台、台北属泰州行政区；11月，盐东、阜东分别并入射阳、滨海。1950年1月起，东台、台北划属盐城行政区；6月，涟东县划属淮阴行政区。1951年7月，台北县更名大丰县，建阳县更名建湖县。1953年1月，江苏省政府成立，盐城专区辖盐城、东台、大丰、建湖、射阳、阜宁、滨海和淮安8县。1954年10月，淮安县划归淮阴专区。1966年3月，析滨海县中山河以北建响水县。1968年3月，盐城专区革命委员会成立，各县相继成立县革委会。1971年5月，盐城专区改称盐城地区，仍辖8县。1978年10月，撤销盐城地区革命委员会，成立盐城地区行政公署。1983年3月，实行市管县新体制，撤销盐城地区和盐城县，建省辖市盐城市，同时将原盐城县盐城镇范围设置为市城区，原盐城县农村范围设置为市郊区，全市辖东台、大丰、建湖、射阳、阜宁、滨海、响水7个县和城区、郊区2个区。1987年12月，东台撤县改市。1996年8月，大丰撤县改市；9月，市郊区改设盐都县。2004年3月，市城区更名亭湖区，同时撤销盐都县，设立盐都区。2015年8月，经国务院批准，撤销县级大丰市，设立盐城市大丰区。

行政区划 盐城市下辖东台1个县级市和建湖、射阳、阜宁、滨海、响水5个县，以及盐都、亭湖、大丰3个区，另设有盐城经济技术开发区和江苏省盐南高新技术产业开发区（2019年6月，改盐城市城南新区为江苏省盐南高新技术产业开发区）。至2022年年底，全市有30个街道、95个镇，2399个村（社区）。

表1　2022年盐城市行政区划及经济区一览表

地　区	镇、街道基本情况	
总　计	30个街道、95个镇	
亭湖区	8个街道 5个镇	五星街道　文峰街道　先锋街道　大洋街道　新洋街道　毓龙街道 宝瓶湖街道　东亭湖街道 新兴镇　南洋镇　便仓镇　黄尖镇　盐东镇
盐都区	4个街道 8个镇	张庄街道　潘黄街道　盐龙街道　盐渎街道 学富镇　龙冈镇　郭猛镇　大冈镇　大纵湖镇　楼王镇　尚庄镇　秦南镇
大丰区	2个街道 11个镇	大中街道　丰华街道 草堰镇　白驹镇　刘庄镇　小海镇　西团镇　新丰镇　大桥镇　草庙镇 万盈镇　南阳镇　三龙镇
响水县	8个镇	响水镇　陈家港镇　小尖镇　黄圩镇　大有镇　双港镇　南河镇　运河镇
滨海县	3个街道 11个镇	东坎街道　坎南街道　坎北街道 五汛镇　蔡桥镇　正红镇　通榆镇　界牌镇　八巨镇　八滩镇　滨海港镇 滨淮镇　天场镇　陈涛镇
阜宁县	4个街道 13个镇	阜城街道　金沙湖街道　花园街道　吴滩街道 沟墩镇　陈良镇　三灶镇　郭墅镇　新沟镇　陈集镇　羊寨镇　芦蒲镇 板湖镇　东沟镇　益林镇　古河镇　罗桥镇
射阳县	13个镇	合德镇　临海镇　千秋镇　四明镇　海河镇　海通镇　兴桥镇　新坍镇 长荡镇　盘湾镇　特庸镇　洋马镇　黄沙港镇
建湖县	3个街道 11个镇	近湖街道　钟庄街道　塘河街道 建阳镇　九龙口镇　恒济镇　颜单镇　沿河镇　芦沟镇　庆丰镇　上冈镇 冈西镇　宝塔镇　高作镇
东台市	14个镇	溱东镇　时堰镇　五烈镇　梁垛镇　安丰镇　南沈灶镇　富安镇　唐洋镇 新街镇　许河镇　三仓镇　头灶镇　弶港镇　东台镇
盐城经济技术开发区	1个街道 1个镇	新城街道 步凤镇
盐南高新区	5个街道	黄海街道　伍佑街道　新河街道　新都街道　科城街道

人口方言 至2022年年底，全市常住人口668.97万人，常住人口城镇化率65.43%。全年出生人口3.25万人，出生率3.6‰；死亡人口6.94万人，死亡率9.7‰。

盐城地僻海边，先民们一直以渔、盐、耕种等业为主。艰辛的渔耕生活，养成勤俭、简朴的品质，民风古朴、淳厚，具有明显的沿海地域特征和水乡自身特色。盐城方言的历史可以追溯到秦汉时期。汉初，这里已“煮海利兴，穿渠通运”，有不少居民居住于此，操吴扬江淮语。三国魏晋之际，战乱频繁，中原居民南迁，有一部分留居于此，当地语言与中原语言融合。经过漫长的时期，形成盐城方言的基本面貌。从秦汉到南宋，盐城方言的范围还只限于今通榆河以西地区，在宋高宗建炎二年（1128）黄河夺淮入海以前，盐城县城距海仅500米，海岸线长期维持在今上冈、盐城、草堰、东台一线。由于黄河夺淮入海，大量泥沙不断沉积，海岸线不断东移，至清咸丰年间（1851—1861），大体形成今盐城市的地理格局，盐城方言也随之东扩。盐城方言属于江淮官话区，具有江淮官话的典型特征，如有入声等，同时还具备一些自身混合性的语言特征。盐城方言可以粗略地分为东南片、中片、西北片三片。东南片以步凤为代表，中片以市区为代表，西北片以龙冈为代表。西北片基本保留江淮官话洪巢片的特点，中片开始对混合性的语言特征有所反映，如部分古全浊声母仄声字今读塞音、塞擦音声母时送气，而东南片表现尤为明显。

民族宗教 盐城市境内原为汉民族聚居区。大约在元末明初，陕西、河南一带回民因饥荒陆续迁居境内，至此，境内始有少数民族居住。后因饥荒或战乱，其他如满族、苗族、蒙古族等人口相继迁居境内。1949年中华人民共和国成立后，特别是在1978年实行改革开放政策以后，因工作调动、婚姻嫁娶等原因，境内少数民族逐渐增多。

境内1953年第一次全国人口普查有8个少数民族952人；1964年第二次全国人口普查有14个少数民族1559人；1982年第三次全国人口普查有20个少数民族2537人；1990年第四次全国人口普查有28个少数民族3447人；2000年第五次全国人口普查有47个少数民族1.36万人；2010年第六次全国人口普查有53个少数民族1.51万人。2020年，第七次全国人口普查有48个少数民族，常住少数民族人口2.5万人。2022年，盐城市有民族村5个、民族组2个、市田家炳中学新疆班学生269人、盐城工学院、盐城师范学院等驻盐高校少数民族大学生2889人。市区、东台、射阳、响水各有1处回民墓地。

盐城市境内民众信仰的宗教主要有佛教、道教、伊斯兰教、天主教和基督教。境内佛教、道教传入最早，起于汉唐，盛于明清，影响甚广。清末，东台县有大小寺庙、宫观800余座，出家僧尼3000余人，古台城有“九寺十三庙七十二庵”之说；盐城县有寺刹400余座，城内永宁寺为诸寺之首。清末民初，美国牧师白秀生夫妇和法国司铎晁德礼、蓬士禄等人先后带领传教士在境内建堂、办学、布道，遂将基督教和天主教传入境内。境内宗教的分布具有一定区域性：佛教、道教主要分布在东台市、大丰区、市区、建湖县；伊斯兰教主要分布在回民聚居的市区和响水县、滨海县；天主教主要分布在东台市、大丰区；基督教主要分布在响水县、滨海县、阜宁县、射阳县。2022年，全市佛教、道教、伊斯兰教、天主教、基督教五大宗教。全市有爱国民族宗教团体25个，其中市级团体5个，分别为市民族团结进步促进会、市佛教协会、市道教协会、市伊斯兰教协会、市基督教协会。

名人俊彦 盐城市文化底蕴丰厚，历代人文荟萃。汉末“建安七子”之一的陈琳文雄海内。宋代晏殊、吕夷简、范仲淹先后在西溪任盐官，后相继入朝为相，人称“西溪三杰”，被传为千古佳话。晏殊《浣溪沙》：“无可奈何花落去，似曾相识燕归来”；吕夷简《咏牡丹》：“异香浓艳压群葩，何事栽培近海涯？开向东风应有恨，凭谁移入王侯家”；范仲淹《至西溪感赋》：“谁道西溪小，西溪出大才。参知两丞相，曾向此间来”，都写在西溪任上。“先天下之忧而忧，后天下之乐而乐”的范仲淹，在任西溪盐仓监时倡修的捍海堰，泽被后世，世人颂为“范公堤”。南宋左丞相陆秀夫抱幼帝壮烈蹈海，成为流芳百世的抗元英雄。元末盐民张士诚揭竿起义，建立大周政权，在平江（今苏州）自称吴王。元末明初，文学巨匠施耐庵与弟子罗贯中曾隐居白驹场，撰写古典小说名著《水浒传》《三国演义》。明代哲学家王艮创立的“泰州学派”名闻全国。书法家宋曹的作品漂洋过海，饮誉扶桑。明末清初著名评话艺术大师柳敬亭，以其精湛的技艺名闻天下。清初布衣诗人吴嘉纪，在中国文学史上与历代群贤共放异彩。孔尚任、李汝珍用盐城的水墨润就不朽名篇《桃花扇》《镜花缘》。晚清武状元徐开业镇守潼关，以身殉国。水利专家冯道立治水有方，著就《淮扬治水论》《测海蠡言》等名篇40余部。爱国志士臧在新、伏龙等追随孙中山反帝反封建，为国捐躯，被国民政府追授为中将衔。“五卅”反帝爱国先驱顾正红、新闻史研究的开拓者戈公振、左联作家孙石灵、爱国科学家喻兆琦等著名人物，在中国近现代史上尽显风采。1941年“皖南事变”后，新四军在盐城重建军部，这里一度成为华中抗日根据地的指挥中心。在刘少奇、陈毅、黄克诚、粟裕等老一辈无产阶级革命家的领导下，盐城人民前仆后继，浴血奋战，涌现出许多可歌可泣的英雄人物和革命烈士。当代更是人才辈出，如佛教居士高鹤年，书法家高二适，教育家陈中凡，杰出外交家乔冠华，马克思主义理论家、被誉为中共“党内一支笔”的胡乔木等。为纪念历代名人，缅怀他们的业绩，1986年建成新四军纪念馆，2000年在市区迎宾公园内兴建盐城历史文化名人长廊，各县（市、区）修复一批名人故居，以供后人瞻仰、凭吊。

文化遗存 全市有不可移动革命文物172处、馆藏革命文物5766件（套），市级及以上爱国主义教育基地98处，革命遗址248处，以烈士命名的镇（村）128个，9个县（市、区）全部列入国家革命文物保护利用片区，资源总量、重要资源数量均居全国前列。全市拥有国家级“非遗”项目3个、省级29个、市级90个，国家级传承人2人，省级“非遗”传承人15人。市、县（市、区）均在文化馆挂牌成立“非遗”保护中心，建有公共“非遗”展示场馆、展厅19个、民营“非遗”展示馆1个。

城市性质 1985年9月，江苏省政府批准盐城市的城市性质为：新四军抗日革命根据地，以发展食品、轻纺、机械工业为主的工商城市，市域中心。1990年12月，经江苏省政府批准，盐城市的城市性质调整为：苏北沿海中心城市之一，以发展轻纺、食品、机电工业为主的工商城市，新四军抗日革命根据地。1995年1月，《盐城市城市总体规划修编纲要》通过专家论证，明确盐城市的城市性质为：江苏省沿海中心城市，滩涂、海洋工程开发基地，新四军抗日革命胜利纪念地。2003年9月,《盐城市总体规划纲要(2003—2020)》通过专家论证,明确盐城市城市性质为:江苏沿海中心城市,新兴工业城市,海洋经济服务基地。2006年8月,中共盐城市委第五次党代会明确盐城市城市性质为:江苏沿海中心城市,长江三角洲新兴的工商业城市,湿地生态旅游城市。2009年,国务院通过《江苏沿海地区发展规划》,根据省委、省政府关于贯彻落实《江苏沿海地区发展规划》实施意见的精神,将盐城定位为:中国沿海新兴临港工商业城市、长三角产业北拓承接基地、西太平洋国际湿地旅游城市、200万人口特大中心城市。2010年,国家发改委印发《长江三角洲地区区域规划》将盐城定位为先进制造业基地、能源基地和现代农业示范区、重要生态湿地旅游目的地,沿海地区现代工商城市。2012年,《江苏城镇体系规划(2012—2030)》中盐城定位为:东北亚特色物流转运基地、长三角新兴工商业城市、沿海湿地生态旅游城市。2013年,《盐城市城市总体规划(2013—2030)》确定盐城的城市性质为:沿海新兴中心城市,现代工商贸易城市,湿地生态旅游城市。（严志鉴）

城市标识

中国海盐历史文化名城 盐城因盐而兴,以"环城皆盐场"得名,是一座以盐为名的城市,其文化精髓积淀的是海盐古韵。虽然昔日的海盐繁华已风光不再,但与其相关的物质和非物质海盐文化遗存,如范公堤遗址、草堰古盐运集散地、西溪盐仓监遗址、张士诚起义北极殿遗址、王艮"东陶精舍"遗址、海春轩塔、古庆丰桥、富安明代民居等,仍俯拾皆是(约860多处);沿串场河沿线如盐渎、盐城和各种称谓的墩、亭、场、灶、仓、团、锅、丿、滩等源于海盐文化的数百处地名,已成今人读取海盐文化活的"化石"。以"团"为名,多分布在古淮南盐区的东台、大丰,如戚家团、南团、西团、新团、北团、卞团等;因"灶"得名的有头灶、三灶、四灶、六灶、沈灶、南沈灶等;"总",是盐场灶民聚居单位,沿海乡镇有一总、二总、三总等地名;"仓",即盐仓,以枯枝牡丹扬名的便仓镇,当年就是伍佑场便仓所在地;以"丿"为名的有曹丿、潘丿等镇。"串场百里皆盐场"。贯穿市区的串场河,曾经是串联各盐场的运盐之河。围绕串场河打造的国家AAAA级海盐历史文化景区,包含全国唯一展示海盐文明的中国海盐博物馆,其银白色的建筑如晶莹剔透的盐晶堆积于串场河畔,向世人诉说着盐城的海盐历史;景区内,既有"炼卤煎盐""晒海为盐"等古盐民生活场景的再现,又有古水街小桥流水、青砖灰瓦,反映古盐民市井生活繁华的风情,也有东进路文化休闲美食街的繁华和盐渎公园水绿生态的韵致。白色的海盐文化,已成盐城城市文化的重要精髓。

新四军重建军部所在地 盐城是革命老区,有着深厚的红色文化底蕴。1940年10月,新四军、八路军会师盐城,开辟以盐阜为中心的苏北抗日根据地。11月下旬,华中新四军八路军总指挥部由海安移驻盐城。皖南事变发生后,中共中央庄严宣告在盐城重建新四军军部,随后中共华中局在盐城成立。至此,盐城成为整个华中抗日的政治领导中心和军事指挥中心。新四军选择盐城,中共华中局选择盐城,既有党中央的战略部署,也有盐城自身独特的地缘优势。当年,许多从皖南突围出来的同志,历尽艰辛来到盐城,重新投入战斗。许多民主人士、文化名人、青年学生纷纷从敌占区、大后方,冲破封锁和阻挠奔赴盐城,投身于火热的抗日救亡运动。华中党校、鲁艺华中分院、抗大五分校、江淮日报社、江淮银行及农救会、工救会、青救会、学救会、新安旅行团等抗日团体组织纷纷建立。"新的苏北、新的盐城"蓝图初具规模,盐阜抗日根据地由此引领华中、辐射全国,在各抗日根据地影响深远。新四军这支铁的队伍在血与火的考验中形成听党指挥、服务人民、维护团结、执纪严明,艰苦朴素、不怕牺牲的新四军精神。五年的盐城抗战,仅新四军三师就对敌作战4700余次,歼敌6万余人,削弱日伪军实力,钳制日军在华中力量,支援抗战正面战场。新四军在盐城的抗战,离不开英雄城市的卓越贡献。"最后一把米,用来做军粮;最后一尺布,用来做军装;最后的亲骨肉,含泪送战场",生动描述水乳交融的军民鱼水深情。兵民是胜利之本。1944年年初,盐阜地委开展参军运动,一个月时间,全区即有7000余人应征。"吃菜要吃白菜心,当兵要当新四军",在当时的盐阜区广为流传。中华人民共和国成立以后,新四军重建军部纪念塔、新四军纪念馆、泰山庙、华中工委纪念馆等一批承载红色记忆的纪念设施相继建成,248处红色遗存、98家市级以上爱国主义教育基地、128个烈士命名镇村构筑特色红色版图。盐城以新四军文化为资源优势,主打红色文化品牌,创建革命历史文化名城。建军路作为集中展现新四军文化的景观轴和人文串联轴,精心打造出反映新四军文化的各种主题建筑和景观小品,其中新四军纪念馆是国内最全面、最系统反映新四军抗战史的综合性纪念馆,被中共中央宣传部、文旅部列入全国100家红色旅游景点景区和30条红色旅游精品线路。

中国第一块滨海湿地类型世界自然遗产地 盐城市海岸线绵延582千米,拥有太平洋西岸和亚洲大陆边缘面积最大、生态保护最好的海岸型湿地,拥有广袤的滩涂、独特的辐射沙脊群。盐城黄海湿地是东亚—澳大利西亚迁徙路线上鸻鹬类重要的停歇地、越冬地、繁殖地,受胁物种数23种;是极危物种勺嘴鹬超过90%全球种群的栖息地、换羽地,是小青脚鹬、大杓鹬、黑脸琵鹭、大滨鹬、黄嘴白鹭的重要栖息地,是黑嘴鸥的繁殖地,也是全球丹顶鹤60%以上种群的越冬地。根据世界自然保护联盟"黄海潮间带栖息地"评估报告,在整个东亚—澳大利西亚迁徙路线的16处潮间带水鸟生物多样性关键区域中，有7处区域位于黄渤海区域，其中盐城市黄海湿地是面积最大、重要性最高的一块，对整个迁飞路线的贡献位列全部1030个重要候鸟栖息地第三名。2019年7月5日，联合国教科文组织世界遗产委员会正式审议通过将中国黄（渤）海候鸟栖息地（第一期）列入世界遗产名录。盐城黄海湿地成为中国第54处世界遗产、江苏乃至长三角地区首项世界自然遗产，成为中国第一块滨海湿地类型自然遗产、全球第二块潮间带湿地遗产。

长三角一体化发展中心区城市 盐城市位于长三角北翼，与上海市既有深厚的历史渊源，又有紧密的现实联系，素有“北上海”之称。盐城市307平方千米的上海农场是上海重要的农产品供应基地。盐沪两地产业和人口关联密切，盐城三分之一的规模以上工业企业与上海有合作关系，上海13.7%的流动人口来自盐城，盐城籍新上海人超过百万人。沪苏大丰产业联动集聚区，是江苏与上海首个省级层面合作园区。在盐城市投资的上海市企业接近500家，上海电气、光明集团、临港集团等一批行业龙头加快集聚，形成以盐城（上海）国际科创中心建设为核心的离岸研发新模式。2019年12月1日，中共中央、国务院颁布《长江三角洲区域一体化发展规划纲要》，盐城市成为27个长三角一体化发展中心区城市之一，是江苏苏北唯一被纳入的城市。盐城市对标长三角一体化发展中心区城市定位，在国家战略和长三角城市群中谋篇布局，突破行政区划等级限制，提升城市等级和核心竞争力，全方位融入长三角一体化发展进程。2020年12月30日，盐通高铁通车，盐城市实现全面融入上海市1小时经济圈。2022年，长三角一体化产业发展基地、沪苏大丰产业联动集聚区省际合作园区等6个项目列入国家长三角一体化重大项目库。

淮剧杂技之乡 盐城既是淮剧发源地（有“淮剧之乡”“现代戏之乡”之称），又是中国杂技发源地之一。盐城的淮剧和杂技，均被列入国家级非物质文化遗产名录。

淮剧又名“江淮戏”“淮戏”，是一种古老的汉族戏曲剧种，初为盐阜民间生活小戏，由当地流行的农民号子“儴儴腔”和田歌“栽秧调”发展成一人单唱或二人对唱的“门叹词”，通常与民间酬神的“香火戏”结合演出，以竹板击节，时称“二可子”，主要唱调是由“门叹词”“香火调”和部分民歌小曲发展成的淮调（后称“老淮调”）；后受徽戏和京戏影响，移植演出一些表现历史生活的大戏，因需扎靠、打把子，故称“靠把戏”，唱调也相应吸收徽戏的唱腔并加以变化，创造出“靠把调”（又称“老徽调”），进而逐渐形成具有盐阜地方特色的淮剧。早期的淮剧以“老淮调”和“靠把调”为主，唱腔多半是曲牌连缀结构，尚未采用管弦乐器。民国时期，戴宝雨、梁广友、谢长钰等人在“香火调”基础上，采用二胡伴奏创作新调，因二胡是以琴弓拉奏，故名“拉调”，其唱腔板式又有新变化、新发展。此时，因李玉花、董桂英等一批女演员出现，淮剧表演艺术得到较大提高，流行地域也从盐城市、阜宁县、淮安市、宝应县、泰州市、兴化市等地逐步扩大，迅速辐射到苏南。1912年，淮剧艺人何孔德、何孔标、陈达三等人将淮剧推广至上海，很快又在沪皖浙等地流行。1939年，著名演员筱文艳在“拉调”等唱腔基础上新创“自由调”，使淮剧唱腔的表现力更为增强。此后，著名演员何叫天又创“连环句”唱调，进一步丰富“自由调”。盐阜文工团“淮戏研究组”在创作演出大量现代戏的同时，吸收扬剧“小开口”的曲调，新创“新淮调”“新悲调”等唱腔，使淮剧唱腔更为丰富。中华人民共和国成立后，特别是改革开放以来，淮剧作为江苏六大地方剧种之一，不断推陈出新，创作并演出《小镇》《小城》《谷家大事》等一批具有全国影响的经典剧目。年内，淮剧《范公堤》入选2022年文旅部历史题材创作工程。

11月13日，《炼——倒立技巧》获第十一届中国杂技比赛最高奖金菊奖。

金重庆　摄

盐城的杂技历史亦十分悠久。明初，盐城“十八团”已是闻名遐迩的杂技之乡。清初，出自当地的杂技艺人凭借自己的绝活享誉东南沿海，有的远涉海外传艺新加坡、泰国等国家。“十八团”艺人创造的许多传统杂技，尤以气功、顶技、蹬技、爬竿、三上吊、走索、舞狮等出名。如今，盐城市杂技团经常应邀参加国际赛事，《扇舞丹青》《小桥 流水 人家》等一批特色节目在国内外影响很大。2022年，杂技《炼——倒立技巧》斩获中国杂技最高奖金菊奖。

（严志鉴）

年度城市亮点

获得国际湿地城市认证 6月8日，拉姆萨尔（Ramsar）湿地公约官网发布第二届国际湿地城市名单，全球有25个国际湿地城市获得认证，中国有7个城市上榜，盐城市成功入选，系江苏唯一。11月5—13日，第十四届湿地公约缔约方大会举办，北京时间11月11日0时（日内瓦时间11月10日17时），在《湿地公约》第十四届缔约方大会日内瓦分会场湿地城市授牌仪式上，《湿地公约》秘书处授予盐城“国际湿地城市”证书。（严志鉴）

获评国家卫生城市 2月8日，国家卫健委发布《全国爱卫会关于2021年度国家卫生城镇复审结果的通报》，盐城市再次被确认为国家卫生城市。2015年3月，盐城市被全国爱卫会表彰为国家卫生城市。2018年3月，被全国爱卫会重新确认为国家卫生城市（区），是盐城市首次通过全国爱卫办组织的国家卫生城市复审。

入选全国第二批一刻钟便民生活圈试点地区 “一刻钟便民生活圈”是服务半径在步行15分钟左右范围内，以社区居民为服务对象、满足居民日常生活基本消费和品质消费等为目标、多业态集聚形成的社区商圈。2022年4月，盐城市获批第一批省级一刻钟便民生活圈试点城市；8月，盐城市入选全国第二批一刻钟便民生活圈试点地区。

首批国家知识产权强市建设试点城市
8月4日，国家知识产权局发布《国家知识产权局关于确定国家知识产权强市建设试点示范城市的通知》，首批共有72个城市（城区）入选国家知识产权强市建设试点城市。盐城市入选其中。试点示范时限自2022年7月至2025年6月。国家知识产权强市建设试点示范城市是具体贯彻落实《知识产权强国建设纲要（2021—2035年）》和《“十四五”国家知识产权保护和运用规划》要求，经地方申报推荐、材料审查、专家评审等程序评定，这些试点示范城市将对标知识产权强国建设标准，集聚各方面优势资源，共同打造区域知识产权工作高地，引领带动各省知识产权高质量发展，为加快建设知识产权强国提供有力支撑。年内，盐城市以高标准推进国家知识产权强市建设试点城市工作为主线，印发《盐城市国家知识产权强市建设试点城市工作方案（2022—2025年）》，集聚各方面优势资源，加快建设知识产权强市。（崔伟 陈启伟）

江苏推动绿色低碳发展的样本城市
9月1日，《中国环境报》“学习贯彻习近平生态文明思想”专栏聚焦盐城，刊发江苏省社科院党委书记、院长夏锦文的署名文章《美丽江苏推动绿色低碳发展的盐城样本》，记录盐城践行习近平生态文明思想，守护“原真生态”，探索文旅、康养、创新型经济等业态，加速释放生态价值；依托“鱼米之乡”“水韵江苏”良好生态，建设新时代“鱼米之乡”；坚定不移践行“双碳”战略，在经济发展中促进绿色转型，在绿色转型中实现更大发展；践行“两山”理念，打通“绿水青山”和“金山银山”转化通道，全面推动生态产业化和产业生态化，促进经济社会体系全方位转向绿色低碳的盐城经验。（张明）

获批创建全国网络市场监管与服务示范区 年内，市市场监管局坚持政策先行，联合市有关部门先后制定加快全市电子商务高质量发展、加快培育新型农业经营主体、推动平台经济规范健康持续发展等实施意见以及全市电子商务直播示范基地认定办法等重要文件，探索具有盐城特色的网络交易监管与服务新举措，助力新兴产业发展。9月底，国家市场监督管理总局公布“全国网络市场监管与服务示范区”创建名单，全国共17个地区入选，盐城入选其中。盐城获批创建全国网络市场监管与服务示范区，促进网络市场规范健康持续发展，打造数字经济创新发展新高地，营造良好数字经济发展环境，优化网络营商环境，提升网络市场监管效能，维护网络市场秩序，促进平台经济行稳致远。（崔伟 陈启伟）

蝉联全国健康城市建设样板市 10月12日，全国爱卫办印发《关于2021年度全国健康城市建设评价结果的通报》，公布对全国407个地级以上行政区域2021年度健康城市建设的评价结果，评选出30个地级以上市（区）为2021年度全国健康城市建设样板市，盐城市再次入选全国健康城市建设样板市，列第15位，位次较上年上升15位。（吴烨）

入选中国城市国际传播示范案例
12月29日，参考消息报社、新华社新闻信息中心联合发布“中国国际传播影响力”领先城市名单。盐城宣传工作入选中国城市(区)国际传播示范案例。年内，盐城市加大与中央外宣媒体合作力度,新华社全球连线推出《中国盐城湿地:鸟类的天堂》《韩国友人筑梦江苏盐城》等视频报道；《参考消息》推出《黄海湿地案例启迪世界》整版报道；《人民日报海外版》推出《中国湿地保护之路》《去盐城条子泥看鸟》等图文报道；中央广播电视总台CGTN推出《候鸟的旅行,丹顶鹤的爱温暖盐城的冬》《盐城黄海湿地成为候鸟的游乐场》等短视频产品；《中国日报》推出《麋鹿在江苏盐城自然保护区繁衍生息》对外报道；加强海外社交媒体建设，做好"Discover Yancheng" (发现盐城)脸书、推特账号运营维护，向国际传播盐城声音，平台粉丝量突破20万人，互动量突破30万人（次），曝光量突破1500万人（次）。

创成国家绿色出行示范城市 12月29日，交通运输部、国家发展改革委公布97个绿色出行创建考核评价达标城市名单，盐城入选其中。盐城推进绿色出行创建行动，构建以中运量公交为骨干、常规公交为网络、特色公交为辅助、慢行交通为延伸的多模式、一体化绿色出行体系。优化城市路网，建成“一环五射”90千米城市内环高架，直达高速、连接枢纽，市区任意点位15分钟快速通达高速互通、高铁枢纽和盐城南洋国际机场等“两高一空”重要节点，构建内畅外达的市政路网体系，中心城区承载力持续提升，市民体验感、舒适度明显增强。构建全域公交发展新格局，建成畅达“市县镇村”功能型全域公交网络，开通15条市域、32条市郊、98条县镇、305条镇村公交线路，在全省设区市率先实现全域公交发展目标。集中开展串场河、通榆河、新洋港（蟒蛇河）“三河”全域整治，同步新建亲水步道137千米；重塑城市风貌特色，建成中心城区“瓢城绿廊”，新建绿道4.84千米。（戴万林）

蝉联省乡村振兴战略实绩考核第一等次 1月26日，在省委农村工作会议上，盐城市蝉联省2021年度乡村振兴战略实绩考核设区市综合排名第一等次。盐都区、大丰区获县级综合排名第一等次，亭湖区、建湖县、响水县、阜宁县、射阳县获进位第一等次，县（区）进位第一等次数量占整个总数的三分之一，全省最多，8家单位获全省乡村振兴先进集体，16名个人获全省乡村振兴先进个人。（潘志飞）

经济社会发展

经济建设 盐城地处黄海之滨，早在远古时代，先民们就利用近海之利进行渔猎活动。战国时期即“煮海为盐”。唐宋时期，盐城成为东南沿海重要的盐业生产中心。清末民初，盐城建成粮棉之仓。同时，一些有识之士逐步将资金转向工业。至民国25年（1936），境内规模较大的私营工厂有数十家，手工业发达，商业也日趋繁荣。20世纪30年代，日本侵华发动战争和国民党反动派挑起内战对境内经济产生巨大的破坏。中华人民共和国成立后，盐城经济逐步恢复，初步奠定农业在国民经济中的基础地位，在发展农业的同时，恢复和发展工业，盐城工农业总产值从1949年的4.44亿元（1980年不变价，下同）上升至1977年的30.54亿元，实现6.8倍增长。中共十一届三中全会以后，坚持以经济建设为中心，不断深化改革，农村逐步推行家庭联产承包责任制，城镇逐步扩大企业自主权，推行多种形式的经济责任制等，盐城经济飞速增长。1980年，盐城工农业总产值40.83亿元，其中，工业总产值21.48亿元，占工农业总产值的52.59%，首次实现工大于农的历史性转折。1983年后，盐城实行市管县的新体制，城乡经济一体化发展进程加快，改革开放逐步深化，投资大幅增长，产业结构调整步伐逐步加大，发展速度明显加快，经济总量迅速扩大。2000年以后，盐城经济保持高位发展，2005年地区生产总值突破千亿元大关，实现年均增长15%以上。2006—2015年，盐城抢抓沿海发展和长三角一体化发展两大国家战略机遇，加快推进结构调整和发展转型，全面深化改革，经济突飞猛进，从2005年1058.1亿元增长到2010年2332.76亿元、2015年4212.5亿元。“十三五”期间，盐城深化供给侧结构性改革，经济总量规模不断扩大、质量效益持续提升，全面建成小康社会取得决定性成就，地区生产总值和人均收入提前实现较2010年翻一番的目标，经济总量5953.4亿元，在全国地级以上城市中排第37位；人均地区生产总值超过1.2万美元。

2022年，盐城市实现地区生产总值7079.8亿元，按可比价格计算，比上年增长4.6%。其中，第一产业实现增加值793.8亿元，比上年增长3.8%；第二产业实现增加值2927.8亿元，比上年增长6%；第三产业实现增加值3358.2亿元，比上年增长3.6%，三次产业增加值比例调整为11.2∶41.4∶47.4。人均地区生产总值10.56万元（按2022年年平均汇率折算约1.57万美元），比上年增长4.7%。全年完成一般公共预算收入453.3亿元，比上年增长0.5%，其中税收收入297.3亿元，税收收入占一般公共预算收入比重65.6%。财政惠民力度不断加大。全年一般公共预算支出1093.9亿元，比上年增长3.9%。其中，财政用于民生支出877.4亿元，比上年增长6.8%，占一般公共预算支出比重80.2%，用于卫生健康、社会保障和就业、农林水支出比上年分别增长14.7%、10.5%、6.5%。

全年实现农林牧渔业总产值1415.2亿元，可比价比上年增长4.2%；农林牧渔业增加值850.6亿元，可比价比上年增长4.1%。粮食实现增产丰收。全年粮食面积、单产和总产实现“三增”，全年粮食播种面积992.87千公顷，比上年增加1.12千公顷；粮食总产量715.8万吨，比上年增加1.02万吨；粮食亩产480.6千克。畜禽生产稳定增长。年末生猪存栏298.2万头，比上年增长3%，出栏474.3万头，比上年增长1.5%；至2022年年底家禽存栏9505.3万只，比上年增长3.6%，出栏1.26亿只，比上年增长4%。渔业生产平稳增长。全年水产品总产量121.1万吨，比上年增长2.1%。全年新建国家高标准农田5.23万公顷，其中高效节水灌溉面积2033万公顷。新型农业经营主体不断壮大，建成农业产业化联合体82家，其中省级认定示范联合体29家，新增省级重点龙头企业7家、总数99家。新创省级示范家庭农场46家，新增省级农民合作社示范社25个。农业产业链发展迅速，全年新增省级农业全产业链发展典型县1个，新办千万元以上农产品加工项目119个，其中亿元以上加工项目26个。

全年规模以上工业企业总产值比上年增长17.8%，规模以上工业增加值比上年增长9.3%，其中轻工业比上年增长10.3%，重工业比上年增长9%。从经济类型看，国有及国有控股工业比上年增长9.1%，民营工业比上年增长9.2%，三资工业比上年增长9.6%。从工业门类看，采矿业比上年增长23.9%，制造业比上年增长9.9%，电力、热力、燃气及水生产和供应业比上年下降3.2%。全年高技术行业规模以上工业产值比上年增长31.8%，其中计算机及办公设备制造业、电子及通信设备制造业产值比上年分别增长50.8%、32.1%。四大主导产业产值比上年增长26.4%，其中，电子信息产业比上年增长

15%，钢铁产业比上年增长9.3%，汽车产业比上年增长19.9%，新能源产业比上年增长58.5%。全年规模以上工业企业实现营业收入7985.6亿元，比上年增长17.2%，利润比上年增长67.6%。规模以上工业企业营业收入利润率、成本费用利润率分别为5.6%、5.9%。全年规模以上工业企业产销率96.9%。

全年完成建筑业总产值2219.5亿元，比上年增长7.8%，其中，建筑安装工程产值2201.2亿元，比上年增长8%，在外省完成的产值950.4亿元，比上年增长5.9%，装配式建筑工程产值6.8亿元，比上年增长113.9%，竣工产值1769.7亿元，比上年增长26.8%。房屋施工面积1.19亿平方米，比上年增长0.9%，其中新开工面积4197.5万平方米，比上年下降15.2%。从事生产经营活动的平均人数68.2万人，比上年增长1.6%，其中工程技术人员5万人。

全年实现社会消费品零售总额2700.6亿元，比上年增长0.6%。分行业看，批发业实现销售额3423.6亿元，比上年增长17.2%；零售业销售额1875.5亿元，比上年增长3.3%；住宿业实现营业额37.7亿元，比上年增长6.7%；餐饮业实现营业额268.1亿元，比上年增长3.4%。全年零售额累计增长面超60%，其中，生活类商品增势平稳，粮油食品类、服装鞋帽针纺织品类零售额比上年分别增长34.9%、15.6%。部分消费升级类商品零售额增长较快，通信器材类、文化办公用品类、金银珠宝类比上年分别增长33.1%、33%、31%；中西药品类零售额比上年增长13.9%。新能源汽车销售持续高涨，全年零售额比上年增长6倍。

全年完成接待海内外游客2574万人（次），恢复至上年的96.3%，实现旅游总收入285亿元，恢复至上年的97.4%，旅游外汇收入2463万美元，恢复至上年的85.9%。全市拥有等级旅游景区59个，其中，国家AAAAA级旅游景区1个，国家AAAA级旅游景区20个，国家AAA级旅游景区32个，国家AA级旅游景区6个。射阳、亭湖、盐都3个县（区）创成省级全域旅游示范区，盐都仰徐村创成全国乡村旅游重点村。

至2022年年底，全市金融机构本外币存款余额9917亿元，比上年增长8.5%，其中住户存款5662.1亿元，比上年增长19.2%。金融机构本外币贷款余额9607.9亿元，比上年增长18.9%，其中，中长期贷款5658.3亿元，比上年增长20.6%。至2022年年底，全市拥有各类市场主体77家，其中，市级产险公司23家，寿险公司41家，保险专业中介一级法人机构9家、省级分公司4家。保险分支机构及营销网点499个，保险从业人员4.22万人。全年实现保费收入208.3亿元，比上年增长0.6%，其中，财产险54.8亿元，比上年增长12.7%；人身险153.5亿元，比上年下降3.1%。全市各项赔偿和给付65.1亿元，比上年增长4.8%。

全年房地产开发投资566.9亿元，比上年下降6.7%。从开发用途看，住宅投资426.3亿元，比上年下降9.2%；办公楼投资15.6亿元，比上年下降20.4%；商业营业用房投资66亿元，比上年增长23.9%。

全年完成邮政电信业务总量119.8亿元，比上年增长9.6%。其中，邮政业务总量37.9亿元，比上年增长4.8%；电信业务总量81.8亿元，比上年增长30%。实现邮政电信业务收入111.6亿元，比上年增长13.5%。其中，邮政业务收入35.1亿元，增长9.2%；电信业务收入76.5亿元，比上年增长13%。全年完成快递服务企业业务量2.25亿件，比上年下降1.8%；实现快递业务收入20.87亿元，比上年增长3.8%。至2022年年底，拥有移动电话用户726万户，其中，5G手机用户248.5万户。固定互联网宽带接入用户323.8万户，移动互联网宽带接入用户605.6万户。

全年固定资产投资比上年增长9.4%。分产业看，工业投资比上年增长10.5%，服务业投资比上年增长8.9%。分领域看，项目投资比上年增长13.5%，制造业投资比上年增长14.3%，民间投资比上年增长9.9%。高技术投资增长较快，全市高技术产业投资比上年增长32.9%。高技术制造业投资比上年增长29%，高技术服务业投资比上年增长68.6%。技改投资拉动明显，全市工业技改投资比上年增长33.3%，占工业投资的22.7%。

全年实现进出口总额200亿美元，比上年增长19.7%。其中，出口总额138.9亿美元，比上年增长29.8%；进口总额67.4亿美元，比上年增长3.3%。从贸易方式看，一般贸易进出口总额157.6亿美元，比上年增长13.1%；加工贸易进出口总额29.7亿美元，比上年增长53.3%。从出口市场看，对“一带一路”共建国家和地区出口比上年增长29.2%，对RCEP国家出口比上年增长46.2%。从出口产品看，高新技术产品、机电产品、化工产品出口比上年分别增长68.9%、41.5%和20.3%。

社会事业　教育事业协调发展。2022年，全市有普通高校（驻盐高校）6所，招生3.69万人，在校生10.22万人，毕业生2.88万人；中等职业学校（不含技工类院校）13所，在校生5.44万人；普通高中54所，在校生数13.05万人；初中240所，在校生22.6万人；小学280所，在校生42.1万人。全市初中毕业生升学率99.85%，在校生年巩固率99.56%；小学毕业生升学率100%，在校生年巩固率99.85%。学龄儿童入学率99.57%，幼儿园在园幼儿15.57万人。全市有教职工9.72万人，其中专任教师8.05万人。

文化事业不断提升。至2022年年底，全市拥有文化（群艺）馆11家，其中国家一级馆9家；图书馆11家，博物（纪念）馆13家，其中国家二级馆2家。艺术创作生产再获丰收。杂技奖《炼——倒立技巧》获中国杂技最高“金菊奖”，《范公堤》入选文旅部历史题材创作工程、国家艺术基金资助项目和省舞台艺术精品创作扶持工程重点投入剧目。3部作品获省紫金戏剧文学奖，3部作品入选全国地方戏精粹展演、全国杂技展演。

卫生事业稳步推进。至2022年年底，全市拥有卫生计生机构3378

个，其中，医院、卫生院（社区卫生服务中心）335个，疾病预防控制中心10个，妇幼卫生机构11个。各类卫生机构拥有床位4.38万张，卫生技术人员5.2万人，其中执业（助理）医师2.15万人，注册护士2.18万人。

体育事业协调发展。全市新建健身步道80千米，安装32套二代智能健身路径，建成5个县级体育公园、18个镇（街道）级体育公园、26个社区健身房，提档升级255个老旧小区室外健身器材，实现全市1343个老旧小区室外体育健身器材提档升级全覆盖。体育产业迈出新步伐。全市人均体育场地面积4.3平方米，“盐城绿野植物迷宫体育旅游线路”被认定为2022年江苏省体旅融合发展示范基地，盐城条子泥体育旅游精品线路被评为长三角地区体育旅游精品线路。竞技体育取得新突破。在第二十届省运会上，盐城代表团获得57枚金牌、182枚奖牌。

创新能力不断提高。全年专利授权数2.46万件，比上年下降10.1%，其中，发明专利授权数2614件，比上年增长13.2%；有效发明专利量1.42万件，比上年增长18.6%，每万人发明专利拥有量21.19件，比上年增长18.6%。全市拥有高新技术产业企业1197家，实现产值3553.2亿元，比上年增长32.5%，高新技术产业产值占规模以上工业产值的49.4%。新增省级以上科创平台120家，新培育高新技术企业239家、省级以上“专精特新”企业186家。

生态环境持续改善。全市始终坚持生态优先、绿色发展新理念，生态环境得到持续改善。全市空气质量优良天数比例84.1%，PM2.5年均浓度每立方米26.6微克，空气质量全省最优、全国前列。全市完成新造林866.66公顷，林木覆盖率25.17%。

基础设施不断完善。至2022年年底，全市有公路总里程2.62万千米，其中，高速公路417.1千米、一级公路1854千米、二级公路2829.7千米、三级公路1562.1千米、四级公路1.95万千米，其中，国道1000千米，省道1203.9千米。全市拥有等级公路2.62万千米，公路网密度每平方千米154.8千米。全社会营运性客运量（不含铁路、民航）1056.9万人，客运周转量9.02亿人千米，全社会货运量（不含铁路、民航）2.11亿吨，比上年下降4.3%，货运周转量497.5亿吨千米，比上年下降2.5%。全年保障航班0.95万架次，年旅客吞吐量87.6万人次，分别比上年下降50.3%、50%，货邮吞吐量0.32万吨，比上年下降67.8%，全年铁路客运量918.95万人次，比上年下降31.8%。全年交通建设完成投资186.2亿元。建成盐射高速、盐丰快速通道一期、328省道滨海段改扩建二期，滨海港区LNG码头投入运营。提档升级农村公路358千米，续建美丽乡村旅游公路67千米，建设农村公路生命防护设施3815千米。建成228国道东台条子泥和射阳海通服务区，全市国省干道服务区投运13个。

公用事业不断发展。全年全社会用电量448.9亿千瓦时，比上年增长9.5%，新能源发电量265.2亿千瓦时，比上年增长9.1%，占全社会用电量的60%。全市有18座投入运营的城市水厂，总供水能力每天200万吨，自来水深度处理达到全覆盖，全年新建改造供水管网长度242千米。全市有城镇生活污水处理厂88座，污水处理规模每天84.4万吨，全年城镇污水处理率92.5%。

人民生活 居民收入稳步增长。2022年全体居民人均可支配收入38798元，比上年增长5.5%。其中，工资性收入20107元，比上年增长5.9%；经营净收入8391元，比上年增长4.1%；财产净收入2523元，比上年增长3.8%；转移净收入7777元，比上年增长6.9%。按常住地分，城镇居民人均可支配收入45896元，比上年增长4.8%；农村居民人均可支配收入27794元，比上年增长6.7%。城乡居民人均收入比为1.65∶1，比上年缩小0.03。全体居民人均消费支出23062元，比上年增长4.9%。按常住地分，城镇居民人均消费支出25194元，比上年增长3.7%；农村居民人均消费支出19755元，比上年增长7.1%。

社会保障更趋完善。全市参加企业职工基本养老保险人数123.76万人，参加城乡居民基本养老保险241.2万人，全市职工基本医疗保险参保人数163.87万人，失业保险、工伤保险参保人数分别为80.02万人、93.94万人。全市保障城乡低保对象5.4万户8.8万人，发放最低生活保障金6.61亿元。全市建有公办养老机构120家，民办养老机构44家，城乡居家养老服务中心2364家，每千名老人拥有养老床位数19.5张。

（张　静）

国际湿地城市

编辑　高兰会

世界自然遗产地

概　况　盐城黄海湿地世界自然遗产地位于江苏省盐城市，其正式名称为中国黄（渤）海候鸟栖息地（第一期），于2019年7月5日列入世界遗产名录，范围包括江苏盐城湿地珍禽国家级自然保护区部分区域、江苏省大丰麋鹿国家级自然保护区全境、盐城市条子泥湿地公园、东台市条子泥湿地保护小区和东台市高泥淤泥海滩湿地保护小区，主要由潮间带滩涂和其他滨海湿地组成，总面积18.64万公顷。盐城黄海湿地世界自然遗产地有超过680种脊椎动物，包括415种鸟类。为23种国际重要性的鸟类提供栖息地，支撑世界自然保护联盟濒危物种红色名录中17种物种的生存，是全球极危物种勺嘴鹬90%以上种群的栖息地、换羽地；是濒危物种黑脸琵鹭、东方白鹳、丹顶鹤、小青脚鹬和大滨鹬的重要栖息地，是黑嘴鸥的繁殖地，是全球最大的丹顶鹤越冬地。世界自然保护联盟评估报告显示，中国黄（渤）海候鸟栖息地是东亚—澳大利西亚候鸟迁徙路线上的关键枢纽，为全球数百万只迁徙鸟类提供丰富的食物资源，是勺嘴鹬、丹顶鹤等珍稀濒危候鸟保护的不可替代的自然栖息地，符合世界自然遗产第十条（生物多样性）标准，从科学和保护角度看，具有突出普遍价值。

条子泥风光　　李思远　摄

江苏盐城湿地珍禽国家级自然保护区

江苏盐城湿地珍禽国家级自然保护区，位于盐城市区正东方向40千米，地跨响水、滨海、射阳、大丰、东台五县（市），地理坐标为：北纬32° 48′ 47″ ～ 34° 29′ 28″，东经119° 53′ 45″ ～ 121° 18′ 12″，区域面积为24.73万公顷。其中，核心区面积2.26万公顷，缓冲区面积5.67万公顷，实验区面积16.8万公顷。1983年，保护区成立，命名为江苏省盐城地区省级沿海滩涂珍禽自然保护区；1992年，升级为国家级自然保护区；2007年，更名为江苏盐城湿地珍禽国家级自然保护区。保护区主要保护对象为丹顶鹤等珍稀野生动物及其赖以生存的滩涂湿地生态系统。保护区是候鸟迁徙的重要驿站，每年有近300万只候鸟迁徙中途休息此地，季节性居留和常年居留的鸟类达50多万只，最具代表性的便是雁鸭类、鸻鹬类和鹤类。其中，每年的11月至次年3月，有近1000只丹顶鹤在此越冬，最大的集群可达500只，是全球最大的丹顶鹤越冬地。保护区内有动植物2600余种，国家一级保护野生动物14种，二级保护85种。年内，保护区强化湿地生境修复管理，推进珍禽栖息地营造、高潮位栖息地构建、核心区湿地修复、中实验区水系改造等湿地修复项目，累计修复湿地面积666.67公顷。开展常态化生态联合执法行动，全年抓捕非法盗取自然资源人员嫌疑人8人，其中2人被刑拘。加强巡护监督力度，创新生态检察区域协作，联合黑龙江省齐齐哈尔市检察院、盐城市检察院等单位建立生态检察区域协作机制，为南北候鸟迁徙两地保护区生态文明建设提供高效服务和法治保障。强化社区共管职能，牵头建立社区联席会议制度和社区参与共管制度，推广生态巡护岗制度，新吸纳16名社区生态巡护员。推动管理站综合型标准化建设，制定站点规范化建设和管理制度，优化站点人员配置，强化巡护设施配备，开展巡护人员体能、技能培训，打造基层管理保护的“连锁站”和“特色站”。

江苏省大丰麋鹿国家级自然保护区　江苏省大丰麋鹿国家级自然保护区位于黄海之滨，地处北纬32° 59′ ～ 33° 03′，东经120° 47′ ～ 120° 53′，占地面积2666.67公顷。1986年保护区成立，承担着保护麋鹿及其湿地生态系统，恢复野生麋鹿种群的重要任务。年内，保护区实施2021年度中央林业国家级自然保护区补助项目、中央林业湿地生态补偿项目，共计项目资金800多万元，其中包括5.5千米第二放养区隔离护栏工程、生态保水工程、巡护道路生态护坡工程，第一放养区巡护道路涵洞建设等工程。推进实施植被恢复项目，栽植中山杉苗6660株，播种乌桕种子500千克，种植红枫300株，5厘米树桩月季400株，栽植水生植物黄菖蒲2000株，栽植桃树、梨树、枣树300株，移栽10厘米金丝垂柳258株，种植6厘米以上女贞、榆树近2000棵，定植金丝垂柳3000株，枇杷400多株。至2022年年底，保护区湿地生态系统日趋完整，生物圈逐年扩大。拥有兽类12种、两栖爬行类27种、鱼类156种、昆虫599种、植物499种，拥有国家一、二级保护动物41种，麋鹿种群数量7033头，其中野生麋鹿数量3116头。

盐城市条子泥湿地公园 盐城市条子泥湿地公园位于东台市境内，规划范围北至江苏盐城湿地珍禽国家级自然保护区，南至条南垦区，西至沿海大堤，东至沿海大堤外800米范围，总面积2812.19公顷，分为保育区、恢复重建区、合理利用区三大功能分区。

东台市条子泥湿地保护小区 东台市条子泥湿地保护小区2018年10月经东台市政府批准建设，位于盐城市大丰区海域南侧、高泥西北侧、条子泥一期匡围工程东侧、东沙西侧海域，湿地类属近海与海岸湿地，湿地型为淤泥质海滩，总面积1.64万公顷。

东台市高泥淤泥质海滩湿地保护小区 东台市高泥淤泥质海滩湿地保护小区2016年经东台市政府批准建设，位于东台市条子泥海域东南侧、西蒋家沙北侧，是由从南向北的东海前进波夹带长江泥沙和由北向南的黄海近海左旋转波夹带黄河泥沙汇聚于东台外侧海面沉积而成的淤泥质海滩湿地，湿地类属近海与海岸湿地，湿地型为淤泥质海滩，面积2.73万公顷。

自然遗产地生态修复项目 年内，盐城在黄海湿地世界自然遗产地内开展以“基于自然的解决方案（NbS）”为技术理念，以生态重建、辅助再生、自然恢复、保护保育等为措施的生态修复项目。探索黄海湿地世界自然遗产保护管理新路径，恢复鸟类栖息地的生态功能，保护鸟类迁徙通道，发挥中国第一块固定高潮位候鸟栖息地——“条子泥720”（英文代号“TZN720”）效应。“条子泥720”建成后，监测发现1150只全球濒危物种小青脚鹬，新增栖息鸟类22个种类、总数410种，被中央广播电视总台《新闻联播》栏目点赞为自然遗产生态修复的“中国样本”。江苏盐城湿地珍禽国家级自然保护区“退渔还湿”工程、射阳盐场1号水库生态修复工程等项目通过基于自然的解决方案为鸟类等生物营造栖息地，维护生物多样性，在生态系统服务方面取得成效。

“世遗”主题活动 年内，盐城市以全球滨海论坛在盐城召开为契机，全面提升自然遗产和湿地管理水平。放大“世遗”品牌效应，以“世界湿地日”“爱鸟周”“世界野生动植物日”“世界文化和自然遗产日”“世界候鸟日”“全球科普日”“世界动物日”“湿地公约大会”等节日及活动为契机，联合中小学、盐阜大众报报业集团、盐城广播电视总台、盐城师范学院等单位，开展世界湿地日知识竞答、“世遗文化社区行、湿地精灵送福字”、盐城黄海湿地世界自然遗产走进高校、“当世界读书日遇上爱鸟周”等主题活动，让世界自然遗产、湿地、野生动植物保护知识进社区、进校园、进基层。累计发放《中华人民共和国湿地保护法》《盐城世界自然遗产介绍图册》等宣传手册数千份，在全社会营造保护湿地、保护生物多样性的良好氛围。

全球滨海论坛在盐城召开 （参见《特载·“国际生态朋友圈”——全球滨海论坛在盐城》相关内容）

湿地资源保护

概　况 2022年，盐城市拥有国际重要湿地（国家级自然保护区）2处，国家湿地公园2处，省级湿地公园2处，市级湿地公园4处，湿地保护小区46处，饮用水水源地保护区等具有湿地保护功能的其他保护地13处，自然湿地保护率62%。盐城市坚持规划引领，深入实施湿地保护修复工程，系统提升城市湿地品质，全年修复湿地面积2246.67公顷。至年底，全市湿地面积79.96万公顷，占全省湿地面积27.26%，其中近海与海岸湿地52.09万公顷、沼泽湿地0.05万公顷、湖泊湿地0.26万公顷、河流湿地3.62万公顷、人工湿地20.94万公顷。加快湿地保护小区规划编制工作，完成射阳河口市级湿地公园、滨海黄河故道入海口市级湿地公园、响水灌河口市级湿地公园、阜宁县潮沟河等11个湿地保护小区的规划编制与评审工作。加大宣传力度，通过与电视台合作，利用市区的LED大屏、平面灯箱、移动数字电视宣传国家湿地城市创建工作成果。6月8日，《湿地公约》官网发布第二届国际湿地城市名单，盐城名列其中。11月11日，在《湿地公约》第十四届缔约方大会上，《湿地公约》秘书处授予盐城“国际湿地城市”证书。

世界自然遗产地湿地保护 （参见《国际湿地城市·世界自然遗产地》相关内容）

川水湾海岸带生态保护修复 中央财政支持的东台市川水湾海岸带生态保护修复项目位于江苏盐城湿地珍禽国家级自然保护区南二实验区，涉及海岸线长度约6千米，项目区总面积为1250公顷。该项目秉承“基于自然的解决方法（NbS）”理念，结合项目区的退养围塘围堤、水文水系格局等现状，采用“湿地水文水系恢复+湿地微地形恢复+湿地植被恢复+鸟类栖息地恢复+互花米草防治”等修复措施，提高滨海湿地生物多样性及环境承载力，探索滨海湿地保护恢复管理与可持续发展的新模式，打造“与自然共建”的生产性海岸建设典范。项目生态修复区域面积888.2公顷，修复岸线5.4千米，修复草本植被面积49.5公顷，治理外来入侵物种面积370.64公顷。至2022年年底，土方施工及塑型，完成的工程量为94.38%；治理互花米草，完成的工程量为97.46%；构班组，完成6座；退水涵，完成7座；泵站，完成1座主体浇筑；南区防护网围网安装，防护网底座完成工程量的30.38%；围网安装完成工程量的30.23%。同时，完成碱蓬播种约49.5公顷。

江苏九龙口国家湿地公园 江苏九龙口国家湿地公园位于建湖县九龙口镇境内，总面积659.02公顷，是中国现存最为完好的潟湖型原生态国家级湿地公园、国家AAAA级旅游景区、省级旅游度假区、省级风景名胜区、省级生态旅游示范区。九龙口由蚬河、林上河、钱沟河、安丰河、新舍河、溪河、莫河、涧河、城河9条自然形成的河道汇聚到一起而得名。年内，公园通过推进水系恢复、水岸恢复、水质恢复、植被恢复、退渔还荡等项目建设，实施清淤、退渔还湿、生态护岸、生态修复等工程，疏浚河道20千米，完成土方100多万立方米。实施九龙口推进杉林大泽项目建设，栽植各类杉苗和耐湿适生乔木2万余株。丰富鸟类生境，适量扩大湿地自由水面，新增人工岛5个，新增深水区域10处，栽植湿生树木10万多棵，栽植成片湿地树木和果树，为鸟类提供栖息地。至2022年年底，公园发现104种野生鸟类，137种野生植物，36种水产品，其中包括被誉为"鸟中大熊猫"、全球濒危的珍稀鸟类"震旦雅雀"8个种群。

江苏盐城大纵湖国家湿地公园 江苏盐城大纵湖国家湿地公园位于盐城大纵湖旅游度假区，东至大纵湖旅游度假区环湖大道，西达大纵湖入水口南周河与步湖公路交界处，南抵盐城、泰州市界，与泰州兴化市中堡镇相接，北至大纵湖旅游度假区125省道，总面积为1060公顷。大纵湖是典型的湖泊湿地，湿地总面积1030.32公顷，湿地率97.2%，其中永久性淡水湖面积854.66公顷、永久性河流面积3.27公顷、草本沼泽面积172.39公顷。丰富的湿地类型孕育丰富的野生动植物资源，是众多鸟类、鱼类等动物的栖息地，形成特有的生物链及相互依存的生态环境。独特的天然湖泊、沼泽湿地生态系统，为鸭类、鹭类、鸻鹬类等水鸟提供优越的栖息环境，吸引种类众多的鸟类在此越冬、繁衍。2022年冬季，10万多只候鸟聚集在此越冬。

黄海湿地科研合作 年内，市湿地和世界自然遗产保护管理中心与剑桥大学动物学系教授威廉·萨瑟兰、世界自然基金会、全国海洋碳汇联盟等国内外6个科研单位、个人分别签署科研合作协议（备忘录）开展实地科学研究与合作交流。围绕"黄海湿地世遗品牌形象、湿地保护、双碳目标、可持续发展"等方向调查研究，编制发布《盐城市"十四五"世界遗产可持续发展战略规划》《2021年盐城湿地管理报告》《盐城市世界自然遗产地2021—2022年度保护管理报告》。联合世界遗产培训与研究中心（苏州）在全国率先开展世界自然遗产与文化遗产的对话与交流，举办"世界遗产向未来"主题活动。加强全市湿地和野生动物保护管理。与盐城经济技术开发区检察院合作共建黄（渤）海湿地生态司法保护协作机制暨修复基地，加大生态保护力度。做好野生动物救护，在盐城湿地博物园建立野生鸟类救护站，救助国家一级保护动物东方白鹳等野生鸟类96次。

2022年，盐城市继续实施川水湾海岸带生态保护修复项目。

孙宗录 摄 东台市地方志办 供图

中国黄海湿地博物馆 1月10日，全球首个全面展示黄海湿地生态区域自然人文主题馆——中国黄海湿地博物馆在盐城开馆。中国黄海湿地博物馆由原盐城火车站改建而成，按照国家一级博物馆标准建设。馆内主展区分为海陆天成、天际旅程、河海交响、湿地家园、全球使命中国担当5个主题和多功能报告厅等，通过场景模拟、标本呈现、多媒体互动、实时监测等形式向观众全方位展示盐城黄海滩涂湿地生态空间，展出416种鸟类信息，展品超过1000件。馆内黄海湿地动态监测平台，联动全市域远程监控点，完整记录候鸟迁飞区实时监测数据，打造黄海湿地博物馆之"眼"，助力黄海生态保护。1月10日至3月18日，在博物馆试运行期间接待游客6万余人次，接待各类政务团队参观133次，为社会提供公益讲解场次达439场；依托博物馆（园），开展湿地研学和自然教育等各类线上线下活动近40场，活动参与人次超千人，固定粉丝数超700人。年内，博物馆获评联合国教科文组织亚太世界遗产培训中心世界遗产青少年教育基地，被省委宣传部列入首批江苏省对外交流文化基地名单。

生物多样性保护

概　况　2022年，盐城立足湿地生态系统，加强生物多样性保护。盐城黄海湿地是东亚—澳大利西亚迁徙路线上鸻鹬类重要的停歇地、越冬地、繁殖地，受胁物种数达23种，几乎覆盖该迁徙路线所有的25种受胁物种；是极危物种勺嘴鹬的栖息地、换羽地，是小青脚鹬、大杓鹬、黑脸琵鹭、大滨鹬、黄嘴白鹭的重要栖息地，是黑嘴鸥的繁殖地，也是丹顶鹤的越冬地。江苏盐城湿地珍禽国家级自然保护区是中国最大的滨海湿地类型保护区，是全球最大的野生丹顶鹤种群保护地，其主要保护对象为丹顶鹤等珍稀野生动物及其赖以生存的北亚热带边缘的典型淤泥质海涂湿地生态系统。江苏省大丰麋鹿国家级自然保护区是世界上第一个也是最大的重返大自然野生麋鹿自然保护区。盐城市域西部地处里下河地区腹地，大纵湖、九龙口、马家荡等湖泊水域面积近百平方千米，为典型的潟湖型湖荡湿地，独特的天然湖泊、沼泽湿地生态系统，为鸭类、鹭类、鸻鹬类等水鸟提供优越的栖息环境，吸引种类众多的鸟类在此越冬、繁衍。

盐城沿海生物多样性调查　年内，江苏盐城湿地珍禽国家级自然保护区开展越冬丹顶鹤同步调查、越冬水鸟同步调查、春季水鸟补充调查、黄渤海水鸟同步调查等监测工作，全面调查盐城沿海湿地生物多样性。通过调查，新发现植物59种、鸟类2种、昆虫40种、底栖生物10种、浮游藻类1种。开展鸟类、大气、水文、水质、土壤、海岸侵淤等各类监测10余次，首次观测记录到蓑羽鹤，区内记录鸟类418种，其中鹤类7种。继续开展“候鸟友好”型水稻田试验，协调社区企业选择2处水稻田留茬供候鸟栖息，构建人鸟和谐相处生态新画卷。

野生动物保护　年内，市政府制定《盐城市野生动物保护联席会议制度》，加强野生动物及其栖息地保护和执法监管，形成多部门保护野生动物资源的长效机制。组织开展盐城市“2022年清风行动”和春季候鸟等野生动物保护工作，出动执法车辆150次，出动执法人员458人，查办野生动植物案件10件。在盐城湿地博物园建立野生鸟类救护站，救助国家一级保护动物东方白鹳等野生动物100次，其中鸟类96次。加强野生动物疫源疫病防控体系，研究制定《盐城市陆生野生动物疫源疫情监测体系方案》。举办全市野生动物保护联席会议暨秋冬季候鸟保护专项工作会议，分解落实各方责任，确保候鸟在盐城安全过冬。以“爱鸟周”“世界野生动植物日”“世界候鸟日”等活动为契机，开展形式多样、内容丰富的科普宣传教育活动。开展野生动物线上有奖竞答，线上点击累计6000次，参与答题人次近4000人；发放《中华人民共和国湿地保护法》《盐城世界自然遗产介绍图册》等宣传手册。

丹顶鹤保护　年内，江苏盐城湿地珍禽国家级自然保护区人工繁育丹顶鹤42只，观测到野化丹顶鹤野外成功自然繁殖4只幼鹤。发布盐城市地方标准《越冬地丹顶鹤人工育雏技术规程》（DB3209），成为中国首个越冬地丹顶鹤繁殖方面的技术标准。

麋鹿保护　年内，江苏省大丰麋鹿国家级自然保护区首次监测到野生麋鹿进入大丰港以北区域，活动范围扩散至250多平方千米。实施网格化管理麋鹿种群。根据野生麋鹿活动范围和特点，科学划定3个区域，每个区域明确专人负责监测、巡护工作，严格按照每月5日、15日、25日开展麋鹿数量统计，每月按照既定的巡护路线，系统监测、调查野生麋鹿种群，监测调查野生麋鹿种群，调查轨迹里程1.2万千米，累积标注1200多个标注点，基本覆盖野生麋鹿活动区域。做好野生麋鹿救助工作。全年处理麋鹿受困事件289起，涉及麋鹿390头、獐1头。做好野生麋鹿栖息地管理。全年组织200余人次拣拾麋鹿野放区范围内海漂垃圾，保证麋鹿栖息地生态环境安全。2月，进行“清网”行动，拆除渔网等对麋鹿通行有阻碍的设施；4月，联合边防派出所开展为期一周的栖息地保护活动，出动人力50余人次，劝退非法进入保护区人员100多人次。实施麋鹿种群迁地保护，经国家林草局批准，向福建省永泰县等地输出麋鹿200余头。至2022年年底，麋鹿种群数量增至7033头，其中野生麋鹿3116头，麋鹿野外种群活动范围逐步扩大。

勺嘴鹬栖息　勺嘴鹬是鹬科勺嘴鹬属鸟类，小型涉禽，体长14～16厘米。嘴黑色，嘴基平扁，先端扩大呈铲形。夏季上体黑色，具棕红色羽缘。头、颈、胸棕红色，胸具黑色斑点，其余下体白色。冬羽背面灰褐色，具黑褐色羽轴纹。额和眉纹白色，贯眼纹黑褐色。下体白色，胸侧具黄褐色纵纹。飞行时翅上有一窄的白色翼带，腰和尾上覆羽两侧白色，中央黑色。繁殖期主要栖息于北极海岸冻原沼泽、草地和湖泊、溪流、水塘等水域岸边。非繁殖期主要栖息于海岸与河口地区的浅滩与泥地上，或海岸附近的水体边上，不深入内陆水域。主要以昆虫、昆虫幼虫、甲壳类和其他小型无脊椎动物为食。觅食方式主要用嘴在水下或烂泥里左右来回扫动觅食。有时也在地面直接啄食。勺嘴鹬属于长距离迁徙型候鸟，繁殖期、迁徙期、越冬期分别在特定的时间和区域完成，每年的8月、9月、10月会经过盐城黄海湿地停歇觅食增肥，补充能量。

丹顶鹤科普宣传　年内，江苏盐城湿地珍禽国家级自然保护区通过悬挂横幅、张贴海报、发送宣传单页、现场知识问答等形式，先后在湿地日、生物多样性日、生物圈自然保护区日等纪念日开展宣传活动。在微信公众号、官网、抖音、视频号等自媒平台发布宣传文稿、视频累计179篇，完成《丹顶鹤》期刊编印4期。加强外界媒体平台宣传力度，在各级媒体累计报道130余次，包括中央广播电视总台19次、《人民日报》7次、新华网11次、“学习强国”学习平台8次、新江苏网20余次，其中《鹤宝诞生记》累积线上播放量4339万人次，《鹤宝成长记》播放量6804万人次，吸引央视等20多家媒体专题报道。打造科普研学旅游品牌，设计印制《“鹤”我一起去旅行》科普研学手册，开展“少儿湿地守护者”等活动。联合市教育局、市总工会、市科协等单位推动盐城市第二届中小学湿地科普知识竞赛、青年鸟类识别技能竞赛等活动。开展自然教育师线下培训活动，保护区30名讲解员取得自然教育师证书。参加全国自然教育网络视频征集、“绿水青山·美丽中国”第三届全国短视频大赛等活动，其中《鹤宝仔仔记》入围2022中国自然教育大会“云导赏”优秀作品。

麋鹿科普宣教 年内，江苏省大丰麋鹿国家级自然保护区加强麋鹿科普宣教，网站推送信息65条；公众号推送信息41条，浏览量5200余次；推送抖音视频5条，浏览量1400余次，信息内容涉及麋鹿救护、麋鹿产仔、党建工作、科普活动等。定期到江苏省大丰麋鹿国家级自然保护区周边的大丰港、新曹农场、川东闸等周边社区开展普法宣传活动，全年开展普法宣传10余次，制作宣传口袋书，发放宣传资料3000余份，接受公众咨询358人次。6月26日，举办“鹿王争霸 谁与争锋”2022鹿王争霸大型融媒体直播活动，参与媒体50多家，近30万人次参与直播互动。参与江苏省对台交流基地讲解大赛和全国林业与草原科普讲解大赛，与守望自然科普教育中心合作在南京地铁4号线举办科普影像展，与中国江苏网联合开展生物多样性强国小使者活动，并在“学习强国”学习平台上进行系列跟踪报道。在麋鹿自然营地开设观鸟、寻鹿等走进湿地的科普课程，带领中小学生近距离感受湿地环境和了解动植物习性。年内，中央广播电视总台纪录片《远方的家》《地理中国》《跟着书本去旅行》《自然守护人》，湖南卫视金鹰卡通童趣大冒险《失踪的麋鹿王》等节目对麋鹿保护守护人进行全面客观的报道。年内，江苏省大丰麋鹿国家级自然保护区获国家生态环境科普基地综合评估“优秀”等次，成功申报首批国家林草科普基地。

生活在沿海滩涂上的水鸟　　盐阜大众报报业集团　供图

全市“放鱼日”增殖放流活动 6月5日，全市“放鱼日”增殖放流活动在盐都区大纵湖旅游度假区举行。活动旨在加大水生生物资源养护力度，维护水生生物多样性，进一步修复水源地大纵湖生态环境，扩大社会面参与度，吸引市民志愿前来参加放流活动，形成人人知放流、个个懂放流、众人齐参与放流的良好氛围。活动放流青鱼750千克、蟹苗50万只。

黄（渤）海候鸟栖息地联盟会议 1月11日，全球滨海论坛重大活动之一，地方政府圆桌会议暨黄（渤）海候鸟栖息地联盟会议举办。世界自然保护联盟前主席、黄海湿地研究院名誉院长章新胜，市友协会长李驰，副市长蒋巍，省外办党组成员、省友协副会长钱文华，福州市副市长林治良，连云港市副市长吴海云，阿拉善SEE生态协会会长、SEE基金会执行理事长孙莉莉，SEE基金会任鸟飞项目经理关磊参与会议。滨海地区作为陆海统筹地带，具有独特的生态系统和自然资源禀赋。随着滨海地区面临着生物多样性锐减、生态系统脆弱等挑战，全球滨海湿地城市间的交流互鉴显得更加重要。会议期间，中外滨海城市的政府代表、国际组织代表以及专家学者等通过现场或线上的方式，聚焦滨海湿地保护和可持续发展，深入对话交流，为携手构建人与自然和谐共生的湿地城市共商举措，发布《关于成立全球滨海湿地城市联盟的倡议》，推动全球滨海湿地城市共享经济发展与生态保护和谐统一的成果经验、先进技术和典型案例，绘就人与自然和谐共生的壮美图景。

（吕景林　袁　泉　梁　蓉　薛丹丹　王忠燕）

区域协作融合

编辑　高兰会

融入长三角一体化

···长三角一体化协作融合···

概　况　盐城市位于长三角北翼，素有“北上海”之称，是长三角一体化发展中心区城市，是“一带一路”交会点的重要节点城市，在落实长三角一体化发展国家战略、加快建设“强富美高”新江苏、推动苏北苏中地区高质量发展中具有重要的战略地位。盐城市与上海市既有深厚的历史渊源，又有紧密的现实联系。地处盐城307平方千米的上海农场是上海市重要的农产品供应基地。盐沪两地产业和人口关联密切，盐城市三分之一的规模以上工业企业与上海市有合作关系，上海市13.7%的流动人口来自盐城市，盐城籍新上海人超百万人。沪苏大丰产业联动集聚区，是江苏省与上海市首个省级层面合作园区。

2022年全国两会期间，国家发展与改革委明确支持将长三角一体化产业发展基地建设列入国家推动长三角一体化发展重点工作，江苏省推进长三角一体化发展领导小组第四次全体会议提出“高水平建设长三角一体化产业发展基地”，省政府工作报告将“支持盐城建设长三角一体化产业发展基地”纳入省政府年度重点工作。盐城市调整成立由市委主要领导任第一组长，市政府主要领导任组长，相关市领导任副组长，各县（市、区）和市直有关部门主要负责人任成员的盐城市推进长三角一体化发展领导小组，制定《全面推进市内全域一体化实施方案》《2022年全市扎实推进长三角一体化发展深度接轨上海工作要点》，统筹推动面上工作，全面融入长三角一体化。长三角一体化产业发展基地、沪苏大丰产业联动集聚区省际合作园区等6个项目列入国家长三角一体化重大项目库。长三角一体化产业发展基地建设取得阶段性成效，蜂巢、阿特斯、天合等一批百亿级重特大项目落户。农业、科技、交通、文旅、教育、医疗等全方位融入长三角一体化。

驻沪联络对接　年内，市政府驻上海联络处定期举办产业推介活动，推介盐城23条重点产业链及黄海明珠人才计划、“1+7”系列政策，聘请一批盐城市驻沪招商引智特聘导师。与各县（市、区）驻沪机构搭建信息、项目、资源共享的互动平台，定期在沪举办全市驻沪机构联动招商活动。挖掘盐沪产业、科技、金融、教育、医疗、文体等领域潜在合作事项，定期邀请上海国企、外企总部、民企以及高校、医院专家领导到盐城考察，推动上海优质资源落户盐城。促成京颐科技、新荣阳健康等项目落地投产，促成国际碳中性能源与材料盐城产业园区、绿色甲醇与氢能装备制造、蜂巢园区盐城产业园等项目签约，对接上海中药创新成果转化中心、航天思卓制氢加氢一体化产业园、千年健康科创基地、浪潮云溪数据库等项目，加速对接落地。依托盐城市高层次人才上海服务中心、沪盐博士之家、在沪商会协会等平台，吸引上海高校、各地在沪商会在科创中心设立工作联系点。对接上海海洋大学20项科技成果和盐城海洋经济创新中心项目。对接上海财经大学，在人才引进、产学研合作、资源导入和培养金融人才等方面寻求支持。与复旦大学、上海交通大学、华东师范大学、华东理工大学、上海大学等高校院所对接，探索和完善离岸研发中心运营模式，推进在盐城合作办学，开展产业链招商、基金招商、科研院所招商和招才引智工作。组织中科院上海硅酸盐研究所所长宋力昕等9位高层次人才参加中国·盐城第十二届沿海发展人才峰会。

（唐　颖）

产业协同发展　年内，盐城市加快融入长三角重点产业链供应链，聚焦新能源汽车及核心零部件、新能源、新一代信息技术、新材料、大健康和数字经济、海洋经济，以及优化后的23条重点产业链，招引以上海为龙头的长三角产业项目。全年全市新开工长三角地区亿元以上项目379个，长三角合作共建园区实现开票销售额796.5亿元、税收46.2亿元，同比增长19.5%、18.8%。建立长三角地区稳定产业链供应链专班机制，与上海、苏南地区协同，协调企业原材料保供、物流运输等各类需求200余项，发放全国统一通行证3000余张。

农业农村融合　年内，沪苏两地政府签订协同推进上海域外农场高质量发展合作备忘录，盐城在全省率先开通农产品直供上海的铁路专列，农副产品供应占上海市场的10%以上。举办盐城（苏州）农业合作恳谈会，签订农业领域合作框架协议。加强“盐之有味”农产品在长三角地区的品牌营销，全市农产品长三角地区年销售额超350亿元。开展科技强农行动，建设长三角绿色优质农产品和果蔬供应保障基地。

科创融合　年内，盐城在上海、南京、苏锡常等科创资源富集的地区建设科创中心，推动盐城企业研发中心设在域外、研发成果用在盐城。与长三角地区高校院所签订产学研合作项目598项，共建创新载体58家，获得省“科技副总”认定的科技人才262人。与长三角地区院所合作共建13家省列统新型研发机构，建成“科创飞地”12家、省级以上企业研发机构602家，其中与省产业技术研究院合作共建省沿海可再生能源技术创新中心，常盐科创飞地正式揭牌，上海、南京离岸科创中心建设全面启动。

教育合作　年内，盐城推动长三角优质教育机构到盐城独立办学或合作办学，签订常盐教育结对帮扶中长期战略合作协议，建立办学联盟、“名师工作室”等合作关系。

文体交流　年内，盐城围绕公共文化建设、文艺精品创作、文化人才培养等重点领域，引进演艺、传媒、动漫等长三角文化产业项目。成立驻沪融媒体中心，启动上海广播电台“盐城频道”，全网推送《盐城美“沪”上赢赞誉》《双城记·两地情》等融媒产品30多个。承办龙舟赛、马拉松赛、自行车赛等长三角各类品牌体育赛事，提升城市形象和知名度。

医疗协作 年内，盐城推动医院与长三角知名医院建立长期稳定的对口协作关系，实现基本医保关系与上海等长三角地区“跨省通办”。复旦大学附属中山医院苏北健康管理中心、南京鼓楼医院盐城分院加快建设。举办上海盐城医疗专业协会专家回盐城义诊系列活动，引进上海市东方医院副院长徐美东等6个名医工作室，实施“沪动盐城·盐城籍沪上名医大讲堂”直播，在《盐城晚报》上发布上海籍名医健康知识科普8篇。

长三角地区政务服务跨地通办 年内，盐城开展长三角地区政务服务跨地通办，806项高频事项实现异地办理。社保卡办理、参保证明等53个移动应用在“长三角无感漫游”专区上线，实现长三角区域移动端“一网通办”。

光明集团“一园一厨五基地” 年内，光明食品“一园一厨五基地”投入使用。该项目由光明（集团）有限公司规划建设，包括光明食品产业园、中央厨房及净菜加工配送项目、粮食储备加工基地、1000万羽蛋禽养殖及深加工基地、20万吨水产品生产加工基地、奶牛养殖及乳制品深加工基地、进口牛羊肉及深加工基地，总投资100亿元。项目发挥盐城粮食主产区综合优势，保障上海等长三角地区安全优质农副产品供应。

长三角（东台）康养基地 长三角（东台）康养小基地位于东台沿海经济区内，东至琼东海堤及228国道、西至海城路、南至跃进河、北至352省道，规划面积约17.1平方千米（一期约9.7平方千米），规划人口约14万～15万人，总投资700亿元。基地定位于长三角区域康养服务一体化示范区、跨行政区康养政策协同试验区。项目放大盐城湿地自然遗产、江苏黄海海滨国家森林公园等综合效应，发挥上海品牌医疗资源优势，开发建设集健康医疗、养生养老、生态旅游、教育研学等于一体的康养基地。同时，以康养基地为核心，以“医、养、游、健、学”为重点，以“市场推介、政策创新、跨界融合、合作共赢”为纽带，引入并打造产业链齐全、闭环式发展的康养产业集群和康养产业集聚区，打造长三角区域康养服务一体化示范区、跨行政区康养政策协同试验区。年内，康养基地（启动区）项目被列为省重大（储备）项目。

中山医院苏北健康管理中心落地大丰 2月18日，大丰区政府与复旦大学附属中山医院合作共建苏北健康管理中心签约仪式在大丰区举行。该中心位于大丰斗龙港旅游度假区，是复旦大学附属中山医院在全国成立的唯一一个健康管理中心，下设医疗、体检和康养三大板块，总投资10亿元，建设周期一年。

盐城（苏州）产业发展暨农业合作恳谈会 8月13日，盐城（苏州）产业发展暨农业合作恳谈会在苏州举行。盐城市重点推介盐城产业基础和特色农业，全方位深化苏盐合作。双方签订苏盐农业战略合作框架协议和农业领域相关合作协议。根据合作协议，苏盐双方将建立农业合作交流机制，举办各类农业宣传推介活动、企业交流活动，并在农业科技创新、农产品精深加工产业发展、农产品质量安全监管等方面加强合作。会上，银宝集团与联东U谷集团签约，双方合作共建农业科技创新港和智能制造产业园，项目总投资10亿元。恳谈会前，举办盐城特色农产品展示品鉴会，东台西瓜、射阳大米、滨海香肠等194个品类400余种盐城名特优农产品亮相。

长三角海峡两岸黄海湿地风光摄影大赛 8—9月，江苏省台办主办，盐城市台办承办“盐韵城影 同心同行”——长三角海峡两岸黄海湿地风光摄影大赛。大赛围绕“与自然和谐共生”主题，从“人与自然”“鸟的天堂”“大美湿地”3个方面内容，征集两岸优秀摄影作品近千幅，评出获奖作品一等奖2件、二等奖10件、三等奖30件。9月27日，大赛颁奖仪式暨优秀摄影作品展在江苏黄海海滨国家森林公园举行。此次摄影大赛作为国台办年度重点交流项目，是江苏省第二届海峡两岸青年文化月系列活动之一，也是盐城市在省内举办的首个以摄影为主题的两岸交流活动。

“博士家乡行”大型义诊活动 11月13日，由亭湖区政府、市卫健委、市政府驻上海联络处主办，上海盐城医疗专业协会、亭湖区人民医院承办的“博士家乡行”大型义诊活动在亭湖区人民医院举办。义诊邀请到上海东方医院、上海第九人民医院、上海仁济医院、上海东方肝胆外科医院、上海岳阳医院、上海第六人民医院、上海第一人民医院、上海冬雷脑科医院等19位上海盐城籍医学专家。专家们在亭湖区人民医院现场坐诊，提供医疗咨询、筛查诊断、普及医学常识等服务。活动开展学术讲座、手术查房和交流讲座等战略合作交流。

2022盐城籍在沪博士家乡行 11月13日，由市委、市政府主办，市委组织部、盐南高新区党工委管委会、市政府驻沪联络处承办的2022盐城籍在沪博士家乡行暨“产才融合·绿色发展”研讨会在盐城举行。60余名盐城籍在沪博士参加研讨会。活动介绍盐城市人才政策、绿色发展等情况；盐南高新区作产业发展、离岸研发孵化等政策推介；部分参会博士作交流发言；会上发布盐城籍在沪博士科研成果，为“盐城市高层次人才智库特聘专家”颁发聘书。（陈 彬）

···长三角一体化产业发展基地···

概 况 长三角一体化产业发展基地，涉及大丰区、亭湖区、盐南高新区3个板块，基地总面积596平方千米，拥有沪苏、苏盐和常盐3个合作园区。2022年，盐城加快建设长三角一体化产业发展基地，发挥常盐、苏盐、沪苏等长三角合作园区优势，协同构建融入长三角产业体系，重点发展新能源、电子信息等主导产业，加快发展高端装备、新材料等优势产业，集聚发展科教创新、生态文旅、现代物流、都市休闲等现代服务业。提升南北合作共建园区能级。沪苏（大丰）产业联动集聚区智造中心三期建设临港集团获批；常盐工业园建成区基础设施提升工程竣工，人才社区和医疗科技产业园开工建设；苏盐合作园区加快建设苏州先进制造业配套生产基地，80%以上的项目来自苏州。全年全市长三角合作共建园区实现开票销售额796.5亿元、完成税收46.2亿元。全年签约落户亿元以上产业项目257个，总投资1689.4亿元，其中100亿元以上项目4个。全年新开工亿元以上产业项目161个，其中总投资100亿元天合（大丰）储能、总投资102亿元阿特斯储能等项目开工建设，总投资100亿元的蜂巢汽车动力电池一期、总投资50亿元中胜光电子芯片生产等项目竣工投产。纳入长三角一体化发展规划纲要和“十四五”实施方案的中海油盐城“绿能港”滨海LNG项目投产。金光纤维素纤维一期一阶段项目成为2022年全省唯一列入国家重大外资项目库项目，纳入省长三角一体化年度重大项目的SK动力电池二期开工建设。

沪苏大丰产业联动集聚区 年内，沪苏两地加快推进沪苏大丰产业联动集聚区建设。上海市政府印发《关于促进上海域外农场高质量发展的实施意见》，专题指出要加快沪苏大丰产业联动集聚区发展；在上海临港集团召开域外园区工作专题会上，明确提出“园区发展要提速、项目导入要提质、营商环境要提级”的新要求，并构划“一三十百千”三年工作目标（即在三年内，共同打造沪苏产业集聚综合发展区，导入3+X主导型新兴产业，集聚十大龙头企业，孕育百家现代产业体系中的高成长企业，汇聚千名创业精英、产业骨干和科创人才）。

加快招商引资。年产5万吨半导体基础材料项目（二期）、智慧生活家电项目、光伏连接器项目等项目签约，新西兰“南十字星”奶绵羊种源基地项目合作战略签约，冠中新能源项目实现开工建设。集聚产业项目。投资10亿元的正泰新能源光伏二期项目主体厂房封顶，投资10亿元的冠中新能源光伏一期项目加速推进，投资5.8亿元的新时代节能科技项目设备安装，占地12.73公顷的智造园二期厂房主体结构竣工，总投资3.5亿元的产业服务中心投入使用，泓顺硅基半导体材料一期项目竣工投产，致和春酒业收购理想海洋资产，福莱德光伏连接器项目设备进场安装，沪苏集聚区航空产业园项目开始启动。

至年底，集聚区完成全口径工业开票销售额112.7亿元，同比增长103.1%；规模以上工业开票销售额96.3亿元，同比增长134.7%；固定资产投资8.9亿元，其中制造业投资占比75%；一般公共预算收入5208万元，同比增长58%；到账外资576万美元；外贸出口总额3.6亿美元，同比增长226.3%；开竣工亿元以上项目5个，5亿～10亿元项目2个，10亿元以上项目2个；全年引进总部经济6家，实现税收1020万元。

苏盐合作园区 年内，苏盐合作园区完成营业总收入8亿元，同比增长128.6%；完成一般公共预算收入3000万元，同比增长154%；完成固定资产投资2.5亿元，同比增长150%。加快招商引资，与苏州市相关商会、协会对接，加强产业协作；先后在苏州太仓、相城举办投资环境推介会；牵头成立盐城市苏州商会等，持续扩大园区影响力和知名度。年内，新签约亿元以上项目12个，总投资48.5亿元。首次引进注册资本2000万美元的新加坡外资项目和注册资本1500万欧元的芬兰外资项目，新加坡外资项目运营后年产值可达10亿元以上，税收6000万元左右；成功签约瑞豪环境科技项目，总投资20亿元。加快项目建设。全年有10个亿元以上项目开工、6个亿元以上项目竣工。其中，凯林格环保科技公司、美田新材料公司、金锐元公司等企业实现“当年开工、当年竣工、当年投产”。新增高新技术企业3家。

常盐工业园 年内，常盐工业园完成营业收入119.77亿元，同比增长42.19%，其中，工业开票销售额50.45亿元，同比增长13.32%；工业总产值中高新技术产业产值占比39.09%；完成进出口总额1.34亿美元；固定资产投资10.5亿元，同比增长156%，一般公共预算收入4.86亿元，同比增长94.16%，入库税收8.89亿元，同比增长95.54%。在省级创新试点园区2021年考核评估中位居第二位。至年底，签约亿元以上项目15个，总投资258.9亿元，其中10亿元以上项目7个（含50亿元以上项目2个）。新开工项目7个，其中风渡风电叶片零部件项目实现从签约到建成达产仅用半年时间；在建项目4个，竣工项目5个，完成开票销售额5.98亿元。加快科创中心建设，打造数字化创新示范基地，有9家企业或团队入驻；与位于常州高新区的科创飞地南北联动，为全省南北合作园区科创飞地建设提供常盐工业园方案。10月14日，常盐科创飞地正式揭牌。新增高新技术企业1家、总数14家，认定科技型中小企业24家，认定市级创新型中小企业7家，省级“专精特新”中小企业3家，28家企业“智改数转”诊断完成。

长三角一体化产业发展基地重大项目“云开工” 5月17日，盐城市举行长三角一体化产业发展基地重大项目“云开工”仪式。其中，天合（大丰）储能系列项目建设集中式、分布式光伏电站及储能电站，该项目实现3月签约、5月开工。

长三角一体化产业发展基地（外资专场）投资洽谈会 12月22日，长三角一体化产业发展基地（外资专场）投资洽谈会在上海举行。荷兰帝斯曼集团、德意志银行、霍尼韦尔、辉门、美埃、丝路创投、施耐德日盛机械等世界500强外资企业和国开证券、大华技术、前瞻新材料、迪马股份等企业代表参会。会上，大丰区推介长三角一体化产业发展基地投资环境，向中德氢能产业联盟相关负责人颁发招商顾问聘书，并与4家第三方机构签订外资招商战略合作协议，6个外资产业项目现场签约，协议投资额2.7亿美元。（陈　彬）

对口支援帮扶合作

・・・对口支援新疆・・・

概　况　2022年，盐城援疆工作组实施援疆项目20个，总投资1.02亿元，重点实施乡村旅游道路、乡村客运站、县公共图书馆、文明实践中心、乡村旅游集散中心、农产品交易中心，助力补齐民生短板。11月，察布查尔县人民医院新院区投入使用，是单体投入最大的民生援疆项目。

产业帮扶　年内，盐城援疆工作组持续跟踪落实在察布查尔县的10亿元畜禽养殖及深加工、60万吨复合肥生产线项目，加强已落地的一期投入超10亿元的铜产业链集群项目和方程国际赛车赛事文旅城项目的服务工作。盐城客商投资超亿元新上的创锦龙腾饲料加工项目实现“当年签约、当年投产、当年升规”，年内实现产值超亿元。依托伊南工业园区内中小微企业创业园8万平方米标准厂房作为产业孵化基地，打造建设江苏援疆（盐城）产业园，规划总占地面积42公顷，重点发展农副产品精深加工产业，已获批复并挂牌运作。在帮助引进螃蟹养殖新技术的基础上，继续支持引进小龙虾、西杂鲟等新品种养殖，稻蟹、稻虾养殖规模扩大到166.67公顷。在察布查尔县推广水稻及冬麦北斗导航九道工序复式播种技术，建成200公顷水稻旱直播示范基地，每亩节省成本230元，增加产量10%以上。

就业援疆　年内，盐城援疆工作组支持牧民、移民异地搬迁扶贫集中安置社区——察布查尔镇乌宗布拉克村，建设创业就业产品展厅、打造特色民俗街、改造提升幸福夜市和伊格勒克百家饭庄等，建成集创业孵化、就业培训、农副产品销售于一体的综合服务平台，新增创业摊位75个，提供就业岗位200多人。实施察布查尔县职业技术学校机电实训基地建设项目，3名教师和20多名学生参加7个专业的自治区职业技能比赛，提升职业技能。

消费帮扶　年内，盐城援疆工作组推进“七位一体”消费帮扶体系，支持察布查尔县农丰集团与盐城市滨海县苏合农产品销售专业合作社联合社合作成立苏伊源农业开发有限公司盐城盐南分公司，在盐城市中心新建“盐察一家亲城市客厅体验馆”。加强线上线下推广力度，帮助销售察布查尔县农副产品，江苏昱远志航置业公司与察布查尔县农业龙头企业签订长期供销合同，2022年春节前一次性采购价值410万元优质牛肉发往盐城市场；盐城田家炳中学、盐城公安系统订购牛羊肉、干果等农副产品计300万余元；帮助察布查尔县消费帮扶企业苏伊源、供销e家、创锦福云、电子商务等公司销售农副产品千万元。

助推乡村建设　年内，盐城援疆工作组深入开展“一地一品”点亮乡村行动，支持乌宗布拉克哈萨克民族村改善人居环境，将哈萨克风情与盐城红色文化、湿地文化、援疆文化有机融合，营造“民族团结一家亲”浓厚氛围，该村被评为新疆维吾尔自治区“乡村振兴示范村”。投入600多万元，实施孙扎齐牛录镇雀儿盘村人居环境改善和锡伯古城周边环境提升工程，新修近20条村庄内部道路及村民活动广场。

结对共建　年内，盐城援疆工作组深化盐城“小援疆”模式，拓展结对共建领域，推动盐察两地深入交往交流交融，实现乡（镇、场、园区）、村（社区）、学校、医院、重点旅游景区、援疆干部人才结对“六个全覆盖”。盐察两地党政机关、镇村、企事业单位开展交往交流40多批次、500余人次，累计投入“小援疆”资金近千万元。实施“十团挂十镇、百企联百村、千人帮千户”“十百千”结对共建工程，推动盐城行业协会、商会和盐城籍企业家挂钩联系察布查尔县乡（镇、场）、村（社区）和困难群众，重点围绕产业合作、消费帮扶、促进就业、兴办实事、走访慰问开展交流合作，重点支持村居基层阵地建设，帮助新建LED大屏，打造民族团结“远教示范广场”。至年底，13个盐城商会、协会，39家企业走进察布查尔，基本实现村居共建全覆盖，累计投入资金近500万元，走访慰问困难群众近千户。

文化润疆　年内，盐城援疆工作组安排锡伯风情走进盐城、铁军文化走进察布查尔县、万人游伊犁包机、万册图书集中捐赠等文化润疆十大活动，组织开展盐察两地青少年“万里鸿雁传真情”手拉手书信交友活动，3000多名青少年互寄书信2次以上，开展40次线上视频见面活动。联合新四军纪念馆通过视频连线开展以弘扬“铁军精神”为主要内容的红色文化宣讲活动20多场次，察布查尔县5000多名学生聆听宣讲。协调盐城市文广旅局联合盐城市大数据集团有限公司启动建设锡伯族文化数字化传承保护项目，投入资金260万元，完成82条短视频的策划、拍摄、剪辑，在抖音、快手等6个新媒体平台注册锡伯族非物质文化遗产推广官方账号“锡伯人”，发布57条作品，曝光量破1000万次，点赞量破60万次，粉丝数破4.5万人。

教育医疗援疆　年内，盐城援疆工作组帮助察布查尔县人民医院成功创建“卒中中心”“慢病管理中心”。7月，“卒中中心”通过中国卒中中心联盟验收并授牌，伊犁州仅1家，新疆维吾尔自治区仅4家。“慢性病管理中心”在建立县级中心的基础上，在3个乡镇开展试点，被确定为伊犁州基层卫生健康综合试验区。争取南京医科大学第二附属医院到察布查尔县开展“心佑工程”，筛查儿童先心病30余人，为适合手术的患儿提供免费手术。盐城援疆教师举办24次教学专题讲座，开展集中备课讲课65次，刘建名师工作室开展6次集中教研活动。2022年暑期，盐城19个学校108名校长和骨干教师到察布查尔县开展结对共建和“集中送教”活动。

好干部人才培训项目　年内，盐城援疆工作组坚持“走出去”与“请进来”相结合，开展干部人才大培训，打造

“短精特”培训项目，培训36个班次，培训各类干部人才4863人次。选派2名年轻干部到滨海县委组织部挂职锻炼。做好柔性引才工作。创新柔性引才机制和方式，加大柔性引才度，重点围绕经济发展、乡村振兴、文化旅游、职业教育等领域通过岗位聘用、短期兼职、顾问指导等方式，引进25名各类专业技术人才。结合援疆项目实施，引进盐城大数据集团10名技术人员到察布查尔县帮助实施锡伯族非物质文化遗产数字化传承保护项目。

延伸阅读：察布查尔概貌

察布查尔锡伯自治县，位于新疆维吾尔自治区伊犁哈萨克自治州的原伊犁地区板块的西部，地处伊犁河以南、天山支脉乌孙山脉北麓，与伊犁州首府伊宁市隔河相望，西接可克达拉市及哈萨克斯坦。察布查尔县成立于1954年，是中国唯一以锡伯族为主体的多民族聚居的自治县，行政区域面积4469平方千米。至2022年年底，户籍总人口19万人，由锡伯族、维吾尔族、哈萨克族、汉族、回族、蒙古族等25个民族组成；下辖7个镇、6个乡。察布查尔县钟灵毓秀、风光绮丽，有乌孙山白石峰景区、伊犁河清水湾风景区、国家AAAA级旅游景区锡伯族民俗风情园，靖远寺、图公祠、乌孙古墓、海努克古城、银顶寺遗址等名胜古迹。2022年，实现地区生产总值88.59亿元，一般公共预算收入5.3亿元，一般公共预算支出34.96亿元。

···对口支援青海···

援助玉树 年内，盐城市帮助青海省玉树州玉树市、称多县、杂多县获得协作资金1.46亿元，安排协作项目22个，通过产业、就业等方式联农带农125人，其中脱贫人口25人。帮助打造玉树市巴塘乡相古村“生态文旅产业＋生态种植养殖业”等产业发展格局，实现对口玉树州消费帮扶373.5万元。开展人才交流合作。盐城市选派2名干部和17名专业技术人才到玉树州玉树市、称多县、杂多县挂职；玉树州玉树市、称多县、杂多县选派3名干部人才到盐城市挂职。与玉树州联合举办乡村振兴干部人才培训班3期，累计培训干部人才150人次。在玉树州举办乡村振兴专业技术人才培训班1期，培训专业技术人才20人。全市各级社会组织、慈善机构、爱心企业和个人向玉树州捐款捐物折款126.2万元，全部用于关爱贫困儿童、帮助孤寡老人、发展爱心产业和改善乡村基础设施。建湖县教育系统各中小学班子成员、幼儿园园长及局机关中层以上干部结对玉树市新寨中心寄宿制学校267名困境学生，送去温暖与帮助资金8万元。

援助同德 年内，盐城市实施江苏省援建同德县项目12项，开工12项，当年完成投资3627.28万元。其中，实施改善生产生活条件类项目5项，分别为年度投资50.28万元的同德县农牧民居住条件改善项目受益农牧户419户惠及1676人；年度投资400万元的同德县美丽乡村建设项目受益农牧户640户2560人；年度投资600万元的乡村振兴整村推进项目受益农牧户1140户4560人；年度投资200万元的同德县唐谷镇至托斯村道路建设项目，可解决唐谷镇及周边乡镇1500户6000人出行困难问题；年度投资297万元的同德县尕巴松多镇农牧民教育培训中心整体提升项目，可动员和激励广大农牧民村群众1万人投身社会主义现代化建设，丰富群众精神文化生活。至年底，同德县尕巴松多镇高标准养殖小区建设项目、同德县唐谷镇高标准养殖小区建设项目、同德县农牧居住条件改善项目和同德县尕巴松多镇农牧民教育培训中心整体提升项目竣工交付。实施产业帮扶。组织9个食品企业赴青海同德县实地考察，帮助牧民解决牛羊销售难题。1月18日，同德县优质农畜产品展示销售店在射阳县正式开业。加大电商平台销售扶持力度，在盐城市银宝集团电商平台免费为同德县相关企业搭建销售平台，设立同德县特色农副产品展销专柜。至年底，同德县优质农副产品在江苏销售额近180万元。实施“组团式”智力援青工作，组织8名医疗专家到同德县人民医院，1名高中校长、4名高中专职教师到同德县第五民族高级中学支援帮扶。组织两地医院结对共建、远程会诊、专家义诊等活动，提升同德县人民医院的医疗水平。援青教师在同德县高级中学初步形成的一套完善的教学标准化建设“盐城模式”，受到州县教育部门和在校师生的认可。

延伸阅读：玉树概貌

玉树藏族自治州，首府驻玉树市，是青海的8个地级行政区之一，藏语意为“遗址”，是青海省第一个、中国第二个成立的少数民族自治州。全州总面积26.7万平方千米，下辖1市、5县。至2022年年底，玉树州常住人口43.2万人。玉树州境内有独特的高原自然景观和民俗风情，有玉树歌舞、藏族服饰和奇特的风俗人情，有规模盛大的玉树赛马节，有文成公主庙和众多教派的佛教寺院，有列入新寨嘉那嘛呢石堆和岗察寺殿内宗喀巴佛像，有“三江源”、隆宝滩和可可西里3个国家级自然保护区。全州有供旅游观光的景观、景点40余处。2022年，全州实现地区生产总值72.3亿元。

延伸阅读：同德概貌

同德县，隶属于青海省海南藏族自治州，地处海南藏族自治州东南部，县域东与黄南藏族自治州泽库县、河南蒙古族自治县接壤，南隔黄河与果洛藏族自治州玛沁县相望，西与兴海县相邻，北与贵南县毗邻，居黄河流域上游。省道西久公路自北向南贯穿全境，黄河由东向西以半环状绕县半周。县城所在地尕巴松多镇海拔3060米，距州府恰卜恰镇256千米，距省会西宁市282千米。行政区域总面积4652.8平方千米，下辖2个镇、3个乡，73个行政村和11个社区；另辖1个乡级行政单位。至2022年年底，同德县常住人口6.28万人，有汉族、藏族、回族、蒙古族、土族、撒拉族等民族，藏族人口占总人口的90.3%。2004年，同德县被国家列入三江源自然保护区，涉及3个乡镇25个村2886户1.59万人，规划总面积为21.16万公顷，占草场面积的56%，在黄河上游生态环境治理和保护工作中有着举足轻重的作用。2022年，同德县实现地区生产总值18.14亿元，第一产业增加值11.61亿元，第二产业增加值2.16亿元，一般公共预算收入9529万元，一般公共预算支出20.33亿元。

···对口帮扶陕西铜川···

概　况　2022年，盐城市对口帮扶铜川市工作组协调江苏各级财政援助资金3980万元，实施56个协作项目，联农带农2.52万人。其中，省级资金2760万元，实施项目18个；市、县、镇三级资金1220万元，实施项目38个。达美轮毂、IDC数据中心、安泰金属等12个项目完成年度投资5.02亿元，吸纳农村劳动力336人就近就业。盐城各级社会组织、慈善机构、爱心企业和个人向铜川捐款捐物1032.24万元，全部用于关爱贫困儿童、帮助孤寡老人、发展爱心产业和改善乡村基础设施。盐城市对口帮扶铜川市工作组完成苏陕协作年度省考和国考任务，主要工作实绩列全省10个工作队第四名，创新做法和典型案例数列全省第一梯队，3个联络组被江苏省委、省政府通报表扬。其中，达美轮毂入选《人民日报》“中国精准扶贫优秀案例”，中央广播电视总台综合频道《新华日报》“学习强国”学习平台等省以上主流媒体报道盐铜协作工作96篇，省工作队通报创新做法26篇。

产业帮扶　年内，盐城市对口帮扶铜川市工作组引进12家东部企业到铜川市投资兴业，完成投资5.02亿元。耀州区新增IDC数据中心、思诺智能数字化车间搭建等项目，完成投资2.48亿元；印台区新增安泰金属（年产15万吨再生铝综合利用项目）、水蛭养殖等项目，完成投资1.01亿元；宜君县新增陕西秦酒文化展示中心、飘安集团、福地湖康养度假民宿集群等项目，完成投资1.54亿元。通过吸引江苏企业出资、引进企业入驻等方式，合作建设乡村振兴帮扶车间11个，吸纳农村劳动力258人，其中脱贫人口67人。组织召开盐铜产业园区合作共建座谈会、董家河循环经济产业园（盐城）专题招商会，协调盐城经济技术开发区、盐城环保科技城等5家省级以上开发区到铜川董家河产业园、铜川高新区等产业园区考察交流。东耀联络组协调东台高新区与耀州大数据产业园达成园区合作协议，东台经济开发区协助耀州惠园工业区开展产业规划，并出资聘请中设上海设计院编制园区规划；亭印联络组协调盐城环保科技城到印台举办招商实务、数字赋能专题培训会；丰宜联络组结合宜君工业园区建设，打造以食品、制酒为主体的“工业+旅游”文旅发展新模式。

消费帮扶　年内，盐城市对口帮扶铜川市工作组协助开展“幸福美丽铜川推介大赛”“奋进新征程 建功新时代”2022年金秋直播等助农活动，通过电子商务线上合作、消费帮扶“三专”平台和消费帮扶产品“进机关、进企业、进超市”等活动，拓展“陕货进苏”渠道，推动铜川市苹果、大樱桃、核桃等优质农特产品走向东部地区。全年帮助实现销售1.42亿元。

结对帮扶　年内，盐铜两市实现学校、医院、乡镇、企业等各类结对94个，签订结对帮扶协议97个，开展帮扶活动90次，协调省计划外各类帮扶资金2250万元，全部用于当地产业发展、基础设施建设和民生保障。盐城市第三人民医院、东台市人民医院帮助引入超声引导下心包穿刺术、人工关节置换等10余项临床新技术新项目，填补印台区、耀州区临床诊疗空白。

劳务协作服务　年内，盐城市对口帮扶铜川市工作组通过“就业大篷车”、下乡巡回招聘会、人力资源机构“一对一”服务等形式，帮助农村劳动力实现就业572人，就业帮扶数完成率居全省第四名。举办劳务协作专场招聘会2场，98家用工企业参加，提供就业岗位1654个。举办劳务协作培训班3期，培训农村劳动力122人。

乡村振兴"盐铜样板" 年内，盐铜两市共同打造乡村振兴示范村7个，其中耀州3个、印台和宜君各2个。开展"四方双结对、共建示范村"活动，东耀联络组组织溱东镇草舍村从产业发展、招商引资等方面与耀州区董家河镇王家砭村开展示范村结对共建，引进新上一条年产10万件套富硒耀瓷生产线。亭印联络组促成亭湖区五星村与印台区塬圪塔村结对共建，邀请袁隆平专业团队对产业发展和村容村貌进行统一规划，并捐赠资金帮助塬圪塔村实施"道路通达工程""果业提升工程"和"菌菇扩增工程"。丰宜联络组协调大中街道同德村与哭泉镇淌泥河村结对共建，在淌泥河村梯田景区召开宜君首届旅游发展大会，协调大丰梦幻迷宫景区捐赠结对帮扶资金20万元用于淌泥村梯因景区环境提升，并引进万奥庄园民宿项目，提升景区接待能力，带动周边乡村旅游产业快速发展。推进农旅融合发展。丰宜联络组以旅游产业作为助力乡村振兴的切入点，开展文旅产业发展专题培训，协助编制《宜君县"十四五"旅游发展规划》，协调马蜂窝、去哪儿网、高德地图、北上广机场等单位资助价值1400万元的宣传资源，经验做法被《人民日报》《陕西日报》等200多家媒体专题推介。助力农民增收。东耀联络组复制东台蚕桑合作社、甜叶菊合作社成功经验，打造产值超2亿元的庙湾香菇小镇，带动1500户农村家庭户均收益超1600元、贫困村集体经济年收益150万元以上，中央广播电视总台《朝闻天下》专题报道。亭印联络组连续三年投入近800万余元，扶持当地肉羊养殖产业，打造"羊来羊回"新型养殖模式。

盐铜交流互访 年内，铜川市市委常委、组织部部长刘丽，副市长刘正旺到盐城调研对接，盐铜县区党委政府主要负责人互访调研，实现盐铜两地人员交流互访23批293人次。开展干部人才交流。盐城市选派54名专业技术人才、铜川市选派60名专业技术人才和20名干部交流学习。盐城新四军干部学院与铜川照金干部学院结成革命老区干部学院联盟，两地合作举办乡村振兴干部人才培训班9期，累计培训干部人才788人次。

社会帮扶 全年盐城各级社会组织、慈善机构、爱心企业和个人向铜川捐款捐物折款1032.24万元，全部用于关爱贫困儿童、帮助孤寡老人、发展爱心产业和改善乡村基础设施。助力铜川抗击疫情。盐城市对口帮扶铜川市工作组与西安盐城商会、铜川苏浙商会等企业协会协调争取一批抗疫物资。亭印联络组开展"组团式"帮扶，协调亭湖区出资200万元，帮助印台区建设核酸快速检测实验室，最高日检测能力可达6000管12万人次；同时，引导各类资金393万元，帮助印台区卫生院基本诊疗设备提升、孙思邈中医堂建设、村卫生室达标升级等。盐城悦达集团所属陕西达美轮毂公司向耀州区人民医院捐赠价值35万元负压救护车1辆。援建照料中心。亭印联络组联合人民银行帮扶工作组与印台方面合力共建方泉智慧养老日间照料中心，覆盖群众2200户、7600人，其中60岁以上老年人2600人，可提供助餐配餐、文化娱乐、心理疏导、康复理疗、洗浴理发等。助力普惠托育。亭印联络组帮建印亭协作"青萌"音乐艺术成长屋，满足留守儿童的生活、学习、情感和心理需求。东耀联络组实施"梦想守护工程"，联系东台市心连心志愿者协会筹措资金近300万余元，以先富带动后富，开展"护幼、助老、帮困"各项公益活动。成立爱心早餐基金。丰宜联络组成立"环卫爱心早餐"基金项目，由江苏省盐城市大丰区创意集团公司牵头，多家爱心企业共同参与，为宜君全县环卫工人每天提供价值5元的免费早餐，并建立完善的基金筹措机制保障项目长期开展。

延伸阅读：铜川概貌

铜川市，别称同官，陕西省辖地级市，地处西北地区东部、陕西中部、关中盆地和陕北高原的交接地带，属温带季风气候。全市总面积3882平方千米，下辖3区1县。至2022年年底，常住人口70.5万人。铜川交通便利，是关中经济带的重要组成部分，是通往人文初祖黄帝陵及革命圣地延安的必经之地，咸铜、梅七2条支线铁路与陇海大动脉相连。铜川自然森林为关中平原北部的天然屏障，有太安自然保护区和香山自然保护区；位于耀州区城东的药王山，为药王孙思邈栖隐故地与纪念场所，是全国重点文物保护单位。2022年，实现地区生产总值505.55亿元，同比增长4.3%。

・・・对口支援三峡库区・・・

概　况 2022年，盐城市贯彻落实《江苏省2022年度对口支援合作三峡库区工作要点》文件精神，对口支援秭归县资金300万元。其中，市本级135万元，东台市、建湖县、射阳县、阜宁县、滨海县、响水县、大丰区、盐都区、亭湖区、盐城经济技术开发区和盐南高新区均为15万元。加强干部交流，宜昌市三峡工委党工委主任孙晓龙东一行到盐城开展招商考察活动。帮助秭归县开展党政干部和专业技术人才培训，促进技术互学、观念互通、作风互鉴。不断深化教育、医疗等领域技术人才合作，持续帮助改善教育医疗民生条件。

产销帮扶 年内，盐城市拓宽农特产品产销对接渠道。加强与库区农特产品产销衔接，纳入盐城市专柜、专馆、专区销售展示运营平台，拓宽产品线上线下销售渠道。加强与库区中药材、中成药产销衔接，支持进入盐城企业、医院。

延伸阅读：秭归概貌

秭归县，隶属湖北省宜昌市，位于湖北省西部，长江西陵峡两岸，三峡大坝库首。东与夷陵区交界，南同长阳土家族自治县接壤，西临巴东县，北接兴山县，总面积2274平方千米，下辖8个镇、4个乡。至2022年年底，户籍总人口36.42万人。秭归县是伟大爱国诗人屈原、和平使者王昭君和革命先驱夏明翰的故里，是著名的中国脐橙之乡、中国丝绵茶之乡、中国龙舟之乡、中国诗歌之乡、中国民间文化艺术之乡、中国美食之乡、中国最美外景地、中国天然氧吧。2022年，实现地区生产总值251.2亿元，地方一般公共预算收入6.11亿元，地方一般公共预算支出36.64亿元。

···对口合作辽宁阜新···

概　况 2022年，盐城市全面落实《辽宁省和江苏省对口合作2022年度工作计划》，推动两市交流合作。助力项目对接，江苏宝威锻造有限公司到阜新市考察，双方就太阳能光伏支架项目达成合作意向，该项目总投资1.5亿元，建成后预计年产太阳能光伏支架8.5万吨。江苏光电科技有限公司等6家企业到阜新市调研考察，并在阜蒙县紫砂项目开发、彰武县硅砂企业合作等方面达成合作共识。盐城悦达起亚汽车有限公司及其他大型汽车零部件制造企业与阜新市德尔汽车零部件、春潮汽车零部件（彰武）等汽车零部件制造企业对接，推动双方汽车零部件产业强链延链。阜蒙县考察团到射阳县学习考察花卉产业发展先进经验，推进对接落实药用菊花及旅游项目，推动阜新温泉旅游和相关配套产业发展。8月底，阜新市委书记胡涛率阜新党政代表团到盐城调研考察，召开盐城阜新对口合作工作座谈会。盐城市人大常委会调研组赴阜新开展阜蒙县民族历史文化、特色产业发展专题调研考察。阜新市考察团到盐城学习考察养老服务体系建设情况。阜新市海州区科协考察团到盐城考察观摩盐都区海外人才创新创业大赛，并对接交流科技项目及人才引进相关事项。阜新市10名年轻干部在盐城市发改、工信、商务等主要经济部门挂职锻炼。

园区合作共建 年内，阜新市驻盐城工作队调研考察盐城高新技术产业开发区、江苏建湖经济开发区、江苏大丰经济开发区、亭湖区新洋经济区、盐城环保科技城、江苏东台高新技术产业开发区、西伏河机器人产业集聚区、盐南高新区大数据产业园等园区，了解交流园区建设、招商引资、创新发展等经验做法，对接探索两地园区合作共建思路举措。亭湖区加大与阜蒙县对口合作力度，突出特色产业合作，推进盐城环保科技城和阜蒙县围绕节能环保产业探索共建阜蒙县环保产业园。盐城智创中心与阜新市工信、科技等相关方面加强对接，协助建设阜新市工业互联网平台。

消费合作 年内，盐城市推动阜新特色农副产品纳入盐城对口支援网络销售平台范围，开拓阜新产品在盐城销售市场。盐城市银宝集团与阜新市30余家农产品加工龙头企业及农业产业化联合体达成合作意向，借助银宝集团电商平台及盐城市政务“我的盐城”App开展线上销售。阜新市22户企业与盐城市海之静特产经营店签署产品线下销售委托书，“海之静”全权承办阜新市农产品线下销售相关事宜。至年底，“我的盐城”App线上阜新市农副产品销售22万元。

延伸阅读：阜新概貌

阜新市，辽宁省辖地级市，位于中国东北地区南部、辽宁西北部的内蒙古高原和辽河平原的中间过渡带，总面积1.03万平方千米。至2022年年底，户籍总人口180.2万人，下辖5个区和2个县。阜新市是国务院批复确定的辽宁西北部地区的中心城市和装备制造业配套基地，沈阳经济区副中心城市；历史文化悠久，因出土世界第一玉和华夏第一龙，被誉为“玉龙故乡，文明发端”；是契丹民族的摇篮、武当宗师张三丰的故里；是全国首个资源型城市经济转型试点市、国家扶贫改革试验区，也是国家首批循环经济试点市之一；拥有畅达的交通环境，海上可通过大连港、锦州港、营口港出行，大郑铁路、新义铁路从境内穿过。2022年，实现地区生产总值577.7亿元，比上年增长3.3%。　（丁立斌）

中国共产党盐城市委员会

编辑　曹懿超

综　　述

全面从严治党　2022年，盐城市推进新时代党的建设新的伟大工程，落实意识形态工作责任制，健全意识形态工作联席会议制度，做好风险研判和化解处置工作，巩固壮大奋进新时代的主流思想舆论。坚持大抓基层鲜明导向，推行村干部专业化星级管理，实施“创业型支书”培育计划、百名菁英“强村行动”，不断夯实乡村振兴“硬实力”。完成市县领导班子、市政府组成部门换届。制定干部选拔任用会商研判办法，提升选人用人科学化、精准化水平。制订优秀年轻干部培养选拔五年行动计划，选派名校优生到乡村振兴一线、产业链挂职锻炼。制定新时代人才强市建设系列政策文件，深化名校优生“汇盐行动”，全年签约引进4123人，招引高校毕业生3.5万人。举办沿海发展人才峰会，持续跟踪抓好人才、项目成果落地。抓好党风廉政建设。支持纪委监委履职。紧盯新冠肺炎疫情防控、助企纾困政策落实、安全生产等重点领域开展专项监督，强化“一把手”监督等做法在全省推广。落实中央八项规定精神及其实施细则和省、市委有关规定，常态化召开全市机关作风建设问题通报会、“510”警示教育大会。全年全市查处违反中央八项规定精神问题340起、处理579人，公开通报曝光47批次典型问题。坚决打赢反腐败斗争攻坚战持久战，立案3544件，党纪政务处分2750人。抓好中央巡视江苏和省委巡视盐城反馈意见整改工作，粮食购销领域立案100件125人，留置14人。发挥巡察利剑作用，推进八届市委巡察，发现突出问题590个、问题线索64件。

学习宣传贯彻中共二十大精神　年内，市委始终坚持以习近平新时代中国特色社会主义思想为指引，围绕迎接中共二十大和学习宣传贯彻中共二十大精神，深入贯彻习近平总书记重要指示和党中央决策部署，坚定拥护“两个确立”，坚决做到“两个维护”，迅速掀起学习宣传贯彻中共二十大精神热潮，坚决贯彻习近平总书记“五个牢牢把握”和“全面学习、全面把握、全面落实”的重要指示，学报告、读原文、悟原理，开展多种形式宣讲活动。

统筹谋划系统安排。10月25日，市委常委会召开会议，学习贯彻中共二十大精神和省委部署要求，研究盐城市学习宣传、贯彻落实工作。同日，全市学习贯彻中共二十大精神大会召开。11月7日，市委常委会审议通过《中共盐城市委学习宣传贯彻中共二十大精神工作安排建议》，市委下发《中共盐城市委关于做好学习宣传贯彻中共二十大精神的通知》。市委理论学习中心组充分发挥示范引领作用，10月31日举行专题学习交流会，中心组所有成员交流学习心得。全市各层各级党委（党组）中心组把学习中共二十大精神作为党委（党组）理论学习中心组的重点学习内容，制订学习计划，采取集中学习、辅导报告、交流研讨等形式深入学习会议精神，实现全市各级党委（党组）理论学习中心组学习全覆盖。组织全市领导干部收看学习贯彻中共二十大精神中央宣讲团报告会，现场聆听学习贯彻中共二十大精神江苏省委宣讲团报告会。

做好中共二十大精神宣讲。按照中央和省委统一部署要求，抽调47名精干力量组建市委宣讲团，市委徐缨书记任宣讲团团长，并分别于11月10日、11月12日在盐城幼儿师范高等专科学校和响水县黄圩镇进行专题宣讲。全市基层宣讲工作迅速启动，开展各类主题宣讲、文艺化宣讲。围绕落实中共二十大精神，紧密联系当前经济社会发展的重大理论实践问题，召开盐城市社科界学习贯彻中共二十大精神座谈会，上线盐城市学习贯彻落实中共二十大精神网上展馆。发挥《盐阜大众报》的《理论周刊》研究平台载体作用，转载刊发一批学习贯彻中共二十大精神的重要评论、系列论述、心得感悟等理论阐释文章。各级党报、电台、电视台、重点新闻网站以及新媒体平台，在重要版面、重点时段开辟专题专栏，推出一批有分量的深度报道、通讯综述、评论言论、权威专访和理论文章，深入宣传解读中共二十大精神。市主要媒体所属新媒体平台转发或推出短视频、图解新闻等，采取行进式发稿形式集中刊播报道，通过小切口、小故事，反映各地各部门学习贯彻落实中共二十大精神的生动实践。全市各基层党组织利用资源优势和载体平台，针对不同群体创新宣讲方式，以群众喜闻乐见的形式开展活动，把中共二十大精神讲清楚、说明白，打通宣传教育服务群众“最后一米”，推动中共二十大精神走进基层、走进群众。市委组织部开展“喜迎二十大、勇当排头兵”“四常四学”（组织常设全面学、平台常用灵活学、活动常态深入学、机制常新系统学）和“六个一”（举办一堂专题党课、开展一次实境教育、组织一场宣讲活动、推荐一批优秀书目、走访一批党员群众、办好一批民生实事）学习宣传活动。蓄积优质党员教育资源，发挥“盐城党建”新媒体平台作用，开展“学原文·二十大报告我来读”等宣传教育活动。开展中共二十大精神“学说做”活动，实施党性强、业务强“双强红领先锋”示范培育计划，选派364名新业态党建指导员，同步开展考核管理。推出线上“黄海云学堂”，发布学习贯彻中共二十大精神专题辅导16讲，注重互动化传播、沉浸式体验，增强在线学习的吸引力、感染力，掀起“万人同上一堂课、凝心聚力向未来”学习热潮，收听收看累计超120万人次。

盐城绿色低碳发展示范区建设　（参见《特载·盐城绿色低碳发展示范区建设》相关内容）（周　峰　陈　萌）

大兴调查研究　年内，市委加强调查研究工作，市委主要领导在主流媒体刊登署名文章12篇。围绕“走在前、挑大梁、多做贡献”，加强对沿海发展、绿色低碳发展、园区改革、县域经济高质量发展等事关全局的战略性、前瞻性课题研究，形成《基于盐城与南通高质量发展的比较分析》《本土民营建筑企业对行业发展的几点建议》《服务业如何加快复工复产复苏》《关于加快发展文旅产业的调研思考》等20余篇调研成果。搭建全市调查研究交流平台，开展首批市委决策咨询重点课题研究工作，面向党政机关、高校、科研机构、学会，结项形成46篇高质量研究成果。全面改版《调查研究》，全年编印50余期。（俞　亮）

重要会议

市委八届二次全会　3月4日，市委八届二次全会召开，表决通过盐城市出席中共二十大代表候选人推荐人选建议名单。

市委八届三次全会　8月9日，市委八届三次全会召开。全会由市委常委会主持，市委书记徐缨代表市委常委会讲话。全会肯定全年以来各项工作。全会强调要坚持以习近平新时代中国特色社会主义思想为指导，坚决贯彻习近平总书记重要指示精神和中央决策部署，坚定捍卫“两个确立”，坚决做到“两个维护”，完整、准确、全面贯彻新发展理念，坚持稳中求进工作总基调，全面落实“疫情要防住、经济要稳住、发展要安全”重大要求，按照省委部署，紧紧围绕“勇当沿海地区高质量发展排头兵”目标定位，主动扛起责任，加快建设绿色低碳发展示范区，持续巩固经济回升向好趋势，锚定全年目标全力实现最好结果，为全省“勇挑大梁”多做贡献，着力保持平稳健康的经济环境、国泰民安的社会环境、风清气正的政治环境，以实际行动迎接中共二十大胜利召开。

市委八届四次全会　12月9日，市委八届四次全会召开。全会由市委常委会主持，市委书记徐缨代表市委常委会讲话。全会听取和讨论徐缨受市委常委会委托作的工作报告，审议通过《中共盐城市委关于深入学习贯彻中共二十大精神加快建设绿色低碳发展示范区在新征程上全面推进中国式现代化盐城新实践的决定》《中国共产党盐城市第八届委员会第四次全体会议决议》，全会书面审议《中共盐城市委常委会2022年度落实全面从严治党主体责任情况的报告》，印发《关于加快建设绿色低碳发展示范区的实施意见（征求意见稿）》。全会肯定全年市委常委会工作。全会强调，全市上下要坚持以习近平新时代中国特色社会主义思想为指引，深入贯彻中共二十大精神，坚定拥护“两个确立”、坚决做到“两个维护”，牢牢把握新时代新征程的使命任务，深刻领会中国式现代化的中国特色、本质要求、战略安排、重大原则，完整准确全面贯彻新发展理念，主动服务和融入新发展格局，按照省委十四届三次全会部署要求，锚定勇当沿海地区高质量发展排头兵目标定位，以建设绿色低碳发展示范区为总抓手，统筹经济社会发展全局，展现“国际湿地、沿海绿城”的生态魅力、发展活力，奋力谱写中国式现代化盐城新篇章。

市委常委会会议　年内，市委常委会召开会议45次。

1月3日，市委常委会召开第10次会议，研究《关于支持盐城经济技术开发区高质量发展的政策意见》《关于支持盐城高新技术产业开发区高质量发展的政策意见》及其他事项。

1月4日，市委常委会召开会议，研究其他事项。

1月7日，市委常委会召开第11次会议，研究部署全市防范化解风险隐患工作；听取市九届人大代表候选人初步人选酝酿推荐情况汇报。

1月13日，市委常委会召开第12次会议，研究市委常委会党史学习教育专题民主生活会有关材料；研究《盐城市促进未成年人健康成长工作的意见》。

1月26日，市委常委会召开第13次会议，通报省委常委会专题听取各设区市市委和省委相关党（工）委书记抓基层党建述职测评结果反馈情况；研究《关于深入贯彻省第十四次党代会精神勇当沿海地区高质量发展排头兵的实施意见》；听取2021年度全市综合考核工作有关情况汇报。

1月30日，市委常委会召开第14次会议，研究《关于做好2022年全面推进乡村振兴重点工作的实施意见》；研究《关于省委常委会专题听取各设区市市委和省委相关党（工）委书记抓基层党建述职点评及反馈问题的整改落实方案》。

2月10日，市委常委会召开会议，研究其他事项。

2月17日，市委常委会召开第15次会议，研究《中共盐城市委关于涉粮问题专项巡视反馈意见整改工作方案》；研究《关于深化提升安全生产专项整治三年行动的实施意见》；研究《政府工作报告》，书面审议《盐城市人大常委会工作报告》《政协盐城市第八届委员会常务委员会工作报告》《盐城市中级人民法院工作报告》《盐城市人民检察院工作报告》《关于盐城市2021年国民经济和社会发展计划执行情况与2022年国民经济和社会发展计划草案的报告》《关于盐城市2021年预算执行情况和2022年预算草案的报告》；研究《政协盐城市委员会2022年度协商计划》。

2月18日，市委常委会召开会议，研究其他事项。

2月27日，市委常委会召开会议，研究其他事项。

3月4日，市委常委会召开第16次会议，研究《关于深入打好污染防治攻坚战的实施意见》《盐城市“一老一小”整体解决方案（2021—2025年）》《盐城市“盐商服务卡”实施办法》及其他工作。

3月21日，市委常委会召开第17次会议，研究《关于在全市开展“科技创新推进年”活动的实施意见》。

4月6日，市委常委会召开第18次会议，研究《市级层面整治形式主义为基层减负专项工作机制2022年工作要点》《2022年市级督查检查考核计划》《关于规范行政村社区履职事项切实减轻村级组织负担的实施办法》《盐城市法治政府建设工作规划（2021—2025年）》。

5月6日，市委常委会召开第19次会议，研究部署全市新冠肺炎疫情防控和复工复产工作；研究进一步加强市委常委会自身建设工作及其他事项。

5月16日，市委常委会召开第20次会议，研究《市委党建工作领导小组2022年工作要点》《盐城市产业投资母基金管理办法》《盐城市产业投资母基金2022年投资计划和6支子基金组建方案》。

5月17日，市委常委会召开会议，研究其他事项。

5月26日，市委常委会召开第21次会议，研究部署高效统筹新冠肺炎疫情防控和经济社会发展工作；研究《关于推动党史学习教育常态化长效化的实施意见》《关于深化拓展新时代文明实践中心建设的实施方案》《关于开展“对标赶超、争先进位”活动的实施方案》《盐城市农村住房条件改善专项行动实施方案》《盐城市重大项目全周期服务推进机制（试行）》《2022年全市招商引资和项目推进考核办法（试行）》。

5月31日，市委常委会召开第22次会议，研究部署稳定经济增长工作；研究《关于新时代坚持和完善人民代表大会制度、加强和改进人大工作的实施意见》《盐城市国家生态文明建设示范区巩固提升三年行动方案（2022—2024年）》《关于评选表彰盐城市“十佳公务员标兵”“十佳公务员集体”的实施方案》及其他事项。

6月13日，市委常委会召开会议，研究其他事项。

6月17日，市委常委会召开第23次会议，研究部署经济工作；研究《关于推动现代服务业高质量发展的实施意见》《关于推进新时代人才强市建设的意见》。

6月27日，市委常委会召开第24次会议，研究全市《党委（党组）意识形态工作责任制实施方案》；研究《关于做好党的二十大网络安全保障工作的实施方案》。

6月29日，市委常委会召开会议，研究其他事项。

7月6日，市委常委会召开第25次会议，研究加快推进绿色低碳发展有关事项。

7月18日，市委常委会召开第26次会议，认真学习习近平总书记在新疆考察时的重要讲话和近期重要指示、重要回信、重要贺信精神，专题传达学习省委常委会会议精神，研究部署全市贯彻落实工作。

7月26日，市委常委会召开第27次会议，研究部署全市经济工作；研究《关于在全市开展“企业大走访、项目大推进、产业大招商”活动的实施意见》；研究《2022年度县（市、区）综合考核意见》《2022年度市级机关单位综合考核意见》及其他事项。

7月26日，市委常委会召开第28次会议，研究关于进一步加强全民国防教育有关事项。

8月3日，市委常委会召开第29次会议，研究全市贯彻落实省委常委会会议举措；研究《关于建立健全审计查出问题整改长效机制的实施意见》《关于深化应急管理综合行政执法改革的实施方案》《盐城市人大常委会关于加强政府债务审查监督的实施意见》。

8月8日，市委常委会召开第30次会议，研究讨论市委八届三次全会有关文件；研究《盐城市数字经济发展三年行动计划（2022—2024年）》《关于全面推进盐城交通运输现代化建设的实施意见》。

8月26日，市委常委会召开第31次会议，研究部署全市贯彻落实省委常委会会议、长三角地区主要领导座谈会、全省信访工作会议精神；研究《盐城市人大常委会五年工作规划（2022—2026年）》《盐城市人大常委会2022—2026年立法规划》及其他事项。

9月1日，市委常委会召开第32次会议，研究部署全市贯彻落实省委常委会会议和省委书记吴政隆讲话精神工作；研究部署新冠肺炎疫情防控工作及其他工作。

9月6日，市委常委会召开会议，研究其他事项。

9月8日，市委常委会召开第33次会议，研究全市贯彻落实省委全面深化改革委员会第29次会议精神；研究《2022年全市深化医药卫生体制改革重点工作任务及分工》《盐城市推动公立医院高质量发展实施方案》《盐城市学习福建省三明市医改经验深化全市医药卫生体制改革实施方案》《盐城市深化新时代教育评价改革实施办法》《关于深化新时代教育督导体制机制改革的实施办法》及其他事项。

9月20日，市委常委会召开第34次会议，研究部署全市贯彻落实省委书记吴政隆在设区市市委书记座谈会上的讲话精神；研究全市贯彻落实全省优化营商环境工作推进会议精神；研究部署新冠肺炎疫情防控、安全生产、维护稳定工作及其他事项。

9月23日，市委常委会召开会议，研究其他事项。

10月8日，市委常委会召开第35次会议，研究《关于加强新时代统一战线工作的实施意见》；研究部署全市新冠肺炎疫情防控、安全稳定、民生保障、经济发展等重点工作及其他事项。

10月25日，市委常委会召开第36次会议，传达学习省委常委会会议精神，研究全市全面学习把握落实党的二十大精神各项工作，分析全市当前经济形势，部署下一阶段经济工作。研究全市学习宣传、贯彻落实工作。

10月31日，市委常委会召开第37次会议，研究全市全面学习贯彻落实中共二十大精神各项工作，分析全市经济形势，部署经济工作；研究《盐城市“十四五”退役军人服务和保障规划》。

11月7日，市委常委会召开第38次会议，研究《中共盐城市委关于认真学习宣传贯彻中共二十大精神的通知》，部署重点工作；研究《盐城东方投资开发集团有限公司等3户企业“进档升级”的建议方案》。

11月14日，市委常委会召开第39次会议，研究《盐城市贯彻落实第二轮中央生态环境保护督察报告整改方案》《关于加快绿色低碳发展做好碳达峰碳中和工作的实施意见》《关于高质量党建引领乡村振兴的实施意见》《关于加快培育新型农业经营主体的实施意见》《关于加强和改进新时代全市政协工作的实施办法》。

11月25日，市委常委会召开第40次会议，研究部署加强全市安全生产工作；研究部署抓细抓实全市新冠肺炎疫情防控工作及其他事项。

12月1日，市委常委会召开第41次会议，研究《中共盐城市委关于深入学习贯彻中共二十大精神加快建设绿色低碳发展示范区在新征程上全面推进中国式现代化盐城新实践的决定》等市委八届四次全会有关文件；研究《市金融风险化解委员会工作规则》《市金融风险化解委员会办公室工作细则》《盐城市推进社会信用体系建设高质量发展促进形成新发展格局的工作方案》《关于全面加强国有企业监管的实施意见》《盐城市人大常委会2023年立法计划》。

12月12日，市委常委会召开第42次会议，研究《关于实施城市更新行动的意见》。

12月19日，市委常委会召开第43次会议，研究部署"新十条"优化措施发布以来新冠肺炎疫情防控工作及其他事项。

12月25日，市委常委会召开会议，研究其他事项。

12月27日，市委常委会召开第44次会议，分析研究2023年经济工作，讨论市委经济工作会议有关材料；研究《关于加快建设绿色低碳发展示范区的实施意见》《盐城市加快建设绿色制造之城行动方案》《盐城市加快建设绿色能源之城行动方案》《盐城市加快建设绿色生态之城行动方案》《盐城市加快建设绿色宜居之城行动方案》《中共盐城市委常委会关于坚决维护党中央权威和集中统一领导的规定（修订稿）》《中共盐城市委关于进一步贯彻落实中央八项规定精神的实施办法》。

全市党史学习教育总结会议 1月14日，全市党史学习教育总结会议召开，深入学习贯彻习近平总书记关于党史学习教育的重要论述重要指示精神，全面贯彻中共十九届六中全会精神，落实中央和全省党史学习教育总结会议要求，系统总结全市党史学习教育的成效和经验，持续巩固拓展党史学习教育成果，激励全市上下不断从百年党史中汲取智慧和力量，坚决扛起"争当表率、争做示范、走在前列"光荣使命，勇当沿海地区高质量发展排头兵，以优异成绩迎接中共二十大胜利召开。市委副书记、代市长周斌出席会议并讲话。周斌指出，全市各级各部门要将党史学习教育作为长期的、永远在路上的重大政治任务，必须在学而思、学而悟、学而行上久久为功，必须继承和发扬党的百年奋斗历史经验，不断巩固拓展党史学习教育成果，推动党史学习教育常态化长效化，以开拓创新、行稳致远的精神状态，奋力推动全市各项工作高质量发展。 （周 峰 陈 萌）

深化改革

概　况 2022年，市委聚焦中央和省委改革部署，推动全面深化改革走深走实。市委深化改革委员会会议审议《盐城市优化营商环境突破年实施方案》《关于推进全市国有经济布局优化和结构调整的实施意见》等改革方案、文件和报告14个。围绕省委赋予盐城"勇当沿海地区高质量发展排头兵"目标定位，明确全年七大领域的改革工作和营商环境改革、农村土地制度改革、开发园区改革等27项重点改革任务。市委主要领导坚持重要改革亲自部署、重大方案亲自把关、关键环节亲自协调、落实情况亲自督察，聚焦盐城实现高质量发展存在的体制机制问题，率队督导调研推动优化营商环境、国有企业三年改革行动等事关盐城长远发展的重大改革任务。完善市领导联系挂钩的重大改革事项制度，市领导亲自挂钩推进20项改革任务。

经济体制改革 年内，盐城市印发《盐城市工业企业资源集约利用差别化政策清单》，开展工业企业资源集约利用综合评价，围绕价格类、资源配置类、金融支持类、政府奖惩类、行政管理类政策，依法依规对不同评价分类企业的资源要素差别化配置政策。全市工业企业亩均开票销售额、亩均税收分别增长30.6%、23.3%。创新重点项目招引推进机制，实行重大项目帮办代办，建立市、县、镇三级1015名代办员队伍。全年，市县两级全流程帮办代办5000万元以上项目1081个。在市域内探索建立招商引资项目利益分享机制，在沪苏、常盐、苏盐等合作园区探索建立重大项目跨区域利益共享机制，加快承接重大项目落地落实。健全开放型经济体制机制，印发《高质量实施RCEP行动方案》《盐城沿海开放合作三年行动计划》等文件，推动中韩（盐城）产业园改革，依托省市共建的中韩（盐城）产业园发展基金，支持重大项目和重点工程建设，投资项目28个，项目落地总规模146亿元。推广复制32条江苏自贸区联创区创新实践案例，全面承接落实14个省级赋权联创区事项。"外国人来华一站式服务专窗"改革案例被列为江苏省开发区体制机制改革第二批实践案例。完善地方金融服务和监管体系，召开全市企业股改上市推进会，印发《关于加快推进企业股改上市的实施意见》《企业上市业务"一本通"》，全市新增1家企业上市，新增1家企业IPO过会，新增4家企业上市辅导，新增1家企业"新三板"挂牌。完成国企改革任务，印发《关于在建设中国特色现代企业制度中完善市属企业"三重一大"决策机制的实施意见》《市属企业董事会授权管理指引》，明确2022年国企改革任务清单，完成国企改革三年行动实施方案涉及的143项改革任务，董事会成员"外大于内"、经理层任期制契约化管理等一批改革难点取得突破，形成34个改革典型案例，其中3个典型案例入选《省国企改革三年行动典型案例汇编》。

农村领域改革 年内，全市36个镇134个村实施"小田变大田"改革，涉及承包地面积3.35万公顷。开展农村宅基地线上审批试点改革，东台被确定为宅基地线上审批和闲置宅基地及闲置住宅线上交易试点县。支持有条件的村集体领办集体农场、合作社、服务劳务公司等经济实体，全市领办实体突破500家，经营面积超8000公顷，11个村入选全省"共同富裕、百村实践"新型农村集体经济发展典型案例。深入实施富民强村帮促行动，印发《关于推动新型农村集体经济高质量发展的若干政策措施》，市、县两级安排8000万元支持新型农村集体经济高质量发展。推进农业产业发展提质增效，壮大新型农业经营主体，印发《关于加快培育新型农业经营主体的实施意见》，新创省级示范家庭农场46家，入选省级农业社会化服务典型案例2个、国家级1个。印发《盐城市农产品品牌培优提升指导意见》，市级层面成立产业联盟，5个农业品牌入选省"三高"农业品牌发展案例。加快农业农村数字化建设，全市新建或提升建设数字农业农村基地103个，全市农产品电商销售额106.7亿元，"盐农云"大数据平台上线试运行。

民生领域改革 年内，盐城市召开全市医改大会，印发《盐城市深化医疗保障制度改革实施办法》等3份医改文件，推动公立医院改革、医保支付方式改革等改革举措落地落实。推进医保、医疗、医药"三医"联动改革，深化医保支付方式改革，印发《医疗服务价格动态调整实施方案》。深化教育评价机制改革，印发《盐城市深化新时代教育评价改革实施办法》《关于深化新时代教育督导体制机制改革的实施办法》，全面实施县级义务教育学校教师"县管校聘"和市直义务教育学校教师"局管校聘"，全市交流教师5262人，破解校际、县域、城乡之间资源配置不均衡等难题。推进"双减"工作，印发《盐城市义务教育学生作业管理办法》《盐城市义务教育学校考试管理办法》，义务教育阶段学科类校外培训机构压减比例99.49%。在全省率先印发《盐城市被征地农民社会保障实施办法》，确保被征地农民"即征即保、应保尽保"。探索家庭农场社会养老保险机制，鼓励有条件的家庭农场主参加城镇企业职工基本养老保险、城乡居民基本养老保险，并给予符合条件的农场主保险缴费部分一定比例的财政补贴。

生态文明体制改革 年内，盐城市创新遗产地保护和管理体制，颁布《盐城市黄海湿地保护条例》，印发《盐城市湿地公园管理办法》，系统推进生态环境保护修复，实践基于自然的解决方案（NbS），试点开展"生态岛"建设，全市湿地保有量超过76万公顷，自然湿地保护率62%，被评为国际湿地城市。在长三角一体化产业发展基地、黄海新区、射阳港经济开发区等载体平台，开展低（零）碳产业园区试点建设，探索创新绿证办理、绿电交易模式，构建新型电力系统，推广"新能源＋工业"等应用模式，提升新能源发电消纳水平。规划建设新型能源体系，探索"风光火气氢"一体化发展，新能源装机总量1240万千瓦，占全省四分之一。探索生态价值多元转化，依托"世界自然遗产""国际湿地城市"两大品牌，以2个国家级保护区和条子泥为重点，重点打造"探秘自然遗产、戏水湖荡湿地"等5条重点旅游经济带，加快建设世界级滨海生态旅游廊道。建设碳汇交易中心，放大湿地等碳汇优势，构建"黄海湿地银行"框架体系，全国首笔基于自然的湿地生态修复蓝色碳汇贷在盐城投放。严格执行生态环境保护责任制。制定《盐城市国家生态文明建设示范区巩固提升三年行动方案》，抓好生态环境保护督察反馈意见整改，印发《大气污染防治攻坚专项行动实施方案》《盐城市农业面源成片治理试点工作方案》，深入打好污染防治攻坚战。

民主法治领域改革 年内，盐城市围绕发展全过程人民民主，印发《关于加强和改进新时代全市政协工作的实施办法》《关于新时代加强和完善人民代表大会制度加强和改进人大工作的实施意见》，开展立法协商，通过设立基层立法联系点，让基层群众直接参与法律草案的起草、立法调研、修改论证、立法后评估等环节，多渠道、多途径保障公众参与立法工作。由市人大代表票选出20件列入市政府年度重点民生实事项目。各级政府重大决策出台前向人大报告，市政府重大决策会议邀请人大代表列席。在法治盐城建设方面，开展赋权事项评估工作，印发《关于建立基层综合执法"十张清单"的实施方案》，创新和完善基层综合执法体制机制。深入推进"精网微格"工程，全省首家配备"四专标准"城乡专职网格员3353名，绝对数和配备率全省领先。常态化开展网格安全稳定隐患大排查大整治，开展"三无三零"网格创建活动，群众对网格化工作知晓率位居全省前三位。构建新型乡村治理体系，新申报3个国家级和73个省级民主法治示范村（社区）。

（李新峰）

组织工作

概　况 至2022年年底，全市有中共党员48.9万名，其中女党员11.4万名，新发展党员5640名，预备党员5638名，少数民族党员639名，中华人民共和国成立前老党员1208名。全市党的基层组织有2.5万个，其中党委694个、党总支3223个、党支部2.1万个。

农村党建 年内，市委组织部召开高质量党建引领乡村振兴发展大会，实施政治引领铸魂、产业引领增收、人才引领赋能、治理引领暖心、组织引领保障五大工程。印发高质量党建引领乡村振兴工作任务分解表，压实县级10项、镇级8项、村级6项责任，明确124名乡镇书记、街道书记挂钩辖区最薄弱村，推动各层各级积极担责任、合力促振兴。推行村干部专业化星级管理，全市1.7万名村干部全部评星定级、动态升星降星。实施"创业型村支书"培育计划、百名菁英"强村行动"，首次择优挑选103名党员能人到相对薄弱村担任村书记或第一书记，领办产业项目103个，首次引进128名在校担任过主要学生干部、出身农村的大专毕业生到村任职。总结推广"强村十八策""强村十八招"，设立2亿元乡村振兴共富发展基金，提供300亿元专项信贷额度，建立增收激励机制。推进党建引领"快递进村、产品出村"，打造100个网红直播村，开播带货4322场次，实现线上销售2.06亿元。推广党群服务中心“十有”微服务，在全面提档升级所有村党群服务中心的基础上，试点建设50个党群乡村服务综合体。

城市党建 年内，市委组织部实施“红网微格”工程，依托综治网格化服务管理中心，将基层党建网、民生服务网、社会治理网“多网合一”，构建起“街道大工委—社区大党委—小区（物业）党支部—网格（楼栋）党小组”四级组织架构，织密横向到边、纵向到底的党组织工作网络。全面推行社区工作者职业体系管理，将优秀网格员纳入社区工作者管理，不断优化社区工作者队伍结构。健全社区工作者常态化教育培训机制，推行社区工作者资格认证和持证上岗制度，普遍建立“三岗十八级”职业薪酬体系，大幅提升学历层次和社会化、职业化水平。定期召开街道大工委、社区大党委党建联席会议，推进社区物业党建联建，建立群众需求清单、治理资源清单、服务项目清单，着力解决居民群众急难愁盼问题。提升大市区124个社区党群服务中心功能，建设28个社区服务站，全面推行“十有”微服务，开展驻区单位、在职党员到社区“双报到”志愿服务活动，形成方便快捷的15分钟公共服务圈。

机关党建 至2022年年底，市委市级机关工委下辖74个直属机关党组织，其中，机关党委46个、机关党总支19个、机关党支部9个、基层党支部594个；有党员1.11万人，其中在职7853人、离退休3295人。以机关党委书记、专职副书记、机关党支部书记为三大培训主体，举办专题培训12批次，培训党务干部700余名，其中497名在职机关党支部书记首次完成全员轮训。市委市级机关工委学习宣传贯彻中共二十大精神，指导市级机关各级党组织落实“四双”链式学习法，即“双学”（组织学与自己学相结合）、“双讲”（全面讲与专题讲相结合）、“双谈”（谈思想与谈思路相结合）、“双创”（创新工作与创树品牌相结合），切实做到“四在前”，即“学在前、讲在前、干在前、效在前”，组织中心组学习12次，班子成员研讨交流34人次，开展宣讲学习、研讨培训、服务发展等活动，开展“献礼二十大·书记‘亮’答卷”活动，设立市级机关直属党组织“书记项目”74个、基层党支部书记项目500余个。印发《2022年度盐城市级机关党建工作三级责任清单》，召开全市机关党的建设工作会议暨争创勇当沿海地区高质量发展排头兵模范机关推进会。《抓好“三一”工作法 助推模范政治机关建设》在《旗帜》杂志（2022年第1期）刊发。在长三角地区机关党建工作研讨会上，盐城市委市级机关工委围绕“全方位强化新时代机关党组织政治功能”作交流发言。召开市级机关党建课题研讨会，市委办、市纪委等10个单位机关党建课题研究负责人参加会议。《关于“对标‘三个表率’、锻造模范机关”的实践与思考》被评为2022年度全省机关党建课题研究成果二等奖。印发《关于加强机关党建片区工作的通知》，组织11个市级机关党组织与9个市属一档国企党组织成立“红色温馨”党建联盟，《打造“红色温馨”党建品牌 建设“勇当沿海地区高质量发展排头兵”的模范机关》被省委省级机关工委评为模范机关建设优秀案例。与上海农场等单位成立“清风飘扬”党建联盟。提升“红色温馨”党建品牌影响力，开展“党史宣讲走基层”“保护黄海湿地”等活动。印发《关于推进“红色温馨·悦读流香”学习型机关党组织建设的意见》，打造“红色温馨·悦读流香”全民阅读品牌，成立74支读书分享志愿服务分队，开展读书活动100余场，向全体机关党员赠送图书2万余册，市级机关“红色温馨”志愿宣讲服务队被评为全省基层理论宣讲先进集体。“红色温馨·清风主题分享会”被认证为江苏省二类公益阅读推广活动，“红色温馨”党建引领公务员诚信教育作为政务诚信创新举措在全省推广。印发《关于在坚决打赢疫情防控阻击战中充分发挥机关党组织和党员作用的通知》，划拨市级机关留存党费18万元，重点支持卫生、公安、交通等部门开展抗疫工作，组织党员干部在市行政中心核酸检测点开展志愿服务，总检测量5万人次。开展“学而时习之”——大学生“悦”实习活动。市委市级机关工委被省体育局评为全省群众体育先进单位。

3月1日，全市机关党的建设工作会议暨争创勇当沿海地区高质量发展排头兵模范机关推进会召开。
王 辉 摄

国有企业党建 年内，市委组织部召开全市国企党建工作推进会，梳理共性问题和个性问题清单，研究制定整改方案，抓好巡察发现问题的整改落实。深化落实党建入章、党委决策程序前置、“第一议题”等制度，将党的领导融入公司治理各环节，推动公司治理制度化、规范化、程序化。向市属一档国有企业选派10名党建指导员，印发《盐城市属国有企业党建工作指导员管理办法（试行）》，明确重点任务、工作职责。印发《党支部工作手册》，组织5次国企党务工作者党务知识专题培训，450人参加培训。

两新组织党建 年内，市委组织部在全省率先印发《关于完善两新工委运行机制的实施方案》，创新实施党建计划预审、述职评议考核等“六个一”运行模式，常态化开展党建重点项目双月“家家到”观摩，压实党建工作责任，推动比学赶超、互促共进。聚焦服务实体经济，在全省率先推进两新组织进网格，2323个单元网格覆盖8331个两新组织，网格员定期上门服务回应企业诉求，网格长季度会办解难题，办结各类难点堵点问题1075个。成立精密结构件产业链党建联盟，明确构建联盟体系、健全运行机制等7项重点任务，推动链上企业优势互补、做大做强。将党建引领写入《盐城市物业管理条例》（自2023年2月1日起施行），成立市物业服务行业党委，市物业管理工作领导小组、市城镇老旧小区改造工作领导小组等工作机构，实现专人专班运行工作体系。开展全市小区物业管理专项整治行动，实现小区公共事务公示公开全覆盖，得到住房和城乡建设部、省住房和城乡建设厅肯定和宣传推广。培树“盐阜铁军·红心物业”行业党建品牌，围绕“一老一小”，实施“党建引领惠民生，红色物业暖老小”党建项目。开展“三红”评比，评选出“红色堡垒”9个、“红色家园”10个、“红色管家”20个。13个项目被省委组织部、省委两新工委、省住房和城乡建设厅党组、省住房和城乡建设行业党委命名为第二批党建引领物业管理服务工作省级示范点，数量居全省第二位。“红色物业”协商议事等特色做法在《中国组织人事报》《江苏组工信息》刊载。

高校党建 年内，全市高校有党组织400个，其中党委26个、党总支66个、党支部307个；有党员7478人、学生党员3015人、少数民族党员42人；新增党员954人、预备党员1145人。江苏医药职业学院实施“党建+”行动，推进盐城市医校党建联盟建设，新增医校党建联盟成员单位3个、结对共建基层党支部4个，开展结对共建活动8次。盐城工学院汽车工程学院教工党支部创成全国党建工作样板支部（第二批），盐城工学院汽车工程学院党总支创成首批全省党建工作标杆院系培育建设单位。盐城工业职业技术学院开展“党建和创”活动，与中国移动盐城分公司举行“党建和创、校企共建”签约仪式。实施“远航”青年人才培训计划。江苏省盐城技师学院智能制造学院党总支加入盐城市精密结构件产业链党建联盟，与联盟理事单位领胜城科技（江苏）有限公司党支部签订“校企党建联建交流合作协议书”，将党建共建、产业研究与技术服务研发、人才定向培养、实习基地与培训基地建设等方面推向深入。盐城幼儿高等师范学院人文教育学院学生工作党支部开展的“不负芳华守初心 寸草逐梦报春晖”党日活动获2022年江苏省高校“最佳党日活动”优胜奖。

新业态新就业群体党建 年内，市委组织部开展新业态新就业群体党建“百人万里行”调研，摸清党建底数和群体需求，加强对快递员群体的关心关爱。市委组织部、市委两新工委印发《“盐聚新 城暖心”关心关爱新业态新就业群体服务清单》，提供暖心20条关爱措施。市县投入705万元专项资金支持行业党建工作，新建1个市级党群服务中心、926个“暖心驿站”，为快递员提供避暑取暖、歇脚饮水、自助充电等“3+N”系列服务。开展中共二十大精神“学说做”活动，实施党性强、业务强“双强红领先锋”示范培育计划，选派364名新业态党建指导员，同步开展考核管理。开展快递小哥单位、社区“双报到”活动，组建34支“盐小哥”先锋服务队，2265名小哥“化身”兼职网格员，参与新冠肺炎疫情防控、文明城市创建、网格治理等志愿服务。创新建立党员“先锋指数”，强化“基础补贴＋积分制”激励，相关做法在新华社、《快报》刊载。

党员管理 年内，盐城市第一时间开展“三个一线”行动，成立抗疫突击队3027支，集结党员志愿者9万多名，下拨抗疫专项党费1003万元，筑牢抗击新冠肺炎疫情红色防线，有关做法得到“学习强国”学习平台、人民网、江苏先锋网等主流媒体推介。推广“分节点激励关爱”机制，朱陈被追授“江苏省优秀共产党员”“盐城市优秀共产党员”称号，全年颁发“光荣在党50年”纪念章8915枚，完成第四批12个“党费暖基层”项目，下拨各类关爱补助资金1954万元。开展“‘微心愿’‘暖心事’”活动，征集微心愿3600余条，2108个问题全部“销号”。开展农村发展党员违规违纪问题排查整顿，持续深化基层党建规范化建设，修订标准化体系建设指导手册，推行发展党员风险管控长效机制。将流动党员日常教育管理纳入每月统一活动日，印发《盐城市党员档案管理办法（试行）的通知》，率先以市为单位整体推进党员档案数字化工作，江苏《组工信息》予以推介。发挥“盐城党建”微信公众号作用，开展“学原文·二十大报告我来读”等宣传教育活动，举办全市第三届微党课大赛，启动全市“党建网红”直播带货大赛，策划摄制《我和我的村庄》系列微纪录片和《希望的田野》系列微视频，8部党史微视频入选全省《记忆100》系列，获中组部一等奖和五佳策划作品，入选数量居全省第一位。推荐选送的《红色盐城百年记》获评全省党员教育培训“精品教材”。

公务员管理 年内，市委组织部印发《关于恪守人民满意目标 全面展示新时代高素质专业化公务员队伍良好形象的意见》，在构建和完善公务员教育、监管、奖惩机制上常抓不懈，全市获全国“人民满意的公务员集体”1个、全国“人民满意的公务员”1名；评选表扬“十佳公务员标兵”29 名、“十佳公务员集体”10 个。推出“漫谈公务员”系列原创漫画，相关做法获得央视《焦点访谈》宣传推介。严控公务员考录工作风险，建立多维审核机制，探索建立“线上监控、线下纠正，前方审核、后台比对”立体化初审模式，确保审核有序、精准、高效。

干部选拔任用 年内，结合市政府组成部门换届，市委组织部围绕调优结构、增强功能，加强“一把手”配备和领导班子梯次配备，推进市级机关领导班子专业化、年轻化，释放职务职级并行政策激励效应，平稳有序推动班子更新，激励干部担当作为。做好领导班子调整“后半篇文章”，开展市直单位“家家到”调研，织密干部情况“信息网”，理清班子配备“一本账”，丰富拓展“人”“事”研究内涵外延，详细研判班子结构功能，严格把关分工调整，跟进了解班子运转，精准把握班子短板、优化方向，对照规划纲要要求，兼顾眼前配强和长远培优，切实为领导决策提供合理化建议。

干部管理监督 年内，领导干部个人有关事项报告填报工作，坚持领导定期“讲”学、党建融媒体“云”课堂常态“点”学、组织人事部门贴心“导”学三措并举，让领导干部对个人事项报告政策文件理得清、填报要求把得准、纪律规定记得牢，提高“家产”“家事”填报精准度，彰显制度的权威性和约束力。

干部教育培训 年内，市委组织部设立线下“黄海大讲堂”，市委主要负责人为大讲堂揭牌并为学员讲授“第一课”，邀请有丰富经验的领导干部和知名学者专题讲授党的创新理论、前沿知识和相关业务，帮助各级领导干部提高现代化建设的能力本领。推出线上“黄海云学堂”，发布学习贯彻中共二十大精神专题辅导 16 讲，注重互动化传播、沉浸式体验，收听收看突破 120 万人（次）。

市级机关部门（单位）年度综合考核 年内，市委考核办发挥牵头抓总作用，推进争先创优。盐城市在全省 2022 年度设区市综合考核中首次获得“第一”等次，领导班子考核连续两年获得“优秀”等次。按照“与省衔接、聚焦重点、精准考核”的原则，坚持省考和市考一体推进，及时制定对下考核意见。首次将半年评估结果与年度考核挂钩，首次明确按照 10% 左右比例评定“第三”等次地区和单位。引导推动各地各部门争取国务院办公厅和省政府办公厅督查激励事项，获得国务院办公厅督查激励事项 2 个，市、县两级均实现零的突破，并列设区市第二位；获得省政府办公厅督查激励事项 36 个，列设区市第五位。

市新时代党建理论与实践研究院建立 年内，盐城市新时代党建理论与实践研究院建立，集聚长三角地区 15 所高校专家教授智慧力量，聚焦破解重点难点问题，依托党建研究院，发布 13 个年度研究课题，细化落实“1+1+1+1+N”推进机制（1 位部领导领衔、1 个处室牵头、1 个县级组织部门承办、1 个基层单位配合、N 个专家参与），融合组织部门业务优势、专家团队理论优势、基层单位实践优势，精准破解难题、合力做好课题，形成一批得到上级推广、可在基层推行的研究成果。

市精密结构件产业链党建联盟成立 10 月 28 日，盐城市精密结构件产业链党建联盟成立大会举行。市委常委、组织部部长、市精密结构件产业链链长费坚出席会议并讲话。会议通过《盐城市精密结构件产业链党建联盟章程（试行）》，5 家高校党组织与 5 家产业链企业党组织共同签订“党建联建交流合作协议书”，精密结构件产业链企业代表宣读党建联盟倡议。与会人员集中观摩立铠精密（盐城）有限公司党群服务中心，会后举办“精密结构件制造业发展现状与趋势分析”专题讲座。

千名年轻干部“下基层、到园区、进机关”活动 年内，市委组织部印发《盐城市年轻干部发现培养使用五年行动计划》，把五年规划与年度计划相结合，细化分解年度配备目标。市、县两级选派 1353 名年轻干部双向交流任职、到基层一线挂职、赴发达地区跟班学习，对表现好的同志及时使用到乡镇党委书记等重要岗位，发挥年轻干部作用。

市党建引领乡村振兴“1+6”政策 年内，盐城市聚焦增强基层组织政治功能，印发《高质量党建引领乡村振兴实施意见》，聚焦激发基层干部队伍活力，印发《盐城市村干部专业化星级管理办法（试行）》和《盐城市百名菁英“强村行动”实施办法（试行）》；聚焦壮大集体经济、促进共同富裕，印发《关于鼓励村党组织创办集体经济项目的实施细则（试行）》和《关于加强党建引领快递进村、产品出村的实施意见》；聚焦优化乡村公共服务，印发《盐城市乡村党群服务综合体建设标准》；聚焦有效实现党的领导，印发《党建引领乡村振兴责任清单》。《盐城市村干部专业化星级管理办法（试行）》提出，对所有村干部按照“三类五星”进行分类评定，区分村书记（主任）、“两委”副职、一般村干部 3 个类别，综合考虑学历、任职年限、考核评价、综合表彰等情况评为 1 至 5 星，健全相应分级准入、精准培育、考核管理、激励约束、动态调整全流程闭环管理体系，评星结果作为提高报酬待遇、优先选拔使用的重要依据。《盐城市百名菁英“强村行动”实施办法（试行）》规定，按照专门选拔标准和程序，从大专及以上学历高校毕业生、科技人员和工商业主中，每年择优遴选 100 名左右接地气、会组织、善沟通的实用人才到村工作，具体分为村务管理岗、兴农创业岗人员，聘用期 3 年，为乡村人才队伍、村干部队伍建设提供源头活水。至 2022 年年底，首批挑选的 100 名村务管理岗人员到村工作。《关于鼓励村党组织创办集体经济项目的实施细则（试行）》规定，设立乡村振兴共富发展基金，组建专门顾问团，组织重点建筑企业、青商会企业、国有企业党组织对口结对镇村，拿出“真金白银”，实施联建项目，推进真抓实干。

（刘爱武　薛春雨　王　玉）

人才工作

概　况　2022年，盐城市树立人才优先发展战略，围绕绿色低碳发展示范区建设目标，推进新时代人才强市“一区一高地”（全国沿海高质量发展产才融合示范区、长三角绿色转型发展人才高地）建设。开展各类人才引进、培养工作，加大高校毕业生引进力度，实施“万名学子聚盐”“驻盐高校学子留盐”两大引才计划，持续打造“沿（盐）海行、成（城）就你”“黄海明珠，缘来是你”人才招引和人才服务两大品牌，举办线上线下政策宣讲会、人才招聘会447场次，引进高校毕业生3.5万人，其中产业链毕业生1.2万人，发放人才绿卡1.18万张、各类补贴4.76亿元。“万名学子聚盐行动”开展情况被人力资源和社会保障部呈报国务院。盐城技师学院余守安夺得世界技能大赛电气装置项目特别赛金牌。构建“三合一”职业技能大培训工作格局，规范企业技能人才评价和第三方职业技能等级认定工作。开展技能培训15万人次，补贴性职业技能培训10.5万人次。全年全市新增专业技术人才6.2万人，实现专业技术人才知识更新培训20万人。

人才政策　年内，盐城市不断完善人才政策体系，印发《关于推进新时代人才强市建设的意见》文件。为确保《关于推进新时代人才强市建设的意见》各项任务落实到位，市委组织部、市教育局、市科技局、市人力资源和社会保障局、市住房和城乡建设局、市国资委等部门共同印发《关于优化提升黄海明珠人才相关政策的实施意见》《关于加强全市人才工作者队伍建设的实施意见》《关于促进驻盐院校毕业生留盐就业创业的实施意见》《关于推进全市人才载体建设的实施意见》《关于推进全市人力资源服务业高质量发展的实施意见》《关于加快推进全市人才公寓建设的实施意见》《关于设立盐城市人才发展基金的实施意见》7项配套文件。创新设立1亿元人才发展基金，专项鼓励人才提升学历层次、加强理论研究、开展创新实践。探索向用人主体授权，实施重点产业链企业“名校优生”计划，给予链主企业专门的人才引进推荐名额，享受各项政策待遇。关心激励科技研发人才，支持事业单位、民营企业引进全日制博士研究生。着眼解决青年人才后顾之忧，实施重点产业链企业青年科技人才托举行动，青年科研人才可享受子女在盐城择校入学、父母就医体检绿色通道等服务。优化“黄海明珠”人才申报系统，实现不见面服务，加大政策兑现力度。全市发放各类人才卡1.18万张，发放生活、租房、购房、留盐、探亲交通等补贴4.76亿元。年内，市委召开人才工作会议，成立市委人才工作领导小组。市本级设立人才发展专项资金3.12亿元，占一般公共预算收入的10%。评选表彰“盐城市杰出人才贡献奖”，成立盐城市高层次人才协会，吸纳800名在盐城院士、省“双创人才”“333工程”培养对象入会。推进人才公寓建设，印发《关于加快推进全市人才公寓建设的实施意见》，召开全市人才公寓建设“家家到”现场推进会，推动年内建成人才公寓3.3万套（间）。建成青年人才驿站12个，专门用于服务有意向在盐城求职、有短期居住需求的各类青年才俊，致力打造长三角中心区青年人才心仪向往之地。常态化开展“乐在盐城”系列活动，国内20所名校的千余名优秀毕业生走进盐城、体验盐城。

人才引进　年内，全市引进高校毕业生3.5万人以上，其中各类企业引进2.99万人，本科及以上学历1.89万人、占比54.1%。引进博士后研究人员7名、留学回国人员108人。招募60名高校毕业生参加“三支一扶”服务。实施名校优生“汇盐行动”，面向全国重点高校、世界前200强境外高校及国内高校部分学科引进优秀毕业生，与国内重点高校合作建立人才联络总站5个、引才工作站50个。面向上海高校在盐城集中医学观察学生举办线上直播带岗宣讲会，全年举办线上线下招聘活动147场，引进高校毕业生3.5万人，其中名校优生4123人。举办第三届中国·盐城创新创业大赛，吸引海内外2174个高层次人才项目报名参赛，在成都、深圳、杭州、西安等地举办专场赛。在省科技创业大赛团队组、初创企业组比赛中获第一名；获江苏人才创新创业大赛总决赛二等奖、三等奖各一项。9名南京农业大学、省农科院专家莅临中农国业农业科技股份有限公司等企业指导服务，现场达成合作意向。全球知名高校的23名海外博士在大丰区与丰山集团等8家博士后设站企业在人才培养、产品研发等方面达成合作意向。

人才培养　年内，全市开展技能培训15万人次、补贴性职业技能培训10.5万人次、备案企业新型学徒制培训2899人、全市职业技能鉴定（含职业技能等级认定）取证4.14万人，新增取得高级工以上职业资格证书或职业技能等级证书9494人次、数字技能评价取证6164人。全年全市通过申报评审取得职称人数1.28万人，其中高级2626人、中级4043人、初级6135人。新增数字经济人才1801人，建成首个467名卓越工程师培养对象人才库。全年全市取得三级岗位聘用资格专业技术人员227名，经省人力资源和社会保障厅评审认定，具备二级岗位聘用资格专业技术人员6名。持续实施农村订单定向医学生和乡村教师定向培养计划，下达乡村教师定向培养计划257个，农村订单定向医学生培养计划163个。全年全市机关事业单位工勤人员参加职业素质培训5800余人次。在技术等级晋升过程中，35人获得初级工、66人获得中级工、136人获得高级工、164人通过技师资格审核、146人通过高级技师资格审核。

乡土人才培养 年内，全市遴选确定市级乡土人才“三带”培养对象3914人，其中入选省级乡土人才“三带”培养对象317人。实施职业技能提升三年行动，开展农民实用就业技能培训、农村劳动者工种培训和电商等新兴职业就业技能培训，2020—2022年，组织农村劳动者就业技能培训，覆盖5.22万人次，组织岗位技能培训，覆盖13.08万人次。畅通乡土人才职称晋升通道，全市142名乡土人才获评乡村振兴技艺师。定期举办全市烹饪、茶艺等乡土人才技能大赛，选拔优秀人才竞技全省家政服务助力乡村振兴技能大赛、乡土人才技艺技能大赛，亮相全省乡土人才“三带两岀”建设成果展。

人才载体建设 年内，全市入选省高技能人才重点建设项目9个，其中高技能人才专项实训基地项目1个、省级技能大师工作室1个、省级企业首席技师项目7个。入选省技工院校重点建设项目4个，其中高水平技工院校项目1个、品牌特色专业群项目2个、一体化教学名师工作室1个。申报国家级高技能人才培训基地1个。评选产生市技能大师工作室10个、市企业首席技师20名。支持有代表性的乡土人才“龙头单位”和“知名大师”争创省级载体平台，创建省级乡土人才传承示范基地1家，获省资助100万元；创建省级示范工作室两家，每家获省资助10万元。江苏中创清源科技有限公司、南京大学盐城环保技术与工程研究院两家单位获批国家级博士后工作站。盐城市留学人员服务中心获批江苏省留学人员之家（第三批），云洲（盐城）创新科技有限公司获批江苏省最具成长潜力的留学人员创业企业，东台留创园创成全市首家市级留创园。

产才融合 年内，盐城实施“双招双引”工程，评选资助2022年“黄海明珠人才计划”领军人才项目142个，资助资金9319万元。聚焦全市23条重点产业链，实施“人才强链”行动，构建“部门+地区+高校+科技镇长团+企业”协同推进机制，组建工作专班，全面摸排重点产业链骨干企业人才需求和“卡脖子”技术难题。围绕晶硅光伏、风电装备、不锈钢、动力电池、大气污染防治设备5条地标性产业链，绘制《盐城市地标性产业链人才地图》，帮助园区和企业按图索骥、高效引才。深化产才融合课题研究，《盐城企业人才创新活力研究报告》获中国人事科学研究院2022年全国人事人才研究主题征文二等奖、江苏省第十七届哲学社会科学优秀成果三等奖、第三届江苏省人力资源社会保障优秀科研成果三等奖、盐城市第十四次哲学社会科学优秀成果特等奖等奖项。发挥绿色低碳产业优势，打造省级低（零）碳产业园，推动建设省沿海可再生能源技术创新中心。推进在北京、上海、深圳、南京等城市建设盐城域外科创中心，推广“域外创造+盐城制造”离岸研发合作模式，引进人才同等享受在盐城人才待遇。

中国·盐城第十二届沿海发展人才峰会 年内，“才聚国际湿地，智汇沿海绿城”第十二届沿海发展人才峰会“1+8”主会场和分会场活动举办，23名院士、21名高校院所党政领导、820余名嘉宾以线上线下方式参加会议。会上集中发布关键核心技术人才攻关联合体等五大“揭榜挂帅”榜单，新建“森林里·黄海英才湾”人才小镇，发起成立长三角绿色低碳发展专家智库、绿色低碳人才培养高校联盟。11月12日，中国·盐城第十二届沿海发展人才峰会子活动——江苏沿海人力资源服务业高质量发展论坛举办，市内外182家知名人力资源机构与24家市级以上重点园区达成市场化服务企业用工引才战略合作协议，部分人力资源服务机构与盐城重点园区代表通过政策推介、主题演讲、集中签约、颁奖激励等系列活动，搭建对接平台，创新合作机制，省人力资源和社会保障厅和市政府合作共建国家级人力资源服务产业园。

市高层次人才协会成立 3月7日，盐城市高层次人才协会成立大会暨第一次会员代表大会召开。会上，举行揭牌仪式，大会听取协会筹备工作的报告，审议通过《盐城市高层次人才协会章程》（草案）等，选举产生协会首届理事会、监事和会长、副会长、秘书长，讨论决定副秘书长。协会会员代表、市人才工作领导小组相关成员单位负责人、各科技镇长团团长、各县（市、区）委组织部、盐城经济技术开发区组织部、盐南高新区党工委组织人事部分管负责人参加会议。盐城市高层次人才协会是全省首家成立的市级层面高层次人才协会。

“12345”“尚贤”人才服务热线上线 7月6日，盐城“12345”“尚贤”人才服务热线正式上线。该热线依托“12345”现有平台体系，由市委人才办、市人力资源和社会保障局、市行政审批局联合打造建立，选派56名人才政策专员“驻守”“12345”热线，集成打造市县贯通、多部门横向联动、线上线下一体融合的人才服务体系，为各类人才提供“7×24”小时咨询、求助、建议及投诉等在线服务。人才服务热线电话接通后，“12345”热线话务员将引接至人才服务专席，对简单咨询类事项，由话务专席使用“热线百科”人才政务信息直接解答。对相对复杂、需要专业解释的，通过三方通话连线人才政策专员给予权威答复，提供即问即答的咨询解答服务。无法现场解答的，将人才诉求派发至政府相关部门办理。至2022年年底，热线政务信息库汇集人才服务政策信息277条，涉及人才支持政策、住房保障、落户便利等方面。

（刘爱武　薛春雨　王　玉　薛传刚）

宣传工作

概　况 2022年，盐城市宣传思想文化战线始终坚持以习近平新时代中国特色社会主义思想为指导，担当举旗帜、聚民心、育新人、兴文化、展形象使命任务。“喜迎二十大，永远跟党走”——青少年红色寻访活动、“强国复兴有我”主题天幕秀等活动被中央广播电视总台《新闻联播》、新闻频道宣传报道。47名中共二十大精神市委宣讲团成员深入基层开展宣讲130余场次。组织“礼赞新时代 追梦复兴路”主题宣讲6300余场次。举办“勇当排头兵 奋进向未来”系列主题新闻发布会120余场次。推出“八个维度看盐城”“数说盐城”等专版56个。制作《新时代 新征程 党的二十大特别报道》系列视频410余个，全网阅读量突破1.5亿人次。聚焦讲好盐城“四个故事”开展精品创作，创作推出28部重大题材文艺作品，全年获评省以上奖项、资助项目、巡演展演作品66个，演出场次20场以上的剧目20部，演出782场，其中淮剧《小城》《谷家大事》在全省巡演。开展“喜迎二十大 幸福连万家”——“盐风海韵”系列文化活动2900余场。举办“新时代颂”盐城美术摄影联展，推出展示盐城新时代伟大成就作品1500余件。市委宣传部获省委宣传部等部门授予的省第八届“紫金奖”文化创意设计大赛组织促进奖；市委宣传部《“国际湿地 沿海绿城”城市形象立体化传播》项目获省委宣传部授予的2022年度全省宣传思想文化工作创新奖。

意识形态工作 年内，市委常委会专题研究意识形态工作3次，印发《党委（党组）意识形态工作责任制实施方案》，排出10大类61项具体任务，进一步压实各层各级政治责任、主体责任。开展“意识形态工作·书记说”、意识形态“时刻在线”行动，推动基层党组织书记落细落实“第一责任人”责任，确保党员干部“思想在线”、各地各单位“行动在线”、市县两级“督查在线”。召开全市意识形态工作联席会议，印发《关于加强网络文明建设实施方案》等规范文件。开展意识形态安全专项督查，做到每月一轮各县（市、区）全覆盖。开展2轮意识形态专项巡察，督促14家被巡察单位整改问题123个。建立定期自查问缺、动态抽查问实、专项督查问效的“三查三问”督导机制，检查通报问题95个。深化“盐行e治”网络生态治理品牌，关闭违法违规网站、账号103个。

理论学习研究 年内，盐城市委印发《2022年市委理论学习中心组专题学习计划》，围绕习近平新时代中国特色社会主义思想等专题，市委中心组开展集中学习交流活动19次、交流研讨11次。制订下发专题学习计划及“四巡”计划，对75个县处级党委（党组）中心组学习情况进行督查指导。印发《关于推动党史学习教育常态化长效化的实施意见》，发挥“关键少数”示范引领作用，引导全市上下学史明理、学史增信、学史崇德、学史力行。组织“礼赞新时代 追梦复兴路”主题宣讲6300余场次。以“盐之有理”理论宣传品牌为抓手，打造“六讲”“双向赋能”等宣讲工程，组建百支队伍、选拔千名骨干、开展万场基层宣讲。抓细抓实基层党员冬训，2271名县、镇、村三级党组织书记带头讲第一课，党员参训率95%，市委宣传部获评全省基层党员冬训工作优秀组织单位。用好“学习强国”学习平台，全年被国家级平台采用稿件94篇，被省级平台采用稿件2096篇。承办省“坚持生态优先绿色发展”理论研讨会，深化习近平生态文明思想在江苏的实践经验总结。用好《盐阜大众报》的《理论周刊》，刊发领导干部实践应用性调研文章261篇。组织社科专家录制“二十大金句精言”等系列短视频，紧密结合盐城实际，解读阐释蕴含的丰富内涵。依托省社科院、市级智库、驻盐高校等研究力量，开展“盐城市绿色发展战略”等重大课题研究工作，推动社科研究成果向实际应用转化。

思想政治教育 年内，市委宣传部开展“强国复兴有我”群众性主题宣传教育活动，举办“铁军魂 盐城红”红色文化主题系列活动158场。“喜迎二十大，永远跟党走——青少年红色寻访”“强国复兴有我”主题天幕秀、点亮城市地标等活动被中央广播电视总台《新闻联播》、新闻频道宣传报道。在江苏省第四届红色故事宣讲大赛中，3人获评金牌（优秀）讲解员。发挥“厚德盐城”品牌优势，精心做好“江苏时代楷模”朱陈、“江苏最美青年”赵毅先进典型先进事迹发布活动。

新闻宣传 年内，市委宣传部开展“奋进新征程 建功新时代”重大主题采访活动，开设“我眼中的这十年”“大美中国盐城篇”等专栏，多层次立体化展示盐城发展成就和美丽生态风光。举办“国际湿地 沿海绿城‘发现盐城故事’网络大V盐城行”活动，微博话题“#发现盐城故事”阅读量突破2.9亿人次。《人民日报》、新华社、中央广播电视总台、《光明日报》《经济日报》等中央重要媒体用稿2600余篇，其中，《新闻联播》报道盐城33条，新华社客户端阅读量100万的用稿68条，《人民日报》（含海外版）用稿73条。推进媒体融合，策划组织“勇当排头兵、奋进向未来”系列主题新闻发布会120余场。指导8家县级融媒体中心建立“一体策划、一次采集、矩阵制作、全媒发布”的内容生产体系。媒体深度融合案例《城市党报绿色话语体系的构建与实践》在《中国报业》封面推荐，盐城市绿色制造之城、绿色能源之城、绿色生态之城、绿色宜居之城的城市定位被大众熟知。讲好盐城故事，承办省外宣活动“Go Jiangsu”走进盐城大丰海外社交媒体外籍粉丝线下行活动，10余名外籍粉丝代表近距离感受全市深厚的文化底蕴和丰富的旅游资源。中央广播电视总台新闻频道、中文国际频道等推出《神奇的潮汐树》《滩涂中的秘密》短视频、直播、专题节目10余期。《人民日报》头版、新华社多次专题报道全市多措并举保丰收、探索“未来谁来种粮”“守护绿色湿地，发展绿色能源”等经验做法。

文化建设 年内，市委宣传部聚焦讲好盐城“四个故事”开展精品创作，推出重大题材文艺作品28部，全年获评省以上奖项、资助项目、巡演展演作品66个。杂技《炼——倒立技巧》获中国杂技“金菊奖”。舞蹈《发绣》、音乐剧《白兰花》等9部作品获省“五星工程奖”，数量居全省第三位。纪录片《盐城味道》、淮剧《范公堤》等10余部作品入选省级资助项目。在2022紫金文化艺术节上，淮剧《范公堤》、曲艺剧《盐阜往事》获“优秀剧目奖”，陈明矿获“优秀表演奖”。开展“喜迎二十大 幸福连万家”“盐风海韵”系列文化活动2900余场。举办“艺术也有栖息地”沿海文化艺术周、“盐风海韵”小剧场艺术季等系列品牌活动，推进“礼赞新时代奋进新征程”优秀影片展映活动。在全省率先召开文化和旅游产业发展大会，重点打造大运河——串场河海盐历史文化长廊，制定激励扶持政策，为全市文化产业注入持久动能。系统谋划全市文化产业园区、特色文化街区打造，印发《盐城市文化产业招商手册》，重点推介16个文化产业园区、21个特色文化街区。举办“欢乐一夏‘街’有你——2022盐城市特色文化街区夏季嘉年华”活动，D·A街区、KK-PARK、渎上·老西门等特色街区成为市民打卡点。天仙缘小镇成为全省唯一入选国家级夜间文旅消费集聚区重点培育对象。

版权管理 年内，市委宣传部加强普法宣传，提升版权意识。围绕“全面开启版权强市建设新征程”主题，发动各地、各相关部门开展各类版权宣传活动20余场次，受理群众咨询600余人次，发放宣传资料1万份，提高公众尊重和保护版权的意识。打造版权企业样板，盐城国艺工艺品有限公司创成省版权示范单位。注重挖掘全市特色文创版权作品，大丰海聆梦家居股份有限公司“童话镇”等家纺产品转化项目被评为2022年省优秀版权作品产业转化重点培育项目。加强版权服务工作站建设，全年完成作品登记8652件，版权登记服务实现量质双提升。全年接受版权线上线下咨询160余人次，协助调解版权纠纷8件，协助著作权司法维权1件。组织7家优秀版权企业参加第三届江苏（南京）版权贸易博览会，盐城威布三维科技有限公司获最佳人气奖。加强市场监管，全年开展执法检查500余次，出动执法人员3600余人次，检查单位1700余家次，查办侵犯著作权行政案件9起。开展“剑网2022”专项行动，全年约谈属地网站、自媒体8家（次），责令删除侵权盗版信息47条，注销非法侵权账号3个，受理并办结各类侵权盗版投诉38次。

新闻发布 年内，市委宣传部围绕迎接中共二十大，策划组织“勇当排头兵 奋进向未来”系列主题新闻发布活动，市县联动举办136场发布会，其中市级举办24个专场。建设发布会专题网站，做好视频图文实录集纳，每场发布会前设计预告海报，发布会后第一时间推出“一图读懂”等新媒体产品，“盐城发布”微信公众号、《盐阜大众报》头版、盐城广播电视总台《盐城新闻》开设发布会专栏，并和中央级、省级媒体协调，统一刊播发布会新闻，矩阵式传播，推出各类新闻报道702篇，全网阅读量突破2000万人次。加强党委政府新闻发布平台联络服务工作，规范有序组织开展重要政策、重大活动及突发事件新闻发布，围绕沿海地区高质量发展、帮助市场主体纾困解难、推动现代服务业高质量发展等举办专题新闻发布会15场。落实新冠肺炎疫情防控信息发布工作要求，在“盐城发布”微信公众号及时准确权威发布全市新冠肺炎疫情防控相关通知、通告73条，健康提醒、科普知识469条，阅读量突破4000万人次。与《新华日报》新华传媒智库联合举办盐城市新闻发布工作培训班，邀请业界专家在线为全市700名新闻发言人、新闻发言人助理及新闻发布工作具体负责人作业务辅导。

“六讲七进”宣讲 年内，市委宣传部结合全市基层党员冬训、基层理论宣讲等工作，开展理论宣讲“六讲七进”活动，即构建“书记领讲、骨干主讲、名嘴宣讲、典型巡讲、青年演讲、文艺助讲”六类宣讲模式，推动理论宣讲“进机关、进社区、进农村、进学校、进企业、进网络、进新时代文明实践所”七类场所（阵地）。通过有针对性地打造“六讲”理论宣讲队伍，推动理论宣讲从普遍性、广泛性向分众化和精准化延伸，以“特殊”汇聚“普遍”，以“具体”建构“整体”，围绕不同群体关注的现实问题和热点问题，找准思想认识共同点、情感交流共鸣点，将理论宣讲与“学、思、做、实”结合起来，推动党员冬训延展“新内涵”，焕发“新活力”。年内，开展各级各类“六讲七进”线上线下理论宣讲活动万余场，覆盖300万人次。

“强国复兴有我”群众性主题宣传教育活动 年内，全市各地认真贯彻落实中央宣传部和省委宣传部关于“强国复兴有我”群众性主题宣传教育活动的部署安排，围绕“学习体验”“主题宣讲”“先进模范学习宣传”“红色宣传教育”“青少年教育实践”“网上主题宣传教育”“群众性文化活动”七大主题精心部署，坚持面向基层、热在群众，市县两级精心组织1092项逾万场主题宣传教育活动，营造热烈喜庆的浓厚氛围。（韩 奎）

精神文明建设

概 况 2022年，全市精神文明建设战线全面学习贯彻习近平新时代中国特色社会主义思想，深入贯彻落实习近平总书记关于精神文明建设的重要指示、批示精神，紧紧围绕迎接、宣传、贯彻中共二十大工作主线，服务新冠肺炎疫情防控和经济社会发展工作大局，稳中求进、守正创新、迎难而上、砥砺前行，扎实推进文明培育、文明实践、文明创建，各项精神文明建设工作取得丰硕成果。印发《2022年盐城市深化推进全国文明城市创建“1+12”重点行动方案》，在全省文明办主任会议上被点名表扬并推广。深化拓展新时代文明实践中心建设，评选表彰2022年度盐城市优秀志愿服务先进典型26个，3名志愿者、2个组织、1个社区入选2022年度江苏省学雷锋志愿服务先进典型，当选数居全省第一位。全年新入选“中国好人”3人、“江苏好人”23人（组）、“新时代江苏好少年”4人，当选数居全省前列。举办首届盐城市志愿服务项目大赛，承办3场“道德的力量”——新时代江苏道德模范与身边好人事迹巡演活动和全省第五届“童心里的诗篇”少儿诗会咏唱会。

社会主义核心价值观宣传教育 年内，市文明办围绕迎接学习宣传贯彻中共二十大工作主线，开展“喜迎二十大 文明随手拍”有奖征集活动，聚焦美丽盐城、文明盐城、志愿盐城、防疫一线四大主题，邀请全市广大志愿者、网民、市民群众走进城市大街小巷，用镜头记录身边的文明点滴。开展“二十大精神·典型讲”“二十大精神·典型做”“二十大精神·我来秀”“二十大精神·我来赛”等宣讲活动，传递正能量、唱响主旋律。盐城市启动2022年度道德讲堂巡听工作，创新建立各县（市、区）道德讲堂交叉巡听机制，由14个巡听组完成对28家文明单位的巡听工作。召开学习宣传贯彻习近平总书记给“中国好人”回信精神座谈会、《习近平关于社会主义精神文明建设论述摘编》专题学习会，进一步提升全市精神文明建设水平。举办“榜样引领前行 奋斗成就梦想”2022年盐城市“公民道德宣传日”主题活动，发挥榜样作用，传播真善美，传递正能量。

精神文明创建 年内，市文明办统筹推进群众性精神文明创建活动，推进城乡文明创建融合发展，不断提高社会文明程度。召开全市深化全国文明城市创建工作推进会议，对新一轮文明创建工作提出目标要求。调整市创建全国文明城市指挥部设置，市委副书记担任市创建文明城市指挥部总指挥，召开文明城市创建工作会办会，印发《2022年盐城市深化推进全国文明城市创建“1+12”重点行动方案》，排出时间表、挂出任务图，分解重点难点问题，全市“1+12”重点行动在全省文明办主任会议上被点名表扬，并在全省推广。组建实地暗访督查和网上申报指导2个专班，严格落实“每日督查、每月分析、双月通报、季度点评、年度考核”工作制度，加大台账资料培训辅导和审核力度。印发《关于组织开展2021—2022年度盐城市文明行业、文明单位（机关）、文明村镇、文明社区、文明校园评选工作的通知》，按季度收集《盐城市文明单位考核申报清单》，建好用好盐城市文明创建在线管理平台，发挥文明单位示范引领作用。开展省级文明单位预申报，推荐上报86家，推动形成文明单位创建梯队。推进移风易俗，整治农村高额彩礼、厚葬薄养、铺张浪费等不良习俗，开展系列活动促进乡风文明润民心。持续加强农村思想道德建设，印发《关于在全市组织开展“治理高额彩礼 推进移风易俗”主题活动的通知》，综合运用乡村治理积分制、村规民约等方式开展移风易俗。以文明校园“六个好”为创建标准，实施重新评选制、网上申报制和预申报制，将线上台账审查和实地检查相结合，进一步加强文明校园创建的过程管理和动态考评。持续推动乡村“复兴少年宫”扩面提质，全市95个镇建成173家乡村“复兴少年宫”。举行盐城市第五届文明家庭、第七届最美家庭颁奖礼暨第五届“家庭文化月”启动仪式，评选文明家庭20户、最美家庭标兵户20户，全市9户家庭获“第三届江苏省文明家庭”称号。《江苏精神文明建设简报》以《东台市“三推三促”营造家庭文明新风尚》为题介绍相关做法。

全国文明城市创建“1+12”重点行动

年内，市委宣传部树立创建为民、创建利民、创建惠民、创建靠民理念，高水平、分步骤、项目化推进全国文明城市创建工作，开展文明创建“1+12”专项行动，以整治环境卫生、整治集贸市场、整治背街小巷、整治线杆线缆、提升主次干道、提升文明镇村创建、关爱未成年人、文明旅游、文明出行、提升窗口行业服务、提升公益宣传和提高公共文化服务水平12项工作为重点，按月组织推进，持续提升市民文明素质和社会文明程度。

新时代文明实践中心建设 年内，全市聚焦内涵提升，深化拓展新时代文明实践中心建设，始终坚持把阵地建在群众身边，把活动融入群众生活，创新开展各类主题实践活动，形成传播新思想、践行新风尚的生动局面。印发盐城市《关于深化拓展新时代文明实践中心建设的实施方案》，明确文明实践中心（所、站）建设标准，指导各地各部门规范化、制度化、常态化推进文明实践工作。至2022年年底，全市建成新时代文明实践中心11个、实践所137个、实践站2378个，基本实现中心、所、站全覆盖。按照“阵地功能好、制度保障好、队伍建设好、活动开展好、成效评价好”的“五好”标准，推进新时代文明实践阵地规范化建设。在射阳县召开全市深化拓展新时代文明实践中心建设工作推进会议，促进各地交流互鉴。每月发布《全市新时代文明实践工作提示》，指导各地开展活动。命名新时代文明实践市级示范所10个、示范站20个、示范点（综合体）5个。

未成年人思想道德教育 年内，全市深入贯彻落实习近平总书记关于未成年人思想道德建设重要论述精神，聚焦立德树人的根本任务，围绕“育新人”的使命任务，开展系列教育实践活动，推动全市未成年人思想道德建设。在全市开展“喜迎二十大 筑梦向未来”系列教育实践活动，组织“牢记谆谆嘱托 争做强国少年”学习宣传、“扣好人生第一粒扣子”网络专题、“新思想·我来学”党的创新理论学习教育等在内的8项主要活动。全市24名同学获评“新时代盐城好少年”，4名同学获评“新时代江苏好少年”。举办“强国复兴有我——梦想与担当”全市“开学第一课”示范观摩活动，开展“百万学生面向国旗宣誓日”活动。全市开展的主题教育系列实践活动被中央广播电视总台等主流媒体报道，盐都区民警携“反诈教材”开讲“入学第一课”用心护航开学季活动荣登中央广播电视总台新闻频道《新闻直播间》栏目。举办千余场次“童”字系列美育活动，80多万名师生共同参与。承办全省第五届“童心里的诗篇”少儿诗会咏唱会，收集作品数量1.8万篇创历史最高，盐城获优秀组织奖。参加省第三届“童话里的世界”童话故事创作大赛，获优秀组织奖。举办第三届“童话里的世界”童话故事探索之旅夏令营活动。市文明委牵头召开全市未成年人思想道德建设暨文明校园创建工作推进会。发挥“八礼四仪”主题教育实践活动在未成年人成长中的德育作用，盐城市“四仪”教育示范观摩十四岁青春仪式在盐城经济技术开发区北京师范大学盐城附属学校举行，“四仪”教育十岁成长仪式示范观摩活动在盐城市腾飞路小学举行。举办第三届盐城市未成年人心理健康教育宣传月活动，聚焦青少年关注话题，走进中小学集中宣讲2400余场次，开展团辅活动3100余场次，11个未成年人成长指导中心开通24小时咨询热线，营造全社会共同关心关爱未成年人健康成长的浓厚氛围。

典型示范宣传 年内，全市推进公民道德建设各项工作，“厚德盐城”品牌更加响亮。构建四级好人推荐评选机制，严把好人事迹核查关，确保推荐的典型立得住、叫得响、树得牢。持续放大榜样力量。全年新入选“中国好人”3人、“江苏好人”23人（组），推选“盐城好人”54人（组）。在媒体常态化设立《厚德盐城》专栏，常年不间断宣传好人，通过建立线上线下“好人馆”、常态发布盐城好人榜、张贴“中国好人”宣传海报、刊播道德模范宣传短片等方式，教育引导市民群众向典型学习看齐，在全市营造学好人、做好人的浓厚氛围。承办江苏省道德模范与身边好人（盐城·滨海）现场交流活动。承办3场“道德的力量”——新时代江苏道德模范与身边好人事迹巡演活动，全省首站首场在盐都区花吉村举办。落实《盐城市关爱道德典型实施办法（试行）》，春节前，市领导带头走访慰问部分道德模范和身边好人，向145名市级以上道德模范和身边好人发放慰问金56.2万元。

新时代江苏道德模范与身边好人事迹巡演盐城首演 8月24日，中共江苏省委宣传部、省文明办、省教育厅主办的“道德的力量”——新时代江苏道德模范与身边好人事迹巡演在盐城市盐都区盐渎街道花吉村新时代文明实践站广场举行首场演出，巡演以中共十八大以来涌现的道德模范、中国好人的事迹为素材，用多种艺术形式生动展现道德模范和中国好人的先进事迹和崇高精神，传递道德正能量，为喜迎中共二十大胜利召开营造良好社会氛围。8月25日，“道德的力量”——新时代江苏道德模范与身边好人事迹巡演在盐都文化艺术中心开演，走进省文明行业——电信行业专场。8月26日，“道德的力量”——新时代江苏道德模范与身边好人事迹巡演在中海油盐城“绿能港”滨海LNG接收站项目现场开演。

（韩　奎）

8月4日，江苏省道德模范与身边好人（盐城·滨海）现场交流活动在滨海县举行。

韩　奎　供图

统战工作

概　况 2022年，盐城市统一战线以迎接中共二十大、学习宣传贯彻中共二十大精神为主线，市县联动，开展“同心汇·盐城红”主题系列活动，组织各领域统战成员开展各类主题宣传教育活动97场次，举办“高举旗帜跟党走·颂歌吟唱新时代”“喜迎二十大、‘侨’见故乡行”等活动133次，集中宣讲中共二十大精神106场次，开展“学习贯彻二十大、同心逐梦新征程”“学习二十大·党外人士说”等学习宣传活动225次。市委召开统战工作领导小组、全市民族宗教工作、市委统战工作等会议7次，市委常委会、市委统战工作领导小组6次专题研究统战重点工作。市委组织部、统战部联合印发《党外干部队伍建设联席会议纪要》《党外干部队伍建设五年计划及可持续发展规划》，建立党委组织、统战部门党外干部工作联席会议制度和会商协调机制。建立健全各县（市、区）专项工作载体和平台。指导致公党盐城市总支、民革盐城市支部分别召开党员大会，选举产生新一届领导机构和领导班子。围绕建设绿色低碳发展示范区、“四个绿色盐城”等重点工作开展调查研究，形成调研报告、提交“两会”议案提案及建议意见414件。开展“凝心聚力·逐梦盐城——盐商助力乡村振兴”行动，围绕乡村产业发展、基础建设、社会治理、人才培育四个方面集智聚力、发挥作用。

政党协商 年内，盐城市委印发《中共盐城市委2022年度政党协商计划》，召开党外人士情况通报会、协商座谈会和征求意见会4次，向市各民主党派负责人、市工商联主席和无党派人士代表通报全市经济社会发展情况、有关人事安排情况、市委八届三次全会情况和市委统战工作会议情况，就《政府工作报告》征求意见。调整中共盐城市委常委与市各民主党派、工商联党外负责人和无党派人士联谊交友名单，健全党员领导干部与党外代表人士联谊交友制度。春节期间，市委统战部领导走访慰问市各民主党派、无党派代表人士。

参政议政 年内，市委统战部新聘13名市党外人士智库成员，组织市党外人士智库成员赴建湖围绕“发挥生态优势，赋能绿色发展”开展市情考察活动。举办以“乘势长三角一体化战略，加速盐城高质量发展”为主题的市党外人士智库第六期“专家讲坛”，市各民主党派、市知联会参政议政骨干参加。组织市各民主党派、市党外人士智库成员就“盐城建设绿色低碳发展示范区”开展决策咨询，形成两期《党外人士建言专报》19条建议报市委市政府领导参阅。召开市各党派团体负责人联席会议两次，交流参政议政工作情况，协商民主党派年度成员发展计划，形成2022年度市各党派团体专题调研成果汇编。举办市各民主党派参政议政骨干培训班，邀请有关专家作“社情民意信息实践分享”专题讲座。

民主监督 年内，市委统战部印发《盐城市特约人员工作实施办法》，规范特约人员工作，协助市监察委员会、市中级人民法院、市人民检察院、市自然资源和规划局、市市场监督管理局聘请特约人员33名。组织市各民主党派开展长江生态环境保护民主监督工作，联合市检察院聘任30名民主党派成员为“益心为公”检察云平台志愿者，并组织9名志愿者参与跨区域环境污染公益诉讼具体案件办理。调研市政府17个部门与市各党派团体开展对口联系工作情况，协助制订调研工作计划，开展经常性对口联系活动。

无党派人士和党外知识分子工作 年内，市委统战部组织无党派人士和党外知识分子深入学习贯彻中共二十大精神，召开在无党派人士、党外知识分子中开展“喜迎二十大 同心跟党走”主题教育动员会，组织无党派代表人士赴淮安参观周恩来纪念馆，接受革命传统教育。组织无党派人士参加省委统战部“榜样引领前行 同心共向未来”主题访谈暨无党派人士风采展并拍摄视频15件。印发《关于加强新时代无党派代表人士培养使用的实施细则》，规范无党派人士政治面貌认定工作，新增认定无党派人士18名。召开全市科研院所、国有企业党外知识分子统战工作推进会，交流经验，部署工作。召开市党外知识分子谈心交流会，学习中共二十大、市委统战工作会议精神，加强联系联谊。组织市无党派人士开展课题调研，形成《关于我市推进高标准农田规模化建设的建议》。召开盐城市党外知识分子联谊会（以下简称市知联会）四届二次理事会，总结部署年度工作，表彰优秀会员，增补5名会员和4名理事。组织市知联会开展“同心送温暖”活动，向射阳县千秋镇竹节社区10名家庭困难的小学生捐赠助学金和学习用品。协助明达职业技术学院成立知联会组织，实现全市6家高校职校知联会组织全覆盖。推动各县（市、区）建立实践创新基地和党外知识分子之家11个。

非公有制经济领域统战工作 年内，市委统战部组织市工商联新一届领导班子以及商会组织负责人180余人，赴张謇企业家学院进行培训，增强民营经济人士发展信心。召开“竞逐新赛道 勇当排头兵”企业家座谈会，发挥民营经济统战工作协调机制作用，开展“同心助企 三位一体”民营企业家季度沙龙、“民营企业服务月”等活动，搭建政企沟通平台。拓展“1+N”合作模式，联合协调机制成员单位开展“法治惠企直通车”“一件事”改革等特色活动，为4000余家民营企业解决各类问题2417件。《发挥统战优势 凝聚奋斗力量 助力民营经济高质量发展》获2022年度全省统战工作实践创新成果奖。

新的社会阶层人士统战工作 年内，市委统战部指导市新联会召开三届六次理事会。持续加强新阶层人士思想建设、组织建设、阵地建设，滨海、射阳两家基地被评为省级实践创新基地。市新联会向盐城市特殊教育中等专业学校、盐城市新河实验小学、盐城市敬贤路实验小学等捐赠价值45万元眼健康产品和服务。市新联会“盛世华诞 繁荣昌盛”主题书画展在江苏立人书院开幕，参展作品主题鲜明、寓意深刻，风格多样，异彩纷呈。其中“人人参与自救互助 共建共享文明社会”暨“盐城市少年急救官”训练营活动,获得“寻美中国·优秀活动”奖。市新联会获得“寻美江苏·优秀活动”奖。

党外干部工作 年内，召开党外干部队伍建设联席会议，会商研究党外干部队伍建设工作，查摆问题、剖析原因、研究对策。开展基层党外干部信息专项调查，建立健全和更新完善科级以上党外干部信息库台账资料；组织对各县（市、区）、镇（街道）统战委员、统战干事配备情况进行统计分析，夯实统战干部、党外干部工作基层基础。组织参加市直机关公务员网络培训和“万人同上一堂课、凝心聚力向未来”学习贯彻中共二十大精神线上专题辅导培训，着力提升统战干部、党外干部能力素质。市委统战部会同市委组织部、市社会主义学院（市委党校）举办第22期党外干部培训班，县（市、区）人大、政府、政协以及市各民主党派领导班子新提拔、新调整县处级党外干部42名学员参加。开展习近平新时代中国特色社会主义思想学习交流活动，加强党外干部“坚定不移跟党走、旗帜鲜明讲政治”的政治坚守。开展“党外干部能力提升与作用发挥”交流研讨活动，12名党外干部代表讲述工作经历、分享实践感悟，诠释新时代党外干部的使命与担当。开展党外干部调研考察活动，围绕经济社会发展中的突出问题以及与人民群众利益密切相关等问题，精选调查研究课题，积极参政议政、建言献策，装订汇编党外干部优秀调研成果存档备案。

“同心汇·盐城红”喜迎中共二十大主题活动 4月28日，市委统战部启动“同心汇·盐城红”喜迎中共二十大系列主题活动。“同心汇·盐城红”——盐城统一战线喜迎中共二十大系列主题活动包含“喜迎二十大、逐梦新征程”盐城市统战机关读书分享活动、市各民主党派“矢志不渝跟党走、携手奋进新时代”政治交接主题教育、“同心同行·喜迎二十大”盐城统一战线书画作品展、“侨界代表人士看盐城”“让党旗在新阶层高高飘扬”现场教学活动、“统战干部看盐城”主题党日活动、“喜迎二十大、建功新时代”全市统战系统乒乓球团体赛等子活动。

“一起益企”主题活动（盐都站）启动 10月31日，“凝心聚力 逐梦盐城”市新的社会阶层代表人士联谊会服务团“一起益企”主题活动（盐都站）启动仪式在盐都区中小企业园区举行。启动仪式后，42家企业代表参加“增强企业环保意识 让美丽与发展同行”环境管理专业知识讲座，江苏科易达环保科技有限公司副总经理孙浩结合当前环境形势、环保的重要性以及环保相关法律进行系统讲解。活动中，“一起益企”服务团为企业代表派发宣传手册，并且从法律、心理咨询、环评、电商、税务、人力资源、科技7个方面为企业代表答疑，现场咨询答疑38条，达成合作意向11个。（刘　星）

侨务工作

概　况 2022年，盐城市委统战部搭建为侨服务“连心桥”，汇聚“侨情”、打好“侨牌”，推动以侨引资、以侨引智、以侨引外。用好海外统战工作协作机制，加强与欧美、日韩以及“一带一路”等重点国家政界和工商界朋友的联络，成立刚果（布）盐城商会等海外社团（机构）。依托“5·18”盐城投资环境说明会，常态化组织“云洽谈”“云招商”，招引涉侨项目6个，推动益海粮油等重点侨企二次创业，扩大产能。市侨办在射阳县鹤乡菊海现代农业产业园举办中医情·文化行——盐城市“中医惠侨·盐之有康”中医药海外推广联盟成立仪式，与马来西亚中医总会、马来西亚中医馆缔结友好合作关系，组织部分海外侨领代表以及市侨界代表人士近距离感受中医药文化魅力以及盐城发展成就。

基层侨务阵地建设 年内，市委统战部推动基层侨务阵地建设，射阳港经济开发区等3家阵地获得全省“三区”侨务工作经费支持，条子泥湿地、射阳中医药馆等43个特色侨务工作阵地建立。

侨胞服务 年内，市委统战部定期开展重点侨企走访联系活动，了解重点侨企受新冠肺炎疫情影响情况，帮助协调解决实际困难9个。组织11所学校与结对海外华校、华教中心开展各类活动15场。指导市留学生家长联合会举办五周年庆典暨迎新年联谊会线上活动，在重大节假日走访慰问侨胞侨眷。

侨界学习贯彻中共二十大精神宣讲会 11月22日，市委统战部、市侨办、市侨联联合举办侨界学习贯彻中共二十大精神宣讲会，学习宣传贯彻中共二十大精神，严格落实中央和省、市委要求，推动中共二十大精神在全市侨界深入人心、落地生根。会议邀请市委党校专家就中共二十大的概况成果与意义、过去五年和十年工作总结回顾、马克思主义中国化时代化最新成果、新时代中国共产党的使命任务等方面开展中共二十大精神宣讲。侨界代表人士围绕学习贯彻中共二十大精神心得体会进行交流发言。宣讲会结束后，参会人员集中参观盐城“华创苑”，向前来参会的侨界代表人士介绍盐城“华创苑”招商引才政策以及产业发展前景，鼓励侨界代表人士继续发挥桥梁纽带作用，以“侨”架桥，以“侨”引“侨”，促进人才回乡、资金回流，为奋力谱写中国式现代化盐城新篇章贡献侨界力量。

“喜迎二十大‘侨’见故乡行”活动 8月25—26日，市委统战部、市侨办举办“喜迎二十大‘侨’见故乡行”活动，活动采取专题讲座与现场教学相结合的方式开展，邀请市委党校有关专家就市委八届三次全会精神以及盐城当前经济社会发展情况进行专题辅导，组织侨界代表人士实地考察盐城“华创苑”、东山精密、盐城博物馆、三胡故里、盐城黄海国家森林公园、东台红庄村等，帮助侨界代表人士进一步走进盐城、了解盐城，感受“国际湿地、沿海绿城”的生态魅力、发展活力，鼓励大家为竞逐绿色低碳发展新赛道，建设“四个绿色盐城”再做新贡献，全市20余名侨界代表人士和留学生家长代表参加活动。（张龙飞）

对台事务

概　况 2022年，全市对台湾工作坚持以习近平新时代中国特色社会主义思想为指导，学习宣传贯彻中共二十大精神，全面贯彻落实新时代党解决台湾问题总体方略，按照中央对台工作大政方针和省、市委决策部署要求，坚持稳中求进工作总基调，围绕中心、服务大局，履职尽责、主动担当，持续深化盐台经贸交流合作，巩固提升服务台胞台企质效，全市对台工作取得新的成效。

盐台宣传 年内，市委台办在盐城广播电视总台开设《盐台一家亲——两岸婚姻家庭话情谊》栏目，全年拍摄4期两岸婚姻家庭宣传片。全年全市对台工作信息被省台办网站采用110余篇，“盐城与台湾”微信公众号推送40余条，其中“盐韵城影 同心同行”——长三角海峡两岸黄海湿地风光摄影大赛宣传文案被多家主流网站和微信公众号刊登转载。举办的第三届中华文脉营“城市影像寻根之旅——海盐文化之旅”活动，被中央广播电视总台中文国际频道《海峡两岸》节目专题报道。全年全市台办系统完成专项调研材料10余篇，其中3篇调研课题被选为省台办年度重点调研课题，2篇调研文稿在国台办主办的《台湾工作通讯》杂志上刊登。

盐台合作 全年，全市新批台资项目13个，总投资4300万余美元。全年全市台企投资总额328亿元。克服新冠肺炎疫情不利影响，与台湾知名行业公会及长三角台资密集区台协会保持密切联系，持续深化盐台经贸合作与交流。市委主要领导向台湾工商协进会成立70周年发送贺函，市台办领导与台湾三三会理事长、台湾智慧型纺织品协会理事长、台湾工商协进会秘书长视讯交流。支持鼓励台企科技创新，推动制造业台企智能化改造和数字化转型，全市25家规模以上台企被工信部门列入2022年“智改数转”计划，立铠精密“电子结构件及智能制造”项目被列入2022年江苏省重大项目，立铠精密科技（盐城）有限公司“3C精密结构件数字工厂”获评江苏省智能制造示范工厂，立铠精密等6家台企被认定为星级上云企业，10家台企入选市高新技术企业培育库，6家台企通过市级高新技术企业认定成功出库，37家台企获得聚力创新等奖补。

盐台交流 年内，市台办创新开展盐台交流系列活动，增进两岸同胞情谊。3月7日，市台办举办“盐台一家亲 共叙姐妹情”中华传统文化学习交流会活动，邀请台胞代表和两岸婚姻家庭代表共庆三八妇女节，领略中华文化风采，促进盐台妇女交流沟通。4月28日，举办“携手同行·一起向未来”——盐台青年庆祝“五四”青年节交流活动，市台办联合共青团盐城市委组织30名盐台青年参观新四军纪念馆，重温峥嵘历史，开展座谈交流，传承学习“五四”精神。7—8月，举办“相约鹤乡·筑梦盐城”——2022台湾大学生盐城实习就业特训营活动，组织台湾大学生在市第三人民医院实习，带领台湾大学生打卡盐城新地标，感受东方湿地、鹤鹿故乡的自然及人文魅力，3名实习生获省奖助学金。

台胞台企服务 年内，市台办围绕“纾企困、解难题、优服务、保权益”开展台胞台企服务工作，提升服务台胞台企质效。在全市台办系统开展“服务进台企 助力解难题”大走访大调研活动，向每家台企赠送防疫物资大礼包，宣传“苏政40条”“苏政办22条”“盐政20条”等助企纾困政策，并协调相关部门落细落实各项惠台政策措施，全年全市台企增值税留抵退税6300万元，减免其他税费4700万余元，失业保险稳岗返还180万余元。举办第7期“台商大讲堂”、第13期“健康服务月”活动，开展“安全生产月”系列活动，组织全市台企踊跃参加“新安法知多少”网络知识竞赛活动，全市21家台企获奖，获奖台企数量位列全省第一位，市台办被省台办授予“组织奖一等奖”。与市中级人民法院联合成立盐城市涉台纠纷调处中心。全年全市受理合同纠纷、证件办理、子女入学、新冠肺炎疫情防控等涉台投诉求助案件48件，年内全部结案。市台办服务台胞台企的做法在国台办主办的《台湾工作通讯》杂志上刊登。

市涉台纠纷调处中心成立 10月24日，盐城市涉台纠纷调处中心揭牌仪式在盐城市中级人民法院举行。市中级人民法院、盐城经济技术开发区人民法院和市台办分管领导、相关部门负责同志，驻盐台商代表，特邀调解员代表参加活动。该中心设置涉台纠纷立案绿色通道窗口、线下调解室和线上调解中心，组建一支热心调解工作、具备专业知识和调解能力的特邀调解员队伍，化解台企矛盾纠纷，切实为台胞、台企提供优质便捷的司法服务。

第三届中华文脉营“海盐文化之旅” 11月4日，由省台办指导，常熟两岸书院主办，盐城市台办协办，第三届中华文脉营活动“城市影像寻根之旅——海盐文化之旅”在盐城举办。全国政协常委、台盟中央原副主席、清华大学教授吴国祯等两岸专家学者、两岸青年一行20余人在盐城“寻根”海盐文化。两岸知名文化人士、专家学者、青年代表、媒体人来到盐城，一起走进中国海盐博物馆，探寻海盐文化历史传承。在盐城期间，营员们走进盐城市博物馆、黄海湿地世界自然遗产地、对台交流基地大丰麋鹿国家级自然保护区，实地考察、研讨交流、探寻历史根脉，体验盐城海盐文化、湿地风光。

《盐台一家亲——两岸婚姻家庭话情谊》栏目 年内，市台办与盐城广播电视总台、盐阜大众报报业集团建立全媒体宣传合作关系，推出台商台胞先进典型宣传活动，在盐城广播电视总台开设《盐台一家亲——两岸婚姻家庭话情谊》栏目，全年拍摄4期两岸婚姻家庭宣传片，其中《跨海而来》经省台办推荐获“新都市·人文印象”港台沪苏青年短视频创作比赛二等奖，《让爱在江苏盐城开出幸福之花》被中国台湾网评为2022年度优秀视频。年内，《盐台一家亲——两岸婚姻家庭话情谊》栏目获评全省2022年度创新创优项目。（王宽存）

网络安全和信息化

概　况　2022年，全市网信系统以习近平新时代中国特色社会主义思想为指引，贯彻落实习近平总书记关于网络强国的重要思想，坚持守正创新。盐城入选全国数字化绿色化协同转型发展综合试点（全省唯一）、全省网络安全教育技术产业融合发展试验区。承办江苏省网络安全宣传周开幕式活动，被中央网信办等10个部委表扬为国家网络安全宣传周活动表现突出单位。

网络阵地建设　年内，市网信办常态化开展习近平新时代中国特色社会主义思想网上宣传，做精做优“奋进新征程 建功新时代”“喜迎二十大”“领航中国”等主题宣传。实施“价值观首屏”工程，做大“盐阜正能量”稿池，做强“言之有理”网络评论专栏，4篇稿件全网推送，153篇稿件、70篇原创网评文章全省推送。“E路守‘鹤’——生物多样性保护”融媒行动获评全省网上重大主题宣传和重大议题设置精品项目，“国际湿地 沿海绿城‘发现盐城故事’网络大V盐城行”活动获评“2022年度微博城市品牌传播十大优秀案例”。成立11支县级网络文明志愿服务队，江苏军曼科技园、“言＋买书汇”获评省第二批网络文明素养实践教育基地，“盐城交警”抖音号入选省“走好网上群众路线”优秀新媒体账号，“有爱射阳 沐光向海”网络公益项目获评江苏十佳网络公益项目。印发《关于加强全市互联网企业党建工作的实施意见》，成立市网络直播行业党委，“盐之有物”网红直播基地建设党支部获评苏网先锋先进集体，1人获评苏网先锋先进个人。承办省互联网行业主题党日活动，组织“2022盐城网络人士红色基地行”暨市自媒体联盟“E心向党V力同行”活动。

网络综合治理　年内，市网信办健全一体化网络应急指挥体系，深化网络举报受理处置工作，开展“清朗2022”系列专项行动，全面整治网上垃圾信息、网络水军、网络谣言等问题，开展线下检查58次（联合执法6次），约谈46人（次），清理各类违法违规和有害不良信息1.4万条，关闭违法违规网站73个、违规账号27个。市委网信办被评为江苏省“清朗2022”专项行动先进集体。

网络安全工作　年内，市网信办加强网络安全工作。全年通报网络安全事件280起，排查整改风险隐患1106个。开展“网安2022”盐城专项行动，组织资产普查、实战演练，发现并整改漏洞696个。打造省汽车数据安全工作试点城市，举办“车联网安全”圆桌会议，江苏网联智能汽车数据安全研究院有限公司入选“江苏省车联网和智能网联汽车网络和数据安全技术验证机构”培育对象。携手南京邮电大学、启明星辰、盐南高新区大数据产业园及市网络安全产业发展促进会，搭建网络安全人才交易市场，筹建省级网络空间安全靶场，建设网络安全科普教育基地，创建全省网络安全教育技术产业融合发展试验区。

“双化协同”　年内，市网信办牵头创成国家“双化协同”（数字化绿色化协同转型发展）综合试点，以地级市第一的优势入选国家首批试点（全省唯一）。印发《盐城市数字化绿色化协同转型发展行动计划（2022—2030）》，建立联席会议制度。《扎实推进国家“双化协同”综合试点创建 落实国家重大战略服务地方网信发展》获评2022年度全省网信工作创新奖、全市宣传思想文化工作创新奖。统筹推进网络强市建设，聚焦“双化协同”、数字乡村、IPv6、区块链、数字素养与技能等工作，制定行动计划、联席会议、任务分解等文件。IPv6用户规模居全省第七位，市电子政务外网改造项目入选“国家2022年互联网协议第六版（IPv6）规模部署和应用优秀案例”。盐南高新区“城市驾驶舱”创新基层治理模式、阜宁县域数字农业农村综合大数据应用平台入选数字江苏建设优秀实践成果，市委网信办获评优秀组织奖，盐城市大数据集团获评省首批全民数字素养与技能培训基地。推进数字乡村建设，开展数字乡村“e起致富”苏货直播新农人培育行动，射阳、盐都、滨海等地入选第二批江苏省数字乡村试点。　（尤晶晶）

机构编制工作

概　况　2022年，市委编办创新开展《江苏省贯彻〈中国共产党机构编制工作条例〉实施办法》实施情况专项评估工作，细化完善评估方式、评价内容、评判标准，组织全市上下实施自查自评，并联合市委办、市委组织部赴各县（市、区）和9个市直部门开展实地评估，提高机构编制政策法规知晓度和部门单位遵规守规意识。实施理论与实践创新行动，市县联动攻关22项理论与实践创新课题，通过年中推进会、年底评比会，加强机构编制标准化建设、动态管理、统筹调剂、管理评估等方面的研究。在省委编办对全省13个设区市委编办2022年度工作绩效评价中，市委编办获优秀等次；在2022年度市级机关单位综合考核中获评第一等次。

行政机构编制管理　年内，市委编办印发《关于规范开发园区管理机构设置促进开发园区高质量发展的实施方案》，规范开发园区管理体制。挂牌设立合作共建园区管理办公室，统筹管理沪苏、常盐、苏盐园区，为盐城加快打造长三角一体化产业发展基地出智出力。完成应急管理部门综合执法改革。持续规范行政执法行为，在省批复同意跨部门综合执法相对集中行使处罚权前，牵头组织市、县两级先行委托赋权，破解执法队伍“有责无权”难题。规范行政执法队伍编制管理，梳理建立市、县两级行政执法队伍目录，将现有116支队伍4332名事业编制，全部纳入省行政执法队伍统计库并锁定管理。印发《市级议事协调机构管理办法》，将所有议事协调机构纳入统计管理范围，健全机构名称、设在部门、设立依据、主要职责等8项管理要素。在实行清单管理的基础上，对原有309个部分职能弱化、职责交叉重叠或完成阶段性任务的议事协调机构开展持续清理，第一批撤销49个，占比15.9%。

事业机构编制管理 年内，市委编办有序引导125名公办教师退出民办学校，完成市属20所科级学校党组织领导职数核定，核增市直、亭湖、盐都、盐南高新区公办中小学331名“周转池”编制，落实“局管校聘”要求重新核定市属公办中小学编制，调整大丰中专管理体制，设立盐城市崇文高级中学。加强公共卫生体系建设，配合制定深化医改重点工作任务清单，调研起草公立医院人员编制备案制管理政策口径，指导试点地区在县域医共体内实行卫生医疗机构编制“县管乡用”，为新河街道社区卫生服务中心核增30名事业编制，完善精神障碍患者救治救助体系。聚焦经济社会发展，独立设置盐城市文物保护和考古工作所，成立盐城市国资国企改革发展服务中心，建强亭湖、建湖、盐都国资国企监管服务机构，更名组建盐城市水利工程项目管理中心，保障淮河入海水道二期工程重大项目建设。加强医保基金安全监测技术力量。调整西南交通大学盐城轨道交通研究中心职能。强化市本级政务服务中心机构设置，整合大市区自然资源领域行政执法机构和职能，理顺湿地、陆生野生动植物资源以及世遗地的监督管理职能，助力大丰区构建“一站式”企业发展服务中心和区域社会治理现代化综合指挥中心，升格射阳县大数据服务中心机构规格。

事业单位登记管理 年内，市委编办对市直（包括盐城经济技术开发区和盐南高新区）474家事业单位法人年度报告书进行审核把关、网上公示。开展事业单位信用等级评价工作，促进和引导事业单位履行公益服务职能，推进事业单位诚信体系建设。探索规范事业单位法人异常名录管理规范文本，向46家登记异常事业单位发送《拟列入事业单位法人异常名录告知书》，对未在整改期限内完成整改的4家事业单位列入异常名录，并在江苏省机关赋码和登记管理网公示，强化对事业单位法人的监督管理。开展域名注册，做好域名应用推广，针对原有注册登记的672个事业单位域名，梳理出172个待删除域名并建档留存。将江苏沿海可再生能源技术创新中心登记设立为独立法人事业单位，成为全国首家海洋可再生能源领域事业单位。

机构编制监督检查 年内，市委编办在全省首家制定《市级机构编制监督检查办法》，规范实名制管理工作内容及流程。印发《市级议事协调机构规范管理办法》《市直部门职责分工协调办法》《市直部门内设机构和中层职数管理口径》《市级机关事业单位编外人员管理办法》《关于全市中小学校编制实行单列管理促进编制资源均衡配置的方案》，推动市级部门单位机构编制规范化管理和资源整合。印发《事业单位登记管理服务规范化工作手册》，形成事业单位法人登记信息台账，强化异常名录管理的信用约束和惩戒效能，推动事业单位信用与其他领域信用形成联动监管合力。推动机构编制组织人事财政信息综合管理平台上线试运行，印发《盐城市机构编制组织人事财政信息综合管理平台业务流程说明》《盐城市机构编制组织人事财政信息综合管理平台建设使用管理办法》，提升平台的功能实用性、数据可靠性、系统安全性。放大机构编制核查、年度机构编制报告工作成效，摸清全市机构编制家底和实际管理现状，为精准管理、科学研判奠定基础。

机关绩效管理 年内，市委编办细化落实《2022年度市级机关单位综合考核意见》及《考核实施细则》，指导机关单位科学制定年度工作目标，确保目标设定科学合理、目标完成情况量化评价。助推《盐城市市直部门职责分工协调办法》落地落细，考量机关单位职责承接情况、职能耦合情况，调动机关单位履职尽责积极性。将考核重心置于日常，配合牵头部门对机关单位日常工作进行跟踪，参与各部门牵头的实地督查、调研评估等工作，主动收集各类通报、简讯，归集行权办件服务数据，掌握机关单位日常履职情况。将权责清单管理、机构编制执行、综合执法改革、事业单位改革等改革推进情况纳入平时考核，督促部门做好相关工作。引入机关编制使用效益评估理念，科学计算机关单位实际工作量和工作难易程度，通过工作量、工作难易程度以及完成质效的纵向和横向对比，科学开展市级机关单位常规工作考核。

经济发达镇培育 年内，市委编办深化经济发达镇改革，对照省有关标准，在全市范围内精心筛选出陈家港、新丰、益林3家经济发达镇培育对象后，牵头市发改委、市财政局等16家市直部门，在中央和省级配套支持政策的基础上，围绕全市经济发达镇培育对象的迫切需要、真实需求，制定21条含金量高、针对性强、符合盐城实际的配套支持政策，激发经济培育镇发展活力。

安全监管职责厘清 年内，市政府印发《新兴领域安全风险隐患防范处置责任清单》，厘清加氢站、无人机等17个新兴领域的安监职责分工。印发《盐城市校外托管机构监管责任清单》，明确15个部门相关监管职责。防范金融风险，控制国有平台债务，明确国资部门统一负责全市国有企业经营性债务管控。设立海上搜救服务中心和海洋监测预报中心，拟订镇街消防安监执法工作职责和机构建设标准。明确海滩、高速路、国省道干线垃圾清理和可再生资源回收，以及装修装卸服务人员和商贸城的新冠肺炎疫情防控责任部门，消除新冠肺炎疫情防控真空地带。完成市县两级安全生产监察机构更名并重新进行“三定”，完善江苏黄海海滨国家森林公园管理中心和部分市属公立医院安全生产保卫机构设置。

市中小学校编制单列管理 年内，市委编办按照“锁定总量、动态调整、规范使用、联动评估”的思路，将全市中小学校编制从事业编制总量中单列出来，实行锁定管理、专编专用。通过跨层级、跨区域、跨学段调配使用闲置的空余编制，加强对中小学校编制资源的宏观调控和布局优化，动态调整各地中小学校可用编制规模，优先保障生源增幅较大、编制相对紧缺地区，助推全市教育事业高质量发展。（吴才保）

巡察工作

概　况 2022年，市委巡察机构协助市委坚决扛起巡视整改主体责任，配合做好中央巡视反馈意见整改落实省委专项督查工作，推动省委涉粮问题专项巡视反馈问题整改完成97%、移交线索办结率100%，得到省委巡视机构表扬肯定。按照行业巡、领域巡、系统巡的思路推进全覆盖，全年巡察44个党组织，发现突出问题1267个、问题线索145件。跟进监督“纾困20条”“服务业10条”贯彻落实情况，推动提前完成一次性临时价格补贴发放，惠及19.39万人，发挥监督保障执行作用。对公检法系统实施一体谋划组织、一体推进实施、一体整改提升的“一体化”巡察，受理信访反映2207件，形成问题线索113件。对工程项目多、资金体量大、廉政风险高的下属单位进行延伸巡察，发现问题线索40件。建立“办组地”挂钩联系巡察等机制，市委巡察工作领导小组成员与县（市、区）委书记逐一访谈、压实责任，指导各县（市、区）按期完成2393个村（社区）巡察全覆盖。把为群众办实事的理念贯穿巡察始终，推动解决保安员证办理、市政绿化占有、房产办证等32个问题。推动巡纪深度协作，29名市县两级纪检监察干部参加市委巡察，强化全流程“室组联动、组组联动、组办联动”，推动立案32人，立查立处9人。印发21期《巡察指导咨询工作提示》。印发《关于巡察监督与审计监督同步推进的实施办法》等文件，开展国企运营情况、工程建设项目招投标情况等专项审计，巡审同步监督发现问题线索27件。探索开展保密工作专项检查，中央保密办《保密工作》杂志宣传推介相关做法，与选人用人、意识形态工作责任制专项检查和专项审计共同构成“一常四专”监督模式。发挥巡察“熔炉”作用，抽调117人次参加2022年度巡察工作，选取4名表现优秀干部到巡察机构挂职，对市、县两级600余名专兼职巡察干部开展培训辅导。

中央巡视反馈意见整改落实专项督查

年内，专项督查省委第十一督查组对全市有关中央巡视江苏反馈意见整改落实情况进行专项督查。市委巡察机构配合市委做好迎查工作，以扎实的整改措施、全面的自查报告、系统的整改台账充分展示整改成效，得到省委督查组肯定。

省委涉粮问题专项巡视反馈意见整改落实 年内，省委涉粮问题专项巡视情况反馈后，市委巡察机构立足职责分工，协助配合市委坚决扛起巡视整改主体责任，稳步推进巡视整改。市委常委会会议专题研究整改工作，成立整改工作领导小组，召开专题民主生活会，印发《中共盐城市委关于涉粮问题专项巡视反馈意见整改工作方案》，对照反馈的28个问题，逐项细化落实整改措施。市委4次召开整改工作推进会，对整改工作深入部署、持续推进，组建巡视整改工作办公室及协调落实小组，抽调人员集中办公，建立联络员制度、月报制度，加强全过程跟踪和监督检查，推动市直涉粮部门和单位、各县（市、区）落细落实整改任务。5月10日，向省纪委监委机关、省委巡视办报送《中共盐城市委关于省委巡视反馈意见整改进展情况的报告》。至年底，80条整改措施整改79条，取得明显成效1条，移交市县处置的问题线索办理率100%。

八届市委第二轮巡察 年内，市委开展第二轮巡察，市委6个巡察组采取“一托二”或“一托三”方式，对市中级人民法院、市检察院、市发改委、市工信局、市司法局、市商务局、市国投集团、市城投集团、银宝集团、黄海金控集团、盐城港集团、盐城经济技术开发区人民法院和检察院13个单位党组织开展常规巡察，对亭湖区人民法院党组进行提级巡察，统筹指导各县（市、区）委对本地区人民法院、检察院党组织实施联动巡察。巡察发现各类突出问题590个、问题线索62件，推动立查立处2人。

八届市委第三轮巡察 年内，市委组织开展第三轮巡察，市委6个巡察组对市公安局及所属分局、市住房和城乡建设局、市城市管理局、市交通运输局、市水利局、市行政审批局等单位党组织开展常规巡察，同步开展工程领域专项巡察，统筹指导各县（市、区）委对本地公安局党委实施联动巡察。巡察期间，各巡察组采取“常专结合”方式，既开展全面的“政治体检”，又突出工程领域进行“精准把脉”，核查1411个工程项目，发现存在问题项目516个，形成问题线索18件。巡察发现各类突出问题677个、问题线索83件，推动立查立处7人。

“一体化”巡察公检法系统 年内，市委巡察机构发挥“以市带县”优势，围绕保障和促进社会公平正义，对全市人民法院、检察院、公安局系统开展“一体化”巡察，做到市统筹、县参与、一体推进，省人民法院、省检察院选派8名骨干全程参与，受理信访反映2207件，形成问题线索113件。

联动巡察 年内，在十四届省委前两轮巡视期间，纪检监察、组织、巡察、财政、审计系统抽调81名业务骨干，组建4个联动巡察组、2个接力巡察组，配合省委巡视建湖县、阜宁县、射阳县、大丰区，对2个县级纪委监委机关、2个县级党委组织部、7个省级开发区进行联动巡察，首次探索对纪委监委机关、组织部进行巡察。联动巡察发现问题415个，推动追赃挽损15.82亿元，省委巡视组组长给予高度评价。巡察射阳经济开发区期间，推动解决2000余名居民喝水难问题，巡查组收到“巡察助力解民忧 饮水思源见真情”的锦旗。

巡察成果运用 年内，市委巡察机构对七届市委第十一轮、第十二轮巡察的19个单位巡察整改情况进行专项督查，反馈的475个问题，整改到位率100%。紧盯巡察移交未处置、未办结的线索，持续跟踪督办，推动巡察移交满一年的718条问题线索处置率100%、办结率94.7%。围绕巡察国有企业发现的普遍性、倾向性问题，推动市委召开全市国有企业高质量发展座谈会，印发《关于国有企业突出问题和落实相关责任要求的清单》，明确20条规范要求，市委书记对被巡察国企做好巡察整改工作提出明确要求。发挥专题报告标本兼治载体作用，形成23份专题报告，12份报告得到市委书记批示。

全国首本巡察干部培训教材编写 年内，中央巡视办部署启动全国巡视巡察干部首套培训教材编写工作，省委巡视办将《市县巡察工作》编写任务具体撰写工作交由盐城负责。市委巡察机构按照省委巡视办主要负责人“以盐城巡察实践为蓝本”的批示要求，配足工作力量，做好从框架搭建、提纲确定、样章起草、重点内容撰写，到全书合稿、修改、审校等工作，编成全国首本巡察干部培训教材。全书7章10万余字，是市县巡察工作的理论读物和实践指南，中央和省委巡视办给予肯定。

（朱昭元）

老干部工作

概　况 至2022年年底，全市有离休干部845人（不含部、省属单位），平均年龄约93岁。其中，机关260人、事业单位240人、企业单位345人。按级别和待遇分，副省（部）级医疗待遇11人、厅（局）级31人、县（处）级333人、其他470人；按参加革命时间分，抗日战争前期23人、抗日战争后期125人、解放战争时期697人。全市有离休干部党员683人，占离休干部人数的80.8%；退休干部7.9万人，其中，退休干部党员5万人，占退休干部人数的63.3%；有12个离退休干部党总支、640个建制性离退休干部党支部、18个省级离退休干部示范党支部。市老干部局注重服务管理，巩固“四项工程”，实施“四大行动”，推进“四个融入”，用心用情、精准服务，守正创新、扎实工作，奋力开创新时代老干部工作高质量发展新局面。开展“银辉耀盐”行动，引导全市离退休干部发挥政治优势、经验优势、威望优势和专业优势。结合“我看中国特色社会主义新时代”活动，开展“奋进新时代、喜迎二十大”“老少心向党，喜迎二十大”等系列主题实践活动。开展“建言二十大”专题调研，全市集中组织座谈会12场次，老干部支部组织座谈80余场次，老干部1000余人参加座谈，通过网上、电话、线下交流等其他方式参与建言老干部6000余人，收集整理各类意见建议700余条。开展“永远跟党走、奋进新征程”银发宣讲进基层活动，引导老干部结合丰富阅历，深入机关、企业、学校、乡村、社区谈发展，讲感受。制作银发微讲堂视频，通过微信、网站等新媒体展播。全年全市开展银发宣讲167场，受众3万多人次，开展新冠肺炎疫情防控、乡村振兴、志愿帮扶等活动600余场次。围绕项目品牌化、服务特色化的要求，印发《关于开展全市老干部工作创特色创品牌活动的通知》，打造特色品牌，全市各县（市、区）老干部在志愿者服务、风采展示方面都形成不同类型的特色品牌，基本形成“区域品牌、领域特色”的品牌格局。

老干部政策与待遇 年内，市老干部局健全完善离休费保障机制、医药费保障机制和财政支持机制，坚持落实市主要领导重大节日看望老干部、定期向老干部通报情况等制度。建立日常走访常态化机制，做到“四清、五必访”；重大节日必访、逢整生日必访、生病住院必访、日常生活有困难必访、家庭出现重大变故必访。始终坚持“单位尽责、家庭尽孝、社区尽力、社会尽心、老干部工作部门尽职”的“五方联动”服务机制，对市直有离休干部的51个单位开展摸底调查、调研走访，掌握服务离休干部情况。定期采集离休干部、市管退休干部和地市级遗属情况，督促落实各项待遇。健全困难帮扶机制，在老干部生病住院、家庭出现重大变故时，及时关心看望，给予更多关心照顾，将组织的温暖送到老干部心坎上。健全干部荣誉退休制度，9月，会同市委组织部、市级机关工委联合召开干部荣誉退休工作座谈会。全面落实离休干部“一人一策”精准服务政策，全年走访慰问离退休干部600人次，发放慰问金300万余元，走访特殊困难离休干部和遗属30人次，慰问易地安置离休干部40人次。加强离休干部看病就医服务，联合市医保局印发《市直离休干部就诊结报定点管理的意见》，全市建成二级及以上医院离休干部就医绿色通道21条，有946名离休干部参加家庭医生签约服务。与市医保中心联合印发《明确市本级离休人员就诊结报定点管理的意见》，解决市一院床位费、离休干部就医不便、医药费报销手续烦琐等问题。联合市财政局、市人力资源和社会保障局共同推动企业离休干部与机关离休干部同城同政策、同城同待遇、同城同保障政策落实，企业离休干部同步逐月发放基础绩效，共享社会发展成果。与市社保中心共同落实市直企业离休干部2021年绩效一次发放和2022年逐月发放工作。

老干部服务与管理 年内，市老干部局及时掌握老干部遇到的重点问题、难点事项，做好离休干部及家属的来电、来信、来访工作，有明确政策规定的，立即答复、全面落实。深入人力资源和社会保障、民政、财政、医保、卫健等涉老部门，探讨老干部工作融入社会养老服务体系的实质性措施，搭建老干部服务平台。针对离休干部和退休干部的不同特点，围绕日常照料、医疗护理、紧急救助、精神慰藉等迫切需要，深入探索融入公共服务、购买服务、志愿服务、市场化服务等多元化养老服务的方法和路径，对市区80岁以上老干部，坚持每月上门并提供7种居家服务。

“银发铁军”品牌打造 年内，市老干部局持续打造“银发铁军”品牌，将离退休干部党建列入党建工作要点。研究分析老干部工作的属性，构建以党建工作为引领，全面带动服务管理、作用发挥两大职能的“一点两面”工作格局。加强市级“党工委→联合党总支→党支部”三级组织体系建设。动员各级离退休党员干部开展“喜迎二十大”活动，举办“喜迎二十大·助力新征程”老干部书画展、门球赛、乒乓球赛等系列活动；中共二十大胜利召开后，第一时间举办“学习二十大·赋能新征程”党务工作人员培训班。将离退休干部党组织列入市委组织部每月“统一活动日”内容，相关做法被中央组织部《老干部工作情况交流》和省委老干部局《情况交流》刊载，党建提质“四大行动”被中央组织部“离退休干部”微信公众号采用。加强建制性示范支部创建，开展第三批市级示范支部评选和省级“六好”支部评比活动，评选出100个市级示范支部。围绕“迎接二十大、学习二十大，当好银发铁军”主题，拍摄以歌曲《领航》为题的党建微视频，在“学习强国”学习平台等主流宣传媒体上展播。

老年教育 年内，市老干部局提请市委市政府专题研究老年教育工作，专题调研老年教育领导体系、市县镇村网络组织建设、管理主体、体制机制、办学模式、教学模式等。加强合作办学、开放办学的研究，推动与中国银行盐城分行、悦达集团等单位的合作，推动老年教育进企业、进社区。统筹推进盐城市区老年大学建设，市老年大学有学员7000余人、1.1万人次，盐都区“银发CBD”全面投入使用。围绕“党性教育中心”“文化养老中心”“志愿服务中心”，引导老干部活动中心内涵式发展。

离退休干部党务工作人员培训班 10月25—27日，“学习二十大·赋能新征程”离退休干部党务工作人员培训班举办。培训紧扣中共二十大精神和《关于加强新时代离退休干部党的建设工作的实施意见》文件精神作专题辅导，开展党建业务及信息宣传工作培训，提高离退休干部工作者党务工作能力，对中央组织部“离退休干部”微信公众号和省老干部局“江苏老干部”微信公众号的阅读关注工作作专题部署。全体参训学员在东台市党性教育基地和党风廉政教育基地、安丰乡村课堂、三仓镇“方志苑”等地接受现场教学，感悟“黄海林工精神”“农垦文化”“廉洁文化”，老干部支部书记、志愿者们为学员们介绍党员统一活动日、志愿服务项目成效等特色做法。各县（市、区）委老干部局、盐城经济技术开发区组织部、盐南高新区党工委组织人事部离退休干部党建工作负责人、各市直单位离退休干部党支部联络员50人参加培训。（张　扬）

党校工作

概　况 2022年，盐城市委党校举办各类班次182个，培训1.6万人次。举行市“黄海大讲堂”揭牌仪式，成立全国革命老区干部学院联盟。江苏盐城新四军干部学院通过中央组织市办学质量评估。市委党校选送的两门课程分获全省党校（行政学院）系统精品课和优秀课。开展理想信念教育、志愿服务和扶贫帮困等创建活动，获得“江苏省文明单位”“江苏省第三批公共机构水效领跑者”等称号。

党校教学 年内，市委党校开展教学质量突破年活动。彰显主业主课地位，把党的创新理论作为第一教学单元，把学习习近平新时代中国特色社会主义思想和中共二十大精神作为开班第一讲题。聚焦课程体系建设，实行教师个人、学科组和校内大讲堂三级备课制度，落实新课试讲、教学测评、听课评课和教学督导等规定，完善新课程质量保障机制。围绕习近平新时代中国特色社会主义思想、中共二十大和新四军革命精神等主题，发布20个招标教学课题，28名老师申报，开发新教学专题49个。教学案例“重温‘老三篇’——建构新时代共产党人精神世界”获得全省党校系统精品课程，教学案例“宋公堤——一心为民的不朽丰碑”获全省党校（行政学院）系统优秀课、全省党校系统（行政学院）优秀教学组织奖。教学案例“新四军文化统战工作的成功实践与现实启示”“促进马克思主义与中华优秀传统文化的深度融合”在全省社会主义学院系统第二届精品课评比中分别获得精品课和优秀课。加强现场教学点建设，突出盐城红色革命文化和绿色生态底蕴的特色教学线路，承办市内外培训班次，讲好党的故事、新四军的故事和盐城市推动绿色低碳发展的故事，扩大盐城特色党性教育的影响力。新四军文化林接待市内外参观者60余批次。

干部培训 年内，市委党校举办各类班次182个，培训1.6万人次。其中，举办县处级干部进修班、乡科级干部进修班、新任市管干部任职培训班、选调生培训班、乡镇（街道）党政正职专题研修班、党外干部培训班、青年干部培训班等主体班次18个，培训792人次；承接市直、县（市、区）部门单位委培班次130个，培训学员1.4万人次；承办市外班次25个，培训学员1400人次。“新思想”志愿宣讲队围绕学习宣传贯彻中共二十大精神、新思想、中共党史、新四军革命精神及省、市党代会精神等，深入全市乡镇、街道、社区、企业等基层一线开展理论宣讲活动300余场次。

科研资政 年内，市委党校开展科研水平提升年活动。全年在《学习时报》《新华日报》《群众》等党报党刊上发表文章50余篇，在《湿地科学》《工程中的数学问题》（SCI）等核心刊物和《改革内参》等重点期刊上发表学术论文17篇。参与国家社科基金重点项目1项，申报立项省社科基金协作项目、省社科应用研究精品工程发展规划专项2项，申报2022年度第二批市委决策咨询课题、市软科学课题、市党建研究院重点课题及全市党校系统专项课题30项获得立项。完成2022年度第一批市委决策咨询课题4项、市政府社科基金项目32项、全省党校系统调研课题和专项课题9项，全市党校系统及市委党校科研规划课题39项。在市政府第十四次哲学社会科学优秀成果评奖中，获二等奖3项、三等奖10项。全年完成决策咨询报告28篇。牵头组建淮河干流设区市党校智库联盟，成员有江苏省、安徽省、河南省内8家地级市党校。年内，《铁的新四军——新四军铁军特质研究》一书由中共中央党校出版社出版，《解放军报》等媒体推介。《新四军与宋公堤》等研究成果在《学习时报》等刊物上发表。《铁军·纵横》杂志出刊12期，编发黄克诚、王必成、杨根思及第一部党章颁布等纪念专栏。

市“黄海大讲堂”揭牌 5月17日，盐城市“黄海大讲堂”揭牌仪式暨市委党校2022年春季学期开学典礼举行，市委书记徐缨揭牌并为学员讲授第一课。年内，“黄海大讲堂”采用线上线下相结合的方式，举行专题授课19次。

全国革命老区干部学院联盟在盐城成立 6月13日，全国革命老区干部学院联盟成立大会在盐城举行。盐城新四军干部学院、古田干部学院、照金干部学院、大别山干部学院、六盘山干部学院、辽沈战役干部学院、金寨干部学院、焦裕禄干部学院、太行干部学院、甘祖昌干部学院、新疆生产建设兵团干部学院、南岭干部学院、恩来干部学院13家干部学院签约入盟。

盐城新四军干部学院通过中央组织部评估 8月，中央组织部评估组在盐城对盐城新四军干部学院进行办学质量评估。10月20日，省委组织部转发《中共中央组织部关于发布省（自治区、直辖市党性教育干部学院目录的通知》，全国72家党性教育干部学院被纳入目录，盐城新四军干部学院通过中共中央组织部评估验收，成为入列的全国72家党性教育干部学院之一，并更名为盐城新四军干部学院。 （陈　怡）

6月13日，全国革命老区干部学院联盟在盐城成立。

盐阜大众报报业集团　供图

盐城市人民代表大会

编辑　曹懿超

综　述

工作机构　2022年，盐城市第九届人民代表大会及其常委会下设3个专门委员会、2个办事机构、8个工作机构。3个专门委员会分别是财政经济委员会、法制委员会、社会建设委员会，由主任委员、副主任委员以及委员若干名组成。2个办事机构分别是办公室、研究室。8个工作委员会分别是监察和司法工作委员会、预算工作委员会、农村工作委员会、教育科学文化卫生委员会、环境资源城乡建设委员会、人事代表联络委员会、民族宗教侨务外事委员会、法制工作委员会。

人大代表　年内，盐城市第九届人民代表大会有代表557名。其中，国有和集体企业单位负责人11名、非公有制经济人士21名、事业单位负责人54名、解放军和武警12名、其他代表64人；基层代表中一线工人54名、农民53名、专业技术人员94名、其他基层代表48名。市、县、乡三级人大联动，在全市1.1万名五级人大代表中开展“聚焦发展高质量、勇当五个排头兵”主题实践活动，动员和组织全市各级人大代表开展法律宣传活动3600余场次，走访市场主体，帮助企业化解难题3600余件，走访联系群众11万余户，帮助解决实际问题2.1万件，提出各类意见建议7600余条。完善市政府领导牵头领办、市人大常委会领导牵头督办代表议案建议工作机制，建立代表建议交办前研判和办理后考评制度，3件重点议案代表满意率100%，257件建议全部办结并及时答复代表。印发《关于加强和规范全市人大代表“家站点”建设的指导意见》，召开人大代表“家站点”建设推进工作现场会。全市建成“人大代表之家”826个，“人大代表联络站”“人大代表联系点”4302个，实现镇、村全覆盖。建立主任会议成员联系委员、委员联系代表、代表联系群众工作机制，加强人大常委会同人大代表的联系、密切人大代表同人民群众的联系。定期邀请基层代表列席常委会会议，组织代表参与立法、监督等工作。加强代表工作能力建设，采取集中培训、专题讲座、在线学习等形式，为代表提供“菜单式”“订单式”培训。注重履职考评激励，构建网络平台记录、履职考核评价、运用激励约束代表履职导向机制，激发代表履职活力，促进代表勤勉履职。

人事任免　年内，市人大常委会依法任免国家机关工作人员67人次。1月27日，市第八届人大常委会第四十四次会议决定：任命谢继步为盐城市政府副市长，免去张镇盐城市政府副市长职务。3月25日，市第九届人大常委会第一次会议决定：任命汤如军为盐城市政府副市长。8月25日，市第九届人大常委会第五次会议决定：任命高尚德为盐城市政府副市长；免去夏思军盐城市政府副市长职务。

重要会议

市第九届人民代表大会第一次会议　2月23—27日，市第九届人民代表大会第一次会议召开。大会应到代表555名，出席代表524名，符合法定人数。会议听取并审议市委副书记、市政府代市长周斌代表市政府向大会所作的《政府工作报告》。会议表决通过关于市九届人大专门委员会的设立和组成人员人选的通过办法、市九届人大财政经济委员会组成人员人选、盐城市2022年民生实事项目票决办法。会议按照大会选举办法规定，经过法定程序进行选举，选举38人为市九届人大常委会委员。会议审查批准《关于盐城市2021年国民经济和社会发展计划执行情况与2022年国民经济和社会发展计划草案的报告》《关于盐城市2021年预算执行情况和2022年预算草案的报告》《盐城市2022年国民经济和社会发展计划和盐城市2022年市级预算》。会议表决通过市九届人大法制委员会、社会建设委员组成人员人选；通过市九届人大一次会议关于盐城市人民政府工作报告的决议、关于盐城市2021年国民经济和社会发展计划执行情况与2022年国民经济和社会发展计划的决议、关于盐城市2021年预算执行情况和2022年预算的决议、关于盐城市人大常委会工作报告的决议、关于盐城市中级人民法院工作报告的决议、关于盐城市人民检察院工作报告的决议；宣布盐城市2022年民生实事项目票决结果。

市九届人大常委会会议　年内，市九届人大常委会召开会议7次。

3月25日，市九届人大常委会第一次会议召开。会议听取和审议关于抢抓新一轮江苏沿海高质量发展战略机遇推动盐城更高水平开放合作、提升乡镇卫生院服务能力、大力发展普惠养老服务加快构建以居家养老为主体的城乡养老服务保障体系等议案处理意见的报告。会议审议并表决任命市九届人大常委会代表资格审查委员会组成人员和有关人事任免事项，决定任命汤如军为市政府副市长，并进行宪法宣誓。

4月27日，市九届人大常委会第二次会议召开。会议审议市政府关于提请审议《盐城市养犬管理条例（草案）》的议案；听取和审议市政府关于2021年度环境状况和环境保护目标完成情况的报告；审议并表决通过《盐城市人民代表大会常务委员会关于深入学习贯彻中央人大工作会议精神切实加强和改进新时代地方人大工作的决定》《盐城市人民代表大会常务委员会组成人员履职规范》《盐城市人民代表大会常务委员会关于加强国有资产管理情况监督的决定》；审议关于国有自然资源资产管理情况、全市农产品质量安全情况、全市法院民事审判工作情况等审议意见落实情况的反馈报告并开展满意度测评。

6月9日，市九届人大常委会第三次会议召开。会议审议并表决通过人事任免事项，并进行宪法宣誓。会议决定任命新一届市政府秘书长和各工作部门主要负责人，批准任命各县（市、区）人民检察院检察长。

7月1日，市九届人大常委会第四次会议召开。会议审议市政府关于提请审议的《盐城市物业管理条例（草案）》的议案。会议听取和审议市中级人民法院关于刑事审判工作情况，市政府关于全市企业智能化改造数字化转型情况、关于全市耕地保护和高标准农田建设情况的报告、关于2021年市级财政决算草案情况、2021年度市级预算执行和其他财政收支的审计工作报告；审议并表决通过《市人大常委会监督司法工作办法》《市人大常委会关于〈江苏盐城国家农业科技园区总体规划（修编）〉的决议》《市人大常委会关于批准2021年市级财政决算的决议》。

8月24—25日，市九届人大常委会第五次会议召开。会议听取和审议市政府关于盐城市2022年上半年国民经济计划和财政预算执行情况的报告、关于2021年度全市企业国有资产管理情况的报告，市检察院关于全市检察机关护航民企工作情况的报告，市人大常委会执法检查组关于检查《中华人民共和国科学技术进步法》《江苏省科学技术进步条例》实施情况的报告；审议市政府关于2021年度全市国有资产管理情况的综合报告；听取市政府关于做好“水安全、水生态、水资源、水文化”工作情况的报告，开展专题询问和满意度测评。表决通过《盐城市养犬管理条例》《盐城市人大常委会讨论决定重大事项的规定》《盐城市人大常委会关于废止〈盐城市授予荣誉市民称号办法〉的决定》。会议表决通过人事任免事项，并进行宪法宣誓。

10月28日，市九届人大常委会第六次会议召开。会议听取和审议市政府关于全市对外经济工作发展情况，关于抢抓新一轮江苏沿海发展战略机遇、推动盐城更高水平开放合作的议案办理情况，关于提升乡镇卫生院服务能力的议案办理情况，关于大力发展普惠养老服务、加快构建以居家养老为主体的城乡养老服务保障体系的议案办理情况的报告；听取和审议市人大常委会执法检查组关于检查《江苏省粮食流通条例》实施情况的报告；听取和审议市政府关于大气污染防治工作情况的报告，开展专题询问和满意度测评；审议市人大常委会有关审议意见落实情况的反馈报告并开展满意度测评。会议表决通过《盐城市物业管理条例》《盐城市人民代表大会常务委员会议事规则》、市人大常委会代表资格审查委员会关于部分代表的代表资格审查报告、个别省人大代表辞职事项。会议表决通过人事任免事项，并进行宪法宣誓。

12月13日，市九届人大常委会第七次会议召开。会议听取和审议《盐城市人民政府关于提请审议2022年盐城市级预算调整方案（草案）的议案》，关于推进全市安全生产专项整治“三年大灶”行动情况的报告、关于2022年民生实事项目实施情况的报告，关于市九届人大一次会议代表建议、批评和意见办理情况的报告。审议市政府关于2021年度市级预算执行、决算草案和其他财政收支审计查出问题整改情况的报告，市人大常委会有关审议意见落实情况的反馈报告并开展满意度测评。会议表决通过《盐城市人大常委会关于召开盐城市第九届人民代表大会第二次会议的决定》《盐城市人大常委会关于批准2022年盐城市级预算调整方案的决议》《盐城市地方性法规实施情况报告规定》《盐城市地方性法规立法后评估办法》。

人大立法

（参见《法治·人大立法》相关内容）

人大监督

概　况　2022年，市人大及其常委会听取和审议专项工作报告及计划、预决算、审计报告21项，组织视察调研34次；开展6项执法检查、2项专题询问；对相关审议意见落实情况的反馈报告进行满意度测评。

财政经济领域监督　年内，市人大及其常委会围绕保障经济健康运行，专题审议计划和预算执行、国资管理、审计查出问题整改等情况报告，在全省率先设立3个预算监督基层联系点，制定计划和预算审查监督操作要点。制定加强政府债务审查监督的实施意见，实现政府债务全过程监督。围绕助力实体经济发展，听取审议企业“智改数转（智能化改造和数字化转型）”、对外经济、对台经济、稳外资工作情况报告。常委会领导走访企业、服务项目，帮助企业化解发展困难，增强发展信心。

法治建设领域监督　年内，市人大及其常委会制定监督司法工作办法，增强监督工作规范性、实效性。听取审议全市法院刑事审判、全市检察机关护航民企工作情况报告，组织代表旁听案件审理，推动提升司法公信力，更好维护社会公平正义。运用现场察看、随机抽查等方式，对《中华人民共和国传染病防治法》《中华人民共和国科学技术进步法》以及《江苏省粮食流通条例》《江苏省宗教事务条例》等实施情况进行检查；配合省人大常委会开展《中华人民共和国种子法》《中华人民共和国环境保护法》《中华人民共和国家庭教育促进法》《中华人民共和国残疾人保障法》以及《江苏省道路交通安全条例》《江苏省物业管理条例》《江苏省社区矫正工作条例》等法律法规的执法检查与立法调研工作，督促有关方面依法执法，保证法律法规实施。

社会民生领域监督　年内，市人大及其常委会制定加强乡村振兴监督工作的实施意见，创新构建人大助力乡村振兴“235”工作机制（建立乡村振兴促进工作综合报告、专项报告“两项制度”，实行市县乡人大“三级联动”，聚焦规划政策执行、法治保障供给、民生民情民意、平台载体建设、能力质效提升“五个重点”)，全国首家实现市、县、乡三级人代会审议乡村振兴工作全覆盖。推进省委涉粮问题专项巡视反馈意见整改落实。重抓人大代表票决的20件民生实事项目实施，构建“意见征集、过程监督、结果评价”工作机制。督查推进安全生产专项整治“三年大灶”行动开展情况，促进提升本质安全水平。专题审议年度环境状况和环境保护目标完成情况报告，印发《盐城市人大常委会关于深化生态环境报告制度的实施办法》，完善生态环境报告和人大监督机制。

专题询问 年内，市人大常委会专题询问“水安全、水生态、水资源、水文化”工作情况，市发改委、市生态环境局、市住房和城乡建设局、市水利局、市农业农村局、市文广旅局6个部门负责人围绕农村河道治理、城镇生活污水处理、农业生产用水调度、水环境质量改善、涉水规划、淮河入海水道工程建设、串场河文化保护传承等群众关切的热点问题，接受市人大常委会组成人员和人大代表的询问。专题询问大气污染防治工作情况，市工信局、市公安局、市生态环境局、市住房和城乡建设局、市城管局、市交通运输局6个部门负责人围绕规范机动车排放检验检测、扬尘污染防治监督管理、落后产能和化解过剩产能处理、企业大气污染防治执法监管等群众关切的热点问题，接受市人大常委会组成人员和人大代表的询问。

议案建议

概　况 2022年，市九届人大一次会议期间，收到代表10人以上联名提出的议案77件，经大会主席团研究，将其中3件作为议案，闭会后交市人大常委会审议，其余74件转为代表建议办理，连同收到代表提出的建议180件，总数为254件。其中，236件交由市政府及其部门主办，占92.9%；17件交由党群部门主办，占6.7%；1件交由法院主办，占0.4%。至2022年年底，有153件建议反映的问题已经解决或基本解决，占60.2%；有93件建议反映的问题被吸收采纳并逐步解决，占36.6%；因政策规定和客观条件限制，有8件建议难以解决，作情况说明后销号，占3.2%。从满意度测评看，代表们表示满意的有236件，占92.9%；基本满意的18件，占7.1%。

盐城更高水平开放合作议案办理 市九届人大一次会议上，钱俊等12位代表提出《关于抢抓新一轮江苏沿海发展战略机遇，推动盐城更高水平开放合作的议案》。该议案由市人大常委会主任王荣，副主任顾云岭牵头督办，市政府主要领导和分管领导领办，市发改委等有关部门协办，市人大常委会预算工委为督办部门。市政府主要领导、分管领导高度重视提案办理工作，专题赴滨海、响水、阜宁等地调研，市人大常委会专题开展视察调研，召开议案督办会，实地察看沿海基础设施建设、项目招引、产业培育等情况，听取代表意见建议，督办议案办理工作。市政府召开推进江苏沿海地区高质量发展盐城专题新闻发布会，市政府常务会专题解读《江苏沿海地区发展规划（2021—2025年）》，构建全市沿海发展规划体系，推进议案办理落地落实。

乡镇卫生院服务能力提升议案办理 市九届人大一次会议上，计成阜等11位代表提出《关于提升乡镇卫生院服务能力的议案》该议案由市人大常委会副主任孙大明牵头督办，市政府分管领导领办，市卫健委，财政局、人力资源和社会保障局、医保局等有关部门协办，市人大常委会教科文卫委为督办部门。市政府把议案办理工作列入深化医改的重要内容，主要领导、分管领导多次研究部署、牵头会办有关工作，制定政策，推动医疗卫生工作重心下移、资源下沉，让老百姓在家门口享受优质医疗服务，提升群众就医的便利度和获得感，议案办理工作取得成效。

城乡养老服务保障体系建设议案办理 市九届人大一次会议上，周爱东等10位代表提出《关于大力发展普惠养老服务，加快构建以居家养老为主体的城乡养老服务保障体系的议案》。该议案由市人大常委会副主任陈平牵头督办，市政府分管领导领办，市民政局，发改委、工信局、财政局等有关部门协办，市人大社会委为督办部门。市政府印发《关于推进养老服务发展的意见》《盐城市“十四五”养老服务发展规划》，政府部门陆续制定指导性文件，完善居家社区养老服务政策，推进居家社区养老服务设施建设，居家社区养老服务网络基本形成。

（倪　侃　　居益龙）

盐城市人民政府

编辑　曹懿超

综　述

地区综合实力提升　2022年，盐城市全面落实国家和省稳经济各项政策，开展“企业大走访、项目大推进、产业大招商”活动，制定助企纾困“二十条”等措施，多措并举扩内需、畅循环、稳增长。全年地区生产总值7079.8亿元，比上年增长4.6%；人均地区生产总值10.56万元，比上年增长4.7%；一般公共预算收入453.3亿元，比上年增长0.5%；固定资产投资比上年增长9.4%；规模以上工业增加值比上年增长9.3%。扩大有效投资，优化招商体制，每月观摩推进，项目建设提速，新签约、新开工、新竣工亿元产业项目920个、700个、213个，淮河入海水道二期、国信高效清洁燃煤发电、SK动力电池二期、耀宁锂电池等开工建设，中海油盐城“绿能港”、比亚迪、蜂巢等一批百亿元级项目竣工投产。列入国家中长期贷款备选项目、设备购置与更新改造贷款贴息项目数均居全省第一位。促进消费持续恢复，制定“房八条”支持刚性和改善性住房需求，提振汽车、家电等大宗消费，推动接触性聚集性消费回升，社会消费品零售总额比上年增长0.6%。各项贷款余额比上年增长18.9%、居全省第一位，办理留抵退税106亿元，新增减税降费36.5亿元、缓税缓费46.9亿元，助力企业恢复发展。工业战略性新兴产业产值占规模以上工业总产值比重41%，23条重点产业链规模以上开票销售额5800亿元，钢铁、新能源产业和晶硅光伏产业链开票销售额突破千亿元。阜宁阀体装备产业基地获批国家级火炬特色产业基地。全口径工业开票销售额9700亿元，龙头企业加快涌现，新增超百亿元企业6家，响水德龙镍业公司跻身中国民营企业100强。规模以上工业企业智能化改造数字化转型覆盖面40.9%。加快黄河故道生态富民廊道建设，农林牧渔业总产值居全省第一位，粮食总产量715.8万吨。盐都入选国家首批乡村振兴示范县创建名单，建湖高作镇全域土地综合整治获批全省唯一国家试点，射阳入选省级农业现代化先行区创建名单，滨海农业社会化服务模式在全省推广。服务业发展提质增效，连续四年受到省政府督查激励，亭湖建军路商业集聚区、东台西溪文化产业集聚区成为首批省级现代服务业高质量发展集聚示范区。深入开展科技创新推进年活动，江苏沿海可再生能源技术创新中心落户盐南高新区，高新技术产业产值比上年增长32.5%，新增省级以上科创平台120家，新培育高新技术企业239家、省级以上“专精特新”企业186家，盐城经济技术开发区润阳新能源公司成为苏北首家省级独角兽企业。完成股权分置改革企业8家，大丰中汽股份在深交所创业板上市。开展优化营商环境突破年活动，深化“放管服”改革，全省首创不动产交易登记“一链办理”，打造“盐诚办”服务品牌，射阳县行政审批局获评全国人民满意的公务员集体。长三角一体化产业发展基地、黄海新区全面起势，中韩（盐城）产业园建设扎实推进，举办第四届中韩贸易投资博览会。外贸外资稳中提质，进出口总额突破200亿美元，实际利用外资12亿美元，较上年分别增长14.8%、11.1%，黄海新区金光纤维素纤维列入国家重大外资项目库，盐城港货物吞吐量增幅居全国海港第一位。

生态文明实践　年内，全市完成国土空间规划“三区三线”划定，获得“国际湿地城市”认证，成为2023全球滨海论坛会议举办地。统筹抓好长江经济带警示片、省政府挂牌督办等问题整改，中共中央生态环保督察反馈问题全省最少。打好蓝天、碧水、净土保卫战，落实长江大保护任务，空气质量优良天数比率84.1%、居全省第一位，PM2.5年均浓度每立方米26.6微克、居全省第二位，建成幸福河湖120条，国省考断面水质优Ⅲ比例、受污染耕地和重点建设用地安全利用率100%。盐都创成中国天然氧吧，东台、射阳创成国家生态文明建设示范区。全市新开工城镇棚户区改造3.6万套、完成老旧小区改造149个，改善农村住房2.1万户，创成省级特色田园乡村15个。城北地区改造实现三年阶段性目标。盐南高新区珠溪古镇入选省级首批城市更新示范项目，大丰被纳入省生态宜居美丽乡村示范县（市、区）培育计划。制定碳达峰碳中和意见，开展工业企业资源集约利用综合评价，试点建设低（零）碳产业园。新增成片造林866.66公顷，超额完成省定目标。“生态+”经济加快发展。擦亮“世界自然遗产”靓丽名片，推动生态+文旅、康养等深度融合，西溪、九龙口景区入选全国“非遗”与旅游融合发展优选项目，射阳、盐都、亭湖创成省级全域旅游示范区，东台入选国家智慧健康养老示范基地、苏北苏中唯一。

公共安全保障　年内，盐城市全面贯彻总体国家安全观，打好防范化解风险主动仗聚焦14个重点领域和17个新兴领域，深化安全生产专项整治“三年大灶”，开展安全生产大检查和“百日攻坚”行动，排查整改各类风险隐患22万个，生产安全事故起数和死亡人数同比下降32%、24%。提升应急救援能力，有效应对罕见的极端天气。关注地方法人银行风险，加大非法金融打击力度，守住不发生系统性区域性金融风险底线。建立全口径债务监测和闭环管理机制，政府性债务规模和债务率持续下降，国有企业新增融资成本压降57个BP（基点，1个基点等于0.01%，即1%的百分之一），债务风险等级保持在浅黄区间。建湖镇级化债经验得到省纪委肯定和推广。着力稳地价稳房价稳预期，“一企一策”有效化解问题楼盘，房地产市场形势总体平稳。推进“信访突出问题攻坚化解年”行动，化解一批事关群众切身利益的信访问题。严厉打击侵害妇女儿童等群体权益和养老诈骗问题，做好特殊困难群体救助帮扶和严重精神障碍患者服务管理。常态化开展扫黑除恶斗争，加强社会治安打防管控体系建设，创成全省法治政府建设示范市，法治建设社会满意度居全省第二位。

民生福祉提档　年内，全市20项民生实事完成年度投资任务。发放失业保险稳岗返还资金2.2亿元、惠及企业3万户，城镇新增就业7.8万人。全体居民人均可支配收入3.88万元，比上年增长5.5%。保障农民工工资支付工作连续两年获评全省A类地区。教育现代化水平不断提升，"双减"和规范民办义务教育发展工作有序推进，新建扩建学校56所，新增学位6.32万个。职业教育产教融合步伐加快，盐城钢铁职业技术学院开班招生，盐城技师学院学生余守安在世界技能大赛上摘得金牌。健康盐城建设扎实推进，医改工作不断深化，市一院二期工程加快建设，市三院南院二期主体封顶，市中医院新院区投入使用，蝉联全国健康城市建设样板市。南京鼓楼医院盐城分院落户，大丰与上海中山医院共建苏北健康管理中心。实施"五个一"幸福养老工程，打造"盐年益寿"服务品牌。文化事业繁荣发展，《范公堤》入选文旅部历史题材创作工程，杂技《炼——倒立技巧》获"金菊奖"，舞蹈《发绣》、戏剧《白兰花》等9部作品入选省五星工程奖、数量居全省第一位。以优异成绩通过全国文明城市年度测评。盐城体育健儿在第20届省运会上取得佳绩。实施照护保险制度，覆盖230多万参保人员。新增企业职工养老保险参保8.24万人，在全省率先为5.6万名重点优抚对象提供免费大病医疗商业保险，在全省首家发布被征地农民社会保障实施办法，"快递小哥"职业伤害保障及工伤保险实现市域全覆盖。综合交通体系加快构建。盐宁高铁联络线、盐射高速、盐丰快速通道一期建成通车，滨海港铁路支线、盐城南洋国际机场T1航站楼改造完成主体工程。优化调整公交线路44条，提档升级农村公路358千米、改造桥梁353座，城乡交通运输一体化建设等级提升至AAAAA，群众出行更加方便快捷。

决策咨询 年内，市政府重视重要政策的调查研究工作，聚焦"5+2"战略性新兴产业体系和23条重点产业链，印发《调查研究报告》32期，其中《全市省级以上开发园区高质量发展调研报告》《关于盐城电子信息产业本地协作配套情况的调研报告》《关于我市发展预制菜产业的调研报告》等16期报告获得市政府主要领导、相关分管领导批示。聚焦长三角地区产业链培育、项目招引、科技研发、营商环境建设等信息，印发《外地动态专报》38期供市政府和市政府办全体领导决策参考，其中4期获得市政府主要领导肯定批示。联合沿海发展智库申报2022年度省政府决策咨询研究重点课题《江苏推进养老产业高质量发展对策研究》，是全省设区市政府办公室唯一的中标单位，决策咨询报告获得省政府领导批示。承接省行政管理学会年度重点研究课题《新发展条件下推进沿黄海城市带建设的战略研究》，列入《新时代政府治理创新研究》刊载，供省领导决策参考。《着力补短板强弱项 推动我省民生保障走在全国前列对策研究》被省政府研究室《调查研究报告》（2022年第6期）采用。完成《群众》杂志约稿《盐城深度融入全省域产业链分工合作体系，打造对接长三角城市主阵地》。在核心期刊《江苏农村经济》发表《蹚出新型农村集体经济发展新路径》，在上海社科院主办的《长三角观察》杂志刊登《盐城市大丰区全域旅游发展的实践与思考》《瞄准长三角市场打造"射阳好阿姨"家政服务品牌》《抢滩预制菜新风口 打造长三角产业新高地》3篇文章。联合省战略与发展研究中心、江苏沿海发展智库合作开展氢能、核能产业前期研究论证。

政府新闻发布 年内，市政府召开新闻发布会10场次。

1月7日，盐城市推进产业高质量发展相关政策新闻发布会召开。

3月14日，2022年度盐城市"3·15"国际消费者权益日新闻发布会召开。

4月4日，进一步帮助市场主体纾困解难稳定经济增长新闻发布会召开。

5月26日，"江苏省领事保护宣传周·盐城站"系列活动新闻发布会召开。

6月2日，2022年盐城市"六五"世界环境日新闻发布会召开。

6月2日，第五届龙舟赛新闻发布会召开。

7月1日，推动现代服务业高质量发展新闻发布会召开。

7月27日，进一步加强财政金融支持农业农村发展若干政策措施新闻发布会召开。

8月4日，沿海地区高质量发展新闻发布会召开。

11月14日，第四届中韩贸易投资博览会筹备情况新闻发布会召开。

（张海林　何求全）

重要会议

市政府全体会议 年内，市政府召开全体人员会议1次。

8月10日，市政府全体人员会议暨法治政府建设推进会召开。会议学习贯彻省委工作会议和市委八届三次全会精神，要求凝聚共识、振奋精神，咬定目标不放松，真抓实干挑重担，全力以赴实现最好结果，勇当沿海地区高质量发展排头兵，以实际行动迎接中共二十大胜利召开。市委副书记、市长周斌出席并讲话。

市政府常务会议 年内，市政府召开常务会议21次。

1月18日，市政府召开第84次常务会议，听取安全生产"百日攻坚"行动推进等情况汇报，研究审议《关于推进知识产权高质量发展的激励措施》等有关文件。

1月26日，市政府召开第85次常务会议，传达学习省两会等精神，研究审议《盐城市全面推进市内全域一体化实施方案》《盐城市"十四五"沿海发展规划》等文件。

2月16日，市政府召开第86次常务会议，集中学习数字经济机遇和数字化转型路径，传达学习江苏交通运输现代化示范区建设推进会议等会议精神，研究《政府工作报告》等文件。

3月3日，新一届市政府召开第1次常务会议，集中学习《区域全面经济伙伴关系协定》政策机遇及行动路径，研究审议《政府工作报告》主要目标任务分解等文件。

3月21日，市政府召开第2次常务会议，听取全市安全生产工作等情况汇报，研究审议《江苏沿海地区发展规划盐城实施方案》《盐城市优化营商环境突破年实施方案》等文件。

4月12日，市政府召开第3次常务会议，集中学习《中华人民共和国乡村振兴促进法》等内容，研究审议《盐城市国家生态文明建设示范区巩固提升三年行动方案（2022—2024）》等文件。

4月28日，市政府召开第4次常务会议，集中学习《江苏沿海地区发展规划（2021—2025年）》等内容，研究审议《盐城市工业企业资源集约利用综合评价办法（修订）》等文件。

5月24日，市政府召开第5次常务会议，集中学习制造业“智改数转”战略机遇与实施路径等内容，研究审议打造盐城特色名片等事项。

6月10日，市政府召开稳定经济增长工作会议暨第6次常务会议，研究部署稳定经济增长和安全生产工作，审议研究《关于推进新时代人才强市建设的意见》等文件。

6月28日，市政府召开第7次常务会议，集中学习氢能产业政策及产业发展路径选择等内容，研究审议审计工作、基础设施投资建设等事项。

7月6日，市政府召开第8次常务会议，集中学习《中华人民共和国湿地保护法》等内容，听取淮河入海水道二期工程等情况汇报，研究审议《盐城市关于实施城市更新行动的意见》等文件。

7月25日，市政府召开第9次常务会议，研究全市经济工作和《关于在全市开展“企业大走访、项目大推进、产业大招商”活动的实施意见》等事项。

8月3日，市政府召开第10次常务会议，集中学习习近平总书记《论“三农”工作》等内容，研究审议保障改善民生、数字经济、城乡融合等事项。

8月19日，市政府召开第11次常务会议，集中学习《习近平谈治国理政》第四卷等内容，研究审议市级重大项目推进、扩大对外开放等事项。

9月8日，市政府召开第12次常务会议，专题研究农业农村工作，研究审议稳经济政策落实、产业链赋能行动、行政许可事项清单等事项。

9月21日，市政府召开第13次常务会议，集中学习《习近平经济思想学习纲要》，专题研究“专精特新”中小企业发展、政务服务环境优化等事项。

10月12日，市政府召开第14次常务会议，专题研究信访稳定工作，传达学习省智库相关成果，研究审议政府数字化转型、电子商务高质量发展、退役军人服务和保障等事项。

10月26日，市政府召开第15次常务会议，全面贯彻中共二十大精神，传达落实省有关部署要求，研究审议碳达峰碳中和工作、质量强市建设、新型农业经营主体培育等事项。

11月23日，市政府召开第16次常务会议，传达学习《中国共产党章程（修正案）》和省、市委关于深入学习宣传贯彻中共二十大精神的通知，研究审议防汛抗旱应急预案、城市更新行动配套政策等事项。

12月13日，市政府召开第17次常务会议，传达学习省政府稳定经济增长视频调度会议和市委八届四次全会精神，研究审议《关于加快建设绿色低碳发展示范区的实施意见》《盐城市工业企业提质增效三年行动计划》等文件事项。

12月30日，市政府召开第18次常务会议，传达学习省、市委经济工作会议精神，研究审议《政府工作报告》等文件。（张海林　何求金）

新冠肺炎疫情防控

概　况　2022年，盐城市面对突发输入性新冠肺炎疫情，坚决听从中央号令，坚持人民至上、生命至上，坚决扛起“疫情要防住”政治责任。坚持“要求、调度、收治”三个统一，实行“提级指挥、转运隔离、风险提示”三个不过夜，以最快速度、最小代价迅速扑灭局部新冠肺炎疫情，守住城市之门，守护人民生命安全和身体健康。强化科学调度，全力保通保畅，采取公转铁、陆转水、货车司机AB角等措施，畅通当季农产品销售渠道，保障产业链供应链稳定。牢固树立全局意识，先后选派医务人员3700余人次，支援省内兄弟城市抗疫，支持打赢大上海保卫战，为全省、全国疫情防控大局做贡献。加强定点医院、发热门诊、居家保障等能力建设，做到该放的坚决放开、该管的坚决管住、该保障的坚决到位，确保平稳过渡、大局稳定。盐城市在全省地级市中唯一实现主城区未封城、大型企业未停产一天。

新冠肺炎疫情防治　年内，市卫健委在突发新冠肺炎疫情阶段，第一时间启动应急响应，提级指挥、市级统筹，以快制快、并联推进，快速开展新冠肺炎疫情处置工作，在最短时间内坚决果断扑灭新冠肺炎疫情。在常态化新冠肺炎疫情防控阶段，坚决筑牢“外防输入”防线，坚持人、物、环境同防，成立水路口岸卫生防疫专班，派出108人次驻点响水港、滨海港、大丰港，开展水路口岸新冠肺炎疫情防控指导。加强与各部门的联动合作，做好重点领域、重点环节新冠肺炎疫情防控指导。迅速将防控重点转移到“保健康 防重症”上来，发热门诊（诊室）、ICU床位、重症设备、氧疗站、药品、物资等救治资源扩容均迅速到位。79家二级及以上医院、163家基层医疗机构全部开设发热门诊（诊室）。将57个核酸采样小屋转设“发热诊疗站”，改造2158个村卫生室（社区卫生服务站）。发挥城市医联体、县域医共体作用，通过网格化管理、分片包干、绿色通道等，提高救治效率。对全市143万名65岁以上老年人健康状况进行系统摸底，组建2476个镇、村三级健康服务团队，掌握健康状况。为全市乡镇卫生院（社区卫生服务中心）、村卫生室（社区卫生服务站）配备2.93万个脉氧夹，及时检测氧饱和度，做到重症早发现。培训基层医务人员2.05万人次，建立县乡巡诊、在线会诊等制度，提高基层应对新冠肺炎疫情能力。设置163个氧疗区、780个氧疗站、3317个氧疗终端，满足基层群众就近氧疗需求。

新冠病毒核酸检测 年内，全市建成14家核酸检测基地，均建立在公立医疗卫生机构，日均检测能力96.65万管，有核酸检测人员1810人，保证所有实验室能同时运行。建成487个健康小屋，满足群众就近检测需求。

新冠病毒疫苗接种 年内，全市60～79岁符合条件的目标人群全程接种率96.6%、加强免疫接种率为94.6%；80岁及以上人群首针接种率87.1%，符合条件的目标人群全程接种率为91.6%、加强免疫接种率86.7%。

驰援上海 3月，上海市暴发新冠肺炎疫情。盐城市卫生系统按照国务院和省统一部署，组织核酸采样队1094人、核酸检验队75人、方舱医疗队5人赴上海市开展工作，完成采样743万人次，核酸标本检验21.76万管。其中，盐城援沪医疗救治队406名核酸采样队员常驻上海，采样430多万人（次）；604名应急核酸采样队员当日往返上海，采样313多万人次。盐城市捐赠上海农副产品1200余吨，销往上海的农产品9.54万吨；支援上海方舱医院建设1068人；启用隔离点19个，接收上海重点人员5000余人，治愈上海到盐城隔离阳性人员62人。

支援香港抗疫 年内，全市港澳和统战系统积极支援香港抗疫，开展“春风送暖·同心祈福”、情系乡亲·同心抗疫”等活动，向在香港乡亲送去慰问信和防疫礼包，指导在香港社团设立紧急咨询电话，成立宣传联络、应急协调、物资分配等工作小组，利用微信公众号、微信群组、朋友圈等平台每日通报新冠肺炎疫情动态，帮助在香港乡亲缓解紧张情绪，及时协调解决突发情况。

（杨天琦）

涉外新冠肺炎疫情防控 年内，盐城市坚决筑牢“外防输入”防线，坚持人、物、环境同防，闭环管理2112名入境到盐城人员。检测进口货物和冷链食品相关样本105万份，检出阳性20份，均及时处置。成立水路口岸卫生防疫专班，派出108人（次）驻点响水港、滨海港、大丰港，开展水路口岸新冠肺炎疫情防控指导。

（单发令　吴　烨）

民生实事项目

概　况 2022年，盐城市围绕幼有所育、学有所教、劳有所得、病有所医、老有所养、住有所居、弱有所扶“七个有”全覆盖的要求，实施20项市政府为民办实事项目，覆盖教育供给、医疗卫生、“一老一小”服务、住房保障、交通出行、文化体育、生态环境、便民设施、社会保障、市政公用10个领域，完成投资123.02亿元。

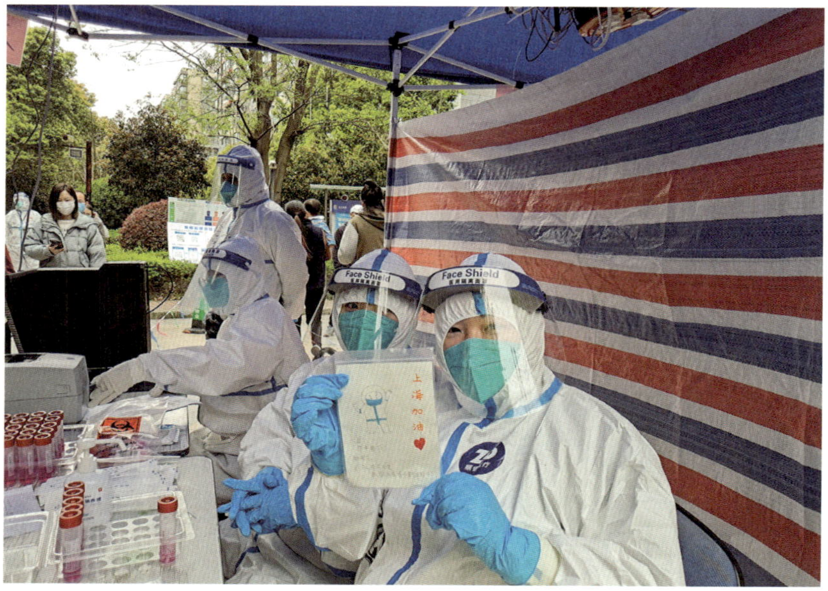

4月1日，援沪医疗队员在前线进行核酸采样。　刘雨萱　摄

幼儿园建设项目 年内，全市建成9所幼儿园，其中，东台市1所、响水县1所、盐都区3所、亭湖区2所、盐城经济技术开发区2所。全年完成投资2.21亿元。

中小学建设项目 年内，全市新建、改扩建17所中小学，其中，东台市1所、建湖县2所、阜宁县3所、滨海县2所、响水县2所、盐都区2所、亭湖区3所、盐城经济技术开发区1所、盐南高新区1所；改善提升65所义务教育学校和7所高级中学，其中，东台市9所、建湖县6所、射阳县9所、阜宁县11所、滨海县12所、大丰区7所、盐都区10所、亭湖区6所、市直2所。全年完成投资23.39亿元。

医疗卫生能力提升项目 年内，新建射阳县公共卫生临床中心项目竣工交付，新建响水县二级妇保院主体封顶，新建响水县疾病预防控制中心竣工交付，大丰区第三人民医院异地新建工程项目投入使用。全年完成投资2.62亿元。

养老服务能力提升项目 年内，全市建成10个面积不少于1000平方米的城市街道“枢纽式”养老服务综合体，其中，东台市、建湖县、射阳县、阜宁县、滨海县、响水县、大丰区、盐都区、亭湖区、盐南高新区各建成1个；建成100个示范性“长者幸福食堂”，其中，东台市、建湖县、射阳县、阜宁县、滨海县、响水县、大丰区、盐都区、亭湖区各建成10个，盐城经济技术开发区、盐南高新区各建成5个；为1万名60周岁以上经济困难独居老人在厨房、卫生间、房间安装一键呼叫装置，其中，东台市1200名、建湖县1500名、射阳县1800名、阜宁县1500名、滨海县

600名、响水县400名、大丰区1000名、盐都区800名、亭湖区1000名、盐城经济技术开发区100名、盐南高新区100名；为1万名75～79周岁中度、重度失能社会老人购买居家上门服务，其中，东台市1600名、建湖县1000名、射阳县1700名、阜宁县400名、滨海县1600名、响水县300名、大丰区1500名、盐都区200名、亭湖区1000名、盐城经济技术开发区150名、盐南高新区550名。全年完成投资2.49亿元。

儿童服务能力提升项目　年内，市少儿教育活动中心主体竣工，儿童成长中心室内装修部分基本完成。全年完成投资1.87亿元。

住房保障水平提升项目　年内，全市完成改善农民群众住房条件2万户，其中，东台市2100户、建湖县2200户、射阳县2300户、阜宁县2400户、滨海县2400户、响水县2200户、大丰区2100户、盐都区2100户、亭湖区1500户、盐城经济技术开发区700户；改造老旧小区149个455.74万平方米，其中，东台市39个29.56万平方米、建湖县7个14.08万平方米、射阳县10个30.2万平方米、阜宁县11个72.08万平方米、滨海县8个50.52万平方米、响水县10个14.03万平方米、大丰区9个24.78万平方米、盐都区8个51.54万平方米、亭湖区34个122.47万平方米、盐城经济技术开发区1个15.48万平方米、盐南高新区12个31万平方米。全年完成投资51.36亿元。

城乡交通优化提升项目　年内，市区新增公交线路2条、优化公交线路5条、新增交付公交车150辆、建成58座站台和站杆；新建、改建农村公路道路248千米，其中，东台市37千米、射阳县19千米、阜宁县38千米、滨海县22千米、响水县87千米、大丰区24千米、盐都区7千米、亭湖区7千米、盐城经济技术开发区7千米；新建、改建农村公路桥梁308座，其中，东台市63座、建湖县21座、射阳县5座、阜宁县27座、滨海县16座、响水县51座、大丰区54座、盐都区33座、亭湖区8座、盐城经济技术开发区25座、盐南高新区5座；实施农村公路安全生命防护工程500千米，其中，东台市89千米、建湖县17千米、射阳县6千米、阜宁县75千米、滨海县36千米、响水县66千米、大丰区106千米、盐都区24千米、亭湖区27千米、盐城经济技术开发区31千米、盐南高新区23千米。全年完成投资9.2亿元。

体育惠民提升项目　年内，全市新建健身步道80千米，其中6个县（市）各10千米，大丰区、盐都区、亭湖区、盐南高新区各5千米；安装二代智能健身路径32套，其中，6个县（市）各2套、市区20套；提档升级255个小区室外体育健身器材，其中，6个县（市）各15个，市区165套；新建、改建县级或以上体育公园5个，其中，东台市、阜宁县、滨海县、响水县、亭湖区各1个；新建、改建镇（街道）级体育公园18个，其中，6个县（市）、盐都区、亭湖区、盐南高新区各2个；新建或改建行政村（社区）健身房26个，其中，东台市、建湖县、射阳县、阜宁县、滨海县、响水县、盐城经济技术开发区各2个，大丰区、盐都区、亭湖区、盐南高新区各3个。全年完成投资9670万元。

广电服务提升项目　年内，盐城市广播电视总台频道实现全部高清播出以及自办电视节目网络化传播；建成智慧广电乡村23个，其中，东台市3个、建湖县2个、射阳县2个、阜宁县3个、滨海县3个、响水县2个、大丰区2个、盐都区3个、亭湖区2个、盐城经济技术开发区1个。全年完成投资6594万元。

口袋公园建设项目　年内，全市建成100个口袋公园，其中，东台市17个、建湖县2个、射阳县3个、阜宁县5个、滨海县2个、响水县5个、大丰区15个、盐都区15个、亭湖区15个、盐城经济技术开发区6个、盐南高新区15个。全年完成投资1.05亿元。

农村生活污水治理项目　年内，全市完成1349个自然村农村生活污水治理，其中，东台市320个、建湖县222个、射阳县62个、阜宁县165个、滨海县138个、响水县58个、大丰区191个、盐都区62个、亭湖区118个、盐城经济技术开发区10个、盐南高新区3个。全年完成投资8.84亿元。

农村河道生态治理项目　年内，全市完成11个农村河道生态治理整镇推进示范乡镇建设，9个县（市、区）及盐城经济技术开发区、盐南高新区各1个。全年完成投资7.66亿元。

遮阳挡雨棚新建项目　年内，全市新建遮阳挡雨棚172座，其中，东台市20座、阜宁县64座、滨海县12座、响水县10座、大丰区16座、盐都区20座、亭湖区12座、盐城经济技术开发区8座、盐南高新区10座。全年完成投资1747万元。

“厕所革命”项目　年内，全市完成新建、改造城市公厕79座，其中，东台市7座、阜宁县30座、响水县6座、大丰区5座、亭湖区19座、盐城经济技术开发区3座、盐南高新区9座；新建、改造农村公厕59座，其中，响水县40座、盐都区8座、亭湖区11座。全年完成投资5002万元。

农贸市场建设项目　年内，全市完成新建农贸市场和改建农贸市场21个，其中，东台市2个、建湖县4个、射阳县1个、阜宁县4个、滨海县2个、大丰区1个、盐都区3个、亭湖区2个、盐南高新区2个。全年完成投资1.25亿元。

“梦想小屋”建设项目　年内，全市建成梦想小屋721个，其中，东台市86个、建湖县61个、射阳县84个、阜宁县53个、滨海县150个、响水县78个、大丰区60个、盐都区69个、亭湖区50个、盐城经济技术开发区20个、盐南高新区10个。全年完成投资854万元。

“十大场所”安防设施升级项目 年内，全市完成82个老旧小区、25家商业综合体、268家农贸市场、32家大型商超、181家医院、1224家学校、9个高铁站、1个机场、2657辆出租车、2842辆公交车等“十大场所”安防设施提档升级建设；建成503个智慧安防小区，其中，东台市75个、建湖县34个、射阳县32个、阜宁县42个、滨海县20个、响水县17个、大丰区53个、盐都区16个、亭湖区160个、盐城经济技术开发区6个、盐南高新区48个。全年完成投资4.43亿元。

照护保险项目 年内，市区7632名参保人员申请失能评估，经专业评估机构评估认定为失能(含中度、轻度）的有5468名，公示12批次5049名重度失能人员名单，均享受照护保险待遇。全年完成投资9536万元。

地下室、电梯4G/5G信号全覆盖项目 年内，全市完成408个地下室手机信号覆盖，其中，移动150个、电信132个、联通126个；完成4042部电梯手机信号覆盖，其中，移动1200个、电信1303个、联通1539个。全年完成投资3221万元。

供水管道建设项目 年内，全市建成供水管道24.4千米，沿盐徐高速DN1400管道完成13.22千米，其中，直埋钢管10570米，顶管2650米；城北片区（含上冈）供水管道工程一期完成11.18千米，其中，直埋管道9400米，顶管完成1780米。全年完成投资3.01亿元。（洪丹丹）

政务服务

概　况 2022年，盐城市行政审批服务系统以实施全市26条“放管服”改革任务、“10+6”创新项目和国家、省改革试点“两张清单”为突破口，抓好行政审批服务工作。全市不动产交易登记平台“一链办理”做法被中共中央党校评为全国党政信息化最佳实践案例。市场准入服务工作受到省政府激励表扬，并被列入国家深化商事制度改革真抓实干成效明显督查激励公示名单，《人民日报》头版报道相关做法。住房和城乡建设部和省住房和城乡建设厅专题简报推广盐城市政公用设施联合报装“五个一”改革模式。印发行政许可通用文书及案卷范本，“两公司诉项目建议书批复案”入选2022年度全省10个行政应诉优秀案例，被评为“市级行政执法优秀案卷”。“12345”政府公共服务热线平台获评人民网网上群众工作民心汇聚单位、全国“12345”政务服务便民服务热线“公共服务之星典范”。

政务公开 年内，市政府办公室印发《盐城市政务公开工作要点》，落实责任单位，监督任务推进情况。抓好主动公开，在市政府网站上公开以市政府或市政府办公室名义印发的文件125篇，落实公开属性审查措施，保证政府信息应公开尽公开。在发布重大政策的同时做好解读工作，全年在市政府网站发布政策解读30篇。总结基层政务公开工作有关做法，向省政府办公厅推荐东台市与盐城市自然资源和规划局的依申请公开工作案例并被采用。举办沿海地区高质量发展、推动现代服务业高质量发展、进一步帮助市场主体纾困解难稳定经济增长等新闻发布会10场。全年受理政府信息公开申请330件，结转上年8件，均在法定期限内予以答复，未发生行政复议、行政诉讼纠错案件。加大政务新媒体检查、抽查力度，及时整改运行中存在的不足和问题，全力确保政务新媒体健康有序规范运行。聘请第三方公司对全市政务新媒体内容更新、政民互动等情况进行滚动检查，坚持每天抽查、留言测试、内容检索，实现每周一轮次全覆盖检查。及时转载中共中央、国务院重大方针政策。建立健全问题交办、整改销号制度，发现问题第一时间发放问题交办单，明确整改内容和时限，第二季度、第三季度在省政府办公厅季度政务新媒体检查通报中被通报表扬。

政务服务体系建设 年内，市行政审批局以东台市作为全省政务服务体系建设试点为契机，完善市、县、镇、村四级政务服务体系，加强政务服务标准化规范化便利化建设，开展提升政务服务能力对标赶超活动，推动各类事项“一门办”、网上办、自助办、就近办。推动市县两级大厅政务服务事项“应进必进”，在全省率先完成市、县两级行政许可事项清单的编制工作。对照“四级四同”要求，推动清单要素标准化，市县两级部门认领权力事项和公共服务事项入库率、指南完整度均达100%。以“一件事”“一类事”服务优化整合，在市县政务服务大厅统一设立综合受理窗口和盐商服务卡、办不成事服务专窗，实行“前台综合受理、后台分类审批、综合窗口出件”模式。其中，在阜宁县试点“无差别”综合窗口建设，对20个部门260个事项实行窗口“无差别”收件，平均办理时限缩短80%以上。坚持“市建为主，县建为辅”，建设盐城政务服务总门户，推广“苏企通”平台和“苏服码”应用，实现市级1912个政务服务业务项中1891个事项支持在线办理，在滨海县试点完成85项“秒批秒办”事项、15项“一件事”上线服务。完成年度“跨省通办”事项243项、“省内通办”事项130项、“市内通办”事项85项目标任务，编制全市首批自助服务事项清单246项，推动全市政务服务管理机构与227个地区签订跨地通办合作协议，实现806项高频事项异地办理。完成全市电子政务外网IPv4、IPv6双栈改造升级，22家垂管部门业务专网全部整合，市、县两级电子政务外网安全和运维数据一体化向省管平台汇集。

行政审批服务 年内，市行政审批局持续破解行政审批服务不精准、供需不匹配等问题，打造高效一流的政务服务环境。完成151项平台功能开发任务，依托统一在线平台并联审批、协同服务，实行“一次注册、一表申请、一套材料、一网受理、一键支付、一并审批、一同出证、一触查询”的业务办理模式，实现全市域、全事项、全流程、全主体的“一链办理”。加快平台在县（市、区）复制推广应用工作，在大丰区先行试点实现商品期房业务办理。自2021年8月上线试运行以来，实现七大类高频业务网上“不见面办理”，办理各类业务2.26万件，服务群众10多万人（次）。成立市、县、镇三级1015名代办员队伍，建立重点跟踪项目、审批事项办理、开工建设问题“三张清单”。通过实施“容缺预审+告知承诺+并联审批+全程网办”“多规合一”、数字化联合审图、联合测绘、区域评估以及拿地即开工、信用承诺制开工等方式，做到重大项目审批“一案一策”。全年全市全流程帮办代办5000万元以上项目1081个。在全省率先上线市政公用设施联合报装系统，将水、电、气及排水、广电、通信等6个事项，联合打包成“一件事”，推行一表申请、一窗受理、一网流转、一同踏勘、一并接入“五个一”办理模式，审批流程由原来30个环节压缩为3个，申报材料从原来30份精简为10份，企业跑动由6次变为“零跑动”。围绕在市级办理施工许可证的12个重大项目、32个重点工程，绘制项目汇总表、基本情况表、进展情况表、跟踪服务情况表4张表单，采取主动对接、定期跟踪、分类管理等方式，建立精准决策、精准跟踪、精准服务、快速办理“三精准一快速”服务机制，实现一次准备材料、一次提交材料、一次通过审批。抓好一类医疗器材产品备案和三类医疗器械审批。全年全市新增一类医疗器械生产企业15家、三类医疗器械经营企业137家。

公共资源交易服务管理　年内，全市行政审批系统提升公共资源交易服务管理水平，不断优化营商环境。推动未执行星级企业和先进企业免交保证金问题整改落实到位，电子保函费率由年初的5‰下降到3‰，建设自建平台并增加金融机构，增强保函业务竞争。开展保函平台不合理收费专项整治，全数退回第三方收取的不合理费用。全面取消建设工程、水利工程项目电子招标文件发售费用。建立招标计划提前发布制度，全年全市750余个依法必招的工程建设项目，在招标公告发布之日前至少30日向社会发布招标计划。全面推行招标投标事中事后监管制度，开展“双随机、一公开”监督检查，并将检查结果向社会公示。采取召开应用推进会、发布应用情况通报等方式，深化公共资源交易监督平台应用，组建专家组，发布监督意见，加强外部监督。全年全市在线监管5600余个项目，涉及投资金额突破3800亿元。抓好全市行政审批服务系统专题教育，通过以学促查、以查促改、以改促效，排查各类风险隐患280条，制定防控措施267项，调整人员岗位29人次，实行诫勉谈话29人次，纪律轻处分2人次。

“12345”政府公共服务平台　年内，市“12345”政府公共服务平台各渠道受理群众诉求213万件，办结率99.91%，回访满意率99.87%。设立“一企来”服务专席，组建全市609人的涉企政策解答专家组，全天候7×24小时在线答疑，将全市103个重大项目、173个三星级企业、200余个股改及“专精特新”企业列入白名单，为企业提供“一键直达”服务快速通道。全年全市受理涉企诉求4.63万件，办结率99.97%，满意率99.9%。“12345”政府公共服务热线平台与市防控指挥部和市相关部门对接每日更新知识库，组织专家组在线接受咨询，实行涉疫诉求“一小时内签收，一日内办结反馈，一小时回访”，对举报类诉求进行“双交办”。全年全市报送新冠肺炎疫情日报140次，市领导批示122次，受理办理群众涉疫诉求42.24万件。开发“一哨联办”平台系统，深化“一哨联办”工作机制，吹哨258次，解决违章搭建等五大类问题266个。制作《“12345”督办面对面》电视栏目，播出48期，现场督办解决企业和群众诉求73件。强化市领导签批督办机制，向市领导呈送专项报告164次，市委市政府领导先后批示147次，促进问题解决。设立2个人才服务电话专席，市县一体共同建立政策专员制度，汇集人才服务政策信息299条。全年全市受理人才服务诉求603件，第一时间受理办结。及时汇聚企业和群众关注的热线政务信息和常见问答，在“‘12345’热线百科”上统一发布，随时随地满足企业和群众搜索、查询、咨询需要。录入政务信息5万余条，占全省总量的三分之一。

市场准入“四办”服务　年内，盐城市行政审批服务系统不断优化工作机制，简化审批流程，延伸“全市通办、远程网办、全程帮办、掌上自办”服务工作链条，推进涵盖市场主体准入、准营、退出的“全生命周期”服务。印发《盐城市开办企业工作规范》（修订版），统一全市开办企业服务专区Logo标识，打造“网上有通道、线下有专窗”的一体化办理模式。通过线下开设专区、综窗，线上依托政务服务网“全链通”平台，实现企业开办登记全流程半日办结率99.25%。全年全市新增企业3.29万家，较上年增长3.5%。印发《盐城市企业“一照多址”备案管理办法（试行）》，简化企业设立分支机构的登记手续。推进市场主体住所核验、电子档案查询系统开发应用，企业在登记环节免于提交住所登记证明，全年全市40家企业享受到政策红利。执行定期会商、集中会审、联合现场踏勘三项工作制度，加强准营“一件事”工作标准化规范化建设。实现10项准营“一件事”工作全市统一标准、统一流程办理，完成开便利店“一件事”和开药店“一件事”2项省级改革试点任务，并新增开餐饮店“一件事”列入省级改革试点。实行符合简易注销条件的各类企业，一次提交材料，当场办结。在全市推行“1+N证照注销联办一件事”改革，市场主体只需进入一个窗口、申请一次、递交一份资料，即可办理营业执照连同相关许可证的一次性注销。为法院宣告破产的企业实行便利化注销，无须公示，凭法院裁决书直接办理企业注销登记。在部分地区试点歇业登记和经营异常企业公益清算强制退出制度，依法查纠违法登记行为。全年全市查处冒名登记3件、虚假登记2件，依法撤销登记5件。

“盐诚办·我来办”政务服务品牌　年内，全市行政审批系统围绕构建运营成本最低、办事效率最高、贸易投资最便利、发展预期最稳定的营商环境，聚焦企业和群众需求，以“苏服办”为标准要求，统一全市域“盐诚办·我来办”政务服务标识，建立以主动办、立即办、全程办、兜底办为主要内容的“盐诚办·我来办”工作机制，破解不好办、不能办、不敢办问题，切实打通行政审批服务“最后一公里”。

“依链建支、以支促链”党建引领示范行动 年内，全市行政审批服务系统创新将党支部建在行政审批服务链上、建在服务一线，将市政务服务大厅38个窗口部门111名党员，分片区设5个党支部。通过开展学习研讨、联合会商、主题实践等活动，推动党务和业务深度融合、同频共振，引导广大党员干部职工投身审批服务、新冠肺炎疫情防控、安全管理、创建全国文明城市、志愿服务等工作，发挥基层党组织的战斗堡垒作用和党员的先锋模范作用。

“两问一送”专项行动 年内，全市行政审批服务系统以全市开展企业大走访、项目大推进、产业大招商活动为契机，围绕项目立项、环评、施工等报批重点环节，组织市县两级机关和窗口审批服务人员深入到企业、项目生产一线，开展登门问需、回门问效、上门送解“两问一送”专项行动，助力企业爬坡过坎。全年走访企业1083家，为企业解决实际问题103个，活动回访满意率100%。

市“最美政务人”评选活动 9月，市行政审批局举办以“喜迎二十大 政务建新功”为主题的盐城市“最美政务人”评选活动，宣传全市行政审批服务系统先进典型，激发广大干部职工干事创业热情，树立良好服务形象。经过事迹评比、网上投票、现场演讲等环节，周芯羽、乐晶晶、黄唯娜等10人获全市“最美政务人”称号。（孙宏军）

外事工作

概　况 2022年，盐城市统筹外事资源，开展对外交流合作，召开市委外事工作委员会第三次会议，谋划具有盐城特色外事活动。全年办理外国人来华邀请函746人次，妥善解决在盐城外籍应用“场所码”等急难愁盼事项。推动全球滨海论坛建设写入外交部相关文件。全球滨海湿地城市联盟作为重点项目纳入江苏省委重点工作“培育民间外交主体”任务。盐城新能源产业对德国合作纳入省外办“长三角—北德创新合作机制”一揽子活动。全年全市审批因公出国（境）团组20批64人次。邀请外国驻华使领馆到盐城6批16人次，全市赴外国驻华使领馆拜访6批29人次。市外办被省外办授予“全省外事工作优秀奖”。

9月17日，盐城市“最美政务人”评选活动总决赛举行。　　许志敏　摄

友好城市 年内，盐城市加强友好城市缔结工作，新增国际友城克罗地亚梅吉穆列省查科韦茨市和韩国忠清北道堤川市。在“5·18”经贸洽谈会期间，盐城市与韩国堤川市以邮递文书方式，签署建立友好城市关系协议书。5月16日，盐城市和日本茨城县鹿岛市建立友好城市关系20周年庆祝活动在线上举办。5月16日，盐城市和克罗地亚梅吉穆列省查科韦茨市建立友城关系签约仪式以视频方式举行，盐城市市长周斌和查科韦茨市市长齐维迪尼共同签署两市建立友好城市关系协议书。会上，江苏国新新能源乘用车有限公司、盐城市益维光电科技有限公司分别与克罗地亚马林集团签署战略合作框架协议。11月，市外办拜会意大利在华阿布鲁佐人协会，对接中国欧盟商会负责人，推动盐城市与意大利友城基耶蒂市开展生态保护、经贸、文化等领域合作交流。以市主要领导名义，向韩国大邱广域市、光州广域市、仁川广域市桂阳区、堤川市、顺天市，日本鹿岛市，美国圣地亚哥郡，意大利基耶蒂市等友好城市致函18封。

友好交流 年内，盐城市新拓展友好交往地区6处。8月，盐城市与韩国庆尚南道上海代表处联合举办江苏—韩国庆尚南道文化体验日暨盐城市女企业家沙龙活动，市外办与庆尚南道上海代表处、市妇女联合会与庆尚南道女性团体协会分别签订友好交流意向书。10月，全市精选10类19件特产赴韩国参加2022堤川韩方生物博览会。抓住“中韩建交30周年”机遇，推进中韩（盐城）产业园建设，3次拜访韩国驻华大使馆，4次拜访韩国驻上海总领事馆。邀请金胜镐总领事2次到盐城，出席中韩贸易投资博览会。推选在盐城外国友人尼可·卡义克获“江苏省人民友好使者”称号。

江苏省领事保护宣传周·盐城站活动 5月27日，江苏省领事保护宣传周·盐城站活动正式启动。外交部领事司副司长张洋发表视频致辞。盐城市部分重点涉外企业代表介绍各自企业近年来对外发展情况以及防范海外风险、确保境外安全等相关工作。启动仪式后，参会代表参观江苏省领事保护宣传图片展，聆听"海外领事保护知识"讲座。通过启动仪式、知识讲座、新闻发布、宣传资料发放，以及为期1个月的领事保护知识图片巡展等活动，宣传领事保护知识，维护境外公民和机构合法权益。

"江苏这十年"国际传播系列活动在盐城启动 6月15日，"江苏这十年"国际传播系列活动启动仪式暨"我在江苏这十年"系列报道开机仪式在盐城举办。"我在江苏这十年"系列报道采访20余位在江苏生活10年以上的外国友人，通过他们讲述自己的亲身经历，回顾10年来江苏的发展成就，分享他们对于中国和江苏迈步新时代的期许。江苏省人民友好使者、维亚尼（盐城）贸易咨询有限公司总经理保罗·奥塔维亚尼接受"非凡十年——老外在江苏"系列采访。

江苏中韩优秀大学生夏令营盐城行活动 7月5—7日，"筑梦江苏 共创未来"江苏中韩优秀大学生夏令营盐城行活动举行。南京大学、河海大学、南京航空航天大学、南京师范大学、南京信息工程大学5所省内高校的40余名中韩大学生，以及盐城工学院的韩国留学生、盐城师范学院韩语专业大学生代表出席洽谈交流会。大学生们实地参观中韩（盐城）产业园以及华人运通高合工厂、SK新能源（江苏）有限公司，探访新兴企业，了解运转模式和招聘政策。（杨天琦）

港澳事务

概　况 2022年，盐城市深化与香港、澳门的交流合作，推动交融互鉴，促进盐港澳协同发展。将市港澳工作协调小组调整为市委港澳工作领导小组，召开市委港澳工作领导小组会议，印发港澳工作文件2份，2023年全市港澳工作要点1份。对全市港资企业开展调查摸底，为港资企业协调解决问题。

友好交往 年内，盐城市依托苏港（盐城）产业创新中心等平台载体，推动盐城企业与香港科技大学、香港城市大学等知名高校开展产学研合作。邀请澳门电子金融产业贸易促进会考察团一行在盐城考察，了解全市金融、中医药、新能源汽车产业发展状况。8月，市科技局联合香港科技大学组织20个科创团体参加第三届中国·盐城创新创业大赛深圳专场赛暨科创资源推介会。9月，盐城市与澳门大学中国历史文化中心联合举办"叶挺与澳门"学术研讨会和"战火青春——新四军中的青年人物展"。10月，江苏菌钥科技有限公司赴澳门参加第二届中国中医药健康（澳门）品牌展览会，与国际中医药（澳门）科技协会举行发酵中药战略合作签约仪式。盐城师范学院利用加入苏港澳高校合作联盟优势，开展与香港中文大学、澳门城市大学、澳门科技大学等高校在人才培育及创新科技研究等领域的交流与合作。

港澳青少年国情教育基地 年内，盐城市依托"红色铁军文化"和"世界自然遗产地"两块牌子，上报的新四军纪念馆和黄海湿地自然遗产地，入选江苏首批30个港澳青少年国情教育基地。

"叶挺与澳门"学术研讨会 9月21日，市委统战部、新四军纪念馆和澳门大学中国历史文化中心合办的"叶挺与澳门"学术研讨会在澳门大学中国历史文化中心举行，会议围绕"叶挺与澳门""叶挺与新四军""澳门与新四军""澳门与盐城"进行热烈讨论，并就如何更好地在澳门传承弘扬红色革命精神，加强盐城、澳门两地之间联系进行深入交流。学术研讨会后，由省委统战部指导，盐城市委统战部、新四军纪念馆等共同承办的"战火青春——新四军中的青年人物展"在澳门大学中国历史文化中心正式开展，展览紧扣中国共产党领导下的新四军青年事迹，分"信仰如铁铸忠魂""战旗猎猎扬军威""报国为民守初心""弦歌不辍耀光华""时代召唤催奋进"5个部分，集中诠释中国共产党人和新四军青年将士的初心与使命。（杨天琦）

人事管理

概　况 2022年，盐城市人力资源与社会保障系统创新完善事业单位人才集聚机制，实施农村订单定向医学生和乡村教师定向培养计划，会同教育、卫健部门下达乡村教师定向培养计划257个，农村订单定向医学生培养计划163个。完善校园招聘人才考评机制，变"开门招才"为"登门选才"。建立评选表彰"两审查两公示两备案"机制（部门初审和联合复审、所在单位公示和推荐前置公示、评前备案和终结备案），印发全市评选推荐工作规程和档案清单目录。加强对参与疫情防控的医务人员关心关爱，从加强防护保障、增核一次性绩效工资总量、发放临时性工作补助、落实卫生防疫津贴、注重医务人员激励等方面对医护人员予以保障。

事业单位人事管理 年内，市人力资源和社会保障局规范开展事业单位公开招聘工作，审核事业单位招聘方案71份，公开招聘聘用备案3173人，引进博士2人。配合市委组织部实施名校优生"汇盐行动"，全市政府序列事业单位引进优秀毕业生1817人。做好岗位设置管理，为市直40家事业单位调整岗位设置。完成2021年度全市事业单位工作人员年度考核奖励工作，给予661人记功奖励，为市直246家事业单位1.4万名工作人员办理审核备案。加强事业单位高层次人才队伍培养，全市227名专业技术人员取得三级岗位聘用资格，6名专业技术人员经省人力资源和社会保障厅评审认定具备二级岗位聘用资格。举办2022年市直事业单位新进人员初聘培训班，促进新进专业人才了解盐城、适应岗位、进入角色。支持基层事业单位人才队伍建设。实施县以下事业单位管理岗位职员等级晋升制度，完成首批县以下事业单位管理岗位职员等级晋升工作。提升事业单位人事管理信息化水平，指导各县（市、区）加快推进事业单位人事管理信息系统建设，推行事业管理业务线上办理。

表彰奖励管理 年内，市人力资源和社会保障系统优化表彰奖励工作审核流程、细化评选服务、强化规范管理，全年编报并获批11个市、县党委政府表彰项目，开展以市委、市政府名义主办的全市扫黑除恶专项斗争、文明城市创建、乡村振兴等重大表彰，精细做好从“计划编报、方案审查、推荐审核、意见征求”到“提请研究、公示发布、会议筹办、奖牌（证书）制作、奖金发放”等9项表彰奖励服务。市县联动开展全市社会组织评比达标表彰活动管理调研，排查社会组织8276个，联合市民政局开展首届江苏省先进社会组织评选推荐，全市5个协会组织获省表彰。

工资福利和退休管理 年内，市人力资源和社会保障系统联合卫健、财政等职能部门制定全省首家新冠肺炎疫情防控新阶段医务人员关心关爱举措。完成市直事业单位1.3万名工作人员和机关工勤人员的基本工资调整。做好2021年度事业单位绩效工资总量和绩效工资增量奖励审批。办理市直事业单位55人丧葬费、抚恤金，14人遗属补助标准的核定。完成年度事业单位绩效工资总量和绩效工资增量奖励审批。督导卫健委推进深化公立医院、公共卫生机构、基层医疗卫生机构薪酬制度改革工作。提高服务效能，完善和优化丧葬费、抚恤金、遗属补助等审批程序和流程内控机制。

人事考试 年内，市人力资源和社会保障系统组织考试26次，涉及考试项目33个，处理报名信息12.9万人次，服务考生27.1万人次。全年经办人事考试试卷、题卡54.2万份。查处各类违纪违规行为14起，均为一般违纪。全面推行人事考试告知承诺制，网签承诺书21.6万份，其中公务员网报网签6.5万份，事业单位招录网报网签4.6万份，专技类考试网报网签10.5万份。为考生提供密码验证服务、提醒有关注意事项，发送短信64万余条；发放各类人事考试合格证书3000余本，其中通过邮寄发放2000余本。

表彰奖励工作机制建立 年内，市人力资源和社会保障局探索以“部门初审和联合复审、所在单位公示和推荐前置公示、评前备案和终结备案”为主要内容的评选表彰“两审查两公示两备案”机制。全省率先建立创建示范项目公告制度、违规举报制度，获《中国组织人事报》推介。全年组织市级以上评选推荐40余项，审核推荐先进集体850个、先进个人1969名。

（薛传刚）

信访工作

概　况 2022年，盐城市信访系统深入学习贯彻习近平总书记关于加强和改进人民信访工作的重要思想，认真落实中央和省市决策部署，以为中共二十大胜利召开营造和谐稳定社会环境为主线，开展“信访突出问题攻坚化解年”行动，学习宣传贯彻《信访工作条例》，防范化解重大风险隐患，维护群众合法权益，促进社会和谐稳定，全市信访形势呈现总量下降、结构向好、秩序规范的良好态势。从全省年度信访工作考核结果看，盐城市被评为先进市、列第五位。

信访工作机制 年内，市信访局发挥各级党政领导在矛盾化解中的示范引领作用，开展好市县两级党政主要领导“百县千案”活动，定期通报领导接访情况、包案化解进度，推动信访突出问题的攻坚化解。全市党政领导共接访下访1623人次，健全完善督查清单制度，重视和强化日常督查、网上督查、视频督查和实地督查，推动信访工作责任落细落实。落实“五个有没有”准则（有没有对信访人的家庭现状、生活现实情况进行全面的了解并建立档案，有没有上门见面、了解信访人的真实目的，有没有按“三到位一处理”原则会商过、形成科学的化解意见，有没有落实“五位一体”责任、相关责任人是否熟悉信访事项情况，有没有制定明确的稳控措施），确保问题解决到位；明确“五项要求”推动（一要理清基本情况；二要提出得到上级认可的处理意见；三要制定配合对方的工作措施；四要梳理出前期所做工作清单形成卷宗；五要提请上级及时协调会办、推动化解到位），确保“三跨”难题协调到位；强化“五位一体”包案（一名县处级领导、一名科级领导、一名村居干部、一名公安干警和一名社会关系人，与信访群众结成联系帮扶对子），确保责任落实到位。“三五”工作机制被省政府信访局主要领导批示肯定，并在全省推介。推进网上信访“人民满意窗口”建设，引导群众通过网络表达诉求，真正实现“数据多跑路、群众少跑腿”。推进信访工作示范县（市、区）、镇（街道、园区）创建，坚持以创促干、以创提效，培育选树一批先进地区，总结推广源头防控、排查梳理、多元化解、应急处置等经验做法，示范带动基层信访工作迈上新台阶。加强信访干部教育培训，通过轮岗、挂职、交流等方式不提高群众工作本领、业务工作本领、担当作为本领。加强干部培养使用，优化成长环境，打通交流渠道，完善激励机制，加大信访系统内部上下左右交流轮岗，拓展信访干部发展空间。

信访积案化解 年内，市信访局坚持关口前移、重心下移，在全市组织开展矛盾纠纷大排查、大起底、大化解行动，进行拉网式排查梳理，把隐患发现在网格，矛盾化解在基层。按照“属地管理、分级负责”和“谁主管、谁负责”的原则，开展“纵向到底、横向到边”的排查梳理，确保不留盲点。明确排查重点，紧盯金融借贷、房地产、教育培训、征地拆迁、物业管理等重点领域，密切关注涉众、涉访、“民代幼”“三峡移民”“退鱼还湿”养殖户等特定利益群体。坚持综合施策、标本兼治，把各类矛盾风险预防在先、发现在早、化解在小。加强溯源治理工作，健全社会矛盾纠纷多元预防调处化解综合机制，推动调解、仲裁、行政裁决、行政复议、诉讼等有机衔接、相互协调，形成信访联处、矛盾联调、工作联动的工作格局。做好初信初访,深化信访工作“周周清”制度，严格落实首问首办责任，提升信访事项一次性化解率，完善领导干部挂钩包案机制，解决重大疑难复杂信访问题，最大限度减少矛盾积累上行，努力控增量、减存量、防变量、提质量。围绕化解信访突出问题、保障重点敏感时期稳定，采取联合督查、专项督查、实地督查等形式，重点对专项行动开展情况、全国“两会”、中共二十大期间的信访稳定工作等进行督查，年内开展3次督查。

“信访突出问题攻坚化解年”行动 年内，市信访局开展治理重复信访、化解信访积案专项工作，严格落实领导包案责任，最大限度钝化矛盾，全力推动案结事了。加强对各种类型积案的预警监测、统筹协调力度，推动相关职能部门发挥主观能动性，把职责范围内的信访问题解决到位。把中央信访联席办交办的两批重复信访事项作为重中之重，压紧压实属地属事化解责任，分类施策、精准发力，巩固拓展专项工作成效。中央和省信访联席办共交办3524件，化解3514件，化解稳定率99.7%。（沈亚军　李　旭）

机关事务管理

概　况 2022年，市机关事务管理局统筹做好服务保障管理和新冠肺炎疫情防控工作，保障党政机关高效运转，推进公共机构节能工作，规范党政机关办公用房、公务用车、机关食堂等管理工作。深化无烟党政机关建设工作，全省无烟党政机关控烟暗访得分居全省第三位。市机关事务管理局被评为盐城市国家生态文明建设示范区创建工作先进集体，连续八年被省机关事务管理局评为信息和宣传工作先进单位。持续推进会议服务、物业服务、餐饮服务、财务服务等转型提效，服务保障更智能、更高效。做好会务服务和重大活动服务保障工作，全年服务保障会议5125场，其中，大、中型会议705场，视频会议531场。完成市行政中心视频会议室设备设施升级改造和备份建设，配备专业技术人员全程跟踪保障，视频会议系统整体运维标准明显提高。做好重要节假日期间全市党政机关（参公事业单位）停车场所免费开放工作，为2.1万台次社会车辆提供免费停车服务。处理改革遗留问题，全额收回搬迁补偿款和拆迁补偿款，规范做好盐马路办公区服务保障工作。

财务管理 年内，市机关事务管理局加强预算资金绩效管理和经费使用管理，不断提高资金使用效益、压缩公用经费支出，全年日常公用经费支出规模较上年压减10%，其中“三公经费”支出较上年节约35%。联合市财政局、市国资委印发《关于减免2022年国有房屋租金操作实施细则的通知》，推动政策高效落实，帮助服务业小微企业和个体工商户纾困解难。带头督促局属单位按政策减免租金，减免23户承租人租金48.13万元。推进财务工作标准化、信息化建设，做好41家市级机关事业单位会计集中核算工作，精准保障1000余名机关在职及离退休人员的工资、房补发放等工作。依托信息化系统开展资产日常管理工作，经网上拍卖平台规范处置市科技馆溴化锂中央空调等废旧物资，经过397轮报价，最终实现处置收入72.21万元，溢价率468.14%。完成2021年度市级机关运行成本调查统计工作，形成分析报告上报省机关事务管理局。

房产基建管理 年内，市机关事务管理局推进党政机关办公用房规范化、集约化、信息化管理。印发《盐城市市级党政机关办公业务用房维修专项资金管理办法（试行）》《盐城市市级党政机关集中办公区公共服务用房共享共用暂行办法》。完成建筑面积482.58万平方米办公业务用房信息数据仓库的建设，初步实现“一张网”覆盖市、县、镇三级。市级党政机关办公用房完成统一登记41.36万平方米，统一登记率94%；推进县（市、区）办公用房权属统一登记工作，4个地区的县级机关办公用房权属统一登记率突破50%。集约使用办公用房，将市级机关各单位分散租用的国投商务楼1.25万平方米、公投综合楼0.43万平方米、城投商务楼0.25万平方米等计1.93万平方米房产调整为由市机关事务管理局统一租用，按标准统筹配置给各单位。统筹做好市科技局、市委党史办等单位用房调剂工作，提高资源使用率。抓好房产管理遗留问题整改，协调推进市自然资源规划局、税务局等单位办公用房置换工作，同军分区完成其机关办公楼外立面维修工作。

公务用车管理 年内，市机关事务管理局严守公务用车配备标准，规范公务用车更新处置上牌审批手续，守住公务用车配备底线。按照《公务用车信息化平台数据交换技术规范》标准要求，核实完善公务用车管理平台各项数据，运用信息化平台加强公务用车日常管理。规范公务用车管理台账资料，做到及时完整、准确详细。安排专人每日对派遣车辆的用车条件、审批速度、行驶轨迹等进行随机督查，重大节日期间组织对各单位公务用车封存管理情况进行随机检查，持续推进公务用车管理相关政策落到实处。开展全市党政机关公务用车定位系统安装和使用情况全面摸排，整改完成车载终端安装166辆。（袁万龙）

中国人民政治协商会议盐城市委员会

编辑　曹懿超

综　述

政协委员　2022年，市政协有委员487人,常委会组成人员89人,其中，主席会议成员9人、常委80人。有中共党员委员192人，占委员总数的39.4%；女性委员140人，占委员总数的28.7%；汉族委员476人，占委员总数的97.7%；回族委员3人，占委员总数的0.6%；土家族委员2人，占委员总数的0.4%；朝鲜族委员1人，占委员总数的0.2%；高山族委员1人，占委员总数的0.2%；苗族委员1人，占委员总数的0.2%；纳西族委员1人,占委员总数的0.2%；维吾尔族委员1人，占委员总数的0.2%；畲族委员1人，占委员总数的0.2%。政协盐城市第九届委员会有26个界别,其中,中共党员38人、科技界27人、经济界50人、妇联界15人、工商联界57人，共青团及青联界14人、教育界18人、九三学社界12人、科协界13人、民进界9人、民建界9人、民盟界12人、农工党界11人、农业与农村界20人、社科与社会保障界30人、台联界7人、特邀界44人、体育界7人、文艺界13人、无党派代表人士界18人、新闻出版界8人、医卫界13人、宗教界12人、总工会界10人、侨联界11人、少数民族界9人。市政协修订政协党组和主席会议工作规则，制定专门委员会工作规范，推进工作制度化、规范化、程序化。以视频方式举办市政协常委学习培训班，全市政协委员和机关干部1100余人参加培训。深化委员读书活动，落实提交1篇调研报告、参与督办1件提案等“五个一”要求，推动“读书+履职”深度融合、相互赋能。制作融媒作品短视频16个，以“书香政协”建设促进“书香社会”建设。指导专委会和县（市、区）政协创塑“一委一品”“一县一特”品牌，推动工作创新发展，入选全省政协工作年度创新案例数量名列前茅。

建言资政　年内，市委常委会会议专题研究市政协“完善高新技术企业培育机制、打造创新型企业集群”建议案，认为建议“准”“深”“实”，要求把建议案转化成工作方案落地落实。围绕“加快推进长三角一体化产业发展基地建设”“推进黄海新区建设”“打造地标性产业链”等，举行常委会议和主席会议专题协商议政，建议案均被市委、市政府主要领导批转有关方面研究采纳落实。开展“1+10”系列调研。按照中共二十大报告对政协工作的部署要求，确定1个总体调研和10个专题调研课题，形成一批重点调研成果。立足事关全市发展大局的重要课题，群众关心的热点难点问题，开展专题调研视察30余次。全年7次市委常委会会议听取政协工作汇报，研究推进政协事业发展。市委印发《关于加强和改进新时代全市政协工作的实施办法》，提出7个方面22条举措。市政协党组细化加强和改进政协工作的任务书和路线图。

民主监督　3—4月，市政协成立6个民主监督小组参与检查督导大市区社会面新冠肺炎疫情防控工作，明察暗访基层点位600余个，发现问题及时报市领导小组下发整改通知，报送社情民意信息200余篇。6—7月，市县政协联动开展“同心助企促发展”活动，走访600余家企业，送政策惠企、提信心暖企、促发展助企，并对接有关部门帮助企业解决一批具体问题。围绕“健全普惠托育服务体系”“发展农村电商”举办2期民生论坛，采取群众提、部门答、共同议等方式进行，相关建议被吸纳进全市“一老一小”整体解决方案、推动电子商务高质量发展实施意见。

重要会议

市政协九届一次会议　2月22日，中国人民政治协商会议江苏省盐城市第九届委员会第一次会议开幕。市委副书记、代市长周斌代表市委作题为《勇当排头兵 一起向未来 共同谱写“强富美高”新盐城现代化建设新篇章》的讲话。政协盐城市九届一次会议主席团常务主席、主席团会议主持人陈红红代表市八届政协常务委员会向大会作工作报告。受市八届政协常务委员会委托，潘道津向大会作关于提案工作情况的报告。2月24日，中国人民政治协商会议江苏省盐城市第九届委员会第一次会议举行第二次全体会议，进行大会协商议政，12位委员作大会发言，紧扣勇当沿海地区高质量发展排头兵、谱写“强富美高”新盐城现代化建设新篇章主题，就相关重点工作和群众关心的热点问题提出意见建议。2月25日，政协盐城市九届一次会议举行第三次全体会议，选举产生政协盐城市第九届委员会主席陈红红，副主席潘道津、唐伯平、戴荣江、徐龙波、李东成、丁成、汤冬青，秘书长殷勇，选举产生80名常务委员。大会报告政协盐城市九届一次会议期间提案初步审查情况。大会一致通过《中国人民政治协商会议江苏省盐城市第九届委员会第一次会议决议》。

市政协常委会议　年内，市政协召开5次常委会议。

2月19日，市政协八届二十六次常委会议召开。市委组织部、统战部负责人分别通报有关人事事项和市九届政协委员人选情况。会议传达贯彻市委常委会会议精神；听取市政协九届一次会议筹备情况的通报；审议通过关于召开市政协九届一次会议的决定和九届一次会议议程（草案）；审议通过市政协九届一次会议主席团、主席团会议主持人、主席团常务主席和大会秘书长、副秘书长建议名单，市八届政协常委会工作报告、提案工作情况报告和报告人名单，市九届政协委员人选名单，九届一次会议提案审查委员会组成人员建议名单，分组办法和各组召集人建议名单，以及关于授权主席会议审议市政协八届二十六次常委会议未尽事宜的有关《决定》等事项；书面审议市政府关于市政协八届五次会议以来提案办理情况的通报、市八届政协常委述职报告和各专门委员会工作总结。

2月25日，市政协九届一次常委会议召开。会议审议通过政协盐城市第九届委员会副秘书长名单，政协盐城市第九届委员会常务委员会关于设置专门委员会的决定，政协盐城市第九届委员会各专门委员会主任、副主任名单。

7月11日，市政协九届二次常委会议召开，学习贯彻《中国共产党政治协商工作条例》，围绕"加快推进长三角一体化产业发展基地建设"举行专题协商议政。部分驻盐省政协委员，各县（市、区）政协主席等列席。会上，市政协调研组介绍调研报告主要内容，6位委员代表作议政发言。会议审议通过市政协有关人事事项。

10月28日，市政协九届三次常委会议召开。会议围绕推进黄海新区建设举行专题协商议政。会议认为，黄海新区是盐城高质量发展的重要增长极，要以中共二十大精神为指引，按照市委八届三次全会部署，聚焦竞逐新赛道、勇当排头兵，坚持向海图强，坚持绿色转型、走好绿色低碳发展之路，加快实施创新驱动发展战略，提升产业链现代化水平，打通交通大动脉，推进港产城融合发展，深化管理体制改革，把黄海新区打造成为全市高质量发展的新标杆和未来发展的重要载体。会议原则同意市政协的调研报告，要求进一步修改完善，形成建议案报市委、市政府决策参考。

12月28日，市政协九届四次常委会议召开。会议学习贯彻中共二十大精神和省委、市委全会精神；听取市政协九届二次会议筹备情况的通报；审议通过关于召开市政协九届二次会议的决定和九届二次会议议程、日程（草案），市九届政协常委会工作报告和提案工作情况报告（讨论稿），九届二次会议秘书长、副秘书长建议名单，分组办法和各组召集人建议名单，委员调整建议名单等相关事项；书面审议市政府关于市政协九届一次会议以来提案办理情况的通报和市政协常委述职报告等。

市政协主席会议 年内，市政协召开14次主席会议。

1月27日，市政协党组（扩大）会议暨八届七十三次主席会议召开。会议传达学习习近平总书记在十九届中央纪委六次全会上的重要讲话精神和省两会精神，审议市政协2022年度协商计划（草案），审议通过2021年全市政协工作创新案例和"双岗双优"委员、优秀提案、社情民意信息工作、"有事好商量"协商议事工作等表扬事项，听取市政协机关党组2021年度工作汇报，研究部署近期工作安排。会议就春节期间廉洁过节、安全管理等工作提出要求。

2月19日，市政协八届七十四次主席会议召开。会议审议提交市政协八届二十六次常委会议审议的有关事项。

2月25日，市政协九届一次主席会议召开。会议审议政协盐城市第九届委员会副秘书长名单（草案），政协盐城市第九届委员会常务委员会关于设置专门委员会的决定（草案），政协盐城市第九届委员会各专门委员会主任、副主任名单（草案）。会议决定，将上述草案提请市政协九届一次常委会议审议。

3月7日，市政协党组（扩大）会议暨九届二次主席会议召开。会议传达学习习近平总书记重要讲话和全国两会开幕会精神，学习市委常委会会议精神，审议通过市政协党组2022年工作要点、主席会议工作规则、各专委会界别履职党支部工作制度、委员履职工作规则、委员履职量化考核评分细则和各委员联系小组组成人员名单，研究部署3月重点工作。

3月29日，市政协党组中心组学习交流会暨九届三次主席会议召开。会议学习习近平总书记近期重要讲话和全国两会精神，学习省、市新冠肺炎疫情防控领导小组会议、省政协"有事好商量"协商议事工作专题会议和市委常委会第17次会议精神，听取市政协九届一次会议提案审查立案情况汇报，研究确定年度重点提案，审议通过《市政协2022年度委员学习培训计划》，部署4月重点工作。

4月26日，市政协党组中心组学习交流会暨九届四次主席会议召开。会议学习习近平总书记在海南考察调研时的重要讲话和关于政协委员读书学习活动的重要指示精神，审议通过《市政协常委专题学习培训班工作方案》和《关于推动政协协商向基层延伸"四百"工程的实施方案》，部署5月重点工作。

5月27日，市政协九届五次主席会议召开。市各有关部门单位及相关园区负责人参加。会议围绕完善高新技术企业培育机制、打造创新型企业集群开展专题协商议政。市政协调研组介绍调研情况，大家讨论调研报告，提出意见建议。会议原则同意市政协的调研报告，要求吸收大家所提意见，进一步修改完善，形成《建议案》供市委、市政府决策参考。会议研究市政协6月主要工作安排。

6月29日，市政协党组（扩大）会议暨九届六次主席会议召开。会议学习习近平总书记在中共中央政治局第四十次集体学习时的重要讲话精神和《中国共产党政治协商工作条例》，传达学习省政协主要领导对市政协系统参与新冠肺炎疫情防控工作情况的批示，研究市政协九届二次常委会议有关事宜，讨论"推进长三角一体化产业发展基地建设"常委会议专题协商议政调研报告，审议有关人事事项并提请市政协常委会议审议，部署7月重点工作。

7月29日，市政协召开九届七次主席会议召开。会议学习习近平总书记在省部级主要领导干部"学习习近平总书记重要讲话精神，迎接'党的二十大'"专题研讨班上的重要讲话精神，传达学习省政协有关会议精神，学习贯彻市委常委会第27次会议和全市高质量发展项目观摩暨"大走访大推进大招商"活动推进会精神，部署8月重点工作安排和"智慧政协"建管用工作。

9月1日，市政协召开九届八次主席会议召开。市各有关部门负责人参加。会议围绕打造地标性产业链、推动制造业高质量发展开展专题协商议政。市政协调研组介绍调研情况，大家讨论调研报告，提出意见建议。会议原则同意市政协的调研报告，要求吸收大家所提意见，进一步修改完善，形成建议案供市委、市政府决策参考。会议研究市政协9月主要工作安排。

9月29日，市政协九届九次主席会议召开。会议学习习近平总书记近期重要讲话和重要指示精神，传达学习全国政协《中国共产党政治协商工作条例》学习座谈会、省政协十二届二十一次常委会会议、全省政协文史工作座谈会和全省设区市政协秘书长工作交流座谈会精神，学习贯彻冲刺全年目标任务暨全市高质量发展项目推进会精神，部署市政协10月主要工作安排。

10月26日，市政协九届十次主席会议召开。会议审议市政协九届三次常委会议有关事宜，讨论提请本次常委会议审议的《关于推进黄海新区建设的调研报告》，研究市政协智库专家增补人选等事项，部署安排11月重点工作。

11月29日，市政协党组（扩大）会议和九届十一次主席会议召开。会议学习习近平总书记近期重要讲话精神和中央政治局常务委员会会议精神，学习贯彻市委常委会第40次会议精神，听取"全过程人民民主与市县政协工作创新"理论研讨会有关情况汇报，研究市政协九届二次会议筹备等事宜，部署市政协12月主要工作安排。

12月22日，市政协九届十二次主席会议召开，研究市政协九届二次会议筹备工作。会议审议市政协九届二次会议有关事项，市九届政协常委会工作报告、提案工作情况报告（讨论稿）和报告人建议名单，市九届政协委员增补名单，以及关于授权主席会议审议九届四次常委会议未尽事宜的有关《决定（草案）》，决定将上述事项提请市政协九届四次常委会议审议；审议市政协《2023年度协商计划（草案）》；审议通过社情民意信息工作、优秀提案、"双岗双优"委员和协商议事工作等表扬事项。

"全过程人民民主与市县政协工作创新"理论研讨会 11月，市政协举办"全过程人民民主与市县政协工作创新"理论研讨会。全国政协文化文史和学习委员会副主任、中国人民政协理论研究会副会长刘佳义应邀参加，围绕中共二十大报告对人民政协工作的部署要求作专题辅导。中国社科院当代中国政治研究所副主任《中国的民主》白皮书主笔之一陈承新应邀作视频发言，对全过程人民民主进行解读。省内外10余所高校党校的专家学者结合前期在盐城调研情况，同全市政协工作者共同研讨。研讨活动采取纵向合作与横向协作相结合、理论与实践相结合等方法，吸引广大政协工作者和市内外社科工作者的参与，收到论文66篇。盐城市推进政协协商服务基层治理、走好"网上群众路线"、拓展凝聚共识渠道等创新举措，引发与会人员热议。新华社《人民日报》《光明日报》《人民政协报》《新华日报》等媒体报道理论研讨会主要成果。

调研视察

中心工作专题调研视察 3月26日，市政协主席陈红红到盐城维信电子有限公司开展"进万企解难题、稳增长促转型"活动并督导检查新冠肺炎疫情防控工作，实地察看了解项目推进、产能布局、发展规划等工作，检查新冠肺炎疫情防控各项措施落实情况，询问企业需要帮助解决的实际困难，征求产业链强链延链补链等方面的意见建议，为企业家送上"盐商服务卡"。

5月12日，市政协主席、印制电路板产业链"链长"陈红红主持召开全市印制电路板产业链工作推进会。会议听取全市印制电路板产业链发展状况、重点园区工作推进情况、当前产业链运行存在的问题及下一步工作建议，要求牵头部门和各地政府要认真研究产业发展趋势，明确产业发展方向，找准切口，精准发力。

5月24日，市政协主席陈红红带队赴盐南高新区、盐城高新区，调研完善高新技术企业培育机制、打造创新型企业集群。实地走访西伏河数字智能创新社区华为鸿蒙科技创新园、江苏盐芯微电子有限公司，了解产品研发、垂直产业链布局、科创孵化、人才引进等，征求对完善高新技术企业培育机制的意见建议。

6月20—21日，市政协主席、党组书记陈红红率队赴常州，围绕推进长三角一体化产业发展基地建设开展学习考察。在常州期间，考察组实地考察天合光能股份有限公司、科创水镇项目、汉得利（常州）电子股份有限公司。常州、盐城两地政协加强联系，发挥各自优势，为新能源装备制造、汽车零部件、印制电路板等产业链供应链合作牵线搭桥，为深化南北挂钩合作共建、高质量融入长三角一体化贡献更多智慧。

6月22日，市政协主席陈红红带队赴盐城经济技术开发区和盐南高新区开展"同心助企促发展"走访企业活动，了解经济运行情况，经济界别委员宣传党委政府助企纾困政策，征求相关意见建议，就产业链供应链布局、产业供需对接、重大项目建设、加快产业数字化步伐、物流运输等进行交流。

8月2日，市政协主席陈红红带领有关部门负责人赴盐都区挂钩联系企业开展"企业大走访、项目大推进、产业大招商"活动，并调研印制电路板产业链培育。走访期间，陈红红针对企业反映的服务需求，与盐都区和市有关部门负责人商讨解决的路径。

9月8日，市政协主席陈红红主持召开"创新体制机制推进黄海新区建设"重点协商议政课题调研座谈会。会上，陈红红听取推进黄海新区建设相关工作介绍，就国土空间规划、产业布局、项目招引、基础设施建设、港产城融合、区域水资源保障、人才队伍建设、金融政策支持、构建文旅发展体系等征求意见建议。

9月20日，市政协主席陈红红带队赴亭湖区调研指导"有事好商量"协商议事工作和"民生专题协商议事月"活动。陈红红一行察看建军路商圈、毓龙街道洋西社区、五星街道印汽社区协商议事室，了解制度建设、活动开展、成果转化、群众参与、协商平台建设运行等情况，远程观摩南洋镇洋湾村协商议事会。陈红红肯定亭湖区政协利用“码”上商量平台，推动政协协商服务基层治理的做法，与部分基层协商议事召集人和政协委员深入交流。

10月14日，市政协主席陈红红带队就推进零（低）碳产业园区建设，开展专题调研。在国家电网盐城供电公司建设的怡宁能源科创产业园，陈红红了解微碳慧能试点取得的成效和经验，察看智慧能源管理、智慧零碳管理、智慧园区管理三大场景应用情况。召开座谈会，就推进全市零（低）碳产业园建设，尤其是黄海新区零（低）碳产业园的总体规划设计、源网荷储的互动、能源和碳排放智慧管理平台打造、绿色低碳产业发展、零碳建筑建设、绿电交易模式等，与相关部门、单位负责人交流和探讨。

经济建设与产业发展专题调研视察 5月31日，市政协组织部分政协委员，围绕“打造黄海湿地世界自然遗产具象化产品”开展专题调研。委员们来到中国黄海湿地博物馆、黄海湿地研究院，实地察看打造黄海湿地世界自然遗产具象化产品相关工作情况，围绕调研主题提出意见和建议。

7月13日，市政协组织部分委员，围绕“提升中韩（盐城）产业园发展层次”开展专题重点视察。委员们实地察看SK新能源（江苏）有限公司、江苏悦达起亚汽车有限公司第三工厂、天合光能科技（盐城）有限公司16吉瓦电池项目现场，听取园区规划建设、产业发展和对韩合作等介绍。

7月14日，市政协围绕“打造地标性产业链、推动制造业高质量发展”召开专题调研座谈会。会上，市有关部门结合工作实际介绍晶硅光伏、风电装备、动力电池等5条地标性产业链培育工作推进情况，与会委员作交流发言。

7月19日，市政协组织部分政协委员赴射阳县开展“围绕优势农产品打造全产业链”重点视察活动。委员们实地察看特庸镇桑乐田园、射阳春营麦芽有限公司、江苏洪宁食品有限公司，了解产业发展、企业培育、品牌建设等情况。

7月27日，市政协组织部分界别委员赴滨海县，就提升全市外资外贸规模水平开展专题视察和界别协商。委员们实地察看滨海港通用码头、凯金锂电池负极材料、金光纤维等项目现场和馨瑞香料、光大环保等外资企业，了解项目建设进展和企业生产经营等情况。

8月4日，市政协组织部分界别委员赴滨海县，围绕“发展农村电商，促进农产品销售和农村消费”主题开展专题调研。委员们实地察看界牌镇条河小花生专业合作社、果老首乌科技有限公司、滨海颐高新经济产业园互联网运营中心、“滨鲜四海”直播电商孵化基地，了解企业生产经营、政策扶持、线上销售和企业电子商务平台建设等情况，就进一步规范发展提出指导性意见。

8月19日，市政协组织部分委员赴东台开展“发展农村电商，促进农产品销售和农村消费”专题调研活动。调研组一行实地察看东台市五烈镇现代农业产业园电商中心、南沈灶镇果蔬椒乡农业产业园电商中心、新街镇电商服务中心等项目现场实地考察，并召开座谈交流会。

社会事业与社会管理专题调研视察 6月1日，市政协开展完善镇村退役军人服务保障体系工作专题视察，召开座谈会协商讨论。委员们实地察看盐都区盐龙街道、盐龙街道合心村、郭猛镇、郭猛镇杨侍村退役军人服务站，观看退役军人荣誉墙，翻阅相关台账资料，了解退役军人服务保障情况。

6月21日，市政协组织部分市政协委员，围绕“推进‘15分钟医保服务圈’示范点建设”开展专题视察活动。委员们实地察看盐都区尚庄镇15分钟医保服务圈省级示范点和市医保中心盐都分中心服务大厅，了解示范点阵地建设和医疗服务保障等情况。座谈会上，委员们听取市医保局和盐都区相关情况介绍，就进一步做好医疗保障工作积极建言献策。

7月8日，市政协组织部分市政协委员和相关部门负责人，围绕“提升适龄婚育意愿”开展专题调研。委员们实地察看亭湖区东亭湖街道“亭美妈·亭好爸”成长营，详细了解成长营活动开展、志愿服务、“三全”社区建设等情况。座谈会上，市有关部门汇报相关工作情况，部分市政协委员结合工作实际，提出意见和建议。

8月18日，市政协组织部分政协委员，对全市无障碍环境建设管理工作进行专题视察。委员们实地视察盐城高铁站、中国海盐博物馆、南京银行（盐城分行）无障碍设施建设情况。座谈会上，市残联介绍全市无障碍环境建设管理相关工作，政协委员们围绕视察主题建言献策。

9月28日，市政协组织部分委员赴滨海县，开展“深化帮扶机制，推动民族村高质量发展”专题调研。委员们实地察看东坎街道广垛村、界牌镇淮河村，了解民族村发展现状、产业项目、基础设施建设、文化保护等情况，并听取关于全市民族村高质量发展和各地民族村帮扶工作开展情况的介绍。

协商议事

概　况　年内，全市政协系统利用2693个基层协商议事室和“你扫码大家议”线上协商议事平台，线上线下融合协商，提高基层群众参与协商议事便捷度。将全市的省、市、县三级政协委员全部编入基层协商议事室，发挥市、县、镇、村四级协商智库1.3万名成员的作用，开展“民生专题协商议事月”活动，推动解决基层发展和民生等问题5400余个。新华社新华每日电讯以《江苏盐城推进政协协商赋能基层治理》为题作长篇深度报道。扩大政协协商平台开放度，年内2期民生论坛有60余名相关群众代表和20余名部门负责人参加。总结推广“协商八议法”（田头议、工地议、广场议、视频议、茶馆议、庭院议、扫码议、室内议），引导基层开展灵活多样的协商议事。面向省内外聘请10名节能环保、新能源、电子信息、绿色建筑方面的高层次专家担任协商智库成员，促进专业协商。

对口协商　年内，市政协通过现场考察、座谈交流等形式，与市相关部门开展对口协商，推进相关工作开展。

4月8日，市政协召开学习文史委员会、教文卫体委员会与对口联系部门协商座谈会。会上，市政协相关专委会与对口联系部门就加强协商沟通、深化合作共事进行交流和探讨。

4月28日，市政协组织部分委员开展"强化父母第一监护责任，完善未成年人家庭监护制度"界别协商活动。市政协副主席徐龙波、丁成参加。委员们实地视察亭湖区人民法院"鹤凌云"法治教育基地和家庭教育指导中心，盐南高新区公安分局"蓉蓉课堂"等现场。座谈会上，委员们听取市妇联关于强化未成年人家庭监护工作情况汇报，结合工作实际建言献策。

4月29日，市政协组织委员，围绕"推动耐盐种质资源研发创新"开展界别协商。市政协副主席徐龙波参加。委员们实地察看市农业科学院盐土农业创新示范基地、南洋试验场，实地察看优质种质资源挖掘、关键技术研究等情况。

5月9日，市政协副主席汤冬青率部分政协委员开展"室外全民健身场地设施管护"界别协商活动。委员们观看关于部分健身场地设施管护情况介绍的视频，并结合前期调研情况，围绕进一步提升全市室外全民健身场地设施建设、管护和使用，交流意见建议。

7月19日，市政协副主席李东成率队赴射阳县开展"围绕优势农产品打造全产业链"重点视察活动。委员们实地察看特庸镇桑乐田园、射阳春蕾麦芽有限公司、江苏洪宁食品有限公司，了解产业发展、企业培育、品牌建设等情况。

7月27日，市政协中国港澳台侨委员会组织部分界别委员赴滨海县，就提升全市外资外贸规模水平开展专题视察和界别协商。委员们实地察看滨海港通用码头、凯金锂电池负极材料、金光纤维等项目现场和馨瑞香料、光大环保等外资企业，了解项目建设进展和企业生产经营等情况。

民生论坛　年内，市政协举办2期民生论坛。

7月28日，市政协围绕"健全普惠托育服务体系"主题，举办第11期民生论坛。论坛收到建言材料39篇，8位政协委员聚焦创新普惠托育路径、托幼一体化、医育结合、发挥家庭作用、支持多元主体参与、精准增加托育供给、规范托育市场等畅所欲言。互动环节中，政协委员和群众代表就托育质量提升、队伍建设、机构监管等群众关心的热点问题现场提问，市卫健、发改、教育、财政、人社、市场监管、妇联等部门和单位负责人现场"答题"、回应关切，表示要把大家所提建议转化为具体工作举措。论坛在市区设主会场，阜宁、大丰设分会场，采用"云视察"方式察看阜宁阳光雨露托育服务中心和大丰博雅托育园。

9月26日，市政协围绕"发展农村电商，促进农产品销售和农村消费"主题，举办第12期民生论坛。论坛印发建言材料56篇，8位政协委员聚焦拓宽农村电商上行流量、电商与乡村振兴有机融合、电商人才培养、特色农产品销售等建言献策。互动环节中，政协委员和群众代表就发挥农业园区主阵地作用、直播带货品牌打造、冷链物流发展、电商规范经营等热点问题现场提问，市农业农村、商务、发改、交通、市场监管、邮政、共青团盐城市委、银宝集团等部门和单位负责人解答、回应关切，表示把大家所提建议转化为具体工作举措。论坛在市区设主会场，滨海、盐都设分会场，采用"云视察"方式察看盐都区电商直播基地、滨海县颐高新经济产业园互联网+运营中心、射阳县渔港创客中心。

《同心圆·协商汇》节目　年内，市政协办公室与盐城广播电视总台联合创办《同心圆·协商汇》电视节目，两周1期，每期时长12分钟，在《盐城新闻》播出，全年推出16期，以真实的案例和生动的故事，传播全过程人民民主理念，宣传党委政府相关决策部署，展示各类协商主体在人民政协各种平台上平等协商、互动协商、充分协商的场景，记录市县政协和委员履职经历，呈现群众各抒己见而又乐于互动的真实感受、谋有差异而又善于求同的协商局面，推动凝心聚力工作从政协内部向社会拓展，从县（市、区）向全市域拓展。

"数字政协"云平台建设　年内，市政协在全省率先全面建成"数字政协"云平台并投入运行，云平台包涵协商议事、提案工作、社情民意、民主监督、委员读书、履职管理六大在线系统，以及"同心圆·协商汇""掌见识——委员荐书""政协委员带你走进盐城"三大特色版块，实现便于委员履职、群众参与和对委员进行履职管理。

提案工作

概　况　2022年，市政协九届一次会议以来，市政协委员、市政协各参加单位和专门委员会通过提案履行职能，提交提案487件。经审查，立案475件，占收到提案总数的97.5%。所立提案中，集体提案44件，占9.3%；委员个人提案、联名提案431件，占90.7%。立案提案分别交由97个市直部门、单位和地方办理，立案提案办复率100%。提案所提意见建议得到采纳落实的263件，占55.4%；计划解决或采纳的196件，占41.3%；作为工作参考或作出解释的16件。委员满意和基本满意率100%。

重点提案　年内，市委主要领导领衔督办《聚力打造绿色低碳发展示范区》重点提案，市政府主要领导领衔督办《加快智能化改造、数字化转型，赋能我市制造业高质量发展》重点提案，市委、市政府领导和市政协主席会议成员领衔督办9个专题30件重点提案。在提案督办过程中，及时召开重点提案督办协商推进会，多方会商解决提案办理工作中的问题和困难，保证各方面、各环节有效对接、有序运行。

提案“清单式”办理 年内，市政协创新开展提案“清单式”办理，实现提案建议与办理答复一一对应，推动提办双方加强联系、主动沟通，有效凝聚履职合力。探索提案履行职能新路径，从提案中筛选有价值的建议形成《委员意见》、社情民意信息或纳入市政协议政性常委会议专题调研报告，同时注重将有关会议发言、专题调研、视察考察、委员读书活动等成果转化为提案。市县政协联动开展提案质量和提案办理质量双向评价，共同研究制定典型提案、持续提案、同类提案的解决方案，提升全市政协提案工作整体效能。 （许寅生）

表2 2022年盐城市政协委员优秀提案一览表

序号	提案名称	提案单位、提案人
1	《大力发展海洋经济，加快建设海洋强市》	民盟盐城市委员会
2	《加快氢能产业战略布局，着力抢占新能源技术制高点》	民建盐城市委员会
3	《关于加强世遗保护及可持续发展的建议》	民进盐城市委员会
4	《关于加快推进我市蓝色碳汇生态功能区建设的建议》	农工党盐城市委员会
5	《加快推进“精管善治”，提升我市城市治理能级》	九三学社盐城市委员会
6	《关于拓宽企业融资渠道，支持实体经济持续发展的建议》	市工商联
7	《关于三孩生育政策背景下女性劳动权益保护的建议》	市妇联
8	《关于我市智能终端产业发展的建议》	市科协
9	《关于持续推进书香城市建设的建议》	市政协学习文史委员会
10	《关于进一步推进社区居家养老服务的建议》	市政协委员联络委员会
11	《盐城水上交通安全保障对策》	于胜博
12	《关于加快推进农民工返乡就业创业的建议》	马大庆
13	《关于促进风力发电企业健康发展的建议》	王　昆等2人
14	《发挥特色优势，打造长三角北翼旅游康养基地》	王　胜
15	《关于多方发力助推盐城市高端家政品牌建设的建议》	王会珍等22人
16	《关于加强青少年法治宣传教育工作的建议》	王丽莉
17	《关于高质量建设长三角一体化产业发展基地的建议》	石根美
18	《关于着力破解智能制造现实堵点难点的建议》	孙红艳
19	《积极培育乡村产业新业态，以农业产业化发展为切入点，加快一二三产业融合发展》	孙高明等3人
20	《关于加快盐城黄河故道地区农旅融合发展的建议》	吴　云
21	《关于加快推进长三角（东台）康养基地项目建设的建议》	邱海涛
22	《关于大力发展绿色低碳产业的建议》	宋　艳等2人
23	《关于重视和关注群众用药安全“最后一公里”的建议》	张慧娟
24	《打好“稳就业”组合拳，赋能经济高质量发展》	季晓路
25	《奏响绿色发展主旋律，建设生态经济示范区》	胡　铭
26	《关于聚焦分级诊疗，全面推进医共体建设的建议》	赵新国等2人
27	《关于提升基层本质安全生产水平的建议》	胥晨霞
28	《关于构建农村留守老人关爱服务体系的建议》	姚兆春
29	《关于系统提升城市内涝治理能力的建议》	袁　鑫
30	《关于贯彻新发展理念、推动城市微更新的建议》	徐国盛

中国共产党盐城市纪律检查委员会 盐城市监察委员会

编辑　曹懿超

综　述

纪检履职　2022年，市纪委监委协助市委制定全面从严治党主体责任清单，将管党治党各项任务具体化、责任化。在全国率先探索运用廉情通报、廉洁谈话、廉政档案、廉责监督“四廉”工作机制，结合信访举报、日常监督、审查调查中发现的问题，向9个县（市、区）及盐城经济技术开发区、盐南高新区“一把手”点对点下发个性化党风廉政意见《提醒函》、2021年度以及相关重点领域信访举报分析报告，全年开展廉洁谈话1.04万人次、录入更新副科级以上干部廉政档案5035份，全面推广运用县（市、区）纪委书记和派驻组长规定动作清单，推动“两个责任”贯通协同，着力破解管“一把手”监督难、党治党责任落实“上热中温下冷”等难题。坚持失责必问、问责必严，对管党治党责任落实不力的61个党组织和369名党员领导干部实施问责。受中央巡视办和省委巡视办委托，以盐城实践为蓝本，牵头完成全国巡视巡察培训教材《市县巡察工作》编写任务，得到中央巡视办肯定。聚力服务中心大局。严格落实“疫情要防住、经济要稳住、发展要安全”要求，全力护航统筹发展和安全，围绕常态化新冠肺炎疫情防控，建立“剖析、堵漏、问责”一体处置机制，助力守牢全市新冠肺炎疫情防线。始终关注新冠肺炎疫情形势下弱势群体生产生活，围绕助企纾困“盐二十条”、涉残纾困解难等政策落实情况加强监督，推动减免小微企业、个体工商户房屋租金8329万元，发放管控场所关停补贴和残疾人新冠肺炎疫情补贴2142万元。开展国有企业融资突出问题专项整治，追赃挽损41.3亿元。

正风肃纪　全年全市纪检监察机关立案4322件，立案总数、处分人数、结案数均列全省第一位。纠治“四风”，查处违反中央八项规定精神问题465起、处理791人，公开通报曝光43批次155起典型问题。深入开展“一领域一专项、一地区一治理”行动，推动实施“老弱小”等民生领域突出问题专项整治17项，解决公益性公墓不姓“公”、不动产证“办证难”等一批群众“急难愁盼”问题。

纪检监察队伍建设　年内，市纪委监委开展“学讲话、悟思想、见行动、争一流”主题活动，举办各类业务培训47次，培训9200余人次。落实系统内全面从严治党主体责任和意识形态工作责任制，加强对干部全方位管理和经常性监督。组织违纪违法案件庭审旁听等活动，在全省率先制定纪检监察干部网络空间行为规范，研究制定秉公执纪执法严格廉洁自律、节假日期间言行2个“负面清单”，刚性落实江苏纪检监察干部“八严禁”。主动接受各方监督，举办“纪检监察开放日”活动，全市9个县（市、区）监委全部完成首次向同级人大常委会报告专项工作。至年底，全市纪检监察工作被新华社、《人民日报》等国家级媒体宣传报道158次，市纪委监委强化“一把手”监督、监督推动“12345”便民热线涉疫问题有效处置、推动解决群众安置房不动产证“办证难”等10余项工作被《中国纪检监察报》、中央纪委国家监委网站等关注推介；1人受到中央纪委国家监委嘉奖，6个单位、11人分别被评为全省纪检监察系统先进集体和先进工作者。市纪委监委原第九监督检查室主任朱陈先后被党中央、国务院表彰为全国人民满意的公务员，被省委追授“江苏省优秀共产党员”称号，被省委宣传部列为“江苏时代楷模”进行集中宣传。2022年8月30日，朱陈家属孙丽霞受邀进京参加全国表彰，与其他受表彰代表共同接受习近平总书记亲切会见。

重要会议

八届市纪委二次全会　1月28日，中共盐城市第八届纪律检查委员会第二次全体会议召开。市委副书记、代市长周斌出席全会并讲话。全会由市纪委常委会主持。全会研究部署2022年全市纪检监察工作，审议通过陈璐代表市纪委常委会所作的《赓续铁军精神、建设清廉盐城，以实际行动迎接党的二十大胜利召开》工作报告。

机关作风建设问题通报会　3月2日，全市机关作风建设问题通报会召开。市委副书记、市长周斌出席会议并讲话，市委常委、市纪委书记、市监委主任陈璐主持会议。会议强调，要认真查摆问题，狠抓整改落实，进一步锤炼队伍好作风、打造发展优环境、展现干部新作为，为勇当沿海地区高质量发展排头兵提供坚强保障。会上，与会人员集中观看上轮通报的作风建设问题整改情况专题片和新发现的机关作风问题通报片。

全市领导干部“510”警示教育大会　5月10日，全市领导干部“510”警示教育大会召开。市委书记徐缨出席会议并讲话。徐缨指出，全市党员干部要以反面案例为“镜”，引以为鉴、筑牢防线，清清白白做官、堂堂正正做人、干干净净做事，以实际行动迎接中共二十大胜利召开。会议播放市纪委监委制作的警示教育专题片《擅权妄为终自毁》。市四套班子全体成员、市各有关方面负责人、部分单位中层干部等在市主会场参加会议。

全市纪检监察工作汇报会　5月11日，市委书记徐缨调研纪检监察工作，察看市党风廉政教育中心尚德昭廉教育馆，听取全市党风廉政建设和反腐败斗争情况汇报。徐缨强调，全市纪检监察机关要深入学习贯彻习近平总书记关于全面从严治党的重要论述，坚持严的主基调不动摇，坚定政治方向、忠诚履职担当，以永远在路上的执着把全面从严治党向纵深推进，积极主动服务中心大局，毫不松懈抓好自身建设，着力营造风清气正的政治生态，为盐城勇当沿海地区高质量发展排头兵提供坚强保障。市委常委、市纪委书记、市监委主任陈璐汇报有关工作。

全市纪检监察系统项目观摩会　6月7—8日，全市纪检监察系统项目观摩会在大丰举行，市委常委、市纪委书记、市监委主任陈璐出席会议并讲话。与会人员集中观看“清风盐城杯”“我身边的廉洁故事”优秀作品展播，实地观摩大丰区梅花湾党员干部政德教育基地、乡村治理“恒北工作法”项目、信访工作高质量发展现场点、长三角一体化产业发展“四风”监督哨、集中谈话点智慧案管项目、大数据查询研判中心、纪检监察干部心灵驿站等，并听取大丰区、射阳县、阜宁县、滨海县纪委监委亮点特色做法介绍。9月22日，全市纪检监察项目观摩会在射阳举行，市委常委、市纪委书记、市监委主任陈璐出席会议并讲话。与会人员实地观摩射阳“老弱小”领域专项整治、物业领域以案促改、营商环境“e监督”、大数据赋能监督办案、民生智慧监管平台、联动监督推动渔港小镇建设等项目。

学习朱陈同志先进事迹会议　2月21日，市纪委监委召开全市纪检监察系统学习朱陈同志先进事迹会议，深切缅怀因公牺牲的朱陈同志，弘扬朱陈同志优秀品格，动员全市纪检监察干部以朱陈同志为榜样，牢记初心使命，勇于担当作为，为推进“清廉盐城”建设凝聚起强大正能量。市委常委、市纪委书记、市监委代主任陈璐主持并讲话，强调全市纪检监察系统要深刻认识学习朱陈同志的重大意义，把崇尚先进落到实处，要用心用情关爱各级纪检监察干部，进一步营造暖心、安心干事的良好环境。9月29日，朱陈被省委宣传部列为“江苏时代楷模”，其先进事迹报告会在《荔枝新闻》、我苏网、江苏城市频道《江苏时代楷模发布厅》相继播出。

党风廉政

概　况　2022年，市纪委监委推进作风建设常态化长效化。坚持以严的基调强化正风肃纪，落实中央八项规定精神，整治群众身边腐败和不正之风，净化党风政风、回应群众关切。持续深化纠治“四风”（形式主义、官僚主义、享乐主义和奢靡之风），查处违反中央八项规定精神问题465起、处理791人，公开通报曝光43批次155起典型问题。对市属国有企业开展专项监督检查，发现并查纠违规发放津贴补贴和福利、违规支出培训费会议费等问题110个。开展以“隐身”支出追查、酒店烟酒店“两店”支出核查、现金支付检查为主要内容的“违支三查”行动，查处问题33起、处理60人。实施“清风企业行”行动，建立“12345”便民热线平台工单常态化核查督办机制，协助市委召开机关作风建设问题通报会，通报剖析不担当、不作为等典型案例，查纠保通保畅不精准、政务服务不规范等市场主体反映强烈的问题549个。全年实施容错纠错39人次，为41名受到不实举报党员干部澄清正名。制作全国第一个通关小程序“宴前探雷”，以寓教于乐方式引导党员干部自觉抵制“舌尖上的腐败”，中央纪委国家监委网站作专题推介。在婚俗改革“三项制度”基础上，提出党员干部、公职人员操办婚丧喜庆压降“非亲”赴宴率要求，至年底，试点地区“非亲”赴宴率同比下降40.6%。

民生领域专项整治　年内，市纪委监委纵深推进“一领域一专项、一地区一治理”行动，推动实施民生领域突出问题专项整治17项，查处群众身边腐败和作风问题472起、863人。严厉整治“高价墓”，紧盯违规发包公墓经营权、高价售卖墓地等问题，立案查处170人、留置6人，推动全市统筹制定收费标准、平抑价格。推进物业“大整治”，聚焦物业管理不规范、服务质量不达标等群众反映强烈的突出问题，立案查处49人、留置6人。破解安置房“办证难”，针对部分安置小区群众办证难问题，推动有关部门和地方帮助3.8万户群众办理不动产权证，数量居全省第一位，占全省30%。聚焦干部作风，参与困难群体救助帮扶和妇女儿童权益保障问题专项排查行动，对工作失职失责的29人严肃问责，压实基本民生兜底保障责任。建立养老保险和丧葬补贴信息比对、骗取医保基金比对等10个专项整治模型，利用数据碰撞精准锁定737条问题线索。各地纪委开展民生领域“小切口”整治，推动解决廉租房违规出租、惠民资金虚报冒领、养老机构克扣资金等涉及群众利益问题。

纪检监察信访处理　年内，市纪委监委在全市纪检监察机关开展突出信访矛盾排查化解专项行动，市、县两级纪委监委领导班子成员带头包案化解上级督办件11件，对信访矛盾多发的9个基层单位进行提级管理。全年全市纪检监察机关接收信访举报2888件（次），万人信访率由上年同期5.1降至3.3。在全省率先探索开展办信质量评查工作，逐件检查赋分评格，对发现的具体问题要求限期整改，相关工作得到中央纪委、省纪委肯定。

“纪法教育提升年”活动　年内，市纪委监委打造“镜鉴明纪”纪法宣传教育品牌，以“严守规矩、敬畏纪法、筑牢底线”为主题，深化领导干部“510”警示教育，召开专题警示教育大会，组织各地各部门开展岗位廉政风险排查预警、加强领导干部家风建设、纪法宣讲进百镇千村等活动。针对青年干部案件易发多发特点，联合共青团盐城市委开展“清廉与青春同行”主题活动，督促年轻干部扣好“第一粒扣子”。在市属国企开展“不当围猎人不当行贿人”专题警示教育，编印县（市、区）国企领域违纪违法案件汇编。会同市文明办、市妇联开展“廉洁文化进家庭”主题活动，制作播放廉政警示教育专题片《严正家风》。用好用活8条廉政文化教育专线，接待30多万人次参观。联合盐城广播电视总台策划、制播电视节目《清风盐城》，播放100余期。廉政影片《我们的河》在《中国纪检监察》杂志社等主办的第二届中国·扬州“运河清风”微电影大赛中荣获“一等奖”和“最佳摄影奖”。

监督办案

概　况　2022年，市纪委监委抓好日常监督，运用“四种形态”处置8899人次，其中第一、二、三、四种形态分别占57.4%、38.1%、1.7%、2.8%。持续加强对“一把手”和领导班子监督，对各县（市、区）落实市委“40条”措施开展专项督查调研，破解不敢监督、不善监督等问题。落实《纪检监察机关派驻机构工作规则》，加强工作领导指导，创新实施市纪委监委派驻纪检监察组组长年度18项“规定动作”清单，全年市级派驻机构立案118件，制发监督意见书20份。强化对县级派出监察员办公室督查指导，全市36个县级监委派出监察员办公室立案883件、政务处分378人。全面推行小微权力监督“一点通”平台，全年平台总访问量537万人次，受理投诉3926件、办结3883件，办结率98.9%，群众满意度94.2%。全年全市纪检监察机关有193人次被上级抽调参与专案办理、巡视监督，协助中央纪委国家监委办理的2起专案相关工作得到中央纪委国家监委领导肯定，25人被中央纪委二室、十一室、十六室和省纪委点名表扬。

政治监督　年内，市纪委监委推进政治监督具体化精准化常态化。协助市委制定中央纪委国家监委纪检监察建议整改方案，提出42条整改措施，强监督、促整改、保落实。加强对巡视整改全过程监督，中央巡视江苏反馈意见的26项任务全部完成，涉粮问题专项巡视反馈的28个问题完成整改27个。组建171个监督检查组，深入全市基层点位开展明察暗访8100余次，协调解决“12345”便民服务热线涉疫反映事项578个，省纪委通报转发盐城市5个新冠肺炎疫情防控经验类典型案例，数量居全省第一位。关注新冠肺炎疫情形势下特殊困难群体生产生活保障，推动职能部门及时优化调整涉残纾困解难政策。开展国有企业融资突出问题专项整治，摸底数、查案件、抓教育、促治理，查处平台融资领域案件43件，留置13人。坚持纪委监委督责与环保督察执法同向发力，组建14个督查组对面上环保突出问题整改情况进行“过筛式”检查，督查督办中央环保督察组交办信访件，立案处理21人，诫勉谈话27人，中央生态环保督察整改工作江苏省领导小组办公室专门在通报中予以点名表扬。持续开展粮食购销领域腐败问题专项治理，党纪政务立案103件128人，留置14人。组建安全生产监督专班，督促整改各类风险隐患439个，给予党纪政务处分37人。严把选人用人政治关廉洁关，审查回复党风廉政意见50批1405人次，12人被建议取消相关资格。

惩治腐败　年内，全市纪检监察机关立案案件4322件，其中，县处级36件、正处职级9件、乡科级303件，给予党纪政务处分3770人，挽回经济损失4.6亿余元。高质量办理11件上级纪委监委指定管辖留置案件，总量居全省第一位。严肃查处国企、税务、政法、金融等领域违纪违法案件，形成有力震慑。坚持受贿行贿一起查，立案审查调查行贿人员86人。54名干部到纪检监察机关主动投案或主动交代问题。全市纪检监察机关下发纪检监察建议60份，强化以案促改。剖析建湖上冈融资租赁领域中介腐败案件，牵头起草全省平台公司监督工作指南和案件查办工作指引，并在省委巡视培训班上作专题辅导，案件查办和以案促改工作得到省纪委主要领导批示肯定，并被转发全省学习借鉴。推动相关地区、职能部门率先在全省制定并落实镇财县管、镇债县管、镇级平台县管等措施，全市平台公司非标融资占比首次降至30%以下，新增融资成本压降57个BP（基点，1个基点等于0.01%，即1%的百分之一）。

监督体系完善　年内，市纪委监委加强纪律监督、监察监督、派驻监督、巡察监督统筹衔接，发挥“室组”联动监督、“室组地”联合办案机制作用，推动“四项监督”在信息沟通、线索移送、措施配合、成果共享上更加协同高效。市纪委监委先后抽调317人次，参与专案办理、巡察监督等工作，在全系统构建起各方力量一体发力、聚力攻坚的工作格局，监督办案质效持续提升。发挥“室组地”联合办案机制作用，对行业性区域性问题、重大疑难复杂案件等，强化协调协作、聚力攻坚，实现各展所长、优势互补。实现派驻机构推动办理留置案件“零突破”，严肃查处一系列严重违纪违法案件，并移送司法机关。

智慧纪委监委建设　年内，市纪委监委推进“电子数据调查室”和“大数据查询中心”（一室一中心）提升改造，新接入43条金融专线，在全省率先实现本地商业银行直接协助查询全覆盖，全市大数据一体化查询数量位居全省前列。推进持续探索实践“大数据研判＋电子数据调查＋心理测试”合成办案新机制，市、县两级大数据查询1.29万件，2个大数据应用案例分别获评全省十大精品案例、十大优秀案例。全年为上级纪委和本地办案提供心理测试107人次，《盐城体系化心理测试战法》被中央纪委国家监委信息中心编入培训教材。利用信息技术突破粮食购销领域案件的做法被省纪委《信息技术实战应用参考》第2期专题推介，并被省纪委主要领导批示肯定。创新打造公共资源交易监督平台、“盐企通”平台嵌入监督模块、遥感智能监管平台、市直在职教师和校外培训机构信息库等信息化平台，发挥“嵌入式”监督作用，建设公共资源交易监督平台相关做法得到国家发改委法规司肯定。

（曾呈昊）

民主党派　工商联

编辑　曹懿超

综　述

民主党派构成　2022年，盐城市民主党派有民盟、民建、民进、农工党和九三学社市委会5个，致公党盐城市总支1个、民革盐城市支部1个。各民主党派新发展成员121名。至年底，各民主党派有成员2296名，分布在教育、科技、医卫、文艺、经济等领域。民主党派成员担任全国人大代表1人、省人大代表2人、省政协委员6人、市人大代表14人、市政协委员130人。

自身建设　年内，市各民主党派学习贯彻习近平新时代中国特色社会主义思想和中共二十大精神，开展“矢志不渝跟党走、携手奋进新时代”政治交接主题教育，围绕“盐城建设绿色低碳发展示范区”开展专题调研并提出建议9条，向市检察院推荐30名成员担任“益心为公”检察云平台志愿者，赴射阳县集中开展“五送”社会服务活动。市各民主党派建立领导班子理论学习中心组学习、述职和民主评议、民主生活会、内部监督等制度，协商形成《盐城市各民主党派关于成员发展工作规程座谈会纪要》。致公党盐城市总支完成换届，民革盐城市支部完成届中调整。

政治交接主题教育　年内，市各民主党派开展“矢志不渝跟党走、携手奋进新时代”政治交接主题教育活动。致公党盐城市总支召开全体支部主委会议暨“矢志不渝跟党走、携手奋进新时代”政治交接主题教育部署推进会，制定实施计划和工作方案，成立主题教育领导小组。九三学社盐城市委会赴泰州市开展“矢志不渝跟党走、携手奋进新时代”政治交接主题教育。参观中国人民解放军海军诞生地纪念馆、泰州海军舰艇文化园。民盟盐城市委印发《民盟盐城市委“矢志不渝跟党走 携手奋进新时代”政治交接主题教育工作方案》，并成立政治交接主题教育领导小组，通过微信公众号编发学习材料，并组织现场教学、专题讲座。组织市委委员、基层组织负责人、骨干盟员、盟内政协委员等赴盐都区花吉村开展政治交接主题教育现场活动，并联合市政协经济科技（农业农村）委员会举办“葵花向阳 红心向党”书香政协·书香民盟读书分享会。民建盐城市委召开“矢志不渝跟党走 携手奋进新时代”政治交接主题线上教育动员会，在微信公众号开辟“矢志不渝跟党走 携手奋进新时代”政治交接主题教育专栏，及时推送相关信息供全市会员学习；与淮安市、南通市、常州市等地开展联建活动，共同推进政治交接主题教育；组织部分市委委员、企业家会员赴友好市委会贵州省安顺市就乡村振兴、政治交接主题教育等问题进行调研、交流。（王　子）

中国国民党革命委员会盐城市支部

概　况　2022年，中国国民党革命委员会盐城市支部（以下简称民革盐城市支部）发展新党员9名，党员总数31人。其中，研究生以上学历占比56.7%，高级职称占比40%。支部有市政协委员4名，县（市、区）政协委员4名，其中市政协常委2名、区政协常委2名。于小娟获得“江苏省教学名师”称号；高婧获得“盐城市乡村振兴先进个人”称号；孙宗一在江苏省委统战部组织的“多党合作与中华民族伟大复兴”征文比赛中获得一等奖；黄大海获得江苏省人口学会颁发的优秀研究成果优秀奖。

参政议政　年内，民革盐城市支部围绕全市中心工作，结合民革“三农、涉台、法律”界别特色，兼顾盐城农业大市定位，把“三农”工作作为支部考察调研的重点，完成“苏北乡村3岁以下婴幼儿普惠托育现状”“地方高校服务乡村振兴的现状与问题”两项专题调研，调研对象为连云港市、徐州市、盐城市、淮安市等地级市，完成调研报告及提案。支部主委于小娟作为民革江苏省委人口资源环境委员会委员，参加民革江苏省委人口资源环境委员会徐州实地调研工作。提升支部参政议政水平，《关于进一步完善既有住宅增设电梯的建议》的社情民意被民革中央采纳；《加强苏北非搬迁撤并类村庄建设规划，助力我省乡村振兴》提案被民革江苏省委作为2022年省两会大会书面发言材料；《关于推进建筑绿色低碳发展的几点建议》《将黄海新区打造为绿色低碳发展示范区的思路》建议被作为市政协九届三次常委会议书面材料；《关于进一步完善老旧小区加装电梯政策的建议》《关于加强非搬迁撤并类经济薄弱老村落村庄规划建设的建议》《关于重视青年专业人才本土孵化工作的建议》3个提案被市政协采纳；支部党员孙宗一撰写的《任崇高对多党合作事业的历史贡献于当代启示》，在江苏省“多党合作与中华民族伟大复兴”主题征文评选活动中，荣获一等奖，并获得江苏省委统战部、省社会主义学院表彰；支部党员黄大海撰写的论文《江苏省构建普惠托育服务体系的思考与建议》获江苏省人口学会优秀研究成果优秀奖。

组织建设　年内，民革盐城市支部召开全体党员会议，进行届中调整，会议增补支部组织委员、支部宣传委员，确定委员工作分工。民革盐城市支部坚持以习近平新时代中国特色社会主义思想为引领，加强中共二十大精神、民革十三届二十次中常会精神及民革江苏省十二届三次常委会议暨理论中心组学习会精神等学习，召开学习贯彻中共二十大精神专题会议，为建设政治坚定、组织坚实、履职有力、作风优良、制度健全的参政党地方组织夯实思想政治基础。支部坚持以建设高水平新时代中国特色社会主义参政党为目标，践行“四新”“三好”（多党合作要有“新气象”，思想共识要有“新提高”，履职尽责要有“新作为”，参政党要有“新面貌”；各民主党派和无党派人士要做中国共产党的“好参谋、好帮手、好同事”）要求，提升履职能力和参政议政水平。

社会服务　年内，民革盐城市支部秉承中山博爱精神，打造“中山博爱”品牌组织社会公益活动。联合市财政局和盐都财政局，组织部分律师党员和市财政局、盐都财政局财务人员，赴盐都台湾农民创业园，开展“喜庆中共二十大，走进台企助发展，惠台惠农政策宣传活动”。支部党员黄步斌为社区居民和银行开设公益法律讲座4次；卢瑞中完成3起法律援助；杨黎对涉诉数量较多的全市重点骨干企业、县（市、区）规模企业进行走访排查，帮助企业分忧解难；王瑾举办青春艺术周“盐色市集”，为创业青年提供免费公益摊位、举办青年创客营活动集训日，为大学生开展公益实训课程、举办低碳与产业公益讲座，为社会再就业人士提供公益创新课程；李静组织呼吸科专家到社区开展科普讲座和健康巡讲，联合市疾控及各卫生机构，在12月1日“世界艾滋病日”，大街小巷宣传艾滋病防治相关知识。在新冠肺炎疫情防控期间，党员黄大海作为全市新冠肺炎疫情防控指挥部医疗救治组成员，开展全市新冠肺炎疫情防控大数据统计分析，加强医疗资源统筹调度；李静在盐城市第三人民医院发热门诊一线坐诊，保障病人得到及时有效的治疗；单肖娟作为小区防疫抗疫志愿者，为基层群众纾困解难。

民革盐城市支部届中调整　7月24日，民革盐城市支部召开全体党员会议，进行届中调整。民革江苏省委组织处、中共盐城市委统战部民主党派工作处负责人应邀出席会议。会上，宣读民革盐城市支部届中调整有关情况说明和《民革江苏省委省直工委关于同意民革盐城市支部届中调整的批复》。大会严格按照选举办法和程序，增补支部组织委员、宣传委员。选举结束后召开支部委员会议，选举支部副主委、支部监督委员，并协商确定委员工作分工。　（黄大海）

中国民主同盟盐城市委员会

概　况　2022年，中国民主同盟盐城市委员会（以下简称民盟盐城市委）有盟员512人，盟员中有全国人大代表1人、省政协委员1人、市人大代表3人、市政协委员24人、区人大代表4人、区政协委员23人。民盟盐城市委下设盐城工学院基层委员会、盐城师范学院基层委员会、亭湖区基层委员会、盐都区基层委员会4个基层委员会；设盐城中学总支、盐城幼儿师范高等专科学校总支2个；设大丰区支部、机关一支部、机关二支部、盐阜中学支部、田家炳中学支部、农科院支部、文化支部、悦达支部、江苏医药职业学院支部9个。印发《民盟盐城市委理论中心组学习方案》，领导班子带头做好学习工作。参与省统牵头开展的“多党合作与中华民族伟大复兴”征文活动，其中《多党合作的三重传统美学向度》获二等奖；报送3部短视频参加“讲多党合作故事 献礼中共二十大”短视频大赛，其中《认真履职 执着前行》短视频获优秀奖，民盟盐城市委获民盟省委组织奖。召开民盟盐城市委全委（扩大）会议，学习贯彻中共二十大会议精神。赴苏州市吴中区参加民盟中央开展的政治交接主题教育现场活动。完成基层组织换届改选工作。

参政议政　年内，民盟盐城市委在市政协九届一次会议期间提交集体提案5份、盟员个人提案37份。两会期间，集体提案《坚持导向引领 打造生态盐城》和盟员个人提案《持续治理农村生活垃圾，深入实施村庄清洁行动》被市政协表彰为优秀提案，2名盟员被表彰为“双岗双优”委员，1名盟员被表彰为社情民意信息工作先进个人，1名盟员被表彰为提案工作先进个人。提案《打造高技能人才高地 保障制造业高质量发展》《实施种业振兴行动 保障全市农业高质量发展》参加会议交流，另有8篇提案入选大会交流材料。《以数字经济为引领 推进工业经济高质量发展》被列为市委书记徐缨领衔督办重点提案。盟市委组织和引导盟员申报民盟中央调研课题，参加盟省委、市政协举办的主题研讨会和论坛等。《落实“双减”精神，打造小学语文审美文化课堂》等3篇稿件报送盟省委教育发展论坛，《绿色低碳目标约束下促进新能源产业持续健康发展的建议》等3篇稿件报送盟省委生态文明建设研讨会、《立足长江诗文，构建斯文长江》等3篇稿件报送盟省委文化发展研讨会。承接民盟省委在盐城开展“做好‘蓝碳增汇’文章，助力江苏实现‘双碳’目标”实地调研。《加快打造长三角北翼电子信息产业新高地》等4篇集体稿件报送市政协常委会、民生论坛，其中，2篇列入书面交流。《将生态优势转换成经济优势 积极探索生态产品价值实现的盐城路径》报送市委统战部专题调研。

组织建设　年内，民盟盐城市委新发展盟员19人，其中，硕士研究生以上9人，高级职称4人，平均年龄39.2岁。盟市委在换届后明确领导班子、市委委员分工，成立内部监督委员会。举办骨干盟员暨2021年度新盟员培训班，赴大丰区白驹镇八路军新四军狮子口会师纪念广场开展现场教学，向烈士敬献花篮，在铁军国防教育基地听取“从民盟的成立、发展看中国共产党领导的多党合作”主题讲座，重温入盟誓词和拓展训练。耿炜、潘茗被列为省“333工程”高层次人才培养对象；史成明获得江苏省教育成果奖高等教育类一等奖、第三届长三角师范生教学基本功大赛二等奖指导老师；刘总堂获得江苏省科技镇长团荣誉团员以及华东赛区大学生化工设计竞赛一、二、三等奖指导老师；杨翠娟获得江苏省“多党合作与中华民族伟大复兴”征文二等奖；蔡惠民获得江苏省人防办关于“俄乌冲突对当前人民防空工作的启示”征文三等奖；王会珍获得盐城市五一巾帼标兵称号；戚永奎、陈涛等“观赏葵花新品种选育和利用”团队获得盐城市优秀科技创新团队；张伟经营的盐城市金灿家庭农场入选江苏省百佳家庭农场、2022年度国家级生态农场。

社会服务　年内，民盟盐城市委赴阜宁县硕集社区养老院和阜宁县郭墅镇敬老院开展新春慰问。联系盟省委企业联合会向2所敬老院作定向捐赠。

联合建湖县新的社会阶层人士联谊会在建湖县西尖村开展“送春联进万家”活动。组织盟员书画家赴射阳县千秋镇沙港村党群服务中心开展“欢庆二十大 礼赞新时代”书画惠民活动，创作《千秋大业》《江山就是人民 人民就是江山》等40余幅书画作品。联合工学院基层委员会举办“给心灵戴上‘防护罩’——谈谈面对新冠肺炎疫情如何做好心理调适”等4场线上讲座，引导大学生做好新冠肺炎疫情期间的心理调适。以亭湖区基层委员会“活力基层天天行”系列品牌活动为载体，引导各基层组织参与，在亭湖区文峰街道开展“五送”活动。以爱心义诊社会服务点、美容社会服务点、书法社会服务点、心理咨询社会服务点，“高举旗帜跟党走、颂歌吟唱新时代”主题文艺演出社会服务点为阵地，发挥优势，与街道携手画好统战“同心圆”。

民盟盐城市委社情民意信息工作座谈会 7月7日，民盟盐城市委召开社情民意信息工作座谈会。民盟盐城市委委员、基层组织负责人、盟市委调研处同志、盟市委社情民意信息员等30人参加会议。会议传达学习民盟江苏省委第十三次代表大会精神，通报1—6月各基层组织信息报送情况。两位盟员与会交流在社情民意信息写作中的经验与感悟，与会盟员交流讨论。（孙　波）

中国民主建国会盐城市委员会

概　况 2022年，中国民主建国会盐城市委员会（以下简称民建盐城市委）开展“矢志不渝跟党走、携手奋进新时代”政治交接主题教育活动，推进思想政治建设。领导班子成员深入基层、联系会员、了解会情、指导工作，参加基层组织、专委会活动20余次。召开领导班子民主生活会和领导班子述职述廉会议。落实市监委监察全覆盖的要求，主动接受市纪委监委第一派驻纪检监察组的监督指导。健全机关各项工作制度，加强机关干部学习培训。做好民建盐城市委会会刊和微信公众号的编辑和管理工作，发挥“盐城民建”微信公众号作用。在媒体刊发稿件100余篇次。完成3篇理论研究成果，分别报送市政协和民建省委。

参政议政 年内，民建盐城市委印发2022年度调研课题（提案）目录，面向全市基层组织进行招标，完成民建省委、市政协、市委统战部要求的相关调研（提案）工作。市两会期间，提交大会发言2篇、集体提案5篇，民建政协委员提交个人提案30余件。1件集体提案被表彰为优秀提案。1人被表彰为“双岗双优”委员，1人被表彰为社情民意工作先进个人。集体提案《加快氢能产业战略布局，着力抢占新能源技术制高点》被定为中共盐城市委书记重点督办提案。成立民建盐城市委参政议政工作专门委员会，组织会员围绕中共盐城市委、市政府的中心工作以及群众关心的热点、难点问题开展调研，反映社情民意，整理上报信息200余篇次。调研报告《紧扣供需矛盾 构造普惠多元的区域医疗中心体系》被民建省委采用为省政协十二届六十三次主席会议发言；《关于深耕黄海明珠，广纳天下英才的建议》《关于抓住“绿能港”项目建设契机，发展我市LNG产业的建议》等被采用为市政协常委会发言材料；《关于拓宽农村电商上行流量的建议》《发展普惠性托育服务，合理布局托育机构》等被采用为“盐城政协·民生论坛”调研座谈会发言材料。组建一支反映社情民意信息骨干队伍，并实行动态管理。全年报送民建省委、市政协、市委统战部社情民意100余篇，被民建中央采用2篇，民建省委采用9篇。

组织建设 年内，民建盐城市委发展会员20名。至年底，全市有会员360人。及时更新会员数据库，组织管理信息系统工作被民建省委表彰。贯彻各民主党派中央关于新时代组织发展工作座谈会精神，按照重点分工领域的比例要求，巩固主界别的传统特色，严格标准，规范程序，做好组织发展工作。继续实施《民建盐城市委关于深化改革基层组织目标考核工作的意见》，考评基层组织工作，表彰8个优秀基层组织。开展“特色基层组织”评选活动，引导基层组织履行（总）支部职能并探索创新，创塑特色品牌。盐城悦达支部被评选为民建江苏省委特色基层组织。推进盐都总支换届并成立民建盐都区基层委员会。推进民建会员之家建设，7个基层组织建成“会员之家”，向全覆盖迈进。

社会服务 年内，民建盐城市委捐助资金1万元，援建河北省丰宁县胡麻营镇爱心超市，发动广大会员购买河北省丰宁县胡麻营镇特色农产品。参与民建省委在宿迁市花园村的乡村振兴项目，一对一结对帮扶。赴宿迁市花园村慰问帮扶对象并发放慰问金2000元。开展“思源工程”生育关怀行动，对20户失独家庭给予精神抚慰和物质帮扶，发放慰问金2万元。民建医疗专家社会服务基地开展卫生医疗宣传、咨询和义诊活动；民建法律服务工作站定期提供法律咨询、调处民事纠纷，为社区困难家庭无偿代理诉讼案件、提供法律援助。各基层组织开展慰问“空巢老人”、慰问福利院儿童和敬老院老人等活动。发挥企委会的学习交流服务平台作用，不定期走访会员企业，了解企业发展情况，反映民营企业心声，助力企业新冠肺炎疫情期间纾困解难，开展会员企业家家到服务活动，为会员企业提供税务，法律等服务。

民建盐城市委参政议政工作专委会成立 5月29日，民建盐城市委召开参政议政工作专门委员会成立大会，参政议政专委会全体委员参加会议。会上，宣读《关于成立民建盐城市委第一届参政议政工作专门委员会的决定》和《关于民建盐城市委第一届参政议政委员会人事安排的通知》，学习《民建盐城市委民建盐城市参政议政工作专门委员会管理办法》，讨论通过《民建盐城市参政议政工作专门委员会2022年下半年工作计划》。（唐修祥）

中国民主促进会盐城市委员会

概　况　2022年，中国民主促进会盐城市委员会（以下简称民进盐城市委会）新发展会员19名，会员总数391人。会员中有各级人大代表、政协委员54人，其中，全国人大代表1人、省人大代表1人、市人大代表1人、区人大代表2人；省政协委员1人、市政协委员22人，其中，副主席1人、副秘书长1人、常委3人；区政协委员26人，其中，副主席1人、常委5人。民进盐城市委会下设基层委员会2个：民进亭湖区基层委员会、盐都区基层委员会；支部15个：机关支部、经济支部、文化支部、教育支部、盐城中学支部、高级职业学校支部、明达高级中学支部、一小支部、盐城师范学院支部、盐城工学院支部、田家炳支部、新阶层支部、大丰区支部、盐南高新区支部、技师学院支部。民进盐城市委会报送各类信息稿件210篇，其中96篇被民进中央、省政协、市委办及市委统战部等采用。民进盐城市盐南高新区支部获评民进全省信息化建设先进集体；民进工学院支部刘成荣、盐都区基层委员会王国华被民进中央表彰为民进信息化建设先进个人；民进市委报送的“学习教育基地”获评民进全省信息化建设优秀案例。

参政议政　年内，在市“两会”期间，民进盐城市委会提交提案47件、集体提案8件。集体提案《加强产业与基金政策深度融合 助力我市产业发展迈入快车道》、个人提案《深入推进集团化办学 推动教育高质量发展》被评为政协盐城市八届五次会议优秀提案；会员杨宛霖获“双岗双优”委员称号，3人获评政协社情民意优秀信息工作先进个人、政协盐城市第八届委员会提案工作先进个人。协助、配合、组织省级及以上相关课题调研工作，围绕省民进重点关注课题开展专题调研，完成调研报告5篇，其中《以淮河入海水道二期工程建设为契机，全力打造淮河流域最便捷、最经济出海通道》等3篇获省关注课题三等奖。围绕“建设绿色低碳发展示范区”等市级课题赴盐都区、响水县等地开展调研，提交市委统战部、市政协常委会议、民生论坛稿件12篇。《着力提升科技创新能力 打造长三角北翼先进制造业高地》在市政协九届二次常委会议上交流、《发挥生态资源优势 打造康养服务品牌》被列为市政协九届三次会议重点督办提案、《加速文旅康养产业局势蓄能 打造“长三角生态游憩首选地”》等议政材料成为大会书面材料。开展“一支部一课题”活动，14个基层组织参与投标，形成支部调研报告11篇。

组织建设　年内，民进盐城市委会印发《关于中国民主促进会盐城市第六届委员会组成人员的通知》《关于中国民主促进会盐城市第六届委员会班子成员工作分工》《关于成立中国民主促进会盐城市第六届委员会“虚拟机关”和专委会的通知》，进一步建立健全民进盐城市委会第六届领导班子工作制度和职责，完善机构设置和人员安排；成立民进盐城市委会监督委员会；筹建2022年新会员支部，召开暑期主题学习培训班。做好基层组织评优工作，表彰10个先进基层组织、44名会员，发挥先进基层组织的示范和激励作用。

社会服务　年内，民进盐城市委会开展喜迎中共二十大系列主题活动。书画工作委员会开展“喜迎二十大，阔步新征程”盐城民进书画作品线上展、“同心共进，向海前行”主题书画展；盐城民进企业家联谊会开展开明读书分享月活动，联合文化工作委员会开展“欢庆教师节，喜迎二十大 助力教育发展，助推教师成长”主题活动，向民进教育界会员致以节日的祝贺；妇女工作委员会举办庆“三八”国际劳动妇女节“与花为伴”主题插画互动，借花木献礼中共二十大；老年工作委员会开展学习贯彻中共二十大精神座谈交流会；医卫工作委员会参与“童心喜迎二十大 医路成长新时代”为主题的大型义诊活动；工学院支部开展“世界环境日”主题活动，与盐城师范学院支部联合开展“喜迎二十大 民进欢乐健步走”活动；机关支部开展“庆二十大 奋进新征程 助力乡村振兴”活动，会员赴便仓考察学习；新阶层支部开展“情满国庆 爱在重阳”主题活动。在教育帮扶上主动作为、精准实施，汇聚名校名师力量，开展“未知课堂”巡回教学活动、“五送之送教育进校园”活动，各支部组织对口帮扶活动10次。主办一年一度的“百姓春晚”，传播盐城地方文化。“百姓春晚”被评为江苏民进社会服务暨脱贫攻坚工作优秀成果。岁末年终，举办一年一度的“春联进万家”活动，组织书画家深入社区、乡镇、企业，为基层群众送出春联、福字万余幅。

书画名家作品线上展　11月8日，为庆祝中共二十大胜利召开，深化民进盐城市委“矢志不渝跟党走、携手奋进新时代”政治交接主题教育活动，民进盐城市委书画工作委员会举办书画名家线上作品展，14位会员的27部书画作品参展。（邵　玉）

中国农工民主党盐城市委员会

概　况　2022年，中国农工民主党盐城市委员会（以下简称农工党盐城市委）有党员444人，其中，各级政协委员49人、人大代表2人。农工党盐城市委下设参政议政、医卫与教育、人资环境与经济、社会服务和妇女5个工作委员会和1个法律援助中心；建有基层组织25个：市第一人民医院基层委员会、盐都区基层委员会、亭湖区基层委员会、江苏医药职业学院总支、盐城生物工程高等职业技术学校支委、市疾控中心支委、市第二人民医院支委、市第四人民医院支委、市卫生监督所支委、市妇幼保健院支委、大丰区支委、盐城工学院支委、盐南高新区支委、盐城幼儿师范高等专科学校支委、盐城同洲集团支委以及市中医院支部、法律支部、农林支部、综合支部、环保支部，盐城工业职业技术学院支部、医卫支部、教育支部、经济一支部、经济二支部。

参政议政 年内，在市政协九届一次会议上，农工党盐城市委作《健全基层公共卫生服务体系 筑牢夯实健康盐城根基》大会发言，提交《加快推进我市蓝色碳汇生态功能区建设》等集体提案4件、委员个人提案43件，《深化国企改革 激发国企活力》等建议被编入《委员意见》。8月，农工党盐城市委协助农工党中央人口专委会在盐城开展“充分发挥商业补充医疗保险作用，进一步推进共同富裕”联合调研，围绕社会就业、一老一小、医疗服务、沿海发展等主题，赴家政公司、市级幼儿园、民营医院、滨海港工业园区等地开展考察调研。大丰区支部、法律支部、经济二支部等基层组织分别围绕“医药产业发展现状”“盐城物业管理条例（草案）”“金融助力中小企业”开展研讨活动。围绕市政协常委会议、民生论坛主要议题提交调研报告10余篇，围绕“科学规划 提质增效 聚力打造长三角文旅融合标杆”等主题作会议交流发言4次。立项并完成“谋篇布局 精准发力 助推养老产业高质量发展”等4篇农工党省委会课题，围绕“长江生态环境保护”开展联合调研征文活动，3篇征文获得农工党省委会“农工论坛”一、二、三等奖，农工党盐城市委获得优秀组织奖。省社情民意信息专家黄富宏在盐城作“社情民意信息实践分享”专题讲座；召开社情民意信息工作会议，全年撰写信息130余篇，《“巨型稻”推广须谨慎有减少稻米总产量风险》被省委办公厅、省委统战部采用，并转报中央办公厅，《建议修订〈中国药典〉2020年版一部》等16篇信息被农工党中央、省委办公厅、省政协、省委统战部采用，4篇被市委办采用。

组织建设 年内，农工党盐城市委修订和完善各项规章制度，印发《第八届委员会议事决策规则》《领导班子民主生活会制度》《理论学习中心组学习制度》《第八届委员会专门工作委员会工作制度》，提高《参政议政工作奖励办法》《宣传工作奖励试行办法》中的稿费发放标准，调整《主委副主委联系基层组织工作制度》《基层组织考核标准》《基层组织综合工作考核办法》。全年召开市委会4次、理论学习中心组学习会3次。建立联络员制度，3名机关干部分别负责联系若干基层组织，推动基层组织建设正常化、规范化、制度化。规范组织发展工作程序，与市各民主党派协商形成《盐城市各民主党派关于成员发展工作规程座谈会纪要》。新成立医卫支部、教育支部、同洲集团支部、经济一支部及经济二支部。市一院总支换届升格为基层委员会，农林支部顺利换届，盐都区基层委员会、盐南高新区支部届中调整，重新组建妇女工作委员会。全年新发展党员21人，其中，主界别医卫界党员11人、文教界党员4人；发展高学历博士1人、硕士7人；高级职称8人、中级职称7人；新党员平均年龄38.6岁。为各单位新推荐特约自然资源监察专员、市中级人民法院特约监督员、市场监管特约监察员、市党外人士智库成员、市检察院公益诉讼志愿者等10余人。表彰16个党务工作成绩突出的基层组织，发放奖金2万余元。全市“农工之家”开展活动40余次。农工党盐城同洲集团支部委员会被农工党中央表彰为“先进集体”，农工党员王志兰被表彰为“先进个人”；5个基层组织获得农工党省委会“先进集体”表彰，7名党员获得“先进个人”表彰。

社会服务 年内，农工党盐城市委推动结对共建，整合党员力量，提升服务基地基本公共卫生和医疗服务水平。农工党盐城市委大丰区支部在大丰区大中福利院建立“社会活动基地”。农工党市一院基层委与中健(盐城)康复医院签订合作协议。农工党盐城市委组织市一院基层委、江苏医药职业学院总支、大丰区支部专家党员到大丰区草庙镇卫生院开展“环境与健康活动宣传周”——糖尿病健康科普活动；组织市一院、三院专家党员到射阳县开展“国际科学与和平周”健康义诊活动。深入乡镇、社区、企业等基层开展“农工党健康服务行”品牌活动10余次。在“三八”国际劳动妇女节期间，市委会组织骨干女党员到家政公司开展“绽放美丽 情暖家政”慰问活动。牵线农工党省直经济界党员，为滨海县中医院捐赠价值108万元的医疗设备。各基层组织发挥自身优势，根据群众实际需求，围绕健康生活、环保、助残扶困、传统节日等主题，开展科普、宣

10月21日，农工党盐城市委组织市一院、三院专家到射阳县千秋镇卫生院开展送健康进乡村活动。 周 苏 供图

教、咨询、帮扶、慰问等社会服务活动 20 余次，受益群众超千名。

农工党江苏医药职业学院总支健康服务基地　6 月 12 日，农工党盐城市委会在大丰区草庙镇建立健康服务基地，推进农工党江苏医药总支与草庙镇卫生院签订共建合作协议，就共建协议、共建清单、居民需求等相关情况进行沟通，围绕教育培训、诊疗、服务、义诊等方面进行协商。农工党江苏医药学院总支联合市一院、三院、大丰区医院的专家党员，为群众提供健康咨询、用药指导、科普讲座等服务，根据基层临床专业技术人员需求，提供业务专题培训、继续教育、科研指导等服务，提升草庙镇基本公共卫生服务和基本医疗服务水平。　（周　苏）

中国致公党盐城市总支部委员会

概　况　2022 年，中国致公党盐城市总支部委员会（以下简称致公党盐城市总支）有大丰区支部、盐都区支部、亭湖区支部、盐城经济技术开发区支部、盐南高新技术产业开发区支部、盐城工学院支部、盐城师范学院支部、卫生支部、机关支部、综合支部和企业支部 11 个基层支部。致公党盐城市总支部委员会有主委 1 人、副主委 4 人、党员 127 人，其中，省政协委员 1 人、市政协委员 5 人。

参政议政　年内，致公党盐城市总支向市“两会”提交各类提案、议案 29 件，内容涵盖经济发展、社会服务、民生保障、留学生归国等方面。年内，组织各支部集中收看中国共产党第二十次全国代表大会直播。邀请扬州农工党基层副主委黄富宏在盐城为全体党员作专题讲座。邀请盐城工学院党委副书记薛浩专题宣讲中共二十大精神，70 余名党员参加宣讲会。年内，完成致公党省委招标课题 5 件，盐城工学院支部《加快新能源产业发展与升级，助力实现碳达峰碳中和目标》被致公党江苏省委评选为优秀招标课题并在致公党江苏省委“汇智论坛”上获得优秀成果三等奖；完成致公党江苏省委调研课题 10 件，企业支部《江苏农村电商的现状和可持续发展情况调查与研究》、大丰支部《优化法律资源配置，打通“法治乡村”建设最后“一公里”》、盐城工学院支部《限制商业银行滥发超发承兑汇票，切实改善中小企业金融环境》被致公党江苏省委评选为优秀调研课题。

组织建设　年内，致公党盐城市总支按照致公党江苏省委关于换届工作要求，召开中国致公党盐城市总支部委员会换届大会。选举产生致公党盐城市总支部第二届委员会。发展党员 11 人，致公党江苏省委转入党员 10 人，有党员 127 人。总支有 11 个基层支部，建成 11 个“致公之家”支部工作站。设有学习、参政议政、社会服务、海外联系、文体宣传、监督 6 个专委会。向致公党江苏省委申请新增设盐都支部副主委 1 名。组织 2020—2022 年加入中国致公党的新党员培训，举办 2022 年度新党员入党仪式。3 名党员当选为中国致公党江苏省第七次代表大会代表。在中国致公党江苏省第七次代表大会上，致公党盐城总支部、大丰区支部委员会被表彰为为“强富美高”新江苏建设做贡献先进集体。3 名党员被表彰为为“强富美高”新江苏建设做贡献先进个人，徐铭旋被表彰为为“强富美高”新江苏建设做贡献优秀组织工作者。

社会服务　年内，致公党盐城市总支与市科技局、市市场监管局联合开展“科技致福”活动，每季度赴省级园区开展科技创新、知识产权政策宣讲。与盐城工学院、盐城师范学院等市内外高校开展产学研对接，帮助企业解决发展难题。开展“致福送诊”中医防治新冠肺炎疫情巡回问诊和名医工作坐诊活动。卫生支部主委郭锦华在滨海县人民医院、射阳县千秋医院等医院建立工作室，提供医疗服务 48 次，诊治患者上千人次。卫生支部主委郭锦华通过网络平台，科普多发病常见病的预防与治疗知识，举办讲座 22 节课次，听众 2 万多人次。组织致公抗疫志愿者参与志愿服务行动 100 人次，发动爱心捐款，筹集善款 15.14 万元，推动投资 500 万余元的“绿电建站、能源惠农”项目，惠及 23 个村。1 人被中国致公党中央委员会表彰为中国致公党社会服务工作先进个人。

中国致公党盐城市总支部委员会换届　1 月 24—25 日，中国致公党盐城市总支部委员会换届大会召开。会议听取并审议通过第一届委员会题为《砥砺前行担使命　致力为公促发展》的工作报告。大会经过充分酝酿，选举产生致公党盐城市总支部第二届委员会；选举产生出席致公党江苏省第七次代表大会的代表。　（秦　雨）

九三学社盐城市委员会

概　况　2022 年，九三学社盐城市委员会（以下简称九三学社盐城市委会）有社员 431 人。其中，市级以上人大代表 6 人、政协委员 29 人；有高级职称 288 人、中级职称 114 人。下设专委会 3 个：提案工作专委会、妇女工作专委会、青年工作专委会；基层委员会 4 个：第一人民医院基层委员会、盐都区基层委员会、东台市基层委员会、大丰区基层委员会；支社 14 个：机关支社、环保支社、农林支社、科技支社、经济支社、水文支社、农科院支社、盐城师范学院支社、盐城工学院支社、中医院支社、妇幼保健院支社、亭湖支社、大丰支社、药监支社、燕舞支社；直属小组 1 个：生物工程高等学校直属小组。九三学社盐城市委开展“矢志不渝跟党走 携手奋进新时代”政治交接主题教育，筑牢广大成员合作共事的共同思想政治根基。举办“矢志不渝跟党走 奋进献礼二十大”——“我们的 9 · 3”诵读分享会。组织骨干社员赴泰州中国人民解放军海军诞生纪念馆、泰州海军舰艇文化园参观学习。与九三学社南通市委联合举办“翰墨颂盛世　献礼二十大”采风笔会活动。“九三学社盐城市委会”微信公众号推送宣传报道107篇，向《团结报》、各级网站、微信公众号、报刊等平台投稿57篇，推送青年社员读书推荐书目10期，被九三学社省委表彰为宣传工作先进集体。报送短片《光明使者郑光正》获得省委统战部组织的“讲多党合作故事 献礼中共二十大”短视频比赛二等奖。

参政议政　年内，九三学社市委开展议政调研，助力全市高质量发展。在市两会期间，九三学社市委向市政协九届一次会议提交4件集体提案和30余件个人提案，作题为《关于加快我市新型研发机构建设的建议》的发言。集体提案《加快推进我市市域污水处理一体化建设》被列为中共盐城市委书记徐缨领衔督办提案，《加快推进“精管善治”，提升我市城市治理能级》被列入重点督办提案，2件被表扬为优秀提案，8篇材料被收录进大会书面交流材料，7名社员被表扬为“双岗双优”委员。在市政协九届二次、三次常委会议上，九三学社市委分别作《聚力“双碳”目标，打造绿色能源基地》《关于加快滨海港现代物流业发展的建议》议政发言，为推进沿海地区高质量发展建言献策。筹划部署社情民意信息工作，提升信息工作质效。报送各类有价值信息121条，其中，《关于阻止“执法权外包”违法执法的建议》《城市社区地下人防管理亟待加强》《关于推动产业扶贫完善产品质量追溯体系推进乡村全面振兴的建议》《关于加大传统文化宣传保护的建议》《构建涉疫文件合法性快捷审核机制》5条信息被九三学社中央采用，《关于加强新污染治理的建议》《公民代理乱象应予纠正》被省政协采用报全国政协，九三学社省委采用21条、市政协采用22条，被社省委表彰为信息工作先进单位。

组织建设　年内，九三学社盐城市委加强领导班子、人才队伍、基层组织和机关规范化建设。发展新社员21名，其中，博士2人、硕士4人，高级职称6人，平均年龄39.5岁。指导亭湖支社换届选举、盐都区基层委届中调整。在全市青年社员中开展“弘扬五四 书香九三”青年读书月活动，组织青年社员参加九三学社中央青年骨干“坚定理想信念 赓续优良传统”线上培训活动，举办“红岩魂——信仰的力量”“关于九三学社创建的几个问题”专题讲座，提升青年社员理论素养，增强履职自觉。

社会服务　年内，九三学社市委会深化社会服务品牌建设，提升社会服务实效，被社中央表彰为2021—2022年社会服务先进集体。组建“亮康行动”医疗队走村入户宣传卫生保健知识，免费为群众筛查眼病1971人，施行手术411次。开展法治体检“六进”活动，在市基督教堂、盐都区交通运输局、盐都区社区矫正局、江苏盛安传动股份有限公司等地开展专题法制宣讲。“盐城九三公益课堂”在希望幼儿园开展科学实验秀科普活动。响应九三学社中央第三十四届“国际科学与和平周”活动倡议，组织专家赴市国泰混凝土有限公司开展“加快建材绿色制造　助力‘双碳’目标实现”科技服务活动，助力全市绿色低碳发展示范区建设。按照市委统战部“五送”活动要求，赴射阳县千秋镇开展“送农技进乡村”活动，助力全市乡村振兴工作。发挥企业家社员力量，在盐城市实验高级中学设立“九三·助梦奖学金”，支持学生的学习和成长。

“九三·助梦奖学金”签约仪式

6月22日，“九三·助梦奖学金”签约仪式在盐城市实验高级中学举行。“九三·助梦奖学金”是由九三学社盐城市委牵头，九三学社社员和江苏熙熙国际控股集团、江苏新景源建设集团、江苏理高律师事务所的3名爱心企业家共同出资，在盐城市实验高级中学设立的奖学金计划，由学校具体实施。盐城市实验高级中学校长表示，将科学规范使用好基金，培养更多各行各业精英，为国家富强、民族复兴、人民幸福贡献力量。（王　瑶）

盐城市工商业联合会

概　况　2022年，盐城市工商业联合会（以下简称市工商联）有会员2.8万家（人），其中，企业会员2.6万家、团体会员291家、个人会员1997人。全市有各类商会组织245个，其中，行业商会62个、乡镇商会81个、街道商会16个、市场商会1个、园区商会13个、异地商会34个、其他商会38个。街镇商会全覆盖，行业商会涵盖区域内的主导产业和主要行业。其中，市工商联直属商会37个，包含行业商会20个、异地商会10个、其他类商会7个。

参政议政　年内，市工商联在市两会期间提交集体提案4篇和大会发言材料1篇，其中，《构建“亲清”政商关系促进民营经济发展》提案获评市政协优秀提案。撰写社情民意57条，《数字藏品走红的看法》等5条先后被全国工商联、省政协、省工商联以及市委《综合信息摘报》等采用。建立3个参政议政小组，57名工商联界别委员围绕民营经济发展的难点问题主动建言献策。市、县联动执行基层联系点制度，重点走访调研全市规模以上企业或常执委民营企业和高新技术、先进制造业等民营企业。收集整理民营企业新冠肺炎疫情期间农产品滞销和物流不畅等困难40条、意见建议53条。走访基层企业、商会10家，听取30余位企业家的意见建议。建湖县工商联被评为2022年度全国工商联调查点工作先进单位，东台市工商联、大丰区工商联被评为2022年度全省民营企业调查点工作先进单位，建湖县工商联“五员工作法提升区域民营经济营商环境优化指数”被评为2022年度全省工商联创新工作实践创新奖。《精准定位补短板靶向施策促发展——聚力盐城市民营经济高质量发展的思考》调研报告获得全省工商联系统优秀调研成果一等奖。联合江苏省重点培育智库沿海发展智库开展“长三角区域合作中盐城民营企业高质量发展研究”课题研究，开展问卷调查，回收调查问卷1544份，走访县（市、区），开展3场座谈会。与盐城师范学院共同完成《夯实“稳”的基础强化“进”的态势全面激发民营经济创新创造活力》调研报告。

组织建设　年内，市工商联（总商会）第九次代表大会召开，选举产生市工商联（总商会）新一届领导班子。指导县级工商联规范有序完成换届。响水县工商联获评全国“五好”标杆县级工商联，9个县（市、区）工商联获得全国“五好”县级工商联认定，滨海县工商联获评全省工商联系统先进集体。开展“书海拾贝 馨满机关”阅读活动，机关干部轮流分享读书心得。班子带头深入学习贯彻习近平法治思想，贯彻落实中央和省、市委关于法治建设工作要求，组织机关人员系统学习《习近平法治思想学习纲要》，推进单位法治建设。指导成立盐城市泰州商会、盐城市视光协会和盐城市陕西商会3个基层党支部。盐城市福建商会、盐城市房地产商会等8家商会被认定为2021—2022年度全国“四好”（政治引领好、队伍建设好、服务发展好、自律规范好）商会，盐城市花木商会、盐城市安徽商会等19家商会被认定为2021—2022年度江苏省“四好”商会，52家商会被认定为2021—2022年度盐城市“四好”商会。盐城市浙江商会、盐城市福建商会、响水县色纺纱行业商会等5家商会获得江苏省工商联商会组织先进集体。引导盐城市苏州商会与苏州市盐城商会签约友好商会协议，引导盐城师范学院与常州市盐城商会、盐城市常州商会建立合作关系，加强两地资源互联互通。

服务企业　年内，市工商联举办全市民营经济人士理想信念教育培训班，组织民营经济代表人士赴南通张謇企业家学院开展实境教育，发挥全省民营经济人士理想信念教育基地盐城大纵湖及东台三仓革命烈士陵园、黄海森林公园等市级理想信念教育基地效用，强化对民营经济人士思想政治引领。在工商联网站、微信公众号等平台，设置“党的二十大报告在我市民营企业中引起热烈反响”系列报道专栏，推送民营经济人士感想体会200余篇，引导广大民营经济人士始终听党话、跟党走。坚持以优化营商环境为主线，印发《市工商联服务民营企业工作机制》，利用“1+N”工作机制（服务保障民营经济健康发展协同机制）、信息直报机制、基层联系点等机制，激发民营企业主体活力和发展动力。举办“同心助企 三位一体”民营企业家季度沙龙，民营经济统战工作协调机制成员单位和民营企业家代表参加活动，民营企业家围绕企业发展的困难诉求畅所欲言，相关成员单位现场回应、协商解决。举办9次沙龙活动，为200余家民营企业协调解决困难诉求260余件。联合市税务局开展“春雨润苗”专项行动，助力小微企业成长。联合市人力资源和社会保障局开展民营企业招聘月活动，促进劳动就业和企业用工“双提升”。联合市地方金融监管局、市人力资源和社会保障局、中国银行盐城分行推进创新金融产品“苏岗贷”在盐城落实，助企纾困稳岗。组织开展“三进三送”（进商会送免费咨询、进企业送法律讲座、进园区送法治“体检”）活动，促成工商联所属156家商会与87家律师事务所建立工作联系。与市司法局联合成立“万所联万会”领导小组，与市检察院牵头成立盐城市涉案企业合规第三方监督评估管理委员会，组建131人的盐城市涉案企业合规第三方监督评估机制专业人员库。配合相关部门出台一系列惠企纾困政策，助力全市营商环境不断优化。

市工商联（总商会）第九次代表大会　5月28日，盐城市工商联（总商会）第九次代表大会召开。大会选举产生市工商联（总商会）第九届执行委员会，市工商联（总商会）九届执委会第一次全体会议选举产生市工商联（总商会）第九届执委会主席（会长）。新的领导班子坚持以政治建设为引领，不断加强思想、组织、制度和作风建设，提高自身的工作效率和服务水平，提升领导班子的凝聚力和战斗力。围绕主责主业，自觉融入发展大局，引导民营企业坚定发展信心、加快转型升级、实现创新发展，强化惠企政策落实，保障民营企业家合法权益，提升服务质效，增强工商联影响力和执行力。

全市民营经济人士理想信念教育培训班　8月24—26日，在市委党校举办全市民营经济人士理想信念教育培训班。组织民营经济代表人士赴南通张謇博物苑开展实境教育，引导民营经济人士把讲政治、讲担当、讲奉献的要求落到行动上，自觉把思想和行动统一到中共二十大精神上来，坚定拥护“两个确立”，坚决做到“两个维护”。　（成先华）

群众团体

编辑　曹懿超

盐城市总工会

概　况　2022年，盐城市总工会举办中共二十大精神和工会业务知识培训班，开展“劳动创造幸福——学习新思想 喜迎二十大”系列活动，启动“新思想·职工讲”，唱响爱党爱国爱社会主义的时代主旋律。组织职工参加全省学习党的十九届六中全会精神知识竞赛，参赛人数8.5万人次，9千人次获奖，居全省第三位。市总工会党建带工建“三创争两提升”（以创争先进党支部、创争模范职工之家、创争工人先锋号，提升政治引领力、提升群众组织力）工作获得全国、全省表彰奖励19项。

产业工人队伍建设改革　年内，市总工会以试点先行带动全局，以示范引领推进改革，推进全市产业工人队伍建设改革不断向纵深发展。全市产业工人队伍建设改革工作现场推进会在射阳召开，以试点扩面、提质、增效、创特色作为年度工作总目标，持续推进产业改革“十百千”试点计划（围绕“产业强市”战略，以规模企业、龙头企业、产业集群、23个产业链为重点，确定试点产业集群20个、试点区域113个、试点企业1036家，覆盖全部重点产业，形成市、县、乡镇、街道纵向到底的产改试点格局），得到省督导调研组的肯定。注重地区和部门、国有企业和非公企业、试点培育与试点巩固相协同。乡镇（街道）、园区重点发力，打造133个可复制可推广的产改成果。组织盐城市产业工人队伍建设改革典型案例评比活动，收集案例200篇，形成典型案例汇编。

工会服务　年内，全市各级工会使用469.45万元慰问困难职工7399人次，其中，市本级使用180.26万元，慰问职工2550人次。认定2022年度城市困难家庭522户并落实帮扶任务。实施工会普惠服务工作，推进市直单位和县（市、区）完成工会卡发行任务，全市工会会员卡办理30万张，年内新办6万张，各县（市、区）开展特惠活动25次，惠及职工5万人。命名120家职工“幸福企业”，印发《盐城市职工春秋游实施意见》，挂牌12家市级职工（劳模）疗休养基地，组织万名职工疗休养。为全市1500名一线农民工配套发放励志奖学金60万元。为376户创业企业和职工撬动贷款发放8000万元，带动就业千余人。关爱新业态群体，建设户外劳动者服务站1239家；关爱女职工群体，建成350个“爱心母婴室”，升级“女职工康乃馨服务站”121个，承办全省工会女职工康乃馨服务平台建设现场经验交流会；关爱大货车司机，拓展苏工暖“新”行动，开展“盐工·卡友之家”建设专项行动。

劳动竞赛　年内，盐城市总工会承办全国海上风电劳动和技能竞赛暨长三角地区海上风电仿真运维技能竞赛，上海市、广东省、山东省、浙江省、安徽省、江苏省的100名选手参加。参加长三角G60科创走廊城市暨江苏省职工云计算技能邀请赛，盐城代表队获团体二等奖，2人获个人一等奖。在精密结构件产业链开展“五大行动”（聚焦精密结构件产业链，开展劳动技能竞赛行动、素能提升行动、技术创新行动、安全护航行动、典型培树行动），惠及职工10万人次。开展盐城市职工十大科技创新成果、十大先进操作法、十大发明专利评比，表彰优秀科技创新成果10项、先进操作法10项、发明专利9项。

劳动保护　年内，全市工会系统对全市2528家企业劳动用工风险进行监督评估服务，建立维护劳动领域政治安全“345”工作机制（建立组织领导、协调联动、督查考核三项制度，提升工会干部信息掌控、分析研判、舆情引导、矛盾化解四大能力，聚焦政治引领、源头治理、风险排查、权益维护、信访维稳五项重点），开展夏、冬季根治欠薪专项行动，完善劳动争议预警机制。开展“安全隐患随手拍”活动，以“排查整治安全隐患、共促安全健康发展”为主题，引导职工用手中镜头记录生产生活中的安全隐患和职业危害，并以此促进隐患的排查治理。活动中，各地上报合理化建议257条、微视频49条、随手拍作品236幅，开展主题演讲38场次。

职工权益维护　年内，县（市、区）总工会、市总工会维护劳动领域政治安全工作领导小组成员单位签订《2022年度维护劳动领域政治安全工作责任书》，调整市总工会维护劳动领域政治安全工作领导小组和工作专班人员职责任务。专项“法治体检”+第三方监督评估服务+法律宣讲活动有机融合，形成合力，结合各企业实际情况和法律需求，引入人社、工信、卫健、应急、工商联和律师等第三方优质专业法律服务资源力量，实现供需对接。为全市2528家企业提供“法律体检”服务2669次，排查企业用工风险点149个，发出工会劳动法律监督意见书225份、建议书128份，纠正违法用工173人次，补签劳动合同832份，补发工资121.7万元，补缴社保费76.3万元。

劳模先进评树　年内，全市工会系统经推荐评选出全国五一劳动奖章3个、全国五一劳动奖状1个、全国工人先锋号班组2个；推荐评选出省五一劳动奖章11个、省五一劳动奖状6个、省工人先锋号24个。举办第四届“盐城工匠”颁奖典礼，表彰市级五一劳动奖章109个，表彰10名“盐城工匠”、10名“盐城工匠”提名奖获得者和10名盐城市“最美职工”。评选市劳模300名，追授新冠肺炎疫情中因公牺牲劳模2人。开展“了不起的劳动者”劳模宣传、“百名劳模工匠服务千家万企”活动，盐都区宋红浩劳模工作室被中央广播电视总台报道。慰问各级劳模工匠4798人次，发放慰问金324.6万元。全市工会筹资500万元组织1万名职工疗休养。推介盐城地区职工疗休养资源，吸引上海、苏州、南京等外地职工在盐城疗休养。

工会宣传　年内，市总工会推进“劳模工匠进校园 思政教师进企业 劳模精神进乡村”活动，成立劳模和思政教师讲师团9个，开展线上线下宣讲活动284场次，覆盖职工23.3万人次。连续十三年举办盐城职工读书月，推荐申报全国职工书屋示范点5家、省级职工书屋示范点、最美职工书屋、大厅职工书屋8个。在微信公众号上开辟“勇当排头兵建功新时代——‘一县一品’工会改革系列报道”栏目，开展“贯彻落实全省工会改革现场会精神 盐城工会在行动”系列报道。

工会改革重点机制建设 年内，各县（市、区）总工会结合本地工作实际，探索特色做法，创新形成东台市非公企业党工组织组建“百日攻坚”行动、建湖县工会改革“六五”（即构建重点课题调研、专项工作调研、职工状况调研、领导蹲点调研、部室挂钩调研的“五调”体系；构建助推产业培育、助推企业做强、助推产改前行、助推乡村振兴、助推幸福建设的“五助”体系；构建寻策问计直到一线、宣传贯彻直抵基层、政策解答直达主体、经验做法直接分享、问题需求直达部门的“五直”体系；构建有需必送、有喜必贺、有因必访、有难必帮、有惠必普的“五必”体系；构建提高职工法律知晓率、企业用工监督率、职工依法维权率、职工法律援助率、劳资双方共赢率的“五率”体系；建立学习型、赋能型、智慧型、建设型、服务型工会的“五型”体系。）系统集成机制、射阳县“网格+企业”融入社会治理、阜宁县“强基增效创A”（夯实加强基层工会基础、持续增加工会组织工作效能、创建A等级至AAAAA等级工会组织）基层工会规范化建设、滨海县借助社会资源实现工会职能、响水县围绕特色产业链推进改革、大丰区重要改革事项“揭榜挂帅”行动、盐都区非公企业强会激励制度、亭湖区新“双争”（争创模范、合格职工之家，争做优秀工会干部）活动、盐南高新区设立工会改革实践指导站推进“双向直达”（寻策问计直到一线，宣传贯彻直抵基层，政策解读直达主角，经验做法直接分享，问题需求直通部门）机制落实、盐城经济技术开发区以省产改试点企业为龙头带动非公企业党建带工建活力等一批改革成果。年内，全省深化工会改革重点机制建设现场推进会在响水县召开，盐城工会改革4个“融合”的经验在全省推广。

全国海上风电引领性劳动竞赛在盐城举行 9月26日，以“逐梦深蓝，向海图强”为主题的全国海上风电引领性劳动竞赛暨长三角地区2022年海上风电机组运行仿真技能竞赛在盐城开赛。本次竞赛旨在深入学习贯彻习近平新时代中国特色社会主义思想，全面落实习近平总书记对技能人才工作的重要指示精神，贯彻落实中共中央、国务院《新时期产业工人队伍建设改革实施方案》，落实中华全国总工会《关于深入开展“十四五”全国引领性劳动和技能竞赛的通知》要求，大力弘扬劳模精神、劳动精神、工匠精神，聚焦能源结构调整和清洁能源发展，引导广大产业工人勤于钻研技术，练就过硬本领，特别是激励长三角地区海上风电企业职工立足本职，钻研技术，历练技能，培育选拔海上风电的行家里手和技术领军人才，为推动海上风电高质量发展，实现“3060双碳目标”（应对气候变化，推动以二氧化碳为主的温室气体减排。中国提出，二氧化碳排放力争2030年前达到峰值，力争2060年前实现碳中和）提供人才支撑和技术保障。

市劳动模范表扬大会 5月7日，盐城市劳动模范表扬大会召开。市劳动模范推荐评选工作委员会成员单位主要负责人和2022年市劳动模范代表等出席大会。各县（市、区）、盐城经济技术开发区、盐南高新区设分会场收听收看。

5月7日，盐城市劳动模范表扬大会召开。 罗发富 供图

全市职工劳动和技能竞赛 6月1日，“百万职工大比武、匠心筑梦新盐城”2022年全市职工劳动和技能竞赛“十百千”工程暨精密结构件产业链五大行动启动仪式在亭湖区青洋工业园立铠精密科技（盐城）有限公司举行。全年开展全市引领性劳动竞赛10场、引领性技能竞赛100场、其他各级各类劳动和技能竞赛1000场。“十百千”工程以建设一支知识型、技能型、创新型产业工人队伍为重点，以开展重点产业、重点工程、农业园区、现代服务业、技术创新、安全生产6个方面的竞赛活动为核心任务，构建全市联动、全员参与、全力推进、全域覆盖的竞赛格局，为盐城高质量发展提供坚实的人才支撑。至年底，全市各级工会开展劳动和技

能竞赛1008场，1698家企业参赛，覆盖职工14.75万人，技能等级晋升4992人次。（梅丹嵘）

共青团盐城市委员会

概　况　2022年，盐城市新发展共青团团员1.4万人，团员总数22.6万人。共青团盐城市委下辖县（市、区）团委9个、盐城经济技术开发区团工委1个、盐南高新区团委1个、市级机关团工委1个、市直属机关企事业单位团（工）委33个、直属院校团委9个。

基层组织建设　年内，共青团盐城市委开展"青年五四奖章""两红两优""优秀志愿者"等评选表彰活动，76家集体、21人获评全国、全省"两红两优"。完成市、县两级团组织集中换届，召开市第九次团代会，加强对全市团干部的使用和管理，选拔配备县（市、区）专职书记、副书记21名、挂兼职副书记27名，班子配备率100%，其中1995年以后出生的团干部21名、名校优生8名。全面推进县域共青团改革，推动县（市、区）成立改革专班，出台改革方案。射阳县、大丰区高质量完成试点任务，射阳县以"10+X"团建联盟为牵引，实施"青春网事"计划，走访各类青年3万人，典型案例在全省推广；大丰区成立"丰立方"团建联盟，推进"团办青年社团"建设，进一步将社会组织孵化、创业企业孵化、产业青年发展等内容融入"青年之家"。扩大团建有效覆盖，新增社会领域团组织1300余家，其中，新建两新组织650家，重点推进新业态新就业群体团建，联合市委组织部印发《关于在新业态新就业群体中推进"党建带团建·青春勇争先"行动的实施方案》，在外卖、快递、网红主播、交通运输等行业成立行业团工委，延伸共青团服务圈。普遍建立团的委员会成员联系团代表、团代表联系团员青年的"两联"工作机制，构建"委员—代表—团员青年"的扁平化联系沟通路径，精准联系团组织389个，团员青年3000余人。

青年人才培养　年内，盐城团市委聚焦"黄海明珠人才计划"，在人才"引用育留"全链条上跟踪发力，助力打造长三角中心区青年人才心仪向往之地。开展政策宣介，牵头名校优生人才引进宣讲山东场。针对名校优生、在盐高校毕业生、盐城籍在外大学生开展分类专题调研，调研报告得到市领导重视和签批，为市委人才政策制定提供翔实有效的数据参考。联合市委组织部开展"乐在盐城"青年人才交流系列活动，覆盖600余名青年人才，搭建青年学习交流与自我展示的平台。全市统筹建设16家青年人才驿站并投入运营，为异地青年在盐城求职提供便利。开展欢迎2022级盐城大学生专场文艺演出，"青春盐城"视频号全程直播，超过1.7万人在线观看，点赞数16万人次。1133人纳入全市"新农菁英"人才库，推广"新农菁英贷"，发放"新农菁英贷"810笔，发放6.54亿元。组建盐城"青禾"科技志愿队12支，帮助100余家涉农企业募集200余名涉农专业大学生假期实习，助力乡村人才振兴。持续发挥"青"字号品牌的先锋模范作用，通过行业技能大赛、"青年岗位能手"评比、技能培训等提高青年行业技能水平。围绕省、市重大项目建立54支青年突击队，组织40家青年文明号、20家青年安全生产示范岗同重大项目"结对子"，让团旗飘扬在项目一线，让青春建功在项目一线。组织参加第十七届"振兴杯"全国青年技能大赛，盐城获1金2银。1名盐城青年摘得2022年世界技能大赛特别赛金牌。

青年就业创业　年内，共青团市委举办"让全国看见你"青年创新创业项目路演活动13场，为40个乡村振兴"青创"项目嫁接导师、金融、资本等资源。完成市第五届盐城市青年商会换届，组建盐城青商产业创新联合体，开设盐城青商金服平台，促进与台湾青年创新创业交流。

青少年服务　年内，共青团市委推动建成721间"梦想小屋"，完成2022年度省定建设任务。探索新时代少先队组织在服务困境儿童成长中的作用，创新建立"以队带困"工作机制，对923名事实无人抚养儿童精准施策，落实"三帮""四导""六个一"（思想帮扶、学习帮扶、生活帮扶的"三帮"工作任务，思想引导、学习辅导、生活指导、心理疏导的"四导"工作职责，一天一次陪伴、一周一次谈心、一月一次活动、一季一次家访、一学期一次慰问、一年度一次团聚的"六个一"）关爱行动，开发"以队带困"数字化管理功能，强化对事实无人抚养儿童群体的价值观塑造和长效精准帮扶，相关工作经验在《中国共青团》杂志上刊登。发挥青年工作联席会议办公室作用，协调联络各联席会议成员单位，召开市青年工作联席会议第三次全体会议。收集年度青年高质量发展监测指标数据，围绕规划确定的十大监测领域，分析研判6项核心指标和31项重要指标，通过23张统计监测报表，动态掌握青年发展各领域趋势走向。探索打造青年发展型城市，践行青年优先发展理念，东台市、亭湖区分别入选国家级、省级青年发展型县域试点。

青少年权益维护　年内，共青团市委落实"八五"普法规划，发挥青少年维权岗示范作用，开展"青春护航"青少年法治宣传教育。充实"12355"青少年服务热线平台专家资源，结合法治公开课、模拟法庭等活动，增强青少年心理健康教育和法治意识。开展"微光守护者"计划，将重点青少年群体的排查摸底、常态联系、动态更新纳入各地网格化、信息化服务管理体系，争取未成年社区矫正对象损害修复项目参与率达到100%。贯彻落实平安盐城建设要求，围绕青少年权益保护主题，开展青少年权益保护工作创新案例征集活动，选树典型、示范引领，营造社会各界积极促进青少年发展，预防青少年违法犯罪的良好氛围。年内，盐城市共青团系统开展青少年法治教育，通过主题班会、案例解读、情景模拟、互动演示、交流分享等形式开展法治公开课350场次，参与活动青少年17万人次。常态化开展重点青少年关爱活动，联动公安等部门，针对青少年假期人身安全事故、意外事件高发等情况，线上线下开展自护教育活动278场，活动惠及7万名青少年。开展青少年心理健康教育，强化“12355”青少年服务热线平台应用，邀请省、市级心理协会专家开设的心理直播云课堂惠及20万人次，缓解新冠肺炎疫情期间在盐城高校大学生心理焦虑。中高考前夕，联合市教育局、专业心理咨询师、社会组织等开展减压活动，覆盖考生及家长4万人。

青少年公益项目 年内，共青团市委创新开发“盐立方”金融互联网公益平台，以“互联网＋银行＋公益项目”有机结合的模式，发动全市各级团组织线上募集资金200万余元，联系企业定向捐赠200万余元。

青年“云上走”大型线上活动 年内，共青团市委开发“盐系青年云上走”主题学习小程序。线上线下互动，结合青年学习社路线，重点突出长三角一体化融合发展、黄海新区建设、黄河故道生态富民廊道建设、23条重点产业链等重点产业文化地标，分别设置打卡点，进行线上参观、答题、每天运动健身兑换相应的里程数，设置4条线上学习线路，吸引万名青年参与学习。以线上云走的方式，在青少年中广泛宣传中共十八大以来党和国家事业取得的历史性成就、发生的历史性变革，宣传习近平总书记对青少年的关心关怀，学习中国共产党领导中国青年运动的光辉历程。

第九届“创青春”中国青年创新创业大赛 年内，共青团市委举办2022年中国青年创新创业交流营暨第九届“创青春”中国青年创新创业大赛（乡村振兴专项）活动，配套开展“新农菁英”青年创新创业展洽会、中国青年创新创业发展峰会等8项子活动，吸引5178个青年创新创业项目、1.6万名青年创客报名，为400余名创新创业领域专家学者、青年企业家、青年创业组织代表、参赛选手等搭建展示和交流的平台。

“清廉与青春同行”主题活动 年内，共青团市委联合市纪委监委机关开展“清廉与青春同行”系列主题活动，发布“盐青·廉”工作品牌。开展“清廉问卷”调研、“青·廉论坛”活动，以数据为支撑针对性提出全市团干部和年轻干部廉政教育思路举措，打造忠诚、干净、担当的团干队伍。

“青春留盐 城就未来”千名高校大学生暑期实习 年内，共青团市委开展“青春留盐 城就未来”千名高校大学生暑期在盐实习实践系列活动，1500名大学生报名参加，60余支高校“三下乡”团队在盐城开展社会调研。

共青团盐城市第九次代表大会 12月22日，共青团盐城市第九次代表大会召开。共青团江苏省委发来贺信，向大会召开表示热烈祝贺。开幕式上，通过共青团盐城市第八届委员会《矢志不渝跟党走 踔厉奋发新征程 为奋力谱写中国式现代化盐城新篇章贡献青春力量》的工作报告，全面总结回顾过去五年全市共青团工作取得的成绩，明确今后五年全市共青团的总体要求和主要任务。闭幕式上通过《中国共产主义青年团盐城市第九次代表大会关于共青团盐城市第八届委员会工作报告的决议》。闭幕式结束后，召开共青团盐城第九届委员会第一次全体会议，选举产生团市委新一届领导班子。

（王洁如　高　梅）

盐城市妇女联合会

概　况 2022年，全市有县（市、区）妇联9个、盐城经济技术开发区妇联1个、盐南高新区妇联1个；乡镇（街道）125个、村（社区）妇联2386个；市级机关妇工委1个，市直机关部门（单位）妇联28个、妇委会15个；省及市属高校妇女组织9个、民办高校妇女组织1个；两新（新经济组织和新社会组织）妇女组织和企业女工委1336个。全年推荐评选“三八红旗手（标兵）”“巾帼建功标兵”“十行百佳巾帼典范”等先进典型300余人。市妇联获第十三届全国家庭工作先进集体、全国公益组织奖、省“十三五”妇女儿童工作先进集体、省文明单位、省科技文化卫生“三下乡”工作先进集体、省女性融媒体大赛和省“少年儿童心向党”红色故事讲演比赛优秀组织奖等荣誉。

妇联组织建设 年内，市妇联推动新一轮妇联组织集中换届工作，全市2386个村（社区）、125镇（街）和7个县（市、区）完成换届。联合市委两新工委等部门，实施“思想引新、组织聚新、关爱暖新”工程，召开现场推进会，建成新领域新业态新就业群体妇联1153家，培树“双优”妇联组织10家。建强妇联队伍，举办全市妇联系统政治能力提升培训班，召开学法感悟分享会，开展改革促发展主题研学、红色足迹行党性教育，增强执委履职担当和执行能力。联合市委政法委，推进女网格员与妇联执委“双向互动、交叉任职”，组织“万名妇联执委走基层”实践活动，走访慰问残疾妇女、单亲困难母亲家庭22万户，传递党和政府温暖关爱。打造服务阵地，线上依托“我的盐城”App妇女儿童益家模块，建设数字妇联，加强妇联组织内部协作、协调议事机构成员单位外部联动。线下推动市政府民生实事项目——市妇女儿童活动中心改扩建工程基本完成。放大妇女微家、公益性心理咨询服务中心等阵地作用，培树市级“最美妇女微家”10家，“红小律”等4个妇女微家入选全省新领域“最美妇女微家”。

妇联助农 年内，市妇联实施乡村振兴巾帼行动，团结引领广大妇女投身乡村振兴实践，共建共享美好生活。组织“巾帼科技助农直通车”进乡村，组建11支巾帼科技助农专家团，聘请232名科技助农特派员，开展助农服务2500余场次，惠及3万名农村妇女。擦亮“美丽庭院”创建品牌，组织“巾帼植绿护绿”集中行、“‘美丽庭院’我来秀”手机微视频征集，每月开展“20+”爱我家集中清扫日活动，全市新创市级“美丽庭院”示范点50个、示范户1.12万户，连续三年每年争取100万元奖补资金。推进“巾帼新农人培育计划”，培育一批种植养殖女大户、直播带货女网红、精品民宿女主人、带民致富女书记，壮大农业生产经营女性领军人才、实用人才队伍；组建市巾帼电商联盟，举办领头雁示范培训班、带货直播训练营，60场直播活动销售农产品300万余元。深化农村妇女“双学双比”活动，培育各类示范基地，争取奖补资金826万元。开展女性创新创业训练营、银企对接、岗村结对等400场活动，建立“庙湾巧手”“慧心坊”“响她”等“妈妈车间”“巧手工坊”326个，帮助万名农村妇女就业增收。

女性人才服务 年内，市妇联加入市人才工作领导小组，实施巾帼科技人才创新行动，组建巾帼科创人才联盟，联合驻盐高校、科研院所举办科创恳谈、专题研修以及女性科技人才发展现状调研，选取东台、大丰、盐都、亭湖4家高新产业园区布局试点，举办市巾帼科技创新创业大赛，依托“巾帼科创贷”“巾帼荣誉贷”等专属金融产品提供信贷资金8亿余元，助力科创人才成长。开展“乐在盐城”服务青年人才系列活动，落实“黄海明珠人才计划”，面向湖南省3所高校宣讲人才政策，为直属单位引进毕业于中国科学院大学、西安交通大学的两名优秀青年人才。联合市委组织部举办“缘起金沙湖·乐爱在盐城”青年联谊会、“来堂幸福课·乐学在盐城”婚恋交友主题讲座、“幸福大洋湾·乐居在盐城”集体婚礼暨青年人才相亲会，帮助青年人才融入盐城、建设盐城。联合市委组织部、市政府南京办事处组织“美丽留盐”优秀女性人才座谈会，引导在南京的盐城优秀女性人才宣传盐城、推介盐城。

家庭家教家风建设 年内，市妇联实施“家家幸福安康工程”，推进家庭文明创建。联合市文明办等部门开展“党的故事我来讲”少儿故事讲演比赛、“喜迎二十大”童画大赛、“童眼看盐城”探访体验等活动，组织全市百佳自强好少年评选活动并举办颁奖典礼。联合市委宣传部组织第五届“文明家庭”评选、第七届寻找“最美家庭”和第四届“百佳书香家庭”评比活动，成立市最美家庭联盟，评选出全国“最美家庭”“五好家庭”4户，省、市级各类家庭典型133户。联合市纪委、市文明办、市级机关工委开展“廉洁文化进家庭”“盐城春意暖·书香飘万家”“优良家风润机关”系列活动。推进家庭教育支持，紧扣家教“一法一条例”，召开全市家教工作会议，推动市县政府建立家教联席会议制度，开展“送法进万家·家教伴成长”宣传200余场次，创建省级“三全”家教示范社区66个，联合市中级人民法院、市检察院成立家教指导服务中心（站）78个。

市妇联七届六次执委（扩大）会议 1月25日，市妇联召开七届六次执委（扩大）会议，回顾总结全市妇联2021年工作，部署安排2022年重点任务。滨海县、东台市、市交通运输局、江苏仁禾中衡咨询集团公司妇联及“三出”（看得出，站得出，豁得出）妇联干部代表交流发言。大会表扬2021年度全市“六好”县级妇联组织、“三出”妇联干部和“十大”优秀执委项目。市妇联第七届执委，市级机关妇工委，市直各单位妇联主席、女工委主任，“两新”组织妇联主席，市妇联机关全体及直属单位班子成员等200人参加会议。

全市妇女儿童工作会议 5月20日，市政府召开全市妇女儿童工作会议，全面总结交流“十三五”全市妇女儿童工作取得的成绩和经验，研究部署全市妇女儿童工作。会上，表扬全市“十三五”妇女儿童工作先进集体和先进个人，印发2022—2023年市政府妇儿工委10件实事等文件，市教育局、市公安局，东台市、滨海县东坎街道作交

7月14日，“慧创她力量 科技助农兴”盐城市“巾帼科技助农直通车”集中行启动仪式在盐都现代农业园举行

市妇联 供图

流发言。会议以视频方式召开，市政府妇儿工委主任、副主任，各成员单位分管负责人、联络员，相关责任单位分管负责人在市主会场参加会议。各县（市、区）妇儿工委负责人、各成员单位分管负责人、各乡镇（街道）分管负责人、实施“十四五”妇儿规划市级示范镇（街道）主要负责人在各地分会场参加视频会议。

市庆六一“百佳自强好少年”颁奖活动 6月1日，市妇联联合市文明办、教育局、残联、关工委在串场河小学浪花剧场举办“少年自强 筑梦未来”盐城市庆六一“百佳自强好少年”颁奖活动。活动以“童在阳光下、少年当自强、奋进向未来”3个篇章展现品学兼优、困境自强、身残志坚3类自强好少年的感人事迹，引导少年儿童向榜样看齐，成长为担当民族复兴大任的时代新人，10万名网友在线观看。各县（市、区）文明办、妇联、教育局、残联、关工委主要负责人，各县（市、区）妇联家庭和儿童工作部长，市级机关妇工委、市直各单位妇联（妇委会、女工委）负责人及市直学校师生代表400人参加活动。

“巾帼科技助农直通车”集中行 7月14日，市妇联联合市农业农村局、科协、农科院在盐都现代农业园启动“巾帼科技助农直通车”集中行“慧创她力量·科技助农兴”主题活动。活动中，为服务团专家代表、助农特派员代表颁发聘书，为巾帼科技助农专家施庆华、马晶晶工作室挂牌，组织巾帼科技助农特派员与农村致富女带头人结对，巾帼科技助农专家与涉农名校优生结对。市及各县（市、区）农业农村局、科协、妇联主要或分管负责人，以及市巾帼科技助农服务团专家、巾帼科技助农特派员、涉农专业名校优生、农村致富女带头人等100人参加活动。

巾帼家政品牌建设“九个一”活动 年内，市妇联联合市人力资源和社会保障局等开展巾帼家政品牌建设“九个一”活动，举办首届家政劳务品牌技能大赛暨第二届巾帼家政职业风采大赛，组织“最美巾帼家政人”“最美雇主”评选，市县联动开展“心暖家政·与她同行”助企纾困行动、公益服务集中行等活动20次，打造省级巾帼家政服务社区示范站7个，培训巾帼家政服务员1.2万人（次），为全市家庭提供从婚恋交友、生育养育到养老照护的全生命周期家政服务。

《知乎女性》栏目五周年分享会 8月26日，市妇联联合盐城广播电视总台举办“她声音 向未来”——《知乎女性》栏目五周年分享会。活动中，启动“知乎女性·向未来”阅读品牌，国家一级作家、全国三八红旗手张晓惠，市科技馆馆长徐春凝，“名校优生”代表、市“十行百佳”巾帼典范、市委编办黄新杰，盐城机场出入境边防检查站移民管理警察刘晓燕、许秋雯、朱紫彤，市女企协会长季卫兵，山芋腔苏北菜创始人王嫣8位优秀女性代表现场讲述“她”故事，传递“她”声音，13.7万名网友在线观看。市女性创新人才协会、市女企业家协会、市三八红旗手协会、新兴领域新业态新就业群体妇联主席、全市各条线优秀女性代表等100余人参加现场直播活动。

“巾帼心向党 奋进新征程”主题活动 年内，市妇联围绕“巾帼心向党 奋进新征程”主题，依托“巾帼英烈铁军魂”党性教育基地和妇联系统新媒体矩阵，开展迎接、宣传和贯彻中共二十大精神系列活动，组织妇女干群热议报告，邀请中共二十大女代表吴红梅作专题分享，开展“五讲五进”巾帼大宣讲，举办“巾帼大学习·今天我来读”云接力、“回眸十年路·竞逐新赛道”等活动1300场次，覆盖妇女群众100万余人（次），引领妇女学思践悟党的新思想新理论。

（高旭芹　孙　绘）

盐城市科学技术协会

概　况 2022年，盐城市科学技术协会（以下简称市科协）所属市级学会（协会）50个、高校科协6个、市直科协20个。直属单位1个：盐城市科技馆。

基层科协组织建设 年内，市科协建立完善“4+1”工作长效机制［“4”是指吸纳县级和县级以下医院院长、中小学校长、农技推广部门负责人和科技型企业家四类人群，简称“四长”，进入县（市、区）、乡镇（街道）、村（社区）三级科协组织任职、兼职、挂职发挥作用；“1”是指加强上级科协对下级科协的指导，支持引导以“四长”为代表的基层一线科技者在县乡镇科协组织建设中发挥作用］，开展“4+1”工作质效评估，持续推动“四长”工作与人才队伍建设、科学普及和科技经济融合发展，不断激发基层科协组织活力。市科协被评为全省“4+1”工作质效评估优秀设区市科协，东台市科协等3个县（市、区）科协被评为优秀县（市、区）科协。实施学会服务科技创新能力提升计划，3个学会获评AAAA级社会组织、1个获评AAA级社会组织，市级学会等级社会组织覆盖率62%。加大新兴学术组织建设，指导符合条件的企业成立科协组织，新增市观鸟协会、市食品医药卫生学会2个市级学会和市直企业科协16家。

科技普及与推广 年内，市科协组织“全国科技活动周”“全国科普日”等系列主题科普活动，举办重点活动600场，100多万人次参与。举办盐城市首届“科普阅读推广小使者”评选活动，科幻作家刘慈欣通过视频致贺，在全市掀起科普阅读的热潮，参与作品2000余件，投票量108万次，访问量350万余次。承办第四届江苏省青少年创意编程大赛决赛，全省519名优秀选手齐聚盐城、同场竞技，全市32名中小学生参赛并获奖

（其中13人获一等奖），市科协被表扬为优秀组织单位。围绕提升基层科普服务能级和水平，实施2022年度盐城市基层科普行动计划，对10个农村科普先进单位、5个城镇科普先进社区和5个基层科普先进阵地以奖代补75万元。开展科普教育基地和科学教育综合示范学校创建工作，创成省级科普教育基地10个、省科学教育综合示范学校4所。探索新时代科技志愿服务工作路径，围绕群众科技需求，实施市级公益性科普活动资助项目28项，开展社会需要、群众喜欢、影响力大、服务面广的系列科技志愿关爱服务420余场次，惠及群众26万人次。

科技人才服务 年内，市科协举办2022年“全国科技工作者日”主场活动，100余名科技工作者代表参与座谈交流。与市委组织部、市人力资源和社会保障局联合评选表扬优秀科技创新团队10个、科技标兵10名、优秀科技工作者30名。专题采访21名创新创业人才，在《盐阜大众报》《盐城晚报》和“学习强国”学习平台等媒体平台宣传优秀事迹，展现全市科技工作者风采。走访慰问一批做出突出贡献的老科技工作者和基层一线科技工作者代表，不断提升科技工作者的幸福感、自豪感和荣誉感。不断加大优秀科技人才培养和举荐力度，经市科协推荐，1人入选中国科协科技人才奖项评审专家库，1人入选“江苏省最美科技工作者”（全省仅10名），2名“名校优生”入选江苏省科协青年科技人才托举工程资助对象，8名企业科技工作者被评为2022年“科创江苏”企业创新达人。组织“淮海科学技术奖”参评工作，推荐参评项目21个，获评一等奖1项、二等奖4项、三等奖2项，科技英才奖1人，创全市获奖新纪录。

科技服务 年内，市科协服务企业发展，组织“助企纾困·科技赋能”会企合作线上对接会、企业创新发展行动等活动，引荐省汽车工程学会与江苏悦达汽车集团有限公司开展“会企合作”。组织中国科协“海外专利信息资源系统”应用推广专场培训、企业创新方法培训等，相关企业科技主管、专利工程师等300余人参加培训。至2022年年底，全市企业专利应用系统平台注册1200余家，全年培育国家级优秀应用案例22个，用户活跃度居全省前列。贯彻落实全面实施乡村振兴战略和盐城市乡村振兴战略实施规划，组织市、县两级17个学会与23个行政村结对实施“村会合作”助力乡村振兴，“藕塘套养龙虾”等一批合作项目取得良好的经济效应，市营养学会“食育”科普助力乡村健康校园建设项目入选中国科协“智惠行动·百会百县乡村行”项目，获中国科协资助。会同市委组织部印发《关于开展“四长”示范点建设助力乡村振兴行动的实施意见》，结合“四长”自身工作职责和特点，常态化开展既“富脑袋”又“富口袋”的科技服务活动。

市科协七届七次全委（扩大）会议 3月3日，盐城市科协七届七次全委（扩大）会议召开，会上作题为“广聚科技英才 迸发创新动能 为建设现代化新盐城贡献科协力量”的工作报告。举行颁奖仪式，为受到中国科协、省科协和盐城市科协表扬的集体和个人代表颁奖。全委（扩大）会议前，召开市科协七届七次常委会议，增补市科协第七届委员会委员、常委，审议通过全委（扩大）会议议程，审议接纳盐城市青少年人工智能教育学会为盐城市科协团体会员。

2022中国·盐城绿色低碳产业人才发展大会 11月12日，2022中国·盐城绿色低碳产业人才发展大会举办。俄罗斯工程院副院长斯比兰斯基院士通过视频对会议召开表示祝贺，中国工程院院士张全兴、任洪强等50余名国内著名专家学者齐聚盐城，为绿色低碳发展探求“盐城路径”“盐城方案”。会上揭牌成立江苏省海外人才创新创业联盟环境科学与双碳产业专业委员会、中俄（盐城）低碳产业技术创新中心。

2022年“科创江苏”创新创业大赛盐城赛区决赛 7月18日，2022年“科创江苏”创新创业大赛盐城赛区决赛在盐城举行，大赛涵盖先进制造、生物医药、电子信息、移动互联网、新能源与节能环保、新材料等领域，31支参赛团队参加决赛路演。

市第11届“自然科学学术活动月”活动 10月15日，盐城市第11届自然科学学术活动月启动仪式在大丰区举行。启动仪式上，举行盐城地区第九届淮海科技奖、2022“科创江苏”创新创业大赛盐城决赛颁奖仪式。在

5月27日，2022年全国科技活动周暨盐城市第34届科普宣传周主场活动举办。
市科协 供图

学术活动月期间，市科协联合驻盐高校、各级学会和企业科协开展学术交流活动156场次。

市“全国科普日”主场活动 9月18日，2022年盐城市“全国科普日”主场活动举办。中国科协“智惠行动·百会百县乡村行”科技志愿服务盐城入选项目揭牌。活动中，向农村留守儿童发放“食育”科普大礼包，为省级青少年科技教育综合示范学校、省科协青年科技人才托举工程入选人员等颁发奖牌和证书，对“盐城市科普阅读推广小使者”评选、第二届盐城市创意编程大赛进行总结表彰，聘请2名热心科普事业的企业负责人为“企业科普大使”，盐城市科技馆与3所学校签订馆校合作协议。（陈荣鑫）

盐城市归侨侨眷联合会

概　况 2022年，盐城市归侨侨眷联合会（以下简称市侨联）团结凝聚全市归侨侨眷和海外侨胞，逐梦新赛道、建功新征程，全市侨联各项工作取得创新发展、再创新高。年内，市侨联加强阵地建设。市侨联召开市侨联五届十七次常委会议、五届十五次全委（扩大）会议、党支部换届选举大会、党史学习教育专题民主生活会，组织人员参加省侨界志愿服务总队成立大会和省侨联第十三期干部培训班等，举办全市基层侨联干部培训班。年内，市侨联创成“中国华侨国际文化交流基地”3家（江苏省杂技团、阜宁县杂技团、射阳县杂技团），中国侨联“侨胞之家”典型选树单位1家（大丰区图书馆），江苏省华侨文化交流基地3家（盐城市射阳县淮剧团、新四军纪念馆、盐城市第一小学），江苏省新侨创新创业基地2家（盐城经济技术开发区、江苏东台经济开发区），江苏省侨联双“五有”侨联组织1家（盐都区侨联）。1篇人物题材故事入选中国侨联网上营故事库、1份维权案例入选《江苏侨界维权典型案例》。

联络联谊 年内，盐城市侨联组织人员参加江苏省侨联青年委员会“志青春·侨青颂发展 强国当有我”主题实践活动，学习领会习近平总书记勉励南京大学留学归国青年学者回信精神，凝聚侨界青年“强国有我 请党放心”青春力量。组织人员观看“侨心永向党·礼赞新时代”——江苏侨界喜迎中共二十大主题演讲比赛，盐城选手刘攀攀演讲的《用大爱铸就侨联事业新辉煌》获得优秀奖。与市侨办、市卫健委和市海联会联合举办中医情·文化行——盐城市“中医惠侨·盐之有康”中医药海外推广联盟成立仪式，日本江苏总商会会长李磊、美国华人总商会会长程远和泰国江苏商会执行会长张明清等盐城籍海外侨领，通过视频方式发来跨越大洋的美好祝福。市中医药学会、市中西医结合学会与马来西亚中医总会，射阳中医药文化馆与马来西亚中医馆开展“云签约”，马来西亚马六甲州政府对华事务特使、拿督威拉颜天禄，中国侨联海外委员、马来西亚拿督斯里洪来喜等侨领，以及中国驻马来西亚大使馆有关领导通过视频连线方式在马来西亚参加活动。组织市侨界摄影联谊会成员参加2022“向未来”上海国际郎静山摄影大赛，4人勇夺本届上海国际“郎静山摄影艺术奖”慈善摄影大赛大奖［1个国际摄影家联盟（GPU）铜奖、3个金像奖］。推荐题材人物故事《施耐庵白驹水浒情》入选中国侨联网上营故事库。开展2022“亲情中华·为你讲故事”江苏网上常规营盐城段活动，全球10余个国家、20余个侨团（侨校）、2000余名华裔青少年参加，活动新闻首次登上“学习强国”学习平台，作为先进单位在全省总结会上作交流发言。

服务侨群 年内，市侨联开展侨企“大调研、大走访、大排查”活动，帮助协调解决企业困难与诉求。开展走访关爱侨界困难归侨侨眷和党员干部“暖心”行动，发放慰问金16.1万元，实施老归侨“一对一”帮扶，组织市侨届青年委员会开展重阳献爱心暨法律讲座公益活动，为“空巢老人”送去价值3万元的爱心物资，及时传递侨联组织温暖，增强人民群众幸福感、安全感和获得感。组织人员参加“创业中华·筑梦江苏”2022江苏侨界创新创业大赛，市侨商总会会长、滨海吉尔多肽有限公司董事长徐红岩负责的新冠病毒疫苗筛选与药物用多肽研发项目获得最佳科技创新奖。组织人员参加省侨联“创业中华·筑梦江苏”侨创云沙龙·同心抗疫谋发展活动，学习省政府相关职能部门纾困惠企政策，分享交流新冠肺炎疫情特殊时期盐城侨企生产经营现状及困难诉求，讲真话、道实情、把准脉、献好策。年内，宣传盐城侨界人士的《三代人跨洋接力，这份“中秋之约”27年从未中断》先后被中国侨联网、《新华日报》、江苏省文明网、江苏省侨联网等媒体报道，《不负韶华赴山海、不忘桑梓中国心》先后被“今日头条”App、江苏省侨联网、《盐城工作》等媒体报道。

资政建言 年内，市侨联策划推荐侨界人士创办的盐城慰平烧创伤中医院建成“政协委员之家”，协商办妥“小区垃圾乱倒车辆乱停”“完善居民飞线充电”等民生议题3项，撰写提交《加大“双招双引”力度，汇聚国际化人才团队》《发展农村电商，促进农产品销售和农村消费》《加强政府引导，强化要素保障，创新发展机制，健全普惠托育服务体系》《缓解草莓种植户的燃“莓”之急》等政协提案、社情民意9篇，其中《探寻新型城镇化绿色发展三项举措》在《盐阜大众报》刊登2次、《关于推动物业管理与社区治理双向融合的建议》在市政协民生论坛上交流。

护侨维权 年内，市侨联开展“侨务法律知识进高校”活动，指导督查县（市、区）侨法宣传工作，发放侨法资料，制作侨法宣传板和标语，注重在侨法宣传工作中，增强侨联干部依法护侨意识和水平，培育发展侨界普法志愿者。深化“检侨联动”机制，化解巴西江苏同乡总会会员银行账户冻结、非洲加蓬华侨民事纠纷、日本和新西兰华侨拆迁信访等5起涉侨纠纷案件，依法护侨维权，追回经济纠纷款1000万余元，信访办复率100%，纠纷调解率100%，其中《日本华侨施某老宅拆迁案》入选江苏侨界维权典型案例。

“亲情中华·为你讲故事”江苏网上常规营盐城段 7月11—13日，由中国侨联主办，省侨联、市侨联承办，盐城外国语学校协办的2022“亲情中华·为你讲故事”江苏网上常规营第三期盐城段活动举办。全球10余个国家、20余个侨团（侨校）在“云游水绿盐城”“学做盐城美食”中，感受“国际湿地、沿海绿城”的历史人文之美，进一步增强民族自豪感、文化认同感。为期3天6节云端直播课，“小营员”打卡作品量300余次，视频播放量20万余次，活动新闻首次登上“学习强国”学习平台。 （孙岩钢）

盐城市台湾同胞联谊会

概　况 2022年，盐城市台湾同胞联谊会（以下简称市台谊会）在市、各县（市、区）、国家级开发园区、大中专院校发展分会16家、会员716人。至2022年年底，在盐城定居的台胞有74人，其中，高山族22人、汉族52人。二代台胞22人，三代台胞27人，四代台胞25人，分别居住在东台市、射阳县、滨海县、阜宁县、响水县、盐都区、亭湖区、大丰区、盐南高新区。

服务台胞 年内，市台谊会通过“盐城台胞之家”微信群组织台胞收看中共二十大直播，转发《一图速览二十大报告》等相关文章，组织在盐城定居台胞代表人士和青年台胞畅谈学习中共二十大感言，相关学习感悟被《江苏台联》采用，向省台联报送盐城台籍政协委员建言献策提案3篇。印发《盐城市定居台胞爱心服务手册》，对全市74名定居台胞按照“一人一档”的形式，进行信息登记和身份资料的收集。

“情系台胞、爱在盐城”活动 年内，市台谊会关心关爱全市老年、困难台胞，开展“情系台胞、爱在盐城”系列活动，通过走访、发放补助资金、发放大礼包等方式送去慰问，发放补助资金4.18万元。

（王琦玥　祝春燕）

盐城市青年联合会

概　况 2022年，盐城市青年联合会（以下简称市青联）坚持制度强会，推动全市各级青联制订青联委员履职规范、委员直接联系青年、提案和建议工作实施细则“三项制度”。按照《青年联合会组织办法》，规范换届和常委会工作，指导射阳青联筹备换届，东台、大丰、盐都三地召开县级青联常委会议。坚持改革兴会，市青联按照改革精神规范完成换届程序，委员结构全部达到改革要求。加强团属社团建设，新增盐城市高层次人才协会青年人才分会、盐城市欧美同学会青委会2个会员团体，吸纳6名高层次青年人才、4名具有海外学历的高级知识分子加入市青联，变工作对象为工作力量，实现对盐城青年更广泛的连接。

青年思想引领 年内，市青联抓好委员理论武装，举办学习中共二十大精神座谈会、共青团和青联专场宣讲会12场，各级青联委员发布热议47篇。发挥青联委员作用，邀请青联委员代表、市级“五四”奖章获得者、战“疫”青年典型榜样，开展盐城市“爱国团结奋斗”主题宣讲、青春新视野委员思想分享会——盐城市青春榜样进校园分享会4场次，引导各界青年群体坚定理想信念。树好先进典型示范，开展第11届“盐城市青年五四奖章”评选活动，推选“盐城青年五四奖章”10名、“盐城青年五四奖章集体”10个、“盐城青年五四奖章”（抗疫专项）10名、“盐城青年五四奖章”（抗疫专项）集体10个；推选“盐城青年五四奖章提名奖”10名、“盐城青年五四奖章集体提名奖”5个。

青年人才服务 年内，市青联助力建设人才强市，围绕“黄海明珠人才计划”，开展政策宣介，牵头开展“名校优生”人才引进宣讲山东场。举办青年科技成果直通车活动，组织20余名青年科技人才进园区进企业揭榜答题，推动青年科技成果转移转化。实施海归青年人才“新引力”服务计划，协助实施“新引力”海外学子江苏就业见习项目，开展社会考察、文化体验、看家乡等10余场活动，为青年海归人才在江苏发展打下基础。4支“青联委员服务团”深入田间地头开展服务，为乡村振兴注入青春活力。发挥好青联委员中党代表、人大代表、政协委员作用，依托各级人大、政协等渠道提交79份提案建议，反映青年呼声、发出青联声音。

青年联络交流 年内，市青联参与对口支援工作，常态化开展“书信手拉手结对”活动，为青海同德困难家庭大学生提供就业实习岗位30个。联合市青年书法美术家协会录制《美育云课堂——行书的审美培养和技法学习》教学视频，向察布查尔县、同德县中学提供线上教学服务，为两地青少年心灵沟通、情感融合架起桥梁。开展“盐铜青力量·圆梦微心愿”暨开往乡村振兴的青春专列主题活动，捐赠资金7.5万元。深化江苏与港澳台地区青年交流合作，举办“携手同行 一起向未来”盐台青年庆祝五四青年节交流活动，30余名两岸青年畅谈在盐城创业发展，彰显“两岸一家亲”的浓浓情谊。举办江苏中韩优秀大学生夏令营盐城行活动，中韩两地60余名中韩大学生参加活动。举办“2022年中国盐城市和日本鹿岛市青少年线上友好交流”活动，制作主题视频《山川异域 风月同天》，鼓励两地年轻一代踊跃投身中日友好事业，在交流合作中增进理解、建立互信、发展友谊。

（王洁如　高　梅）

盐城市文学艺术界联合会

概　况　2022年，盐城市文学艺术界联合会（以下简称市文联）有团体会员30个，包括22个市级文艺家协会、6个县（市、区）文联、2个行业文联（市公安文联、市金融系统文联）；有国家级会员539人、省级会员2086人、市级会员6529人。“树品牌亮特色 提质效促发展”项目获2022年全省文联工作创新奖。年内，市文联工作以中共二十大精神引航定向，团结文艺界听党话、颂党恩、跟党走。召开学习宣传贯彻中共二十大精神动员部署会，在盐城文学艺术网陆续刊发全市文艺工作者的学习感想。在微信公众号开设“理论云课堂”版块，推送习近平总书记重要讲话、指示、批示精神及理论文章。围绕纪念毛泽东同志《在延安文艺座谈会上的讲话》发表80周年，举办座谈会、书法展，引导广大文艺工作者重温讲话精神，做好新时代文艺工作。

协会管理　年内，市文联推动协会成立功能党支部。成立中国共产党盐城市文艺家协会委员会，推动市书法家协会、美术家协会、音乐家协会、京剧票友协会、油画学会成立功能党支部。召开巡查反馈会和巡查整改工作推进会，围绕协会政治建设、协会党建、意识形态、行风建设、财务管理、组织建设、风险排查等方面，对市书协、市音协、市美协开展重点工作巡查，压实工作责任，督促问题整改。强化文联系统意识形态阵地监督管理，常态化排查问题隐患，做到知责于心、担责于身、履责于行。

文艺奖项　年内，红色曲艺剧《盐阜往事》参加献礼中共二十大晋京晋省演出，亮相2022紫金文化艺术节。“鲁艺薪传·作家日”活动入选中国作协文学志愿服务示范性重点扶持优秀项目。盐城黄海湿地文学攀登行动获得2022年度江苏省基层文学工作先进单位、先进个人评选创新创优项目。市作协获评2022年度江苏省基层文学工作先进单位、先进个人评选先进单位提名。市美术家协会获评2021年度江苏省美术家协会组织工作先进单位。举办“新时代颂”2022江苏美术摄影主题联展盐城分展，市文联获优秀组织奖，市美术家协会获优秀创作奖。市剧协获评“新时代颂”江苏省第四届“戏剧小戏小品”展演优秀组织单位。市曲艺家协会获评《曲艺》杂志2022年度通联工作先进单位。杂技节目《炼——倒立技巧》获评第十一届中国杂技金菊奖；顾高俊版画《血色记忆》、谢雪峰版画《红嫂》、戴国禾水彩画《人民子弟兵》参展庆祝中国人民解放军建军95周年全国美术作品展览暨第15届全军美术作品展览。吴长青《重提网络文学批评的有效性》获评第六届“啄木鸟杯”中国文艺评论年度优秀作品（年度优秀文艺短评文章）。徐向林《东方湿地》获第五届江苏报告文学奖。杨舟油画《城市狂想曲》获得江苏省文艺大奖·第四届美术奖。严正东《海涂精灵 湿地乐章》《潮落留痕 沙洲如画》《飞羽传情》《逐鹿滩涂》《梦幻湿地》等20幅作品获得江苏省文艺大奖·第四届摄影奖（艺术/商业类）。淮剧《小城》《谷家大事》获得江苏省第十二届精神文明建设“五个一工程”优秀作品奖。淮剧《范公堤》获得2022紫金文化艺术节“优秀剧目奖”、2022紫金文化艺术节“优秀表演奖”。曲艺剧《盐阜往事》获得2022紫金文化艺术节“优秀剧目奖”。电视纪录片《盐城味道》获得江苏省第十二届精神文明建设“五个一工程”优秀作品奖。

文艺展示　年内，市文联结合各艺术门类特点，开展主题文艺活动。举办“新时代颂”2022江苏美术摄影主题联展盐城分展，展览征集作品2500余件，展出作品276件。举办“奋进新征程，建功新时代”喜庆中共二十大胜利召开盐城书法作品展、“喜迎二十大”篆刻命题创作网络展、开展以“红色文学的传承脉络和共产党精神谱系的融合路径”为题的红色文学讲座等20余项活动，以形式多样、丰富多彩的艺术语言礼赞新时代。举办“奏响新时代 喜迎二十大”管乐艺术普及专场音乐会，举办“江山如此多娇”《毛泽东诗词》合唱音乐会。举办“画说湿地”盐城美术作品晋省展，在《现代快报》《湿地画苑》栏目推荐本土画家湿地文艺作品。开展文艺精品惠民行动，承办中国百家金陵画展收藏作品展、江苏省第八届新人美术作品展优秀作品巡展等活动。做好“我们的节日”惠民文艺展览展示展演活动。

文艺交流　年内，市文联举办长篇报告文学《东方湿地》作品研讨会，省作协、省报告文学学会、省文艺评论家协会及省内部分高校的文艺评论家和作家深入研讨。举办“湿地画苑”出刊百期美术教师座谈会，众多美术教师、书画爱好者们交流艺术创作。开展“新时代颂”主题采风活动，召开“新时代颂”美术摄影主题展审题研讨会。召开纪念《在延安文艺座谈会上的讲话》发表80周年座谈会。举办“喜迎二十大，诗颂新盐城”端午诗会。举办“豫见盐城”黄勇宾民族声乐（独唱）分享会。举办“以诗歌打开万物之美”——姜桦作品朗诵会。

文艺赛事　年内，市文联举办“大美盐城·向海图强”主题征文活动。“诗唱新百年”盐城市第七届诗歌大赛暨中秋诗歌朗诵会。“童心逐梦·喜迎二十大”盐城市青少年艺术大赛。加强湿地文学创作研究，组织“国际湿地之都·鹤影花香盐城”文学征文活动。举办江苏省第四届快板大赛颁奖仪式暨文化惠民演出。

文艺创作　年内，市文联出版散文集《滩涂地：从黄海湿地到范公堤》，创作长篇散文《世遗·湿地记》，编辑《盐城印象》《盐城历代诗词选》,以文学彰显“世遗”魅力。徐向林报告文学作品《青春,在“火焰蓝”中淬炼》在《人民日报》副刊刊发。徐向林近15万字长篇报告文学《东方湿地——生物多样性的中国样本》在《中国作家》纪实版2022年第6期“新时代、新篇章”头题栏目发表。创作《田野欢歌》《梅花湾》两首歌曲，编著《“时代华章”中国雕塑家作品集》，创作舞蹈《湿地恋歌》《青春心向党》《逐浪潮头》，创作国家艺术基金2022年度资助项目淮剧《范公堤》，参加“新时代颂”江苏省第四届“戏剧小戏小品”展演参赛剧目创作，参加2022年长三角地区小戏小品剧本征集展演参赛剧目创作。

“盐风海韵”文艺志愿服务品牌 年内，市文联组建包括县（市、区）文联和文艺家协会在内的30支新时代文明实践文艺志愿服务队，统一活动标识，集“文艺志愿、文艺采风、人才培养、文艺创作”于一体开展文艺活动，提升活动影响力。省、市、县联动，深化文艺志愿服务内涵，提升文艺志愿服务质效，开展文艺精品惠民行动，承办中国百家金陵画展收藏作品展、江苏省第八届新人美术作品展优秀作品巡展、江苏省第四届快板大赛颁奖仪式暨文化惠民演出等活动。做好“我们的节日”文艺惠民展览展示展演活动。以送戏下基层、文艺进校园、书法送万福、摄影全家福等志愿活动为重点，抓好“文化进万家”惠民活动。

“一会一品”文艺活动品牌 年内，市文联在文艺家协会中推进一个协会创建至少一个优势品牌项目的工作。优化提升“全国乡村优秀曲艺节目交流展演”“杂技村村到校校到”惠民工程、“市青少年艺术大赛”、书法“双千工程”“盐城美术奖作品展览”“端午诗会”“摄影双年展”等16项活动品牌。新培塑“曲苑新唱”少儿曲艺培养基地、“盐阜今昔”油画创作展、“戏剧我言”戏迷周周乐等11项活动品牌。通过27项品牌活动的打造，引导协会找准盐城文艺脉络，突出盐城文艺的核心优势，展现盐城特色、塑造盐城形象。 （季琳琳）

盐城市残疾人联合会

概 况 2022年，盐城市有51.2万残疾人,其中持证残疾人18.4万人，设有9个县（市、区）残联，135个乡镇(街道)残联,2328个村(社区)残协。年内,盐城市残疾人联合会(以下简称市残联）根据《中国残疾人联合会章程》规定和《江苏省残联关于各级残联换届工作的意见》精神，圆满完成市以下残联（残协）换届。实施中华人民共和国残疾人证便利化改革，联合市卫健委印发《关于做好全市残疾人证办理便利化服务工作的通知》，推动“季度、月度评残机制”向“每周评残”转变。持续打造“助残爱心驿站”品牌，市级机关党建联盟成员单位拓展到44个，覆盖党员干部500余名。年内，市残联“红色书香”系列扶志项目、亭湖区残联门诊化预约评残项目，获评省残联“创新创优示范项目”。9月，盐城78名运动员参加省第十一届残疾人运动会，参与轮椅击剑、田径、游泳、特奥乒乓球、特奥田径、掼蛋、旱地冰壶、盲人板铃球等项目的角逐，夺得34枚金牌、15枚银牌、17枚铜牌，创历史最好成绩。盐城市代表队获评大赛组委会颁发的优秀组织奖、体育道德风尚奖。

残疾人救助 年内，市残联开展纾困解难、公益助残等救助工作。出台新冠肺炎疫情期间12条纾困解难措施，全年全市发放残疾人自主创业补贴34.65万元、新冠肺炎疫情补贴107.3万元、临时生活救助1.55万元、辅助性就业57.99万元，残疾人机构新冠肺炎疫情补贴21.6万元，减免房租13.25万元，盲人按摩纾困补助7.15万元。推动公益助残，全年筹集公益助残资金（物资）200.27万元，落实“阳光学子”“关爱童享”“展能之家”等项目，向残疾人家庭捐赠太阳能热水器和基本家电4443台，资助“阳光学子”45人、资金13.5万元。开展网络募捐，参与“99公益日”活动，全市21个机构筹集资金272.89万元，惠及万名残疾人。

残疾人康复 年内，市残联印发《残疾预防行动计划（2022—2025年）》，完成家庭医生签约14.39万人、白内障复明手术3681例。印发《2022年度盐城市孤独症儿童基本康复规范化服务全覆盖行动实施方案》，完成1654名孤独症儿童康复服务，超额达到省定任务数。开展残疾儿童康复服务3847人，精神类疾病患者免费服药1.57万人，完成辅具适配7046人，建成社区康复示范点24个，开展社区康复服务4180人。持续推进听障儿童人工耳蜗植入与升级项目，完成筛查136人、植入56例、升级162例、术后入机构康复23人。

残疾人托养 年内，市残联落实市政府办《关于做好精神智力和重度肢体残疾人居家托养服务工作的通知》精神，推动构建以寄宿制托养服务为依托，以“残疾人之家”日间照料为主体，以居家托养服务为补充的托养服务体系，扩大托养服务供给。全年全市新增16~59周岁无业，智力、精神和重度肢体残疾人托养服务2375人，其中，寄宿制托养474人、日间照料604人、居家托养1297人，超额完成省定全年任务。至2022年年底，全市接受托养服务的残疾人总数为8888人。

残疾人权益保障 年内，市残联推动残疾人意外伤害保险项目，投入623.63万元，帮助15.66万名残疾人参保，1336名残疾人获赔628.57万元。推动“全国无障碍示范市”创建工作，投入430万余元为1402户实施困难残疾人家庭无障碍改造，改造户数居全省第一位。落实残疾人教育补贴政策，向全市756名高中及以上残疾人学生发放补贴90.55万元。开展法治宣传，深入残疾人服务机构开展活动23场，免费提供法律咨询26人次。联合中国移动推出助残爱心套餐，1.59万名残疾人办理业务，节约通信资费650万余元。

残疾人就业创业帮扶 年内，市残联与市人力资源和社会保障局、市乡村振兴局联合组织残疾人就业援助月，开展“走访企业问需求，助力就业有温度”“云牵手，让就业触屏可及”和“就业无碍‘职’面未来”就业专场招聘会等活动，连续4个月开展“抗疫有我 职场助力”每日一企在行动，形成就业援助合力。全年全市新增残疾人实名制就业5710人、实名制培训3206人，分别居全省第二位、第五位，全市就业年龄段残疾人就业率53.12%。举办“2022年盐城市残疾人职业技能竞赛”，5人被市人力资源和社会保障局授予“盐城市技术能手”称号。推进按比例就业工作，全市年审单位1840家，安置残疾人5282人，向204家单位发放按比例安排残疾人就业补贴和超比例奖励170.2万元。

市残联第六次代表大会 12月22—23日，市残联第六次代表大会在盐城召开。大会听取并审议第五届主席团所作的《奋进新时代 建功新征程 努力开创残疾人事业全面发展新局面》工作报告，选举产生市残联第六届主席团委员和出席江苏省残联第八次代表。主席团一次会议上，聘请市残联名誉主席。选举主席团主席、副主席；推举执行理事会理事长、副理事长、理事。通过市残联第六次代表大会关于第五届主席团工作报告的决议和关于授权主席团会议调整主席团委员的决议。

“书香助残、暖心扶志”残疾人阅读工程 年内，市残联围绕“读书迎盛会、一起向未来”主题，推进残疾人读书活动进服务机构、进学校、进家庭。9月下旬，“全省残联读书走基层活动”正式启动，全市举办读书活动295场，发布残疾人读书分享微视频11期，参加活动残疾人1.28万人（次），评出市级“书香残疾人之家”26个，增强残疾人精神文化的获得感和幸福感。（孙成森）

盐城市红十字会

概　况 2022年，盐城市红十字会加快推进县级红十字会换届工作，东台市、大丰区红十字会按期完成换届，9个县（市、区）红十字会设立监事会。实施“红十字强基工程”，按照“8有”（有组织、有计划、有制度、有阵地、有活动、有氛围、有亮点、有台账）要求健全完善乡镇（街道）、学校、医院、机关等红十字会组织，推进新领域基层红十字会建设，新建基层组织98个。加快推进学校红十字会工作，全市32所学校通过江苏省红十字示范校复评认定，推进红十字青少年活动月工作。射阳县合德镇虹亚社区居民委员会被评为全国红十字模范单位，4名会员被中国红十字会总会评为“会员之星”。盐城市红十字会获中国红十字会总会报刊宣传工作先进集体一等奖、红十字生命教育防灾避险知识竞赛二等奖。获省文明办、省红十字会等8部门表彰的“博爱青春”暑期志愿服务组织奖。获评盐城市委、市政府文明创建工作先进集体。开展“喜迎二十大，勇当排头兵”庆祝中国共产党成立101周年“十个一”系列活动。推进县级红十字会党的建设，2022年新成立2个党组，全市有5个县级红十字会成立党组。根据党委政府统一要求，助力做好新冠肺炎疫情防控工作，红十字会工作人员、会员和志愿者主动参与新冠肺炎疫情防控，协助做好“敲门”行动、为公共文化场所、社区搭建防疫帐篷、开展场所环境消杀、参与全员核酸检测演练等志愿服务。市红十字会精准对接新冠肺炎疫情防控需求，向县（市、区）红十字会、AAAA级旅游景区、AAAAA级旅游景区、市区公共文化场所、市直学校和志愿服务队发放1000只防疫包，向亭湖区卫健委捐赠1.66万份新冠抗原检测试剂。市红十字会医院承担辖区内新冠肺炎疫情防控工作，负责疫苗接种、核酸检测、居家及酒店隔离监测等防控任务，全年完成核酸检测436万人次。

“三献”工作 年内，市红十字会举办第八个“世界骨髓捐献者日”主题宣传活动，全年捐献报名采样1305人份，完成全年目标任务的186%，实现捐献18例，创历史新高；全年新增无偿献血志愿者1481人，献血总量10.93万个单位。联合市委宣传部、市文明办授予14名造血干细胞捐献者盐城市“爱心大使”荣誉称号。市县联动开展遗体和人体器官捐献志愿登记活动，全年全市新增遗体和人体器官捐献志愿者1.12万人。

红十字会应急救援 年内，市红十字会发挥市、县红十字会救援队全部建成功能型党支部的优势，组织救援队参加各类演训活动，全年参与大型公益活动保障70次，开展培训演练222次。“5·12”防灾减灾日，组织救援队参加全市地震应急救援联合演练行动。在阜宁县金沙湖举办全市红十字会系统首次应急救援联合演练。承办全省应急救援综合演练。深入街头、学校、社区、企业，开展防灾减灾宣传活动，提高公众防灾减灾意识和能力。市、县救援队能力得到新增强，全市10支救援队有骨干队员416人，新增经费投入160.06万元。加强应急物资储备库建设，9个县级红十字会物资储备库建筑面积均超省定标准。

群众性应急救护培训 年内，市红十字会紧扣“健康盐城”建设，主动加强与市卫健委、教育局、文广旅局、应急管理局等部门协作，开展“关爱生命，救在身边”行动，推动救护培训提质扩面。与市教育局联合在全市学校开展“救在身边，校园守护”行动，打造“救在身边·校园守护”品牌。与市文广旅局共同推进AAAA级旅游景区红十字救护站建设工作，全市20个AAAA旅游景区实现红十字救护站建设全覆盖。2022 年，完成持证培训 3.68 万人，完成全年目标任务 184%。普及性培训 25.92 万人，完成全年目标任务 323%，高一、大一新生普及性培训达 100%。响水县红十字志愿者秦凯等乡村救护员群体获中国“最美救护员”称号。

红十字会募捐筹资 年内，市红十字会在新型基层组织中成立红十字会，设立专项基金，救助困难群体，打造公益品牌。紧跟互联网“云”步伐，创新筹资方式和途径，实施“5・8”人道公益日、“99”公益日网络筹资活动，“5・8”人道公益日 14 个项目筹款 62 万余元，居全省第三位。“99”公益日 16 个项目筹款 180 万余元，居全省第三位，参与人次 9.33 万人次，居全省第一位，筹资总额及参与人次均创历史新高。2022 年，全市红会系统募集款物 5426.94 万元，完成全年目标任务的 271.3%。全市“99 公益日”网络筹资活动获江苏省红十字会系统的最佳组织奖。

红十字会救助 年内，市红十字会常态化开展“博爱送万家”活动，建立“物资＋服务”救助方式，救助慰问困难群众。实施“博爱助学”“博爱助医”“博爱助老”“博爱光明行”等救助项目。参与“三下乡”活动。做好中国红十字基金会“小天使”和“天使阳光”救助项目，争取小天使、天使阳光基金拨款 167 万元，救助患儿 54 人。实施省级人道项目 6 个。全年全市红十字会系统使用捐赠款物 4433 万元，其中支出卫生费用 2693.29 万元，同比增长 9.89%。开展对口支援工作，支援铜川市红十字会系统 114.7 万元，支援玉树市新寨中心寄宿制学校 10 万元，完成对口支援目标任务 224.9%。

5 月 12 日，盐城市红十字会救援队参加全市地震应急救援联合演练行动。

王 蕙 供图

“博爱家园”建设 年内，市红十字会加大“博爱家园”推进力度，注重丰富“博爱家园”内涵，探索“物资＋服务”模式，全年新建博爱家园 55 个，在“博爱家园”成立基层红十字会 136 个、建立志愿服务队 153 支、志愿服务站 153 个、基金 133 个，筹资 387.68 万元，开展人道服务项目 986 个，受益群众 3.13 万人次。8 个“博爱家园”被江苏省红十字会表彰为“优秀博爱家园”，盐城市“博爱家园”做法被《中国红十字报》宣传推广。

“博爱送健康”行动 年内，全市红十字会系统发挥红十字冠名医院人才优势，组织市、县红十字冠名医疗机构以及市红十字会医院，深入街道（乡镇）、社区、红十字“博爱家园”开展送医送药送健康服务，推进“健康盐城”建设。组织冠名医疗机构开展“博爱送健康”250 次，受益群众 4.67 万人次，分别完成全年目标任务的 277% 和 324%。

“一县一品牌”创建工作 年内，市红十字会以全市红十字事业高质量发展为指引，围绕党政所需、群众所盼、红会所能，结合地方实际，以“一县一品牌”创建工作作为为民办实事的突破口，在城乡社区、学校、旅游景区打造“博爱家园”“红十字健康小屋”“红十字志愿服务农场”“红十字养老照护培训基地”“生命安全体验场馆”“红十字救护站”“红十字救援培训基地”等一批有特色、有成效的工作品牌，成为群众用得上、信得过的红十字服务窗口和服务阵地，提升群众的幸福感和获得感。（王 蕙）

法　　治

编辑　曹懿超

综　述

法治盐城建设　2022年，盐城市政法系统紧紧围绕市委、市政府中心工作和市委全面依法治市委员会第四次会议部署要求，推动全面依法治市各项任务落地落实，盐城市法治建设满意度93.08%，群众法治满意度以及依法治市工作绩效考核均居全省第二位，创造历史最好成绩；2022年度平安建设考核进入全省前五，创成江苏省法治政府建设示范市。推进政法领域全面深化改革，印发《贯彻落实司法责任制综合配套改革实施意见》，完善党委政法委执法司法监督机制，促进严格执法公正司法。做好首届政法领域改革“十大创新项目”评选活动后半篇文章，召开新闻发布会通报获评成果，印发《盐城市政法领域改革创新项目汇编》，不断扩大政法领域改革品牌的影响力。印发《关于常态化开展执法司法顽瘴痼疾排查整治工作任务责任分解方案》，常态化排查顽瘴痼疾，及时整治执法司法问题，加强源头防范建设，不断增强执法司法公信力。建立“三个规定”执行情况定期报告、典型案例适时通报制度，严格落实防止干预司法“三个规定”。严格执行《案件评查工作规则》，集中评查200余件重点案件，对瑕疵案件全部反馈落实整改，促进严格规范执法司法。精选10起典型联动案例，印发“两法”联动案例手册，增强安全生产违法犯罪打击合力。开展涉及安全生产案件专项评查活动，倒逼执法司法部门切实履行职责，不断提高安全生产执法司法能力和水平。常态化开展“两法”联动工作专项督查，推动“一体三联”工作机制有效运行。推动评估报告问题整改，不断提升安全生产执法司法质效。盐城“两法”联动工作在第七次全国市域社会治理现代化试点创新研讨班上作经验介绍。健全完善政法公共服务体系，创新落实政法系统“放管服”改革任务，持续推出政务服务便民利民新举措，深入推进法律援助、司法救助、信访救助，回应人民群众对法治工作的新期待新要求。组织法律实施效果评估，开展“法治小区”试点建设，推动“援法议事”全覆盖和民主法治示范村（社区）创建，推广法治惠民实事工程，不断增强人民群众对法治盐城建设的获得感和满意度。

平安盐城建设　年内，全市政法系统全力以赴抓好防风险、护安全、保稳定各项工作，平安盐城建设取得新成效、迈上新台阶，社会稳定形势持续向好，群众安全感99.14%，保障全市经济社会高质量发展。把维护政治安全放在首位，持续开展“清底数、清隐患、树正气”“两清一正”专项行动，全市政治安全基础更加牢固。开展“信访突出问题攻坚化解年”专项行动夯实稳定根基，通过推进矛盾风险隐患大排查大起底大化解净化社会秩序。推行信访工作“周周清”制度，持续加强信访工作联席会议机制建设，着力化解重点矛盾、解决突出问题、防范重大风险，全市信访总量较上年下降9.4%，信访工作连续两年在全省信访考核中居第五位。保持严打高压态势，常态化推进扫黑除恶专项斗争，公安机关聚焦人民群众“急难愁盼”，深入推进“苏安·盐靖”行动和社会治安打击整治“百日行动”，排查整治侵害妇女儿童群体权益、打击整治养老诈骗、打击治理电信网络诈骗犯罪等专项行动，维护人民群众的合法权益，打击质效、工作绩效均居全省领先位置。

社会治安综合治理　年内，全市政法系统健全完善工作机制，持续加强社会治理创新，加快推进市域社会治理现代化。推进“精网微格”工程，印发《关于深入推进城乡社区“精网微格”工程的指导意见》，明确微网格划分和联络员、志愿者选任标准，配备“四专标准”城乡专职网格员3398名，绝对数和配备率全省领先。建强用好市县网格学院（社会治理学院）、镇村网格讲堂、线上网格学苑，提升网格队伍综合素质和履职能力。常态化开展网格安全稳定隐患大排查大整治，排查化解矛盾纠纷3.04万起、排查处置治安问题3361件、排查整改公共安全隐患2.27万余处。印发《全市镇街社会治理规范化工作方案》，规范镇街社会治理工作主要内容、体制机制和制度建设，实现各地基层综治力量有阵地、有人员、有机制、有保障。召开全市社会矛盾风险隐患拉网式大排查大起底大化解专项活动部署会、推进会，印发《关于加强诉源治理推动矛盾纠纷源头化解的实施意见》，固化形成矛盾纠纷“七排七调五防”工作法，排查化解社会矛盾风险9万余件。印发《盐城市“市级平安民主法治示范村（社区）”创建工作方案》，推进集中开展整顿基层社会治理方面短板弱项专项行动，排查整改各类基层社会治理方面短板弱项问题561个。印发《盐城市推进市域社会治理现代化工作实施细则》《2022年全市推进市域社会治理现代化工作要点》，定期召开全市市域社会治理现代化工作专题推进会、调度会，夯实社会治理现代化基础。推动市域社会治理现代化指挥平台实战应用，全力构建“54321”智能模式，处置平安稳定类事件57万余件，联动处置率100%。全力开展破案攻坚，“12337”举报热线平台交办线索22条全部办结。严厉打击涉黑涉恶腐败和“保护伞”，查处涉黑涉恶党员干部和公职人员，健全完善全市扫黑除恶工作“1+N”制度体系，有力带动社会治安形势的持续好转。

社会治安防控体系建设示范城市创建　年内，市委、市政府连续三年将防控体系建设列为市政府重点工作任务、为民办实事工程，纳入全市“十四五”规划纲要，市县一体推进市域感知封控、圈层巡逻查控、社会单元防控、治安要素管控、整体联防联控“五张网”建设，打造高灵敏、进攻型圈层查控体系，打造多领域、全覆盖的单元防控、要素管控体系，打造攻防兼备、能守能攻的实战支撑体系。在线上建设智慧平安大道，构建智慧“交通大脑”，“人、车、路、环境”交通数据系统智能研判分析，风险隐患实时预警预防预控。将“十大场所”安防设施建设列入市政府为民办实事工程，确保重点区域“无死角、零盲区”。针对盐城“海陆空”防控要素俱全特点，全面建设“三站一车一航一室”巡控支点，创新实施“铁骑、方舟、警务站、鹰眼”四项勤务，将地面防控向水域、空中延伸，形成空地一体、海陆一体巡防“地网”新格局。构建陆上外围成圈、内部成网防范网络，构筑环市、县、城区三道防控圈。以街面警务工作站、派出所警务室、“平安方舟”战车为巡逻网格支点。全面推行“巡处一体化”改革，以警务工作站为枢纽，严格落实“1–3–5”快反机制，建强专职“快反鹰队”、警摩铁骑队，实现打击犯罪、接警处警、服务群众、矛盾调处“四个街面化”，市区警情民警到达现场时间平均缩短 2 分钟。实施警务无人机“鹰眼”项目，组建市公安局、分局和警种三级无人机战队。依托跨市主要航道控制节点，标准化建设市际水上治安检查站、水上警务室，严密水域环市堵控网；实施沿海片区防控改革，建设智慧海防系统，实施场所“慧盾”行动计划，全面提升社会单元防控能力。升级危险物品“见底行动”，全市 126 家规模化危化品企业前端完成智慧改造。研发智慧危管平台，汇聚 20 万余条数据，搭建 25 个数据模型，全周期立体化溯源危爆物品，全流程监管工作质态。常态化开展滚动排查，搭建矛盾风险动态库，分级分类分色落实措施。全面建设城区平安服务中心，高效运转矛盾纠纷一体化调处机制。一体化推进市县两级网络安全监管中心建设，建成 12 家网安警务室。以“智慧平安网格”建设为载体，持续深化群防群治工作，打造市域治理、警网融合“盐城样本”。依托派出所、警务室建立警网联勤指挥中心，遍布市、县、镇、村，一贯到底、高效运行。全市警务区与网格、社区警力与网格员逐一配对，建成“铜马卫士”等一批平安类社会组织，治保会、治安信息员村（居）全覆盖，推动共建共治共享。关联各类公安警务系统，为民辅警、网格员提供支撑；同时与网格化平台、“城市驾驶舱”平台联通，搭建非警务事项联动共治“出口”，研发应用群防群治 App，推动群防群治工作“常态在线”。完善一套联动机制。市委政法委、公安等部门推行信息联采、人员联控、纠纷联调等“六联机制”，以网格小平安筑牢全市大平安。

（王宵宵）

人大立法

概　况　2022 年，市人大常委会坚持开门立法、民主立法，印发《盐城市人大常委会关于立法工作践行全过程人民民主的实施意见》《盐城市地方性法规实施情况报告规定》《盐城市地方性法规立法后评估办法》，组建新一届市人大常委会法制专业代表组、立法咨询专家组，在全市设立 15 个基层立法联系点，发挥立法“民意直通车”作用。市人大常委会备案审查规范性文件 23 件。印发《盐城市人大常委会 2022—2026 年立法规划》，颁布《盐城市养犬管理条例》《盐城市物业管理条例》，开展城市市容、停车管理、电梯安全、粮食安全保障、农村集体资产管理立法调研。

《盐城市养犬管理条例》《盐城市养犬管理条例》由盐城市第九届人民代表大会常务委员会第五次会议于 2022 年 8 月 25 日通过，经江苏省第十三届人民代表大会常务委员会第三十二次会议于 2022 年 9 月 29 日批准，自 2023 年 3 月 1 日起施行。

《盐城市物业管理条例》《盐城市物业管理条例》由第九届人民代表大会常务委员会第六次会议于 2022 年 10 月 28 日通过，经江苏省第十三届人民代表大会常务委员会第三十三次会议于 2022 年 11 月 25 日批准，自 2023 年 2 月 1 日起施行。

（倪　侃　居益龙）

表3　2022年盐城市人大常委会备案审查规范性文件一览表

序号	规范性文件名称	备案号	文　　号	发文时间	制定机关
1	《关于新时期加强人民法庭工作的指导意见》	盐人法工备〔2022〕1号	盐中法备〔2022〕1号	2021–10–08	盐城市中级人民法院
2	《盐城市水土保持管理办法》	盐人法工备〔2022〕2号	盐府规备〔2022〕1号	2022–01–18	盐城市政府
3	《盐城市市区海绵城市规划建设管理办法》	盐人法工备〔2022〕3号	盐府规备〔2022〕2号	2022–02–13	盐城市政府
4	《盐城市串场河空间风貌管控办法》	盐人法工备〔2022〕4号	盐府规备〔2022〕3号	2022–03–14	盐城市政府
5	《盐城市被征地农民社会保障实施办法》	盐人法工备〔2022〕5号	盐府规备〔2022〕4号	2022–04–02	盐城市政府

续表3

序号	规范性文件名称	备案号	文　　号	发文时间	制定机关
6	《盐城市园林绿化工程质量安全管理办法》	盐人法工备〔2022〕6号	盐府规备〔2022〕5号	2022-04-10	盐城市政府
7	《盐城市大丰区人民代表大会常务委员会关于推动长三角一体化产业发展基地建设的决定》	盐人法工备〔2022〕7号	大人规备字〔2022〕1号	2022-03-31	大丰区人大常委会
8	《盐城市大丰区人民代表大会常务委员会规范性文件备案审查实施办法》	盐人法工备〔2022〕8号	大人规备字〔2022〕2号	2022-03-31	大丰区人大常委会
9	《盐城市房地产开发建设工程质量保证金管理实施办法》	盐人法工备〔2022〕9号	盐府规备〔2022〕6号	2022-05-18	盐城市政府
10	《射阳县人大常委会议事规则》	盐人法工备〔2022〕10号	射人规备〔2022〕1号	2022-02-21	射阳县人大常委会
11	《射阳县人大常委会关于开展述职评议和工作评议的办法》	盐人法工备〔2022〕11号	射人规备〔2022〕2号	2022-03-10	射阳县人大常委会
12	《阜宁县第十七届人民代表大会常务委员会关于国民经济和社会发展计划审查监督办法》	盐人法工备〔2022〕12号	阜人规备字〔2022〕1号	2022-07-02	阜宁县人大常委会
13	《阜宁县第十七届人民代表大会常务委员会关于加强营商环境监督的决定》	盐人法工备〔2022〕13号	阜人规备字〔2022〕2号	2022-08-22	阜宁县人大常委会
14	《盐城市发展保障性租赁住房实施办法》	盐人法工备〔2022〕14号	盐府规备〔2022〕7号	2022-08-31	盐城市政府
15	《进一步推进工业用地提质增效实施意见》	盐人法工备〔2022〕15号	盐府规备〔2022〕8号	2022-10-15	盐城市政府
16	《盐城市建立健全职工基本医疗保险门诊共济保障机制实施办法》	盐人法工备〔2022〕16号	盐府规备〔2022〕10号	2022-09-29	盐城市政府
17	《射阳县人大常委会规范性文件备案审查实施办法》	盐人法工备〔2022〕17号	射人规备〔2022〕3号	2022-10-20	射阳县人大常委会
18	《盐城市公共数据管理办法》	盐人法工备〔2022〕18号	盐府规备〔2022〕9号	2022-10-18	盐城市政府
19	《阜宁县第十七届人民代表大会常务委员会关于国民经济和社会发展计划审查监督办法》	盐人法工备〔2022〕19号	阜人规备字〔2022〕3号	2022-07-02	阜宁县人大常委会
20	《盐城市火灾事故调查处理规定（试行）》	盐人法工备〔2022〕20号	盐府规备〔2022〕11号	2022-11-16	盐城市政府
21	《射阳县人大常委会议事规则》	盐人法工备〔2022〕21号	射人规备〔2022〕4号	2022-11-29	射阳县人大常委会
22	《射阳县人大常委会关于开展述职评议和工作评议的办法》	盐人法工备〔2022〕22号	射人规备〔2022〕5号	2022-11-29	射阳县人大常委会
23	《射阳县人民代表大会常务委员会关于加强国有资产管理情况监督的决定》	盐人法工备〔2022〕23号	射人规备〔2022〕6号	2022-11-29	射阳县人大常委会

政法委及综治

概　况　2022年，全市政法系统贯彻落实《中国共产党政法工作条例》，印发《关于加强全市政法系统政治建设的实施意见》，持续加强党对政法工作的绝对领导。举办政法领导干部政治轮训班，邀请市委主要领导宣讲中共二十大精神并讲授专题党课。落实《中国共产党政法工作条例》实施意见相关要求，优化干部队伍结构，激发干部队伍活力，推动政法单位领导干部、执法司法关键岗位、人财物重点岗位干部轮岗交流。发挥政法机关职能作用，制定全市政法系统服务保障“企业大走访、项目大推进、产业大招商”活动“1+4”工作举措，全力化解涉及企业矛盾，助力企业防范风险，完善涉及企业服务体系，持续优化营商环境，相关做法受到中央广播电视总台、《法治日报》等媒体报道。加强政法干警斗争精神和斗争本领养成，强化思想淬炼、政治历练、实践锻炼、专业训练，增强防风险、迎挑战、抗打压能力，着力锻造一支“平常时候看得出来、关键时刻站得出来、危难关头豁得出来”的政法“铁军”。

网格化建设 年内，全市政法系统以提升群众满意度为落脚点，不断提升网格化社会治理效能，助推基层社会治理精细化、规范化、现代化。在全市1.21万个城乡综合网格全覆盖配备5万余名专兼职网格员、微网格联络员的基础上，立足实战化需求，按照“专门程序招聘、专项工资补贴、专职平安工作、专业技能培训”“四专标准”继续升级配备城乡专职网格员3398名，保障给予专职网格员“五险一金”、人身保险和基本工资加绩效考核不低于社区工作者的待遇，推动各级完善网格员队伍管理办法。建强用好市、县网格学院（社会治理学院）、镇村网格讲堂、线上网格学院，提升网格队伍综合素质和履职能力。开展“全市参加新冠肺炎疫情防控工作表现突出的网格员”表扬、网格化工作评优活动，激励全市网格员队伍斗志。开展网格安全稳定隐患大排查大整治，排查化解矛盾纠纷3.04万起、排查处置治安问题3361件、排查整改公共安全隐患2.27万处。联合市民政局印发《关于进一步做好空巢独居孤寡老人等特殊困难人员排查关爱工作的通知》，发挥网格化机制作用，排查帮扶城乡社区弱势群体。组织全市网格员投身新冠肺炎疫情防控，走访350万余户、核查交办信息102万余条、化解涉疫纠纷1.91万起。依托网格巡查走访持续开展网格工作知晓率专项提升活动，发放宣传材料147万余册，发布新闻宣传稿件687篇，微信推送宣传内容84万余条，提升全市网格化工作影响力。在全省率先印发《关于深入推进城乡社区“精网微格”工程的指导意见》，明确微网格划分和联络员、志愿者选任标准。在城乡综合网格的基础上细化微网格3.5万个，配备微网格联络员3.49万名、志愿者7.13万名。全面更新微网格公示栏，规范建设微网格工作站，有效推进微网格组织建设。制定完善专职网格员、微网格联络员和志愿者职责清单，健全微网格联络员、志愿者上岗公示、巡查报告、工作例会等制度，发挥微网格联络员与志愿者协助专职网格员担任社区平安稳定工作“政策法规宣传员、社情民意收集员、社会稳定促进员”的“三大员”作用，提升网格队伍综合素质和履职能力。

8月31日，盐城市政法系统服务“企业大走访、项目大推进、产业大招商”六项措施新闻发布会召开。 市委政法委 供图

扫黑除恶 年内，全市政法系统保持对黑恶犯罪严打高压态势，统筹推进机制建设、日常监管、源头防控等工作，持续巩固扩大专项斗争成果。印发《2022年全市扫黑除恶斗争工作要点》《盐城市贯彻落实〈反有组织犯罪法〉活动工作方案》，健全完善工作沟通协调联动机制，召开全市扫黑除恶领导小组会议、扫黑办主任会议、联席会议，推动工作协同联动，凝聚齐抓共管合力。做好“12337”举报热线平台交办线索办理工作，办结“红网”线索22条。开展破案攻坚，侦办重大黑恶团伙22个、涉网黑恶团伙68个，查扣涉案资产0.4亿元，破获现行涉黑涉恶刑事案件1428起，抓获涉黑涉恶嫌疑人2392人。严厉查处涉黑涉恶腐败和“保护伞”，完善全市扫黑除恶工作制度体系，带动社会治安形势的持续好转。印发《盐城市推进教育、金融放贷、市场流通等重点行业领域整治工作方案》，紧盯校园套路贷、校园欺凌、资金异动、保险欺诈、药品安全、农资打假等重点，开展联合执法，制发“三书一函”46份，建立完善回访机制，切实堵塞监管漏洞。开展“法律六进”活动，发放宣传折页5.5万余份，集中宣传350余场次。将《中华人民共和国反有组织犯罪法》列入“八五”普法重点内容，纳入党委（党组）理论中心组学习内容，作为领导干部年度述法重要内容；与“鹤鸣亭”网站合作，以视频讲解形式宣传《中华人民共和国反有组织犯罪法》，单次观看量2万余人次。

政法领域改革 年内，全市政法系统统筹推进深化司法责任制改革、司法体制综合配套改革、执法司法制约监督制度机制改革，推动政法领域全面深化改革工作走深走实。将深入推进司法责任制综合配套改革和执法司法责任体系改革和建设工作列入全年全市政法工作要点。专项督察全市政法部门深化司法责任制综合配套改革工作，2021年确定的65条司法责任制综合配套改革重点任务，62条取得阶段性成效。做好首届政法领域改革“十大创新项目”评选活动后半篇文章，召开新闻发布会通报获评成果，在省市媒体上集中宣传报道获评的创新项目，印发《盐城市政法领域改革创新项目汇编》供全市政法各单位学习和借鉴，扩大政法领域改革品牌的影响力。印发《关于深入推进政法领域执法司法责任体系改革和建设重点任务责任分解方案》，推动中共中央、省政法改革任务落地落实。专题调研东台市公安局、滨海县人民法院执法司法责任体系改革和建设工作，形成调研报告报省委政法委。以东台市公安局为调研对象的调研报告被《法治江苏》杂志刊载推广、以滨海县人民法院为调研对象的调研报告在省委依法治省办组织的“习近平法治思想在江苏的生动实践”主题实践调研报告评选活动中获三等奖。健全完善执法监督工作机制，编写典型案例汇编，创新开展全市安全生产领域执法司法案件专项评查活动，集中开展案卷评查工作，邀请专家对110件案件评审评查。纵深推进“两法”联动工作，提高安全生产执法司法能力和水平，在第七次全国市域社会治理现代化试点创新研讨班上作经验介绍。

表4　2022年盐城市政法领域改革“十大创新项目”一览表

序号	项目名称	项目内容	申报单位
1	织密“精网微格”争创“三无三零”网格	盐南高新区发挥基层网格治理优势，全面开展以“无疫、无诈、无毒，零刑事发案、零不文明事故、零重大风险隐患”为重点的“三无三零”网格创建活动，以网格“小平安”汇聚全区“大稳定”	盐南高新区党工委政法委
2	打造“企有忧 警快办”服务品牌 全力护航经济社会发展	市公安局创新打造“企有忧 警快办”服务品牌，通过建立“涉企服务专窗”，整合审批服务资源，探索机制创新、技术革新，建立布点广泛、载体多元、流程简化的政务服务新体系，推动全市公安机关护航经济发展工作在思路上创新、机制上突破、载体上变革	市公安局
3	创新恢复性司法实践 打造环境公益保护盐城样本	全市检察机关利用近4年时间，在全市建成涵盖林地草地、滩涂湿地、河湖水体的12个生态修复基地，并依托生态修复基地开展补植复绿、增殖放流、以劳代偿等活动，将生态修复基地打造成集检察办案、恢复性司法实践、理论调研、法治宣传、警示教育为一体的综合性平台，推动恢复性司法在盐城落地生根	市检察院
4	构建警矫联动监管新模式 提升社区矫正智慧化水平	盐城市司法局研发上线“盐智矫”智慧监管信息化平台，让海量的“公安大数据”成为智慧矫正的“实用利器”，推动“智慧矫正中心”数字化建设转型升级	市司法局
5	构建诉源治理“五位一体”大格局 推动基层矛盾纠纷多元化解	射阳县人民法院坚持和发展新时代“枫桥经验”，全省首推“党委领导、司法推动、社会参与、多元并举、法治保障”的“五位一体”诉源治理新机制。2022年，射阳县人民法院新收民事案件7089件，新收民事案件数同比下降11.78%，民事案件万人成讼率创近5年来历史最低。诉源治理“五位一体”工作机制在全市法院推广	射阳县人民法院
6	打造立体多元纠纷预防化解体系 提升行政争议诉源治理成效	全市法院加强长效工作机制的探索与创新，打出行政争议实质化解与诉源治理制度“组合拳”，通过府院协同发力、深挖内部潜力、汇聚外部合力“三力”齐发，在全市初步构建起“内外互动、上下联动”的立体式全方位行政争议预防化解体系	市中级人民法院
7	深化涉案企业合规改革 为打造一流营商环境贡献检察力量	市检察院推进涉案企业合规改革工作，建成全市首个企业合规法治赋能中心，牵头成立盐城市涉案企业合规第三方监督评估机制管理委员会，组建131名专业人员在内的第三方名录库，先后对22家民营企业适用合规政策，探索形成企业合规改革准备、审查、考察、决定、治理的“五步工作法”	市检察院

续表4

序号	项目名称	项目内容	申报单位
8	打造“盐之e泊”综合管理服务体系 着力破解城市停车难题	市公安局坚持以“群众需求、城市发展”为引领，紧贴民生需求，破解城市停车难题，推出“盐之e泊”项目，聚焦“有位停、方便停、有序停”，整治停车秩序，形成法治化管理格局，切实提升群众满意度和感受度	市公安局
9	构建数字化“1122”工作模式 着力提升基层社会治理能力	市公安局亭湖分局创新提出“1122”工作模式，以“数字化”建设为“大脑”、以要素管控为“核心”、以任务统筹和协作联动为“两个抓手”、以勤务监管和考核评价为“两个支撑”，构建基于新技术的智慧公安新机制、现代警务新体系	市公安局亭湖分局
10	坚持“四化”理念赋能终本案件管理改革助力执行攻坚破题解困	盐都区人民法院研发“终本案件管理云平台”系统，推进执行终本案件和非实体终结案件良性运转和智能管理。平台运行以来，近10年来4万件终本案件和非实体终结案件全部实现“在网”运行，智能筛选出1.97万余件查控措施临期案件，实施续封并线上发送续封，恢复审查接待9280件（次），在线完成答复6368件，真正做到“让沉睡的案件活起来”	盐都区人民法院

政法队伍建设 年内，全市政法系统坚持政治建设统领，深入贯彻执行《中国共产党政法工作条例》以及省、市实施意见，加强和改进思想政治工作，巩固深化政法队伍教育整顿成果，进一步加强政法队伍“四化”建设，着力打造过硬政法队伍。印发《关于加强全市政法系统政治建设的实施意见》，召开贯彻落实《中国共产党政法工作条例》暨政治部主任工作交流会，交流创新做法，推动解决问题。严格落实政治督察制度，组建政治督察人才库，举办第一届全市政法系统政治督察人才库成员政治能力、业务能力“双提升”培训班，全面提升政治督察规范化精准化系统化水平。完善政治建设述职制度，连续六年开展市政法单位政治建设述职，将县（市、区）委政法委书记纳入述职对象，并现场测评评议，在全省政法队伍建设调研座谈会上作经验交流。巩固深化政法队伍教育整顿成果，深入贯彻落实中央八项规定精神，市纪委监委主要领导作廉政报告，常态化开展警示教育、司法巡查，持之以恒推进党风廉政建设和反腐败斗争。开展执法司法顽瘴痼疾排查整治，对个别队伍建设薄弱的基层政法单位开展专项整顿。开展政治忠诚剖析，不断筑牢政法机关党员干部对党绝对忠诚的思想根基。组织同堂培训、岗位练兵、技能比武，全年1.6万余人次参加实战实训。落实政法机关领导干部交流指导意见，召开市政法单位政治部主任会议，部署政法机关内设科室和派出机构负责人交流任职工作，摸底调研政法系统领导干部交流任职情况，聚焦突出问题，提出意见建议，形成专题报告，推动政法领导干部交流任职，相关做法被省委政法委推广。全年全市政法系统交流领导干部35人、中层干部145人。

社会矛盾纠纷化解 年内，全市政法系统始终把防风险、护稳定摆在突出位置，推进矛盾纠纷排查化解工作，维护全市社会大局平安稳定。完善科学民主决策、公正文明执法、加强司法监督、提高全民法治意识、分级分类防范等预防措施，推动矛盾纠纷源头化解。全年全市法院诉前调解案件6.3万余件，分流率97.02%；信访总量较上年下降9.42%。建成“一站式”非诉服务中心10家、行业性调解组织87家，建立个人调解室168个、退役军人调解室145个，为群众提供高效快捷的矛盾纠纷化解服务。全年全市接受群众来电来访8.2万人次，受理纠纷9.6万余件，分流转办2万余件，调处成功9.5万余件。结合“信访突出问题攻坚化解年”行动，集中开展矛盾纠纷“百日攻坚”行动，严格落实重点案件领导责任，确保矛盾纠纷积案全部化解清零。中央和省信访联席办交办全市3524件，化解3514件，化解稳定率99.7%。

涉企案件专项评查 年内，市委政法委开展涉企案件专项评查，抽调执法监督专家库成员，集中评查涉企案件，助力涉企信访矛盾化解。组织全市政法系统各单位抽样评查涉企生效案件，客观评估涉企案件办理情况。履行产权保护联席办职能，加强对产权保护工作的组织领导和统筹协调。深入排查侵犯产权重大案（事）件线索，严防侵犯产权重大案（事）件发生，主动对接省产权保护联席办、省发改委，了解产权保护工作最新动态，未发现扣分事项。

（王宵宵）

法治政府建设

概　况 2022年，盐城市贯彻落实《党政主要负责人履行推进法治建设第一责任人职责规定》，全面加快法治建设步伐。市委常委会、市政府常务会多次专题研究法治建设工作。盐城市委、市政府印发《盐城市法治政府建设工作规划（2021—2025年）》，以“到2025年政府行为全面纳入法治轨道”为目标，明确“十四五”全市法治政府建设重点任务完成“时间表”和推进“路线图”。市委中心组带头学法，市政府常务会议集中学法，全面落实政府法律顾问制度。明确法治政府建设年度工作任务，以争创法治政府建设示范市县为突破口，加强法治政府建设统筹推进，盐城市和射阳县分别创成全省法治政府建设示范市和示范县。迎接中央依法治国办和省委依法治省办市县法治建设工作实地督察，做好督察反馈问题整改工作。推进法治江苏建设考核和依法治省工作监测评价考核工作。将法治建设列入年度县（市、区）和市级机关单位综合考核指标，将党政主要负责人履行推进法治建设第一责任人职责情况列入市、县、镇三级领导班子年度考核内容，大丰区党政主要负责人专门述法工作被省委依法治省办确定为全省试点。开展“推进习近平法治思想学习贯彻工作走深走实”督察。年度法治建设满意度调查综合平均得分为93.08，高出省平均分0.75个百分点，居全省第二位。落实《法治政府建设责任落实与督察工作规定》，严格执行《重大行政决策程序暂行条例》《江苏省重大行政决策程序实施办法》，全年召开市政府常务会议21次，所有重大行政决策事项都经集体讨论研究，所有规范性文件都经合法性审查。加强行政复议应诉规范化建设，行政诉讼败诉数和败诉率持续保持低位，市政府连续六年无败诉案件。行政机关负责人出庭应诉率100%。省委依法治省办印发《关于第二批江苏省法治政府建设示范地区和项目命名的决定》，盐城市被确认为全省法治政府建设示范市。

重大行政决策程序制度化　年内，市政府根据《重大行政决策程序暂行条例》有关要求，征集2022年度市重大行政决策建议项目，公布《盐城市高标准农田建设规划（2021—2030年）》《盐城市加氢站安全管理暂行规定》等重大行政决策事项目录，经市政府常务会议审议印发《盐城市高标准农田建设规划（2021—2030年）》。

表5　2022年盐城市法治惠民实事项目一览表

序号	项目名称	项目简介	责任单位
1	制定《盐城市养犬管理条例》	为了深化文明城市创建成果，提高养犬管理法治化程度，经市委常委会研究同意，市人大常委会制定《盐城市养犬管理条例》，通过立法对实践证明行之有效的行政措施予以固化，进一步完善养犬管理体系、提升管理水平，规范养犬行为、提高市民文明养犬意识，维护社会公共秩序、保障公民身体健康和人身安全，更好地推动和保障盐城市争创全国文明典范城市和全国市域社会治理现代化试点合格城市	市人大常委会法工委
2	“我为劳资和谐献力”	妥善化解劳动人事争议纠纷，依法保障劳动者基本的就业权、生存权、获得劳动报酬等权益，同时兼顾企业的正常生产经营，保护企业的生存发展权，敦促企业承担起相应的社会责任，以和谐的劳资关系推动后新冠肺炎疫情时代经济稳步发展。一是在全市法院成立三个劳动人事争议专业法庭，切实提升劳动争议案件审理的专业性，统一裁判尺度，提高案件质量，树立司法权威；二是全面开展“进企业、进工厂、进工地”三进巡回审判活动；三是制定新业态劳动者权益保护的指导意见；四是推进裁审对接机制，多方联动，合力化解劳动人事争议纠纷；五是选塑劳动人事争议十大典型案例；六是联合相关部门开展打击恶意欠薪行为活动	市中级人民法院
3	盐城检察机关强化寄递渠道安全监管专项行动	小快递，大民生。近年来，寄递服务已经成为家家户户不可缺少的日常需要。为强化寄递渠道安全监管，盐城市检察机关着力织密寄递安全防护网，推动寄递行业主管部门及时开展监督管理工作，为优化邮政业法治化营商环境贡献检察力量，以“检察蓝”守护好“邮政绿”	市检察院

续表5

序号	项目名称	项目简介	责任单位
4	“云车通”道路交通事故处理服务新机制	为解决道路交通事故处理中的难点、堵点，市公安局整合各方资源、再造工作流程，全面建立运行一个平台统领、五方人员联动、五项功能支撑、线上线下互补的“云车通”道路交通事故处理服务新机制，让每个处理环节智能化、规范化、透明化。一个平台统领，就是自主研发“云车通”道路交通事故处理服务平台（以下简称“云车通”平台），对内，整合道路交通事故处理的所有环节，实现事故调处、救援、理赔全流程、全链条云上运行；对外，向事故当事人提供事故处理“一窗办”入口，实现“登录一个App就能办理所有交通事故处理方面业务”。五方人员联动，就是依托“云车通”平台，在线上动态联动交警、当事人、保险、维修、医疗五方人员，共同为发生交通事故的群众提供所需服务。五项功能支撑，就是依托“云车通”平台，实现道路交通事故“云定责、云救援、云调解、云理赔、云研判”功能，让群众不再劳心费力、来回奔波。线上线下互补，就是由线上远程处理中心负责简易事故线上远程处理，由线下一站式服务点负责疑难复杂问题线下全面托底	市公安局
5	“三叶草”爱心公证+法律援助工作站+“援法议事”全覆盖	“三叶草”爱心公证项目是为老年人、残疾人、小额遗产继承人提供的新型公益公证法律服务产品，主要目的是为了给群众提供更为优质、高效的民事法律服务保护。一是银发惠老。深入村（居）委会举办“公证惠老讲座”，加强公证法律宣传，为老年人提供家庭法律顾问服务，为满足条件的老年人免费办理公证。二是赤情助残。进一步降低公证法律援助门槛，与民政、残疾人联合会等部门联动，通过免费咨询、劳务对接、登门办证、温情服务、常年援助等，为残疾人免费公证事项。三是绿色继承。为小额遗产继承人开通一站式公证服务，当事人只凭一张居民身份证件，最多跑一次即可领取继承公证书 实施“法援惠民生·网点工程”，规范法律援助机构建设，健全服务网点布局，新建45家法律援助工作站 推进城乡基层“援法议事”活动，实现城乡基层“援法议事”全覆盖	市司法局
6	加强农民工工资支付执法力度 依法治欠保薪	该项目以“全市在建工程领域开展保障农民工工资支付夏季专项行动”为抓手，进一步落实《保障农民工工资支付条例》规定，特别是工程建设领域实名制管理、农民工工资专用账户、按月足额支付等重点制度，从源头上预防新的拖欠行为发生；全面排查农民工欠薪风险隐患，集中化解农民工欠薪矛盾问题，实现政府投资项目和国企项目欠薪案件阶段性清零	市人力资源和社会保障局
7	实施40项交通运输轻微违法行为免罚	全面实施《江苏省交通运输轻微违法行为依法免予处罚高频事项清单（试行）》，建立容错纠错机制，对40项符合违法行为轻微并及时改正，没有造成危害后果的，或者初次违法且危害后果轻微并及时改正的事项，依法免予行政处罚，同时加强对当事人的普法宣传，并采取签订“交通运输轻微违法行为免予处罚告知承诺书”等方式教育、引导、督促其自觉守法，彰显交通执法“温度”	市交通运输局
8	农村学法用法示范户培育	围绕“十四五”时期全面推进乡村振兴的目标任务和加快推进乡村人才振兴要求，以推进乡村治理体系和治理能力现代化为主线，以增进农民群众的法治获得感和幸福感为目标，全面推进农村学法用法示范户培育。围绕构建上下贯通的农业农村普法工作机制，有针对性解决普法进村入户“最后一公里”问题，为乡村全面振兴培养一批农村法律人才，促进带动农民群众尊法学法守法用法，有效提升农民群众办事依法、遇事找法、解决问题用法、化解矛盾靠法的能力。至2022年年底，各县（市、区）50%以上的行政村有农村学法用法示范户	市农业农村局
9	“四联”行动反家暴	全面贯彻实施《江苏省反家庭暴力条例》，通过“联建机制、联合普法、联解纠纷、联送关爱”“四联”行动，联合政法、公安、法院、检察、司法、民政等部门，切实推动源头维权、法治宣传、纠纷化解等工作落地落实，促进家庭和美幸福、社会和谐稳定	市妇联

续表5

序号	项目名称	项目简介	责任单位
10	文化市场综合执法“护航”专项行动	以迎接中共二十大胜利召开为主线，聚焦热点，立足打准打实、打防结合，依法及时查处文化市场各类违法违规行为，同时推进执法监管和服务，促进文化市场繁荣有序，切实维护文化安全，以实际行动彰显盐城文化市场综合执法队伍的责任担当。一是“红心”行动。以危害国家安全或者损害国家荣誉和利益、破坏社会稳定、危害社会公德、淫秽色情、赌博暴力、封建迷信等为执法重点，严厉查处内容违规案件，营造向上向善、风清气正的文化市场环境。二是“舒心”行动。以整治旅游市场经营乱象为重点，规范经营行为，维护市场健康秩序，营造舒心旅游、舒心消费的旅游市场环境。三是“放心”行动。贯彻《中华人民共和国未成年人保护法》，严格清理损害未成年合法权益的文化产品和服务，营造家长放心、消费者放心、未成年健康成长的文化市场环境。四是“同心”行动。开展部门联动、社会参与的文化市场综合执法“同心”行动，强化工作衔接，协同开展文广旅市场领域的联合执法	市文广旅局
11	加强精准监管 规范执法公正性	推进区域间税务执法标准统一，更好地服务国家区域协调发展战略。推进简易处罚事项网上办理，实现违法信息自动提醒、处罚流程全程网上办、处罚结果实时传递。深入推进税收执法责任制，加强税收执法监督。发挥税收大数据作用，严厉精准查处打击涉税违法行为，保障国家税收安全，营造更加公平公正的市场环境。完善疑难事项和税费争议解决机制，推动争议化解，维护纳税人合法权益	市税务局
12	“一哨联办”促进基层治理精细化	在全市范围内推进“一哨联办”工作机制，强化技术支撑，完善系统流程，提高诉求办理质效。强化各地各部门推进工作责任，加大推进工作力度，力争全市全年“吹哨”数量突破500次；深化“一哨联办”问题收集及响应机制分析，加强疑难诉求梳理排查，及时形成分析成果，提高问题感知能力。通过“一哨联办”，实现区域共建、资源共享，将区域内各部门、街道（镇）和村（居）组织凝聚起来，推动各单位协商共治、资源共享，通过从解决一个问题到解决一类问题的转变	市行政审批局
13	“益心为民”服务乡村治理	响水县检察院紧扣县委县政府中心工作、民生热点，聚焦乡村振兴，结合黄河故道片区、黄海新区建设，成立“益起来”公益诉讼专门办案团队，开展“益心为民”服务乡村治理“十安”计划。聚焦绿色发展，围绕农业生态安全，促进农药包装废弃物、废旧农膜等回收处置，严守农田安全红线，监督违法用地行为；围绕农村人居环境，保护促进畜禽、水产循环生态健康养殖，助推农村生活垃圾、黑臭水体综合治理。聚焦以案释法，开展“公益诉讼进乡村”法治宣讲活动，增强人民群众农业农村生态环境保护意识	响水县检察院
14	培育法律明白人建设法治新农村	加大村（社区）法律明白人培育力度，发挥村（社区）法律明白人在宣讲政策法律、引导法律服务、化解矛盾纠纷、参与社会治理中的示范引领作用，打通公共法律服务“最后一公里”，推动村（社区）形成办事依法、遇事找法、解决问题用法、化解矛盾靠法的浓厚氛围，为全县营造良好的法治环境	响水县司法局
15	“监督一点通”系统	小微权力“监督一点通”是由中央纪委国家监委部署建设，在江苏等6个省份试点推广应用的信息化监督系统，滨海县在盐城市首家试点。系统为群众提供对小微权力监督的便捷渠道，实现问题反映一键通达、过程可追踪、结果可查询。通过平台建设，将群众身边的问题矛盾及时化解在属地最小网格内，让干部感受到监督、习惯被监督，让群众知道有监督、参与监督，不断增强监督在基层治理中的效能	滨海县纪委
16	滨海县“企业合规法治赋能中心”	设置前厅、序厅、政策篇、发展篇、风险篇、护航篇、合规篇和法治研讨室等功能区，以检察机关“护航民企”为主线，全面整合民营经济发展政策指引、目标定位、发展脉络、刑事法律风险及防控、检察护航民企措施和典型案例、企业合规试点实践与成效等内容，引入数字化多媒体设备，打造数字化时代服务民企需求、促进民企合规、推进民企治理的开放式法治服务平台。为党政机关、企业和社会群众提供法治教育综合服务，发挥在民营企业法治教育中的主阵地作用，助力打造一流营商环境	滨海县检察院

续表5

序号	项目名称	项目简介	责任单位
17	黄河故道跨区域协作保护机制	通过建立线索移送、办案配合、损害修复、联合巡查等检察公益保护协作机制，严厉打击破坏水资源、森林资源、土地资源、野生动植物资源等违法犯罪行为，督促行政机关依法履职，督促相关责任人依法对生态环境资源进行修复，推动生态绿色廊道建设，助力生态损害系统治理、保护传承黄河故道文化，切实维护国家利益和社会公共利益	阜宁县检察院
18	村（居）法治“枫桥”驿站建设	通过县镇村（居）联动，整合法律资源，为村（居）全方位提供法律指导，形成司法局与公、检、法、信访等部门同频共振。加快推动普法宣传实效化、精准化、品牌化进程，实现矛盾纠纷处置工作由“事后化解”向“事前预防”转变，为基层“援法议事”提供保障，自下而上扎实推动依法治县工作全面落实	射阳县司法局
19	开展“法佑青春·‘未’爱护航”行动，助力青少年健康成长	融入“梦想小屋”。成立法院青年干警志愿服务队，以“梦想小屋”为纽带，与共青团县委、扶贫、教育等部门协作，落实“一对一、月走访、季关爱”等帮扶机制，解决“事实孤儿”心理健康、权益维护等重点需求。 打造“彩虹校园”。每位青年干警结对“重点型”“问题型”青少年，解决成长中的实际困难，及时阻止滑向犯罪的深渊。与教师建立联系，帮助教师分析后进生形成原因，做好后进生转化工作。 做好“暖阳回访”。建立涉留守儿童等案件回访制度，对涉及家庭经济困难的，与民政、妇联及当地居委会建立帮扶协同机制，对涉及家庭暴力虐待的，及时与公安、司法部门对接、教育、制裁，适时根据当事人申请出具人身安全保护令及向公安机关移送犯罪线索	阜宁县人民法院
20	“盐之e警”综合服务窗口	在全县派出所推进“盐之e警”综合服务窗口建设，实现一窗多办，设置六大功能（自助服务区、人工服务区、向导服务区、便民服务区、等候服务区、24小时服务），方便群众企业就近办、一站办、简易办，提高群众企业的满意度	建湖县公安局
21	“五个一”铺设乡村振兴“法治网”	建湖法院立足审判职能，以法治乡村建设为抓手，主动融入乡村振兴大局，通过搭建“矛盾多元调处中心”，建立由法院主导的多元化解乡村矛盾纠纷联调机制，打造由法官、调解员、网格员等组成的工作队伍，破解一批乡村振兴中涉及新农村建设、土地经营、民企发展等方面的难题，发现并树立一批司法助力乡村振兴工作的典型人物和典型事例，全力为乡村振兴工作的开展提供坚实有力的法治保障和司法服务	建湖县人民法院
22	提升环境资源公益诉讼办理质量 切实保障社会公众环境权益	完善环境公益诉讼裁判规则，遵循“生态环境依法保护、程序正当坚守中立、利益平衡多元保护”三大原则，为审判活动提供制度依据；构建多元主体参与机制，选取专家陪审员参与案件审理，构建专家证人制度，健全公众参与环境公益诉讼途径，强化生态环境专家专门化参与机制；规范统一损害鉴定评估制度，合法性审查和合理性审查相结合，完善甄别采信机制；深化补植复绿、增殖放流、劳务代偿等生态环境损害责任承担方式运用，设立生态环境修复基金专门账户，加强环境修复跟踪，切实保障社会公众享受美好环境权益	东台市人民法院
23	“零审批开工”改革	经企业申请，项目所在的镇街（园区）初审项目申请条件，审批部门主动提前介入、靠前服务，组织专人进行预审，并提请联合会商。经会商通过后，当场签发《承诺预审施工意见书》。建设单位在拿到意见书60个工作日内补齐正式手续即可。通过项目审批流程再造、精简环节，监管前移、审批后置，提高项目服务效率，激发投资活力	大丰区行政审批局
24	推进非诉讼服务中心规范化建设	完善非诉讼纠纷化解工作机制，建立健全“接案、研判、流转”分流机制。探索制定组团式非诉讼纠纷化解方案，增强纠纷化解整体能力。健全非诉服务网络，构建覆盖区、镇（街道）、村三级，聚合行政机关、专门机构、社会组织、民间人士等资源力量的“三纵四横”工作网络，建立全面覆盖民事、商事、家事、行政四大领域的线上线下非诉讼纠纷化解综合平台。深化诉源治理，深入推进诉调对接、公调对接、警调对接、访调对接	大丰区司法局

续表5

序号	项目名称	项目简介	责任单位
25	双一流“体验式”诉讼服务中心	打造硬件一流的诉讼服务中心。依托改造后的诉讼服务中心，不断优化布局，集约办理各项诉讼服务事项，让群众“走进一个厅，事务全办清”。打造一流诉讼服务业绩。依托一站式多元解纷和诉讼服务体系建设，实质运行“两个中心”，让群众体验智慧、便利、集约、高效的“家门口”式诉讼服务	盐都区人民法院
26	全矩阵强力推进涉假违法农资行为打击力度	结合农时季节，对农资批发市场、专业市场、集散地、行政区域交界处等农资案件易发、多发地区开展检查巡查。加强网络农资经营企业的许可管理，强化对互联网销售假劣农资行为的追根溯源和全链条打击，推进电子商务领域农资产品质量监督抽查和违法问题查处，对重点时段、重点产品和重点企业，加大线索摸排和联合打击力度	盐都区农业农村局
27	“复议云”掌上平台	以“互联网+5G”为技术基础，委托网络公司定制“亭湖区行政复议网上办理系统”，开通微信、电脑客户端等申报渠道，实现行政行为相对人“足不出户在线申请、线上线下平台融合、基层联动跨区办理、数据跑路远程听证、矛盾争议实时调解、执法行为规范有序、执法监督取得实效”等目标，切实提高复议案件审理的效率和质量，不断增强群众满意度和获得感	亭湖区司法局
28	打造盐城市工伤行政争议预防化解示范点	运用智能化技术、信息化设备、数字化思维，维护广大劳动者工伤保险权益，化解未参保工伤案件引发的行政争议。联合公安、司法、卫健、应急、住建、工会等部门，打造“盐城市工伤行政争议预防化解示范点”，全力破解工伤行政执法痛点难点问题，通过健全部门联防联控机制、强化工伤网办平台功能、建立警民联调工作模式等具体措施，不断推进“数字工伤智慧预防”信息化工程建设	亭湖区人力资源和社会保障局
29	法律服务产业园建设	为满足现代服务业快速发展需求，成立中韩（盐城）法律服务产业园。以法律服务产业园为中心，聚焦各类优质法律服务资源，实现企业全生命周期法律服务产品供给。加快推动形成富有特色的中韩（盐城）产业园法治经济。力争利用3年左右时间，遴选、招引具有一定规模、专业特色鲜明、社会认可度较高的律师事务所、司法鉴定所、公证处、仲裁机构、评估机构、会计律师事务所、法律科技等公司，形成完整的法律服务产业链	盐城经济技术开发区工委政法委
30	政务服务进社区	组织实施“政务服务进社区，便民服务零距离”社区咨询活动，组织相关窗口单位，聚焦群众办理多、关心多的问题，至新都街道凤开社区开展便民咨询，宣传线上线下“一体化”办理新模式，实现“群众少跑腿，信息多跑腿”	盐南高新区政务服务中心

行政执法监督　年内，市政府强化行政执法协调监督，加强基层综合执法规范化建设，服务“放管服”改革，持续推动行政执法“三项制度”，不断提升行政执法质效。印发《关于建立基层综合执法“十张清单”的实施方案》，创新和完善基层综合执法体制机制，推进基层治理体系和治理能力现代化，为全省首创。开展基层综合执法规范化建设专项行动，成立专项行动工作专班、印发专项行动方案、召开专项行动推进会、开展基层综合执法调研，全面推动基层综合执法规范化建设工作。清理整顿和规范政府购买服务，印发《关于进一步清理整顿和规范政府购买服务工作的通知》，全面开展政府购买服务协议专项清理工作。加强执法队伍建设，印发《盐城市司法局关于核发全国统一行政执法证件及开展网上行政执法培训工作的通知》，组织市级行政执法部门1800余名行政执法人员参加公共法律知识网上培训考试，核发行政执法人员新证件。开展赋权事项评估，组织对各县（市、区）评估情况审查研究，在征求相关部门意见后形成本市统一的镇（街道）综合执法赋权事项评估报告和建议清单，经市政府审定后报省。开展专项执法监督检查，开展国有土地上房屋征收行政执法巡查、城管和基层综合执法领域行政执法监督检查，开展安全生产领域执法司法案件评查、水行政处罚和安全生产行政执法案卷评查、文化市场行政执法岗位练兵活动。推进证明事项告知承诺制工作，印发《关于公布市级部门实行告知承诺制的证明事项清单（第二批）的通知》，公布第二批证明事项清单。开展全市村（社区）出具证明事项清理工作，对涉村（社区）66项证明事项逐一“过堂”，清理取消52项，保留14项，不断规范行政执法行为，提升依法行政能力和水平。

行政复议　年内，全市行政复议机关发挥层级监督和行政救济两大功能作用，通过优化案件受理审查模式、打造专业化办案团队、提高规范化水平，着力将群众诉求解决在复议环节，行政争议化解在基层，为持续优化法治化营商环境、维护社会和谐稳定、推进法治政府建设发挥积极作用。全年全市处理行政复议案件1286件，其中，新收行政复议申请1130件，上年度结转156件。新收申请中，决定受理989件。市政府审结行政复议案件312件中，实质化解行政争议120件，较上年增长152.9%。

行政应诉 全年发生以市政府为被告行政应诉案件143件，其中，一审案件67件、二审案件63件。再审案件13件。连续三年实现行政机关负责人出庭应诉率100%，全省唯一。

规范性文件合法性审查 年内，全市向省政府、市人大常委会报备市政府行政规范性文件12件，收到各地、各部门报备的行政规范性文件21件，报备率、及时率、规范率100%。市政府办公室印发《2022年度盐城市人民政府行政规范性文件制定和后评估计划》，市司法局印发《关于开展〈行政规范性文件合法性审核规范〉宣传贯彻工作的通知》，进一步促进行政规范性文件合法性审核工作规范化标准化。

非诉服务中心 年内，全市建立9个县级非诉服务中心及25个分中心，镇（街道、园区）依托公共法律服务中心设立专门窗口，非诉受理点进驻村（社区）司法行政服务站和网格。推动461家单位、1171人入驻“苏解纷”平台，微信端注册数38.35万余人。新成立18个家事调解社区工作室，成立全省首家不锈钢产业商会海外调解中心，在大丰区上海农场建成场地联合调处委员会。

（谢　冰）

公　安

概　况 2022年，盐城市公安机关统筹抓好防风险、保安全、护稳定、促发展、惠民生等工作落实，保持社会大局安全稳定，全市公安工作和队伍建设的运行质态、整体水平迈上新台阶。全市现行命案、八类案件快破全破，完成地下钱庄“歼击22”专项行动全国首波集中收网任务，侦破特大养老诈骗案。“为民办实事”工程“十大场所”安防设施全部升级到位，防控布局日趋完善，全市违法犯罪警情总量和刑事、“两抢”、盗窃、电诈案件发案数实现“五下降”，以全省第二位的名次通过全国社会治安防控体系建设示范城市首轮评测。在省公安厅和盐城市委、市政府考核中取得“双第一等次”成绩。扛起“疫情要防住”政治责任，通过统筹力量、健全机制，汇聚资源、融合手段，狠抓数据核查、流调溯源、社区防控、通道查控等关键措施，引导92.5万名外省市来（返）盐城人员提前报备，跟进完成“落地检、落地管”289.6万人。推进法治公安建设，市、县两级公安机关连续五年实现行政诉讼“零败诉”，市公安局连续四年保持全省市级公安机关执法质量考评优秀，获“全省执法示范市公安局”称号。在全省率先制定优化营商环境服务企业发展十项措施，打造“盐之e警”“云车通”等创新品牌，公安服务更便捷、更高效、更贴心。市车管所和东台、响水车管所被评为全国一等所。抓实公共安全监管，全市道路交通亡人事故、亡人数连续三年下降，重特大道路交通事故“零发生”，射阳农村平安放心路建设经验做法在全省推介。警务品牌效应持续凸显，29个改革创新项目先后落地，四级基础工作质态监测管控中心深度赋能基础管控，3个禁毒数据模型入选全省公安科技创新示范典型，“数鹰”虚拟币追踪查控平台在全国推广应用，交通管理“攻防一体智慧盾牌”获全国公安基层技术革新二等奖，矛盾纠纷一体化调处平安服务中心、“三网三格三情”融合中心等创新做法引领全市基层社会治理新发展。年内，全市公安系统内73个集体、142人获省部和市级以上表彰，情报指挥中心、反诈中心立公安部集体一等功，涌现出全国“枫桥式公安派出所”东城派出所、全国特级优秀人民警察孙益海等一批先进典型。

刑事案件侦查 年内，全市公安机关以“苏安·盐靖”、夏季治安打击整治“百日行动”为载体，全面推进打击犯罪“亮剑”行动、新冠肺炎疫情防控“坚壁”行动，持续磨砺刑侦克敌“锋刃”，贯彻落实部、省各类专项打击部署，分阶段、有重点地组织6次集中收网行动，取得破案质态总体向好、安保成效总体向好、抗疫防线全面筑牢成效。全市刑事案件、侵财案件较上年分别下降1.9%、8.5%，公诉人员总数、跨区域流窜侵财犯罪案件破案数、追逃、现行命案侦破、打击性侵犯罪、打击涉拐犯罪、涉网新型犯罪现场勘查等项目均达时序进度、全省领先。推进涉网黑恶犯罪专项打击治理，全市传统九类黑恶犯罪破案率始终保持90%以上，破获省公安厅挂牌督办的射阳重大黑恶团伙案件以及交办重点专案，摧毁境内外相互勾结的敲诈团伙，捣毁一批境内犯罪团伙。打击传统侵财犯罪，全面掀起全警反诈战役，打击跨省市流窜盗窃团伙。

经济案件侦破 年内，市公安局以“数侦2022—1”数据会战为突破口，统筹推进“歼击22”、打击金融诈骗等专项行动，主动向各类突出经济犯罪活动“亮剑”。梳理虚拟币历史案件沉淀数据，研判深挖出利用虚拟币非法买卖外汇团伙，依法开展案件侦查。完成全国公安机关“歼击22”打击地下钱庄犯罪专项行动首波次集中收网。与盐城市税务局成立联合数据战队，共同研判医疗普票虚开犯罪线索，侦办“3·03”医药领域虚开案。市、县公安机关联手行动，发现并侦办公安部督办“5·25”特大保险诈骗案，涉及全国20余个省、市，涉案金额数百亿元。

网络案件侦破 年内，全市公安局紧盯黑客、侵公、帮信等网络黑产犯罪，网络诈骗、赌博等突出涉网犯罪，以及区块链、暗网、大数据等新型犯罪，强化集中行动，掀起严打严整的强大攻势。“靖网清链”集中收网行动全面告捷，侦破“0811”破坏计算机信息系统案，捣毁开发黑产软件的黑客团伙，侦破“0823”开设赌场案，捣毁为境外赌博犯罪团伙洗钱的“跑分”平台。

禁毒工作　年内，全市公安机关开展禁毒“清源断流”等专项行动，打击毒品违法犯罪，防范化解涉毒风险隐患，坚决守牢禁毒工作底线。依托“盐之无毒”综合实战平台，加强涉毒敏感舆情监测预警。推进吸毒人员驾驶机动车挂牌整治攻坚，建立驾驶人员戒毒信息共享机制，实时推送注销驾驶证件，注销率100%。紧盯境外重点制毒团伙，对“3·6”特大跨境制贩毒案开展波次境外收网打击。主动应对全市“笑气”警情上升态势，开展综合治理，提升全市“笑气”问题的治理能力和水平。

治安管理　年内，全市公安机关开展夏季治安打击整治“百日行动”，开展13次“盐靖”集中清查行动，挂牌案件全部侦破收网，重点地区和治安乱点全部按期摘牌，全市违法犯罪警情较上年下降8.8%，城乡治安平稳有序。推进打击黄赌“亮剑”行动，会同检察院、法院制定涉赌刑事案件办理规范。实施社会治安防控体系示范城市创建和固本强基工程，固防、坚壁、亮剑、铸盾、惠民“五项行动”成效显著。深化“枫桥式公安派出所”评比活动，建设基础工作质态监测管控中心和矛调中心，平安服务中心、无户口人员落户攻坚等经验做法被省公安厅推广宣介。

道路交通安全管理　年内，市公安局推进道路交通事故预防“减量控大”行动，开展“忠诚护安行”春季攻势、“苏安·盐靖·护行”夏季整治、道路交通安全整治“百日攻坚”，道路交通安全形势总体平稳。坚持基础管控，聚集重点企业，强化对2395家重点运输企业和54家重点客车企业的走访攻坚，及时整改安全隐患。开展易肇事肇祸精神病患者驾驶证引导注销，督促逾期未审验人员限期审验。针对城市大中型车辆路口事故突出特点，推动车辆“右转必停”管理，对34个重点路口建成安全防护设施。市“交安办”挂牌整治10个亡人事故高发的镇（街道），同步结对指导研究制定防范对策，落实属地管理责任。开展147次全市酒醉驾集中整治，涉酒类交通事故较上年下降42.5%，严查非机动车不戴安全头盔、逆向行驶等交通违法，严查货车“两超一疲劳”违法。

公共信息网络安全保护　年内，市公安机关聚力网络安全监管战线，建立完善全方位、立体化防护的治理格局。列管党政机关、企事业单位的重要网络系统、重点网站，推动市委机构编制委员会办公室、盐城市不动产登记中心等单位完成市机构编制组织人事财政信息综合管理平台、不动产登记信息管理平台等系统的等保备案评测，全市等保系统备案率、测评率100%。深化涉企网安政务服务工作，将网络等级保护备案办理时限从10个工作日缩减至3个工作日。围绕关键信息基础设施、党政机关门户网站以及涉及水、电、油、气、健康码等信息系统，公安联网系统，户外LED电子显示屏，开展监测预警并组织网络和数据安全专项监督检查，督促整改网络安全隐患事件521处。组织“护网2022”网络安全攻防实战演练，对重要行业领域重点单位的信息系统开展技术渗透攻击，发现处置网络安全隐患288处。建立完善网络安全应急预案，市、县一体组建网络技术支撑、应急处置团队，确保及时响应、快速处置，妥善处置盐海医院、东台政务云、悦达储运公司被勒索病毒攻击等5起事件。开展网络乱象集中整治，查处不落实网络安全保护措施、侵犯公民个人信息、非法第四方支付、宽带猫池等行政违法案件。

出入境管理　年内，市公安机关聚力防控涉外领域风险、优化涉外营商环境、打击涉外违法犯罪、创新涉外管理路径、提升国际合作平台效能。推进打击妨害国（边）境管理犯罪“獴猎”行动，破获公安部督办的“5·25涉海上组织偷渡专案”“3·7提供伪造变造出入境证件案”。发现并查获从事卖淫活动外籍人员。联合市外国专家局打造外国人来华工作、居留许可“联办专窗”，健全人才便利化服务机制。加大移民出入境便利政策宣传力度，畅通节假日便民服务渠道，开辟企业出国境绿色通道，服务复工复产。深化与瓦努阿图对口警务合作，有序推进第二批警用物资援助项目实施，谋划推进向瓦努阿图派驻警务顾问工作。

海防管理　年内，市公安局推动岸海防控体系建设，推广使用“警网通”出海船舶系统，推进雷达预警管控“海晏”平台建设，满分通过省公安厅社会治安防控体系建设示范城市评测。部署出海船舶和人员信息采集会战，牵头开展全市“净海清岸”联合执法行动，配合相关部门拆解一批“三无”船舶、取缔一批非法停靠点，妥善化解征地拆迁、退渔还湿等重大矛盾纠纷，处置射阳涉疫渔船、海上安全生产事故等事件。开展严打整治行动，侦破一批走私、非法捕捞、破坏野生动物资源等案件，“宏大118”等3起案件被公安部评为全国涉海典型案例，海防业务绩效居全省第一位。

盐城铁骑　年内，全市交警铁骑队履行“既管交通，又管治安，机动灵活、精准打击”职能，抓住核心要素、关键节点、重点线路，全面布防、主动进攻，在交通治安管理中发挥重要作用。参与集中整治活动420次，参与处置突发事件233次，抓获违法犯罪嫌疑人510名，帮助群众7340次，获赠锦旗51面。

全国禁毒示范城市创建　年内，全市公安机关坚持清源与堵截并举、查缉与管控并重、供应与消费并减、治标与治本并抓，主动应对毒情形势发展变化，推进毒品治理体系建设。印发《盐城市创建全国禁毒示范城市三年行动计划》《盐城市创建全国禁毒示范城市重点项目任务清单》，细化41项重点项目任务，明确具体目标和推进步骤。结合网格化社会治理机制，全面排查涉羟人员等基础要素，严格涉羟排查管控，掌握毒品问题治理主动权。不断健全建档报备、动态调整、跟踪评估、联系帮扶、约谈问责等工作机制，压紧压实禁毒工作责任。统筹境内境外两个战场，侦破一批有影响的毒品大要案件。开展全市涉毒人员核查管控会战，规范全市吸毒查处管控，全面推进严格规范公正文明执法。围绕制毒物品销售、购买、运输、进出口等重点环节，全面加强基础排查、实地核查和日常监管，减少风险隐患。开展全民禁毒宣传教育，构建共建共治共享综合治理新格局。

“云车通”道路交通事故处理新模式　1月，在省公安厅召开的全省公安局长会议暨全省公安队伍教育整顿总结会议上，盐城“云车通”道路交通事故处理新模式以总分第一的成绩获金奖。盐城“云车通”道路交通事故处理服务新机制，在全国率先实现轻微道路交通事故定责、救援、医疗、维修、调解、理赔全流程、全链条云上运行。轻微交通事故处理平均比以往缩短20分钟，让群众省时省力更省心。“云车通”开通人伤直赔，在线申请车辆救援、汽修快赔等功能，通过拖车智能调度、车辆快速直赔、急诊快速扫码等流程，实现事故处理进一个窗口，办所有救援业务。盐城市区有20辆救护车、55辆清障车辆定位待命，可就近调度。7家公立医院开通人伤直赔，当事人可通过手机端实时查看救援轨迹，医院平台同步获取伤者相关基础信息。47家汽修企业提供保险直赔，由当事人自主选择，实现人员“免费”快救快治、车辆“免费”快拖快修。全市23家保险企业统一定损理赔标准，打通人伤车损行业互勘互认通道，实现5000元以内车损行业互认，并由专职保险员统一入驻“云车通”平台，实现线上定损、快速理赔。民警科根据当事人双方约定时间，在“云车通”平台创建“线上调解室”，保险员、调解员、民警和双方当事人通过视频聊天的方式表达自己的诉求，平台将每个人的发言一一记录，自动转换成文字，形成调解协议书，双方在线投屏查看，签字确认，调解过程全程录像，公开透明，不偏不倚。

（束东升　孙海余）

检　察

概　况　2022年，盐城市检察机关履行检察职能，强化法律监督，推进从严治检。全年办理各类案件1.28万件，其中，刑事案件7977件、民事案件671件、行政案件224件、公益诉讼案件1259件，刑事执行检察案件1548件、检察技术案件1096件。实施检察大数据战略，印发《数字检察建设三年行动计划》，推进检察大数据监督应用平台等项目建设，申报的有组织犯罪监督模型获评全国检察机关大数据法律监督模型竞赛“优秀奖”。深化“一院一品”工程，举办两次全市检察机关高质量发展亮点项目现场观摩活动，带动特色品牌打造，促进工作提档升级，得到市委主要领导批示肯定。在黑龙江扎龙国家级自然保护区举行“扎龙·盐城生态检察区域协作机制”启动仪式。制定检察业务“大比武、大竞赛”活动方案，举办全市公诉业务竞赛，持续提升队伍素能，26个集体、22名个人获省级以上表彰，44个案例入选全国、全省检察机关典型案例。接受社会监督，两级检察院向同级人大常委会专题报告工作19次，办结人大代表、政协委员建议和提案10件，举办检察开放日活动60余次。

刑事检察　年内，市检察院依法批捕各类犯罪1373人、提起公诉7274人。落实重大、复杂案件检察一体化办案机制，提起公诉故意杀人、抢劫等严重暴力犯罪225人。全面实施《中华人民共和国反有组织犯罪法》，制定有组织犯罪提前介入办法，推动扫黑除恶斗争常态化走深走实。致力营造公平有序的市场环境，重拳打击制假售假、侵犯知识产权等行为，依法提起公诉破坏市场经济秩序犯罪531人。坚决保障群众健康安全，提起公诉危害食药安全犯罪82人。开展打击整治养老诈骗专项行动，提起公诉27人，追赃挽损1334万余元。落实监察与检察衔接机制，加强协作配合，提起公诉职务犯罪54人。

民事检察　年内，市检察院完善民事诉讼多元化监督机制，规范行使调查核实权，针对民事裁判提出抗诉19件、再审检察建议45件。阜宁县检

8月18日，“扎龙·盐城生态检察区域协作机制”启动仪式在黑龙江扎龙国家级自然保护区举行。　唐　宵　摄

察院对陆某某虚构建设工程施工合同虚假诉讼案，依法提出抗诉，为民营企业挽回经济损失150万余元。强化民事审判、执行活动监督力度，围绕网络司法拍卖不规范等执行问题发出检察建议86件。加大虚假诉讼监督力度，办理相关案件53件。做实民事支持起诉工作，与人力资源和社会保障部门建立弱势群体维权信息交流共享机制，支持农民工起诉105件，帮助讨薪248万元。

行政检察　年内，市检察院审结行政裁判监督案件89件，提出行政审判违法监督、行政执行监督检察建议96件，针对行政违法行为提出纠正意见78件。摸排"企业恶意注销逃避行政处罚"案件线索，向行政机关制发检察建议3件。依法化解行政争议86件，推动化解的一起女职工提前退休行政争议案件，抗诉观点被写入省人力资源和社会保障部门规范文件。开展行政首长参与行政争议实质性化解试点工作，通过多方联动，办理全市首起行政机关负责人参与的行政再审检察建议案。

公益诉讼　年内，市检察院推进公益诉讼工作，发出诉前检察建议612件，诉前整改率100%，提起公益诉讼52件，督促整治农村河道32条，恢复被侵占基本农田5.45公顷。拓展黄（渤）海湿地公益保护检察联盟，与黑龙江齐齐哈尔、大庆等地检察机关共建协作交流机制，助力珍禽保护区建设。在全市建成12个渔业、林业生态修复基地，开展补植复绿33.33公顷、增殖放流70万余尾。守护盐城红色遗存，办理英烈权益保护案件9件，革命遗址、纪念设施保护工作被列为市"红色文化主题重点宣传项目"。延伸公益保护触角，整治道路无障碍设施受损、老年人不会使用"健康码""收付款码"导致出行难等问题，便利群众日常生活。

控告和申诉检察　年内，市检察院开展社会矛盾风险隐患拉网式大排查、大起底、大化解专项活动，建立访情信息互通、信访处置协作机制，依法处置风险隐患53件。攻坚化解信访突出问题，压实领导包案责任，化解重点信访41件。坚持"能听证、尽听证"，组织公开听证863场次，听证后息诉率40%，促进息诉止纷。深化司法救助，建立健全线索移送、联合救助、跟踪回访机制，救助困难群众737人，发放救助金430万余元，巩固脱贫攻坚成果，助力乡村振兴。

诉讼监督　年内，市检察院创新侦查监督机制，全市两级检察院与公安机关成立侦查监督与协作配合办公室，监督公安机关立案、撤案1282人，纠正漏捕、漏诉255人。持续转变监督理念，全市诉前羁押率15.79%，较上年下降8.21%，不诉率16.17%，较上年增长3.99%。开展"审判监督质量建设年"活动，组建监督人才库，依法提出抗诉30件。依法监督纠正减刑、假释、暂予监外执行提请不当103人。立案侦查司法工作人员相关职务犯罪4人。

涉案企业合规改革　年内，市检察院与市工商联等11家单位共建涉案企业合规第三方监督评估机制管理委员会，组建第三方名录库，凝聚行业监管合力。制定办案工作指引，探索形成合规改革"五步工作法"，全年办理企业合规案件17件，对完成合规整改的6家企业、10名企业负责人作相对不起诉处理，坚决防止"案件办了、厂子垮了"。注重案后延伸，对办案中发现的企业管理问题，以风险提示函、检察建议等形式，帮助企业堵塞漏洞，实现"办理一起案件、扶助一批企业、规范一个行业"的效果。

海工装备企业系列非法经营案　2016—2021年，东台市某镇4家海工装备企业在未取得销售许可的情况下，在销售海工装备中违规搭售海上救生烟火信号产品，销售金额57万~97万元。2021年5月，东台市公安局将系列案件移送检察机关审查起诉。东台市检察院受案后，分两批对涉案的4家小微民营企业开展合规建设，经评估合格，于2021年12月和2022年5月分别依法对4家涉案企业及其责任人员作不起诉处理。同时，联合镇政府对此类行业性问题进行全面摸排，以类案合规引导行业合规，并推动省有关部门联合制定海上烟火信号管理工作指引，实现良好示范效应，案件入选江苏检察名案录。

（倪梦莹）

法　院

概　况　2022年，盐城市法院系统受理案件13.76万件，审执结12.88万件，其中，市中级人民法院受理案件1.3万件，办结1.23万余件。17件案件入选全省、6件案件入选全国法院典型案例，"3·07长江特大非法采砂案"获最高人民法院院长批示肯定；6则案例在中央广播电视总台播出。3篇调研报告获省委政法委表彰，居全省法院系统第一位。开展建院80周年系列庆祝活动，举办先进事迹报告会，23个集体、45人获省级以上表彰；"唤醒尘封卷宗里的红色记忆"做法入选全国法院党建创新优秀案例。相关工作18次获省高级人民法院，盐城市委、市政府主要领导批示肯定。

刑事审判　年内，全市法院系统常态化推进扫黑除恶，对98名被告人判处十年以上有期徒刑。严惩故意杀人、抢劫等恶性暴力犯罪，一审审结刑事案件4627件。严厉打击电信网络犯罪，依法审结公安部挂牌的"5·10"电信诈骗案、跨境网络赌博案。惩治养老诈骗，审结涉侵害老年人权益犯罪案件219件，挽回损失2160万元，守护群众的"养老钱"。参与创建全国禁毒示范城市，两件案例入选全省法院毒品犯罪典型案例。审结安全生产犯罪案件41件，发送涉安全生产司法建议61份。审结某安全评价中介组织犯罪案，被最高人民法院、最高检察院评为惩治生产安全犯罪典型案例。配合粮食购销领域腐败问题专项整治，受理相关案件9件9人，切实维护国家粮食安全。以零容忍态度肃贪反腐，审结贪污贿赂犯罪案件45件46人。审结涉金融、国企职务犯罪案件6件6人，坚决惩治违法放贷、违规担保等影响国有资产安全的行为。依法追究4名失职渎职犯罪被告人刑事责任，遏制消极腐败。对职务犯罪被告人依法判处财产刑1446万元并及时追缴。审结一审环境资源案件1169件。依托黄海湿地环资法庭，用心呵护“国际湿地”，用最严密法治守护“沿海绿城”，依法追究32人非法排污刑事责任，1起大气污染公益诉讼案入选最高法院环资审判典型案例。审结“3·07长江特大非法采砂案”并在全国首次跨域移交环境修复资金，获最高人民法院院长批示肯定。

民商事审判 年内，全市法院系统审结买卖合同、公司治理等案件2.46万余件，标的额268.4亿元，依法认定合同效力，坚决制裁违约行为。审结破产及强制清算案件463件，较上年增长223.8%。在破产资产处置中，依托府院联动机制，借助政府招商平台，引入投资人，释放低效厂房89.3万平方米、闲置土地306.64公顷。审结教育、就业、医疗、婚姻家庭等民生案件2.31万余件，织牢民生司法保护网。审结婚姻家事案件1.1万余件，发送人身安全保护令32份。办结人身损害赔偿案件6247件，发放司法救助款520万元。审结劳动争议纠纷3363件，参与根治欠薪，追回农民工工资8325万元。化解103件涉“双减”政策教育服务纠纷，联合妇联、教育等部门设置家庭教育指导中心28个，发送家庭教育指导令212份。审结赡养、继承案件172件，调解84件。加强知识产权保护，审结商标权纠纷等案件1139件，促进，提升企业核心竞争力。围绕建设东部“沿海大粮仓”，化解土地流转纠纷309件，保障4666余公顷土地有序实现“小田变大田”。化解融通公司万亩养殖水面清退纠纷，促成该公司新增4.5亿元投资。

行政审判 年内，全市法院系统坚持监督与支持并重，审结一、二审行政诉讼案件2799件，其中一审协调撤诉412件。判令某开发区管委会向企业支付违约金724万元，获评全省行政审判十大典型案例。深化纠纷管辖法院与属地法院协作，与检察机关共建行政纠纷联合化解机制，推动189件行政争议实质化解。邀请“两代表一委员”参与协调，促成28件行政争议实质化解。启动“百庭千案进基层”活动，巡回审理行政案件22场次，助力提升基层依法行政能力。推动健全行政复议行政审判联席会议制度，连续17年向市委、市政府报送行政审判年报，全市行政机关负责人出庭应诉率连续三年保持100%，为全省唯一，行政机关败诉率处于全省低位。

审判监督 年内，全市法院系统发挥“关键少数”作用，院庭长带头办案6.29万件，占结案总数60.7%，比例保持全省前列。推行审判质效认标承诺制，每季度召开全市法院院长例会对标分析，确保重抓办案、狠抓管理不动摇。总结推广审判经验，助力执法办案找准方法、提升质效。创新上下级法院交叉列席法官会议机制，促进统一裁判理念、平衡裁判尺度。加大审务督查、案件督办力度，探索开展驻点督导。深度应用“六类案件”监管系统，979件重点案件全程受监管。严格开展案件质量评查，追究错案责任85人次。严格审查减刑假释案件，依法对17件案件不予减刑或核减报请减刑幅度，1件案例入选全省减刑假释实质化审理十大典型案例。主动接受各方监督，以监督促规范、保公正，向市人大常委会专题报告刑事审判工作，落实审议意见；自觉接受民主监督，配合市政协视察涉民生案件执行工作。邀请代表委员旁听庭审、见证执行1085人次，市两会交办的16件代表建议、委员提案全部按时办结。依法支持检察机关法律监督，再审支持抗诉11件。接受舆论和社会监督，召开新闻发布会55场次，聘请8位各界人士担任市中级人民法院特约监督员；网络直播庭审3.59万场次，互联网发布裁判文书3.02万余篇。

案件执行 年内，全市法院系统执结案件5.8万余件，到位金额94.5亿元。首执案件实际执结率、结案平均用时等重点指标居全省前列。构建“执行+拘留”“执行+公证”联动机制，提请公安等部门协助查人找物3762次，完善综合治理执行难大格局。突出执行强制性，限制被执行人高消费2.5万人次，增强执行威慑，依法采取罚款、拘传、拘留措施839人次，依法追究21名恶意规避、抗拒执行的被执行人刑事责任。开展民生案件集中执行，并开展网络直播，形成强大声势，为胜诉群众兑现“真金白银”6.5亿元。开展“黑财清底”执行行动39场次，执行474万元，铲除黑恶势力经济基础。研发上线管理云平台，确保无财产可供执行案件可视可控，获省高级人民法院推广。注重钝化执行矛盾，秉持善意文明理念，引导当事人互谅互让，促成执行和解6580件。

便民诉讼 年内，全市法院系统围绕争创“我为群众办实事”示范法院，细化23项任务，增进司法便利，不断优化诉讼服务。深入践行新时代“枫桥经验”，法官进网格4200余人次，源头化解纠纷7032件，全市民事案件万人起诉率位列全省第三位。落实立案登记制，当场立案比例97.7%。打造线上法院，网上立案申请按期审核率100%，在线办理调解案件率位居全省法院第一位。完善适老助老诉讼服务举措，通过安排老年当事人引导员、设立涉老案件服务窗口等，帮助“银发族”跨越“数字鸿沟”。深挖办案潜力，提升当事人效率体验，基层法院速裁案件占比均突破80%，为全省唯一。退还胜诉当事人费用6205万元，发放司法救助款261.7万元，减缓免诉讼费用335.7万元，用心传递司法温暖。开展走访留守儿童、回访困难当事人活动118场次。

市中级人民法院建院80周年 11月2日，“不忘来时路 奋进新征程”市中级人民法院建院80周年会议召开。会前，参会人员参观市中级人民法院建院80周年展陈和党建文化展，参观了解市中级人民法院在中国共产党的领导下各个历史时期的成长变迁、发展历程，感受盐城法院人对公平正义的孜孜追求。会上，举行“薪火相传”仪式，80年前盐阜区高等法院成立仪式的亲历者、市中级人民法院80年光辉历程的参与者、市中级人民法院原院长杜飞现场寄语。院长李江蓉介绍市中级人民法院建院80年来的历程、变化和取得的成果。青年干警宣读倡议书。

涉英烈权益保护案　年内，王某对烈士墓地及堆堤进行管理与维护期间，杨某长期自行在此堆堤处种植各种农作物。滨海县人民法院认为杨某在烈士墓地种植农作物于法无据，被侵占地块依法应予返还，判决杨某向王某返还土地。该案入选最高人民法院涉英烈权益保护十大典型案例。

安全评价中介组织犯罪案　某化工公司在生产过程中长期违法堆放硝化废料，某安全技术公司仅安排1名安全评价师调研，故意编制虚假安全评价报告，致使安全隐患未被发现。2019年3月21日，化工公司硝化废料因积热自燃发生爆炸，造成严重损失。年内，阜宁县人民法院判处某安全技术公司罚金30万元；判处柏某有期徒刑三年六个月，并处罚金2.5万元。该案被最高人民法院、最高人民检察院评为惩治生产安全犯罪典型案例。（晏子扬）

11月2日，盐城市中级人民法院建院80周年会议召开。　张路遥　摄

司法行政

概　况　2022年，全市司法行政系统全力推进全面依法治市和司法行政工作“争当表率、争做示范、走在前列”，各项工作取得明显成效。全市司法行政系统25个单位、38人受到省政府、司法部和省委政法委等部门表彰，市司法局首次被人力资源和社会保障部、司法部表彰为全国司法行政系统先进集体，被省政府表彰为全省“七五”普法工作先进单位。创成江苏省法治政府建设示范市，法治建设社会满意度居全省第二位。

普法宣传　年内，市司法局落实普法责任制，印发《2022年全市普法依法治理工作要点》《盐城市2022年度法治宣传教育工作重点项目联动事项》，开展“谁执法谁普法”履职评议活动，开展“落实普法责任制”法治文化阵地建设示范点创建活动，评选盐都区禁毒宣传教育馆等15个优秀法治文化阵地。有序推进“法律明白人”培育，印发《关于进一步落实农村“法律明白人”培育工作的实施方案》，开展首届十佳“法律明白人”评选，巩固扩大“法律明白人”培育工作成果。全年全市培育“法律明白人”1.07万人，开展业务培训570余场，印发辅导教材1.4万余册。举办“八五”普法骨干培训班。组织全市45万名党员干部参加法律知识考试，组织青年普法志愿者赴校园开展法治讲座49场，3.5万余名高中阶段入学新生接受法治教育。开展“送法下乡”“农民工学法活动周”“4·8”司法日、“4·15”国家安全日、“12·4”国家宪法日和“宪法宣传周”等活动，开展主题宣传活动8000余场，举办专题法治讲座1200余场次，举行法治文艺巡演183场次，创作法治文化作品270余部。

人民调解　年内，市司法局采取线上远程调处新模式，集中合力化解矛盾纠纷，有效提高基层治理水平。全市司法行政系统受理各类矛盾纠纷1.24万件，未发生因调处不及时或调解不当而引起自杀事件和“民转刑”案件。

法律援助　年内，全市司法行政系统完成省政府民生实事法律援助工作站项目，在全市范围内新增建设50个法律援助工作站，实现重要民生部门基本覆盖，建成东台“四叶草”、滨海“民族村”等品牌站点。开展“法援惠民生”工程，全年受理法律援助案件8083件，受援率稳定在万分之十以上，6个法律援助案例入选司法部案例库。

律师管理　年内，全市有律师事务所144家，律师2033名，承办案件数量4.52万余件，收费金额3.44亿元，全年新增80人以上规模律所1个、50人以上规模律所2个、30人以上规模律所3个，律师事务所规模化发展势头良好。市司法局、市律师协会联合部署以“诚信建设树新风，盐阜律师展风采”为主题的“诚信建设盐阜行”主题活动，制定信用等级律所申报评审等10项措施，打造15个首批诚信建设示范点，让《盐城律师诚信执业公约》逐步成为行业规范，让诚信成为盐城律师行业的文化内核。年内，立案查处违反诚信执业案件5件，较上年下降58%。

公共法律服务 年内，市司法局推动全市13个省级以上园区公共法律服务中心建设，推广公共法律服务项目，向园区企业公示26项服务清单。建成中韩（盐城）法律服务产业园，为园区韩资企业和职工提供便捷高效法律服务。全市2395个村（社区）920名法律顾问，全部落实现场服务、挂牌服务。开展“一县一品牌”创建活动，形成11个具有特色的村（居）法律顾问工作品牌。

司法鉴定 年内，市司法局开展“司法鉴定规范化建设提升年”活动，细化制定规范化建设达标清单，对各机构规范化建设工作情况实施考评。开展司法鉴定季度“家家到”专项检查和“双随机、一公开”监督抽查。改善鉴定机构执业环境，提高服务质量，全年全市13家司法鉴定机构办结鉴定9083件。

社区矫正与安置帮教 年内，市司法局及县（市、区）司法局根据省司法厅的部署，三级联动，建成融合司法厅“一体化平台”，构建越界、人机分离、重点场所、昼伏夜出、同案犯聚集、违法违规六大预警模块，实现时间、空间、人员多维度“智慧管理”，被省司法厅表彰为改革创新成果奖，被评为盐城市政法改革“十大创新项目”。

全国民主法治示范村（社区）建设 年内，全市司法行政系统构建新型乡村治理体系，以基层民主法治创建为突破口，开展第九批“全国民主法治示范村（社区）”和第十六批省级“民主法治示范村（社区）”创建活动，东台市梁垛镇临塔村、建湖县九龙口镇收成村、盐都区楼王镇花季园村3个村创成全国民主法治示范村（社区），大丰区万盈镇顾灶村等73个村创成省级民主法治示范村（社区）。至年底，全市创成16个全国民主法治示范村（社区）、1204个省级民主法治示范村（社区）。（谢　冰）

仲　裁

概　况 2022年，盐城市仲裁委受理各类案件2012件，较上年增加745件，较上年增长58.8%。案件争议标的额38.8亿元，较上年增长5.3亿元，较上年增长15.8%，实现案件受理数争议标的额双突破、创新高，绩效考核居全省第二位。

仲裁办案 年内，市仲裁委加强办案规范化建设，改进仲裁员案件指定管理方式，健全完善办案工作制度和机制，强化办案流程规范运行，在保障仲裁庭独立办案和自主裁决的基础上，发挥专家咨询参谋作用，提升仲裁办案质效。集中力量对相关制度规范进行梳理和完善，从制度机制层面解决案件管理难点堵点，建立健全仲裁案件制度机制，印发《仲裁员办案规范》《办案秘书工作规范》《涉案鉴定管理办法》。组织专家咨询会议15场次，研究讨论案件33件，完成仲裁员办理案件考评工作，形成考评档案291份。建成盐城市民商事仲裁信息管理系统，开通线下案件线上立案平台，在“我的盐城”App上提供“微仲裁”服务。联合盐城公证处走访市民办教育协会，联合市市场监管局、盐城经济技术开发区综合行政执法局开展企业走访活动，与市房地产商会共同举办不动产登记法律知识专题培训班。创新建立“仲裁+公证”仲裁案件文书全流程公证送达机制，全年办理文书公证送达719件。与律师行业建立业务培训合作、联系沟通对接、律师仲裁员联合管理三项机制。与市中级人民法院联合印发《关于建立知识产权案件诉讼与仲裁衔接工作机制的意见（试行）》。

仲裁宣传 年内，市仲裁委将仲裁制度宣传推介重心向重点行业、重点人群倾斜，加强与省、市两级媒体合作，整合内外部宣传推介力量，增强推介宣传的针对性和时效性，培育优质案源，夯实仲裁发展基础。加强与相关部门联系与对接形成诸多有效的合作机制，拓展仲裁外部发展空间和优化外部发展环境。在省、市两级媒体刊登各类文章、新闻报道以及宣传图片36篇（张），发布宣传贴片100余张（次），省、市两级广播电台播放盐城仲裁公益宣传语110分钟。

仲裁分支机构扩建 年内，市仲裁委强化分支机构管理，推进分支机构组建，发挥各分支机构在仲裁立案、宣传推介以及案件办理等方面的作用。与各县（市、区）公共法律服务中心、中韩（盐城）法律服务产业园合作，通过联合行文、设立仲裁联络处和服务窗口等方式，实现仲裁服务区域均等化。完成大丰仲裁院、新能源产业仲裁院筹建工作。在各县（市、区）、盐城经济技术开发区、盐南高新区等11家公共法律服务中心设立仲裁联络处。配合做好中韩（盐城）法律服务产业园建设工作，在盐城经济技术开发区政务服务中心二楼设立仲裁服务窗口，建成具有线上开庭功能的场所。

仲裁队伍建设 年内，市仲裁委加强办案作风建设，特别是保持廉洁办案高压态势，排查廉洁办案各环节7个风险点并制定8项防范措施。规范处理案件当事人案件裁决利害关系人的投诉和举报，排查投诉和举报中涉及廉洁办案事项，全年未发现仲裁员、办案秘书廉洁办案方面的违纪违法行为。细化仲裁庭与办案秘书全流程案件管理细节以及各细节处理规范，根据《仲裁员指定办案管理办法》和《仲裁员指定名录制度》，对首席（独任）仲裁员名册进行调整，从42人扩展至68人，提高仲裁员参与仲裁办案的比例，提升仲裁员整体仲裁的能力。

（谢　冰）

军　　事

编辑　曹懿超

盐城军分区

概　况　2022年，盐城军分区聚力练兵备战、加速转型发展之年，军分区党委紧紧围绕迎接学习贯彻中共二十大精神主题主线，强化政治引领、聚力练兵备战、释放改革效能、厚植发展根基，盐城军分区被省军区评为“备战打仗先进单位”。挖掘动员潜力，基本摸清全市国防家底，形成的研究成果被战区刊用。推进精准征兵，落实量化积分定兵新模式。加强民兵队伍建设，科学编组基干民兵，在中央军委国防动员部考评中取得较好成绩。完成全市基层武装规范化建设任务，组织专职人民武装干部资格认证和业务强化集训考核。推进市、县两级国防动员指挥机构重组，引接地方应急、公安、海事等部门指挥信息平台，探索市民兵应急力量与地方应急力量统建统用新模式，整体合力不断增强。

政治思想教育　年内，盐城军分区坚持用习近平新时代中国特色社会主义思想和习近平强军思想铸魂育人，组织23次党委中心组集体学习，形成32篇理论研究成果。突出抓好中共二十大精神学习宣传贯彻，持续深化“忠诚维护核心、矢志奋斗强军”主题教育和党史、军史学习教育，开展“赞颂新成就、喜迎二十大”系列活动，创作《奔赴国动新战场》文艺节目，参加省军区文艺汇演获得“特别奖”。加强全民国防教育，与国防大学签订挂钩帮建协议，协调市人大对《中华人民共和国国防教育法》落实情况进行监督检查。突出抓好信息服务工作，在省军区《要讯》刊稿6篇。加大人才培养力度，参加省军区政工干部比武获团体第一名。

军事训练　年内，盐城军分区加强应急应战能力建设，落实党委议战议训制度，印发《盐城市国防动员行动方案》《参加日常联合管控国防动员方案》，落实兵力编组，集中研究攻关“民船+”战法运用，受到省军区首长肯定。常态保持海上民兵值班分队备勤，组织人员参加实战化联合海空警巡行动，完成多次实弹射击保障任务。坚持按纲施训，持续抓好首长机关指挥技能和体能训练，民兵应急排比武考核成绩居全省第二位。选派代表参加全军高科技知识竞赛取得佳绩，被中央军委国防动员部通报表扬。组织战备值班分队拉动演练，完成防抗台风、抗洪抢险和新冠肺炎疫情防控等任务。

部队管理　年内，盐城军分区坚持按纲抓建，落实党委常委结对帮带制度，提升部所自建能力。注重解难帮困，帮助解决部分随军家属就业和军人子女入学问题，消除官兵后顾之忧。提升军转安置质量，上校以上军官转业安置实职率100%，做法被省军区转发。强化安全发展理念，印发《“四个秩序”规范化建设方案》，抓好试点观摩，加强安全文化建设，严密组织“条令学习月”和“百日安全活动”，定期开展安全保密检查。

后勤管理　年内，盐城军分区修订后装保障方案，完成综合保障中心配套建设。统筹抓好后勤重点行业领域整肃治理，抓好资产累积性难题“两年攻坚行动”，完成各类设施打码贴签和报废处置工作，对空余房地产实施有效监管。加强营区正规化建设，投入资金用于办公场所规范设置、办公楼外立面出新和营院绿化升级，营造整洁优美的工作生活环境。将饮食保障、物业服务、营房建设纳入同级地方政府一体保障，有效化解人少事多矛盾，把人才物力向主责主业聚焦，服务保障质效显著提升，做法被东部战区刊发。（季　明）

武警盐城支队

概　况　2022年，武警盐城支队贯彻习近平新时代中国特色社会主义思想和习近平强军思想，紧跟武警部队和总队党委决策部署，坚持“强基固本、稳中求进”工作思路，团结带领广大官兵接续奋斗打基础、踔厉奋发谋发展，部队建设稳中向好、整体跃升。年内，武警盐城支队被武警部队表彰为“六无”先进单位，1个党组织、2名党员，1个团组织、2名团员受到总队表彰，所属执勤一大队东台中队立集体三等功。

政治思想教育　年内，武警盐城支队抓好中共二十大精神学习宣传贯彻，组织党委中心组带机关理论学习，一体推进开年教育、主题教育、经常性教育和战斗精神培育，坚持召开教育准备会议教研教、线上查课推门听课督教评教，推动思想政治教育走深踩实。3人参加总队优秀政治教员评选表彰获一等奖。开展群众性文化活动，推进营区政治环境、书香军营建设。参加总队“学习强军跟党走”网上知识竞赛获三等奖。

军事训练　年内，武警盐城支队着眼推动军事训练“六化”（训练内容实战化，组训方法科学化，考评比武规范化，训练管理精细化，训练保障科技化，军事教育专业化）转型，组织教学网上演示观摩，开展“六小”（开展小培训、小观摩、小竞赛、小检查、小讲评、小互助）、争当“三手”（革新创新能手、专业技术能手、“五大技术”能手），创破纪录和军事特色体育竞赛活动。贯彻新时代执勤安保规范化建设会议精神，认证双“3·2”查勤法，推动辊闸门、断电报警、目标制高点监控和AR实景地图建设，纠治执勤隐患。全年动用兵力完成各类临时勤务69起。响水中队被省总队评为执勤先进中队，2人被评为执勤优秀个人。

部队管理　年内，武警盐城支队开展“站排头、当样板、作表率”活动，组织专项教育整治，及时化解隐患苗头，守住“六个不出”安全底线。协调解决部分官兵子女入学和家属就业问题，慰问困难党员、住院官兵及直系亲属，增强官兵归属感、获得感、幸福感。

后勤管理　年内，武警盐城支队推动体系化、实案化、精细化后勤装备保障方案，常态开展“一组五队”（指挥组,物资保障分队,给养保障分队,卫勤保障分队，运输保障分队，维修保障分队）拉动演练，持续开展后勤专业兵培训，7人参加总队后勤装备教练员比武获团体第一。推动机关及教导队、大丰、机动中队营区改造和响水中队新营区建设，协调阜宁中队营区升级改造，为每个中队统一制作防蝇罩，借鉴“互联网+”思维，研究开发点菜系统，严格落实新冠肺炎疫情常态化管控措施，综合保障效益不断提高。武警盐城支队被总队评为“后装管理先进单位”。（肖　亚）

人民防空

概　况　2022年，盐城市人民防空办公室（以下简称市人防办）抓好“十四五”期间规划落实和人防工程专项规划修编，开展人防控制性详细规划编制试点工作。全面推进人防指挥所等重点工程建设，市人防预备指挥所、东台、大丰、盐都、射阳、建湖、阜宁、滨海、响水等县（市、区）人防基本指挥所全面开工建设，总量居全省第一位。提升人防工程质量监管能力，联合市总工会、人力资源和社会保障局举办全市首次人防工程质量监督职业技能竞赛，省人防质监站到场观摩，给予肯定，在全省决赛中获优秀组织奖，获个人奖1名。市人防办2人被省人力资源和社会保障厅、省人民防空办公室表彰为“十三五”以来全省人防系统先进工作者。在全省人防系统征文比赛中全市人防系统分别获得1个一等奖、1个三等奖。

人防工程监管　年内，市人防办提前完成结建人防工程建设任务。更新完善人防工程标识标注，在省人防办全省检查通报中位列第一等次。强化人防工程使用维护和安全管理，全面巡检大市区范围内的人防工程，开展早期人防工程和防汛、火灾隐患专项排查整治。将人防工程安全工作与全市地下空间安全风险防控工作有机结合，统筹推进，属全省首创，安全工作受到省人防办通报表扬。创新人防施工图审查模式，在全省首批开展人防与建设工程“多审合一”试点。

“5·12”防空防灾宣传　5月11日，全国第14个“5·12”全国防灾减灾日前夕，市人防办会同市有关部门单位开展“减轻灾害风险，守护美好家园”防灾减灾知识宣传活动，发放1000份人防应急宣传手册，人防应急包300个。

“9·18”防空警报试鸣活动　9月18日，市人防办组织参加全省防空警报统一试鸣活动，全市2.5万余名机关干部、中小学生、企业单位职工参加防空防灾知识宣传、防空袭疏散掩蔽、平战转换、重要经济目标防护、消除空袭后果等科目的演练演习活动。（周晓键）

双拥共建

概　况　2022年，盐城市和射阳县、盐都区、东台市、滨海县、响水县、大丰区获得第十二届省级“双拥模范城”称号，持续巩固军政军民团结良好局面。

拥政爱民　年内，市退役军人事务局落实军地互办实事双清单机制，实施军地互办实事项目431个。实施盐城军供站迁建项目，新建综合楼，满足过往部队、民兵训练以及国防教育和人武干部培训的食宿休整保障、军供物资储备。至2022年年底，项目主体工程竣工。组织春节、“八一”走访慰问驻盐部队活动，加强军地沟通交流。制定拥军支前应急应战响应机制，指导军供站完成服务保障工作，实现保供零差错，获得好评。

拥军优属　年内，市退役军人事务局做好随军家属就业和子女入学工作，安置部分随军家属。在全省率先开展为立二等功以上现役军人家属免费体检活动，被中央广播电视总台播报。为立功受奖现役军人家庭送去喜报和慰问金，营造拥军优属浓厚氛围。

（宋孝锋　陈　伟）

经济管理

编辑　徐　昊

宏观经济运行管理

概　况　2022年，盐城市制定《勇当沿海地区高质量发展排头兵实施意见》《加快建设绿色低碳发展示范区实施意见》等稳定经济增长政策文件20余个。构建全市沿海发展“1+1+3+8”规划体系，制定《江苏沿海地区发展规划盐城实施方案》，细化国家规划和省实施方案涉及盐城重大事项94项及重点项目155项，全年完成年度重大事项132项，完成投资1224.2亿元。推进5个沿海经济区建设，全年完成开票销售收入2800亿元、税收57亿元。制定“稳外贸15条”、高质量实施RCEP行动方案，支持企业开拓国际市场，全年外贸进出口206.4亿美元，注册外资实际到账12亿美元，金光纤维素纤维一期项目列入国家重大外资项目库。深度融入长三角一体化发展，制定《全面推进市内全域一体化实施方案》《扎实推进长三角一体化发展深度接轨上海工作要点》，沪苏大丰产业联动集聚区等6个项目列入国家长三角一体化重大项目库。加强盐城与上海、苏州、常州合作，长三角一体化产业发展基地签约落户亿元以上产业项目236个，总投资1635.7亿元。加快融入长三角重点产业链供应链，全年新开工长三角地区亿元以上项目379个，长三角合作共建园区实现开票销售收入796.5亿元、税收46.2亿元。加快推进黄海新区建设，打造长三角综合能源保障基地，中海油盐城“绿能港”LNG接收站一期工程正式投产，国信2×100万千瓦清洁煤电、凯金锂电池负极材料等一批10亿元以上项目开工。推动现代服务业高质量发展，构建“6+4”现代服务业产业体系，建军路商业集聚区、东台西溪文化产业集聚区成功创成首批省现代服务业高质量发展集聚示范区，西伏河数字智能创新社区、射阳港港口物流园、东方汽车广场创成第二批省现代服务业高质量发展集聚示范区，江苏中车电机公司被评定为首批省级现代服务业高质量发展领军企业。推动创新驱动，创新生态加速优化，开展“科技创新推进年”活动，高质量举办第三届中国盐城创新创业大赛、全国双创活动周江苏分会场启动仪式等活动。润阳新能源公司获批省“独角兽”企业，3家企业获批省潜在“独角兽”企业，14家企业获批省高新区“瞪羚”企业。加快布局创新平台，江苏沿海可再生能源技术创新中心签约落户，“常盐科创飞地”正式揭牌，北京、上海、南京和深圳离岸科创中心建设全面启动。全年全市新增省级以上研发机构120家，阜宁阀体装备产业基地获批国家级火炬特色产业基地。加快创新主体建设，推进高新技术企业培育、“专精特新”、股改上市等专项工作，培育高新技术企业239家、省级以上“专精特新”企业186家、新增上市企业1家、过会企业1家、完成股改企业8家。开展智改数转“十百千万”工程，累计实施智能化改造数字化转型项目2011项，覆盖规模以上工业企业1530家。全年新创成省示范智能工厂7家、省工业互联网标杆工厂4家，省五星“上云”企业11家。

经济运行分析　年内，盐城市加强经济运行监测，科学制订国民经济和社会发展计划，按月按季分解落实主要经济指标任务。强化主要经济指标和高质量考核指标运行监测，坚持“点线面”一体研判，建立主要指标旬调度月分析制度，点上聚焦重点指标，线上聚焦重点行业，面上聚焦重点工作，每月对板块薄弱指标下发工作提示函。发挥市服务业发展工作领导小组办公室牵头作用，建立服务业增加值核算指标月调度机制，与市相关部门、各板块主要负责同志共同研究工作推进方案，全年累计向省、市级层面会议专题汇报30余次。建立健全“十四五”规划监测评估机制，对标“十四五”经济社会发展主要目标指标，建立“36+28”指标定期监测制度。承担完成省社科应用发展规划专项课题1项、市委决策咨询研究课题1项，调研形成“十四五”规划纲要监测分析报告，形成新能源汽车产业、新能源产业、新浦化学等项目论证和大健康产业、服务业集聚区等课题研究成果，为市委、市政府建言献策。

经济结构调整　年内，盐城市全面落实国家、省稳增长一揽子政策，制定印发稳定经济增长20条、促进服务业恢复发展10条等政策意见，全市办理留抵退税106.2亿元，新增减税降费36.5亿元，为9.4万户制造业中小微企业缓税38.7亿元，新增“四上”企业2600家。持续优化营商环境，推行放管服改革，实现跨省通办、省内通办、市内通办，全省首创不动产交易登记“一链办理”。推行盐商服务卡，开设“盐企通”惠企综合服务平台和“12345”热线一企来专区，提供一站式、全流程政策服务，持续擦亮“盐诚办”服务品牌。加快绿色低碳发展，建立盐城市“1+1+4+N”组织体系，制定《关于加快建设绿色低碳发展示范区的实施意见》和“四个绿色盐城”行动方案，推动重点领域节能降碳，探索低（零）碳园建设，盐城经济技术开发区获评国家绿色园区，建湖九龙口旅游度假区建成全国首个“碳中和”景区。加快建立立体式能源体系，探索“风光火气氢”一体化开发，编制《盐城市加快建设绿色能源之城行动方案》《盐城市海上光伏实施方案》《关于进一步推进市场化集中式光伏发电项目健康有序开发建设意见》等政策措施。加快推动265万千瓦海上风电、光伏发电市场化并网、整县屋顶分布式光伏试点等项目建设。至年底，全市实现新能源发电装机容量1252.85万千瓦，新能源发电265.17亿千瓦时，节约标煤735吨、减少碳排放1950万吨。

（王　晨）

固定资产投资　年内，盐城市坚持投资、融资“双轮驱动”，实施扩投资稳增长一揽子政策和接续政策措施，聚焦重点领域，加大重大项目投资力度，建立全市推进有效投资重要项目协调机制，加大向上对接争取力度，全年全市争取淮河入海水道二期工程、盐城港大丰港区综合仓储物流等政策性开发性金融工具支持项目14个金额39.06亿元。全年全市固定资产投资比上年增长9.4%。分产业看，第一产业投资比上年下降10.8%，第二产业投资比上年增长10.5%，第三产业投资比上年增长8.9%。分领域看，项目投资增长13.5%，制造业投资增长14.3%，民间投资增长9.9%。高技术投资增长较快，全市高技术产业投资增长32.9%，高于全部投资23.5个百分点，其中，高技术制造业投资增长29%、高技术服务业投资增长68.6%。技改投资拉动明显，全市工业技改投资增长33.3%，占工业投资比重22.7%，拉动工业投资增长6.3个百分点。全年全市房地产开发投资566.9亿元，比上年下降6.7%。从开发用途看，住宅投资426.3亿元，下降9.2%；办公楼投资15.6亿元，下降20.4%；商业营业用房投资66亿元，增长23.9%。

（王　晨　张　静）

重大项目建设　年内，盐城市推进重大项目引建工作，成立全市招商引资领导小组，建立重大项目首谈报备、招商引资项目联合评审、跨区域落户项目利益分享机制。建立重大项目服务事项清单，全年协调解决重大项目存在问题84项。建立重大项目全周期服务推进机制，实施重大项目审批帮办代办。开展长三角一体化产业发展基地“云签约”活动、第十五届“5·18”经贸洽谈会、盐城（苏州）产业发展暨农业合作恳谈会、第四届中韩贸易投资博览会、比亚迪动力电池开竣工等系列活动，全年全市新签约亿元以上产业项目938个、新开工亿元以上产业项目750个、新竣工亿元以上产业项目269个。总投资48.5亿美元金光（江苏）纤维素纤维一体化产业基地一期二阶段、总投资120亿元的通威光伏产业基地等11个百亿级项目成功签约，总投资25.3亿美元SK动力电池二期、总投资100亿元蜂巢能源锂离子动力电池等项目开工。围绕省、市重大项目，逐一编制项目推进线路图，优化升级“盐城项目”App，每月跟踪调度重大项目前期手续办理、项目列统情况，及时预警提醒。推动土地、能耗、资金等要素保障向重大项目倾斜，市级层面预留20%土地指标用于保障省市重大项目建设，及时跟踪指导列省重大项目能耗手续办理，推动金光纤维素纤维一体化产业基地一期一阶段项目能耗单列。

高质量项目推进　全年全市累计举办高质量发展项目推进活动10场次，观摩项目70个，逐个板块检验项目建设成效。全年19个列省重大项目、103个列市重大项目分别完成投资420.3亿元、1463.4亿元；蜂巢能源锂离子动力电池等项目开工且部分投产、比亚迪动力电池二期项目实现“拿地即开工”。

（王　晨）

“5+2”战略性新兴产业布局调整

年内，盐城市推动战略性新兴产业融合集群发展，加快发展新能源汽车及核心零部件、新能源、新一代信息技术、新材料、大健康和数字经济、海洋经济，打造“5+2”战略性新兴产业体系，形成更多具有盐城标识度的产业集群，全市规模超10亿元战略性新兴产业企业55家。年内，全市汽车产业加速向新能源转型，推动悦达起亚合营延期，建成全省最大乘用车生产基地，加快建设耀宁科技12千兆瓦时磷酸铁锂电池及系统总成项目等重大项目，初步形成整车企业带动、动力电池为品牌、非功能性零部件加快转型产业发展格局。全市新能源发电装机容量居全省第一位。晶硅光伏招引落户通威太阳能（盐城）有限公司、盐城天合国能光伏科技有限公司等行业龙头企业，建成全国电池、组件最大产业集聚区；风电装备本土产业引进培育江苏金风科技有限公司、江苏中车电机有限公司等领军企业，产能规模和产业集聚度全国领先；探索开展沿海滩涂光伏开发竞争性配置工作，打造千万千瓦级综合光伏发电基地。全市新材料产业规模突破1800亿元，不锈钢新材料规模总量居全国前三位，江苏德龙镍业有限公司是全国最大的300系不锈钢生产企业，化工新材料方面拥有滨海、大丰两个专业化工园区。全市新一代信息技术产业依靠大数据、电子信息产业为发展基础，招引盐城东山精密制造有限公司、立铠精密科技（盐城）有限公司等龙头企业落户，在精密结构件、印制电路板等细分产业链上形成区域特色优势；加快建设领胜3C模组件、东山IC载板项目等新增长点，推动电子信息产业开票销售超千亿元。全市大健康产业围绕“药、医、养、食、游”融合发展，健康农业初步形成以滨海白首乌、射阳菊花、东台甜叶菊和阜宁瓜蒌为主的四大中药材特色产业带，中药材种植基地规模6666.67公顷；健康制造业涵盖制剂、原料药、中药、生物药、药用辅料、包材、器械等领域，形成比较完整的产业链条。

（王　晨　王星辰）

23条重点产业链培育　年内，盐城市持续壮大产业链发展，聚焦汽车、钢铁、新能源、电子信息等主导产业和晶硅光伏、动力电池等重点产业链，实施重点产业链培育行动计划，建立“八个一”培育推进机制，明确发展目标、重点任务、保障措施，梯次培育“5+8+10”产业链。全市23条重点产业链全年实现开票销售收入5800亿元。全市23条重点产业链销售收入超百亿元企业11户、超10亿元企业60户、超亿元企业445户。推进新能源、钢铁等特色优势产业培育壮大工程，印发全市不锈钢、晶硅光伏和风电装备产业链培育工作方案，建立形成“部门＋地区＋专家＋机构＋企业”的产业链协同推进工作机制。全年全市新能源产业实现开票销售收入1500.76亿元，全市钢铁产业实现开票销售收入1873.6亿元。聚焦重点产业链，打造线上“产链通”平台，提升产业链供应链稳定性。扩大有效投资，注重科技、环保和安全门槛，优化重点产业链供应链全景图和招商地图，引进强链补链龙头企业和关键环节项目，全年新开工亿元以上产业项目750个。加大招商力度，对照短板缺项开展精准招商，对接深圳、上海、苏锡常等地拜访企业、对接项目。全年全市招引超10亿元产业链重大项目97项，协议总投资

3050亿元，超50亿元项目28项。年内，7户企业获批省级示范智能工厂，上电智联科技（江苏）有限公司入选省大数据产业发展试点示范项目，东山精密工业互联网标识解析二级节点被列入2022年度江苏省十大标识解析节点之一。

（王　晨　王星辰）

"企业大走访、项目大推进、产业大招商"活动　7月26日，市委办公室、市政府办公室印发《关于在全市开展"企业大走访、项目大推进、产业大招商"活动的实施意见》（以下简称《意见》）。《意见》要求，把工业经济作为稳住经济大盘的主力军，推进扩大经济总量、提升项目质效、促进产业转型，推动全市经济社会发展稳健增长。支持实体经济发展，开展"企业大走访、项目大推进、产业大招商"活动，对重点行业、重点企业和中小微企业开展全面走访，及时帮助解决问题。全面落实减税降费、助企纾困政策，健全金融支持实体经济体制机制，降低实体经济融资成本，统筹抓好"规改股、股上市"工作，加快数字产业化和产业数字化，促进数字经济和实体经济深度融合。7月27日，全市部署开展"企业大走访、项目大推进、产业大招商"活动。市委主要领导担任活动协调小组第一组长，市政府主要领导3次点调"大走访、大推进、大招商"活动开展情况，并召开全市优化营商环境工作现场推进会。32位市四套班子领导走访100户重点骨干企业及国家省"专精特新"企业，收集反馈问题99个，现场解决问题11个，现场交办问题8个，市领导专题会办问题7个，市为企服务办对其余73个问题分三批进行书面交办，各相关地区和部门均书面反馈办理情况，市为企服务办将问题办理结果书面反馈至企业。全年11个板块5409名领导干部完成9223户企业走访工作（规模以上工业企业全部完成走访），收集企业反馈问题3526个，办结反馈问题3398个，128个反馈问题办理之中。市活动协调小组办公室印发活动实施方案，分解落实50项重点工作任务，市、县、镇三级万名领导干部参加，构建领导带头、上下联动、合力推进的良好局面。市级层面牵头建立常态长效推进举措，保障活动走深走实，"企业大走访、项目大推进、产业大招商"活动受到省市主流媒体高度关注，推送宣传文章80余篇，《新华日报》头版推送专题报道2篇。强化协同推进，各地、各部门创新思路，推出惠企举措。东台市搭建"企企通"产业链供应链数字化平台，发布644家工业企业837种产品信息，推动企业"隔墙供货"；射阳县发布"产业协同需求对接图"，帮助56家企业达成28个产业协同项目，合作金额5.2亿元；阜宁县健全企业诉求"马上办"机制，推出一批"即办即享、免申直享"扶持项目；市工信局开展产业链供应链供需对接活动，推动"盐链通"平台上线，开展"智改数转"银企对接、智能制造进园区等活动，助力企业转型发展；市人力资源和社会保障局开展"千名党员、服务千企"专项行动，全市人社系统1002名党员干部挂钩联系3000余家规模以上工业企业，为企业稳岗增效提供服务保障；市自然资源和规划局推行"拿地即开工、交地即发证"；市生态环境局指导企业开展相关认证工作，开展帮办代办服务，压缩环评审批周期；全市政法机关服务保障"企业大走访、项目大推进、产业大招商"活动，全年走访企业2000余家，解决问题400个。年内，全市新签约亿元以上产业项目146个，省市重大项目开工率分别提高33.7个百分点、25.5个百分点，列统投资分别增加41.5亿元、116亿元。

（王　晨　梁　枫）

国有资产监督管理

概　况　2022年，盐城市国资系统坚持以推动国企高质量发展为目标，以深化国企改革为主线，优化国资布局结构，健全国资监管体系，防范化解重大风险，国资国企改革发展取得良好成效，国有企业竞争力明显增强。全年全市国有及国有控股企业资产总额1.84万亿元，净资产6942.1亿元，实现营业收入1103.7亿元。市属监管企业资产总额5490.3亿元，净资产2106.5亿元，实现营业收入705.5亿元，实现国有资本经营预算收入4.98亿元。至年底，全市有纳入国有资产统计报表汇编范围的国有企业（第一级次）112户，其中，市直企业11户、县（市、区）企业101户。全市有1户企业资产总额超1000亿元，有13户企业资产总额超400亿元，具备良好的投融资能力和可持续发展能力。

国企改革　年内，市国资委按照国家、省市部署要求，坚持问题导向、紧盯短板弱项、全力冲刺攻坚，一批改革重点难点取得突破。至年底，全市国企改革三年行动实施方案涉及143项改革任务全部完成，形成改革典型案例34个，其中3个案例入选《省国企改革三年行动典型案例汇编》。优化整合资产资源，市政府常务会议专题审议通过《市属企业内部资产结构优化整合实施方案》，"一企一策"推进市属企业内部同类企业和同类业务整合，压减企业数量、压缩管理层级，市属企业全部建立三级管控体系，市场化方式处置"两资""两非"企业174户。年内，市属企业首次进行定机构、定职责、定编制与职数，核减集团总部编制88人，核减二级公司领导职数18人。提升资信等级，市国资委组织市属企业开展"对标一流企业管理提升行动"，以管理提升推动经营质效提高；在全市国企开展"信用等级创建提升三年行动"，提高融资能力。加大社会贡献，市属企业全年参与投资重大项目111个，完成投资额304.74亿元。发挥国有资本引领带动作用，全年招引项目38个，涉及投资额798.78亿元，为重大项目建设和落地提供有力支撑。落实助企纾困政策，全市国企减免小微企业、个体工商户租金1.07亿元。

做好稳岗就业，全市国企新增就业岗位2155个。持续优化人才队伍，实施人才强企战略，加大优秀青年人才引进力度，市属企业全年引进知名高校、世界名校优秀毕业生97人。推行市场化用工制度，620名管理人员通过竞争走上管理岗位，60名管理人员在业绩考核、适岗评价中调整退出。

国资监管 年内，市国资委完善全市国企治理机制，印发《完善市属企业“三重一大”决策机制的实施意见》《市属企业董事会授权管理指引》等文件。召开市属企业董事会“外大于内”改革动员部署会，向市属企业委派24名外部董事，建立董事会向经理层授权管理制度，市属企业及子企业董事会应建尽建、实现外部董事占多数，经理层成员实现任期制契约化管理全覆盖，建立市属企业差异化经营业绩考核体系，实行“一企一策”精准考核。加强国资监管，制定《关于全面加强国有企业监管的实施意见》和“数字国资”监管平台建设实施方案，推进“数字国资”建设，构建全方位国资监管大格局。召开市属企业财务结算中心现场推进会，全面推行财务结算中心建设。开展产权交易合规性等专项监督检查，企业合规经营意识普遍增强。坚持监管与服务并举，创新建立市国资委挂钩服务市属企业和县（市、区）联系人制度。从严管控企业对外投资，加强非主业投资管理，严禁超越财务承受能力的举债投资，印发《关于建立市属企业重大特别监管类投资项目“双重论证”制度的通知》，制定市属企业重大特别监管投资项目清单，对清单内的投资项目实施“双重论证”。全年核准和备案企业投资项目52个，涉及投资额213.51亿元，实施“双重论证”项目2个。做好债务管控，把防范化解企业债务风险摆在突出位置，实行债务规模和资产负债率“双约束”，指导企业优化融资结构，压降非标产品比例，建立非标产品融资渠道库，开展融资成本压降工作，推动高成本融资置换，全市国有企业新增融资平均成本比年初下降57个BP。全省率先印发《关于债券全生命周期管理的实施意见》，实现债券“发、用、还”全流程管理，组建融资专家顾问团队，对市属企业、县（市、区）国企逐户开展融资督导。

全市国有企业高质量发展工作座谈会

7月20日，全市国有企业高质量发展工作座谈会召开。会上，市国资委、悦达集团、城投集团、燕舞集团、银宝集团和建湖县分别汇报有关情况；国投集团、交投集团、海兴集团、黄海金控集团、盐城港集团作书面交流发言。会议要求，要深化改革不停顿，建立健全现代企业制度。机构要“瘦身健体”，按照投资有回报、产品有市场、企业有利润、员工有收入、政府有税收、环境有改善的“六有”要求，打造适应市场经济的现代企业管理体系。要营造廉洁从业氛围，国企党组织要把落实党风廉政建设主体责任摆在突出位置，严格履行“第一责任人”和“一岗双责”责任，切实把权力关进制度的“笼子”里。各级党委政府和相关部门要当好国企的坚强后盾、最佳拍档，为企业发展创造良好氛围，把国有企业建设成全市的标杆企业、领军企业。（蔡松杰）

延伸阅读：国有企业选介

盐城市国有资产投资集团有限公司 年内，盐城市国有资产投资集团有限公司实现经营收入127.5亿元、净利润6.4亿元、归母净利润4.12亿元、属地税收2.17亿元。至年底，集团总资产668亿元，拥有国家高新技术企业10家。集团核心产业稳健发展，以提高核心竞争力和增强核心功能为重心，逐步形成“能源、创业、贸易、资源、置业、酒店、投资”七个业务板块。能源板块加强合作交流，盐城市国能投资有限公司与12家中央、省属能源龙头企业及行业领军企业战略合作，风电、光电、火电参控股项目归属权益规模227万千瓦，实现并网投产权益规模120万千瓦。创业板块重点培育新能源电池、化工危废处置、光电新材料、光伏组建等产业，以155万平方米标准化工业厂房为载体，孵化“专精特新”项目；盐城国投新材料有限公司加速推进光伏焊带扩能项目，建设年产1万吨光伏焊带车间。贸易板块稳步开展木材、石油制品、有色金属、煤炭等国内国际贸易，盐城市物资集团有限公司有序推进盐城国投码头项目建设。资源板块加快转型升级，新光集团有限公司转型到中色地科矿产勘查股份有限公司开展有色金属采矿业，实现控股、参股在产有色金属矿山3个，总产能每年200万吨。置业板块持有商业地产总建筑面积85万平方米，总土地面积77万平方米，探索商业综合体、康养旅居、康养住宅、人才公寓开发利用新路径。酒店板块打造品牌特色，盐城迎宾馆推动政务接待基地的行政保障和市场运作的有效衔接；国投大酒店以经济效益为中心，做优服务品质，做精地方特色菜肴，提升品牌影响力；盐城万豪酒店以市场为导向，全面放大国际豪华酒店品牌效应。投资板块坚持“控规模、防风险、清逾期”发展思路，加快金融服务领域整体转型发展。（吴　莉）

盐城市城市建设投资集团有限公司 年内，盐城市城市建设投资集团有限公司实现营业收入65.8亿元、归母净利润7.64亿元、税收6.3亿元。至年底，集团实现总资产1190.7亿元。年内，集团围绕提升城市功能，实施为民办实事、市重大项目26个，年度计划投资73.7亿元，实际完成89.16亿元。代建政府投资项目15个，完成投资12.8亿元。

推进城市建设，推进先锋岛组团40千米200万平方米城市主次干道建设，形成“三横六纵”的片区路网格局；张庄组团全面开展征收拆迁，推进整体规划，启动主次干道建设6条；便仓组团基本完成总体规划，助推长三角一体化发展基地建设。推进功能项目，推进医疗卫生、教育、公共事业等政府代建项目35个，总建筑面积137万平方米，总投资116亿元。市中医院南扩等12个项目交付，市综合档案馆、二院改扩建等23个项目按序时推进。做好城市保供，全年安全供水1.86亿吨，保障大市区及建湖等500万人的长江水、生态原水供应。促进污水处理提质增效，推动全市污水收费机制，11个合资公司全面实质化运营，完成全市86座生活污水处理厂及配套设施整合，整合资产44.8亿元。建成投运污泥处置、粪污处理中心等项目，全年安全焚烧生活垃圾48.5万吨，处理餐厨垃圾6万吨、建筑垃圾9.4万吨。提升城市服务，实施棚户区改造，全年实施7个1200户棚改项目，签约1221户，完成投资20.4亿元。推进安置房建设，东河新园、香江枫景名苑等10个安置房主体封顶，康庄雅苑安置房正式开工，东河新园安置房正式交付。（瞿建权　郁怀峰）

江苏银宝控股集团有限公司　年内，江苏银宝控股集团有限公司实现营业收入55.82亿元、归母净利润1.12亿元。至年底，集团资产总额264亿元。集团聚焦平台化转型，提升“四大平台”（产业招商、智慧农业、种业服务、农产品交易）示范引领功能，种业服务平台引进省农科院19个小麦新品种和市农科院4个水稻新品种进行育秧测产；智慧农业服务平台种植指挥系统开发建成子系统6个、功能模块102个，建立数字地理信息档案441.75公顷，累计1.33万公顷农田接入农服平台；产业招商平台网站上线运行，整合全市农业招商资源，全年新签约项目4个，协议投资21.1亿元；农产品交易平台全年实现销售收入26亿元，完成市交办“公转铁”保供任务和全市进口冷链监管仓建设工作。实施品牌战略，整合品牌资源，发起成立盐城市优质农产品品牌营销协会，以“1+9+N”品牌模式，整合全市90家会员企业、地理标志产品12个；注册集体商标1件、普通商标34件，涵盖全市20余个品类800个产品。至年底，集团有10大类32家企业150款产品商标图案获“盐之有味”品牌授权使用。建设“五大产业”体系，粮油产业体系30万吨粮食仓储项目启动实施，创建绿色储粮“标准仓”34个；农产品深加工体系实施央厨、菊花科技公司技改扩能，配套2000吨智能仓储冷库竣工，玫瑰花精油提取和代用茶小包装车间成功试产；现代渔业体系围绕发展“1+N”智慧园区，与中国水产科学研究院淡水渔业研究中心共建博士后研究站，国家级水产健康养殖和生态养殖示范区通过省级验收；盐城文旅体系完成海精盐厂技改扩能，引进国内行业领先的自动化生产设备，于9月竣工投产；农渔光互补产业100兆瓦集中式光伏项目取得备案证书，进入省能源局实施库。搭建销售平台，线上搭建“盐之有味”京东中国特产盐城助农馆、盐城馆和盐阜银宝商城，主营“盐之有味”产品单品300个。做好品牌宣传，依靠培育、孵化高附加值地理标志商标和绿色有机农产品品牌，创建一批“盐”字号精品特色农产品，全年开展“盐之有味”品牌宣传推广活动30余场。（戴书伟）

江苏悦达集团有限公司　年内，江苏悦达集团有限公司实现营业收入964.05亿元、归母净利润10.2亿元，完成入库税收68.9亿元、招商引资总额344.36亿元，引进外资3亿美元。做强汽车主业，悦达起亚全面开启新合营时代，合营延期通过国家发改委窗口指导，与韩方签订增资9亿美元协议，年内完成6亿美元股东增资工作，全年出口汽车4.2万台。国新公司与一汽奔腾实现战略合作，全面推进国新二工厂建设，E131车型首台白车身下线，与摩登汽车达成产能和生产合作。悦达国润打造特殊应用场景新能源智能商用车解决方案提供商，交付燕山钢铁、大丰港40余台新能源重卡。中汽股份成功上市，长三角（盐城）智能网联汽车试验场项目按时序推进。优化产业布局。加速转型能源产业，集团成立氢能事业部，同步推进氢能产业规划和项目储备，布局氢能产业链项目，打造以发展绿氢为主的“零碳装备产业园”，参与组建江苏沿海可再生能源技术创新中心。地产、商贸及制造业稳中推进，悦达地产全年签约金额44.5亿元，实现权益净利润2.7亿元；悦达悦享购平台与永辉彩食鲜、省绿色食品协会、银宝集团等实现战略合作；悦达纺织建设10万锭绿色环保智能化纺纱工厂，被评为2022年江苏省数字化绿色化协同转型发展典型案例。至年底，集团在全市综合考核中获第一等次。（周本东）

盐城市交通投资建设控股集团有限公司　年内，盐城市交通投资建设控股集团有限公司完成营业收入8.5亿元、归母净利润1150万元、投资130亿元，实现属地税收8000万元。至年底，集团拥有资产总额802.99亿元。推进重大交通基础设施建设，市区快速路网优化工程完工，盐丰快速通道一期、高架四期开创路北延建成通车，北环枢纽东西向主线贯通，盐丰快速通道二期、盐阜快速通道、滨海港铁路支线、滨淮高速盐城段等项目质量达标。228国道东台条子泥、射阳海通服务区建成运营，125省道盐都尚庄、331省道盐都楼王服务区主体封顶。加快产业载体培育，城北物流园完成266.67公顷土地一级整理。开创园区建设运营新模式，桥梁装配式构件研发生产基地投产。首个金属制品产业园开工建设，围绕“通道＋枢纽＋网络”的现代物流服务体系，布局建设交通全产业链平台、“一站式”大型钢材贸易平台和区域物流枢纽中心。常盐工业园拓展区完成规划设计，297.8公顷产业用地完成征收储备，安置房一期、5条主干道路和3条河道整治项目全面开工，启动低（零）碳产业园区试点建设。助力建成“两纵两横”的市区公交主廊道，形成“六主八支四环”快速公交系统，公交年度客运量超1亿人次，总行驶里程7716万千米，新购150辆纯电动公交车投入运营，新增优化线路24条，开通首条社区微循环线路，58座“便民换乘”站台建成并投入使用。发放各类便民实体卡片3.9万张，扫码乘公交功能接入“我的盐城”App。盐阜快速通道、盐丰快速通道二期、滨淮高速盐城段项目被评为2022年度江苏省公路水运工程平安工地建设省级示范工程，滨海港铁路支线2个标段获“江苏省铁路工程平安示范工地”称号。（郝若冰）

江苏黄海金融控股集团有限公司 年内，江苏黄海金融控股集团有限公司实现营业收入5.3亿元、净利润3.6亿元、入库税收1.4亿元。至年底，集团总资产175.12亿元。年内，集团优化顶层设计，按照“集团—专业板块公司—项目公司”三级公司管理架构，设一级集团公司1个、二级专业化公司8个、三级项目公司6个，形成投资服务、融资服务、资产管理和生态环保四个板块。开展项目突破年行动，全年实现投资项目31个，带动社会资本协议投资452亿元，推动25个项目落地，其中，100亿元项目2个、50亿元项目2个、10亿元项目5个。提升基金组建运营管理，构建形成以母基金为核心、“母基金＋子基金”的基金集群生态体系，集团全年新设产业基金15支，总规模295亿元，招引市外资本80亿元。推进绿色生态品牌，助推2023年全球滨海论坛会议在盐城召开，做好黄海湿地博物馆和博物园提档升级和运营管理工作，探索湿地生态银行建设方案，完成全国首单鸟类友好型生态修复蓝色碳汇金融创新。做好响水化工园区生态修复项目，全年投入8.13亿元，完成响水化工园区71户企业退出及土壤污染状况初步调查。（史小奇）

盐城市海兴集团有限公司 年内，盐城市海兴集团有限公司实现营业收入26.5亿元、利税4.8亿元，完成投资52.9亿元。至年底，集团总资产596亿元。集团打造7个业务板块（产业投资、开发建设、港产配套、临港物流、文旅产业、新滩盐场、灌东盐场），服务黄海新区产业链延伸，建设德龙不锈钢制品标准化厂房、滨海片区配套产业园，分别完成投资4.2亿元、2.5亿元；打造汽车零配件产业园，绿色建材产业园、新滩加油站项目基本建成。完善黄海新区互联互通交通网络，参与滨海港铁路支线、滨淮高速盐城段建设，年内分别投资1.6亿元、1.4亿元；贯通连接黄海新区滨海片区、响水片区的金光大道中段，完成投资5亿元。建设临港物流，按照国家一级渔港标准建设翻身河渔港，年内南岸工程基本竣工，完成投资2.9亿元；建设滨海港综合物流服务中心，停车场区域基本完工。开展外贸业务，全年进口销售镍铁18.7万吨，实现销售收入24亿元、净利润6000万元、利税3.3亿元。推进文旅产业发展，月亮湾旅游度假区完成配套设施提升，申报国家AAA级旅游景区；成立两河湾旅游开发管理有限公司，运营“弄潮里”商业街区、月亮湾旅游景区游客中心以及邻里中心配套设施。推动1.07万公顷池塘标准化提升改造，建设养殖尾水达标排放净化区，加强与通威等大型上市公司合作，全年实现租赁收入1.7亿元。推进新区供水、供气、增量配电试点等港产配套产业项目建设，水环境基础设施工程完成投资3046万元；提升新滩、灌东两个邻里中心生活配套功能，启动商业街、商务酒店等项目装修改造工程。（韩炳泉）

月亮湾旅游景区 孟宪伟 摄

燕舞集团有限公司 年内，燕舞集团有限公司实现营业收入9.92亿元、归母净利润1288万元、上缴税金5660万元。至年底，集团总资产251亿元。全年重点工程项目27个，其中，在统项目7个，年度计划投资7.49亿元，年内完成投资7.54亿元。围绕文化、旅游、康养、酒店、体育五大产业，打造产业群产业链。文化板块打造城市阳台、瓢城记忆、九龙口沙庄戏苑等文化惠民剧场，《范公堤》入选年度国家艺术基金资助项目；旅游板块培育“到盐城·嗨周末”品牌，大洋湾景区入选省级夜间文化和旅游消费聚集区，盐镇水街创成省放心消费示范街区，市博物馆荣获国家AAA级旅游景区，“一区一街两馆”全年接待游客620万人次；康养板块承接政府普惠型养老业务，全年服务老人77.8万人次，瑞康医院与市三院医联体合作落地；酒店板块上线集中采供平台2.0，持续放大希尔顿、颐和湖畔、水城、九龙口温泉酒店集群效应，培育八大碗地方特色餐饮品牌，打造标准化连锁运营矩阵；体育板块以赛事带旅游，举办夜跑、飞盘、高尔夫等体育活动，承办各类群众赛事100余场，大庆路体育馆、建军路全民健身中心、健身广场“三馆”运营水平提升。推进基础设施建设，推进迎宾大道改造、太湖路东延、学府路提升等城市路网建设，高标准建设市妇女儿童活动中心二期、国家城市湿地公园等民生项目。助力城市等级提升，以“微片区”为基点，打造“城景一体、产业融合”的城市文商旅综合体。

（杨　超）

自然资源管理

概　况　2022年，盐城市自然资源管理工作在征收利用环节，以规范高效利用为重点，持续加强工业用地提质增效、耕地质量保护和提升、土地执法检查。规范征收土地，加强土地保障供应，做大土地储备规模，实施经营型用地出让，开展各类土地专项执法行动，全市自然资源利用和管理秩序良好。全年全市土地总面积177.18万公顷，其中，耕地77.68万公顷、园地1.73万公顷、林地6.36万公顷、草地1.03万公顷、湿地22.61万公顷、城镇村及工矿用地24.67万公顷、交通运输用地4.81万公顷、水域及水利设施用地36.7万公顷、其他用地1.59万公顷。

土地征收与供应　年内，市自然资源和规划局做好集体土地征收管理工作，以市政府办名义印发《关于进一步提升土地征收工作效率强化用地服务保障的通知》，明确集体土地征收工作要求，做好经济社会发展用地保障。推进土地征收成片开发方案编制工作，全年完成12个土地征收成片开发方案报批工作，保障重点园区建设和重大产业项目落地。全年供应土地5273.33公顷，其中，工矿仓储用地1273.33公顷，基础设施、公用设施用地2287公顷，经营性用地933公顷，其他用地780公顷。

土地开发与利用　年内，市自然资源和规划局梳理可出让经营性土地，配合制定促进市区房地产市场健康平稳发展八条措施，全年全市经营性用地出让合同总金额268.53亿元，其中，市区成交经营性用地18宗成交金额69.5亿元。开展市区经营性用地“净地清零”行动，统筹推进拟出让地块污染防治、文物调查、征迁扫尾、产权注销等工作，确保拟出让地块可直接挂牌，年度完成清零地块13宗66.59公顷。持续推进农村集体经营性建设用地入市试点工作，盐都、射阳两试点地区累计出让集体经营性建设用地60宗198.89公顷，获得出让收益7.3亿元。加强土地资源战略储备，在建湖县上冈镇实施40公顷土地资源战略储备项目。

地籍管理　年内，全市开展年度国土变更调查，四大类6.4万个2.81万公顷疑似变化图斑核查成果通过国家检查。创新调查监测方式，在大丰区开展全国唯一滨海湿地调查试点，试点经验在全省推广。县级第三次国土调查成果全部通过市级验收，市、县两级在全省率先完成第三次国土调查主要数据发布工作，得到省“三调办”充分肯定，市自然资源和规划局盐都分局被表彰为全国“三调”先进集体。

耕地质量核查整改　年内，市自然资源和规划局加强耕地流出问题整改工作，全市完成整改恢复耕地6173.33公顷。推进国土空间综合整治项目实施，全市完成19个省以上投资土地整治项目竣工验收。建湖县高作镇全域土地综合整治国家试点获自然资源部生态修复司同意备案，是全省第二个获批实施的国家试点。全年完成耕地占补平衡项目验收445个，新增耕地886.67公顷。开展2019—2020年补充耕地质量专项核查，对疑似有质量问题的新增耕地进行核查整改；对补充耕地项目验收后后期管护不力问题，通过恢复耕地原状、复耕复种等措施加强整改，组织重新验收，对不符合补充耕地质量要求的予以核减新增耕地面积。对全市14座已关闭砖瓦厂开展拆除复垦专项整治，全年拆除并复垦10座，面积44.13公顷。

工业用地提质增效　年内，市政府印发《关于进一步推进工业用地提质增效的实施意见》，加强国土空间规划引领，提高工业用地配置门槛，加快工业用地工业方式改革，强化工业用地全程监管。市自然资源和规划局开展盐城市2022年度产业园用地状况调查工作，全市调查二类产业园81个、三类产业园26个，村镇工业集中区1个。完成低效用地再开发1466.67公顷，消化批而未供土地860公顷，处置闲置土地170.47公顷。年内，江苏射阳经济开发区电子信息产业园“高标准厂房建设和使用”节地模式入选2022年度全省节地模式先进典型案例。

不动产登记　年内，市自然资源和规划局推动全市涉及群众办证不动产历史遗留问题化解工作常态化运行，全市化解处置涉及群众办证不动产历史遗留问题项目102个，惠及群众4.33万户。按期完成农村不动产登记发证工作，全省第四家完成登记工作任务，完成房地一体农村不动产登记116.7万宗，颁发证书112万宗，基本实现农房“应登尽登、应发尽发”。持续提升不动产登记工作质量和水平，健全“交房（地）即发证”协作机制，运用“不见面服务”手段提升用户体验，全市各地实现137个项目交房，为2.1万余户小区业主发放不动产权证，为企业在交付土地当天办理581宗地不动产权证；扩大工业企业不动产按幢（层）登记范围，印发《工业企业不动产按幢按层登记操作规范（试行）》，为企业不动产抵押融资提供政策支撑；推动不动产登记电子证照在更多领域应用并实现互通互认，市区全年发放电子证照19.5万份；优化“线上苏小登”应用，全面实现不动产抵押登记、预售商品房的双预告登记和不动产登记资料查询“跨省通办”，实现新建商品房转移登记、存量房转移登记等涉税业务线上办理。

自然资源统一确权登记 年内，市自然资源和规划局配合省自然资源厅完成盐城湿地珍禽国家级自然保护区自然资源统一确权登记主体工作。配合省自然资源厅完成全国首批三个之一、全省唯一江苏大丰麋鹿国家级自然保护区自然资源统一确权登记登簿项目的登簿工作，自然资源部门户网站以《我国首批重点区域自然资源确权登记完成登簿》为题进行专门报道。组织市级自然资源确权登记工作，对盐城沿海森林公园、建湖九龙口湿地公园2个自然保护地，射阳河、黄沙港等10条重要河流开展自然资源统一确权登记工作，基本完成资料收集处理、预划登记单元、制作工作底图、发布通告、地籍调查等主体工作。

土地执法检查 年内，市自然资源和规划局加大督查督办力度，对违法违规用地行为打击保持高压态势。全年对县（市、区）印发督办函15份、警示提醒函18份，执法监督建议书6份、整改情况通报11期，市政府对4个县（市、区）进行约谈。完成2020年及之前历年各项土地督察发现问题整改到位531个，面积1333.33公顷，综合整治三年行动整改到位297宗，面积211.73公顷，“清零”行动整改销号1405个，面积866.67公顷。实施省自然资源“实时智能监管”平台建设试点工作，推进违法用地从巡查发现到违法线索处理到立案查处智能化、规范化、标准化。组建市自然资源和规划监察支队，统筹规划、土地、林业、测绘、海洋等执法工作，全年立案查处各类案件23起，作出行政处罚告知书和决定书各22份。年内，盐都区被表彰为全省土地执法模范区，东台市被表彰为全省土地执法模范先进市。

9月23日，盐城经济技术开发区新城街道开展2022年“财政宣传月”财政惠民政策宣传活动。 郑丽钦 摄

全省首创不动产交易登记“一链办理” 年内，市自然资源和规划局推动业务“全链条”网上办，将住房和城乡建设、自然资源和规划、税务、公积金等审批服务部门和房地产开发企业、金融机构、房产中介、公用事业单位等市场主体相关业务整合至一体化平台，当事人无须向多个部门和系统分别提交申请、重复提供材料，实现资金监管、预售许可、网签备案、税费核缴、登记发证、水电气网开户等业务环节全程贯通、高效衔接，“一端注册”“一表申请”“一触查询”“一网通办”。推行“一件事一次办”，按照交易、登记、税费、水电气网开户转移全流程事项“一件事一次办”要求，系统梳理588个业务子项2940个办事节点，逐项优化流程标准、操作规范和办理时限。当事人通过“一体化”数字平台，只需要操作申请、缴费2个步骤，即可完成房屋交易纳税登记全流程，领取不动产权证。推动“减材料、减时限”，按照“能减则减、能快则快”要求，通过信息共享应用、平台整合去重、系统自动生成，实现数据只提供一次。至年底，有106个登记事项实行零材料申请，当事人只要出示身份证件，即可全程办理不动产交易登记，商品房业务平均用时15分钟，存量房业务平均用时35分钟。（吕景林）

财 政

概 况 2022年，盐城市财政部门围绕“疫情要防住、经济要稳住、发展要安全”要求，坚持稳字当头、稳中求进工作总基调，组织好财政收入，支持好经济发展，保障好民生福祉，防范化解债务风险，全市财政收

支实现平稳运行。全年全市实现一般公共预算收入453.26亿元，实现一般公共预算支出1093.9亿元。加大民生保障力度，统筹保障新冠肺炎疫情防控和基本民生，增进民生福祉，全年全市财政用于民生支出877.4亿元。落实组合式税费支持政策，积极向上争取资金，统筹调度自有财力，全力助企纾困解难。优化支出结构，压减“三公”经费，保障基层平稳运转。引导撬动社会资本支持全市重大项目招引、产业链培育和科技创新，市财政局会同相关国企设立100亿元市产业投资母基金和4支子基金，设立20亿元中韩（盐城）产业园二期基金。助力绿色宜居城乡建设，全市财政投入资金9亿元，支持新开工城镇棚户区改造3.6万套、完成老旧小区改造149个。推动“生态+”经济发展，全市采购环保产品2.76亿元，成为全国政府采购支持绿色建材试点城市。推进“生态+文旅、康养”等深度融合，全年投入资金20.22亿元，支持文旅、体育等社会事业发展。持续加大民生保障力度，推进财政惠民政策宣传。支持稳就业，减轻群众就业压力，全市减收企业失业保险6亿元，发放“免申即享”失业保险稳岗返还补贴2.2亿元，发放灵活就业社保补贴3.25亿元，为全市符合条件的困难企业缓缴社保费4422万元。完善新冠肺炎疫情防控支出应急保障机制和绿色通道，全力保障新冠肺炎疫情防控资金需求，全年财政投入7.39亿元，支持推进市疾控中心搬迁、公共卫生临床中心等重大卫生项目建设。将城乡居民医疗保险财政补助标准提高至每人每年740元，比省定标准提高100元。支持信用等级创建，市城投集团首获双AAA级评级，全市新增AA+级企业8家，AA+级以上企业累计21家，居苏北首位。

表6　2022年盐城市一般公共预算收入、支出情况统计表

单位：万元

预算科目	决算数	预算科目	决算数
一、税收收入	2972583	一、一般公共服务支出	962097
增值税	999894	二、外交支出	—
企业所得税	472423	三、国防支出	—
个人所得税	151423	四、公共安全支出	574552
资源税	1708	五、教育支出	1608272
城市维护建设税	157139	六、科学技术支出	257795
房产税	203206	七、文化旅游体育与传媒支出	167086
印花税	66450	八、社会保障和就业支出	1906959
城镇土地使用税	138784	九、卫生健康支出	1307315
土地增值税	314524	十、节能环保支出	106411
车船税	34010	十一、城乡社区支出	969861
耕地占用税	57825	十二、农林水支出	1294544
契税	351811	十三、交通运输支出	373376
烟叶税	—	十四、资源勘探工业信息等支出	259064
环境保护税	23222	十五、商业服务业等支出	53614
其他税收收入	164	十六、金融支出	5404
二、非税收入	1560057	十七、援助其他地区支出	9333
专项收入	192410	十八、自然资源海洋气象等支出	91350
行政事业性收费收入	190898	十九、住房保障支出	605348
罚没收入	323586	二十、粮油物资储备支出	31709
国有资本经营收入	40844	二十一、灾害防治及应急管理支出	61464
国有资源资产有偿使用收入	601962	二十二、其他支出	53621

续表6

预算科目	决算数	预算科目	决算数
三、其他收入	210357	二十三、债务付息支出	219438
本年收入合计	4532640	其中：地方政府一般债券付息支出	219438
—	—	二十四、债务发行费用支出	1192
—	—	本年支出合计	10939116

注：部分数据未公开

财税体制改革 年内，市财政局加快预算管理信息化建设，运用预算管理一体化平台，不断优化预算编制、预算执行管理，持续强化采购、绩效、资产等模块管理。完善“三保”预算项目编制管理功能，在一体化系统中对“三保”进行标记，实时跟踪支出进度，保障“三保”预算执行。开展地方财经秩序专项整治工作，严肃地方财经纪律，维护地方财经秩序，推动基层财政和预算单位完善相关制度办法，依法理财、规范管理。强化源头控制，健全长效机制，巩固提升财政秩序专项整治行动成果，保证财政秩序各项管理规定全面落实到位。

财政收支管理 年内，全市财政部门按照力争全省前列要求，做好收入组织工作，会同税务部门加强收入征管，深化税收协同共治，依法征收、应收尽收。落实各项税费支持政策，做好降本减负工作，确保应退尽退、应减尽减、应缓尽缓，全市办理增值税留抵退税106亿元，新增减税降费36.5亿元、缓税缓费46.9亿元。树立过紧日子思想，压减非刚性、非重点支出，全年全市压减一般性支出3.35亿元，腾出财力保障基本民生，保障基层平稳运转。

财政预算绩效管理 年内，市财政局基本建成全方位、全过程、全覆盖的预算绩效管理体系。制定《盐城市本级预算绩效运行监控管理办法》《盐城市本级预算部门整体绩效管理暂行办法》，建成“1+7”预算绩效管理制度体系。开展政府预算绩效管理，对全市145个乡镇（街道）开展财政运行综合绩效评价，实现下级政府预算绩效管理全覆盖。所有部门单位预算收支全部纳入绩效管理，市本级82个部门全部制定印发本部门预算绩效管理办法，建立“四位一体”（部门预算管理、绩效管理、内控管理和风险管控）的结果应用闭环链条。建立市级分行业、分领域预算绩效动态管理指标库，涵盖14个行业81个部门3678条核心指标。预算绩效管理拓展到一级预算部门及其下属预算单位，对307个预算单位的部门整体支出和预算安排的800余个项目，全部实施部门预算和单位整体支出、职能项目及专项资金项目绩效全过程（目标管理、绩效运行监控、绩效自评价、绩效信息公开）管理。对10个部门整体支出、54个项目支出、192个绩效运行监控报告进行抽查复核。

非税收入管理 年内，市财政局全面清理规范政府收费项目，发布最新《政府性基金项目目录》《盐城市行政事业性收费项目目录》，公开《盐城进出口口岸收费项目清单》，梳理涉企优惠政策450项，印发各类宣传资料2万余份，通过财政门户网站和微信公众号、主流媒体全方位宣传解读政策。建立政策执行反馈机制，公开透明收费政策，主动接受社会监督，确保优惠政策执行到位。开展涉企收费和进出口口岸收费专项清查，优化营商环境提效降费改革成果。在10月1日至12月31日，缓征全市企业、个体工商户无线电频率占用费、电信网码号资源占用费、耕地开垦费、污水处理费、水土保持补偿费等14项收费7500万元。推行财政电子票据，扩展电子票据适用场景，全市行政事业性单位开具非税票据209.76万张，实现非税收入915.36亿元。

政府性债务管理 年内，市财政局合理举借政府债务，规范新上项目投资，加快化解隐性债务，债务“借用管还”闭环管理体系初步建成，全省率先将国有企业经营性债务管控纳入高质量发展考核重点指标，债务风险得到有效缓释。向上争取债券额度，全年全市发行政府债券106.83亿元，保障重点项目资金需求。开展专项审计，全面摸清债务底数，下达国有企业经营性债务总量、资产负债率等管控目标，控制降低债务增速。建立全口径债务监测机制，实行动态研判、提前预警、及时处置，确保不发生兑付风险。调结构降成本，分层级设立新增融资成本控制线，超上限实行事前审批、事后报备。严格执行财政收入统筹化债政策，化解隐性债务，推动政府性债务规模和债务率“双降”，降幅居全省前列，债务风险等级降为浅黄，接近绿色区间。

财政政策支持 年内，全市财政拨付涉企资金72亿元，市本级涉企专项资金上半年应下尽下，拨付免申即享资金1.35亿元。国有房屋租金应减尽减，全年全市减免小微企业和个体工商户租金7086家1.23亿元。设立规模3.5亿元的普惠金融风险补偿资金池，为全市2790户中小微企业发放贷款101.79亿元，全市政府性融资担保机构为3571户企业提供担保145.02亿元。发挥专项债扩大有效投资带动作用，全市争取政府新增专项债券74.39亿元，支出进度99.2%，居全省首位，支持全市56个政府投资重大工程项目开工建设。支持产业链培育、"智改数转"和"专精特新"小巨人企业培育等工作，全市财政投入资金43.3亿元；支持"科技创新推进年"活动开展，全市财政投入科技方面资金27.53亿元；支持"黄海明珠人才计划"实施，全市财政投入人才发展专项资金3.12亿元；支持交通基础设施建设，全市财政投入资金12.5亿元，推动阜溧高速、滨淮高速等项目实施；支持乡村振兴战略实施，夯实粮食安全根基，全市财政投入农林水资金130.62亿元，其中投入资金23.86亿元助力高标准农田建设、发放耕地保护补贴9.45亿元、实际种粮农民一次性补贴4.22亿元；支持污染防治、生态系统保护和修复等工作推进，全市财政投入各类生态环境保护资金41亿元。全年全市财政用于民生支出897.9亿元，占一般公共预算支出80.3%。投入资金121.94亿元，支持新冠肺炎疫情防控、重大卫生基础设施建设等卫生健康事业发展；支持改善学校办学条件，优化教育资源供给，投入教育资金163.19亿元；投入资金6700万元保障"一老一幼"、残疾人等特殊群体基本生活，将全市城乡居民基础养老金最低标准提高至每人每月235元，比省定标准多43元。

会计管理　年内，市财政局推进全市会计人员信息采集，完成会计人员信息审核5.39万人。与上海国家会计学院等5家网校线上培训教育平台签订合作协议，做好会计专业技术人员继续教育培训及管理工作，全年全市3.09万名会计人员完成继续教育网上培训。完善代理记账机构管理，推进行业违法违规行为专项整治，全市累计审批发证301家。组织开展全市珠心算比赛，参加全省赛事，省珠协第二十六届珠算式心算能力第一赛程比赛，全市获一等奖43人、二等奖86人、三等奖128人；第二赛程，全市获B组2人单项三等奖、C组团体三等奖、伯乐三等奖、优胜奖4人。全年全行业实现业务收入1.42亿元，缴纳税费1516.84万元。至年底，全市有会计师事务所19家，其中AAAAA级分所1家、AAA级6家。有注册会计师执业会员129人，其中中国注册会计师协会资深会员7人、江苏省注册会计师行业百名工匠2人；有注册会计师非执业会员510人，其中中国注册会计师协会资深会员1人。有各级人大代表、政协委员和党代表13人；有中国共产党党员81人、党支部11个。　（刘　昌）

表7　2022年盐城市会计事务所基本情况一览表

名　称	通信地址	注册会计师人数（人）	综合评价等级
江苏苏亚金诚会计师事务所（特殊普通合伙）盐城分所	盐城市人民南路5号国际创投中心南楼3A01～3A09室	28	AAAAA
江苏中信仁华会计师事务所	东台市望海东路27号（八达城C座-405号）	7	AAA
建湖苏盛联合会计师事务所	建湖县城冠华路北侧（盈佳花苑1号楼303室）	5	AAA
盐城山川会计师事务所	盐城市人民南路1号华邦东厦A503	4	AAA
盐城立信如良会计师事务所	东台市海陵北路7号唯诚七号公馆7幢1201室	6	AAA
盐城安顺会计师事务所	盐城市盐南高新区紫薇曼哈顿A区1幢616～619室	7	AAA
江苏仁禾中衡会计师事务所	盐城市水岸名都苑丁香园2幢8楼	7	AAA
盐城天翔丰华会计师事务所	大丰区人民北路纺织大楼3F	11	AA
盐城信盛会计师事务所	射阳县合德镇朝阳街59号医药公司2楼	6	AA
盐城正源会计师事务所	建湖县近湖街道冠华东路286号	6	AA
盐城友信会计师事务所	滨海县东坎街道新建南路237号	6	AA
盐城金穗联合会计师事务所	盐城市建军东路86—1号景福大厦805室	2	AA
盐城中博华联合会计师事务所	盐城市解放南路157号4F	8	AA
盐城兴阳会计师事务所	射阳县合德镇双拥路163号	7	AA
盐城方天园会计师事务所	建湖县东方御花园D6—111室	3	AA
盐城正中联合会计师事务所	盐城市迎宾南路29号5F	2	A
盐城天则会计师事务所	阜宁县上海路35号10幢201室	3	A

续表7

名　　称	通信地址	注册会计师人数（人）	综合评价等级
盐城永润会计师事务所	响水县润生广场二楼商铺231号	2	A
盐城天方会计师事务所	盐城市人民中路188号飞驰新天地广场2幢918室	6	B

税　　务

概　况　2022年，盐城市税务部门围绕“十四五”时期盐城税务工作“12345”总体布局（围绕高质量推进以“六大体系”“六大能力”为主要内容的新发展阶段税收现代化建设目标，聚焦征税收费、减税降费两大职能，推进依法治税、以数治税、协同治税三项治理，增强大局意识、规矩意识、担当意识、发展意识四种意识，实现发展保障能力、服务大局成效、税收治理水平、营商环境品质、干部队伍活力五个提升），风险管理、纳税服务、征收管理、文明创建等工作取得成果。年内，市税务局加强收入全过程监控，开展收入分析和税收经济分析，税费收入质量明显提升。全年全市税务系统实现组织入库收入1262.4亿元。

表8　2022年盐城市税务系统组织入库收入情况统计表

单位：万元

项　　目	全年累计收入额	项　　目	全年累计收入额
合　　计	12623497	11.车船税	34010
一、税收收入	5214747	12.资源税	1706
1.增值税	2017718	13.环境保护税	23222
2.企业所得税	1213755	14.营业税	331
3.个人所得税	378557	15.消费税	144072
4.土地增值税	314524	16.车辆购置税	111637
5.房产税	203206	二、社保费和非税收入	7408750
6.城镇土地使用税	138783	1.社会保险费	3318519
7.契税	351812	2.非税收入	4090231
8.耕地占用税	57825	原十一项非税	181791
9.城市维护建设税	157139	新增二项非税	3908440
10.印花税	66449	—	

减税降费　年内，全市税务系统落实新组合式税费支持政策，让政策红利直达市场主体，全年全市新增减税降费36.5亿元，缓缴税费46.9亿元，办理增值税留抵退税106.2亿元，惠及9000户纳税人。压缩出口退税办理时长，全市办理出口退（免）税110.88亿元，总量居全省第六位，比上年增长42.16%，增幅居全省第二位。

税收征收管理　年内，市税务局持续推进征收管理改革，明确落实省税务局“50条”改革任务分工，开展中期动态评估，按月通报改革进展，研究解决问题，共收集团队建设、执法质量、风险防控、职能职责等27类130条问题，制定解决措施并“一对一”反馈，全市深改评估指标填报整体上处于较高水平。围绕“改革一年间”主题汇编电子图册，展示改革亮点，其中3张图片被选用报国家税务总局。加强税费种管理，提升土地增值税管理质效，完成清算项目110

个，清算补税 11.8 亿元，退税 2.33 亿元。推动不动产交易掌上办税，提高房地产交易办税便捷性。建立协调机制，摸排重点税源，印花税新法实施平稳过渡。所得税汇算清缴准期申报率均达到省局目标进度和考核要求。打造“五位一体”社保费征缴服务标准化模式，社保费征收管理基础不断夯实。加强对接业务主管部门，关注费源征缴进度，全年全市非税收入征缴工作平稳开展。

纳税服务 年内，全市税务系统开展税费服务一体化办件 3.9 万余件，跨区域通办事项 262 条，健全“12366”税费咨询服务体系。开展税收营商环境优化提升、便民办税春风行动、春雨润苗、个体工商户和民营企业服务月等主题活动，推进大走访 2 轮、税收助企发展“牵线补链”30 余批，“银税互动”3700 余户次、盐企通“政策点到点”等活动 12 批，相关创新性做法得到上级部门和纳税人、缴费人肯定。打造“樊蓉工作室”升级版，全年非接触式办理率 95.89%。在办税服务厅增设“绿色通道”，推出预约服务、延时服务、跟踪服务等多样化服务模式。处理咨询、投诉、举报相关工单 2700 余件，全渠道综合满意度 99.95%。

税收执法 年内，市税务局推进税收法治建设，开展税收执法督察，规范税收执法行为。加强纳税信用建设，深化 A 级纳税人联合激励 3.4 万余户次，审慎开展失信惩戒 4 万余次。加大税务稽查打击力度，立案检查案件 957 件，查补入库税款 4.32 亿元。深入开展打虚、打骗、打击骗取留抵退税工作，共立案检查 384 户，成效居全省第一位，发出已确认虚开证明单 5258 份金额 116.32 亿元，累计打掉团伙 6 个，抓捕 61 人。

纳税风险管理 年内，全市税务系统紧盯重点领域，开展风险排查专项整治行动。压实监管主体责任，完善风险项目统筹、风险分析识别等工作机制。聚焦税源状况、风险特征和执法问题，研究确定年度风险事项，整合监管事项 215 个、优化本地监管指标 68 个、编写各类监管报告 124 篇，扫描疑点数据 18.17 万余条，实现税种、行业、事项分析监管全覆盖。全年全市完成纳税评估应对任务 4714 户次，补缴入库 10.52 亿元、应对总成效 28.99 亿元，总成效贡献率 5.74%。

（祁靖川）

金融监管

概 况 2022 年，盐城市地方金融监管局、中国人民银行盐城市中心支行、盐城银保监分局等加强对金融行业监管力度。全年全市新发非法集资案件数、涉案金额、涉案人数分别比上年下降 14%、57%、8%。全市上市公司实现 ST 清零，上市公司风险得到解除。加大打击非法集资力度，印发《盐城市地方金融监管系统打击整治养老诈骗专项行动方案》，在全市范围内常态化开展防范非法集资、养老诈骗等非法金融活动宣传教育，提升群众防范意识，全年发放防范非法集资宣传手册、宣传单 5000 余份。探索“梯度型”洗钱风险监管体系，强化打击洗钱违法犯罪威慑态势，推动 5 起洗钱案件宣判，其中，自洗钱罪宣判 2 起。成立电信网络诈骗和跨境赌博“资金链”治理工作专班，推动打击治理工作常态化运行。建立“查打一体化反欺诈生态体系建设”战略合作，创新车险反欺诈大数据风险模型，联合公安部门排查伪造交通事故骗取保险金线索 1081 起，涉及犯罪团伙 16 个涉案金额 4000 万余元。

金融服务 年内，市地方金融监管局完善政银企良性互动机制，多举措畅通企业融资渠道，强化金融对接服务，开展常态化政银企对接。市地方金融监管局会同市相关部门先后举行重大项目、智改数转、农业农村 3 场分行业政银企对接活动，指导建湖、射阳、阜宁等地开展行长县区行活动 6 场，组织召开 3 场专场银企对接活动。全年全市地方金融监管系统开展各类政银企对接活动 70 余场，授信金额 1200 余亿元，实现企业融资需求和金融服务精准匹配。落实民营企业融资会诊帮扶机制，召开江苏久兴集团、盐城市老周食品有限公司融资协调会，帮助企业稳住授信、贷款接续，助力企业健康发展。加强综合金融服务平台建设，持续加大平台宣传推广力度，鼓励企业通过平台发布融资需求获得金融支持，督促金融机构及时关注企业融资需求，主动做好对

5 月 18 日，盐城市推动打击治理洗钱违法犯罪活动座谈会召开。

人民银行盐城市中心支行　供图

接服务。至年底，平台有效注册企业6.75万家，年内新增2万家；撮合融资需求1.18万笔金额600亿元，支持企业8400余家；平台普惠贷款余额390亿元，比年初新增160亿元。年内，中国人民银行盐城市中心支行实施《盐城市商业银行适老化工作指南》团体标准，建设“鹤乡晚晴”老年金融服务品牌。打造“一老一小”金融消保示范项目，形成“一县一品牌、一行一特色”服务模式。创新开展“盐支有爱·云e购”移动支付助农购物车乡村行活动，探索出移动支付助力乡村振兴新路径。实施现金服务“暖心工程”，全市现金便民服务点增点扩面、提档升级。扩大发行基金托管业务同业覆盖面，提升现金管理服务质效。开展“征信修复”乱象专项治理“百日行动”，清理机构完成率居全省前列。年内，盐城银保监分局对接新市民金融服务需求，瞄准就业、住房、养老等重点领域，扩大面向新市民金融服务供给，为高校毕业生提供五大板块19项专属金融服务；为新市民房贷提供延期还款政策支持，新市民房贷利率降至4.25%；为货车司机、快递骑手等灵活就业人员提供免费保险保障，人均最高保障金额9.55万元。关注重点领域、重点人群风险保障需求，推广个人“医惠保”“盐惠保”等商业补充医疗保险，推动老年人和失能人员照护保险落地，年末照护保险累计覆盖238.71万医保参保市民，“盐惠保”产品累计承保23.46万人，累计赔付856.19万元。

金融风险管控 年内，全市金融系统按照市委、市政府决策部署要求，坚持稳中求进工作总基调，做好防范化解金融风险工作，推进各类风险处置，提升风险防控能力。年内，市地方金融监管局开展涉贷款类App清理整顿行动，严密防范互联网金融风险。农民资金互助社逐步减少，全市在业互助社16家，比上年下降11%。防范化解重点领域金融风险，密切关注地方法人银行风险，联合盐城银保监局分局通过约谈主发起行董事长、下发风险提示函、加大地方支持力度等措施，落实主体责任，提高风险化解能力。年内，中国人民银行盐城市中心支行强化风险监测预警处置，按季跟踪监测大型问题企业经营风险情况，辖内大型问题企业风险化解完成，推动市政府成立盐城市金融风险化解委员会，联合相关部门建立挤兑风险联防联控机制。年内，盐城银保监分局以“深化内控合规管理建设年”活动为切入口，指导机构召开内控合规管理问题剖析通报大会，推动建立风险为本、合规优先、聚焦定位主业考核导向。开展第三方存单质押、异地票据、投资非金融企业债等业务领域专项排查。开展中介市场“多散乱”问题专项整治，引导保险“僵尸”中介机构按照“盘活+整改”思路退出15家、盘活4家。整治金融市场乱象，围绕国家宏观政策执行、公司治理和内部控制等重点领域，对15家银行保险机构开展现场检查项目17个。强化保险监管与公安等部门合作联动，建立车险反欺诈大数据风险模型，排查伪造交通事故骗取保险金线索1081起，涉及犯罪团伙16个。加大房地产、案件、虚列费用等重点违规领域惩治力度，累计对13家机构及22名责任人实施行政处罚595万元。年内，盐城市防范化解金融风险工作获省政府真抓实干督促激励表彰。

（陈　晨　王永利　周　洁）

地方金融组织监管 年内，市地方金融监管局加强地方金融组织监管，综合运用“白名单”制度、委托第三方机构审计、监管评级、现场非现场检查等手段，对全市典当行、融资租赁公司、小贷公司等地方金融组织开展业务监管，促进地方金融组织规范发展，防范行业运行风险。全年全市有6家融资租赁公司、3家商业保理公司进入省地方金融监管局白名单监管体系。对全市18家典当行开展年度审计，促进典当行业规范经营。对全市部分小贷公司开展监管评级，全年全市纳入统计的小贷公司贷款余额26.65亿元，其中涉农（科）贷款占比94.3%。（陈　晨）

融资担保监管 年内，市地方金融监管局贯彻落实《融资担保公司监督管理条例》《江苏省融资担保公司监督管理实施细则》等文件规定，建立健全非现场监管与现场检查相结合监管工作制度。依托省融资担保行业监管信息系统，开展对融资担保公司非现场监管。借助系统风险预警功能，及时提醒指标异常的担保机构注意资金安全、合规经营风险。建立非现场监管信息报送制度，督促各融资担保机构在每月10日前填报上月担保业务及财务相关报表，市县两级监管部门从报表完整性、逻辑关系、异动情况等方面进行甄别审核，了解全市融资担保机构运行质态。年内，市地方金融监管局开展现场检查，会同市信用担保协会、江苏省信用再担保集团有限公司盐城分公司和盐都区、亭湖区地方金融监管局部分人员组成检查组，分期分批对全市融资担保公司进行现场检查。委托第三方机构对全市正常经营融资担保公司进行审计，并及时反馈检查发现问题，督促县（市、区）金融监管局做好整改落实。

（陈　晨）

银行业监管 年内，中国人民银行盐城市中心支行引导法人银行加大不良资产处置力度，联合相关部门推动大额贷款风险化解。指导各法人银行机构制定应急预案，开展应急演练，对机构应急预案和应急演练开展评估。落实存款保险宣传激励约束机制，组织开展存款保险宣传文艺汇演、“护航新征程 存保伴您行”等主题宣传活动，引导机构履行宣传职责，发挥防范挤兑风险积极作用。盐城银保监分局防控重点领域风险，开展政府背景类企业融资和隐性债务化解情况监测分析，督促银行机构执行地方政府隐性债务化解政策。落实“保交楼”政策，化解问题楼盘烂尾风险，协调解决银行预售资金监管被法院冻结等疑难问题。加强平台经营性贷款风险监测和防控，严格防控经营性债务实质转化成新的政府隐性债务。推动机构贯彻落实房地产贷款集中度管理、预售资金监管等调控政策。

围绕热点开展辖内烂尾楼盘、业主停供情况排查，通过召开新建商品房预售资金监管座谈会，督导机构落实相关政策要求。主动研判和处置辖内金融消费者涉河南村镇银行风险事件相关问题，约谈相关机构，及时与公安、人民银行、地方金融监管局等单位共享信息和情况，协作开展金融维稳工作。组织农村中小法人机构对异地业务、股东股权等突出问题开展滚动风险排查，指导机构制定应急预案。组织调查村镇银行改革意向，综合研判改革路径。紧盯前期“摘帽”的建湖中成村镇银行等弱体机构，开展风险监测和提示，谨防风险回潮，巩固高风险机构“清零”成效。

（王永利　周　洁）

保险业监管　年内，盐城银保监分局持续强化保险行业监管。推进“大排查、大处置、大提升”行动，并针对银行业保险行业长期未结风险顽疾，组织开展大型银行“一行一项目”重点领域监审联动、中小银行案件风险防控“筑篱”行动、车险理赔人员专项整治“秋风”行动、防范虚假投保套利排查“断链”等专项整治行动。促进放心消费，发挥银行业保险业人民纠纷调解委员会作用，全年成功调解519件（其中，银行业153件、保险业366件），涉案金额2.92亿元，推进案件简繁分流，案均调解时间19.75天，比制度规定减少10.25天。

（周　洁）

金融权益保护　年内，市地方金融监管局与市中级人民法院、中国人民银行盐城市中心支行和盐城银保监分局签订《关于加强金融监管与司法联动协作的备忘录》，明确金融监管与司法部门强化分工协作，持续加强金融监管与金融司法协调治理。中国人民银行盐城市中心支行推动辖内金融知识纳入国民教育体系工作，坚持将金融教育重点对象锚定在中小学生群体上，将金融知识纳入国民教育体系工作与建设综合实践教育示范基地工作，全年在60余家校园综合实践基地开展授课400余次，覆盖300余个班级1.8万名适龄学生。盐城银保监分局联合公安、网信等五部门签署全省首份《挤兑风险联防联控合作备忘录》，建立挤兑风险联合监测和预警机制。组织开展代销产品延期兑付情况排查，做好信息收集汇总和分析研判，摸清机构情况和风险状况，防范涉众风险和声誉风险。做好消费者权益保护专项督查，督导相关机构整改消费投诉事项处理流程不规范等问题85个。发挥银行业保险业诉前纠纷调解机制作用，调解金融纠纷451件。配合市委、市政府及相关部门开展扫黑除恶、打击养老诈骗等专项行动。协助市教育局遴选银行机构参与搭建校外培训预收费资金监管平台，防范培训机构跑路风险。加强金融知识宣传教育，开展“3·15”消费者权益保护宣传周、“7·8”保险公众宣传日等活动。

（陈　晨　王永利　周　洁）

全市打击和处置非法集资工作会议　3月14日，市地方金融监管局组织召开全市打击和处置非法集资工作会议。会议要求，各地要全面落实《防范和处置非法集资条例》和市实施方案，做到及早监测排查非法集资风险苗头，及早化解处置风险隐患，坚决防止大案要案，坚决清理存案积案，巩固拓展攻坚战阶段性成果，防止非法集资风险反弹，维护经济社会和谐稳定。

价格监督管理

概　况　2022年，盐城市价格工作围绕市委、市政府决策部署，强化价格调控手段和措施，制定完善利企惠民价格政策，推进清费降本减负政策的落实，提升服务经济社会发展水平。年内，市发改委回应群众关切，编纂新版《民生价格政策解读》，对涉及工商业电价、天然气价格、物业服务收费、机动车停车收费、车辆救援收费、房地产备案价格等市长信箱和“12345”热线平台咨询及时回复。

价格改革　年内，市发改委制定天然气价格政策。经市政府同意，2022年非冬供季市区非居用气根据气源情况，分别实行合同内、合同外两种价格政策。合同内管输气源实行政府指导价，LNG等合同外气源实行议价，由供气企业代购代销，定期按实向非居用户分摊。扩大市区居民管道燃气阶梯气价气量，第一、二阶梯上限分别由每年300立方米、600立方米调增至每年400立方米、1000立方米。疏导煤热价格，研究修订盐城市区煤热价格联动办法，对热电联产企业生产经营状况、煤炭市场行情、外市热力现行价格等情况进行调查测算，按季度核定市区燃煤供热季度最高销售价格。完善绿色发展价格政策，促进资源优化配置，引导企业绿色高效发展，研究制定全市工业企业资源集约利用差别化价格政策。对全市工业企业资源集约利用综合评价为D类（落后整治类）工业企业水、气、热加价10%，电加价0.1～0.3元/千瓦时。强化公用事业领域“放管服”改革，落实全市新建居住区电力接入工程政府投资建设工作，提请制定《盐城市新建居住区电力接入工程政府投资建设操作办法》，合理界定政府、企业、用户权责关系。

价格调控　年内，市发改委制定民生保障机制，制定《盐城市完善重要民生商品价格调控机制实施方案》《关于进一步完善社会救助和保障标准与物价上涨挂钩联动机制的通知》《关于加强盐城市市级价格调节专项资金使用管理的通知》，增强市场价格调控工作合力，形成齐抓共管工作局面。发放价格补贴兜牢民生底线，向全市五类保障对象发放一次性临时价格补贴3877万元、惠及19万余人。3次启动全市社会救助和保障标准与物价上涨挂钩联动机制，向五类保障对象发放价格临时补贴3700万余元、惠及60万余人次。缓解物价上涨对低收入群体基本生活带来的影响，重要民生商品保供稳价，组织市级储备猪肉在中秋国庆期间投放市场，全市投放冷鲜猪肉53.3吨，助力猪肉市场供应及价格稳定。保持房价总体平稳，保持盐城房地产市场平稳有序健康发展，稳定商品住房销售价格。针对盐城房地产市场实际情况，会同市住房和城乡建设局、市市场监管局，制定并落实维护市区商品住房市场价格稳定政策措施。通过履行材料受理、现场查看、成本评审、多部门会办等程序确定商品住房备案价格，逐项审核“一房一价”表，完成市区38个项目房价备案工作。

价费管理 年内，市发改委完善教育收费政策，核定市经贸高级职业学校新建学生公寓住宿费收费标准。对市区6家院校、中（高）职校2022年秋学期服务性收费和代收费标准进行备案管理。调整公共服务价格，根据柴油价格变动情况，启动公路客运运价与油价联动机制，调整全市634条道路客运班线燃油附加费和客运票价，缓解因油价上涨产生的道路客运经营压力。核定市殡仪馆部分殡葬服务收费项目标准，制定《关于明确盐城市殡仪馆殡葬服务收费标准的通知》。实施收费目录清单管理，及时调整收费项目和标准，发布《盐城市实行政府定价管理的经营服务性收费目录清单》《盐城进出口口岸收费项目清单》《盐城市行政事业性收费项目目录》。（李龙蓉）

价格监督检查 年内，市市场监管局强化价格监督监测，先后发放《疫情防控价格政策提醒函》《关于加强全市退热、止咳、抗病毒、抗生素等四类药品及防疫用品价格监管的提醒告诫函》，在各县（市、区）建立价格监测点33个，组织开展民生必需品市场价格专项检查、涉疫医药用品价格专项检查，发布典型案例3期共10起，形成高压监管态势。围绕助企纾困解难，开展涉企收费专项检查，全年检查各类收费主体172家。组织开展教育收费专项检查，通过“双随机、一公开”抽查各类学校178家、教培机构56家。全年全市市场监管部门查处价格违法案件82件，比上年增长17%。（崔　伟　陈启伟）

审　计

概　况 2022年，盐城市审计机关实施审计项目178个，揭示违纪违规和管理不规范问题金额1132.97亿元，审计报告、信息得到各级领导批示63件，促进制度文件印发122份。年内，市审计局提出优秀审计项目创建和研究型审计“双轮驱动”战略，成立由局主要领导挂帅的5人项目创优领导小组，从审计项目立项抓起全程介入，统筹推进全市优秀审计项目创建工作，初步形成“储备一批、孵化一批、成熟一批”的优秀审计项目创建格局。深化内部审计工作，明确内审工作标准，分类召开县（市、区）和市属企业内部审计工作推进会，联合市国资委对市属国企进行内审专项督查，全市内审工作规范高效开展，全年通过内部审计节约支出金额2亿元。坚持研究型立项，重点聚焦债务风险防范、国有企业改革、乡镇财政运行等党和政府关注的重点以及经济社会运行风险点，营商环境审计做法和成果在《人民日报》、“学习强国”学习平台等媒体报道。实行审计项目课题化管理，5项研究成果在国家核心刊物发表或在全国、全省研讨会交流，射阳县农村人居环境审计和大丰区西团镇原党政领导经济责任审计2个项目被表彰为全国优秀审计项目一等奖，6个项目被表彰为全省优秀审计项目，获奖数量和层次居全省第一位。

政策措施执行跟踪审计 年内，市审计局围绕新冠肺炎疫情防控、债务风险管控、基本公共卫生服务、产业绿色转型、生态环境保护等政策措施落实情况开展审计，推动党中央和省、市委重大决策部署落地见效，发挥审计助力经济社会发展重要作用。年内启动对市方舱医院、核酸检测基地的跟踪审计，保障项目及时完工交付使用。在各类审计中，融合关注帮助市场主体纾困解难稳定经济增长若干政策措施落实情况，促进相关政策落地见效。全年全市审计机关开展政府债务相关审计调查4次，对国有企业新发生6%以上融资实行审计备案制。

财政审计 年内，市审计局围绕构建财政审计大格局，持续深化财政预算执行、决算草案和其他财政收支情况审计，关注财政收支平衡、预算绩效管理、财政政策落实等关键性问题，运用大数据技术，实现对市本级80个一级预算单位和盐城经济技术开发区、盐南高新区全覆盖审计，揭示国有资本经营预算编制不准确、非税收入征收不及时、预算绩效管理不深入等问题，针对性提出改进提升审计建议，在接受市委审计委员会和市人大常委会审议时得到广泛好评。关注乡镇财政运行风险，重点挑选全市11个板块25个重点乡镇、街道、园区，对2020—2022年财政财务收支、债务、招商引资绩效和工程建设管理等情况开展专项审计调查，揭示镇级财政收支矛盾突出、债务管控不到位、招商引资政策执行不到位等突出问题。

民生审计 年内，市审计局对困难群众救助补助、养老服务体系建设、农村人居环境整治等民生领域重点项目和资金进行审计，推动解决困难群众急难愁盼问题，增强人民群众获得感、幸福感、安全感。在困难群众救助补助资金审计中，对涉嫌虚构医药服务项目套取医保资金、挤占挪用儿童伙食费、挪用专项资金发放慰问等侵害困难群众切身利益的违法违纪问题分析，全年全市审计机关移送相关问题线索26条。

领导干部经济责任审计和自然资源资产离任审计 年内，市审计局对全市65名领导干部实施任期经济责任审计，范围涵盖党政机关、国有企业、学校、医院等领域，其中统一组织对射阳等3个县（市、区）公安局局长开展经济责任审计，促进领导干部慎重决策、慎重用权。同期开展领导干部自然资源资产离任审计，促进领导干部贯彻落实绿色发展理念，履行自然资源资产管理和生态环境保护责任。

固定资产投资审计 年内，市审计局组织开展全市工程项目招投标情况专项审计调查，共调查招标项目6635个，揭示部分项目优化营商环境政策落实不到位、规避公开招标、虚假招投标等26个突出类型问题。对城北地区改造、水环境综合治理、4家医院改扩建、市区串场河整治、南海未来城基础设施建设等重点工程开展跟踪和结算审计，揭示决策和设计变更造成损失浪费、招投标政策执行不到位、高估冒算等问题，节约财政性资金4.67亿元。

国有企业审计 年内，市审计局根据对市属国有企业五年轮审一遍要求，对市城投集团主要负责人进行经济责任审计。组成21人工作专班，对9户市属区管国有企业开展专项审计调查，并延伸被审计单位279家，重点关注国企决策、投资、债务和经营四大风险，揭示企业债务风险突出等普遍性问题，推动相关国有企业完善治理、突出主业、提质增效、防控风险和转型升级。

投资审计转型 年内，市审计局加快投资审计转型发展，编制《盐城市审计局关于审计署投资司投资审计转型发展试点工作的实施方案》《全市县级审计机关2022年度投资审计转型发展工作要点》，提出投资审计转型发展具体要求，形成投资审计转型市县同频共振新局面，相关做法被省政府信息内刊《每日要情》刊发推广。实现投资审计“三个转变”，彻底解决凡投必审、以审代结等问题，精简投资审计项目数量，原则上不再实施一审项目，每年决算审计项目数量由100个减少为每年10个左右，拓展投资审计广度和深度，融合关注投资决策、建设管理程序规范、项目投入实际绩效等内容，相关做法被省政府信息内刊刊载。年内，盐城市审计局投资审计转型工作被审计署确定为全国投资转型发展第二批七家试点单位之一，为全省唯一。

监督协同 年内，市审计局加强纪监巡审协作联动，执行《关于进一步完善纪检监察机关与审计机关协作配合的暂行办法》《关于同步推进巡察监督与审计监督的实施办法》等纪审、巡审联动文件精神，研发巡审联动信息管理系统。常态化抽调2名审计骨干参加省委巡视，配合省委巡视、市委巡察工作，组建4个专项审计组，对阜宁县、建湖县和南京市栖霞区、六合区开展债务专项审计，获省委巡视组高度肯定。向市委巡察机构提供本轮被巡察对象审计结果12份，派出3名业务骨干脱产参与具体巡察工作。联合市委巡察办印发《巡察监督与审计监督同步推进实施办法》，对市发改委、市工信局、市商务局、盐城港口集团有限公司4个单位开展巡审同步进驻，建立工作信息、现场监督、成果运用三同步制度。全年累计向市纪委监委等监督机关移送案件线索16条。

盐城审计新模式 年内，市审计局按照市级层面创一流、省级层面有位置、全国层面有影响目标，打造富有盐城特色的审计新模式。探索研究型审计，将研究理念贯穿审计工作全过程，采取“市县联动+科研院所”模式，实行审计项目课题化管理。创新开展研究型整改，审计发现问题整改率95.7%。推动市委、市政府印发《盐城市审计机关审计整改认定标准暂行办法》《盐城市审计机关审计查出问题分类整改实施暂行办法》，明确要求进一步强化审计整改工作组织领导、全面压实审计整改工作三个责任、实行审计整改清单管理、强化审计结果运用和追责问责，规范认定标准和认定依据，提升整改监督效能。重视审计发现问题的整改，将“省对市重大审计项目问题整改专项督查”列入市级督查检查考核计划，优化立体式审计整改体系。用活大数据审计模式，推广数字化审计模式，以大数据分析为先导，用先进技术突破审计难点，提高审计质量和效率。（张　晶　王　刚）

统　　计

概　况 2022年，市统计局稳步推进各项统计重点工作，按月编印盐城高质量发展监测月报，加强与省统计局对接，及时掌握最新情况，优化考核指标，开展高质量考核业务培训。与相关部门定期交流，加强对经济发展新情况、新问题、新形势分析研究，拓宽统计分析视野。开展数字经济改革试点，赴企业实地调研，听取企业、园区意见建议，结合盐城自身实际，就数字经济发展指数编制工作开展试点，研究构建数字经济综合评价指标体系，编制完成《数字经济发展指数编制研究报告暨工作手册》。推进生态产品价值核算，探索开展盐城生态系统生产总值核算体系研究。在实际核算经验以及国内研究基础上，编制《生态产品总值核算技术指南》，《生态产品总值核算技术规程（DB3209/T 1214—2022）》作为盐城市地方标准对外发布。（张　静）

统计管理 年内，市统计局强化统计基层基础，配齐配强乡镇统计力量，向市政府提交报告，提出加强统计基层基础建设具体措施，明确乡镇（街道）相关职能机构统计工作职责，增加职数，配齐统计人员。至年底，全市镇（街道、园区）有基层统计人员581人。举办全市镇（街道、园区）专职统计负责人培训班，提高新任职的镇（街道、园区）专职统计负责人统计业务水平。加强统计业务培训，举办全市农村统计调查能力提升培训班、全市新增“四上”企业统计人员培训班，通过学习统计法规和统计报表知识，推动企业统计规范化建设。开展统计造假不收手不收敛问题专项纠治工作，指导各地各部门坚决不踩统计数据造假这根红线。推进统计监督协同配合机制建设，梳理八届市委第三轮巡察10个被巡察党组织有关情况，及时向巡察机构反馈。开展全面清理纠正违反统计

9月20日，国家统计局盐城调查队在亭湖区怡景花园开展“中国统计开放日”宣传活动。　葛潇　摄

法律法规文件和做法工作，做好统计执法检查工作，开展统计造假屡禁难绝专项治理行动，组织各县（市、区）专项治理行动互查，随机抽取企业进行数据质量核查。开展“双随机、一公开”执法检查，全年检查企业365家。年内，国家统计局盐城调查队加强全市调查队系统管理，建立领导班子联系指导机制，成立盐城地区调查工作领导小组，调整“县账市管”工作领导小组组成人员，持续开展市、县纪检工作“一月一计划、一季一联动”，强化对县队人事、财务档案审核管理。制定地区调查队系统综合考评办法，增强市对县工作督促检查力度，形成市县协同发展、一体进步的长效机制。坚持普法与调查、培训、执法相结合，举办“统计开放日”等宣传活动，向统计人员和企业调查对象开展统计法律知识宣讲，全年开展业务培训会议12次，普法人数490人次。首次召开地区调查队系统作风效能建设视频会和全面从严治党工作会议，听取县级调查队履责汇报，强化督促指导检查。推进市县联动统计执法监督检查工作，加强对统计法律法规、调查业务知识和执法检查实务培训，全年对39家企业完成执法监督检查工作。

统计调查　年内，市统计局加强部门联动，联合市农业农村局、国家统计局盐城调查队、市自然资源和规划局等部门对实施现代农业发展情况进行专项调查。筹备第五次全国经济普查，及时跟进国家、省统计局关于开展第五次全国经济普查各项工作要求，研究盐城市经济普查方案，适时启动盐城市第五次全国经济普查。加强与相关部门沟通联系，合理确定普查参与部门，组建普查机构，健全工作制度。年内，国家统计局盐城调查队严格执行国家调查制度，做好各项常规统计调查和重大专项调查任务。做好农业农村调查，持续提高无人机遥感调查飞行比列和解译水平，在全省首个试点启用AI慧飞遥感无人机新程序调查。做好劳动力调查，开展就业形势监测，首次印发《盐城市劳动力调查样本点规范化建设实施方案》，开展大学生、灵活就业人员、平台就业者等重点人群监测，为全市“稳就业”“保民生”宏观政策制定提供数据支持。做好价格调查，关注地方重点产业发展形势，跟踪重点行业走势和特殊规格品的价格波动，开展CPI、PPI、房价等调查。持续深化消费价格调查线上采价应用，完善价物电子台账库。开展基层基础调查网络主题年建设活动，“浓情铁骑”和“311”工作法两个特色创建项目入围江苏调查队系统统计基层基础首批特色创建立项名单，并在全省会议上作成果交流。围绕住房、养老、托幼、教育等民生热点问题，开展共同富裕系列调研。全年全队撰写调查分析142篇、信息297篇，其中，国家统计局江苏调查总队采用250篇次、各类媒体采用148篇次，各类分析信息专报获国务院领导批示12次、市领导批示11次。

（张　静　丁祺晋）

房价调查　年内，国家统计局盐城调查队对接地方党委、政府需要，强化部门联动工作机制，与市住房和城乡建设局联合开展房价运行情况分析研判，强化房价调查“三联合”（联合调研、联合分析、联合共享数据）制度落实。与市发改委、市住房和城乡建设局联合开展企业培训会，结合“统计开放日”活动开放政府统计机构，增进房企理解配合。与市住房和城乡建设局开展联合调研，通过开展季度网签数据现场核验，夯实基础数据质量。开展课题研究，对盐城学区房、盐城房产市场运行等情况调研，加强房产市场分析预警，报送的4篇房价调查专报被市主要领导批示，为盐城市房地产市场平稳健康发展长效机制提供决策参考。

（陈曼青）

民情民意调查　年内，国家统计局盐城调查队完成国家统计局调查总队布置的居民出游调查、乡村振兴调查和养老需求调查。服务地方，完成公共安全感满意度调查等委托调查，提升盐城调查品牌知名度。针对企业发展复杂多变情况，国家统计局盐城调查队加大实时监控力度，在保证行业样本代表性基础上，探索特色产业指数开发，推动企业监测工作走实走细。

（刘秉洁）

住户调查 年内，国家统计局盐城调查队统筹全市住户调查大样本轮换工作，与市统计局联合发文成立住户调查大样本轮换工作领导小组，完成全市2万户摸底调查和新一轮记账户抽选。联合市发改委对全市新一轮住户调查辅调员和调查户开展培训指导，新一轮调查户开展记账工作。

（陈光亚　赵同庆　徐　峰）

专项调查 年内，国家统计局盐城调查队根据国家统计局调查总队部署，围绕市委、市政府重点工作，组织开展全面从严治党民意调查、文明城市测评、旅游抽样调查、群众安全感满意度调查、企业经营情况调查、用工需求及乡村振兴调查等专项调查。

（季　荣）

产业监测 年内，市统计局加强经济运行研判，及时把握经济运行趋势性变化，每月形成全市形势分析，季度开展系列分析，反映经济工作中的热点难点问题。针对薄弱环节，每月召开经济形势分析会，每季度召开全市统计局局长座谈会。在市委、市政府召开的涉及统计相关工作会议上，汇报主要经济指标短板弱项、重大项目列统和推进、全市农业主要经济指标情况等21次。定期将主要经济指标加载到“数据盐城”平台，编印发布《市情概览》《统计月报》《统计年鉴》等资料，为市领导、部门和社会各界及时准确了解经济形势提供资料。全年撰写统计分析、统计专报240篇，工作动态190篇，统计信息430篇，市委办、政府办采用85篇，《盐城数字经济发展及比较分析》《盐城推动农业产业链延伸发展调研报告》等34篇报告被市委、市政府主要领导批示。提高统计数据质量，开展工业、投资、贸易、服务业等统计数据核实，组织调查单位入库退库专项检查，建立重点耗煤企业能源统计数据质量联合核查机制，印发《服务业统计数据质量核查办法》，保障应统尽统。

（张　静）

全市农村统计调查能力提升培训班 年内，国家统计局盐城调查队联合盐城市统计局、盐城市农业农村局共同承办由盐城市政府主办的全市农村统计调查能力提升培训班。会议邀请省、市专家围绕农业农村统计调查业务工作开展讲座，保障学习课程与工作实际相结合，学员统计调查能力与工作开展相促进。

（季　荣）

市场监督管理

概　况 2022年，盐城市新登记市场主体8.72万户，总量80.78万户；新增注册资本2946.64亿元，总量2.81万亿元。推动3个重点行业100余家重点企业参与全省质量提升行动，全年新增9家企业通过“江苏精品”认证，累计获评江苏省质量信用AAA级企业31家、AA级企业78家、A级企业2611家。江苏省农垦麦芽有限公司获江苏省省长质量奖、国家电投集团滨海新能源有限公司等5家组织被授予盐城市市长质量奖，江苏农垦农业公司弶港分公司获全国首批零碳农产品认证证书，智能终端等一批国家级、省级质检中心和示范项目落户盐城。年内，全市市场监管部门打击整治养老诈骗专项行动获省市场监管局考评推荐第一名，查办的非法制售假冒肉毒素案被公安部、最高检和国家药监局列为联合挂牌督办案件。年内，盐城市获批创建全国网络市场监管与服务示范区和国家知识产权强市建设试点城市。在全国100个城市消费者满意度测评中列19位。

表9　2022年盐城市私营企业基本情况统计表

行　业	新发展户数（户）	新增注册资本（万元）	按组成形式分类（户）					注册资本总数（万元）
			独资企业	合伙企业	有限责任公司	股份有限公司	合计	
合计	30855	18756947.15	26991	1809	191455	447	220702	145965227.19
农、林、牧、渔业	760	274631.92	3200	33	3961	6	7200	2492822.00
采矿业	2	8100.00	1	0	9	1	11	36732.00
制造业	2409	1425054.49	9221	489	29079	100	38889	24585258.64
电力、热力、燃气及水生产和供应业	59	55268.00	46	5	459	0	510	780556.24
建筑业	7514	4777486.75	827	7	35671	26	36531	39057902.91
批发和零售业	6668	1949337.96	7215	127	49944	22	57308	18529511.60
交通运输、仓储和邮政业	811	201710.00	541	20	6677	3	7241	2546421.37

续表9

行　　业	新发展户数（户）	新增注册资本（万元）	按组成形式分类（户）					注册资本总数（万元）
			独资企业	合伙企业	有限责任公司	股份有限公司	合计	
住宿和餐饮业	501	78807.00	313	8	1453	2	1776	514524.74
信息传输、软件和信息技术服务业	565	180271.93	692	49	2408	5	3154	1185336.31
金融业	50	3891463.00	1	67	236	172	476	6720083.86
房地产业	674	248653.00	96	7	5868	6	5977	4676850.44
租赁和商务服务业	4053	2088128.08	2676	738	19686	19	23119	16007554.14
科学研究和技术服务业	5120	3258459.72	560	182	27744	81	28567	25925125.90
水利、环境和公共设施管理业	56	27596.00	17	4	386	1	408	441675.50
居民服务、修理和其他服务业	766	96616.50	856	27	3600	2	4485	866842.79
教育	22	5170.00	162	8	976	0	1146	131623.00
卫生和社会工作	179	32113.00	88	5	456	1	550	416219.10
文化、体育和娱乐业	646	158079.80	478	33	2839	0	3350	1049980.85
其他	0	0	1	0	3	0	4	205.80

表10　2022年盐城市个体工商户基本情况统计表

行　　业	新发展户数（户）	新增注册资本（万元）	总户数（户）	注册资本总数（万元）
合计	52282	788117.31	553677	6386631.56
农、林、牧、渔业	1795	83615.90	18338	793549.12
采矿业	0	0	6	90.00
制造业	1866	37318.60	26931	356466.42
电力、热力、燃气及水生产和供应业	1	100.00	64	1327.90
建筑业	280	7812.50	1892	38330.69
批发和零售业	26938	366988.57	333560	3194849.02
交通运输、仓储和邮政业	3052	53478.94	29240	442064.20
住宿和餐饮业	8261	108384.91	58956	688721.45
信息传输、软件和信息技术服务业	923	9647.46	3197	35232.59
金融业	5	31.00	27	434.00
房地产业	20	353.00	352	5104.96
租赁和商务服务业	2472	33609.70	15795	218717.55
科学研究和技术服务业	530	6786.99	1511	21153.74
水利、环境和公共设施管理业	16	190.00	79	1436.83
居民服务、修理和其他服务业	5499	68810.84	57324	498059.08
教育	13	148.80	1573	19481.45
卫生和社会工作	55	1399.10	526	8952.90

续表10

行　　业	新发展户数（户）	新增注册资本（万元）	总户数（户）	注册资本总数（万元）
文化、体育和娱乐业	555	9341.00	4232	61870.36
其他	1	100.00	74	789.30

表11　2022年盐城市私营个体经济基本情况统计表

地　区	私营企业（户）		个体工商户（户）		注册资本（亿元）	
	总　数	新发展数	总　数	新发展数	总　数	新增资本
合　计	220702	30855	553677	52282	15235.19	1954.51
亭湖区	35031	4055	79316	6049	2067.41	197.12
盐都区	20111	3058	51897	4670	156.50	226.75
大丰区	19017	2334	60903	4528	1285.45	123.76
盐南高新区	23481	4889	22822	3881	1952.52	418.95
盐城经济技术开发区	4253	799	5519	419	586.85	91.42
东台市	29726	3722	68960	5982	1632.57	188.71
射阳县	15339	1884	61630	4878	932.25	118.83
建湖县	15779	1898	47271	3799	1119.34	109.85
阜宁县	21366	2733	54017	5735	1484.63	156.85
滨海县	20085	3352	57185	6645	1282.92	241.52
响水县	13301	2128	44157	5696	808.13	80.20

注：部分数据未列出

市场准入行政审批　年内，市市场监管局优化营商环境“六减”措施，推动行政审批材料、环节、时限“应减尽减”，全年办理各类审批事项7710件。实施“一照多址”改革，制定落实《盐城市企业“一照多址”备案管理办法（试行）》。印发《盐城市关于规范自动售货设备食品经营的指导意见》，加强自动售货设备食品经营活动管理。完成省药监局赋予的开药店“一件事”改革创新试点任务。推进食品相关产品、化肥等重要工业产品生产许可告知承诺制审批改革，年内受理、发放许可证29件。实行容缺受理审批，指导江苏悦达起亚汽车有限公司办理增资登记。在全省首家推行工业产品生产许可“线上＋线下”智慧核查模式，相关做法被《中国市场监管报》头版头条报道。

市场登记注册　年内，市市场监管局联合市行政审批局印发《盐城市企业“一照多址”备案管理办法(试行)》，试行住所（经营场所）信息申报承诺制，降低准入门槛。开发药品零售许可网上审批系统，推动药品零售企业申请、审查、审核、审批全程网办、市内通办。落实《市场主体登记管理条例》，指导登记机关创新落实企业住所登记、名称登记、退出登记，全年全市通过全程电子化网上登记内资企业、个体工商户等市场主体4.1万户，发放电子营业执照4.5万份，新设外商投资企业120户。对滨海县、阜宁县、盐城经济技术开发区、亭湖区等地登记机关进行点对点指导，帮助12家企业办理名称自主申报变更异议、股权出资、许可审批等事项。调研形成《关于市场主体有关指标统计核实的情况汇报》，牵头起草《在全市开展长期停业未经营市场主体清理工作的方案》，推动分类分批、依法稳妥开展市场主体清理规范工作，促进企业市场主体“新陈代谢”。

“双随机、一公开”监管　年内，市市场监管局开展“双随机、一公开”监管全流程优化创新，构建检查事项全覆盖、信用结果全运用、监管方式全融合、问题处置全闭环的“四全”工作机制，有效压减多头检查、重复检查，对诚信守法企业做到“无事不扰”，减轻企业负担，促进部门全面履职，优化营商环境。全年全市“双随机、一公开”检查对象总数4.79万户，部门参与率100%，部门联合检查户数占比64.7%。试行10个行业“联合一次查”，户均减少检查6.2次。

市场经营主体信用监管　年内，全市推进“稳企强链 助企塑信”行动，设立经营异常名录列入“缓冲期”，严格失信行为认定，落实“两书同达”制度，强化信用修复指导服务，试行信用修复承诺检查，加强企业信用管理。全年对因新冠肺炎疫情影响失联的企业暂缓列入经营异常名录106户，在送达行政处罚决定书的同时送达信用修复告知书2268份，帮助企业修复信用6025户。其中，移出经营异常名录企业5918家，提前停止公示行政处罚信息107条。市市场监管局联合市发改委开展经营异常名录信用修复企业“双随机、一公开”联合检查1888户。

公平竞争审查　年内，盐城市调整建立以市政府分管领导为总召集人的公平竞争审查联席会议制度，开展存量清理、增量审查工作，对年内涉及市场主体经济活动的205份文件进行竞争审查，对118份存量政策措施进行“回头看”，修订文件13份、废止1份，向市政府制定的38份文件提供公平竞争审查咨询意见。利用第三方智慧监测评估系统对营商环境相关政策进行专项监测，审查数据信息1.06万条，发现涉嫌违规数据12条，责令整改1条。探索开展乡镇公平竞争审查试点，筹备组建公平竞争审查专家团队，提高公平竞争审查能力、效率和覆盖面。

农贸市场管理　年内，市市场监管局开展“文明诚信、舒心购物”农贸市场整治提升行动，实施以规范市场环境秩序、交易秩序、安全秩序，提升文明诚信管理能力、主体责任落实能力为主要内容的“三规范、两提升”工程，检查农贸市场1240家次，督促整改不文明、不规范问题2185个，协调发放大市区52家农贸市场创文专项补助资金300万元。制定发布《盐城市农贸市场文明创建行业管理规范》“十二条”，持续推广“五位一体”管理做法，更新各类公益宣传广告5000余份。联合市农业农村局开展“清风行动”，组织野生动物交易联合执法135次，检查农贸市场280家次，严厉打击野生动物及其制品违法交易行为。定期会同消防、住房和城乡建设部门，对农贸市场食品安全、消防设施、燃气使用、电梯设备开展安全检查，全年检查689家次。年内，盐城市农贸市场在中央文明办年度测评中获得满分。

合同监管　年内，市市场监管局联合市教育局等部门推广使用校外培训等行业合同示范文本，将使用示范文本情况作为新冠肺炎疫情防控期间培训机构恢复营业必备条件。采用“双随机、一公开”方式，检查拍卖企业17户、格式合同企业240户，督促指导当事人规范签约履约行为，对住所异常单位通知辖区市场监管局规范处置。全年查办利用合同非法买卖国家禁止或限制买卖财物案1件。

反不正当竞争监管　年内，市市场监管局抓细抓实“规直打传”工作，现场监督检查直销企业会议10余次，引导直销企业开展线上宣传，加强打击传销宣传教育。组织开展反不正当竞争专项执法行动，聚焦商业营销和新产业新业态新模式中不正当竞争问题，以公正监管保障公平竞争、促进经济发展。全年全市查结虚假宣传、商业贿赂、市场混淆、侵犯商业秘密、违法有奖销售等不正当竞争案件59件，涉案案值1202.17万元，罚没金额283.63万元。

网络交易监管　年内，全市有正常运营网络经营主体3.9万家。其中，网站8419家（含网络交易平台1家）、网店1.68万家、App网店库5670个、微信公众号3948个、移动App775个、微博1778个、微信小程序1703个。年内，市市场监管局加强网络交易监管，推进电商平台贯标工程，参加省市场监管局电商平台贯标互查、市场监管总局平台治理系列研究，参与编写《网络交易平台重点监管问题实务指引》，获市场监管总局发展研究中心致信感谢。加强重点领域监测，完成“冬奥标志”“铁拳行动”“长江禁捕”“双11”等30项监测任务，累计监测网络经营主体8.2万个（次），完成固定电子证据206件。开展2022网络市场监管专项行动，督促平台删除违法商品信息390条，责令整改网站、网店520个（次），全年全系统查处网络违法案件223件，罚没金额374.8万元，2件案件被评为全省典型案例。

消费者权益保护　年内，市市场监管局推动实现“12315”平台与“12345”热线互联互通，“12315”热线全年受理消费投诉举报2.73万件，其中投诉1.6万件、举报1.13万件，按时处置率100%，为消费者挽回经济损失1058万元。加强消费在线纠纷解决机制建设，发展ODR企业42家，入驻“智慧315”平台企业86家。年内新增4536家企业做出线下无理由退货承诺，总数1.25万家。建立常态化消费者满意度调查评估机制，开展组织网红餐厅、消费体验满意度等系列调查活动，发布各类维权信息和消费警示536条，线上活动点击量80万人次。联合市商务局、市文广旅局等部门，开展第二届特色夜市街区评选和“盐城名菜”和“盐城餐饮名店”评选活动，评选特色夜市街区10家、盐城名菜20道、盐城餐饮名店10家。实施“满意消费长三角”和美丽乡村放心消费创建行动，推荐11家伴手礼获评企业参加首届长三角特色伴手礼巡礼活动，全市44家单位（企业）被表彰为江苏省放心消费创建示范单位（区域），其中8个乡村获评江苏省美丽乡村放心消费创建示范村。

表12 2022年盐城市省级放心消费示范单位、区域一览表

名称	单位名称
江苏省示范单位	江苏人酒业江苏有限公司、八大碗餐饮管理有限公司盐城大洋湾店、江苏大地九丰现代农业科技有限公司、响水迎宾馆、盐城市亭湖区尚友丽都大酒店、江苏克胜置业有限公司九龙国际大酒店、建湖县中兴大酒店、盐城市盐都区盐淮米业有限公司、江苏欧堡利亚实业有限公司滨海大酒店、中国移动盐城分公司、中国电信建湖分公司、中国电信滨海分公司、江苏建湖粮食产业发展有限公司、盐城市盐南文旅发展有限公司、江苏军曼农业科技有限公司、中农网购（江苏）电子商务有限公司、盐城金鹰聚龙湖购物中心有限公司、江苏凤凰新华书店集团有限公司响水分公司、江苏正源创辉食品科技发展有限公司、江苏佳丰粮油工业有限公司（天猫平台恒喜旗舰店）
江苏省示范区域	盐城市欧风花街、盐城市东台市德润购物广场、盐城市万达广场、盐城市中南大有境、盐城市建军路商业街区、盐城市建军路地下商业街、盐城市招商场、盐城市渎上•老西门、盐城市东台市天仙缘景区草市街美食街区、盐城市射阳吾悦广场、九龙口景、盐城市江苏欧堡利亚城市广场、盐城市建湖县九龙口镇收成村、盐城市大丰区大中街道恒北村、盐城市盐都区郭猛镇杨侍村、盐城市亭湖区南阳镇新洋村、盐城市大丰区三龙镇龙西村、盐城市大丰区三龙镇斗龙港村、盐城市东台市弶港镇巴斗村、盐城市东台市梁垛镇临塔村、盐城市丹顶鹤小镇、盐城市新弄里、黄海森林公园、东晋水城

广告监管 年内，市市场监管局持续开展“硬核力量”虚假违法广告整治行动，对违法违规商业营销宣传行为和涉新冠肺炎疫情广告、涉金融广告、涉老涉诈广告、医疗美容广告等广告违法行为实施专项整治，组织行政指导、行政约谈活动65场次，责令改正轻微广告违法行为590件。全年查办广告违法案件172件，决定罚没金额260.67万元。

产品质量安全监管 年内，市市场监管局开展燃气具及配件、电动自行车、电线电缆、烟花爆竹、化肥、钢铁、新冠肺炎疫情防控相关产品、儿童学生用品、电取暖产品等21类产品专项整治，检查市场主体4200余家，移送质量案件线索113条，立案54起，协调查处销售不合格烟花爆竹等案件。完成监督检查工业产品生产许可证获证企业158家，抽查产品75种723批次，发现不合格产品73批次，处理问题113个。年内，市市场监管局在全省率先探索印发《关于加强商品交易市场产品质量监管的指导意见》，省市场监管局在盐城召开探索产品质量分类监管专题会议。

食品安全监管机制 年内，盐城市健全分层分级、精准防控工作机制，建立“三清单一承诺”制度，压实属地管理责任和企业主体责任，市县两级四套班子领导及法检“两长”、镇级三套班子、村级两套班子9872名干部包保4.65万家食品生产经营主体。加强种植养殖、生产加工、经营流通、餐饮服务等重点环节监管，全市食品安全水平居全省前列。探索农村食品安全线上监管，构建“群众＋志愿者＋村(社区)＋镇食安办”线上社会共治新模式，得到省政府领导批示肯定。推进食品安全示范县和农产品质量安全县创建，盐城经济技术开发区和各县（市、区）获江苏省食品安全示范县（市、区）命名，农产品质量安全县创建在全省率先实现全覆盖。

食品生产安全监管 年内，市市场监管局对全市28家进口冷链食品生产企业和2家进口冷链食品生产小作坊开展全覆盖专项检查，严格管控涉冷链食品生产企业输入风险。开展区域性风险隐患排查治理，按照“一企一档”建立完善食品安全风险清单、措施清单和责任清单。督促企业落实主体责任，指导建立食品安全自查管理制度，全市食品生产企业自查率、自查报告率均为100%。开展食品安全“守底线、查隐患、保安全”专项行动，全年出动执法人员4018人次，检查食品生产主体1731家次，发现问题7934个，整改问题7934个，查办违法案件95件。开展“飞行检查”行动，检查主体75家次，发现问题1019个，整改问题1019个。开展食品小作坊整治提优行动，检查在产食品小作坊642家，排查风险隐患2937个，食品小作坊建档登记率、抽检覆盖率、问题处置率均为100%。年内，27户食品小作坊被评为江苏省“名特优”食品小作坊，20户食品小作坊被评为江苏省食品安全示范小作坊。

食品经营安全监管 年内，市市场监管局加强进口冷链食品安全监管，规范进口冷链食品监管仓运行，全市监管仓与备用仓累计进仓量1780吨，实现进仓消毒率100%、消毒合格率100%、工作人员闭环管理100%。加强学校食堂及周边食品安全监管，实现学生供餐集体用餐配送单位“互联网＋明厨亮灶”覆盖率100%。开展食品安全“守底线、查隐患、保安全”专项行动，全市检查食品经营主体6.6万户，检查覆盖率100%；发现风险隐患数25.4万个，完成处置25.36万个，完成处置比例99.86%，检查覆盖率、隐患发现率均居全省前列。强化食用农产品监管，全市实现189家农贸市场应用快速检测信息化平台，

累计上传72万个检测数据，发现检测结果呈阳性食用农产品503批次，销毁不合格食用农产品1258千克。在市“两新”工委指导下，成立外卖送餐行业党委，打造“盐阜骑士先锋”外卖行业党建品牌。

特殊食品安全监管 年内，市市场监管局对全市9521家特殊食品经营主体和12家特殊食品生产企业进行全覆盖检查，发现问题1.72万个，全部完成处置。对零售药店实施与医保部门联合“双随机、一公开”抽查430户，持续开展婴幼儿乳粉质量安全提升行动和规范儿童相关特殊食品生产经营专项行动。全年全市特殊食品产业逆势增长，新增保健食品生产企业3家，服务企业备案保健食品新品种31个。

食品安全抽检监测 年内，全市完成食品安全监督抽检任务5.18万批次，千人抽检批次量7.72批次，累计检出不合格报告2179批次，不合格检出率为4.21%。全年启动后处置共计1593件，其中1329件立案查处，罚没款金额236万余元。组织“3·15”热点食品、网红餐厅、国庆节令食品、“阳光抽检进社区”等活动5期，共抽检500批次，发现不合格样品17批次，不合格率3.4%。

药械安全监管 年内，市政府决定成立市药品安全委员会，全市9个县（市、区）、盐城经济技术开发区、盐南高新区均成立药品安全委员会。全年抓好新冠肺炎疫情防控服务，实施“四类药品”实名登记销售制度，全市累计上报“四类药品”销售信息440万条，全市组织开展5轮次零售药店新冠肺炎疫情防控专项检查，共检查零售药店1.05万家次，责令整改7822家次。开展药品安全专项整治暨“雳剑2022”专项行动、药品经营和使用专项检查、医疗器械质量安全隐患排查、装饰性彩色隐形眼镜整治等专项行动，联合市卫健委对12家疾控机构、227家疫苗接种单位实施全覆盖检查，对906家零售药店实施“双随机、一公开”检查，检查企业177家，查办药械违法案件108件，罚没金额251.27万元。年内，全市共完成药品抽样1285批次、医疗器械抽检20批次，对检验不合格的5批次药品、1批次医疗器械均进行核查处置。强化药械不良反应监测，完成“两品一械”不良反应（事件）监测及药物滥用监测报告2.11万份。

化妆品安全监管 年内，市市场监管局开展“线上净网线下清源”专项行动，监督检查企业1956家，责令整改120家，查处案件81件。开展美容美发宾馆浴室行业“双随机、一公开”检查，检查企业994家，责令整改问题83起，立案查处案件13起。年内，全市市场监管部门完成化妆品抽检250个批次，完成国产普通化妆品备案资料审核120个种（次），技术审查63个种（次），19个品种备案后检查，新创建省级化妆品不良反应监测评价基地2个。

6月30日，东台市市场监管局执法人员开展零售药店新冠肺炎疫情防控专项检查。 赵志耕 摄

特种设备安全监察 年内，全市新增特种设备使用单位1212家、特种设备1.42万台，新取证作业人员、管理人员7608人。全市累计监督检查特种设备生产单位61家、使用单位2095家、检验检测机构8家、特种设备作业人员考试机构2家，整改问题隐患6435条。全市检验各类特种设备10.65万台（套）、压力管道1253.43千米，完成锅炉能效测试130台。查办特种设备安全案件182件，罚没金额932.37万元。全市83台大型游乐设施、75家液化气充装单位全部接入省智慧监管平台，大型游乐设施月度安检率100%。开展全市乘客电梯安全隐患专项排查整治，排查电梯985台，整改隐患628条，更新改造完成电梯143台，44台“三无”电梯使用单位、维保单位和维修资金全部落实到位。解决大市区846千米天然气管道未经检验合格等历史遗留问题，理清管线2078条，开挖验证点250个，检验燃气管道789.4千米、废弃管道56.6千米，燃气管道历史陈账全部清零见底。

计量监管 年内，全市有法定计量技术机构8家，新建社会公用计量标准28项，累计350项。全市技术机构有注册计量师110名，其中一级注册计量师41名、二级注册计量师69名。全年全市累计检定计量器具30.2万台（件），帮助252家中小企业提升企业计量管理水平，全年减免计量检验检测费用1288.58万元。开展民生计量专项检查，共检查眼镜制配场所158家计量器具314件、经营者1342家台秤7852件、加油站265家加油枪1158个。全年对2家钢铁企业开展能源计量服务，对30家销售单位开展水效标识检查，检查国有粮食企业及基层粮库276家。推动建设江苏省海上风电装备产业计量测试中心，持续服务风电产业集聚发展，努力覆盖全省范围内风电装备制造行业计量检测需求。

标准化管理 年内，全市获批国家级标准化项目5个、省级标准化试点项目6个，实现农业、工业、服务业和社会事业标准项目全覆盖，其中，江苏高精机电装备有限公司获批国家智能制造标准化试点。年内，盐城市主导和参与制定国家标准11项、行业标准4个、团体标准3个，发布地方标准26项，包括《乡村振兴 新型农村社区建设指南》《乡村振兴 高标准农田建设》《生态产品总值核算规程》等基础性标准，全市企业标准监督检查合格率居全省第一位。年内，盐城神力制绳主导制定国际标准获批立项，实现盐城市国际标准"零"的突破。

认证监管 年内，全市获认证证书1.7万张，涉及组织数5536家。其中，自愿性管理体系认证证书1.07万张，涉及组织数4798家；强制性认证证书1055张，涉及组织数170家；食品农产品认证证书922张，有机产品认证证书97张、绿色食品认证606张。推动乳制品、肉制品生产企业建立和实施食品质量安全管理体系，全市获HACCP认证1家、食品农产品管理体系认证216张。开展小微企业质量管理体系认证提升行动，培训小微企业1000家，精准帮扶企业100家，2个帮扶案例入选全省优秀小微企业认证提升行动典型案例。

认可和检验检测监管 年内，全市获国家级资质认定和省级资质认定（CMA）并进入国家统计直报系统检验检测机构共271家，其中，国家级检验检测中心2家、省级检验检测中心10家。全年累计对50家省抽机构、84家市抽机构开展"双随机、一公开"监督检查，实现全市264家获证检验检测机构监管全覆盖，累计抽查检验检测报告2500余份，发现各类问题700余条，及时发布检查通报，指导39家机构自行整改到位，督促70家机构限期整改到位，11家机构作为案件线索移交。

市场监管执法稽查 年内，市市场监管局印发《盐城市市场监管领域轻微违法行为不予处罚、从轻减轻处罚和不予行政强制措施规定》《盐城市市场监管局行政处罚程序内部实施规则》等文件，规范行政处罚行为，建立良性协作和约束机制，落实制度建设规范执法办案行为作为全市执法特色得到中央依法治国督察组肯定。全市市场监管部门以民生领域"铁拳"行动为主线，开展药品安全整治暨"雳剑"2022专项行动、市场监管领域农资打假专项执法、扫黄打非、扫黑除恶、长江禁捕、养老诈骗、面向未成年人无底线营销等专项行动，全年查办案件4524件，决定罚没金额5258.23万元，实际入库金额6376.97万元。其中，查办食品案件2918件，决定罚没金额1184.96万元；申请督办案件8件，其中，国家级督办1件、省级督办3件；行刑协作各类案件30件，其中案值千万元以上案件5件；实施包容审慎监管，办理免罚轻罚案件1451件，依法减轻、免除处罚金额7307.1万元。年内，全市药品专项整治工作做法受到省政府领导批示肯定，并在全国药品安全专项整治阶段性成果报告会上作交流发言。

药品零售行业"一件事"改革试点 年内，市市场监管局联合市行政审批局印发《盐城市全面推进开药店"一件事"改革工作实施方案》，以"数字盐城"建设为引领，围绕"减时间、减环节、减跑腿、网上办、一窗办、自助办"，开发线上线下"我要开药店"应用平台，一体化集成行政审批等4个部门6个审批事项。坚持"一单告知、一表申请、一套材料、一同踏勘、一站办结、一证准营"，受理环节由跑四个部门到"一窗一网"并联审批，提交材料由43份材料减少至27份，办理时限由15个工作日压缩至5个工作日，实现"部门联动、一次办结"。全年全市办结"我要开药店"事项186件，其中线上秒办125件，满意率99.98%。

2022年度盐城市质量大会 11月30日，2022年度盐城市质量大会召开。会议总结全市质量工作，表彰质量先进单位，部署质量发展任务，加快推进质量强市建设，推动全市经济社会高质量发展。会上，市市场监管局对全市质量工作情况进行总结。会议通报2022年江苏省省长质量奖、"江苏精品"以及2021年度盐城市市长质量奖、市长质量奖提名奖获奖企业名单，并为2021年度市长质量奖、市长质量奖提名奖获奖企业颁奖授牌。射阳县政府、市农业农村局、江苏农垦麦芽有限公司、盐城供电公司作交流发言。（崔伟 陈启伟）

知识产权

概　况 2022年，盐城市新增专利授权2.46万件，其中，发明专利授权2614件、PCT国际专利申请83件。全市新增有效发明专利1.42万件，万人发明专利拥有量21.19件。全市商标申请量2.41万件，商标注册量1.67万件。全市新获批地理标志证明商标4件、有效地理标志集体证明商标61件、地理标志保护产品10件。

知识产权保护 年内，市市场监管局在全市设立基层分局知识产权保护工作联系点10家，在15个乡镇（街道）开展"市县镇"联合执法行动，组织奥林匹克标志知识产权保护专项执法行动。全年全市立案查处假冒专利案件128件、商标侵权案件361件、奥林匹克标志侵权案件30件，受理专利侵权纠纷行政裁决案件75件，出具电商专利侵权判定意见160件，办理知识产权维权援助30件，调解知识产权纠纷187件，3件案件分别被评为全省知识产权保护、涉外知识产权保护和奥林匹克标志保护典型案例，知识产权保护查办案件数居全省第3位。举办"护知产·优营商·盈未来"中美律师知识产权业务交流会，发文认定10家盐城市“正版正货”示范创建单位，发放2万余份《全市市场主体防范知识产权侵权风险提示函》，营造全社会重创新、懂维权、严保护良好氛围。年内，市市场监管局“建立健全非诉纠纷解决机制”被评为全省知识产权营商环境评价改革亮点，相关经验做法在全省推广。市市场监管局知识产权保护工作经验做法获国家知识产权局通报表扬，盐城市知识产权行政保护工作绩效考核首次进入全国前20强。

知识产权服务 年内，盐城市优化营商环境，提升知识产权公共服务水平，全市知识产权高效益运用和高质量服务取得“双提升”。全年全市完成知识产权质押项目数317件，融资金额21.7亿元，缓解企业融资难和融资贵问题。全市企业投保274单，保障金额合计1.27亿元，推动形成覆盖专利、商标、地理标志4类险种知识产权保险业务，提升企业抵御知识产权风险能力。年内，华人运通（江苏）技术有限公司汽车外观设计专利获第二十三届中国外观设计金奖，江苏辉丰生物技术有限公司的发明专利获中国专利优秀奖。盐城工学院入选国家知识产权信息公共服务网点，盐城市知识产权研究学会入选省知识产权信息公共服务网点。

知识产权发展 年内，市市场监管局重点培育知识产权优势示范企业，通过贯标备案企业274户，贯标绩效评价合格企业59户。全年新增知识产权优势企业2户、新增知识产权示范企业2户，75户知识产权优势企业和5户知识产权示范企业通过复核。年内，全市知识产权系统促进知识产权与经济建设融合发展，增强区域核心竞争能力。盐都区被确定为国家知识产权强县建设示范县，东台市和大丰区被确定为国家知识产权强县建设试点县；亭湖区、盐都区、东台市、大丰区被确定为江苏省知识产权建设示范县，盐南高新区被确定为江苏省知识产权建设示范园区。组织全市18件优秀地理标志产品参加全省首届“我最喜爱的江苏地理标志产品”公益调查活动，东台西瓜被评为“江苏地理标志产品30强”“最具人气产品”“最佳富民增收产品”，东台发绣被评为“最具创新性产品”，便仓枯枝牡丹被评为“最具人气产品”。

商标品牌指导站建设 年内，市市场监管局以助企纾困为导向，主动将服务窗口下沉至镇区、园区、商贸集聚区等，先后组建商标品牌指导站100家，实现市域全覆盖。基层指导站重点围绕市场主体需要，优化工作规程和业务规范，提升基层知识产权工作效能，开通注册商标专用权质押登记受理业务，方便企业商标注册、专利申请，为创新主体提供更加优质专业的知识产权指导和服务，打通知识产权服务企业“最后一公里”。此项工作得到省知识产权局肯定，并在全省试点推广。

盐城市首届黄海知识产权（青年）论坛 4月26日，市市场监管局（知识产权局）联合市司法局、市新闻出版局（版权局）、团市委和市知识产权研究会等单位，举办盐城市首届黄海知识产权（青年）论坛。论坛以“凝聚青年新力量 构建保护新格局”为主题，采用线上线下结合方式，先后组织论坛启动仪式（网络直播）、线上主旨演讲和知识产权青年沙龙等系列活动。开幕式直播访问量7.1万人（次），各界代表200余人在线参加论坛活动。论坛期间，省知识产权保护中心、江苏商标品牌研究中心、北京冠和权律师事务所作专题报告，同济大学、清华大学、吉林大学等高校知识产权领域专家学者、本地高新企业、知识产权服务机构和律师事务所负责人等提出对知识产权保护建议。

（崔　伟　陈启伟）

信用体系建设

概　况 2022年，盐城市贯彻落实新时期社会信用体系建设新部署，推动《江苏省社会信用条例》和“十四五”社会信用体系规划贯彻实施，注重基础与应用“双推进”、监管与服务“双提升”，申创国家社会信用体系建设示范区，全国城市信用状况监测排名月均排名12名，全市社会信用体系建设取得成效。推进信用体系制度建设，申报创建国家社会信用体系建设示范区，成立市创建社会信用体系建设示范区工作领导小组，编印《盐城市创建国家社会信用体系建设示范区工作方案》《盐城市创建全国社会信用体系建设示范区工作专班方案》，召开信用领域突出问题专项治理工作专题会议、社会信用体系建设及行政处罚相关工作专题会和创建全国社会信用体系建设示范区动员会议，结合国家评审指标进行任务分工。针对统一社会信用代码重错码、信息归集合规率不高等9个弱项指标，形成《第四批社会信用体系建设示范区的自评估报告》上报国家发展改革委。完善通报机制，针对信息归集情况及重点工作进展情况，拓展月度通报机制覆盖面，通报情况与考核相挂钩，提升信息归集工作效率和质量，全年印发各类通报、简报16期。推进信用体系优化，开展信用领域突出问题专项治理，针对全省信用建设工作中严重失信主体较多，行政处罚企业数占比较高等短板弱项，印发《盐城市信用领域突出问题专项治理实施方案》。建立府院联动和部门协调机制，配合法院“优化法治化营商环境执行年”的1+4专项行动，按照“退出、帮扶、约束”三类清单分类处置、分步实施，印发工作通报4份。至年底，全市有严重失信主体数量1946家，治理退出2136家；有行政处罚主体数量2721家，治理退出2643家。

信用平台建设 年内，盐城市推进信用系统平台完善，拓展信用信息共享广度，印发《盐城市加强信用信息共享应用促进中小微企业融资工作计划》，组织开展水电气信息归集培训会，对接纳税信息，开发不动产调用信息接口。至年底，全市融资信息共享报送信用承诺、用水、用气等10类信息6231.3万条，入库6231.3万条，覆盖面和入库率均为100%，初步缓解银企信息不对称问题。加大信用信息归集力度，全量归集目录所涉信用信息，打通“信息孤岛”和“数据壁垒”，累计归集信用信息13.07亿条，主体平均信用记录数为264条；上报社会法人信息1.32亿条，自然人信息11.64亿条，“双公示”信息1139.44万条，实现信息归集数据数量质量“双提升”。提高信用信息应用深度，持续完善平台系统功能，打造名单管理和失信治理子平台，对省平台下发的数据分解下沉至乡镇（街道）一级，实现失信治理省、市、县、镇四级联动，支撑全市严重失信主体和受行政处罚主体治理工作。打造个人信用场景，启动个人信用分平台建设，编制个人信用分积分指标，规范个人信用积分机制，拟用“盐有信”作为全市个人信用分名称。

信用惠民便企 年内，盐城市推动信用服务业发展，对新评定省级信用管理示范企业给予奖励以及对第三方信用报告和承担信用报告公益性审核工作信用服务机构给予补助，按照标准及时拨付相关企业奖补资金125.35万元，激发企业加强信用管理内生动力，推动信用服务业高质量发展。推进“信易+”场景应用，累计建成“信易+”惠企便民服务场景19个。开展“我为群众办实事，省市共建信易贷”专题活动，全市300家企业参加活动，畅通银企合作渠道。至年底，“信易贷”平台累计发布金融产品456项，评定“白名单”企业2.4万家，累计解决贷款需求1380亿元，当年解决贷款需求424.5亿元，惠及6.8万余家中小微企业。“信易购”为AA级以上采购供应商免收或降低履约保证金超亿元。“信易批”全面推广告知承诺制，100项高频事项在线秒批秒办。“信易学”年度发放国家贴息信用助学贷款3118万元，3300余名信用记录良好生源地大学生获益。

信用管理 年内，盐城市加强省市联动，印发《盐城市信用管理与服务创新工作方案》，在全市形成探索县域特色信用建设良好氛围。创新信用管理与服务，根据省信用工作方案和申报通知要求，组织东台、射阳、盐都、亭湖4个地区申报省级创新信用管理与服务县级试点地区并成功纳入试点。加强企业信用管理，组织开展企业信用管理培训活动，对全市300余家企业集中培训，增强全市企业诚信意识，提升信用风险防范能力和水平。培育信用专业人才，开办三级信用管理师培训班，全市98人报名参训，65人通过考试获证。推进省、市两级信用管理示范企业创建，全年有3家企业获“省级信用管理示范企业”称号，38家企业获“市级信用管理示范企业”称号。

信用监督 年内，盐城市加强信用监督力度，强化合同履约监管，建成合同履约信用监管平台，实现合同履约信息平台和网站“双渠道”归集，合同所属行业内外部“双闭环”管理，合同内外主体“红”“黄”“蓝”3级风险监测正反双预警，利用合同风险、合同履约等信息推动政府合同履约风险防范和企业融资贷款。提升事中环节信用监管效能，推进信用分级分类监管，累计建立覆盖烟草、环保、金融等35个部门55个领域信用分级分类监管机制实施差异化监管措施。加强企业信用风险分类管理，印发《盐城市企业信用风险分类管理指引》，从劳动用工、仲裁诉讼、负面舆情等10个维度建立企业信用风险指标体系，该做法被省政府办公厅《每日要情》《中国经济信息》和“信用中国”网站宣传推广构建信用修复服务机制，印发《关于建立行政处罚信用修复服务机制促进社会信用体系建设高质量发展的实施意见》，建立信用修复“事前告知、事中培训、事后提醒”全流程帮扶机制，累计发放告知书和提醒函2000余份。举办信用修复公益培训班14场，实现市域全覆盖。针对新冠肺炎疫情防控期间信用受损企业，建立信用修复绿色通道，实行“T+0”工作初审机制，加快修复进程，国家规定初审时间由3个工作日压减至1个工作日，帮助企业及时重塑诚信形象。

诚信文化宣传 年内，市发改委推进诚信文化宣传工作，创新开展及时表扬，在全省率先开展社会信用体系及时奖励工作。加强诚信文化宣传，发挥“信用盐城”网站宣传窗口作用，宣传全市社会信用体系建设政策法规、动态举措，专题宣传推广全市惠企便民和重点领域信用监管示范工程典型经验，推动社会宣传做深做优，全年发布新闻1.41万条。加大诚信教育实践，持续开展“诚信建设万里行”主题教育实践活动，围绕“诚信兴商宣传月”“信用记录关爱日”等重要节点，全市累计开展诚信“五进”（信用知识普及、主题演讲、诚信征文、知识竞赛和诚信宣传）活动932场次。实施“文明诚信、舒心购物”农贸市场整治提升行动，市市场监管局推动全市282个农贸市场张贴公益广告牌，推动践行诚实守信行动自觉。开展政务诚信建设，加强政务诚信监测和分析，修订完善政务诚信测评指标，开展政务诚信指标培训，按季度印发《盐城市政务诚信报告》。推动各地、各部门在公务员招录、评优评先等工作查询个人信用信息，全年查询个人信用信息353批7万人次。强化诚信典型培树，挖掘行业中诚信人物、诚信集体，推动诚信榜样发光发热。开展诚信企业、诚信市场、诚信网店评选和商户诚信星级评定工作，打造盐城夜经济放心品牌，开展第二届特色夜市街区评选，评选出10家诚信经营特色夜市街区。联合市委市级机关工委、市公安局打造“红色温馨”党建引领公务员诚信教育和“盐之e警”公安政务服务新体系，被省信用办在全省范围推广。

（王　晨）

沿海开放

编辑　徐　昊

沿海发展

概　况　2022年，盐城市坚持生态优先、绿色发展定位，全面落实江苏沿海地区发展规划和省实施方案，加快构建全市沿海发展规划体系，印发《盐城市“十四五”沿海发展规划》《江苏沿海地区发展规划盐城实施方案》，打造国家海洋经济绿色发展先行区、长三角北翼海洋新兴产业发展高地、东部沿海美丽湿地生态休闲旅游目的地。全市沿海六县（市、区）实现地区生产总值4333亿元，占全市比重61%；完成全口径工业应税开票销售收入6272亿元，占全市比重68%，东台市、响水县、大丰区全口径工业开票销售收入超千亿元，沿海地区成为全市工业经济活力最强、增长最快板块。

《盐城市“十四五”沿海发展规划》　2月15日，市政府办公室印发《盐城市“十四五”沿海发展规划》（以下简称《规划》），《规划》旨在更好抓住新一轮江苏沿海发展等国家战略机遇，发挥优势，加快要素资源集聚和创新转化，打造绿色产业集聚高地、绿色共享城镇体系、绿色沿海生态屏障、绿色互通基础设施体系，加快构建沿海双向开放新优势。《规划》提出，至2025年，盐城市综合竞争力和人口集聚力进一步增强，全市经济总量、科创实力、开放水平大幅提升，地区生产总值年均增速快于全省，对全省经济增长贡献率达到7%。

《江苏沿海地区发展规划盐城实施方案》　4月29日，市委、市政府印发《江苏沿海地区发展规划盐城实施方案》（以下简称《方案》）。《方案》围绕国家和省对盐城沿海发展新定位，全面融入“三纵三横三大片区”总体布局，加快要素资源集聚和创新转化，擦亮农业、新能源、生态“三张名片”，明确推动产业转型升级、提升开放载体能级、塑造滨海特色风貌、推进绿色低碳发展、完善基础设施网络、保障改善民生福祉6个方面具体任务，提出做大做强临港制造业、创新发展绿色能源产业、融入长三角一体化发展等25条具体举措，打造东部沿海绿色发展典范、全国海洋经济创新发展高地、东北亚双向开放重要节点、滨海生态特色宜居城市。

沿海基础设施　年内，盐城市加快沿海基础设施建设，依托绿色互通交通网络，对外构建便捷开放通道，对内提升主城功能内涵，逐步形成“高速连港区、铁路接港口、内河通码头”的沿海集疏运格局。盐射高速、盐宁高铁联络线、盐丰快速通道一期建成通车，盐城南洋国际机场T1航站楼主体工程竣工，阜溧、滨淮、东兴3条高速快速推进，盐丰快速通道二期、盐阜快速通道加快施工，淮河入海水道二期配套通航工程、盐城港滨海港区20万吨级航道工程、新长铁路扩能改造等加快推进前期研究。聚焦“双碳”目标和能源安全战略要求，推进化石能源消费占比下降和可再生能源消费比例提高，打造沿海综合能源保供基地。持续优化能源供给结构，推动传统能源与新能源组合发展，4台100万千瓦清洁煤电机组全部开工建设，中俄东线盐城段、滨海LNG外输管线建成投运。国内单体规模最大的液化天然气储备基地中海油盐城“绿能港”投产。

沿海产业　年内，盐城市召开全市产业发展大会，实施产业链赋能、企业提质增效等制造业高质量发展“五大行动”，加快培育壮大沿海优势产业。全面融入长三角产业创新体系，以长三角一体化产业发展基地为载体，加强与上海、南京、苏州、常州等地合作，加快集聚全球高端要素资源，产业基地签约落户亿元以上产业项目236个，总投资1635.7亿元，总投资100亿元蜂巢动力电池一期产品量产下线。立足淮河生态经济带出海门户定位，推进河海联动开发，总投资60亿元凯金负极电池项目实现当年签约并投产，港城钢铁职业技术学院建成启用，不锈钢贸易市场、月亮湾冰雪世界等一批港城新业态加快推进。持续增强沿海发展创新能力，依托涉海市场主体和创新平台，加快推进涉海核心技术攻关，江苏金风科技有限公司实现全国最长陆上风电叶片全尺寸静力测试等技术突破，全省首家海上风电装备产业计量测试中心落户，省沿海可再生能源技术创新中心加快建设。

海洋经济　年内，盐城市做大做强海洋产业，推进海洋经济示范区建设，全市海洋经济持续保持较快发展良好态势。海洋农渔业取得新突破，滨海“陶湾1号”海洋牧场建成投产，创成第八批国家级海洋牧场示范区，黄海新区翻身河渔港加快实施升级改造，黄沙港中心渔港改造工程开工建设，加快打造全国一流现代化渔港。响水三圩盐场创成全省首个以海水池塘养殖为主的国家级健康养殖和生态养殖示范区。条子泥垦区实现国内东部地区首次藜麦规模化种植。海洋电力业保持较快发展，全市实现风电装机容量946.58万千瓦，列华东地区首位，风力发电222亿千瓦时。

加快集聚海洋工业装备产业，注重海洋工程装备错位发展和差异化定位，东台市新街镇海洋工程特种装备产业园船用救生产品占全国市场份额75%，聚集50余家海工产品制造企业，形成救生、信号、消防、环保四大系列1200余个品种成熟产业链；风电设备产业链实现整机产能2300台（套）/年、叶片产能6900片/年，塔筒、导管架及内置件制造实现产能54万吨/年。沿海生态旅游逐步恢复，深入挖掘世界遗产、黄河故道、特色渔港等文旅资源，实施“生态百里”特色风貌塑造行动，加快打造海滨特色旅游线路和旅游产品，全年全市接待海内外游客2574万人次，实现旅游总收入285亿元、旅游外汇收入2463万美元。海洋运输业实现逆势上扬，盐城港集团全年完成自营货物吞吐量1.35亿吨，集装箱量52.65万标箱，新开辟至南美、日本、南非等国际航线，国际国内航线总数22条；中海油盐城“绿能港”一期4座22万立方米LNG储罐建成投产运营，总罐容250万立方米，承接来自海外液化天然气。

黄海新区建设 年内，盐城市加快建设黄海新区，编制《黄海新区产业发展规划（2021—2030）》《黄海新区大型综合能源基地规划》，明晰园区产业定位，加快释放空间、港口、铁路、能源等叠加优势。完成《综合能源基地规划》《智慧低碳园区规划》《开放型经济园区行动方案》等一批功能性规划，完成“三区三线”划定，将351平方千米面积纳入开发边界。全年黄海新区实现全口径工业开票销售收入1943亿元，完成规模以上工业开票销售收入1894亿元，完成固定资产投入252亿元、工业投入180亿元。

推进沿海地区高质量发展新闻发布会 8月4日，盐城市召开推进沿海地区高质量发展新闻发布会。发布会从强化统筹谋划、注重项目支撑、完善基础设施、深化改革创新、坚持生态优先5个方面介绍盐城市全面落实江苏沿海地区发展规划和省实施方案有关情况。市发改委、市科技局、市工信局、市自然资源和规划局、市生态环境局等部门就推动能源绿色低碳转型、海洋科技创新、智能化改造和数字化转型、海洋经济发展等话题回答记者提问。中央广播电视总台、中国新闻社、《新华日报》等媒体参加发布会并进行宣传报道。

（王 晨）

招商引资

概 况 2022年，盐城市邀请日本驻上海总领事馆SK中国、新加坡企发局到盐城考察对接，承办第四届中韩贸易投资博览会暨江苏——韩国经贸合作交流会，全年有3个项目参加全省外资项目“云签约”活动，总投资56亿美元。开展推进企业利润再投资专项促进活动，拓宽外资来源渠道，推动56个年度重点外资项目建设。加快培育跨国公司地区总部和功能性机构，江苏正大丰海制药有限公司获省认定功能性机构。壮大招商队伍，全市省级以上开发区有驻点招商机构138个，其中境外驻点招商机构20个。拥有招商人员1033人、专业招商人才440人，招商人员中有英语专业381人、韩语专业42人、其他语种专业13人。

利用外资及中国港澳台资 年内，全市新设外商及中国港澳台商投资项目99个，其中新设（增资）总投资3000万美元以上项目39个，合同外资及中国港澳台资20.4亿美元，实际使用外资及中国港澳台资11.8亿美元。新设港资企业51个，合同港资13.92亿美元，实际使用港资6.7亿美元。新设韩资企业17个，合同外资3.85亿美元，实际使用外资3.79亿美元。

表13 2022年盐城市外商及中国港澳台商直接投资分县（市、区）情况统计表

	实际使用外资及中国港澳台资		新设外商投资企业数		新增总投资3000万美元以上项目	
	当年累计（万美元）	比上年	当年累计（个）	比上年	当年累计（个）	比上年
合 计	118263	8.99%	99	–36.13%	39	–25.00%
东台市	4844	–60.58%	9	–59.09%	1	–87.50%
建湖县	2435	2.40%	4	–33.33%	3	0.00%
射阳县	10522	–4.41%	6	–73.91%	4	–55.56%
阜宁县	12299	110.10%	3	–70.00%	0	–100.00%
滨海县	4354	–35.29%	3	–76.92%	4	0.00%
响水县	1257	–73.75%	14	55.56%	8	166.67%
大丰区	12017	–2.82%	13	–43.48%	5	–28.57%
盐都区	3951	–67.10%	14	100.00%	5	—
亭湖区	6562	–44.70%	5	–50.00%	1	–83.33%
盐城经济技术开发区	52541	27.78%	19	–24.00%	6	0.00%
盐南高新区	7481	33.23%	9	28.57%	2	100.00%

注：表中“—”为上年同期无数据

表14　2022年盐城市外商及中国港澳台商直接投资分国别（地区）情况统计表

国别（地区）	合计	中国香港	中国澳门	中国台湾	韩国	新加坡	德国	丹麦
项目数（个）	99	51	1	13	17	5	2	0
实际外资及中国港澳台资（万美元）	118263	66996	0	760	37914	4558	0	150
国别（地区）	意大利	瑞士	加拿大	毛里求斯	美国	英国	日本	澳大利亚
项目数（个）	2	0	0	0	3	0	0	0
合同外资及中国港澳台资（万美元）	56	980	0	800	–1323	–200	609	0
实际外资及中国港澳台资（万美元）	0	0	1003	800	421	0	48	19
国别（地区）	越南	萨摩亚	塞舌尔	英属维尔京群岛	拉丁美洲其他国家（地区）	百慕大	投资性公司	—
项目数（个）	1	1	0	1	1	0	1	
实际外资及中国港澳台资（万美元）	0	145	70	5379	0	0	0	

注：表格中“0”指当年签约无实际外资及中国港澳台资

市政府与起亚株式会社扩大投资合作签约　2月7日，市政府与起亚株式会社举行扩大投资合作签约活动。签约活动上，起亚株式会社、盐城经济技术开发区双方代表共同签署起亚扩大投资合作协议。根据协议，起亚与悦达集团合作运营新合资公司，新增注册资本金9亿美元，通过扩大投资、导入新车型、加大出口等方式，提升整车销量及产能利用率。

3个项目参加全省外资项目“云签约”　5月16日，盐城市设分会场参加全省外资项目“云签约”暨外资总部企业“云授牌”活动。全省签约重点外资项目53个，为72家跨国公司地区总部、功能性机构和全省首家外资总部经济集聚区授牌，盐城市与App（中国）、晶科集团、东山精密3个外资项目企业参加全省“云签约”。其中，总投资776亿元的App（中国）项目是长三角一体化重大项目，被列入国家第五批重大外资项目库，将在黄海新区滨海片区打造金光盐城绿色循环经济产业基地。

中国盐城投资环境说明会　5月18日，“共享‘盐’海机遇，合作‘城’就未来”中国盐城投资环境说明会暨丹顶鹤国际湿地生态旅游节开幕。活动采用“主会场+分会场+云签约+在线直播”形式。开幕式现场，签约40个项目，计划总投资900亿元，涉及重大项目、产业链市内协同合作、智改数转等众多领域。活动期间举办长三角一体化产业发展基地重大项目开工仪式、江苏省新能源投资论坛、国际友城线上专场活动、丹顶鹤国际湿地生态旅游节系列活动、新能源汽车及汽车零部件产业专题推介会等。

中韩（盐城）企业家交流之夜　9月20日，中韩（盐城）企业家交流之夜在盐城举办。会上，中韩企业家代表交流发言，在盐中韩人士交流生活文化体验。活动为企业家创造更多合作空间，促进盐韩经贸合作和友好往来。

第四届中韩贸易投资博览会　11月18—22日，第四届中韩贸易投资博览会在盐城举办。本届博览会开幕式首次采用双会场模式，分别在盐城、首尔设置会场进行实时连线直播。本届博览会主题为“畅通合作 共赢未来”，设置4个展区（中韩产业园形象主题展区、友城及商贸展区、中韩餐饮体验区和户外汽车展区）。其中，中韩产业园形象主题展区主要展示产业园5周年建设与发展成果，重点突出江苏对韩交流合作情况，重点展示两国四园以及四大产业；友城及商贸展区聚集韩国贸易协会等商协会组织和贸易企业，重点展示健康医疗、跨境电商、金融基金、高端商贸等领域最新产品以及韩国济州、釜山、庆南等15个友好城市的经贸文化；中韩餐饮体验区举办韩国泡菜、咖啡等食品体验活动；户外汽车展区展出一汽悦达、起亚、高合、北汽摩登多款新能源车。博览会期间，举行第四届“一带一路”商协会圆桌会议（盐城）峰会、第二届中韩（盐城）跨境电商高质量发展论坛、江苏—韩国新能源汽车产业合作对接会等活动。

金光纤维素纤维项目被列入国家重大外资项目库 年内，金光纤维项目一期二阶段被列入第六批国家重大外资项目计划。金光纤维素纤维项目由印度尼西亚金光集团投资建设，是盐城市第一个规划投资超100亿美元项目。项目拟投资406亿元，分两期建设，一期项目投资106亿元、二期项目投资300亿元。一期项目占地200万平方米，总建筑面积71万平方米，主要建设原液车间、纺练车间、酸站车间、元明粉车间、污水处理厂及其配套的仓储、公用工程等设施，新上纤维生产线4条、压榨机40台、黄化机24台、烘干机等4台。一期项目投产后，年可生产50万吨差别化纤维素纤维，实现销售收入120亿元、税收7.5亿元。（潘志飞）

对外及对中国港澳台贸易

概　况 2022年，盐城市印发《关于做好跨周期调节进一步稳外贸的实施意见》，加快发展外贸新业态新模式，推动传统内外贸企业转型升级。全年全市实现进出口贸易额206.37亿美元，居全省第六位，比上年增长19.7%，增幅居全省第三位。其中出口138.94亿美元，比上年增长29.8%；进口67.43亿美元，比上年增长3.3%。年内，全市对“一带一路”共建国家和地区出口39.11亿美元，比上年增长29.2%；对RCEP国家出口52.4亿美元，比上年增长46.2%；全市高新技术产品出口34.27亿美元，比上年增长68.9%。全市规模企业数占比提升，超千万美元企业301家。全市进出口超亿美元以上龙头企业28家，年内新增4家。全市人均货物贸易总额和人均高技术产品出口额等省高质量考核指标得分分别位居全省第二位和第一位。

展销洽谈 年内，盐城市实施两批贸易促进计划，涉及196个展会项目，其中线上国际展会13个、线上对接会86个、境外线下重点展会62个、境内展会35个。加大贸易促进计划宣传力度，全年组织宣传培训会15场。组织全市90余家企业参加第131届、132届广交会线上展，参展企业代表500余人，累计邀请境内外采购商600余人。组织150余家企业参加盐城五金工具RCEP专场、玻璃工艺品、玩具欧美专场、轻工产品“一带一路”专场线上对接会及“三线联动”RCEP国际展会，对接洽谈合计700余场次。

跨境电商业务 年内，全市加快推进跨境电商业务发展，跨境电商综试区线上服务平台上线运营，推广市采通模式带动出口4.34亿美元。年内，江苏盐城港跨境电商园启幕暨江苏盐城港保税物流中心“云”签约仪式举行。盐城港跨境电商园形成集外贸产业链、电商服务链、跨境供应链的产业生态体系。

盐城市—韩国贸易协会视频会议 4月21日，盐城市—韩国贸易协会线上视频会议召开。会议要求，盐城与韩国双方要加强双向经贸合作，通过举办经贸交流活动、组织互访等多种方式，为企业搭建更多合作平台；创新贸易合作形式内容，利用RCEP机遇深化贸易合作，扩大韩国优质消费品进口，推动韩国企业拓展在盐城市场份额；推动绿色低碳合作，将韩国在新能源及新能源汽车、动力电池、循环经济等领域先进技术解决方案与盐城先进制造业和广阔绿色低碳市场结合起来，推动韩国企业参与“碳达峰、碳中和”。（潘志飞）

表15　2022年盐城市进出口贸易情况统计表

地区	进出口贸易		出口贸易		进口贸易	
	贸易额（亿美元）	比上年	贸易额（亿美元）	比上年	贸易额（亿美元）	比上年
全　市	206.37	19.70%	138.94	29.80%	67.43	3.30%
东台市	15.20	7.00%	13.86	6.90%	1.34	8.00%
建湖县	6.78	25.10%	6.50	32.70%	0.28	−46.00%
射阳县	12.04	38.20%	10.21	44.20%	1.83	12.40%
阜宁县	9.13	47.50%	6.92	30.10%	2.21	153.90%
滨海县	12.27	26.30%	8.01	34.30%	4.26	13.60%
响水县	10.40	−30.50%	9.50	−30.80%	0.90	−27.30%
大丰区	45.46	8.40%	28.17	58.70%	17.29	−28.50%

续表15

地 区	进出口贸易		出口贸易		进口贸易	
	贸易额（亿美元）	比上年	贸易额（亿美元）	比上年	贸易额（亿美元）	比上年
盐都区	14.28	5.50%	6.15	8.70%	8.13	3.20%
亭湖区	22.41	31.40%	7.81	36.90%	14.60	28.70%
盐城经济技术开发区	52.91	46.60%	37.02	49.60%	15.89	40.20%
盐南高新区	5.49	21.80%	4.79	48.40%	0.70	-45.40%

表16　2022年盐城市进出口贸易主要国家（地区）情况统计表

单位：万美元

国别（地区）	出口贸易	进口贸易	进出口贸易
韩　　国	249925	109696	359621
美　　国	208664	13820	222484
印度尼西亚	58856	71710	130566
巴　　西	57018	32574	89592
荷　　兰	54648	228	54875
印　　度	53044	3122	56166
日　　本	51822	20440	72261
西 班 牙	41047	381	41428
泰　　国	33377	10185	43562
德　　国	32786	3732	36518
越　　南	30258	199411	229669
澳 大 利 亚	29895	2530	32425
意 大 利	22513	1164	23677
墨 西 哥	22288	2355	24643
葡 萄 牙	20976	2	20978
英　　国	19853	1524	21377
马 来 西 亚	19779	5082	24861
新 加 坡	19156	3988	23144
菲 律 宾	18502	8245	26747

表17　2022年盐城市进出口贸易国际市场分布情况统计表

单位：万美元

地　　区	出口额	进口额
合　　计	1389443	674309
亚　　洲	667238	562411
非　　洲	42215	2770
欧　　洲	291177	17545
拉丁美洲	131128	63696
北 美 洲	225493	20182
大 洋 洲	32192	7705
其中：东　盟	190397	298963
欧　盟	266715	14307

对外及对中国港澳台经济技术合作

概　况　2022年，盐城市策应“一带一路”倡议，抢抓RCEP机遇，持续推动优势产能“走出去”，对外投资和经济合作平稳健康发展，全年新批对外及对中国港澳台地区投资项目10个，盐城市协议投资额1881.21万美元，盐城市实际投资额1.93亿美元，占全省的2.89%。其中，在中国香港新设投资项目3个，盐城市协议投资额11.41万美元，主要从事批发业。助力RCEP成员国基础设施建设，江苏中柢建设集团有限公司联合江苏仁禾中衡工程咨询房地产估价有限公司“出海”，承揽老挝对外总承包工程项目，合同额7701.2万美元。盐城慧美智能科技有限公司开拓RCEP成员国劳务市场，与新西兰2家企业签订劳务派遣合同。

表18　2022年盐城市新批对外及对中国港澳台投资企业情况一览表

单位：万美元

序号	盐城市主体企业名称	境外企业名称	盐城市协议投资额	国别（地区）
1	江苏斯瑞达材料技术股份有限公司	斯瑞达材料技术公司	100.00	美国
2	江苏银翔纺织有限 公司	润银国际纺织有限公司	1588.00	越南
3	江苏长虹智能装备股份有限公司	长虹工业有限公司	50.00	日本
4	江苏耀鸿电子有限公司	江苏耀鸿电子（韩国）有限公司	72.00	韩国
5	江苏瑞晶太阳能科技有限公司	环保瑞晶意大利责任有限公司	8.20	意大利
6	江苏富飞进出口贸易有限公司	柬埔寨金边市万瑞食品有限公司	7.48	柬埔寨
7	江苏恒泰丰科建工程有限公司	恒泰丰建设发展有限公司	10.00	柬埔寨
8	盐城众润国际贸易有限公司	众润国际（香港）有限公司	0.13	中国香港
9	江苏明钻新材料有限公司	明钻金属有限公司	44.12	中国香港
10	盐城市仁盛科技有限公司	香港仁盛科技有限公司	1.28	中国香港

境外企业服务 年内，盐城企业通过“走出去”建立境外加工工厂、营销网络，参与全球产业链分工，提升国际产能合作水平，实现优质资源回哺、优势产品外销。全市新增制造业项目5个，盐城市协议投资额1753.68万美元，主要投资于美国、日本和越南等国家和地区。强化境外企业社会责任感，坚持“合作共赢”原则，注重对投资目的国社会贡献度。服务江苏德龙镍业有限公司印度尼西亚四期冶炼项目建设，多次赴商务部对接沟通，加快增资备案进程，江苏德龙镍业有限公司海外项目累计为当地创税11.27亿美元，招收3万名印度尼西亚员工，向当地各界捐赠物资价值3000万余元，实现经济效益和社会效益有机统一，打造“一带一路”合作标杆企业。支持江苏润阳新能源科技股份有限公司在泰国投资1.837亿美元的4吉瓦电池片项目，实现当年投产，助力企业用好国内国际两种资源，成为全球产能布局的跨国新能源集团，提高企业抗风险能力。

第二届中韩（盐城）跨境电商高质量发展论坛 11月18日，第二届中韩（盐城）跨境电商高质量发展论坛在盐城举行。来自国内外行业权威专家学者和知名企业家代表共同出席。论坛聚焦中韩（盐城）产业园跨境电商高质量发展，开展交流与对话，促进中韩共创跨境贸易新模式，畅享全球发展新机遇。论坛期间举行盐城综合保税区推介、项目签约、主旨演讲、圆桌论坛等活动。盐城经济技术开发区6个跨境电商项目集中签约。与会嘉宾围绕中韩（盐城）产业园跨境电商发展思路、跨境电商供应链拓展与可持续发展等主题开展高端对话。

（潘志飞）

开发园区

···园区发展···

概 况 2022年，盐城市有国家级经济技术开发区1家、国家级高新技术产业开发区1家、国家级综合保税区1家、国家级国际合作园区1家、省级经济开发区10家、省级高新区3家，合作园区3家。年内，全市省级以上开发区围绕“5+2”战略性新兴产业和全市23条产业链，不断强化精准招商，开展招商活动，先后组织各类招商推介活动136次。在手跟踪总投资超亿元以上工业项目610个（其中10亿元以上项目172个），计划总投资7688.8亿元，在手跟踪项目主要集中在动力电池、光伏、风电、电子信息等产业。新签约亿元以上工业项目502个（其中10亿元以上项目96个），计划总投资3771.24亿元。全市省级以上开发区推进项目开工建设，新开工超亿元以上工业项目345个，当年完成投资695.3亿元。在建（含续建）总投资超亿元以上工业项目542个，项目计划总投资3677.1亿元，完成投资1680.5亿元。其中，SK动力电池二期项目、东山IC载板项目等84个项目总投资超10亿元。新竣工超亿元以上工业项目153个，当年完成投资367.8亿元。纳入省重点项目8个，当年完成投资187.71亿元；纳入市重点项目33个，当年完成投资418.54亿元。年内，捷威动力电池、中胜聚芯半导体封装、瑞晶光伏组件、龙马风电装备制造基地等重大项目建成投产。全市省级以上开发区实际使用外资11.13亿美元，新设总投资3000万美元以上项目34个。新设外商投资项目85个，合同外资17.5亿美元。实现进出口贸易总额169.12亿美元，其中出口贸易总额103.31亿美元、进口贸易总额65.81亿美元。全市省级以上开发区拥有国家外贸转型升级基地1个，省级出口基地5个。有进出口实绩企业1762家，其中超亿美元企业23家，主要集中在汽车、光伏、电子信息、动力电池等产业。全市省级以上开发区有世界500强参与投资项目60个、跨国公司参与投资项目22个、央企参与投资项目87个。全市省级以上开发区产业结构不断优化，经济发展绿色转型，质量效益全面提高。全年全市省级以上开发区完成一般公共预算收入252.8亿元、税收收入434.2亿元、规模以上工业开票销售收入5576亿元、工业投资994.7亿元。全市省级以上开发区有工业企业1.04万家，其中规模以上工业企业3013家。

表19 2022年盐城市省级以上开发区主要经济指标情况统计表

园区名称	一般公共预算收入（万元）	实际使用外资（万美元）	进出口总额（亿美元）	规模以上工业开票销售收入（亿元）	税收收入（万元）
合 计	2528482	111309	169.12	5576.00	4342027
盐城经济技术开发区	312016	52541	52.91	1032.60	440851
盐城高新技术产业开发区	331600	3951	12.70	473.60	590979
江苏省盐南高新技术产业开发区	341199	7481	5.49	35.40	517357
江苏盐城环保科技城	259240	6564	15.20	430.30	481194
江苏大丰经济开发区	111827	4620	11.18	456.30	214858

续表19

园区名称	一般公共预算收入（万元）	实际使用外资（万美元）	进出口总额（亿美元）	规模以上工业开票销售收入（亿元）	税收收入（万元）
江苏大丰港经济开发区	134983	6632	28.29	650.20	261232
江苏东台经济开发区	166450	4041	8.96	599.40	319249
江苏建湖经济开发区	162633	622	4.63	325.10	300846
江苏省建湖高新技术产业开发区	105949	1813	1.74	200.20	194643
江苏射阳经济开发区	162807	7156	5.80	219.20	275677
江苏射阳港经济开发区	84395	2301	4.80	300.20	143541
江苏阜宁经济开发区	159636	8174	5.70	367.90	248139
江苏滨海经济开发区	153062	4157	8.15	329.70	273434
江苏响水经济开发区	42684	1257	3.57	155.90	80026

注：一般公共预算收入、税收收入数值是还原留抵退税后同口径数值

园区特色产业发展 年内，全市省级以上开发区在建亿元以上四大主导特色产业项目229个，总投资2360.85亿元。其中，在建新能源项目51个，项目总投资894.8亿元；在建电子信息项目98个，项目总投资844.5亿元。全年全市省级以上开发区新能源产业实现开票销售收入1253亿元。盐城经济技术开发区形成硅片、电池片、组件、应用等光伏产业带，其中，光伏电池量产产能48吉瓦、光伏组件量产产能30吉瓦，产业实现开票销售收入500亿元。江苏射阳港经济开发区形成风电场、风机整装、管桩、叶片、海缆、机舱罩及大数据运维中心等全产业链条，是国内培育时间最短、成型最快、产业链最全的区域之一，全年实现开票销售收入109亿元。江苏大丰经济开发区新能源产业在海上风电装备制造、光伏组件制造方面形成竞争优势，连续四年销售收入超百亿元。电子信息产业快速集聚，实现开票销售收入887.1亿元，比上年增长27.7%。盐城高新区集聚智能终端产业链上下游项目110个，投产达效项目83个，有效发明专利195件，销售收入超200亿元，成为全市电子信息产业主阵地；立铠精密科技（盐城）有限公司实现开票销售收入200亿元，成为全市首个年销售收入超两百亿元电子信息企业。江苏东台经济开发区电子信息产业由关键结构件、核心组件向系统集成、智能终端提升，领胜电子模切市场全球第一，科森科技东台有限公司入选“苹果系”主力供应商，产业规模超180亿元。加快推动载体平台创建，累计获批国家级、省级载体品牌26个。年内，盐城经济技术开发区、盐城高新区、江苏大丰经济开发区和江苏东台经济开发区获批省级特色创新（产业）示范园区。

园区创新发展 年内，全市加快园区创新发展。全市省级以上开发区累计建立国家级企业研发机构54个、省级以上研发机构590个，省级以上企业研发机构数苏北领先。拥有国家级重点实验室5个、省级重点实验室28个、国家知识产权优势企业72个，有省级企业研发机构608个、省“专精特新”小巨人134个、创新型中小企业2368个、省级以上科技创业载体数119个，省级以上科技创业载体进区企业5409个、省级以上科技公共服务平台90个、产学研合作项目1287个。规模以上工业企业中有研发活动企业数2672个，研发资金投入总额146.7亿元。新增全市省级以上开发区内高新技术企业179个、新增授权发明专利1353个。有主板上市公司6个、“新三板”上市公司15个。开展“双招双引”（招商引资、招才引智）。至年底，园区拥有高级职称5015人、高级技师3771人、研发人员数3.34万人、硕士生以上5843人、国家杰出青年18人、省“双创”人才214人。完善园区科技孵化功能，有孵化器、众创空间数量91个，孵化器、众创空间内企业数6604个。东方兴宇孵化器、中科院半导体集成技术研究院、无锡超算盐城中心、黄海碳中和产业创新中心等一批重点孵化器、研究中心相继落户。至年底，盐城经济技术开发区、盐城高新区获批国家级知识产权试点园区，江苏东台经济开发区、江苏大丰经济开发区等9个园区获批省级知识产权示范园区。　　（潘志飞）

···中韩（盐城）产业园···

概　况 2022年，中韩（盐城）产业园加快招引韩国成长型、科技型中小企业。持续推动对韩产业、科技、经贸、人文交流取得新突破，不断提升中韩（盐城）产业园发展层次。拓宽国际视野，围绕主导产业“补链、延链、固链、强链”，紧盯日本、欧美跨国集团和头部企业，加快构筑对

外开放新格局，年末拥有外资企业223家。聚焦“一带一路”共建国家，放大国家跨境电商综合试验区和国家外贸转型升级基地功能优势，依托中日韩（江苏）产业合作示范园区平台，用足用好江苏自贸试验区和联创区44项省级赋权，引导50家重点外贸企业全力开拓“一带一路”沿线新兴市场，推动汽车、晶硅光伏、动力电池三大优势产能抢占国际份额，不断培育外贸竞争新优势。抓住长三角一体化、江苏沿海发展等国家战略机遇，以国内大循环为主体，落实好全省南北联动、区域协同等政策措施，策应长三角产业一体化发展基地建设，承接上海和苏南产业梯度转移项目，加快沪苏共建园区、宁苏锡常产业合作进度。对接粤港澳大湾区，以深圳、广州等珠三角城市为重点，紧盯区域优势产业集群，优化驻点、排兵布阵，按图索骥、强化招商，全年新签约超亿元内资项目62个，其中超10亿元项目13个。加强与烟台、惠州两地的中韩产业园交流合作，定期做好核心指标分析，研究探索以三地中韩产业园为载体，合作争取国家相关政策和品牌载体，在区域对外开放和高质量发展中展现更大作为。

中韩（盐城）产业园建设工作厅市联席会议第七次会议 2月14日，省商务厅和盐城市政府在南京召开中韩（盐城）产业园建设工作厅市联席会议第七次会议，共商深化对韩经贸合作。会上，盐城市汇报2021年中韩（盐城）产业园建设发展情况和2022年重点工作计划；介绍厅市联席会议第六次会议议题落实情况，就支持盐城举办重大对韩经贸活动、引进重大外资项目、盐城经济技术开发区高质量发展、举办中韩贸易投资博览会及提请召开省协调小组第五次会议等议题作说明。省商务厅就议题进行回复并达成共识。

中韩（盐城）产业园发展工作协调小组第五次会议 9月28日，省政府在南京召开中韩（盐城）产业园发展工作协调小组第五次会议。会议回顾总结第四次会议以来产业园建设发展取得成效，研究下一阶段重点工作。会上，省商务厅汇报支持产业园建设发展有关工作情况及下一步推进思路和重点举措。盐城市汇报产业园对外开放、产业合作、改革创新、对韩交流等方面建设发展情况，以及提请会议研究推进的议题事项。协调小组各成员单位及省有关部门围绕会议议题，就支持和服务推进产业园建设工作情况等作交流发言。

未来科技城 5月2日，《江苏省“十四五”时期文化及相关产业重点项目清单》发布，中韩（盐城）产业园未来科技城项目入选。中韩（盐城）产业园未来科技城项目占地面积25.15万平方米、总建筑面积75.44万平方米，分为南、北、西三个片区，包括原软件园产业与科研、孵化以及金融、文产等业态企业，重点打造城市新型产业社区。年内，中韩（盐城）产业园未来科技城加强对文化文产相关项目招引，入驻宽泛科技、研泉九运数字技术、“蚩尤杯”电竞、佳喻文化传媒等项目，洽谈跟进包括广告设计、建筑设计、文化传媒等领域文化产业项目。下一阶段，中韩（盐城）产业园未来科技城将继续加强文化产业扶持，培育重点文化项目，加快文产融合步伐，推进文产服务、流通、制造与科技、旅游、网络、会展等相融合。 （陈　军）

···盐城经济技术开发区···

概　况 2022年，盐城经济技术开发区完成地区生产总值372.37亿元、固定资产投资237.66亿元、工业总产值999.1亿元，完成规模以上工业销售收入1032.6亿元、注册外资实际到账5.25亿美元、外贸进出口总额52.91亿美元，完成工业用电量25.5亿千瓦时，实现一般公共预算收入31.2亿元。年内，全区省市重大工业项目完成投资63.8亿元，年度投资完成率110%。开工建设SK动力电池二期、磷酸锰铁锂、明阳异质结等超亿元产业项目44个。加大招商力度，全年举办招商活动11场次，累计邀请650余家企业参会。全年新签约总投资1亿元或1000万美元以上项目70个（从产业类别来看，汽车零部件和动力电池产业项目25个、晶硅光伏产业项目16个、电子信息产业项目18个、其他产业项目11个），总投资共计764亿元。新能源汽车、晶硅光伏、动力电池等绿色产业迅速壮大，盐城天合国能光伏科技有限公司、江苏润阳悦达光伏科技有限公司、盐城阿特斯阳光能源科技有限公司3家企业获评全省首批绿色发展领军企业。晶硅光伏发展迅速，光伏电池量产产能48吉瓦、光伏组件量产产能30吉瓦，建成较为完整的光伏产业链，光伏规模以上企业开票实现销售收入475.5亿元。新能源汽车整车产能20万台，动力电池量产产能30吉瓦，汽车规模以上企业实现开票销售收入459.2亿元，其中零部件企业295亿元。持续优化外籍人才服务，在全省率先打造外国人来华一站式服务专窗，全年办理新进、转聘、注销等700余件，成为全省开发区体制机制改革实践案例。推动城建工程建设，全年重点实施城建工程97项，完成投资百亿元，未来科技城西区、悦达汽车智创园、会展中心扩建等52项工程提速推进。开展科技创新推进年活动，全年引进高层次“双创”人才158名，申报国家级人才项目37个，新增高新企业30家。推动数字产业化、产业数字化，全年新增省星级“上云”企业30家，拥有数字经济核心产业“四上”企业41家，实现数字经济核心产业开票销售收入466亿元。

通过国家知识产权试点园区期满验收 1月25日，省知识产权局公布2022年国家知识产权试点园区期满验收结果，盐城经济技术开发区成功通过期满验收。盐城经济技术开发区于2019年被国家知识产权局批准为国家知识产权试点园区，园区在产业规划、招商引资、人才引进、项目立项等重大事项上，引入知识产权评议制度，建立知识产权公共服务平台，集聚知识产权服务机构28家，整合知识产权数据信息、服务机构、高校院所、政务信息等各方资源，创新“线上线下”相结合服务模式，为园区企业提供“一站式”知识产权服务。试点期间，园区内104家企业通过知识产权贯标备案，90家企业通过第三方认证，贯标绩效评价合格43家；获批国家知识产权优势企业11家、国家知识产权示范企业2家，1家企业承担省企业知识产权战略推进计划项目；达成知识产权转让或许可415件，立项省市级科技成果计划项目25项。

获批全省“互联网＋先进制造业”特色产业基地 11月25日，省工信厅发布2022年度全省“互联网＋先进制造业”特色产业基地公示名单，盐城经济技术开发区入选。江苏省“互联网＋先进制造业”特色产业基地建设是遵循“聚焦重点、科学布局、示范引领、联动发展”原则，围绕省先进制造业集群，聚焦先进制造领域的特色，推进工业互联网建设发展，实现新一代信息技术与制造业深度融合，着重在工业互联网平台赋能应用、园区企业数字化转型、创新生态构建、全产业链优化升级等方面形成示范效应，在推动“互联网＋先进制造业”发展方面形成可复制可推广经验。年内，盐城经济技术开发区落实智能化改造和数字化转型三年行动计划，推进企业智能化改造和数字化转型，促进制造业质量变革、效率变革、动力变革，提升产业链供应链现代化水平，推动全区“互联网＋先进制造业”高质量发展。

盐城经济技术开发区电子信息产业投资说明会 8月25日，盐城经济技术开发区电子信息产业投资说明会在深圳举办。中国电子科技开发有限公司、深圳市福田区华强北商会等50余家来自珠三角电子信息行业协会、商会企业家代表们参会。说明会介绍盐城经济技术开发区区位优势、产业发展、政策配套、营商环境等情况，会上签约JSY保税加工等3个项目。

（陈　军）

···盐城高新技术产业开发区···

概　况 2022年，盐城高新技术产业开发区（以下简称盐城高新区）实现一般公共预算收入33.16亿元、税收收入59.09亿元、规模以上工业开票销售收入473.6亿元。实现到账外资5287万美元、外贸进出口总额12.7亿美元。全年新培育市三星级以上企业14家，其中市五星级企业4家。新增“四上”企业32家，其中，工业规模以上企业22家。有开票收入超亿元企业43家，其中，超80亿元企业1家、超60亿元企业2家、超20亿元企业3家、超10亿元企业4家、超5亿元企业10家。全年全区主导产业持续壮大。电子信息产业集聚东山精密、维信电子、康佳电子等产业链项目120余个，实现产业规模200亿元，培育LED封装、FPC柔板、MiniLED背光源3个细分领域行业冠军，打造印制电路板、精密结构件、光电显示、集成电路、5G、智能视听等细分领域百亿级产业集群。高端装备产业以高端化、智能化、成套化为主攻方向，培育江苏汉印机电科技股份有限公司、江苏神鹤科技发展有限公司等关联企业130余家，创成涂装设备、精密齿轮、输变电等国家火炬特色产业基地，实现产业规模150亿元。新能源产业落户华锐风电科技（江苏）有限公司、国电投零碳能源（盐城）有限公司、江苏兴邦能源科技有限公司等企业，发展储能电池、氢燃料电池等重点领域。建设科创载体大平台，实施科创森林成长、科研平台提质、“都智汇”优才“三大计划”，建成运营江苏省产业技术研究院高通量计算所、上硅所新能源创新中心、盐城超级计算中心、盐城工学院研究生院（盐龙湖先进技术研究院）等一批高端科创平台，其中，4家列入省新型研发机构。打造科创企业强梯队，打造盐龙湖科创中心和盐城中小企业园“南北创新组团”，建成省级以上孵化载体15家，其中，国家级3家，形成“苗圃—孵化器—加速器—产业园”全链条孵化体系。提升创新创业优生态。用好用活“黄海明珠”人才政策，举办中国电子信息行业创新创业大赛、电子信息行业发展大会等品牌活动，引进人才项目400个、“国家重大人才工程”专家42人。至年底，园区有国家高新技术企业101家、省级企业研发机构86家、省级以上“专精特新”小巨人企业34家。园区获评全市AAAAA级园区。

中科兆能与海潮新能源举行战略合作签约仪式 1月4日，江苏中科兆能新能源科技有限公司与无锡海潮新能源科技有限公司在盐城高新区举行战略合作签约仪式。签约仪式上，双方进行D1型电池样品交接。此次签约，为双方后续进一步在新能源和新材料方面技术转化和产业化合作奠定基础。

入选国家级社会管理和公共服务综合标准化试点项目 8月，国家标准化管理委员会下达第八批国家级社会管理和公共服务综合标准化试点项目通知，盐城高新区行政审批标准化试点项目获得立项，系全市首家获得国家级社会服务和综合管理试点资格的开发区。年内，盐城高新区持续推动政务服务标准化体系建设，制定《盐城高新技术产业开发区国家级政务服务标准化试点单位创建实施方案》，按照“全体职工参与、窗口协同配合、技术部门支持、有序实施推进”原则进行，开展标准化工作。同时，园区在盐都区市场监管局指导下，围绕区级902项、街道88项、村（社区）64项标准化政务服务事项清单，以区级、街道、村（社区）47个标准化服务阵地为载体，对标政务服务国标，制定试行服务基础、服务保障、服务提供等服务标准，打造政务公开标准化、服务质量标准化办件程序标准化、人员管理标准化、窗口管理标准化、督查考核标准化、安全和环境管理标准化等多项服务标准模式。

盐城高新区（昆山）投资环境说明

会　9月22日，盐城高新区（昆山）投资环境说明会在昆山举办。投资说明会上，盐城高新区作产业推介；翊滕电子科技（昆山）有限公司、昆山台协会、苏州市机器人产业协会作交流发言；上海群辉华商科技有限公司作中国半导体及显示产业发展趋势演讲。活动现场集中签约项目27个，总投资额102亿元，项目涉及电子信息、高端装备、科创服务等领域。

（张荣峰　周广杰　桂　杰）

···盐城综合保税区···

概　况　2022年，盐城综合保税区实现外贸进出口额12.2亿美元。创新业态实现进出口额1.17亿美元，其中跨境电商实现外贸进出口额4750万美元，单量、总量连续五年居全省前列；保税检测维修实现外贸进出口额6898万美元，业务规模排名居全国前20位。年内，保税区重点发展以集成电路为主导的电子信息产业和以国际贸易、跨境电商、保税检测维修、仓储物流为主的现代服务业。全年新签约落户鸿楷智能终端、瀚普达特种电子屏、博澳特智能终端、中润显示屏模组等工业项目8个以及天地跨境电商、益想购跨境电商、纽倍进出口等创新业态项目10个，竣工投产芯宇半导体、金通电子等4个项目，加快建设鑫硕泰固态硬盘、新思辉科技等项目。发挥跨境电商综试区核心区作用，全面提升载体平台功能，加快创新业态落地，有TIC日本先进技术育成中心、北方青鸟孵化园、江苏省汽车零部件进口交易中心、跨境电商集聚区等创新载体，“一带一路”易跨境、海锚易购、飞亚同创、翔宇物流等企业入驻并开展跨境电商、保税检测维修、非保税货物按状态分类监管等业务。

“1039市场采购”外贸新业态　4月9日，盐城综合保税区“1039市场采购”外贸新业态被央视媒体宣传推广。盐城综合保税区推动“1039市场采购”外贸新业态与市场主体沟通对接，帮助中小微企业有效解决无票合法出口难、企业合规税负高、出口实务操作难等实际问题，为没有能力自建外贸体系的中小微企业提供共享式商贸流通和对外贸易大平台，满足小批量、多批次、多品种商品走出国门需要，累计帮助28家市场主体出口商品17.06亿元。年内，盐城综合保税区内盐城易跨境进出口服务有限公司开展“1039市场采购”外贸新业态。

9月22日，盐城高新区（昆山）投资环境说明会在昆山举办。

盐城高新区　供图

8个项目集中开工　8月8日，盐城综合保税区项目集中开工活动暨鸿楷智能终端制造项目开工仪式举行。仪式集中开工鸿楷智能终端制造、瀚普达特种屏制造、康威电子电容器等8个项目，均为带动能力强、发展前景好高端制造和跨境电商、保税分拨等创新业态项目。其中，鸿楷智能终端制造项目主要从事智能穿戴、智能门禁、智能机器人、智能安防等AI智能类电子产品研发、生产、销售，产品主要销往中东、印度、非洲、欧洲等国家和地区，项目建成后可实现年进出口额超1亿美元。　（陈　军）

···省级开发区···

江苏省盐南高新技术产业开发区　年内，江苏省盐南高新技术产业开发区（以下简称盐城高新区）实现一般公共预算收入34.12亿元、税收收入51.74亿元，完成规模以上工业开票销售收入35.4亿元，注册外资实际到账7481万美元，新申报“四上”企业191家、新增法人企业4847户，拥有省级以上科创平台11个。围绕总部型、创新型和流量型项目，聚集数字经济、人工智能等主导产业，优化组建20个专业招商局，开展“产业招商百日攻坚”等活动，全年新签约项目173个、新开工项目66个、新竣工项目32个，新辉开光电显示、绿色数据中心等50亿元以上重大项目加快建设。推进新型显示产业园等列入省重大项目，8个列市重大项目完成投资67.2亿元，84个列入市5000万元平台项目完成投资181.7亿元。加快建设国家级风电设备质检中心、江苏省海上风电装备产业计量测试中心等公共服务平台。累计获批国家科技中小企业550家，洽谈国家高新技术企业迁移36个，新增市“独角兽”企业5家、“瞪羚”培育库企业13家。省内首家鸿蒙物联网技术创新实验室——泰尔实验室加快建设，威固超算作为科技部国家并行计算中心盐城算力节点在全国民营超算中心排名第一。盐城极智嘉机器人有限公司、新石器（盐城）智能制造有限公司、江苏高新兴机器人有限公司等30余家机器人榜单企业陆续落户。加快建设盐城金谷，集聚各类金融企业300余家，成功获批省级创业投资集聚发展示范区。开展“数聚英才、智汇盐南”行动，先后引进落户领军人才项目108个，在南开大学、天津大学等院校设立引才工作站23个。与国内外知名创投机构合作产业科创基金16支，先后投资机器人、3D打印、区块链、集成电路等领域企业30余家。打造全市科创服务中心，“一站式”提供专利申报、政策咨询、资本投研等全生命周期服务。强化与上海交通大学、南京邮电大学合作，共建高价值专利中心6个，每年新增发明专利240件以上。培植聚龙湖水幕景观、盐立方云端幻境、欧风花街城市会客厅、新弄里潮玩空间、D·A街区艺术漫步、南海未来城船说海棠、珠溪古镇时光记忆、花样年华休闲康养等城市特色IP。依托珠溪星创天地数字农业科创中心，与浙江大学加强合作，推动1400万平方米耕地流转，促进农民致富、农村增收，打造乡村振兴盐南样板。（施凯杰）

江苏盐城环保科技城　年内，江苏盐城环保科技城完成一般公共预算收入25.92亿元、税收收入48.12亿元、规模以上工业开票销售收入430.3亿元，其中立铠精密科技（盐城）有限公司实现开票销售收入223亿元；完成工业投资112.3亿元、外贸进出口总额15.2亿美元，新增规模以上工业企业18家。全年签约亿元以上产业项目39个，新开工建设众能电气等亿元以上项目30个，新竣工星康光电等亿元以上项目23个。启动电子信息产业园四期、光电智造产业区、半导体科创园3个新载体建设，组建孵化基地等4个载体提升专班。推动污染治理向节能降碳升级、环保产业向绿色产业升级、装备制造向数字智造升级、单一服务向综合服务升级等“四个升级”。完成规模以上企业“智改数转”诊断，制定并实施“一企一策”。新建成省级互联网标杆工厂1家、省级星级“上云”企业4家、省级“专精特新”小巨人11家、省级智能车间1家、省级工程研究中心4家。开展“科技创新推进年”活动，引进盐城市外高新技术企业7家，培育本土高新技术企业37家。至年底，园区有高新技术企业115家，165家科技型中小企业通过国家级评价。16家实体化运行的新型研发机构及孵化企业实现开票收入15.09亿元。

（余卫兵　蔡金峰）

江苏大丰经济开发区　年内，江苏大丰经济开发区完成一般公共预算收入11.18亿元、税收收入21.49亿元，实现规模以上工业开票销售收入456.3亿元。新增规模以上工业企业17家，规模以上服务业企业5家。新签约总投资102亿元阿特斯光伏储能系统项目、52亿元长安望江风电齿轮箱、30亿元通灵光伏接线盒、15亿元德九储能装备制造等亿元以上项目25个，新开工亿元以上项目16个，新竣工投产项目15个。年内，江苏金风科技有限公司获批2021年度省级企业技术创新奖，江苏中车电机有限公司被评为省级现代服务业高质量发展领军企业。江苏正大丰海制药有限公司、江苏中车电机有限公司、江苏博敏电子有限公司获批省级重大成果转化项目。大丰科技创业园在科技部火炬中心2021年度国家级科技孵化器评级为优秀（A类）。

江苏大丰港经济开发区　年内，江苏大丰港经济开发区完成一般公共预算收入13.5亿元，实现全口径工业开票销售收入650.2亿元、外贸进出口总额28.29亿美元。全年新签约亿元以上项目24个，其中百亿元项目1个，10亿～50亿元项目4个。全年开工建设亿元项目16个，竣工投产亿元项目9个。全年全区有纳税超千万元企业29家，其中江苏博汇纸业有限公司纳税超10亿元。全年建成省级研发平台2家，有国家高新技术企业认定9家、省星级“上云”企业11家、科技型中小企业认定45家，获批“黄海明珠人才计划”领军人才项目6项。（陈志伟）

江苏东台经济开发区　年内，江苏东台经济开发区实现规模以上工业开票销售收入599.4亿元、一般公共预算收入16.65亿元、进出口总额8.96亿美元，有开票销售收入超5亿元企业20家，其中超10亿元14家。累计入驻工业企业569家，其中规模以上工业企业284家，企业职工3.1万人。年内，园区入选省先进制造业和现代服务业融合试点，获批省工业互联网标识创新应用示范区，在全市开发园区“等级创建”中连续六年获评AAAAA级园区。（袁小成）

江苏建湖经济开发区　年内，江苏建湖经济开发区完成一般公共预算收入16.26亿元、税收收入30.08亿元，实现规模以上工业开票销售收入325.1亿元，实现进出口总额4.63亿美元。全年新增星级企业3家、高新技术企业24家；实施工业企业技改扩能项目71个，投资总额13.3亿元，新增规模以上企业42家，新增有效发明专利50项。至年底，园区有省级以上名牌产品数32个，高新技术企业105家，省级以上研发机构35个，领军人才8人，科技孵化器3家。年内，园区持续开展“双招双引”，申报国家级人才项目8个通过3个，申报盐城市“黄海明珠人才”计划项目5个通过1个，申报建湖县第三届水乡英才创新创业大赛人才团队组项目18个，招录优秀毕业生4人。

江苏省建湖高新技术产业开发区　年内，江苏省建湖高新技术产业开发区完成一般公共预算收入10.6亿元、税收收入19.46亿元，实现规模以上工业开票销售收入200.2亿元，实现进出口总额1.74亿美元。年内，园区拥有规模以上企业57家；国家高新技术企业总数81家，新增74家；国家科技型中小企业176家，新增63家。新增授权发明专利185件、发明专利申请230件。创新“孵化器＋加速器＋产业园”发展模式，新增入孵科技型企16家，与南京工业大学、常州工学院等院校签订就业创业实习实践基地建设协议，园区被省科技厅推荐上报并建成国家级科技企业孵化器。（周星辰）

江苏射阳经济开发区 年内，江苏射阳经济开发区实现地区生产总值112.06亿元、规模以上工业开票销售收入219.2亿元，完成一般公共预算收入16.28亿元、完成进出口总额5.8亿美元，实际使用外资7156万美元。年内，园区重点培育“智汽高飞”四大产业（电子信息、新能源汽车及零部件、高端装备、通用航空），构建新能源动力电池、光电显示、精密结构件等一批特色产业链条。全年新签约亿元以上项目29个、新开工亿元以上项目13个、新竣工亿元以上项目10个。全年园区主导产业实现开票销售收入73.19亿元。至年底，园区有“四上”企业200家，其中规模以上工业企业95家，园区企业职工2万人。实施“科技创新突破年”活动，盐城三彩智能科技有限公司成为中国光学光电子行业协会副理事长单位，创维商业显示成立光电研究院。规模以上企业研发覆盖面70%，研发投入占营业收入3.2%，高新技术产业产值占规模以上工业产值比重35.5%。

江苏射阳港经济开发区 年内，江苏射阳港经济开发区实现一般公共预算收入8.44亿元、税收收入14.35亿元，完成规模以上工业开票销售收入300.2亿元，完成进出口总额4.8亿美元。实现开票销售收入超10亿元工业企业4家，入库税收超千万元工业企业8家。全年签约项目22个、开工项目11个、竣工项目8个，组织第一届膜科技产业论坛、中丹产业园产业对接等活动6场次。园区获批国家高新技术企业2家、省级研发中心1个、省级智能工厂1家、省“专精特新”企业2家、省科技型中小企业39家，增加发明专利29件、研发投入5.5亿元。年内，园区创成盐城国家海上风电及装备高新技术产业化基地，获批省级风电产业计量检测中心。（崔红虹）

江苏阜宁经济开发区 年内，江苏阜宁经济开发区实现一般公共预算收入15.96亿元、税收收入24.81亿元、规模以上工业开票销售收入367.9亿元，完成外贸进出口总额5.7亿美元、工业投资37.8亿元，培育规模以上工业企业12家，新增国家高新技术企业12家。全年新开工亿元以上项目11个，新竣工亿元以上项目4个。优化载体功能，加快推进电子信息产业园三期建设，推进博杰科技孵化产业园，大龙网跨境电商产业园建成运营。加快创新创牌成效，获批省级“专精特新”中小企业企业5家，获批省五星级“上云”企业1家、获批省四星级“上云”企业2家。9月，园区获批国家火炬盐城阜宁阀体装备特色产业基地。持续优化生态环境，对6条黑臭水体进行河道疏浚并定期换水，开展河道长效保洁，推动河长制责任落实。（曹征雷）

江苏滨海经济开发区 年内，江苏滨海经济开发区实现一般公共预算收入15.31亿元、规模以上工业开票销售收入329.7亿元，完成进出口总额8.15亿美元，实际使用外资4157万美元。全年新签约亿元以上项目39个，协议总投资247.35亿元。全年实现新开工亿元以上项目41个、新竣工亿元以上项目27个，完成投资71.5亿元。年内，江苏万恒铸业有限公司获批国家级“专精特新”小巨人企业，江苏苏盐阀门集团、江苏万恒铸业有限公司、江苏坤歌制造集团有限公司、正丰阀门集团有限公司4家企业获批省级四星“上云”企业。（李群龙）

江苏响水经济开发区 年内，江苏响水经济开发区实现规模以上工业开票销售收入155.9亿元，完成一般公共预算收入4.27亿元、税收收入8亿元，完成进出口总额3.57亿美元。园区重点突出高端纺织服装、食品深加工、绿色动力（智能制造）等产业，先后举办食品产业发展线上论坛、绿色动力等专题产业发展推介活动，提升园区对外影响力。优化营商环境，强化基础设施配套功能建设，全年新签约亿元以上项目15个、新开工亿元以上项目7个、新竣工亿元以上项目4个。持续加大科技型企业培植、增加科技研发投入和科技载体品牌创建工作，全区规模以上企业“智改数转”率50%。年内，园区与东南大学国家大学科技园签订合作共建联合创新中心，与南京软件谷创客街签订合作建设响水（南京软件谷）离岸孵化器。江苏荣生电子有限公司、江苏金米兰纺织有限公司、江苏科力普汽车部件有限公司等企业获批省级“专精特新”企业；江苏北林纺织有限公司、响水县九州传动件有限公司等60余家企业获批科技型中小企业；江苏亚邦爱普森药业有限公司获批省级工程技术研究中心、响水中联水泥有限公司获批省级绿色工厂。（朱炜健）

···特色园区···

黄海新区 年内，黄海新区新开工亿元以上项目43个（其中10亿元以上项目9个），其中，滨海片区新开工项目9个、响水片区新开工项目34个。全年新竣工亿元以上项目24个，其中10亿元以上项目3个。夯实产业链条，腾凯不锈钢高线棒材、荣星高性能金属丝绳等一批项目开始设备调试或试生产，新行不锈钢管材建成全国最大不锈钢无缝管生产基地，不锈钢产业集聚企业60余家，全年实现开票销售收入1500亿元。加大招商力度，细化招商产业链全景图、招商地图和重点项目清单，组建6个专业招商局，加大对接力度。推进风电全产业链布局，做好近海145万千瓦风电竞配和300万千瓦深远海海上风电示范项目准备工作，加快打造海上风电“能源岛”。打造钢铁特色产业，发挥江苏德龙镍业有限公司龙头主作用，延伸不锈钢下游产业链，推进产供销一体发展、产学研深度融合，推动不锈钢产业向绿色化方向转型。加快构建低碳园区，实施低碳园区规划，启动黄海新区智慧低（零）碳园区1.3平方千米核心区建设，打造绿色发展“试验田”。增强载体配套功能，密切配合海兴集团、盐城港集团、交投集团，年内计划实施69项重点基础设施项目，建成项目9项、建设项目36项，累计完成投资111.3亿元。推进生物经济产业快速发展，举

7月22日，“天工开物”生物经济高峰论坛在黄海新区举行。

黄海新区　供图

办“开工开物”生物经济高峰论坛，启动“开工开物”产业加速平台建设。（陈　艳）

新洋经济区　年内，新洋经济区完成地区生产总值58亿元、固定资产投资52.26亿元、主导产业规模以上应税开票销售收入12.05亿元，实现一般公共预算收入5.12亿元、外贸进出口总额1.38亿美元。全年完成签约项目11个，其中10亿元以上项目2个，在手洽谈亿元以上项目39个。年内，园区成功申报国家高新技术企业4家，获评科技型中小企业称号企业62家，获评市创新型中小企业17家，获省“专精特新”企业4家。（余卫兵　蔡金峰）

江苏大丰风电产业园　江苏大丰风电产业园规划面积10平方千米，完成建设面积3.5平方千米，引进江苏金风科技有限公司、江苏中车电机有限公司等风电领军企业和盐城大丰阿特斯阳光电力科技有限公司等世界级光伏龙头企业，吸引丹麦固瑞特叶片芯材、双瑞叶片、双一叶片模具、长安望江齿轮箱等关键零部件企业集聚，可年产兆瓦级海上风电机组1200台。年内，园区规模以上工业企业实现开票销售收入196亿元、入库税收4.13亿元。14家规模以上企业中7家开票销售收入超亿元，5家企业纳税超千万元。锦辉风电机舱罩及导流罩项目竣工投产；龙马风电装备制造基地（一期）、双一机舱罩及大型非金属模具制造（二期）等项目部分投产。江苏金风科技有限公司生产16兆瓦海上风电机组，单机全球容量最大；江苏中车电机有限公司生产16兆瓦级半直驱风力发电机，全球功率最大。（陈志伟）

东台高新技术产业开发区　年内，东台高新技术产业开发区完成地区生产总值42亿元、一般公共预算收入6.1亿元、外贸进出口总额2.3亿美元，实现规模以上工业开票销售收入104亿元、服务业开票销售收入135亿元。全年园区9个东台市重大项目、16个盐城市5000万元以上平台项目全部开工，分别完成投资21.5亿元、24.7亿元；9个技改项目全部竣工。年内，江苏富乐德石英科技有限公司创成国家级“专精特新”小巨人企业，11家企业创成三星级以上企业，园区创成盐城市级留学回国人员创新创业园。

东台市精密制造产业园　年内，东台市精密制造产业园完成全口径销售收入94.5亿元、入库税金9326万元。至年底，产业园有企业110家，其中规模以上企业57家。持续完善园区功能，10万平方米孵化园入驻率100%，工业污水处理厂投入运营，燃气管道完成施工，工业邻里中心主体竣工，园区承载力显著增强。

东台市合金材料产业园　年内，东台市合金材料产业园形成以新材料产业、先进制造业为主，其中，新材料产业重点发展特种合金新材料，围绕特种合金研发及其精密结构件设计制造；先进制造业重点发展重点CNC等自动化成套设备、汽车关键零部件等。园区有工业企业620家，其中，合金材料产业企业422家、规模以上工业企业96家。至年底，东台市合金材料产业园实现工业销售收入217.7亿元、税收4.4亿元。（袁小成）

射阳县高新科技创业园　年内，射阳县高新科技创业园有工业企业330家，其中国家高新技术企业42家，全年实现工业全口径开票销售收入50.5亿元、全口径应税开票销售收入49.2亿元，完成规模以上工业开票销售收入29.3亿元。全年新开工亿元以上项目10个，新竣工亿元以上项目6个。推行“全面招商、全民招商、全员招商”，全年签约项目18个，其中，10亿元以上项目1个、5亿～10亿元项目1个、1亿～5亿元项目16个。园区全年办理营业执照9份，办理备案立项60个（其中技改项目20个），挂牌项目用地9块，完成项目施工许可证7个，推进项目早开工、早竣工、早投产。搭建校地合作、校企合作平台，推进产学研用一体化建设，与河海大学合作成立河德智能装备创新研究院、河海大学射阳智能装备创新研究中心。组织江苏明科精密橡塑科技有限公司、江苏长江药业有限公司申报智能车间，江苏芯飞电子科技有限公司、江苏射阳赛福探伤设备制造有限公司等12家企业申报星级“上云”企业，协助江苏光辉电力器材有限公司、江苏鹤都电器有限公司申报省级企业技术中心。42家企业被认定2022年度盐城市创新型中小企业。年内，园区被国家工信部认定为“国家小型微型企业创业创新示范基地”。（崔红虹）

江苏省滨海现代农业产业园 年内，江苏省滨海现代农业产业园有以蜜梨为主的果品面积800公顷，以甘蓝为主的蔬菜面积800公顷，以蛋白桑为主的特经作物面积333.33公顷。全年完成地区生产总值15.1亿元，实现规模以上工业销售收入6.1亿元。年内，滨海农旅·朗坤农科园垂直农场调整生产方向，12月开启农业标本馆建设；建成“滨鲜四海”直播电商孵化基地、村级乡村振兴直播间，依托养庆堂、宏本堂等淘宝细分品类头部电商企业，实现农副产品电商年销售额4亿元。（李群龙）

“天工开物”生物经济高峰论坛 7月22日，“天工开物”生物经济高峰论坛暨“天工开物”产业加速平台启动仪式在黄海新区举行，100名嘉宾出席。论坛以“通功易事，开低碳未来”为主题，由北京蓝晶微生物科技有限公司联合盐城市滨海港工业园区管理办公室、盐城市海兴集团有限公司、江苏黄海金融控股集团有限公司共同筹办。论坛分为学术洞见、行业洞察、产业发展三大板块，汇聚多位院士、教授等生物科技领域杰出学者，分享并共同探讨生物经济领域最新研究成果和产业发展趋势。滨海港工业园区介绍黄海新区区位优势、交通体系、产业特色、新材料产业发展现状和未来发展方向。“天工开物”生物经济产业加速平台由北京蓝晶微生物科技有限公司、草根知本集团有限公司、光速中国创业投资基金等16家企业共同发起，旨在联合投资人、产业合作伙伴等力量，整合各方产业化经验、技术、资本和产业资源，推动更多生物技术实现产业化落地，促进行业生态健康发展。

（陈 艳）

开放口岸

···口岸管理···

概 况 盐城市是同时拥有空港、海港5个国家一类开放口岸的地级市。盐城南洋国际机场是国家一类航空开放口岸机场，开通航线29个。盐城港大丰港区、射阳港区、滨海港区、响水港区是国家一类开放口岸，拥有国内外航线22条。

口岸营商环境 年内，盐城全面贯彻落实国务院、省政府优化口岸营商环境促进跨境贸易便利化工作要求，全面落实优化口岸营商环境工作措施，开展口岸收费排查，落实费用减免措施，规范口岸收费行为，收费目录清单外一律不得收费，保障企业享受减税降费政策。推广应用电子证照和道路运输高频事项“跨省通办”，在全省率先推行船舶营运“一件事”改革。国际贸易“单一窗口”应用率100%，盐城港全年货物吞吐量突破1.3亿吨，集装箱吞吐量52.65万标箱，货物吞吐量增速、集装箱吞吐量增速分别居全国沿海54个港口第一位、第二位。（戴万光 潘志飞）

口岸环境管理 年内，市交通运输局做好污染防治管理，制定《盐城市防治船舶污染内河水域环境管理规定（试行）》，创新实施港口船舶污染防治动态监测和网格化监管，船舶防污染登船检查、船舶燃油抽检等5项省定指标全部超额完成。港口船舶污染物处置系统高效运转，累计接收船舶污染物5.37万单。全市216家涉尘港口企业扬尘治理设施全覆盖，484套粉尘在线监测系统全部接入省监管平台，盐城港大丰港区50万平方米封闭式料仓开工建设。（戴万林）

···国际机场···

概 况 盐城南洋国际机场位于盐城市亭湖区南洋镇境内，距市中心8.3千米，是国家一类航空开放口岸机场。机场有T1航站楼1.3万平方米、T2航站楼3.02万平方米，飞行区等级4C，跑道2800米，机坪15万平方米，停机位20个，可保障波音737、空客320等中等机型全载起降，年飞行起降3万架次，典型高峰小时起降架次15架次需求。至2022年底，机场有国内通航点29个，周起降678架次。因新冠肺炎疫情原因，国际（地区）航班暂未恢复。全年保障航班9468架次、旅客吞吐量87.6万人次、货邮吞吐量3248.9吨。

空港发展 年内，盐城南洋国际机场围绕市委、市政府重大决策部署，落实“疫情要防住、经济要稳住、发展要安全”总体要求，发挥在服务地方经济社会发展中的引擎作用。年内，“吹哨人案例分析”被民航江苏监管局发文通报表彰；安全隐患排查治理工作质量连续两年在华东地区居第一位；机场安全绩效管理机制和突发事件应急处置流程图建设获中国民用机场协会2022年度运输机场安全管理优秀案例——卓越奖；机场建设被纳入中国民航局绿色机场建设典型案例；T2航站楼及配套设施项目获2022年度江苏绿色建筑创新示范工程一等奖（全省仅2个）；盐城南洋国际机场被中国民用机场协会表彰为中国民用机场“旅客满意优秀机场”；“蓝天金盾”班组获评全国民航“安康杯”竞赛优胜班组。

省内首家机场航空主题邮局 9月1日，“把绿色盐城寄出去”航空主题邮局在盐城南洋国际机场开业。该航空主题邮局由盐城南洋国际机场公司和中国邮政集团有限公司盐城分公司联合打造，是江苏省内首家机场航空主题邮局。该航空主题邮局开展绿色盐城及湿地旅游产品寄送等特色业务，为旅客、商户提供信件、包裹收寄、特快专递等服务，并设立邮筒，营业时间与航班运行同步。航空邮局由邮品展示销售区、明信片书写邮寄区和行李打包区三部分组成，包括纪念封、明信片、邮册、纪念戳、航空文创等68款文化产品。中国邮政集团有限公司盐城分公司为该航空邮局定制“启航”邮折和明信片，邮折内含5种航空主题邮票。（戴万林）

···盐城港···

概 况 盐城港是江苏省沿海地区重要港口，是区域综合交通运输体系重要枢纽，是苏北地区及淮河流域经济社会发展和对外开放重要口岸，是盐城市临港产业发展重要依托。盐城港以大宗散货、石油化工和杂货运输为主，兼顾集装箱运输，逐步提升区域物质转运功能，发展成为特色鲜明的新型产业港、功能齐备的现代物流港、服务高效的区域枢纽港。至2022年年底，盐城港完成吞吐量1.35亿吨、外贸吞吐量完成2351.32万吨，集装箱52.65万标箱；建成国家一类开放口岸4个，拥有生产性码头泊位82个，其中万吨级以上泊位26个，码头总长度1.2万米；码头泊位年综合通过能力1.23亿吨，集装箱年通过能力8.7万标准箱，滚装汽车20万辆；拥有国内外航线22条。年内，盐城港货物吞吐量增幅居2022年全国沿海港口第一位。

港口基础设施建设 年内，全市港口基础设施建设计划投资11.6亿元，当年完成投资12.9亿元。盐城港大丰港区三期通用码头3号泊位工程新建外侧1个10万吨级通用泊位、内侧1个3万吨级通用泊位及相应配套设施，总投资4.5亿元，当年完成投资5200万元。盐城港射阳港区5万吨级进港航道挡沙堤工程总投资5.35亿元，当年完成投资7110万元；通用码头四期工程新建1个3万吨级和1个1万吨级通用泊位（水工结构均按4万吨级杂货船设计），总投资5.4亿元，当年完成投资5080万元。盐城港滨海港区北港池防波堤一期工程新建防波堤总长4440米，总投资6.8亿元，当年完成投资3.06亿元；主港池北区通用码头三期工程新建1个10万吨级通用泊位及相应配套设施，总投资8.02亿元，当年完成投资5200万元；江苏滨海液化天然气（LNG）项目码头工程新建LNG泊位1个，总投资15亿元，当年完成投资1.16亿元。盐城港响水港区灌河口5万吨级航道整治工程总投资19.6亿元，当年完成投资5.17亿元；小蟒牛作业区码头二期工程新建1个2万吨多用途泊位、2个5万吨级散货泊位及有关配套设施，总投资11.6亿元，当年完成投资1650万元。

盐城港大丰港区 盐城港大丰港区是盐城港主港区，依托临港产业形成专业化物流和综合物流体系，以散货、杂货、粮油、石化、集装箱和汽车滚装运输为主，发挥多式联运优势，发展成为具备装卸、中转、储备、商贸等功能的区域综合性枢纽港区。至年底，盐城港大丰港区建成生产性码头泊位37个（其中万吨级以上泊位10个），泊位总长度5117米，泊位年设计通过能力3617.4万吨，集装箱4.7万标箱，滚装汽车20万辆。全年完成吞吐量8482.17万吨、外贸吞吐量1996.99万吨，完成滚装汽车吞吐量8372辆。

盐城港射阳港区 盐城港射阳港区重点依托风电设备、机械装备、新能源等产业，发展特色临港产业基地和特色港口仓储物流交易市场，成为以散货、杂货、机械装备运输为主的重要港区。至年底，盐城港射阳港区建成生产性码头泊位15个（其中万吨级以上泊位4个），泊位总长度1675米，泊位年设计通过能力928万吨，集装箱4万标箱。全年完成吞吐量1141.26万吨。

盐城港滨海港区 盐城港滨海港区主要为临港工业开发服务，成为打造临港产业集聚区基础平台，逐步拓展为淮河流域腹地物资运输以及物流服务功能，发展成为规模化、集约化、专业化的现代化港区。至年底，盐城港滨海港区建成生产性码头泊位8个（万吨级以上泊位7个），泊位总长度2202米，泊位年设计通过能力4966.5万吨。全年完成吞吐1758.87万吨、外贸吞吐量完成148.84万吨。

盐城港响水港区 盐城港响水港区以散货、杂货、钢材、海工产品运输为主，加快港口资源整合和海河联运型物流体系构建，结合灌河口开发和两岸统筹协调布局，发展成为灌河流域重要口岸和盐城港重要港区。至年底，盐城港响水港区建成生产性码头泊位22个（万吨级以上泊位5个），泊位总长度3021米，泊位年设计通过能力2792万吨。全年完成吞吐量2160.56万吨、外贸吞吐量完成205.49万吨。

首条远洋航线开航 9月17日，盐城港至南美杂货班轮航线开航暨盐城港集团与中集世联达战略合作签约仪式举行。仪式上，盐城港港口公司与中集世联达长江物流公司签订合作协议。盐城港至南美杂货班轮航线由盐城港大丰港区始发，开航初期为每月一班，后期将根据运营情况进行航线加密。该航线是盐城港首条远洋航线，有助于发挥盐城港大丰港区自然条件优势、环境优势和区位优势，满足港口内外腹地市场客户需求，扩大盐城港辐射范围，为客户企业提供高效、优质远洋运输服务，同时提升盐城港服务能力和水平，降低腹地企业物流成本，实现经济效益和社会效益“双丰收”。

盐城港至日本国际直达集装箱班轮航线开航 10月27日，盐城港至日本国际直达集装箱班轮航线开航。该航线由盐城港集团与省港集团下属江苏远洋运输有限公司共同合作开辟。航线开通初期为一周一班，后期根据货源情况逐步加密。通过该航线进出口的货种主要有光伏组件、文件柜、脱水蔬菜、纺织半成品等，航程791海里，2天可抵达日本大阪、神户，4天可抵达日本门司、博多，与原先物流模式相比，可节约3天时间，缩短物流周期，提升物流效率。

国际直达汽车滚装航线开航 11月28日，盐城港滨海港区至南非德班港国际直达汽车滚装航线开航。该航线搭载2401辆国产新型汽车从盐城港滨海港区1号码头出运，经太平洋、穿越马六甲海峡、横渡印度洋，直达南非德班港，航线航程7300海里，预计航行时间20天。该航线为国产汽车出口提供新的出海通道，提升盐城港滨海港区国际物流综合服务能力，提高港口航运整体竞争力。

（戴万林　吴　昊）

···海关监管···

概　况　2022年，盐城海关服务稳外贸稳外资工作，支持地方复工复产，统筹做好新冠肺炎疫情防控工作。强化综合治税，全年税收入库73.2亿元，比上年增长44.9%，居关区第11位。严防严控重大风险，开展“防风险、保稳定、迎二十大”“口岸危险品综合治理”百日专项行动，排查并整改风险隐患5项，制定并执行措施6项，推动安全隐患动态清零。

海关服务　年内，盐城海关围绕支持盐城外贸高质量发展、优化盐城港内部“一港四区”功能开展深入调研，提出建设性意见建议。发挥综合保税区政策叠加效应，推动进口红酒入区储存、销售，拓展新兴增长点。支持重大项目、重点产业发展，跟进盐城重大项目建设，对进口煤炭、原油实施“快检快放”“先放后检”，建立进口LNG口岸查验及快速检测流程，服务国家能源储备战略。推进服务平台载体建设，支持盐城港大丰港区进境肉类、水果指定监管场地通过预验收，指导相关单位做好盐城港射阳港区、响水港区对外开放省级预验收后续整改工作。实施“不见面审批”，办理进境粮食检疫审批168批112万吨，保障进口粮食安全。提升创新意识，支持省内最大苹果公司产业链企业参与总署真空包装等高新技术货物布控查验模式试点，帮助企业解决进口真空包装货物在口岸拆箱查验造成元件无法使用的实际困难。持续优化口岸营商环境，支持悦达集团财务公司成为关区财务公司担保首批试点企业，推行“集中审核+多点签发”原产地签证集约化改革，提升RCEP等签证效率。主动加强与进出口企业对接，推动业务流程改革、企业信用管理优化。推进出口培优计划，支持种苗花卉、水生动物等盐城企业对外注册、本地菌菇棒、黄桃罐头首次出口。支持盐城开通至日本、韩国国际直达集装箱班轮航线，助力盐城融入中日韩“小循环”。

11月2日，盐城海关关员对入境粮食开展表层检疫。　　于　昀　摄

检疫执法　年内，盐城海关强化业务风险联合研判和综合防控，建立行政执法重大复杂疑难问题会商制度，通过集体会商形式妥善、审慎处置某企业追补税、重点项目监管方案审核等复杂疑难问题，有效防范执法风险。践行新时代“枫桥经验”，推动总关挂牌督办的政府信息公开案件妥善化解结案。建立进出口危险品清单，加强“两高”（高污染、高耗能）产品、旧机电等重点工业品的风险监测和检验监管，加强对钢铁初级产品、化肥检验监管，筑牢危险品等重点敏感商品质量安全防线，在进口大宗散货中检出30批次126.8万吨产品质量不合格。开展“国门守护”行动，严防疯牛病、非洲猪瘟等重大疫病通过进口食品传入，在进出境食品抽样中检出9批次不合格，退运一批不符合国家食品安全标准的进口压片糖果，保障食品安全。根据口岸新冠肺炎疫情防控工作要求，先后制定落实口岸新冠肺炎疫情防控各类方案预案指南21份，组织开展实操演练、桌面推演2次，迎接海关总署、南京海关、盐城市新冠肺炎疫情防控督查检查4次。支持口岸专班工作，新冠肺炎疫情期间累计38轮182人次进入专班，累计检疫进出境航空器1122架次、船舶1848艘（次），检疫进出境人员4.4万人次，实现口岸不破防、外部检查不失分。

打击走私　年内，盐城海关建立多部门共同参与的风险联合研判机制，全年立案侦办走私刑事案件5起、行政违法案件39起，其中“DM”走私案被海关总署缉私局一级挂牌督办。

全市首份RCEP原产地证书签发　1月1日，盐城海关为江苏联化科技有限公司签发盐城市首份《区域全面经济伙伴关系协定》（以下简称RCEP）原产地证书，标志RCEP在盐城正式落地，助力盐城企业享受RCEP关税优惠和各项原产地便利化措施。根据2021年盐城市对日本贸易数据测算，RCEP生效首年，盐城市出口商品可在日本享受关税减让756万元。　（刘莹莹）

···港口边检···

概　况　2022年，盐城出入境边防检查站维护做好盐城口岸安全稳定工作，全年累计检查出入境（港）船舶912艘次，员工1.74万人次，办理各类证件1466份。做好新冠肺炎疫情防控，严格落实“四四六”管控机制、“三不”要求，强化风险评估预警、数据推送核查、船员换班联合审批机制，开展口岸新冠肺炎疫情督导检查、突发事件处置桌面推演，守牢外防输入关口。

“一港四区”边检执法　年内，盐城出入境边防检查站部署开展限定区域安全隐患大排查、执法执勤问题整治月等专项活动，牵头与海关缉私、海防、海警等单位签订五方警务合作协议，协助盐城海警局查获1起涉嫌走私煤炭案。强化“边检＋出入境”办案机制，联合市公安局出入境管理支队破获2起组织他人偷越国（边）境案，其中“5·25”组织他人偷越国（边）境案被国家移民局立为督办案件。

边检“放管服”改革　年内，盐城出入境边防检查站按照“疫情要防住、经济要稳住、发展要安全”要求，建立四项工作机制，服务保障盐城港滨海港区、射阳港区、响水港区对外开放，每月向市、县政府报送《口岸出入境数据分析报告》。持续落实便民利企措施，保障国内规模最大液化天然气储备基地投产、集装箱班轮航线首航等重大项目，为市重点企业LNG、汽车等重要货物通关提供高效服务，相关做法被中央广播电视台、《人民日报》等主流媒体广泛报道。（徐迎东）

・・・机场边检・・・

概　况　2022年，盐城机场出入境边防检查站持续推进“放管服”改革，创新边检治理体系，优化警务发展质态，主动融入“一带一路”、长江经济带和中韩（盐城）产业园建设，完成全国、省市系列重大安保任务，先后7次为中国台湾地区、韩国、荷兰等客商返程急救开辟“绿色通道”，并为世界各个国家（地区）政要、国际知名商业人士、政府招商引资团体提供服务和便利通关。实施人才强警战略，“日常管理、监督执纪”双轨融合做法在全省队伍正规化建设推进会上作交流发言。牵头成立“环空港党建联盟”，联合公安、机场公司等开展特色党建活动7次，打造“大服务、大安保、大提升”党建联建格局，主题党日活动案例在总站局域网展播。

机场边检执法　年内，盐城机场出入境边防检查站联合市公安局出入境管理支队研究制定“两规范一指南一方案”，即《总体工作规范》《出境入境证件真伪认定工作规范》《出入境数据联合研判工作指南》《创建培育方案》。与公安、海关、武警等单位建立“六联”（组织联建、队伍联育、资源联用、涉外联勤、反恐联防、服务联动）警务战略协作机制，开展网上推演、实兵对抗、联合巡逻13次，增强应急处置能力。推动“边检＋出入境”深度合作，协调市公安局投入350万余元，推进全省首个出入境证研数核中心落地落实。推动中小型空港口岸“情指勤”一体化实战指挥平台建设，探索“处指前置”勤务模式，实行“边检处＋执勤队部分民警”融合的精简运行模式，建立“三勤两值”平急转换工作模式，有效解决指令乱、流转慢、跟踪难等问题，前台录入准确率位居全省第二。推进夏季治安打击整治百日行动、“獴猎”专项行动、“三非”外国人专项治理等工作，开展执勤差错问题专项整治、口岸限定区域隐患排查，制定完善8类23项应急处突预案。全年通过线索导侦，刑事立案2起，抓捕犯罪嫌疑人33人、取保29人，情报数量质量及案件侦办率双创新高。推动“边检＋出入境”深度合作，提炼预警研、专区查、技术挖、合成打“四步战法”取得初步成效，与市公安局联合侦办滨海“3・7”局督案件。发挥边检、法院边控协作机制效能，协助驻地法院查询拟布控人员6人。

机场边检服务　年内，盐城机场出入境边防检查站以服务中韩（盐城）产业园为牵引，推动涉外事务综合服务中心建设，开展出入境政策宣传和法律咨询服务，在便捷通关、警企交流、引智引才上提供便利。严格执行总站和属地动态防控要求，开展入境信息核查220万条、推送涉盐人员3000人次；核查入港航班5500架次、旅客40万人次，推送涉境外行程旅客1100人次。区分高风险岗位、一般岗位、机关备勤等不同风险等级落实防疫措施，开展民警密接、感染等情景推演，组建6组18人货机保障专班，对接落实隔离场所、上下勤运输等保障机制，做好航班复航准备。（李　俊）

・・・海事管理・・・

概　况　2022年，盐城海事局围绕水上交通安全监管中心工作，开展船舶出海整治、海上砂石非法过驳打击等海上交通安全专项整治行动，全年累计组织海上巡航执法365次，巡航时间1786小时，巡航里程1.21万海里，出动执法力量1536人次，查处海上违规违法行为192起；接收船舶进出港报告3.95万艘次，办理国际航行船舶进出口岸手续771艘次，VTS保障船舶安全进出港7520艘次。组织安全管理体系公司审核74次，其中，船舶审核不予通过4艘次。办理水工审批41件，办理无线电业务2824件；查处各类违法行为135起192件，处罚金额800.26万元。全年全市沿海发生水上交通事故5起，沉船2艘，死亡失踪0人，直接经济损失1470万元。做好水上安全整治“三年行动”，加大日常监管与专项整治结合力度，强化同地方部门联合协作，推动地方政府属地责任落实，辖区海上本质安全水平显著提升。推进监管手段智能化，完善“海之翼”智慧海事监管系统，配备执法终端、最新型执法记录仪等信息化设备，执法单兵能力有效提升。

海事政务服务　年内，盐城海事局推行海事政务办理承诺制，主动压缩海事政务办理时限，办理事项压缩率89%，压缩时间率45%，海事政务办理更加便利高效。常态化推行容缺后补、材料预审、证书邮寄等便民利企措施，全年容缺受理船舶登记业务100件次，预审材料60件次，邮寄各类证书1200份。

通航管理　年内，盐城海事局推进全要素水上“大交管”建设，编制发布《盐城船舶交通管理系统安全监督管理实施细则》《VTS 服务指南》，配齐值班力量，盐城船舶交通管理系统正式运行。深化海上风电综合治理机制，组织辖区 80 余艘交通运维船签订交通安全运维承诺书。会同市委督查室，市发改委、市交通运输局、市农业农村局等部门开展常态化海上风电专项督查，全年联合督查风电企业 18 家次，反馈和跟踪整改企业安全管理问题 100 余项。

船舶管理 年内，盐城海事局实施船舶现场监督检查 192 艘次，船舶安全检查初查 82 艘次，滞留船舶 7 艘次；办理各类船舶登记 747 件（次），核发船舶证书 798 份，审批船舶开展抵押登记 30 艘次，帮助航运企业融资 8.36 亿元。至年底，全市盐城港籍登记在册海船船舶 647 艘，比上年新增 161 艘。

船籍港管理 年内，盐城海事局依托“海之翼”智慧海事监管系统开发建设“船籍港”管理模块，建立起船籍港船舶安全管理情况定期通报机制。严格安全管理体系审核，全年对 3 家公司开展跟踪审核、5 家公司开展附加审核，4 艘船舶审核不予通过。

航运公司管理 年内，盐城海事局派出安全管理体系审核员 188 人次，开展航运公司审核 20 家、船舶审核 54 艘次，签发公司安全管理证书（DOC）、船舶安全管理体系符合证明（SMC）等各类证书 74 份。联合市交通运输局、市市场监管局通过“联合检查、信息共享”监管模式，对 4 家航运企业实施“一次检查、共同监管”，共同推动航运企业安全主体责任落实。

海上搜救 年内，盐城海事局（盐城海上搜救中心）组织实施海上搜寻救助行动 35 起，涉及遇险人员 305 人，协调、组织各类船舶 99 艘次、直升机 19 架次参与搜救，成功救助 300 人，搜救成功率 97.4%。

海上应急能力建设 年内，盐城海事局加快提升海上应急处置能力，完善应急救援体制机制，推动市政府办公室印发《关于加强海上应急能力建设的实施意见》《关于加强海上应急救援指挥调度体系建设的意见》，从指挥调度体系、应急救援装备设施建设等不同维度全面加强全市海上应急救援能力建设。采取“政府牵头、企业出资、共同受益”模式，联合租赁一架商用直升机，长期驻守盐城，承担海上突发事件快速救援任务。购置配备 1.2 万马力拖轮，增强极端恶劣天气应急救援能力建设。加强专职海上应急指挥、协调队伍建设，海洋开发建设保障能力不断提升。

10 月 26 日，盐城海事局海巡艇在盐城港滨海港区巡逻。 程 晨 摄

船舶出海管理整治 年内，盐城海事局加强船舶出海管理工作，牵头开展船舶出海管理专项整治，推动市政府印发《盐城市加强沿海地区船舶出海管理工作方案》，在盐城海事局组建工作专班，按照“属地负责、部门联动、齐抓共管”工作原则和“以港管船、以船管人”工作思路，建立起船舶出海管理联合执法、联席会议研判、“三无船舶”扣押基地建设等常态化机制。部署开展全市沿海地区船舶出海管理整治工作，累计出动执法人员 2700 人次、检查各类船舶 3200 艘次，张贴通告及发放宣传资料 1.52 万份，拆除或规范提升码头停靠点 114 处，拆解“三无”（无船名船号、无船秀证书、无船籍证）船舶（含浮子筏、快艇）403 艘、集中看押 67 艘。

盐城船舶交通管理系统 11 月 1 日，盐城船舶交通管理系统正式运行。盐城船舶交通管理系统于 2014 年 11 月获交通运输部批复立项，项目总投资 4300 万元，项目于 2019 年 4 月通过竣工验收，当年 12 月 10 日开通试运行。该系统由中国船舶重工集团南京鹏力科技集团研发并承建，新建大丰、射阳和滨海雷达站，接入燕尾港雷达站信号，在盐城海事局建设 VTS 中心，形成“四站一中心”格局，实现对盐城港“一港四区”港口水域船舶雷达信号覆盖，基本满足盐城沿海船舶交通管理和信息服务需求。盐城船舶交通管理系统有效融合电子海图、雷达、工业电视监控、VHF 等多套系统，直观、准确、及时呈现海上交通态势并能实现信息服务、助航服务、交通组织和支持联合行动等功能。盐城船舶交通管理系统作为海上交通管理与服务平台，在预防水上交通事故、提高交通效率、为船舶提供航行安全信息服务，以及防止水域环境污染等方面发挥重要作用。

（王 坤）

农　　业

编辑　徐　昊

综　述

现代农业发展规模与效益　2022年，盐城市以农业现代化示范区建设为引领，统筹新冠肺炎疫情防控与农业农村经济发展，打造"东部沿海大粮仓、生态食品大超市、乡村休闲大花园"，全面推进乡村振兴，加快农业农村现代化建设，农业农村经济稳中加固、稳中向好。全年全市农林牧渔业实现总产值1415.2亿元，居全省第一位；农林牧渔业实现增加值850.6亿元，居全省第一位。

粮食安全　年内，全市落实重要农产品保障战略，压实粮食安全责任制，粮食总产量715.8万吨，占全省粮食总量19%，居全省第一位，粮食产量稳定度居全省三类地区第一位，粮食安全贡献度居全省第一位，市农业农村局被省农业农村厅通报表扬为夏粮夏油生产、全年粮食增产贡献突出单位及扩种大豆和推广大豆玉米带状复合种植成绩突出单位。蔬菜生产稳中有升，全年累计播种28.63万公顷产量1291.9万吨。

（黄婷婷　李志宏　沈永龙）

农业发展政策支持　年内，盐城市全面推进"小田变大田"改革试点。至年底，全市有36个镇134个村实施"小田变大田"改革，涉及承包地面积3.35万公顷。年内，亭湖区承担的粮食适度规模经营保障服务机制改革，在全省率先印发补助实施方案，探索粮食类家庭农场主补充养老金制度。

农业新业态新模式　年内，全市拓展农业休闲、康养等多种功能，推进城郊都市休闲圈、里下河水乡风光带、沿海滩涂风光带、古黄河生态风光带"一圈三带"建设，盐都区创成首批全国休闲农业重点县，东台市甘港村入选中国美丽休闲乡村，11家企业入选江苏休闲旅游农业星级企业（园区），3家企业入选全国休闲旅游五星级企业，19个项目入选省级乡村休闲旅游农业特色模式，2条休闲农业线路获"中国美丽乡村休闲旅游精品景点线路推介"，全年全市休闲农业实现综合收入211.04亿元，比上年增长6.9%。（花　露　杨文伟）

农业基础设施建设　年内，盐城市加快发展农业载体平台，新创成省级特色农产品优势区1个、省级现代农业产业高质量发展示范园2个、省级现代农业产业示范园2个，部级盐碱土改良与利用实验室、省级亚夫工作站等载体成功落户盐城。

新型农业主体培育　年内，盐城市加快农业主体培育，印发《关于加快培育新型农业经营主体的实施意见》，江苏省农垦麦芽有限公司获2022年度江苏省省长质量奖。全年新创成省级示范家庭农场46家，新认定市级示范家庭农场161家，省级、市级示范家庭农场保有量分别为325家、852家；16家家庭农场入选省"百佳家庭农场"，盐城市家庭农场服务联盟入选省"十佳家庭农场服务联盟"。新增省级示范社26个，5家农民合作社入选全国300强。累计建成农业产业化联合体82家，其中，省级认定示范联合体29家，入选省级农业产业化联合体典型案例2个。实施农村人才"百千万"培育工程，招录提前批次定向培养生136名，开展高素质农民培训5.76万人。

数字农业农村　年内，盐城市加快推进农业农村数字化转型，盐城市获评省农业数字化建设整市推进试点市。盐都区、亭湖区获评全国县域农业农村信息化发展先进县，数量居全省第一位。全年全市新建或提升建设数字农业农村基地169个，亭湖区现代农业产业示范园等4家单位获评省数字农业农村基地，数量居全省第一位。构建"1+9+N"农业农村大数据平台矩阵，"盐农云"农业农村大数据平台建成运行，9个县（市、区）大数据平台实现全覆盖，阜宁县数字农业农村综合大数据应用平台入选数字江苏建设优秀实践成果。创新农产品电商发展模式，打造盐之有物、滨海滨解四海、射阳黄沙港创客中心等网红直播基地，全市农产品电商销售突破200亿元。建成大丰种业大数据、滨海农业社会化云服务、亭湖农村人居环境"五位一体"管护、盐都"数字佳富"等20余个特色化应用场景，滨海社会化服务云平台入选全国农业社会化服务创新案例，建湖蜻蜓农服平台获评全国农业社会化服务典型。

（杨文伟）

农业生产经营

农业农村重大项目建设　2022年，盐城农业农村系统牵头9个列省、列市重大项目，完成投资45.3亿元，年度投资完成率104.8%；列市5000万元以上投资项目93个，完成投资94.8亿元，年度投资完成率103.3%；报省1000万元以上农业农村重大项目206个（其中，新开工项目179个、续建项目27个），完成投资108.1亿元，农业农村重大项目个数和完成投资增幅均在5%以上。年内，全市18个项目入选全省农业农村重大项目省级示范项目，3个项目入选全省农业农村重大项目"加、新、高"项目典型，11个项目入选2020—2022年全省农业农村重大项目建设典型，数量居全省首位。

（孙　悦）

"盐之有味"品牌建设　年内，市农业农村局构建"1+9+N"精品品牌体系，梳理和筛选全市优质农产品品类20个产品770个，涵盖地理标志12个、区域公用品牌7个、市级非物质文化遗产品牌11个，授权150余个农产品使用"盐之有味"集体商标，"盐之有味"区域公用品牌发展会员企业91家，形成"盐之有味"品牌产品矩阵。至年底，"盐之有味"品牌累计注册普通商标34件，转让集体商标1件。

产地冷藏保鲜设施建设　年内，市农业农村局在县级以上农民合作示范社、示范家庭农场及农村集体经济组织中开展以蔬菜、水果为主的田头冷藏保鲜设施建设，完成2021年度建设任务冷库75座、库容8.2万立方米，争取中央财政补助1790.9万元、省级补助846万元。年度计划建设冷库17座，库容2.48万立方米。

（王玲梅）

农业科技推广 年内，市农业农村局强化农业科技创新推广，推进36个省级现代农业产业技术体系基地建设，新建省级稻麦基地1个，挂牌示范点175个、对接主体365个，试验示范三新品种技术模式762项，盐都区稻麦产业体系基地成为稻麦育种和推广服务兼具条线典型。组织开展农技推广点对点指导1.67万户，新建科技示范基地21个。

（龙乃云）

高标准农田项目 年内，全市推进高标准项目建设，建设高标准农田面积6.67万公顷（示范区面积2万公顷）。其中，国家高标准项目89个、建设面积5.23万公顷、总投资23.85亿元；自建项目面积1.44万公顷。全年新建排灌站1191座，疏浚渠道456.22千米，衬砌渠道896.02千米，排水暗渠93.01千米，新建机耕桥1422座、水闸92座、渡槽195座、涵洞1.66万座，新建机耕路1365.23千米，新建农田防护林网63.36万米。

（王海涛）

全市农业农村重大项目暨农产品品牌建设推进会 7月9日，市委、市政府召开全市农业农村重大项目观摩暨农产品品牌建设推进会，加快推动农业农村重大项目和农产品品牌建设。与会人员观摩东台市和大丰区农业农村重大项目建设现场，参观市县农产品区域公用品牌建设成果展。会上，市农业农村局通报全市农业农村重大项目建设情况，东台市、射阳县、响水县、大丰区作交流发言。

（孙　悦）

农民丰收节庆祝活动 9月23日，2022年中国农民丰收节盐城庆祝活动在射阳县举行。活动以“湿地绿城庆丰收 向海图强迎盛会”为主题，开展开幕式庆典、特色农产品展示展销、农产品品牌建设宣传、“开渔节”、洋马菊花节、全市大米产业发展论坛等活动。活动现场公布“丰收达人”名单，并对先进集体和个人进行表扬；为“夏粮、夏油生产贡献突出单位”颁奖授牌。活动期间，各县（市、区）和全市农业农村系统开展农产品展销、农产品采摘、休闲农业观光、乡村特色美食评选、农民趣味体育等系列丰节庆活动53场次。（王玲梅）

9月23日，盐城市庆祝2022年中国农民丰收节开幕式举行。　王亚洲　摄

高标准农田建设暨农业农村重大项目推进会 10月20日，全市高标准农田建设暨农业农村重大项目现场推进会召开。会议动员全市各地、各相关部门抢抓秋收秋种关键时期，持续加快高标准农田项目建设。会上，市农业农村局通报全市农业农村重大项目建设情况，播放盐城市高标准农田推进情况视频，盐都区、亭湖区、射阳县、阜宁县作交流发言。

（王海涛）

省农业农村厅与盐城市签署合作框架协议 11月4日，省农业农村厅和盐城市签订合作框架协议，共同谋划推进盐城农业强市建设，全面推进乡村振兴。框架协议围绕打造东部沿海大粮仓、培育生态食品大超市、建设乡村休闲大花园、加强农业科技创新推广、提升农业绿色低碳发展水平、深化农村重点领域改革创新等内容，落实组织领导、政策保障、人才支撑等合作机制。

江苏省农科院新农学院盐城分院开班 12月10日，江苏省农业科学院新农学院盐城分院揭牌开班。揭牌仪式现场，与会嘉宾为江苏省农业科学院新农学院盐城分院特色基地颁发证书。省农科院新农学院盐城分院成立，为盐城全面推进乡村振兴、加快建设农业强市激发新活力。

（严志坚）

农业产业化

概　况 2022年，盐城市实现农产品加工产值3651亿元，比上年增长13.74%。新办千万元加工项目119个，计划总投资56亿元，累计完成投资42.5亿元。其中，亿元以上加工项目26个，计划总投资34.2亿元，累计完成投资21.8亿元，当年竣工投产项目78个。重点建设农业全产业链，推动农村一、二、三产业融合发展，新增省级以上农业龙头企业7家、新增数量居全省第一位。累计拥有规模以上农业龙头企业1830家，其中，农业产业化国家重点龙头企业9家、省级99家、市级303家。年内，江苏银宝控股集团有限公司、盐城市粮油集团有限公司、江苏佳丰粮油工业有限公司3家重点龙头企业入选全国农业企业500强，盐东镇入选全国农业产业强镇创建名单。

农产品加工集聚区　年内，全市累计建成集农产品加工、物流、仓储、销售、服务于一体的省级农产品加工集中区10个，总数量居全省第一位。东台市、建湖县2个农产品加工集中区被农业农村部认定为国家农业产业化示范基地。　　（花　露）

农业基地建设　年内，市农业农村局开展种植业“三品一标”提升行动，响水县现代农业产业园西兰花基地、东台市富安镇桑蚕基地被农业农村部认定为第二批全国种植业“三品一标”基地，全省仅3家。至年底，全市4个基地被认定为全国种植业“三品一标”基地，占全省三分之二。射阳县入选全国农业生产“三品一标”典型案例。　　（黄婷婷）

现代农业园区　年内，全市推进农业现代化示范区建设，射阳县入选2022年江苏省农业现代化先行区建设名单。加快现代农业园区创新发展，创成现代农业AAAAA级园区9个、AAAA级园区13个、AAA级园区15个；亭湖区、建湖县创成省级现代农业产业示范园，射阳县、阜宁县入选省级现代农业产业高质量发展示范园创建名单，省级示范园实现县域全覆盖。　　（龙乃云）

农业重点产业链培育　年内，市农业农村局布局建设农业全产业链，研究制定《关于加快培育农业全产业链的实施方案》，将粮油果蔬和肉制品加工2条市重点产业链细化分解为优质粮油、绿色蔬菜、经济林果、规模生猪、现代禽业、特色水产6条产业链，进行重点培育建设，列统的200家规模以上企业累计实现开票销售收入408.25亿元，比上年增长11.7%。其中，粮油果蔬产业链实现开票销售收入297.91亿元，比上年增长11.83%；肉制品加工产业链实现开票销售收入110.34亿元，比上年增长11.37%。年内，建湖县入选全省农业全产业链发展典型县推介名录，响水县西兰花产业链入选全省县域特色产业链推介名录。

射阳县入选全国农业生产“三品一标”典型案例　9月21日，农业农村部公布全国农业生产“三品一标”典型案例，射阳县《念好“提强促保”四字诀，射阳米香飘万家》入选。射阳县是全国农业大县、全国超级产粮大县，位于江苏东部沿海，全域皆平原，光照足，无霜期长，优质水源充足，土壤钾含量丰富，最适宜种植水稻。所产“射阳大米”，米粒晶莹剔透，香醇绵甜，口感独特，品质指标远超国家优质米标准，先后获评全国农业（水稻）标准化示范县等国家级荣誉50余项，2020年品牌价值评估245.32亿元，居江苏稻米品牌首位。射阳县坚持推动射阳大米可持续发展，在全国率先成立县级大米协会，制定《射阳优质稻米产业发展规划》《射阳大米产业健康发展实施意见》等政策文件，建立“五统一”标准化生产模式，明确“射阳大米”按照标准化要求组织生产。至年底，射阳大米地理标志生产规模10.73万公顷。有国家级绿色原料（水稻）标准化生产基地2.47万公顷，江苏绿色优质农产品(水稻)基地2.87万公顷，绿色食品（大米）认证面积9200公顷。射阳大米产业链总产值119.12亿元，其中，一产产值24.96亿元、二产产值72亿元、三产产值22.16亿元（生产性服务、批发零售仓储运输及电商服务、休闲农业和乡村旅游）。

盐东镇入选全国农业产业强镇创建试点　5月25日，农业农村部、财政部联合印发《关于公布2022年农业产业融合发展项目创建名单的通知》，全省有8个镇入选全国农业产业强镇创建试点，盐城市亭湖区盐东镇成功入选。盐东镇为盐城市首家省级强镇扩权试点镇、亭湖区现代农业发展核心板块，聚焦乡村特色产业发展，以羊角椒为主导产业，建成全省最大羊角椒生产基地，成立邹学校院士盐东羊角椒产业研究院、湖南农业大学科技小院，设立盐东羊角椒专家工作室，育成盐东一号、盐东三号、盐东六号等羊角椒新优品种，认证“盐东羊角椒”国家地理标志产品，打造以羊角椒为核心的区域特色农业全产业链。至年底，全镇常年种植羊角椒面积2666.67公顷，年产量9万吨，聚集国家级龙头企业1家、省级龙头企业3家、市级龙头企业2家，培育国家农民合作社示范社2家、省级农民合作社示范社2家、市级农民合作社示范社5家，创成省级家庭农场5家、市级家庭农场9家。　　（花　露）

种植业

概　况　2022年，盐城市采取超常措施有效克服新冠肺炎疫情多点散发、极端天气多发频发、农资价格持续高位运行等多重挑战，粮食和“菜篮子”产品实现稳定安全供给。开展粮食绿色高质高效示范创建，创建粮食绿色高质高效示范县3个，建设水稻示范片132个、面积3.46万公顷，建成小麦示范片11个、面积2180公顷。至年底，全市新增国家地理标志证明商标5个，总数61个。

粮食生产　年内，全市粮食播种面积99.29万公顷、粮食总产量715.8万吨，粮食亩产480.6千克。其中，水稻播种面积41.26万公顷、总产量382.9万吨；大豆播种面积3.57万公顷、总产量9.1万吨；大豆玉米带状复合种植1.03万公顷。年内，小麦、大麦、夏大豆高产攻关田亩产打破全省历史纪录。

表20　2022年盐城市国家地理标志证明商标一览表

序号	地　区	商标名称	注册单位	核定商品	商标类型
1	盐都区	大纵湖小龙虾	盐城市盐都区水产技术推广站	小龙虾	证明商标
2	建湖县	建湖虾稻米	建湖县粮食行业协会	大米	证明商标
3	滨海县	滨海天场山芋干	滨海县天场镇综合服务中心	山芋干	普通集体商标
4	大丰区	大丰麦仁	盐城市大丰区稻米协会	大麦仁	证明商标
5	射阳县	射阳平菇	射阳县四明镇农业技术推广服务中心	鲜平菇	证明商标

油料棉花生产　年内，全市实现油料播种面积4.49万公顷，产量14万吨。其中，油菜播种面积3.7万公顷，产量11.4万吨。年内，在2022年全国大豆高产竞赛中，响水县运河镇五田家庭农场夏大豆示范面积44.31公顷、平均亩产368.3千克，创全国夏播净作大豆高产纪录，获“金豆王”称号；东台市沿海方塘垦区大豆科技自强“伙伴行动”千亩示范片实测亩产287.2千克，创下盐碱地大豆高产新纪录；东台市“中油杂39”高产攻关田机械实收亩产320.6千克，创造全省油菜机械实收产量最高纪录。

（黄婷婷　王春吉）

蔬菜生产　年内，全市优化蔬菜品种结构布局，持续做好在田蔬菜田间管理，保障蔬菜产品丰产丰收和市场有效供应。全市蔬菜生产稳中有升，累计播种28.63万公顷，实现产量1291.9万吨；播种西甜瓜面积4.59万公顷，实现产量219.2万吨。新创建省级园艺作物标准园12个。编制全市“菜篮子”工程绿色蔬菜保供基地建设规划，规划建设保供基地6866.67公顷，年内建成5200公顷。

（黄婷婷）

蚕桑生产　年内，全市出圃桑苗1.06亿株，桑园面积9333.3公顷。全年饲养蚕种31.7万张，生产蚕茧1.38万吨，实现蚕茧产值7.8亿元，桑园综合利用产值1.2亿元，生产一代杂交蚕种34.1万张。

花卉苗木　年内，全市新增、调整花卉苗木生产基地面积310公顷。至年底，全市有花卉苗木面积1.28万公顷，其中，鲜切花101公顷、盆栽植物类65公顷、观赏苗木9405公顷、食用与药用花卉3106公顷，花卉保护地栽培面积177公顷。全年全市拥有花卉市场6个、花卉企业43个、花农2.8万户，从业人员4010人，实现销售额6.35亿元。（韩成钢　吴　祥）

盐都区“观赏+油用”多功能水上油菜田　　　市农业农村局　供图

果树生产　年内，全市建有成片果园面积2.01万公顷，其中，苹果园面积343公顷、梨园面积6919公顷、桃园面积3709公顷、葡萄园面积2809公顷、其他果园面积6277公顷，全年新拓果园面积65公顷，改造果园面积100公顷，新拓果园、新植果树良种率95%。全年全市果品实现总产量47.77万吨，总产值33.12亿元，居全省第二位。其中，柿子总产量4.62万吨、梨总产量23.23万吨，柿子和梨规模、产量、产值均居全省第一位。全市形成一批果树优势特色生产区域，主要包括早熟梨生产区域（东台市、大丰区），黄河故道优质梨和苹果生产区域（阜宁县、滨海县、响水县），优质日韩系梨生产区域（射阳县、亭湖区等），优质梨、葡萄、桃生产区域（亭湖区、盐都区），沿海地区银杏、柿鲜食和干果兼用经济林生产区域（大丰区、东台市、射阳县）等。　　（韩成钢　吴　祥）

病虫害防控　年内，全市发生病虫害364.5万公顷次，防治724.45万公顷次，共挽回损失粮食201.98万吨、蔬菜39.51万吨、油料2.18万吨。全年各级财政累计投入赤霉病防控资金6523万元，全市小麦发病面积6013.33公顷，比上年减少6.63万公顷。全年建设省级示范区62个，其中，粮食作物示范区14个、特粮特经作物示范区6个、果蔬示范区42个，建成市县级绿色防控示范区69个，建成核心区面积1600公顷，辐射面积1.83万公顷。（王　献）

“建湖虾稻米”获国家地理标志证明商标　5月6日，“建湖虾稻米”获国家知识产权局核准“建湖虾稻米”地理标志证明商标。建湖虾稻米具有晶莹剔透、珠圆玉润、胶稠度高、直链淀粉含量低特点，蒸煮米饭气味清淡、软、糯、香、甜，广受大众欢迎。（王玲梅）

市大米产业发展促进会成立　9月23日，盐城市大米产业发展促进会成立大会在射阳举行。会议为“盐城市大米产业促进会”授牌。会议指出，要建立“产业促进会+基地+农户”机制，支持产业促进会与农户签订订单，推动土地集约高效利用。各地各部门要发挥服务职能，在提升政务环境、改善金融环境、完善政策环境、规范市场环境上持续用力，用优质服务为促进会发展创造舒心的环境。产业促进会要发挥服务、自律、协调和监督作用，搭建企业与政府部门、金融机构等社会各方面桥梁，各成员企业要积极主动作为，切实履行章程规约，全面落实各项规定，遵守行业规范，共同把区域品牌做大做强。会前举行盐城市大米产业发展促进会选举大会，听取并审议促进会筹备工作报告，审议通过《盐城市大米产业发展促进会章程》（草案），讨论通过促进会成员单位会费管理办法，选举产生促进会首届理事会、监事会、专家委员会、秘书长等。（严志坚）

林　业

概　况　2022年，盐城市加强林木苗木管理，提升造林绿化质量，优化林业产业结构，加快发展以林旅、林禽、林苗、林农等模式为主的林下经济。全年全市完成造林面积866.67公顷，其中新增造林面积340公顷。年内，大丰区、东台市、射阳县、阜宁县、滨海县新增成片造林面积居全市前五。

林木苗木　年内，全市实施林业重点工程33个。全年育苗面积1.12万公顷，苗木产量1.4亿株，其中良种育苗2670万株；可供年内用苗量8000万株，其中良种苗木1140万株。年内，市自然资源和规划局组织各县（市、区）做好林草种苗质量县级自查，做好2022年度打击制售假劣林草种苗和侵犯植物新品种权工作。对全市林木种苗开展产地检疫，对无产地检疫证书苗木调运检疫申请，实行现场检疫。全年对林木种苗育苗单位开展监督154批次，实施苗木产地检疫2173.33公顷次，签发产地检疫证书47份，签发检疫通知单60份，签发林木种苗标签300份，对新造林所用苗木开展复检329.33公顷次，对调入苗木和林产品等开展复检93批次。

林下产业　年内，市政府办印发《关于下达2022年盐城市国家森林城市建设任务的通知》，鼓励发展林下经济，重点培植林下经济发展典型大户及示范基地。全年全市林下经济经营和利用面积8.13万公顷，林下经济实现总产值75.64亿元，森林旅游与休闲服务实现产值30亿余元。全市林下经济主要形式为林下种植和森林旅游，林下种植总面积4.28万公顷，产值24.5亿元，其中，林粮模式面积2.78万公顷、林油（花）模式面积4340公顷、林菜模式面价8600公顷、林药模式2060公顷。年内，江苏东台黄海森林公园景区通过发展林下旅游和林下种植，做足“旅游+”文章，带动景区周边餐饮、住宿等相关产业快速发展。响水县红泰家庭农场吸纳农民就业23人。（吕景林）

畜牧业

概　况　2022年，盐城市畜牧业实现产值270.5亿元，占农业总产值19.1%。全年全市生猪出栏474.3万头，存栏298.2万头，生猪产能调控工作获评全省优秀等级；家禽出栏1.3亿只，存栏1亿只；肉类总产量60.8万吨，禽蛋90.7万吨。

生猪稳产保供　年内，市农业农村局构建生猪逆周期调控机制，印发《关于促进生猪产业持续健康发展的方案》，稳定生猪产能，全年能繁母猪存栏27.1万头，完成省定24万头目标任务112.9%；规模猪场保有量1767个。开展生猪价格保险和“保险+期货”试点，支持建立国家级生猪产能调控基地32个、省级基地1个和市级基地12个，实现生猪产能有效调控。

畜禽生态健康养殖　年内，市农业农村局开展标准化生态健康养殖普及行动，加快推动畜牧业绿色发展，新创成省级畜牧生态健康养殖示范场35个、复检合格省级生态健康养殖示范场59个，全市拥有部、省级畜禽养殖示范场444个，总量居全省第一位。

动物疫病防疫　年内，全市非洲猪瘟等重大动物疫病形势平稳，盐城在全省兽医重点工作现场推进会上作经验交流。年内，市农业农村局开展春、夏、秋三大防疫集中行动，共检测非洲猪瘟、禽流感、口蹄疫等样品13.33万份。完成五轮“三灭四消”活动，新建成生猪洗消中心9个，累计使用消毒药147吨、洗消场点58.53万个、洗消面积9309万平方米。推进强制免疫“先打后补”和兽医社会化服务改革，成立兽医社会化服务组织38个，对2030个规模场实施“先打后补”，补贴资金620万元，规模场实施比例100%。江苏正大苏垦猪业有限公司建成国家级猪伪狂犬病净化场，江苏乾宝牧业有限公司建成国家级布病无疫小区，江苏银宝光明牧业有限公司建成省级布病净化场。

畜禽屠宰管理 年内，全市有畜禽屠宰企业23家，其中，生猪屠宰企业16家、牛羊家禽屠宰企业7家，全年累计屠宰生猪188.9万头、家禽2230万羽、牛8000头、羊2.3万头。年内，市农业农村局强化屠宰企业监管，累计检查104次，整改主体责任不落实事项26个。开展屠宰企业涉氨、危险化学品和有限空间等安全生产大检查，23家屠宰企业全部完成安全生产风险报告，闭环整改安全风险19项。推进生猪屠宰企业改造升级和冷链建设，提升标准化创建水平，扶持盐城市天惠食品有限公司、江苏冠全食品有限公司、江苏桂花鸭禽业有限公司3家屠宰企业发展肉品加工，15个屠宰企业注册品牌发展自营，中粮家佳康（江苏）有限公司、盐城大丰丰宇屠宰场自营比例70%以上，盐城市天惠食品有限公司、江苏冠全食品有限公司自营比例50%以上；射阳口达牧业有限公司、盐城大丰丰宇屠宰场通过省级生猪屠宰标准化示范厂复核，盐城市天惠食品有限公司、江苏冠全食品有限公司建成省级生猪屠宰标准化示范厂。

畜禽粪污资源化利用 年内，市农业农村局开展畜禽粪污资源化利用巩固提升行动，配合制定《盐城市畜禽污染防治规划（2022—2025年）》，对响水县2020年中央畜禽粪污资源化利用整县推进项目竣工验收，畜禽粪污资源化利用整市推进基本完成，畜禽粪污资源化利用率稳定在95%以上。举办畜禽养殖污染治理和资源化利用培训班，组织畜禽粪污资源化利用巡查指导，累计指导人员5120人（次）、畜禽养殖场户8520个。 （李志宏）

渔　业

概　况 2022年，盐城市实现水产品总产量121.2万吨、比上年增长2.18%，其中，海淡水养殖107.75万吨、海淡水捕捞13.44万吨，总产量居全省第一位，增幅居全省第四位。全市渔业一产产值323.75亿元（不含水产苗种），比上年增长1.05%。

水产养殖 年内，全市水产养殖涵盖鱼、虾、蟹、贝、藻五大类60余个品种，初步形成淡水池塘生态健康养殖、海水多营养层级立体养殖、潮间带滩涂增养殖、紫菜筏架养殖等全方位、多层次养殖模式，是江苏省养殖品种模式最为多样的地区。全年全市水产养殖总面积11.35万公顷，其中，淡水养殖面积7.07万公顷、海水养殖面积4.28万公顷，稻田综合种养面积6800公顷。

水产捕捞 年内，全市有6342艘机动渔船开展捕捞生产，渔船吨位9.58万吨，动力17.31万千瓦。其中，海洋捕捞渔船1017艘、捕捞产量7.38万吨，淡水捕捞渔船5325艘、捕捞产量6.07万吨。海洋捕捞渔获物主要有鱼类3.77万吨、甲壳类1.31万吨、贝类1.13万吨、头足类1400吨、海蜇等7000吨；淡水捕捞渔获物主要有鱼类3.83万吨、甲壳类7900吨、贝类1.44万吨。

水产品加工流通 年内，全市有水产品批发市场65个，实现水产品交易量52万吨，交易额57.24亿元。全市拥有水产品加工企业199家，其中，规模以上加工企业63家，水产冷库140座；水产品加工产量61.77万吨，其中，海水产品29.12万吨、淡水产品32.65万吨，制冰9.53万吨；用于加工的水产品74.86万吨，其中，海水产品33.39万吨、淡水产品41.47万吨。水产品加工产值127.18亿元，比上年增长13.11%。

海洋渔业 年内，全市海水养殖涵盖鱼、虾、蟹、贝、藻五大类20余个品种，形成高涂蓄水综合养殖、工厂化养殖、滩涂潮间带增养殖和近海筏式养殖等多层次、立体化养殖方式。全年全市海洋渔业产量27.04万吨，海洋渔业一产产值91.76亿元，占渔业一产产值27.34%。全市有海洋渔业乡镇5个、海洋渔业村29个，从事捕捞、养殖、渔具生产、水产品收购加工3.66万人。年内，滨海陶湾海洋牧场有限公司创成全市首个国家级海洋牧场示范区。

渔业资源保护 年内，市农业农村局强化渔业资源养护，科学规范开展渔业增殖放流，修订《盐城市水生生物增殖放流工作规范细则》，审批发放水生野生动物许可证49本。全市水生野生动物人工繁育、经营利用主体26个，增殖放流总数量12.53亿尾、总资金4979.6万元。

水生动物疫病防控 年内，市农业农村局加强水生动物疫病监控，组织鲤春病毒血症、草鱼出血病、鲫造血器官坏死病、白斑综合征、虾肝肠胞虫病、传染性皮下和造血器官坏死病、桃拉综合征、虾虹彩病毒病、河蟹颤抖病等水生动物重大疫病专项监测，全年分7个监测月度，累计监测采集样品191个。开展水产养殖病情及病害流行趋势测报，共检测样品361个，药敏试验82批次，上报月报9期，发布测报信息7期。 （沈永龙）

渔港建设 年内，全市有省确认渔港6座。全年重点建设射阳黄沙港国家中心渔港、大丰斗龙港国家一级渔港、响水陈家港国家二级渔港、双洋港渔港、滨海翻身河渔港、东台弶港渔港6座渔港，加快建设射阳黄沙港渔港二期工程，大丰斗龙港一级渔港整治维护项目建成300米码头，滨海翻身河港口升级改造工程建成800米码头，响水陈家港二级渔港完成200米码头主体工程建设。 （王忠燕）

水产健康养殖示范基地 年内，市农业农村局加大渔业水域环境保护，推广生态健康养殖模式，创成国家级水产健康养殖和生态养殖示范区2个，完成生态健康养殖面积7.95万公顷。推进池塘标准化改造和养殖尾水治理，完成池塘标准化改造1.3万公顷。

（沈永龙）

国家中心渔港——黄沙港　黄沙港位于江苏沿海中部，2005年10月获批建设国家中心渔港，地处黄沙河、利民河、运棉河三河出海交会处，是江苏省内国家中心渔港中唯一闸下建港渔港。年内，射阳国家级渔港经济区实施五大类29个重点项目，完成黄沙港渔港护岸、渔港贸易中心等项目10个，在建渔港二期工程码头等项目6个。项目建成后，黄沙港可常年泊船1500艘、水产品年卸港量超过60万吨、交易增量60亿元。

第三届中国黄海·黄沙港开渔节　9月16日，第三届中国黄海·黄沙港开渔节开幕式在射阳县黄沙港举行。经过138天伏季休渔期，数百艘渔船有序奔赴黄海，组织开展增殖放流活动。开幕式举行文艺节目。

（王忠燕）

黄沙港　　王亚洲　摄

现代种业

概　况　2022年，盐城市实施“双百亿”现代种业产业行动，推进种子生产基地保供、企业市场竞争、科技创新和市场监管等“四个能力”建设，全市实现现代种业产值208.39亿元，比上年增长23%，农作物种子贸易额占全省一半。主动向上争取专项资金，累计获得国家制种大县奖补资金2.64亿元、省种业振兴“揭榜挂帅”项目资金2050万元。

种苗繁育　年内，全市农作物繁制种面积6.36万公顷，其中杂交水稻制种面积1.25万公顷，占全省80%，“两系”超级稻种子占全国65%；西甜瓜品种占据市场制高点，长江水系中华绒螯蟹大眼幼体产量78.94万千克，占全国75%。

种源安全　年内，全市有持证种子企业136家，其中，国家级育繁推一体化企业1家、“新三板”挂牌上市企业2家、国家种业阵型企业3家。全年建成省级特色优势种苗中心53家，数量居全省第一位。年内，市农业农村局建立以企业为主体的育繁推一体化机制，培育农作物新品种22个。持续完善农作物、畜禽（蚕种）和水产种业生产监测体系，构建生产经营销售全程可追溯系统，开展种业监管执法年活动，组织“双随机、一公开”检查，种子质量抽样合格率稳定在99%。

种质资源保护和开发利用　年内，市农业农村局开展农业、畜牧业和水产种质资源普查收集工作，建设种质资源库（场、区、圃），全年全市建设国家级种质资源保护单位2家、省级种质资源保护单位6家，对海子水牛、湖羊、蚕、耐盐植物、白首乌实施保存保护。

市种业振兴技术攻关协作组成立　年内，盐城市成立盐城市种业振兴技术攻关协作组，市农科所等5个单位7个项目获批省种业振兴“揭榜挂帅”项目立项。加快良种良法产业化开发，优化推广杂交水稻全程机械化技术、常规稻工厂化育苗技术、河蟹土池生态育苗技术，提升良种繁育水平，杂交水稻制种全程机械化率80%以上。

（曹志阳）

农业特产

概　况　2022年，盐城市推进“品牌强农、营销富民”工程，市委、市政府印发《关于加快培育发展农业全产业链的实施方案》《关于推进全市农产品品牌培优提升的工作方案》，以“盐之有味”作为1个全市农产品区域公用背书品牌，精选具备一定产业基础、品牌影响力的射阳大米、东台西瓜、阜宁黑猪、响水西兰花、九龙口大闸蟹、盐都草莓、裕华大蒜、乾宝湖羊、滨海香肠9个公用品牌作为建设重点，结合农业全产业链培育分别扶持发展“N”个企业品牌和产品品牌，打造“1+9+N”农产品精品品牌体系。

（王玲梅）

盐城油菜籽　油菜籽是十字花种作物油菜的种子，是盐城市主要油料作物，分布全域。具有低芥酸、低硫并，出油率高的品质特点。压榨菜籽油具有“瓶开满屋香”的特色，具有一定软化血管、延缓衰老的功效。1953年，盐城油菜籽被纳入国家计划收购（统购）。到20世纪80年代中期之后，统购政策取消，盐城油菜籽进入市场化运作机制。盐城油菜籽逐步形成规模种植。至年底，全市有油菜种植面积5.33万公顷，实现亩产200千克。年内，江苏佳丰粮油工业有限公司是“盐城油菜籽”品牌使用核心企业，其“恒喜”商标被认定为中国驰名商标。

盐城红小麦 盐城全境为海相沉积平原，地势平坦，滨海盐渍型小麦土，偏碱性，含钾量丰富，耕作层土壤pH值为7.5～8.5，决定了盐城红小麦呈弱碱性，pH值为7.0～8.5。盐城红小麦是红皮小麦，麦粒饱满圆润，县有农药残留含量低（抗病害能力强）、不完善粒含量低（抗自然灾害能力强）、高筋率的品质特点，蕴藏50余种人体所需的丰富营养价值和药用价值。1953年，盐城红小麦被纳入国家计划收购（统购）。到20世纪80年代中期以后，统购政策取消，盐城红小麦进入市场化运作机制，主要进入国内南方市场。至年底，盐城市红小麦实现种植面积25.92万公顷，亩产400千克，主要品种为郑麦9023、扬麦23、扬麦16、镇麦12、镇麦10，盐城红小麦商品粮率70%以上。

盐城大米 盐城大米历史悠久，米粒椭圆饱满，外观晶莹剔亮，口感松软黏香，富含钙、碘、镁、磷、钾，钠，锌等人体必需的微量元素，淀粉值90%，品质俱佳。据《盐城市粮食志》（1992年版）记载，民国6年（1917）盐城就有小型轧米厂。盐城大米在临海地域选种、种植，核心稻谷品种有南粳9108、南粳46、淮稻5号等,形成品牌“盐田稻牌”。年内，盐城大米核心品牌“盐田稻米”和“必新牌大米”被授予“江苏精品”称号。

（吴银楼）

盐都草莓 盐都草莓有20余年种植历史，现有规模900公顷，品种有红颜、宁玉、香蜜、章姬等，年产值6亿元。盐都草莓先后获国家及省部级金银奖项50余个，有注册商标20余个。年内，盐都草莓获评2022年受市场欢迎草莓区域公用品牌20强，实现品牌价值7.1亿元。

射阳大米 射阳大米晶莹剔透、纯糯绵甜、营养丰富，食味口感独特、冷饭茶泡不硬。被评为江苏名牌产品、中国名牌产品、中国驰名商标、江苏省著名商标、地理标志产品保护商标、消费者最喜爱的中国农产品区域公用品牌、最具影响力中国农产品区域品牌。年内，射阳大米品牌价值245亿元。

滨海白首乌 何首乌、灵芝、人参、冬虫夏草历来被称为中草药中的四大仙草。《本草纲目》记载，首乌止心痛、益血气、乌须发、悦颜色，久服令人长筋骨、益精髓、延年益寿。相传清咸丰年间滨海就有种植。滨海沿海地区古为黄河故道，由黄河夹带的黄土高原沙土冲积而成，海岸又为侵蚀性地域，海洋性气候昼夜温差很大，生长首乌得天独厚。至年底，滨海县拥有国家级白首乌标准化示范基地1000公顷。年内，全国最大的白首乌万亩生态种植园建设中，是全国白首乌唯一集中产地，产量占全国市场比例95%。

裕华大蒜 裕华大蒜种植历史悠久，常年种植面积1.67万公顷，主要产品为青蒜、蒜薹，青蒜叶色浓绿、质地细嫩、辛香味浓，蒜薹质地脆嫩、清鲜爽口、辛辣回甘。裕华大蒜先后获评国家地理标志农产品和证明商标、江苏名牌产品、中国国际农业博览会名牌产品等，建成国家绿色食品大蒜原料标准化生产基地和国家大蒜标准化示范区。至年底，示范区拥有大蒜绿色食品11个。

滨海香肠 滨海香肠选用优质猪后腿精肉为原料，配用多种香辛料，以传统工艺为基础，采用现代控温，控湿设施风腊干燥精制而成。滨海香肠呈枣红色，间有白色夹花，口味醇香独特、咸淡适宜、营养丰富，是家庭、酒楼佐餐及馈赠亲朋好友的美味佳品。至年底，全市有滨海香肠加工企业6家。

乾宝湖羊 湖羊肉鲜嫩，味鲜汁多，无抗生素、无激素、无膻、性温，县有极高的营养价值，深受消费者喜爱。乾宝湖羊是由乾宝牧业公司投资建设，中国科学院、中国农科院提供技术支持,实现年出栏湖羊50万只，是亚洲单体最大的湖羊养殖基地。

盐城大闸蟹 盐城地处里下河水网地区，辖区内河流众多，水草丰富，生态良好，水产资源丰富。河蟹产业是建湖县、盐都区的特色优势产业，其中以大纵湖、九龙口尤为突出。盐城大闸蟹各具特色，溱东蔚蟹具有“青壳、白肚、金爪、黄毛”的特征，大纵湖大闸蟹具有“劲、大、肥、满、鲜、腥、甘、脆”八大特征，九龙口大闸蟹具有“膏红肉鲜”的特征。盐城大闸蟹形成育苗、饲料加工、养殖、营销、水产品加工一体化经营的产业链。其中，大纵湖周边大闸蟹养殖面积1.33万公顷，年产量1.2万吨，年产值超10亿元；九龙口周边大闸蟹年养殖规模1000公顷,产量过万吨，年产值超10亿元。

（王玲梅）

农产品质量安全

概　况 2022年，盐城市开展入网监管提质增效行动，做好农产品质量安全监管工作，全年全市农产品质量安全水平稳定向好。全年全市农产品质量安全监测合格率99.2%，不合格产品溯源核查处置率100%；实现规范化追溯管理和常态化打印追溯标签经营主体比例100%。全年新增绿色食品177个、部级绿色食品标准化原料基地2个、省级绿优基地29个、绿色精深加工企业8家，绿色优质农产品比重73.18%。年内，市农业农村局被省食品安全委员会表彰为全省食品安全工作先进集体。

农产品质量安全监测 年内，全市完成各类定量检测1.39万批次，其中省级定量检测2332批次、市县级定量检测1.16万批次，乡镇和基地开展产地农产品上市前速测58.36万批次。开展胶体金试点，共完成胶体金检测1.47万批次；通过招标完成442份水产品质量安全监测服务。开展不合格产品溯源核查处置，省、市风险监测发现问题产品17个，县级监测发现问题产品5个，对问题产品第一时间依法依规开展追溯查处，不合格产品溯源核查处置率100%。

农产品质量安全监管 年内，市农业农村局推进主体入网监管提质增效工程、规模主体入网监管行动，加快推行承诺达标合格证制度。全市入网主体2.78万家，出具赋码合格证1.17亿张，入网主体户均出具4198张。开展督查巡查8.7万次，入网主体2次以上巡查覆盖率100%。持续提升基层监管能力建设，开展全市乡镇农产品质量安全监管机构星级评定，25家乡镇监管机构被评为四星级乡镇监管机构，东台市梁垛镇监管站、射阳县合德镇监管站被省农业农村厅评为五星级乡镇农产品质量安全监管机构，年末有五星级乡镇监管机构4个。推进村级服务站建设，新建村级服务站10个、总数138个。年内，基层监管"盐城模式"得到省农业农村厅高度认可，全省农产品质量安全监管工作会议在盐城召开。

农产品质量安全专项整治 年内，市农业农村局开展食用农产品"治违禁 控药残 促提升"三年行动，动态更新重点监管对象名录，排查更新"11+"重点治理品种种养殖生产主体1485家,全部纳入追溯平台监管。推进生态健康养殖技术普及行动，加大绿色种养殖技术推广，创建省级绿色防控示范区46个、市级绿色防控示范区12个、县级绿色防控示范区70个。开展韭菜、草莓、青椒、普通白菜专项风险监测，累计抽取样品400批次；组织禽蛋和水产品质量安全专项执法检查，累计出动执法人员2.47万人次，检查主体1.4万家次，立案查处农产品质量安全违法案件102起。加大普法宣传力度，组织媒体宣传83次，印发张贴《农产品生产者守法须知》、安全用药知识手册等宣传资料112万余份，开展指导培训277场次，培训人员1.2万人次。

畜产品质量安全监管 年内，市农业农村局加大畜产品质量安全监管力度，完成畜产品监督抽检117批次；完成生猪屠宰质量安全风险监测（猪肉）抽检40批次；完成各类饲料、兽药、兽用生物制品监督抽检59批次、执法抽检48批次、其他抽检116批次，立案查处3个饲料、1个兽药抽样样品不合格问题。建立产地检疫动态监管机制，强化产地检疫事中、事后监管，推进无纸化产地检疫出证工作，完成无害化消毒监控一体化平台项目建设。提升官方兽医履职能力，开展云培训8次，培训官方兽医1468人次。年内，市农业农村局在全省动物检疫技能大比武活动中获团体第一。 （戚晓春）

水产品质量安全监管 年内，市农业农村局开展省级水产品监督抽检3次，累计在81家养殖单位抽检鲫鱼、鳊鱼、鲈鱼、罗氏沼虾、南美白对虾、中华绒螯蟹等水产品样品121个。全年完成省级例行抽样任务280批次、市级例行抽样任务108批次。开展省级水产品安全风险专项检测，其中小龙虾抽检10批次、鳜鱼抽检1批次、海产品抽检50批次、13个站点养殖水环境抽样52批次，养殖底泥抽样13个批次。全年印发规范用药明白纸、质量安全宣传调查问卷等宣传资料2000余份，开展媒体宣传和指导培训20场次。 （沈永龙）

农产品市场流通

概 况 2022年，盐城市立足"双循环"新发展格局，积极融入长三角一体化，创新农产品产销对接机制，多渠道做好农产品产销对接，打造"生态食品大超市"，建设长三角优质农产品供应基地，保障重要农产品销售畅通。在新冠肺炎疫情期间，率先开通农产品供沪专列，建立农产品供应绿色通道，定制精品"蔬菜包"80万余份，定点保供上海、苏州等长三角重点城市。 （王玲梅）

"互联网+"农业 年内，市农业农村局推进"互联网+"农业发展，推进"互联网+"农产品出村进城工程，创新发展直播带货、社区团购等新模式，打造滨海"滨鲜四海"、阜宁七彩玫瑰等一批网红直播基地，江苏军曼农业科技有限公司"购森活优选"平台获评省首批"产销对接公益助农"十佳平台；盐都区新民村益农信息社等4家单位入选省"互联网+"帮促助农活动典型案例，全年全市农产品电商销售额突破250亿元。

（花 露 杨文伟）

农业产销合作 年内，盐城市加强农业对外合作。举办盐城（苏州）农业合作恳谈会，与苏州签订《农业领域合作框架协议》,合作共建优质稻米、蔬菜、水海产品、生猪家禽等各类农副产品生产供应基地，集中签约农业科技创新、农产品深加工、产销合作等方面产业合作项目5个、计划总投资27.8亿元。开展出口基地创建，盐城市怡美食品有限公司创成国际贸易发展基地。组织射阳大米、东台西瓜、阜宁黑猪、响水西兰花等品牌农产品企业23家120余个产品参展第十九届中国（成都）农交会。

（王玲梅）

农业品牌宣传推介 年内，市农业农村局强化品牌宣传推广，射阳大米列入全国农业品牌精品培育计划、全国农业品牌创新发展典型案例；大纵湖大闸蟹被认定为江苏省特色农产品优势区；东台西瓜、射阳大米获首届江苏品牌农产品营销促销暨创意大赛金奖、银奖及网络人气奖，九龙口大闸蟹、阜宁黑猪等8个品牌入选江苏农业品牌目录，乾宝湖羊、响水西兰花等5个品牌入选江苏"三高"农业品牌发展案例，获奖数量居全省首位。联合举办"盐之有味杯"征文大赛、农产品"年货节"，参加"5·15"消费节等活动12场次，江苏军曼农业科技有限公司"购森活"获评省"产销对接 公益助农"十佳平台。

"苏韵乡情"乡村休闲旅游农业（盐城）专场推介 8月28日，

8月28日，"萄写美景 萄醉郭猛"盐都葡萄节开幕。　盐都区地方志办　供图

2022"苏韵乡情"乡村休闲旅游农业（盐城）专场推介暨"萄写美景萄醉郭猛"盐都葡萄节启动仪式在盐都区举行。活动由省农业农村厅、市政府主办，盐都区政府、市农业农村局、市文广旅局承办，省休闲旅游农业协会、郭猛镇政府、盐都区农业农村局、盐都区文广旅局协办。活动现场推介盐都区乡村休闲旅游农业，并为葡萄科技合作示范基地揭牌。此前，盐城市百家葡萄种植基地葡萄们进行评选，经由专家评审打分，共评选出特等奖2个、一等奖3个、二等奖5个，活动现场公布获奖结果并进行颁奖。启动仪式结束后，与会人员赴郭猛国胜家庭农场、盐都现代农业产业示范园等现场进行参观。　（王玲梅）

农业机械化

概　况　2022年，盐城市农机化快速发展，农机化总投入18.56亿元，农机总动力783.68万千瓦，农机服务收入48.48亿元（其中农机作业服务收入40.76亿元）。全年新增大型及以上拖拉机1784台、整地施肥播种机264台、乘坐式插秧机634台、秸秆粉碎还田机378台、植保无人机734台、联合收割机956台，农作物耕种收机械化水平85.5%。

秸秆综合利用　年内，市农业农村局推进秸秆综合利用，建成中央农作物秸秆综合利用重点县1个，秸秆综合利用率98.51%。全市稻麦规模种植点稻麦秸秆离田面积10.74万公顷，比上年提高31.54%，农作物秸秆可收集量688.16万吨，利用量677.88万吨。争取省级农作物秸秆机械化还田作业补助资金1.71亿元，全市实施秸秆机械化还田面积63.02万公顷，秸秆机械化还田率74%。全市生态型犁耕深翻还田试点面积1.53万公顷，兑付补贴资金920万元，开展技术培训指导130场，发放技术资料3600份。

农机扶持政策　年内，全市落实农机购置补贴资金2.45亿元，受益户数7327个，购置机具1.52万台。报废补贴农机687台，兑付资金799.1万元，实施农机政策性保险2.23万台。

农机服务保障　年内，全市有农机服务组织机构总数1524个，其中拥有农机原值100万元（含100万元）以上农机服务组织机构数473个，农机社会化服务组织作业面积占农机作业面积比重超65%。利用稻麦成熟、水稻栽插时间差，组织开展农机跨区作业，全市免费发放跨区作业证5523张，联合收割机、插秧机跨区作业收入超7亿元。开展农机科技志愿者送服务下乡活动，举办农机维修骨干人员培训班，为基层培训维修骨干62人，开展农机职业技能培训920人、基层农机人员培训130人。实施省级农机维修点项目3个、区域农机维修中心建设项目2个、农机安全监理装备提升建设2个、农机质量调查1个。

农机安全监管　年内，全市明确各级农机安全网格化监管职责，县财政以镇为单位对各镇农机协管员进行年度考核奖励，用于村级协管员、网格员交通和电话支出补助，共配备农机安全网格员5395名。开展农机安全源头治理，组织各地摸清底数，分乡镇列出脱检机械清单，全面开展补检补审，全市检验合格拖拉机、联合收割机3.09万台，新登记农机5772台、核发驾驶证3170人。采取"四不两直"方式常态化开展农机安全隐患检查排查，建立"两个清单"，落实整改责任人员和整改时限，发现并整改农机安全隐患901起。开展农机安全"铁牛卫士"执法专项行动，立案查处815起。开展运输用拖拉机安全整治，市农业农村局联合公安部门发布变型拖拉机禁行通告和运输用拖拉机限行通告，并以市交通安全整治办名义下发通知，要求县级政府负责配套警示标牌设立，公安部门加大查处力度，严防道路上农机安全事故发生。

农业生产全程全面机械化示范创建　年内，盐城市组织开展第二批示农业生产全程全面机械化示范县创建，滨海县、东台市、射阳县、大丰区获省农业农村厅立项支持，获得省级财政支持资金5320万元。建成第一批省级特色农机示范基地（园区）23家、市级示范基地106家，"响水西兰花机械化生产模式"入选全国14个蔬菜适宜品种典型案例。加强装备产业转型升级，江苏耕整作业装备创新中心在建湖县挂牌成立，盐城苏贤机械有限公司、江苏云马农机制造有限公

司、盐城市盐海拖拉机制造有限公司、江苏金秆农业装备有限公司4家农机企业入选省农业农村厅第一批列名联系农机企业名单。

（张尊忠　胡宪亮）

农业行政监管

概　况　2022年，盐城市全面落实《法治社会建设实施纲要（2020—2025年）》，强化法制监督，推进行政规范性文件合法性审查、规范性文件集中清理、依申请公开和涉法答复规范统一4项工作。全年完成规范性文件合法性审查9件、办理依申请公开答复24件、答复规范性文件涉法答复事项116件。推行行政执法公示制度、执法全过程记录制度、重大执法决定法制审核制度。全年组织审核市本级立案行政处罚案件195件，处理行政上诉案件1件，没有发生行政应诉案件败诉和行政复议被纠错。

（吴　操　魏小敬）

农业行政监督　年内，市农业农村局统一规范实施信用差异化频率监管和"双随机、一公开"监管，印发《盐城市种子行业信用等级评价管理办法（试行）》，编制新"双随机、一公开"清单24项，归集推送"双公示"行业监管信息3331条，其中，行政许可3149条、行政处罚182条。开展年度水生野生动物人工繁育和经营利用、农药、农机和种业行业信用等级评价71家，开展农资生产经营主体"红黄黑"榜评比，评选农资生产经营主体"红黄黑"榜50家，进一步规范市场经营秩序，推进诚信经营，营造良好公平竞争氛围。全年制定抽查计划任务29个、抽查企业145家，录入检查结果257条。

农业行政许可服务　年内，市农业农村局推进政务服务"一张网"建设，完善行政权力清单379项，组织编制政务服务事项清单109项、公共服务事项清单46项，认领编制新行政许可事项清单27项，更新清单内容2000项。按照"先照后证、照后减证"原则，启动"证照分离"改革全覆盖扩大试点，分类推进审改备和告知承诺审批，对接全省"一网通办"和"异地通办"受理范围，实施无差别受理，全年受理办结行政许可3149件（含农机分中心和授权行使单位），许可事项承诺办结时限压缩率超全省平均水平，承诺期限内办结率100%，实现行政许可"零投诉、零差错，办结率百分百、满意率百分百"目标。加强"12345"便民热线管理，编制"12345"政务服务便民热线政务信息162条。　（马　军）

农业行政执法　年内，全市农业综合行政执法机构立足执法办案主责主业，完成省、市农产品监督抽检任务，累计在467个生产单位抽取480份样品；完成省农药监督抽检任务，抽取样品59份；完成省生猪屠宰质量安全风险监测任务，抽取猪肉样品40份。推进农资打假、渔政亮剑、畜牧防疫、铁牛卫士等系列专项执法行动，全年开展执法联动周24次、集中执法6次、综合执法4次，出动执法人员2.79万人次；查处涉农违法案件1434件，其中，农产品质量安全案件102件、农机安全案件197件、渔业安全案件274件、移送司法机关案件12件。1件案件入选全国行政执法典型案例、1件案件入选最高人民法院第二批人民法院种业知识产权司法保护典型案例、1件案件入选农业农村部"2022年全国海洋伏季休渔执法典型案例"，全市5个案件获评全省2022年农业行政处罚优秀案卷，响水县农业综合行政执法局被评为全国农业综合行政执法示范窗口。

（胡　东）

农药管理　年内，市农业农村局推进农药和农业危化品使用安全专项治理行动，开展挂钩联系农药生产企业、安全生产大检查、限制使用农药专项检查、农资打假"雷霆"行动、"双随机、一公开"、农药生产企业信用等级评价等活动，成立挂钩联系农药生产企业协调指导组，压实企业安全生产主体责任，督促指导农药依法依证生产、规范守法经营、科学安全使用，促进农药行业稳中向好。全市有农药生产企业22家，其中1家企业列入关闭退出，有农药经营单位3949家。全年累计指导培训生产、经营、使用单位1024场次，指导培训1.01万人次，发放宣传单2.74万件。全年检查农业生产企业233家次，查处整改问题23起；检查农业经营单位4740家次，查处整改问题183起；检查农业种植基地9189家次，查处整改问题32起；抽样送检农药产品485个，不合格产品9个，合格率98.1%。　（黄婷婷）

工业　建筑业

编辑　徐　昊

工业发展

工业发展规模 2022年，盐城市工业条线围绕市委、市政府“工业强市”战略部署，以绿色制造为路径，以“五大行动”为主要切入口，统筹新冠肺炎疫情防控和经济社会发展，工业经济回升向好趋势，全市发展大局“压舱石”和“顶梁柱”作用进一步凸显。全年全市实现全口径销售收入9806.5亿元，规模以上工业增加值、全口径销售收入、规模以上工业利润等主要指标增速均居全省前列。其中，全市四大主导产业实现销售收入4858亿元。全市23条重点产业链规模以上企业实现销售收入5353.5亿元，5条地标产业链实现销售收入3368.2亿元。其中，不锈钢、晶硅光伏产业链分别实现销售收入1646.6亿元、1149.3亿元。培育壮大优质企业矩阵，整合资源、聚焦重点、三级联动、滚动培育，推进全市工业企业做大做强、做优做特、做精做新，加快打造规模大、结构优、创新强优质企业矩阵。全年实现开票销售收入10亿元以上企业96家。其中，新增销售收入超100亿元企业6家，全市百亿元企业累计13家。全市新增规模以上工业企业505家，全市规模以上工业企业累计3939家。新创建国家级“专精特新”小巨人企业13家、省级“专精特新”中小企业173家。其中，盐南高新区新创建省级“专精特新”中小企业3家，11个板块实现省级全覆盖。（梁　枫）

工业经济运行 年内，全市加快建设千亿产业集群，发挥产业专班及23条产业链牵头作用，编制“两图三清单”，实施产业链赋能行动，推动产业链与供应链、资金链、创新链、服务链等深度融合，实现产业结构“多轮驱动”突破性转变。全市重点监控九大行业中，除化工行业外，其余8个行业均保持正增长。年内，全市新能源汽车及核心零部件上，江苏大洋精锻有限公司、江苏法爱精密金属有限公司等企业抢抓新能源汽车发展机遇，陆续建设电动汽车精锻件、驱动外壳等零部件生产线，产品与浙江吉利控股集团有限公司等龙头企业配套；晶硅光伏上，盐城经济技术开发区江苏润阳悦达光伏科技有限公司等企业建设异质结、PERC等电池生产线项目，建湖高测硅片及装备等补链项目加快推进，产业集群协同发展态势初步显现。推动总投资102.3亿元耀宁新能源项目落户建湖县，总投资100亿元天合储能项目落户大丰区，总投资65亿元珩创纳米项目落户盐城经济技术开发区，总投资60亿元益佳通项目、总投资42.6亿元润阳电池片项目落户建湖县，总投资12.5亿元蓝晶微生物项目落户黄海新区。组织各地申报省级智能制造示范车间，全年新建成省级智能车间13家，累计创建车间82家。

（梁　枫　王梓豪）

工业投资 年内，全市完成工业投资1736.6亿元，比上年增长10.5%，高于全省平均水平1.5个百分点；完成工业技改投资394.4亿元，比上年增长33.3%，高于全省平均水平29.5个百分点，增速居全省第一位。制造业投资比上年增长14.3%，占工业投资比重92.3%，拉动工业投资增长12.7个百分点。其中，高新技术产业投资比上年增长32.9%，比上年提高3.9个百分点。全市306项重点产业链新建技改项目完成投资892.7亿元。加快推进智能制造，417项技改升级项目当年完成投资248.9亿元。其中，智能化改造项目276项，当年完成投资213亿元。

工业项目建设 年内，全市推进重点项目建设，制定印发《2022年全市重点工业项目推进实施办法》，编制下达全年重点工业项目实施计划，建立完善项目库，实现全周期培育。引导企业加大技改力度，围绕智能化、数字化、绿色化、安全环保改造“四个一批”技改升级项目，定期追踪更新项目手续办理和建设进度，督促各地聚焦重点技改项目和滞后序时项目，持续加大推进力度。推动企业智能化改造，以省级智能制造示范车间创牌为切入口，组织企业参与申报，持续推动以关键岗位机器换人、自动化产线、数字化车间等为建设内容技术改造。放宽市本级技术改造专项资金申报条件，引导企业加大技改投入力度，提高奖补比例，对满足条件技改项目最高给予11%设备补贴；降低申报门槛，安全环保改造项目设备投入300万元可享受奖补，全年设备奖励累计1.03亿元。全年全市实施重大工业项目46项，当年完成投资534.4亿元。其中，全市有44项列省、市重大工业项目并完成投资378.4亿元。射阳比亚迪动力电池等26个项目实现投产或部分投产；盐都东山IC载板等9个项目进入设备安装调试阶段；大丰天合储能电池等11个项目进行厂房建设或内部装修。全市重点工业新建、技改项目实施546项，当年完成投资1335.8亿元。其中，10亿元以上在建项目96项，当年完成投资777亿元。

工业行业监管 年内，全市增强市县联动，坚持“月调度、季督查、年考核”推进机制，定期形成专项通报，督促各地全力推动，营造工业项目建设“比学赶超”推进氛围。强化项目分析，按季度进行全市重点工业项目现场调研，全面掌握在建项目进度，了解发现存在问题并及时协调化解，同步形成专题分析报告呈市主要领导审阅，并获肯定批示。严格备案项目事中事后监管，对照国家、省、市政策相关要求，查看技改项目备案情况，并及时向各地反馈项目备案存在问题，督促各地规范项目备案，及时撤销不符合产业政策、不属于备案范围项目。严格遵守相关产业政策，严把化工项目准入关。规范化工项目审批流程，通过市化治办牵头、各部门参与市级联合会审制度，对化工项目进行严格审核，对不符合产业政策项目，不予通过联合会审。核实两高项目及铸造、钢铁、化工等行业已备案技改项目是否符合行业准入和管理要求。（王梓豪）

“互联网+”工业 年内，市工信局推进工业互联网平台建设，实施“一县一业一平台”培育计划，加快打造“1+11+N”工业互联网平台，重点打造1个产业数字化综合服务平台（“产业大脑”），加快建设中汽研汽车互联网平台、万邦智慧能源监管平台、上电科新型电力设备线上检测验证平台、蓝天环保等一批区域级、行业级、专业级平台。健全工业互联网平台体系，引导中小企业上链上平台，推动企业内部、企业之间系统集成和数据的互联互通，带动产业链上下游、大中小企业协同数字化转型。

（陈　哲）

产业链赋能行动　年内，全市推进产业链与供应链、资金链、创新链、服务链深度融合，提升产业能级，做大产业规模，为全市重点产业链高质量发展赋能，加快培育壮大以先进制造业为主导的现代产业体系。9月20日，盐城市政府办印发《盐城市产业链赋能行动方案（2022—2024年）》，组织实施产业链供应链协同行动、产业链资金链融通行动、产业链补链延链强链行动、产业链创新链融合行动、产业链服务链协作五大行动，通过建设“产链通”平台、开展供需对接活动、培育重点企业梯队、推动协同研发创新等27项具体任务落实，推动产业链上下游协同协作，提升重点产业链现代化水平。

工业产业绿色转型　年内，全市持续推进工业产业结构转型，把绿色发展理念融入制造业发展全过程，推进行业发展低碳化、制造过程清洁化、资源利用高效化，低端落后化工产能基本退出。根据省化工安全环保整治工作部署，按照“一园一策”“一企一策”整改要求，持续推进保留化工园区和化工企业整改提升，化工整治取得阶段性成效。加快绿色制造步伐，推动低碳转型提升能效，印发盐城市加快建设绿色制造之城行动方案，推动厅市共建绿色制造战略合作。推动绿色制造提升能级，组织申报国家级绿色工厂4家、国家级绿色产品4个、省级绿色工厂23家。　（梁　枫）

汽车产业

概　况　2022年，盐城市持续完善汽车产业链条，推动汽车产业加速向新能源汽车转型。至年底，全市有汽车及零部件制造企业500余家，其中销售规模超千万元企业354户。有规模以上企业234家，涉及新能源汽车配套规模以上企业193家，全年全市汽车产业实现开票销售收入640亿元，比上年增长16.3%。盐城市持续将新能源汽车作为汽车产业转型发展突破方向，全市11个板块有新能源汽车及核心部件产业布局，具有新能源乘用车、客车和专用车全系列整车产品，全市汽车零部件企业大部分都涉及新能源汽车零部件产品领域，有规模以上企业253家，初步形成整车企业带动、动力电池支撑、零部件加快转型产业发展格局。

汽车整车产业　年内，全市拥有起亚汽车有限公司、华人运通（江苏）技术有限公司、国唐汽车有限公司、江苏国新新能源乘用车有限公司、摩登汽车（盐城）有限公司、江苏悦达专用车有限公司、江苏奥新新能源汽车有限公司等整车生产企业，产品类别涵盖乘用车、商用车和专用车全系列产品。江苏国新新能源乘用车有限公司年总产能7万辆，一期2万辆建成，二期5万辆与中国第一汽车集团有限公司合作重组在建；华人运通（江苏）技术有限公司新车型HiphiZ上市，全年实现销售车辆4147辆，实现销售收入41.3亿元。全市有改装车生产企业7家，国唐汽车有限公司累计销售新能源公交车327辆，江苏悦达专用车有限公司累计（含外购车）销售303台。

汽车零部件产业　年内，全市多数韩系配套企业受起亚汽车有限公司市场份额减少影响仍处在低位运行；非韩系配套企业通极实施“一主多元”战略，参与新能源汽车新势力、国产品牌和美系、德系车企配套，企业发展预期向好。全市汽车零部件企业包含江苏摩比斯汽车零部件有限公司、佛吉亚（盐城）汽车部件系统有限公司、伟巴斯特车顶系统（盐城）有限公司等全球汽车零部件100强企业，重点培育动力及储能电池地标性产业链，随着SK、比亚迪、蜂巢等头部企业一批重点项目竣工投产，初步形成以电池生产为主，配套电池模组、正负极材料、电解液、隔膜等关键部件和综合利用协同发展产业链格局。全年全市汽车零部件企业实现销售收入479.9亿元，比上年增长15.9%。

新能源汽车　年内，全市新能源汽车及核心零部件产业继续承压前行，动力电池产业增长迅猛，产业总体保持上升趋势，全年规模以上企业实现开票销售收入506.6亿元。全市新能源汽车零部件企业基本涵盖上游原材料，中游动力电池、车身部件、电子电器、通用部件等，下游整车制造、检测服务等全产业链条，拥有江苏摩比斯汽车零部件有限公司、伟巴斯特车顶系统（盐城）有限公司等一批新能源汽车零部件骨干企业。动力及储能电池作为重点培育地标性产业链，现有SK新能源（江苏）有限公司、天合光能（盐城）新能源有限公司、盐城阿特斯阳光能源科技有限公司等一批行业龙头企业，在产业链上下游关键领域，招引珩创磷酸锰铁锂正极材料、凯金负极材料、天能回收利用等一批配套企业，初步形成以电池生产为主,配套电池模组、正负极材料、电解液、隔膜等关键部件和综合利用协同发展的产业链格局。新能源汽车动力电池产业加快布局，动力及储能电池产业链实现销售收入167.1亿元，比上年增长184.7%；入库税收1.86亿元，比上年增长94.2%。至年底，动力电池建成产能50.8吉瓦时，在建产能吉瓦时，签约产能20吉瓦时，规划产能45吉瓦时；储能电池在建产能17吉瓦时，签约产能68吉瓦时。SK新能源二期、比亚迪二期、耀宁动力电池等一批项目加快建设。年内，起亚汽车有限公司先后上市KX3、华骐300E等6款新能源汽车，全年销售新能源汽车728辆。华人运通（江苏）技术有限公司新车型HiphiZ上市，形成双旗舰车型格局，全年销售新能源汽车4147辆，连续多月位列50万元以上豪华电动车销量榜前列。全年全市有改装类新能源汽车生产企业2户，分别为国唐汽车有限公司、江苏悦达专用车有限公司，其中国唐汽车有限公司依托大唐高鸿网络股份有限公司在5G、车联网、智能网联等领域领先技术优势，致力于新能源公交车、智能网联客车产品研发和市场推广，无人驾驶集装箱运输车在合肥港试验运营，全年累计销售新能源公交车327辆。

SK动力电池二期 SK动力电池二期项目作为全省重大实施项目，属于韩国SK集团在全球布局中最大动力电池投资项目。该项目总投资25.3亿美元，总建筑面积47万平方米，规划年产能30吉瓦时，是全市最大利用外资项目，建成后将推动盐城完善区域动力电池全生命周期产业集群，为全球知名新能源车企提供清洁动力。项目于1月17日开工建设，厂房年内建成交付，设备进场安装调试，项目计划2023年竣工投产。项目投产后，实现年销售超400亿元，年纳税超20亿元。

比亚迪动力电池盐城基地项目 9月28日，比亚迪动力电池盐城基地一期竣工暨二期开工仪式在射阳县举行。比亚迪动力电池盐城基地项目是比亚迪集团在全省唯一刀片电池制造基地，被列入2022年省重大项目，项目总投资150亿元，项目总用地96.47万平方米，建筑面积93万平方米，年产30吉瓦时新能源动力电池。项目于2021年11月开工建设，其中一期投资75亿元，用地43.13万平方米，建筑面积43万平米，购置设备2100台（套），年产15吉瓦时新能源动力电池，项目于2022年7月竣工投产，全年实现销售收入26.75亿元、入库税收1057万元；二期项目投资75亿元，用地53.33万平方米，建筑面积50万平米，购置设备2000台（套），增建15吉瓦时新能源动力电池，项目于2022年9月开工建设，计划2023年6月份首条产线投产。项目全部竣工投产后，可实现年销售额200亿元以上，带动就业1万人。

中汽研汽车试验场股份有限公司 中汽研汽车试验场股份有限公司成立于2011年3月，注册资本13.22亿元，位于江苏大丰港经济开发区，公司长期专注于汽车整车、汽车零部件以及轮胎检测等领域场地试验技术服务，具备“一站式”场地试验技术服务体系。公司投资35亿元，规划建设世界一流汽车试验场，占地面积633.33公顷，拥有100余种特征路面，数百个试验场景，测试道路总长100余千米，满足传统汽车和智能网联汽车场景测试需求。公司于2022年3月8日在深圳证券交易所创业板上市，首发融资12.56亿元，总股本13.22亿股。公司是国内A股汽车试验场第一股、盐城市首家深圳证券交易所创业板上市公司和首家注册制审核的上市公司，是国务院国资委下属中国汽车技术研究中心有限公司控股国企，国内领先的综合性第三方汽车试验场，业务收入规模、市场份额、道路设施类型均居行业前列，技术水平国内领先，部分技术指标国际领先。

（夏　清）

江苏悦达起亚汽车有限公司 江苏悦达起亚汽车有限公司成立于1992年9月，注册资本12.24亿美元。年内，公司合营延期工作基本完成，重建企业品牌和客户体验形象，新车按期上市。对全司组织体系、人事管理体系、营销体系进行变革，逐步运营Team长制，实现人事体系灵活化，保障企业顺利转型。全年生产整车15.58万台、批发销售13.06万台、终端零售9.47万台、出口4.2万台，新增经销商门店10家。年内，公司被认定为省级智能工厂、省级绿色工厂。

（华　娟）

江苏—北布拉邦新能源汽车产业合作交流会 5月31日，省商务厅、荷兰北布拉邦省经济发展署和盐城市政府共同举办江苏—北布拉邦新能源汽车产业合作交流会。会议采取线上线下结合方式，江苏省与北布拉邦省新能源汽车行业园区和企业代表共100余人参会，盐城市设分会场，盐城50余家相关企业、机构参加会议。会上，北布拉邦省经济发展署介绍北布拉邦省经济社会发展及与江苏经贸合作情况，荷兰海尔蒙德汽车产业园和盐城经济技术开发区新能源汽车产业园介绍园区情况。北布拉邦省VDL Nedcar汽车制造公司、PAL-V飞行汽车公司、盐城悦达汽车集团有限公司、江苏新能源汽车研究院有限公司分别介绍主要业务及合作需求，并就相关合作意向进行交流探讨。

市动力及储能电池产业联盟 10月28日，盐城市动力及储能电池产业联盟正式成立。联盟以推动产业链上下游协同发展为宗旨，整合全市动力及储能电池产业链上下游企业、服务支撑单位、科研检测机构和高校院所等资源，促进全产业链产业联动、资源互补，推进全市动力及储能电池产业可持续、高质量发展。

华人运通高合HIPhi Z首批量产车下线 12月20日，华人运通高合HiPhi Z首批量产车生产下线，并于当日启程发运。HiPhi Z是继HiPhi X后的高合第二款旗舰车型，定位大型豪华纯电四门GT，与HiPhi X共同构成双旗舰，为不同需求用户提供更多高端个性化选择。

钢铁产业

概　况 2022年，盐城市持续培育钢铁产业，印发全市不锈钢产业链培育工作方案，编制“两图三清单”，建立形成“部门+地区+专家+机构+企业”产业链协同推进工作机制。全年有规模以上钢铁产业企业60家，实现销售收入1873.6亿元（其中33家不锈钢产业链规模以上企业完成销售收入1646.6亿元），完成入库税收6.5亿元。至年底，全市集聚钢铁产业工业企业105家，其中规模以上企业76家，主要分布在响水工业经济区和东台合金材料产业园。有31家钢铁产业规模以上企业建有市级以上研发平台，其中省级以上研发平台12个。年内，全市新培育响水巨合金属制品有限公司、江苏龙尚重工有限公司、阜宁凯盛不锈钢材料有限公司、东台市远洋不锈钢制造有限公司等9家省级“专精特新”中小企业。盐城市联鑫钢铁有限公司、江苏鑫旺新材料科技有限公司、东台市远洋不锈钢制造有限公司、东台中海高温合金科技有限公司、金保莱管道系统江苏有限公司5家企业获批家国家高新技术企业。东台市海洋石油仪器有限公司、江苏浙标通用零部件股份有限公司等25家企业通过国家科技型中小企业评价。

钢铁重点项目 年内，盐城市新签约250万吨不锈钢卷板材、100万吨不锈钢线材等钢铁产业项目21个，计划总投资204.1亿元。全年27个在手重点项目完成投资60.32亿元，完成年度投资计划101.6%，其中，德富不锈钢制品、德众金属制品等12个项目竣工投产，新行不锈钢管材、荣星金属等6个项目设备调试。

盐城市联鑫钢铁有限公司 盐城市联鑫钢铁有限公司成立于2000年6月，是一家以精品棒材、线材为主导产品的国家级高新技术企业。公司拥有集烧结、炼铁、炼钢、连轧及相应配套公辅设施于一体的生产线，主要生产装备有3台烧结机、3座高炉、2台120吨转炉、1台70吨电炉及4条轧机生产线。公司与北京科技大学、上海大学、钢铁研究总院、冶金工业信息标准研究院等国内知名科研院所建立战略合作关系，共同成立联鑫新材料研究中心、海沙红土镍矿研究中心、细晶粒新材料工程技术研究中心，稀土耐蚀新材料工程技术研究中心，提高技术创新和新产品研发能力。年内，公司实现销售收入154.69亿元，入库税收1.62亿元。至年底，公司获批国家高新技术企业，公司位列2022年中国民营企业500强第463名和2022年中国民营制造业企业500强第284名。

江苏德龙镍业有限公司 江苏德龙镍业有限公司成立于2010年8月，注册资金2亿元，是一家专业经营镍铁合金冶炼、不锈钢冶炼、热压延、冷压延生产与销售的民营企业。年内，公司入选工信部第六批符合《钢铁行业规范条件》企业名单。公司旗下响水德丰金属材料有限公司获批盐城市不锈钢热轧卷工程研究中心和江苏省（德丰）不锈钢热轧工程技术研究中心，江苏德龙镍业有限公司、响水巨合金属制品有限公司2家企业获批江苏省企业技术中心。响水巨合金属制品有限公司获批江苏省“专精特新”企业。年内，德龙二炼钢项目通过省工信厅产能置换方案实施情况验收。德龙系4家企业完成销售收入1539.7亿元，其中，江苏德龙镍业有限公司181.7亿元、响水恒生不锈钢铸造有限公司395.1亿元、响水德丰金属材料有限公司560.7亿元、响水巨合金属制品有限公司402.2亿元。4家企业合计完成入库税收3.33亿元。至年底，公司位列2022年中国民营企业500强第56名和2022年中国民营制造业企业500强第31名。

盐城市不锈钢企业联合科协授牌仪式 9月30日，响水县举行江苏德龙科协暨盐城市不锈钢企业联合科协授牌仪式。活动为江苏德龙科协和盐城市不锈钢企业联合科协授牌。江苏德龙镍业有限公司、盐城市不锈钢企业联合科协分别发言。活动旨在加强响水科协与德龙科协和市不锈钢企业联合科协合作交流，推动全市不锈钢产业发展。（王　晨）

新能源产业

概　况 2022年，盐城市构建“风光火气氢”一体化开发新格局，编制《加快建设绿色能源之城行动方案》《盐城市海上光伏实施方案》《关于进一步推进市场化集中式光伏发电项目健康有序开发建设意见》等政策措施，全市6家整县屋顶分布式光伏开发试点实施方案获省批复同意。推动新能源产业强链补链，细化新能源产业招商地图，聚焦新能源产业链重点核心、薄弱和缺失环节，分解头部企业招引目标，定期组织招商推介活动。完善市新能源产业专班工作机制，常态化开展产业政策研究，建立企业运行监测服务体系，牵头协调解决新能源产业发展过程中存在主要矛盾和问题。年内，盐城市受“双碳”目标影响及欧洲市场爆发，全球新能源应用市场需求旺盛，全年全市157家新能源规模以上企业实现销售收入1500.76亿元、税收34.28亿元。全市新能源产业链重点企业实现销售收入超百亿元企业4户，销售收入超50亿元企业9户，销售收入超10亿元企业23户。加快推动新能源产业各项政策举措落地生效，创新驱动发展战略深入实施，特色亮点和内生动力不断显现。加快推动国信射阳港和滨海港4台100万千瓦清洁高效煤电建设，国电投滨海港新增2台100万千瓦清洁高效支撑性煤电项目获得省支持。推动中俄东线、滨海LNG接收站苏皖外输管线建成试运行，加快响水、射阳、大丰等支线规划建设。年内，天合16吉瓦光伏电池、阿特斯10吉瓦硅片、瑞晶3吉瓦光伏组件等一批重大项目投产，全市光伏产业链和新增规模以上企业产销两旺。其中，光伏产业链实现销售收入1149.3亿元、税收15.34亿元；全市新增规模以上企业38户，实现销售收入663.06亿元。年内，江苏润阳悦达光伏科技有限公司获批省五星“上云”企业、省级智能车间、省工业互联网标杆工厂；盐城天合国能光伏科技有限公司入围2022年江苏省智能制造示范工厂名单。

新能源重点项目 年内，全市加快新能源产业重点项目推进，实施新能源产业重大项目（结转在建、年内新开工）43个，累计完成投资152.28亿元。其中，风电装备产业链结转在建、年内新开工项目15个，完成投资45.28亿元，占年度计划96.35%；晶硅光伏产业链结转在建、年度新开工项目28个，完成投资107亿元，占年度计划96.22%。年内，全市计划开工26个项目，实际开工23个，开工率88.46%。

新能源发电 年内，盐城市加快推进绿色低碳转型，全市新能源发电装机容量1252.85万千瓦，占全省24.61%，规模居全省第一位。其中，风电装机容量946.58万千瓦（海上风电554.71万千瓦、陆上风电391.87万千瓦），占全省41.99%；光伏装机容量273.01万千瓦，占全省的10.88%；生物质装机容量30.99万千瓦。占全省的10.43%。全年全市新能源累计发电量265.17亿千瓦时，比上年增长9.08%，占全省新能源发电量的29.33%，占全市社会用电量59.07%，是长三角首个"千万千瓦新能源发电城市"。

风电装备 年内，全市风电装备方面缺少大兆瓦级零部件（发电机、齿轮箱、风机轴承等）、风机轮毂、控制系统等，研发设计、检验检测、运维服务等环节，全年全市风电装备产业链规模以上企业实现销售收入344.98亿元。全市海上风场项目全部建成并网，265万千瓦海上风场项目开展相关前期工作。年内，江苏金风科技有限公司生产风电机组450台，总容量202万千瓦；上海电气风电设备东台有限公司生产风电机组138台，总容量78.3万千瓦；射阳远景能源科技有限公司生产风电机组69台，总容量32.47万千瓦。

中国海油盐城"绿能港" 中海油盐城"绿能港"项目位于盐城市滨海县，是国家天然气产供储销体系建设及互联互通重点规划项目，是全球范围内一次性批量化建设规模最大液化天然气接收站项目。该项目一期工程批量建造10座大型液化天然气储罐，包括4座22万立方米储罐和6座27万立方米储罐，总罐容250万立方米。全部投产后，管道气年供气量为56亿立方米，对华东地区天然气供应渠道多元化以及天然气储备调峰保供具有重要意义。二期项目计划再建设10座储罐、1个LNG码头、2个泊位及配套接卸设施，总罐容270万立方米，建成后将成为年处理能力2000万吨的国家级LNG接收储运中心。中国海油盐城"绿能港"项目将提高全国天然气应急调峰能力，对于优化能源结构，保护生态环境，加快长江经济带产业转型和助力全国实现"碳达峰、碳中和"具有重要意义。

盐城国投天然气调度中心、综合能源示范项目 7月19日，盐城国投天然气调度中心、综合能源示范项目竣工投产仪式举行。盐城国投天然气调度中心、综合能源示范项目是保障大市区天然气输配供应的重要民生工程，是全市天然气发展的基础工程和枢纽工程，项目总占地3.49万平方米，总投资2.5亿元。一期工程天然气调度中心和CNG加气母站于2020年7月28日开工建设，一期工程投产后输气能力10万立方米，年内实现供气3000万立方米，实现营业收入7241.96万元、利润715.81万元。二期工程综合能源示范项目集加氢、加气、加油、充电桩"四位一体"，被市政府列为新基建项目和高质量发展示范项目。二期工程于2022年2月开工，7月19日竣工投产，项目投资1.5亿元，占地8966.67平方米。国投天然气调度中心、综合能源示范项目投运后将形成万吨级综合能源供应基地，可实现年营收超2亿元、利税超6000万元。

晶澳光伏产业园项目 12月16日，晶澳光伏产业园项目分别在盐城东台、河北宁晋举行云签约活动。市委书记徐缨、晶澳太阳能科技股份有限公司董事长靳保芳分别在各自会场致辞并见证签约。晶澳光伏产业园项目投资100亿元，项目新建年产10吉瓦型高效光伏电池、10吉瓦光伏组件及配套光伏辅材等项目，项目计划2023年一季度开工建设，年内陆续投产，项目投产可创造就业岗位5000个。

蜂巢能源锂离子动力电池项目 蜂巢能源动力电池项目由蜂巢能源科技股份有限公司投资建设，项目计划建设年产22.3吉瓦时锂离子动力电池产线。项目总投资100亿元，占地面积58.2万平方米，总建筑面积56万平方米。项目分两期建设，一期项目于2022年1月开工、9月竣工投产，二期项目计划2023年上半年竣工投产。项目投产可实现年开票销售收入120亿元、税收5亿元，成为苏北地区插电式混合动力汽车及短刀电池核

7月19日，盐城国投天然气调度中心、综合能源示范项目竣工。图为一期工程天然气调度中心和CNG加气母站 王焱 摄

心产业基地。

盐城清能滨海八滩50兆瓦渔光互补光伏发电项目 盐城清能滨海八滩50兆瓦渔光互补光伏发电项目由江苏盐城市清洁能源发展股份有限公司建设。项目租赁滨海县八滩镇人民政府新南村、胜利村所属水面面积73.33公顷（现状为鱼塘），投资2.69亿元，用于购置太阳能光伏组件、组串式逆变器、箱变等设备建设渔光互补光伏发电站，建设规模5万千瓦特。项目建成后可形成年生产7463.88万千瓦时生产能力。

京泉华电子元器件项目 2月17日，京泉华电子元器件项目开工仪式在盐城高新区举行。京泉华电子元器件项目由江苏京泉华电子科技有限公司投资建设，该项目总投资10亿元，占地面积6.87万平方米，建筑面积10万平方米，项目分两期建设，新上新能源光伏中高端磁性元器件智能制造项目。项目投产后，将拉长增粗高新区电子信息产业链条，提升高新区在电子元器件领域的影响力。

江苏省沿海可再生能源技术创新中心落户盐城 5月26日，江苏省沿海可再生能源技术创新中心落户盐城。江苏省沿海可再生能源技术创新中心由盐城市与省产业技术研究院合作共建，计划通过5年时间建成具有国际一流水平的技术研发、测试认证、计算仿真、海洋可再生能源试验场等公共平台。该中心将聚集海内外海洋可再生能源领域顶尖专家队伍，聚焦海上风电耦合制氢、近海漂浮式光伏等重点领域，突破一批关键共性技术，推动科技成果转化，在海洋可再生能源领域初步形成发展潜力大、带动作用强的创新型产业集群。

全球最长海上风电叶片下线 12月27日，由江苏双瑞风电叶片有限公司自主研发的18兆瓦SR260型叶片下线，叶轮直径260米，为全球最长海上风电叶片。叶片在研制过程中实现超长柔叶片气弹稳定性设计及结构轻量化设计，突破碳纤维拉挤板整体成型及超长叶片壳体灌注等诸多工艺技术。叶片扫风面积超5.3万平方米，相当于7.4个标准足球场面积。在发电能力方面，基于叶片强大捕风能力，该风电机组年发电量6700万千瓦时，相当于8万名居民年总用电量，可减少二氧化碳排放6.5万吨。

2022江苏省新能源投资论坛 5月18日，以“能源转型和技术创新”为主题的2022江苏省新能源投资论坛在盐城市开幕。业界专家和行业领军企业代表180余人分别以线上、线下形式出席。开幕式举行“盐城工融汇创新能源股权投资基金”揭牌；滨海港工业园区作黄海新区综合能源基地情况推介；会议举行黄海新区综合能源产业创新联盟成立仪式，滨海港综合能源基地、中海油LNG二期、天能海洋能源装备等10个能源类项目签约。开幕式后，与会嘉宾就新能源产业发展作演讲交流。

盐城市与万邦数字能源签订合作协议 11月9日，盐城市与万帮数字能源股份有限公司签订政企合作协议，协议在新能源产业、电能终端智慧应用、数字经济等方面开展深度合作，持续壮大产业规模、优化能源生态，助力盐城绿色低碳高质量发展。活动期间，亭湖区、盐南高新区分别与万帮数字能源股份有限公司签订合作协议。（王　晨）

电子信息制造业

概　况 2022年，盐城市电子信息产业规模以上电子信息产业实现销售收入863亿元（不含光伏制造），比上年增长26.8%；全市电子信息产品制造业主营业务收入2055亿元，比上年增长75.19%，增速居全省第二位。其中，实现销售收入超100亿元企业1家、超20亿元企业3家、超亿元企业133家。年内，全市电子信息产业发展集聚效应突出，亭湖区、东台市、盐都区等地产业规模保持全市领先地位。亭湖区、东台市、盐都区分别实现销售收入252.6亿元、200.1亿元、199.2亿元。亭湖区产业集群优势日益增强，江苏铠杰轻合金材料有限公司、江苏智菲精密智造有限公司、江苏海默森智能科技有限公司等一批精密结构件企业快速成长。东台市龙头骨干企业运行质态较好，销售收入超亿元企业43家，数量居全市第一位。盐都区加快转型升级，盐城维信电子有限公司获批省智能工厂，9家电子信息企业获批省星级“上云”企业；江苏群力技术有限公司、江苏运鸿辉电子科技有限公司、江苏芯丰集成电路有限公司等7家企业获批市级企业技术中心。盐南高新区、射阳县、建湖县等地产业发展势头良好，增速位于全市前列。射阳县加快培育光电显示、精密结构件等产业链，开票销售收入超亿元企业数量居全市第三位。建湖县磁性材料企业对产业拉动明显，盐城市嘉禾恒兴磁性材料有限公司、江苏永超磁性材料有限公司比上年分别增长296.5%、31.3%；集成电路产业快速成长，新增大生集成电路（江苏）有限公司、江苏柒捌玖电子科技有限公司等规模以上企业。盐南高新区推进以机器人、无人装备为代表电子信息产业，盐城极智嘉机器人有限公司等企业发展形势良好。

电子信息重点项目 年内，盐城市推进电子信息“产业大招商、项目大推进、企业大走访”，加快推进电子信息重点项目。全市有电子信息产业项目119项，年度计划投资363.6亿元，完成投资370亿元。新开工50亿元海古德半导体、10亿元齐盛伟业显示模组等重大项目。年内计划在建10亿元及以上电子信息项目29个，其中喜锐信息、耀鸿电子、金信诺、仁懋电子、铠羿电脑等16个项目完成竣工投产或部分投产。全年累计开展电子信息产业招商对接活动百场次，新签约中一科技锂电铜箔、碳化硅封测项目、PCB项目、石墨烯涂层铝箔集流体项目等一批20亿元以上重大项目。

立铠精密智能电子产品项目　立铠精密智能电子产品项目由立铠精密（盐城）有限公司投资建设，项目总投资180亿元，项目占地126万平方米，新建厂房及附属设施143万平方米（A区生产笔记本电脑结构件，F、G、H区生产IPAD结构件，I区生产IWATCH结构件，屏模组厂区生产苹果系列产品屏模组），购置智能生产装备4万台（套），建设集研发、生产一体化的大型智能工厂和运营总部。项目投产后可实现年产笔电结构件3000万片、IPAD结构件2800万片、IWATCH结构件及相关智能电子产品1400万片。

东山精密IC载板项目　东山精密IC载板项目由盐城东山精密制造有限公司投资建设，项目总投资50亿元，占地3万平方米，计划建设年产30万平方米IC载板。项目于7月开工建设，分两期建设，其中，一期建筑面积1万平方米，购买激光钻孔机30台、烘干一体线10条、压膜机4台、曝光机12台，年产IC载板10万平方米；二期建筑面积2万平方米，年产IC载板20万平方米。

中胜聚芯光电子芯片项目　中胜聚芯光电子芯片项目总投资50亿元，建设年产100万件光电子芯片项目。项目打造集成电路、半导体等相关高精尖电子信息化产品封测与大数据融合智能制造研发和生产总基地。产品覆盖集成电路、LED显示及半导体封装、光通信等几大领域，主要生产MINI-LED显示屏、IC内存封装及发光二极管。项目分两期实施，一期总投资15亿元，拟租赁环科城现有厂房10万平方米，设备投入9.6亿元；二期计划总投资35亿元，拟征地13.3万平方米，设备投入14.4亿元，主要购置CNC加工中心、工业机器人等设备1.5万台（套）。

盐城东山精密制造有限公司　盐城东山精密制造有限公司创立于2017年6月，由深A上市公司苏州东山精密制造股份有限公司投资建设，是一家专注半导体应用和精密钣金制造的技术企业，拥有全资、控股、参股企业27家。拥有LED封装、TV显示、手机LCM、触摸屏、柔性线路板、PCB、精密钣金、智能设备等业务模块。集团与华为、苹果、三星、LG、利亚德企业签订长期战略合作协议。2017年7月，盐城高新区开工建设盐城东山精密产业园。盐城东山精密园区总规划面积100万平方米，分三期规划建设。一期项目于2017年7月开工，2018年3月投产，占地面积32.8万平方米，建成盐城东山精密制造有限公司和盐城维信电子有限公司，厂房建筑面积60.8万平方米，容积率1.86，总投资130亿元，其中固定资产投资100亿元，分别新上LED封装和FPC柔性线路板项目。二期总投资30亿元，占地面积25.33万平方米，厂房建筑面积30万平方米，新上通信电子等项目，于2019年8月投产。年内，公司IC载板项目开工建设。

第三届中国电子信息行业创新创业大赛选拔赛　11月24—25日，由盐城高新区承办的“智联万物、慧赢未来”第三届中国电子信息行业创新创业大赛选拔赛在南京举行。大赛围绕智能终端、电子材料、集成电路、物联网等产业领域开展，以电子信息产业作为突破口，旨在为广大科技型中小企业搭建最佳展示平台，打造最优创业平台。大赛采用“选拔赛＋总决赛”赛制模式，大赛征集参赛项目314个，根据组委会专家组对参赛项目材料审核把关，共选出104个项目晋级参加选拔赛。选拔赛按照得分高低遴选出30个项目晋级总决赛。

（吴奇静）

节能环保产业

概　况　2022年，盐城市节能环保产业规模以上企业实现销售收入294亿元，是全市重点发展战略性新兴产业，产业规模300亿元，形成盐城环保科技城、阜宁环保滤料产业园为重点的特色产业集聚区，产业规模集聚度较高。拥有公共研发平台9个，建有国家级企业技术中心（工程研究中心）2个、省级企业技术中心（工程研究中心）27个，在工业烟气多污染物治理、高浓度有机废水处理、催化剂再生等领域积累一批自主可控核心技术。

昆岳互联环境技术（江苏）有限公司
昆岳互联环境技术（江苏）有限公司（以下简称昆岳互联）是一家专业

11月24—25日，由盐城高新区承办的“智联万物、慧赢未来”第三届中国电子信息行业创新创业大赛选拔赛在南京举行。　盐城高新区　供图

从事节能环保、碳资产管理和环保第三方运维的产业互联网科技公司，公司将大数据、物联网、人工智能以及5G等新一代信息技术与环境基础设施深度融合，打造行业级环保产业互联网平台（INECO平台），构建智慧环保管家新赛道。公司为日照钢铁、运城建龙钢铁、唐山津西钢铁、国家电投集团、乐山德胜钢铁、吕梁建龙钢铁、临汾建邦钢铁、泰兴泰丰和晨光生物等客户提供环保第三方运维和环保设施数字化升级服务。公司自主开发的“a环保”App用户突破2万户。公司拥有授权发明专利7件、授权实用新型专利22件、软件著作权22件。年内，公司围绕七大综合解决方案立项17个科技攻关课题，开发迭代e运维、边缘智控一体机、故障预警诊断一体机等数字化软硬件产品功能，并形成一批自主知识产权。至年底，公司累计申请专利93件，其中授权发明12件；获批软件著作权37件，商标94件。（潘明明）

第四届环保产业数字化发展论坛 11月12—14日，由昆岳互联环境技术（江苏）有限公司承办的钢铁行业超低排放改造推进会暨中国钢铁工业协会环保节能工作委员会换届大会在盐城召开，会议采用“线下+线上”相结合形式召开。会议完成第五届节能环保工作委员会换届工作，并围绕超低排放、节能降碳等有关议题展开探讨。

装备制造业

概　况 2022年，盐城市高端装备行业实现较好发展。全市拥有规模以上机械企业超千家，全市实现销售收入4919.4亿元，占全市工业比重50.1%，对全市工业经济增长贡献率69.4%。智能制造装备行业，江苏长虹智能装备股份有限公司实现销售收入5.73亿元；高端风电装备行业，江苏金风科技有限公司实现销售收入33.73亿元；石油装备行业，有规模以上企业百余家，主要集中在建湖县，生产石油机械关键零部件（井口装置、采油树、节流压井管汇、防喷器、油管钳），是全国最大油田井口装置生产基地；航空装备产业，主要集聚在射阳县和建湖县，其中射阳县新签约落户航空产业项目7个，包括元南航空三角翼制造和普雷恩胜利者T300直升机制造2个制造项目。

智能制造 年内，市工信局组织开展智能化诊断活动，为全市2404家企业提供诊断报告，年内新增15家省示范智能工厂。面向全国遴选智能制造服务机构，建成盐城市“智改数转”服务商资源池。推动盐城智能制造联合创新中心建成运营，集聚上电科添唯检测认证（江苏）有限公司、上海博世力士乐液压及自动化有限公司、卡尔斯鲁厄理工学院等领先服务机构，建设智能示范产线、实训产线、国家机器人及工业互联网系统实验室、数字化转型展厅。年内，江苏昆仑互联科技有限公司、江苏高精机电装备有限公司、上电智联科技（江苏）有限公司3家企业入选江苏省智能制造领军服务机构。

洪田高端成套装备制造项目 洪田高端成套装备制造项目由洪田科技有限公司投资建设，项目总投资30亿元，占地25.91万平方米，新建厂房和附属设施15万平方米，购置数控车床、立式加工中心、焊接机器人等大型设备，新上高端锂电铜箔成套设备、覆铜板CCL及PCB设备生产线。项目建成投产后，可实现年产电解铜箔成套设备及相关产品1万台（套）。

瑞莱铂智能机器人项目 2月23日，盐都瑞莱铂（上海）智能科技有限公司与盐城高新区签约瑞莱铂智能机器人项目。7月2日，瑞莱铂智能机器人项目开工。项目计划投资10亿元，项目收购厂房1万平方米、新增建筑面积1.24万平方米，建设8条自动化物流及AGV机器人生产线。项目主要建设内容为年产1900套AGV机器人及配套设备项目，包括搬运机器人、智能物流和WCS等智能制造软件系统开发。全部投产达效后，年可实现开票销售收入10亿元、税收5000万元。

汇鼎智联装备科技（江苏）有限公司 汇鼎智联装备科技（江苏）有限公司成立于2021年10月，注册资本1000万元，公司位于盐南高新区。公司经营范围包含智能基础制造装备制造、电子专用设备制造、计算器设备制造、电子元器件与机电组件设备制造、工业自动控制系统装置制造等。公司专注于AI机器视觉、精密量仪制造、智能化改造服务等领域，提供数据算法、研发设计、设备（产线）制造、售后运维、技术培训等全方位服务，技术团队拥有120人，以及AI深度学习算法+视觉检测应用等行业领先核心技术，与航天科工、华为、特斯拉、长城汽车开展业务合作。至年底，公司实现营业收入8000万元。

德纳非公路（盐城）传动系统有限公司 德纳非公路（盐城）传动系统有限公司成立于2007年1月，注册资本2730万欧元，公司位于盐城经济技术开发区。德纳非公路（盐城）传动系统有限公司由德纳意大利传动系统公司投资成立，公司为非公路用车企业提供总行星减速机、液压马达、柱塞马达，覆盖矿山、物流、农机等领域，是约翰迪尔、三一重工、徐工、中联重科等知名企业供应商。至年底，公司实现销售收入6.24亿元、入库税收2970万元。

盐城和阳智能电梯部件公司 盐城和阳智能电梯部件公司成立于2018年6月，注册资本6000万元，公司位于盐城环保产业园。公司从事智能环保节能型直梯、扶梯等全模块电梯部件研发、生产与销售，是国内领先的高端智能电梯全模块部件供应商。公司为全球最大电梯全模块系统制造和总装集成生产基地，具有年产电梯层门系统200万套、各型扶梯6000台、电梯全模块部件5000万件电梯曳引机系统20万台等生产能力。至年底，公司实现销售收入10.2亿元。

（陈　哲）

新材料产业

概　况　2022年，盐城市新材料产业规模不断扩大、龙头企业加快成长、整体实力不断提升，较好支撑全市经济社会发展和产业转型升级，全市新材料产业实现销售收入1800亿元。至年底，全市集聚新材料规模以上企业370家，产品种类主要集中在先进金属材料、高性能纤维及复合材料、绿色建筑材料、化工新材料、新型功能性材料等方面。

新材料重点项目　年内，全市有新材料产业重点项目113个，累计完成项目投资190.3亿元。其中，金光纤维（江苏）有限公司年产50万吨差别化纤维素项目计划总投资106亿元，当年完成投资22亿元，酸站、原液车间等陆续竣工；江苏凯金新能源科技有限公司年产20万吨高性能锂电池负极材料一体化生产基地项目计划总投资60亿元，年内部分竣工投产；江苏腾凯金属新材料有限公司年产70万吨不锈钢棒材、30万吨不锈钢高速线材项目当年完成投资14亿元。

风渡新材风电叶片零部件制造项目　风渡新材风电叶片零部件制造项目由风渡新材料（盐城）有限公司投资建设，一期总投资2.6亿元，租用江苏剑豪传动机械有限公司的厂房和配套设施，占地6.67万平方米，建筑面积4万平方米，建设生产线124条。年内，项目124条生产线全部达产，形成年产3万吨风电叶片主梁用零部件生产规模，全年项目实现产值2亿元，完成销售收入1.54亿元、税收400万元。

江苏磊达股份有限公司　江苏磊达股份有限公司成立于1998年8月，注册资本1.5亿元，公司位于江苏省东台市经济开发区。公司是集建材水泥、造船物流、宾馆酒店、钢帘线于一体的多元企业，主要生产钢帘线、建筑材料、五金、交电等新型特种材料。公司先后被授予“全国文明单位”“江苏省文明单位标兵”和“江苏省优秀民营企业”称号。至年底，公司实现销售收入29.6亿元，有总资产35亿元、员工6200人。

赛得利（盐城）纤维有限公司　赛得利（盐城）纤维有限公司成立于2021年4月，注册资本7.67亿元，公司位于阜宁高新技术产业开发区。公司主要研发粘胶纤维、纤维素纤维原料及纤维制造等。公司作为全市高性能纤维及复合材料方面专业企业，全年实现销售收入17.7亿元。

江苏科利新材料有限公司　江苏科利新材料有限公司成立于2011年7月，注册资本1.8亿元，公司位于江苏滨海经济开发区。公司专业从事新型高分子合成材料氯化聚合物研发生产，为国家火炬计划重点高新技术企业。至年底，公司实现销售收入5.3亿元。

（黄　巧）

轻工业

概　况　2022年，盐城市轻工业推进转型升级，开展品牌建设，全市轻工业发展总体稳定。全市轻工业实现销售收入417.7亿元，其中造纸和纸制品业销售收入281.1亿元。全市食品行业实现销售收入681.6亿元，其中农副产品加工业实现销售收入599.2亿元。全市轻工业主要产品产量为机制纸及纸板207.23万吨、人造板21.01万立方米、皮革鞋靴186.42万双、白酒1241.03千升、原盐79.83万吨。年内，全市推进品牌建设，江苏亿豪塑业股份有限公司、盐城嘉诚塑胶有限公司、江苏赛福探伤设备制造有限公司、盐城市亿德塑料包装有限公司、江苏真美包装科技有限公司、盐城市恒丰海绵有限公司等企业被列入全市省级“专精特新”中小企业名单。东台市富安合成材料有限公司、世目特种防护用品科技（江苏）有限公司被认定为省级工业设计中心；江苏仁康蛋业有限公司建成省示范智能车间，江苏省农垦麦芽有限公司建成省级绿色工厂；江苏瑞牧生物科技有限公司、江苏钰丰麦芽制造有限公司、盐城恒鼎土产有限公司、盐城冰天美帝食品有限公司等成为四星级“上云”企业。年内，中粮家佳康（江苏）有限公司、江苏金田纸业有限公司获评五星级工业企业；江苏复兴纸业有限公司、江苏超威电源有限公司、江苏中恒宠物用品股份有限公司、江苏三菱磨料磨具有限公司、江苏那美实业有限公司、响水中山生物科技有限公司6家获评四星级工业企业；百达通科技（东台）有限公司、江苏新森达鞋业有限公司等16家获评工业三星级企业。

轻工业重点项目　年内，全市新建轻工业项目52项，计划总投资295.31亿元。其中，金光纤维（江苏）有限公司年产50万吨差别化纤维素项目计划总投资106亿元，当年完成投资22亿元；江苏金田纸业有限公司年产90万吨白板纸、90万吨灰板纸项目计划总投资30亿元，当年完成投资5亿元。

江苏博汇纸业有限公司　江苏博汇纸业有限公司成立于2010年10月，注册资本28亿元，公司位于盐城市大丰港区。公司经营范围包含食品用纸包装、容器制品生产和纸、纸浆制造及纸制品销售等，公司主营涂布白卡纸。年内，公司完成销售收入116.8亿元，获评五星级工业企业、税收贡献奖、销售重大贡献奖。（赵晓燕）

纺织工业

概　况　2022年，盐城市纺织行业克服多重不利因素，运行总体稳中有进。全市纺织工业实现销售收入590.2亿元，其中，棉纺织行业全年实现销售收入427.4亿元、纺织服装行业全年实现销售收入102.5亿元、化纤行业全年实现销售收入60.3亿元。全市纺织工业主要产品产量为纱产量39.31万吨、布8.8亿米、蚕丝866.46吨、服装7892.15万件、化学纤维15.8万吨。年内，盐城市加强纺织工业品牌建设，以纺织业、医药制造业、农副食品加工业等特色优势产业，入选2022年消费品工业“三品”战略示范城市榜单。海聆梦家居股份有限公司、江苏悦达家纺有限公司入选工信部重点培育纺织服装百家品牌消费品牌重点培育对象，阜宁环保滤料入选区域品牌重点培育对象；盐城神力制绳有限公司获评国家级“专精特新”小巨人企业；江苏悦达家纺有限公司赛得利（盐城）纤维有限公司、东台市富安合成材料有限公司、江苏神鹤科技发展有限公司、世目特种防护用品科技（江苏）有限公司4家企业被认定省级工业设计中心；江苏菲特滤料有限公司建成省级服务型制造示范企业。年内，海聆梦家居股份有限公司被评为四星级工业企业，盐城福汇纺织有限公司、江苏玉人服装有限公司等7家企业被评为三星级工业企业。

纺织工业重点项目 年内，盐城市新建纺织工业重点项目21项，计划总投资159亿元；技改项目19项，计划总投资32.85亿元。其中，赛得利（盐城）纤维有限公司年产40万吨粘胶纤维、3万吨无纺布项目计划总投资60亿元，当年完成投资27.5亿元，项目占地140万平方米，购买存量厂房29万平方米，新建厂房及附属设施21万平方米；江苏兰邦特种纤维有限公司年产3万吨特种纤维项目计划总投资30亿元，当年完成投资10亿元，项目占地13.33万平方米，新增建筑面积20万平方米。同时，盐城市加快推进投资10亿元的江苏恒百胜特种纤维有限公司年产15万平方米新型面料、江苏天然纺织科技有限公司年产80万套家纺四件套、盐城顺龙纺织有限公司年产8000万米中高端面料和江苏荣鸿新纤维科技有限公司年产8000万米高端面料等项目。

江苏宏泰纤维科技有限公司 江苏宏泰纤维科技有限公司成立于2010年11月，注册资本2.7亿元，公司位于江苏东台经济开发区。公司经营范围包括合成纤维、人造纤维研发，聚酯熔体直接纺差别化长丝生产等。年内，公司实现销售收入14.87亿元。

江苏悦达纺织集团有限公司 江苏悦达纺织集团有限公司成立于2003年8月，注册资本17亿元，公司位于盐城市。公司经营范围包含棉、麻、毛、丝和人造纤维的纯、混纺线及其织物，针织品、服装、印染加工，纺织机械及配件、家用纺织品销售等。年内，公司实现销售收入13.78亿元。

江苏沙印集团射阳印染有限公司 江苏沙印集团射阳印染有限公司成立于2009年9月，注册资本2亿元，公司位于射阳县临海化工集中区。公司经营范围经营范围包含布印染，植物纤维编织工艺品、人造纤维制造，浆粕、纱、服装、布制造和销售等。年内，公司实现销售收入12.37亿元。

（赵晓燕）

化工产业

概　况 2022年，盐城市推进化工产业安全环保整治提升、化工行业安全生产专项整治等工作，关闭退出低端落后化工生产企业，加快推进整治达标停产化工生产企业复产，规范提升化工园区发展水平，促进全市化工产业结构调整和转型发展。全年全市化工行业实现销售收入544.2亿元。其中，石油、煤炭和其他燃料加工业实现销售收入13.2亿元；化学原料和化学制品制造业实现销售收入308.4亿元；医药制造业实现销售收入77亿元；橡胶和塑料制品业实现销售收入145.6亿元。

化工生产企业转型重组 年内，全市淘汰低端落后化工企业，低端落后化工产能基本出清。全市列入省市化工产业整治目录范围化工生产企业288户，2019年关闭退出51户，2020年关闭退出84户，2021年关闭退出70户，2022年关闭退出12户，均超额完成省下达化工企业关闭退出年度目标任务。推进停产化工企业复产，制定复产流程和市级复产复核标准，组织市相关职能部门指导督促企业抓紧整改并及时组织验收。至年底，各地上报申请复产56户停产企业全部批复复产。加快提升园区规范发展水平，对照省化工园区认定评价标准，做好滨海、大丰化工园区复核认定相关准备工作，高标准推进园区公共基础设施提标改造，全面提升安全环保、应急救援和公共服务等综合管理水平。做好化工行业安全环保管控，开展化工整治领域安全生产大检查，累计排查问题隐患922条，年内全部整改到位。

大丰港石化新材料产业园 大丰港石化新材料产业园于2012年4月由盐城市政府批复设立，园区规划面积24.6平方千米，以王港河为界，分南、北两个片区，北片区为石化新材料产业板块，规划面积16.2平方千米；南片区为精细化学品产业板块，规划面积8.4平方千米。园区集中供水、供电、供气、供热，污水处理、危废处置等公共配套设施齐全，满足规划建设要求和未来发展需要，基础设施配套项目均建成并投入运行。2020年10月，园区通过省政府认定，保留化工园区定位。（黄　巧）

船舶工业

概　况 2022年，盐城市船舶行业经济运行总体平稳向好。全市有在产船舶修造企业10家，其中，东台市2家、射阳县5家、响水县3家，从业员工1600人（不包括季节性临时用工人员），主要业务以建造30～80米的一般干货船、近海作业渔船及少数沿海工程船和从事船舶年检、维修工作。全市船舶造船企业累计建造船只96艘，实现造船完工量

22.69 万载重吨；全市船舶造船企业新承接订单 65 艘 12.7 万载重吨，全市船舶造船企业手持订单 37 艘；全年完成船舶维修 389 艘。年内，全市有船舶配套企业 160 余家，其中规模以上企业 21 家，主要产品涉及动力和推进设备、电机辅助设备、舱室机械、油（水）污处理和船用消防救产品等，全年规模以上船舶配套企业实现销售收入 10.7 亿元。年内，黄海新区利用滨海港发展船舶修造与海工装备自然条件，加大与上海华润大东船务工程有限公司、上海外高桥造船有限公司两家船企对接力度，两家船厂对滨海港岸线、水深、产业用土等表示基本认同。加快研究上海华润大东船务工程有限公司搬迁选址地块布局情况，持续推动上海外高桥造船有限公司在滨海港新上造船项目。

东台市远洋船舶配件有限公司 东台市远洋船舶配件有限公司成立于 1975 年，占地总面积 8.67 万平方米，建有各类厂房 3560 平方米，资产总额 1.89 亿元。公司从事各类船用轴系、舵系、管系（各种阀门、接头及其附件）产品研制和生产专业厂家。公司拥有质量检测中心和计算机局域网，配备卡套接头振动试验机、脉冲静压试验机、爆破真空试验机、光谱分析仪、金相分析仪、磁粉、超声波探伤等先进检测设备。拥有各种机械加工设备 250 余台（套）。公司具有国家船舶工业总公司颁发的生产许可证。年内，公司自动平衡式推力轴承、低磨损自动平衡式推力轴承、具有减振活塞的推力轴承等专利通过授权，公司实现年销售额超亿元。

东台浪鲨船舶设备有限公司 东台浪鲨船舶设备有限公司成立于 2014 年 6 月，注册资本 300 万元。公司长期致力于消防及船舶救生、水上运动事业的发展，公司产品包括船舶救生设备、消防器材、个人呼吸保护设备、个人防护设备、潜水装置、水上运动等产品。消防产品由消防装备质量监督检验中心进行年度监督检验，船用产品经中国船级社型式认可，部分船用产品获欧盟 EC 和 CE 证书。年内，占地 2.2 万平方米的现代化厂房竣工使用。公司产品远销日本、韩国、欧洲、澳大利亚、美国等地，实现年销售收入超亿元。（李文胜）

建材行业

概　况 2022 年，盐城市建材行业实现销售收入 391.2 亿元，比上年增长 6.3%。全年全市水泥产量 1416.38 万吨，比上年减少 9.8%；预拌砂浆产量 119.8 万吨，比上年增加 21.1%；预拌混凝土 2198.2 万吨，比上年减少 19.7%。全年全市建材行业有星级企业 8 家，其中，五星级建材企业 1 家、四星级建材企业 3 家、三星级企业 4 家。

建材重点项目 年内，全市有建材行业投资项目 15 个，计划总投资 14.7 亿元。其中，江苏磊达股份有限公司水泥粉磨系统节能改造项目，对现有水泥粉磨系统进行更新升级，项目计划总投资 10 亿元，当年完成投资 5 亿元；江苏伟聚达幕墙有限公司年产 36 万平方米新型建筑幕墙项目，项目计划总投资 3 亿元，当年完成投资 1 亿元；江苏嘉泽特种玻璃有限公司年产 300 万平方米中空钢化玻璃、10 万平方米内置百叶窗玻璃、10 万平方米夹胶玻璃项目，建设 4 条全自动中空玻璃生产线，项目计划总投资 2 亿元，当年完成投资 1 亿元；滨海交通控股集团有限公司年产 200 万立方米商品混凝土、45 万立方米沥青和 150 万立方米水泥稳定碎石项目，项目计划总投资 3.3 亿元，当年完成投资 1.9 亿元。

江苏联鑫建材有限公司 江苏联鑫建材有限公司成立于 2005 年 1 月，注册资本 1.1 万亿元。公司是一家专业生产各种性能商品混凝土、各种等级矿渣微粉，及各种规格建筑钢材销售企业，公司经营范围包括建材、钢材、水渣、水泥、外加剂销售和商品混凝土搅拌等。公司年生产能力 150 万立方米。年内，公司实现销售收入 11.5 亿元。

东台磊达水泥有限公司 东台磊达水泥有限公司成立于 2003 年，注册资本 4588 万元。公司经营范围包括硅酸盐水泥制造、销售，航道工程施工，道路货物运输（不含危险化品、剧毒化学品和监控化学品），太阳能热发电产品销售，五金产品批发、零售，非金属矿及制品销售等。年内，公司实现销售收入 52.35 亿元，获评全市建材行业五星级企业。

江苏博拓新型建筑材料有限公司 江苏博拓新型建筑材料有限公司成立于 2011 年，注册资本 5103 万元。公司主要从事新型建筑材料如预制构件、加气板材、加气砌块和各类预拌混凝土的研发、生产和销售。公司是国家高新技术企业、江苏省民营科技企业、江苏省科技型中小企业和江苏省建筑现代化示范产业基地，设立有中鼎集团新材料研究院、江苏省企业技术中心、江苏省研究生工作站，曾获江苏省科学技术三等奖，被评为盐城市星级企业。年内，公司实现销售收入 2.7 亿元，获评全市建材行业三星级企业。（黄　巧）

电力行业

概　况 2022 年，盐城市有火电企业 39 家（燃煤发电企业 16 家、农林生物质发电企业 8 家、垃圾发电企业 5 家、燃气发电企业 5 家、三余发电企业 5 家）、风电企业 51 家、光伏企业 125 家。全年全市发电量 515.47 亿千瓦时，全市用电量 448.92 亿千瓦时，全市工业用电量 293.99 亿千瓦时，全市 6 个高铁牵引站电量 1.06 亿千瓦时。全市总装机规模 1800.86 万千瓦，其中火电装机规模 547.81 万千瓦、新能源装机规模 1252.85 万千瓦、水电装机规模 2000 千瓦。新能源装机规模中，风电 946.58 万千瓦（海上风电 554.71

万千瓦、陆上风电391.87万千瓦）；光伏273.01万千瓦（集中式光伏145.63万千瓦、分布式光伏127.38万千瓦）；生物质30.99万千瓦。加强配套设施建设。全市电网共有500千伏变电站8座、主变16台，容量1525万千伏安；220千伏变电站50座、主变82台，容量1476万千伏安；110千伏变电站167座、主变335台，容量1718.05万千伏安；35千伏变电站76座、主变155台，容量198.03万千伏安。全市有500千伏线路36条，线路长度1753.59千米；220千伏线路203条，线路长度4349.05千米；110千伏线路366条，线路长度4660.03千米；35千伏线路202条，线路长度2031.76千米。

（陆春光　王福泉）

盐城供电公司　年内，盐城供电公司完成全社会用电量448.92亿千瓦时、工业用电量293.99亿千瓦时，比上年分别增长9.46%、7.06%。年内，公司在全省率先实现系统屋顶光伏建设“全类型覆盖”，全省首个数字配电工程研究中心获省政府认定，率先开展数字有源配电网建设试点。对接服务江苏射阳港经济开发区等4个零碳产业园规划建设，微碳慧能科创产业园建设案例荣获信息社会世界峰会冠军奖。推进电网建设，编制“十四五”电网发展规划。投产35千伏及以上线路642.12千米、变电容量116万千伏安。首座220千伏智慧变电站（花州变）建成投运，省内率先应用“一键顺控”启动新建变电站，全省首个县域电力能源大数据中心揭牌投运。提升供电服务，落实红线外电力接入工程政企共担机制，节省电力客户办电成本3亿元。全国率先建成以车联网平台为基础充电运营服务网络，持续推进15个“开门接电”示范园区建设，实现省级及以上园区全覆盖。全市首个超100万千瓦用户（德龙镍业）增容工程送电投运。高效服务中海油LNG等14个重大项目提前接电投产。东台市、射阳县、滨海县“电力爱心超市”投入运营，得到省乡村振兴局肯定。

（戴一宁　方　亮）

江苏射阳港发电有限责任公司　年内，江苏射阳港发电有限责任公司完成发电量66.43亿千瓦时，实现营业收入27.78亿元、上缴税收4345万元。年内，公司制定电力现货交易（试运行）申报办法，成立组织机构，研究报价策略，参与模拟交易和试运行，全年参与深度调峰238台次。拓展电力市场，统筹考虑百万机组投产情况，自主签订2023年度大用户219家，电量77.65亿千瓦时。拓展非电市场，跟踪周边区域供热市场发展动态，加强对接沟通，全年对外供热26.7万吨。面对三废（粉煤灰、石膏、湿渣）市场持续低迷等困难，采取促运促销措施，保障三废安全发运。加大对外检修市场开拓力度，全年争取到17个项目，获益372万元。加强煤炭全流程精细化管理，减少热值损耗，加大经济煤种掺烧力度，在保证煤炭供应稳定基础上，控制煤炭综合成本。争取长协煤合同足额兑现，加大市场调研力度，采取低价囤煤、中路港采购等措施，降低煤炭采购成本。做好能源保供，利用区位优势采购中路港市场煤补充，开拓新港口提升转运效率，保障煤炭供应稳定，全年组织煤炭317万吨，按期保量完成煤炭储备任务。加大设备巡查维护力度，保障机组应发尽发、稳发满发，机组最高单日发电量3141万千瓦时，完成迎峰度夏等保电任务。加强无组织排放管控，落实煤场、灰库、出渣场所抑尘措施，建立一般固废管理台账，完成危废库视频联网。规范碳排放管理，确保碳数据链完整可靠。（余　佳）

江苏国信盐城滨海港高效清洁煤电项目　9月26日，江苏国信盐城滨海港2×100万千瓦高效清洁煤电项目开工建设。国信滨海港高效清洁煤电项目是盐城市与省国信集团战略合作项目，同时是江苏“十四五”规划建设的重点能源项目。项目总投资97亿元，由江苏国信股份有限公司、国家电投协鑫滨海发电有限公司、盐城市国能投资有限公司共同投资建设，采用二次再热超超临界技术，提升综合能源利用效率，打造智能化、现代化绿色低碳高效燃煤示范基地。

（严志坚）

建筑业

概　况　2022年，盐城市完成建筑业总产值3300亿元，比上年增长15%，经济总量排名居全省第六位。全市建筑业实现入库税收66.36亿元，其中一般预算收入36.52亿元；全市建筑业规模以上企业完成增加值487.08亿元，建筑业规模以上企业（一级资质以上企业）完成产值1905.54亿元，全市建筑业成为全市产业经济发展重要增长板块。全年全市有58家建筑企业被认定为星级以上企业，比上年新增20家。

建筑市场　年内，全市实施“走出去”战略，形成万人以上规模建筑市场6个、千人以上规模建筑市场58个，先后承建北京冬奥会系列工程、杭州恒隆广场综合体工程、武汉智能制造产品分拨结算中心等一大批区域性重大项目。全市完成外出施工产值2091.2亿元。

建筑队伍　年内，全市施工队伍分布全国29个省、市、自治区。全市从事生产经营活动平均人数68.2万人，其中年平均外出施工人数45万人，带动农民就业增收，促进建筑行业从业人员年收入10万元。

建筑品牌　年内，盐城市扩大“盐阜建筑铁军”品牌影响力，全市有省建筑业信息平台管理建筑施工企业3253家，其中，特级资质企业4家，施工总承包一级资质企业104家。建筑经营范围涉及房建、交通、市政园林、公路、水利水电、港口与航道工程等领域，疏浚打捞和高空防腐维修在全国居前列。

建筑业行业监管　年内，盐城市先后印发安全文明施工措施费动态计价管理、加强危险性较大分部分项工程专家论证管理、推广应用承插型盘扣式钢管支架等文件，建立健全安全管控体系。加强开展建筑施工安全专项整治，建立在建工程整改、销号、责任“三项清单”，市级共组织督查安全检查45次，累计抽查项目236项次。组织开展宣传教育活动7次，教育培训2万人次。加快智慧工地建设，在市本级率先开展“建安码”省级试点。组织开展盐城市住宅工程质量信息省级公示工作，指导东台市开展住宅工程渗漏防治试点工作。做好房屋建筑工程领域农民工工资支付工作，推进农民工工资支付全流程规范化、信息化，从源头防范治理农民工工资拖欠问题。强化建筑施工扬尘治理，发挥市建筑工地扬尘办作用，实行每周常态化巡查和重要时间节点专项督查，全年共检查建筑工地1094项次，对56个项目进行立案查处。

建筑业行业执法 年内，全市各级住房和建设部门坚持依法履职，依法严肃查处住建领域违法违规行为，持续净化优化建筑领域营商环境。聚焦建筑安全生产、大气污染防治、房产市场秩序、人防车位租赁专项治理、建筑工程质量、污水排放、燃气消防等社会关注度较高、群众反映强烈的行业领域，加大执法力度，提升执法威慑力，维护全市住房城乡建设秩序。全市住房和建设部门共受理各类违法违规线索357件，立案查处264件，作出处罚决定219件，结案209件，处罚金额939.99万元。

勘察设计 年内，全市有勘察设计单位179家（同时具有勘察和设计资质的单位13家），其中，勘察单位19家、设计单位173家。增强勘察设计行业创新创优竞争力，年内28个勘察设计工程项目获评省城乡建设系统优秀勘察设计奖项，其中，二等奖7项、三等奖21项；在2022年全省百万城乡建设职工职业技能竞赛中，盐城市建筑信息模型获职工组团队第二名、学生组团队第二名。

建筑工程创优 年内，全市企业建设项目获评国家优质工程奖2项、中国建筑工程装饰奖6项、江苏省优质工程奖“扬子杯”25项、省标准化星级工地100项，有52个项目获盐城市优质工程奖。

建筑星级企业 年内，全市认定星级以上建筑企业58家，比上年增加20家。其中，江苏金贸建设集团有限公司等7家企业获评五星企业，蓝盾建设集团有限公司等10家企业获评四星企业，江苏晟功建设集团有限公司等16家企业获评三星企业，江苏鸿泰通建设集团有限公司等25家企业获评星级企业。

江苏宏远建设集团有限公司 江苏宏远建设集团有限公司成立于1992年1月，注册资本1亿元，公司位于滨海县，是集房屋建筑工程、市政公用工程、建筑装饰装修工程、土石方工程、钢结构工程、地基与基础工程、消防设施工程施工为一体的综合型一级资质施工企业集团。公司外出施工主要分布在福建、云南、四川、广东、天津、黑龙江、山西、陕西、河北等地。公司先后获得“闽江杯”“扬子杯”等省市优质工程奖。年内，公司上缴地方财税5400万元。

江苏盐城水利建设有限公司 江苏盐城水利建设有限公司成立于1983年10月，注册资本1亿元，公司位于盐都区，公司具有水利水电施工总承包一级、市政公用工程总承包二级、通航建筑物工程专业承包一级、建筑装修装饰工程专业承包一级、桥梁工程专业承包二级等资质，主要从事水利工程施工。至年底，公司拥有专业技术管理人员302人，其中，中高级职称137人、建造师135人，承建项目多次获评“扬子杯”“大禹奖”“鲁班奖”等，在全国具有较强市场竞争力和良好品牌形象。

千和建设集团有限公司 千和建设集团有限公司成立于1991年6月，注册资本1.6亿元，公司位于亭湖区，是盐城市实施装配式建筑先行企业，有建筑工程施工总承包壹级、钢结构专业承包壹级、建筑装饰装修专业承包壹级等多项施工资质，主要生产项目有装配式结构预制构件、装配式基础预制构件（工程桩）、混凝土集中拌合中心、预制钢筋混凝土环保水池等混凝土制品。公司连续多年被评为全市建筑业第一等次企业、建筑业三十强企业、盐城市建筑业五星级企业等。年内，公司实现产值20亿元。

（杨 毅 皋古平）

盐城国贸中心项目获中国建设工程鲁班奖 12月4日，2022—2023年度第一批中国建设工程鲁班奖（国家优质工程）名单公示结束，盐城国投集团先锋国际广场三期酒店写字楼工程（盐城国贸中心项目）入选其中。盐城国贸中心项目位于盐城市区先锋岛，由盐城国投集团投资开发，项目总投资12亿元，总建筑面积10.8万平方米，建筑总高度216米，为盐城建筑第一高楼。（徐 叙）

商贸服务业

编辑　徐　昊

综　述

商贸发展　2022年，盐城市以实施融合协同发展、产业创新升级、载体提质增效、企业梯次培育、项目招引建设、品牌创塑提升六大行动为重点，促进生产性服务业向专业化和价值链高端延伸，推动生活性服务业向高品质和多样化升级。实施融合协同发展行动，推动现代服务业和先进制造业深度融合，加强现代服务业与农业融合，促进服务业内部融合发展，开辟多业融合、体验新颖服务业新业态新场景。实施产业创新升级行动，推动服务业数字化，推进制造业服务化，围绕全市23条重点产业链推动智能化改造、数字化转型。实施企业梯次培育行动，加强服务业龙头企业引育，强化星级服务业企业引领作用，加强中小企业“小升规”工作，确保新增一批规模以上服务业企业。实施项目招引建设行动，强化服务业项目招引，组织专题招商活动，加强项目建设管理，促进项目尽快建成见效。实施品牌创塑提升行动，全面提升“盐城服务”品牌价值，推进服务业标准化工作，推动重点领域服务质量与管理水平提升。现代物流转型发展，盐城港货物吞吐量增速位居全国海港前列。商贸消费提质扩容，持续开展“春绿盐城”“夏嗨盐城”“秋韵盐城”“冬暖盐城”四季消费促进活动。会展经济加速发展，第四届中韩贸易投资博览会成功举办。四大成长型服务业发展壮大。全力推进“数字盐城”建设，上电科盐城智能制造公共服务平台入选国家级中小企业公共服务示范平台；更大力度节能降碳，试点建设低（零）碳产业园；加快建设检验检测服务平台，启动全国首个海上风电装备技术标准创新基地建设，中汽研汽车试验场股份有限公司在深圳证券交易所创业板上市；推进康养产业全市域高质量发展，编制形成全市大健康产业调研报告，打造“盐年益寿”养老服务品牌，东台入选国家智慧健康养老示范基地。

市场保供　年内，市商务局制定完善《小规模聚集性疫情应急处置黄金24小时生活保障工作方案》，督促指导各地商务部门制定应急处置方案。完善生活必需品市场保供体系，梳理出与各地商务签订保供承诺书或向已社会公示生活必需品保供企业38家。执行重点商超日报告制度，对23家大中型超市粮油、肉禽蛋、水产品、蔬菜、水果等12类生活物资销售和库存情况进行严密监测。与雅家乐集团和美团签订新冠肺炎疫情期间市场应急保供协议书，督促指导全市商贸企业广开采购渠道，扩大商业库存，保障全市生活必需品市场供应有序。会同发改部门在大润发盐都店、先锋岛店和中粮家佳康大庆中路店投放市级储备猪肉1300千克，平抑肉价，保证市民消费需求。全年全市生活必需品总体供应充足，价格未出现异常波动。

消费市场复苏　年内，市商务局制定专项消费促进政策，激发消费热情。发挥“政策＋活动”叠加效应，加快释放消费潜力，第二届“515盐城消费节”期间，起草并以市政府办名义下发《关于促进消费持续恢复快速发展的措施》。市县全域联动，会同金融机构、电商企业和线下实体企业共同参与，联合发放餐饮、购物、汽车、消费券、旅游、影剧院、体育等消费券和家电补贴，同时鼓励开展促销活动，发展夜间经济。做好纾困政策落实落地，会同市财政局等相关部门制定《落实企业防疫支出补贴政策帮助市场主体纾困解难实施细则》《落实困难企业贷款扶持政策帮助市场主体纾困解难实施细则》，对商贸行业中批零住餐企业防疫支出和贷款贴息给予扶持补贴，累计拨付防疫支出补贴190家企业124.16万元，拨付贷款贴息补贴266家1060.39万元。

农贸市场建设　年内，市商务局在全省率先开展农贸市场建设“三年行动计划”（2020—2022年），并纳入市政府民生实事中全力推进。全年新建、改造农贸市场21个，社会各类投资主体共投资1.25亿元。至年底，全市累计新建、改造农贸市场222个，社会各类投资主体共投资25.36亿元。全市老旧市场改造率98.8%，完成改造农贸市场164个，消除原市场因年久失修、钢结构锈蚀严重、电线线路老化等安全隐患。年内，市商务局联合市市场监管局等五部门开展大市区年度星级农贸市场评比，评选出三星级市场5个、二星级市场10个、一星级市场15个，发放奖补资金400万元。

夜间经济　年内，市商务局加快培育消费新动能，丰富消费载体，培育消费新动能新活力，会同市市场监管局、放心消费创建办公室和消费者协会联合开展第二批盐城市特色夜市街区评选活动，评选出盐城大有境、东台结发街等10家夜市街区为“盐城市特色夜市街区”，并在“515消费节”启动仪式上进行发布授牌。至年底，全市有特色夜市街区30家。

首店经济　年内，全市主体消费群体逐步年轻化，对消费升级需求不断增加，消费市场主动匹配相关网红品牌入驻。至年底，万豪、希尔顿等知名国际连锁酒店入驻，带动城市能级提升；喜茶、奈雪的茶、瑞幸咖啡、乐乐茶等广受年轻人喜爱网红奶茶咖啡店陆续开业，带动商圈人气提升；海底捞、哥老官、贰麻酒馆等连锁餐饮品牌纷纷落户，成为市民热议话题；罗森便利店、7-EIEVEN便利店等知名便利店品牌广泛布局，触达城市白领等消费人群，提升购物便捷性。至年底，全市招引首店首品超50家。

绿色商场　年内，盐城市开展绿色商场创建工作，将绿色商场创建工作纳入到年度重点工作中，下发组织创建工作通知，摸排符合申报条件企并进行创建申报工作。定期在各大型商超、商业综合体加强绿色商超创建宣传，鼓励全市大型商超、综合体开展绿色商场示范创建，引导大型商超、综合体运用多种方式开展绿色消费宣传，营造绿色购物氛围，倡导并引进外包装印有绿色标志可再利用绿色商品，在节能产品、低碳产品、环保产品和绿色产品销售区设置醒目标签标志，引导消费者优先购买，向消费者传递绿色环保、低碳生活理念，将绿色发展理念融入生产生活。倡导企业减少一次性塑料制品使用，推广使用环保布袋、纸袋等非塑料制品和可降解塑料袋。同时，鼓励商场开展绿色回收活动，设立回收箱、回收机或回收柜台，利用以旧换新、积分奖励等方法向消费者回收废电池、废灯管、废旧塑料、废塑料瓶、废旧衣物、废电子产品等固体废弃物，提高废弃物回收利用率。安排商务发展专项资金用于对绿色商场创建改造投入补助，对获评国家级绿色商场创建单位企业给予一次性创建奖励资金。至年底，全市有国家级绿色商场5家。

（潘志飞）

商圈经济

概　况　2022年，盐城市完善消费流通体系，促进住宿餐饮、批发零售、休闲娱乐等接触性、聚集性消费回暖，释放旅游、文化、体育消费潜力，鼓励发展夜间经济、流量经济等新业态消费热点，推动城市商圈、特色街区差异化发展。市商务局联合16个部门印发《盐城市县域商业体系建设实施方案》，指导各地补齐基础设施短板，健全县域三级网络体系。年内，盐都区成功申报省现代商贸流通体系建设示范创建区。

社区便民商圈　年内，盐城市加快推进社区便民商圈建设，推进一刻钟便民生活圈重点项目建设，完善社区商业业态，全年新建便民生活圈14个，新增和改造网点设施2235个。

建军路商业集聚区　建军路商业集聚区核心商圈东起人民路、西至先锋岛、南临串场河、北到毓龙路，面积共计1.71平方千米，是盐城现代商圈最早的商业街，同时也是盐城最大现代商贸服务业集聚区，素有“盐城商业第一街”美誉。集聚区形成以建军路为主干，以金鹰国际购物中心、竹林大饭店、盐城商业大厦、五洲国际、苏宁电器、五星电器、万豪酒店、大润发等众多大型商贸企业和建军路地下商业街、中茵海华广场购物中心、浠沧商业街、华兴步行街等特色商业街区为主要节点，以新四军重建军部遗址——省级文物保护单位泰山庙、宋曹故居、陆公祠等历史遗址、铜马广场、迎宾公园等人文自然景观为历史底蕴的集商务、购物、文化、旅游、金融、休闲等于一体的市级商业中心区。年内，集聚区实现营业收入102.39亿元、税收收入3.41亿元，新增入驻企业241个。

盐城欧风花街　　　　盐阜大众报报业集团　供图

聚龙湖商务服务业集聚区　聚龙湖商务服务业集聚区成立于2012年3月，规划面积3.12平方千米，以聚龙湖为中心，东至串场河，南至环湖路（南港路），西至解放路，北至世纪大道。集聚区加快打造“三个高地＋一个中心”（长三角北翼新型商务业态发展创新高地、苏北金融产业高地、盐城市总部经济发展高地和盐城市全能生活商贸中心），围绕商务服务、现代金融两大主导产业，构建以聚龙湖商圈为核心，金融城、创投中心、凤凰汇、华邦国际等为节点的“一核多节点”空间布局体系，基本形成集高端商贸、商务服务、现代金融、城市休闲和公共服务五大功能板块于一体的现代服务业发展高地，成为盐城市新经济社会发展增长极、城市对外展示新窗口。集聚区先后创成国家级智慧“微城市”试点、省生产性服务业集聚区示范区、省文化科技产业园等品牌。年内，集聚区实现营业收入412.8亿元、税收收入11.55亿元。

现代服务业高质量发展集聚示范区　年内，盐城市印发关于推动现代服务业高质量发展的实施意见及若干政策措施，推动现代物流、金融服务、科创服务、现代商贸、商务服务、文化旅游六大支柱型服务业和大数据服务、节能环保服务、检验检测服务、健康养老服务四大成长型服务业发展，全市实现服务业增加值3358.2亿元，增速居全省第一位。实施载体提质增效行动，优选培育市级服务业集聚示范区，提档升级省级服务业集聚区，加强集聚区协同发展。至年底，建军路商业集聚区、东台西溪文化产业集聚区、盐城西伏河数字智能创新社区、射阳港港口物流园、盐都东方汽车广场创成省级现代服务业高质量发展集聚示范区。

盐城欧风花街获评江苏省示范步行街　2022年9月，省商务厅公布首批江苏省示范步行街名单，盐城欧风花街入选其中。欧风花街位于盐城市核心聚龙湖畔，街区于2017年

10月1日开街运营，总建筑面积35万平方米，商业建筑面积10.3万平方米，以1200米长步行街为主线，形成“一轴、二心、三区”商业建筑布局，重点打造集餐饮、主题酒吧、娱乐休闲、精品民宿于一体的特色街区。欧风花街围绕“高品位规划、高标准改造、高水平运营、凸显欧风特色”要求，持续严格要求管理，从完善工作机制、优化规划布局、做靓街区环境、创塑文化内涵、提升商业品质等方面深入推进街区改造提升工作，打造环境优美、商业繁荣、文化浓郁高品位商业街区。街区按照“一街一世界、一店一风情”总体思路，围绕青年人和特色餐饮定位要求，用“鲜花”和“绿色”来营造空间氛围，打造城市最靓“微旅游”目的地、最美“城市客厅”，成为盐城一张新的城市名片。街区集品牌餐饮、特色文创、精品民宿、主题酒吧、娱乐休闲和美容养生于一体，成为紧随潮流、汇聚时尚、独具魅力的城市休闲旅游好去处。　（潘志飞）

批发零售·住宿餐饮业

概　况　2022年，盐城市批发业实现销售收入3423.6亿元，增长17.2%；零售业实现销售收入1875.5亿元，增长3.3%；住宿业实现营业收入37.7亿元，增长6.7%；餐饮业实现营业收入268.1亿元，增长3.4%。全年全市实现社会消费品零售总额2700.6亿元，比上年增长0.6%，增速居全省第六位。全市零售50强企业（除滨海昌正外）集中于百货零售、汽车4S店、医药和燃油销售行业，全年完成零售额329.1亿元。印发《批零住餐限上企业入库考核办法》，推动限额以上企业“应统尽统”，全市限上批发、零售、住宿、餐饮增幅均居全省前列。商品消费增长明显，生活类商品增势平稳，其中粮油食品类商品实现零售额比上年增长34.9%，服装鞋帽针纺织品类实现零售额比上年增长15.6%。出行类商品增长乏力，汽车、石油作为零售占比最大两类商品，年内增长显现乏力，全年汽车类商品零售额与上年持平，石油及制品类商品零售额比上年下降4%，增幅比上年同期下降29.5个百分点。部分类别商品增长明显，中西药品由于新冠肺炎疫情多发频发等原因出现需求高峰，全年零售额比上年增长13.9%，通信器材类、文化办公用品类、金银珠宝类零售额分别比上年增长33.1%、33%、31%。

表21　2022年盐城市社会消费品零售总额情况统计表

单位：亿元

地　区	总　额	同比	地　区	总　额	同比
合　计	2700.60	0.60%	响水县	128.20	3.20%
东台市	308.40	2.50%	大丰区	253.90	3.30%
建湖县	239.70	3.60%	盐都区	272.80	–0.90%
射阳县	278.90	1.70%	亭湖区	284.00	0.30%
阜宁县	284.40	2.10%	盐城经济技术开发区	152.60	–4.20%
滨海县	264.50	–4.30%	盐南高新区	233.20	–0.90%

KK–PARK街区开街　10月1日，KK–PARK街区开街。街区位于盐城经济技术开发区，总建筑面积11.1万平方米，是盐城首个集主题乐园与商业场景相结合的沉浸式国际娱乐街区。街区围绕中韩文化主题对原卡迪乐园进行改造重塑，将盐城文化、韩国元素、特色项目有机结合，采用开放式运营模式，街区集商业、娱乐、文化、旅游、生活于一体，围绕中心湖区，街区划分特色餐饮区、夜经济区、创意生活区、休闲文化区四大区域，引进国内外高端品牌旗舰店、概念店、体验店等业态，拥有国际品牌4家、韩国品牌5家，集聚文创集合店、音乐房子、口袋屋等“首店品牌”26家，打造高标准服务、高程度包容、高流量传播的国际化品质街区。

2022盐城生态三鲜美食节　5月17—21日，2022盐城生态三鲜美食节在大洋湾景区开幕。生态三鲜美食节以“探三宝、品三鲜”为主题，活动为期一个月。活动以“线上＋线下”方式举行，射阳县黄沙港和建湖县九龙口分别设立分会场。开幕式上发布盐城美食地图，与会嘉宾观看纪录片《盐城味道》并观摩盐城名菜评选现场。

“515盐城消费节”　5月15日，第二届“515盐城消费节”暨“盐城网上消费节”启动仪式在盐都区举行。启动仪式包括发布第二批盐城市特色夜市街区名单并授牌，为盐城市网上消费推介官颁发聘书；盐都区消费活动推介、美团和阿里巴巴本地生活消费节联动活动推介；盐城市商务局与常州市商务局、美团、阿里巴巴本地生活、汇通达进行战略合作云签约；7-EIEVEN盐城首店发布推介及加盟商授权；发布消费节六大主题活动。本次活动由市商务局、市文广旅局、市农业农村局、市市场监管局、市供销社、盐都区政府、美团、阿里巴巴本地生活联合主办，旨在通过政府引导、商圈主导、全民参与的多方联动，全方位、多层次拉动消费，满足市民对美好生活需求，推动全市经济社会高质量发展。活动以“品质生活·云享盐城”为主题，开展“1+6+N”系列消费促进活动（“1”场启动仪式；“6”场特色配套活动，分别为2022盐城生态三鲜美食节、中国旅游日·盐城文化旅游惠民政策宣传推广活动、网上消费节、绿色消费品质消费活动、优质农产品展示展销会、云闪付·享优惠活动；“N”场系列消费促进专场活动）。活动从5月15日持续到8月15日，全市30个特色夜市街区、19个旅游园区以及重点商贸流通企业、电子商务企业和文化旅游企业参与。活动分3批发布消费资讯，累计发放景点门票2500万元、消费券1.18亿元，举办活动超1200场，带动消费10亿元。

月亮湾维景国际酒店对外营业 7月1日，由盐城市海兴集团有限公司投资建设的月亮湾维景国际酒店对外营业。月亮湾维景国际酒店位于盐城市黄海新区月亮湾旅游风景区内，酒店按照五星级标准设计，委托中国旅游集团酒店控股有限公司管理。酒店共23层，建筑面积7.6万平方米，住宿、宴会及会议设施齐全。酒店设有中餐厅、西餐厅、特色餐厅、大堂吧及包厢28个，拥有客房和套间219间、多功能厅2个、会议室5个及贵宾接待室2个，满足各类大型活动、商务会议及宴会需求。至年底，酒店实现营业收入2404万元。（潘志飞）

电子商务

概　况 2022年，盐城市实现网络零售额279.7亿元，比上年增长39.9%，增幅居全省第一位。其中，实物销售164.2亿元，比上年增长25.8%，销售排名靠前产品主要是家居家装、食品酒水和服装服饰。全市有电子商务企业3208家，在网上开设店铺3.8万家，从业人数7.2万人。加快电商特色产业集聚，做好示范创建工作，培育出东台新街苗木、射阳洋马菊花、盐都医疗机械等一批特色鲜明的电商产业集群。新街苗木全年实现网络渠道销售额10亿元，盐都医疗器械电商产业集聚区被认定为省级县域电商产业集聚区。至年底，全市累计创建国家级电子商务进农村综合示范县5个、国家级电子商务示范基地1个、国家级电子商务示范企业2个；创建省级示范基地、数字商务企业128个。加强对各县（市、区）分类指导、激励引导，挖掘各地电商赋能新消费潜力，推动各地网络零售规模快速增长。连续两年举办“网上年货节”和电商直播大赛，举办“515消费节”和“盐城网上消费节”活动，发动本地大型商业综合体、超市提供“近场电商”服务，全年举办各类线上促消费活动487场，完成交易额14.6亿元，带动全市网上消费活力。加强与美团、京东、汇通达、阿里本地生活大型电商平台合作，鼓励开展主题性网络促销活动和农产品线上产销对接活动，支持银宝集团开设京东·盐城特产馆上线运营，促进盐城特色农产品网络销售。完善公共服务，鼓励各地通过利用各类园区空地和盘活闲置厂房方式，改造提升公共服务平台，阜宁县通过益林镇电子商务创业孵化基地，建成提供免费电商孵化培育服务的县级公共服务中心；滨海县通过改造提升互联网双创基地，建成集商品贸易、培训孵化、平台推广、市场对接等功能于一体的镇级公共服务站，为电商企业提供公益性服务。鼓励全市中高职院校开设电商专业，培养一批业务能力强、学历层次高专业电商人才。支持鹤鸣亭等专业机构开展电商培训，全年采用“线上＋线下”相结合方式开展各类培训，帮助千人获得网络创业培训合格证书，百人获得电商直播销售员专项职业能力证书。

《关于加快全市电子商务高质量发展的实施意见》印发 为推动全市电子商务高质量发展，发挥电子商务在培育经济发展新动力、激发转型升级新动能、拓展群众增收新渠道等方面重要作用。10月25日，市政府办结合盐城市实际，编制印发《关于加快全市电子商务高质量发展的实施意见》（以下简称《意见》）。《意见》指出全市要抢抓数字经济时代下电子商务发展新机遇，发挥电子商务联通线上线下、衔接供需两端、对接国内国际等独特优势，加快健全电子商务服务体系，不断拓展电子商务应用的广度和深度，推动全市电子商务高质量发展跃上新台阶。通过加快培育高品质数字生活、推进全流程智能制造、建设新型化乡村市场、促进多元化跨境合作、培植高标准市场主体、健全高效率保障体系等措施，争取在2025年，全市电子商务网络零售额实现年均增速10%以上，电子商务相关从业者超过30万人；工业电子商务普及率达到75%，跨境电子商务交易额年均增长20%以上，农村电子商务交易额突破300亿元；实现网络零售额超亿元企业15家以上，业务规模超10亿元电商产业园5个以上，交易规模超20亿元电商产业集群3个以上；完善信息基础设施和快递网络布局，千兆光网全覆盖，快递量和业务收入年均增长分别在9%、14%以上。

农村电商 年内，盐城市加速发展农村电商，实施“数商兴农”战略，推进4家国家电子商务进农村示范县建设任务，加快全市农村地区电商服务站（点）建设。举办电商知识普及和创业培训班25期，培育电商人才队伍。全年全市实现农村网络零售额161.3亿元、农产品网络零售额17.2亿元。鼓励大型平台企业“渠道下沉”，助力农村商贸流通网络建设，年末汇通达网络股份有限公司在盐城地区有1148家会员店。年内，市商务局会同相关部门推进“交邮商合作、邮快合作”，加快农村电商基础设施建设，建成县级物流配送中心8个、镇级寄递公共配送中心1058个，推动直播带货等新业态新模式在农村地区广泛应用，射阳县黄沙港镇借力“直播+电商”，建设黄沙港海鲜大卖场电商基地，售卖新鲜海鲜和深加工产品，打造“海鲜电商名城”。

盐城港跨境电商园 盐城港跨境电商园位于大丰区，由盐城港集团筹备建设，园区总投资1.5亿元，占地面积2.1万平方米，设有招商运营中心、各类特色国家馆等基础设施。园区致力打造具有盐城特色的沿海跨境电商创新示范园区，明确市场主导、园区引导、政府监管发展模式，形成汇集外贸产业链、电商服务链、跨境供应链的产业生态体系。至年底，园区有注册企业10家，意向入驻企业26家，预计年销售额2亿元。

滨海颐高新经济产业园 滨海颐高新经济产业园位于滨海县东坎街道，是颐高集团在滨海重点打造的县域电商示范园区。园区依托滨海县区位优势、政策高地及“互联网+”产业、电子商务产业聚合优势，是具有招商、孵化、整合创新资源、引进优秀人才、培育创新创业人才等功能创新型园区。年内，产业园实现交易额2.6亿元，税收300万元，吸纳200余人就业，辐射带动500人就业创业，有入驻企业28家，初步形成集合创业投资、培育孵化、平台推广、电商培训、直播带货等多功能于一体的电商产业集聚区。

滨海互联网双创基地 滨海互联网双创基地位于滨海县，成立于2018年10月，建筑面积4.25万平方米，是滨海县首个大型电子商务示范基地。基地以国家实施“互联网+”战略为契机，以电商企业引领滨海互联网发展环境，建立电商企业带动体系。其中一期电商产业园，总投资1.2亿元，占地4.33万平方米，建成“四谷一中心（电谷、声谷、智谷、创谷和公共服务中心），基地初步形成集商品贸易、软件开发、培训孵化、平台推广、物流集散、客服外包（10086）等多功能、多业态为一体的电商产业集群。至年底，基地有入驻企业117家，全年实现交易额20亿元、税收1000万余元，吸纳1500余人就业，辐射带动5000余人就业。

江苏中恒宠物用品股份有限公司 江苏中恒宠物用品股份有限公司位于盐城高新区，成立于2009年，注册资本6237万元，有员工1500余人。公司自主研发宠物消费用品涵盖宠物清洁用品、储运用品、饮食具用品、智能家居用品、智能玩具和零食品等宠物消费全品类领域。产品主要销往欧美、东南亚、日本等50余个国家和地区。公司建有省级企业技术中心、省级工业设计中心、省级工程技术研究中心等研发平台，在上海市设立研发子公司。并与江南大学、华东理工大学等高校科研院所建立产学研合作关系。年内，公司被市委、市政府认定为盐城市工业四星企业。

江苏康佰医疗器械有限公司 江苏康佰医疗器械有限公司位于盐都区，公司成立于2011年，是一家专注于医疗器械、康复护理、保健理疗、个人护理、计生用品、医学美容和保健食品的研发和销售企业。公司经营品种有400余种，核心产品主要为制氧机、呼吸机、血压计、血糖仪、雾化器、轮椅、拔罐器、护具、医用面膜等。至年底，公司有控股子公司4个，网络分销商100余家。公司全年实现销售额2.3亿元、创利税770万元。

东台市咖妃电子商务有限公司 东台市咖妃电子商务有限公司位于东台市安丰镇电商产业园，成立于2017年2月。咖妃电商有平台自营店铺有20家、第三方合作店铺有5家，提供运营、客服、仓储及发货服务。公司拥有仓储面积1.2万平方米，所有环节全部流水线自动化分拣。年内，公司实现年销售额3亿元，创成省级数字商务企业，实现全网咖啡销量前三位。

江苏盐城港跨境电商园启幕 6月16日，江苏盐城港跨境电商园启幕暨江苏盐城港保税物流中心“云”签约仪式举行。启幕仪式上，盐城港集团介绍相关情况；举行江苏盐城港保税物流中心“云”签约仪式。园区建设总投资为1.5亿元，占地面积2.1万平方米，设有招商运营中心、各类特色国家馆等基础设施。（潘志飞）

物流业

概　况 2022年，盐城市完成货物运输量2.12亿吨，其中，公路运输量完成1.09亿吨、水路运输量完成1.02亿吨、铁路运输量完成126万吨、航空运输量完成3200吨。年内，全市推动各地和相关单位加快编制完善物流业发展规划，射阳、滨海等地制定“十四五”物流业发展规划，市发改委会同市交投集团完善城北物流园区产业发展规划。全年组织编排全市物流基础设施、物流园区和物流产业三类43个5000万元以上物流项目，年度计划投资180亿元。年内，城北物流园区等7个项目列入省“十四五”物流业重点项目，沿海冷链物流智慧城、响水港现代物流园一期工程等13个项目竣工。

物流载体建设 年内，盐城市面向长三角、珠三角、京津冀等重点区域开展物流业合作，市交投集团与中化学建设集团公司开展城北物流园区项目合作。全年全市有省级示范物流园区7个、省级重点物流基地7个，有国家AAAA级、AAA级和省级重点物流企业37个，网络货运平台公司7个。推进物流园区和物流企业转型升级，江苏河海物流有限公司开通网络货运经营业务，加快由传统运输向网络经营转变。大丰港散粮运输提升工程气垫机长度3.3千米，为国内输送单线长度之首，每小时输送物料

1600吨。盐城港“一港四区”全部获批国家一类开放口岸，建成万吨级以上泊位25个，江苏沿海港口首个集装箱自动化堆场在大丰港区运营，滨海港LNG码头竣工投用。年内，江苏盐城港智慧港口有限公司被认定为全省重点物流企业30强。

物流网络建设 年内，盐城市新开通至日本、越南、南美、南非和南京港、武汉港、信阳港等12条航线，航线覆盖亚洲、美洲、非洲和全国10余个省份和地区，全年盐城港完成吞吐量1.35亿吨，集装箱52.65万标箱。推广多式联运、共同配送等先进运输方式，全市建成19个多式联运型、通用集散型和专用型货运枢纽场站，盐城港大丰港区多式联运项目通过省级验收。城乡货运配送绿色高效，建成以县（市、区）、镇、村三级物流节点为支撑的农村物流基础设施网，实现村村通邮，乡镇快递网点覆盖率100%。年内，盐城市先后被列为淮河口经济特区出海口城市、国家粮食物流核心枢纽、国家骨干冷链物流基地承载城市。

江苏华晓医药物流有限公司 江苏华晓医药物流有限公司成立于2006年9月，注册资本4100万元。公司经营中药、化学药、生物制品、医疗器械、食品、化妆品等万余个品规医药商品。公司建有符合医药商品储存条件仓库3.3万平方米，其中用于各类冷链医药商品存储的冷藏冷冻库1551立方米，有药品配送专用车28辆，其中冷链运输车3辆。公司采用穿梭机械人工智能补货、智能化输送分拣等技术，其中A类拆零补货是国内医药行业首创双工位穿梭机械人自动补货，大幅提高补货效率及补货准确率。公司先后获评中国百强物流企业、全国物流先进企业、江苏省重点物流企业等。年内，公司实现营业收入30亿元。（王　晨）

盐城市城西南现代物流园区 年内，盐城市城西南现代物流园实现营业收入110亿元、税收2.79亿元。园区累计注册企业1000余家，就业人数6000人。园区引进建设悦达摩比斯、顺丰速运、康佰医药、炫洋科技、怡宁综合能源、华晓医药物流等亿元项目33个，建成办公面积20万平方米，配套仓储85万平方米，其中顺丰、邮政、韵达、速尔、苏宁等大型快递企业自建仓储及分拣设施面积27万平方米，快递日均处理量占大市区流通量80%。年内，园区完善以电商提升快递服务、以快递推动电商发展、电商与快递互为支撑、相互依存的集聚发展模式，打造以电子商务为主导、生态体系完整、配套服务完善、产业特色鲜明的电子商务产业集聚区。（刘　菲）

会展业

概　况 2022年，盐城市会展业形成政府或相关部门、国有会展企业、民营会展企业、中外合资会展企业等多方主体办展的格局。年内，第四届中韩投资贸易博览会、中国盐城投资环境说明会、第二届中韩（盐城）跨境电商高质量发展论坛、2022江苏省新能源投资论坛等大型会议活动在盐城市举办。

盐城国际会展中心 盐城国际会议展览中心位于盐城经济技术开发区黄山路9号，2010年由盐城东方投资开发集团有限公司建设，项目总投资6亿元。中心占地面积14.6万平方米，主体一层、局部二层，展厅均为大跨度钢结构建筑，建筑面积4.2万平方米，按照A、B、C三个馆分布，3个展馆既相对独立，又融为一体，有1000个国际标准展位，均能独立对外开放。盐城国际会展中心以会展经济产业化为目标，服务主导产业发展。盐城国际会展中心先后获优秀展览场馆创新奖、中国展览馆Top20、最具品牌价值会展场馆、十大会展场馆创新奖、中国十佳品牌会展中心等奖项。2021年10月，盐城国际会展中心改扩建项目正式开工，主要建设内容包括D、E、F三个场馆及南登录厅。建成后，新建会展建筑与原会馆整体形成总建筑面积14.2万平方米的综合会展场所。2022年7月16日，盐城国际会展中心改扩建项目进入地上主体结构施工阶段。（陈　军）

盐城迎宾馆会展中心 盐城迎宾馆会展中心位于盐城经济技术开发区中心地带，占地20万平方米，建筑面积8.5万平方米，配套齐全，设施完善。设有1500平方米无柱型多功能会议中心，最多可同时容纳1000人；大小会议室12个，会议场地3000平方米。年内，中心接待重要会议、重大活动（市级及以上）29批次。（徐　叙）

盐城房产家居博览会 6月24日和10月1日，市住房和城乡建设局分别举办盐城夏季、秋季房产家居博览会。两场房产家居博览会均有30余家房企展售40余个房产项目，推出新建商品住房源万套，观展市民1.3万人次，共意向签约500套，推动全市房产市场健康稳定。（杨　毅　皋古平）

粮食流通

概　况 2022年，盐城市实现粮油工业总产值221.78亿元，粮食产业经济运行平稳。全年全市收购粮食358.71万吨，其中，夏粮202.74万吨、秋粮155.97万吨，总量居全省第一位。实施“六大提升行动”，打造优质粮食工程升级版。持续提升盐城粮油品牌影响力，全市1个产品（石鼓小米）入选2021年度“中国好粮油”，3个产品（苏垦1952有机米、苏垦水韵米富硒大米、苏垦1号）入选2022年度“江苏好粮油”产品。打造粮油质量检测专业团队，市粮油质量监测中心专家团队获江苏省粮油行业“大师工作室”团队。打造优质粮食工程示范县，建湖县、大丰区入选全省2022—2023年优质粮食工程示范县。打造国家级枢纽城市，盐城市入选国家粮食物流核心枢纽城市，打造国际粮食物流集散基地、长三角粮食安全保障基地、江苏省粮食全产业链示范基地。年内，建湖县落实粮食安全责任制的工作措施获省政府督查激励肯定。

粮食储备体制机制 年内，市发改委印发《关于加快推进地方储备粮体制机制改革的通知》等文件，通过扩大储备规模、实现集中储存、提升监管质效和破除制度障碍等“加减乘除”多项举措，深化储备粮体制机制改革，促进农业增产农民增收。扩大储备规模，全市计划增储13.1万吨；实现集中储存，推动各县（市、区）开展地方储备粮集中储粮，明确提出县（市、区）级储备粮原则上在1个存储点集中储存，实行规范化管理、集约化运营；提升监管质效，推动盐城市粮食智慧监管监督平台项目建设，用信息化手段加强对粮食领域的监管监督；破除制度障碍，加快推进“两分离、四分开”，市本级和各县（市、区）均新成立储备粮管理公司，实现“四专要求”（专企管理、专仓存储、专人保管、专账记载）。

仓储设施建设 年内，全市加快仓储设施建设，印发《盐城市2022—2025年粮食基础设施建设方案》，优化粮食基础设施布局，推进设施现代化、储粮科学化、管理规范化、服务优质化和队伍专业化。加快项目建设，市发改委推动“全市粮食仓储设施优化工程”列入全市重大项目计划。全年全市计划建设项目12个，新增仓容64.1万吨，总投资11.15亿元，获得奖补资金4.19亿元。开展示范创建，盐城市入选全省整市推进粮食仓储设施建设示范市。

粮食安全监管 年内，市发改委加强联动监管，印发《关于建立粮食流通监督检查暨行政执法部门协同联动监管机制的通知》，消除监管盲区。完善“双随机、一公开”制度，将夏粮收购列入市发改委专项监管计划，将市、县两级地方储备粮企业秋粮收购检查列入部门联合监管计划。开展信用惩戒，对2021粮食守法诚信经营企业实施联合惩戒，对6家涉粮受处罚企业信用降级。提高质量安全检测能力，制定《盐城市粮食收购验质检验管理办法（试行）》，推进全市新增通信屏蔽器102台、重金属污染检测仪81台，印发《盐城市粮食收购验质检验管理办法（试行）》，加强入仓原粮食质量监管。推进粮食行业“两个安全”、危化品、安全生产大检查等专项整治，全年全市粮食行业安全形势稳定向好。

盐城市30万吨粮食仓储项目 盐城市30万吨粮食仓储项目位于大丰港区江苏省黄海粮食产业园内，总投资15亿元，占地面积30万平方米。项目共分为两期实施，一期建设原粮仓储及智能化控制中心、消防控制室、氮气室等配套设施；二期建设年产15万吨麦芽和年产20万吨面粉等粮食精深加工及精炼油脂项目。该项目被列入2022年盐城市重大项目，项目责任主体是江苏银宝控股集团有限公司，项目于9月29日开工建设。项目全部建成后，可实现总仓容30万吨，集仓储、米面油精深加工、质量检测于一体的多功能粮食现代物流产业示范园。（王　晨）

供销合作

概　况 2022年，盐城市供销社系统实现销售总额982亿元、购进总额750亿元、利润2.5亿元。服务保障粮食安全，发挥农资供应主渠道优势和再生资源回收利用网络优势，服务农村生产生活方式绿色低碳转型，助力宜居宜业和美乡村建设。聚焦农业生产各项环节和服务小农户需求，构建组织结构合理、专业水平较高、服务能力较强、全产业链覆盖的服务体系。紧扣全市“三农”工作大局，推进项目建设，以抓工业经济的理念抓为农服务项目，按照全国总社“县域流通服务网络强县”试点要求，通过联合合作等方式，依托当地龙头企业，因地制宜打造主业突出、特色鲜明、竞争力强的农业流通服务龙头企业。年内，东台新合作公司连锁经营额3.8亿元，射阳新合作公司乳制品连锁销售额超亿元。推进实施重点项目42个，市供销社与中农集团控股股份有限公司合作参与滨海农旅集团1.33万公顷高标准农田部分托管服务、在大市区开展3333.33公顷秸秆离田服务；东台、射阳等地积极招引供销集团所属公司投资项目落地，全年争取省级项目资金超千万元、全国总社项目资金投资超亿元。

农资保供 年内，全市供销系统做好农资保供工作，组建全市粮食生产农资保供联盟，借助央企资源力量保证市场秩序，同时为农户提供用药明白单、提示单，推动减农药使用量、减粮食种植成本。全市供销系统供应化肥48万吨、经营农药6亿元，节约农本1.2亿元。

基层社建设 年内，市供销社加强基层组织建设，全市供销社系统62家基层社建立“三会”制度，市供销社连续九年获评全国总社社情民意信息“先进联系点”。全年创成国家级示范基层社13个，改造提升基层社13个、改造升级农村综合服务社50个，新增基层社社员1.6万人。强化村级新型网点建设，通过“基层社创办、村集体领办、社民合办”模式，在集中居住达规模、居民生活有需求的新型农村社区创办“供销e站”，推进集生产资料、生活物资、银行代办、快递物流等服务进村贴户，全年建成“供销e站”10家，累计建成24家。

农村现代流通服务体系建设 年内，全市供销社系统完善农村现代流通体系建设，大力发展农村电商，全年举办“供聚农心 销连万家”直播活动12场，培育线上销售超千万元合作社7家、田头直播站56个，全年全市供销社系统实现农产品电商销售额78亿元。滨海县社与农旅集团打造“滨鲜四海”电商直播平台，实现日订单700单；射阳天佑电商公司拓展药菊网上市场，实现日交易1000余单、年销售3000万余元。启动田头供销服务，全市供销社系统新建田头仓储保鲜冷链设施13个，布点建设库容100～500吨的田头预冷库134个，省政府网站“中国江苏”在线访谈宣传推介市供销社推进田头冷链设施建设等情况。在南京组织举办盐城名特优农产品大丰、盐都专场推介活动，累计签订订单6.2亿元。建湖县社江苏军曼科技有限公司“购森活”获评省“产销对接 公益助农”十佳平台。

农业社会化服务 年内，市供销社整合资源推动综合改革向纵深推进，全省农业社会化服务现场推进会在盐城召开。调配物资稳定新冠肺炎疫情期间市场供给，4月份全系统组织100万份盐城蔬菜包驰援上海，同时向南京、苏州等抗疫重点城市供应各类农产品1万吨，《人民日报》《新民晚报》、新华社等专题报道。推广“保姆式”“菜单式”等多种形式的土地托管服务模式，实现农业社会化服务面积21.6万公顷，开展配方测肥、统防统治、农机作业三项服务环节94.47万公顷次，目标完成值及覆盖面均居全省第一位。盐都区社与区耕地质量保护站合作，建成农业部腐植酸类肥料示范基地，推进全区土壤修复保护。助力绿色生态服务，实现农药集采统配面积23.07万公顷，秸秆离田利用收购加工量106万吨，回收农药包装废弃物2376万件、废弃农膜7132吨。亭湖区社在全市率先使用“零差率农药专用”激光防伪标贴，东台市、大丰区、射阳县、亭湖区4地实现社会面农药包装废弃物全量回收。强化综合合作信用服务，市供销社与市工行联合开发免抵押、低利率、随贷随还的“供享贷”信贷产品，全年发放联名惠农卡1650张、发放助农贷款3500万元。滨海、阜宁等县社因地制宜，与金融机构合作开发“粮易贷”“共有农机贷”等信贷产品，为农户生产提供小额、快捷信用贷款服务超亿元。

农业社会化服务“滨海模式” 年内，省政府办公厅专报信息上刊发《滨海县创塑“三四五”服务品牌 提高农业社会化服务实效》，要求在全省推广农业社会化服务“滨海模式”。“滨海模式”核心是“党委政府主导、供销合作社领办、涉农板块参与、社会组织联合，组建农业社会化服务联盟”，抓手是实施345工程，载体是滨海县供销社与滨海县农旅集团有限公司联合组建的新农供公司、基层供销社及遍布乡村经营网点。滨海县供销社牵头整合国有企业和社会涉农资源，创塑农业社会化服务联盟345模式，构建县、镇、村3级网络，开展生产、供销、信用、技术4项服务，打造一批便民、智慧、高效5千米服务圈。牵头建办6个镇级服务平台，改造提升80个农村综合服务社，供应化肥9万余吨、农药800余吨，农药零差率配供面积1.87万公顷。服务联盟突破地域、行业、产业局限，实现农业社会化服务全县域、全流程、全品类覆盖，入选全国总社“金扁担”供销合作社农业社会化服务典型案例。（赵汉清）

名特优农产品公益助农直播 1月2—3日，由市供销社、市委网信办、市农业农村局、盐阜大众报报业集团、盐城市广电总台、江苏银宝控股集团主办的第二届“供聚农心销连万家”名特优农产品公益助农直播活动在盐南高新区举办。市县联动直播在线人数超100万人，活动实现线上销售收入105万元、线下展销收入18.6万元。通过举办公益助农直播带货活动，提高盐城特色农产品美誉度和影响力，拓宽全市农产品销售渠道，为盐城全面加快乡村振兴、推动农业农村现代化提供力量。

全省农业社会化服务现场推进会 6月14日，全省农业社会化服务现场推进会在滨海县召开。会上，徐州市、滨海县、赣榆区、句容市、兴化市分别围绕提高农业社会化服务质效、创办服务联盟等主题作交流发言。会前，与会人员实地观摩滨海县农业社会化服务联盟大数据运营中心、机插秧现场、农资仓储中心。（荣海勇）

10月17日，盐城市烟草专卖局查获假冒卷烟。图为执法现场。 王宝军 摄

专项经营

烟草专卖 年内，江苏省盐城市烟草专卖局（江苏省烟草公司盐城市公司）实现销售收入86.09亿元、税利27.23亿元，其中入库税收17.94亿元。至年底，全市有持证卷烟零售客户3.88万户。保障区域市场供应，增加区域物流生产产能，完成2022

年“盐淮连”三地元旦、春节市场10万箱卷烟“保供”工作。提升区域运行能力，牵头召开“盐淮连”区域协同座谈会，实施“盐淮连”淡旺季分拣模式动态调整策略，增强作业模式与市场需求匹配度,实现“T+1”送货响应速度。加强烟草市场监管力度，开展烟草制品管理专项治理，净化卷烟市场环境,全年查获“10·17”假冒卷烟案和“11·1”无证运输卷烟案，协同查处“4·18”全国最大假烟商标、包装印刷案，维护消费者权益。开展“攻坚100”“利剑9号”专项行动，推进“茶烟”等烟产品专项治理,规范市场秩序。修订印发《江苏省盐城市烟草专卖局关于印发盐城市烟草制品零售点合理布局管理规定（2022年修订稿）》，做好烟草证件管理。成立电子烟监督管理领导小组及办公室，推进全市范围内电子烟监督管理工作，依法履行电子烟监管职责，加强吸电子烟危害健康的宣传教育，劝阻青少年吸电子烟，禁止中小学生吸电子烟。落实卷烟市场净化“十查十看”工作要求，发挥与公检法等执法部门协作机制，完善海陆、陆路全天候、全覆盖联防网络，全市烟草系统查处各类违法违规卷烟经营案件1674起，查获各类涉案卷烟3002.31万支，总案值3646.66万元。

（张荣荣　卞　浩）

食用盐专卖　盐城市盐业有限公司（下称“盐城盐业公司”）承担保障全市食盐供应主渠道和政府食盐储备等职能，是盐城市范围内唯一一家取得市级食盐定点批发资质的食盐专营单位。主要经营各类小包装食盐、大包装食盐及工业盐等。年内，盐城盐业公司实现营业总收入1.02亿元，其中，主业经营收入8420万元、非盐经营收入1780万元。做好食盐保供，面对新冠肺炎疫情多点散发，及时启动食盐保供应急预案，协调、畅通物流运输，保证全市食盐市场平稳有序，做好政府储备食盐4500吨工作。全年累计供应各类盐产品8.67万吨，其中，小包装食盐1.61万吨、大包装食盐3.3万吨、工业盐3.51万吨。加强食盐安全，利用“3·15”、食品安全月等活动载体，进行《食盐专营办法》宣传，协调市市场监管局印发全市食盐安全专项检查文件，把食盐安全纳入市场监管部门年度考核内容；联合市工信局和市教育局在相关学校对学生进行食用碘盐知识宣传，通过“小手拉大手”形式，在政府政务信箱投递宣传手册，宣传盐业体制改革政策和食盐碘盐知识，印发《关于做好学校食堂食盐安全检查工作的通知》。推进“淮盐”品牌宣传和食盐安全宣传活动，全年在BC商超开展“点对点、一店一策”宣传100余场次，投放公共自行车点灯箱10块、社区灯箱30块、BRT公交车“淮盐”品牌宣传广告3辆。（丁德富）

成品油销售　年内，全市有在营加油站466座、在营加油点103座、在营水上加油点15座，全年全市销售成品油126.5万吨（其中，汽油67.7万吨、柴油58.8万吨）。年内，市商务局加强成品油行业监管，严格程序规范审批，累计完成成品油零售资格审批78件。会同市成品油流通协会，开展成品油宣讲和安全培训，对全市584座加油站（点）开展年检工作。举办第二届全市加油站员工消防应急技能大赛，提升加油站安全意识，夯实安全管理基础，提高加油站员工的防火技能和救护水平，检验加油站员工突发事件应急处置能力。加强油站（点)安全管理,细化完善检查方案，落实落细职责分工，全面推进各项任务措施落实，对各地加油站（点）企业安全主体责任落实、隐患排查和整改重点检查。

中国石化销售股份有限公司江苏盐城石油分公司　中国石化销售股份有限公司江苏盐城石油分公司的前身为始建于1953年的中国石油公司江苏盐城供应站，现为中国石化驻盐分支机构，主要从事成品油、天然气、非油品（易捷便利店）三大主营业务。作为盐城地区成品油供应主渠道，下辖8个县（市、区）级分公司。年内，公司有170座在营加油站（自营站132座，轻资产加盟店38座）。销售成品油49.68万吨，其中，汽油34.61万吨、柴油15.07万吨。

中国石油天然气股份有限公司江苏盐城销售分公司　中国石油天然气股份有限公司江苏盐城销售分公司（盐城分公司）前身为中国石油响水石油储运有限公司，成立于1996年11月，由江苏销售公司与张家港保税区共同投资兴建，位于江苏响水经济开发区灌河南岸、陈家港码头第二作业区与国家粮食储备库东侧。至年底，公司有在营加油站41座；实现销售成品油13.65万吨,其中,汽油8.55万吨、柴油5.1万吨。

商务服务业

律师服务　2022年，盐城市有律师事务所144家，律师2033名，承办案件数量4.52万件，收费金额3.44亿元，为18个尚未配备公职律师的市直党政机关集中配备17名公职律师提供服务，实现全覆盖。全年全行业律师共参与案件调解5100余件，慰问帮扶特困群众、农民工和法律援助对象540余人，捐赠物资及慰问金80万元。

公证服务　年内，全市公证行业实施“提升公证惠企便民”项目，强化服务、简化流程、提升质效。全年全市办理各类惠企便民公证事项11.3万余件，收费2200万元。（谢　冰）

人力资源服务　年内，市人力资源和社会保障局推动人力资源服务业高质量发展，市级层面制定《关于推进全市人力资源服务业高质量发展的实施意见》，举办江苏沿海人力资源服务业高质量发展论坛，促成182家知名人力资源服务机构与24家市级以上重点园区达成市场化服务企业用工引才战略合作协议，组织全市人力资源服务行业优秀从业人员赴知名高校学习培训。推进人力资源服业集聚发展，累计建成省级产业园3家、市级产业园1家。至年底，全市有人力资源服务机构418家（其中公共服务机构15家），服务机构从业人员3965人，年营业收入71亿元，服务企业用工10万人次。推进人力资源服务业诚信建设，全年获得省级诚信机构认定5家。（薛传刚）

会计服务 年内，市财政局举办全市规模以上企业会计人员职业素质提升班，参培人数200人。组织会计职称考试，为高级职称参评人员提供规范性评审辅导。全年报名参加会计专业技术资格（初级）考试1.5万人，报名参加会计专业技术资格（中级）考试7260人，报名参加会计专业技术资格（高级）考试195人。申报高级会计师资格评审65人，取得高级资格证书47人；申报并通过正高级会计师资格评审1人。（刘　昌）

检验检测服务 年内，全市获国家级资质认定和省级资质认定（CMA）并进入国家统计直报系统的检验检测机构共271家，其中，机动车检测102家、交通建筑工程检测49家、环境检测35家、综合类检测85家（包含国家级检验检测中心2家、省级检验检测中心10家）。年内，市市场监管局开展检验检测服务石油机械、风电装备产业链专项行动及检验检测服务机器人产业园活动，发放重点产业链检企对接工作手册，全年服务重点企业数114家，出具检验检测报告1500份，达成检企合作项目8个，推动全市石油机械、风电装备等产业链高端化、智能化、绿色化发展。（崔　伟　陈启伟）

居民服务业

健康养老服务 2022年，盐城市实施积极应对人口老龄化国家战略，高质量推进新时代老龄事业发展，聚焦老年人所需所盼，构建居家社区机构相协调、医养康养相结合的老年健康服务体系。亭湖区、盐都区、阜宁县、射阳县、东台市5家二级老年医院投入运行，全年开展老年人运用智能技术专项普及培训3.39万人次。推进“安康关爱行动”，老年人意外伤害保险参保人数92.21万人。持续开展老年人健康知识宣传教育活动，增强广大老年人获得感、幸福感和安全感。推动医疗卫生与养老服务有机结合，逐步形成医养签约合作、医疗卫生机构开展养老服务、养老机构开展医疗卫生服务、医疗卫生服务延伸到社区家庭等医养结合服务模式。支持养老机构开展医疗服务，养老机构内部设置医疗机构取消行政审批实行备案管理。全市累计建有养老机构175家，其中医养结合机构有57家，其他养老机构均以不同形式与就近的医疗机构开展签约合作，为入住老年人提供医疗卫生服务。（单发令　吴　烨）

家政服务 年内，盐城市聚焦助力解决“一老一小”问题和促进就业、富民增收，全省率先启动“盐城家政”服务劳务品牌建设，制定《盐城家政服务劳务品牌建设实施意见》，打造具有本地特色的中高端家政服务品牌。建立人社、发改、财政、商务、民政、妇联等13个部门组成的工作专班，协同推进家政品牌建设。制定家政品牌示范企业、家政服务实训基地、“盐城家政师”等评选认定办法，创成市级家政服务示范企业2家，新增市级家政服务实训基地2家，盐城技师学院、盐幼专增设家政二级学院和家政专业。全年新培育家政企业职业经理人123人、高素质从业人员2036人。组织举办和参加各级家政职业技能大赛13场次，评选盐城市最美家政人86人、最美家政雇主71人。打造盐城中高端家政品牌，射阳好阿姨、盐都喜悦家政、盐南好百邻、大丰臻爱卯酉、亭湖金摇篮、滨海桥缘、阜宁事事灵等“一地一品”家政品牌提速发展，“盐城美家师”“盐都悦家师”“射阳好阿姨”被认定为2022年度省级劳务品牌。（薛传刚）

汽车服务业 年内，全市拥有汽车服务企业4000余家，形成检测试验、展会赛事、二手车交易及汽车文旅、汽车改装、汽车美容等为支撑的汽车服务产业链。与中汽中心合建亚洲地区测试功能最全、技术指标最先进、道路里程最长的第三方汽车试验场投入运营，并抢抓国家新基建和江苏省建设国家级车联网先导区发展机遇，建设长三角（盐城）智能网联汽车试验场、半封闭测试示范运行区、开放道路测试与示范应用，共同构筑智能网联汽车测试领域全场景布局。3月8日，中汽研汽车试验场股份有限公司登陆深圳证券交易所创业板，成为汽车试验场领域第一股。二期长三角智能网联试验场项目占地面积253.33万平方米，封闭试验道路总长80千米，被列为2022年度省重大项目。（夏　清）

首届“一老一小”健康产业发展国际高峰论坛 5月18日，“共享‘盐’海机遇，合作‘城’就未来”盐城首届“一老一小”健康产业发展国际高峰论坛举行。论坛通过线上线下相结合方式举办，开展主题演讲、对接交流、项目洽谈等系列活动，重点围绕“一老一小”健康产业的政策解读与全球领先实践分享，对医疗康养产业的融合与发展、智慧养老产业链的布局与创新、儿童健康成长监测与管理体系等内容进行交流探讨。活动现场，盐城市签约纳塔利（Natali）康复医院、康养产业学院、智享通达智能终端研发生产、俊兮健康检验检测、安康通智慧康养创新中心、国际儿童成长监测中心等9个项目，项目总投资12.6亿元。（严志坚）

数字经济

编辑　徐　昊

综　述

数字经济规模　2022年，盐城市加快推进产业数字化、数字产业化，三次召开全市推进政府数字化转型工作专题会议，研究部署全市政府数字化转型工作，演示交流政府数字化转型成果。印发《盐城市数字经济发展三年行动计划》《盐城市规模以上工业企业智能化改造和数字化转型三年行动计划》《盐城市政府数字化转型实施方案》等系列文件，紧扣关键领域和重点行业，明确政府数字化转型路线图、任务书、时间表，提出至2024年全市数字经济核心产业增加值占地区生产总值比重10%以上发展目标。加强研究分析，围绕数字经济、区块链等内容，举办多场专题讲座，提高领导干部对数字经济认识。研究分析《2021年江苏省数字经济发展综合评价报告》，对28项指标进行逐项梳理，查找短板弱项，采取针对性提升措施。强化督查推进，将数字经济核心产业指标纳入市对县高质量发展和重点经济技术园区“等级创建”考核内容，督促引导各地加强数字经济项目攻坚、企业培植和产业提升。加大宣传推广，编印8期《数字经济工作简报》，总结推广各地、各部门和外地数字经济工作经验做法。

（吴奇静　楚鹏飞）

智改数转　年内，盐城市统筹推进全市规模以上工业企业智改数转工作，先后编制《盐城市规上企业“智改数转”三年行动计划》《推进企业智能化改造和数字化转型“十百千万”工程实施方案》、“313”诊改结合方案等政策文件。计划用三年时间，按照“全市出亮点、县域创特色、园区有聚焦、产业深融合、服务求精准”总体要求，实现三个全覆盖（全市规模以上工业企业智能化改造和数字化转型全覆盖、新上项目应用数字技术和智能装备全覆盖、23条重点产业链和重点园区数字化普及全覆盖），加快推动盐城制造业全方位转型、系统性重塑、高质量发展。年内，市工信局完成企业入户诊断2404家，实现规模以上企业“智改数转”覆盖面40%。打造协同发展生态，全年市县两级兑现专项资金5.36亿元，举办政策宣传贯彻、产融对接和产才对接活动50余场次，20余家金融机构推出专属融资产品，总授信额百亿元。建设国内首个新型电力系统国家中心数字化实验室，引导企业“上云用数赋智”，新增星级“上云”企业614家，其中五星级企业19家。分类培育示范样板，市级层面新创成国家级智能制造示范试点2家、省级各类示范标杆63家，实现重点行业全覆盖；县级层面推动每个县（市、区）打造样板10个，带动周边企业竞相转型；行业层面首批遴选泵阀、精密结构件、汽车零部件3个特色细分行业，打造行业样本，带动中小企业数字化转型。

（陈　哲）

数字经济产业链培育　年内，全市发展新一代信息技术产业，印发《新一代信息技术产业发展三年行动计划》，明确数字产业发展方向。优化产业发展方向，持续做大做强精密结构件、印制线路板、光电显示等零组件产品，向上游电子材料和下游整机拓展延伸，加快布局机器人、智能家居等新兴领域。加快提升大数据、云计算、互联网、软件等相关信息技术服务业。推进晶硅光伏全产业链布局集群化发展，细化晶硅光伏产业链招商地图，组织产业链招商业务培训，推动各重点园区定期组织招商推介活动。强化科技创新，加快推进江苏省沿海可再生能源技术创新中心晶硅光伏科创平台建设，高质量运营润阳光伏研究院和天合光伏科学技术创新中心，加快推动盐城正泰新能源科技有限公司、盐城阿特斯阳光能源科技有限公司等企业在盐城设立研发中心等创新平台。加快推进电子商务发展，强化电商主体培育，新培育一批统计入库电子商务企业。推动网络消费扩容升级，开展“网上购物节”“直播大赛”等线上促消费活动。加大电商人才培训，加强对新农人、电商直播人才、电商新业态人才等电商人才培训。发展跨境电商，发挥盐城汽配、玩具、LED灯具等特色产业优势，开展跨境电商对接交流活动。加快发展特色数字技术应用业，加快推进“数实融合”发展，结合优势特色产业，发展细分领域数字技术应用业。推进车联网产业，加快车联网应用试点示范，构建低时延、大带宽、高算力车路协同环境，支持长三角（盐城）智能网联汽车试验场建设，打造全国一流车联网应用创新平台。加强汽车数据服务、车联网等行业研究，明确重点发展范围，梳理重点招引企业清单，组织重点园区招引突破。发展新能源大数据，发挥长三角地区首个千万千瓦新能源发电城市示范效应，挖掘海上风电运维数据潜能，加快在海上风电运维数字化、智能化技术领域实现突破创新。探索推进碳排放大数据建设，加快推进射阳港低（零）碳产业园区、怡宁能源科创产业园等低（零）碳产业园区建设，打造智慧能源和碳排放管理平台，推进碳排放、碳核算碳检测、碳交易等探索创新。

（吴奇静）

产业数字化　年内，盐城市细分行业中小企业数字化改造试点工作，通过市县联动，以大带小、以点带面，加快推动传统产业和广大中小企业数字化转型，提升盐城制造业高端化、智能化、绿色化水平。培育示范标杆，为观望企业提供看得见、可实现技术路线，市级层面健全完善省级以上标杆示范企业培育库，推动龙头骨干企业、“链主”企业入库培育，“一企一档”制定培育方案，“一企一策”编制转型路线图。打造县域转型样板，推动各地围绕机械、纺织、建材等传统产业，培育县域样板企业105家。以企业生产制造、经营管理、市场销售、研发设计等关键环节为切入点，加快建设柔性生产、精益制造、协同设计等典型智造场景。全年实施改造项目2000个，推广使用工业机器人2000台、CNC加工中心2万台。加快中小企业轻量级改造，全省率先开展中小企业细分行业轻量级改造，提炼形成细分行业共性和企业个性需求，开发集成“模块化、组合式、通用性”数字化解决方案，打造数字化改造“N+X”应用场景。建成一批样本企业，助推中小企业系统化、批量化数字化改造。面向泵阀、精密结构件、汽车零部件3个细分行业，开展首批试点，在此基础上拓展纺纱、食品、建材3个细分行业改造。

（陈　哲）

数字产业化　年内，全市数字经济核心产业龙头企业产能加快释放，数字产业实现总量扩张、质量提升。全年全市数字经济核心产业实现销售收入2123.7亿元，比上年增长65.9%；全市电子信息制造业（含光伏制造）实现主营业务收入2055亿元，增长75.19%。全年全市销售收入超亿元企业155家、超10亿元企业25家、超50亿元企业12家。新增数字经济“四上”企业203家，累计800家。年内，盐城市加强招商引资力度，先后在深圳、苏州、常州等地举办珠三角、长三角数字经济等招商活动，通威、晶澳等一批百亿元级项目签约落户，中交车旺、神威超算、威固超算等一批大数据存储、超算和应用项目签约落实。发挥区域新能源产业优势，与万帮数字能源股份有限公司签订协议，加强智慧能源领域合作。成立盐城数字经济研究院，整合学科人才资源，服务地方数字经济发展。年内，江苏润阳新能源科技股份有限公司获评全国电子信息百强。　（吴奇静）

城市数字化转型　年内，盐城市构建高效数字政府建设工作体系，成立由市委主要领导任第一组长、市政府主要领导任组长的“数字盐城”建设领导小组，构建“一组（“数字盐城”建设领导小组）、一局（大数据管理局）、一中心（大数据管理中心）、一公司（大数据集团公司）”数字政府建设工作体系，制度化、专业化、高效化推进政府数字化转型工作。定期召开政府数字化转型例会，协调解决推进过程中遇到的问题和困难，演示交流各地各部门数字化转型成果，研究部署下一阶段重点工作。定期对政府数字化转型各项重点任务、重点项目推进情况开展跟踪督导和考核评估，确保政府数字化转型各项工作落实落细落到位。打造数字政府四大总入口，围绕政务服务、涉企服务、便民服务、政务运行四个方面。政务服务方面，打造“苏服办”盐城总门户，覆盖政务服务网、移动端、自助终端和办事窗口，做到“一入口、好办事、管全程”；涉企服务方面，打造“盐企通”服务总入口，涵盖企业办事、政策服务、诉求反馈等功能，实现为企“一站式、全链条”服务；便民服务方面，打造“我的盐城”App便民服务总入口，拓展教育、文旅、交通、医疗等民生领域应用，打造高品质数字生活；政务运行方面，打造“盐政通”政务办公总入口，接入办公、办文、办会等应用，集成“领导驾驶舱”功能，实现“数据随身、业务随行”。年内，盐城市大数据管理中心“数字盐城”综合平台项目被中国软件行业协会评为优秀实践推荐单位，市行政审批局不动产交易登记一体化数字平台被中央党校评为2022年度党政信息化最佳实践案例，市应急管理局应急管理数字化工作平台入选2022年数字政府创新成果与实践案例，市住房和城乡建设局“掌上住建”平台获评2022年智慧长三角数字化转型优秀案例二等奖，市公安局交警支队“攻防一体智慧盾牌”获公安部基层技术革新类二等奖（苏北地区首次获此荣誉）。

（施　伟　楚鹏飞）

人工智能　年内，盐城市初步构建起集区域总部、研发机构、生产基地于一体的产业生态体系。全年全市有人工智能重点企业12家，实现销售收入4.7亿元。其中，江苏霆善科技有限公司以人脸识别算法、机器视觉处理技术、人工智能技术为核心，成为国内一流视觉技术软硬件一体化整体解决方案专业供应商；盐城极智嘉机器人有限公司以智能物流为切入点，利用大数据、云计算和人工智能技术，专注打造极具智能的AGV机器人产品。

（陶致远）

数字基础设施

概　况　2022年，盐城市贯彻落实网络强国、数字中国、智慧社会战略部署，推进“三数”协同发展，打造长三角北翼产业数字化发展新高地。围绕“数字经济、数字生活、数字政务”三大领域，实施“强基、优政、善治、惠民、兴业”五大工程，获评国家千兆城市。制定《盐城市数字基础设施强基专项行动推进方案》，加快推进数字基础设施建设。政务外网完成电子政务外网IPv6改造，实现电子政务外网市县镇村4级全覆盖。加强城市数字基础设施建设，全市政务云和数据共享交换体系一体化水平全省领先。全省率先建成政务云，市级部门上云率70%，新建非涉密系统基本全部上云，统一部署云安全防护池。构建省市县一体化数据共享交换体系，打通市县数据共享交换通道，为全市数字政府建设提供数据支撑。建成数字资产运营管理平台，集成统一身份认证、时空地理、物联感知和融合通信等共性能力，为部门提供标准化服务，降低应用系统开发成本。全年新增省级工程研究中心10家，清华大学大气污染物与温室气体协同控制国家工程研究中心入选首批新序列国家工程研究中心，江苏沿海可再生能源技术创新中心落户盐南高新区。　（楚鹏飞）

“双千兆”网络建设　年内，盐城市持续优化网络接入能力，推进人口集聚区、重点园区和重点行业5G深度覆盖，加快农村地区700兆赫5G网络建设进度。印发《关于加强建筑物通信基础设施建设工作的通知》，成功申报国家千兆城市。全年全市累计建成5G基站1.04万个，每万人拥有5G基站数15个，5G普及率52.53%，实现主城区、各类经济开发区和高新技术产业开发区5G网络全覆盖，重点场所5G通达率100%。持续推动基础电信企业在城市及重点乡镇进行10G-PON光线路终端设备规模部署，扩大千兆光纤网覆盖范围，累计建设10G-PON端口7万个，万兆端口占比36.1%，家庭千兆光网覆盖率120.28%。

（施　伟）

公共数据资源整理　年内，盐城市完善数据资源体系，印发实施《盐城市公共数据管理办法》，构建全市一体化政务数据共享交换体系，实现数据横向贯通、纵向级联。常态化归集整合市各部门数据资源，全年新增归集数据53亿条。印发《盐城市公共数据资源普查及政务数据共享开放工作方案》，梳理各部门业务系统411个，形成政务信息系统和政务数据两张清单。印发《关于做好公共数据开放目录梳理工作的通知》，召开政务数据共享开放座谈会，推动部门开放相关重点领域高价值数据，累计开放数据目录1309个。（楚鹏飞）

无线电管理　年内，市工信局办理无线电许可30起，其中一般台站执照许可8起。完成公众移动通信基站电台电子执照1.8万余件，实现基站执照批量化、电子化管理。加强和规范业余无线电台管理，累计办理业余无线电台站执照10件。完成重要时期无线电安全保障工作任务，使用固定监测站和移动监测站监测，覆盖乡村小调频广播、调频广播、民航通信、水上、铁路等重点频段；做好重要考试无线电安全保障工作，累计完成公务员笔试、高考等17次重要考试保障任务，共出动监测车辆57车次，各类监测和干扰设备169套次，派出保障人员192人次；落实防汛抗旱期间无线电保障任务，保障抢险救灾专用无线电频率、台站使用安全，组织对防汛抗旱无线电通信台站使用情况进行监督检查。持续推进专项监测工作，加强对航空、铁路和水上等专用频率干扰排查，消除无线电干扰造成安全隐患。组织开展无线电干扰查处工作，解决盐城气象局、盐城南洋机场等单位遇到无线电干扰问题。联合广电部门开展集中清查“乡村小广播”专项整治行动，解决“乡村小广播”影响民航甚高频安全隐患问题。通过日常固定监测以及移动站定期巡查监测等方式，做好“黑广播”“伪基站”等专项打击工作，全年监测、监听75小时，出动车辆7车（次）、人员22人（次），移动监测车行程650千米，取缔“黑广播”7起。做好无线电台站管理和频占费征收工作，规范无线电管理执法行为，完成9家在用台站监督检查。开展2批次生产和销售发射设备随机抽查，累计抽查企业20家，未发现有违规设台或违规使用频率等问题。开展无线电频率占用费征收相关工作，全年收缴单位33家，收缴金额47.7万元。

（张翕飞）

城市运行综合服务平台　年内，市工信局按照市政府数字盐城工作部署，投入资金3830万元，围绕“1+1+3”（一平台、一终端和数据、应用、支撑三体系）总体架构，依托市政务云支撑平台和共享交换平台，建成并试运行智慧环卫、综合执法、广告亮化等主要应用场景，将城市管理事项统一纳入平台，推动城管领域跨部门、跨区域、跨层级应用，强化城市综合管理服务，精准、高效处置城市问题，实现“观、管、防、处”四大目标。

政务云建设　年内，市工信局开展政务云二期项目建设，规范管理流程，先后向上云单位印发《盐城市规范政务云使用管理工作方案》《关于进一步规范市政务云使用管理的通知》，明确云资源集中会商制度。提升政务云使用效能，累计完成2次上云系统资源集中优化，关停10个系统，调整降配91个系统。至年底，全市有49家单位219个信息化业务部署上云，实际使用2475台云主机（CPU35003核，内存107.93TB，存储70PB），其中38家单位88个系统完成部署安全产品，拦截并防御攻击3.41亿次，处理安全事件930起，处理入侵事件16起，发送安全预警148起。

（楚鹏飞）

“智慧盐城”App　年内，“智慧盐城”App挂牌专题专栏80余个，编发稿件3万余篇，多篇稿件被“学习强国”学习平台、新华网等平台转载。组建全媒体时政新闻中心，构建“移动首发、全媒跟进、融媒传播”新格局，形成以“智慧盐城”新闻客户端、“盐视听”视频号为核心的广电融合传播矩阵。改造升级“智慧盐城”App，连续5年入围中国地市级广电App前十强。实施“百城千屏”项目，拓展新媒体传播渠道。提升原创内容生产力，人文美食纪录片《盐城味道》入选“江苏百人纪录片计划”重点项目和江苏省“五个一”工程奖，实现独立原创节目获奖新突破。上线《2023全球滨海论坛会议将在盐城举办》《江苏盐城：深化中韩贸易合作 主动融入“双循环”新发展格局》《江苏盐城：全球揽才 新晋“国际湿地城市”竞逐绿色发展赛道》等一批紧贴中心工作的网络视频产品，阅读量均在“百万+”。抗疫短视频《你是谁》全网点击量超过1000万次，获中国记协展播推送点赞。技术赋能推动省、市、县三级联动平台建设，以先进技术赋能融合传播取得新成效。

“我的盐城”App　年内，“我的盐城”App用户下载量977万次，比年初增加559万次；注册用户589万人，比年初增加322万人；实名用户493万人，比年初增加295万人；服务总调用7.2亿次，比年初增加3.3亿次。助力全市新冠肺炎疫情防控，新增上线“场所码”“居家隔离信息采集”等新冠肺炎疫情防控相关服务7项，上线新冠肺炎疫情相关服务16项，最大限度减少新冠肺炎疫情对市民正常生产生活影响。“场所码”服务实现注册场所19万处，通行2.4亿人次；“苏康码”服务点击量1亿人次。公积金办理91万件，办理个人业务59万件，“我的盐城”App渠道办理量排名居第一位；社保专区“养老资格认证”服务办理15万件，医保专区“医保电子凭证”领取51万人，“预约挂号”服务使用20万人次，人才申报服务累计点击16万人次。上线“盐企通”企业服务专区，涵盖政务服务、人才服务、金融服务、信用服务、法律服务、办事指南六大版块22个服务事项。开展春节活动宣传7场，点击量9万人次；开展助企就业宣传3场，曝光量136万人次；开展市重点活动宣传3场，曝光量361万人次；开展政府工作通知宣传8场，点击量85万人次；开展政民互动交流宣传2场，点击量21万人次。

（冯　钰）

智慧停车服务管理平台　盐城市市区智能停车管理系统项目经过三期建设，完成市区1.17万个智能泊位的路内停车泊位检测、外场违停抓拍和停车诱导显示等配套系统建设工作。同时平台将百余个社会停车场数据资源纳入进行统一分配管理，实现盐城全市、区域和路段泊位停车需求量、停车周转率、泊位利用率、停车缴费率、停车热力、违停处罚量等多维度数据精准分析和统计。智慧停车服务管理平台将智能停车系统、社会停车场、单位停车场数据汇聚到公安大数据平台，打通平台间数据壁垒，实现统一管理、统一服务。推进道路停车收费智能化改造提升，实现智能停车ETC缴费功能。推广“我的盐城”App停车服务功能，提供停车空余泊位查询、无感支付、电子发票、停车诱导、车位导航等服务。

智能公交　年内，盐城市实施公交智能化升级改造工程，重点打造公众出行信息服务、智能公交运营调度和公交大数据分析三大系统，创造性开发以道路为段面的廊道监管系统，实现对廊道内不同公交线路运营秩序监管，通过及时主动干预，避免公交车辆扎堆进站、大间隔进站等问题，提高公交车辆运营准点率，同时为新辟优化线路、科学设置站台、合理调配运力等提供有力支撑。推动盐城公交“实时查询”系统接入“我的盐城”App，乘客可通过手机终端App查询公交车辆实时到站、换乘方案等信息，方便乘客合理安排行程，享有及时、准确、全方位出行信息服务。

（戴万林）

盐城智慧文旅平台　年内，盐城市探索文旅领域数字化、智慧化，重点打造盐城智慧文旅平台“三中心一商城”（智慧监管中心、智慧集散中心、大数据分析决策中心、文旅商城），接入460家文旅单位基础数据，归集整理原始数据1515万条，向“城市驾驶舱”推送数据461万条，实现与江苏智慧文旅平台数据对接与共享，初步实现数据归集、系统整合、“一网统管”。加快发展文旅商城，与携程、高德、飞猪等平台建立互联共享合作关系，累计销售盐城文旅产品1.3万余件。盐城智慧文旅平台包括政府监管、游客服务、数据分析三大功能，涵盖执法监督、行政审批、安全隐患等13个专题应用场景。荷兰花海等龙头景区建成功能健全企业级智慧平台，通过5G、物联网、大数据、AI、三维可视化等先进技术赋能景区管理，为游客提供“吃住行游购娱”的智慧化服务，实现景区管理、信息共享、休闲娱乐、环境生态等多位一体。其他重要景区同步建成停车场管控、客流量监测、最大承载公示等部分智慧功能。全市文旅行业管理基本实现数字化、智慧化。

（骆　瑶）

大数据和云计算产业

概　况　2022年，盐城市“大数据+”产业链围绕打造大数据、云计算、人工智能、区块链协同创新发展区，形成“大数据+”产业集群目标，加快“大数据+”产业链培育，推动产业集群集聚发展，初步构建起以大数据、云计算、人工智能、区块链为主的“大数据+”产业链。

数据中心建设　年内，全市有超过100个标准机架数据中心21家（含基础电信运营商），在用数据中心17家（其中，超大型数据中心1个、中小型数据中心16个），总设计标准机架1.95万架，已建标准机架数1.15万架，已用标准机架数4595架。在建数据中心4家（其中2家涉及规划建设）为中小型数据中心，设计PUE均小于等于1.5，在建标准机架1664架，其中3家通过节能审查，预计2023年4家全部投产。

盐城大数据产业园　盐城大数据产业园成立于2014年，是部、省、市合作共建的重点产业园区，被纳入江苏省互联网经济、云计算和大数据产业发展总体规划，是中韩（盐城）产业园重要组成部分，规划面积1800万平方米，建成和在建载体面积超110万平方米。园区先后获评国家制造业大数据高新技术产业化基地、国家大数据应用标准创新基地、中国产学研合作创新示范基地、中国大数据企业联盟常务副理事长单位和中国互联网应用创新基地，数梦小镇连续三年获评省级优秀特色小镇。至年底，园区集聚华为、中国电子、德利迅达、创新科、蚂蚁链盐城创新基地等一批产业龙头和智能终端项目40家，落户各类企业300家。园区全年实现销售收入12.5亿元，其中规模以上企业20家实现销售收入11.7亿元。

数字经济与超算产业化发展论坛　7月19日，由盐城国家高新技术产业开发区、国家超级计算无锡中心主办，中国电信集团有限公司、盐城超级计算中心协办的2022数字经济与超算产业化发展论坛在盐城举行。市长周斌出席并致辞，副市长王娟主持。论坛现场为盐城超级计算中心揭牌；国家超算无锡中心、中国科学院计算机网络信息中心等单位联合发起“超算互联网建设标准”制定工作；盐城超级计算中心围绕算力共享、人才培养、技术服务与市内外相关数字经济企业签约一批合作项目；与会嘉宾围绕“构建算力基础设施”“迎接数字经济与算力时代”等主题作演讲交流。下午，超算产业研讨会召开，清华大学副教授甘霖主持。市发改委、市科技局、市工信局和盐城国家高新技术产业开发区相关领导，行业专家、行业重点企业、盐城高新区重点企业代表等80人出席。研讨会上，超算中心、科研单位、行业用户等技术专家围绕“超算产业化现状及规划”作主题报告，共同探讨超算产业化发展路线。

盐城自动驾驶算力峰会　9月2日，2022盐城自动驾驶算力峰会暨百度智能云—昆仑芯（盐城）智算中心揭牌仪式在盐城举行。副市长、盐南高新区党工委书记、管委会主任高尚德出席并讲话。百度副总裁谢广军、昆仑芯（北京）科技有限公司CEO欧阳剑等企业代表参加。活动现场集中签约罗盘网络、西云科技、百阅通等一批数字经济合作项目。百度智能云—昆仑芯（盐城）智算中心是百度集团在江苏省布局的首个智算中心，打造盐城数字经济创新发展底座，为盐城发展数字经济、数字政府、数字社会的各类应用场景算力、算法和数据服务。智算中心为盐城建设百度百舸异构计算平台、人工智能算法平台、视觉引擎平台、人工智能应用四大功能平台和一个昆仑芯算力底座，可提供庞大AI算力和海量数据处理能力，为各类垂直行业提供普惠AI算力，促进产业数字化转型。

9月2日，2022盐城自动驾驶算力峰会暨百度智能云—昆仑芯（盐城）智算中心揭牌仪式举行。　薛凤翥　摄

“江苏省互联网协会走进园区”主题沙龙　7月14日，“江苏省互联网协会走进园区”主题沙龙在盐城举行。主题沙龙上，省互联网协会与盐南高新区签订合作协议。活动期间，省互联网协会一行考察大数据产业园的大数据新型算力中心、福佑货运、智器云、鸿蒙科创园、中交兴路车联网等项目，双方进行对接洽谈。　（陶致远）

软件和信息服务业

软件产业　年内，盐城市坚持把数字经济作为高质量发展“关键增量”，推动5G、信创、大数据、区块链、人工智能、工业互联网等前沿信息技术与实体经济深度融合，推进全市软件和信息服务业发展。全年全市实现软件业务收入40.5亿元，比上年增长16.6%。至年底，全市拥有软件企业163家，其中规模以上软件企业63家。年内，全市持续优化产业环境，盐城软件产业发展服务支撑体系不断健全，盐城百度智能云—昆仑芯（盐城）智算中心项目、云正绿色云计算数据中心项目、万帮数字能源（盐城）产业创新基地等重大项目、中科高通量计算研究所项目等多个较大规模公共服务平台落地。推进载体建设，西伏河科创走廊推行规划、建设与项目招引并行策略，打造物联网测试实验室、无线通信测试实验室、汽车电子测试实验室等科研平台，引入上海科创企业20家、落地转化上海科研成果10项。盐城电商快递产业园获批国家电子商务示范基地，盐城综合保税区跨境电商产业园被认定为省级跨境电商产业园试点；盐南高新区数梦小镇、盐都智能终端小镇入选全省第一批省级特色小镇。指导数梦小镇争创江苏省软件名园，发挥软件名园在产业发展中要素集聚和支撑引领作用，推动全市软件产业高质量发展，在网红直播、工业互联网、车联网、电子商务、大数据、行业应用等领域培育形成一定产业竞争力。至年底，全市拥有国家级双创示范基地1家、国家级众创空间9家、国家级企业技术中心5家及省市级新型研发机构30家。年内，江苏小梦科技有限公司“标识解析平台企业级供应链数据拉通”方案入选省生产性服务业优秀服务方案。上电智联科技（江苏）有限公司“我的智造”数字化精益智造赋能平台软件入选省工业软件优秀产品。　（吴奇静）

表22　2022年盐城市部分重点软件企业情况一览表

企业类型	序号	企业名称	地 区	主营业务	企业资质
一、信息技术服务类	1	盐城市思科网络工程有限公司	亭湖区	企业网络营销推广、经营性互联网信息服务	百度盐城地区授权代理商
	2	江苏霆善科技有限公司	盐南高新区	智慧安防、智慧教育、智慧旅游等	国家高新技术企业、省工程技术研究中心
	3	上电智联科技（江苏）有限公司	盐城经济技术开发区	工业互联网、智能制造、工业大数据等领域技术应用创新、示范推广、培训实践、测试认证等	国家高新技术企业、工信部新一代信息技术与制造业融合发展试点示范等
	4	江苏星月测绘科技股份有限公司	盐城经济技术开发区	国土空间规划、工程测量、不动产测绘、海洋测绘等	省布局内重点软件企业、CMMI资质、“新三板”上市、国家高新技术企业
	5	江苏地北网络工程有限公司	盐南高新区	智慧交通、智慧安防、智慧社区、智慧校园等	市级“瞪羚”企业、省“专精特新”软件企业、国家高新技术企业
二、软件产品类	6	江苏迈泉科技有限公司	盐南高新区	基础软件开发	省级“瞪羚”企业
	7	昆岳互联环境技术有限公司	亭湖区	支撑软件开发	国家高新技术企业
三、信息安全类	8	江苏汉之惠信息科技有限公司	盐南高新区	国产化替代计算机及办公设备销售及售后服务	CCRC资质
	9	是石科技（江苏）有限公司	盐都区	大数据	新增规模以上企业
四、嵌入式系统软件类	10	江苏博克斯自动化控制工程有限公司	建湖县	环境在线监测仪器仪表和过程控制检测仪器仪表制造商	国家高新技术企业、“新三板”上市
	11	江苏鸟眼科技有限公司	东台市	应用软件开发	国家高新技术企业

工业信息安全防护　年内，市工信局修订完善市级工业互联网网络安全应急预案，组织开展全市2022年工业互联网安全深度行暨工业信息安全攻防演练活动，印发《工业互联网安全政策汇编》，针对工业互联网安全公共服务体系、企业网络安全分类分级管理等方面进行政策宣传，组织开展工业互联网安全攻防模拟演练。加强安全服务保障，依托江苏省工业信息安全公共服务平台处置安全事件，全年累计接收威胁情报311条，下发并处置风险事件21件。组织工业互联网企业网络安全分类分级管理工作，结合企业“安全上云”工程，19家单位完成线上自评估。在全市范围开展2022年度工业信息安全防护星级企业培育工作，6家企业获评工业信息安全防护星级企业。　（施　伟）

云洲水上智能救生系统　云洲水上智能救生系统由珠海云洲智能科技股份有限公司提出“无人化救援”概念，可全天候精准识别溺水者并实施救援的智能化方案。系统由智能监控终

11月3日，云洲水上智能救生系统全球首发暨应用示范观摩大会在盐南高新区举办。　刘天鹏　摄

端、智能救生终端、显示控制中心组成，系统集合分布式机器视觉、水面智能救生机器人、机器人导航与控制、智能决策和路径规划等前沿技术于一体，构建起“前端发现险情—参与一线救助—调度救援资源”高度智能化、自动化系统，系统搭载算法识别溺水者准确率超90%，有效解决传统水上救生巡视覆盖面小，发现落水人员随机性大，岸线水面不利于人工实施救援等问题，可广泛应用于景区、湖泊、湿地、公园、港口等场景水上救援。

上电科盐城智能制造公共服务平台 上电科盐城智能制造公共服务平台由上电智联科技(江苏)有限公司建设，由盐城经济技术开发区、上海电器科学研究院、博世力士乐等单位共同打造，是苏中、苏北首个“一站式服务、实体化运营”智能制造公共服务平台，建有工业4.0示范产线、数字化制造展示体验厅、智造实训基地，专业提供工业互联网、智能制造、工业大数据等领域技术应用创新、示范推广、培训实践、咨询规划、工程交付、测试认证等“一站式”服务。平台先后获评国家高新技术企业、工信部新一代信息技术与制造业融合发展试点示范、国家服务型制造示范平台、国家中小企业公共服务示范平台等。年内，平台为制造业提供各类轻量化应用服务或定制服务，帮助电子信息、机械装备、汽车零部件企业实现数字化转型，累计有500余家企业用户通过实施设备、计划、生产、物料等方面数字化应用。加强制造业供应链产业链数字化协同，促成企业供需对接，平台累计连接工厂853家，连接工业设备3288台（套）。平台中心先后入选盐城、泰州、淮安、扬州、宿迁等8个市的“智改数转”服务商资源池，同时入选全国信息技术标准化技术委员会融合技术和应用标准工作组。至年底，平台服务盐城300余家企业星级“上云”，600余家企业实现数字化、网络化、智能化转型升级。12月3日，上电科盐城智能制造公共服务平台入选2022年度国家中小企业公共服务示范平台名单。（陈　哲）

盐城市思科网络工程有限公司 盐城市思科网络工程有限公司成立于2002年，注册资金1050万元，是百度公司在盐城地区的唯一授权代理商。公司在2013年10月和2015年12月分别取得百度在无锡、淮安的总代理资格。公司主要为企事业单位提供信息化整体解决方案，包括网站建设、网络营销策划、电子商务运营、信息技术创新及网络应用推广、软件开发、服务外包等专业技术与服务，为盐城地区1万余家企事业单位提供专业服务。年内，公司实现营业收入2.18亿元。

江苏星月测绘科技股份有限公司 江苏星月测绘科技股份有限公司成立于2005年，注册资本2920万元。公司位于盐城经济技术开发区，公司于2015年5月在“新三板”挂牌上市。公司专业从事自然资源统一确权登记、地理信息数据加工处理及系统开发、智慧城市建设运营、国土空间规划、工程测量、不动产测绘、无人机航测、摄影测量与遥感、数字三维建模、互联网地图服务、地图编制、登记代理、测绘监理、土地规划编制、土地整治设计、海洋测绘等业务，为集时空大数据、GIS开发、系统集成于一体的国家高新技术企业。年内，公司实现营业收入1.21亿元。

盐城市高端装备产业主题论坛 7月9日，由盐城市工信局与射阳县政府联合主办的盐城市高端装备产业“智改数转·赋能未来”主题论坛在射阳县举办。活动现场为江苏河德智能装备创新研究院揭牌；作政策解读和应用推广；举行江苏河德智能装备创新研究院与相关企业、北交大长三角研究院与高创园合作协议签订仪式；观看射阳县“智改数转”工作展示片《智改数转 射阳智造》。

全市数字经济发展推进会 8月18日，全市数字经济发展推进会在盐南高新区召开。会议以视频形式召开。会议播放《智能化改造和数字化转型在行动》专题片，举行数字经济示范标杆企业授牌仪式，印发《推进企业智能化改造和数字化转型“十百千万”工程实施方案》《盐城市数字经济发展三年行动计划》《关于成立盐城市数字经济工作领导小组的通知》等文件。东台市、盐南高新区、射阳县、市工信局、市发改委、市委网信办、东山精密产业园、上海电器科学研究所（集团）有限公司作交流发言。

互联网信息与广播电视传输服务

概　况 2022年，盐城市持续提升数字化履职能力，全市政务服务一体化平台实现在线可办率99.16%，“政策通”平台实现省市县惠企政策互联互通，累计发布政策2602条、政策申报114个，接受项目线上申报500余项。“城市驾驶舱”建成运营中心实体大厅、“盐政通”平台（PC中屏和App端小屏）三大载体，接入1个县区分舱、7个部门分舱以及12个场景分舱，开发“场所码”“出行报备”“核酸检测”“盐之无疫”等应用，为新冠肺炎疫情防控提供有效支撑。全市90%中小学建成“智慧校园”，建成7家互联网医院，远程医疗实现县镇全覆盖。（楚鹏飞）

5G融合应用 年内，盐城市推动5G与AR/VR、远程操控设备、机器视觉、AGV等工业终端深度融合，利用5G改造工业内网，提升5G在企业渗透率。鼓励通信运营企业与工业企业合作，推动5G应用从外围辅助环节向核心生产环节渗透，不断拓展应用场景。组织企业参加第五届“绽放杯”5G应用征集大赛等活动，8个项目获专题赛、区域赛多项奖项，1家企业获评江苏省5G全连接工厂，2个项目入选全国“5G+”医疗健康试点项目。多个项目获省产业转型升级专项资金，其中《高效光伏电池智能工厂“5G+工业互联网”融合应用项目》《鑫科森5G+标识解析全连接工厂》2个项目，分别获1859万元、800万元专项资金奖励。

标识解析二级节点 年内，市工信局持续开展工业互联网标识解析应用推广攻坚行动，推动本地工业、农业、服务业、建筑业、金融业等所有行业企业上标识用标识，全市规模以上工业企业标识接入率居全省第三位。建成盐城标识应用展示体验中心，金科森标识二级节点展示体验区。东创精密综合型二级节点、阿特斯光伏行业型二级节点完成部署，并通过国家顶级节点测试。金科森二级节点整合产业链资源，协同发展，利用二级节点标识解析优势，为供应链上下游提供各项服务，完成包含基于标识的设备管理、产品全生命周期管理、生产制造管理等应用，标识注册量、解析量分别超35亿次、15亿次，累计注册企业数8701家。（施 伟）

广播电视传输服务 年内，江苏省广电有线信息网络股份有限公司盐城分公司实现盐城地区营业收入4.66亿元。盐城地区数字电视缴费用户里高清互动缴费终端实现净增2.25万台、宽带缴费终端3.6万户。强化宣传推广力度，利用微信平台、户外大屏、流量App及开机画面、流动字幕、角标、广播、海报单页等载体对特色产品、热点内容定期更新宣传，增强品牌影响力。做好广电5G放号和业务推广，累计放号7.02万张。抓好网络改造升级，全年完成双向网改和光纤入户9.5万户，双向化覆盖率81.36%。主动参与政府视频监控、智慧城市、重点项目等智能化项目竞争，全年签订合同1.5亿元，签订配套费合同8130万元。配合做好老旧小区改造和管道线路整治，签订改造赔补合同5797万元，到账2417万元。完成23个智慧广电乡村工程项目建设和验收工作，全年签订合同4754.4万元，盐都公司建成10个村级“智慧平台”，争取政府买单全业务用户3246户。主动服务地方党委政府中心工作，全年保障市委全会、新冠肺炎疫情防控等各类视频会议557场次。按照市创建典范城市创建要求，完成44个老旧小区1.6万户FTTH改造，对亭湖区3个街道、盐南高新区2个街道及周边区域260余个点位电缆杆线集中整治，全年整治线缆700余千米，拆除飞线1500余处。关心弱势群体，对全市7.8万户低保用户和残疾人家庭实施有线电视费用减免。（胡中耕）

通信服务

概　况 2022年，盐城通信行业管理办公室助力信息通信发展，持续发展两翼业务，加快“通信塔”与“社会塔”双向融合。聚焦民生工程，持续参与各县（市、区）老旧小区通信管网改造、安防改造、充电桩建设、公安警用无人机专网项目，扩大通信行业价值。建立市场化薪酬奖惩制度，细化各岗位职责，建立“因岗设酬、功效挂钩、差别化管理”的薪酬制度和“目标管理、考核分等”奖惩激励机制，鼓励全体员工加快智联业务发展。联合推进电信企业降本增效、网络提升专项活动，严格控制站点退服，常态化开展超频、超长站点隐患整治，实现“三零”服务保障，各项指标均超预期，为电信企业年节约运营费用220万元。解决夏季高铁宿主站停电后空调无法工作导致设备高温宕机问题，改造高铁宿主站点28个，实现全年宿主站无高温退服。优化站址维系管理，聚焦党政机关、学校部队、大型企事业单位等，开展维系工作，完成盐城工学院16站、市城投公司所管理的5站等一揽子场租减免和电费压降工作，年节约成本支出70万余元。建立异动站址预警，对客情关系劣化、关系不稳的站址，在替代站选址、场租电费支付、矛盾协调成本等方面提前3个月开展介入式风险预评估，避免客情关系破裂导致被动拆站。

铁塔通信服务 年内，中国铁塔股份有限公司盐城市分公司实现营业收入3.46亿元。年内，公司加大通信基础设施投入力度，累计投资资金3.45亿元。服务国家发展战略，全年争取57处公共资源开放，解决5G疑难站址114处，全年完成新建站422个、5G改造站2335个，实现城区、县城、重要道路、核心商圈5G普遍覆盖服务。打造“5G+室分”，成立重点项目中心，建立一支懂市场、业务精、技术强的建维一体化室分专业团队，全年获取室分需求2200万平方米，实现收入947万元。投资7300万元，完成9985部电梯、825个地下室4G和5G信号覆盖。围绕数字中国战略，对外开放通信塔3526座，推进“通信塔”向“数字塔”转型升级，全年为江苏盐城湿地珍禽国家级自然保护区开发建设“智慧管理中心”，创新性利用3S、物联网、云计算、大数据等技术，形成国内首套湿地生态综合监测体系。落实国家“双碳”战略，在全市设立换电设施220处，为3000余名外卖骑手提供换电服务，创新采用锂电替换原来铅酸电池、燃油作车辆动力工作模式，实现年减少碳排放3000吨。保障居民用电，解决充电难问题，在846个小区中建设电动自行车充电桩。主动参与老旧小区安全隐患及现代化管理治理，在77个小区建设智慧安防、智慧停车等系统。改善小区居住环境，累计投入资金2.4亿元，完成298个老旧小区线缆序化整治工作。（金 一）

电信通信服务 年内，中国电信股份有限公司盐城分公司加快城市新型信息基础设施建设，全年新增10G PON端口2万个、5G基站1000余个，拓展5G覆盖高流量区域，实现乡镇镇区、农村热点区域5G全覆盖。助力数字乡村建设，开展5G乡村点亮工作，累计点亮1200余个；结合乡镇电视台、智慧大屏、云播等，打造互联共通的生态圈，行政村覆盖率84%，为5.5万户用户家庭提供安防服务。开展全要素网格化试点工作，开展隐患大排查大整治、专项整治百日行动等活动，完善应急预案及应急演练，加强安全教育培训和宣传，强化一线作业施工规范，加强现场检查、督查整改。助力地方新冠肺炎疫情防控，开发市级城市驾驶舱新冠肺炎疫情防控分舱、全市48类重点人群核酸监管平台、盐城市核酸检测平台建设、“盐货通”平台、“来盐返盐申报”平台等项目，为科学精准防控提供有效工具。开通各类电路1400余条，安装防疫监控摄像头4200余部、监控门磁8400余部，发送防疫短信7180万人次。完成盐城方舱医院网络建设任务，实现5G网络全覆盖，满足方舱医院综合信息需求。加强对“12345”热线、苏康码查验平台、“我的盐城”App、高速口公安图像网等涉疫系统及平台通信保障，满足防疫组织指挥工作通信需求，全年累计投入保障人员5250人次、保障车辆985车次，保障会议216场次。严格执行小微企业和个体工商户房租减免政策，累计为60家小微企业和158户个体工商户，减免房租380万元。为182家开放性营业场所减免专线费、ETV月租费50万元，为1.3万家中小企业及商铺减免宽带租费43万余元。开展通信防诈工作，年内提供各类涉诈线索83条，挽回群众损失1200万元，配合公安机关缴获GOIP设备3套，协助公安抓获嫌人3人。持续开展电梯、地下室无线信号优化工作，全年完成1300部电梯、130个地下室信号覆盖。开展创文线杆线缆整治，整治线杆电缆隐患1600余个。（邹湘彬）

移动通信服务 年内，中国移动通信集团江苏有限公司盐城分公司实现通信服务收入42.1亿元。至年底，公司实现企业固定资产26.2亿元，拥有5G客户156.3万户、4G客户381.4万户、手机上网用户387万户、Volte用户356万户、宽带用户164万户、掌厅客户端用户245万户。拥有自有营业厅332家、合作营业厅986家、5G基站6228个，各级服务网点和5G信号实现城区全域、县城及乡镇驻地全覆盖。强化服务检测，全年完成常规服务检测3600次、视频监控5420次、明访巡查651次、薄弱网格驻地辅导24次，开展携转、宽带等专项服务检测12次。推进宽带义诊服务，加强网络质差整治，全年完成小区宽带整治1401个，义诊服务客户7万户。组织开展一线装维人员服务技巧培训以及业务测试，加强装维服务规范监测，装维服务满意度99.5%。协同落地“5G+”工业互联网解决方案，聚集本地及省内外优秀工业诊断、智能装备、工业软件、工业安全等跨领域合作伙伴，全年中标工业诊断服务项目11个，为648家规模以上企业提供诊断咨询服务。拓展应用场景，创新探索风力发电、晶硅光伏等特色产业解决方案，专项研发环保滤料、高端纺织等细分行业创新5G应用。助力信息化建设，参与建设滨海港智慧指挥中心及大丰港5G智慧码头；参与建设移动域名拦截系统、公安社会治安防控体系、感知天罗二期、智慧安防小区等；参与建设数字农业农村大数据平台，包含盐城市农业农村数据资源池、业务直通车、“三农”决策舱、信息服务窗等综合应用服务体系，助力盐城智慧农业发展。打造苏北标杆工厂、市县特色示范工厂，为腰部企业打造标杆车间，为小型企业打造特色数字化场景。全年公司携手立铠精密科技（盐城）有限公司建设苏北规模最大5G+精密机构件智能制造全连接工厂；联合江苏鑫科森电子科技有限公司打造苏北首家基于标识解析的5G+全连接工厂，为企业争取到省工信厅600万余元奖补。（朱栋材）

9月26日，盐城联通公司为滨海港中海油LNG首船接卸提供通信保障。
盐城联通公司 供图

联通通信服务 年内，中国联合网络通信有限公司盐城市分公司实现主营收入比上年增长15.2%，上市营业利润比上年增长70.1%，自由现金流比上年增长31.7%。维护安全稳定，安全生产专项整治三年行动计划收官，推进普法教育，开展合规强化年活动，全年生产安全零事故。助力乡村振兴，全年建设数字乡村102个、智慧社区94个、援建项目1个，投入帮扶资金、采购扶贫农产品、减免小微企业房租50万元。推进“双碳”降本增效，年节约电费22万元。服务通信保障，完成重大活动网络保障任务33次，其中，滨海港中海油LNG首船接卸通信及会议平台保障得到市政府表扬，全年实现重要保障任务零网络故障、零服务投诉、零网络安全事件。强化5G精品网建设，携手盐城电信开通5G基站2840站、开通4G共享基站2656站；开展铸网补短行动，提升乡镇及农村网络覆盖水平，新增宽带覆盖35.8万户，累计规模124.8万户。推进科技创新能力，年内研发项目7个、申报专利3个，科技创新成果《打造低成本无线网建设体系，提升客户感知敏捷支撑能力》获江苏联通管理创新成果三等奖。（杨雯莉）

金融业

编辑　徐　昊

综　述

金融发展规模与效益　2022年，盐城市按照稳字当头、稳中求进工作总基调，围绕“防风险、维秩序、精服务、提治理、促改革、稳创新、优管理”工作主线，各项工作取得积极成效。全市金融业完成税收48.6亿元，22家银行机构入选三星级及以上企业，比上年增加3家。全年全市金融机构实现本外币各项存款余额9917.02亿元，比年初增加779.03亿元；实现本外币各项贷款余额9607.86亿元，比年初增加1523.88亿元。全市金融机构实现人民币各项存款余额9870.57亿元、人民币各项贷款余额9586.97亿元。全市有融资担保机构33家、证券分支机构40家，新增上市企业1家、新增小贷公司6家。拥有注册登记典当行38家,实际正常运行31家；拥有各类保险机构77家，全市保险行业实现保费收入218.73亿元。年内，全年小微企业新增首贷3734户金额119.93亿元，科技型中小企业新增授信782户金额39.88亿元,创新“巾帼科创贷”等多个科技金融产品，新型农业经营主体新增授信123户金额8620.4万元。全市制造业贷款余额934.2亿元,新增贷款余额203.4亿元；中长期制造业贷款余额393.7亿元，新增贷款余额192.5亿元。开展“首贷户”拓展行动，全市新增小微企业首贷户数3734户，新增小微企业首贷金额119.9亿元。6月，盐城市被省政府评为金融领域真抓实干地区。

（陈　晨　王永红　周　洁）

表23　2022年盐城市金融机构存贷款年末余额情况统计表

单位：亿元

指　标	总　额	指　标	总　额
各项存款	9870.57	各项贷款	9586.97
一、境内存款	9867.45	一、境内贷款	9586.64
1.住户存款	5653.21	1.住户贷款	3121.19
活期存款	1296.33	短期贷款	938.30
定期及其他存款	4356.88	中长期贷款	2182.89
2.非金融企业存款	2925.68	2.非金融企业及机关团体贷款	5849.24
活期存款	929.59	短期贷款	2376.94
定期及其他存款	1996.09	中长期贷款	3472.30
3.广义政府存款	1186.05	3.票据融资	616.21
4.非银行业金融机构存款	102.51	二、境外贷款	0.33
二、境外存款	3.12	—	

外汇管理　年内，全市跨境收支总额228.18亿美元，其中，跨境资金流入141.39亿美元、跨境资金流出86.79亿美元，跨境资金净流入54.6亿美元。全市银行结售汇总额115.13亿美元，其中，结汇78.73亿美元、售汇36.4亿美元，结售汇顺差42.33亿美元。全市跨境人民币结算总量为39.38亿美元，其中，跨境人民币流入28.86亿美元、跨境人民币流出10.52亿美元，实现净流入18.34亿美元。年内，盐城市推动优质企业贸易外汇收支便利化试点扩容提质，全市试点银行和试点企业分别增至26家和91家，贸易便利化试点业务35.06亿美元。推进资本项目收入支付便利化，全市银行累计办理资本项目外汇收入支付便利化业务4.85亿美元。跨境融资便利化、新型离岸国际贸易业务成功落地，全市贸易和直接投资跨境人民币结算金额243.09亿元。开展“外汇服务银企行”活动，累计调研走访银行企业120家次。组织开展银行外汇暨跨境人民币业务线上培训会，全辖区25家银行共计277名外汇从业人员参会，基本实现辖区所有外汇业务银行网点全覆盖。

（王永利）

绿色金融　年内，盐城市推进绿色金融发展，印发《盐城市绿色金融发展实施意见》，统筹建立盐城市“十四五”期间绿色金融发展方向。全年全市绿色贷款余额1231.5亿元，比年初新增443.77亿元。制定区域绿色金融发展规划，指导银行保险社团成立绿色金融专业委员会，加强安全生产违法信息和环保信用评价信息共享。引导金融机构完善绿色信贷组织体系，推动江苏银行盐城分行设立辖区首家绿色支行。加大绿色信贷产品创新，推动市政府设立黄海湿地生态银行，推进黄海湿地生态资源运营管理和投融资服务中心建设，探索开展湿地碳汇远期质押贷款试点。成立盐城工融汇创新能源股权投资基金，总规模100亿元，投向全市新能源产业。全省首单“碳配额保险”落地射阳县，为能源企业在碳配额清缴等方面提供创新保险保障。兴业银行盐城分行发放全省首笔湿地修复碳汇远期质押贷款1000万元，专项用于盐城湿地修复保护。全市首单碳中和绿色债券在上海证券交易所发行，规模6.28亿元。

金融助力复工复产 年内，全市加大金融支持地方经济发展力度。市地方金融监管局牵头印发《关于进一步加强新冠肺炎疫情期间金融服务促进经济社会持续稳定发展的通知》《关于贯彻落实国务院〈扎实稳住经济一揽子政策措施〉的通知》等文件，推动金融惠企政策落地见效。开展“助企纾困稳大盘盐城金融在行动”系列宣传活动，保障市场主体应知尽知、应享尽享，精准助力企业纾困解难。开展“企业大走访”活动，定期走访挂钩企业，对照上级6件任务交办清单，“一企一策”帮助企业解决融资问题。发挥金融助力促消费作用，支持服务业市场主体恢复发展，市地方金融监管局联合盐城银保监分局举办盐城首届金融消费节，全市金融机构设立专项资金5934.5万元，开展活动700余场，累计让利于民4417.4万元。开展企业贷款利率压降工作，联合中国人民银行盐城市中心支行、盐城银保监分局等五部门制定方案，明确“1个目标、11项措施”，加强考核约束和数据监测，督促银行机构多措并举降低企业融资成本，提升金融服务效能。中国人民银行盐城市中心支行推进两项直达实体政策工具接续转换，实施商业银行“四贷”能力提升行动，推动建立金融服务小微“敢贷、愿贷、能贷、会贷”长效机制，加大对受新冠肺炎疫情影响严重行业和中小微企业、个体工商户支持力度。强化重点领域和薄弱环节支持力度，金融支持制造业发展，开展制造业信贷投放“百日攻坚”行动，全国首创“可转贷”信贷模式在市域落地生根，用好“苏创融”等信贷产品，引导金融机构加大对科技企业、制造业金融支持。盐城银保监分局支持重大项目落地实施，挑选行业专家，组建金融智库，构建金融顾问团队，为重大项目提供“一企一策”精准服务，实现辖内省市重大项目走访全覆盖；支持重点产业链发展，指导银行机构建立“链主企业＋主办银行”机制，全年供应链融资金额250.7亿元；支持稳外贸稳外资，印发推进外贸企业贸易便利化、创新外贸金融产品等5项措施，助力跨周期调节稳定外贸外资，全年外资企业银行融资金额260.92亿元。深化市、县两级会诊帮扶机制，对全市最大汽车商贸龙头企业森风集团实施民企融资会诊帮扶，召开相关企业金融债委会8次，稳定融资11.45亿元，稳定就业超千人。发挥乡村振兴金融服务示范效应，持续深化洋马、益林等6个试点乡镇乡村振兴试点示范工作，创新推广“1家牵头银行+N家银行保险机构+1个村（镇）”结对合作模式，6家试点乡镇配备23家银行网点和109家村级农业保险服务点，为10万余户经营主体提供保险保障509.5亿元。开展金融赋能“一县一业”支持乡村振兴活动，引导银行保险机构深入115个行政村为东台西瓜、阜宁黑猪、射阳菊花等区域特色农业推出“西瓜贷”“菊花贷”等专属产品13个，发放贷款340.3亿元。

（陈　晨　王永利　周　洁）

银　行

概　况 2022年，盐城市银行业资产规模为1.19万亿元，有金融机构43家、营业网点987个。全年全市清算体系保持平稳高效运行。全市大小额支付系统共处理往来业务2516.35万笔金额1.36万亿元。其中，大额支付发起172.04万笔金额6.04万亿元、大额支付接收198.56万笔金额6.31万亿元；小额支付发起1057.21万笔金额5786.76亿元、小额支付接收1088.54万笔金额6506.55亿元。全市新开立人民币银行结算账户6.94万户，其中，基本存款账户4.48万户、专用账户4121户、临时存款账户526户、一般存款账户2万户。全市个人征信查询27.61万次，企业征信查询1.46万次。

（王永利）

中国农业发展银行盐城市分行 年内，中国农业发展银行盐城市分行实现贷款余额282亿元，全行贷款净增42.3亿元，累计发放各类贷款103亿元；累计完成现金清收不良贷款1369万元。年内，分行立足粮食主产区“盐城特色”，全年累计发放购销储贷款53.07亿元，发放夏粮收购贷款33亿、秋粮贷款12.3亿元。支持企业扩大农产品对外贸易，累计向新营销贸易融资客户供应链公司开证6492.8万美元，进口大豆8.68万吨。推动设立信用保证基金推进市场化收购，加大基金筹集力度，解决农民“卖粮难”和收购贷款风险防控问题，累计筹集共同担保基金1.77亿元，其中财政注资1.15亿元。落实基础设施建设基金优惠政策，农发基础设施建设基金支持项目7个资金23.44亿元。推动小微业务发展，运用“国有核心企业＋小微”模式，营销并新增国有普惠小微企业6户，全年全行实行普惠贷款余额1.34亿元，实现净增2100万元。加强政银企合作，推广“战略协议＋项目清单”模式，推动分行与盐都区、大丰区等地方政府签订合作协议，涉及项目12个、融资需求超百亿元；健全“首席客户经理”营销机制，市分行领导带队走访悦达集团、海瀛集团等企业42户，达成初步意向合作协议113亿元。

（肖景元）

中国工商银行盐城分行 年内，中国工商银行盐城分行实现各项存款622.44亿元，比年初净增100.1亿元。其中，公司存款158.79亿元，净增

28.44 亿元；储蓄存款 331.87 亿元，净增 67.05 亿元；机构存款 131.78 亿元，比年初净增 4.61 亿元。实现各项贷款余额 666.6 亿元，比年初净增 127.23 亿元。其中，公司贷款 433.03 亿元，净增 115.9 亿元；个人贷款 233.57 亿元，净增 11.33 亿元。至年底，银行实现营业收入 24.1 亿元、净利润 13.02 亿元、拨备前利润 18.99 亿元、普惠贷款净增 23.72 亿元。持续优化客户基础，全量个人客户比年初净增 12.25 万户，机构客户比年初净增 173 户，对公新开结算户 8527 户。抢抓地方发展机遇，先后在农业农村政银企对接会、高质量发展项目和制造业智能化改造数字化转型会、人社业务合作银行服务网点授权办理协议集中签约等 5 个大型活动上与客户签约，深化存量优质客户紧密程度。健全“9+X”风险管理体系，清收处置不良贷款，保障全行资产质量稳定。全年不良额、不良率持续保持双降，不良贷款余额 2.51 亿元、不良率 0.38%。（李家辉）

中国农业银行盐城分行 年内，中国农业银行盐城分行实现营业净收入 39.2 亿元，拨备后利润 26.4 亿元。年末各项存款 1342.1 亿元，各项贷款 953.7 亿元。全年全行新开本外币对公结算账户 9884 户，新增机构客户 206 户、新开机构账户 614 户，开立乡镇重点机构账户 105 户，新开财政预算单位代扣代缴等各类专户 220 户。加大信贷投放力度，对接政府重大战略和产业规划，实现投放 23.8 亿元。加大制造业和规模以上企业投放力度，聚焦全市四大主导产业和 23 条重点产业链企业，全年新增规模以上企业开户 77 户、信贷合作 240 户，新增贷款余额 47.6 亿元。支持绿色产业发展，全行绿色信贷余额 175 亿元，比年初净增 60.6 亿元。支持“三农”业务发展，与市农业农村局签署服务乡村振兴战略合作协议，通过“创新 + 复制 + 推广”模式，抓好乡村振兴金融服务，全年实现县域贷款 589.5 亿元，涉农贷款 497.3 亿元。加快普惠金融业务发展，全年实现普惠贷款余额 174.7 亿元，普惠贷款有效户 1.13 万户，办理普惠型小微企业延期还本付息 987 笔 7.19 亿元。推进数字化转型。推进场景建设，场景月活跃客户 18.1 万户，场景新增客户存款增量 10.56 亿元；拓展对公线上客户，新增上线现金管理银客链接客户 29 户，上线客户日均存 38.9 亿元，客户线上交易量 726.6 亿元；建设智慧项目，围绕智慧政务、智慧财政、智慧警务、智慧医疗等项目，推动数字化转型和银客系统上线，全年新上线涉案财物管理系统 5 家，上线涉案财物管理系统 9 家。（肖立春）

中国银行盐城分行 年内，中国银行盐城分行实现营业净收入 30.14 亿元、净利息收入 23.58 亿元、净利润为 12.47 亿元、中间业务收入 5.53 亿元。至年底，全行本外币贷款余额 941.02 亿元，比年初新增 186.62 亿元。其中，公司贷款 634.2 亿元，新增 179.67 亿元；个人贷款 306.82 亿元，新增 6.95 亿元。本外币存款余额 813.18 亿元，比年初新增 118.91 亿元。其中，储蓄存款 398.22 亿元，新增 70.89 亿元；公司存款 414.96 亿元，新增 48.02 亿元。保持稳中好转趋势，提高不良资产现金清收比重，改善不良资产经营管理质效，累计实现表内清收 2.57 亿元，全年全行不良贷款余额 2.74 亿元。支持实体经济，以“金融活水”推进盐城地方经济社会发展，全年分行实现绿色信贷新增 56.55 亿元、战略性新兴产业贷款新增 41.05 亿元、科技型企业贷款新增 16.39 亿元、民营企业贷款新增 30.90 亿元、制造业贷款新增 23.37 亿元。推动线下线上融合发展，普惠贷款余额达 129.18 亿元，比年初新增 31.02 亿元。围绕乡村振兴，加大对全市高标准农田、粮食仓储优化工程、风光渔一体化、渔港建设、农产品深加工等项目支持，涉农贷款余额 267.19 亿元，新增 84.61 亿元。（郑步祥）

中国建设银行盐城分行 年内，中国建设银行盐城分行实现主营业务收入 26.8 亿元、一般性存款余额 713 亿元、拨备前利润 20.3 亿元。实现基础设施贷款余额 291.83 亿元，比年初新增 95.79 亿元；民营贷款余额 150.18 亿元，比年初新增 36.08 亿元；大中型涉农贷款余额 141.36 亿元，比年初新增 30.85 亿元；绿色信贷余额 114.56 亿元，新增 52.44 亿元。年内，分行开展重点项目专项服务活动，累计审批通过项目 104 个，授信金额 455 亿元，投放住房租赁贷款 4.05 亿元、城市更新 25.29 亿元、园区提档升级贷款 23.3 亿元、城镇化贷款 15.9 亿元。推进住房租赁“书记项目”，构建园区住房租赁新模式，打造服务园区经济新优势，全年投放保障性租赁住房项目 3 个，投放金额 4 亿元，支持房源 1220 套。加强重点业务和产品创新，为悦达融资租赁有限公司注册 ABCP（资产支持商业票据）4 亿元，办理可再生能源补贴确权贷款 1 笔 2.49 亿元、资产并购贷款 4 笔 5.77 亿元。做好“建行生活”运营、政府消费券发放工作，“建行生活”累计注册用户 35.9 万户，年均日活用户 9720 户，日交易金额 9608.5 万元，上线建行生活商户 1207 户，承接东台、滨海、建湖、响水、城南 5 个地区政府消费券发放 2270 万元。强化普惠业务，全年实现普惠金融贷款余额 86.44 亿元，普惠客户 9090 户，“惠懂你”授信客户 6004 户。推进乡村金融服务，年末涉农贷款余额 183.8 亿元。（邓洪卫）

中国民生银行盐城分行 年内，中国民生银行盐城分行各项存款 148.46 亿元，比年初下降 81.78 亿元；各项贷款 209.48 亿元，比年初新增 10.79 亿元；不良贷款余额 800 万元，比年初下降 700 万元。全年全行发行债券 14 单金额 59.3 亿元。年内，分行做实项目储备，参与区域债券招投标，累计中标项目 5 个金额 39 亿元。储备理财直融项目，全年上报理财子项目 8 笔金额 25 亿元，实现项目发行 4 笔金额 9.8 亿元。服务经济实体经济，保障重点领域融资需求，全年投放信贷资金 33.03 亿元。加大绿色金融资源投入，全年投放信贷资金 13.04 亿元。支持乡村振兴，对接市区级农业龙头企业、优质乡村旅游项目等,实现涉农贷款余额38.87亿元。助力制造业发展，支持政府为招商引资建设厂房项目贷款，全年投放服务制造业贷款20亿元。服务“专精特新”企业，年内实现国家级“专精特新”企业触达率100%，新增“专精特新”企业贷款2.05亿元。推进产品创新、服务优化，为小微企业精准提供信用化、法人化、线上化等多元化产品服务体系,推出“云快贷”“云企贷”“纳税网乐贷”“商户快贷”等融资产品及金融服务。推进减费让利，落实延期政策，帮助小微企业纾困解困，全年全行小微企业无还本续贷贷款4.19亿元。（李　雪）

华夏银行盐城分行　年内，华夏银行盐城分行实现资产总额224.2亿元，比年初增加10.94亿元。一般性存款余额190.9亿元，比年初减少11.36亿元；一般性存款日均210.39亿元，比上年增加6900万元。各项贷款余额224.42亿元，比年初增加20.76亿元；各项贷款日均212.74亿元，比年初增加19.09亿元。开展制造业、普惠金融“补短板、强弱项、提能力”专项行动，年末实现公司制造业贷款余额净增4.44亿元，普惠条线贷款余额、贷款用信户和两增口径贷款余额居各经营单位第一位。紧扣“轻型化”发展方向，围绕承销、撮合、主动投资等产品运用，落地投行、金市业务金额115.8亿元。年内，分行创成盐城市银行业首批新时代文明实践点，获评江苏省文明单位。（陈旭东）

招商银行盐城分行　年内，招商银行盐城分行实现营业收入4.28亿元、对公融资总量220.1亿元。实现自营贷款时点余额103.3亿元，比年初净增14.22亿元；不良贷款余额2000万元，比年初下降200万元，不良率0.2%，资产质量总体保持良好。服务地方经济，助力实体经济发展，全年分行投放公司贷款57.26亿元，其中，民营投放22.52亿元、制造业投放17.11亿元、普惠投放4.45亿元。实现普惠贷款余额（1000万以下不含贴现）4.74亿元，普惠贷款户数707户；实现制造业贷款余额17.11亿元、信用贷款余额6亿元。支持实体重大项目,为市重点项目赛得利（盐城）并购项目合计组织资金10.32亿元；与招商银行常州分行联动营销天合光能科技（盐城）有限公司，获批5亿元固定资产贷款，实现投放4.5亿元；获滨海至淮安高速公路盐城段项目最大银团份额10.11亿元，完成投放5.38亿元；为盐城城投铁建置业有限公司、盐城城投盛远置业有限公司发放安置房开发贷款3亿元；为国能陈家港发电有限公司、江苏国信射阳港电厂累计投放3.32亿元用于煤炭采购。推动金融科技发展，累计上线盐城市国有企业CBS系统6家，接入关联企业115户，提供包括银行账户视图、收付结算、动态资金风险监控、一体化投融资管理等金融服务。做好房地产贷款投放，重点支持保障性住房、普通住宅开发项目，同时严格做好预售资金监测，维护社会稳定大局。全年全行实现房地产开发贷款业务余额23.37亿元，比年初增加6.57亿元。（戴宏娟）

中国邮政储蓄银行盐城市分行　年内，中国邮政储蓄银行盐城市分行实现存款余额115.2亿元、公司信贷余额90.89亿元，实现考核收入12.66亿元、考核利润7.34亿元。全年全行新增财富客户1229户、钻石客户新增20户、私行客户16户、信用卡客户5.17万户。全年实现不良贷款余额1.5亿元，比年初增长2900万元，完成现金清收8827万元。年内，分行支持先进制造业、战略性新兴产业、绿色金融等重点领域，年末制造业中长期贷款余额32.77亿元；搭建科创金融服务体系，服务“专精特新”及科创企业客户170户,新增贷款3.92亿元；绿色贷款余额66.69亿元；普惠型小微企业贷款结余89.76亿元。加大乡村振兴重点领域信贷投入力度，全年涉农贷款结余156.77亿元。开展农村信用体系建设，推进信用村普遍授信，建成信用村2087个、信用户5.29万户。每月开展运营质量培训，按月召开质量分析会，提高柜面运营质量和从业人员的业务技能。开展窗口服务“回头看”、服务类有责投诉整治活动，制订适老服务指引。至年底，分行服务质量检查平均得分96.95，居全省第3位。抓好网点改造及服务工作，提升网点形象，全年完成网点装修改造2个、微改造18个、启动新址迁址2处。（王　俊）

江苏银行盐城分行　年内，江苏银行盐城分行各项存款余额814.82亿元，比年初增加94.01亿元；各项贷款余额750.3亿元，比年初增加160.5亿元。支持地方经济，紧扣盐城四大主导产业和23条重点产业链，推广“苏银新智造”品牌，制造业贷款余额111.23亿元；新增“专精特新”高质量科创企业客户110户，科技贷款比年初增加8.93亿元。服务“绿色盐城”建设，绿色信贷余额137.46亿元，比年初增加66.4亿元；清洁能源贷款增加19.2亿元。发展普惠金融，开展大走访大调研大对接，普惠小微贷款余额85.2亿元、涉农贷款余额252.49亿元，累计发放个贷业务5.92万笔金额51.15亿元，新增首贷户232户、信用卡发卡3.96万张。创新金融业务，推出“盐阜乡村振兴创富贷”业务,落地钢铁产能抵押贷款，率先推出转贷服务公司贷款业务。落地全国首单资产担保债务融资工具，全省首笔“整县光伏”项目贷款、首笔生物质可再生能源“补贴确权贷款”，全市首笔“政采通”业务。推动直融间融互促共进，累计投放投行类资产295.95亿元，债务融资工具发行量在全市首超百亿元。新增资产托管规模139.27亿元，票据贴现业务市场份额居全市第一位。（曹敏智）

盐城农村商业银行　年内，盐城农村商业银行实现各项存款余额386.22亿元、各项贷款余额330.81亿元、入库税收1.6亿元。至年底，银行总资产516.98亿元。年内，银行提升支农支小和服务实体经济能力水平，涉农及小微企业贷款累计净增28.06亿元。实施“普惠金融 进村入户”工程，普惠贷款余额84.3亿元，比年初增加16.1亿元。开展“精准走访稳主体 优化服务保实体”竞赛活

11月8日，“绿色盐城”重大项目政银企对接会暨合作项目签约仪式在盐城举行。
盐阜大众报报业集团　供图

动，全年走访企业客户8727户，个人客户7.04万户，全年发放“小微贷”381户金额11.25亿元。打造精品银行，对接市供销合作总社，对下游清单客户成功授信83户金额1362万元；与市文广旅局开展党建共建暨服务文旅企业发展签约仪式，签约当天为8家重点企业授信4.3亿元；与市农发行在夏粮和秋粮收购等工作上开展密切合作，为1670户客户服务，结算资金2.83亿元；牵头盐城8家农商银行与市住房公积金中心签署全面战略合作协议，将全市农商行2271家网点及便民服务站升级成为公积金便民服务点。打造智慧银行，联合市公安局开展“安心码”项目建设，联合市商务局开展预付卡资金监管合作；与市人力资源和社会保障局开展“就近办”业务合作，推广医保电子凭证和社保卡业务，医保电子凭证激活16.62万户，累计发行社保卡66.67万张。至年底，银行实现手机银行客户数56.43万户、收单商户零售产品开通量11.94万个。（陈　健）

全市农业农村政银企对接会　9月24日，盐城市召开全市农业农村政银企对接会暨合作项目授信签约仪式。会上，市农业农村局解读《关于进一步加强财政金融支持农业农村发展若干政策措施的通知》，农业银行盐城分行、建设银行盐城分行、江苏银行盐城分行和江苏省农业融资担保有限责任公司盐城分公司推介农业金融服务政策和产品，12家单位、企业分别与金融机构签订合作协议。

“绿色盐城”重大项目政银企对接会　11月8日，盐城市举行“绿色盐城”重大项目政银企对接会暨合作项目签约仪式。活动聚焦“绿色盐城”主题，编排有融资需求的重大项目861个，总投资4357亿元。活动期间，盐城市分别与江苏银行签署支持盐城建设绿色低碳发展示范区、乡村振兴两个战略合作协议，与江苏省信用再担保集团有限公司签署全面战略合作协议。启动“盐城市重大项目融资服务平台”，发布盐阜乡村振兴·创富贷品牌。市有关部门介绍重大项目融资需求、“绿色金融”发展情况，部分金融机构和企业作推介，并集中签约数十个合作项目。

全省首笔生物质可再生能源补贴确权贷款　1月1日，江苏银行盐城分行成功落地江苏省首笔生物质可再生能源补贴确权贷款，向江苏大吉环保能源滨海有限公司发放贷款4000万元，用于滨海15兆瓦生活垃圾焚烧发电项目。滨海15兆瓦生活垃圾焚烧发电项目建成后处理生活垃圾29.2万吨，年可外供电7732.51万千瓦时，节约标准煤2.44万吨，对改善滨海县生态环境有着积极作用。（曹敏智）

证券期货

概　况　2022年，盐城市有证券分支机构40家，其中华泰证券、南京证券、兴业证券在盐城设立分公司，其余为营业部；有期货分支机构4家，其中，华闻期货在盐城设立分公司，其余为营业部。

表24　2022年盐城市证券（期货）分支机构情况一览表

序号	机构名称	序号	机构名称
1	安信证券股份有限公司盐城世纪大道证券营业部	23	华泰证券股份有限公司东台海陵中路证券营业部
2	财通证券股份有限公司盐城解放南路证券营业部	24	九州证券股份有限公司盐城世纪大道证券营业部
3	长江证券股份有限公司盐城世纪大道证券营业部	25	南京证券股份有限公司盐城分公司

续表24

序号	机构名称	序号	机构名称
4	东北证券股份有限公司盐城腾飞路证券营业部	26	南京证券股份有限公司盐城建湖县人民路证券营业部
5	东方财富证券股份有限公司盐城迎宾南路证券营业部	27	南京证券股份有限公司盐城解放南路证券营业部
6	东海证券股份有限公司盐城解放南路证券营业部	28	申万宏源证券有限公司盐城滨海海滨大道证券营业部
7	东吴证券股份有限公司盐城人民南路证券营业部	29	申万宏源证券有限公司盐城大丰健康西路证券营业部
8	东兴证券股份有限公司盐城青年东路证券营业部	30	申万宏源证券有限公司盐城东台望海东路证券营业部
9	方正证券股份有限公司盐城人民中路证券营业部	31	申万宏源证券有限公司盐城阜宁射河北路证券营业部
10	光大证券股份有限公司盐城解放南路证券营业部	32	申万宏源证券有限公司盐城建湖湖中路证券营业部
11	广发证券股份有限公司盐城世纪大道证券营业部	33	申万宏源证券有限公司盐城解放南路证券营业部
12	国联证券股份有限公司盐城解放南路证券营业部	34	申万宏源证券有限公司盐城经济开发区泰山路证券营业部
13	国泰君安证券股份有限公司盐城解放南路证券营业部	35	申万宏源证券有限公司盐城射阳兴阳广场证券营业部
14	国信证券股份有限公司盐城阜宁新城北京路证券营业部	36	申万宏源证券有限公司盐城世纪大道证券营业部
15	国元证券股份有限公司盐城解放南路证券营业部	37	申万宏源证券有限公司盐城响水双园路证券营业部
16	海通证券股份有限公司盐城阜宁上海路证券营业部	38	兴业证券股份有限公司盐城分公司
17	海通证券股份有限公司盐城建军中路证券营业部	39	中国银河证券股份有限公司盐城迎宾南路证券营业部
18	华林证券股份有限公司盐城人民南路证券营业部	40	中信证券股份有限公司盐城迎宾南路证券营业部
19	华泰证券股份有限公司盐城滨海红星南巷证券营业部	41	国联期货股份有限公司盐城营业部
20	华泰证券股份有限公司盐城大丰人民南路证券营业部	42	弘业期货股份有限公司盐城营业部
21	华泰证券股份有限公司盐城分公司	43	华泰期货有限公司盐城营业部
22	华泰证券股份有限公司盐城阜宁城河路证券营业部	44	华闻期货有限公司盐城分公司

华泰证券股份有限公司盐城分公司 华泰证券股份有限公司盐城分公司成立于1997年11月，公司位于盐城市世纪大道5号金融城。经营范围包括证券经纪、证券投资咨询、证券承销业务、融资融券、证券投资基金代销、代销金融产品和为期货公司提供中间介绍业务以及管理盐城地区证券营业部等。至年底，公司开户超5000户，股基债交易量超5000亿元。

南京证券股份有限公司盐城分公司 南京证券股份有限公司盐城分公司成立于2013年9月，公司位于盐城市城南新区新都街道解放南路261号。经营范围包括证券经纪、证券投资咨询、证券承销与保荐、融资融券、证券投资基金代销，与证券交易、证券投资活动有关的财务顾问等。至年底，公司累计服务个人客户数3000户，各类金融产品销售5.5亿元，累计签约定向债务融资工具、短期私募公司债、中期票据、企业债等各类债券65亿元。

华闻期货有限公司盐城分公司 华闻期货有限公司盐城分公司成立于2019年6月，公司位于盐城市人民南路5号盐城国际创投中心。经营范围包括商品期货经纪、金融期货经纪等。年内，公司有客户数291名，全年新开客户49名，其中，自然人客户48名、一般法人客户1名；累计纳税5.37万元、累计交易额140.17亿元、累计交割金额121.92万元。

全国首款政府依法防疫封控损失补偿保险 7月19日，江苏省盐城市亭湖区便仓镇同力装卸运输公司在紫金保险盐城中心支公司成功投保政府依法防疫封控损失补偿保险，系该险种全国首单。至此，因突发新冠肺炎疫情被政府依法封控致营业中断的投保企业和个体工商户有补偿损失新渠道。政府依法防疫封控损失补偿保险由紫金保险盐城中心支公司作为主承保公司，与盐城辖内人保财险、太平洋产险、平安产险、国寿财险、中华联合、阳光产险、大家产险8家保险机构组成共保体，统一进行承保理赔服务。该险种是盐城市以市场化方式弥补线下营业的服务业小微企业和个体工商户因新冠肺炎疫情封控造成利润损失补偿的保险产品，保险期限为一年。按雇员数10人以下、11~50人、51~150人分为三档五类，每户每日赔偿限额最低300元、最高1000元，单次封控最高赔偿14天。服务业企业和个体工商户购买该保险，每户给

予不超过保费50%补贴，最高不超过3000元。（陈　晨）

上市企业

概　况　2022年，盐城市新增上市企业1家，新增IPO过会企业1家，新增进入上市辅导企业5家,新增“新三板”挂牌企业2家，新增完成股改企业14家。年内，市地方金融监管局会同市相关部门、上市中介机构，组建上市工作专班、上市辅导团队、上市督导小组3支服务团队，赴各县（市、区）推动上市工作，帮助企业协调解决上市具体问题20个。会同市委研究室赴南通、宿迁等地学习推进企业上市经验做法，增强上市服务能力和水平。编印《企业上市业务“一本通”》《全市企业股改上市工作简报》，解读资本市场形势和最新政策，通报各板块、市相关部门上市工作推进情况，常态化为企业“送政策、扫盲区、解难题”。年内，江苏黄海金融控股集团有限公司支持实体经济发展，以“金种子企业”培育为切入口，设立上市专项基金，优先选择重点企业，定制精准投资服务方案，支持“金种子”企业培育上市，年内投资江苏富乐华半导体科技股份有限公司、源耀生物科技（盐城）股份有限公司、江苏托球农化股份有限公司3家上市后备企业。至年底，江苏黄海金融控股集团有限公司及旗下产业基金累计出资12.98亿元，投资全市重点上市后备企业16家,其中,完成股改12家、“新三板”挂牌6家、进入辅导4家。（陈　晨　史小奇）

企业股改上市　年内，盐城市推进企业股改上市工作，召开全市企业股改上市推进会，先后印发《关于加快推进企业股改上市的实施意见》《推进“个转企、小升规、规改股、股上市”工作若干意见》等政策文件，奖励力度居全省市级层面首位，市、县两级全年累计兑付上市奖励资金1600万元。建立100家全市上市（挂牌）后备企业“基础库、培育库、冲刺库”，定期召开重点上市后备企业过堂会，逐家明确上市时间表和路线图，推动企业按照时间节点安排进入上市辅导、申报材料等实质性阶段。对券商、会计师事务所、律师事务所等上市中介机构服务质态进行动态研判，定期列出前20强机构名录，根据企业自身发展和上市规划择优推荐。加强培训辅导，先后6次举办上市“云培训”，累计为300余家企业开展培训答疑。组织上市辅导团队赴滨海、建湖、亭湖、盐城经济技术开发区等地宣讲培训，提升基层干部服务上市能力，增强企业对接资本市场信心。在第十二届沿海发展人才峰会发布“双创”人才企业融资需求10.8亿元，现场签约7.1亿元股权投资人才项目和新设立金融服务机构项目。

江苏悦达投资股份有限公司　江苏悦达投资股份有限公司是一家综合类投资型公司，1993年11月经江苏省政府、中国证监会批准，向社会公开发行股票，于1994年1月3日在上海证券交易所挂牌交易，总股本8.5亿股。公司经营范围涵盖实业投资、资产管理、财务顾问、社会经济咨询服务、机械设备、纺织品的技术开发、技术转让、技术服务、技术咨询和国内贸易。至年底，公司旗下有汽车、纺织、拖拉机3家在盐制造业企业，拥有西铜、京沪、徐州通达3家公路企业，拥有卡特新能源、悦达新材料2家高科技企业，陈家港电厂1家发电企业以及西蒙悦达1家煤矿企业。

悦达国际控股有限公司　悦达国际控股有限公司（原悦达矿业控股有限公司）于2001年6月在开曼群岛注册成立，并于当年11月29日在香港交易所成功上市，是江苏省在香港发行红筹股的首家上市公司。2007年11月，悦达控股正式更名为悦达矿业控股有限公司。2018年12月，悦达矿业控股有限公司经董事会决议，股东大会投票，正式更名为悦达国际控股有限公司。至年底，公司主营业务为管理及营运中华人民共和国境内的若干矿业采选项目，主要业务包括锌、铅、铁及金矿石的勘探、开采、加工及销售，并提供保理服务、应收账管理与催收及保理咨询服务。

中国疏浚环保控股有限公司　中国疏浚环保控股有限公司是大型疏浚服务企业，公司于2011年6月20日在香港交易及结算所有限公司主板上市，并于2013年12月13日由翔宇疏浚控股有限公司更名为中国疏浚环保控股有限公司。公司主要提供基建疏浚、填海疏浚、环保疏浚及海上工程服务。海上工程包括风电设备吊装、港口码头和桥梁建设大件安装、抛石围堰、水下工程及打捞工程等。集团中国总部位于江苏盐城市。公司业务范围主要是提供基建疏浚、填海疏浚、环保疏浚及海上工程服务。海上工程包括风电设备吊装、港口码头和桥梁建设大件安装、抛石围堰、水下工程及打捞工程等。至年底，公司有员工520余人,拥有各类船只50余艘，在国内近10个省份运营超过20余个大型项目。

江苏农华智慧农业科技股份有限公司　江苏农华智慧农业科技股份有限公司（原江苏江淮动力股份有限公司）成立于1945年，前身为新四军枪械修理所，是国内较早专业研制动力装备的企业，1997年8月在深圳证券交易所挂牌上市。公司业务覆盖动力装备、农机装备、农业信息化、零部件研制，兼营矿业与国际贸易。至年底，公司拥有比较完善的研究、开发、试验体系，并通过国家企业技术中心认定，拥有自主知识产权的核心技术。“JD”“江动”品牌影响力高、市场覆盖面广。

江苏辉丰农化股份有限公司　江苏辉丰农化股份有限公司成立于1989

年，注册资本15亿元，是国家农药定点骨干生产企业、国家火炬计划重点高新技术企业，是集研发、生产、国内国际贸易于一体的全国知名农药企业，具有合成原药、加工、复配制剂数万吨的生产能力，成为行业领先的咪鲜胺原药、辛酰溴苯腈原药、氟环唑原药等研发和产业化基地。公司在行业内率先通过ISO 9001标准质量体系认证、ISO 14001环保管理体系认证以及OHSAS 18001职业健康安全管理体系认证，成为亚太地区率先通过跨国公司着力推行的以Q/EHS(质量、环境和职业健康安全管理体系)为核心的责任关怀体系认证的企业，并与多家全球性农药行业跨国公司建立战略合作关系。

金财互联控股股份有限公司 金财互联控股股份有限公司成立于1988年，是一家利用互联网、云计算、大数据、人工智能、区块链等技术，赋能财税服务机构、金融机构、财税从业人员，数字化企业及家庭个人用户，提供集智能财税、风控信用、合规增值、金融服务于一体的平台型科技公司，是热处理行业中领先的综合解决方案供应商，世界知名的热处理设备制造商。至年底，公司热处理板块业务涵盖热处理设备制造、专业热处理加工、热处理设备售后服务及热处理技术咨询服务四大块，产品广泛应用于航空航天、汽车、工程机械、轨道交通、船舶、化工机械、机械基础零部件等行业。

江苏丰山集团股份有限公司 江苏丰山集团股份有限公司成立于1988年，于2018年9月在上海证券交易所A股成功上市，是集农药研发、生产、销售为一体的国家农药定点生产企业，国家高新技术企业。公司主要产品为氟乐灵、精喹禾灵、烟嘧磺隆、毒死蜱等，拥有13个江苏省高新技术产品。公司先后在行业内率先通过ISO 9001 ：2008质量管理体系认证、ISO 14001 ：2004环境管理体系认证以及职业健康卫生安全管理体系GB/T28001 ：2001标准认证。“丰山”商标被国家市场监督管理局认定为中国驰名商标。公司先后获评全国石油和化学工业先进集体、中国农药行业责任关怀优秀企业等。年内，集团被盐城市慈善总会表彰为“99公益日”活动先进单位，获盐城市慈善突出贡献奖。8月11日上，江苏丰山集团股份有限公司与南通全诺新能源材料科技有限公司10万吨新能源项目签约仪式在大丰区举行。至年底，公司拥有省级工程技术研究中心和企业院士工作站，拥有全国大的氟乐灵，精喹禾灵生产基地，具有年生产合成原药2万吨，加工、复配制剂5万吨的生产能力。

大丰港和顺科技股份有限公司 大丰港和顺科技股份有限公司成立于2015年2月，是大丰港海外投资控股有限公司旗下从事综合物流货运服、贸易、石化产业仓储等经营活动的香港上市公司。公司前身为伽玛物流集团，2015年5月，集团更名为大丰港和顺科技股份有限公司。公司主要从事提供往来香港与珠三角地区若干港口的综合物流货运服务，同时也提供其他支持服务，包括提供燃料卡、牵引车修理及维修服务以及保险代理服务。公司综合物流货运服务分为陆路及海洋货运服务、空运代理服务及营运设备租赁服务三个部分，其中陆路及海洋货运服务为综合物流货运服务业务模式主要组成部分，主要倚赖集团以内河船、货车及货运代理方式处理货柜运输的能力。公司规划依托盐城港大丰港区，在在华东地区沿海、长江流域沿岸和东南亚地区打造石化仓储基地。

升立化工控股有限公司 升立化工控股有限公司是一家投资控股公司，是国家N–膦酰基甲基亚氨基二乙酸和草甘膦生产商，公司生产丙烯酸、芳基酯以及N–膦酰基甲基亚氨基二乙酸和草甘膦等中间体化学产品。其业务包括制造和销售丙烯酸和芳基酯、制造和销售N–膦酰基甲基亚氨基二乙酸和草甘膦，以及生产和销售精制甲基叔丁基醚和石油产品。至年底，公司实现N–膦酰基甲基亚氨基二乙酸年生产4万吨和草甘膦生产2万吨能力。

全市企业股改上市工作推进会 3月8日，市政府召开全市企业股改上市工作推进会，部署全市企业上市发展工作。会议强调，要树立现代金融理念，抢抓机遇、压实责任，更大力度支持企业股改上市，发展壮大资本市场，更好服务盐城产业发展。会议印发《关于加快推进企业股改上市的实施意见》，深圳证券交易所专家解读相关政策，中汽研汽车试验场股份有限公司分享上市经验。

“上交所资本市场服务周江苏行”活动 11月8日，“上交所资本市场服务周江苏行”活动在盐城举行。活动以“拥抱注册制 共享高质量”为主题，开展为期2天的资本市场培训，全市100家重点企业主要负责人参加专题辅导培训。本次活动通过提供全方位综合金融服务，加强企业上市辅导培育，加快企业对接资本市场进程，推动盐城资本市场发展。

中汽研汽车试验场股份有限公司上市 3月8日，中汽研汽车试验场股份有限公司（股票简称：中汽股份，股票代码：301215）上市仪式在深圳证券交易所和盐城市同步举行，仪式采用云直播方式。中汽股份成为A股汽车试验场领域第一股。本次IPO发行价格3.8元每股，市盈率53.6倍，共发行3.31万股，占总股本25%。据发行结果公告，本次实际募集资金总额12.56亿元，超出预计募集资金67.5%，公司发展前景受到市场及投资者高度认可。

（陈 晨）

表25　2022年盐城市上市公司情况一览表

序号	地　区	企业名称	所属行业	证券简称	上市时间	证券代码
1	市　区	江苏悦达投资股份有限公司	资本货物	悦达投资	1994年1月	600805
2	市　区	悦达国际控股有限公司	金融服务	悦达国际控股	2001年11月	00629
3	盐都区	中国疏浚环保控股有限公司	海港与服务	中国疏浚环保	2011年6月	00871
4	盐城经济技术开发区	江苏农华智慧农业科技股份有限公司	机械	智慧农业	1997年8月	000816
5	大丰区	江苏辉丰农化股份有限公司	化工	辉丰股份	2010年11月	002496
6	大丰区	金财互联控股股份有限公司	信息技术	金财互联	2010年12月	002530
7	大丰区	江苏丰山集团股份有限公司	化工	丰山集团	2018年9月	603810
8	大丰区	中汽研汽车试验场股份有限公司	汽车	中汽股份	2022年3月	301215
9	大丰区	大丰港和顺科技股份有限公司	海运	大丰港	2015年6月	8310
10	响水县	升立化工控股有限公司	特种化工	升立化工	2007年2月	A7S

保险业

概　况　2022年，盐城市保险市场机制进一步完善，拥有各类市场主体77家，其中，市级财险公司23家、寿险公司41家，保险专业中介一级法人机构9家、省级分公司4家。在64家市级保险公司中，中资保险公司51家、外资保险公司13家。全市保险行业实现保费收入208.3亿元，其中，产险公司实现保费收入54.8亿元、寿险公司实现保费收入153.5亿元。全市保险行业累计赔（给）付65.13亿元。其中，产险公司赔付38.56亿元，寿险公司赔（给）付26.57亿元。至年底，全市有保险分支机构及营销服务部499个，从业人员4.22万人。年内，盐城保险行业持续强化车险领域服务提升，开设“1号窗口”解决特定车辆承保难题，全年承保特定车辆6500余辆。年内，盐城地区保险机构落地照护保险，为失能群体提供护理保障，全年累计覆盖238.71万医保参保市民。宣传推广本地城市定制商业医疗保险“盐惠保”产品，累计承保23.46万人，累计赔付789.88万元。推进农业保险扩面、增品、提标，全年全市开办农险品种56个，为农民生产生活提供保障344.9亿元，覆盖农户84.12万户次，为57.25万户次受灾农户提供6.02亿元赔款，赔款增长率10.21%。

表26　2022年盐城市保险业金融机构经营情况统计表

单位：万元

指　标	金　额	指　标	金　额
一、保费收入	2082942.81	机动车辆保险	249168.06
1.财产险	547767.33	2.人身险	317993.34
机动车辆保险	361014.14	人寿保险	165764.23
2.人身险	1535175.48	健康保险	137206.50
人寿保险	1162292.22	意外伤害保险	15022.60
健康保险	323131.22	三、退保金	343429.36
意外伤害保险	49752.05	四、手续费及佣金支出	175866.57
二、赔付支出	651262.58	五、业务及管理费	133290.86
1.财产险	333269.24	—	

《盐城市照护保险实施细则》施行 2021年12月31日，盐城市政府印发《关于建立照护保险制度的意见(试行)》。2022年，实施照护保险被盐城市委、市政府列入为民办实事民生重点项目。7月1日，《盐城市照护保险实施细则》正式施行。照护保险制度是为长期失能人员基本生活照料和与基本生活密切相关的医疗护理提供保障的制度，通过个人缴费、政府财政补助和基本医疗保险统筹基金划入等途径按3：4：3的比例年度筹集，筹资标准为每人每年100元。职工医保参保人员每年1月由经办机构从职工医保个人账户中一次性划转。居民医保参保人员在缴纳居民医保费时一并缴纳，其中医疗救助对象个人缴费部分由救助对象所属地区财政全额补助。1~6级残疾军人、新中国成立前老工人、学生及其他未成年人个人缴费部分暂免征缴。参保人员因年老、疾病、伤残等原因导致长期失能且失能状态持续6个月以上的，可申请失能评估。经失能评估认定符合重度失能等级标准的参保人员，可享受照护保险待遇。

中国人寿保险股份有限公司盐城市分公司 年内，中国人寿保险股份有限公司盐城市分公司下辖9个县支公司、8个营业部、101个营销服务部，在全市各乡镇均设有服务机构，可向个人及团体提供人寿、意外和健康保险产品，涵盖生存、养老、疾病、医疗、身故、残疾等多种保障范围。年内，中国人寿保险股份有限公司盐城市分公司统筹新冠肺炎疫情防控和经营发展，经营绩效考核位居全省前列。公司全年实现总保费44.8亿元，累计服务客户150万余人，累计赔付支出10.12亿元。

中国人民财产保险股份有限公司盐城市分公司 年内，中国人民财产保险股份有限公司盐城市分公司实现保费收入26亿元，全年缴纳税费6892万元，代收车船税1.41亿元。公司累计支付各类赔款14.49亿元，支付单笔赔款金额超50万元赔案269件。发挥道路交通人伤一体化运营平台作用，受理案件220件，调解成功165件，调解金额1575万元。落地“1号窗口”服务，承保特定车辆3610辆。通过保证险为2462家企业释放保证金43亿元，通过安责险为1048户企业5.4万名职工保障生产安全，通过食责险为校园食堂等餐饮场所提供17亿元食品安全保障。开办农险商业险14个，其中新办水稻育秧保险等7个险种。为生猪养殖户提供2.34亿元生猪价格期货风险保障，累计赔付1096万元。承办大病保险赔付1.82亿元，受益16万人次；民生护理保险赔付152万元，受益3972人；照护险赔付867万元，受益1.99万人。参与城市惠民保业务承保，为全市23万人提供补充医疗保障服务，盐城地方专属“盐惠保”为1397人次支付1470万元大病医疗费用，单笔最高赔付31.32万元。

（周　洁）

其他非银行金融机构

融资担保 2022年，盐城市有融资担保机构数量33家（独立法人机构22家、省属分公司11家），注册资本71亿元。其中，政府性融资担保机构11家，注册资本46亿元，机构数量和资本金规模均居全省第一位。至年底，全市融资担保机构在保户数9609户，在保余额285亿元，年内新增担保金额275亿元。推动加大支小支农担保业务力度，印发《盐城市政府性融资担保机构小微企业和“三农”融资担保业务尽职免责工作指引（试行）》，市县地方金融监管部门引导全市融资担保机构聚焦支小农主业，帮助缓解小微企业和“三农”融资难、融资贵问题，全年新增小微和“三农“担保金额240亿元；全市政府性融资担保公司新增担保额129.1亿元，新增担保户数3100户。年内，江苏黄海金融控股集团有限公司支持中小微企业发展，实现以融促产、以融强产，集团担保公司全年为871户中小微企业提供31.5亿元融资担保服务；助力制造业企业高端化、智能化、绿色化发展，集团融资租赁公司全年投资17个项目18.24亿元。

（陈　晨　史小奇）

典　当 年内，全市拥有注册登记典当行38家，实际正常运行31家，其中，亭湖区12家、盐南高新区7家。典当行注册资本5.6亿元，总资产6.3亿元。全年全市典当行业实现营业收入3125万元、利润1233万元，典当余额3.9亿元，其中动产典当余额1.1亿元。

信贷服务 年内，盐城市持续优化信贷结构，召开全市金融工作座谈会，持续推动辖内银行机构向上争取政策倾斜和支持，扩大信贷投放规模，实现存款余额首超万亿元。加强与国家开发银行、中国农业发展银行沟通对接，用好政策性开发性金融工具，累计签约并投放基金项目16个金额39.1亿元。支持重点领域融资，创新重点项目融资推进、保障、畅通等各项机制，市地方金融监管局会同市发改委全面摸排重大项目融资需求，牵头印发《关于做好2022年重大项目融资需求对接的通知》《关于做好中长期贷款项目金融服务工作的通知》等文件，组织金融机构为重点项目提供资金保障，全年满足132个重大项目和514个中长期贷款项目融资需求。加大对实体经济支持力度，全年全市制造业余额934.21亿元、普惠小微余额1359.83亿元、涉农贷款余额3734.4亿元。提升普惠金融发展质效，围绕县（市、区）和银行机构两条主线，制定年度工作推进措施，调整普惠金融高质量发展领导小组，按月监测和按季通报指标完成情况，推动银行机构对标找差、精准施策，加大小微企业、个体工商户、新型农业经营主体等普惠型金融重点领域贷款投放。全年全市普惠型金融重点领域贷款余额1638.7亿元，比年初新增347.2亿元；普惠贷款余额占比17.05%，居全省第3位，比年初提高1.07个百分点。推广“信保贷”业务，帮助中小微企业解决融资增信问题，全年支持中小微企业479家，授信金额16.01亿元。

小额贷款 年内，全市小额贷款公司（以下简称小贷公司）坚持小额、分散经营原则，加强内控制度建设和风险防范，依法合规开展业务，总体运行健康平稳。全年全市有小贷公司51家，实收资本34亿元，新增小贷公司6家，终止经营资格2家。其中，正常经营36家，累计发放贷款25.44亿元，平均年化利率11.33%。

产业投资基金 近年来，江苏黄海金融控股集团有限公司围绕主导产业引进各类社会资本，合作组建多层次产业基金体系，落地全省规模最大的乡村振兴子基金和化工园区产业结构调整子基金。年内，江苏黄海金融控股集团有限公司支持产业发展和转型升级，组建落地总规模100亿元的盐城市产业投资母基金、总规模100亿元的工融汇创新能源基金。至年底，全市累计组建运营产业投资基金53支，总规模620亿元，覆盖企业种子期、成长期、成熟期全周期。

“盐城金谷”建设 为加速推动创新资本在盐城集聚，培育全周期基金产业集群，江苏黄海金融控股集团有限公司与盐南高新区共同组建设立盐城金谷运营管理有限公司，推进“盐城金谷”建设。“盐城金谷”规划建筑面积40万平方米，分为南区和北区。北区包括金融城一期、二期、三期部分载体，建筑面积30万平方米。其中，金融城6号楼“金谷中心”作为盐城金谷公共服务管理平台。南区依托长三角一体化产业发展基地，在南海未来城环湖科创带规划建设金谷拓展区，规划建筑面积约10万平方米，打造长三角一体化产业发展基地的金融服务示范区。至年底，金谷产业基金注册规模410亿元，累计招引17家基金机构和43家金融、类金融机构入驻。

市中小企业融资担保有限公司 市中小企业融资担保有限公司是盐城市唯一一家市级融资担保机构，同时是江苏省信用担保协会副会长单位、盐城市信用担保协会会长单位，信用评级AA级。公司成立于2000年2月，注册资本为5亿元，经营范围包含贷款担保、票据承兑担保、贸易融资担保、项目融资担保、信用证担保等融资性担保业务和其他业务。年内，公司为871户中小微企业提供31.5亿元融资担保服务。

市黄海科技小额贷款有限公司 盐城市黄海科技小额贷款有限公司成立于2015年12月31日，注册资本为1亿元，公司主要面向科技型中小微企业发放贷款、创业投资，提供融资性担保、开展金融机构业务代理以及经过监管部门批准的其他业务。年内，公司支持28户科技创新企业。

市基础设施领域不动产投资信托基金专题培训会 10月13日，盐城市基础设施领域不动产投资信托基金（REITs）专题培训会举行。会议指出，基础设施REITs是通过市场化手段盘活存量资产、扩大新增投资的有效政策工具，有利于稳增长、补短板、防风险，提升盐城市场服务实体经济质效。会议要求，各地各有关部门要认真学习领会专题培训会授课内容，全面掌握基础设施REITs最新政策要点、申报要求、操作程序。对辖区内基础设施存量资产进行全面摸底，结合本地区基础设施现状、项目自身条件和前期准备情况，认真梳理意向项目和储备项目，将符合条件的纳入市基础设施REITs试点项目库。

市产业投资母基金（一期） 1月6日，盐城召开全市产业发展大会暨重大项目建设动员会并为盐城市产业投资母基金（一期）揭牌。盐城市产业投资母基金(一期)由盐城市财政局、黄海金控集团、悦达集团、国投集团、银宝集团出资设立，基金总规模100亿元，基金管理人为江苏黄海汇创私募基金管理有限公司。该基金设立后将按照“政府引导、专业管理、市县联动、风险防范”原则，发挥市场资源配置和市级资金引导放大作用，打造“母基金＋基金群”基金矩阵，引导更多金融资源和社会资本向盐城市重点产业集聚，推动产业资本与金融资本深度融合、支持重大项目落地、加快产业高质量发展。

全国首单资产担保债务融资工具发行 6月21日，盐城市城镇化建设投资集团有限公司2022年度第一期定向资产担保债务融资工具成功发行，发行规模3亿元，期限3年，由江苏银行独立主承销。本期债券主要用于偿还发行人并购融资，以并购资产及该资产产生的现金流为抵质押物。本期债券为全国首单资产担保债务融资工具，对发挥资产信用、降低融资成本有着积极意义，填补了银行间市场细分金融产品空白。资产担保债务融资工具是发行人为实现融资目的，以资产或资产池提供担保，可约定由发行人或资产所产生的现金流作为收益支持，按约定以还本付息等方式支付收益的结构化融资工具。该产品兼具发行人主体信用与担保资产信用，发挥服务市场主体积极作用。

（陈　晨）

旅游业

编辑　徐　昊

综　述

旅游规模与效益　2022年，盐城市文旅产业紧扣“现代化”“高质量”两个关键词，以打造世界级滨海生态旅游廊道厅市共建项目为契机，紧盯游客接待量（总收入）、品牌建设、人均接受文化场馆服务次数三个核心指标，聚焦“世遗”精品、全域布局、项目建设、繁荣文化、品牌影响5个工作重点，加快打造生态型、国际化、世界级旅游目的地。全年全市AA级以上景区接待游客2574万人次，实现旅游总收入285亿元、旅游外汇收入2463万美元，增幅居全省第二位。印发《关于加快全市文化旅游产业高质量发展的实施意见》《关于加快全市旅游产业高质量发展的激励政策》，与国内部分城市签订区域合作、客源输送等合作协议，用项目化手段推进景区扩容提质、康养基地打造、城市功能配套提升。推动重点项目建设，按照“月跟踪、季督查、年考核”要求，建立项目建设“一对多”挂钩服务、及时督办反馈机制，推进全市年度投资额2000万元以上市重点文旅项目44个。重点推动省重点文旅项目4个项目和市重点领域关键项目7个项目。推进长三角一体化生态康养基地、长三角一体化产业发展示范基地建设，完善基地建设等级标准，细化考核办法。年内，全市创成省全域旅游示范区3家、全国和省乡村旅游重点村3家、省级旅游休闲街区1家、省首批红色旅游融合发展示范区1家。

全域旅游示范区创建　年内，盐城市坚持系统思维，依托重点旅游景区、园区，在全要素整合、全链条打通上下功夫，共建“一廊一核三区四带”全域发展格局。依托全球滨海论坛生态交流平台，擦亮“世界自然遗产”“国际湿地城市”两张名片，打造“探秘自然遗产、戏水湖荡湿地”等5条重点旅游经济带。年内，射阳县、亭湖区、盐都区创成省级全域旅游示范区。

世界级滨海生态旅游廊道建设　年内，盐城市以打造世界级滨海生态旅游廊道建设为目标，通过厅市合作，擦亮盐城“世界自然遗产”“国际湿地城市”世界级名片，助推资源优势转化为产业优势、后发优势转化为竞争优势，加快构建美丽空间体系，展现生态百里滨海精华段独特魅力，打造最富人文魅力的文化海岸带、具有世界影响的滨海生态旅游景观带。12月10日，省文旅厅与盐城市政府签署共同建设世界级滨海生态旅游廊道框架协议，协议合作内容包含打造滨海魅力空间、培育“生态绿＋海洋蓝”世界级旅游景区度假区、构筑海洋文化保护传承利用高地、助推盐城文旅深度融合发展、讲好“水韵江苏”海洋故事等方面。　　（骆　瑶）

12月10日，共同建设世界级滨海生态旅游廊道框架协议签约仪式举行。
王亚洲　摄

文旅融合

概　况　年内，全市放大文旅融合优势，做实做细“景区街区化、街区景区化、场馆情景化”，抓牢人均接受文化场馆服务次数指标，提升场馆吸附力。引导文化旅游与关联业态融合发展，重点以文旅理念赋能经济发展，提升相融相促发展层次。提升“文旅＋”产业层次，推动“文旅＋农业”“文旅＋商务”“文旅＋康养”“文旅＋体育”“文旅＋科技”等业态、功能、内涵发展。“文旅＋商务”以培植文旅商街区为突破口，加快东台三里路、何垛河文旅休闲街区、书香花园店等文化街区和星级酒店建设。“文旅＋科技”以实施智慧文旅平台、数字化文旅项目为突破口，加快文旅产品数字化转型，培植演艺演播、数字艺术、剧本交易等经济新业态。“文旅＋农业”以培植乡村旅游业态为突破口，加快东台、大丰、盐都以及黄河故道片区等乡村旅游集群建设，培育大丰恒北村瓷刻、麦秆画、巴斗村渔民号子、三仓兰址渔鼓道情等一批乡村非物质文化遗产旅游体验基地。“文旅＋工业”以展示企业形象、生产特色为亮点，推动华人运通（江苏）技术有限公司、江苏德龙镍业有限公司等企业争创省级工业旅游示范点。重点扶持非遗产业化、广电新剧、文化创意产品和旅游商品等文旅融合产业项目。省文旅融合标杆项目荷兰花海《只有爱》、东台西溪《天仙缘》、大洋湾《盐渎往事》、东台黄海森林公园音乐节等11个代表项目以及《淮剧小镇》《草房子》等4个新晋项目收到好评。淮剧小镇创成首批江苏省文化和旅游产业融合发展示范区，盐南高新区创成江苏省文化和旅游消费示范单位。

（骆 瑶）

文旅消费集聚区建设 年内，盐城市加快旅游市场建设，落实惠企利民、市场复苏等措施。促进夜间消费从饮食娱乐向综合性消费转变，构建盐城美食、夜游、夜购、夜娱、夜宿、夜秀的夜经济体系，推出一批夜间消费集聚区，创新夜间文旅产品。推动东台西溪国家级夜间文旅消费集聚区培育工作，推动盐南高新区创成省级文旅消费示范单位，大洋湾唐渎里、荷兰花海、东台天仙缘景区夜间文旅消费集聚区建设维护工作。推动欧风花街、新弄里、大纵湖东晋古城争创省级夜间文旅消费集聚区。

盐南高新区获批全省文化和旅游消费示范单位 6月2日，省文旅厅公布第一批省级文化和旅游消费试点单位名单，盐南高新区入选其中。盐南高新区实施文旅强区战略，加快推动文旅融合，持续推进文旅产业集群建设，推出一批极具影响力特色文旅活动，巩固提升文旅影响力。海盐历史风景区获批国家AAAA级旅游景区，建成欧风花街、中华海棠园等一批城市新地标。通过挖掘资源禀赋，创新消费场景，组织开展“盐南夜生活节”“端午文化节”等系列特色主题消费活动。新弄里以音乐潮玩party为主题，开展后备箱市集、泡沫派对等文娱活动；欧风花街突出“醉美花街ye”主题，持续组织美食文化节、爱在花街·粽里寻Ta、沉浸式戏剧《镜花缘》等活动；中华海棠园统筹开展创意cosrun荧光夜跑、大学生音乐节、空间光影秀《船说海棠》等特色活动；盐立方组织举办光影show等活动；盐镇水街持续开展“民俗文化节”等活动。通过延长景区开放时间、调整夜间经济业态、灵活把控旅游资源等措施，满足游客全时段旅游体验，点亮激活夜经济，形成文旅产业发展新格局。

天仙缘小镇获批全国夜间文化和旅游消费集聚区培育单位 10月21日，文旅部产业发展司发布《关于做好夜间文化和旅游消费集聚区培育工作的通知》，将60个项目列为集聚区重点辅导培育对象，东台天仙缘小镇入选其中，是全省唯一重点培育对象。东台西溪天仙缘景区是文化传承与现代演绎结合典范，内有犁木街、草市街、文创市集、“非遗”表演、逅海景区、《天仙缘》实景演出、《寻仙缘》沉浸式夜游演艺。景区暑期推出西溪啤酒音乐派对，通过特色表演、线上线下消费促销活动，进一步打造集文旅消费、夜间消费、餐饮消费于一体的时尚消费区。下一步，景区将继续发挥景区特色优势，延续优质服务与特色业态，持续发展“夜色经济”，推动夜间文化消费，打造夜间文化和旅游消费集聚区。

6个项目入选江苏文旅消费热力榜 9月24日，第四届大运河城市文旅消费论坛上，江苏文旅消费热力榜正式发布，盐城市6个项目入选。分别是，江苏文旅消费人气目的地：东台西溪天仙缘景区、大洋湾生态旅游景区。江苏文旅消费热门新场景：盐城“黄海森林 木育森林”。江苏文旅促消费优秀案例：“渎上·老西门”风情夜市街、“四季东台”文旅惠民系列活动。文旅消费传播热事件：大丰荷兰花海“爱上夜花海”主题夜游活动。

（骆 瑶）

唐渎里街区获评省级夜间文化和旅游消费集聚区 7月27日，省文旅厅发布《第二批省级夜间文化和旅游消费集聚区拟认定名单》公示，盐城市大洋湾景区唐渎里街区入选其中。唐渎里街区为盐城首条唐风演绎美食街，以繁华盛唐为主题，融合盛唐美食、盛唐演绎等沉浸式体验，是集大唐风情、人文古韵以及休闲美食为一体的网红街区。街区位于盐城大洋湾湿地公园南门，建筑面积2.2万平方米。街区内有动物博物馆、八大碗食材体验馆、盐雕展示馆等场馆。街区以打造沉浸式文旅综合街区为特色，融合旅游、文化、休闲、美食的经营特色，通过大唐主题活动，营造全方位的沉浸式体验，在突破文化餐饮新高度基础上，带动盐城餐饮文化、旅游产业升级。

淮剧小镇获批省文化和旅游产业融合发展示范区 11月24日，省文旅厅公布首批江苏省文化和旅游产业融合发展示范区名单，盐城建湖县九龙口旅游度假区淮剧小镇入选其中。淮剧小镇位于盐城市九龙口沙庄古村，是盐城市九龙口湿地公园核心板块之一，总面积3.6万平方米，于2020年年底启动建设，主体建设完成并部分对外开放。淮剧小镇建设以淮剧文化为突破口，复兴淮剧文化培养淮剧人才，创新淮剧作品提升淮剧文化魅力，从室内演出走向自然景观生活场景，打造淮剧文化生态文明建设示范区。通过小品、构筑物等多种方式体现淮剧剧种元素，呈现“戏在村中、村在景中”融合景象。

旅游资源

概　况 2022年，盐城市AA级以上旅游景区59个。其中，AAAAA级旅游景区1个，AAAA级旅游景区20个，AAA级旅游景区32个，AA级旅游景区6个。年内，中华麋鹿园、梅花湾分别通过省AAAAA、AAAA级景区复核，市文广旅局对全市13家AAA级以下景区进行复核，对严重不达标2家给予取消景区等级处理；对全市12家申报创建AAA级景区景观质量评审，并对5家通过评审景区进行评定验收。

表27　2022年盐城市AA级以上旅游景区一览表

序号	景区（点）名称	景区（点）级别	地　　址
1	江苏省大丰麋鹿国家级自然保护区（中华麋鹿园）	AAAAA级	大丰区川东镇麋鹿线
2	盐城海盐历史文化风景区	AAAA级	亭湖区开放大道3号
3	盐城大纵湖旅游景区	AAAA级	盐都区平湖南路1号
4	新四军纪念馆	AAAA级	亭湖区建军东路159号
5	阜宁金沙湖旅游景区	AAAA级	阜宁县两合村居民委员会四组
6	东台天仙缘景区（原东台西溪旅游文化景区）	AAAA级	东台市惠阳路
7	大丰上海知青纪念馆	AAAA级	大丰区盛丰路1号
8	盐城射阳息心寺景区	AAAA级	射阳县射海线
9	大丰港海洋世界景区	AAAA级	大丰区盐土大地海洋生物产业科技园1号
10	盐城大丰荷兰花海景区	AAAA级	大丰区新丰镇淮海西路
11	盐城市丹顶鹤湿地生态旅游区	AAAA级	亭湖区丹鹤线（火箭农业队东侧）
12	江苏东台黄海森林公园景区	AAAA级	东台市弶港镇花林路8号
13	大丰梅花湾景区	AAAA级	大丰区通港大道33号
14	建湖九龙口景区	AAAA级	建湖县九龙口镇九龙口线
15	东台安丰古镇	AAAA级	东台市安丰镇安时路51号
16	大丰中华水浒园	AAAA级	大丰区白驹镇204国道西侧
17	大丰梦幻迷宫	AAAA级	大丰区双草线草堰镇三元村
18	盐城大洋湾生态旅游景区	AAAA级	亭湖区湖滨路88号
19	盐城草房子乐园景区	AAAA级	盐都区学富镇中兴街道周伙村
20	东台条子泥景区	AAAA级	东台市
21	射阳安徒生童话乐园景区	AAAA级	射阳县合德镇幸福大道89号（全民健身中心对面）
22	盐城市世纪公园	AAA级	盐都区新都路607号
23	江苏永丰林农业生态园	AAA级	东台市弶港镇小康路
24	盐城市科技馆	AAA级	盐都区人民南路7号
25	盐城护国永宁禅寺	AAA级	盐城市永宁路11号
26	大丰东方湿地公园	AAA级	大丰区大中镇东宁路
27	盐城大丰港动物园（原大丰丹顶鹤珍禽园景区）	AAA级	大丰区青岛港路8号
28	阜宁庙湾古城景区	AAA级	阜宁县射河北路15号
29	射阳后羿文化园景区	AAA级	射阳县嫦娥路与人民西路交叉口
30	阜宁铁军纪念馆	AAA级	阜宁县城河路（阜宁县中医院西侧约60米）
31	东台甘港旅游景区	AAA级	东台市甘港中心路北
32	建湖西塘河景区	AAA级	建湖县滨河路
33	盐都郝氏故里旅游景区	AAA级	盐都区葛武街道郝荣村
34	亭湖千鹤湾温泉风情小镇	AAA级	亭湖区盐东镇盐海路399号
35	阜宁盘龙古寺	AAA级	阜宁县阜城镇合利居委会一组

续表27

序号	景区（点）名称	景区（点）级别	地　址
36	滨海南湖文化主题公园	AAA级	滨海县东坎镇富康路南湖广场
37	阜宁马家荡旅游景区	AAA级	阜宁县益林镇马家荡村阜杨线
38	盐南聚龙湖景区（原城南欧风花街景区）	AAA级	盐城市人民南路
39	盐都三胡故里	AAA级	盐都区鞍湖街道张本村
40	大云山佛教文化园	AAA级	盐都区大冈镇人民路
41	盐都龙冈桃花园	AAA级	盐都区龙冈镇新塘线
42	射阳千鹤湖公园景区	AAA级	射阳县幸福大道
43	阜宁桃花源景区	AAA级	阜宁县329省道
44	乾宝湖羊牧隆湾	AAA级	亭湖区乾宝路
45	建湖渔乐大世界	AAA级	建湖县恒济镇
46	康森生态园	AAA级	盐城经济技术开发区步凤镇三龙村三组92号
47	中华海棠园	AAA级	盐城市胜利路与盐仓路交叉口
48	响水九丰农博园	AAA级	响水县南河镇326省道
49	大丰狮子口会师纪念地景区	AAA级	大丰区白驹镇204国道
50	七彩阜宁国家农业公园	AAA级	阜宁县营港村
51	建湖陆秀夫纪念馆	AAA级	建湖县建阳镇冠华西路
52	滨海梨花语景区	AAA级	滨海县火箭路
53	射阳淮海军垦纪念馆（原农建四师暨淮海农场陈列馆）	AAA级	射阳县淮海路13号103号
54	亭湖便仓枯枝牡丹园	AA级	亭湖区便仓镇花园路8号
55	东台黄逸峰故居	AA级	东台市东亭南路26-8号
56	射阳华中工委纪念馆	AA级	射阳县后羿路后羿公园
57	东台龙王古寺	AA级	东台市弶港镇
58	大丰施耐庵公园	AA级	大丰区幸福东大街21号
59	东台弶港文化展示馆	AA级	东台市弶港镇

东台条子泥景区　国家AAAA级旅游景区，位于黄海生态区南部东台市沿海，总面积6万公顷，其中条子泥景区占地1077公顷。条子泥湿地是江苏第一处、中国第十四处世界自然遗产地。条子泥向海而生，因鸟闻名，处于暖温带与亚热带过渡地区，气候温和，雨水丰沛，粉沙淤泥质滩涂可固定水分、盐分等营养物质，贝类丰富，草滩辽阔，比坚硬的岩石海岸更利于多种生物的生存，吸引无数鸟类在此停歇、换羽和越冬，并成为全球九大鸟类迁飞区之一的东亚－澳大利西亚候鸟迁飞路线中心节点，各种鸟类410种。其中，水鸟170种左右，数量达100万只；12种水鸟被世界自然保护联盟红色名录列为受胁物种；列入国家一级、二级保护鸟类分别为21种和71种，被誉为“鸟类的国际机场”。2021年，景区创成国家级AAAA级景区。2022年，景区入选“2021美丽海湾优秀案例”。

海盐历史文化风景区　国家AAAA级旅游景区，由中国海盐博物馆、盐镇水街、盐渎公园、串场河景观带以及东进路文化休闲美食一条街5个部分组成，总占地面积106公顷，总投资13亿元。中国海盐博物馆是经国务院批准的全国唯一一座全面反映中国海盐历史文明的专题博物馆，多层次展现中国古代海盐生产与盐民生活的文化场景，系统地反映海盐发展史。盐镇水街是海盐历史文化风貌区的重要组成部分，是展示传统民俗风情的大型临水建筑群。景区内建有水城门、烟雨桥、水云阁、漂舟戏苑、翰墨阁、八卦盐田、永兴寺等特色景点，展现盐城的水乡风情和海盐历史文化风貌。盐镇水街又是每年元宵灯会市民的集中活动场所。盐渎公园是市区第二大综合性水绿湿地生态公园，园区内以大面积湖泊、绿地、树林为主体，是大型水文化主题公园。串场河是贯穿盐城市区的母亲河。2016年，串场河水上游线开通。串场河因运盐而修凿，串场河景观带，是一条流动的历史文脉和水绿交汇、生态宜人的城市景观轴。2020年，景区内中国海盐博物馆晋升为国家二级博物馆。2021年，景区入选盐城市首批研学旅行实践基地名录。

东台天仙缘景区　国家AAAA级旅游景区，位于东台市区西郊古运盐河畔，是东台历史文化发祥地，两淮海盐文化起源地，国家级非物质文化遗产“董永传说”源头地，素有“东台之根”雅称。景区内有董永七仙女文化园、西溪古城、海春塔苑、犁木街等景点，并与北面的西溪乐园、西溪植物园形成互动串联。其中，董永七仙女文化园是以生态景观风貌为基地，以孝贤文化和爱情传说为特色的休闲文化主题公园；西溪古城和犁木街是以宋朝三宰相、海盐文化、民俗展示、市井体验等为主体的古镇文化商业集聚城；海春塔苑是以唐塔宋寺为核心，以传统礼佛、素食养生、佛学展示为主体的佛教文化体验园。西溪乐园以活泼、欢乐、探险、奇幻为主题，建有摩天轮、海盗船、丛林飞鼠、激战鲨鱼岛、海啸冲浪等30种娱乐项目；西溪植物园以40公顷人工湖为中心，集农业生产、科研培训、试验示范、展示展销和生态旅游等功能于一体，是东台的“绿色之肺”“天然氧吧”。景区文化底蕴深厚、主题特色鲜明，是一个集文化休闲、古镇游览、佛学体验于一体的综合性文化旅游景区。2014年景区创成国家AAAA级旅游景区，2015年被评为盐城市首批风景名胜区。2017年，景区获“江苏品牌”称号。2020年，景区创成省级夜间旅游消费集聚区。2022年，西溪天仙缘景区被省文旅厅评为江苏省无限定空间“非遗”进景区示范项目。天仙缘景区·草市街美食街区被中国旅游报社评为中国旅游休闲街区创新发展案例。

大丰荷兰花海　国家AAAA级旅游景区、省级四星级乡村旅游点，位于盐城市大丰区新丰镇境内。民国8年（1919），张謇聘请世界上围海造田经验最丰富、技术最先进的荷兰水利专家到新丰规划农田水利工程，建立了区、匡、排、条四级排灌水系，新丰因此获得了“中华民国”村镇规划第一镇的美誉。荷兰花海项目，就是深度挖掘“中华民国”村镇规划第一镇的历史底蕴，依据原有地形，在不变动原有地貌的基础上加以修整，以“田园、河网、木质建筑、风车、花海”为设计元素，以荷兰名花郁金香为主题特色，打造集观光、娱乐、餐饮、种植于一体的颇具荷兰风情的花海，成为新丰文化旅游的一张亮丽名片。2013年荷兰花海创成省级四星级乡村旅游点，2015年10月创成国家AAAA级旅游景区。2017年被省政府列为全省旅游风情小镇创建培育单位。2018年，荷兰花海被评为新“盐城十景”之一。2020年，荷兰花海创建国家AAAAA级景区通过景观质量评审。2022年，景区被省文旅厅评为“省级文明旅游示范单位”

江苏黄海海滨国家森林公园　江苏黄海海滨国家森林公园，原东台黄海森林公园（前身为东台林场，成立于1965年，一大批上海、无锡、苏州等地的知青曾参与建设），国家AAAA级旅游景区、省级旅游度假区，是华东平原最大的生态林园，总面积2800公顷，森林覆盖率86%，是人与自然和谐共处的“天然氧吧”。园内有600多种植物，鸟类等动物近百种。广袤的人工成片林为建设森林公园提供了森林景观，林相整齐，空气清新，环境宜人，景观优美。2014年景区创成国家AAA级旅游景区，2015年12月31日，经国家林业局批准，东台黄海森林公园升格为国家级森林公园，更名为江苏黄海海滨国家森林公园。2016年创成国家AAAA级旅游景区。2017年，景区风景道创成省旅游风景道。2018年，“黄海叠翠”被评为新“盐城十景”之一。2020年，景区创成国家森林康养基地。2021年，景区创成国家森林康养基地。2022年，景区内黄海森林酒店有限公司被省文旅厅评为“江苏精品休闲度假饭店”。

大洋湾生态旅游景区　国家AAAA级旅游景区，位于市区东部，邻近南洋国际机场。景区依托大洋湾优美的自然环境，融合地方传统文化，围绕“水、绿、古、文、秀”等特色元素，建成集城市观光、休闲度假、游乐观赏、健康养生于一体的综合性景区。核心景区占地面积400公顷，有樱花园、盐渎古镇、沙滩嘉年华、唐渎里美食街、东环路商业街等片区。景区以樱花为主题特色，栽植50余种樱花苗木4万余株，并辅以广玉兰、桂花、香樟等常绿植物作为背景，绿化覆盖率超60%。景区水域面积103.87公顷，水上巴士、画舫、自驾船、摇橹船为景区重要交通工具。景区还拥有丰富的温泉资源，成功钻探出水温度达62℃、出水量每小时100吨的温泉井，经检测鉴定为偏硼酸、偏硅酸的温泉，可用于洗浴和浴疗。2022年5月，生态三鲜美食节在大洋湾景区唐渎里举行。　（骆　瑶）

麋鹿度假村项目　为推动盐城旅游高质量发展，做特做优麋鹿文化产业，盐城国投集团与大丰区政府合作，成立盐城市麋鹿风情小镇旅游发展有限公司，投资建设麋鹿度假村项目，打造集黄海滩涂湿地公园入口和麋鹿文创主题特色的旅游生态度假村。项目位于黄海滩涂湿地公园入口处，规划用地360万平方米，包含建设用地40万平方米、景观湖泊26.67万平方米、森林公园293.33万平方米。项目规划建筑面积16万平方米，计划总投资30亿元。项目分三期实施，其中一期工程用地面积21.27万平方米、建筑面积4.01万平方米，完成投资3.81

亿元，建成别墅12幢、精品客栈3幢、九色鹿宴会中心、游客集散中心、商业街，包含住宿、餐饮、超市、KTV、舞厅、教培、康乐中心、健身中心等业态。年内，麋鹿度假村北侧民宿村建成，度假村开业。

（徐　叙）

麋鹿度假村　　　　王　焱　摄

旅游业态

乡村旅游　2022年，盐城市文广旅局持续提升和完善旅游公路服务驿站，全年新建、改建旅游厕所18座。建立乡村旅游驻村辅导员制度，在仰徐、花吉、三官、建河、贺东、方东村6个村与省内乡村旅游专家结对并定期驻村辅导。做好乡村旅游宣传推广工作，拍摄乡村旅游重点村《山水间的家》以及“水韵江苏”乡村旅游宣传片，遴选“乡村四时好风光”全国乡村旅游精品线路，举办“瑞雪红梅 乡聚过年”——游购乡村系列活动。“绚烂花海·康游乡村——盐连赏花舒心游”旅游路线被文旅部官网作为推荐的“春生夏长 万物并秀”主题线路进行多渠道宣传。加强乡村旅游重点村基础管理，完成乡村旅游重点村基本情况、数据监测、分类情况等数据工作，组织参加全国乡村旅游重点村镇培训、2022年度乡村文化和旅游带头人支持项目培训以及乡村文旅品牌建设高级人才线上培训等工作。年内，亭湖区被中国旅游报社评为“中国旅游赋能乡村振兴发展案例”，东台市时堰镇红庄村、盐都区盐渎街道花吉村创成省乡村旅游重点村，盐都区潘黄街道仰徐村创成全国乡村旅游重点村。

湿地旅游　年内，盐城市按照“全域旅游、全景‘湿地’”思路，加快建设湿地旅游。九龙口景区将淮杂文化、龙文化和湿地生态旅游资源深度融合，九龙口景区建成全国首家“碳中和”景区，获得《国家地理杂志》“红框”（文化）、“绿框”（自然）“双框”景区称号。九龙口湿地修复案例，被作为国家湿地主管部门典型案例进行推广，被央视《焦点访谈》栏目作为正面典型，全国宣传。年内，“黄海湿地 吉祥三宝”IP产品入选2021年度中国旅游创意产品开发案例、文旅部优秀推广案例项目库。“盐小勺”世界自然遗产地青少年研学系列产品被中国世界遗产旅游推广联盟评为“‘世遗’文创好物”。

“非遗”旅游　年内，盐城市以“非遗”项目、文博场馆、旅游景区为载体，推动文旅融合。东台西溪天仙缘景区、建湖九龙口景区入选2022年“全国‘非遗’与旅游融合发展优选项目”。东台西溪天仙缘景区入选江苏省无限定空间“非遗”进景区示范项目。

红色旅游　年内，盐城市持续打造红色旅游。阜宁县“铁军驻地 华中热土”融合发展项目获批第一批江苏省红色旅游融合发展示范项目名单。“铁军铸魂 生态盐城”“盐阜大地 多彩乡村”“低碳滨海 红色摇篮”三条精品线路被省文旅厅评为“江苏省‘喜迎二十大 见证新江苏’红色旅游精品线路”。

体育旅游　年内，大丰梦幻迷宫景区申报的“盐城绿野植物迷宫体育旅游线路”入选国家体育总局、文旅部发布的2022年国庆假期体育旅游精品线路名单，为江苏唯一入选项目；盐城条子泥体育旅游精品线路被三省一市（上海、江苏、浙江、安徽）体育部门评为长三角地区体育旅游精品线路；盐城大丰梦幻迷宫被省体育局、省文旅厅评定为2022年江苏省体旅融合发展示范基地；金沙湖旅游度假区、射阳安徒生童话乐园、条子泥景区被评为江苏时尚体育好去处。

“滋味盐城过大年”主题活动　为丰富社会大众春节假期生活，促进盐城旅游消费，盐城市联合全市各重点旅游景区、文博场馆、星级旅游饭店、旅行社等策划推出“滋味盐城过大年”新春主题活动。1月22日，由市文广旅局主办，燕舞集团承办的“滋味盐城过大年”主题活动启动仪式在大洋湾盐渎古镇美术馆举行。启动仪式现场发布“滋味盐城过大年”精品线路、产品线路内容。“滋味盐城过大年”新春主题活动内容包括“‘世遗’盐城、生态盐城、文化盐城、戏剧盐城、味道盐城、温暖盐城”六大主题之旅100项活动，涵盖研学、亲子、美食、度假、摄影、观鸟、康养、科普、演艺等类型。由盐城市悦达国旅、风光国旅、万和国旅、湿地盐韵旅行社等重点地接旅行社联合策划推出的一日游、二日游、三日游和定制型自助游等30余条产品线路包括冰雪项目、温泉康养等冬季热门体验项目，还包括“世遗”探秘、亲子休闲、摄影采风、海鲜美食等四季系列爆款项目，能满足广大市民和游客朋友多样性、个性化、便捷化旅游需求。

第十三届江苏省乡村旅游节盐城会场 5月28日，“水韵江苏·美好乡村”第十三届江苏省乡村旅游节盐城会场在东台市弶港镇巴斗村举行。启动仪式上，巴斗村等7家全国乡村旅游重点村被授牌。活动现场推介盐城乡村旅游特色线路，夏季旅游活动及惠民政策等。

大丰梦幻迷宫乐园入选2022年国庆假期体育旅游精品线路 9月24日，国家体育总局、文化和旅游部发布2022年国庆假期体育旅游精品线路。大丰梦幻迷宫乐园入选，是全省唯一一条入选的体育旅游线路。大丰梦幻迷宫乐园是国家AAAA级旅游景区，位于江苏省盐城市大丰区草堰镇，沈海高速白驹出口下沿351省道向西1千米处。景区规划面积246.67公顷，建成并对外开放面积153.33公顷，是集休闲旅游、体育运动、研学教育、现代农业、餐饮住宿等产业于一体的综合体景区。2018年6月30日，景区获“最大的永久性树篱迷宫”和“最长的永久性树篱迷宫路径网”两项吉尼斯世界纪录称号。景区先后获得全国休闲农业与乡村旅游五星级园区、江苏省乒乓球训练基地、江苏省国防教育示范基地、盐城市中小学生素质教育社会实践基地等称号，是江苏省首批体育服务综合体。

（骆　瑶）

新弄里街区获批省级旅游休闲街区 11月1日，省文旅厅、省发改委联合公布第二批省级旅游休闲街区名单，盐城·新弄里街区入选其中。新弄里街区于2020年1月1日开街，位于盐南高新区科城街道。项目总面积50万平方米，按照“商业文创新地标、潮玩娱乐聚集地”总体定位，打造融合主题街区、文化创意、运动休闲于一体商业综合体，引领盐城潮流健康生活方式。

旅游营销

概　况 2022年，盐城市文化旅游推广全面实施客源市场促销、主题形象宣传、节庆活动组织和全媒体对外推广“四位一体”战略。年内，盐城入选携程集团发布“2022年度超级目的地”大奖、“黄海湿地 吉祥三宝”城市卡萌IP打造入选中国旅游创意产品开发案例、文旅部优秀推广案例项目库。

旅游推介 年内，盐城市实施强化融媒体宣传、加大户外载体投放、构建新媒体矩阵等增强举措，利用“学习强国”学习平台等主流媒介，与携程、蚂蜂窝等OTA平台和腾讯朋友圈、“12306”App等新媒体合作，推广盐城文旅，并在重点客源地户外载体投放广告。开展盐城文化旅游季，举办五一玩嗨盐城、粽情盐城、十一盐城块块精彩等活动激活文旅市场。举办2022中国盐城丹顶鹤国际湿地生态旅游节，牵头组织参展第四届大运河文化旅游博览会，联合开展“乘着高铁游盐城”客源地系列促销，组织江苏旅游新干线年度促销推介。研发“黄海湿地 吉祥三宝”IP形象、编制系列宣传资料、编排特色主题线路产品、推出传统24节气和重大节假日创意海报。

旅游品牌创建 年内，盐城市推进旅游品牌创建工作。完成建湖县、亭湖区、射阳县申报并获批省全域旅游示范区工作；完成市博物馆、马家荡、龙冈桃花园景区AAAA级旅游景区景观质量评审申报并全部获批；完成新弄里省级旅游休闲街区申报并获批，完成阜宁省红色旅游融合发展示范区申报并获批；完成条子泥、大纵湖省级生态旅游示范区、荷兰花海省级文明旅游示范单位等申报工作；完成聚龙湖景区国家AAAA级景区创建申报，帮助做好道路交通指示牌设置等协调督促工作。

中国盐城丹顶鹤国际湿地生态旅游节 5月18日，中国盐城投资环境说明会暨丹顶鹤国际湿地生态旅游节开幕。活动期间，旅游节推出2022中国盐城生态三鲜美食节、518国际博物馆日活动、519中国旅游日系列活动、“520我爱盐”文旅活动四大文旅活动。2022中国盐城生态三鲜美食节于5月17日至6月17日举办，包括美食节开幕式、大洋湾景区唐渎里旅游文化美食节、“盐城名菜”竞赛评选活动、“盐城餐饮名店”评选活动等。实行3地联动，其中主会场设在亭湖区大洋湾生态旅游景区唐渎里，2个分会场分别设在射阳县黄沙港和建湖县九龙口。518国际博物馆日活动在市美术馆、中国海盐博物馆、市博物馆举办“中国当代生态艺术展”“暗香——南京博物院藏宜兴紫砂特展”“见相非相——犍陀罗佛像造像艺术展”“飞天神韵·莫高精神”4个特色展览。519中国旅游日系列活动举办“约定盐城探‘世遗’”夏季旅游季、盐城旅游惠民活动，并参加省文旅厅中国旅游日主会场等多项子活动。“520我爱盐”文旅活动包括“我爱盐”青春艺术周、“我爱盐”文旅活动2项子活动。“我爱盐”青春艺术周期间开展文化艺术作品展、创意集市、毕业时装表演、艺术沙龙等系列活动；“我爱盐”文旅活动期间组织荷兰花海、西溪天仙缘等旅游景区及文博场馆开展主题特色活动。

市文化和旅游产业发展大会 6月18日，盐城市文化和旅游产业发展大会在盐城市举行。市委书记徐缨，文化和旅游部产业发展司一级巡视员蔡萍，省委宣传部副部长徐宁，省文化和旅游厅党组书记、厅长杨志纯分别线上线下致辞，市长周斌作专题推介。大会聚焦盐城“打开心扉，向海而歌，勇当沿海地区高质量发展排头兵”，邀请相关主管部门负责人、行业专家学者、文旅企业领军人物，为盐城不断优化文旅产业布局、加快重点突破，提升文旅产业发展集约化、品质化、国际化水平建言献策。会议期间进行签约仪式，会上共签约项目15个，总投资额116亿元，内容涵盖核心景区扩容提质、康养基地打造、文商旅城市综合体，文化创意产业园、文旅融合示范区、城市功能配套等方面。其中，盐城市文广旅局与南京市文旅局、苏州市文广旅局、常州市文广旅局、湖州市文广旅局、安庆市文广旅局签订城市文旅区域战略合作协议。大会现场举行“文旅+传媒、研学”产业创新融合签约、长三角客源地合作签约等环节。

江苏旅游新干线联合推介会 6月29日，由盐城市文广旅局联合南通市文广旅局、泰州市文广旅局、连云港市文广旅局共同举办的2022江苏旅游新干线联合推介会在济南市举行。江苏旅游新干线是盐城、南通、泰州、连云港4市于2006年打造的区域旅游经济联合体。该联合体通过共推文旅产品、共拓客源市场、共创区域品牌等方式，合力推出神山·仙鹤·长寿·慢生活之旅，成为江苏省主打旅游品牌之一。活动现场，江苏旅游新干线特邀国家高级导游，结合夏季旅游热点，推介4市特色的文旅资源及产品。此外，4市集中整合推出多条“一程多站式”精品旅游线路，涵盖海滨游、古镇游、水乡游等文旅消费主流，包含露营、乡村休闲、红色研学等时下消费热点，满足新常态下市民游客多层次出游需求。会上，山东国内旅行社、中国国旅、百事通旅行社、德高旅行社代表被授予“江苏旅游新干线‘神山仙鹤长寿慢生活’文旅传播官”称号。

盐城暑期游暨大纵湖露营嘉年华启动 7月1日，2022盐城暑期游暨大纵湖露营嘉年华启动仪式举行。活动由市文广旅局、盐都区政府主办。启动仪式围绕“IN盐城”主题四大篇章，推介全市重点旅游景区、文旅街区、文博场馆和露营地的精品活动、特色亮点和优惠政策。活动现场聘请5名旅游达人、网络大V担任“盐城暑期游体验官”，通过数千万粉丝传播力量，共同创作和推广夏日盐城游攻略。活动现场，卫星连线射阳日月岛、阜宁金沙湖两地露营节会场。活动期间，全市各地景区、文博场馆、文旅街区推出露营度假、清凉戏水、亲子研学等特色鲜明夏季旅游活动共200余项，满足市民对美好生活需求。

“乘着高铁游盐城”盐城文旅推介会 7月6—8日，“乘着高铁游盐城”2022盐城文旅推介会分别在苏州、常州、南京举行。推介会上，当地文旅达人对盐城文旅资源进行推介，盐城发布五大精品旅游产品线路，线路包含湖荡湿地游、面向青少年家庭的亲子研学游、康养休闲游、两天一夜自驾游以及夏季戏水游。活动现场介绍盐城重点旅游景区大洋湾生态运动公园、大纵湖旅游度假区，并分别与南京、苏州、常州重要旅行社进行战略合作签约，达成双方在旅游发展、互送客源等方面深入合作。

“盐城好秋色”文化旅游季 9月25日，2022“盐城好秋色”文化旅游季暨荷兰花海百合花文化月启动。活动围绕“世遗”湿地探秘之旅、湖荡湿地观光之旅、盐渎文化研学之旅、生态康养休闲之旅、夜色璀璨愉悦之旅、生态三鲜美食之旅六大旅游路线，推出沉浸式演出、自行车赛、主题展览等系列金秋“打卡”活动。此外，百合花文化月期间，荷兰花海景区举办百合花盛宴以及互动展演、婚礼秀等特色文旅活动。启动仪式发布“学习强国”全域旅游看盐城活动，举行《盐城地标》系列丛书发布及赠书仪式、张謇文化传承基地授牌仪式等活动。

（骆　瑶）

旅游管理

概　况 2022年，盐城市加强旅游市场管理，共受理“12345”热线平台投诉件37件，其中，旅行社6件、旅游景区30件、旅游酒店1件，年内全部答复投诉人并协调处理完毕。落实“放管服”改革要求，开

7月6日，“乘着高铁游盐城”2022盐城文旅推介活动会在苏州举行。

市文广旅局　供图

展行政许可工作，全年窗口受理办结许可事项53件，其中，涉外演出许可26件、演出经纪机构设立5件、延续2件、广播电视节目制作许可证设立16件、卫星接收设施安装4件。重点落实文广旅行业中较为突出行业领域专项整治和督导检查，实施单位自查、部门巡查、“四不两直”暗查、随机抽查、交叉互查、通报交办督查等多种办法，实现闭环管理。全年全系统累计出动检查人员2.17万人次，检查各类文旅单位场所7746家次，发现各类安全隐患问题1308条，整改1296条，完成率99.08%。开展电子政务，实施“不见面审批”服务，不见面事项比例95%，超过省市政务服务部门对不见面事项最低80%要求。落实“好差评”制度，开通行政服务窗口“好差评”线上、线下“双渠道”评价机制，评价全部为满意。围绕年度社会信用体系建设工作任务清单，推进旅游领域信用体系建设。依托市文广旅局网页、政务网和“诚信盐城”网站，依法向社会全面公开市文广旅局文化旅游市场执法主体、依据法律法规、职责权限、监督方式以及行政许可、行政处罚信用信息“双公示”等事项。

旅行社管理 年内，全市有旅行社159家，有星级旅行社19家。市文广旅局支持旅行社纾困发展，暂退92家旅行社服务质量保证金，缓交保证金1400万元。支持江苏悦达国际旅行社申请旅行社企业创新发展奖补，争取省级奖补20万元。举办2022年全市景区旅行社对接会，会上完成6个客源互送签约项目。推进旅行社组接团业务新冠肺炎疫情防控工作，深入排查并督促相关隐患整改落实，保障全市文广旅行业新冠肺炎疫情防控持续稳定向好。加强景区与旅行社合作，举办全市景区和旅游社对接会，促成部分旅行社和景区签订合作协议。

旅游市场管理 年内，市文广旅局推进旅游领域信用体系建设，制订《盐城市旅游行业信用评价分类管理办法（试行）》《盐城市旅游不文明行为记录管理制度》等信用体系管理制度办法，做好全市旅游领域政策办法研究、市场主体宣传、制度措施落实。开展“诚信兴商宣传月”活动、未经许可经营旅行社业务及“不合理低价游”专项整治行动，打击、严厉查处虚假广告宣传、拉客欺客宰客、非法经营等违法违规行为，规范净化全市文化旅游市场经营秩序。开展文化旅游市场失信主体认定工作，持续深入开展文旅行业涉及的社会诚信重点问题专项治理。规范开展失信联合惩戒和建立完善信用修复机制，落实《关于印发盐城市对旅游领域严重失信相关责任主体实施联合惩戒的合作备忘录的通知》等部门联合惩戒制度措施。

旅游基础设施管理 年内，市文广旅局组织开展野生网红景区、景区森林防火、消防设施、非标游乐设施、玻璃栈道、网红吊桥、室内冰雪项目等排查和专项整治工作，指导景区及时做好高温、台风等极端天气安全工作。提升景区公共服务能力，落实“盐商服务卡”免费游览景区、防疫一线工作人员优惠激励等措施，联合市红十字会推动全市AAAA级景区红十字救护站建设。

旅游饭店、酒店管理 年内，市文广旅局紧扣星级旅游饭店、绿色旅游饭店、等级民宿评定要求，开展旅游饭店品牌打造工作。分别在射阳县、建湖县、亭湖区和盐都区开展春、秋两季美食节活动，打造具有显著辨识度的盐城生态三鲜美食IP。提升全市高星级酒店接待条件和服务水平，举办全市星级酒店服务技能大赛，分别从前厅服务、中餐服务、西餐服务、客房服务、烹饪技艺等奖项中评选出30名获奖选手。完成东台国际大酒店四星级年度评定性复核工作和全市2家三星级酒店评定性复核工作。完成射阳千鹤湖酒店创建五星级酒店相关工作，并通过省星评委初检。年内，东台黄海森林酒店有限公司被省旅游星级饭店评定委员会批准为江苏精品休闲度假饭店。

导游管理 年内，市文广旅局提升全市导游员讲解服务水平，开展网上地接导游政策法规学习和金牌导游讲解示范交流，促进行业内服务技能交流、学习和提升，邀请专家分类进行培训，培训内容紧扣全市旅游饭店服务和导游讲解服务中重点领域，全面提升一线从业人员综合素质，组织盐城地区175人完成全国导游资格考试相关工作。

（骆　瑶）

房地产业

编辑　徐　昊

房地产开发

概　况　2022年，盐城市房地产开发节奏有所放缓，全年办理商品房新开工项目78个，新开工面积638.07万平方米，其中，市区（不含大丰区）新开工项目39个，新开工面积299.02万平方米，分别占“十四五”全市住房发展规划和市区住房发展规划20.7%和20.4%。全市累计办理商品房竣工面积1254.49万平方米，其中市区办理商品房竣工面积480.3万平方米。

房地产开发规划设计　年内，盐城市坚持“房子是用来住的、不是用来炒的”定位，支持居民刚性和改善性住房需求，引导全市房地产开发企业转型发展，提升住房品质，推动房地产业高质量发展。注重住区“绿色、生态、低碳、环保”理念，贯彻“适用、经济、绿色、美观”建筑方针和“海绵、适老、智能”等技术要求，高质量推进绿色建筑与建筑节能平稳发展。提高公建配套规划设计水平，满足居民日常美好生活需要。编印《盐城市房地产开发项目公建配套设施建设技术指南》，为各地在房地产开发项目公建配套设施设计审查时提供遵循。市住房和城乡建设局协同市民政局，将全市新建居住区养老服务用房建筑面积配比由原来每百户上限20平方米增加至每百户不少于30平方米，并编入《盐城市养老服务条例》中。

房地产开发企业　年内，全市有房地产开发企业703家，其中市区385家、各县（市、区）318家。全市房地产开发企业中有一级资质企业4家、二级资质企业693家、三级资质企业6家。全市有民营房地产星级开发企业85户。其中，五星企业3户、四星企业6户、三星企业20户，有星企业56户。

房屋征收　年内，市住房和城乡建设局对全市国有土地上房屋征收补偿安置政策进行调研，形成《关于全市国有土地上房屋征收补偿安置政策的调研分析报告》，市政府主要及分管领导均对《关于全市国有土地上房屋征收补偿安置政策的调研分析报告》作批示，批示要求对当前征收工作中存在协商搬迁、“低拆低安”、价格评估、结算凭证等问题，形成规范并通知下发实施。编印《关于进一步规范全市国有土地上房屋征收有关补偿安置工作的通知》，规范征收工作程序、依法评估确定征收补偿价格、优化结算凭证安置办法、科学合理确定安置房源和价格、建立健全征收工作评估督查机制等方面内容。全年全市实施征收搬迁项目57.5万平方米，涉及住宅2909户、非住宅366个，补偿安置费共31.9亿元。其中，房屋征收共完成9.5万平方米，涉及住宅635户、非住宅64个，补偿安置费6.5亿元；协商搬迁共完成48万平方米，涉及住宅2274户、非住宅302个，补偿安置费共25.4亿元。市区征收搬迁项目累计完成23.6万平方米，涉及住宅1133户、非住宅189个，补偿安置费15.6亿元。其中，房屋征收完成4.7万平方米，涉及住宅427户、非住宅57个，补偿安置费5.3亿元；协商搬迁完成18.9万平方米，涉及住宅706户、非住宅132个，补偿安置费10.3亿元。

房地产开发管理　年内，市住房和城乡建设局坚持以市场为导向，加强房地产项目开发建设管理，促进房地产业健康稳定发展。启动房地产企业信用评价工作，提高全市房地产开发企业诚信经营意识，配合制定房地产市场调控政策，促进全市房地产业平稳健康发展，牵头印发《盐城市房地产开发企业信用管理暂行办法》。开展2022年度房地产开发企业信用评价工作，全市202家开发企业参加评定，有A级26家、B级152家、C级21家、D级2家、E级1家。对房地产开发、房屋买卖等领域进行全面排查，并利用媒体、“12345”热线，结合“双随机、一公开”检查，收集问题线索，逐条分析研判，形成整治问题清单，发挥部门协同作用，加大惩处力度，对大规模延期交房、负面舆情较多等存在重大经营风险的企业，实施重点监管，遏制房地产企业违法违规行为。（杨　毅　皋古平）

房地产市场

概　况　2022年，盐城市房地产市场保持平稳运行。商品房销售比上年降幅收窄，政策效应保持稳定。全年全市房地产业实现增加值437.99亿元，占地区生产总值比重6.2%，全市全体居民人均住房建筑面积52.8平方米，其中城镇居民人均49.2平方米、农村居民人均57.7平方米。全市商品住房销售合同网签均价为8379每平方米，市区商品住房销售合同网签均价为1.2万元每平方米，市区新建商品住宅销售价格指数波动幅度保持在5%以内，全市商品住房销售网签均价保持平稳，房价指数比上年增长。全市商品住房库存面积950.4万平方米，全市商品住房库存去化周期18.5个月；市区商品住房库存533.8万平方米，市区商品住房库存去化周期26.1个月，全市商品房销售面积居全省第四位。年内，市住房和城乡建设局开展青年人才“乐居盐城”行动，组织青年人才“乐居盐城”房企面对面活动，实地参观楼盘项目情况，为青年人才定制购房优惠政策。以“美丽盐城我的家”为主题，增强市场信心，促进新建商品房交易，拉动房地产相关产业消费，助力全市房地产行业持续健康发展。

商品房预销售　年内，市住房和城乡建设局健全预售资金监管制度，制定《关于进一步加强全市新建商品房预售资金监管工作的意见》，指导各地完善本地商品房预售资金监管政策，提升监管水平，堵塞监管漏洞。全年全市商品房批准预售面积925.3万平方米（市区批准预售面积549.4万平方米），实际完成销售面积722.8万平方米，全市商品住房销售合同备案网签均价为8379元每平方米。

二手房交易 年内，全市二手房成交面积319.4万平方米，比上年下降38.1%；市区二手房成交面积113万平方米，比上年下降45.4%。全年全市二手住房成交网签均价7526元每平方米。（杨 毅 皋古平）

房地产租赁与中介服务

概 况 2022年，盐城市强化房地产市场监管，规范市场秩序。加强房屋租赁管理，做好群租房“清患安居”工作，推广租赁监管平台使用。市住房和城乡建设局开展市辖区房屋租金市场价格水平测算，牵头开展房地产市场秩序专项整治工作。加强房地产中介机构管理，做好中介机构日常监管工作，加强中介机构事中事后监管，开展中介机构信用评价。

保障性租赁住房 年内，盐城市解决新市民、青年人等群体住房困难问题，按照国务院和省政府要求，市政府制定《盐城市关于加快发展保障性租赁住房的实施办法》，对保障性租赁住房房源筹集、建设标准、优惠与支持政策以及保障对象和租金标准进行规范。推进全市保障性租赁住房工作，加强对保障性租赁住房工作指导，市政府成立盐城市发展保障性租赁住房工作领导小组。全年全市保障性租赁住房新开工3829套，基本建成831套，发放保障性租赁住房租赁补贴200人。

房屋租赁管理 年内，市住房和城乡建设局做好群租房“清患安居”工作，根据市群租房安全管理工作领导小组部署，做好商品房屋租赁登记备案工作，全年出具备案证书203份。督促中介机构及时报备出租房屋信息，汇总上报租赁信息8420条。定期对各县（市、区）群租房工作情况开展督查，组织开发盐城市租赁监管平台，并推广使用。与市农行对接，加快租赁监管平台租金监管功能开发，要求相关企业及时开设资金监管账户并将符合条件租金和押金纳入监管，保障租赁资金安全。对市区住宅、商业、办公、工业等类型房屋租金市场价格水平进行测算，成果报告通过专家验收。牵头开展房地产市场秩序专项整治工作，先后排查全市开发项目、经纪机构、物业企业1000余家，行政处罚物业企业、开发企业3家。

房地产中介服务机构信用评价 年内，市住房和城乡建设局组织开展2021年度房地产经纪机构信用评价，232家经纪机构参与信用评价，其中信用等级B级194家、C级9家、D级7家，已注销和未营业22家不予评价，评价结果录入信用平台。

房地产中介机构管理 年内，市住房和城乡建设局落实“多证合一”后经纪机构及从业人员登记及公示制度，加强事中事后监管，公示新登记经纪机构45家。加强中介机构事中事后监管，对78家房地产经纪、20家评估机构执业、公示以及服务等方面开展随机检查并将检查结果录入市场监管平台，发放责令改正违法行为通知书20份。全年受理各类信访174件，对房地产估价机构立案调查并行政处罚5起，对房地产经纪机构立案调查并行政处罚1起。（杨 毅 皋古平）

房地产业监管

概 况 2022年，盐城市贯彻国家和省房地产调控各项决策部署，保持调控政策稳定性，全市房地产市场平稳健康发展。市住房和城乡建设局在购房补贴、助企纾困解难等方面推出具体措施，支持刚性和改善性住房需求，优化商品房预售资金监管，稳市场、惠民生、促发展。牵头起草《关于有效应对新冠肺炎疫情影响促进市区房地产市场健康发展的八项政策》和《实施细则》，经市政府常务会议研究通过，与市财政局等七部门联合印发“盐八条”，做好政策发布和宣传工作，及时在市住房和城乡建设局公众号上发布“八项政策”主要内容和政策解读，在各行政审批中心、周边乡镇、售楼部等地发放政策宣传册5万份，与10余家房地产自媒体合作，发布解读等视频热帖80条，总浏览量360万人次，通过热线市场处电话热线，解答群众购房补贴政策各类咨询。举办夏季、秋季房产家居博览会，拉动房地产相关产业消费。建立舆情监控机制，打击不实舆情，正面引导市场，发挥自媒体正向引领作用。

《盐城市房地产开发建设工程质量保证金管理实施办法》印发 5月18日，盐城市政府印发《盐城市房地产开发建设工程质量保证金管理实施办法》。办法根据国务院《建设工程质量管理条例》《江苏省房屋建筑和市政基础设施工程质量监督管理办法》《建设工程质量保证金管理办法》等相关规定并结合盐城市实际，进一步规范全市房地产开发建设工程质量保证金管理，落实工程在缺陷责任期内维修责任。办法自2022年7月1日起施行。

房地产市场管理 年内，市住房和城乡建设局会同市发改委和市市场监管局，研究市区商品住房销售合同网签价格原则上不得低于商品住房备案价格的“八五”折措施，稳定商品住房销售价格。牵头开发购房补贴发放统计系统，进入测试阶段，分配权限给四个县（市、区）进行测试完善，各区在各行政审批中心设置窗口解答相关问题和收件。落实《关于做好当前金融支持房地产市场平稳健康发展工作的通知》金融16条，筹备召开银企对接会，举行金融机构与房地产开发企业战略合作签约仪式，为全市房地产企业提供综合化金融服务。打击不实报道，针对部分网络自媒体爆出不实舆情，采取约谈、删帖、停更等方式，依法严厉打击散布、传播全市房地产相关不实报道。正面发声引导舆情，在“我的盐城”App上每日发布市区商品房销售和二手房成交相关数据。与本地有影响力房地产自媒体合作，宣传盐城楼市新政内容，正确解读政策内容，发挥自媒体正向引导作用。做好“保交楼”等风险化解工作，每月组织开展问题楼盘化解处置督查，37 个历史遗留问题楼盘，年内化解处置 24 个。

房产交易信息数据报送 年内，市住房和城乡建设局做好房产交易信息数据报送工作，定期分别向住房和城乡建设部、省住房和城乡建设厅、市相关领导报送房产交易信息日报、季报、月报。每月、每季度向领导小组成员单位收集房地产相关指标数据，联动分析研判房地产市场形势，为领导决策提供建议，促进全市房地产市场平稳健康发展。

房地产市场监测分析 年内，市住房和城乡建设局加强监测预警，向市场波动较大县（市、区）政府（管委会）及时发送预警提示函，全年发送预警提示函 3 份。报送月度分析材料给市委、市政府主要领导，领导对月度分析材料批示 8 次，专题会办房地产市场工作 10 次。组织撰写《基于信息化的房地产市场监测评价方法的构建与实证研究》和《盐城市房地产租赁市场调查研究报告》，在课题研究基础上，融入城市驾驶舱“房地产监测”应用场景系统，为房地产调控和领导决策提供有力依据。加强全市房地产市场信息化建设，2021 年年底启动城市驾驶舱“房地产监测”应用场景项目，整体功能上线市政府三楼指挥中心和盐政通手机端。市住房和城乡建设局会同国家统计局盐城调查队对盐城市房价指数开展数据审核、楼盘调研、分析预警“三联合”工作，协助国家统计局盐城调查队对网签数据进行清理等基础工作，配合市发改委做好商品房价格备案评审工作。每月开展重点楼盘调研活动，了解市场动态，会同相关处室开展征收未安置、预售资金监管等相关督查工作；专题分析市区重点楼盘运行情况分析、盐城与徐州房地产市场对比分析、市统计局口径商品房销售面积考核指标分析研判等专题报告。（杨　毅　皋古平）

物业管理

概　况 2022 年，盐城市物业行业发展规模日趋壮大，全市有物业服务企业 705 家，住宅物业管理项目 1845 个、托管面积 1.8 亿平方米，从业人员 10 万余人，全市物业行业实现总产值 12 亿余元，服务类型涵盖住宅小区、商业广场、办公楼宇、文旅公园、道路河面等多种服务业态。印发《盐城市物业管理条例》，建立加强行业信用监管体系，通过全市物业行业信用监管平台，记录企业良好信用信息 3580 条和不良信用信息 182 条。加强对物业企业监管力度，定期向社会公布企业信用评价结果，公布红榜企业 73 家、黄榜企业 64 家、黑榜企业 50 家。

物业矛盾纠纷调解 年内，市住房和城乡建设局抓好物业矛盾纠纷调处工作，全年处理物业矛盾现场投诉 151 件、物业咨询服务平台投诉 54 件、“市长信箱”投诉 176 件、电话咨询投诉 504 件、政府信息公开申请 52 件、市委巡察组交办信访事项 8 件，巡回法庭成功调解案件 311 件，进小区开庭、普法宣传 4 次。

房屋专项维修资金管理 年内，市住房和城乡建设局加强对市区（不含盐都区、大丰区）维修资金使用支出项目现场督导，加强维修资金使用政策法规宣传，提供维修资金使用送教上门服务，制作维修资金政策法规宣传微视频。对维修资金管理系统进行网络安全等级保护测评，确保系统安全可靠运行。年内，业主登陆“我的盐城”App 中不动产一体化平台，通过共享方式自动获取身份信息即可缴纳维修资金，在市区（不含盐都区、大丰区）多个小区集中交房时共有 482 户实现“交房即办证”。全年市区（不含盐都区、大丰区）完成商品房屋专项维修资金 44.53 亿元，共归集商品房屋专项维修资金 2.67 亿元（其中电梯消防专项维修资金 2072.98 万元），归集户数 3.33 万户，归集面积 368.5 万平方米。

物业管理品质提升三年行动 年内，市住房和城乡建设局制定印发《2022 年盐城市住宅小区物业管理品质提升工作要点》，组织召开深化住宅小区物业管理品质提升工作推进会议。督促指导各地对小区公示公开内容进行调整完善，开展小区公共资产调研摸排，对市区龙泊湾等 4 个小区试点财务专项审计，会同民政部门推进在社区居委会下设环境和物业管理委员会试点，建立物业项目负责人社区报到机制，实现全市 1100 个小区物业项目负责人社区报到全覆盖，全面接受属地街镇社区监督管理。市住房和城乡建设局会同市纪委、监委推动“智慧物业”监管服务平台建设，会同市创文办开展市区星级文明小区评比，开展物业小区新时代文明实践点创建。开展小区物业管理服务“四看”行动，开展“安全生产进小区”宣传及防汛防台应急演练，举办物业行业安全生产暨创文业务培训。年内，全省城镇老旧小区改造暨物业管理现场推进会在盐城举行，《盐阜大众报》对全市物业品质提升行动进行专题报道。（杨　毅　皋古平）

城市建设

编辑　裴力民

城市规划

概　况　2022年，盐城市城市规划工作发挥规划战略引领与刚性管控作用，开展重点区域、重点地段、重要节点的城市设计和概念性规划研究，加强违建查处和规划审批服务，提升城市功能品质，促进城市内涵提升。

规划编制　年内，全市编制完成长三角一体化产业发展基地空间规划，并通过市规委会研究。按照产业集聚、生态优先、特色彰显的要求科学布局建材产业园，完成市区建材产业园概念规划。指导国有平台公司做好大洋湾城市设计，通榆河东、新洋港南城市设计和市第一人民医院周边规划方案编制工作。做好新四军纪念馆核心区及周边规划提升工作，营造庄重氛围，讲好“铁军”故事。全市在国土空间总体规划编制改革过渡期间，同步推进中心城区控规动态更新，保障城市发展需求。编制完成三英—袁河片区详细规划、串场河沿线空间塑造规划并上报市规委会研究通过，组织南海未来城、伍佑片区详细规划专家论证，开展高铁枢纽组团规划、先锋大岛城市设计局部调整。

规划审批　年内，全市核发“一书三证”6679本。其中，核发建设项目用地预审与选址意见书472件次，选址面积1660.96万平方米；核发建设用地规划许可证830件次，用地面积3603.18万平方米；核发建设工程规划许可证3262件次，建筑面积2143.06万平方米；核发乡村建设规划许可证2115件次，建筑面积193.81万平方米。

规划监察　年内，市自然资源和规划局理顺违法建设查处机制，由市城管局指导监督考核大市区拆违工作，各区城管局承担具体拆违任务，市自然资源和规划局负责违法建设的认定和司法诉讼工作。市规划管理监察支队书面认定违法建设19起，现场认定违法建设17起。全年审理各类违建卷宗21起，发出行政处罚告知书和行政处罚决定书各20份，共收缴违建罚没款84.59万元。全年共接受各类违建举报41起，办理办结各类来信（函）41件。

（吕景林）

城市更新

概　况　2022年5月，盐城市政府成立市实施城市更新行动工作领导小组，领导小组办公室设在市住房和城乡建设局。9月，省城市更新工作领导小组发布全省首批48个城市更新试点项目，盐城市伍佑街道珠溪片区综合更新、盐城市湿地公园和湿地博物馆建设、响水县安全住建“响”智汇建设、东台市何垛河两岸综合更新二期4个项目入选省级城市更新试点项目，数量居全省第四位。盐城市在全省首家开展中心城区城市更新体检评估工作。

表28　2022年盐城市市区城建重点项目情况统计表

实施主体	项目总数（个）	年度投资（亿元）	同比
合　计	482	874.70	–31.71%
大丰区	62	106.95	–28.92%
盐都区	66	108.36	–44.54%
亭湖区	66	128.78	–29.87%
盐城经济技术开发区	54	112.88	33.55%
盐南高新区	62	103.00	–44.79%
市住房和城乡建设局	8	0.92	–96.33%
市城管局	6	1.86	70.64%
市交通局	5	28.30	4.81%
市水利局	6	20.74	111.20%
市自然资源和规划局	3	0.07	–86.27%
滨海港工业园区	0	0.00	–100.00%
市国投集团	2	1.80	–74.29%

续表28

实施主体	项目总数（个）	年度投资（亿元）	同比
市城投集团	46	84.74	-27.27%
市交投集团	13	91.37	-37.96%
市燕舞集团	20	9.09	-79.20%
市盐城港集团	37	27.27	33.74%
其他部门	26	48.57	26.42%

城镇老旧小区改造 年内，全市改造老旧小区149个，涉及1613栋4.17万户，总建筑面积455.74万平方米，总投资11.48亿元。完成省政府分解下达盐城市2022年度139个城镇老旧小区改造目标任务，涉及1358栋3.37万户，总建筑面积357.29万平方米，完成投资10.6亿元。全市自主实施的10个城镇老旧小区改造项目完成建设任务。宜居示范创建成效明显，有39个项目通过“市级美丽宜居示范居住区”评价验收，21个项目拟申报“省级宜居示范居住区”评价。电梯加装工作稳步推进，全市完成加装电梯116部，开展群众工作、手续办理等前期准备工作78部。保障资金使用管理规范，中央财政城镇保障性安居工程补助全市老旧小区改造资金1.33亿元，中央发改专项补助资金4310万元，全部及时下拨给相关县（市、区）财政部门，资金执行率100%。省级补助资金3284万元，7月底全部执行到位。老旧管线规整协作紧密，全市149个老旧小区改造项目供排水管道（雨污分流）、电力、通信管线规整基本到位，增设停车位2810个，安装电动车充电棚710个、充电桩6510组，新建新能源汽车充电设施85处、充电桩121个。配套设施建设逐步到位，全市集中拆除地面违建592处、楼顶违建113处，2483平方米；建设居民活动中心47处，增设养老配套用房284间7430平方米；回租、统租、改造小区闲置用房104间（用于老年人日间照料中心）。11月24日，全省城镇老旧小区改造暨物业管理现场推进会在盐城召开，盐城市、盐都区、亭湖区五星街道进行经验交流发言，现场观摩盐都区前进合心花苑、亭湖区万户新村、盐南高新区新河商业街等老旧小区改造典型示范。11月22日，全省城镇老旧小区改造工作新闻发布会上，盐城市向全省介绍推进组团式片区化联动改造方面经验和做法。11月30日，《盐阜大众报》头版刊登盐城市高质量推进城镇老旧小区改造工作纪实《真心换舒心实干换新颜》。

城北地区改造 年内，城北地区改造开工153个项目，竣工57个，完成投资263亿元。组织实施25个路桥工程项目，新绿路、新圩路、新永路跨串场河大桥、绿城路（新洋港大道—北环路）4个路桥项目竣工。西环路高架、新业路高架、北环路新洋枢纽、开创路高架、新洋路、绿城路等改造重点项目加快推进。潮声路小学、人民北路消防站2个项目建成交付；新建景山中学北校区、新建解放路实验学校北校区、二院改扩建、盐城军供站迁建工程、特殊学校、防汛及应急物资仓库6个重点项目加紧建设。建成串场河环境提升工程（上冈集镇段）、上冈园区道路绿化提升、科创城、利民河北、吴抬路口袋公园5个重点项目。组织实施水环境整治项目10项，竣工5项。组织实施市容市貌整治项目9项，竣工6项，万源化工家属区二期、城北小区、通港新村、新日月翠洲嘉园、张庄街道老旧小区（含农民公寓、二纺厂家属区、麦芽厂家属区3个小区）完成改造。

改造后的城北新貌　　陆庆国　摄

锂电池、3D打印装备研发制造、苹果手表金属结构件制造、智能化储能装备研发制造、CNC用数控刀具生产、芯丰集成电子、仁卓金属等一批重大项目建成投产。

城镇棚户区改造 年内，省政府办公厅下发《关于分解下达2022年度城镇保障性安居工程、老旧小区改造目标任务的通知》，省下达全市棚户区改造新开工2.54万套，基本建成2万套。至年底，全市完成棚户区改造新开工3.65万套，占全年目标任务143%；基本建成2.5万套，占全年目标任务125%。

万户新村改造 万户新村（盐南新村）始建于1983年，位于盐城市解放南路114号，有4个区，117幢楼，总建筑面积40万平方米，住户4753户。是盐城市区建成时间最早、规模最大的敞开式商品房住宅小区，小区内拥有社区、菜场、学校、医院、银行、宾馆、浴室以及各类商业门店320家。2020年9月，万户新村实施全面整治改造。围绕“最老的小区，最新的生活”改造目标。改造工作紧贴群众最迫切的愿望入手，先后打通消防救护通道，屋面墙面防水渗漏处理，杆线入地和序化处理，供水供气管网升级改造，空调外机、晾衣架美化提升，实现雨污分流等改造。完善小区生活配套功能，社区党群服务中心、警务室、助餐点、助浴中心、居家养老中心、公共游园等一应俱全。同时增设机动车位369个、非机动车充电车棚19处，部分楼栋加装“特惠电梯”，将原有废弃菜场更新为新时代文明实践中心，增设“万户记忆”“老手艺展馆”“共享菜园”“慧心坊”等、将原敞开式垃圾收集中转站封更新为闭式“负压除臭”垃圾收集中心、将原闲置社区用房更新为“托育园”，不仅实现社区空间微更新，更留住岁月情怀，镌刻城市记忆。万户新村改造工程于2021年7月9日被评为省级宜居示范居住区，接近2年改造时间，于2022年5月完成细节提升找补工作和市高质量观摩活动。

（田　玲）

美丽宜居城市建设 年内，全市14个省级试点项目基本完成，酒厂片区、万户新村等散老旧居住片区统筹改造、戴庄路文化创新街区塑造、串场河生态廊道、市循环产业园建设等项目的成功实施，为全省贡献一批美丽宜居城市建设的盐城优秀案例。加快改造城北，按照“一年打基础、三年见成效、五至八年基本建成”总体目标，实现安置房建设、市政基础设施、环境整治等取得明显成效，全面提升教育、卫生服务等公共配套设施，加强城北地区产业建设，将城北打造成为城市发展的新典范。有机更新城市，高质量编制城市更新行动计划，推进历史地段、老旧小区、工业厂区等提升改造，保护具有历史文化价值的街区、建筑，活化利用历史文化遗产，塑造城市时代特色风貌。系统建设片区，同步拓展提升城南，加快建设城东，整体开发城西，实施建军路商圈等老城区改造，坚持串场河、通榆河、新洋港“三河”全域治理，塑造蓝绿交织、城水相依、绿廊环抱的美丽生态宜居新画卷。

盐城市湿地公园和湿地博物馆建设
盐城市湿地博物馆位于高铁线以东、大庆路以南、通榆河以西、青年路以北。博物馆保留盐城火车站的城市记忆，结合原有的拱形建筑形态，生成融合城市文化与城市记忆的新形象。中国黄海湿地博物馆建筑面积1.6万平方米，是中国国内比较少见的由火车站旧址改造建成的博物馆，屋面采用七榀钢管桁架结构，改造后将成为当地集展览、科普、研学于一体的现代化新型湿地博物馆。博物馆按照国家一级博物馆标准建设，馆内主展区分为海陆天成、天际旅程、河海交响、湿地家园、全球使命中国担当五个主题和多功能报告厅等。馆内展品超过1000件，主要为包括抹香鲸、丹顶鹤、麋鹿等动植物标本，展厅内主题景观有黄海生态区系列代表湿地、鸟类迁飞路线重要栖息地、淤泥质海滩等，有数字沙盘、全息展演系统、沉浸式体验、黄海湿地动态监测平台等交互项目。博物馆外观以丹顶鹤展翅飞翔为灵感，以打造“湿地科研国际交流中心、湿地科普大众推广中心、生态服务责任担当展示中心、黄海湿地管理监控中心”及创建在全国乃至全球具有影响力的一级博物馆作为整体目标，集空间展陈、公众教育、生态展示、旅游集散等功能为一体。1月10日，中国黄海湿地博物馆正式开馆。黄海湿地博物园项目占地面积23.53公顷，总投资1.5亿元。项目以“国际理念、东方意境、盐城特色”为设计理念，充分挖掘“东方湿地之都”生态特征和湿地文化底蕴。整个项目分为湿地体验、湖荡生态、洲岛景观、秘境探索、丛林休闲5个特色主题区，布设候鸟广场、湿地绿道、东方水庭等23个生态景观点，195个生态停车位，选种具有地方特色的苗木和植被，乔木26个品种，灌木22个品种，地被植物27个品种，绿化率57.4%，湿地率36.9%，道路铺装5.7%。盐城市湿地博物园作为中国黄海湿地博物馆户外空间的延伸，立足国际理念、东方意境、盐城特色，打造成集湿地科普、生态体验、自然教育、湿地研究、国际交流于一体的湿地科普科研基地，通过恢复和塑造林田河湖海五个片区，分别对应盐城拥有的河流、湖泊、沼泽、人工以及浅海与海岸五大湿地类型，形成“五区一堤十景点”的空间布局。至年底，盐城市湿地博物馆完成鸟类栖息地的优化工作，水塔信息发布屏的施工和配套电源完成，酒店周边铺装和绿化进入收尾阶段，铁道公园购置的二代火车头及车厢出新改造完成。湿地博物园对枯死的苗木进行补植，补植的乔木优先选用本地树种如乌桕、苦楝、黄槐等；在跨运河路通道桥顶增值早樱和迎春花，使公园早春景色层次更丰富；优化多塘活水链的水培植物品种，使水质净化功能更合理。

东台市何垛河两岸综合更新二期 东台市何垛河两岸综合更新二期位于江苏省盐城市东台市东台镇东亭桥与北关桥、老坝河与何垛河之间，地处东台市中心，场地呈三角形布置，最大长度为384米，最大宽度为147米，用地面积3.33万平方米，地下建筑面积1.56万平方米，地上建筑面积

2.23 万平方米（含 14 栋 1 ~ 3 层单体建筑及一栋 5 层魁星楼），项目建设主题为宋韵街区，一个集特色休闲、旅游、购物于一体的综合商业风情街区。项目总投资 3.07 亿元，于 2021 年 11 月开始施工，计划于 2023 年 10 月竣工。至年底，地下停车场主体结构部分基本完成（完成 13 段顶板，总数 15 块顶板）。地上 15 栋单体建筑有 5 栋完成主体结构封顶，有 4 栋建筑施工之中。主体结构封顶的建筑屋面、墙体等后续施工陆续开展。

盐城市伍佑街道珠溪片区综合更新 伍佑珠溪古镇项目建设范围为东至开放大道、西至串场河、南至伍佑港、北至通济路，项目占地面积 131 万平方米，总投资 75 亿元。项目于 2020 年 9 月开工，计划 2025 年竣工。该项目重点围绕城镇历史文化保护传承方向，结合老旧住区宜居改善、市政基础设施补短板及既有建筑安全隐患消除三方面内容，发掘当地建筑文化资源，在保护、整治原有街巷肌理及特有建筑风貌的基础上，实施“分片区、渐进式”微更新模式，推进老镇建筑、空间更新。项目建成后，将打造集文化传承、康养度假、艺术创作、农业创意、休闲游乐等于一体的盐城旅游新地标。至年底，文庙和魁星阁组团、东南片区、伍佑港水系、东西大街中段商业街改造、龙王滩停车场等 16 个古镇一期建设工程基本完成，古镇风貌初步形成。按照“文化赋活、多元植入、分级构建”运营思路，招引落地呼伦有牛、朱雀打边炉、魔都 1 号等首进餐饮和国家级非物质文化遗产扎染技艺白屿蓝，招商落位商业面积 8929 平方米。

响水县安全住建“响”智汇建设 响水县安全住建“响”智汇项目是将原系统升级改造，实现多平台互联互通、跨部门数据共享协同，融合一个高度集成化的平台。平台融合响水县住房和城乡建设局各科室业务系统数据，包含一个调度中心以及各科室四张图，分别是智慧工地一张图、智慧燃气一张图、智慧管网一张图、智慧房屋一张图。项目建成后，将激活一套智能化处置创新工作机制，将“人防”转变为“人防 + 技防”，由被动发现问题转变为主动监管。至年底，该项目完成技术方案编制。

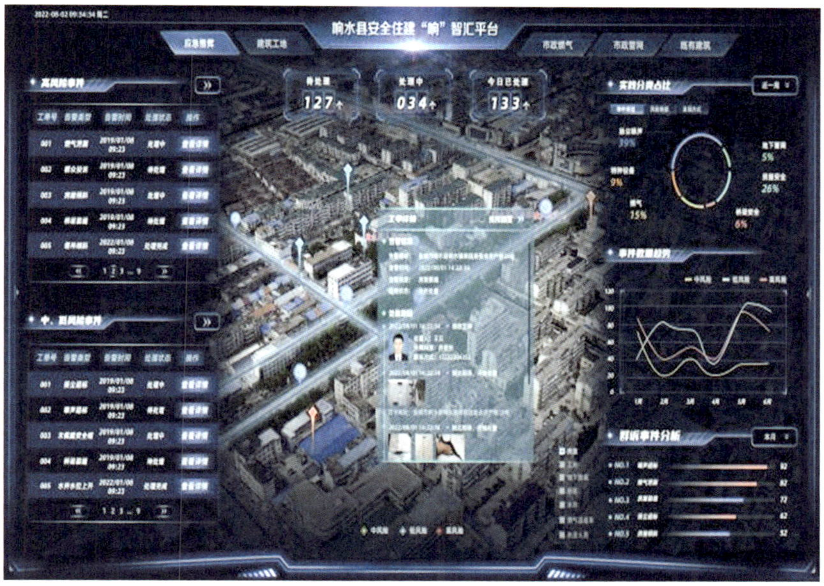

响水县安全住建“响”智汇平台　　响水县住房和城乡建设局　供图

南海未来城鸿蒙科创园开工 鸿蒙智联科技创新园项目总投资 20 亿元，分为南北两区。南区位于解语路东、湖光路北侧的环湖科创带内，总投资 18 亿元，占地 3.73 公顷，总建筑面积 18 万平方米，具备科技孵化、科创加速、研发中心等功能，于 2022 年 2 月开工建设。北区作为启动区，位于西伏河创新社区三号组楼（一期）、西伏河绿色低碳科创园 B9 楼（二期），总投资 5 亿元，总建筑面积 2.4 万平方米。北区一期项目，建筑面积 1.2 万平方米。引进北明软件有限公司、北京启明星辰信息安全技术有限公司、南京三宝科技股份有限公司等 13 家鸿蒙生态企业入驻，实现开票额约 3 亿元，常驻办公人员 360 人。中软国际盐城运营团队成功适配江苏吉华电子科技有限公司、江苏智伙伴机器人科技有限公司、江苏博顺信息科技有限公司以及江苏箐农科技有限公司等 11 家企业产品，帮助企业产品增加适用场景。同时举办培训、沙龙、政策宣贯、培训等活动 5 场，参与人数 280 余人，并联合盐城工业职业技术学院、盐城工学院开展产学研建设工作，培养数字化新型人才。北区二期项目，建筑面积 1.2 万平方米。入驻鸿蒙能源物联网创新实验室、人与屋、初创科技等 16 家企业及机构，常驻办公人员 260 人。其中，鸿蒙能源物联网创新实验室由大数据集团投资建设、泰尔终端实验室提供技术支撑，华为进行业务支持，中软国际旗下盐城解放号网络科技有限公司负责运营。围绕新能源垂直领域，进行产业服务、技术赋能、标准制定、测试认证、生态协同，建立起一套基于鸿蒙 OS 在新能源垂直领域的智能化体系，赋能本地新能源产业低碳化、数字化和智能化。（杨　毅　皋古平）

公共事业

供　水 2022 年，盐城市有 18 座投入运营的城市水厂，总供水能力每日 200 万吨，自来水深度处理实现全覆盖，新水源及引水工程平稳供水，全年调度新水源原水 2.4 亿立方米。推进供水设施新建、改造，盐龙湖水厂二期工程主体工程基本完工，启动射阳合德水厂、建湖城南水厂扩建改造，南通东台管道联网供水工程，完成新建、改造供水管道242千米；委托具备第三方机构监测城市供水水质并定期公布，全市出厂水、管网水、二次供水水质稳定达标；开展行业人员职业技能竞赛、强化供水安全培训多渠道提升从业人员业务技能，参加全省百万城乡建设职工职业技能竞赛水务行业供水管道工决赛，荣获团体第三名；编制完成《盐城市住房和城乡建设局供水突发事件应急预案》，建立健全供水安全保障应急机制，提高供水突发事件应急处置能力。

供　电　年内，全市居民生活供电量71.61亿千万时，其中响水县居民生活供电量5亿千万时、滨海县居民生活供电量8.29亿千万时、阜宁县居民生活供电量8.01亿千万时、射阳县居民生活供电量8.03亿千万时、建湖县居民生活供电量6.42亿千万时、大丰区居民生活供电量7.36亿千万时、东台市居民生活供电量9.11亿千万时、盐都区居民生活供电量8.67亿千万时、市区居民生活供电量10.72亿千万时。（宗　耀）

供　气　年内，全市管道燃气企业29家，年供气量7.66亿立方米，管道总长度6000千米，管道天然气建制镇通达率76.04%；液化石油气储配站79座，年供气量8.48万立方米。推进城镇燃气安全生产“百日行动”和“七个一”专项行动，组织开展燃气经营环节以及餐饮集中区、底层“住改商”、商住混合体等排查整治，排查出的安全隐患问题整改率100%，重点监测31个重点镇（街道）燃气安全使用情况。瓶装气入户安检率、充装配送比均超过90%，餐饮场所更换金属软管8000条，应换尽换；强化燃气安全信息化监管。全市餐饮场所的燃气预警设备安装率100%、在线率90.9%、工单办结率99.73%。智慧燃气监管系统完成升级，城市生命线燃气专项有序推进。加大违法违规行政处罚，开展燃气安全宣传和从业人员教育培训，发送燃气安全常识短信500万余条次、发放宣传单页2000余份、组织参加相关培训考核1479人次。

污水处理　年内，全市新增城镇污水处理厂1座，新增污水处理能力每日5万吨，投资1.2亿元。新建、改建城镇污水管网260千米，投资9.4亿元。全年污水管网排查检测120千米，全市污水达标区建成34个、103平方千米，完成住宅小区雨污分流改造180个。全市现有城镇污水厂85座，总规模每日86.92万吨。其中，城市污水厂17座，总规模每日77.9万吨，进水化学需氧量浓度每升225毫克，生化需氧量浓度每升94毫克；乡镇污水厂71座，总规模每日10.54万吨。全市建成污水管道5225千米、445座泵站，城市建成污水管道2383千米、泵站131座，建制镇建成污水管道2842千米、泵站311座。

城市照明　年内，市住房和城乡建设局印发《盐城市城市照明技术导则（试行）》，实施城市照明设计、施工、运维一体化管理。整合、优化维护资源，开展城市照明设施全覆盖检查，将城市照明维护工作向“规范化、网格化、精细化”推进。各管理网格发出自查工单1.74万份，市路灯处发出督查工单3276份，大市区主次干道路灯设施亮灯率99.78%，设施完好率99.60%。启动实施市区路灯智能控制提升改造项目，实现无线通讯4G全覆盖，开展200杆单灯控制、10处智能门锁、漏电流监测等新型管理方式试点，提升路灯智能控制水平。

环卫设施　年内，市城管局重抓环卫基础设施建设，建成运行市区粪污处置中心搬迁工程、大丰厨余垃圾处理、亭湖和东台大件垃圾拆解中心等一批项目；开工建设盐龙街道垃圾中转站、滨海生活垃圾焚烧厂二期和盐都区垃圾渗滤液处理项目；投入1亿元、新建成投运489个垃圾分类集中收集房（亭），创成省级垃圾分类达标小区200个，大丰区实现城市居民小区生活垃圾“四分类”全覆盖。

园林绿化　年内，全市城市新增绿地面积200万平方米，改造提升绿地面积115万平方米，建设绿道56千米，林荫路18条，建设高架桥柱等立体绿化12处；完成“公园＋阅读”3个，“公园＋运动健身”30个。跟踪“瓢城绿廊”环城西路段控规调整及项目规划设计。推进完成市民生项目100个“口袋公园”、省民生“乐享园林”9项任务；同时增报完成“乐享园林”项目38项，合计完成47项。

表29　2022年盐城市城市园林绿化建设情况统计表

实施主体	竣工项目数（个）	新增面积（万平方米）	改造面积（万平方米）	投资额（万元）
大丰区	21	17.22	17.80	4568
盐都区	19	7.80	10.51	3310
亭湖区	21	7.27	14.03	6370
盐城经济技术开发区	29	33.05	24.73	18380
盐南高新区	23	13.79	12.60	10159

续表29

实施主体	竣工项目数（个）	新增面积（万平方米）	改造面积（万平方米）	投资额（万元）
东台市	6	2.06	7.40	8200
建湖县	4	0.20	0.72	400
射阳县	7	13.60	0	3570
阜宁县	7	0.20	23.60	4330
滨海县	8	28.94	1.16	6870
响水县	7	1.08	2.37	1091
市燕舞集团	1	75.50	0	2600
合　计	153	200.71	114.92	69848

市区园林绿化　年内，市区实施公园绿地、防护绿地、附属绿地、绿道建设、立体绿化五大类，新增绿地面积79.13万平方米。加强城市园林绿化拓展空间研究，利用城市高架桥下及桥梁侧边灰色空间、城市用地退让边角，改造提升道路节点、生态绿地等建设功能复合、内容各异的绿色活力空间，建设100个“口袋公园”，美丽宜居试点项目盐南高新区口袋公园及小微绿地体系成为“口袋公园”系统建设的典型。

表30　2022年盐城市市区建成区新增绿地面积情况统计表

序号	名　　称	位　　置	面积（万平方米）
	合　　计		79.13
一	公园绿地		17.91
1	范公大厦北侧街头游园	范公路与黄海路交界处西南角，范公大厦北侧	0.23
2	锦华苑西侧小游园	人民北路和潮声路交界处东北侧	0.04
3	利民河北口袋公园	利民河北、西环路西（新阳居委会）	0.45
4	吴抬路口袋公园	世纪大道北、鹿鸣路南，吴抬路两侧	1.80
5	盐盘路景观游园	开创路东侧、盐盘路北侧	0.90
6	守正路节点游园	海阔路与守正路西北角	0.27
7	鹿鸣路口袋公园（潘黄）	东进路南、潘黄路东、生产河西，新建节点游园	0.50
8	文港路与新都路南节点	新都路南，文港路东西两侧	0.50
9	文港路与新都路北节点	新都路北，文港路东西两侧	0.20
10	青年路与文港路节点	青年路南侧、文港路东西两侧	0.25
11	世纪大道与文港路西北侧节点	世纪大道北侧、文港路西侧	0.10
12	赣江路与开放大道东侧节点	开放大道东侧、赣江路北侧	0.50
13	新墩花园东侧节点	文墩新村西侧、文港路东侧	0.30
14	九支渠南侧节点	九支渠南侧、文港路东侧	0.20
15	西伏河西侧盐渎路节点	盐渎路南侧、文港路两侧	0.20
16	世纪大道与文港路西南侧节点	世纪大道南侧、文港路西侧	0.20
17	日月路与聚亨路西节点	第一沟南侧、日月路西侧	0.50

续表30

序号	名　　称	位　　置	面积（万平方米）
18	鹿鸣路中学校外节点	盐马路西侧、鹿鸣路北侧、鹿鸣路中学南侧	0.50
19	乌江路滨河公园	乌江路南侧（希望大道—五台山路）滨河绿地以及乌江路（希望大道—泰山路）道路绿化、乌江路（黄山路—东环路）道路绿化	6.75
20	常新路与北兴路（西北角）游园	常新路与北兴路交叉口西北角	0.20
21	常新路与北兴路（东北角）游园	常新路与北兴路交叉口东北角	0.35
22	黄海路与东宁路（东北角）游园	黄海路与东宁路交叉口东北角	0.15
23	黄海东路（丰华路—五一路）北侧滨河游园	黄海东路（丰华路—五一路）北侧	0.10
24	黄海路与春柳路（东北角）游园	黄海路与春柳路交叉口东北角	0.10
25	常新路与北兴路（西南角）游园	常新路与北兴路交叉口西南角	0.15
26	花溪公园	护洋大道	1.20
27	湿地之翼	护洋大道	0.80
28	工业文化墙	护洋大道	0.26
29	北兴路（常新路—金丰路）南侧滨河游园	北兴路（常新路—金丰路）	0.21
二	防护绿地		4.00
30	环保大道东延绿化栽植（新民村境内）	新民村境内，环保大道东	4.00
三	附属绿地		57.22
（一）	居住区		38.14
31	金樾府居住小区新建绿化	东进路南、创智路东	1.60
32	世贸璀璨星河	学海路以南、八营路以西（新建）	3.35
33	中海九樾	希望路北侧、盐马路东侧	3.60
34	佳源城市广场（南区）	南环路北侧、戴庄路东侧	1.39
35	海河湾花园项目一期	世纪大道以南北舍路以东	4.50
36	城东一号北一地块	松江路南侧，光荣河东侧，华新河南侧，希望大道商办楼以西	3.34
37	均和华府	盐城经济技术开发区嫩江路6号	4.37
38	绿地香港理想城	嵩山路西侧、盐渎路北侧	5.54
39	玖溪东园	盐城经济技术开发区新安江路99号	4.35
40	碧桂园玖禧	常新路与通港大道东南角	1.50
41	绿地香港大丰新天地	人民路与通港大道西南角	1.80
42	雍锦府	常新路与飞达路东北角	1.20
43	中庚联鑫香汇长龙	常新路与通港大道西南角	1.60
（二）	单位		4.58
44	聚力成科技	盐渎路北、火炬路东	0.92
45	得润电子	盐渎路南振兴路西	0.66
46	博盛科技	智慧路北、振兴路西	0.70
47	恒源12吉瓦组件项目	普陀山路西，漓江路北	1.50

续表30

序号	名　称	位　置	面积（万平方米）
48	小牛二期	黄山路东，东环路西，黄浦江路北	0.30
49	威蜂动力电池项目	珠江路北，普陀山路西	0.50
（三）	道路绿化		14.50
50	中亭路北段绿化	中亭路北段(建军路至太湖路)两侧及朝阳河桥上分隔带绿化，长约800米	3.00
51	聚亨路	聚亨路（开放大道—范公路）段	0.20
52	吉安路	南海未来城吉安路	0.30
53	梨花路	南海未来城梨花路	0.20
54	知棠路	南海未来城知棠路	0.50
55	解语路（沧海路）	南海未来城解语路（沧海路）	0.20
56	步湖路	南海未来城步湖路	0.60
57	峨眉山路（乌江路—赣江路）两侧绿化工程	峨眉山路（乌江路—赣江路）两侧	1.90
58	春柳南路背景林	春柳南路	3.40
59	北兴路道路绿化	北兴路	4.20

公园绿地　年内，全市新增公园绿地面积41万平方米，其中市区公园绿地面积2298.83万平方米，新增公园绿地面积17.1万平方米，人均公园绿地面积15.9平方米，公园绿地服务半径覆盖率96.44%，基本满足城市公共服务需求；响水县新增公园绿地面积8800平方米，滨海县新增公园绿地面积3.56万平方米，阜宁县新增公园绿地面积2000平方米，射阳县新增公园绿地面积7.97万平方米，建湖县新增公园绿地面积500平方米，东台市新增公园绿地面积11.24万平方米。

道路维修养护　年内，市住房和城乡建设局组织对市区主次干道进行维修，维修路面4.97万平方米。抓好大庆路、建军路、盐马路、人民路等市区主次干道日常养护，维修沥青路面3.7万平方米、混凝土路面700平方米，人行道1.2万平方米、路牙沿800米、树围600米，改造维修车止柱210座，调整更换井框盖609座。完成毓龙东路（文港路至范公路）、新四军纪念馆周边建军东路慢车道、大星北路改造出新，解放路新都路等交叉口的行人等待区改造提升。

桥梁维修养护　年内，市住房和城乡建设局对市区辖区范围内210座桥梁加强日常巡查维修。完成桥梁栏杆维修1061米，人行道石材维修856平方米，伸缩缝清掏8313米，泄水孔清掏2700个，油漆工程2670平方米。完成195座桥梁的常规定期检测、14座桥梁结构的定期检测和1座桥梁特殊检测。完成盐城大桥、青年路通榆河桥等桥梁伸缩缝更换维修，滨河路等沿线桥梁限高门架升级改造，解放路盐塘河桥等隐患桥梁整治。实施世纪大道通榆河桥、小海桥、迎宾桥、人民桥4个梯道，连接桥面至河边景观带。其中，世纪大道通榆河桥梯道位于桥梁东南角，采用5梯段旋转钢结构，高度7.42米，直径6米；小海桥梯道位于桥梁东北角，采用钢筋混凝土结构，高度4.5米，宽度4米；迎宾桥梯道位于桥梁东南角与西南角，采用钢筋混凝土结构，高度分别为4.8米和5.4米，宽度均为3米；人民桥梯道位于桥梁西南角，采用钢筋混凝土结构，高度4.5米，宽度4米。至年底，世纪大道通榆河桥、小海桥、迎宾桥、人民桥4个梯道全部完工。

排水设施管理　年内，市住房和城乡建设局组织实施雨水管网的疏通，总长度445千米、4.49万座雨水井、589座出水口，58千米雨水、合流管网结构性检测。完成19座泵站机电设备检修维护和运行调试。改造零星积水点81处，增设雨水井182座、雨水支管1344米。修改完善《防汛应急预案》，划分8个责任片区，成立14支防汛抢险队伍、2支下穿通道专业抢险队伍。储备足额防汛物资，组织防汛预案演练。汛期加强与气象、水利以及各区街道、住房和城乡建设部门等部门联动，形成合力。6月下旬、7月中旬市区遭遇暴雨强降雨，组织应急防汛队伍100余人、各类机械、车辆20余台，进行24小时值守巡查、防汛排涝，汛期没有发生一起人身伤害事故和居民财产损失，市区实现安全度汛。

盐城市区SRT一号线　　盐阜大众报报业集团　供图

江苏省生态园林城市创建　年内，市政府向省政府提出《关于申报创建江苏省生态园林城市的请示》并获批复同意。9月5日，召开创建“江苏省生态园林城市”部署会，市政府办印发《盐城市创建江苏省生态园林城市实施方案》，印发《关于成立盐城市创建园林城市指挥部的通知》，指挥部设立办公室，牵头组织协调创建工作。加快城市绿化建设与管理的同时，依据《江苏省生态园林城市标准》组织编制“绿地生态系统构建、自然文化资源保护、风景名胜区保护管理、公园绿地建设管理、园林绿化行业管理、组织制度保障”等九大项申报材料。　（杨　毅　皋古平）

城市公共交通

概　况　2022年，盐城市坚持公交优先发展战略，提升城市公共交通的便捷化、舒适性，构建以SRT、BRT快速公交为骨干、常规公交为网络、特色公交为辅助、慢行交通为延伸的多模式、一体化公交出行体系，满足广大群众多样性、个性化、高品质出行需求。全市有公交企业15家，运营线路475条，运营线路总长1.1万千米；拥有公交车3908辆，其中新能源及清洁能源车3160辆，占比80.9%，全年客运量1.29亿人次。其中，盐城市区公交车保有量1612辆，新能源及清洁能源公交车1483辆，占比92%，运营公交线路167条，全年客运量9700万人次。镇村公交开通率100%，全市95个乡镇全部开通镇村公交，开通镇村公交线路45条，投放镇村公交车辆79辆。

出租汽车　年内，全市有巡游出租汽车企业27户，巡游出租车2921辆，其中，市区巡游出租汽车企业7家，拥有1390辆巡游出租车。按燃料类型分：汽油车104辆，乙醇汽油车510辆，双燃料车1022辆，纯电动车1284辆，混合动力车1辆。全市巡游出租车载客车次总数2548.2万车次，客运量5590.7万人次，总运营里程2.76亿千米。盐城市区有39家网约车平台企业取得经营许可，1174辆网约车取得道路运输证，1.51万名驾驶员取得从业资格证。

公共自行车　年内，市交通运输局为提升广大市民公共交通、绿色出行的便利性，完善“公交＋单车”便捷换乘机制，加快公共自行车站点建设。至年底，盐城市区布设公共自行车站点488个，锁车器1.34万个，投放公共自行车1.05万辆，日均借车1.2万~1.5万辆次。

BRT环线　年内，市交通运输局完成市区138.9千米公交专用道设置，相继建成启用高铁站公交停车场、正丰公交枢纽（换乘中心）和新都路2座BRT站台，58座“便民换乘”站台建设完成，先锋大岛公交回车场完成土地划拨。优化调整BRT快速公交线网，全年新增公交线路4条，优化调整公交线路19条，形成331千米“6主8支4环”快速公交服务体系。

全域公交　年内，市交通运输局坚持公交优先发展战略，加快构建“城乡共享、衔接顺畅、智慧安全、便捷惠民”全域公交服务网络，提升全域公交发展成果，稳定运行15条市域、32条市郊、98条县镇、305条镇村公交线路，全市新辟优化公交线路44条，新增公交站台382座，新建公交电子站牌330座，推广应用新能源及清洁能源公交车辆，新增更新公交车辆390辆，其中新能源公交车辆379辆，东台市、盐都区完成省城乡公交一体化达标县建设，盐城公交K2线入选省十佳城乡公交线路。

SRT虚拟轨道交通线　年内，盐城市区SRT一号线项目是国内首条超级虚拟轨道交通示范线，线路起于青年路与跃进路交叉口，沿青年路高架地面车道向西布置，止于青年路与宝兴路交叉口。线长13千米，设站17座，线路平均站距820米，SRT列车采用4节编组列车10列，每列车最大载客量320人，日均客流量1200人次，通过识别地面虚拟轨道运营。7月12日，盐城市区SRT一号线顺利通过运营安全评估，该项目验证车辆的技术标准，车辆利用轨道交通技术工艺打造，相关配置按照轨道交通相关标准设置；建立基建标准，SRT车辆与现有BRT站台标准融合，共享中置式站台，提高站台利用率和换乘便捷度，实现同平面无缝对接快速换乘。在安全设施上，SRT车辆创新研发了360°全景主动安全预警系统等；在运营调度上，塑造与公交融合发展的运营模式，SRT运营时间、运营编组、发车间隔、行车应急组织及安全监管，纳入公交运营调度系统和安全监管平台，实现SRT与BRT运营调度和安全监管的有机融合。

（戴万林）

城市管理

概　况　2022年，盐城市城管局坚持人民城市为人民，找准建设“国际湿地、沿海绿城”绿色低碳发展示范区中定位，以推进“精管善治”为主线，以垃圾分类治理提质增效、环卫基础设施提档升级、日常管理执法常态长效为目标，统筹党务与业务、安全与发展，务实推进城市精细化、科学化、智能化管理，城市容貌环境更干净、更整洁、更有序。在全国文明城市现场测评中再创“零失分”佳绩，住房和城乡建设部评估的城市生活垃圾分类工作连续进位争先，进入第二档次。遮阳挡雨棚建设被省委宣传部作为“文明创建”经验全省推广。环卫工人陈开霞被评为江苏省十九届十佳文明职工，被省总工会授予江苏省五一劳动奖章，是本届盐城唯一当选者、全省城管系统唯一当选者。

市容秩序管理　年内，市城管局组织推进线杆线缆、违章建筑、停车秩序系列整治行动，完成市区重点点位架空线缆排查整改161个，整治凌乱缆线1.1万处，及时发现拆除违章建筑3766处19.8万平方米。开展户外广告整治“回头看”专项行动，排查有隐患的户外广告和店招标牌设施1072块，拆除806块，整改266块，清理整治各类野广告4万余条，并向县（市、区）覆盖延伸。

环境卫生管理　年内，市城管局紧盯系统生态环保隐患问题排查整改，快速及时办结中央环保督察交办信访件23批次34件，牵头组织清理海滩垃圾2.65万吨，规范中转站垃圾渗滤液达标处理289座，处理填埋场渗滤液约14.5万余吨、焚烧处理生活垃圾约180万余吨、规范处理餐厨废弃物约11万余吨。

8月8日，市城管局执法支队规范非机动车停车秩序。　　市城管局　供图

城市景观建设与管理　年内，市城管局实施市区夜景亮化十大提升工程，数梦小镇、中国黄海湿地博物馆等10处节点亮化设施均建成运行，高标准完成仁恒河滨花园等项目66幢新建楼宇亮化设计方案备案审查，确保市区整体亮化效果协调、美观。

城管执法　年内，市城管局开展全市城管系统行政执法队伍能力建设、执法管理服务外包情况清理整顿和执法队伍“百日教育整顿”专项行动。动态调整行政权力清单，减少行政处罚事项3项，分类制定行政处罚、行政强制、行政许可案件办理流程图，编印执法行为规范，办结行政处罚案件550件，处理行政复议、诉讼案件7件，继续保持零错案记录。

城管服务　年内，市城管局推进“放管服”改革，编印全市城市管理行政许可服务流程，深化“不见面”办理，“不见面”审批办件率74.6%，其中下半年达到88.8%。从群众急难愁盼的小事做起，更新垃圾桶1.86万个、果壳箱1807只，施划停车标线11.3万米、非机动车停车泊位1200余处，实施人行道降坡改造44处，清理道路残留的各类螺桩1632处5000个，并在55所中小学校园周边300米范围内设置城管“护学岗”。

网红街区打造　年内，市城管局落实“转角遇见美”城市美学理念，深化“五个一”城市建管精细化示范项目创建，制定印发全市城市管理“五个一”精细化样板点建设管理标准，融入地方特色文化，突出城管元素，抓好建筑立面出新、线杆线缆整治、店招标牌改造、垃圾分类设施配套、停车设施完善等项目的投入和实施，通过技术指导、领导挂钩、现场观摩和定期通报等方式，推动各地克服新冠肺炎疫情等不利因素影响，新打造样板街道（镇区）、样板社区（村）、样板街、样板巷、样板场精细化项目55个，投资22亿元，超额完成市政府下达的50个年度目标任务。

（丁介玉）

乡村振兴

编辑　裴力民

综　述

乡村振兴实绩　2022年，盐城市落实“五级书记”抓乡村振兴责任，建立乡村振兴工作述职评议机制，在全省率先发布财政金融支农“盐十条”，全面推进乡村振兴。乡村产业不断发展壮大，优质粮油、绿色蔬菜、规模生猪等6条全产业链完成布局，新创省级示范家庭农场46家，新增中国美丽休闲乡村1个，全国“一村一品”示范村1个。乡村建设行动全面启动，新改善农民住房2.1万户，新增省级特色田园乡村15个、省级传统村落14个，完成户厕改造2.46万户，新建农村生态河道1147千米，新改建农村道路343千米，改造桥梁348座，更新改造农村供水管网287千米。行政村农村生活污水治理覆盖率在苏北率先达到100%，行政村农村生活垃圾集中收运处理比例100%，行政村双车道四级路通达率、镇村公共交通通达率100%，建设美丽乡村旅游公路482千米，农村移动4G网络、光纤宽带覆盖率100%。富民强村帮促持续深化，全市集体经营性收入30万元以上的村占比96.5%，农村居民人均可支配收入2.78万元，同比增长6.7%。印发高质量党建引领乡村振兴“1+6”系列政策，实施百名菁英“强村行动”，县级以上文明镇、村占比分别为77%、63.58%。创新开展乡村振兴示范村和特色村评选活动，1镇6村入选全国乡村治理示范村镇名单，数量全省第一。盐都区入选国家首批乡村振兴示范县创建名单；开展乡村振兴先进典型市级表彰，表彰乡村振兴先进集体100个、先进个人198名。1月26日，在省委农村工作会议上，盐城市蝉联省2021年度乡村振兴战略实绩考核设区市综合排名第一等次。盐都区、大丰区获县级综合排名第一等次，亭湖区、建湖县、响水县、阜宁县、射阳县获进位第一等次，县（区）进位第一等次数量占整个总数的三分之一，全省最多，8家单位获全省乡村振兴先进集体、16名个人获全省乡村振兴先进个人。（车　玲）

脱贫攻坚成果巩固拓展　年内，全市保持原农村建档立卡农户原有支持政策总体稳定，对原农村建档立卡农户进行全面筛查、监测，对存在返贫风险的逐户落实针对性强化帮促措施，对符合条件的及时纳入低收入人口，确保不漏一户不落一人。实施防贫基金制度，筹集防贫基金1875万元、覆盖人数16.04万人。资助家庭经济困难学生12.2万名、资助总金额2.04亿元。为低收入人口全额代缴医保个人缴费部分，新增农户危房全部动态清零、改造完毕。开展乡村公益医疗互助试点，补助金额2623.81万元。

（赵汉清）

黄河故道片区乡村振兴　年内，全市加快建设黄河故道片区生态富民廊道。实施高标准农田、产业发展、文化旅游、生态建设、社会事业、乡村道路、美丽乡村、新型农业经营主体八大类80个乡村振兴市级重点实施项目，完成投资62.67亿元；市级以上农业产业化龙头企业、示范家庭农场、农民合作社示范社分别为45家、81个、50家。基础设施提升，完成农村公路提档升级133.82千米、桥梁改造75座，农村河道治理1541千米，规划建设高标准农田9146.67公顷；人居环境不断改善，完成农村住房改善2804户，新建改造和整改达标农村户厕8391户，农村生活垃圾无害化处理率100%，创成市级以上特色田园乡村、生态宜居示范村7个、12个。

（严春华）

高质量党建引领乡村振兴　年内，全市召开高质量党建引领乡村振兴发展大会，印发《关于高质量党建引领乡村振兴的实施意见》《村干部专业化星级管理办法（试行）》《百名菁英“强村行动”实施办法》《关于鼓励村党组织创办集体经济项目的实施细则（试行）》《关于加强党建引领快递进村、产品出村的实施意见》《盐城市乡村党群服务综合体建设标准》《党建引领乡村振兴责任清单》，建立高质量党建引领乡村振兴“1+6”政策体系，实施政治引领铸魂、产业引领增收、人才引领赋能、治理引领暖心、组织引领保障五大工程，探索高质量党建引领乡村振兴的具体路径。

（车　玲）

特色产业培育　年内，盐城市提升农业质量效益和综合竞争力，加快建设农业强、农村美、农民富的新时代鱼米之乡。发展现代农业，围绕优势农产品打造全产业链，招引农业龙头企业，每个县（市、区）新招引2个亿元以上农产品加工项目，支持东台市创建全国农业现代化示范区。实施品牌强农，放大“盐之有味”农产品区域公用品牌效应，培育一批高附加值地理标志商标，孵化一批知名农业龙头企业和名特优农产品品牌。高水平建设黄河故道生态富民廊道，推进万亩以上连片高标准农田示范区建设，优化种植布局和品种结构，培大育强响水西蓝花、阜宁黑猪、滨海白首乌等特色产业。在全省率先印发《关于促进家庭农场高质量发展的意见》，全省首家成立在民政部门登记注册的市级家庭农场协会。健全家庭农场联合发展机制，鼓励各类家庭农场成立行业联盟等产业联合体，新培育市级示范家庭农场150家。

创意休闲农业　年内，全市加快培育休闲农业精品路线和项目基地，成功举办2022“苏韵乡情”乡村休闲旅游农业（盐城）专场推介。强化旅游公路、沿河步道、林间便道等建设，推动云梯关、桃花源、梨花语、月亮湾等景区高质量发展。年内，东台市甘港村入选中国美丽休闲乡村。

农村综合改革

概　况　2022年，盐城市构建“1+1+4”改革体系，即1个国家农村综合改革试验区、1个国家农村改革试验任务、4项省改革试验任务，深化农村改革、激发农村资源要素、激发内在活力，持续为农村体制机制创新探索新路。亭湖区、射阳县入选第四轮省农村改革试验区。

“小田变大田”改革 年内，全市36个镇134个村开展“小田变大田”改革，涉及承包地面积3.35万公顷。“小田变大田”改革入选全国农村改革试验区典型案例，并被2023年中央一号文件吸收，改革成果得到国务院分管领导、省委省政府主要领导和分管领导批示，中央广播电视总台和《新华每日电讯》《半月谈》《瞭望》先后进行专题报道。

农村集体产权制度改革 年内，全市农村集体产权制度改革清查核实集体账面资产258.09亿元，核增集体资产19.6亿元，核实集体资源103万公顷，确认集体经济组织成员646.2万人，折股量化经营性资产54.65亿元。盐城市委农办获评全国农村集体产权制度改革先进集体，大丰区大中街道泰西村入选全国农村集体产权制度改革典型案例。

农村宅基地办理业务改革 年内，东台市被确定为宅基地线上审批和闲置宅基地及闲置住宅线上交易试点县。东台市通过利用微信小程序、电子签名、电子表单、流程引擎等技术推进乡镇窗口统一受理村民建房用地申请，实现无纸化联网协同办公，方便村民办理宅基地业务，提高行政审批效率。

农村产权矛盾纠纷调裁诉多元解决机制探索 年内，射阳县探索农村土地矛盾纠纷多元化解机制，以村镇调解为主、县级调解为辅，通过合理疏导和联合调解，引导矛盾纠纷在诉讼前解决。坚持法定途径优先，用法治思维和法治方式促进基层治理持续优化。射阳县开庭审理案件4件，仲裁3件、调解1件，送达仲裁裁决书3份、调解书1份。

农村产权交易服务体系和交易风险防范机制探索 年内，射阳县探索防范土地流转价格过高对粮食种植的风险，印发《射阳县粮食规模经营土地经营权流转合理定价操作办法（试行）》，明确土地经营权流转6个方面的具体操作程序，包含严格准入机制、确定价格区间、实施限价熔断、明确优先中标、综合评价中标、实行履约保证，通过创新限价熔断综合评分机制，为规范土地流转、维护农户和村集体经济组织权益、合理降低种粮大户经营成本提供借鉴。

粮食适度规模经营保障服务机制探索 年内，亭湖区在“小田变大田”的改革工作基础上，规划形成粮食生产类家庭农场集聚区，提升粮食生产功能区规划建设水平。统一规划建设粮食生产综合服务中心，探索附属（配套）设施农用地集约化供给制度；合理确定用于粮食生产的土地流转价格，探索粮食规模经营的土地租金合理形成机制；建立粮食生产类家庭农场主补充养老保险制度，增强农场主持续经营的预期。 （王　倩）

镇村建设

概　况 2022年，盐城市村镇建设工作按照省委、省政府和市委、市政府决策部署，抓好农村住房条件改善、特色田园乡村创建和小城镇建设、农村房屋安全隐患排查整治等重点工作，整合乡村建设和管理水平，改善农民群众住房条件，提升农村人居环境水平。

小城镇（重点镇）建设 年内，市住房和城乡建设局优化城镇设施布局，推进小城镇多元发展，提升集镇综合建设水平。强化特色风貌塑造，挖掘整合小城镇自然、历史、文化资源，推动美丽宜居小城镇建设。指导东台市、阜宁县、建湖县、射阳县依据《美丽宜居城市建设指导意见》标准要求，按照制定的试点方案和工作计划，扎实抓好省级美丽宜居小城镇项目建设，确保试点工作有序推进。至年底，东台市安丰镇8个项目、阜宁县益林镇12个项目、建湖县上冈镇6个项目、射阳县黄沙港镇12个项目全部建设完成。

农房改造与改善 年内，全市贯彻省委、省政府新一轮农村住房条件改善工作部署，将农房改善作为全面推进乡村振兴的战略支撑，按照农户申请、村委评议、镇（街道、区）审查、区级复查核准等工作程序，对农村低收入群体住房情况实施动态监测，及时将动态新增的危房纳入改造计划并实施改造。结合摸底调查情况，科学制定全市农村危房改造工作实施方案，明确目标任务、补助标准、资金管理等要求，指导各地抓好农村低收入群众危房改造，完成644户农村低收入群体危房改造任务。组织开展农村住房情况调查摸底，建立完善县级农村住房动态数据库。印发《盐城市农村住房条件改善专项行动实施方案》《关于做好2022年农村住房条件改善工作的实施意见》《盐城市农村住房规划建设管理指导意见》编印规划建设导则，设计农房标准施工图集，提升农房改善工作水平。至年底，全市农房改善2.1万户。

特色田园乡村建设 年内，全市加强农房改善与特色田园乡村创建等工作紧密衔接，因地制宜推动乡村建设提升，打造具有盐阜地域传统风貌的特色田园乡村。根据地域特点、乡土民俗、经济水平和农民期盼等不同情况，统筹编制全市域特色田园乡村示范区（带）规划，引领全市特色田园乡村建设串点连片发展。结合沿海、里下河、古黄河等不同地域，挖掘“河居”传统、“红色”基因、“水乡”特色、“湿地”风光等内涵，加强创建村庄乡土文化传承弘扬，保护乡土历史、地理和文化特色，留住盐阜特有的乡韵乡味。推进市县级特色田园乡村建设培育，按照特色田园乡村标准，抓好新型农村社区、计划改造提升的老村庄建设，加强特色田园乡村储备。同时，展开县级特色田园乡村示范区试点，每个县（市、区）根据财政实力、村庄条件等因素，选择1个特色田园乡村示范区先行建设，形成一整套探索推进的示范成果，为全市面上展开提供借鉴。全年新创成省级特色田园乡村15个，70个村庄被命名为市级特色田园乡村。

美丽宜居乡村建设 年内，全市开展村庄清洁行动季节战役，推动村庄从“干净整洁”向“美丽宜居”升级。印发《关于下达2022年度生态宜居美丽乡村示范建设培育计划的通知》，开展省“三美一高”生态宜居美丽乡村和市农村人居环境整治提升示范村建设，以点串线，连线成片，从“一处美”迈向“一片美”“全域美”，创建省级生态宜居美丽示范示范镇4个、示范村58个。

全国“一村一品”示范村镇 年内，大丰区南阳镇诚心村（辣根）被农业农村部认定为全国“一村一品”示范村镇，总数16个。其中，盐都区楼王镇（异育银鲫）、东台市富安镇（干桑蚕茧）和东台市三仓镇（西瓜）被认定为全国乡村特色产业产值超十亿元镇，盐都区潘黄街道新民村（草莓）、大丰区大中镇恒北村（酥梨）、建湖县恒济镇苗庄村（大闸蟹）被认定为全国乡村特色产业产值超亿元村。

（花 露）

传统村落保护 年内，全市将传统村落作为优先支持对象，改善传统村落人居环境，建立中国传统村落、省级传统村落及市级传统村落分类、分级保护体系。对列入国家级、省级的传统村落村庄全面开展规划编制工作，对村庄现存的传统格局、文物保护单位、不可移动文物、传统建筑组群、历史环境要素等采取建筑融合改造、农房条件改善、历史风貌保留等做法。通过深挖文化资源、弘扬优秀精神、坚持文旅发展，推动了村落非物质文化遗产的保护传承。年内，盐都区丁马港等5个村被认定为第六批中国传统村落、总数6个；阜宁县穆沟等14个村被认定为第六批江苏省传统村落、总数38个，年度省级传统村落认定数量全省第一，响水县、滨海县、阜宁县、射阳县、亭湖区传统村落保护数量实现零突破，全市9个县（市、区）省级传统村落实现全覆盖。

东台市三仓镇西瓜博物馆　　市农业农村局　供图

表31　2022年盐城市传统村落保护名单一览表

名　称	村　庄
中国传统村落（6个）	大丰区草堰镇草堰村、盐都区学富镇蒋河村、盐都区楼王镇丁马港村、盐都区龙冈镇张本村、射阳县新坍镇新潮村、东台市梁垛镇临塔村
省级传统村落（38个）	大丰区草堰镇草堰村五组、盐都区楼王镇丁马港村丁马、建湖县九龙口镇收成村收成庄、东台市时堰镇陶庄村陶庄、大丰区草堰镇丁溪村丁溪、盐都区学富镇周伙村周伙8组和9组、盐都区台创园郝荣村郝荣、盐都区龙冈镇张本村张本、盐都区大冈镇抬头村曹家庙、建湖县恒济镇建河村谢庄、范庄、小俞庄、东台市三仓镇官苴村二、三、五、六组、东台市三仓镇兰址村一至三组、东台市三仓镇兰址村四至七组、东台市三仓镇联南村三至八组、大丰区大中街道恒北村二号村庄、盐都区秦南镇宝奎村庙子堡、盐都区尚庄镇北堡村北堡、盐都区学富镇蒋河村蒋河庄、盐都区大纵湖镇三官村小官、盐都区大纵湖镇胥仇村仇村、东台市富安镇富北村十二组、建湖县九龙口镇九龙口村沙家庄、建湖县建阳镇新阳村顾家庄、盐都区尚庄镇古殿村古殿堡、亭湖区盐东镇桂英村三组、盐都区尚庄镇葛武居委会葛武康居示范点、盐都区楼王镇潭溪村潭中、潭西庄、潭东庄、大丰区大中街道恒丰村恒丰一组、响水县大有镇康庄村康庄9组和10组及22组、滨海县正红镇正红村正红组、阜宁县罗桥镇沿边村晓光、阜宁县益林镇马家荡居委会穆沟、射阳县新坍镇新潮村六组、建湖县宝塔镇宝塔村宝塔小街、东台市时堰镇塘坝村塘坝、东台市溱东镇青二村青二、东台市梁垛镇临塔村临塔、东台市梁垛镇小樊村小樊

省级特色田园乡村总数位居全省第一 7月19日，第九批次江苏省特色田园乡村名单公布，盐城13个村庄入选、总数68个，位居全省第一。盐城市因地制宜，推进特色田园乡村建设，抓好新型农村社区建设和老村庄整治提升。围绕特色田园乡村目标定位，盐城市注重土地集约利用，坚持融入乡村元素，呵护村庄肌理，提升规划设计，实现新型农村社区与老村庄的现代融合，体现风情水乡型建筑风格特色。在特色田园乡村创建过程中，坚持不破坏村庄原本的自然肌理，延续村庄与自然有机相融的空间关系，避免“千村一面”；坚持“串点成线”“串珠成链”，让特色田园乡村提供更多景观产品。

农村道路建设 年内，全市完成道路343千米（占计划里程149%），完成桥梁改造348座（占桥梁改造计划126%），总投资10.98亿元；完成农村公路安全生命防护工程3795千米，总投资4.28亿元。全市农村公路通达水平和安全保障能力得到提高，全市所有县（市、区）成功创建为省级“四好农村路”示范县。

农村人居环境整治提升 年内，《盐城市“十四五”农村人居环境整治提升行动实施方案》印发，农村人居环境整治提升五年行动启动，全面统筹推进农村生活垃圾、厕所粪污、生活污水治理，盐城市获得省政府办公厅“促进乡村振兴、改善农村人居环境”督查激励通报表彰；亭湖区获评全国村庄清洁行动先进县，东台市、盐都区连续三年获得农村人居环境整治提升工作评估第一等次。全市行政村生活垃圾集中收运处理率和整治达标率100%，开展垃圾分类的镇（街道）占比59%，农村生活污水治理率33.6%，建设农村生态河道1060千米，新增农村生态河道覆盖率6.15%；建成省级特色田园乡村15个、绿美村庄56个、传统村落14个，创建“美丽庭院”示范户1.12万户，培育农村人居环境整治提升示范村25个。推进农村厕所革命，建立联席会议制度，完成省定改厕任务2.46万户、自定改厕任务2.29万户，26个行政村完成整村推进农村厕所革命任务。

全市人居环境整治提升现场推进会 年内，全市农村人居环境整治提升暨生态宜居美丽乡村示范建设现场推进会在大丰区召开。与会人员实地观摩大丰区恒北村、江苏沼禾农业科技有限公司、太兴村养殖尾水达标排放点、江苏颖泰农业股份有限公司等现场。会上，市农村人居环境整治工作联席会议办公室通报全市农村人居环境整治提升工作情况，市生态环境局、东台市、大丰区、盐都区尚庄镇作交流发言。（宣　越）

富民强村

概　况 2022年，盐城市坚持把巩固拓展脱贫攻坚成果作为重中之重，实施富民强村帮促行动，抓好农村低收入人口动态监测和常态化帮促，坚决守住不发生规模性返贫底线，全市集体经营性收入30万元、50万元以上的村分别为96.5%、46.2%，农村居民人均可支配收入2.78万元。在全省率先选派市委富民强村帮促工作队，市财政安排7904.45万元扶持集体经济相对薄弱村、烈士命名村等村集体经济发展，村级集体经营性收入增幅超5.5%。（赵汉清）

富民强村政策支持 年内，市政府印发《印发关于推动新型农村集体经济高质量发展的若干政策措施的通知》《关于进一步加强财政支持新型农业经营主体培育的若干政策措施》《关于进一步加强财政支持新型农业经营主体培育的若干政策措施》《关于加快培育新型农业经营主体的实施意见》等惠农支农政策，全年中央财政资金投入22.96亿元，较上年增加1.48亿元，增长6.89%；省级财政资金投入24.17亿元，较上年增加11.58亿元（主要是高标准农田建设补助标准从每亩1750元提高到每亩3000元），增长91.98%；市级财政投入3.45亿元，较上年增加0.61亿元，增长21.48%。（李志祥）

帮促项目管理 年内，全市安排各级财政衔接推进乡村振兴补助资金3.83亿元，包括中央资金2200万元、省级资金1.09亿元、市级资金4600万元，实施帮促项目174个。（严春华）

工作队帮促 年内，省委继续向响水县、滨海县派驻乡村振兴帮促工作队，又向乡村振兴任务相对较重的阜宁县、射阳县增派乡村振兴工作队，派驻队员32名，其中响水县和滨海县各10名、阜宁县和射阳县各6名，任期两年。市委帮促工作队突出抓好产业项目、村内道路、人居环境提升、为民办实事四大类项目建设。全年两支工作队总投入7904.45万元，其中产业项目投入4000万余元、试点村人居环境提升投入1500万余元、为群众办实事项目投入1600万余元。（赵汉清）

村级集体经济发展 年内，市政府办公室印发《关于推动新型农村集体经济高质量发展的若干政策措施》，创新集体经济发展模式，实施省扶持村级集体经济项目74个，获省财政扶持资金4440万元；市财政安排4000万元对全市70个经济相对薄弱村进行重点扶持，全市集体领办的农场、合作社、农业公司530家，比上年净增243家。全市2181个村（含涉农社区）集体经营性收入达到15.48亿元，村均71万元，比上年增6.8万元，增长10.4%；30万元以上的村2105个，占总村数的96.5%；50万元以上的村1008个，占总村数的46.2%。11个村入选全省“共同富裕　百村实践”新型农村集体经济发展典型案例。（王书奎）

全市高素质农民培育（农机合作社带头人）培训班 8月4日，由盐城市农业农村局主办、市农机推广中心联合农业农村部南京农机化研究所具体承办的全市高素质农民培育（农机合作社带头人）培训班在南京开班，80名农机大户和合作社带头人参加培训。培训为期9天，采取课堂教学、现场教学和线上学习相结合的方式进行、其中,课堂教学采用典型介绍、案例教学、讨论交流等形式,确保教学效果;线上学习以网络直播、课件学习、线上辅导为主要形式开展;提高实习实训比重,组织学员到农机相关企业、科技示范基地、示范合作社、农产品加工企业等地进行实操演练、观摩交流,强化学员参与程度。

职业农民培育 年内,全市新招录全日制农业类专科以上定向委培生125人,累计招录429人,培训基层农技人员及农村科技带头人4318人。全年举办高素质农民培训班569期,开展高素质农民培育5.76万人次,应对新冠肺炎疫情开展线上培训2.76万人次。全市建成国家级农民培育实训基地2个、省级农民培育实训基地6个、省级农民培育实训基地18个,盐城市农业农村局获评2022年度全省农民教育培训工作先进集体,滨海县农广校获评全国高素质农民培育提质增效百佳校,东台市农广校校长获评全国百名优秀基层农广校校长。 (龙乃云)

农民合作社和家庭农场发展 年内,市农业农村局完善国家、省、市、县四级示范社联创机制,新认定国家级合作示范社20个、省级示范社25个。5家合作社成功入选国家农民合作社示范社发展指数排名前300强。10家合作社入选2022中国农民合作社500强,其中前十强盐城占3席位。5家合作社成功入选省级典型案例。规范合作社财务管理工作,省级以上示范社财会电算化覆盖率100%。

农村创新创业 年内,全市推荐4个项目参加全省农村创业创新项目创意大赛,分别是"乡村振兴'药'有我项目""授虾以蚕—以沙蚕开创对虾环保高效养殖新格局项目""探家乡·青春兴农综合服务平台项目""'创智会文,在盐之乡'乡村振兴科技文创建设项目"。其中,"授虾以蚕—以沙蚕开创对虾环保高效养殖新格局项目"获得三等奖,市农业农村局获得优秀组织奖。

2022年农村创业监测调查 年内,全市开展2022年农村创业监测调查,全市列入国家系统的17家园区(基地)全部通过监测,其中,东台市1家、大丰区1家、盐都区5家、亭湖区2家、建湖县3家、射阳县2家、滨海县1家、响水县2家。 (花 露)

乡村治理

乡村治理体制机制创新 2022年,盐城市农业农村局建立乡村治理联席会议制度,多角度探索完善党建引领、自治法治德治智治融合、村集体经济充分发展的"1+4+1"乡村治理"盐城路径",全面推广运用"清单制""积分制""婚丧嫁娶移风易俗"3个"一张图"典型经验做法,推动乡村治理体系和能力现代化。东台市数字乡村治理典型案例入选第四批全国乡村治理典型案例;亭湖便仓枯枝牡丹栽培与文化系统入选江苏省第二批省级重要农业文化遗产名录。 (宣 越)

新型农村社区治理服务省级示范点建设 年内,全市探索加强新型农村社区治理服务的方法路径,完善新型农村社区治理服务体系和运行机制,提升新型农村社区治理服务水平。4月7日,在省民政厅公布的40个新型农村社区治理服务省级示范点建设单位名单中,盐城市3家入选,分别是盐都区大冈镇佳富村、阜宁县陈良镇新涂村和东台市梁垛镇临塔村。新型农村社区示范点适应农民居住模式由"散居"向"聚居"而带来的生产生活方式转型变化,推动治理架构、治理内容、治理平台、治理力量和治理方式创新,有效理顺各类组织的权责利关系,构建适应新型农村社区特点的治理体系和运行机制,促进新型农村社区治理全面转型升级。

盐都区入选2022年国家乡村振兴示范县 10月8日,盐都区成功入选2022年国家乡村振兴示范县创建名单,成为全国首批、盐城市唯一。盐都区地处江苏沿海中部,先后创成国家生态文明建设示范区、全国"两山"实践创新基地、全国农村创新创业典型县,是国家商品粮生产基地、蔬菜产业大县、中国河蟹之乡,乡村振兴考核连续两年位列江苏省第一等次。全区粮食播种面积6.45万公顷,产量4.7亿千克。设施农业1.16万公顷,蔬菜产量44.7万吨。农业适度规模经营比重66.8%,大闸蟹、小龙虾产值双超10亿元,拥有农业龙头企业172家,获批国家地理标志产品10个,获评全国休闲农业与乡村旅游示范县。创成省级特色田园乡村13个,入选全国农村住房建设试点县、全国"四好农村路"示范区。生活污水处理设施行政村全覆盖,农村"五位一体"管护模式被住房和城乡建设部推广,农村人居环境整治连续四年位居江苏省第一等次,获评全国首批美好环境与幸福生活共同缔造试点县,并为省委理论学习中心组提供学习现场。入选全国农村承包地确权登记颁证工作典型地区,"三资"管理"盐都模式"在江苏省推广。农村殡葬改革获省政府督查激励,被列为省级新时代文明实践中心试点区。社会治理"四好村居"典型做法获中央政法委推介,被评为江苏省创新网格化社会治理工作先进集体。 (张 磊)

水利建设

编辑　裴力民

水利规划

概　况　2022年，盐城市政府办公室印发《盐城市区第Ⅰ、Ⅱ防洪区防洪规划（修编）》。市水利局组织盐城市水利基础设施空间布局规划、盐城市市级骨干水利工程国土空间规划编制工作，完成报告初稿，指导各县（市、区）做好县级空间规划编制工作，并组织部分技术审查工作。完成盐城市城市防洪规划中期评估、盐城市区河道名录。配合省水利厅开展淮河流域防洪规划修编工作，完成现场调研、建议座谈、专题报告编制等工作；完成盐城市海堤建设与布局研究报告。组织新一轮中小河流治理建设规划方案编制工作。完成响水县城城市防洪规划技术审查工作。完成黄沙港挡潮闸拆建工程可研报告报批审查工作，配合省水利厅做好报告审查各项工作。开展丁堡河、姜溱河等年度中小河流治理工程项目前期工作。配合省水利厅做好淮河入海水道二期、斗龙港（含兴盐界河）治理工程、临海引江通道、苏北灌溉总渠治理等工程前期工作，配合市资规部门开展全市海岸带治理规划编制工作，开展沿线海堤建设规划研究工作。

《盐城市区第Ⅰ、Ⅱ防洪区防洪规划（修编）》印发　11日13日，市政府办公室印发《盐城市区第Ⅰ、Ⅱ防洪区防洪规划（修编）》（以下简称《规划》）。《规划》主要包括：总则、城市概况、指导思想、规划目标、水文分析成果、水系规划布局、防洪治涝工程规划、水生态工程规划、非工程措施规划、管理规划、投资估算及实施安排、保障措施、附则13个章节。《规划》对于完善盐城市城北地区水利治理体系，提升治理能力，保障经济社会可持续发展具有重要意义。

《江苏沿海地区水利发展三年行动计划》编制　年内，市水利局梳理全市沿海地区水利基本情况，开展现场调研、建议座谈、建设规划研究等工作，全面完成省水利厅《江苏沿海地区水利发展三年行动计划》编制任务。盐城地区分为黄泛冲积、黄淮三角洲、江淮、滨海平原，其中黄泛冲积平原为废黄河两岸高堆滩地，地势相对高仰；通榆河以西属江淮平原，为四周高、中间低的碟形洼地；通榆河以东属滨海平原，地面高程1.5米～5米，最低处位于射阳河下游，地面高程不足1米，是江苏平原最低部分。盐城区域资源环境良好，海岸线总长582千米，占全省海岸线总长度的56%，海涂面积4553平方千米，占全省海涂总面积的70%，海域面积总1.89万平方千米，拥有丰富的后备土地、深水海港、海洋与风力资源，开发潜力巨大，区位优势独特，是江苏实施沿海发展战略、打造新的增长极的重要区域。

重点水利工程

概　况　2022年，盐城市水利系统完成建设投资61.26亿元，其中省水利重点工程建设20.91亿元，农村水利建设30.32亿元，市级防汛物资仓库、响水县城西水环境治理工程等市县自主实施项目9.24万元，三峡移民后扶、河湖管护等项目7900亿元。里下河洼地治理年度工程，响水、射阳、盐都中小河流治理，滨海、射阳侵蚀性海堤治理等续建工程全面完成。淮河入海水道二期工程、东台临海引江供水近期工程、中小河流治理工程，大丰草堰翻水站、响水姚湾闸拆建工程，响水、滨海、射阳侵蚀性海堤治理等新项目全面开工建设。新洋港闸下移工程完成保护区功能区调整，用地报批材料重新组卷，获自然资源部受理。12月28日，江苏省水利工程建设局公布江苏省2022年度幸福河道建设示范工程名单，蟒蛇河盐都段、建湖县西塘河、东台市东台河入选。

淮河入海水道二期工程盐城段　（参见《特载·淮河入海水道二期工程盐城段建设》相关内容）

表32　2022年盐城市水利重点工程建设情况统计表

单位：万元

序号	项目名称	完成投资
合计		209050
一	计划内项目	203650
（一）	国家节水供水重大水利工程	146917
1	淮河入海水道二期工程	111000
2	江苏省淮河流域重点平原洼地近期治理工程	35917
（1）	建湖县境内工程	32000
（2）	阜宁县境内工程	1976

续表32

序号	项目名称	完成投资
（3）	市本级工程	1941
（二）	国家专项规划建设项目	18379
3	响水县响坎河治理工程	3550
4	射阳县八丈河整治工程	4297
5	盐城市冈沟河治理工程	10532
（三）	省重点区域水利项目	38354
6	射阳县双洋闸北侧（桩号21+840~23+640）段海堤保滩加固工程	2828
7	滨海县振东闸以北段（桩号39+750~41+000、43+000~43+800）主海堤水毁修复工程	3330
8	响水县海堤保滩加固工程（桩号24+015~31+070）	2850
9	响水县姚湾闸拆建工程	570
10	滨海县振东闸以南（桩号44+300~48+200）段主海堤保滩工程	2550
11	射阳县双洋闸北侧（桩号25+340~双洋港）段海堤防护及保滩工程	2676
12	新洋港闸下移工程	20000
13	盐城市大丰区草堰翻水站更新改造工程	3550
二	新增项目	5400
14	黄沙港挡潮闸拆建工程	1000
15	临海引江供水近期工程（丁堡河、江海河接通工程）东台市境内工程	1000
16	东台市丁堡河、西潘堡河治理工程	2700
17	东台市姜溱河整治工程	700

里下河洼地治理工程 年内，里下河洼地治理工程完成投资3.59亿元，其中建湖县境内工程2021年度水利工程均完成；盐淮路桥、森达路桥基本完成，芦沟河桥西半幅、尤家沟桥完成下部结构施工；2022年度工程的河道疏浚完成过半，建筑物进行底板、墩墙浇筑。阜宁县2021年度工程、市本级工程均完成。

7月30日，滨海张家河闸站—入海水道二期工程开工仪式举行。 臧滨城 摄

新洋港闸下移工程 年内，新洋港闸下移工程完成投资2亿元。土地转用审批手续上报自然资源部，完成临时工程，进行新闸金属结构制造和供电线路施工。

城市水利

概　况 2022年，盐城市本级城市防洪4座闸站交付运行，完成年度投资1.03亿元，完成总投资2.03亿元。市区串场河整治后续工程全部完工，经第三方检测，工程质量达到设计标准。开展市级防汛物资仓库项目建设，完成仓库及管理用房主体工程98%，完成投资1.66亿元。

市本级城市防洪工程 年内，龙灶河闸站完成投资2617万元，排涝流量每秒20立方米、引水流量每秒10立方米，站内设3台双向潜水贯流泵，总装机功率945千瓦；青墩中心河南闸站完成投资2384万元，排涝流量每秒20立方米、引水流量每秒20立方米，站内设3台双向潜水贯流泵，总装机功率945千瓦；凤西河闸站完成投资2714万元，排涝流量每秒20立方米，站内设3台单向潜水贯流泵，总装机功率840千瓦；中心河闸站完成投资2649万元，排涝流量每秒20立方米、引水流量每秒10立方米，站内设3台双向潜水贯流泵，总装机功率945千瓦。

市区串场河整治后续工程 年内，三墩港疏浚工程完成，开挖土方1.6万立方米，河道疏浚6.7万立方米；东伏河启闭机房、串场河水生植物、东伏河闸站和大新河闸站维修改造完成，共种植水生植物2950.9平方米、浇筑混凝土55.4立方米、制作钢筋钢结构7.4吨；东伏河闸站和大新河闸站自动化控制系统升级改造完成。

市级防汛物资仓库项目 4月，市级防汛物资仓库项目取得前期手续并开工。至年底，3个仓库完成钢结构屋面、水、暖、电、地坪施工；管理用房完成室外外墙真色漆粉刷、空调及电梯安装、地面铺砖；附属工程道路铺设、室外管道及围墙栏杆施工之中；完成仓库及管理用房主体工程98%，完成投资1.66亿元。

沿海水利

概　况 2022年，盐城市完成射阳县双洋闸北侧（桩号21+840~23+640）段海堤保滩加固工程、滨海县振东闸以北段（桩号39+750~41+000、43+000~43+800）主海堤水毁修复工程等续建项目，实施新洋港闸下移工程，开工实施响水县海堤保滩加固工程（桩号24+015~31+070）、响水县姚湾闸拆建工程、滨海县振东闸以南（桩号44+300~48+200）段主海堤保滩工程、射阳县双洋闸北侧（桩号25+340~双洋港）段海堤防护及保滩工程、临海引江供水近期工程（丁堡河、江海河接通工程）东台市境内工程等项目，实现当年完成投资3.5亿元。

响水县海堤治理工程 年内，响水县海堤治理工程完成投资3420万元，开工建设响水县海堤保滩加固工程（桩号4+015~31+070）、响水县姚湾闸拆建工程。

滨海县海堤治理工程 年内，滨海县海堤治理工程完成投资5880万元，其中，滨海县振东闸以北段（桩号39+750~41+000、43+000~43+800）主海堤水毁修复工程完工，开工建设滨海县振东闸以南（桩号44+300~48+200）段主海堤保滩工程。

射阳县海堤治理工程 年内，射阳县海堤治理续建工程完成投资5504万元。其中，射阳县双洋闸北侧（桩号21+840~23+640）段海堤保滩加固工程完工，开工建设射阳县双洋闸北侧（桩号25+340~双洋港）段海堤防护及保滩工程。 （臧滨城）

农村水利

概　况 2022年，盐城市水利部门完成农村水利投资20.5亿元，主要实施农村河道生态治理、大中型灌区、农村供水保障、水土保持重点工程等项目。市水利局在全省首创以乡镇为单位开展农村河道生态治理整镇推进，11个示范乡镇建设任务完成。

大型灌区续建配套与现代化改造工程 年内，市水利局实施东台市堤东灌区、阜宁县渠南灌区续建配套与现代化改造工程。工程年度总投资2.19亿元，主要对堤东灌区、渠南灌区内骨干工程进行更新配套建设。至年底，建设任务完工。

中型灌区续建配套与现代化改造工程 年内，市水利局实施中型灌区节水配套改造工程，项目投资1.36亿元，主要对盐都区龙冈灌区、射阳县王开灌区、射阳县跃中灌区、响水县双南干渠灌区内骨干工程进行更新配套建设。至年底，建设任务完工。

农村河道生态治理 年内，市水利局实施农村河道生态治理和村庄河塘整

7月，川东港闸开闸排涝。 市水利局　供图

治专项行动，实施东台市梁垛镇、大丰区刘庄镇、盐都区大冈镇、亭湖区便仓镇、开发区步凤镇、盐南高新区伍佑街道、建湖县九龙口镇、射阳县盘湾镇、阜宁县罗桥镇、滨海县农业园区、响水县陈家港镇11个农村河道生态治理整镇推进示范乡镇建设工作，全年完成投资11.0亿元，建成农村生态河道1137千米，生态河道覆盖率33.66%，完成农村河道生态治理示范乡镇11个建设任务，整治村庄河塘1662条。

农村供水保障项目 年内，全市农村供水保障项目涉及建湖县、阜宁县、滨海县、响水县，完成投资5.23亿元，铺设改造管网322千米，完善“从源头到龙头”的农村饮水安全工程建设机制和管理机制，全市农村区域供水入户率100%，达到“同水源、同管网、同水质、同服务”的高质量建设目标。

农业水价综合改革 年内，市水利局强化农业灌溉用水管理，开展水权分配，加强取水许可管理、规范用水计量记录管理。规范农民用水合作组织，引导协会参与工程维修养护、用水收费管理等方面的工作，申报8家国家示范用水协会。开展农村水利设施管护提升年专项行动的通知，指导全市逐步规范农村水利工程管护工作，全年签订管护合同4843份，管护人员5139人，安装计量设施1.48万台，实现计量设施全覆盖。

水利管理

概　况 2022年，盐城水利局印发《关于深化农村水利基础设施管护体制改革实施方案》，创成水利安全生产标准化达标单位12家。全年调引境外来水128.66亿立方米，沿海“五大港闸”排水68.9亿立方米，安全运行零事故。21个生产建设项目通过承诺制审批取得行政许可，办结时间压缩80%。《盐城市水土保持管理办法》填补制度空白，对112个市级审批项目进行全覆盖核查，扰动图斑整改全省领先。出动执法人员2.09万人次，巡查总里程5.12万千米，巡查水域1050平方千米，现场制止水事违法行为291起。在全省首届水行政执法办案竞赛中，盐城办案数量和竞赛得分均居全省第二位；3个县级大队进入全省前15名，获奖数居全省第二位；9名执法人员名列全省前40名，获奖人数居全省第一位。东台市水政监察大队通过省级标准化队伍建设验收，江苏省水行政执法基地东台泰东河基地通过省级标准化建设水行政执法基地验收。

水利工程管理 年内，市委编办批准成立盐城市水利工程建设管理中心作为市本级水利工程的常设专职项目法人机构。大丰王港闸下移工程获评2022年度省水利优质工程；青墩中心河南闸站、东台市梁垛河整治工程、建湖县洼地治理2020年度工程3个项目获评江苏省水利工程文明工地；蟒蛇河盐都段、建湖县西塘河、东台市东台河治理工程获评江苏省2022年度幸福河道建设示范工程。按照《盐城市水利重点工程建设项目稽察办法（试行）》要求，开展省水利重点工程市、县两级稽察。全年组织市、县两级稽察7次，稽察发现并整改各类问题312个。开展市级质量考核、建设管理指导服务、履约考核等监督检查活动17次，检查项目10个，检查发现整改各类问题418个。在新洋港闸下移工程、张家河闸站工程、大丰草堰翻水站更新改造工程、建湖洼地治理工程等大型工程采用BIM管理模式。在省水利重点工程中推广使用重大水利工程建设管理信息系统、“质量监督”App、水利重点工程视频管理平台等。

闸站管理 年内，市水利局完成《盐城市“十四五”水利工程精细化管理工作实施方案》，明确“十四五”期间全市精细化工程创建新的目标和计划。全市完成滨海振东闸、东台第二抽水站等19座省精细化二级工程评价工作，创建25个精细化管理工程。全市完成4座中型工程、20座小型工程安全鉴定工作，投入6217.69万元用于水利工程维修养护、安全监测设施完善项目。

水行政审批 年内，市水利局印发《盐城市水利工程建设项目审批制度改革实施方案》，将水利工程涉及的30个审批事项，分为4个阶段，每个阶段明确一个市级牵头服务部门，项目取得立项及用地规划许可后，各审批事项实行并联办理，将审批时间压缩至52个工作日以内。通过《盐城市河道管理办法》将市级负责审批河道由40条调减为20条，年度县级办理涉河建设方案许可130件，比2020年上升60.5%。推进承诺制审批，年度21个生产建设项目通过承诺制审批取得行政许可批复，占水土保持方案审批总办件量的34.4%。做好市政府重点项目服务工作，为中俄东线天然气工程、盐射高速、大丰港铁路支线等30个重点工程项目提供前期咨询，推动项目落地生效。完善“互联网+政务服务”工作模式，全年按期办结政务服务事项165项。其中，行政许可事项125项、其他政务服务事项40项。落实承诺制审批管理，全年办理生产建设项目水土保持方案审批事项64件，其中，32件通过承诺制审批取得批复，占水土保持方案审批总办件量的50%。强化市县联动审批，年内对铁路、公路、水电气管线等涉及市县两级涉河建设方案许可手续的10个项目，市水利局牵头联动县级水利部门组织一次审查会，按程序办理市、县两级行政许可手续。做好许可项目技术服务，组织专家为黄沙港国家中心渔港、通榆河生态景观廊道、东兴高速东延、翻身河渔港升级改造等项目提供技术方案优化服务，增强项目与水法规及水利规划的相符性，开展审批咨询服务42次，提供许可技术报告典型样本50余次。全年行政许可办件量135件，其中“不见面审批”131件，“不见面办件”量占比97%。

水政执法 年内，市水利局出动执法巡查人员2.88万人、车船4375次，巡查总里程 5.11 万千米，巡查水域 1050 平方千米，实现对河湖水域、闸站工程、水资源、水土保持和水利工程建设安全生产等水行政管理全领域的执法巡查全覆盖。市水利局、市公安局、市农业农村局、市交通运输局和市生态环境局 5 部门联合召开市级涉河机关联合执法巡查会商会 1 次，组织联合执法巡查 6 次。市、县水政监察队伍联合涉河部门开展联勤巡逻 67 次。市本级委托第三方对水事违法案件现场和涉河许可项目占用现场开展专项检测检验，把“强监管”总基调落到实处。落实行政执法“三项制度”，全市查办水事违法案件 116 起，罚款 142.4 万元，现场处理水事违法行为 291 起，核查举报 178 起，拆除涉河违建 64 处 15.97 万平方米，封填违法凿井 367 眼，制止水利工程警戒区内违法钓捕鱼 287 次。市本级立案查处办结 6 起水事案件，两起案件重罚 95 万元，封填违法凿井 2 眼，执法约谈 6 个单位。在全市部署开展骨干河道内违法设置鱼罾鱼簖养殖网箱专项整治成果回头看等 3 项专项执法行动，拆除违法复设的鱼罾、鱼簖和养殖网箱 377 个。全市未发生行政复议纠错案件和行政诉讼败诉案件，市水政监察支队查办的“盐城市城南某公司未依法办理水土保持方案和涉河建设方案行政许可手续擅自开工建设盐城市第一人民医院二期及医疗综合体工程案”评为 2022 年度盐城市十佳行政执法案卷。市水利局与市司法局联合开展 2021 年度、2022 年度全市水行政执法案卷评查。

水利安全生产管理　年内，市水利系统未发生安全生产事故。严格落实安全生产工作责任，印发《局领导班子成员 2022 年安全生产重点工作清单》，修订《局机关各处（室）安全生产职责清单》。开展水利行业安全生产三年专项整治、燃气使用专项整治、有限空间作业专项整治、安全生产大检查专项整治、百日攻坚专项整治、既有建筑安全专项整治、冬季安全专项整治、岁末年初重大隐患专项整治等多次专项整治行动。全年开展安全检查 308 次，发现整改各类安全隐患 1062 条。强化教育培训，组织各类安全生产培训班 35 期，900 人参训。深化标准化创建，全市创成水利安全生产标准化达标单位 12 家。其中，一级 1 家、二级 1 家、三级 10 家。

水利精细化管理　年内，市水利局完成斗龙港闸、东台抽水站等 4 座大中型工程和响水县灌东扬水站等 11 座小型穿堤工程的安全鉴定，督促 12 座病险工程严格实行安全生产“五落实”；完成 14 座工程的精细化评价。在张家河闸站工程和大套一站工程 2 个项目开展水利部“六项机制”试点建设，提升水利工程安全风险管控标准化、规范化水平。推进工程精细化管理，全市创建 18 座标准化管理工程，大套一站、二站争创水利部标准化管理工程。强化生产建设活动水土保持监管，提高预防保护、监督管理、综合治理能力；深化部门协作，搭建共管共治的新格局，加大生产建设项目事中事后监管力度。

数字水利　年内，市水利局加强新一代信息技术与水利业务深度融合，按照“需求牵引、应用至上、数字赋能、提升能力”要求，印发《盐城市数字水利规划》，明确全市数字水利建设的时间表、计划表、路线图，推进数字技术与水治理融合运用、治水全要素数字化转型。坚持“全省一张图、全市一平台”原则，以防汛指挥信息平台作为统领，整合水利系统自有平台，加快构建具有预报、预警、预演、预案功能的“水利分仓”；加强与各部门、各县（市、区）互联互通，通过数据归集、实时共享，开展水利水文共融共建活动，防洪保安、服务发展。成立数字水利建设工作专班，从全系统选调专业技术人员，重点培养年轻干部人才，壮大盐城智慧水利建设队伍。启动地下水、重要取水口、生态流量断面监测体系建设，实现行政区域和主要河流数字化监测全覆盖。加强现代化设施设备应用，提高水利工程运行管理信息化、专业化水平。强化数字孪生先行先试，在淮河入海水道二期工程、新洋港闸下移工程、黄沙港闸拆建工程、大丰草堰翻水站拆建工程等大中型水利工程试点数字孪生技术，实现数字水利与工程项目同时规划、同时设计、同时建设“三同时”目标。

盐城市水资源和节约用水综合监管平台　　市水利局　供图

交通　邮政

编辑　裴力民

交通综述

概　况　2022年，盐城市完成交通基础设施建设投资186.2亿元。全市公路总里程2.62万千米，公路总里程居全省首位。其中，高速公路417千米、一级公路1854千米、二级公路2830千米、三级公路1562千米、四级公路1.95万千米；国道1000千米、省道1204千米。全市铁路总里程424千米。全市内河航道总里程4368千米，其中，三级航道283千米，四级航道209千米，五级航道361千米，六级航道302千米，七级航道466千米，等外级航道2747千米。全社会营运性客运量（不含铁路、民航）1057万人，全社会货运量（不含铁路、民航）2.1亿吨。全年保障航班9468架次，年旅客吞吐量87.6万人次，货邮吞吐量3248.7吨，全年铁路客运量918.95万人次，铁路货运量104.2万吨。

交通规划　年内，全市铁路规划形成“K”字形铁路干线布局，连盐、沿海高铁、盐通形成“K”的一竖，徐宿淮盐、盐泰锡常宜形成“K”的一撇一捺。另外规划大丰、射阳、滨海、响水四条疏港铁路支线，其中大丰港铁路支线西延至蚌埠。根据规划，到2035年，全市铁路运营总里程778.1千米，其中高快速铁路410千米，高快速铁路网密度每百平方千米2.42千米。重点推进盐泰锡常宜铁路和大丰港、滨海港两条铁路前期工作。规划在2035年形成“三纵三横二联”的高速公路对外通道布局，总里程630千米，新增盐城到宝应高速公路。“三纵”为沈海高速、宁靖盐高速和盐城至临沂高速、阜兴泰高速；“三横”为盐淮高速、滨淮高速、东台至兴化高速；“二联”为盐宁高速、盐射高速。实现高速公路10万人以上城镇覆盖率100%，市域范围内乡镇在20分钟内上高速。规划建设盐射高速公路，推进建湖至兴化高速、兴化至东台高速、滨淮高速、临盐高速前期工作。年内，全市干线公路境内有4条国道、19条省道，总体形成“四纵十三横四联”普通干线公路网络，规划里程2000千米（其中国道643千米），布局方案具体为：“四纵”：G228、S226、G204、S231；“十三横”：S326、S337、S327、S328、S348、S329、S349、S331、S125、G343、S351、G344、S352；“四联”：S229、S232、S233、S610。全市实现市县、县县干线公路短直连通，重要节点通达一级公路，普通国省干线规划里程2000千米，普通国省干线密度为每百平方千米11.8千米。年内，全市干线航道境内省干线航道纵向有连申线（通榆运河），横向及联络航道主要有淮河入海航道（含灌河）、滨海港疏港航道（中山河）、射阳港疏港航道（黄沙港）、盐邵线、盐宝线、大丰港疏港航道（刘大线）、兴东线、泰东河等8条，总里程580千米。全市航道总里程4346千米，四级以上航道516千米。重点推进连申线响水段、盐宝线、淮河入海水道二期配套通航工程。年内，全市客运枢纽中铁路综合客运枢纽形成“1+8”格局，市区1个铁路综合客运枢纽（盐城铁路综合客运枢纽），县（市、区）各规划一个铁路综合客运枢纽（分别为响水、滨海、阜宁东、射阳、建湖、阜宁南、大丰、东台）。通用机场形成“1+7”布局，“1”是指依据盐城南洋机场建设通用航空基地，“7”是指在东台、大丰、建湖、射阳、阜宁、滨海、响水各规划建设一个通用机场。根据《盐城港总体规划》，盐城港将以大宗散货、油气化工和杂货运输为主，兼顾集装箱运输，推动发展成为特色鲜明的新型产业港，不断提升区域物资转运功能，远期发展成为功能齐备的现代物流港和服务高效的区域枢纽港。“一港四区”将按照“统筹协调、功能完善、港产联动、错位发展”的思路，形成功能有效、开发有序、近远结合的总体格局。盐城港大丰港区依托临港产业形成专业化物流和综合物流体系，以集装箱、散杂货、粮油、石化和汽车滚装运输为主，发挥多式联运优势，发展成为具备装卸、中转、储备、商贸等功能的区域综合性枢纽港区。盐城港射阳港区重点依托风电设备、机械装备、新能源等产业，发展特色临港产业基地和特色港口仓储物流交易市场，成为以散货、杂货、机械装备运输为主的重要港区，拓展海河联运功能。盐城港滨海港区主要为临港工业开发服务，成为打造临港产业集聚区的基础平台，以能源、化工和大宗散货运输为主，逐步拓展为淮河流域腹地物资运输以及物流服务功能，逐步发展成为规模化、集约化、专业化的综合性港区。盐城港响水港区以散货、杂货、钢材、海工产品运输为主，加快港口资源整合和海河联运型物流体系构建，结合灌河口开发和两岸统筹协调布局，发展成为灌河流域重要口岸。

交通项目建设　年内，盐射高速建成通车；滨淮高速、阜溧高速加快推进；东兴高速开工、东兴高速东延工程完成部分标段招标，具备开工条件；盐临高速开展工可报告编制，同步开展初步设计外业工作；沈海高速四明互通开工建设。滨海港铁路支线超额完成总工程量的90%；大丰港铁路支线开工建设；盐泰锡常宜铁路可研前置要件全部完成，推进土地预审和初步设计。LNG码头完成水建成投入运营；滨海港区北港池防波堤一期、响水港区灌河口5万吨级航道疏浚工程快速推进；连申线灌河至黄响河段航道整治工程船闸主体开工建设；南洋机场T1航站楼改造完成结构工程，开展室内外安装。盐丰、盐阜快速通道快速推进，范公路南段二期工程建成通车，城北片区快速路网提升工程部分路段完工；328省道滨海段建成通车；国省干线服务区建成11座并投入运营，2座在建。农村公路完成道路建设358千米，完成桥梁改造353座，完成农村公路安防建设3795千米。

表33　2022年盐城市交通重点工程项目情况统计表

序号	项目名称	建设规模	建设年限	完成投资（万元）	累计完成投资（万元）	项目进度
合　计				1862468	3568835	—
一	铁路项目			300000	527000	—
1	盐泰锡常宜城际铁路盐城段	建设盐城境内33千米铁路	2022—2025	0	0	取得土地预审批复，项目可研前置要件全部完成，开展报批程序，推进项目环评、洪评等初步设计阶段要件办理工作
2	大丰港铁路支线	建设50.38千米铁路，国铁Ⅱ级	2021—2024	100000	127000	大丰港铁路支线项目钻孔桩开钻，完成600根。至年底，各标段施工单位完成项目部组建、红线放样、实施性施工组织设计编制、杆管线及征拆物摸排工作，部分施工标段完成拌合站、钢筋加工场、工地实验室验收等工作。开展施工便道填筑、制定杆管线迁改方案、办理临时用地手续以及红线用地交付等工作
3	滨海港铁路支线	建设50.8千米铁路，国铁III级	2020—2023	200000	400000	中小桥(涵）、桥梁下部结构完成100%，上部结构完成41%，轨道工程完成15%，房建完成68.7%
二	快速路网			155700	397250	—
4	范公路南段二期工程	建设4.6千米城市快速路	2019—2022	53200	243200	完工
5	城北片区快速路网提升工程	实施北环枢纽互通改造，青年路西延2.36千米、新业路（G204—范公路）3.53千米、开创路北延（新业路—康庄大道）4.2千米快速路网提升	2021—2024	102500	154050	北环枢纽主体工程完成；青年路西延：钻孔桩完成86%，承台完成60%，墩台完成45%，盖梁完成50%；新业路高架：桩基完成30%，承台完成15%，墩身完成13%；开创路北延建成通车
三	公路项目			1149117	2090032	—
（一）	高速公路及通道项目			587864	1060934	—
6	盐射高速	建设22.5千米高速公路	2019—2022	71964	245034	完工
7	阜溧高速公路建湖至兴化段	建设约34.81千米高速公路	2021—2023	195900	395900	路基土方填筑、小型构造物、桥梁桩基、下部结构砼完成，完成上部预制砼88%、上部现浇砼74%、路面底基层95%，基层80%
8	东台至兴化高速公路东台段	建设约25.5千米高速公路	2021—2024	50000	100000	征地拆迁完成70%,开工标段完成软基处理100%、土方填筑37%、小型构造物83%、桥梁钻孔桩95%、下部结构砼54%
9	滨海至淮安高速公路盐城段	建设约65.1千米高速公路	2021—2024	270000	320000	路基填筑完成50%，桥梁下部结构完成80%，上部结构完成20%
10	东兴高速公路东延工程	建设约46.2千米高速公路	2022—2025	0	0	完成路基四标、代建单位招标，推进用地手续审批

续表33

序号	项目名称	建设规模	建设年限	完成投资（万元）	累计完成投资（万元）	项目进度
11	盐城至临沂高速公路盐城段	建设约87.1千米高速公路	2023—2026	0	0	完成初步设计外业验收
12	沈海高速公路四明互通	建设A形单喇叭形式互通一座	2022—2023	0	0	完成全部前期手续，开工建设
13	盐洛高速公路步凤互通	建设A形单喇叭形式互通一座	2023—2024			完成工可报告内审
（二）	国省干线公路			377098	836843	—
14	343国道大丰至盐都段改建工程	建设25千米一级公路	2021—2023	132400	182400	桥梁基础全部完成，下部结构完成95%，上部结构完成83%，桥面系完成50%，路基基本完成，水稳完成80%，沥青面层完成11%，边坡防护及附属完成55%
15	204国道阜宁花园至亭湖新兴段建设工程	建设41.4千米一级公路	2021—2023	212000	277000	路基完成55%；路面完成3%；桥梁下部结构全部完成，上部结构完成70%；铁路下穿完成软基处理80%
16	328省道滨海段改扩建工程	建设24.6千米一级公路、36.4千米二级公路	2018—2022	10000	175545	完工
17	204国道响水绕城段改扩建工程	建设12.3千米一级公路	2020—2022	6898	56098	道路部分建成通车。通榆河大桥（左半福）完成交工验收。右幅桥梁：主桥合龙
18	226省道富大丰南段改扩建工程	建设41.5千米一级公路	2019—2022	15500	145500	起点至方大线段（长17.1千米）建成通车并完成交工验收；剩余段24.4千米完成基土方、桥梁施工；完成水稳99%
19	352省道东台西段改扩建工程	建设12.3千米一级公路	2022—2023	300	300	项目路基桥涵分为2个标段，施工、监理、代建招标工作完成，取得施工临时用地手续，项目部、总监办驻地建设完成，施工便道完成55%
（三）	路网连接公路			31576	39676	—
20	射阳合海线工程	建设3.2千米一级公路	2021—2022	17876	25976	建成通车
21	响水港区连接线（X301）工程	建设34.25千米二级公路	2022	13700	13700	建成通车
（四）	农村公路			152579	152579	—
22	全市农村公路及桥梁改造	建设240千米农村公路，改造危桥280座	2022	109764	109764	完成道路358千米，占计划里程149%；完成桥梁改造353座，占桥梁改造计划126%
23	农村公路安全生命防护工程	建设500千米农村公路安全生命防护工程	2022	42815	42815	完成安防3795千米

续表33

序号	项目名称	建设规模	建设年限	完成投资（万元）	累计完成投资（万元）	项目进度
四	港口航道项目			125232	370134	—
24	盐城港响水港区灌河口5万吨级航道整治工程	工程按5万吨级散货船单向乘潮通航设计，航道全长29.15千米	2018—2023	51700	137700	疏浚一标段完成74%；疏浚二标段完成65%；导堤工程完成30%
25	江苏滨海液化天然气LNG码头工程	新建LNG泊位1个，码头结构设计船型为26.6万立方米LNG船舶；新建工作船兼大件码头1个	2018—2022	11602	151504	交工
26	盐城港滨海港区北港池防波堤一期工程	建设防波堤总长4.44千米	2021—2023	30550	40550	块石完成75.22%；土工格栅铺设完成；联锁片软体排铺设完成；4t扭王块吊装完成31.04%；6t扭王块吊装完成17.03%
27	盐城内河港大丰港区丰港物流码头工程	建设4个1000吨级散杂货泊位，3个1000吨级待泊泊位及相关配套辅助设施，设计年通过能力287万吨	2021—2023	10950	14950	1号-4号泊位安装吊机，码头后方转运站、变电站、传输系统建设之中，主要设备设施到位；5号-7号泊位码头平台开建，码头前沿开挖结束
28	盐城港滨海港区主港池北区通用码头三期工程	新建1个10万吨通用泊位	2022—2023	5200	5200	初步设计审查、施工图审查完成；临时设施建设之中
29	盐城港大丰港区三期通用码头3#泊位工程	原有通用码头向南延伸新建外侧1个10万吨级通用泊位、内侧1个3万吨级通用泊位	2022—2023	5200	5200	初步设计审查、施工图审查完成；进行临时设施建设
30	盐城港射阳港区通用码头四期工程	新建1个3万吨级通用码头、1个3万吨级泊位、1个1万吨级泊位	2022—2023	5080	5080	目驻地建设、预制场建设、工人生活区建设完成；西侧陆域清表及杂物清理完成;完成PHC桩及商砼的采购
31	盐城港响水港区小蟒牛作业区码头二期工程（1号~3号泊位）	建设公用码头设施，1#泊位为2万吨多用途泊位，2号、3号泊位为5万吨级散货泊位	2022—2024	1650	1650	完成水上水下施工许可证办理、工程受监等手续，进行试桩施工，建设预制场和临建。开始岸坡挖泥施工
32	连申线灌河至黄响河段航道整治工程	建设响水二线船闸工程，改建双园大桥、新建响水船闸工作桥，灌河口至黄响河段航道整治，建设相关配套工程	2021—2026	3300	8300	取得用地批复；完成应急发电机房、仓库、配套用房；完成船闸主体工程范围内树木砍伐工作，开展水工建筑物施工单位驻地、标准化场房及搅拌站建设
五	客运枢纽			20000	22000	—
33	盐城南洋机场T1航站楼改造工程	T1航站楼整体改造成以国际航站楼为主，保留2个近机位与部分国内候机厅	2021—2023	20000	22000	完成室内主体结构和金属屋面；完成幕墙玻璃安装93%；开展室内安装工程
六	运输服务			112419	162419	—

续表33

序号	项目名称	建设规模	建设年限	完成投资（万元）	累计完成投资（万元）	项目进度
34	国省干道服务区建设	国省干道公路服务区建成10个，完成土地摘牌6个	2022	66751	66751	228国道东台条子泥、228国道射阳海通投入运营；331省道盐都楼王、125省道盐都尚庄服务区年底主体建成
35	青年路BRT（SRT）站台东延、新都路—东环路BRT站台及便民出行优化工程	新建青年路东延8座BRT（SRT）站台、改造2座BRT站台及配套附属设施；新建新都路-东环路BRT站台；在主廊道与常规道路交叉口附近及腾飞路、六合路两侧新建58座普通公交站台或站杆	2022	600	600	58座站台和站杆完成，BRT站建设开展项目前期工作
36	新购150辆纯电动公交车	新购150辆纯电动公交车	2022	12068	12068	完成车辆交付
37	城北现代物流园区	核心区规划面积6.89平方千米，负责城北物流园内土地一级整理开发，以多式联运布置大宗物资、集装箱堆场，新建综合仓、冷链物流等物流设施，整合城北区域钢材、石材等专业市场	2021—2024	33000	83000	钢材市场开工建设，施工单位进场开展临建工作。同心工业园改造工作完成

交通运输现代化示范区建设 年内，省委、省政府召开交通运输现代化示范区建设推进会，对全省交通运输现代化建设进行动员部署。2月17日，市委常委会专题研究全市交通运输现代化示范区建设工作。3月9日，市交通运输局印发《江苏交通运输现代化示范区建设“八个示范引领”盐城行动方案》。7月19日，市政府与省交通运输厅签订共建交通运输现代化示范区合作框架协议。8月24日，以市委、市政府名义印发《关于全面推进盐城交通运输现代化建设的实施意见》。9月27日，全市共建交通运输现代化建设推进会在大丰区召开。12月2日，市交通运输局、市发改委联合印发《盐城交通运输现代化建设方案》。（戴万林）

公路建设与运输

概　况 2022年，盐城市普通公路通车里程2.17万千米。其中，一级公路363.87千米、二级公路2581.83千米、三级公路1513.26千米、四级公路1.55万千米；按道路行政等级分：县道3037.73千米、乡道7280.72千米、村道9608.43千米。按国土面积测算农村公路路网密度为每百平方千米117.71千米，按人口测算农村公路路网密度为每万人24.45千米。全市有农村公路桥梁1.45万座，其中县道桥梁2037座、乡道桥梁6603座、村道桥梁5883座。全市农村公路提档升级362.26千米、桥梁349座，完成投资11.19亿元。

高速公路建设 阜溧高速建湖至兴化段起自于盐洛高速公路交叉处的九龙口枢纽，止于兴化南互通。项目路线全长72千米，其中建湖段全长16.31千米，途经九龙口、颜单、沿河3镇。设计速度每小时120千米，路基宽度27米，桥涵设计汽车荷载等级为公路-I级，年内完成路基土方填筑、小型构造物、桥梁桩基、下部结构砼，完成上部预制砼88%、上部现浇砼74%、路面底基层95%，基层80%。滨海至淮安高速公路盐城段起自盐城港滨海港区，止于滨海县关南村盐城市与淮安市交界处。项目路线全长37.73千米，设计速度每小时120千米，路基宽度27米，桥涵设计汽车荷载等级为公路-I级，开展临建、清表等工作。东台至兴化高速公路起自东台南沈灶镇，接沈海高速，向西经梁垛镇、获垛镇，止于兴化市大垛镇。项目路线全长37.73千米，其中东台段全长25.46千米。设计速度每小时120千米，路基宽度27米，桥涵设计汽车荷载等级为公路-I级，开工一个路基标段。东兴高速公路东延工程路线起自弶港镇北侧228国道交叉处，向西经三仓镇、南沈灶镇、止于东台镇与沈海高速公路交叉处，路线全长46.1千米。采用双向四车道高速公路标准建设，设计速度每小时120千米，总投资72.1亿元，年内取得施工图批复，完成部分路基标施工招标。盐射高速起自沈海高速既有兴桥互通北4

12月29日，盐射高速公路建成通车。　　市交通运输局　供图

千米处，向东北方向布设，经射阳县城南侧，止于规划329省道射阳南环路段。12月，盐射高速建成通车，路线全长22.5千米，双向四车道高速公路，总投资24.52亿元。

省道建设　226省道大丰南段方大线以南段建设规模41.5千米，投资额15.6亿元，计划到2024年完工。至年底，用地组卷完成并报省自然资源厅，用地手续尚未获得。352省道东台西段工程建设规模12.3千米，投资额5.9亿元，计划到2025年完工。至年底，项目前期手续全部完成，开展用地组卷报批和杆管线迁改工作。348省道射阳段工程建设规模19千米，投资额6.6亿元，计划2023年第三季度进行用地报批，2025年完工。至年底，勘测定界完成，办理补偿协议签订工作。

城市快速路网　9月28日，全市城市快速路网优化提升工程五星枢纽新增南转东匝道建成通车，城市快速路网优化提升工程全部完成。城市快速路网全年完成投资40.89亿元，占年度投资计划的135.71%。该工程有3个子项目，合计投资3亿元，具体包括西环路高架节点改造、五星枢纽增设南转东右转匝道和范公路赣江路以南地面辅道建设。其中，西环路高架节点改造于2021年建成通车，范公路地面辅道年内建成通车。

快速通道建设　盐丰快速通道一期全长4.62千米，总投资24.09亿元，建成通车。盐丰快速通道二期属于343国道建设项目，全长25千米，总投资42.34亿元。至年底，工程分4个标段，开工完成产值22.72万元，占项目总投资的53.66%。盐阜快速通道工程属于204国道改造项目，同样兼顾城市快速路功能，全长41.4千米，总投资71.15亿元。至年底，工程分6个标段，开工完成产值29.66万元，占项目总投资的41.68%。盐丰快速通道和盐阜快速通道由市交投集团组建项目管理班子，负责施工管理工作。

盐射高速公路建成通车　12月29日，盐射高速公路建成通车。作为省政府“十三五”规划“十五射六纵十横”高速公路网中“射三”南京至盐城高速公路的重要组成部分，东联射阳县城、射阳港，西接沈海高速，是射阳县建设综合交通运输网络的标志性工程，也是全省首条以县为主投资建设的高速公路。该工程概算24.52亿元，主线全长22.5千米，按照双向四车道高速公路标准建设，设计速度每小时120千米，全线设互通式立交3处，主线收费站1处、匝道收费站2处，实现射阳与盐城大市区“1+5”高速高铁网无缝对接。

公路运输　年内，全市有道路旅客运输经营业户52户，其中班车客运经营业户26户，专营包车、旅游客运经营业户26户，道路旅客运输车辆1753辆、6.1万座位，其中包车、旅游客车466辆、2万客位（其中旅游包车99辆、4531座）。全市开通定制客运班线58条、152辆车，其中，省际线路3条5辆车，市际线路45条95辆车，县际线路10条52辆车。全市等级客运站53个，其中在营31个，一级站7个、二级站4个、三级站2个，四、五级站18个；列入全省联网售票系统的汽车客运站24个，一级客运站7个，二级客运站3个，三级及以下14个。全市完成公路客运量1056.88万人，客运周转量9.02亿人千米，较2021年分别下降64.2%与68.3%。全市道路货物运输业户数2.72万户（其中，企业8654户，个体户1.86万户），营运货车5.63万辆80.24万吨（其中牵引车1.41万辆，挂车1.44万辆），车辆平均吨位14.26吨，拥有车辆数100辆以上道路货运企业39户。全市道路危货运输企业31家，其中涉及剧毒品运输1家，爆炸品运输6家，放射性物品运输1家，道路危货运输车辆1214辆1.81万吨（含挂车491辆），其中，剧毒品运输车辆21辆350吨，爆炸品运输车辆29辆172吨，放射性物品运输车辆5辆5.76吨，罐式运输车辆287辆6790吨。全市公路货运量1.09亿吨，比2021年下降13.3%；公路货运周转量213.29亿吨千米，比2021年下降8.1%。

公路养护　年内，市交通运输局推进普通国省道精细化、机械化养护，重点预防性养护。小修保养投入1.76亿元，完成路面修补52万平方米，裂缝处置86万延米，车辙维修4.7万平方米，台背维修130立方米；标志标线维护投入3267万元，完成标线漆划36.6万平方米，标志牌维护2465块，护栏新增更换1.29万块；养护工程投入3.41亿元，实施6个养护大中修工程、2个预防性养护工程、2个养护应急工程，30座桥梁预防性养护，21座桥梁维修改造。全市普通国省道MQI92.6，优良路率90.5%，204国道泰东河大桥通过交通运输部重点桥梁监测。深化农村公路管理养护体制改革，开展农村公路养护市场化试点，全市农村公路路面自动化检测率61%，县道PQI90、优良路率93%，乡村道PQI85、优良路率84%。紧扣“智慧公路”和“绿色养护”两大主题，试点普通国省道数据驱动型养护示范工程，养护大中修智慧工地覆盖率100%。搭建养护管理协同平台，整合多渠道养护管理数据资源，完成3座桥梁健康监测系统建设，开展204国道整线化综合集中养护、自动化智能辅助巡查、路面健康自动检测机器人无损检测和长寿命公路养护成套化技术体系试点，推广绿色环保材料与工艺。

（戴万林）

铁路建设与运输

概　况　2022年，盐城铁路里程424千米（盐通铁路盐城段90千米，徐宿淮盐铁路盐城段72千米，连盐铁路盐城段105千米，新长铁路盐城段157千米），火车车站11个；全年完成铁路客运量918.95万人次，货运量104.22万吨。

大丰港铁路支线　大丰港铁路支线沿线涉及拆迁民房262座，全部拆除。红线用地交付89.73公顷，占比66.19%。临时用地交付8.75公顷，占比22.18%。便道完成17.62千米，占设计数的45.27%。施工单位进场153人，架子队进场人数424人，进场设备114台。SG1标至SG4标项目部均完成，SG5标项目部完成选址。建成拌合站3处，工地试验室3处。完成桥梁桩基468根，占总数的6.97%，现场完成清表60万平方米，占总清表面积95.2%。全年完成投资10.1亿元，占年度投资计划的101%。

滨海港铁路支线　滨海港铁路支线桥梁桩基、承台、墩身全部完成；区间路基完成97.22%，站场路基完成95.24%，地基处理完成100%，T梁预制完成51.86%，T梁架设完成45.94%，站房施工完成设计数的80.43%。全年完成投资15.2亿元，占年度投资计划的101.3%。

盐泰锡常宜城际铁路盐城段　盐泰锡常宜铁路是《江苏省沿江城市群城际铁路建设规划（2019—2025年）》《长江三角洲地区多层次轨道交通规划》中明确的重点城际铁路项目，是贯通苏北、苏中、苏南的重要区域干线铁路。盐城段项目自盐城站引出经新河街道、伍佑街道、便仓镇、大冈镇后进入泰州兴化境内，长27.6千米，投资58.3亿元，设计时速每小时350千米。年内，该项目规划选址、稳评、航评、不可避让国家生态红线、占用永久基本农田补划方案等可研要件完成，初步设计相关专题工作同步开展。

宁盐联络线开通运营　8月2日，宁盐联络线开通运营暨盐城至南京直达高铁列车首发现场会在盐城举行。宁盐联络线开通运营后，盐城到南京的高铁通行时间减少30分钟，缩短至2小时内，车程减少24千米，票价降低10元左右。待宁淮高铁建成后，盐城通过联络线经宁淮高铁前往南京，通行时间还会缩短。利用这条联络线，盐城市将开通市域市郊高铁，东台、大丰、建湖、射阳、阜宁、滨海、响水等县（市、区）的乘客在各地高铁站去南京也将更方便更快捷更经济，并且为盐城联通中西部地区留下通道空间。

铁路运输　年内，盐城站日均可开行75趟。全市铁路客流量918.95万人次。其中，发送客运458.64万人次，同比下降33.03%；到达旅客460.31万人次，同比下降30.57%。盐城市境内铁路货物运输总量为104.22万吨。发送21.77万吨，同比上升122.6%，其中，阜宁发送0.71万吨，盐城北发送17.72万吨，东台发送0.19万吨，伍佑发送3.15万吨；铁路货物到达量82.45万吨，同比下降3.02%，其中，阜宁到达23.91万吨，建湖到达12.77万吨，盐城北到达36.2万吨，东台到达8.98万吨，伍佑到达0.59万吨。

（戴万林）

8月2日，宁盐联络线开通运营暨盐城至南京直达高铁列车首发现场会举行。

王亚洲　摄

空港建设与运输

概　况　2022年，盐城南洋国际机场保障各类飞行起降9468架次，旅客吞吐量87.6万人次，货邮吞吐量3248.9吨。国内航点35个，周航班量181架次。由于新冠肺炎疫情原因，周航班架次大幅下降，国际航班因新冠肺炎疫情原因暂停。T1航站楼改造工程完成航站楼室内主体结构工程，民航专业工程进场施工。同步推进加快推进飞行区等级提升工程前期工作。国际货运库区改造全部完成，并顺利通过验收，具备运行条件。盐城南洋国际机场T2航站楼获得江苏绿色建筑创新示范工程一等奖，获评中国民用机场旅客满意优秀机场，盐城机场“蓝天金盾”班组获评2020—2021年度全国民航“安康杯”竞赛优胜班组。

盐城南洋国际机场　盐城南洋国际机场位于亭湖区南洋镇境内，距市中心8.3千米，是国家一类航空开放口岸机场。T1航站楼1.3万平方米（正在改造）、T2航站楼3.02万平方米（2018年5月投运），飞行区等级4C，跑道2800米×50米，机坪15万平方米，停机位20个，可保障波音737、空客320等中等机型全载起降，满足2025年旅客吞吐量300万人次，年飞行起降3万架次，典型高峰小时起降架次15架次需求。

江苏建湖通用机场　江苏建湖通用机场是全市第一家获批的通用机场，也是全省10个国家（区域）级通用机场之一。机场空域范围广，净空高度600米，进出港方便，周边有两条航路可加入全国航线网络。建有跑道1条，长800米、宽30米（直升机起降场坪1块，直径20米）；停机坪1块，长365米、宽75米，可停放运-12、运-5型飞机12架，配套建设指挥楼、机库、通信导航、航管等地面保障设施，主要用于保障飞机试飞、航空培训、观光旅游、抢险救灾等飞行。该机场进驻中国飞龙等通用航空公司，主要开展航空培训业务以及为周边部分航空制造企业提供飞机试飞服务。江苏建湖通用机场全年保障安全飞行1.52万架次、6275小时。

江苏射阳通用机场　江苏射阳通用机场建有跑道1条，长800米、宽30米（起降场坪6块），停机坪13块，可停放固定翼型飞机7架、直升机6架，各类配套设施齐全，指挥楼塔台110平方米，机库6000平方米。该机场进驻致远、华夏云翼等7家通用航空公司，主要业务和功能为飞机试飞、航空培训、观光旅游、抢险救灾等。江苏射阳通用机场全年保障安全飞行6.1万架次、1.1万小时。

空港运输　年内，南洋国际机场通达国内29个城市，周起降678架次。因新冠肺炎疫情原因，国际（地区）客货运航班暂未恢复。全年保障航班9468架次，旅客吞吐量87.61万人次，货邮吞吐量3248.9吨。

定制复工包机　年内，盐城机场为落实保通保畅的部署要求，主动作为，通过发函至地方政府、上门走访企业等方式，了解企业需求，与航空公司协调，推出定制包机服务，确保人员出行和物资运输“空中动脉”畅通。全年执飞重庆、昆明等地10余班次定制航班，运输产业技术骨干和技术工人2000人次，解决盐城市重大项目、重点企业返岗人员交通出行困难和生产物资物流运输等问题。

（戴万林）

内河航道建设与运输

概　况　2022年，盐城市境内航道总里程4512.79千米。内河通航里程4368.34千米，其中，三级航道283.05千米，四级航道208.97千米，五级航道360.87千米，六级航道302.47千米，七级航道465.6千米，等外级航道2747.38千米，为全省内河航道里程最长的地级市。交通管辖船闸4座，分别为刘庄船闸、滨海船闸、运盐河船闸、阜宁船闸。

重点航道建设项目　年内，全市内河航道基础设施建设完成投资5000万元。连申线灌河至黄响河段航道整治工程，完成响水船闸下游引航道西侧靠船墩项目施工，推进船闸主体大临工程，完成投资8000万元。淮河入海水道通榆河以东段叠加实施航道工程规划研究取得初步成果，并按二级航道标准列入《盐城市支线航道等级论证研究》。连申线黄响河至淮河入海水道段航道整治工程开展工可方案厅内审查，以及用地预审、环评、水工程规划许可等前期工作。淮河入海水道二期配套通航工程完成稳评备案和第一次环评网上公示，推进水工程规划许可和用地预审工作。

内河港区　年内，盐城内河港按行政区划划分为八大港区，分别为市区港区、响水港区、滨海港区、阜宁港区、射阳港区、建湖港区、大丰港区和东台港区。《盐城内河港总体规划（2035年）》通过专家审查。大丰港区丰港物流码头工程项目加快推进，1~4号泊位安装吊机，码头后方转运站、变电站、传输系统建设之中，主要设备设施到位；5~7号泊位码头平台开始建设，码头前沿开挖好，完成投资1.1亿元，占计划投资的109.5%；东台港区时堰作业区，市区港区步凤作业区南侧9~16号泊位通过竣工验收。全年稳步运营盐城内河港至太仓港等通江航线，至上海港、连云港港等达海航线，新开辟射阳内河港至太仓港、淮安港航线。全市完成内河集装箱5万标箱，同比增长33.2%，完成省下达计划的113.7%。年内，全市生产性码头泊位517个，码头泊位总长度40.7千米，完成货物吞吐量4901.2万吨，同比增长6.33%。内河港口开展污染防治“回头看”“盐水安澜”“碧水蓝天”等行动，完成全市港口环境保护综合能力评估，通过省政府挂牌督办“推动建立港口码头长效管理机制、提升港口船舶污染物接收转运处置能力”整改验收。209家持证内河港口企业，接收船舶垃圾

47.74 吨、生活污水 2635.54 立方米、含油污水 88.97 立方米。加强内河港口岸电建设使用工作，新增岸电系统 37 套，使用岸电 7.8 万千瓦时，同比增长 311.4%。加快推广港作机械和车辆使用清洁能源，推进老旧岸吊、装卸设施升级改造，新增及改造 24 套清洁能源设备。推进绿色港口创建工作，在原有的基础上，于 2021 年新创 1 家三星级绿色港口。智慧港口建设取得突破，贯彻落实《省交通运输厅智慧港口建设行动方案（2022—2025 年）》部署要求，发挥港口码头经营人的主体作用，围绕“智慧赋能、质效提升”目标，推进智慧建港、科创强港，建成盐交安绿色低碳智慧港口监管系统。

航道建设 年内，全市内河航道养护经费投入 7897.25 万元。组织并牵头落实 2022 年交通运输部市场秩序与服务质量检查备检工作，接受交通运输部的专项检查。航闸设施改造专项工程刘大线航道浅段二期疏浚工程、连申线东台段永新大桥至安丰港池南侧一期疏浚工程、连申线航道大丰白驹大桥段护岸工程，通过省交通运输厅港航中心组织的交（竣）工验收。落实《航道养护管理规定》《江苏省航道养护技术核查办法》，做好航道巡查、典型断面测量、建筑物沉降位移和数据更新工作。辖区等级以上航道多波束扫床全覆盖，清除废弃沉船 42 艘，其他沉物 11 处。根据省交通运输厅港航中心关于全省内河干线航道水下地形扫测的方案部署，对连申线、灌河、泰东线、盐邵线、盐宝线、刘大线、射阳港区疏港航道、滨海港区疏港航道 515 千米航道，采用多波束设备采集数据形成水下三维地形图，判断水下障碍物和河床淤积情况，同时结合巡航、沉降位移观测等成果，开展预防性航闸养护工作，新建、维修护岸 5.3 千米，疏浚土方 5 万余立方米。完成三级及以上航道 3 座通航建筑物、283.2 千米航道基本数据普查以及数据整改，完成市级及各县（市、区）水路承灾体风险普查质量检查报告。航标管理对 2018 年以前设立的 62 座航标进行遥测遥控终端全面更新改造。组织全市港航系统航标维护职业技能竞赛，全系统管理维护一体化智能航标 86 座，航标正常率 99% 以上。

航道管理 年内，全市开展干线航道、船闸、水上服务区环境综合整治，新增航道绿化面积 7.2 万平方米，干线航道沿线可绿化区域绿化率保持在 95% 以上，建成景观航道百千米。平安港航建设和专项治理任务完成。专题研究安全风险防控、重大隐患治理、安全基础保障、新冠肺炎疫情防控等工作。开展安全法律法规、危化品船舶过闸管理、航闸养护工程安全监管、船闸安全标准化达标、航闸安全生产事故应急处置等专题培训（讲座）150 场，2100 人次参与。组织“防灾减灾宣传周”“安全生产月”“安全生产进社区”等宣传 178 次，发放宣传材料 6000 余份，接受咨询 850 人次。通过 LED 屏、可变情报板滚动播放《安全生产十五条硬措施》、公益宣传片等视频，发送安全提示提醒微信 3500 余条，制作展板 70 块，悬挂宣传横幅 145 条。开展船闸安全标准化达标创建和航道本质安全示范点建设，总结推广安全管理及标准化达标典型做法和先进经验，刘庄船闸、滨海船闸通过一级达标复查验收。船舶碰撞桥梁隐患专项治理工作，全市列入专项治理范围的 589 座（其中，101 座一跨过河，488 座水中设墩）跨等级以上航道桥梁隐患整改全部销号，投入专项治理资金 3.66 亿元，排查隐患 1187 项，涉及桥梁 472 座，整改率 100%。围绕航道通航条件、船闸运行、重要作业、重要设备、重点场所 5 个方面，开展“重大节日安全保畅”“极端恶劣天气安全保畅”“燃气消防隐患排查整治”“在建项目专项检查”“既有建筑物隐患排查”安全生产督查检查 1222 次、4525 人，发现并整改在建工程临时用电、消防设施管理、劳保用品使用、作业环境缺陷等隐患 110 项（处）。组建港航专业抢险突击队，签备 1 个应急施工企业，配备应急物资储备库及相关设备。印发《盐城市港航事业发展中心防汛防台风应急预案》《船闸安全生产事故综合应急预案 专项应急预案 现场处置方案》，举办船闸控制系统故障处置、人员落水施救、溺水触电急救、消防灭火、航标失常抢修、内河航道突发事件边坡坍塌应急疏浚等演练 16 次，落实“应急值班规范年”各项要求。优化危化品船舶过闸全过程安全管控措施，严格执行“三无”船舶、超载船舶、单壳危化品船舶、夜间 22 时至次日凌晨 5 时 600 总吨及以下载运危化品船舶禁止过闸政策。推进江苏省干线航道北斗地基增强系统建设，助力江苏内河船舶手机导航系统开通上线运行，建成阜宁船闸水上 ETC 便捷过闸系统。采用多波速扫测技术开展航道扫床 5970 千米，提高航道扫床质量和效率，彻底消除传统扫床工作的安全隐患，实现航道运行技术状况数字化管理目标。运用无人机开展航道巡查检查，提高巡航效率和航道数字化管理水平。在全省率先建设干线航道交通量监测系统，针对全省航道船舶流量监测长期依靠人工监测的传统落后方式，以问题、需求为导向，创新性实施干线航道交通量监测系统建设工程，实现船舶流量数据的自动采集及准确获取，构建集多维感知、融合处理、统计分析一体化航道交通量监测系统平台。“智慧工地”建设全面展开，依托连申线灌河至黄响河段航道整治工程，践行绿色施工的理念，通过建设“一个平台、两类应用、五大业务”，实现施工现场的人、机、料、法、环五要素进行各类资源的统一调配和管理，实现工地数字化、数据网络化、管理智慧化，创新建设“智慧工地”项目的江苏样板。

航道运输 年内，全市有水路运输企业 145 户，船舶管理企业 7 户，经备案的国内船代货代企业 41 户，运输船舶 5322 艘、228.34 万总吨、382.09 万载重吨，营运船舶数同比下降 7.65%；全市液货危险品企业 5 户，专用运输船舶 74 艘、4.86 万总吨、8.12 万载重吨，油船 31 艘、2.32 万总吨、3.73 万载重吨，化学品船 43 艘、2.55 万总吨、3906 载重吨；沿海运输企业 20 户，沿海运输船舶 137 艘、50.26 总吨、75.6

万载重吨；运力规模5万吨以上内河水运企业17户。全市水运货运量1.02亿吨，同比增长7.7%，水运货物周转量284.2亿吨千米，同比增长2.2%。

港口运营 年内，全市内河港口基本服务于域内生产、生活需求，开辟大丰港内港池至上海港宜东码头、宿迁港、淮安、武汉阳逻港、南京龙潭港、信阳滨淮港、射阳内河港至太仓港等集装箱班轮航线，有内河集装箱航线18条。内河港口完成吞吐量4901.24万吨，同比增长6.33%；集装箱完成4.23万标箱，同比增长73.66%。内河港口的5种主要货种为煤炭、钢铁、矿建材料、水泥、粮食，占总量96.91%。（戴万林）

交通运输管理

交通运输行业治理 2022年，盐城市交通运输局落实企业安全生产主体责任，指导道路客运、城市公交、城乡公交等重点领域运输企业开展风险辨识和隐患治理，组织安全审计，督促问题闭环整改。开展“两客一危”挂靠车辆动态清理，实现“两客一危”驾驶行前检测系统使用全覆盖。深化常压液体危险货物罐车治理，全市203辆常压罐车按最新标准取得罐体检验合格证。加强“两类”管理人员（企业主要负责人和安全生产管理人员）安全考核，全市“两客一危”（从事旅游的包车、三类以上班线客车和运输危险化学品、烟花爆竹、民用爆炸物品的道路专用车辆）企业全部通过考核，5辆车以上普货运输企业通过考核1296家，占比98.9%。提升维修行业服务质量，汽车维修电子健康档案系统数据采集由一、二类维修企业向三类维修经营者拓展。深化运输服务重点领域改革，优化从业资格证等高频事项“跨省通办”业务流程，提高为民服务质效。规范道路水路信用监管，实施信用等级评定、信用承诺、联合奖惩名单认定和信用差异化监管，全市信用等级评定道路水路2.7万户、21万名从业人员。

交通运输行政执法 年内，市交通运输局行政执法支队行政处罚结案2276件，同比上升111.33%，罚没款金额170.23万元，同比上升3.94%。修订《盐城市交通运输行政处罚高频事项自由裁量基准（试行）》，在全省交通运输领域率先制订安全生产监督行政处罚事项自由裁量基准。“实施40项交通运输轻微违法行为免罚”被列入市委依法治市办、市交通运输管理局法治惠民实事项目，实施轻微违法行为免予处罚784件，免罚金额200万余元。建设盐城交通执法系统首个法治文化公园，被市委宣传部、市司法局等联合表彰为盐城市首批落实普法责任制法治文化阵地建设示范点。配发4G执法记录仪、手持执法终端、执法服装等装备，完成通用型执法装备100%配备要求。组织VPN改造项目、“水上电子卡口识别预警系统”、指挥中心升级改造和智能视频监控建设等市级项目实施，推广应用交通运输综合行政执法管理系统。

公路行业管理 年内，市交通运输局开展法治公路建设样板示范单位、示范项目和示范点创建活动，推进“学习型、服务型、创新型”机关建设，开展公路行业营商环境治理和扫黑除恶专项斗争，营造风清气正的公路发展环境。完善公路标准体系，印发《盐城市普通国省道公路作业区布设指南》《智慧公路分级建设技术指南》《公路服务区智慧节水技术规范》，开展服务区危化品车辆安全管控关键技术研究，建立技术成果推广应用后评估量化机制。推进信用农路先行先试，配合省中心印发《江苏省公路养护单位信用评价实施细则》和《江苏省农村公路信用评价实施细则》，加强对全市农村公路信用评价的监督和指导，做好相关评价和政策解读；完善公路工程建设领域信用评价体系，全面推行招投标“信用承诺制”，加强政府信用平台信息报送工作，推进信用信息共享共治和互联互通。

客运市场管理 年内，市交通运输局开展道路客运和旅游包车专项整治行动，出动执法人员1192人次，执法车辆393辆次（其中联合执法27次，出动执法人员225人次，执法车辆85辆次），立案查处城际客运违法行为120件。

货运物流市场管理 年内，全市“两客一危”运输企业“两类人员”考核通过300余人次，考核通过率100%；开展驾驶员行前安全测评，全市“两客一危”企业100%开展驾驶员行前测评，开展测评18.73万次；开展道路危险货物运输企业线上专项安全培训，培训道路危险货物运输企业从业人员2464人次、主要负责人和安全管理人员277人次。严格执行电子运单填报制度，全市填报电子运单13.98万条，查处运单类违法案件12件；推进装货人“五必查”工作落实，规范装货环节管控；开展常压液体危险货物罐车治理工作，注销20辆不符合条件常压罐车。

出租车行业管理 年内，市交通运输局开展出租汽车市场秩序专项整治活动，推进网约车合规化进程。采取部门联合、突出重点整治区域、加强常态化执法、线上抽查等方式，对出租汽车行业经营服务行为进行整治。全市查处出租汽车相关案件183起，其中，非法网约车案件72起，非法从事巡游出租汽车经营的44起，不规范经营案件67起。会同市委网信办、市公安局、市市场监管局联合召开市区网约车企业约谈会，压实平台合规化责任；结合全市网约车合规化实际情况，推动《盐城市网络预约出租汽车经营服务管理实施细则（暂行）》再次修订，放宽准入条件，严厉打击非法从事网约车经营行为。

汽车维修市场管理 年内，全市有机动车维修企业1196户，其中，一类汽车维修167户，二类汽车维修138户，三类汽车维修359户，其他类532户。全市机动车维修业完成工作量125.44万台次，其中整车修理2544辆次，总成修理3.95万台次，二级维护6.43万辆次，专项修理108.52万辆次，维修救援3854

辆次。综合性能检测站32户，完成检测量合计15.81万辆次，其中维修竣工检测6841辆次，等级评定检测5.24万辆次，维修质量监督检测12辆次，其他检测99475辆次。加强维修、检测行业管理，开展机动车维修领域专项整治，严格落实道路运输车辆技术管理。全面梳理辖区内机动车维修经营者经营状况，动态更新“运政在线”数据库；全面实施汽车检验与维护（I/M）制度，推动全市建成31家能够实时上传超标排放车辆尾气治理结果的维护站，对6924辆尾气排放超标机动车实施有效治理。通过暗访和突击检查相结合方式，对全市275家维修企业进行排查，并重点持续跟踪90余家从事货车维修的企业，检查综合性能检测站及相关维修企业承修“五类重点货车”的维修记录、零配件采购记录；开展危险化学品使用专项整治，摸排全市涉及危险化学品使用的汽车维修317家，检查危险化学品使用企业1437家次，发现并整改问题隐患1180项。开展达标车辆核查工作，依托道路运输车辆达标核查系统，对8000余辆达标核查合格车辆办理市场准入手续，禁止172辆达标核查不合格车辆进入运输市场。督促道路运输企业建立健全车辆技术管理制度，强化车辆技术管理，完善车辆技术档案。

驾培管理 年内，全市有驾培机构69家，其中在营64家。市区20家，东台市6家，大丰区9家，建湖县11家，射阳县2家，阜宁县11家，滨海县1家，响水县4家。2020—2022年，全市驾培机构数量持续减少。全年驾培机构数量比2019年下降41.82%，多家驾培机构进行资源整合、资产重组，注销经营资质，整个驾培市场逐渐向规模化、集约化方向发展。至年底，全市各驾培机构拥有教练车3274辆，教学场地面积179.86万平方米。全市驾培机构招生总量9.84万人，与上年下降20.48%，与最高峰的2016年相比降幅48.44%。联合大市区交通许可服务窗口，对许可证到期、增加培训车型申请备案或备案变更的驾培机构进行严格把关。开展全市驾培市场执法检查工作，对65家在营驾培机构进行检查，发现问题隐患191个，查处违规行为145起，罚款6.05万元。依托盐城市机动车驾驶培训监管平台，对驾驶培训全过程实施动态监管，定期筛选排查涉嫌违规培训车辆和教练员，打击驾培行业违规培训行为，全市查处驾培违法行为348起。全市驾培机构统一启用学员电子结业考核功能，同时启用学员电子档案，在省内率先实现学员结业考核和档案电子化、无纸化。

内河通航秩序管理 9月，全市最后5道渡口全部撤除，盐城成为“无渡市”。10月26日，市水上交通应急救援队作为全市11支首批命名的市级专业应急救援队伍，被盐城市安委会办公室盐城市减灾委办公室集中授牌。11月3日，主动加入水上智能救生联盟，依托联盟行业优势，汇集行业资源，推动社会救援组织能力提升、技术进步、沟通交流，加强水上救援力量社会联动和资源共享。

内河码头专项整治 年内，市交通运输局落实省交通运输厅、省生态环境厅《关于开展全市内河港口污染防治“回头看”的通知》《关于加强港口码头环境保护长效监管的通知》精神，结合省生态环境厅污染防治攻坚办《关于进一步加强港口污染防治工作的通知》要求，健全港口码头联合监管工作机制，落实行业监管责任和企业主体责任，提升港口码头污染防治水平，市交通运输局、市生态环境局联合开展港口码头污染防治“回头看”活动，对辖区港口码头实施“拉网式”全覆盖的检查。

船舶检验和船员管理 年内，全市深化营运检验“通检通认”改革，灵活安排新冠肺炎疫情期间的船舶检验工作，提高检验效率。全市检验各类船舶8266艘次，审查图纸104套，检验船用产品1774台套。推进小型船舶检验及其监督管理优化试点工作，优化检验船舶1612艘。探索“信易+船检”管理新模式，印发《盐城市小型船舶检验及其监督管理优化试点工作质量诚信评定办法》，将船检诚信建设纳入水上监管综合诚信体系管理，探索综合执法信用建设新举措。推进内河船舶电子证照“多证合一”改革，完成23份电子证照的发放。

收费管理 年内，全市有204国道东台收费站一座国省干线公路收费站，收费公路里程200.7千米。施行应征不漏、应征不免，落实重大节假日小型客车免费通行、“绿色通道”、中欧班列、防疫物资运输等各类优惠政策，征收车辆通行费1860万元，免费放行节假日七座及以下小型客车3.36万辆次、“绿色通道”和中欧班列运输车辆3151辆次，免征通行费38.1万元。全市有四座船闸，优化危化品船舶过闸全过程安全管控措施，执行“三无”船舶、超载船舶、单壳危化品船舶、夜间22时至次日凌晨5时600总吨及以下载运危化品船舶禁止过闸政策。刘庄、阜宁、滨海船闸开放4754个闸次，过闸船舶3.75万艘，过闸船舶总吨位2932.58万吨，过闸货物量1813.65万吨，征收船舶过闸费1618万元。 （戴万林）

邮政业

概　况 2022年，盐城市邮政行业寄递业务量完成4.28亿件，同比增长4.25%。其中，快递业务量完成2.25亿件，同比下降1.84%；邮政寄递服务业务量完成2.03亿件，同比增长11.94%。邮政行业业务收入（不包括邮政储蓄银行直接营业收入）完成35.06亿元，同比增长9.22%。其中，快递业务收入完成20.87亿元，同比增长3.78%；邮政寄递服务业务收入完成2.11亿元，同比增长6.62%。

表34　2022年盐城市邮政行业基本情况统计表

指　　标	数值	比上年增长	指　　标	数值	比上年增长
一、邮政行业寄递业务量（亿件）	4.28	4.25%	2.邮政寄递服务（亿件）	2.03	11.94%
1.快递业务（亿件）	2.25	-1.84%	二、邮政行业业务收入（亿元）	35.06	9.22%
其中：同城（亿件）	0.18	-35.63%	1.快递业务（亿元）	20.87	3.78%
异地（亿件）	2.06	3.01%	2.邮政寄递服务（亿元）	2.11	6.62%
国际/中国港澳台（亿件）	0.01	-2.67%	—		

快递服务　年内，全市有经营顺丰、申通等品牌的实际快递经营主体73家、分支机构88个，邮政、快递网点1614个，万名行业从业人员。全市主要智能快件箱运营企业建成或使用智能快件箱1205组，格口数11.41万个。各县（市、区）快递与包裹业务发展结构稳定，呈阶梯分布。市邮政管理局实施“快递进村”工程，建成县级快递产业园区4个，乡级寄递公共配送中心56个，村级服务站点2238个。“村级党群服务中心+快递综合服务站点”建设盐城模式加速布局，在农村（社区）党群服务中心（综合服务中心）叠加建设的村级寄递物流综合服务站数量356个，实现“一条红色快递链，服务群众不断线”。加快交邮融合镇村公交示范线路建设，综合利用镇村公交服务网络和运力资源，开展农村寄递物流绿色配送工程，推广农村寄递物流“末端配送汽车化、配送汽车绿色化、绿色汽车本地化”模式，开通的交邮融合镇村公交示范线路18条。

寄递渠道安全监控平台建设　年内，市邮政管理局完成寄递渠道安全监管“绿盾”工程防火墙等安全系统升级改造，初步建成运行监测、安全预警、行政执法、应急指挥、决策支持和公共服务六大类应用系统，实现“动态可跟踪、隐患可发现、事件可预警、风险可管控、责任可追溯”目标。全市227个邮政普遍服务网点、454个视频点位首次纳入快递安全监控平台。强化系统运用，严格落实收寄验视、实名收寄、过机安检“三项制度”，通过视频联网系统发现企业不规范操作等问题，及时通报企业整改。

（柏天奇）

中国邮政集团有限公司盐城市分公司

年内，市分公司围绕学习贯彻中共二十大精神，联合市委宣传部、亭湖区委两新工委、市邮政管理局等开展系列主题活动。建成“扫黄打非”示范点227个，移交涉“黄”涉“非”线索17起，获评全省邮政快递业“扫黄打非”示范集体。堵截金融诈骗3起，违规问题同比下降7.3%，未发生金融资金案件。联合市中国人民银行、市商务局等开展“盐支有爱·云e购”暨“邮乐9·19电商节”活动。建成40个镇级共配中心、1429个邮快合作站、1825个村级配送点，代收投509.08万件，农村投递汽车化完成率全省第一。5个乡镇网点、2个社区网点、1个商圈网点实现100%业务叠加，获评交通运输服务文化建设优秀单位。全年实现业务收入14.71亿元，同比增幅16.83%，列全省第三位；完成省公司计划的106.17%，列全省第二位。其中，代理金融实现收入9.77亿元，同比增幅18.37%，列全省第二位；利差收入同比增幅22.8%，列全省第一位。寄递业务实现收入3.16亿元，同比增幅19.2%。开展“邮票上的经典阅读”线上直播、“六一绿书签”优惠购书等活动40余场。新增主题邮局10个，打造“邮文化+特色文化+邮政便民服务”平台。推进防控体系建设，组织“高风险问题”回头看、“屡查屡犯”问题整治、代销业务专项检查及消费者权益保护等，压实合规管理责任；对1595名金融从业人员全覆盖开展集中排查。组织新冠肺炎疫情常态化检查督导、交通安全专项整治等，安全检查覆盖率、重大节日及重大活动期间检查率100%。

（王　悦）

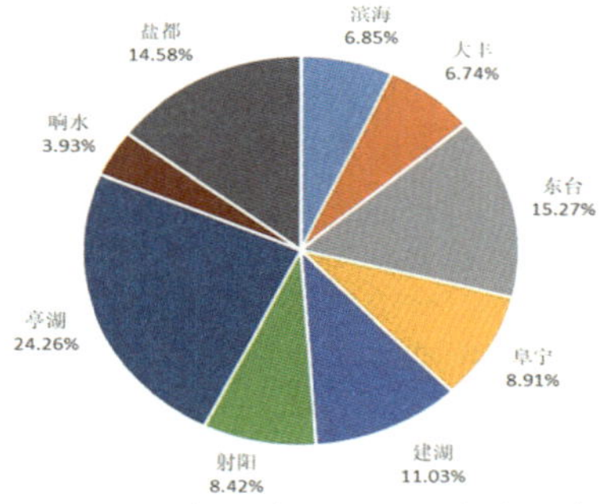

图1　2022年盐城市快递与包裹业务量各县（市、区）占比情况示意图

生态环境

编辑　裴力民

综　　述

生态绿色发展　盐城拥有省内最长海岸线、最大沿海滩涂、最广海域面积和省内唯一的世界自然遗产中国黄（渤）海候鸟栖息地，自然禀赋得天独厚，沿海发展潜力巨大。《江苏沿海地区发展规划（2021—2025年）》提出统筹推进生态建设、环境保护和特色风貌塑造，展现海洋生态价值、景观价值，共享美好蓝色家园。全市聚焦产业绿色转型升级、城乡区域有机融合、人与自然和谐共生等方面，探索建设绿色低碳发展示范区。按照“生态优先、绿色发展”要求，盐城编制全市碳达峰碳中和行动方案，实施可再生能源替代行动，推进“源网荷储”一体化示范试点建设，加快打造低（零）碳产业园。湿地资源，特别是沿海滩涂湿地，是盐城最具特色的旅游资源。盐城着力拓宽“绿水青山就是金山银山”转化通道，高标准推进黄海湿地生态旅游业发展。全市加快提升东台条子泥湿地、江苏黄海海滨国家森林公园、中华麋鹿园和丹顶鹤湿地生态旅游区等景区品质，以风景路串联沿海风情特色景点，打造具有盐城特色、彰显滨海风貌的生态“最美海岸线”，创成国际湿地城市，射阳县、盐都区、亭湖区创成省级全域旅游示范区，东台条子泥湿地获评全国美丽海湾优秀案例。

生态文明建设示范区建设　7月6日，市委办公室、市政府办公室发布《盐城市国家生态文明建设示范区巩固提升三年行动方案（2022—2024年）》的通知。通知要求以深入打好污染防治攻坚战为抓手，以改善生态环境质量为目标，加强自然生态保护，构建科学合理的空间发展布局，完善生态文明制度体系，加快形成人与自然和谐共生的生态文明建设新格局，打造独具特色的全国生态文明建设示范区，确保2024年盐城市高水平通过生态环境部国家生态文明建设示范区复核。年内，盐城市创成国家生态文明建设示范区，成为全省第四个获此殊荣的地级市；建湖县、盐都区、射阳县、东台市创成国家生态文明建设示范区，盐都区创成“两山”实践创新基地，盐城经济技术开发区创成国家生态工业示范园区；亭湖区、滨海县、大丰区、阜宁县建成省级生态文明建设示范区。

（张　明）

绿色低碳发展示范区建设　（参见《特载·绿色低碳发展示范区建设》相关内容）

环境状况

概　况　2022年，盐城市生态环境质量大幅改善，实现历史性的突破，PM2.5年均浓度每立方米26.6微克，全省排名第二；优良天数307天，优良天数比例84.1%，全省排名第一；国考、省考断面达到或好于Ⅲ类水质比例均为100%；全市重点建设用地和污染耕地安全利用率100%，土壤环境质量状况总体保持安全稳定。

空气环境质量　年内，全市市区环境空气质量综合指数3.27，全省排名第一，较2021年持平；PM2.5均值每立方米26.6微克，全省排名第二，较2021年下降4%；优良天数比例84.1%，全省排名第一。PM2.5均值和优良天数比例均达到省考核目标要求。

水环境质量　年内，全市地表水环境质量实现“四个百分百”目标。全市17个国考断面水质均达到或好于Ⅲ类水质，比例100%，无Ⅴ类和劣Ⅴ类断面。全市34个省考断面达标率100%，Ⅲ类水质比例为100%，无Ⅳ类断面，无Ⅴ类和劣Ⅴ类断面。21个入海河流断面全面消除劣Ⅴ类，达到或好于Ⅲ类水断面21个，比例为100%，并列全省第一。全市14个县级以上城市集中式饮用水水源地中，水质达到或好于Ⅲ类的有14个，比例为100%。

9月，盐城空气质量排名全国168个重点城市第五位。　　市发改委　供图

表35　2022年盐城市各县（市、区）空气环境质量情况一览表

地　区	PM2.5			优良天数比例			降尘量		
	现状浓度值（微克/立方米）	同比变化情况	达标情况	现状比率	同比变化情况	达标情况	现状值（吨/月·平方千米）	同比变化情况	达标情况
东　台	30	-9.10%	达标	83.30%	0.30%	达标	1.50	-37.40%	达标
大　丰	27	-3.60%	达标	83.80%	-2.80%	达标	1.80	-7.20%	达标
射　阳	28	7.70%	不达标	86.00%	-3.30%	达标	2.50	-12.10%	达标
建　湖	30	3.40%	不达标	87.90%	-2.00%	达标	2.40	-24.40%	达标
阜　宁	31	0.00%	达标	86.60%	1.10%	达标	1.90	-31.30%	达标
滨　海	30	0.00%	达标	85.80%	-0.50%	达标	2.60	-13.20%	达标
响　水	32	3.20%	不达标	83.60%	-3.50%	达标	1.70	-48.30%	达标
盐　都	28	6.10%	不达标	82.80%	-4.80%	达标	2.70	-1.30%	不达标
亭　湖	29	0.00%	达标	82.70%	-5.20%	达标	2.70	15.60%	不达标
盐城经济技术开发区	25	-3.80%	达标	85.30%	-3.90%	达标	—	—	—
盐南高新区	26	0.00%	达标	83.30%	-4.90%	达标	—	—	—

表36　2022年盐城市国家考核断面水质情况一览表

序号	河流	断面	考核地方	水质
1	通榆河	草堰大桥	东台市 大丰区	Ⅲ
2	泰东河	东台（泰）	东台市	Ⅲ
3	东台河	富民桥		Ⅲ
4	新洋港	新洋港闸	亭湖区 射阳县	Ⅲ
5	射阳河	射阳河闸		Ⅲ
6	黄沙港	黄沙港闸		Ⅲ
7	通榆河	城北大桥	阜宁县	Ⅲ
8	苏北灌溉总渠	六垛闸	滨海县	Ⅱ
9	废黄河	头罾闸	响水县	Ⅱ
10	灌河	陈港		Ⅲ
11	斗龙港	大团桥	大丰区	Ⅲ
12	斗龙港	斗龙港闸		Ⅲ
13	王港河	王港闸		Ⅲ
14	川东港	川东闸		Ⅲ

续表36

序号	河流	断面	考核地方	水质
15	兴盐界河	民主村	盐都区 大丰区	Ⅲ
16	蟒蛇河	龙冈凤凰桥	盐都区	Ⅲ
17	串场河	大庆路桥	亭湖区 盐南高新区	Ⅲ

表37　2022年盐城市省级考核断面水质情况一览表

序号	河流	断面	考核地方	水质
1	通榆河	北海桥	东台市	Ⅱ
2	梁垛河	海堤桥	东台市	Ⅲ
3	三仓河	南沈灶大桥	东台市	Ⅲ
4	串场河	廉贻大桥	东台市	Ⅱ
5	何垛河	布厂东	东台市	Ⅱ
6	利民河	利民河闸	射阳县	Ⅲ
7	运棉河	运棉河闸	射阳县	Ⅲ
8	黄沙港	陈堡	建湖县	Ⅲ
9	黄沙港	沙南村	建湖县	Ⅲ
10	通榆河	堰东	建湖县	Ⅲ
11	射阳河	硕陈大桥	阜宁县	Ⅲ
12	射阳河	严庄	阜宁县	Ⅲ
13	淮河入海水道	北漫水桥	滨海县 阜宁县	Ⅲ
14	淮河入海水道	南漫水桥	滨海县 阜宁县	Ⅲ
15	苏北灌溉总渠	陈涛地龙	滨海县 阜宁县	Ⅲ
16	翻身河	翻身桥	滨海县	Ⅲ
17	通榆河	通榆大桥	滨海县	Ⅲ
18	通榆河	堆根	响水县 滨海县	Ⅲ
19	通榆河	洪圩	响水县	Ⅲ
20	灌河	大堰	响水县	Ⅲ
21	南潮河	南潮河桥	响水县	Ⅲ
22	海堤河	十排	响水县	Ⅲ

续表37

序号	河流	断面	考核地方	水质
23	四卯西河闸	四卯西河	大丰区	Ⅲ
24	吕场河	圩东桥		Ⅲ
25	大丰干河	大丰闸		Ⅲ
26	西潮河	闸南路桥	亭湖区 盐城经济技术开发区 大丰区	Ⅲ
27	蟒蛇河	大纵湖湖心	盐都区	Ⅲ
28	蟒蛇河	大纵湖出口		Ⅲ
29	朱沥沟	尖胡桥		Ⅲ
30	冈沟河	冈沟河桥		Ⅲ
31	新洋港	盐城大桥	亭湖区	Ⅲ
32	新洋港	青墩大桥		Ⅲ
33	通榆河	城东水厂	盐城经济技术开发区 盐南高新区	Ⅲ
34	通榆河	谭洋	亭湖区 盐城经济技术开发区 盐南高新区	Ⅲ

表38　2022年盐城市入海河流断面水质情况一览表

序号	河流	断面	考核地方	水质
1	东台河	富民桥	东台市	Ⅲ
2	新洋港	新洋港闸	亭湖区	Ⅲ
3	射阳河	射阳河闸	射阳县	Ⅲ
4	黄沙港	黄沙港闸		Ⅲ
5	苏北灌溉总渠	六垛闸	滨海县	Ⅱ
6	废黄河	头罾闸	响水县	Ⅱ
7	灌河	陈港		Ⅲ
8	斗龙港	斗龙港闸	大丰区	Ⅲ
9	王港河	王港闸		Ⅲ
10	川东港	川东闸		Ⅲ
11	梁垛河	海堤桥	东台市	Ⅲ
12	三仓河	南沈灶大桥		Ⅲ

续表38

<table>
<tr><th>序号</th><th>河流</th><th>断面</th><th>考核地方</th><th>水质</th></tr>
<tr><td>13</td><td>运棉河</td><td>运棉河闸</td><td rowspan="2">射阳县</td><td>Ⅲ</td></tr>
<tr><td>14</td><td>利民河</td><td>利民河闸</td><td>Ⅲ</td></tr>
<tr><td rowspan="2">15</td><td rowspan="2">淮河入海水道</td><td rowspan="2">北漫水桥</td><td>滨海县</td><td rowspan="2">Ⅲ</td></tr>
<tr><td>阜宁县</td></tr>
<tr><td rowspan="2">16</td><td rowspan="2">淮河入海水道</td><td rowspan="2">南漫水桥</td><td>滨海县</td><td rowspan="2">Ⅲ</td></tr>
<tr><td>阜宁县</td></tr>
<tr><td>17</td><td>翻身河</td><td>翻身桥</td><td>滨海县</td><td>Ⅲ</td></tr>
<tr><td>18</td><td>南潮河</td><td>南潮河桥</td><td>响水县</td><td>Ⅲ</td></tr>
<tr><td>19</td><td>四卯西河</td><td>四卯西河闸</td><td rowspan="2">大丰区</td><td>Ⅲ</td></tr>
<tr><td>20</td><td>大丰干河</td><td>大丰闸</td><td>Ⅲ</td></tr>
<tr><td rowspan="3">21</td><td rowspan="3">西潮河</td><td rowspan="3">闸南路桥</td><td>亭湖区</td><td rowspan="3">Ⅲ</td></tr>
<tr><td>盐城经济技术开发区</td></tr>
<tr><td>大丰区</td></tr>
</table>

土壤环境质量 年内，全市土壤环境质量总体保持稳定，污染地块和污染耕地安全利用率实现“双100%”。

海洋环境质量 年内，全市近岸海域水质保持稳定向好，春季、夏季和秋季近岸海域优良海水面积比例分别为67.3%、98.5%和99.4%，全市优良海水面积比例88.4%，优于省定考核目标26.4个百分点，创历史新高。

声环境质量 年内，全市中心城区各功能区昼间、夜间声环境质量年均值均达标。区域声环境质量等级为“二级”，对应评价为“较好”。与上年相比，盐城中心城区区域环境噪声污染程度有所好转。（张 明）

水资源保护

概 况 2022年，盐城市水利局围绕“十六字”治水思路，推进水资源刚性约束，落实国家节水行动，加强水资源规范化管理。经省政府审定，全市在“十三五”获得优秀等次的基础上，2021年度实行最严格水资源管理制度考核再获优秀等次。全市用水总量控制在省下达的53.6亿立方米以内，单位地区生产总值用水量降至每万元70.23立方米，较2020年每万元82.7立方米下降约15.1%。强化水资源双控管理，市水利局、发改委等六部门成立单位地区生产总值用水量联动协作工作专班，建立联动协作工作机制，推动用水效率提升。推进实施国家节水行动，印发《盐城市2022年四大节水行动工作方案》，实现国家级县域节水型社会达标建设、局属单位水利行业节水型单位建设全覆盖。市水利局、文明办等10个单位宣传《公民节约用水行为规范》，获评全国优秀组织单位。“节水盐城·全民同行”联合宣传活动获评全国优秀活动，“水韵江苏——节水少年行”活动获得优秀组织奖。举办“绿色低碳·节水惜水护水”节水在身边短视频大赛，发挥节水引领作用，深化全社会节水意识，培育节水美德。

水源保护 年内，市水利局以水资源管理规范化、标准化建设为重点，精打细算用好水资源，从严从细管好水资源。完成7个省级开发区水资源论证区域评估，为简化取水许可审批流程、推行取水许可承诺制提供了基础。高标准完成122个大中型灌区在线监测计量设施建设，安装数占全省五分之一。赛得利（盐城）纤维有限公司和阜宁县阜沙灌区管理所完成水权交易，盘活1850万立方米存量水权。完成235个取水工程规范化建设，建设盐城市水资源和节约用水综合监管平台，提升水资源管理现代化和信息化水平。完成5个水源地规范化建设。完成1486个地下水取水工程登记造册，实施地下水封井72眼，地下水水位较上年同期回升0.64米。年内完成40条河道生态状况评价，实现全市122条省骨干河道生态状况评价全覆盖。

节约用水 年内，盐城是全省首家将节约用水工作纳入全市精神文明建设体系地级市，经验做法入选首期全国节水工作动态，并在全国推广。完成《盐城市节约用水管理办法》后评估，创新印发市级节水型农业园区标准，创建省级节水型工业园区1家、省级节水型高速公路服务区1家、省级节水型学校和企业等载体44家，盐城工学院入选省级节水型高校典型案例。开展水平衡测试101家、合同节水项目4个、用水审计17家、节水评价19家。公布市节水大使38名、节水志愿者69名。组织摄制、播放节水公益广告、宣传短视频，举办节水书画展，编排节水淮剧戏巡演，发挥节水宣传引领作用，增强文明行为。

生态河湖管理 年内，全市重点河湖保护规划体系全面建成，市级承担的射阳河、新洋港等16条区域骨干河道保护规划通过市政府批复，划定岸线保护区、保留区、控制利用区和开发利用区506个，总长1690千米，县级承担的103条省骨干河道保护规划均编制完成。开展全市范围内列入国家水普名录的321条河道、省湖泊保护名录的8个湖泊湖荡等重点水域和其他一般水域面积的动态监测，全面摸清市域河湖空间分布和水域面积，为全市水域保护状况评价提供技术支撑。挖掘河湖工程文化内涵，推进水文化建设，建成河长制主题公园26个、水文化长廊94处、其他特色主题公园93个。大纵湖水利风景区入选国家级《红色基因水利风景区名录》，小马沟创省级水利风景区，"五渎归海，吾心向往"旅游线路（白驹串场河→大纵湖→蟒蛇河→射阳日月岛→宋公堤）入选省水利风景区精品线路。

水土保持 年内，市水利局投入3600万元建设滨海粮东、射阳港南小流域等国家水土保持重点工程建设。同时，在全省范围内首次利用市级水土保持补偿费510万元,打造'小流域+"模式。至年底，综合治理面积61.45平方千米。对国家和省级下发的762个图斑，通过开展疑似图斑现场核查，认定违法违规项目306个，实现核查进度、认定项目进度、认定违法违规项目查处进度100%。专项印发《开展2017—2021年度生产建设项目水土保持监管全面排查工作的通知》，要求在全市范围主动查找解决生产建设项目水土保持事中事后监督检查中存在的问题，强化责任担当、工作落实，形成最严格的水土保持监管态势。全市开展现场监督检查186次，书面检查生产建设项目207个，下达整改通知53份；年度审批生产建设项目水土保持监测方案报送率提升至100%,实现应报尽报；生产建设项目水土保持自主验收183件，较上年同期增加46件，征收水土保持补偿费1832万元。

河长制湖长制工作 年内，市水利局推进河湖长制工作。5月，市河长制办公室印发《2022年全市河湖长制工作要点》，进一步部署和安排年度河长制工作。全市各级河湖长巡河履职41万人次，其中县级以上河湖长累计巡河858次，各级河湖长发现并解决问题5869个。全市58条跨市、跨县界河全部建立河湖协同共治机制，335条乡镇跨界河道以联合河长制、联席会议等方式建立协同共治机制，主动化解边界河道管理中长期存在的边界不清、责任不明等问题。将船舶出海长效治理机制纳入"河长制"管理，27名县级责任河长现场巡河、督办会办、约谈调研累计60次，协调解决问题24个。市河长办组织市水利局、市生态环境局、市住房和城乡建设局、市农业农村局等河长制领导小组成员单位，对9个县（市、区）、盐城经济技术开发区、盐南高新区联合开展2017—2021年全市河湖长制工作市级复核评估工作，并形成书面反馈意见，对存在问题进行交办和整改落实。市河长办通过微信公众号宣传河长制工作开展及成员单位工作情况，年度发表文章378篇，经验交流内容在各大主流媒体刊登，其中，人民网3篇、《新华日报》4篇、《中国水利报》6篇。基层河长常敏、民间河长尤宝亮在省河长办举办的第二届"最美基层河长"评选活动中,分获"最美基层河长""最美民间河长"称号。

河长制信息化系统建设 年内，全市完成智慧河长信息系统升级工作，基层河长巡河履职App使用率从83%提升到99%，完成2.43万块河长公示牌以及河道基础信息数据、市县工作动态、涉河问题交办督办等信息录入工作，实现涉河问题的全过程数字化，促进部、省、市、县四级河长制工作信息互联互通，提升河湖长制工作现代化、智能化、信息化水平。

河湖违法行为问题整治 年内，市河长办通过印发月通报、线上线下交办督办、召开推进会、开展验收销号等方式，按照"边查边改、动态管理"原则，通过察看现场、图片对比、走访群众等方式，分批次开展现场验收销号，推进各地违法问题的整治。按时完成省下发的24个妨碍行洪突出问题的整治，通过省级复核验收。完成水利部56个"清四乱"问题整治，按要求录入水利部"清四乱"督查系统。整改完成261个市级下达的两批河湖违法问题，确保河湖水域岸线功能完好。

幸福河湖建设 年内，市水利局印发《盐城市幸福河湖建设实施方案（2021—2025年）》,全市"十四五"期间计划打造501条幸福河湖、总长2123千米。方案明确按照"一河一方案"的原则，结合每条河湖特色，逐河编制年度建设方案，推进堤防工程达标、岸线生态修复、违法行为整治、河湖水质提升、文化景观打造等项目建设。至年底，盐城建成幸福河湖131条（个）。

生态调水运行 年内，全市调引境外来水128.66亿立方米，其中，引江江水94.71亿立方米，调引淮水34.95亿立方米，大套一站、二站、北坍站翻水10.29亿立方米，沿海"五大港"合计排水68.9亿立方米。市区第三防洪区保水活水运行44轮200天，合计补水2.06亿立方米，充分改善水环境。

《盐城市水资源管理办法》颁布 12月31日，经市政府常务会议讨论通过后，市政府印发《盐城市水资源管理办法》，全面提升盐城市水资源管理规范化、制度化水平，提高水资源的利用效率和效益。（臧滨城）

土地资源保护

概　况　2022年，盐城市自然资源和规划局对土地资源保护工作以国土空间规划“三区三线”（城镇空间、农业空间、生态空间，城镇开发边界、永久基本农田、生态保护红线）划定为重点，构建全市国土空间开发保护新格局；同时，严格用途管制和用地报批，加大存量土地盘活力度，提升土地资源节约集约利用水平。

国土空间规划“三区三线”　年内，市自然资源和规划局对本轮“三区三线”划定耕地保护目标为75.6万平方千米、永久基本农田69.2万平方千米。划定生态保护红线面积5767.04平方千米，其中，陆域591.06平方千米、海域5175.98平方千米。布局结构不断优化，将陆域调减526.94平方千米，海域调增255.31平方千米，有效释放陆域重点发展空间。划定城镇开发边界总规模为1546.48平方千米（其中市辖区543.98平方千米），城镇开发边界围合范围内非建设用地面积为212.62平方千米。10月14日，自然资源部批准启用国土空间“三区三线”划定成果。

永久基本农田划定　年内，市自然资源和规划局以国土“三调”数据和年度最新变更调查为基础，根据省下达全市的耕地和永久基本农田保护任务及“三区三线”划定规则，将耕地和永久基本农田保护任务落地落图，确保“数、图、线”一致。全市落实耕地保护任务75.6万平方千米，占2020年度耕地总面积97.74%。永久基本农田划定按照确保全域布局总体稳定，划优划足为前提，坚持大市区、长三角一体化产业发展基地等重点发展区域永久基本农田零散地块调整合并，调优布局，解决城市发展中的痛点、堵点、难点问题，对城镇开发边界以外的集中连片优质耕地优先划入永久基本农田，全市划定永久基本农田保护面积69.2万平方千米，占2020年度耕地总面积89.5%。其中，与原永久基本农田重叠面积58.9万平方千米，新划入永久基本农田10.3万平方千米，完成省下达全市耕地保护和永久基本农田划定任务。

土地资源利用　年内，市自然资源和规划局获批土地成片开发方案12个，片区总规模4866.67公顷，征收集体土地2266.67公顷；报批建设用地184个批次，用地面积2046.67公顷。加大存量土地盘活力度，推进资源高效利用专项行动。盐城市获评全省自然资源节约集约利用模范市，并被推荐为省政府2022年度督察激励地区；阜宁县获评全省自然资源节约集约利用模范县，并被推荐为国务院大督查土地计划指标奖励地区；盐都区、东台市获评全国自然资源节约集约利用示范县（市）；响水县获得全省自然资源节约集约利用进步奖；盐都区、建湖县获评全省自然资源节约集约利用资金奖励地区。

自然保护地监管　年内，市自然资源和规划局推进自然保护地整合优化工作，根据国家局和省林业局部署，结合国土空间规划编制和“三区三线”划定工作的总体要求，开展自然保护地整合优化预案再完善工作，按照耕地和基本农田优先的原则，对全市自然保护地范围进行局部微调，妥善处理矛盾冲突问题。其中，基本农田和稳定耕地为3267.49公顷。完成建湖九龙口风景名胜区的整合优化工作，指导相关县（市、区）对未调整或调整幅度不大的自然保护地开展勘界立标工作，依法勘定自然保护地的面积、范围、边界和功能区划。（吕景林）

森林资源保护

概　况　2022年，盐城市深入践行“两海两绿”发展路径，巩固国家森林城市成果，加大植树造林力度，加强历史遗留破坏森林资源问题整改，开展美国白蛾等林业有害生物防治，深化林场建设。

植树造林　1月，市政府召开全市林业工作电视会议，印发《关于下达2022年盐城市国家森林城市建设任务的通知》，明确任务目标和工作重点。各地在守牢耕地红线的基础上，深挖造林潜力，向海边盐碱地要空间、向未利用地、废弃地要空间，做到见缝插绿、应栽尽栽。全市完成新造林面积866.67公顷，其中，新增造林面积246.67公顷，退化林修复、低效林改造、更新造林面积620公顷，四旁零星植树572万株，珍贵用材树种培育面积266.67公顷，年度目标全面完成。建设省级绿美村庄75个，新建和更新完善农田林网控制面积1.95万公顷。

林业防害　年内，全市林业有害生物发生面积7353.33公顷。投入防治经费2900万余元，投入高射程喷雾机、弥雾机、烟雾机、喷雾喷粉机、高枝剪、捕虫网、杀虫灯等应急防治药械近3155台（套），购买康宽、苦参碱、甲维盐、阿维菌素等农药65.3吨，组织1400余名防治人员，成立109个专业防治队伍进行突击防治。全市林业有害生物防治作业面积约11.33万公顷，其中，美国白蛾防治作业面积6.27万公顷（含直升机施药防治面积2.75万公顷、无人机施药防治面积2173.33公顷），累计剪除美国白蛾网幕5.77万个，投放生物天敌周氏啮小蜂5.35万头（10.7万个柞蚕蛹），释放花绒寄甲90万头（9000管），布置杀虫灯552盏；无公害防治作业面积约11.2万公顷，无公害防治作业率98.91%，完成年度防控任务。全市设立林业有害生物虫情固定监测样地109个、临时样地156个，专兼职监测调查人员181名，发布病虫情报81期3800余份。

林业执法　年内，全市立案查处林草行政案件64起，其中，盗伐案件33起、毁坏林木林地4起、违法使用林地2起、违反野生动物保护法律法规25起；查结案件56起，罚款47.63万元，补充树木5620棵，没收野生动物484只。组织开展“2022年清风行动”，通过多措并举、联合行动、分线检查，合力整治，严厉打击破坏野生动物资源违法犯罪行为。全市出动车辆210台次、人员575人次，巡查人工繁育养殖场25家、农贸市场278次、餐饮场所354家。

东台市林场 东台市林场建于1965年，位于东台市东部沿海，距台城56千米，隶属于江苏黄海海滨国家森林公园管理中心，主要承担保护和培育森林资源、维护国土生态安全和提供生态公益服务等职责。东台市林场总面积2836公顷，有林地面积2380公顷，全部是省级生态公益林。有杨树林种植面积610公顷，水杉林种植面积997公顷，银杏林种植面积236公顷，中山杉、薄壳山核桃、榉树等树种种植面积197公顷，竹林种植面积162公顷，苗圃种植面积178公顷，活立木总蓄积量26.3万立方米，森林覆盖率85.2%。年内，东台市林场被全国绿化委员会、人力资源和社会保障部、国家林业和草原局联合表彰为全国绿化先进集体。

大丰区林场 大丰区林场建于1959年11月，位于大丰区的东南角，距大丰城区45千米；东临江苏省大丰麋鹿国家级自然保护区，南与东台市新曹农场接壤，西、北与草庙镇、种猪场、水上二村等单位毗邻；川东港穿场而过，将林场分为南、北场。正科级建制，隶属于大丰区自然资源和规划局，主要承担保护和培育森林资源、维护国土生态安全和提供生态公益服务职责。大丰区林场总面积2466.7公顷，有林地面积2320公顷，省级生态公益林面积1640公顷，2018年被划为国家级生态保护红线管控区。有杨树种植面积740公顷，水杉种植面积400公顷，中山杉、薄壳山核桃、榉树等耐盐树种种植面积420公顷，苗圃种植面积266.67公顷，活立木总蓄积量10万立方米，森林覆盖率68.2%。

盐城林场 盐城林场（原射阳林场）创建于1959年9月，地处苏北沿海中部，位于亭湖区东首，南北长10.5千米，东西宽2千米，土地总面积2033.33公顷，林地面积1940.67公顷，省级生态公益林面积1740公顷，东邻江苏盐城湿地珍禽国家级自然保护区，紧依入海河道新洋港西潮河，省级盐海公路、海堤公路贯穿其中。盐城林场是全国沿海防护林体系工程的重要组成部分，承担着国家赋予的沿海防护职能和自然生态保护职能。林场森林覆盖率90%以上，林木蓄积量约6.5万立方米，栖息的鸟类263种。其中，国家一级珍禽12种、二级珍禽68种，兽类30多种。年内，被评为国有林场森林碳汇试点单位。

射阳县林场 射阳县林场成立于1972年4月（2013年由射阳县黄沙港林场更名），位于黄沙港两侧的堆堤和青坎上，境内东西总长35千米，东至黄沙港入海口，西与建湖县上冈镇毗邻。沿途经过黄沙港镇、合德镇、兴桥镇、长荡镇、新坍镇5个镇和新洋农场。林场土地总面积903.93公顷，其中生态公益林面积624公顷。林场主要树种为水杉、意杨、银杏、中山杉、榉树、薄壳山核桃等，水杉树种为林场主要的乡土树种，林场属省级生态公益林，是射阳县境内东西一条主要防风林带，为沿海防护林重要组成部分，也是射阳县风景观光林带。射阳县林场管理职能为管理国有林场，促进林业发展，国有林场规划计划编制，林木种苗生产供应，护林防火，森林培育与经营，林木良种选育与新技术推广，林木种苗调剂。年内，林场加快向生态保护型林场转变。

射阳县金海林场 射阳县金海林场创建于2012年，由省林业科学研究院规划设计，由射阳县芦苇开发公司全额注册，位于海堤公路西、幸福大道南侧，总面积933.33公顷。林场建成以来，以打造集生态防护、景观美化、休闲游憩、产业发展于一体的多功能现代化林场为方向，以建设生态景观林、苗材两用林、珍贵树种培育、耐盐苗木繁育、休闲观光与综合服务五大功能区为重点，推进沿海造林，构筑海疆生态屏障。林场成片林面积733.33公顷，森林覆盖率78.6%。栽植中山杉、榉树、高杆红叶石楠、东方杉、弗吉尼亚栎、榆树、国槐、女贞等36个耐盐树种，植树总量近100万株。最大树木胸径30厘米，平均胸径13厘米左右，林木总蓄积量3.5万立方米。针对林场地处沿海，土壤含盐高、碱性重的实际状况，先后聘请南京林业大学、吉林大学、省林科院等科研院所作为技术支撑，采取地膜覆盖、开沟筑垄、施放有机肥等沿海造林新技术，造林成活率、保存率均在85%以上。年内，射阳县金海林场围绕省级森林公园建设要求及规划，全面启动公园建设，突出射阳沿海文化底蕴和旅游产品特色，打造集休闲养生度假、自然生态观光、科普教育以及市民活动、聚会、休闲于一体的城郊型森林公园。

建湖县林场 建湖县林场创建于1972年，地理位置为北纬33°36′44″~33°39′03″，东经119°33′49″~120°05′17″。西端从建湖县城蜿蜒向东与射阳县接壤，全长37.5千米，横穿建湖经济开发区、庆丰、冈西、上冈4个镇（区），场部设在上冈镇。林地位于黄沙港沿线两侧堆堤，区域面积373.33公顷，有林地面积316.77公顷，主要树种有杨树、水杉、榉树、中山杉、泡桐等；活立木总蓄积量3万余立方米，森林覆盖率84.85%。建湖县林场主要生态功能是承担保护和培育森林资源林木种植，林木种苗生产供应，森林培育与经营，维护国土生态安全，提供生态公益服务。（吕景林）

海洋资源保护

概　况 2022年，盐城市自然资源和规划局坚持陆海统筹，强化源头治理，打好近岸海域综合治理攻坚战，开展入海排污口排查整治，推进近岸海域污染物削减，坚持湾（滩）巡查管护，建立海滩垃圾清理常态长效机制。全市近岸海域水质创历史新高，近岸海域水质保持稳定向好，优良海水面积比例88.4%，优于省定考核目标26.4个百分点。

海域保护 年内，市自然资源和规划局强化围填海管控，推进围填海历史遗留问题处置，响水港区小蟒牛作业区（涉及4个图斑、面积137.98公顷）报审项目用海4个，大丰南港高涂养殖规划区（涉及1个图斑、面积1210.14公顷）报审项目用海8个。做好2022年项目用海的监管工作，审核项目用海831宗，现场检查项目用海35个。加强疑点疑区用海的沟通协调工作，化解矛盾12个。强化浒苔绿潮联防联控工作，新压减养殖架1.1万台，拆除滨海县养殖筏架1700多台，布设覆塑PVC缆绳新材料筏架7403台，组织打捞船只90艘，开展打捞76天，打捞绿藻3414吨，完成部省指挥部下达的前置打捞各项任务。完成《盐城市海洋灾害风险评估与区划》编制和海洋灾害普查，启动盐城市侵蚀性海岸专项治理。

近岸海域污染物削减工程 年内，市自然资源和规划局执行入海污染物总量控制制度，建立“清单式”入海污染物削减机制。因地制宜推动实施以化肥减施、规模化池塘养殖尾水深度处理、畜禽养殖资源化利用、畜禽养殖“绿岛”建设、城镇污水处理厂建设、工业排污口整治等项目为重点的近岸海域污染物削减工程，全年化学需氧量、总氮和总磷分别削减3378.07吨、899.92吨和105.53吨，超额完成省下达全市年度削减任务。

湾（滩）环境整治 年内，市自然资源和规划局强化海滩垃圾日常管理，落实岸滩、河流入海口的垃圾治理包干负责制，出动人员3.2万余人次，清理各类海滩垃圾约4.3万余吨。全市沿海岸滩垃圾明显减少、海滩环境逐步改善、海滩垃圾收运处置体系初步建立。

美丽海湾创建 年内，市自然资源和规划局围绕“品牌之美、自然之美、生态之美、人文之美”，放大生态优势，推进美丽海湾建设。东台条子泥从全国39个美丽海湾脱颖而出，成为全国首批四大美丽海湾优秀案例之一，是4个优秀案例、4个提名案例中唯一一家“世界遗产”生态型岸段。东台梁垛河口—方塘河口岸段、大丰区川东港区域成功创建为省级美丽海湾。 （吕景林）

串场河流域整治

概　况 2022年，盐城市住房和城乡建设局编制《盐城市串场河沿线空间塑造规划》，明确滨水区实现以蓝绿空间控制开发建设活动、提升区域生态环境质量、改善城镇综合服务结构、营建主题休闲游憩体验、挖掘经济增长潜力、传承地域文化六大复合触媒功能，明确串场河盐城段沿线城镇围绕滨水区的协同高质量发展途径，同时颁布规范性文件《盐城市串场河空间风貌管控办法》。

“两违三乱”整治 年内，市住房和城乡建设局围绕“治理、激活、更新”系统谋划，推进串场河水岸同治，实施“两违三乱”整治，有效改善水质。累计实施240.67千米，拆除违法、违章建筑301处，砂石厂、木材厂拆除63家，拆除空关破旧房、废旧建筑物、简易彩钢棚979处，清理违停靠、非法住家船、沉船344条。

截污治污 年内，市住房和城乡建设局推进串场河沿线镇村污水收集管网及配套设施建设，累计完成新建污水管网123千米，提升泵站22座，完成1座乡镇工业污水处理厂。

串场河防洪工程 年内，市住房和城乡建设局按照防洪排涝要求，累计完成串场河河道疏浚主河道约129千米，支流113条257千米，清淤632万立方米；新建（拆建）闸站13座，改造闸站30座，新建桥梁2座，修复历史桥梁1座。

整治工程 年内，市水利局对串场河整治工程完成设计变更项目概算批复内容，主要包括完成大新河闸站、东伏河闸站厂房维修出新、三墩港河道疏浚工程、大新河闸站、东伏河闸站自动化控制系统升级改造工程、大新河以南河口较宽段以及登瀛桥—黄海路两侧较宽段水生植物防护工程、东伏河闸站启闭机房改造、泵室移动盖板施工。完成串场河整治工程设计变更项目土建标段分部工程验收、单位暨合同工程完工验收、串场河整治工程设计变更项目自动化控制升级改造标段分部工程验收、单位暨合同工程完工验收。

水质监测 年内，市生态环境局对串场河流域进行检测，国考串场河大庆路桥断面水质达地表水Ⅲ类标准，各项指标年均值：溶解氧每升7.1毫克、高锰酸盐指数每升4.6毫克、化学需氧量每升16.3毫克、氨氮每升0.5毫克、总磷每升0.135毫克、五日生化需氧量每升2.7毫克。

沿线农业面源污染治理 年内，市农业农村局加强串河沿线农业面源污染治理。串场河沿线流域治理规模养殖场粪污治理率、设施配套率均为100%，畜禽粪污综合利用率超过98%，畜禽养殖废弃物资源化利用工作连续四年江苏省考核第一名。

岸堤绿化 年内，市住房和城乡建设局遵循“宜城则城、宜乡则乡、宜景则景、宜农则农”原则，满足不同生活人群的需求，因地制宜打造串场河沿线城中绿带、生态走廊。累计完成绿地面积285公顷，滨河路贯通150千米，绿道贯通57千米。

生态廊道建设 年内，市委、市政府重新审视串场河的作用，提出按照打造城市的重要发展轴线要求，对涉及6县（市、区）155千米的串场河进行全流域治理。遵循“宜城则城、宜乡则乡、宜景则景、宜农则农”原则，对照总体规划，结合本地特色，综合平衡好水利与园林、防洪与生态、亲水与安全、历史与现代等多方面的价值，实现串场河两岸生态文明与生产发展、生活富裕、文化繁荣之间协调多赢、互相支撑、互相促进的可持续发展，探索人与自然和谐共生的河道生态建设之路。全年沿河生态景观廊道建成，完成镇村发展规划，沿岸环境大力提升，沿线人文历史、自然遗产得到科学保护，智慧河道建设初具雏形，串场河沿线国考、省考断面为Ⅲ类水质目标，实现串场河沿线水清、岸绿、景美。

乡村景观农业片建设 年内，市住房和城乡建设局结合乡村振兴，发展特色乡村景观。按照现代农业的思路，发展高标准农田，特色田园乡村建设、完善农村配套设施。串场河全线建设乡村大田景观10处，打造特色田园乡村风貌4处，数字化农业示范区1处，保护修缮传统村落1处、特色农业地景1处。

重要节点景观带建设 年内，市住房和城乡建设局在保护串场河原有自然植被基础上，恢复河流自然生态功能，将硬质岸线改造成自然岸线，加强重要节点景观建设。市区段、东台及阜宁县城段等城区景观建设，东台市、阜宁县、大丰区沿线集镇以及建湖县上冈镇南部新城段景观节点全面完成。

串场河文化开发 年内，市住房和城乡建设局利用串场河独特资源优势，结合沿河人文资源挖掘，建设水浒文化园、天仙缘、珠溪古镇等景区，修缮丁溪传统村落，集合水街、欧风花街、新丰镇大团村特色田园、草堰镇宋代鸳鸯闸、安丰古街、富安镇丁湾古桥等建设特色节点，优化沿岸空间发展格局，统筹安排建设布局、环境提升、功能配套、特色产业。水街、欧风花街、天仙缘景区等初步实现人气聚集，促进文化旅游、餐饮零售、现代服务业等相关行业的发展，盐南高新区、东台市、大丰区结合全域旅游，筹划建设不同特色产业点。

（杨　毅　皋古平）

节能减排

概　况 2022年，盐城市投入各类生态环境保护经费41亿元，支持污染防治、生态系统保护和修复等工作。通过公开招标，委托南京大学环境规划设计院组织开展《盐城市“十四五”应对气候变化规划》编制工作，研究提出全市应对气候变化的政策举措。2月21日，《盐城市“十四五”应对气候变化规划》通过专家评审，并正式印发。开展碳排放重点行业、重点企业摸排工作，全市纳入全国碳排放权交易市场的电力行业重点排放单位15家企业，全部完成碳排放数据申报和碳排放数据核查工作。

节能管理 年内，全市加强节能管理工作，落实能源消费总量和强度“双控”制度，实施精准有序用能管控，实行能耗双控分析预警和能耗预算管理机制，加大整治虚拟货币“挖矿”等违法用电行为，严格控制不合理用能。严把新上项目准入门槛，研究制定“十四五”能耗指标管理办法，把能耗指标向能耗低、产值高、效益好的优质项目倾斜配置。坚决遏制“两高”项目盲目发展，强化节能减排，推动传统产业清洁化改造，加大落后过剩产能淘汰力度，推动能耗高、污染重、效益低的产业淘汰转型。

能源消费结构调整 年内，市发改委探索“风光火气氢”一体化开发，发展新能源和可再生能源，减少化石能源消费比重。至年底，全市新能源发电装机容量1252.85万千瓦，同比增长4.08%，占全省新能源发电装机容量的24.61%；全市新能源累计发电量265.17亿千瓦时，同比增长9.08%，占全省新能源发电量的29.33%，占盐城全社会用电量的59.07%。（王　晨）

建筑领域节能 年内，市住房和城乡建设局新增节能建筑面积803万平方米，绿色建筑占新建建筑比例100%，总节能量97万吨标煤，新增可再生能源应用建筑面积391.33万平方米。（杨　毅　皋古平）

交通领域节能 年内，市交通运输局开展交通运输行业能耗排放数据调查和分析，梳理行业能耗总量和强度基本数据，编制《盐城市交通运输绿色低碳发展行动计划》《盐城市交通运输局“双碳”及“双控”动态监测数据分析》，为推进碳达峰碳中和工作明晰具体任务。推荐“盐城市低碳智慧公交项目”申报省厅节能减排资金补助，获得省补资金200万元，并成功通过省交通运输厅审核、审查、结题验收。完成25艘600总吨以上内河船舶受电设施改造任务，304套岸电系统使用电量同比增长646%。创成省三星级绿色港口2家。淘汰高标排放营运柴油货车2374辆，新增更新新能源公交车379辆、纯电动巡游出租车383辆。（戴万林）

公共机构节能 年内，市机关事务管理局推进节约型机关创建工作，全市县级以上党政机关累计创建比例98.7%。示范创建和复核工作实行“点对点”服务，8家单位创建为省公共机构节能低碳示范单位，4家单位创建为省公共机构能效领跑者，19家2017年公布的示范单位通过复核。2家公共机构被评为省级节水型单位，1家公共机构入围“江苏省第三批水效领跑者”。推进公共机构生活垃圾分类星级库第二批入库工作，85家公共机构通过复评检查成功入库，通过率94.4%。10个项目获得节能改造专项引导资金，市行政中心等4个行政中心实施合同能源管理项目，27家公共建筑开展能源审计。全市公共机构实施太阳能光伏项目95个，装机总容量超1万千瓦，年均可节约经费1200万元。推进节约型机关食堂建设，节约粮食成为机关干部职工的自觉行动。市行政中心节能示范创建等3项工作，被国家机关事务管理局遴选为全国示范案例。（袁万龙）

碳排放管理 年内，市生态环境局高度重视环境影响评价在减污降碳源头治理上的管控作用，严把“两高”项目环境准入关，强化“三线一单”、规划环评以及相关产业规划约束作用，严格审查审批把关，坚决杜绝违反产业政策、超出环境容量的“两高”项目落地。同时，全面加强对涉化、涉煤、涉浆、涉废等重点领域项目排查管控、建立问题清单，严格环评审批，依法依规审批。印发《大气污染防治攻坚专项行动实施方案》《盐城市生态环境局机关干部下沉基层帮扶环境质量“提质增优”工作实施方案》，建立市、县两级大气污染防治攻坚调度指挥体系。重抓大户减排，加强在线监控研判，每日开展统计分析，发现问题及时交办核查。每日调度各地大气管控情况，督促国控站点周边涉挥发性有机物企业排查整治，落实市区22家重点排放单位开展科学减排。（张　明）

污染防治

水污染防治　年内，市生态环境局强化工业水污染防治，推进落后产能关停退出，实施绿色发展领军企业计划，完善清洁生产审核激励机制，加强能源、钢铁、石化、有色、化工、建材等重点行业系统治理，推动企业主动开展清洁用能改造、生产工艺改造、污染治理设施提标改造，提升重点行业绿色低碳发展水平。组织工业园区水污染专项整治，围绕工业园区污水集中处理设施建设运行、污水管网建设维护、环境风险防范以及化工园区初期雨水收集处理等，组织系统排查，建立问题清单，制订整治方案，实行“一园一策”。深化城镇生活污染防治，推进污水处理提质增效精准攻坚“333”行动，完善城郊结合部、城中村、老旧小区等薄弱区域污水收集系统，提升污水收集效率。根据《江苏省区域水污染物平衡核算方法（试行）》，全市划定县（市、区）城市规划区、产城融合省级以上工业园区核算单元20个，覆盖全市城镇生活污水处理厂21个（设计处理能力每日84.4万吨），公用自来水厂15座（日供水量约207万吨），核算范围总面积约为1440.24平方千米。以“污水处理提质增效达标区”为单位，系统排查农贸市场、小餐饮、夜排档、理发店、洗浴、洗车场、洗衣店、小诊所等“小散乱”排水及阳台、单位庭院排水，形成问题清单和任务清单，按达标区建设时序计划，及时整治到位。

海洋污染防治　年内，市生态环境局开展入海排污口监测溯源和整治，建立健全责任明晰、设置合理、管理规范的常态化监管机制，有效管控入海污染物排放。至年底，全市686个入海排污口中，完成整治569个，整治完成率82.9%，其中东台市、滨海县、响水县整治完成率100%。

大气污染防治　年内，市生态环境局改善全市环境空气质量，制定《盐城市2022年大气污染防治工作计划》。强化协同减排，推进低（无）挥发性有机物（VOCs）含量原辅材料替代，完成150个VOCs无组织排放治理项目、250个VOCs综合治理项目；强化挥发性有机液体储罐治理，完成690个储罐排查整治；督促49家第二批挥发性有机物排放重点监管企业编制并实施“一企一策”方案；推进工业园区和企业集群建设涉VOCs“绿岛”项目，推动建设集中涂装中心、活性炭集中处理中心、溶剂回收中心等，实现VOCs集中高效处理；推进重点行业深度治理，推动完成水泥、玻璃等重点行业和锅炉、工业炉窑等重点设施企业超低排放改造或深度治理、清洁能源替代项目200项。加强源头治理，通过深挖移动源减排潜力、加强船舶污染防治、加强非道路移动机械污染防治、强化油品储运销管理、推进大气氨污染防控、深化系统治污等方式强化协同减排；实施扬尘污染精细化治理，加强秸秆综合利用、禁烧，加强烟花爆竹燃放管控，开展餐饮油烟、恶臭异味专项治理，加强堆场、裸地扬尘污染控制、消耗臭氧层物质（ODS）淘汰管理、新污染物治理等。通过实施城市空气质量达标管理、深化差别化管控机制、完善重污染天气应对机制、强化大气环境执法监管、落实差别化价格政策等多方面完善工作机制。

土壤污染防治　年内，市生态环境局在全省率先印发《盐城市“十四五”土壤和地下水污染防治规划》，发布《盐城市地下水污染防治分区报告》，划定地下水优先保护区61个、治理区4个、风险管控区112个，落实分区管控措施。印发年度土壤污染防治工作计划，细化分解工作任务，压紧压实工作责任，按照工程化管理要求，系统防治土壤和地下水污染。抓转建设用地地块和9类行业疑似污染地块防治工作，会同市自然资源和规划局开展联动检查，对亭湖区联孚石化污染地块违法开发问题和射阳氟五车间、苏龙化工、冈中溶剂厂污染地块未进行风险管控问题，及时下达重要事项督办单，落实风险管控措施。推动全市178家高风险地块中124家落实土壤污染状况调查或进行风险管控，落实率为70%。全市保障重点建设用地安全利用，上半年分别按照建设用地规划许可证和建设工程规划许可证两种统计口径，对重点建设用地安全利用率进行核算，重点建设用地安全利用率均为100%。组织土壤专项审计发现问题整改“回头看”，审计反馈的32个问题中30个问题全部整改到位，未完成整改的2个监测问题以通报和推进会的形式进行推进，各地于10月底前完成监测。全市申报土壤污染防治、农村生活污水治理、地下水污染调查和防治14个项目，申请资金总额约6.4亿元。其中，亭湖区、射阳县2个农村生活污染项目通过省评审并推荐上报国家库；滨海托球农化有限公司土壤染源头管控项目入国家库，获批中央土壤污染防治资金61万元。

农村生活污水和黑臭水治理　年内，市生态环境局将农村生活污水和黑臭水治理纳入污染防治攻坚年度任务和全市为民办实事项目。“十四五”以来，全市累计投入21.34亿元，建成集中式污水处理设施605个、分散式污水处理设施1950个，全市652个行政村达到“双60”治理标准，治理率33.6%。推进农业农村污染防治，安排秸秆机械化还田，加大秸秆离田收储利用力度，实施农田退水治理试点，完善农田退水监测网络，在国考、省考断面和饮用水水源地上游沿线地区，采取种植结构调整、直播稻转机插秧、化肥定额、生态化改造等措施，减少农田退水影响。推进农村生活污水收集处理，贯彻落实《江苏省农村生活污水治理提升行动方案》，分类补齐农村生活污水治理短板，制订《农村生活污水处理设施运行维护管理办法》，推进社会化治理试点，开展建设施“回头看”。推进农村黑臭水体整治，根据国家《农村黑臭水体治理工作指南（试行）》相关要求，结合生态河道改造，综合采取“控源截污、内源治理、疏浚活水、生态修复、长效管理”等措施，推进农村黑臭水体治理，整治率100%。推进农田排灌系统生态化改造试点，印发《关于扎实开展农田排灌系统生态化改造推动区域水环境质量改善的通知》，明确各地生态化改造任务，优先在地表水国考、省考断面以及饮用水水源等重要水体上游沿线区域开展农田排灌系统生态化改造。

辐射污染防治 年内，市生态环境局印发《盐城市“十四五”核安全和辐射污染防治规划》《盐城市2022年危废和核与辐射污染防治工作方案》，规范企业辐射安全管理，印发《关于加强全市核与辐射安全管理工作的通知》，指导全市核技术利用单位履行相关手续，完善工作机制。建立“辐射项目全流程工作告知制度”，函告企业办理全流程相关事项，提升对全市核技术利用单位的监管与服务水平。落实“不见面审批”制度，坚持“一网通办”，推行辐射安全许可证电子证照化，畅通行政审批绿色通道，对部分时间紧、任务急的项目，实行受理、公示、评估、审查流程“四同步”，辐射项目审批基本做到按期办结，群众满意率为100%。全年完成辐射建设项目环境影响评价报告表批复55项、辐射安全许可审批55项、放射性同位素转让审批21项、放射性同位素异地使用备案9项、废旧放射源回收备案6项。对全市核技术利用单位开展执法检查，开展专项检查任务127批次，检查企业单位106家次，出动254人次，对存在安全隐患的52家单位均责令整改并督促按期完成。对全市申报环境影响评价报告表的单位进行55次现场核查，对申领及延续辐射安全许可证的单位进行40次现场核查。 （张 明）

生态环境监管

环境保护督察 年内，市生态环境局针对2022年中央生态环境保护督察交办问题，坚持每月调度督察问题整改进展情况、对各地完成情况不定期通报等举措，形成“月报告、季通报、年考核”的工作制度。组织制定《关于规范和加强生态环境保护督察整改验收销号工作的通知》，对整改验收销号范围、方式、原则、标准、流程和工作要求进行明确，建立“地方申报、材料预审、市级验收”三级工作机制，确保整改验收销号形成闭环。中央环保督察交办的312件信访件，完成整改310件，整改率99%。开展长江经济带生态环境警示片披露问题整改销号工作，省长江经济带警示片披露2项问题（亭湖区大洋街道黑臭水体问题、东台保护区违规养殖问题），按时完成整改销号；国家长江经济带警示片披露2项问题（滨海沿海工业园区中心渠油污上浮问题、亭湖区新高和路桥码头违规经营问题）加快推进整改。按照《江苏省长江经济带生态环境问题整改验收销号工作办法》和整改方案要求，市生态环境局及时督促整改责任单位会同市级验收部门针对完成整改的问题制作销号台账，报市领导审核同意后，向省政府申请销号。同时与省验收部门沟通协调，组织开展省级验收。强化跟踪对接，取得省生态环境厅、省长江办出具的验收销号确认表，确保问题销号。印发《关于做好长江经济带警示片披露问题“举一反三”排查整改工作的通知》，组织各地、各部门围绕重点关注、重点区域、重点领域、重点行业4个方面30个类型，全面排查关联性、衍生性问题，彻底消除问题隐患，保证整改成效。

环境执法监管 年内，市生态环境局在全省率先建成生态环境指挥调度中心，推动全市95家企业视频监控、1100余家企业用电监控实现省市联网，常态化开展“分析研判＋预警响应＋核实查处”非现场执法。全年出动执法人员5.6万人次，检查企业2.6万家次，立案调查838件，罚款金额6366万元。制定非现场执法管理办法，完善非现场监管体系，明确非现场执法的步骤程序，厘清数据线索的筛选、研判、交办、存档的具体流程，建立健全电子证据审核规范。坚持动态更新正面清单，正面清单内企业原则上不纳入检查范围，加大正向激励力度。构建以排污许可为核心的固定污染源执法监管体系，加强全要素全流程固定污染源“体检式”执法监管。对具有集团化、专业化、链条化特征的违法犯罪案件进行严查严办；依法对轻微且未造成危害后果的违法行为予以免罚，对轻微违法行为且采取整改措施积极消除或减轻危害的予以轻罚。强化巩固市生态环境执法局纪检室监督监管作用，制定生态环境执法事项全过程监督管理制度实施方案，通过增加第三人全过程参与执法监督等措施，将纪检监督设置在执法一线，从源头遏制化解执法人员渎职失职风险。

重点污染企业监测 年内，市生态环境局通过及早部署、按期通报、领导督查等形式，按期完成联网总数任务。全市排污单位应联网总数（去除加油站）为1505家，联网企业总数1647家，联网率109.43%，其中重点排污单位联网233家，联网率99.14%，排污许可领证单位联网526家、园区限值限量企业联网293家，VOCs重点企业联网59家、重污染天气应急管控企业用电联网929家，产污治污设施均联网的472家。

（张 明）

科学技术

编辑　裴力民

科技项目

概　况　2022年，盐城市科技局争取省级以上科技计划项目68项，争取省级以上科技经费1.2亿元，其中省重大科技成果转化4项，争取省科技经费5830万元，项目立项数和资金数均列苏北第一位。设立3000万元科技计划专项，编制完成23条重点产业链创新图谱、关键核心技术攻关项目清单和重点项目指南，联合重点企业，发布9项产业链揭榜挂帅重大项目，总投入7900万元。市科技局联合市财政局印发《加快科技创新发展激励政策实施细则（试行）》，加大科技激励创新20条等政策宣传落实力度，引导企业用好用足政策。年内，全市分两批兑现政策，兑现奖励资金1.4亿元，其中，市本级财政承担7081.35万元。

工业前瞻关键技术攻关　年内，市科技局组织梳理各地、各部门重点产业链关键核心技术攻关重点项目173项、指南建议156条，联合省科技发展战略研究院编制形成《2022年度盐城市产业链关键核心技术攻关项目指南》，经过项目申报、专家评审工作，最终确定“揭榜挂帅”项目3个、竞争项目25个、后补助项目7个。其中，江苏润阳悦达光伏科技有限公司、江苏谷登工程机械装备有限公司等3个项目获省重点研发计划（产业前瞻与关键核心技术）项目立项支持。

重大科技成果转化　年内，市科技局摸排重大成果转化项目，经前期现场考察，县（市、区）推荐，组织18个项目申报省科技成果转化项目和双碳专项资金项目，服务企业做好项目材料整理完善工作。经评定，江苏正大丰海“非小细胞肺癌靶向新药第三代EGFR抑制剂的研发及产业化”等4个项目获省科技厅立项支持，带动企业资金投入3.04亿元，争取省拨资金5830万元。

产学研合作

概　况　2022年，盐城市科技局围绕重点产业领域，开展高校院所科研成果和园区技术需求“双征双推”，摸排企业技术需求746条，征集清华大学、北京大学、中科院等50多所高校院所科研成果成果3800多项，举办重大产学研活动28场次，新签订产学研合作项目1182项。组织参加首届江苏产学研合作对接大会，1项重点项目参加大会“云签约”，达成206项合作备案项目。组织开展专题产学研活动，组团参加首届江苏产学研合作对接大会、苏北五市产学研合作大会，举办盐城—南京科创合作洽谈会、全市“专精特新”企业产学研对接会等活动28场次，累计签约实施产学研合作项目1182项。其中，全市第一批省产学研项目97项获得立项，第二批省产学研项目85项获得立项，总数182项，居全省第二位。

盐城—南京科创合作洽谈会　5月31日，2022盐城—南京科创合作洽谈会在盐城举办。洽谈会采用线上线下相结合的方式，推介全市科技创新情况，发布盐城重点产业的创新需求，选取20项产学研合作项目进行集中签约。

盐城工学院产学研专场对接洽谈会　8月16日，盐城工学院产学研专场对接洽谈会在盐城举办。洽谈会采取线上线下相结合的方式举行，市区有关产业链重点企业和科技局负责人、工学院相关理工类学院院长和研究所负责人等100余人线下参会，其他县（市、区）科技局设立分会场，盐城工学院其他科研骨干以及其他企业负责人等线上参会，洽谈会网上直播人次近4000人次。

市“专精特新”企业产学研合作对接会　9月27日，2022年盐城市“专精特新”企业产学研合作对接会在盐城举办，对接会采取线上线下相结合的方式举行，市区部分“专精特新”企业及培育企业负责人和科技局负责人、有关高校院所科技处负责同志、专家教授等150余人线下参会，其他县（市、区）科技局设立分会场，有关高校院所专家教授、企业负责人线上集中收看直播，网上直播人次近4000余人次。

市科技人才载体推介对接会　11月12日，中国·盐城第十二届沿海发展人才峰会分会场活动——盐城市科

11月12日，在盐城市科技人才载体推介对接会上，21个人才载体合作项目集中签约。　　市科技局　供图

技人才载体推介对接会举办。会上解读推介盐城市人才政策和科技创新政策，江苏高校科技成果转化（盐城）基地正式揭牌，举行省级企业研发中心、省研究生工作站、市外国专家工作室授牌仪式，现场签约21个科技人才载体建设项目。

参加首届江苏产学研合作对接大会 3月22日，组织全市企业参加首届江苏产学研合作对接大会线上对接，1项重点项目参加大会"云签约"，200余家企业分别参加21场项目路演专场活动，120余家企业在线上参加对接洽谈，通过线上活动，达成206项合作备案项目。

科技平台

概　况 2022年，盐城市与省产研院签约共建江苏沿海可再生能源技术创新中心，并与中科院电工研究所达成战略合作协议，打造海上可再生能源产业创新高地。黄海碳中和技术创新中心加快建设，离岸孵化工作全面启动，在北京、上海、杭州、南京等地新签约落地离岸孵化载体14个。

研发机构 年内，市科技局组织2批1149家单位申报市工程技术研究中心，认定809家市级工程技术研究中心，其中517家为规模以上企业，全市规模以上企业研发机构建有认定率40%。组织省级以上研发机构申报工作，新增省级以上研发机构122家，其中新增省工程技术研究中心33家、新获批省研发型企业1家、省研究生工作站20家。围绕23条产业链，新建产业新型研发机构10家，6家启动运营；推动园区与高新科研院所共建新型研发机构，推进企业研发管理体系建设，建立70家企业研发管理体系培育库。加强省级研发机构管理，对生物医药、电子信息、能源环保领域的28家省工程技术研究中心进行绩效考评，经专家评定8家考评优秀，19家考评合格，对1家考评不合格的中心摘牌处理，推动全市58家企业开展企业研发机构贯标。

科技孵化器 年内，市科技局开展2021年度盐城市科技企业孵化器绩效评价，确定优秀孵化器6家、良好孵化器7家。建湖县悦湖之星孵化器、盐都区盐西孵化器获批国家孵化器，励行科创中心等3家孵化器获批省级孵化器。

众创空间 年内，全市制定《盐城市众创空间备案管理办法》，开展市级众创空间核定工作，取消太湖学堂等众创空间市级备案资格。盐南高新区大数据众创社区获省科技计划专项资金（创新支撑计划科技型创业企业孵育）立项支持。

常盐科创飞地　　市科技局　供图

科技创新

科创飞地 2022年，盐城市科技局贯彻落实省委、省政府关于创新完善南北结对帮扶合作机制的决策部署和省科技厅《关于深化南北结对帮扶支持科创飞地建设的通知》，常盐工业园、滨海、阜宁作为"飞出地"，分别在常州、溧阳、武进3个"飞入地"建立3个跨区域创新合作共同体——"常州·盐城科创飞地""武进·阜宁科创飞地""溧阳·滨海科创飞地"，推进常州动力电池、新能源汽车等产业创新资源要素与盐城对接，实现优势互补、合作共赢。8月26日，常州市科技局、盐城市科技局签署框架合作协议。9月14日，在常州举办科创飞地揭牌仪式暨合作共建协议签署仪式。常盐科创飞地建筑面积达到1.29万平方米、投入资金2595万元；武阜科创飞地建筑面积3.2万平方米、投入阜宁财政资金51万元；溧滨科创飞地建筑面积5000平方米、计划投入资金5000万元。全年共签订产学研合作协议5项，引进科技副总1名，建立市级以上工程技术研究中心及人才站点2家。

江苏沿海可再生能源技术创新中心 8月，江苏沿海可再生技术创新中心正式成立，由江苏省产业技术研究院、盐城市政府和盐南高新区共同出资建设，中科院电工所、金风科技、上海电气等作为主要共建方合作建设。中心定位于构建集公共研发载体、产业需求和创新资源于一体的沿海可再生能源产业技术创新体系，聚焦海上风电、海上光伏、氢能和储能等可再生能源前沿技术、关键共性技术以及应用技术，打造项目、人才、金融、空间等要素组成的开放式创新生态，建成创新资源集聚、组织运行开放、治理结构多元的国际一流研发机构和创新基地。

盐城市科创中心　年内，市科创中心招引域外高层次科技服务机构，打造高端科创服务平台，提高全市科创资源集聚能力。与40多家科技服务机构达成入驻意向，22家科技服务机构签约入驻。开展科技咨询、科技金融、知识产权、成果转移、人才引进、项目申报等专业化和集成化服务，构建高效、协作的创新服务体系，实现科技资源与产业有效对接，为全市创新主体提供高层次综合性服务。

中国创新挑战赛　年内，市科技局围绕23条重点产业链，聚焦新一代信息技术领域，摸排企业技术创新需求，探索"揭榜挂帅"新机制，推动企业与高校、科研院所联合开展关键核心技术攻关。分启动仪式、需求征集及分析、需求发布、解决方案征集与需求对接、现场赛5大环节开展，累计摸排企业352家，挖掘技术需求402项，梳理公布100项重点技术需求榜单，主动对接52家高校院所，帮助需求企业一对一匹配对接有效解决方案58项。签订32份意向协议，协议金额3132万元；技术合同4份，合同金额1773万元。

承办省科技创业大赛环保行业赛　年内，"创业江苏"科技创业大赛是由省科技厅、省人才办等单位共同指导举办的大型创业类赛事，全市共组织2697个项目报名参赛，占全省报名数的34.76%，连续8年报名数全省第一位。2022年省科技创业大赛环保行业赛首次落户盐城举办，推进优质科技资源向我市集聚，提升全市企业核心技术研发能力，累计签订合作协议和项目110多项。

省专利（成果）拍卖季智能制造产业专场活动　9月21日，2022年江苏省专利（成果）拍卖季智能制造产业专场在盐城举行，共有智能制造领域高新技术企业、相关高校院所、科技镇长团、技术转移机构和技术经理人代表近百人参加现场活动，相关金融单位发布"揭榜挂帅"技术转移专项金融服务产品。智能制造产业专场挖掘盐城企业需求210多项，牵线超40项意向对接，促成10个项目成交、签约金额271万元，促成5项专利成果签约。来自南京航空航天大学、南京邮电大学等多项优质成果进行了现场路演，并进行互动交流。

第三届中国·盐城创新创业大赛　年内，第三届中国·盐城创新创业大赛开赛。全市2158个企业、团队项目报名参加。成都、深圳、杭州、西安4场市外专场赛吸引192个项目报名参赛。经角逐，推荐81个项目参加第十届"创业江苏"科技创业大赛，获得一等奖2个、三等奖3个，获奖数列全省第六位、苏北第一位。其中，5个项目参加第十一届中国创新创业大赛，获得优秀奖2个。

科技交流与合作

概　况　2022年，盐城市加强对外科技交流合作，苏港（盐城）产业创新中心入驻企业12家，中韩（盐城）产业园未来科技城入驻纽禄美卡韩国智能机器人研究院等项目10多个，盐城环保科技城水与环境技术研发中心在德国创建中德联合创新中心。组织企业单位参加中国—中东欧国家技术线上合作交流大会、第二十届中国国际人才交流大会等各类国际交流活动，帮助需求单位与国外知名高校和专家对接匹配。加强与日本技术士会等国际知名专家组织联系，帮助江苏富乐华半导体科技股份有限公司、江苏华久特钢工具有限公司等企业对接技术资源和专家。加大引智宣传力度，与中央广播电视总台等主流媒体对接，对2021年江苏友谊奖获得者尼可先生进行《中国缘 郁金香情缘》专题宣传。

科技人才　年内，市科技局制定《关于推进全市人才载体建设的实施意见》，联合市教育局、市卫生局印发推进新时代人才强市"7+1"系列政策文件《关于推进全市人才载体建设的实施意见》，拟定《关于推进全市人才载体建设的实施细则（征求意见稿）》并开展意见征集，加强科技人才管理工作。组织国家创新创业领军人才等国家级人才项目答辩工作，江苏中创清源科技有限公司李兵、江苏润阳新能源科技股份有限公司陶龙忠、江苏恒隆通新材料科技有限公司

9月23日，第三届中国·盐城创新创业大赛杭州专场赛暨科创资源推介会在杭州举办。
盐城高新区　供图

许云刚申报国家创新创业领军人才。申报省“双创”团队5个、“双创”博士1人，经省科技厅审核，江苏盛安传动股份公司TUPOLEV VALERII团队、江苏和信石油机械有限公司窦斌团队、江苏德龙镍业有限公司谢广明团队3个团队入围。开展2022年市“黄海明珠”人才计划项目申报工作，推荐和信石油、长虹智能2个团队项目。

外国人才引进 年内，市科技局集聚外国专家资源，组织实施引进高端外国专家项目，有15个项目获得国家高端外国专家引进计划立项，资助经费428万元。实施2022年度市级引智项目，引导和支持企事业单位引进海外高层次人才，立项13个，资助经费88万元。

外国专家工作室建设 年内，全市印发《盐城市外国专家工作室管理办法》，加强和规范市外国专家工作室建设和管理，认定2022年度市外国专家工作室19家。全市获批省外国专家工作室12家，江苏坤泰机械有限公司获评省优秀外国专家工作室，获得奖励资金50万元。

行业科技

概　况 2022年，盐城市科技局以“科技创新推进年”活动为抓手，实施高新技术企业培育壮大、科创载体集群、产业创新提升、区域创新协同、创新生态优化“五大工程”。全市全社会研发投入占比2.23%，同比增长0.11个百分点，增幅三类地区排名第一；全市高新技术产业产值3553.22亿元，同比增长32.45%，增速全省第一，4个省级以上高新区对标找差补短板，在国家和省年度评价中稳步进位。全市高新技术产业实现产值3553.22亿元，同比增长32.45%，增速位列全省第一位，占全市规模以上工业产值比重49.4%。

农业科技 年内，大丰国家农科园规划修编经市人大审议，通过科技部专家组视频答辩，在申建省级农业高新技术产业示范区，建设规划正式启动编制。响水国家农科园以专家打分全国25家中位列第三的排名，通过科技部验收。启动市重点研发计划（农业）项目，聚焦23条重点产业链中的粮油果蔬育种与加工、肉制品加工，组织关键核心技术联合攻关，发布项目指南和申报通知。向上争取科技资金，共推荐申报省重点研发计划现代农业项目12项，江苏沿海地区农科所的“苏啤14号”“盐油杂7号”新品种获立项、资金100万元；申报省创新支撑计划乡村产业振兴项目35项，其中永弘机械的“2BQJF-4型免耕精量施肥播种机”等13项成果应用示范项目和8项科技帮扶、3项社会化服务项目获得立项，获得资金1990万元。培育农业科技主体，认定市级农业科技型企业41家。落实市20条奖补政策，共有3家省级星创天地获60万元，4家省级、10家市级农业科技型企业获得180万元，2家省级星创天地获得10万元奖补。组织亭湖果蔬农村科技服务超市申报江苏省草莓产业科技超市共同体，与省草莓产业体系首席专家签署三方合作协议。

“双碳”科技 年内，市科技局设立市级科技计划体系，在2022年市级重点研发计划（社会发展）项目中安排一定预算资金用于碳达峰碳中和项目，围绕碳减排、碳捕集、生态修复等，联合省科技发展战略研究院编制8个方向的项目指南。推动建设绿色低碳示范区，推动完成上级合作协议，围绕碳达峰碳中和编制市级重点研发计划（社会发展）项目指南并启动组织申报工作。市科技局组织南京大学环保研究院等单位开展“双反应活性中心类芬顿催化材料的开发”等技术研发，获得省社会发展面上项目2项、获资金100万元，获得省自然基金青年基金10项、面上项目4项，资金240万元。中车电机承担的“12MW级及以上永磁风力发电机研发及产业化”等4个项目获省碳达峰碳中和科技创新专项立项，获得省拨经费2530万元。

林业科技 年内，全市重视林业科技的支撑作用，以科技创新引领林业高质量发展，实施一批科研项目。在植树造林方面，加强与高校、科研院所的合作，东台市与省林科院合作，加强苏北沿海盐碱地生态防护林营建技术研究，应用推广“江苏沿海盐碱地降盐改土技术”开展乌桕、落羽杉等林木良种的规模化繁育技术示范。大丰区与江苏省中国科学院植物研究所在重度盐碱地推广示范优质耐盐草坪草新品种和盐土草坪建植新技术。在林木品种认定方面，盐都区林业技术服务站申请的黄果枸骨、艾米丽（冬青）、响水县红泰家庭农场申请的德西拉布（薄壳山核桃）、盐城市林业站参与申请的极美（豆梨）等品种通过省林木品种初审。在林业有害生物防治方面，与南京林业大学合作，加强对杨树新虫害坡面方胸小蠹的发生规律、致病机理及防控技术的研究。

水利科技 年内，市水利局申报2022年度水利科技研究“新洋港闸下移工程生态补水闸下河道气动防淤技术研究”“人工湿地挺水植物凋落物立枯分解释放机理及减污固碳协同调控研究”“水利枢纽精细化管理关键技术研究与应用”“现代化灌区用水总量动态调度及AI分析”“河道水环境治理及生态修复智能化控制系统”5个课题。配合省水利厅开展研究课题评选工作，同时督促各在研课题研究项目承担单位严格按照水利科技项目合同规定要求，完成课题项目，开展课题验收评定工作。阜宁县水务局和江苏润州建设有限公司的“现代化灌区用水总量动态调度及AI分析”项目被列入省水利科技项目。

科技金融 年内，全市强化科技金融支撑，向科技型小微企业、新型研发机构等137家科创主体发放科技贷款4.07亿元，发放81.93亿元。开展助企纾困行动，联合南京银行开展科技型中小企业“创鑫行动”之纾困抗疫专项服务；联合中国银行开展科技金融“一体两翼”助力企业创新能力提升行动，摸排50多家科技型企业融资需求；联合中国人民银行落实“苏创融”政银金融产品，联合市银保监局开展科技型中小企业银企融资对接专项行动。配合省创业中心做好2022年度“助力创业企业行动”政策直通车和拟上市科技企业专项培育等活动。江苏富乐华半导体科技股份有限公司、江苏科易达环保科技有限公司等9家企业入选拟上市科技企业专项培育计划，5家企业获省“揭榜挂帅”技术转移专项金融服务产品授信。

高新区安监信息平台建设 年内，市科技局对4家省级以上高新区（盐城高新区、盐南高新区、建湖高新区、环保高新区）2021年度主要指标进展情况及排名进位情况、2021年度综合评价情况及排名进位情况进行分析，对高新区涉及的各项一级指标和二级指标进行分析、研究，形成分析报告，帮助省级以上高新区对标找差补短板。4家省级以上高新区获得省级3130万元奖补资金。根据市委、市政府安排，组织盐城高新区、盐南高新区开展“对标赶超 争先进位”活动，帮助高新区深入研究对标园区好的经验做法，构建对标监测评价指标体系，定期检测分析，对对标进展和成效跟踪评价。督促各高新区推进安全专项整治，4家高新区均完成安全风险评估，建成集约化可视化安全监管信息共享平台。

科技管理

概　况 2022年，盐城市科技局根据科技创新推进年工作整体部署，设立2022年度科技计划项目体系，主要包括基础研究、重点研发、创新能力建设、政策引导等计划。制定《盐城市科技计划项目管理办法（试行）》《盐城市科技计划项目立项工作操作规程（试行）》，编制软科学、国际科技合作（引进智力）、重点研发计划农业、重点研发计划社会发展以及基础研究、重点研发计划工业等实施细则。牵头推进产业创新工程强化产业科技招商，将科技招商纳入全市招商引资工作体系，加大考核权重，推动同步招引研发机构、领军人才，鼓励招引国家重点支持高新技术领域企业和项目。

科技类校外培训机构准入管理 年内，市科技局联合市科协印发《关于规范盐城市科技类校外培训机构准入管理工作的意见》。采取“四不两直”方式，对全市科技类校外培训机构进行随机督查，并及时通报检查中发现的问题。为防范“退费难”“卷钱跑路”等损害群众利益等问题发生，按照省科技厅要求，推动各县区制定校外科技类培训机构准入办法。

高新技术企业认定 年内，全市编制发布《全市高企培育壮大三年行动计划》，围绕2025年达到3000家的要求，细化年度目标任务，建立高企培育库，完善工作机制，加大政策激励，统筹打好高企培育“组合拳”。全年推荐1272家企业申报高新技术企业，353家企业通过，全市高新技术企业总数1986家，居全省第六位。

科技型、创新型企业培育 年内，全市强化科技型中小企业评价工作，市科技局组织4987家企业参评，4764家企业通过国家科技型中小企业评价。启动创新型领军企业培育行动，江苏丰东热技术有限公司、江苏金风科技股份有限公司、江苏润阳新能源科技股份有限公司、江苏正大丰海制药有限公司、江苏中车电机有限公司5家企业获批省创新型领军企业，江苏鑫蕴模塑科技有限公司等69家企业进入市创新型领军企业培育库。9家科技企业进入省科技企业上市培育库，江苏斯瑞达材料技术股份有限公司获批省研发型企业。

瞪羚、独角兽企业培育 年内，全市瞪羚、独角兽入库培育企业数量分别为273家、22家。通过省市评估瞪羚企业89家、潜在独角兽企业6家，其中江苏润阳新能源科技股份有限公司获评江苏独角兽企业，实现苏北地区零的突破。

科技副总申报和认定 年内，市科技局联合市人才办组织省“科技副总”申报工作，认定262名省“科技副总”，认定数量居全省第三位；新认定90名市“科技副总”。

科技创新送服务 年内，全市科技系统开展“科技创新送服务”活动，累计服务企业378家、科研机构89家，对接解决问题50多项。开展安全生产大检查行动，严格落实科研机构安全生产监管责任，加强高新区安全生产管理，推动集约化可视化安全监管信息共享平台建设；编制科研院所实验室安全管理指南，开展安全生产专项督查，年内未发生任何科研领域安全生产事故。

技术转移服务 年内，市科技局围绕“专精特新”产学研对接会、第二届江苏省专利拍卖季盐城先进制造专场等活动，走访企业，组织专家与企业对接，摸排企业需求402项，在省技术市场发布需求100多项。培育壮大技术转移服务队伍，培育技术经理人200多人，通过建立积分制，新增持证技术经理人30多人，做好专业技术转移服务机构培育工作，向省技术市场推荐6家技术转移机构申请省技术经理人事务所。　（高文超）

教　　育

编辑　裴力民

综　述

教育发展　2022年，盐城市有各类学校1271所，在校生108.69万人，教职工9.68万人。其中，普通高校6所，招生3.69万人，在校生10.22万人；职业高中（含普通中专、成人中专）13所，在校生4.97万人；普通中学294所，在校生35.65万人；小学280所，在校生42.1万人；幼儿园670所，在校生15.57万人；特殊教育学校8所，在校生0.18万人。全市各类教育继续保持协调发展，幼儿园毛入园率99.57%，全市初中毕业生升学率99.85%，在校生年巩固率99.56%；小学毕业生升学率100%，在校生年巩固率99.85%。

校园建设　年内，全市教育经费总投入235.86亿元，比上年增加9.9亿元，同比增长4.38%。其中，一般公共预算教育经费159.33亿元，比上年增加7.93亿元，同比增长5.24%。加大学校建设力度，实施各类教育项目134个，新建、改扩建学校56所，其中新建学校37所，新增学位6.32万个。实施义务教育学校“薄改提升2.0工程”，投入资金4.29亿元，“一校一策”改善提升薄弱学校65所，全部达到省定办学标准。

招生考试　年内，全市有7.88万名考生参加中考，3.04万名考生参加高考。全市高等教育自学考试参考2.85万人，全国计算机等级考试参考2.94万人，成人高考参考2.3万人，研究生考试参考1.77万人，中小学教师资格考试笔试参考4.04万人、面试参考1万人，大学英语四级、六级考试参考6.51万人，书法艺术水平等级考试4万人，其他各类教育考试参考10万余人。

教育惠民　年内，市教育局实施新一轮教育惠民行动，开展中小学校优质均衡“十项提升”教育惠民行动，围绕实验教学设施、智慧校园融合应用、校园卫生保健服务、学生在校就餐服务、教室宿舍空调配备、学生洗浴条件保障、厕所卫生安全达标、教室照明条件达标、学生桌椅配套达标、体育设施建设达标10个方面，投入资金7.42亿元，提升全市中小学办学条件。全市新（改）建学校食堂餐厅3.7万平方米，学生浴室及厕所2.2万平方米，更换课桌椅6.3万套，改造144所学校教室照明设施，师生在校就餐、生活卫生、在校学习等方面服务保障水平有效提升。

教育信息化建设　年内，全市100%的普通高中教育学校实现1000兆进校、90%以上的义务教育学校实现500兆进校、100%的中小学教学班级实现100兆到班。全市中小学师生实名制学习空间覆盖率100%；“教育资源公共服务平台”和“教育管理公共服务平台”应用率100%。初步建成盐城智慧教育云平台，依托“我的盐城”App建成教育应用系统，在全省首家实现城市义务教育学校网上招生。80%以上的乡村薄弱学校建成“城乡结对互动课堂”。国家中小学智慧教育平台、省名师空中课堂注册使用率100%，居全省第一位。在全省率先启动智慧校园建设工程，全市中小学建成省级智慧校园543所，占比92.3%；建成市智慧校园568所，占比96.3%。建成省级智慧校园示范校14所，3个县（市、区）被推荐为江苏省智慧教育样板区建设培育区域。通过自建或购买等方式，汇聚优质数字教育教学资源30万节，实现学段、学科全覆盖。全市有66节课入选省级基础教育精品课、16节课入选部级基础教育精品课，入选数量均居全省第三位。在江苏省“领航杯”信息化教学优质课大赛中，连续四年取得总成绩全省第一的成绩。

语言文字工作　年内，市教育局面向社会人员开展普通话测试18期31场，服务考生1.37万人。开展多种形式的普通话推广工作，成立“推普周”活动领导小组，对各地各学校开展第25届推普周活动提出明确要求，引导社会各界尤其是广大师生不断增强自觉规范使用国家通用语言文字意识。各地各学校利用校园电子显示屏、墙报、橱窗、黑板报、校园广播站等形式作为宣传阵地，取得良好的宣传效果。组织发动全市中小学师生开展“筑梦向未来”2022年度中华经典诵写讲系列活动，逾2000人参赛，遴选210篇经典诵读作品报省参赛并获得佳绩；组织2022年江苏省教师国家通用语言文字教学能力大赛盐城赛区比赛，遴选41个作品赴省参赛。

“我的盐城”App“智慧教育”专栏　　盐城市地方志办　供图

“双减”政策落实 年内，市教育局印发《盐城市义务教育学生作业管理办法》《盐城市义务教育学校考试管理办法》，减轻学生作业负担和考试压力，促进学生健康成长。组织参加省义务教育学生作业评比，并获得一等奖17个、二等奖37个。推行“5+2”课后服务、周六和寒暑假托管服务，全市有66万名中小学生、4.6万名教师参与课后服务，参与率97.32%、93.36%。落实校外托管机构监管责任，制定《盐城市校外托管机构监管责任清单》，建立完善“横到边、纵到底、全覆盖、无缝隙”全域监管机制，583家义务教育阶段学科类校外培训机构注销及转型580家，压减比例99.49%，列全省第三位。推进校外培训机构预收费资金监管，线下机构“营转非”及资金监管比例均为100%，位居全省前列。盐城市第一小学、盐城市新洋实验小学、东台市梁垛镇台南中学获评省首批“双减”示范创建学校。各地各校“双减”先进做法被《新华日报》《中国教育报》《扬子晚报》《江苏教育报》、人民网等媒体报道。

儿童青少年近视防控 年内，全市中小学生近视率从68%降至53%，降幅居全省第一位。组织开展全市教育系统近视防控宣教月和全国“爱眼日”宣传教育活动。做好省儿童青少年近视防控宣讲团成员遴选推荐工作，全市13名教师、12名学生入选宣讲团，并在卫健部门的指导下开展相关宣讲工作。做好全市综合防控儿童青少年近视工作评议考察和视力监测工作，对滨海县和亭湖区各8所学校开展视力监测工作。建立学生视力档案，全市学生视力建档率94.84%。

教育交流合作 年内，盐城加强推进中小学国际合作交流，100余所中小学与国（境）外学校结为友好学校。全市3个合作交流项目入选省“十四五”教育对外开放质量提升工程基础教育职业教育重点建设项目。落实各校成立合作办学办公室对中外合作项目进行专人管理，并将中外合作项目纳入学校招生计划进行招生，加强对外语教师考核评估。

（吴恒广　陈尚伟）

学前教育

概　况 2022年，盐城市有各类幼儿园670所，幼儿园毛入园率99.57%。印发《盐城市“十四五”学前幼儿教育发展提升行动计划》，拓展公办园资源，全年新建公办幼儿园22所。通过请专家、结对子、派骨干、跟班学、预评估等措施，加大优质幼儿园创建指导力度，创建省、市优质幼儿园50所，省、市优质园覆盖率93%。落实《3~6岁儿童学习与发展指南》，召开第二届“幼小衔接”工作推进会，通过现场观摩、交流经验，推动各地各类幼儿园科学做好幼小衔接工作，推进区域课程游戏化建设，提高科学保教水平，帮助儿童实现从幼儿园到小学平稳过渡。

学前教育优质普惠发展 年内，市教育局加大对普惠性民办园政策扶持，通过政府购买服务、以奖代补、派驻公办教师等方式予以扶持，引导民办园办成普惠性民办园，新认定普惠性民办园10所，全市普惠性民办园总数276所，全市公办及普惠性民办幼儿园覆盖率91%。落实《盐城市城镇新建居住区配建学校实施办法（试行）》，加强小区配套园规范管理，新建配套幼儿园由所在地县级教育行政部门安排举办公办幼儿园或普惠性民办幼儿园。试行“托幼一体”教育，在充分保障3~6岁幼儿教育的基础上，鼓励有条件的幼儿园面向2~3岁幼儿提供托育服务，全市有127所幼儿园开设托班，其中公办幼儿园23所、民办幼儿园104所，接收幼儿3695人。

盐城市大丰区幼儿园 盐城市大丰区幼儿园创建于1959年，是一所公办性质省优质幼儿园，占地面积8392平方米，建筑面积5855平方米。园所有18个班，626名幼儿，教职工83人，其中，专职教师53人、江苏省特级教师1人、盐城市学科带头人5人、盐城市教学能手4人。2022年，幼儿园以促进幼儿的全面发展为宗旨，践行课程游戏化“自由、自主、创造、愉悦”理念，提高保教质量。以地方文化资源传承为抓手，以游戏精神渗透幼儿一日活动中，构建STEAM教育与课程游戏化教育深度融合的新型课程，促进幼儿在“玩中学、学中思”，在真实情境中亲身体验、解决现实问题。近三年来，幼儿园主持多项省级重点及规划课题，教师在各级各类杂志上发表论文70多篇，获奖近200篇。幼儿园先后被评为江苏省幼儿教育先进集体、江苏省教科研先进集体、江苏省首批《幼儿园保育教育质量评估指南》试点园、江苏省STEAM教育试点学校、盐城市平安校园、教师国培教育基地等。

东台市城东新区实验幼儿园 东台市城东新区实验幼儿园坐落于东台市高新区核心区域，于2018年建成开园，总投资2000万余元，是一所公办性质省优质幼儿园。幼儿园占地面积1公顷，建筑面积5855平方米，绿化面积3050平方米，户外活动面积4635平方米。2022年，幼儿园有大、中、小班各4个，在园幼儿410人、教职工52名，其中，高级教师4人、盐城市学科带头人3人、东台市教学能手1人、东台市优秀班主任3人、东台市师德标兵1人。幼儿园被评为江苏省优质幼儿园、省级餐饮质量安全示范单位、盐城市教育工作先进集体、市平安校园示范校、市巾帼文明岗、市优秀家长学校等。幼儿园先后有10余名教师在东台市教师基本功、读书案例分享中获得一等奖、二等奖；30余篇论文及教育案例在省“师陶杯”“幼芽杯”、盐城市教科院、江苏省学前教育学会组织的评比中获得一、二等奖；50余名幼儿在市级以上绘画等竞赛中获奖。

（吴恒广　陈尚伟）

义务教育

概　况　2022年，盐城市教育局推进优质均衡发展，对照国家和省关于义务教育均衡发展要求，明确工作责任，改善办学条件，加大督查力度，缩小城乡之间、区域之间、校际之间的差距。开展市级课程内涵建设项目培育工作，对全市9所初中、8所高中课程基地申报项目进行市级评审，遴选优秀项目参加省级评审，东台中学、大丰高中和盐城市初级中学、响水县实验初中申报项目获批省级立项，其余项目作为市级立项项目加以培育。实施小学内涵建设先进学校创建，确认40所小学为市小学内涵建设先进学校。组织开展第二批盐城市新优质初中创建校终期评估，确认34所初中为市新优质初中，推动义务教育由基本均衡向优质均衡发展。立足学校教育主阵地，增强主体责任，将校内减负提质作为“双减”工作治本之策，组织开展“双减”周年谈发展活动，交流共享双减成效，提升学校教育教学质量，促进学生全面发展、健康成长。以课后服务为平台，“一校一策”开发学科课程、活动课程、实践课程，满足学生多样化选择和个性化发展需求。

集团化办学　年内，市教育局遴选优质“龙头校”，通过直办、领办、托管等方式，以城带乡、以优培新，组建并促进110个义务教育集团辐射带动426所成员校，优质教育集团覆盖学校比例从72.8%提高至81.2%，其中，市属优质学校领衔组建12个办学集团，辐射带动新建校、一般校20所。

中小学德育　年内，市教育局开展各类主题教育活动，开展“喜迎二十大　筑梦向未来”系列教育实践活动、“童心里的诗篇”“童话里的世界”创作征集活动、“百佳自强好少年”评选及颁奖活动；组建1个市级教育“润苗”阅读推广志愿服务队，11个县级教育“润苗”阅读推广志愿服务队，为学生打好中国底色、厚植红色基因。加强德育特色品牌建设，组织评选并公布100个市级中小学德育工作典型案例，市串场河小学等5所学校德育案例入选第五届长三角地区中小学德育创新案例。推进家庭教育走深走实，以首个全国家庭教育周为契机，开展“送法进万家　家教伴成长”全市家庭教育主题宣传活动，普及宣传家庭教育“一法一条例”；组织开展2022年度全市家庭教育系列评选，评选20所盐城市家庭教育示范学校、100所优秀家长学校、200名家庭教育先进工作者和1000名优秀家长。加强德育工作者队伍建设，评选并公布了2021—2022学年度全市、市直中小学优秀班主任；组织114名骨干教师参加全国中小学德育骨干、班主任和心理健康教育教师网络培训示范班；组织全市中小学6000余名德育骨干、班主任参加“第五届长三角地区中小学德育创新论坛”线上研讨活动。发挥道德模范示范引领作用，开展市直教育系统“新时代盐城好少年”学习宣传活动，丁钰唐、许元丽等8名同学获评2022年“新时代盐城好少年”。

体育卫生艺术教育　年内，市教育局推进青少年体育“5621”计划实施和中小学体育俱乐部建设，探索构建市、县、校三级体育竞赛体系和选拔性竞赛制度；会同市体育局开展2022年盐城市青少年阳光体育运动联赛，组织1200余名运动员参加江苏省第20届运动会青少年部比赛，田径、游泳、举重等19个项目收获金牌，艺术体操、击剑、现代五项等6个项目获得奖牌和学校体育工作奖；组织参加省中小学体育健康干预与监测点校第二届（夏季）云端运动会；举办全市第十一届“市长杯”青少年校园足球联赛市级总决赛，组队参加“省长杯”青少年校园足球联赛。落实新冠肺炎疫情防控各项措施，开展核酸检测9245.82万人次，全市教职员工和3周岁以上在校生新冠病毒疫苗接种率分别为99.54%、97.66%，做好高考、中考期间的新冠肺炎疫情防控和食品安全保障工作；强化校园食品安全监管，邀请第三方检测机构对全市16所学校集体配送单位进行检查，发现各类风险隐患105条，全部限期整改到位；会同市红十字会推进应急救护知识技能普及、重点人员持证和应急救护师资培训，联合市疾控中心对全市9个县（市、区）开展学生常见病和健康影响因素监测及干预工作。组织开展高雅艺术进校园活动，惠及全市16所学校、近万名师生；举办全市中小学生独唱、独奏、独舞比赛。推进中小学国防教育示范学校创建活动，大丰区城东实验小学等4所国防教育示范学校通过复核；盐城市初级中学、盐城市第一小学创成全国国防教育示范学校。

中　考　年内，全市有7.88万人参加中考，安排普通高中招生计划4.67万人，同比增长1.91%，升入普通高中比例59.08%，普通高中招生规模实现连续六年增长，较好满足学生就读普通高中需求。制定高中阶段学校招生工作意见，继续推行网上填报志愿，有序组织招生录取，招生秩序总体平稳。

阜宁县实验小学长春路校区　阜宁县实验小学长春路校区2017年9月启用，占地7.33公顷，建筑面积3.6万平方米，学校环境优美，结构布局合理，集科技性、人文性、综合性为一体。2022年，学校有学生4280人，教职工266人，其中，特级教师1人、正高级教师2人、市名教师2人。学校遵循“特色引领，多元开放”的办学方向，打造“墨香明德”文化，以动静结合的“足球健体，书法怡情”为办学目标，形成“汲女足精神，求书法大道，育谦谦君子，润明德书童”的特色育人品牌。学校配备口琴展览馆、科技馆、书法展览馆、数字化书法教室、射击馆、创客教室等特色场馆，为推进“双减”落地及“5+2”课后延时服务，开展丰富多彩的“走班式”社团活动，提供强大的功能支撑。“四轮备课”模式成效显著，《名师引领联盟校教师专业成长研究》项目成果获得盐城市教学成果特等奖、江苏省教育成果一等奖。学校先后获评全国书法特色校、全国青少年校园足球、篮球特色学校、江苏省文明校园、省教科研先进单位、省中小学“一校一品”党建文化建设单位、省中小学课程基地建设学校、省“诵读学传”示范校、盐城市书香校园等荣誉。

建湖县湖阳路小学 建湖县湖阳路小学占地3.67公顷，建筑面积2.5万多平方米，建有文心书馆、生活作文馆、淮杂体验馆、阳光剧场、耕读园等场馆，功能室齐全，配套设施完备。2022年，学校有班级86个，学生4000余人，教职员工212人。学校打造“向光生长”的阳光文化，践行“阳光育人，多彩成长”的办学理念，构建以“生长课堂，生活作文，生命践旅，生趣社团”为内容的“四生”特色课程；建构“对话式”阳光课堂范式，点亮师生智慧之光；开展“菜单式”劳动实践，拓宽学生素质发展之路。落实体艺“2+1”要求和“双减”政策，丰富课后服务内容和形式，实施“五维”评价，构建“双减”新生态，开展阳光社团活动，为学生全面发展铺好五彩缤纷的底色。学校先后获评全国艺术教育先进集体、全国青少年足球特色学校、全国中小学中华优秀传统文化传承学校、江苏省教育工作先进集体、省教科研工作先进集体、省文明校园等荣誉。

盐城市康居路初中教育集团 盐城市康居路初中教育集团建于2010年，前身为盐城中学初中部（盐城市初级中学）南校区，2020年8月经市政府批准，成立盐城市康居路初中教育集团。2022年，学校有专任教师310人，其中，正高级教师3人、省特级教师6人、市名教师1人，成立省级名师工作室1个，市级“四有”好教师团队1个，市级名师工作室6个。学校传承盐城中学百年办学历史和办学理念，以“办有温度的学校、办人民满意的教育”为办学追求，打造“做有情怀的教师，建有情趣的课堂，育有情义的学生”三情特色教育。办学十多年来，学校实现办学地位从“分校区”到“独立学校”到“集团校”，办学规模从“4轨”到“16轨”到两校区“40轨”，学校面貌从校区“点上开花”到集团校“面上成景”，逐步成为办学理念先进、管理水平一流、教学质量优异的市区初中教育标杆校、窗口校。

东台市唐洋镇中学 年内，东台市唐洋镇中学有教职工80人，其中市学科带头人1人、市教学能手6人、东台市学科带头人6人。学校以“办农村高品质初中，办人民满意的教育”为发展愿景，以“选择适合的教育，成就全面发展的人”为办学理念，坚持立德树人，践行学思融通，推行“双分课改”，扎实双语阅读，坚持多样化培育学生、人文化提升教师、优质化发展学校。传承体育特色，创成全国青少年校园篮球特色学校；放大英语特色，开展初中英语体验性学习研究，入选江苏省基础教育前瞻性教学改革实验项目；培育科技特色，发展机器人项目，创成省科普教育基地。

（吴恒广 陈尚伟）

盐城市康居路初中教育集团南校区 陈德文 摄

普通高中教育

概 况 2022年，响水县第二中学、盐城市明达高级中学成功创建省四星级普通高中，全市四星级普通高中增至28所；响水中学、滨海中学、射阳中学、滨海县八滩中学4所学校接受省星级高中复审现场考察。推进省高品质示范高中创建工作，指导盐城中学做好省高品质示范高中创建终期评估准备工作，推荐东台中学、射阳中学、盐城市第一中学申创省第二批高品质示范高中。启动实施全市高中联盟活动，盐城市亭湖高级中学、射阳中学分别举办第三、第四期高中教学质量提升“家家到”活动。强化高中育人队伍质量监测，全市8835名普通高中教师参加教学能力水平考核并形成分析报告。市直高中实施三年发展规划，市教育局组织召开发展规划研讨会，对市直12所高中三年发展规划逐一研讨，引导学校用发展规划来引领、检视、修正学校办学行为。

高 考 年内，全市3.04万人参加高考，特殊线、本科线达线率为29.28%、62.23%，分别高于省均1.3个、7.8个百分点；620分以上高分段人数364人，高于省均41个百分点；清华大学、北京大学录取人数分别为3人、8人，全省文科第二名、第三名均在盐城中学。

盐城市龙冈中学 盐城市龙冈中学始建于1953年，由郭沫若题写校名。1997年晋升省重点高中，2004年晋升省四星级高中。校园布局合理，环境温馨宜人，现代化设施齐全。2022年，学校有全国模范教师1人、正高级教师2人、高级教师124人。学校以情感教育为切入点，以自主教育为引擎，激活生命智慧，让教育与生命悠然同行，学生立信成人、尚学成才，是一所盐阜百姓值得信赖的高品质高中。学校先后获评江苏省教科研先进学校、省文明校园、省智慧校园示范校等荣誉。

江苏省射阳中学　江苏省射阳中学创办于1943年，是首批国家级示范高中，首批江苏省四星级高中。2022年，学校有专职教师346人，其中，全国劳动模范、全国优秀教师2人，“人民教育家培养工程”培养对象1人，江苏省名校长1人，省名教师1人，省“333工程”培养对象3人，特级教师、正高级教师3人，高级教师168人。学校秉持“立人立业 惟精惟一”的校训，以“让每一个生命永葆向上的力量”为办学理念，以“培养有向善之心、有报国之志、有立身之本、有创造之力的时代新人”为育人目标，砥砺奋进、踔厉奋发。学校先后获评全国教育科研先进单位、全国特色教育名校、江苏省教育工作先进集体、省文明单位等荣誉。

（吴恒广　陈尚伟）

特殊教育

概　况　2022年，盐城市有特殊教育学校8所，基本形成从残疾儿童学前教育、义务教育到残疾人高级中等教育的特殊教育体系。各类特殊教育学校在校生1800人，在校教师541人。全市各县（市、区）按照普通中小学生人均经费8倍的标准发付特殊教育生均公用经费，实现全免费特殊教育。全市129个乡镇街道投入资金5000万元，建设融合教育资源中心467个，实现全覆盖。全市评选出盐城市特殊教育学科带头人近30人、教学能手近40人，涌现出省人大代表、江苏最美教师郭红艳等一批特殊教育先进教师典型。

盐城市特殊教育中等专业学校　盐城市特殊教育中等专业学校建于1984年1月，是江苏省残联系统唯一一所公办特教中专，是全国残联系统10所中高职院校中唯一一所由地级市创办的中专校。学校主要为全市各类适龄残疾学生、适量普通初中毕业生以及残疾人子女提供职业教育和职业技能培训，承担全市高中特殊教育任务。2022年，学校有学生532人，其中各类残疾学生221人；教师62人，学历达标率100%，其中高级职称10人，硕士研究生学历8人，市级学科带头人、教学能手、教坛新秀10人。学校坚持落实立德树人根本任务，建立德技并修、工学结合、产教融合、校企合作的育人机制，依据职业教育国家教学标准，结合残疾人身心特点和就业市场需求，科学开设专业、制订人才培养方案、设置课程，构建“三全”育人机制，深化“三教”改革，逐步推行“1+X”证书制度，聚焦核心素养，促进学生全面发展。先后获评全国残疾人体育先进单位、残疾人国家级和省级示范培训基地、第五届全国残疾人排舞推广先进单位、盐城市教育工作先进集体、市残疾人工作优秀单位、市依法治校示范校等荣誉。

1家中心入选省级中小学生职业体验中心　年内，市特殊教育中等专业学校康复护理职业体验中心被江苏省教育厅认定为第二批省级中小学生职业体验中心。　（吴恒广　陈尚伟）

职业教育

概　况　2022年，盐城市有各类中高等职业院校22所，其中，独立设置的高职院校4所（含民办1所），中等职业学校18所（含技工学校5所）。拥有省优秀中等职业学校建设单位1所、培育单位3所，省中等职业教育优质专业9个，省“三全育人”典型中职学校3所。全市中高职全日制在校生10.28万余人，其中高职院校3.18万人，中等职业学校（含技工院校）7.1万人。中等职业学校招生2.51万人，其中“5+2”分段培养100人（含七年一贯制试点项目）、“3+4”分段培养166人、“3+3”分段培养1548人、五年制高职4237人。全市中等职业学校持续优化专业结构，开设电子信息、装备制造等14大类107个专业，扩大工业机器人技术等5个高职层次专业，康养休闲旅游服务等11个中职层次专业办学规模；调减美容美体艺术等12个专业办学规模，服务发展、供需契合的职教专业体系逐步完善。在职业院校技能大赛上，盐城获得5金1银，盐城市被授予“2022年江苏省职业院校技能大赛先进地区”称号。全市中等职业学校3368人参加职教高考，其中，本科达线252人，专科达线3116人，本、专科达线率为100%。创成省级职业教育“双师型”名师工作室立项建设单位7个，全市中职学校“双师型”教师占专任专业教师比例75%以上。创成第二批职业教育教师教学创新团队国家级立项建设单位1个、省级3个，省中等职业学校班主任工作室立项建设1个。落实全市职业学校教师参加国家级、省级培训225人，开展职业教育教学改革研究工作，33项课题获得立项，建成省级职业教育技艺技能传承创新平台立项建设单位4个（高职2个、中职2个），在省职业院校教学能力比赛上获得二等奖5个、三等奖10个。

盐城机电高等职业技术学校　盐城机电高等职业技术学校建有2个省现代化专业群，5个省级示范专业，5个省级品牌专业，2个省现代化实训基地，3个省高水平示范性实训基地，实验实训设备总值7000万余元。加快教学成果凝练推广，获得省教学成果奖一等奖1个、二等奖3个。年内，获评省职业教育“双师型”名师工作室、省中等职业学校班主任工作室各1个，入选江苏教师年度人物、盐城市最美教师各1名，领衔成立的盐城

9月，盐城机电高等职业技术学校新校区投入使用。 市教育局 供图

市装备制造职业教育联盟被遴选为江苏省示范性职业教育集团。在全国职业院校技能大赛中获得4金1银，在省职业院校技能大赛中获得10金4银7铜，连续14年获得全省职业学校技能大赛先进集体。先后获评国家中等职业教育改革发展示范学校、国家级现代学徒制试点学校、江苏省高水平现代化职业学校、省现代化示范性职业学校、省中等职业教育领航学校建设单位等。

江苏省射阳中等专业学校 江苏省射阳中等专业学校设有17个专业，先后建成省现代化专业群5个（机电、酒店服务与管理、现代农业、会计、电子），省现代化实训基地2个（数控、酒店服务与管理），省优质专业1个（机电），实验实训设备总值3000万余元。年内，学校强化“双师型”师资队伍建设，获评省职业教育“双师型”名师工作室1个，市中等职业学校名班主任工作室1个，盐城市名教师1名。在省职业院校技能大赛中获得1金1银。学校获评国家级重点中等职业学校、省四星级中等职业学校、省高水平示范性职业中学、省高水平现代化职业学校、省现代化示范性职业学校、省创业示范基地、省优秀中职学校培育建设单位等荣誉。（吴恒广 陈尚伟）

普通高等教育

···盐城工学院···

概 况 盐城工学院设有18个二级学院，开设78个本科专业，面向全国30个省（市、自治区）招生，有全日制普通本科生2.3万余人、研究生1000余人。学校有教职工1700余人，专任教师1400余人，其中高级职称800余人、博士650余人、研究生导师370余人；特聘院士、长江学者等23人，兼职教授200余人，国务院和省、市政府特殊津贴获得者、省“333工程”“青蓝工程”“六大人才高峰”培养人选等500余人（次）。学校占地面积152.4公顷，校舍建筑面积65.26万平方米。学校在本科教学工作水平评估中获得优秀等级，是教育部“卓越工程师教育培养计划”试点高校，是国家“十三五”产教融合发展工程规划项目实施高校。学校拥有13个国家级一流本科专业建设点、3个国家级特色专业建设点、1个本科专业综合改革试点、4个教育部“卓越计划”试点专业、7个省级重点专业（类）、16个江苏高校品牌专业、12个江苏省一流本科专业建设点、4个江苏省“卓越计划”专业、5个江苏省产教融合型品牌专业、1个江苏省国际化品牌专业、7个专业通过中国工程教育专业认证（评估）；拥有国家级一流本科课程6门、国家级精品视频公开课1门、国家精品在线开放课程（金课）2门；建有1个国家级工程实践教育中心、1个国家级大学生校外实践教育基地、1个教育部现代产业学院、1个全国高校学生科技创业实习基地，2个省级重点产业学院建设点、1个省级重点应急管理学院建设点、2个江苏省人才培养模式创新实验基地、11个省级实验教学与实践教育中心、1个省级大学生创新创业实践教育中心建设点、1个江苏省大学生创业示范基地、1个江苏省大学生创业示范园、1个江苏省大学生就业创业指导站。

学科建设 年内，学校成为江苏省新增博士学位授予立项建设单位。新增会计硕士专业学位授权点，全校硕士点11个。学校ESI综合排名比上年同期前进315名，列中国内地高校第267名、江苏高校第26名。3个进入ESI全球排名前1%学科排名稳步提升，化学、材料、工程学科分别前进119名、110名、117名。化学工程与技术等6个“十四五”江苏省重点学科建设不断加强。申报省优势学科1个。坚持分类指导、分层建设，遴选建设环境科学与工程等7个校级重点学科、马克思主义理论等4个校级重点培育学科。

科研立项 年内，学校科技总经费2.79亿元，科研到账经费1.36亿元，师均科研经费21.27万元，横向到账经费连续两年突破亿元大关。获批国家自科基金项目15项、科技部国家外国专家项目2项、省部级科技项目79项、省自然资源厅海洋科技创新专项项目1项、省农业科技自主创新基金项目1项、省教育厅重大项目5项。获批省部级科研成果奖22项，其中，省政府科学技术奖6项。发表高水平自然科学收录论文1075篇，SCI收录论文首次突破600篇。新增国家知识产权信息公共服务网点1

个、军民融合等省级科创平台4个。获批国家社科基金项目3项、省部级项目20项。获批省“十四五”教育科学规划课题18项、省教育科学规划精品课题1项。获批市厅级项目240项，比上年增加超47%。评审资助二十大精神哲学社会科学校级专项课题32项。获得省第十七届哲学社会科学优秀成果奖二等奖1项、2021年度高教研究成果奖1项、盐城市第十四次哲学社会科学优秀成果奖30项（其中特等奖1项、一等奖4项）。推荐参评教育部第九届高校科学研究优秀成果奖1项。实现横向科研到账经费700万余元。出版哲社类学术专著12部，发表哲社类高水平论文51篇。获省市各级主要领导肯定性批示决策咨询报告19篇（其中国家民委领导批示1篇、江苏省领导批示1篇），近20篇文章在盐阜大众报理论版刊出。打造“青衿学坛”哲社类学术论坛品牌，成功承办盐城第一届“智汇盐城黄海论坛”，组织主题学术活动7场。1人获得2020—2021年度全省教科研工作先进个人。

师资建设 年内，学校实施“1331”工程，加大高层次人引聘力度。新增柔性引聘荣誉教授1人、特聘教授4人，其中，外籍院士1人、长江学者特聘教授1人、享受国务院特殊津贴专家1人，引聘兼职教授9人。举办第二届国际青年学者论坛，来自全球7个国家和地区的35所知名高校、科研院所的近120名青年学者通过线上线下参加论坛。全年新入职博士69人，引进35周岁以下优秀博士41人，引进海外高层次人才11人，具有博士学位教师653人；招聘专职辅导员55人、硕士专任教师7人。新增省“333工程”第二层次培养对象1人、第三层次培养对象11人；新增省“青蓝工程”培养对象9人、省“青蓝工程”优秀教学团队1个；新增教学名师1人、省“双创博士”19人。教师考取博士研究生12人，申请博士后研究4人，毕业回校工作博士15人；获得省高校微课比赛等省级以上教学竞赛奖励12项；赴境外研修2人，完成访学任务4人；选派参加省级短期培训5人，获批省国内访问学者1人；选派参加省级各类培训13人，教师通过企业实践锻炼经历认定46人，申请企业实践锻炼8人。新增高级职称人员68人、获批二级教授1人。

研究生教育 年内，学校招收全日制硕士研究生409人，比2021年增加62人，增长率18%，其中初试成绩高于国家分数线30分以上的146人，学校连续四年以考核满分成绩获评省优秀招生单位。完成2023年研究生招生考试自命题工作。优化2022级研究生人才培养方案，印发2023版研究生人才培养方案指导意见，研究生教育综合改革全面推进。遴选硕士生导师197人次，组织各学位点导师参加各级各类线上培训600余人次。新增省研究生优秀课程1门、优秀教材1部、优秀教学案例1个，引入清华大学“学堂在线”精品在线课程7门。新增省级研究生工作站14家(全校累计61家)，2家省级研究生工作站通过期满考核。新增省级研究生类产业教授4人。成功承办省“化学工程与技术”研究生学术创新论坛，举办盐工研究生科研能力培训班。研究生在中国研究生创新实践系列大赛中获奖8项，其中数学建模竞赛一等奖1项；获批省创新计划项目11项，结题16项；获批省研究生教育教改课题4项，其中重大和重点课题各1项。立项培育优秀硕士学位论文项目12项。推进高质量就业，首届66名硕士研究生年底就业率98.48%，5人考取高校博士研究生，50余人在中国机械总院集团等企事业单位就业。成功举办首届研究生毕业典礼暨学位授予仪式。做好研究生奖助贷与“三助一辅”工作，发放国家助学金651.4万元、学业奖学金953.5万元。

产学研合作 年内，学校获批省“产学研合作项目”69项，入选省“双创计划”科技副总62人。全年学校签订产学研合作项目386项，技术合同成交额2.06亿元。新增授权发明专利307件，专利转化98件，转化金额6257.9万元。有效发明专利数列全国高校第98名；专利转让数列全国高校第28名。获批省专利转化专项计划项目，建设高校专利运营中心。推进校地协同创新项目建设，获盐城市政府资助近2500万元。参加“创新突破 助力发展 西伏河第二届产学研专场对接会”等各类大型政产学研用对接活动20余次。

开放办学 年内，学校新增国（境）外友好合作院校、科研院所及企业10所。完成与英国格林威治大学合作举办非独立法人中外合作办学机构的申报工作。成功举办2022年江苏—英国高水平大学联盟“国际化应用型工程人才培养模式的研究与实践”国际学术研讨会。获批省国际化人才培养品牌专业1个、省国际合作联合实验室2个。3个中外合作办学项目可持续发展，中外合作办学项目在校生773人；与埃塞俄比亚的斯亚贝巴大学等联合培养博士4人；参加校际交流项目学生177人；中外学分互认、联合培养项目中获得外方学分的学生131人；中外学分互认、联合培养项目中获得外方学位的学生59人；在籍语言生、学历生等各类留学生138人；外国专家5人。完成中高职联合培养“3+2”“3+4”项目转段考核工作、五年一贯制高职“专转本”考试。遴选交流生17人赴上海工程技术大学等高校交换学习。成立学历继续教育领导小组，全年招生7080人，其中，学历教育招生5615人；学历教育毕业6281人；举办各类非学历教育培训44项，继续教育总收入3308万元。（周玉香）

···盐城师范学院···

概 况 盐城师范学院是江苏省属公办本科院校，有通榆和新长2个校区，校园占地面积100公顷。学校有全日制在校本科生2.1万余人，设有18个二级学院。学校有经济学、法学、教育学、文学、历史学、理学、工学、农学、管理学、艺术学十大学科门类，有省重点学科4个。建有省部级科研创新平台19个，其中江苏沿海发展研究基地被评为江苏省决策咨询重点研究基地，沿海发展智库是江苏省首批15家重点培育智库之一。近几年，学校承担省部级以上项目近400项，其中国家级项目110余项，在同层次高校中位居前列。获得包括国家级教学成果奖、全国高校科学研究优秀成果奖、江苏省科学技术奖、省哲学社会科学优秀成果奖在内的多项高层次奖励。学校有教职工1600余人，其中高级职称人员700余人、博士500余人，180余名教师被南京大学、武汉大学等高校聘为博士生导师或硕士生导师。有7个省级优秀科研创新团队。拥有享受国务院特殊津贴人员、江苏省教学名师、江苏省有突出贡献中青年专家、江苏省"333工程"培养对象、江苏省"六大人才高峰"项目资助对象、江苏省高校"青蓝工程"中青年学术带头人和优秀青年骨干教师培养对象等各类杰出人才。

学科建设 年内，学校有73个本科专业，其中师范类专业14个、非师范类专业59个。有国家级一流本科专业建设点10个、国家级特色专业建设点3个、国家级综合改革试点专业2个、国家级一流本科课程6门、国家级精品在线开放课程1门、国家级虚拟仿真实验项目2项、国家级大学生校外实践教育基地1个。有省级一流本科专业建设点17个、省级品牌专业14个、省级特色专业25个、省级产教融合一流专业建设点和培育点各1个，省级课程思政示范专业1个、省重点专业（类）7个、省级首批一流本科课程27门、省级产教融合型一流课程4门，省级在线开放课程38门、省级课程思政建设示范课程1门，省级实验教学示范中心12个，获批江苏高校省级优秀基层教学组织2个。省级重点产业学院1个。马克思主义学院获批省高校示范马克思主义学院。学校是国家级语言文字规范化示范校、国家级教师培训基地，省级卓越教师和卓越工程师教育培养计划试点校、省级人才培养模式创新实验基地、省级大学生创新创业实践教育中心、省级国际服务外包人才培训基地，是省教育厅指定的驻盐城市高校教学联合体牵头单位。学校是江苏省也是全国首家接受中学教育全科认证的试点高校，学校有14个师范类专业全部通过教育部师范类专业认证（第二级）。

科研立项 年内，学校新增横向科研项目926项，项目数和到账经费再创新高。转化科技成果36项，首次获省技术转移工作创新奖。获批省产学研项目58项、省市科技副总27人。1项研究成果获中国智库索引全国十佳案例，沿海发展研究智库被评为全国百强智库，江苏沿海发展研究基地升格为省重点研究基地。围绕江苏经济社会发展形成多份决策咨询报告，获省部级及以上领导批示16份；围绕盐城经济社会发展形成53份研究成果。获批全国科普教育基地——黄海湿地生态科普教育基地、省高校社科普及示范基地"江苏作家作品推广基地"、江苏省沿海滩涂生态环境智慧监测工程研究中心，成立盐城数字经济研究院、盐城绿色低碳发展研究院，建成全省首家智库楼。举办"第七届江苏沿海发展论坛"，承办"全球大学生滨海湿地保护论坛"等学术会议。继续教育加快推进，获批培训项目17项。

开放办学 年内，学校开展交流与合作，与英国、俄罗斯、韩国、法国、澳大利亚等国家的80所高校建立友好合作关系，开设中外合作办学项目，开办来华留学专业，鼓励师生进行国际学术和文化交流，推动学分互认、学位互授，推进教育国际化进程。引进海外高层次人才，优化师资队伍结构，助力学科建设接轨前沿。学校与南京师范大学、南京工业大学、天津师范大学、山东师范大学、青海师范大学等高校联合培养博士和硕士研究生。（董 雪）

···盐城工业职业技术学院···

概 况 盐城工业职业技术学院是省属公办高职学院，是服务地方经济主战场的省级示范性综合型高职学院，是江苏省中国特色高水平高职学校建设单位。学校设有纺织服装学院等10个二级学院，有全日制专科生1.06万人，留学生300人，本科生223人，教职工600余人。学校建有国家及省财政资助的实训基地7个、省产教深度融合实训平台2个、省产教深度融合集成平台1个、省级技术研发中心4个、省级技术转移中心1个、省级创业示范基地1个、专业实验实训室200余个，立项省高水平专业群1个、国家规划教材1部，创建国家和省级品牌骨干专业、精品在线开放课程、重点教材、优秀教科研团队50余项，拥有"全国党建工作样板支部"建设单位1个。学校先后获评全国纺织行业人才培养示范单位、江苏省文明单位、江苏省平安校园建设示范高校等省级以上荣誉60余项。获得省级以上优秀教科研成果奖60余项。获得国家和省级技能大赛一、二等奖160余项。学校2次获得省属高校综合考核第一等次，获全国高职院校"育人成效50强""国际影响力50强"等称号，跻身"中国一流高职高专院校"行列。

"双高"建设 年内，学校聚焦"一个加强""四个打造""五个提升""一个高品质"等改革发展任务，组织实施省高水平高职学校建设。成立建设工作领导小组、专家委员会、"双高"办公室和工作组，建立健全"统筹规划、分级管理、责任到人、专家把关"的工作机制。编制建设方案和任务书，严格项目管理，实行闭环管控。在技能大赛、教科研项目、招生工作等方面都取得突破。校地协同创新项目获得市政府近400万元专项资金支持。特色做法入选《江苏省高等职业教育质量年度报告》典型案例，通过省教育厅内部质量保证体系诊断与改进工作复核。

学科建设 年内，学校坚持开门办好思政课，推动中共二十大精神"三进"工作。实施"十大育人"工程，入选全省职业院校"三全育人"典型案例2项，立项省级课程思政示范课程1门。聚焦高水平专业群建设，发挥现代纺织技术专业群示范引领作用，建成“全生态”专业群教学资源库、学生技能“加油站”，获批“3+3”“3+2”“4+0”现代职教体系建设项目23项。聚焦教学改革和质量工程提升，获批国家级在线精品课程1门，立项省职业教育首批在线精品课程7门，立项省“十四五”职业教育规划教材2部。获中纺联教学成果特等奖，推荐申报职业教育国家级教学成果奖，学生获技能大赛国赛一等奖、二等奖各1项。毕业生年度毕业去向落实率位居全省高职院校前列，获评省高校毕业生就业工作量化督导A等。

师资队伍　年内，学校实施“师德树育、大师名匠、教师成长、机制创新”四项行动计划，全面推进高水平师资队伍建设。获评江苏省教学名师1人，入选第六期“333工程”第三层次培养对象3人；获批“青蓝工程”优秀教学团队1个，入选“青蓝工程”中青年学术带头人2人、优秀青年骨干教师3人。机电一体化技术“双师型”名师工作室和非物质文化遗产瓷刻技艺技能传承创新平台获首届江苏省职业教育“双师型”教师团队建设项目立项。获批盐城市技能大师工作室2个，瓷刻工作室获评盐城市首批非遗大师工作室。

科研立项　年内，学校实施重大科研项目培育计划，获批“国家高端外国专家引进计划”立项资助项目5项。立项省部级项目89项，科研到账经费2258万元。获得省军民融合创新发展平台立项资助100万元，是全省高职院校唯一立项单位。

产学研合作　年内，学校省产学研合作项目立项数分别位列全省高校第二、高职院校第一，省“双创计划”科技副总获批数量继续位列全省高职院校前列，实现省技术交易市场“五技”合同备案金额4269万元，“五技”服务全省高职院校领先，首获日内瓦国际发明展银奖。加强智库建设，2项决策咨询研究成果获市领导批示。继续开展企业新型学徒制培训，开展企业新型学徒制培

1月13日，2022年江苏省职业院校技能大赛现代电气控制系统安装与调试项目在盐城工业职业技术学院举办。　　熊　影　摄

训2.4万余人次。

开放办学　年内，学校与天虹纺织集团共建高技能人才培训基地，实施中德先进职业教育合作项目和中加汽车检测与维修技术合作办学项目。3个职业技术岗位标准建设方案入选“冈比亚职业标准开发项目”。携手塔吉克斯坦丹加拉国立大学，推进国际联合学院（郑和中心）建设。实施趋同管理，深化“和美”教育，推进来华留学教育质量认证，做大做强“留学盐城工职院”品牌，获批江苏省“十四五”国际化品牌专业项目。留学生规模位列全省高职院校前列，4次获评江苏省来华留学教育先进集体，获评2022年职业教育国际合作典型院校。　（闫　超　徐　凤）

・・・江苏医药职业学院・・・

概　况　江苏医药职业学院是省卫健委直属全日制公办专科层次普通高等学校，是江苏省示范性高职院校和省市三方共建学校。有医学院、护理学院、药学院、医学影像学院、马克思主义学院等12个教学单位，开设护理学、临床医学、预防医学等22个专业。有校内外专、兼职教师1047人，校内专任教师501人，其中教授41人、硕士学位以上教师407人，博士学位教师65人。年内，学校招生计划3200人，录取3200人，报到3103人。2022届毕业生为3132人，毕业生初次就业率为87.8%，年终就业率为98.34%。

学科建设　年内，学校召开教学工作大会，制定《专业建设与人才培养提质赋能三年行动计划》，明确“十四五”专业建设与人才培养总体目标和具体任务；构建中—高—本贯通培养现代职教体系，2022年贯通培养学生数380人；推进医教深度融合，扩大临床学院办学规模，新增连云港市口腔医院、新沂市中医院等11所临床学院。实施毕业生“1年跟踪服务”培养延伸工程，临床、预防、护理等专业执考通过率高于全国30个百分点；推进人才培养模式改革，获得全国职业院校技能大赛一等奖1项，首届全国仿真创新应用大赛二等奖1项，省级各类技能大赛获奖31项，其中一等奖8项；深化“1+X”证书制度改革，新增“1+X”证书试点项目4个，试点专业覆盖率90.9%，证书获取率90%；深入开展“书记校长访企拓岗促就业”专项行动，累计访企118家，拓展岗位1672个，组织40余场招聘会，提供

岗位超1万个。

科研立项 年内，学校获批国家级项目7项，其中国家自然科学基金项目4项、科技部外国专家项目3项，另获批省产学研项目6项、市厅级项目137项、淮海科学技术一等奖1项，授权发明专利32件、转化20件，项目质量与数量均大幅提升；深化校企合作，与42家企业及医院签订62份技术服务合同，合同经费总额2096.5万元；高标准建设化妆品功效评价技术服务平台和实验动物中心，获批"江苏省心脑血管疾病与癌症防控工程研究中心"和"江苏省外国专家工作室"等省级平台5个。

师资队伍 年内，学校引进高层次人才20人，新增教师在职攻读博士学位30人，入选省教学名师、省"青蓝工程"学术带头人、省"333工程"、省"双创博士"等省级人才项目11人；注重师资综合素质提升，获盐城市优秀科技工作者、盐城市科技工作"十佳标兵"2人，培育双师型教学创新团队，获批省"青蓝工程"优秀教学团队、省职业教育"双师型"名师工作室和技艺技能传承创新平台3个。

开放办学 年内，学校与马来西亚英迪国际大学联合开展药学、康复治疗技术专业合作办学项目，入选省教育厅"十四五"高校国际化人才培养品牌专业建设项目。创建国际在线教育平台，建成护理、药学、临床等6个专业20门在线课程。主办"国际化视阈下的人性照护理论"国际论坛以及中国、马来西亚、菲律宾"初级卫生保健中的护理"三方论坛，加快医药卫生领域国际化发展探索进程。

（姚　慧）

···江苏省盐城技师学院···

概　况 2022年，江苏省盐城技师学院一期工程建设收官，校园占地面积增至46.13公顷，建筑总面积增至33万平方米，其中，总高118.6米、建筑面积6.1万平方米的21层主教学楼成为盐城职教园区的新地标。完成由3个校区到2个校区的布局调整工作，暑假前后完成教学实训场所改造、设施设备购置和搬迁工作，"一校两区"布局全面成景。争取资金支持，获得"十四五"教育强国推进工程产教融合实训基地项目4000万元资金，争取到盐南专项3950万元设备扶持资金。完成省高水平技工院校第二轮评估，获得专项资金补贴520万元，争取市财政4000万元设备投入资金。承担省重点技师学院职责和使命，成功承办江苏省技工院校校长培训班、第三届全国技工院校教师职业能力大赛3个赛项江苏选拔赛、盐城市首届家政服务劳动品牌建设职业技能大赛、2022年盐都区和亭湖区职业技能等活动。

教学教研 年内，学校聚焦长远发展战略，实施人才引进新政，提升发展动能。招聘20名研究生，柔性引进2名特聘教授和1名兼职教授，27人取得高校教师资格。开展新教师入职培训，助力职业启航，帮助35名新进教师走好职业生涯的第一步。在盐城市教育科学研究院2022年优秀论文评比中，获得6个一等奖、5个二等奖、7个三等奖。各类期刊发表论文388篇、出版教材5本，完成各类研究课题11项结项、成功申报立项课题16项，取得专利58项，70个项目在市省级以上评比中获奖，学报发表论文81篇。

技能大赛 年内，学校选手余守安获得2022年世界技能大赛特别赛电气装置项目金牌。陈俊杰获得第十七届"振兴杯"全国青年职业技能大赛银奖，获评全国青年岗位能手。电气工程学院"无水智能马桶的研发及应用"项目获得第十七届"振兴杯"全国青年职业技能大赛创新创效专项赛金奖。驾培中心教练员王建琪获得第十三届全国交通运输行业职业技能大赛机动车驾驶教练员冠军。在第三届全国技工院校教师职业能力大赛上获得6个一等奖，其中3个第一名。在第六届江苏技能状元赛上获得1金3银5铜，学校获得省政府"高技能人才摇篮奖"。在2022年江苏省电子信息与互联网行业电子商务师职业技能竞赛上，获得3个一等奖，2个二等奖。在盐城首届家政服务劳务品牌建设职业技能大赛暨第二届巾帼家政服务职业风采大赛中，获得4个一等奖，3个二等奖。（夏智勇）

···盐城幼儿师范高等专科学校···

概　况 盐城幼儿师范高等专科学校是2016年由原盐城高等师范学校和阜宁高等师范学校组建的全日制公办普通高校。学校肇端于1920年，先后整合盐城鲁迅艺术学校、盐城建筑工程学校的优质办学资源，办学历史悠久，优秀人才辈出。学校坐落于盐城市高职园区，分2个校区，占地面积73.53公顷。设有学前教育学院一部、学前教育学院二部、鲁迅艺术学院、人文教育学院、建筑工程学院、城市管理学院6个二级学院和马克思主义学院、继续教育学院，有26个三年制专科专业和12个五年制专科专业。学校有全日制在校学生1.05万人，在编教职工600余人，其中教育部职业院校教育类专业教学指导委员会委员1人，省优秀教学团队1个，省"333工程"第三层次培养对象5人，省"青蓝工程"培养对象14人。学校以"三品"（品格、品行、品味）大先生和"三心"（诚心、恒心、精心）大工匠的培养理念为引领，塑造具有"诚毅新美专"特质的幼专学子。拥有2个与高校合作的"3+2"本科人才培养项目，2个"七年贯通培养师范定向生"项目。学校师生在全国职业院校技能大赛教学能力比赛、全国职业院校技能大赛、长三角高校师范生教学基本功大赛等各项比赛中获得特等奖4项，一等奖25项，其他奖项50多项。学校先后被评为全国绿化模范单位、江苏省青年书香号、盐城市文明单位，是国家非物质文化遗产（淮剧）人才培养基地。

学科建设 年内，学校主动对接产业、行业岗位需求，与泰州学院合作开展智能产品开发与应用专业

"3+2"分段培养本科人才项目，共有"3+2"分段培养本科人才项目4个，2个七年贯通培养本科人才项目。与盐城地方3所中职学校开展"3+3"合作培养专科人才项目。对接产业链、人才链，新申报展示艺术设计、智慧健康养老服务与管理两个新专业；新增器乐艺术指导、餐饮管理运行等"1+X"考核站点5个。以课程建设为抓手，以省智慧职教平台为依托，重点推进学前教育、婴幼儿托育与管理2个专业群教学资源库建设，并带动学校各专业（群）教学资源库建设。推进课程思政和思政课程建设，立项培育7门校级课程思政示范课程，其中"木刻版画"课程获评省级职业教育课程思政示范课程；"学前儿童美术教育""盐的城铁的魂——铁军精神在盐城""幼儿教师口语"3门课程获评省"十四五"职业教育首批在线精品课程。

科研立项　年内，学校获批省级及以上课题42项。其中，高层次项目3项，即教育部人文社会科学研究规划基金项目1项、江苏高校哲学社会科学研究重大项目1项、省产学研合作项目1项。获批市级课题81项，获批盐城市第十四届哲学社会科学优秀成果奖二、三等奖3项。教师获得纵向科研项目资助经费28.1万元，新增横向项目7项，技术合同到账经费48.5万元，发表学术论文（作品）122篇，获得授权专利37项。学校首次获批盐城市级智库"盐城文化发展协同创新中心"。

人才培养　年内，学校在普通高校"专转本"考试中，600名同学被本科学校录取。构建国家、省、市、校五级技能竞赛体系和技能竞赛工作机制，学生在职业院校技能大赛中获得国赛二等奖1项，省赛二等奖2项、三等奖3项；体育专业学生在省运会获得3金2银1铜；在"蓝桥杯""外研社杯""幼乐美杯"等比赛中均有获奖；1名同学进入2022年江苏省职业生涯规划大赛总决赛；在第十二届"挑战杯"江苏省大学生创业计划竞赛中获得银奖1项、铜奖1项；在2022年江苏省职业院校创新创业大赛中获得三等奖1项；在江苏省第八届"互联网+"大学生创新创业大赛红旅赛道中获三等奖1项；4篇毕业设计（论文）在江苏省普通高校本专科优秀毕业论文（设计）评选全部获奖，首次获得一等奖。

师资队伍　年内，学校印发《2022年师德专题教育实施方案》，推进师德师风建设。引进教授1人、副教授2人；以教学创新团队建设引领教师水平提升，获批省职教双师型名师工作室1个，省高校思想政治工作质量提升工程建设项目的中青年骨干队伍建设项目1项，1人获批"333工程"培养对象，1人获批省高校"青蓝工程"中青年学术带头人培养对象，2人获批省优秀青年骨干教师培养对象，新增产业教授2人，获批江苏省高职院校青年教师企业实践项目1项。全年引进新教师25人，专职辅导员3人。组织开展新教师校本培训、举办辅导员素质能力大赛，选送4名教师攻读博士学位，推荐59名教师参与国培和省培项目，组织17名新进教师赴行业、企业实践。

合作办学　年内，学校牵手西部学前教育，参与广西壮族自治区2022年幼师国培2个项目，获青海省2022—2024年幼儿园教师培训机构资质。以"沉浸式"驻园指导的方式，将"幼教大先生"的人才培养理念渗透到盐南高新区伍佑街道幼儿园师资培训中，该活动被"学习强国"学习平台全程报道。在校企、校园合作项目基础上，开展"访企拓岗促就业"系列活动，深化产教融合、校企合作，贯通职前职后人才培养，为地方社会发展贡献"盐幼力量"。　（颜婷婷）

···盐城生物工程高等职业技术学校···

概　况　盐城生物工程高等职业技术学校（江苏联合职业技术学院盐城生物工程分院）是市直属的高等职业院校，有建湖县上冈镇、亭湖区南洋镇2个校区，占地面积58.54公顷，建筑面积17.6万平方米，全日制在校生6857人（其中五年制高职学生4643人），教职工385人，副高级以上职称153人，硕士研究生以上学历170人。学校聚焦盐城绿色低碳发展示范区建设，重点建设对接盐城"5+2"战略性新兴产业和23条重点产业链的现代农业类、机电汽车类、电子信息类等16个"五年一贯制"高职专业。办学70余年来，形成"一棵苗"致富盐城百万乡亲、"一台机"引领盐城农业转型、"一尾鱼"带动盐城水产升级、"一根丝"织就盐城锦绣生活的鲜明农科办学特色。为盐城培养20万余名基层农技人员，支撑盐城农业大市发展。

学科建设　年内，学校完成"现代农业技术""宠物养护与驯导"2个五年制高职专业的申报工作，新增设"大数据技术""智能机器人技术"2个五年制高职专业。园艺技术和畜牧兽医2个专业被认定为省优质专业，"现代农业经济管理"专业群遴选为省级高水平专业群，所有五年制高职专业人才培养方案均通过联院专家组考核认定。创办7个产业学院，新增实训设备300万元，开设实训项目数178个，参加实训学生1.11万人次。开发校本模块化课程及活页教材2门，主参编正式出版教材4门，其中，《现代农产品营销实务》《园林CAD》被遴选为省"十四五"优秀培育教材，《汽车发动机构造与维修》教材被遴选为省"十四五"首批职业教育规划教材。教师个人网络学习空间开通率100%，课程覆盖所有专业和学生。新增园林绿化工、盆景工省级技能等级认定考点及省农林牧渔类技能大赛赛点，被盐城市职业技能鉴定中心推荐为"江苏省人力资源和社会保障厅2022年度优秀职业技能评价机构"。推进"1+X"证书项目，网站运营推广项目被教育部认证的第三方企业授予书证融通奖。"葡萄学苑"校企合作组合被遴选为省职业教育校企合作示范组合培育项目。

科研立项　年内，盐城水产科学研究院联合中国水产科学研究院淡水渔业研究中心曹哲明团队，研发的异育银鲫抗鲤疱疹病毒2型苗种通过阶段性验收。获实用新型专利授权5个，成功培育各类鱼种5亿尾，25项渔业高质量发展研究课题进入中期检查阶段。举办中国第四届有机稻米全产业链发展创新论坛，揭牌“全国有机稻米全产业链发展创新研究与职业培训中心”“农业农村部农产品质量安全中心科普工作站”。4个建设项目获市委、市政府支持驻盐高校发展、促进校地协同创新项目共195万元的经费支持。全年发表中文核心期刊论文13篇，省级以上论文121篇，主持、参与课题26项，专利28项，获省教科研先进个人1人，省级以上教科研成果4项。

建校70周年系列庆祝活动 年内，学校举办建校70周年发展大会。编制完成校庆标识、纪念册、宣传片、校友名录，修缮校史馆内部展陈，组织书画家笔会、校庆文艺晚会，举办十年办学成果展、优秀校友分享会10余场，收到市委、市政府、省农业农村厅等单位贺信30余封，众多校友、合作企事业单位来校庆贺。

（刘　洋）

社区教育

概　况 2022年，盐城市教育局整合社区教育资源，发挥盐城开放大学的引领作用，创设“特色高校＋社区特色”的全民学习、终身学习模式，初步形成质量高、范围广、有作用、有地位的盐城市社会（社区）教育体系。以品牌建设为重点，创建省级社区教育品牌项目3个、社区教育名师工作室7家、获评省级“百姓学习之星”7人、社区教育先进工作者8人、社区教育优秀志愿者6人。东台市南沈灶镇社区教育中心参与的“留守儿童氧吧”——儿童健康成长的乐园案例获评全国教育系统关工委参与社区教育创新案例推荐活动最佳案例。

盐城市老年大学 年内，盐城市老年大学利用新教学楼教学设施，开设文史、书画、保健、家政、健身、舞蹈、器乐、声乐、戏曲、智能应用10大类50余个专业，春学期235个班级，招收学员6544人，1.11万人次；秋学期246个班级，招收学员7019人，1.16万人次。其中，秋学期比上年秋学期增加23个班级，增加1515人，2708人次，新开设《史记》鉴赏、手机视频制作、烘焙、洞箫等新专业。学校把规范教学活动作为工作重点，根据老年教育的特点，规范学科设置。对学科名称、班级名称、各专业学制年限、招生人数等进行重新明确；对技能性学科按照分级、分层办学原则，分设初级、中级和高级班；合并学员较少、缺少吸引力的专业班；根据时代发展，结合学员需求开设新的专业，扩大热门专业的班级数，形成规范适用的学科名录。从选用合适的社会教材、提倡和鼓励自编专业教材、完善和提高自编讲义形成简易教材文本、杜绝没有教材的现象等方面加强教材建设，优化教材配备，形成新的教材目录，新增自编教材3本。学校组织有关教师，集中对自编教材进行整理选优，选送保龄球、推拿保健、妇幼保健、老年人慢性病防治、数码摄影、中国历史、诗词写作等专业10本校本自编教材，参加江苏省老年大学协会组织的全省优秀教材评选活动。组织学校教研室和教务处有关人员撰写理论文章，递交5篇论文参加全国老年大学第七期校长研修班论文评选，4篇论文参加全省优秀老年教育论文评选。

（龚培华）

盐城开放大学 年内，盐城开放大学招生7081人，其中成考招生5086人，自学考试（含二学历）招生961人，江苏开放教育招生1000人，武汉理工大学在职研究生招生34人，组织MPA生源198人网上报名确认。完成6744人次的自学考试的过程性、实践环节课程成绩的考核及上报工作；完成70余门省考试院委托命题课程试卷库的补充及新命题课程试卷的命题、审核、上报工作；严格规范组织各类考试，完成全国计算机等级考试1916人次；网络、国开及江开课程考试2.2万人次，其中市直8507人次；函授线上考试9万人次；成人学位英语考试参考学员1600人。完成各类型本专科层次的毕业生资格和学位授予资格审核、证书办理与发放工作，全年办理6281份毕业证书，其中函授毕业生3759人、自考毕业生287人、国开毕业生1687人、江开毕业生243人、奥鹏网络教育毕业生305人。做好非学历教育管办分离、归口管理工作，制定管办分离非学历教育管理、非学历教育激励等制度，建设非学历教育管理与服务平台。全年申报各级各类项目52次，获批12项，其中江苏省社会教育成果奖一等奖1项、江苏省社会教育领军人才1人次、省级社会教育游学基地1项、省级社区教育优质化项目基地2项、江苏省社会教育品牌项目1项、获得各级各类纵向经费支持26.5万元。

（周玉香）

教育管理

概　况 2022年，盐城市教育局遴选优质龙头校，以直办、领办、托管等方式重新组建教育集团，110个义务教育集团辐射带动426所成员校，优质教育集团覆盖学校比例81.2%。创建省市优质幼儿园50所，新增普惠性民办幼儿园10所，省市优质园、普惠性幼儿园覆盖率分别为93%、91%。策应市23条产业链发展和“智改数转”，扩大5个高职、11个中职专业办学规模，调减12个专业办学规模，服务发展、供需契合的职教专业体系逐步完善，专业与产业契合度80%以上。全面实施县级义务教育学校教师“县管校聘”和市直义务教育学校教师“局管校聘”，全市交流5262人，其中骨干教师1285人。开展市直普通高中校长职级制首次评定，53名高中校长赋予相应职级，校长专业职级能高能低、收入待遇能多能少的政策导向和激励机制初步建立。举办“立德树人”论坛3期，市、县两级均成立学生心理健康教育研究中心，落实学校每两周1节心育课。落实体艺“2+1”要求，保证学生每天1小时在校锻炼时间，全市学生体质健康测试合格率96.55%，同比上升近0.1个百分点。印发《全面加强新时代中小学劳动教育工作实施方案》，开展中小学生职业体验活动，保证中小学生每年有针对性地学会1~2项劳动技能。

教师队伍　年内，全市招聘2460名本科及以上学历教师。新入选省级“四有”好教师团队5个，新入选市级“四有”好教师团队27个，设立13个乡村骨干教师培训站。组织开展12个省级培训项目，19个市级培训项目。实施教师全员轮训，组织1.09万人参加盐阜名师讲堂、特级教师大讲堂、校本研训项目活动。5人获评“苏教名家”培养对象，15人获评省教学名师，28人获评省正高级教师职称，1人当选2022江苏教师年度人物、1人获2022江苏教师年度人物提名。考核认定名校长、优秀校长70人，评定市直学科带头人、教学能手和教坛新秀334人，评选市“最美教师”31人。

教育科研　年内，市教育局印发《关于加强全市中小学“课程 教程 学程”体系建设的指导意见》，突出大单元、大概念、大任务教学设计，推进“学思融通”课堂育人形态建构。印发《盐城市基础教育内涵建设项目培育与指导实施办法》，统筹整合优质教育资源，强化内涵建设项目培育与指导，建立常态化内涵建设项目培育机制，全市有12个内涵建设项目获省级立项。聚焦“双减”工作，组建32个学科教研中心，推进课业质态转变，提升延时服务育人质量。印发《盐城市义务教育阶段学校社团建设实施方案》，加快全市义务教育阶段学校社团“5（7）+X”体系建设。在省规划年度课题评选中，获批重点课题36项，精品课题7项；省基础教育论文评选中，获得特等奖51个、一等奖113个、二等奖295个。

教育督导　年内，市政府常务会议专题审议通过《盐城市深化新时代教育督导体制机制改革的实施办法》。全市义务教育优质均衡发展指标整体达标率81.54%，比上年提升5个百分点，排名苏北第一。组织对县级政府2021年教育履职情况进行督导评价，督评后形成《各县（市、区）人民政府履行教育职责督导评价实地督查意见》反馈至各县（市、区）政府。组织458名责任督学对市域504所义务教育学校开展“双减”工作督导等日常、专项督导5797人次，学校覆盖比例100%。组织10次心理健康教育工作相关督导，45人分成12个组对全市9个县（市、区）和市直23所中小学（含中职校）进行2轮专项督导。

校园安全　年内，全市新评定市平安校园示范学校70所，盐都区获评全省首批高质量平安校园建设区。规范配备法治副校长815名，覆盖率100%。组织参加省级学生“学宪法·讲宪法”活动，获得特等奖1个、二等奖5个。全市中小学校园保卫力量、封闭管理、防撞设施、一键报警、视频监控、一键报警和视频监控联网达标率实现“6个100%”，全市学校“感知微单元”建设建成率100%。建成校园微型消防站570余个，遴选专（兼）职消防管理员1100余名，实现消防设施标准化、消防管理制度化、消防监管常态化。推动省危化品使用专项治理信息系统推广工作，录入并审核学校298所，录入率和审核率100%。全市运行服务的标准校车580辆，服务保障1.93万名中小学生（幼儿）日常上下学，另有314辆专线公交，服务保障6432名中小学生上下学。

校外培训监管　年内，市教育局坚决贯彻国家和省、市关于“双减”工作的决策部署，推进校外培训治理工作。联合市科技局、市体育局等7部门，印发《关于全面推进面向中小学生校外培训机构分类管理工作的通知》，明确学科类、科技类、艺术类和体育类的类别界定，启动全市非学科类校外培训机构分类准入和监管等各项工作。全市13家学科类校外培训机构全部开通资金监管支付功能，实现平台全流程监管，成为全省首批100%实现全流程监管的设区市。

4所学校入选省科学教育综合示范学校　年内，市教育局会同市科协组织开展“十四五”省、市科学教育综合示范学校评选工作，遴选推荐盐城市聚亨路小学、盐城市串场河小学、盐城市盐渎实验学校、北京师范大学盐城附属学校4所学校申报“十四五”省科学教育综合示范学校，命名盐城市串场河小学等10所学校为“十四五”首批市科学教育综合示范学校。

盐城市“最美教师”评选　年内，市教育局推进全市师德师风建设，展示教师队伍良好的职业形象和崇高的精神风貌，发挥先进典型的示范引领作用，引导和激励广大教师以先进人物为榜样，不忘“立德树人”初心，牢记“为党育人、为国育才”使命，营造全社会尊师重教的良好氛围，联合评选盐城市“最美教师”31名，在教师节期间在媒体上集中报道，并以“迎接党的二十大 培根铸魂育新人”为主题举办盐城市“最美教师”先进事迹报告暨颁奖典礼。

（吴恒广　陈尚伟）

文　化

编辑　裴力民

文化场馆

概　况　2022年，盐城市有全国文化先进县4个（大丰区、盐都区、建湖县、阜宁县），省级文化先进县6个（东台市、大丰区、盐都区、建湖县、射阳县、阜宁县），建成国家一级文化馆11个、一级图书馆11个，建有乡镇（街道）综合文化站134家，村级综合文化服务中心2370个。有不可移动文物点535处，各级文物保护单位182处。全国历史文化名镇2处，注册登记的博物馆、纪念馆12处。

盐城市图书馆　年内，市图书馆有效持证读者13.4万人，新办理读者证7742张。馆藏纸质图书186.8万册，全年接待读者186.6万人次，纸质文献借还89.5万册次。全年分编加工图书13.6万册，接受捐赠书刊9615册。举办讲座、展览、培训等各类读者活动801场，线上参与读者165万人次，线下参与读者22.5万人次。媒体报道124篇，其中，国家级9篇、省级38篇。盐城市图书馆、书香盐城、盐城市少儿图书馆、盐城市公共文化云4个公众号、网站、微博、视频号、抖音等，信息浏览量124.65万人次，微信公众号关注总人数7.7万人，新增关注2.4万人。学习宣传中共二十大精神，精选专题图书1000余种，2100余册，在二楼设立专架；举办“日出东方 江山辉煌”——红色文献巡展，“喜迎二十大”主题图书推荐展，读后感征集进校园、进社区活动。多元化联合开展各类少儿活动，举办“童爱悦读”首届儿童读书节系列活动、“铁军魂 盐城红”万名《盐城晚报》小记者校外研学活动、“盐小图”书香市集等活动。开创“鹿鸣银龄课堂”品牌活动，开展“老有所学 智享生活”——智能手机应用、“爱在重阳庆国庆 情暖崇德共和谐”等中老年人培训、讲座活动，助力中老年人读者悦享书香晚年。打造“人在盐图”特色开放日品牌活动、“码上同行”文旅融合数字阅读推广品牌、“天天悦读1+X”（升级版）品牌，开展“盐渎风”第十届读书节“红领巾”读书征文演讲“携手共读 阅读关爱”公益帮扶进校园等系列阅读推广活动。加强总分馆建设，全年新建1家分馆、2家书吧、7家流通服务点。　　　（吴莹莹）

盐城市文化馆　年内，市文化馆组织全市作品参加省第十五届五星工程奖，全市9个独立作品、1个合作作品获得五星工程奖，6个作品获得网络最佳人气作品奖。市文化馆创作演出的舞蹈《发绣》获得五星工程奖。开展学习宣传中共二十大主题创作，创作作品26部，并在多个主流媒体进行推介。举办大型特色品牌文化活动80余场，重点打造“滋味盐城过大年”春节系列文艺活动，盐城市小戏小品展演，“我们的中国梦 文化进万家”优秀群文节目巡演，“我把文化送进城”，盐城市青少年艺术大赛，“盐风海韵”2022盐城市小剧场艺术季活动，喜迎二十大“江风海韵”江苏省沿江沿海六市文艺联盟巡演，盐城市“双十馆”联动下基层巡演等活动。举办单瑞成精品书法展，墨舞春风丹青秀·柔婉笔中幽兰香——庆“三八”盐城市第十三届女子书画展，“喜迎二十大 笔墨绘未来”2022年盐城市庆六一青少年书画摄影大赛及展览，“老盐城的印迹·重走建军路”专题图片实物展，喜迎二十大“红色征程·从浙西南新四军挺进师到盐城新四军”尹文作品展，“江风海韵”江苏省沿江沿海六市文艺联盟巡展。组织专题展览、非物质文化遗产项目走进校园、景区、商场、车站等16场。推动文旅融合，组织优秀群众文艺节目走进全市重点旅游景区，拓展公共服务的领域与范畴。配合省“千支优秀群众文化团队培育”辅导活动，动态式实施文化惠民，推进公共文化服务迈向高质量发展。

新四军纪念馆　年内，新四军纪念馆由主馆区、重建军部纪念塔、重建军部旧址和中共中央华中局旧址（泰山庙）3个部分组成，占地面积近8公顷，建筑面积约1.5万平方米，展陈面积约1万平方米，馆藏文物、史料、书画作品等1.7万余件（套）。5月，获评江苏省博物馆研学基地；10月，获评江苏省华侨文化交流基地。“新四军优良传统专题展”入选2022年度“弘扬中华优秀传统文化、培育社会主义核心价值观”主题展览征集。“铁军忠魂 永远跟党走——新四军暨华中抗日根据地党的建设专题展”入选2022年度江苏省博物馆精品展览项目。“强国复兴有我 红色基因代代传——‘小铁钉’志愿讲解服务队”获得2022年江苏省博物馆志愿服务优秀案例。

（王靓楠）

中国海盐博物馆　年内，中国海盐博物馆接待观众50.88万人次，与南京博物院合作策划“暗香”等文物展；原创“虎年话虎”“云舒霞卷 炉火纯青”等馆藏精品展6场；“煮海熬波话百年”“中盐博馆藏扇面展”全国巡展，送展29场次。“虎年话虎”展入选全国博物馆100家精选展览；馆藏文物“盘铁”入选“江苏人气宝藏”。举办社教活动243场次，逐步打响“盐”学系列、“对话文物”“神秘的大海 奇妙的盐晶”“我们的节日”“行走的博物馆”“盐咸梦甜”六大品牌活动，“盐咸梦甜”入选省博物馆教育推介项目和志愿服务十佳案例；“神秘的大海 奇妙的盐晶”受邀在“博博会”和省科普周作现场演示，线上23.3万人次参与；“暑期活动天天有”1.5万人次参与；举办“特别开放日”活动12场；“小盐营”和“小海营”两大特色夏令营活动，设置丰富的海盐文化和地方历史文化课程内容，吸引多家研学机构和学校争相合作。牵头18个城市31家单位成立全国盐文化场馆联盟，成为百度词条；举办人类文明视域下的盐文化研究国际学术研讨会，德国、奥地利、日本等国际知名专家参会。完成4个地块的发掘工作，80个地块的考古调查勘探和2个省级以上开发区区域评估；东闸新村2座西汉早期等级较高墓葬中出土153件文物，中央广播电视总台、新华网等媒体和《大众考古》专题报道；同曦鸣城地块首次发掘出古城墙基和护城河综合体；沙井头地块，发现汉代聚落遗址等。与南京博物馆、省考古所联合开展江苏地域文明探源九大课题之盐业文明探源，与南京大学合作开展串场河沿岸区域盐业遗址考古调查，第一阶段发现盐业相关遗址70余处，《中国文物报》整版专题报道。

盐城市博物馆 年内，市博物馆接待观众102.02万人次。与河南博物院、敦煌博物院、良渚博物院等合作，策划“和韵天下——中原音乐文物瑰宝展”“飞天神韵·莫高精神敦煌石窟艺术展”“玉见礼仪”“见相非相”等文物展7场；承办的“新时代颂·2022江苏美术摄影主题联展”获得省委宣传部、省文旅厅、省文联颁发优秀展陈奖。举办社教活动134场次，逐步打响“博物馆奇妙夜”“乐游盐博”馆校合作、“寻盐记”地方历史研学、“湿地小课堂”“考古小课堂”、非物质文化遗产展演六大品牌活动；馆校合作31家单位，博物馆公开课8场次，“云”系列活动68万人次参与；“锦服华裳”汉服文化月和“星月满登瀛”中秋节系列活动13.2万人次参与；与盐城市歌舞剧院合作推出品牌展演活动“夜游盐博”，以沉浸式演艺形式展现盐城历史文脉和生态、民俗魅力。名列全国热搜博物馆百强9月榜单第77位，年度榜单第85位，是盐城文博场馆首次上榜；创成AAA级旅游景区，列入国家AAAA级旅游景区创建名单；《博物馆力量》短视频获得中国文物交流中心等主办的“头条评选”全国第17名。

（王　莹）

盐城市美术馆 年内，市美术馆举办“新时代颂·2022江苏美术摄影主题联展”“‘青春百年心向党’——2022江苏省青年美术书法优秀作品展”“艺境——中国油画名家艺术邀请展”等大中型主题展览37场，全年入馆28.8万人。组织节庆、主题、社教活动等200余场次。开展“剪纸迎新‘红’运开年”“钗符艾虎 巧制龙舟”“流光溢彩·‘瓶’添冬趣”等艺术类主题公益教育活动52场次，参与人数2000人。举办“滋味过大年”春节系列活动，“我爱盐”青春艺术周系列活动，暑期创意推出“盐美艺术街区”，举办“艺术人物NPC、艺术画作壁画、魔幻艺术情景剧”等各类创意演艺活动。年内，市美术馆获得“最美公共文化空间大赛”百佳公共文化空间奖、网络人气奖；在2022年长三角及全国部分省市最美公共文化空间大赛评比中，市美术馆获得全国排名第四，江苏排名第一的成绩；入选水韵江苏榜单“江苏省公共文化场馆抖音号传播力”第二名，抖音“江苏省公共文化场馆抖音点赞热门视频”第三名等。（朱小燕）

10月，“新时代颂”2022江苏美术摄影主题联展在市美术馆举办。

王亚洲　摄

盐城市科技馆 年内，市科技馆开展“虎”年专题皮影戏“武松打虎”、趣味画影机手工制作——费钠奇镜、花式迎宵·不亦乐“虎”“天宫课堂”第二课地面课堂等特色科普活动178次，“科学碰碰乐”科普进校园活动13次，受众7万人。开展“机器人那些事”“走近‘地球之肾’”“知‘湿’就是力量”“关爱心灵之窗·共享清晰‘视’界”“钟表创意设计技巧”公益讲座5次。策划开展“邂逅光影·赴一场与时光的约会”电影科技发展史暨老电影机专题展、“筑梦冬奥 一起向未来”图文展和“喜迎党的二十大·中国共产党一路走来”图文展主题临展3次。利用科普画廊传播范围广、流量大等特性，制作并发布新冠肺炎疫情防控、预防艾滋病、意外伤害急救操作、喜迎中共二十大等23个公益视频。与扬州市科技馆、泰州市科技馆联合开展为期三天的研学夏令营，120名孩子参加。招募科普志愿者98人，完成培训、考核、上岗等工作，开展科普志愿服务33场次。全年接待来馆观众32万人次，被各级媒体累计报道189次，官方公众号推送科普资讯584篇，总阅读量近16万人次。市科技馆参加第六届全国防震减灾科普讲解大赛，获得三等奖；参加江苏省第三届科技馆辅导员大赛，获得展品辅导个人赛一等奖，科学实验团体赛二等奖、三等奖；参加江苏省第五届科普讲解大赛，获得一等奖、三等奖。市科技馆被中国科协青少年科技中心、中国青少年科技辅导员协会评为“科创筑梦·助力双减”全国试点单位。（刘晓曼）

小剧场建设 年内，全市建成各类小剧场54个，其中，景区类11个，场馆类14个，社区类25个，商场类4个，基本做到“区域覆盖全、类型全覆盖”。登瀛老茶馆入选第二批江苏省示范小剧场，淮剧《老荆树下》入选第二批江苏省小剧场精品剧目。培育打造1956星剧场、淮剧文化剧场、九龙口剧院等一批特色小剧场，推动形成运营规范、信誉度高、竞争力强的小剧场体系。举办为期3个多月的“盐风海韵”小剧场艺术季，开展28部

（台）45场形式多样的演出。艺术季整合文旅系统内外21家单位，由特色小剧场展演、中国·盐都小剧场艺术荟萃、1956星剧场三大版块组成，既有传统淮剧、昆曲、杂技剧、综艺，也有新潮话剧、舞剧、音乐会、脱口秀，同时引进开心麻花、北纬零度等团队的悬疑剧、儿童剧和沉浸式戏剧。

新华书店　年内，盐城新华书店以推动全民阅读，满足广大市民精神文化需求，全年营业收入1.81亿元。做好政治读物的征订发行和宣传工作，推出党建品牌“弘扬铁军精神，助力书香惠民”，做铁军文化传承者，让红色基因代代相传。连续44年完成“课前到书，人手一册”的政治任务。开展各类文化阅读活动30余次，其中“凤凰新华杯阅读大赛”“‘喜迎二十大·做好接班人’主题阅读大赛”“曹文芳‘阅读丰盈人生’公益讲座”等活动参与面广、影响力大，为推动全民阅读，丰富社会群众精神文化生活做出贡献。盐城新华书店获评2019—2021年度江苏省文明单位。　（王　盼）

“言＋买”书汇获评全国年度最美书店　4月24日，盐城市“言＋买”书汇在首届全民阅读大会·年度最美书店发布会上获评全国年度最美书店。“言＋买”书汇经营总面积7000平方米，图书经营面积4000平方米。以城市居民的文化需求为导向，空间设置盐城文脉展厅、阶梯活动空间、初心书屋等六大主题空间，网罗丰富的文化资源，拓展出咖啡屋、文创等多元业态，推动城市全民阅读常态化发展。曾获江苏省最美书店、江苏省最美公共文化空间、盐城市亲子教育实践基地等。“言＋买”书汇联动线下门店与线上平台，创新打造全新“盐南阅读”模式，举办各类活动293场。

（骆　瑶）

公共文化活动

全民阅读　2022年，盐城市委宣传部举办“喜迎二十大·阅读颂辉煌”“读书迎盛会 一起向未来”系列主题阅读。组建14支市级阅读推广志愿服务队开展“七进”活动，全域播撒“读书种子”。221个图书馆（分馆）、1200个基层阅读点、2190个农家（社区）书屋让全民阅读“触手可及”。市文广旅局成立公共阅读推广志愿服务队，在公共文化场馆等各类阅读空间建立全民阅读志愿服务站，向少年儿童提供阅读指导，为老人、残障人士阅读提供志愿服务。举办“盐渎风”全民阅读活动，开展全市公共文化场馆“特色开放日”活动，打造盐城市图书馆“人在盐图”特色活动，开展馆校合作实境教学活动。全市公共图书馆总流通720万余人次，举办各类活动2000多场次。全市创新文化惠民方式，在开展送戏下乡的过程中，将“送戏”与“送读”有机结合，编排一批高质量的诵读节目。在全市AAA级以上景区推出“码上同行”文旅融合数字阅读推广活动，让市民和游客在游玩的同时进行扫码阅读。“言＋买书汇”获评全国最美书店，乐华泽获全国“乡村振兴十大阅读推广人”称号。大丰区图书馆被评为全国服务农民、服务基层文化建设先进集体，“红色经典诵读盐阜行”活动、“红色温馨”清风主题读书分享会等被省全民阅读办认证为优秀公益阅读推广项目。

文化惠民　年内，市文广旅局采取政府主导、市场调节、志愿服务等多种形式，通过培树品牌、加强普及、创作精品，推动文化惠民工程提档升级，组织举办“戏曲进乡村”“文化进万家”“十馆联动下基层”以及各类“喜迎、喜庆‘二十大’”优秀群众文艺作品巡演巡展等文化惠民项目。全市举办各类文化惠民演出（送戏下乡）活动3000场次，送展览400场次以上，实现场馆景区化。在省第十五届“五星工程奖”终评中，全市有10件作品获得五星工程奖。12月7日，全市“公共数字文化服务乡村覆盖率”94.07%，全省位列第四位；全市有15个省“最美公共文化空间”入选打造对象，17个省“优秀群众文化团队”入选培育对象。

馆博展览　年内，全市博物馆新推出展览41场，包括原创展览和合作展览。其中，新四军纪念馆原创展览“新四军优良传统专题展”入选2022年度“弘扬中华优秀传统文化、培育社会主义核心价值观”主题展览推介项目。“铁军忠魂 永远跟党走——新四军暨华中抗日根据地党的建设专题展”，入选2022年度江苏省博物馆精品展览项目。中国海盐博物馆（盐城市博物馆）与河南博物院、南京博物院、敦煌博物院、良渚博物院、南京市博物总馆等深度合作，组织“和韵天下——中原音乐文物瑰宝展”“飞天神韵·莫高精神——敦煌石窟艺术展”“玉见礼仪”“暗香”等高品质文物展12场，“暗香”线上展览29.7万人次参与。

第十届“盐渎风”全民读书节　4月20日，全民阅读工作图片展和“喜迎二十大·阅读颂辉煌”主题阅读活动暨第十届“盐渎风”全民读书节启动仪式举行。全民阅读工作图片展现场采用图文并茂的展板，直观展现全民阅读先进典型培树、阅读新空间建设、品牌阅读活动开展等情况。启动仪式上，发布书香盐城阅读地图、2022年推荐的12本好书、第十届“盐渎风”全民读书节重点阅读项目，向14支市全民阅读推广志愿服务团队授旗，并为2021年全民阅读先进典型颁奖。活动现场举办“邮票上的经典阅读”活动启动暨中国古典文学名著——《红楼梦》邮折发行仪式。启动仪式采取线上线下相结合的方式，在线观看160万人次。　（骆　瑶）

文学艺术

概　况　2022年，盐城市文广旅局组织“喜庆迎二十大 幸福连万家”等97项学习宣传贯彻中共二十大精神系列活动。举办2022“我爱盐”青春艺术周，组织驻盐高校艺术作品联展、“生态·科技·人”中国当代生态艺术展以及“时装秀”“音乐会”“交流会”主题活动，打造“我爱盐”文旅品牌IP。联办“艺术也有栖息地”——盐城沿海文化艺术周，举办生态文艺创作、传承范公品格、革命题材剧目展演等活动。创排“串场河之旅”实景演出，通过淮剧、情景表演、灯光秀等演艺形式，展示串场河的景色、人文、风物之美。打造“盐美艺术街区”“盐美大讲堂”“盐美艺术公教”等品牌，推出“寅春桢祥”2022新年迎春情景书画展、“春和景明”当代中国画学术邀请展、“自颜自语”第七届女画家邀请展、2022江苏省青年美术书法优秀作品展、中国大运河史诗图卷展、“艺境”中国油画名家艺术邀请展等。

文艺创作 （参见《群众团体·文艺创作》相关内容）

戏　曲　年内，全市新创大戏剧本24部，小戏剧本30个以上，剧作者创作的8部剧本由外地院团上演。淮剧《范公堤》入选文旅部历史题材创作工程、2022年国家艺术基金资助项目、2022年江苏省舞台艺术精品创作扶持工程重点投入剧目，获得2022紫金文化艺术节优秀剧目奖和优秀表演奖。淮剧《赵五娘》参加2022年全国地方戏精粹展演。淮剧《小城》《谷家大事》获得江苏省第十二届精神文明建设“五个一工程”优秀作品奖，并参加江苏省新时代现实题材舞台艺术作品展演。曲艺剧《盐阜往事》获得2022紫金文化艺术节优秀剧目奖，并参加江苏省基层文艺院团优秀剧目展演。现代戏曲《药》《枣·爱》、古代话剧《默者》获得第二届紫金戏剧文学奖。淮剧《老荆树下》入选第二批江苏省小剧场精品剧目。杂技剧《礼运》、淮剧《田家湾的号声》《裂帛》《宋公堤》入选江苏艺术基金资助项目大型舞台资助项目；淮剧《芦荻知秋》入选江苏艺术基金资助项目传播交流推广资助项目；小淮剧《田记者下乡》《抠嫂赶猪》入选江苏艺术基金资助项目小型舞台资助项目。

书　画　年内，中国画《有朋自远方来》、书法《西阁草堂学书刻印随笔》入选第十三届中国艺术节全国优秀美术、书法作品展览。国画《都市园林》《温馨工地》、油画《盐城高架》《建湖华中鲁艺纪念馆》、水彩画《老墙记忆》、中国画《盐城建湖九龙口淮剧小镇》获得“新时代颂”江苏美术摄影主题联展优秀展陈奖。作品《建字有旁人》《习近平总书记在文艺工作座谈会上的讲话节选》入选“墨韵新时代——喜迎党的二十大”江苏书法大展。推出“寅春桢祥”2022新年迎春情景书画展、“春和景明”当代中国画学术邀请展、“自颜自语”第七届女画家邀请展、2022江苏省青年美术书法优秀作品展、中国大运河史诗图卷展、“艺境”中国油画名家艺术邀请展等一批影响广、品质高的主题展览。

11月11日，淮剧《范公堤》在南通市启东保利大剧院开演。　市文广旅局　供

摄　影　年内，市文广旅局承办“新时代颂”江苏美术摄影主题联展盐城市作品展系列活动，全市26个展馆同步开展，展出各类作品1500多件，囊括中国画、油画、水彩粉画、版画、摄影、书法、剪纸、儿童画、非物质文化遗产等艺术形式，全方位、多种类、立体化展示时代之变、中国之进、人民之呼、盐城之美。活动后，盐城市获得优秀组织奖、优秀创作奖、优秀展陈奖。

杂　技　年内，杂技《炼——倒立技巧》获得第十一届中国杂技金菊奖并参加第十一届全国杂技展演，杂技《战友——双人技巧》《炼——倒立技巧》入选第十一届全国杂技展演，杂技剧《丝路之旅·沙秀》入选2022年江苏省舞台艺术精品创作扶持工程，杂技剧《礼运》入选江苏艺术基金资助项目大型舞台资助项目，杂技诗剧《四季江淮》受邀参加第四届中国苏州江南文化艺术·国际旅游节演出。

江苏省淮剧团　1月7—8日，淮剧《小城·望窗外》赴南京·江苏大剧院参加梅绽金陵民族交响音乐会；26日，淮剧《莲花庵·劝归》在盐城市迎宾馆参加团拜会。2月6—10日，国家级非物质文化遗产保护专项资助项目、青年演员传承版《狸猫换太子》《祥林嫂》在盐城市文化艺术中心连演五天。3月12日，盐城市迎宾馆九龙厅会议室召开国家艺术基金2022年度资助项目淮剧《范公堤》专家研讨会。5月29日，国家艺术基金资助项目《范公堤》在盐城市文化艺术中心大剧院开项演出。6月29日，小淮剧《陈毅托子》参加燕舞集团“青春永向党 喜迎二十大”微党课比赛获二等奖。8月26日，《范公堤》入选2022年江苏省舞台艺术精品创作扶持工程重点投入剧目。9月

17日，提升打磨版《范公堤》民乐版，应邀参加第四届中国苏州江南文化艺术国际旅游节演出；20日，提升打磨版《范公堤》民乐版，应邀参加中国·泰州第二届 百梅争艳戏曲汇“梅花奖”精品剧目展演。10月13日，小淮剧《陈毅托子》参加“喜迎二十大，同心颂党恩”党建联盟活动，王登洲获得市第三届铁军号角微党课大赛二等奖；14—15日，“盐风海韵”小剧场艺术季淮剧《小镇》在盐城市建湖九龙口剧院上演，淮剧《小镇》上演九年来演出210场；25日，淮剧《范公堤》走进射阳县高级中学活动。11月11日，淮剧《范公堤》参加2022紫金文化艺术节新创剧目会演，在启东保利大剧院公演，该场演出也是国家艺术基金2022年度资助项目《范公堤》的结项演出。12月，淮剧《范公堤》全市巡演，协助中央广播电视总台《非遗里的中国》拍摄；淮剧《小城》获得江苏省第十二届精神文明建设“五个一工程”优秀作品奖；淮剧《范公堤》获得盐城市政府文艺奖一等奖。（薛　港）

江苏省杂技团　年内，江苏省杂技团创排融合非遗淮剧，聚焦“绿水青山就是金山银山”的“两山”理论，以“沿海湿地、国际绿城”为主题的杂技诗剧《四季江淮》，并应邀参加第五届江南国际文化旅游艺术节，《文旅中国》《交汇点》等30多家媒体作新闻报道和文艺评论。原创杂技《炼——倒立技巧》获第十一届中国杂技比赛最高奖金菊奖。杂技剧《礼运》被省艺术基金管理中心立项为重点资助项目。完成杂技报告剧《芦苇青青菜花黄》本体复排工作。完成“建湖杂技周末剧场”和“建湖杂技村村到校校到”惠民演出300场次，全年零投诉、零差评。完成淮剧小镇散点演出65场次，派遣优秀演员，全程参与《小镇有喜》旅游演艺项目的排练、演出和快闪视频录制以及推广工作等。先后与省新闻办、新华社、市政协等联合制作《MAGIC奇技》《海外华裔菁英青少年沉浸式体验非遗杂技》等视频作品，在海内外线上宣传，点击量700万次。江苏省杂技团被中国杂技家协会表彰为年度杂技综合工作先进单位，被省文旅厅表彰为江苏省文化和旅游系统先进集体、江苏省国有文艺院团社会绩效考核优秀格次、江苏省一级院团。成功创建亲情中华·中国华侨国际文化交流基地、南京艺术学院国际学生研学基地。（金重庆）

《范公堤》入选文旅部历史题材创作工程　年内，淮剧《范公堤》入选2022年文旅部历史题材创作工程。《范公堤》通过老年范仲淹与滕子京的回忆，再现范仲淹在任西溪盐仓监和兴化县令期间，为解海潮之患，联合张纶、滕子京共同上书请修捍海堰，终于筑成长堤，佑护沿海百姓的一段历史。《范公堤》地域特色浓郁，以盐城地方剧种淮剧演绎本土历史故事，展示独特海盐文化，呈现中国传统文化精神气质中“担当”的含义。《范公堤》强化淮剧唱腔表现力以增强舞台感染力，呈现传统与现代融合，厚重、浓烈、悲壮中不失清新、灵动，情感饱满，结构紧密，节奏流畅，张弛有度，具有较强的时代感、现代感、样式感与艺术感。

杂技《炼——倒立技巧》获金菊奖　11月9—10日，由中国文联、中国杂技家协会主办的第十一届中国杂技金菊奖总决赛上，《炼——倒立技巧》斩获中国杂技最高奖金菊奖。《炼——倒立技巧》通过倒立技术和杂技道具融合，展示“俄挺”等高难度技巧动作，以女演员独特的力量之美体现当代青年人不畏磨炼、努力拼搏的品质。该作品包含4个层次：“蓄力”，以左右单手倒立跳把为基础，体现演员的核心控制力；“锻造”，以女性表演者完成男子都很少达到的并腿俄挺技巧，彰显核心力量的同时更体现现代女性炽烈自信的美感；“淬炼”，以旋转单手倒立组合展现，动作扎实唯美，形似精致的雕塑艺术品；“奋进”，以团里独创单手倒立高台旋转跳技巧，展现演员协调平衡能力，同时更蕴含对美好未来、迈向成功的不懈追寻。

10个作品获省“五星工程奖”　8月17日，第十五届江苏省“五星工程奖”获奖作品正式公布，盐城获奖作品数量和质量，创历届举办以来最好成绩。9个独立作品、1个合作作品获得“五星工程奖”，数量列全省第三位；6个作品获得网络最佳人气奖，数量列全省第一位；射阳县文广旅局获得优秀组织单位奖。入围终评的3部“舞蹈类”作品，其中，《e起回乡》《发绣》《你们告诉我》分获得第一、三、四名；《白兰花》获得“戏剧类”第二名，《荡里的小伙在成长》获得“曲艺类”第三名。（骆　瑶）

文化遗产保护

考古调查　2022年，盐城市文广旅局开展考古调查、勘探面积400万平方米，文物区域评估项目完成文物区域评估项目10个，面积7244万平方米。全市完成考古发掘项目4个，出土文物4000余件，其中亭湖区实验学校东侧地块项目出土文物约1700件，被省文物局评为优秀发掘项目。开展发掘项目5个，其中，东闸新村地块一期已出土文物约400件，2座西汉墓出土的多件器物为盐城首次发现；同曦鸣城出土文物200余件，发现护城河、古城墙等重要遗址；沙井头地块出土文物约200件，发现东汉时期路面、排水沟等重要东汉遗址。与建湖县博物馆共同对李三庙遗址出土宋代钱币窖藏进行初步清理和研究，发现40多个币种，实证唐宋时期盐城的富庶景象。启动盐城文明探源工程，完成《盐城大丰区盐业考古调查与整理研究》《盐城市亭湖区实验学校东宋代墓地的古人口学研究》《盐城串场河南岸盐业考古调查简报》。

文物保护　至2022年年底，盐城市有国家重点文物保护单位3处，分别是新四军重建军部旧址、新四军盐阜区抗日阵亡将士纪念塔、海春轩塔。有江苏省文物保护单位20处、市级文物保护单位65处、县级文物保护单位114家、尚未核定为保护单位的遗址遗迹332处。做好全国重点文物保护单位修缮工作，完成新四军重建军部旧址（泰山庙）修缮（局部修缮）工程，并通过省文物局验收；新四军盐阜区抗日阵亡将士纪念塔保护修缮项目获国家文物局立项批复，启动技术方案勘察设计。开展省文物保护重点单位修缮工作，完成顾正红烈士故居修缮项目验收工作，《顾正红烈士故居保护规划编制》提交项目成果报审文件；做好富安明代住宅——董氏宅修缮工作，开展卢秉枢故居、冯道立宅（务本堂水龙会所）等文保单位的保护规划编制工作。配合规划部门做好城市总体规划的调整，将古城墙、护城河遗址保护和城建项目有效结合，形成古遗址与新街民居的整体风格统一，共同盐城有盐城特色的历史风貌区。

表39　2022年盐城市全国重点文物保护单位、江苏省文物保护单位名录一览表

序号	名　　称	级　　别	年　代	类　　别	地理位置
1	新四军重建军部旧址	第六批全国重点文物保护单位	中华民国	近现代重要史迹及代表性建筑	亭湖区先锋街道先锋社区建军西路118号
2	海春轩塔	第七批全国重点文物保护单位	唐代	古建筑	东台市东台镇晏溪河居委会
3	新四军盐阜区抗日阵亡将士纪念塔	第八批全国重点文物保护单位	1943年	近现代重要史迹及代表性建筑	阜宁县芦蒲镇马集村
4	苏中四分区抗日烈士纪念碑	第三批省级文物保护单位	1945年	近现代重要史迹及代表性建筑	东台市三仓镇新五村
5	抗大五分校旧址	第三批省级文物保护单位	中华民国	近现在重要史迹及代表性建筑	亭湖区毓龙街道凌家桥社区
6	东明电气股份有限公司旧址	第四批省级文物保护单位	1917年	近现代重要史迹及代表性建筑	东台市东台镇玉带桥居委会
7	冯道立宅	第四批省级文物保护单位	清代	古建筑	东台市时堰镇街中居委会
8	富安明代住宅（王氏住宅（甲、乙）、贲氏住宅、崔氏住宅、张氏住宅、董氏住宅、卢氏住宅）	第四批省级文物保护单位	明代	古建筑	东台市富安镇中街居委会
9	鲍氏大楼	第四批省级文物保护单位	1850年	古建筑	东台市安丰镇建设居委会古南街王家巷
10	草堰石闸（鸳鸯闸）	第四批省级文物保护单位	宋代、明代、清代	古建筑	大丰区草堰镇草堰居委会南范公堤上
11	华中鲁迅艺术学院烈士墓	第四批省级文物保护单位	1984年	近现代重要史迹及代表性建筑	建湖县庆丰镇东乔村
12	顾正红烈士故居	第四批省级文物保护单位	中华民国	近现代重要史迹及代表性建筑	滨海县正红镇正红村
13	宋曹宅	第四批省级文物保护单位	明代、清代	古建筑	亭湖区文峰街道儒学街4号
14	陆秀夫祠	第四批省级文物保护单位	明代、清代	古建筑	亭湖区文峰街道儒学社区解放中路陆公祠巷4号
15	草堰口墓群（郭家墩汉墓、高家墩汉墓、学校大墩子汉墓、吴家东墩汉墓、吴家西墩汉墓、朱家墩汉墓、二组大墩汉墓）	第五批省级文物保护单位	汉代	古墓葬	建湖县草堰口镇永丰村

续表39

序号	名　称	级　别	年　代	类　别	地理位置
16	开庄遗址	第五批省级文物保护单位	新石器时期	古遗址	东台市溱东镇开庄村
17	朦胧塔	第五批省级文物保护单位	宋代	古建筑	建湖县宝塔镇宝塔村
18	卢秉枢故居	第七批省级文物保护单位	清光绪	古建筑	东台市梁垛镇新桥居委会
19	云梯关遗址	第七批省级文物保护单位	宋代、清代	古遗址	响水县黄圩镇云梯关村
20	郝氏宗祠及住宅	第七批省级文物保护单位	明代、清代	古建筑	盐都区葛武镇郝荣村
21	中共中央华中局第一次扩大会议旧址	第八批省级文物保护单位	1942年	近现代重要史迹及代表性建筑	阜宁县羊寨镇单港村
22	八路军新四军白驹狮子口会师旧址	第八批省级文物保护单位	1940年	近现代重要史迹及代表性建筑	大丰区白驹镇狮子口村村北
23	停翅港新四军军部旧址	第八批省级文物保护单位	1941年	近现代重要史迹及代表性建筑	阜宁县陈集镇停翅港村

革命文物　年内，市文广旅局完成盐城市第二批不可移动革命文物名录、可移动革命文物名录的遴选上报工作。其中，1处不可移动革命文物、61件（套）可移动革命文物入选第二批江苏省革命文物名录。

“非遗”保护传承　至2022年年底，盐城市“非遗”209项含国家级5项，省级29项（其中市级193项：第一批19项，第二批12项，第三批25项，第四批34项，第五批52项，第六批51项。）另，包括16项扩展（其中第三批1项，第四批5项，第五批6项，第六批4项）。以“非遗”项目、文博场馆、旅游景区为载体，强势推动文旅融合。东台西溪天仙缘景区入选江苏省无限定空间非遗进景区示范项目。东台西溪天仙缘景区、建湖九龙口景区获2022年“全国非遗与旅游融合发展优选项目”。11月，在东台西溪景区举办“盐城市非遗购物节”活动。设立“非遗”保护市级专项资金，与国家级、省级专项资金相互补充，为市级“非遗”代表性传承人提供每年2000元的补助资金。建立一批“非遗”传承人工作室和传习所，鼓励“非遗”代表性传承人以工作室为单位开展保护传承工作。推动“非遗”进校园、进景区，组织部分“非遗”代表性传承人走进中小学、高等院校，联合学校建立实践基地，创办“非遗”社团、开设“非遗”专题讲座，激发学生对本地“非遗”的兴趣，为“非遗”的保护传承储备新鲜血液。同时加强“非遗”宣传推介，利用博物馆“非遗”展厅，打造盐城“非遗”的对外展示窗口。

表40　2022年盐城市国家级“非遗”名录一览表

序号	批　次	项目类别	编　号	项目名称	申报地区	保护单位
1	第一批2006	民间文学	Ⅰ-9	董永传说	东台市	东台市文化馆
2	第二批2008	传统戏剧	Ⅳ-102	淮剧	盐城市	江苏省淮剧团有限公司
3	第二批2009	传统体育、游艺与杂技	Ⅵ-48	建湖“十八团”杂技	建湖县	江苏省杂技团
4	第五批2021	传统美术	Ⅶ-127	发绣（东台发绣）	东台市	东台市发绣协会

续表40

序号	批　　次	项目类别	编　号	项目名称	申报地区	保护单位
5	第五批2021	传统美术	Ⅶ-135	瓷刻（大丰瓷刻）	大丰区	大丰区瓷刻世家工艺厂
1	第一批2007	民间文学（Ⅰ）	JSⅠ-3	董永传说	东台市，镇江市丹徒区、丹阳市，常州市金坛区	东台市文化馆
2	第一批2007	传统戏剧（Ⅳ）	JSⅣ-5	淮剧	盐城市	江苏省淮剧团
3	第一批2007	传统美术（Ⅶ）	JSⅥ-12	盐城老虎鞋	盐都区	盐都区尚庄镇文化站
4	第一批2007	传统体育、游艺与杂技（Ⅵ）	JSⅨ-3	建湖“十八团”杂技	建湖县	江苏省杂技团
5	第二批2009	民间文学（Ⅰ）	JSⅠ-17	施耐庵与《水浒》传说	兴化市、大丰区	大丰施耐庵纪念馆
6	第二批2009	民间文学（Ⅰ）	JSⅠ-23	沈拱山传说	盐城市盐都区	盐都区郭猛镇文化站
7	第二批2009	传统美术(Ⅶ)	JSⅥ-27	麦秆剪贴（大丰麦秆剪贴）	大丰区	大丰区南阳镇文化站
8	第二批2009	传统美术(Ⅶ)	JSⅥ-7扩展项目	苏绣扩展（东台发绣）	东台市	东台市发绣协会
9	第二批2009	传统技艺（Ⅷ）	JSⅦ-46	晒盐技艺（盐城海盐晒制技艺）	盐城市、连云港市	盐城中国海盐博物馆
10	第二批2009	传统技艺（Ⅷ）	JSⅦ-47	配制酒酿造技艺（东台陈皮酒酿造技艺）	东台市	东台市天成酒业有限公司
11	第二批2009	传统技艺（Ⅷ）	JSⅦ-36	八桅立式大风车制作技艺	盐都区	盐都区龙冈镇文化站
12	第三批2011	民间文学（Ⅰ）	JSⅠ-32	张士诚传说	大丰区	大丰区草堰镇文化站
13	第三批2011	传统音乐（Ⅱ）	JSⅡ-7扩展项目	渔民号子（弶港渔民号子）扩展	东台市	东台市弶港镇文化站
14	第三批2011	传统音乐（Ⅱ）	JSⅡ-10扩展项目	五大宫调（响水五大宫调）扩展	响水县	响水县文化馆
15	第三批2011	曲艺(Ⅴ)	JSⅤ-7扩展项目	工鼓锣 扩展（淮海锣鼓）	泗阳县、响水县	响水县文化馆
16	第三批2011	传统美术(Ⅶ)	JSⅥ-5扩展项目	剪纸（溱湖刻纸、金湖剪纸）扩展	东台市、淮安金湖县	东台市溱东镇文化广电服务中心
17	第三批2011	传统技艺（Ⅷ）	JSⅦ-77	建湖花炮制作技艺	建湖县	建湖爆竹烟花
18	第三批2011	传统技艺（Ⅷ）	JSⅦ-86	合成昌醉螺制作技艺	盐城市亭湖区	盐城合成昌食品有限公司
19	第四批2015	民间文学（Ⅰ）	JSⅠ-43	九龙口传说	建湖县	九龙口镇文广服务中心
20	第四批2015	传统音乐（Ⅱ）	JSⅡ-4扩展项目	民歌（牛歌）扩展	阜宁县	阜宁县文化馆
21	第四批2015	传统美术(Ⅶ)	JSⅥ-41	农民画（射阳农民画）	射阳县	射阳县文化馆
22	第四批2015	传统美术(Ⅶ)	JSⅥ-45	面塑（阜宁面塑）	阜宁县	阜宁县文化馆
23	第四批2015	传统美术(Ⅶ)	JSⅥ-46	瓷刻（大丰瓷刻）	大丰区	大丰瓷刻世家工艺厂
24	第四批2015	传统技艺（Ⅷ）	JSⅦ-44扩展项目	柳编（盐都柳编）扩展	盐都区	盐都区龙冈镇文化站
25	第四批2015	传统技艺（Ⅷ）	JSⅦ-50扩展项目	糕点制作技艺（阜宁大糕制作技艺）扩展	阜宁县	阜宁县文化馆

续表40

序号	批　　次	项目类别	编　号	项目名称	申报地区	保护单位
26	第四批2015	传统技艺（Ⅷ）	JSⅦ-67扩展项目	汤面制作技艺（东台鱼汤面制作技艺）扩展	东台市	东台市磊达宾馆
27	第四批2015	传统技艺（Ⅷ）	JSⅦ-100	草编（射阳草编技艺）	射阳县	江苏桃园家饰有限公司
28	第四批2015	传统技艺（Ⅷ）	JSⅦ-109	何首乌粉制作技艺	滨海县	陈氏食品有限公司
29	第四批2015	传统医药(Ⅸ)	JSⅧ-2扩展项目	膏药制作技艺扩展（吴氏膏药）	亭湖区	亭湖区文化馆

市第二批历史建筑保护名录发布　1月4日，市政府发布《关于公布盐城市第二批历史建筑保护名录的通知》。盐城市第二批历史建筑保护名录28处，其中，盐都区6处、亭湖区5处、盐南高新区7处、大丰区10处。

新四军重建军部旧址　新四军重建军部旧址、中共中央华中局旧址（泰山庙）又名东岳庙，位于盐城市区建军西路118号。1941年1月，震惊中外的皖南事变发生后，刘少奇、陈毅奉命在盐城重建新四军军部。泰山庙成为重建后的新四军军部机关和中共中央华中局驻地，刘少奇、陈毅等新四军领导人在这里指挥华中地区的抗日斗争。1986年10月泰山庙与新四军纪念馆同时对外开放，2006年5月泰山庙被国务院列为全国重点文物保护单位。2022年，泰山庙作为盐城市举办纪念新四军重建军部81周年活动的重要场地，开展红色主题宣传教育活动近百场。

新四军盐阜区抗日阵亡将士纪念塔　新四军盐阜区抗日阵亡将士纪念塔，位于阜宁县芦蒲镇芦蒲村，苏北灌溉总渠西侧，古黄河东畔。在1940年10月八路军新四军开辟盐阜抗日根据地到1943年4月粉碎日伪第二次大“扫荡”的两年半时间内，为打击日寇、保卫盐阜抗日根据地而牺牲的新四军将士达2000余人。为纪念在盐阜区抗日根据地阵亡的新四军将士，新四军第三师与盐阜区行政公署共同修建抗战烈士纪念塔。1943年6月15日，纪念塔正式开工，9月10日纪念塔竣工。塔高16.6米，背枕古黄河大堤，面向辽阔的黄淮平原，正面刻着新四军代军长陈毅题字“国民革命军陆军新编第四军盐阜区抗日阵亡将士纪念塔”，两侧刻着三师师长兼政委黄克诚与副师长张爱萍的题词，背面刻着盐阜区著名士绅杨芷江撰写的塔铭。2019年10月16日，新四军盐阜区抗日阵亡将士纪念塔入选第八批全国重点文物保护单位。2020年9月1日，入选第三批国家级抗战纪念设施、遗址名录。2022年，开展红色文化主题活动近百场。

海春轩塔　海春轩塔位于东台市西溪景区晏溪河居委会，原为西溪广福寺（亦说海春轩寺）佛塔。始建于唐贞观年间(627—649)，据宋《晏溪遗志》载：“海春轩塔，在镇南广福寺侧，传为唐太宗时大将尉迟敬德监造，塔顶有题名。”因其具有镇海和导航之功效，故又称为“镇海塔”。该塔为密檐式，青砖结构，平面为八角形，共7层，高20.80米，内部中空。塔底层高敞，二层以上重重密檐，各层塔壁简洁，每层八面各设圭形佛龛一座，顶上置刹。塔身密檐均以叠涩方法挑出，密檐上无盖瓦，以砖层层覆盖，盖面采用反叠涩砖向内收进，塔刹由铁覆盆、相轮、铜葫芦组成。该塔历代进行多次修缮，轮廓线条仍就优美，结构精密，造型端庄，秀丽挺拔，部分保留唐塔构造做法，对于研究古塔建筑形式、结构变迁具有参考价值，也是东台地方历史的见证，具有极高的审美价值和史料价值。2013年，被国务院批准公布为第七批全国重点文物保护单位。2022年，海春轩塔作为东台市政府对外展示的重要地标，多次被国家级、省级媒体宣传报道。

市“非遗”购物节　11月11日，盐城市“非遗”购物节在东台西溪天仙缘景区举办。活动现场上演渔鼓道情《土地的故事》、淮剧演唱《牙痕记》、江苏省五星工程获奖作品舞蹈《发绣》以及根据“董永传说”打造的《天仙缘》实景演出等“非遗”特色节目。《东台发绣》新书发布仪式当晚举行。“非遗”集市展出金陵金箔、东台彩绘葫芦、东台发绣、大丰瓷刻、安丰麦秸画、亭湖钮氏剪纸、盐都面塑等非遗作品，汇聚东台鱼汤面、后港茶干、富安酥儿饼、章云板鸭等“非遗”美食。（骆　瑶）

地域文化研究

新四军文化研究　2022年，新四军纪念馆推进红色基因库项目，完成二期项目——“红色基因库新四军纪念馆实景漫游及数字化信息展示系统”，部署于国家文化大数据华东区域中心云端，用于国家文化大数据红色基因库案例应用，以及在电视端、移动端、党建一体机等终端展示展览。推进三期项目，利用高科技技术将馆内红色文化各类藏品数据进行数字化保护，建设数据共享的文化大数据服务及应用体系。挖掘红色资源，全年征集文物资料167件。“罗昊烈士的军装、党徽”入选“见证新时代——新物件里的江苏故事”主题活动最具代表性实物名单。完成省第二次可移动革命文物名录申报、馆藏定级文物备案复核等工作。提升展陈水平，建好红色阵地。实施展陈局部提升，根据打造“践行新思想实践典型”的要求，完成主馆序厅背景浮雕建设、灯光照明改造建设、“一件旗袍”展项移位优化，完成传承厅“大美中国”“幸福中国”灯箱提升改造，推进军部旧址（泰山庙）“中共中央华中局历史陈列展”“铁的新四军”展览数字化展陈提升。策划原创性专题展览，策划4个原创专题展，全国送展18场次。“铁军忠魂 永远跟党走——新四军暨华中抗日根据地党的建设专题展”入选2022年度江苏省博物馆精品展览项目。“新四军优良传统专题展”入选国家文物局年度“弘扬中华优秀传统文化、培育社会主义核心价值观”主题展览推介项目。围绕中国共产主义青年团成立100周年主题，策划“战火青春——新四军中的青年人物展”，送展至澳门大学中国历史文化中心、临沂华东野战军纪念馆等地。创作红色故事红色情景剧，打造“五个一”红色故事，同时，以“听党指挥、一心为民”等为主题，策划撰写《战地旌旗红 热血筑医魂——新四军黑热病疗养所》《把一切献给党》等近20个红色故事，并将从中挑选10个红色故事精心打磨完善。打造红色情景剧《一件旗袍》《画树还树》，开发宋公堤、两军会师等4个点位的沉浸式讲解。（王靓楠）

海盐文化研究 年内，中国海盐博物馆文明探源完成4个地块的发掘工作，80个地块的考古调查勘探和2个省级以上开发区区域评估；东闸新村2座西汉早期等级较高墓葬中出土153件文物，多件文物为盐城首次发现，中央广播电视总台、新华网等多家媒体和《大众考古》专题报道；同曦鸣城地块首次发掘出古城墙基和护城河综合体；沙井头地块，发现汉代聚落遗址等。与南京博物馆、省考古所联合开展江苏地域文明探源九大课题之盐业文明探源，与南京大学合作开展串场河沿岸区域盐业遗址考古调查，第一阶段发现盐业相关遗址70余处，《中国文物报》整版专题报道。深化文物保护和研究，完成《盐城市申报国家历史文化名城的可行性分析与研究》《煮海八景》《盐城市大丰区盐业考古调查与整理研究》《盐城市亭湖区实验学校东宋代墓地的古人口学研究》《韩瓶与盐城宋代生活研究》5个社科课题；核心期刊2篇；完成《馆藏精品文物集》二维、三维采集工作；完成《全国盐文化场馆高质量发展学术研讨会论文集》《海盐华章》编撰工作；编撰《中国盐文物——全国盐文化场馆精品文物集》《盐城市考古报告集》《海盐传奇》青少年系列绘本；馆藏文物数字化保护项目和库房预防性保护项目通过省局验收，馆藏文物复制方案已通过省文物局评审；组织省保单位陆公祠的古建勘查和安消防提升方案编制，完成陈列展览脚本大纲；完成“二墩汉墓考古出土金属文物保护修复项目”中期评审，漆木器脱水保护和金属器保护项目有序推进；举办人类文明视域下的盐文化研究国际学术研讨会，德国、奥地利、日本等国际知名专家参会。（王 莹）

市湖海艺文社成立80周年 12月16日，纪念市湖海艺文社成立80周年座谈会召开。80年来，市湖海艺文社发挥艺文社桥梁纽带作用，加强横向、纵向联动，推进市级层面与县区基层的联络协调，加强与市诗词协会、市书法家协会、市美术家协会、市摄影家协会等文艺团体的联络，密切与县区政协协调，调动各方面积极性，组织开展各类艺文活动，画好艺文工作的同心圆，提升文化统一战线凝聚力。聚焦高质量发展等民生热点和社会发展需求，将艺文服务宣传触角延伸至基层一线、群众身边，在群众中树立良好的形象和口碑。深化爱国主义、集体主义、社会主义教育，开展社团成员综合素质与能力提升培训，激励社员争当德艺双馨的“人民艺术家”。（许寅生）

“铁军魂 盐城红”红色文化主题系列活动 1月20日，全市“铁军魂 盐城红”红色文化主题系列活动启动仪式暨纪念新四军重建军部81周年活动在新四军纪念馆举行。活动围绕“赓续红色血脉、保护红色资源、激发红色动能、传播红色文化”四大主题，挖掘盐阜大地丰富的红色文化资源，围绕重要时间节点、纪念日，举办主题鲜明、各具特色的活动。

全国盐文化场馆联盟成立 7月29日，全国盐文化场馆联盟成立大会在中国海盐博物馆召开。自贡市盐业历史博物馆、河北海盐博物馆等全国18个城市31家盐文化场馆及相关单位代表出席联盟成立大会。大会现场，发布全国主要盐文化场馆地标，选举中国海盐博物馆为联盟理事长单位，自贡市盐业历史博物馆、淮盐文化博物馆等全国盐文化场馆8家为副理事长单位，江苏省盐业协会淮盐文化传承创新委员会、河南岩盐博物馆、东台市西溪旅游文化景区等22家为常务理事单位。大会发布联盟单位馆藏文物精品集出版预告和联盟首个IP形象“小盐神”。（严志鉴）

社会科学

社科课题研究 3月，盐城市社科联组织专家对2022年度盐城市政府社科基金项目进行立项评审，969项申报项目中，845项准予立项。联合市政协研究室和市政协理论研究会围绕“全过程人民民主与基层政协工作创新”课题开展理论研究，公开征集到70项项目，66项准予立项。协助市政协举办“全过程人民民主与市县政协工作创新”理论研讨会，协助市委研究室组织开展市委决策咨询课题研究。对接省、市级智库，完成市委市政府交办的8个重大课题研究，形成16篇研究报告，计30万余字。形成阶段性成果调研报告44篇，通过省级以上刊物发表22篇，其中，省级智库16篇、市级智库6篇；通过市级刊物发表22篇，其中，省级智库1篇、市级智库21篇。在《新华日报》《群众》杂志发表9篇成果，《让红色文化成为盐城富起来强起来的澎湃动力》获得全国思政研究会优秀成果奖。

社科智库研究　年内，市社科联与合作共建智库加强工作联系和对接，完善智库管理模式，在对智库上一年度考核基础上重新研究修正“年度绩效考核指标”。引导智库围绕党委政府决策需求开展研究，全年形成智库报告 197 篇，通过市级以上刊物发表 121 篇，出版著作 4 本。8 月，在江苏黄海海滨国家森林公园举办主题为“探索绿色低碳发展新路径”首届智汇盐城黄海论坛，邀请国内 4 位专家作主旨报告，结合世情、国情，从不同角度为盐城探索绿色低碳发展新路径、勇当沿海地区高质量发展排头兵立论建言。论坛期间，召开智汇盐城智库联盟峰会，引导智库研发一项符合自身特色定位、盐城发展急需的重大产品，7 家智库联盟成员单位负责人先后交流汇报智库培育及智库旗舰产品研发进展情况。论坛吸引新华网、中国新闻网、盐阜大众报等媒体关注报道，盐城广播电视总台全程直播，关注总人次破 150 万。

社科普及宣传　年内，市社科联立项资助社科普及项目，收到社科普及活动资助申报项目 42 个。经评审，立项 31 项资助项目，其中，重点项目 10 项、一般项目 21 项。强化项目实施绩效考核，坚持对资助申报项目落实进行跟踪，要求重大事项、重要活动提前报备，做好活动的媒体宣传，扩大社科普及活动覆盖面和社会效益。组织征集编辑出版《大地铭记：永不忘却的红色记忆》社科普及读本，全书 46 万字，是全市第一本着眼于烈士人物主体、将 128 个以烈士命名镇村关联的烈士生平事迹进行系统整理的红色文化普及读物。汇编出版《北上海文史专刊》《跟党寻踪 盐渎记忆》《人间瓷缘》《盐城乡土语文读本》等普及读物。

社科成果评奖　年内，市社科联根据《盐城市哲学社会科学优秀成果奖励办法》，组织开展第十四次社科优秀成果评奖工作，申报成果范围为 2020 年 1 月 1 日至 2021 年 12 月 31 日发表（出版）或完成的成果，有 301 项成果参与评奖。经组织公开申报、评审组初评、评审专家委员会终评，通过推荐《江苏地方文化史·盐城卷》等 5 项研究成果为特等奖，《创塑现代化美丽标识，打造绿色转型新典范》等 15 项研究成果为一等奖，《盐城文学刍论》等 40 项研究成果为二等奖，《习近平海洋经济发展重要论述与盐城践行路径》等 90 项研究成果为三等奖。

社科社团发展　年内，市社科联按照《盐城市社科类社会组织管理办法》《盐城市社科类社团规范化建设考核评估办法（试行）》相关要求，对社团进行 2021 年度规范化建设考核评估，通过综合评估的方式，评出优秀等次社团 10 个、合格等次社团 26 个，不合格社团 4 个。对 10 个活动质量较高、作用发挥突出的社团给予奖励性经费补助。市逻辑学会被评为全国社科组织先进单位，市教育学会、市行政管理学会分别被评为第三届省模范社团和先进社团。4 月，组织 2022 年社科类社会组织主题活动资助项目申报，立项资助 14 个学术活动，其中重点 7 项、一般 7 项。使用江苏省社会组织综合管理服务平台，对业务主管社团开展线上管理，实时掌握社团最新动态，做到办件信息与省政府服务网实时互通。依靠管理平台，指导相关社团做好登记、换届、变更、年检等前置审查工作，对长期不活动、不年检、不换届的社团采取上门走访提醒与发函提醒相结合的服务方式，实时掌控社团动态。

江苏省暨盐城市第十九届社科普及宣传周　9 月 21 日，江苏省暨盐城市第十九届社科普及宣传周开幕式在盐城召开。省社科联、市委有关领导讲话并致辞，市社科普及联席会议成员单位负责人以及全省 13 个设区市社科联领导等出席开幕式。活动期间组织宣传演出、主题活动和展板展示等内容。同时，盐城市社科界喜迎中共二十大书画摄影作品展开展，110 件书画摄影作品达展出。

（沈碧云）

第一届智汇盐城黄海论坛　8 月 19—20 日，第一届智汇盐城黄海论坛在东台市举办。论坛以“探索绿色低碳发展新路径”为主题，旨在打造立足盐城、聚焦沿海、开放汇智、服务发展的区域学术交流合作、智库成果发布转化、智政产学研媒跨界融通平台。论坛上，成长春、金伟忻等专家围绕江苏沿海开发与盐城高质量发展、更好接轨上海、盐城勇当沿海地区高质量发展排头兵、打造黄海文化带等发表主旨演讲，并举办智汇盐城

9 月 21 日，江苏省暨盐城市第十九届社会科学普及宣传周开幕式举行。
市社科联　供图

智库联盟峰会，分享交流智库建设经验做法。智汇盐城黄海论坛能形成一批具有前瞻性、把握规律性、富有创新性的研究成果，为沿海地区高质量发展多建睿智之言、多献管用之策，成为“十四五”期间全省社科联系统智库职能建设的亮点标杆。（张　明）

史志档案工作

・・・党史工作・・・

概　况　2022年，盐城市委党史办围绕党史征集、编纂、研究、宣传工作，推进党史基本著作编写，挖掘宣传盐城红色资源，编纂出版的《红色盐城百年记（1921—2021）》获评全省党员教育培训精品教材、盐城市第十四次哲学社会科学优秀成果特等奖。推进党史三卷本编纂，征集改革开放口述史料。加快党史资政研究编纂《盐城党史纪事·2021》；围绕新四军的党性、人民性等，精心编写红色故事近20篇，宣传铁军文化，为干部教育提供学习素材。参与新四军纪念馆核心区及周边区域、中共中央华中局旧址展陈等方案的优化提升。

党史资料征编　年内，市委党史办加快党史“三卷本”编写工作，梳理盐城改革开放新时期的重大事件、重大活动和重要会议，分类整理有价值资料，明确编写人员分工，开展相应章节编写。超前谋划启动庆祝盐城市撤地建市40周年党史书籍《改革同期声——盐城建市四十年口述历史》的编纂，通过回顾改革实践，再现40年盐城经济、政治、文化、社会、生态等各领域的发展历程和巨大成就，汲取奋进力量。7月14日，市委办印发《关于征集盐城市改革开放口述历史资料的通知》，细化采写专题，明确口述对象，展开文稿征集。与盐城广播电视总台联合启动摄制建市40周年口述纪录片，基本完成纪录片拍摄前期工作。

党史宣传教育　年内，市委党史办学习贯彻中共十九届六中全会和中共二十大精神，深刻认识习近平新时代中国特色社会主义思想的世界观和方法论，把握贯穿其中的立场、观点和方法，指导宣传教育实践。组织人员赴盐渎街道兴城社区开展“以中国式现代化全面推进中华民族伟大复兴”中共二十大精神宣讲活动，赴新都街道凤开社区开展《中共江北特委书记李林与盐城》的党史专题宣讲活动，赴阜建高速公路延展线建设工地、盐海社区、伍佑小学等地宣讲红色党史。参加第十二届江苏书展，展示40余种150多部盐城史志文化成果，组织“大地丰碑 英雄盐城”——宋公堤的红色故事和淮剧《五条岭》展演，宣传盐城地方特色文化。组织开展“江苏方志大讲堂”活动，以“盐脉海韵 串场今昔”为主题，挖掘历史文化和城市记忆。开展史志文化“六进”活动，赴大丰区人武部、界牌镇周庄村等场所研讨红色经典，宣讲红色故事，赠送史志书籍。研究制定《盐城市党史教育基地命名管理暂行办法》，强化宣传阵地管理。协助三仓烈士陵园创成第四批江苏省级党史教育基地，命名射阳县烈士陵园、盐城市革命烈士陵园等5个阵地为第四批市级党史教育基地。做好信息工作，全年上报工作动态462条。组织人员撰写《正确认识和理解中国式现代化》一文在《盐阜大众报》发表，《难以忘却的纪念：盐南阻击战与“五条岭”》一文在《江苏地方志》2022年第5期杂志上发表，《继往开来的中共中央华中局第一次扩大会议》一文在《铁军纵横》杂志2022年第1期发表。

《红色盐城百年记（1921—2021）》获评全省党员教育培训精品教材　8月1日，省委组织部办公室发布《关于全省党员教育培训教材展示交流活动评选结果的通报》。由盐城市委组织部推荐，盐城市委党史办组织编写的《红色盐城百年记（1921—2021）》获评全省党员教育培训精品教材。《红色盐城百年记（1921—2021）》坚持以习近平新时代中国特色社会主义思想为指导，以时为经，以事为纬，划分10个不同历史时期，通过100件典型事件，勾画中国共产党领导盐城人民在革命、建设、改革开放及迈入新时代等各个历史时期取得重要成就的历史轨迹，生动展现盐城人民拥护党的领导，艰苦创业，不懈奋斗的精神风貌，突出中国共产党在盐城百年发展历程中的领导核心作用，突出盐城每个历史时期的建设成就和地方特色。《红色盐城百年记（1921—2021）》作为中国共产党成立100周年献礼之作，一经出版，即获得社会广泛好评。中共盐城市委党史学习教育领导小组办公室专门下发学好用好《红色盐城百年记（1921—2021）》的通知，作为各地、各部门党委（党组）理论学习中心组学习、“三会一课”、主题党日的重要内容。12月13日，《红色盐城百年记（1921—2021）》获得盐城市社科特等奖。

《盐城党史纪事·2021》编纂　年内，市委党史办组织编纂《盐城党史纪事·2021》，全书分为执政纪事、重要报告、重要文件、媒体聚焦4个部分计50万字，系统全面记录市委贯彻落实中央和省委决策部署，推动盐城高质量发展的生动实践。

（严志鉴）

・・・地方志工作・・・

概　况　2022年，盐城市地方志办重点推动镇村志编纂工作，结合2021年年底联合市政府督查室对全市镇村志编纂情况进行全面督查情况形成督查通报印发至各县（市、区）政府，并跟进整改落实情况。对2022年计划出版的镇村志完成情况进行摸底调查，每季度统计编纂进度。指导《江苏名镇志·弶港镇志》编纂工作，出版《江苏名镇志·合德镇志》。推动《盐城市抗击新冠肺炎疫情实录》编纂工作，起草篇目大纲。《盐城援疆建设志》《“6·23”特大龙卷风冰雹盐城抢险救灾重建志》出版，获2022年度江苏省史志作品优秀成果奖。加强地情文化研究，推动《世遗湿地 中国盐城》编纂；与高校专家合作编写《盐城移民史》，落实相关资料征集工作，完成出版（含印刷）询价工作。

镇村志编修　年内，市地方志办指导各县（市、区）镇村志编纂工作，赴亭湖区便仓镇等地实地督查指导镇村志编修工作。审读《伍佑镇志》《便仓镇志》《弶港镇志》《益民村志》《五星村志》等志稿并提出修改意见。组织召开盐城市镇村志评审现场观摩暨《大纵湖镇志》终审会、《江苏名镇志·弶港镇志》终审会。开展2022年镇村志丛书号申请工作，对申请的6部镇志8部村志（电子版）审核把关，最终有13部镇村志纳入2022年的丛书号系列；邀请市内外专家审读志稿，启动镇村志丛书封面及内文版式设计，与设计师对接修改方案。

地情文化研究　年内，市地方志办推进《世遗湿地 中国盐城》编纂工作，上半年对全书框架结构进行调整，召开编纂工作座谈会，邀请市委宣传部、市遗产办、市摄影家协会等部门单位的领导出席座谈会。邀请2位作家为该书撰写文稿的同时，收集图片百余幅。根据文稿内容将图片分类整理，与设计公司对接商讨设计方案。修改初稿，撰写开篇总序7000余字文稿，提交设计公司形成初稿。

中国地方志指导小组在盐城调研　7月8日，中国地方志指导小组秘书长，中国地方志指导小组办公室党组书记、主任崔唯航一行在盐城调研地方志工作，现场察看盐城市地方志办近年来的史志鉴成果展。盐城市地方志办、东台、响水、盐都、射阳县（市、区）地方志办主任汇报交流各自业务开展及特色亮点工作。崔唯航对《盐城年鉴（2021）》入选第六批中国精品年鉴表示祝贺，对盐城市地方志工作表示肯定，总结盐城市地方志工作有“全”“实”“活”三个特点。会后，崔唯航一行参观新四军纪念馆和中国海盐博物馆。

《盐城年鉴（2021）》获评中国精品年鉴　7月4日，中国地方志指导小组办公室向盐城市委、市政府寄发贺信，祝贺《盐城年鉴（2021）》入选第六批中国年鉴精品工程。《盐城年鉴（2021）》为第24卷，恰逢“两个一百年”奋斗目标的历史交汇点，具有特殊意义。2021卷年鉴将创建中国精品年鉴与追寻地域文化根脉融为一体，厚植文化自信，全面总结“十三五”期间经济社会发展成就，实现“十四五”年鉴事业转型升级良好开局。该书聚焦城市底蕴，卷首图版专题设“城市名片”，以精美大开本图片直观展示盐城世遗湿地、百河之城、森林城市、海盐名城、红色热土、淮剧杂技之乡的风流雅韵。突出专题类目，擦亮“世遗”品牌，彰显盐城区位优势及城市功能发展定位。规范优化框架，优化调整“服务业”类目，按照行业分类标准，体现盐城市服务业发展特色，符合盐城产业结构实现从“二三一”到“三二一”的转变发展。全书设类目36个、分目246个、条目1791个，收录卷首图片和随文图片166幅、表格65张，150万余字。

《江苏名镇·合德镇志》出版　6月，《江苏名镇·合德镇志》由江苏人民出版社出版问世。该书为盐城第二部全媒体名镇志。全书设镇情概览、镇村建设、特色经济、红色印记、旅游揽胜、特产美食、全国文明镇、特色文化、民俗风情、名人乡贤10编16.3万字，收录彩图135幅、音像资料25条。《人民日报》高级记者卞毓方为该志撰写《合德赋》。

《盐城市抗击新冠肺炎疫情实录》编纂　5月，市委办、市政府办联合印发《关于征集盐城抗击新冠肺炎疫情相关资料的通知》，在全市征集盐城抗击新冠肺炎疫情相关资料。7月中下旬，前期资料收集结束。市地方志办梳理近百万字的电子版及纸质文字资料，并分类整理。

《盐城援疆建设志》出版　《盐城援疆建设志》是盐城市首部全面系统记述盐城支援新疆工作历史和现状的专业志书。该书编纂工作于2018年10月启动，历时三年半时间完成。全书38万字，主要记载2005—2019年盐城市在对口支援新疆尼勒克县和察布查尔县工作中取得的重大成就。全书设组织领导与援建规划、基础设施援建、干部人才支援、教育援助、医疗援助、产业援建、“小援疆”、脱贫摘帽、交流交往交融、援建管理、人物风采、媒体报道12章，前置概述、大事记，后殿附录。《盐城援疆建设志》封面设计独具匠心，结合盐城湿地、丹顶鹤、麋鹿、芦苇、新四军重

7月8日，中国地方志指导小组办公室在盐城调研地方志工作。

市地方志办　供图

建军部和察布查尔锡伯族图腾、永镇边疆古城楼等特色元素，象征着两地团结合作、交往交融的情谊。全书有6个资料链接、2个特色专记、3部40分钟视频、100余张照片。该书被盐城市委宣传部纳入“记录小康工程”。年内，获评2022年度江苏省史志作品优秀成果奖。

《“6·23”特大龙卷风冰雹盐城抢险救灾重建志》出版 《“6·23”特大龙卷风冰雹盐城抢险救灾重建志》是江苏省首部救灾志。该书编纂工作于2017年6月启动，主要记载2016年6月至2017年6月，在中共中央、国务院亲切关怀及省委、省政府和市委、市政府坚强领导下，各级党委政府组织抢险救灾和灾后重建的重要史实。全书正文以大事记开篇，设突发灾情、组织领导、救援抢险、救治防疫、善后安置、重建家园、社会捐赠、宣传报道、监督管理、先进典型10章，章后统一设置图版，卷末设附录、编后记，49万字。《“6·23”特大龙卷风冰雹盐城抢险救灾重建志》全书统一设计，主题鲜明、亮点突出，封面挥毫泼墨写意“6·23”，嵌以抢险救灾、灾后重建等实景照片，于水墨中显志书华彩，卷首图志精选视觉经典、具有存史价值的场景或特写图照，定格历史，留驻纪念；内文设计结合风灾元素，与专题图版相呼应，打破传统随文插图模式，以章为单元，专设内文章节图版，集中设计刊载章节图片；加载影音视频资料，运用二维码链接“6·23”风灾影像资料，增强动态画面感，实现图文并茂、动静结合，多视角多侧面还原灾难瞬间，直观立体形象反映抢险救灾及灾后重建全貌。该书对应对突发事件、抗击特大自然灾害具有十分重要的借鉴作用。年内，获评2022年度江苏省史志作品优秀成果奖。（严志鉴）

···档案工作···

馆藏档案 2022年，盐城市档案馆有馆藏档案32.49万卷、62.38万件，资料1.49万册，照片3.26万件，声像616盒，印模596枚，实物317件，字画160件。保存的档案主要是中华人民共和国成立以来盐城政治、经济、科学、文化建设等各方面情况的档案，也有少量明清档案和革命历史档案，其中年代最早的是清咸丰八年（1858）的地契。馆藏珍贵的档案资料有党和国家领导人到盐城视察的照片、题词，《盐城县志》及《陆氏宗谱》等。民生档案包括土地确权档案、企业退休职工档案、出生医学证明档案、破产企业档案等。

征集编研 年内，市档案馆接收文书档案675卷、3.82万件，会计档案1万卷，退休职工档案2.76万卷，出生医学证明档案1.75万件，实物档案64件。挖掘馆藏档案，编纂书籍《跟档寻踪·盐渎记忆》（生态篇）。完成12期《盐城大事记》，与市委党史办合编《盐城执政实录·2021》。

查档接待 年内，市档案馆全年接待查档2690人次，提供利用档案2.2万卷（件）次，复印材料3.76万页。为市发改委、市农业农村局、市委党校、市委党史办、市自然资源和规划局等机关事业单位提供档案资料利用1.5万卷（件）次，提供复印2万页。

档案指导服务 年内，市档案馆对大唐大丰三龙风电工程等4项工程档案进行专项验收。履行好市创建全国文明城市台账资料组副组长单位的职责，做好相关工作。完成9个县（市、区）综合档案馆业务建设评价工作，经省档案馆审定，评选出大丰馆、东台馆、射阳馆为示范馆，其余6家为规范馆。完成11家机关团体企业事业单位档案工作检查评价工作，经评定，2家单位评为优秀档案室，6家被评为规范档案室，3家为合格档案室。会同市档案局开展档案行政执法检查，重点检查盐南高新区、盐城经济技术开发区和近年来涉及撤并改建的10多家单位的档案工作情况。为市慈善总会、江苏滨海港有限公司等60多家机关和企事业单位提供档案业务指导。联合苏州大学举办1期全市档案系统干部业务能力培训班，为各市直机关开设12期业务培训班。

（张永涛）

大众传媒

···报业传媒···

《盐阜大众报》 年内，《盐阜大众报》紧扣中共二十大这条主线，紧跟市委、市政府中心工作节拍，坚持策划先行，抓好选题设置，挖掘盐城经济社会发展闪光点、人民群众关注点。新一轮综合改革，通过完善制度设计、重塑组织架构、打通采编平台、优化再造流程、规范管理考评等措施，实现各种媒介资源、生产要素的深度整合，实现新闻内容、管理手段的共融互通和技术运用、平台终端升级换挡。《盐阜大众报》全年发行354期，发行量（日均）10.4万份。蝉联江苏省文明单位，获评江苏省广告发布诚信单位，获得全市宣传思想文化工作创新奖、全市关心下一代工作优秀集体等。省委宣传部对全省报纸出版单位年度社会效益评价考核中，获得优秀等级，位居全省前列；在省新闻出版局年度报纸出版质量核验情况通报中，抽查检验零差错，获通报表扬。

《盐城晚报》 年内，《盐城晚报》立足民生定位做好新闻宣传，在媒体融合上继续稳健探索，把中共二十大宣传报道作为全年工作的重中之重，全程精心策划做好主题宣传，营造主旋律更高昂、正能量更强劲的舆论氛围。官方抖音粉丝量增长43%，官方微博发布2854条微博，总阅读量6372.4万次；发布63条视频，转发量32万次；平均每天阅读量过万帖子3个，全年阅读量过10万次的帖子345个，主持话题阅读量超5000万次的有3个。10件作品获赵超构新闻奖，其中，《母亲替儿子把新娘娶进门》获得通信一等奖，《烈士遗孀百岁生日》获得摄影作品一等奖，

《新媒体时代报纸副刊的探索与创新》获得论文一等奖。《鹤类家族爱上大美盐城》获得江苏省好新闻消息二等奖，《一份81年的惦念终于有了归宿》和“五一劳动节”封面版获得江苏省好新闻消息和版面三等奖。

（冯　钰）

···广播影视···

广电宣传　年内，盐城广播电视总台全媒体推出《奋进新征程 建功新时代——勇当排头兵 奋进向未来》《喜迎二十大——竞逐新赛道 盐阜调研行》《聚焦发展高质量 争当五个排头兵》《领航中国》等专题专栏报道140余篇；开设《高举思想旗帜 汇聚实践伟力》专栏；推出《党员群众齐上“学堂”为新时代提供有力法治保障》等报道40余篇，展示盐城市各地各级学习贯彻习近平新时代中国特色社会主义思想的实践。盐城广播电视总台、各县（市、区）融媒体中心通过专栏、专题、重大选题等多种形式，宣传贯彻中共二十大精神。创作6集人文美食纪录片《盐城味道》入选2022江苏百人纪录片扶持计划，前2集全网点击量突破3000万次。与中央广播电视总台合作拍摄的30分钟特别节目《神奇的潮汐树》《滩涂中的秘密》《越冬候鸟已拉开迁徙大幕》在中央广播电视总台频道播出。盐城广播电视总台抗疫短视频《你是谁》全网点击量1000万次。年内，盐城广播电视总台联合各县（市、区）台在中央广播电视总台用稿近300条，其中，《新闻联播》用稿32条；在江苏省广播电视总台新闻中心用稿1007条，其中《江苏新时空》用稿307条；“学习强国”学习平台用稿23条。

播出保障　年内，市文广旅局修订完善安全播出应急预案，成立安全播出指挥调度小组，完成春节、北京冬奥会、北京冬残奥会、两会、“五一”、端午等重大节日、重大活动和重点时段的安全播出工作，确保安全生产和安全播出无事故。

移动直播　年内，盐城广播电视总台推进移动优先、一体化发展战略，“智慧盐城”App全年执行移动直播95场，总点击量为1804万次，平均每场直播点击量为19万次，其中，“第四届中韩贸易投资博览会开幕式暨江苏—韩国经贸合作交流会”、盐城市2022元旦迎新年长跑等活动点击量超百万次。创作短视频300条，运营的“盐视听”视频号平均日活5万次，点击量1000万次以上，其中“10万+”阅读量视频产品5个。策划制作七集“新时代 新征程”中共二十大特别报道系列短视频，创新呈现各地各界热议二十大报告，视频号观看量超350万次，全网观看量超500万次。提供广播卫星直播车，服务2022年全市高质量发展项目观摩活动的直播、解说工作，高标准完成各项工作任务。全市重大项目观摩活动原则“每月一次、每次一县（市、区）、每家一天”，逐月在各县（市、区）板块举行高质量发展项目观摩活动，开展项目观摩移动直播11场次。配合服务好文旅项目、纪检监察重点项目、城北地区改造推进大会重点项目等10多场移动直播任务。

应急广播　10月30日，市文广旅局完成全市23个被列为年度目标建设任务的乡镇智慧广电乡镇建设任务，并于11月上旬通过省文旅厅复验。市文广旅局完善应急广播工程，实现应急广播各级平台与省应急广播调度控制平台的对接，并运用应急广播加强农村防疫科普宣教。配合地面数字电视700兆赫频率迁移，推动广电5G和全国有线电视网络整合一体化。

（王春明）

···融媒体···

盐城发布　年内，“盐城发布”微信公众号突出迎接宣传贯彻中共二十大这条主线，紧紧围绕市委市政府中心工作，聚焦权威信息、新冠肺炎疫情防控、经济发展、民生热点、盐城形象等方面及时做好信息发布。创新传播方式，《盐城百业俱兴图》《时光不负追梦人，小言带你看招商》等互动产品生动有趣，话题性强。“盐城发布”微信公众号全年发布各类信息2069条，微信“10万+”稿件161篇，微信粉丝量超85万人，影响力持续上升，年度综合排名位居江苏政务发布微信排行榜第五位。

（赵新立）

盐城党建　年内，“盐城党建”微信公众号围绕学习宣传贯彻中共二十大精神，深入贯彻落实省委、市委全会精神，聚焦组织工作和基层党建重点做好信息发布工作。注重创新传播方式方法，开展“喜迎二十大 建功新时代”优秀微党课展播、“学原文·二十大报告我来读”“‘盐’读二十大 建功新时代|先锋说”短视频宣讲等学习宣传教育活动，推动党的创新理论落地生根。加大先进典型宣传力度，策划推出《我和我的村庄》《希望的田野》等系列微视频，为乡村振兴“聚力赋能”。“盐城党建”微信公众号全年发布各类信息1203条，单篇阅读量超2万人次稿件16篇，关注总人数突破18万。

盐城宣传　年内，市委宣传部“盐城宣传”微信公众号，创新改版后，分为“盐之有理”“聚焦盐宣”“文明盐城”三大板块，其中“聚焦盐宣”分为“精彩盐城、铁军魂 盐城红、盐风海韵、文化产业六个一、盐·读”子栏目，“文明盐城”分为“创建在线、新时代文明实践、溢彩盐晶、厚德盐城、新时代好少年”子栏目。“盐城宣传”微信公众号聚焦宣传贯彻中共二十大这个主线，围绕中心、服务大局，重点做好权威信息、宣传思想文化等各类信息发布，“盐城宣传”微信公众号全年发布各类信息1529条，微信“1万+”稿件5篇，微信粉丝量超5万人次。

《盐城味道》入选江苏百人纪录片扶持计划　年内，由市委宣传部与盐城广播电视总台联合摄制人文美食类纪录片《盐城味道》6集，每集片长约13分钟。影片在展示盐城传统美食的食材起源、烹饪技法、品鉴方式的同时，通过讲述一个个生动的人物故事，描摹出盐城人为梦想而奋斗打拼的群体形象，反映出盐城特有的城市文化和精神品格，揭示食物与当地民俗风情、社会生活、人物情感的紧密关系，让更多观众从全新视角、更细微处认识一个更加真实、更加鲜活、更具品位、更富魅力的盐城。第一集《穿古越今》，回望两千年悠悠岁月，展现中国唯一一座以盐命名的地级市如何演进独特的饮食文化和地方传统美食的金名片“盐城八大碗”，同时以普通人的视角和感受，阐释当年饱含着盐民生活艰辛与不易的“八大碗”如何一步步演变为丰富物产和美好生活的代名词。第二集《早安盐城》，带领观众来品尝属于盐城清晨的独特味道，洪祥蟹黄包、鸡蛋饼、滨海五粮粥、东台鱼汤面等特色早点，无一不让观众充分绽放味蕾。第三集《乡情“风”物》，推介那让人牵肠挂肚的“家乡腊味”，步凤咸猪头、滨海香肠、腌制海鲜、风鸡、风鸭、风鹅等在品尝酸甜苦辣咸鲜多种滋味的同时，也品味融汇古今的岁月之味。纪录片不仅全面梳理和推介了盐城饮食文化，且透过美食的仪式镜像，展现蕴藏在城市文化深处的遗传密码和文化图景，从全新维度为城市“造像”，让美食成为塑造盐城品牌形象的重要元素，通过美食展现盐城乃至中国百姓多姿多彩的美好生活和有滋有味的幸福人生，抒发对新时代的深情礼赞和对新征程的无限憧憬。该纪录片先后在新华社、人民网、央视新闻、看看新闻、荔枝网、《扬子晚报》《现代快报》、凤凰网、网易、B站、小红书、腾讯、爱奇艺等平台推出。3月，《盐城味道》从46个申报项目中脱颖而出，入选2022江苏百人纪录片扶持计划，6月入选该计划的重点项目，获得2022年度江苏省“五个一工程”奖。

（王春明）

盐阜大众报报业集团上海融媒中心　年内，盐阜大众报报业集团上海融媒中心坚持外宣内宣双轮驱动，全方位做好盐城的宣传工作。在上海主流媒体的报纸板块，刊登100篇宣传稿件，其中，整版专版20个，在《澎湃新闻》《上观新闻》、东方网等新媒体板块发表100多篇稿件。在《盐阜大众报》设立“沪动盐城”专版，与上海媒体隔空互动，展示盐城“国际湿地、沿海绿城”的生态魅力和发展活力，刊发10期“沪动盐城”专版。通过“沪动盐城”微信公众号，展现盐城“融接大上海 深耕长三角”的生动实践，促进盐沪两地交流互动，发表、转载文章100篇。联合市政府驻上海联络处，共同举办“沪动盐城·沪上名医大讲堂”在线直播活动。9月，第二期直播活动邀请海军军医大学第三附属医院3位专家，吸引全网38万人在线观看。

（冯　钰）

10月31日，盐城市第六届文化创意设计大赛颁奖仪式暨第七届文化创意设计大赛启动仪式举行。　王亚洲　摄

文化产业

市第六届文化创意设计大赛　10月31日，盐城市第六届文化创意设计大赛颁奖仪式暨第七届文化创意设计大赛启动仪式举行。市第六届文化创意设计大赛分文创产品设计、建筑及环境设计、公益传播设计以及服装创意设计4个专项赛，收集到作品近3000件。大赛评选出《盐小勺系列文创》《重燃城市记忆——竹林商业城建筑改造工程》等获奖作品42项，其中，金奖6项、银奖12项、铜奖24项。此外，为6家单位颁发大赛优秀组织促进奖。活动现场，欧风花街、盐镇水街等8家市特色文化示范街区名单揭晓，优秀创意设计作品签约仪式举行，第七届盐城市文化创意设计大赛正式启动。启动仪式后，与会人员参观优秀文化创意设计作品展。

盐城文化艺术节暨D·A艺术街区启幕　5月20日，盐城文化艺术节暨D·A艺术街区启幕。数梦小镇D·A艺术街区是盐城首个艺术主题街区，以“艺术、运动、人文”为核心，以“体验时尚艺术，享受品质生活”为总定位，打造潮流、艺术、景观完美融合的标杆艺术街区。通过科技感、艺术感十足的场景打造，赋予市民更多的想象空间及互动体验。街区率先引入“双首层”理念，打造独一无二、无法复制、又兼具匠人精神的商业集群。负一层通过下沉广场将通道全面打开，人流从3个方向自然引入，以餐饮、娱乐配套为主，集中呈现精致美食、品质料理、特色甜品，打造以主题书店、咖啡臻选店、文创研发工作室、艺术画廊等为主业态的人文艺术集结地。盐城文化艺术节期间，开展湖畔音乐节、乌龙剧团戏剧巡游、艺术市集、艺术展览等系列活动。

盐城沿海文化艺术周　6月19日，“艺术也有栖息地”盐城沿海文化艺术周在江苏黄海海滨国家森林公园举行。启动仪式从歌舞《湿地恋歌》拉开帷幕，邀请知名艺术家进行作品创作分享，现场发布湿地艺术创作倡议书、《盐城味道》第三集《开门见鲜》等。活动举行盐城湿地系列新书发布暨捐赠仪式和首批6家湿地艺术创作基地授牌仪式，其中江苏黄海海滨国家森林公园、条子泥景区入选。

市黄海湿地生态文化产业推广协会成立　6月22日，盐城市黄海湿地生态文化产业推广协会成立大会召开。此协会的成立，巩固盐城市黄海湿地生态的品牌价值，丰富盐城市黄海湿地生态的宣传渠道，让更多的人了解黄海湿地、了解盐城。大会选举产生协会第一届理事会理事，并举行揭牌、理事单位授牌仪式。与会人员实地参观世界自然遗产·盐城黄海湿地展示中心。　（骆　瑶）

文化市场管理

概　况　2022年，盐城市文广旅局维护全市文化市场秩序，促进文化市场健康繁荣发展，出动执法人员3.61万人次，检查经营单位（场所）1.25万家次。全年办结案件147件，移交案件2件，责令停业整顿6家，吊销许可证2家，取缔1家。市文化市场综合执法支队先后被表彰为全国查处重大侵权盗版案件有功单位、全省“扫黄打非”先进集体、全省文化市场综合执法重大案件办案单位、全省文化市场综合执法“护航”专项行动有功集体、全省境外卫星电视传播秩序专项整治工作成绩突出单位。

文化市场行政执法　年内，市文广旅局规范文化市场综合行政处罚裁量基准，结合盐城市实际情况，在上级划定的行政处罚阶次和幅度，修改完善《盐城市文化市场综合执法行政处罚裁量基准（试行）》，保护市场主体和人民群众的合法权益。行政处罚决定后，及时在“信用盐城”、省市场监管平台、市文广旅局门户网站公示行政处罚信息，公示率100%。市文化市场综合执法支队下发单一部门“双随机、一公开”任务27个，抽取检查人员696人次，抽取文旅场所348家次；牵头与市公安局、市市场监督管理局、市交通运输局、市住房和城乡建设局等部门联合开展“双随机、一公开”检查5次，出动执法人员70人次，检查场所35家次；配合市体育局、市民族宗教事务局等部门开展“双随机、一公开”检查任务3个，出动执法人员122人次，检查场所61家次；完成省文旅厅下发的“双随机、一公开”任务5个，其中单一部门任务3个，出动执法人员30人次，检查场所15家；牵头与市公安局、市市场监督管理局开展联合检查任务2个，出动执法人员6人次，检查场所3家，检查结果公示率100%。落实“网格化+”“互联网+”监管机制，对市辖区互联网上网服务营业场所、歌舞娱乐场所、游戏游艺场所、影院、印刷企业、复印打印店、书店、旅行社、星级酒店、A级景区、体育场所进行全覆盖，对场所经营规范、消防安全、新冠肺炎疫情防控等进行检查，实现执法检查全覆盖。加强演出市场、新业态执法监管，联合市委宣传部、市公安局、市消防救援支队、市住房和城乡建设局、市市场监督管理局等部门对全市“私人影院”文娱场所进行实地执法检查，建卡立档、分类施策；对剧本娱乐经营场所实施监管，严格剧本内容管理，督促场所备案，加强安全生产检查。强化网络执法，选派执法骨干参加省文旅厅集中巡查，以本地互联网文化经营单位、网站、微信公众号、App等为主要对象，以是否含有淫秽色情低俗、赌博暴力、危害社会公德等禁止内容为巡查重点，摸排违法问题线索，开展远程勘验、实地检查等工作，规范全市网络文化市场经营秩序。

扫黄打非　年内，市委宣传部制定“扫黄打非”行动方案、重点任务分工方案、工作考评细则等制度文件。开展涉未成年人非法有害出版物及信息专项整治、网络市场专项整治、“剑网”专项行动等重点执法活动，查缴非法出版物8000余件（册、张），清理各类违法违规和有害不良信息1300余条。创建省级“扫黄打非”进基层示范点（标兵）5个，查处各类“扫黄打非”案件200余起。市文广旅局加强对出版物市场的执法检查和查处力度，开展“清源”“固边”“护苗”“净网”“秋风”等专项行动。组织明察暗访，严把出版物邮政寄递关、印刷复制关、销售发行关、网络传输关等。加强对校园周边、旅游景区、周边文化市场、娱乐场所、复打印店、印刷企业、书店、经营出版物比较集中的摊点、公共阅读新空间等部位的常态监管，查处印刷发行有害出版物、宣传品等行为。加强同市公安局、市市场监督管理局、市教育局等部门联动，密切配合，建立多部门联合执法、会商、处置联动机制。从传播链各环节加强对出版物的监管，对电商平台销售非法出版物实施监管和打击。

（骆　瑶）

卫生健康

编辑　裴力民

综　　述

医疗卫生机构 2022年，盐城市有医疗卫生机构3378个，其中，医院177个、基层医疗卫生机构3147个、专业公共卫生机构35个、其他卫生机构19个。医院中，三级医院13个、二级医院66个。全市卫生人员6.26万人；卫生技术人员5.22万人，其中副高以上职称8706人、中级职称1.27万人；博士166人、硕士2410人。全市医疗卫生机构编制床位数4.02万张，开放床位数4.38万张，平均每千人口床位数6.54张，每千人口卫生技术人员7.8人。

公共卫生体系建设 年内，市卫健委优化市区医疗机构布局，市中医院国家中医药传承创新工程启动，市第一人民医院二期、市儿童医院二期、市第二人民医院改扩建、市第三人民医院南院二期、市第四人民医院异地新建等工程加快推进；市疾控中心、响水县疾控中心新办公大楼完成建设并投入使用，亭湖区疾控中心整体搬迁至原市疾控中心，东台市、滨海县疾控中心改扩建完成。建立市、县(市、区）、乡镇（街道）、村（社区）四级疾病预防控制网络，实现纵向到底、横向到边、覆盖全社会的布局。市、县两级疾控中心编制数按照常住人口比例全部核定到位，市疾控中心核定编制数从116名增加到326名，县级疾控中心核定编制数从703名增加到855名，均达到省规定要求。市疾控中心在编人员从106人增加至255人，各县级疾控中心从551人增加至754人，全市每万常住人口疾控人员数大幅提高。完善妇幼健康服务体系，以市妇幼保健院为龙头，牵头成立妇幼专科联盟，促进市、县两级妇幼健康服务机构医疗保健水平协调发展和人才的纵向和横向交流，更好地为广大妇女儿童提供优质的医疗保健服务。

表41　2022年盐城市卫生健康基本情况统计表

<table>
<tr><th>指　　标</th><th>数量</th><th>与上年比增长数</th><th>与上年比增长率</th><th>指　　标</th><th>数量</th><th>与上年比增长数</th><th>与上年比增长率</th></tr>
<tr><td>卫生机构（个）</td><td>3378</td><td>35</td><td>1.05%</td><td>卫生人员（人）</td><td>62644</td><td>808</td><td>1.31%</td></tr>
<tr><td>医院（卫生院\社区卫生服务中心）（个）</td><td>340</td><td>3</td><td>0.89%</td><td>卫生技术人员（人）</td><td>52180</td><td>758</td><td>1.47%</td></tr>
<tr><td>床位（张）</td><td>43780</td><td>172</td><td>0.39%</td><td>执业（助理）医师数（人）</td><td>21583</td><td>103</td><td>0.48%</td></tr>
<tr><td>医院（卫生院\社区卫生服务中心）床位（张）</td><td>42537</td><td>189</td><td>0.45%</td><td>注册护士数（人）</td><td>21764</td><td>376</td><td>1.76%</td></tr>
<tr><td>平均每千人口床位数</td><td>6.54</td><td>0.04</td><td>0.62%</td><td>平均每千人口卫生技术人员（人）</td><td>7.80</td><td>0.14</td><td>1.83%</td></tr>
<tr><td>诊疗总人次（含核酸检测人次数）（万）</td><td>4346.98</td><td>478.66</td><td>12.37%</td><td rowspan="3">卫生费用（政府办）</td><td colspan="2">医疗卫生经费（万元）</td><td>617815.79</td></tr>
<tr><td>住院总人次（万）</td><td>111.30</td><td>7.23</td><td>6.95%</td><td colspan="2">卫生系统固定资产（万元）</td><td>1874199.90</td></tr>
<tr><td>常住人口</td><td colspan="2">总数（万人）</td><td>668.97</td><td colspan="2">卫生系统基建投资（万元）</td><td>102319.37</td></tr>
<tr><td rowspan="3">—</td><td colspan="2">出生率</td><td>3.60‰</td><td rowspan="3">—</td><td colspan="2">平均每一门诊人次医疗费用（元）</td><td>232.96</td></tr>
<tr><td colspan="2">死亡率</td><td>9.70‰</td><td colspan="2" rowspan="2">平均每一出院病人医疗费用（元）</td><td rowspan="2">8833.01</td></tr>
<tr><td colspan="2">自然增长率</td><td>-6.10‰</td></tr>
</table>

医疗卫生改革 年内，市卫健委首次被推荐为省政府“深化医改和公立医院综合改革”“基层卫生服务能力和队伍建设”两项真抓实干成效明显地区。调整成立由市委、市政府主要领导任“双组长”的深化医改暨综合医改试点工作领导小组，市委、市政府主要领导多次深入调研，主持召开市委常委会和政府常务会研究决策医改工作。9月26日，市委、市政府召开全市深化医改工作会议，邀请全国知名医改专家詹积富到盐城作专题报告，经市政府常务会、市委常委会研究审议通过后，印发《2022年全市深化医药卫生体制改革重点工作任务

及分工》《盐城市推动公立医院高质量发展实施方案》《盐城市学习福建省三明市医改经验深化全市医药卫生体制改革实施方案》3份文件。发挥市医改办的职能作用，建立联席会商、督查指导、考核奖惩等工作制度。组织市域内公立医院申报公立医院高质量发展省级试点，市三院和建湖县人民医院入选试点名单。

医教科研 年内，市卫健委新遴选一批市级学科团队人才名单。经专家评审，确定64个市级医学重点学科、83个市级医学创新团队、74名市级医学重点人才及126名市级医学青年人才。申报国家、省科学技术奖项目，获得国家、省自然科学基金青年项目各1项，获得省卫健委科研项目10项、省新技术引进奖项目5项。组织市级医学新技术引进奖评审，133个项目成功立项。开展农村订单定向医学生免费培养工作，通过宣传册、微信公众号等方式，宣传定向医学生免费培养政策，吸引优质生源填报定向培养项目，全年省下达全市招录计划163个，其中进编计划118个；共招录定向医学生161名，其中本科44名。加强住院医师规范化培训工作，组织全市全科带教师资72人参加省级师资培训班，提高带教师资教学水平。组织住培学员年度公共课培训考试、全科医学相关理论知识考试、临床技能结业考核及省理论知识统考，90名助理全科培训学员及178名住培学员通过考核。组织基层卫技人员参加省级培训，完成城乡基层医疗卫生机构管理人员培训30人，40名全科转岗学员通过结业考核，新一批学员33名参加为期一年的脱产培训。严格继续医学教育管理，组织开展2021年继续医学教育学分签验证工作，审核确定2022年市级医学继续教育项目342项，国家级、省级继续医学教育项目共获批23项。

医疗卫生队伍建设 年内，市卫健委印发2022年紧缺专业人才需求目录，加大高层次人才引进力度。实施“名校优生”汇盐行动，根据教育部第四轮学科评估结果，将名校扩大到49所，围绕全国涉医专业的重点高校，构建引才网络。全市卫生健康系统引进博士6人、硕士295人。落实党委领导下的院长负责制，全市30家二级以上公立医院中，27家党委书记、院长职数完成分设；13家医院书记、院长配备到位。落实总会计师制度，13家三级医院中5家配备总会计师。督促市区7家医院落实科主任管理指导意见，到龄转岗32名、任职届满转岗5名，选配37名科副主任。争取人才项目支持，3人获2022年度省“双创博士”、2人获省第六期“333工程”资助，5人获市领军人才资助123万元，1人获市杰出人才贡献奖。加强医务人员关心关爱，制订新冠肺炎疫情防控新阶段关心关爱五项激励措施，发放健康包6.7万份，争取市直单位临时性工作补助、一次性增量绩效工资总量、一次性慰问金等财政经费8500万元，联合市总工会组织防疫一线医务人员疗休养5批次808人。

无偿献血及采供血 年内，市卫健委无偿献血6.88万人次，献血量11.44万单位；机采成分血4807人次，献血量8288.5单位，临床占比102.38%。市中心血站有工作人员158名，其中，高级职称41名、中级职称61名、初级职称32人，硕士研究生4名、本科生114人。拥有固定资产1.12亿元，其中采供血专业设备6146万元。拥有2个献血者俱乐部和献血志愿者之家、7个献血屋、9辆采血车、7辆送血车。

（单发令　吴　烨）

医疗卫生服务

概　况 2022年，盐城市加强医疗卫生服务，将基本公共卫生服务补助标准提高到每人93元，规范资金使用，提高资金使用效益。

门诊医疗 年内，盐城市医疗机构诊疗总人次（含核酸检测人次数）4346.98万，比上年增长478.66万。

住院医疗 年内，市卫健委统计全市医疗机构住院人次111.3万，比上年增长7.23万；病床使用率82.79%，病床周转次数36.01次，出院者平均住院天数8.22天（其中三级公立医院7.72天）。

医疗费用 年内，市卫健委通过医疗、医保、医药改革，公立医院综合改革成效明显，公立医院医疗费用平均增长率7.68%，达到增幅在10%范围以内标准，药占比由改革前的41.64%降至32.24%。全市公立医院每门诊人次平均费用（不含健康体检）306.93元，同比增长3.07%；每住院床日费用1222.51元，同比下降1.08%；出院患者平均医药费用10049.03元，同比下降8.43%。

基层医疗服务 年内，市卫健委统计乡镇卫生院（社区卫生服务中心）门急诊总人次1204.57万人次，住院18.18万人次。（单发令　吴　烨）

院前急救

概　况 2022年，盐城市卫健委完成3个院前急救站点设置，设置急救站点68个，其中，城区急救点24个，农村急救点44个。市急救医疗中心接听电话10.75万次，增长9380次，增长率9.6%；派车3.26万车次，增长4683次，增长率16.8%；急诊有效救治人数2.64万人，增长5849人，增长率28.5%；因新冠肺炎疫情影响长途转运任务836车次、与上年同期相比减少129车次，救护车安全行驶里程数107万千米，未发生重大交通安全事故。完成市“两会”、全球滨海论坛、省第二十届运动会职工部龙舟比赛、市第五届龙舟赛等重大活动及市区高考、中考、盐城公务员及事业单位招聘、法律职业资格考试等102

次新冠肺炎疫情防控及医疗保障任务，安排防疫人员每日1230人次、医护人员每日839人次，出动救护车每日106辆次。

急救培训 年内，市卫健委组织急救专家走进机关、企业、学校、社区、家庭培训及社会福利单位开展“六进活动”30余期，推广普及急救技能，2544人次参与；培训“初级救护员”434人次；培训医疗机构专业医技人员355人；开展24场次AHA心血管救治培训班，培训基础生命支持学员161人次，高级生命支持及心血管学员72人次；举办5起院前急救岗前培训班，为各县（市、区）农村急救分站培训360人次。

急救演练 年内，市卫健委根据省卫健委关于做好学习贯彻《江苏省突发公共事件医疗卫生救援应急预案》的通知精神。5月26日，市急救医疗中心开展夜间应急救援演练，有效检验急救队伍应急反应、处置及领导指挥协调能力。6月，市急救医疗中心选派专家组，对全市院前急救工作进行突击拉练检查，提高院前急救综合救置能力。

（单发令　吴　烨）

疾病预防与控制

概　况 2022年，盐城市卫健委做好霍乱、手足口病、流感等其他传染病防控工作。统筹安排儿童常规疫苗预防接种工作，通过增加门诊日，延长服务时间等方式全力保障免疫规划适龄儿童疫苗的接种率和及时接种率，全市适龄儿童接种率保持在较高水平。印发《盐城市遏制与防治艾滋病“十四五”行动计划》，加强结核病疫情监测，指导学校规范处置结核病疫情，强化新生入学体检结核检查。开展学生因病缺课监测，全市各县（市、区）网报中小学校567所，监测覆盖率100%。推进慢性病防控门诊建设工作，全市建成慢性病综合防控门诊122个，覆盖80%的乡镇。印发《2022年盐城市疟疾和寄生虫病防治工作方案》《2022年盐城市血吸虫病防治工作方案》。印发《2022年盐城市食品安全风险监测实施方案》《2022年盐城市医疗机构食源性疾病监测实施方案》《2022年全市营养重点工作的通知》。做好精神卫生工作，开展排查整治专项行动，不断提升服务能力，做好患者服务管理。

重点传染病防治 年内，市卫健委报告甲、乙类传染病16种6156例，报告发病率91.74/10万，全市发病率控制在120/10万以内。

计划免疫 年内，市卫健委推进新冠疫苗接种的基础上，同步推进儿童免疫规划预防接种工作，疾病监测、接种率、AEFI报告等任务均达到要求，完成全市儿童免疫规划疫苗接种率95%以上的目标任务。

慢性病防治 年内，市卫健委推进慢病综合防治示范区建设，省级示范区（达标区）实现全覆盖，国家级示范区覆盖率33.33%。建成慢性病综合防控门诊122个，覆盖80%的乡镇。

严重精神障碍患者管理 年内，市卫健委统计严重精神障碍患者报告患病率5.18‰，规范管理率98.26%，规律服药率83.20%，面访率97.03%，各项指标综合评分均列全省第一位。

血吸虫病、结核病、麻风病、艾滋病防治 年内，市卫健委保持血吸虫病、碘缺乏病等疾病消除状态。全市肺结核患者病原学阳性率65.4%，耐利福平肺结核患者纳入治疗率98.4%，病原学阳性新患者耐药筛查率和高危人群耐药筛查率100.0%，均达到年度任务目标。加强全人群HIV抗体监测，全市各类机构检测HIV抗体202.2万人次，全人群检测率30.13%。全市HIV感染者和病人治疗覆盖率97.26%，治疗成功率98.98%，各项指标综合评分均列全省第一位。

卫生应急 年内，市卫健委及时规范处置16起突发公共卫生事件，开展“7·20”响水龙卷风、“8·16”沈海高速滨海段交通事故2起突发事件紧急医学救援工作。推进卫生应急规范化建设，加强紧急医学救援建设，通过培训、演练、拉练等方式，提升卫生应急队伍综合实战水平。

（单发令　吴　烨）

基层卫生

概　况 2022年，盐城市基层卫生工作把保障人民健康放在优先发展的战略位置，以满足群众医疗健康需求为服务导向，提升基层医疗卫生机构服务能力，有关做法在全省卫生健康工作会、全省卫生健康系统民生实事项目推进会等省级会议作经验交流。促进医防融合，注重慢病管理医防融合工作，支持基层医疗卫生机构建设糖尿病并发症、高血压靶器官筛查工作站、慢性阻塞性肺病筛查工作站；全市建有糖尿病并发症筛查工作站32个，通过省验收17个。省社区医院建成数、国家“优质服务基层行”活动达服务能力推荐标准机构数均列全省第一位。射阳县基层卫生服务能力建设和队伍建设受省政府表彰激励。

家庭医生 年内，市卫健委推进家庭医生签约服务工作，全市一般人群签约率41.92%，重点人群签约率78.36%。组织1784个家庭医生服务团队，以低收入人口家庭户为单位，为低收入人口签订年度家庭医生服务协议，签约率100%，并为每名签约人员进行健康体检和建立电子档案，提供全程连续性健康综合服务。新创建省家庭医生签约服务创新单位6个，累计创建20个；新创建省星级家庭医生工作室10个，累计创建20个；东台市三仓中心卫生院、建湖县高新区社区卫生服务中心、射阳县合德镇卫生院、盐都区秦南中心卫生院、张庄街道社区卫生服务中心、大丰区城西社区卫生服务中心获省慢病运动干预健康试点。

示范建设 年内，市卫健委开展示范创建工作，建成4个省农村区域性医疗卫生中心，创成省社区医院24个，累计创成省社区医院52个，覆盖率32%，总数、覆盖率均列全省第二位；新增38个服务能力达国家推荐标准机构，全市基层医疗卫生机构服务能力达国家推荐标准数85个，覆盖率52%，总数列全省第一位、覆盖率列全省第二位；全市创成32个省甲级村卫生室。

基层卫生队伍建设 年内，市卫健委新增基层卫生人员1130人；会同财政部门联合出台骨干人才遴选方案，遴选确认340名省优秀骨干人才；建成25个基层卫生人员实训基地，组织1900余场次，完成实训3.7万人次；开展县乡村卫生人才能力提升培训，提升基层人员业务水平。

基层卫生设施建设 年内，市卫健委建成18个省农村区域性医疗卫生中心，实现CT、全自动生化分析仪、彩超、胃肠镜等设备全覆盖，10个区域中心配备核磁共振。全市1606个村卫生室（社区卫生服务站）完成基础设施标准化建设，所有村卫生室（社区卫生服务站）均达省定标准化建设要求。

乡村医生蒋桂琴获评“中国好医生” 2月，大丰区三龙镇东红村卫生室乡村医生蒋桂琴获评“中国好医生”。蒋桂琴作为一名乡村医生，婉拒民营医院高薪聘请，扎根乡土20年如一日，在最基层医疗卫生战线上，默默践行着医者仁心。她的卫生室在全国率先开展乡村医生签约服务，为村民们提供“私人订制”式的医疗服务，被群众誉为最贴心的“健康守护人”。蒋桂琴先后获得“全国卫生计生系统劳动模范”“中国好人”等荣誉称号。

（单发令　吴　烨）

妇幼保健

概　况 2022年，盐城市妇幼保健工作稳步推进，全市妇女儿童健康保障水平逐步提升。统筹辖区妇幼健康领域医疗资源，做好新冠肺炎疫情期间孕产妇、新生儿的就诊保障，定期督查全市妇幼保健机构新冠肺炎疫情防控工作开展情况。完善妇幼健康服务体系，以市妇幼保健院为龙头，牵头成立妇幼专科联盟，促进市县两级妇幼健康服务机构医疗保健水平协调发展和人才的纵向和横向交流，更好地为广大妇女儿童提供优质的医疗保健服务。依托市第一人民医院和市妇幼保健院分别组建全市孕产妇和婴幼儿危急重症救治工作专班，保障新冠肺炎疫情期间母婴安全，筑牢母婴安全保障防线。开展“两癌”筛查、“艾梅乙”公共卫生项目、免费避孕服务项目、产后康复服务等优化妇女全生命周期健康服务。开展出生缺陷综合防治项目、做好0~6岁儿童健康管理、拓展服务内涵等促进儿童健康全面发展。推进省妇幼健康系统的务实应用，严格妇幼服务技术监管，提升妇幼综合治理效能。

妇女保健 年内，市卫健委成立项目指导专家组开展现场质控培训，依托市妇幼保健院创建省级妇女“两癌”实训基地，不断提升服务水平。开展“艾梅乙”公共卫生项目，全市孕产妇艾滋病、梅毒和乙肝的检测率100%，孕期检测率100%。举办全市“艾梅乙”消除工作线上培训班，1000余人参与。开展免费避孕服务项目。全市孕前优生健康检查人数3.64万人，目标人群检查率100%，计划怀孕夫妇优生科学知识知晓率90%以上，全市不断增强育龄人群参检的主动性。开展产后康复服务，市妇幼保健院创建成为省产后康复实训基地，发挥产后康复专业特长和资源优势，为专业技术人员提供培训进修平台。

出生缺陷综合防治 年内，市卫健委开展出生缺陷综合防治项目，全市产前筛查2.28万人，产筛率98.49%；全市新生儿遗传代谢筛查2.33万人，筛查率99.47%；听力筛查2.33万人，听筛率99.45%；先心病筛查2.33万人，筛查率99.52%。

母婴安全保障 年内，市卫健委筑牢母婴安全保障防线，全市常住人口孕产妇死亡率为0，婴儿死亡率为2.39‰，均在省定范围内且处于较低水平。加强救治能力建设，制订全市产科学科队伍建设实施方案，选派第一批9名产科、ICU优秀医务人员在省妇幼保健院开展为期3个月的进修，提升业务能力。加强孕产妇保健管理，全市产妇数2.32万人，其中，早孕建册2.22万人，早孕建册率95.73%；全市活产数2.34万人，孕产妇系统管理人数2.27万人，系统管理率97.12%；产后访视人数2.31万人，访视率98.85%，均达省定指标。

出生医学证明管理 年内，市卫健委加强出生医学证明管理，完成档案进馆15.04万份，对接“出生一件事”信息系统建设，方便群众手机办理。

妇幼健康服务体系 年内，市卫健委完善妇幼健康服务体系，以市妇幼保健院为龙头，牵头成立妇幼专科联盟。射阳县、东台市、大丰区和建湖县建成二级妇幼保健院并运行。

“两癌”筛查 年内，市卫健委开展“两癌”筛查，全市宫颈癌检查23.65万人，完成率102.81%，乳腺癌检查24万人，完成率104.39%，率先在全省完成筛查任务。

婴幼儿照护服务 年内，市卫健委做好0~6岁儿童健康管理，全市0~6岁儿童数28.43万人，健康管理人数28.15万人，健康管理率99.02%，新生儿访视2.33万人，访视率99.67%。促进婴幼儿照护服务健康发展，《关于盐城市普惠托育服务体系建设情况的调研报告》被市政府办研究室采用，并在《调查研究报告（第7期）》刊出。全市新创成省级普惠托育机构

7家、省示范性托育机构1家、省社区托育示范点1家、市级普惠托育机构11家。配套落实经省备案非营利性普惠托育机构一次性纾困资金116万元。争取2023年普惠托育中央预算内投资项目，申报普惠托育专项行动项目9个。全市各地在纾困、托育机构改扩建、普惠项目配套等方面投入220万余元。增加托育服务的有效供给，全市有“托幼一体化”机构234家，优先解决2~3岁婴幼儿的照护需求。亭湖区投入1000万元打造公办托育园，先行探索推进幼教托育一体化发展，获得省政府真抓实干成效明显地区表彰。严格托育行业准入条件和程序，落实婴幼儿照护服务机构备案制度，提高机构备案率，推进托育服务专业化、规范化建设，备案托育机构103家。（单发令　吴　烨）

健康盐城

・・・健康促进・・・

概　况　2022年，盐城市贯彻《落实健康中国行动推进健康盐城建设实施方案》，推进健康盐城建设，合力推进25个专项行动。根据《落实健康中国行动推进健康盐城建设监测评估实施方案和监测评估指标体系（试行）的通知》要求，监测相关指标数据。印发落实健康中国行动推进健康盐城建设《考核实施方案》，考核评估各地任务完成情况。全市在落实健康中国行动推进健康江苏建设2021年考核中列全省第6位。巩固全国健康城市建设样板市成果，全国407个地级行政区参加，表彰30家，全市列第15位，位次较上年上升15位。参加江苏省“健康达人”评选活动，市第一人民医院营养科主任高红兰入选江苏省首届“健康达人”（全省10名）。加快健康镇村建设，建成省健康镇6个、省健康村32个、健康社区26个。

健康扶贫　年内，市卫健委监测督导“十三五”建档立卡低收入人口大病专项救治、家庭医生签约服务等政策落实，“先诊疗后付费”“一站式”结算制度和家庭医生签约服务稳定落实。推动完善严重精神障碍患者救助帮扶相关政策，牵头市医保局等4部门印发《转发关于进一步做好严重精神障碍患者救治救助保障工作的通知》，明确对经济困难严重精神障碍患者参加基本医保全额资助、免费发放精神科基本药物、实行住院费用财政托底保障等政策。系统推进南北结对帮扶合作，协调省属和常州9家医疗卫生机构对口帮扶全市县（市、区）12家医疗卫生机构，推动县域医疗卫生事业振兴发展。争取帮扶资金1240万元。

中山医院苏北健康管理中心落地大丰　（参见《区域协作融合・中山医院苏北健康管理中心落地大丰》相关内容）

・・・校园健康・・・

概　况　2022年，盐城市卫健委开展专项监督检查，筑牢校园健康防线。加强学校卫生安全工作，有效预防学校、托幼机构等群体聚集区域传染病疫情发生。加强儿童青少年心理健康服务工作，指导学校建立健全学生心理健康档案，定期开展心理健康讲座。开展素质教育活动，净化校园环境，引导学生健康成长，保护学生生命安全，促进学生素质教育，打造和谐校园，构建和谐社会。

校园健康监管　年内，市卫健委开展学生因病缺课监测，各县（市、区）网报中小学校567所，监测覆盖率100%。学校疫情预警3762起，规范处置3762起，预警处置率100%。完成全市学生常见病和健康影响因素监测工作，监测学校（幼儿园）70所2万名学生。

儿童青少年近视防控　（参见《教育・儿童青少年近视防控》相关内容）

（单发令　吴　烨）

・・・职业健康・・・

概　况　2022年，盐城市职业健康工作按照“提基础、抓引领、防风险、强管理”的总体思路，组织年度职业病防治项目工作，开展职业病防治宣传培训，职业健康领域风险排查化解工作，深化全市职业病危害专项治理，推动职业健康领域机构质量提升。同时，做好全市尘肺病康复相关工作，推进市卫健委放射卫生管理专项整治工作。

职业病防治　年内，市卫健委市级职业病防治院挂牌，提升全市职业病病人康复水平；市级职业卫生和放射卫生技术支撑2项资格证通过省级初审；市级职业病危害监测能力建设得到提档升级。

尘肺病救助　年内，全市接尘工龄不足五年的劳动者新发尘肺病报告例数占年度总例数同比下降13.4%，总体趋势向好。1家尘肺病康复站建设接受国家卫健委验收。

职业病宣传教育　年内，市卫健委开展职业健康管理知识培训115场次，现场咨询203场次、专题讲座（网络课）21场次、警示教育活动59场次，总受众人数14万人次。市卫健委完成省级5名、市级40名职业健康达人评选工作。

・・・老龄健康・・・

概　况　2022年，盐城市卫健委实施应对人口老龄化国家战略，高质量推进新时代老龄事业发展，聚焦老年人所需所盼，着力构建居家社区机构相协调、医养康养相结合的老年健康服务体系。亭湖区、盐都区、阜宁县、射阳县、东台市5家二级老年医院投入运行；开展老年人运用智能技术专项普及培训3.39万人次，在省第二届“老年达人”运用智能技术大赛中盐城代表队获得一等奖、盐城市卫健委获得最佳组织奖；推进“安康关爱行动”，老年人意外伤害保险参保人数92.21万人；开展老年人健康知识宣传教育活动，不断增强广大老年人获得感、幸福感和安全感。

医养融合 年内，市卫健委推动医疗卫生与养老服务有机结合，逐步形成医养签约合作、医疗卫生机构开展养老服务、养老机构开展医疗卫生服务、医疗卫生服务延伸到社区家庭等医养结合服务模式。深化“放管服”改革，支持养老机构开展医疗服务，养老机构内部设置医疗机构取消行政审批实行备案管理。全市建有养老机构175家，其中医养结合机构57家，其他养老机构均以不同形式与就近的医疗机构开展签约合作，为入住老年人提供医疗卫生服务。基层医疗卫生机构康复、护理、安宁疗护床位占比33.27%。

老年学科建设 年内，市第三人民医院建成老年医学科。优化提升全市5家老年医学科；二级以上公立综合性医院设置老年医学科比例88.23%。

・・・康养融合・・・

概　况 2022年，盐城市康复医疗事业在各级党委、政府领导下，在全市卫生健康系统、康复医学工作者共同努力下取得显著进步，为保障人民群众身体健康，降低疾病和损伤致残率做出重要贡献。

康复学科建设 年内，全市综合医院设置康复医学科数量和综合医院转型康复专业医院、社会资本举办的康复医学专科医院数量明显增长，提供康复医疗住院服务基层医疗机构数量明显增长，基本构建完善的综合医院—康复医院—基层医疗机构康复医学病区连续性康复医疗服务体系。全市有11家二级及以上康复专科医院，床位866张；有21家二级以上综合医院设置康复医学科，床位588张；有6家二级以上中医医院独立设置康复医学科，床位139张。全市基层医疗机构有51家设置康复科病房、床位535张，有56家开设康复科门诊。部分机构依托虚拟康复服务网络，将慢病管理、居家养老、医养康养融合等功能进行延伸与整合，探索构建新型康复医疗服务模式。

康养中心建设 年内，市卫健委独立设置康复医学科的综合性医院及中医院开展早期康复介入服务，临床医学与康复医学密切合作机制初步建立。建成符合国家和省要求、市发展需求的康复医学专业住院医师和康复治疗学专业康复治疗师规范化培训基地。康复诊疗技术水平及科研能力不断提升，有省级临床重点专科1个，市级临床重点专科1个。“十三五”期间，全市医疗机构康复科门诊诊疗31.17万人次，出院3.54万人次。

长三角（东台）康养基地 （参见《区域协作融合・长三角（东台）康养基地》相关内容）

爱国卫生

概　况 2022年，盐城市卫健委开展爱国卫生运动，加快卫生创建步伐。印发《关于调整市爱国卫生运动委员会组成人员和成员单位职责分工的通知》,明确各成员单位职责分工。在射阳县召开全市爱国卫生工作现场推进会，组织现场观摩，发挥典型示范引领作用。加大调研督导力度，帮助排查发现问题，推动创建任务落实。开展病媒生物综合监测,印发《盐城市病媒生物综合监测报告》，强化重点场所、重点地区病媒生物防制措施，有效降低病媒生物密度。组织对农贸市场病媒生物防制开展督查，配合做好农贸市场建设项目验收、星级农贸市场评比等活动。

卫生城市（城镇）创建 年内，市卫健委创成省卫生镇9个，省卫生村168个,省级以上卫生镇覆盖率87%。

卫生健康宣传教育 年内，市卫健委开展爱国卫生月活动，宣传卫生健康知识，增强群众防病意识。开展世界无烟日主题宣传活动，提高公众对烟草烟雾危害的认知，促进形成全社会参与的控烟氛围。

（单发令　吴　烨）

中医药事业

概　况 2022年，盐城市中医工作融入“人民健康优先发展”和疫病防控救治“防重症、保健康”大局，建专科、育人才、提能力，推进落实保障政策，扩大中医药健康服务。加大投入改善中医院基础条件，市中医院中医药传承创新工程15.44万平方米门急诊综合楼项目、射阳县中医院整体迁址新院区5.39万平方米医疗用房改造完工运行，市中医院老院区改造成市级新冠病毒阳性人员第二定点医院。落实南北结对合作医疗卫生领域项目，大丰中医院对标推进三级创建。建湖县启动建设双湖中医院，新增社会办烧创伤专科中医院1所。制订市级中医重点专科建设标准评审细则，新增评审认定省级中医重点专科3个、建设单位7个。市、县8所中医院全部纳入国考和省绩效评价体系争先进位,盐城市中医院绩效“国考”进入A等次、全国排名95位，6所县级公立中医院效国考均列B等次。全市建有三级以上中医馆111个，东台市安丰镇中心卫生院等7个列为第一批江苏省基层五级中医馆。发展基层中医药文化健康服务，建设30个基层中医药文化知识角。开展校园中医药文化主题日、老年健康宣传周、中医药宣传月活动等健康惠民服务，联合工学院、师范学院组织中医药入学“云课堂”教育专题活动，协同统战侨务部门进行“中医惠侨　盐之有康”中医药海外推广联盟活动，举办98场中医药文化课堂讲座、社区健康巡讲活动，2件中医药宣教作品被国家组委会表彰为优秀。齐心投身抗疫，加强中医饮片采购配置储备及煎制配送,集中调配发热、腹泻、咳嗽、咽痛方和感染扶正复元方等验方汤药60.04万剂。

中医队伍建设 年内，市卫健委推进实施国家和省中医优秀人才培养项目，新增1个省级名中医传承工作室和3个全国老中医药专家学术经验继承项目，培养5名国家和省中医护理骨干人员、3名中药传承骨干人才；2位师承人员结业出师，26名中医住培结业学员考试考核合格。

中西医结合 年内，市卫健委加强疾病预防、治疗和康复中的中西医协同，坚持中西医会诊制度，针对重大疑难疾病，开展中西医协同攻关，形成中西医结合诊疗方案，提高整体防治效果；规范综合医院、妇幼保健院中医科、中药房建设；培养中西医结合型人才，组织临床类别医师参加西学中培训，组织基层卫技人员进行中医药知识技能培训。

《关于促进中医药传承创新发展的实施意见》印发 4月29日，市委办印发《中共盐城市委 盐城市人民政府关于促进中医药传承创新发展的实施意见贯》，明确全市中医药传承创新发展的总体目标、重点任务、保障措施，到2025年，全市基本建成规模效益与经济社会发展相适应的现代中医药服务体系，让人民群众享有更高水平、更高效的中医药健康服务，建设中医药强市，建成全国基层中医药工作示范市。（单发令 吴 烨）

卫生监督

概 况 2022年，盐城市卫生健康部门立案查处普通程序案件525件、简易程序案件319件，罚没款435.76万元，未发生行政复议撤销或变更以及行政诉讼败诉案件。市级1件获得全省卫生健康执法优秀案例二等奖，1件获得全市十佳行政执法案卷；阜宁县、射阳县各1件获得全省卫生健康执法优秀案例三等奖；大丰区1件入选全省打击非法医疗美容优秀案例。市卫生监督所被省卫生监督所表彰为2022年度新冠肺炎疫情防控和业务工作先进单位。根据新冠肺炎疫情防控工作需要，抽调监督和疾控专家，组建督查组，对各地包点督查，先后对外转人员隔离点、来（返）盐人员健康管理、复工复业公共场所、防层层加码、“应检尽检”等防控措施落实情况进行督查，及时发现并纠正存在问题。中高考期间，会同市教育局组建4个督查组，全覆盖督查全市高考和中考新冠肺炎疫情防控工作，保障高中考顺利进行。市卫生监督所组建4个巡回督查组，对全市集中医学隔离场所、卫健部门负责的公共场所开展不间断巡查，印发督查通报55期，筑牢新冠肺炎疫情防控防线。组织国家、省双随机监督抽查，抽查2591件，国抽任务完成率99.01%，完结率100%，省抽任务完成率99.34%，完结率100%，国家、省双随机监督抽查进度质量均居全省前列。完成跨部门联合监督抽查任务13项、抽查任务1954件。组织10个专题的业务培训，全市国家卫生监督网络培训30学时完成率100%，人均学时数104.2学时，总学时和人均学时数连续9年居全省第一位。开展全市卫生健康行政处罚案件质量评选活动，联合市总工会举办全市医疗卫生（中医药）监督技能竞赛，组织“三基”知识竞赛，促进形成以赛促学、学以致用的良好氛围。

饮用水监督 年内，市卫健委设置公共场所卫生、饮用水卫生、放射卫生、传染病防治、餐饮具集中消毒、医疗机构6个专业的11个项目监测、1382个监控点位，提升卫生监督预警能力，有效防范公共卫生安全事件的发生。

传染病防治监督 年内，市卫健委做好霍乱、手足口病、流感等其他传染病防控工作。开展霍乱弧菌外弧菌监测，采样524份，未检出霍乱弧菌。全市共报告手足口病例3478例，无重症病例和死亡病例；采集手足口病例标本363份，病原学阳性率69.42%。盐城市第一人民医院、第三人民医院共报告流感样病例2.42万例，采集流感样病例标本2040份，其中检测出甲H3型282份，乙型47份。加强新冠肺炎疫情网络报告管理工作，报告甲、乙类传染病16种，报告病例总数6156例，报告发病率91.74/10万，保持在120/10万以内。

专项整治 年内，市卫健委联合市市场监督管理局、市医保局等部门开展医疗乱象专项治理行动，全市卫生健康部门检查各类医疗机构2107家，对125家存在违法违规行为的医疗机构实施行政处罚。加大打击非法行医力度，全市查处非法行医案件107起，移送公安2人。在住宿、沐浴、理发美容、游泳领域开展卫生监督信用等级评定工作，全市评定单

7月30日，市中医院国家中医药传承创新工程交付使用。 单发令 摄

位8402家，评定结果向社会公示并归集至市县一体化信用信息平台。开展卫生健康领域失信主体和受行政处罚主体专项治理，实现行政处罚决定和信用修复告知书“两书”同达，依申请对符合条件的受处罚对象开展信用修复。做好信用信息管理和归集工作，卫生行政许可、卫生行政处罚“双公示”信息归集率100%，归集信用信息合规率100%。全市新增在线监测点位21个，新增项目3个。

（单发令　吴　烨）

医药医政管理

概　况　2022年，盐城市医疗保障系统坚决扛起“解除全体人民疾病医疗后顾之忧”职责使命，坚持人民至上，厚植为民情怀，聚力改革攻坚，增进民生福祉。全市基本医保参保人数719.33万人，参保率稳定在98.5%以上；全年基本医疗保险基金收入153.48亿元，支出124.05亿元，当期结余29.43亿元；职工医保统筹基金备付期18.6个月，城乡居民医保基金备付期3.7个月；职工和城乡居民医保政策范围内住院报销比例分别为85.63%和70.85%。

医疗机构管理　年内，市卫健委围绕促进全市医疗质量管理标准化、规范化、科学化，建成57家市级医疗质控中心。

医疗技术管理　年内，市卫健委加强临床技术管理，对全市在列的限制类医疗技术和各级手术进行梳理并实施动态管理，定期对相关医疗技术备案情况进行公示。

重点学科建设　年内，市卫健委加强重点专科、学科建设，提升医疗技术水平。分析市县综合医院、中医院2020年至2022年外转诊率排名前10位的病种，有针对性地加强外转率高、发病率高、基础薄弱的专科建设。重点推进市第一人民医院妇科、康复科、耳鼻咽喉科、心胸外科，市第三人民医院骨科、儿科、神经外科，市妇幼保健院新生儿科创建省级临床重点专科，为5个专科申请省创建资金200万元。开展2022年度市级临床重点专科评审，新确认市级临床重点专科14个，市级临床重点专科建设单位1个。

平安医院建设　年内，全市新增省平安医院2家，省平安示范医院1家。加快推进医疗机构安防系统建设，全市三级医疗机构安防系统达标率100%，二级医疗机构安防系统达标率80.77%。

医院感染防控管理　年内，市卫健委夯实院感防控基础，组织全市二级及以上消毒供应中心（室）验收，对全市41所血液透析机构开展院感管理专项督查。规范医疗废物废水管理，排查全市20张床位以上医疗机构279家，制订“一院一策”整改方案。

医师管理　年内，市卫健委以落实《九项准则》和“廉洁从业行动计划”为契机，严厉惩处收受回扣“红包”、非法诊疗、违规搭售等行为。围绕药品、耗材、检验检测试剂、大型医疗设备四大物品采购使用环节，开展“四排一控”活动，坚决纠治行业不正之风。联合市医保局、市公安局等部门，分层分级开展专项整治，依法严厉打击、严肃惩戒违法违规使用医保基金行为。加强医德医风建设，开展医德考评工作，畅通举报投诉渠道，严肃查处违反医疗九项准则行为。

基本药物制度建设　年内，全市所有政府办基层医疗卫生机构和村卫生室全部实施基本药物制度，在省药品阳光采购和综合监管平台统一采购并零差率销售基本药物，采购基本药物4.57亿元，基本药物品种占比71.59%、金额占比69.60%，规范基本药物目录临床优先配备使用，满足基层常见病、慢性病防治和疾病康复治疗的需要。推进二级以上医疗机构将基本药物作为临床使用首选，全年二级以上医疗机构采购基本药物12.02亿元，基本药物品种占比52.09%、金额占比33.91%，有效减轻群众就医负担。做好短缺药品动态监测，组织所有公立医疗卫生机构严格执行短缺药品监测预警“每月零报告”制度，及时在国家及省平台上报短缺药品，提升监测时效和质量，按月进行统计分析并形成监测预警报告，及时协调市会商联动机制成员单位，分类应对解决。

医疗安全专项检查　年内，市卫健委联合市市场监督管理局、市医保局等部门开展医疗乱象专项治理行动，卫生健康部门检查各类医疗机构2107家，对125家存在违法违规行为的医疗机构实施行政处罚。加大打击非法行医力度，查处非法行医案件107起，移送公安2人。

（单发令　吴　烨）

医药服务管理　年内，市医保局执行2021版国家医保目录，完善国谈药“双通道”管理保障机制，建立市、县两级服务网络，全市有国谈药定点医疗机构41家、定点零售药店61家，国谈药品可及性得到有效提升，目录落地“最后一公里”的难题正在逐步破解。全市享受国谈药医保待遇189.19万人次，发生费用9.45亿元，基金支出6.74亿元。其中“双通道”药品43.21万人次，发生费用7.13亿元。强化协议管理，规范全市定点医药机构服务行为，维护参保人合法权益。深化支付方式改革，推进DRG支付方式改革三年行动计划，建立总额控制下按床日付费、日间手术等多元复合式医保支付方式。创新设立特病单议专家评审机制，支持医院新技术开展和重点扶持专科服务能力提升。协同推进多元复合支付方式改革，完善配套政策措施。推行精神类疾病、康复长期住院按床日付费，将708个日间手术纳入DRG同病组结算，同时起付线减半，给患者减轻负担。全市印发《医保支持中医药传承创新发展的实施方案》，支持中医药传承创新发展。推动总额预算、国家集采等政策协同作用，提升医保基金使用质效。全市80家二级及以上医院按DRG正式付费，第二批227家一级医院纳入试点并模拟运行。二级及以上综合医疗机构覆盖率100%、病种数覆盖率92.41%、入组结算率99%、医保基金覆盖率85.05%。与上年同期相比，全市医疗总费用上升1.17%，住院人次80.16万人次、上升14.74%，次均费用8675元、下降11.82%。

医疗保障政策落实 年内，市医保局强化医保三重保障，城乡居民人均财政补助740元，比省定标准高100元。推进制度规范统一，落实国家待遇保障清单制度，制订职工医保门诊共济保障机制，统一29种门诊特殊病和15种城乡居民门诊慢性病，优化“两病”门诊用药保障机制，调整职工医保大额补充保险政策，完善全市公务员医疗补助政策，推动市域内流动就医“无障碍”。巩固拓展脱贫攻坚成果，建立健全重特大疾病医疗保险和救助制度，常态做好医疗救助对象动态监管和政策帮扶，做好重病患者家庭春节救助慰问，有效防范化解困难群众因病致贫返贫。为全市严重精神障碍患者免费提供门诊基本用药保障，减轻患者家庭经济负担。全市财政全额资助46.5万名医疗救助对象个人缴费部分1.77亿元，年度支出医疗救助费用8.21亿元。引导推广普惠商业补充医疗保险，“江苏医惠保1号”投保人数从2022年38.97万人增长至67.44万人，参保人数居全省第一位。应对人口老龄化国家战略，坚持试点先行、逐步推广，稳步建立长期护理保险制度。7月，在市区范围启动实施照护保险制度试点，形成照护保险政策框架，建立全流程经办工作体系，加大服务技能培训，制作20部照护服务教学视频，提升护理技能，解决5200余名重度失能人员护理难题，为全市扩大试点提供先行示范，在减轻失能人员家庭负担、增强医保服务供给、促进养老服务事业发展、增加社会劳动就业等方面发挥重要推动作用。

医疗保障公共服务 年内，市医保局推进公共服务专项治理，全面梳理经办政务服务事项，对照“最优办事流程、最短办事时限、最少提供材料、最小自由裁量”改革目标，更新《盐城市医疗保险经办业务标准化手册》，实现了医疗生育费用报销、门诊特殊病待遇认定、异地就医备案等10大类29项医疗保障经办业务“全市通办”。推进“15分钟医保服务圈”建设，建成20个省级示范点和104个市级示范点，实现全市124个镇（街道）全覆盖。强化基层经办队伍培训工作，编制《盐城市镇村两级经办队伍标准化培训手册》。推进医保“药店”建设，提升集采药品和国谈药品的基层用药可及性，全市建成185家医保“便民药店”。群众在“江苏医保云”“我的盐城”手机App、盐城市医疗保障局网站、“盐城市医保”微信公众号上均可办理。扩大异地就医直接结算覆盖范围，实现与全国所有省份联网结算定点医药机构互联互通。优化异地就医备案服务，异地长期居住人员由“一地备案”拓展到“多地备案”，由“证明材料备案”拓展到“承诺制备案”；临时外出就医人员由医院转诊备案拓展到“未经转诊就医备案”。推进“一单制”双向结算，参保人员在备案地和参保地均实现门诊慢性病、特殊病、大病保险、医疗救助等待遇一次性结清。

医疗保障基金监管 年内，市医保局开展医保基金监管，坚决守好群众“救命钱”。推进监管力量专业化，对“两定机构”实施全覆盖检查、专项检查和市级交叉检查，严肃查处违法违规行为，强化“不敢骗”的震慑。推进监管方式效能化，强化事前、事中全流程监管，开展基金监管宣传月活动，组织自查自纠、推进源头治理，增强“不想骗”的自觉。推进监管体系严密化，印发《盐城市推进医疗保障基金监管制度体系改革实施方案》，建立部门监管联席机制，从严加强内控管理，加大行政执法力度，构建“不能骗”的机制。全市处理违法违规机构2793家，暂停医保服务协议175家，解除医保服务协议5家，移交纪检8家，处理参保人员119人，查处“三假”专项案例83件，行政处罚33件，公开曝光典型案例709件，认定一般失信行为30件，发放举报奖励9083元，追回医保基金7257.12万元。全市查处的欺诈骗保行政执法案件被国家医保局评选为全国医保基金监管优秀案例。

6月23—24日，省人大常委会到盐城开展医疗保障专题调研。

市医疗保障局　供图

医药价格和招标管理 年内，市医保局协同推进医保医疗医药改革，降低群众医药费用负担。发挥医保战略购买作用，常态化制度化开展药品耗材集采，落实阳光采购政策，开展结余留用考核，国家和省药品 9 批 320 个品种、耗材 9 批 19 个品种均按时序进度完成约定采购量，集采药品平均降价 53%，耗材平均降价 80%，年度节约采购资金 7 亿元。推进医疗服务价格动态调整，以临床价值为导向，科学调整省定 184 项、市定 82 项价格，激励公立医疗机构通过提升医疗服务技术和群众满意率，开展医疗服务调价评估，启动实施新一轮医疗服务价格调整，稳步增加医疗机构合理性收入。（裴银川）

《盐城市推进医疗保障基金监管制度体系改革实施方案》印发 4 月 2 日，市政府印发《盐城市推进医疗保障基金监管制度体系改革实施方案》，实施方案共分五部分，构建市医保基金监管制度体系改革总体框架，对全市医保基金监管工作作出周密规划和明确部署，通过明确责任、健全制度、完善保障措施，构建“横到边、纵到底”的基金监管工作体系，确保医疗保障基金安全平稳运行。

（单发令　吴　烨）

医疗机构选介

市第一人民医院 至 2022 年年底，市第一人民医院设四个院区，编制床位 4600 张，实际开放床位 3417 张。在职职工 3634 人，其中卫生技术人员 3311 人；博士 200 人、硕士 788 人，具有高级职称 648 人，硕士以上人员在临床医师中的比重达 69.15%；省“333 工程”培养对象 14 人。设置临床科室 34 个、医技科室 23 个、护理单元 113 个、职能处室 24 个，拥有江苏省临床重点专科 20 个、盐城市医学重点专科 19 个、全国综合医院示范中医科 1 个、通过国家药物临床试验认证机构认证科室 13 个。医院同时拥有国家级房颤中心和省级区域性胸痛、卒中、创伤、孕产妇急危重症救治中心，省级紧急医学救援基地医院，设有全市的急救中心、临床检验中心、医学特检中心、糖尿病防治中心、心脏介入中心和微创中心等医学中心。医院与多所国内知名医院签订全面合作协议，运行中的院士工作站 2 个，专家工作室 10 个，院际合作诊疗中心 8 个，16 个科室有首席专家 18 名。医院拥有万元以上医疗设备近 4937 台件，医疗设备总额 12.09 亿元，先进的大型设备有内窥镜手术器械控制系统（达芬奇手术机器人）1 台、螺旋断层放射治疗系统（TOMO）1 台、进口西门子 64 层 PET—CT1 台、核磁共振 5 台、炫速双源 CT3 台、飞利浦能谱 CT1 台，高档螺旋 CT8 台、高能直线加速器 3 台、SPECT1 台，医院同时拥有全球领先的德国轨道物流系统和全市唯一的贝克曼实验室自动化流水线系统，有集成度较高的覆盖全院的信息系统。医院以“建设高水平区域医疗中心”为长期战略目标和发展愿景，围绕“做强盐城附医、统筹多院区建设、体系化管理”三个中心，通过“前台做智慧服务、中台做标准规范、后台做大数据应用”三大任务，结合国考“医疗质量、运营效率、持续发展、满意度评价”四大维度，聚焦“加快自身品牌建设、理念创新进化、质量内涵提升、价值医疗促进、人才培养引进、技术提升应用、基层上下联动、智慧服务延伸、党建引领示范、作风行风与法治建设”十大方面，深化医院高质量发展内涵。

市中医院 至年底，市中医院实际开放床位 1000 张，设病区 32 个；在职职工 1184 人，其中高级职称 289 人、中级职称 343 人、博士 15 人、硕士 227 人。全国名老中医药专家学术经验继承指导老师 5 人；省“333 工程”第二层次培养对象 1 人、第三层次 16 人，省名中医 12 人、市名中医 9 人、院级名医 35 人；市政府有突出贡献专家和享受政府特殊津贴专家 7 人。全国优秀中医临床人才 4 人，全国中药特色技术传承人 4 人，全国中医护理骨干人才 5 人，省优秀中医临床人才 10 人，柔性引进医学博士、学科带头人 33 人。医院开设临床及医技科室 41 个，其中国家级重点专科 2 个、省级重点专科 6 个、省级重点学科 1 个、市级重点专科 19 个。有国家名老中医传承工作室 4 个、国内知名专家名医工作室 20 个和国家规培基地 2 个。医院拥有万元及以上医疗设备 1111 台件，固定资产 2.89 亿元。年内，完成门急诊 72.93 万人次，出院 2.97 万人次；获得省中医药科学技术奖三等奖 1 项、中国中医药研究促进会科学技术进步奖三等奖 1 项、省卫生健康委新技术引进奖二等奖 1 项、第九届淮海科学技术奖二等奖 1 项。

市第二人民医院 至年底，市第二人民院实际开放床位 1027 张，其中本部 443 张，公共卫生临床中心 587 张，有职工 550 人，具有高级职称 155 人，感染科为市级医学重点学科。医院成为南京鼓楼医院盐城分院，成立“霍介格教授名医工作室”。医院全年总收入 3.91 亿元，医疗活动收入 1.7 亿万元，业务收入 1.28 亿万元。诊疗 7.29 万人次，出院 6375 人次。院改扩建工程位于盐城市新富路南侧、开放大道西侧位置，占地面积 4.59 公顷，总投资额 14.34 亿元，规划建成满足城北医疗需求、具有肿瘤特色、江苏医药职业学院的直属附属教学医院、1000 张床位的三级甲等综合医院。10 月 26 日，盐城市第二人民医院挂牌南京鼓楼医院盐城分院。

市妇幼保健院 至年底，市妇幼保健院实际开放床位 410 张，在职职工 848 人，其中卫技人员 717 人，高级职称 213 人，博士、硕士 105 人，省“333 工程”培养对象第二层次 1 人、第三层次 2 人，省名中医 1 人。市妇幼保健院全年总收入 3.34 亿元，门诊 43.7 万人次，出院 1.6 万人次。儿科是省级临床重点专科，新生儿科是省级新生儿危急重症救治中心，妇科、产科是省妇幼保健重点学科，产科是市级孕产妇危急重症救治中心，拥有市级重点专科、学科5个。开设全市首家新生儿家庭化病房。医院设有上海市红房子妇产科医院“徐丛剑教授工作室”、江苏省人民医院“王水工作室”、中大医院“任慕兰名医工作室”、上海交通大学附属国际和平妇幼保健院“程蔚蔚”教授工作室。医院是扬州大学医学院附属医院，是上海市红房子妇产科医院技术协作单位、复旦大学附属儿科医院定点合作单位、江苏省人民医院战略协作医院，首批“江苏省儿童早期发展基地”，成立东南大学女性生命健康研究所盐城分中心。

市第四人民医院 至年底，市第四人民医院设有门诊1个、病区11个，实际开放床位450张；在职职工334人，其中卫技人员251人，具有高级职称81人、硕士研究生5人。医院全年收治门诊病人11.11万人次，出院病人3095人次，总收入2亿元，其中业务收入9538.45万元。1月，医院被授予“江苏省文明单位”荣誉称号；8月，经市委编办批准增挂“盐城市民政精神卫生福利医院”牌子。主办1项国家级继续教育项目、1项省级继续教育项目、6项市级继续教育项目，开展49次业务培训学习。全年接收全科医学住院医师规范化培训36人次，获批市级科研项目2项，发表专著1本，在省级以上期刊发表论文24篇。

10月26日，盐城市第二人民医院挂牌南京鼓楼医院盐城分院。单发令 摄

市口腔医院 至年底，市口腔医院有口腔综合治疗台120台（套），病床50张，拥有所需的各类国内外先进的口腔医疗设施设备，能够开展三级口腔专科医院的各类临床技术。医院全年业务收入4735.5万元，门诊11.5万人次，住院581人次。医院设职能科室11个、业务科室13个、上海第九人民医院博士团队名医工作室1个。其中，牙体牙髓病科、口腔正畸科、牙周病科和口腔颌面外科为市级临床重点专科，口腔颌面外科是南京市口腔医院口腔颌面外科协作科室。医院在职职工218人，卫生技术人员182人；其中高、中级专业技术人员84人，副高以上职称35人，硕士及以上学历16人，省“333工程”培养对象3人。有30人担任国家和省市各级专业学术团体的副会长、理事、常委、委员、青年委员等职。医院是上海第九人民医院“国家口腔疾病临床医学研究中心”核心单位、“口腔种植临床与研究专科联盟”单位；南京市口腔医院“口腔颌面外科”“口腔颌面影像”“口腔黏膜病”3个专科联盟合作单位；南京医科大学附属口腔医院“远程医疗和远程培训合作联盟”核心单位。被评为江苏省文明单位、江苏省健康促进医院。

（单发令 吴 烨）

体　　育

编辑　裴力民

体育设施

概　况　2022年，盐城市体育局投入9650万元，新建健身步道80千米，安装32套二代智能健身路径，提档升级255个小区室外健身器材，建成26个社区健身房。全年体育系统获得全民健身场地建设专项补助资金1700万元，大型公共体育场馆免费低收费开放补助资金1278万元。成立全市人均体育场地面积调查工作领导小组，制定完善调查实施方案，加强督查检查，建立月通报、季度督查工作机制，挖掘城市和乡村场地。全市体育场地面积总数为2886.53万平方米，比上年增加509.76万平方米，人均体育场地面积4.26平方米，比上年增加0.72平方米，处于全省领先位次。射阳县日月岛旅游度假区跑步线路获得全省最美跑步线路网络人气奖，大丰区荷兰花海跑步线路入围全省最美跑步线路排行榜，亭湖区新兴镇新场村被评为全省首批农村体育健身活动基地。

体育公园建设　5月24日，市发改委、市体育局等六部门联合印发《关于推进体育公园建设的实施方案》，计划到2025年，全市新建、改扩建136个体育公园，形成县（市、区）、镇（街道）全覆盖，类型多样、特色鲜明、普惠性强的体育公园体系，为城乡居民提供更加优质的健身场所和服务，为健康盐城建设增添新的活力。参照《江苏省体育公园（广场）配置要求》，体育公园按照不低于4万平方米、绿化率65%以上的标准执行，以体育健身为主导元素，与自然生态融为一体，具备体育健身、运动休闲、娱乐休憩、改善生态等多种功能的绿色公共空间，成为城市（城镇）绿地系统的有机组成部分，是适合不同年龄人群开展全民健身运动的综合性场所。至年底，盐城建成5个县级体育公园、18个镇（街道）级体育公园、3个镇级体育公园入围全省最美乡村健身公园排行榜。

响水县全民健身中心　年内，响水县全民健身中心位于响水县开发区，北临紫荆路，西临北海路，紧邻市民服务中心，是一个集体育比赛、运动健身、休闲娱乐、大型活动于一体的综合型场所。项目由城投控股集团投资建设，响水华辰文体产业发展有限公司负责运营，总投资额5.39亿元，占地面积2.63万平方米，建筑面积4.67万平方米。内含干式运动和湿式运动两大分区，主要为游泳馆、球类馆、多功能健身馆和温泉馆，并配备了记者专用间、新闻发布中心、兴奋剂检测中心及其他附属设施。可承办羽毛球、乒乓球、篮球、游泳等竞技比赛和各类大型活动。　（金青宇）

全民健身

概　况　2022年，盐城市推进国家全民运动健身模范市创建工作。建成各类健身步道1400多千米，镇级以上体育公园151个，人均体育用地面积3.54平方米，经常参加体育锻炼人口41%。组织开展第十四个“全民健身日”主题活动，健身腰鼓队作品《盛世鼓韵》代表江苏参加全国社会体育指导员网络交流展示大会，获得健身技能交流展示（健身操舞类）一等奖。市广场舞代表队参加省级品牌系列赛事活动，获得创编一等奖和编曲金奖。创新举办市本级一线社会体育指导员培训班，印发《关于进一步加强社会体育指导员工作的实施意见》，全市拥有各类社会体育指导员4.59万人，每万人拥有社会体育指导员71.4名。

元旦迎新年长跑活动　1月1日，2022年盐城市元旦迎新年长跑活动举行。活动以“‘串’联幸福‘场’想美好‘河’你相约”为主题，实现全市联动，覆盖全市11个板块，每个板块参与人数超2000人，分为5千米和10千米健身跑2个组别，采用主会场+分会场联动的方式，主会场在盐南高新区，盐都区、亭湖区、阜宁县等地设立分会场。

市第五届广场舞大赛　12月20日，盐城市第五届广场舞大赛总决赛在盐南体育馆举行，各县（市、区）通过海选产生的11支队伍参赛。总决赛分为规定套路和自选套路2项，经角逐，盐都区广场健身舞俱乐部获得规定套路第一名，盐南高新区广场舞运动协会俱乐部和盐都区广场健身舞俱乐部获得自选套路第一名。

盐龙体育公园　　王亚洲　供图

广场舞　　王仰林　摄

健身气功运动　7月7—10日，江苏省健身气功裁判员培训班在盐城市举办。7月29日至8月1日，全市健身气功代表队参加江苏省健身气功交流比赛，获得优胜奖和优秀奖。9月5—15日，市健身气功代表队参加第二届长三角体育节健身气功比赛，获得二等奖和三等奖。11月18—20日，市健身气功代表队参加2022年江苏省健身气功·五禽戏交流展示大赛，获得一等奖和三等奖。11月23—24日，市健身气功代表队参加线上2022年江苏省健身气功站点联赛，获得一等奖和三等奖。

盐城城市业余俱乐部联赛　年内，盐城采取线上线下相结合的新形式，组织开展盐城城市业余俱乐部联赛活动。联赛覆盖城乡，约500个俱乐部参加篮球、羽毛球、乒乓球、游泳等23个项目的比赛，累计举办县级及以上全民健身活动1300场，参与人数超过100万人次，经常参加体育锻炼的人数占全市总人口的43%。

市健身腰鼓队获一等奖　8月11日，省社会体育管理中心向市体育局发来贺信，盐城市健身腰鼓队代表江苏参加2022年全国社会体育指导员网络交流展示大会，获得健身技能交流展示（健身操舞类）一等奖。盐城市健身腰鼓队创作的《盛世腰鼓》，串联不同的腰鼓击打技巧，动作难易配合有序，运动负荷科学有效，在主题音乐《东方红》的伴奏下，时而激情奔放，时而婉转悠扬，再结合流畅的队形变化，整套动作既锻炼身体，又愉悦身心，还给人以美的享受。

江苏省“全民健身日”盐城市分会场活动　8月8日，江苏省2022年“全民健身日”盐城市分会场活动在盐南高新区举办。活动现场进行健身腰鼓、健身气功、少儿拉丁、健身球操、广场舞等项目展演，再现全市全民健身的精神风貌。　（全青宇）

青少年体育

概　况　2022年，盐城市贯彻国家和省《关于深化体教融合促进青少年健康发展的实施意见》，推动“双减”工作落实落细，在促进各地学校体育“一校一品”“一校多品”的基础上，实现县级业余训练“5621”计划全覆盖。整合体育、教育、社会等资源，与多所学校合作共建青少年体能训练基地，促进优秀体育后备人才培养。承办中国足球乙级联赛、大运河小铁人三项系列赛2项国家级赛事，“省长杯”校园足球联赛小学男子、女子组和高中女子组比赛，省青少年举重（男子）锦标赛和省国际象棋等级赛、国际象棋棋协大师赛6项省级赛事。在中国篮球协会举办的“中国小篮球系列活动”中，全市赛区组织工作走在全国前列，被授予“优秀赛区”。

“市长杯”青少年足球联赛初中组总决赛　年内，市第十一届“市长杯”青少年校园足球联赛初中组总决赛在东台市举行。各县（市、区）的19支队伍、68名领队及教练、294名运动员、30名裁判员参加，其中11支男子队、8支女子队。比赛分别在沿海经济区足球青训基地一号、二号场地和江苏联合职业技术学院东台分院三个场地同时开赛。经过三天50场比赛，东台市弶港镇中学足球队、北师大盐城附属中学足球队分别获得男子组、女子组冠军。

市2022年青少年阳光体育运动联赛　6月11日，由市体育局、市教育局、市文明办、共青团盐城市委、市妇联5家单位共同主办的盐城市2022年青少年阳光体育运动联赛开幕式暨首场比赛在建湖县体育中心举行。联赛设田径、游泳、足球、少儿体适能、棋类等20项比赛，全市的11支代表队146名运动员参赛。经过激烈角逐，亭湖区、盐都区、大丰区代表队获得总分前三名，建湖县、大丰区和市串场河小学代表队获得体育道德风尚奖。

2022年江苏省青少年篮球训练营第二期　8月30日，2022年江苏省青少年篮球训练营第二期在大丰区奥体中心落幕。训练营邀请省体育局篮球运动管理中心副总教练胡卫东，江苏青年女篮外教、国际篮联讲师塞尔维亚外教马内，江苏篮球队教练员龚毅等省内外多位有着丰富青少年篮球培养经验的教练组成教研组，针对篮球基本功与配合训练、基本战术训练和身体素质训练、训练拉伸与放松等方面为青少年运动员们进行针对性指导，并安排对抗比赛，提升训练营的成效。结营时评选出10名优秀小营员，被授予“未来之星”。

新河实验小学男子足球队获“省长杯”冠军　年内，在江苏省“省长杯”青少年校园足球联赛中，盐南高新区新河实验小学男子足球队夺得男子乙组冠军。新河实验小学自2009年成为首批“全国校园足球试点学校”以来，厚植“足球育人”沃土，深耕“校园足球”特色，构建特色育人模式，立足于校园足球品牌建设。学校足球队曾多次在“省长杯”比赛中获得冠、亚军，是盐城市唯一男队、女队都获得过“省长杯”冠军的球队，连续多次在“市长杯”比赛中获一等奖。学校先后有近20名学生获得全国“玫瑰之星”“希望之星”“银手套”等称号。1名队员进入国家少年队，1名队员进入江苏省省队，30名队员进入省足球学校和国安、恒大足球学校及足球俱乐部等，先后为市队输送近百名队员。

建成208所全国足球特色学校　2月8日，教育部公布2021年全国青少年校园足球特色学校和全国足球特色幼儿园名单，盐城市盐渎实验学校、郭猛实验初级中学、亭湖幼儿园等学校榜上有名。至年底，全市建成208所全国足球特色学校，5所省级足球后备人才示范学校。

3家俱乐部入选省级青少年奥林匹克体育俱乐部名单　年内，市体育局推选射阳县康体羽毛球俱乐部、射阳县连庆篮球俱乐部、盐都区盐渎三华乒乓球俱乐部、滨海县蓝鹰足球俱乐部入选江苏省第十五批省级青少年奥林匹克体育俱乐部名单，入选数量居全省第二位。　　（金青宇）

竞技体育

概　况　2022年，盐城市组队参加江苏省第二十届运动会，举行市青少年阳光体育运动联赛，承办全国赛事2项、省级赛事6项。全年向省体校输送27人、省队输送6人，24人被授予“国家一级运动员”称号。至年底，全市参加江苏省注册运动员2518人、注册教练员403人，17人晋升为国家一级裁判员。承办省级教练员培训班1次，举办市级教练员培训班1次、晋升二级裁判员培训班7次，4家单位被省体育局命名为省级青少年奥林匹克体育俱乐部。

体育后备人才输送　年内，全市向省体校输送27名优秀体育后备人才，分别是王艺静、孙瑞梓、吕沁遥（游泳），施语、马立健、卞译敏、王小云、魏思洁（自行车），骆炳雨、周李龙、刘海涛、戚善维（皮划艇），严雨晨、施雨婷（足球），陈雨萱、梅胜轩（花样游泳），蔡子琦、顾文涛（田径），王小月、周洲、乔良杰（篮球），臧守嘉、陈石荣、朱荣杰、王顺杰（柔道），徐涛、钱森（举重）。向省优秀运动队输送6名优秀体育后备人才，分别是傅可炘（花样游泳）、任秋娴（自行车）、韩军（橄榄球）、王可（摔跤）、韩自理、秦非凡（举重）。运动员马辅渔入选国足U23集训队，是继女足“国门”彭诗梦之后，向国家队培养输送的又一名优秀足球运动员。国乒小将蒯曼在2022年世界青年乒乓球锦标赛中，为中国队赢得2枚金牌和1枚铜牌。

24人获评国家一级运动员　年内，24人获评国家一级运动员，分别是李雨倩、孙悦、戴羽欣、刘洋、戴羽瑶（射击），王志楼、汪磊、徐芊（游泳），赵南星（篮球），臧守嘉（柔道），韩霜（摔跤），夏骏、周冠宏、刘靖邦（田径），李航（乒乓球），施语（自行车），黄婷婷、张庆诗（举重），陈荣玉（射箭），羊叶、吉语馨、柏志文、肖宇（网球），石健宵（空手道）。

17人晋升国家一级裁判员　年内，17人晋升国家一级裁判员，分别是李楼荣、朱其玉、唐云豪（田径），汤坤、李楼荣、邢鹏、刘谨玮、程鑫（篮球），王辉娟、宋瑞（围棋），宋翊、庄超（象棋），祁建军（国际象棋），王芳（广场舞），李海燕（摔跤），平焱升、张惠军（网球）。

教练员培训　年内，市体育局承办江苏省基层教练员通识知识培训班（盐城站），举办盐城市少儿艺术体操教练员培训班，指导有关协会举办田径等7个项目晋升二级裁判员培训班。

冬奥会火炬手秦光蔚　2月3日，全国人大代表、盐城市农业科学院副院长秦光蔚手持2022年北京冬奥会火炬，在河北张家口张北县德胜村完成火炬接力。作为德胜村点位第六棒的秦光蔚与上一棒完成点火交接仪式，高擎着火炬向前奔跑。

水庆霞率队夺得女足亚洲杯冠军　2月6日，2022女足亚洲杯决赛中，盐城籍中国女足主教练水庆霞率领中国队，以3比2战胜韩国队，夺得阔别16年的、也是队史第九个亚洲杯冠军。由此，主教练水庆霞也创造了一项历史——她是首位率领中国女足夺得亚洲杯的女性教练。水庆霞于1986年、1989年、1991年、1995年和1997年，5次参加亚洲杯并夺得冠军，如今她以主教练的身份率队夺冠，以不同的身份创造历史。水庆霞1966年出生于盐城阜宁，曾是中国女足队员，随队参加过1996年亚特兰大奥运会并获得亚军。2001年退役后，水庆霞先后在上海女足、中国女足青年队和上海市少体校担任教练，曾率上海队夺得女超联赛、足协杯赛、全国锦标赛和全运会等冠军。

朱毅获得“中国杯”全国男子竞速划艇冠军　3月26日至4月2日，2022年“中国杯”全国赛艇、皮划艇比赛暨春季冠军赛分别在各省市训练基地和湖北省鄂州市湖北国际水上运动训练基地主会场举行。盐城市运动员朱毅在省水上训练基地参加陆上赛艇项目比拼，最终获得男子竞速划艇乙组U18陆上赛艇30分钟冠军。

市第五届龙舟赛　6月26日，盐城市第五届龙舟赛在中华海棠园开赛。本次赛事由市政府主办，中国龙舟协

6月26日，盐城市第五届龙舟赛在中华海棠园开赛　　王亚洲　供图

会担任技术指导，以“龙腾海棠园喜迎‘二十大’”为主题口号。设有男子组、女子组、混合组12人龙舟赛，男子组、女子组、混合组22人龙舟赛6种竞赛类别和100米、200米、500米3个竞赛组别，共18项竞赛项目。14支由各县（市、区）、省属驻盐单位、驻盐高校、市直部门、企事业单位等组成的龙舟队伍，在中华海棠园开桨竞渡。本届赛事通过文化形式创新、赛制调整、科技与智慧化的融合，发挥“体育+”的新优势，引领国内龙舟赛事全新展现形式。采用开幕式无人船巡游、智慧管理平台、人脸识别检录等技术，在赛事全程实现更加“高效、安全和准确”的目标。在举办赛事的基础上，又策划多种活动，包括各种民俗体验、水上娱乐表演等，发掘地域文化内涵，展示“水韵盐城”独特风貌。经过激烈角逐，决出单项冠军18个，并评选优秀组织奖6名。其中，东台市龙舟队、荷兰花海龙舟队、盐都东晋水城龙舟队分获此次赛事总积分的一、二、三名。

参加江苏省第20届运动会　年内，全市组织1265名运动员参加江苏省第20届运动会，获得金牌57枚、奖牌182枚、总分2272分，实现赛前预定的“金牌、奖牌、总分全面超上届超历史”参赛目标，并获得青少年部突出贡献奖、学校体育工作奖、俱乐部参赛奖、优秀组织奖。其中，参赛的34个项目中，田径、游泳、举重等19个项目收获金牌，艺术体操、击剑、现代五项等6个项目获得奖牌，排球、羽毛球、手球等8个项目进入前8名。　　（金青宇）

体育产业

概　况　2022年，盐城市有国家体育产业示范项目2个、省级体育产业基地2个、省级体育服务综合体4个。全市推荐申报的5个优质体育产业项目获得省级体育产业发展专项资金支持430万元。指导各县（市、区）发放体育消费券，为场馆提供补贴，助力体育企业提振信心。盐南高新区成为首批省级体育消费创建试点城市。全市体育产业总规模350亿元以上、增加值100亿元。

体育企业　年内，市体育局投身“企业大走访、项目大推进、产业大招商”活动，研究印发《盐城市体育局服务体育企业纾困解难十项措施》，建立市、县体育部门与企业挂钩服务联动机制。指导各县（市、区）发放体育消费券，其中响水县发放133万元、建湖县60万元、射阳县50万元、盐南高新区30万元、东台市23.5万元。

体育职业技能鉴定培训　年内，市体育局举办2期游泳救生员、游泳教练员体育职业技能鉴定培训班。指导有资质的培训鉴定机构开展健身教练、跆拳道等项目6个批次的体育职业技能鉴定培训班，共335名学员参加，71.9%的学员通过考核鉴定。

体育彩票　年内，市体育局通过完善管理体制和运行机制，全市体育彩票事业迈上新台阶。优化实体网点增收减负工作，发挥即开票拉新功能，拓展长期购彩群体，全年实现销售12.2亿元，提前完成省局下达的年度销售任务，是唯一获省体育局致信表扬的设区市。

编出北京冬奥会火炬“外衣”　北京冬奥会火炬名曰“飞扬”，由外飘带、内飘带、氢气瓶和燃烧系统组成，外飘带为碳纤维复合材料。其中，外飘带是盐南高新区江苏高倍智能装备有限公司“智”造的三维球面立体编织机生产的。北京冬奥会火炬形状呈旋转上升姿态，犹如丝带舞动飘逸，顶端化作熊熊火焰。“用碳纤维代替铝合金，具有质量轻、强度高、耐高温、耐腐蚀等优势。”“飞扬”外飘带是一个高维曲面体，是变径、变曲率的，上下不一般粗，曲面厚薄也不一致，传统制造工艺无法实现，只有用三维编织技术才能高精度呈现出来。

（金青宇）

收入与分配

编辑　裴力民

就业创业

概　况　2022年，盐城坚决贯彻落实中央、省、市助企纾困各项政策，通过大数据比对，“免申即享、直拨快补”2022年阶段性降低企业失业保险费6.1亿元，就业补助、稳岗返还、留工培训、扩岗补助、失业救助等资金11.5亿元，投放“苏岗贷”9.52亿元，相关政策惠及全市5.2万多家企业。建立规模以上企业对接、惠企政策快办、产业人才引培、市场机构保供等十项常态化服务企业用工引才机制。聚焦重点群体就业，加大就业服务和兜底帮扶力度，城镇新增就业超7万人，帮扶城镇失业人员就业4.95万人，发放创业富民贷款5.6亿元，创业带动就业4.5万人，开发临时性公益性岗位数、安置数均居全省首位，全市获批创建全国公共就业创业服务示范城市，苏北唯一。年内，盐城市人力资源和社会保障局取得省高质量考核就业工作第三板块第一、保障农民工工资支付工作省考核“A”类评价等成绩，促进就业、社会保障、根治欠薪3项工作获得省政府真抓实干督查激励表扬。

创　业　年内，市人力资源和社会保障局组织开展进高校、进社区、进基地开展创业指导服务，举办活动138场次，1.1万名初创人员和有创业意愿的劳动者参加活动，20个大学生创业项目和2家创业示范基地，分别获评省级优秀项目和示范载体。全市支持成功自主创业3.33万人，扶持农民自主创业2.16万人，引领大学生创业3131人。创建各类创业示范基地23家，其中省级2家（创业培训实训基地1家、创业孵化基地1家）、市级4家（全部为创业孵化基地）、县（市、区）级17家。富民创业担保贷款资格审核3999人次，金额5.63亿元。开展“创响江苏”主题系列活动138场次，惠及1.1万人次，提供创业服务6.13万人次，发放创业宣传手册6万多份，创业意识“校园行”4场，创业指导专家“基层行”16场。

就业和再就业　年内，市人力资源和社会保障局聚焦离校未就业高校毕业生、就业困难人员、登记失业人员等重点群体就业需求，开展就业帮扶。在全省率先实现离校未就业高校毕业生实名登记调查和提供就业服务“两个100%”，年末就业率96.09%。帮扶近2万名就业困难人员实现就业，为全市7.19万名就业困难人员，发放灵活就业社保补贴3.98亿元。开展“就业援助月”活动，活动期间共走访服务对象家庭2381户，其中残疾登记失业人员家庭113户；帮扶5103名服务对象实现再就业，其中残疾登记失业人员103人，通过公益性岗位安置120人。

7月27日，2022年暑期高校毕业生系列招聘活动岗位发布会举办。
陈志飞　摄

留乡就业　年内，市人力资源和社会保障局开展以“留乡乐业服务行动”“留乡乐业宣传行动”“留乡乐业送岗行动”“留乡乐业赋能行动”“留乡乐业援助行动”为主要内容的“留乡乐业”五大行动，在交通要道和人员流动性较大的地点公布服务信息，设置专岗专窗，在就业服务平台设置专席专区，畅通线上线下渠道，为返乡留乡人员提供就业创业服务。元旦、春节期间，全市开放返乡就业服务平台446个，摸清3.2万名返乡人员服务需求，提供公共就业创业服务15万人次，落实各类补贴2811万元。

高校毕业生就业　年内，市人力资源和社会保障局开展“黄海明珠”人才计划进高校、进企业活动，举办“黄海明珠”人才计划政策业务培训、讲座、辅导60余场，在300家高校举办黄海明珠政策宣讲会，其中线下宣讲会78场，线上宣讲会222场。全市征集、开发就业岗位6.44万个并对外发布。组织和参加线下招聘会79场，网络招聘会68场，组织4382家单位参加，招聘岗位3.01万个，需求人数4.86万人，登记求职3.96万人次，其中驻盐高校招聘活动24场。全市引进高校毕业生3.5万人。开展“盐城名企进高校”活动24场，“驻盐高校学子进名企”活动11场。组织1300多名驻盐院校学生走进50多家产业链链主企业、地标企业参观考察。全年驻盐高校留盐就业人数4308人，留盐率27.2%，同比提高2个百分点。招募60名高校毕业生参加“三支一扶”服务。组织高校毕业生及青年参加就业见习3294人。

职业技能培训　年内，全市开展技能培训15万人次，备案企业新型学徒制培训2899人，全市职业技能鉴定（含职业技能等级认定）取证4.14万人，新增取得高级工以上职业资格证书或职业技能等级证书9494人次，数字技能评价取证6164人。

公共就业服务 年内，市人力资源和社会保障局搭建现场招聘、网络招聘、直播招聘“三位一体”公共求职招聘服务平台，打造“盐职有你”招聘品牌，开展“千名党员 服务千企”专项行动，举办各类招聘活动，为企业用工和劳动者就业提供优质高效的服务。全市举办各类招聘会674场次，约1.3万家次企业参会招聘，提供就业岗位近40万个次，吸引超180万次点击量，线上线下应聘求职9万人（次）。

民营企业招聘 4—5月，市人力资源和社会保障局开展“民营企业招聘月”活动，组织各类招聘洽谈会53场，876家次企业参加活动，提供就业岗位2.61万个，达成就业意向4419人，其中高校毕业生1022人、登记失业人员976人、农民工634人。

劳动工资 年内，市人力资源和社会保障局执行2021年8月1日调整的最低工资标准，盐城市区和东台市执行二类地区标准，标准为每月2070元和每小时20元；建湖县、射阳县、阜宁县、滨海县、响水县执行三类地区标准，标准为每月1840元和每小时18元。开展2022年企业薪酬调查和制造业人工成本监测调查，对以钢铁、汽车、电子信息、新能源四大主导产业为主的3047户样本企业进行了调查，涉及职工22.7万人，运用薪酬调查成果及时分析数据，公布盐城市2022年企业薪酬调查部分职位工资价位和人工成本水平，发布2022年度全市企业工资增长指导线为6.5%。

劳务协作 年内，市人力资源和社会保障局开展省际东西部劳务协作，面向对口协作省份举办8场劳务协作招聘，提供就业岗位信息9815个，举办5期劳务协作培训班，为对口地区培训农村劳动力160人，其中脱贫劳动力人口99人，帮助铜川籍劳动力实现就业1144人。推进省内南北劳务合作，开展盐城市、常州市劳务品牌交流共建，在两地人力资源供需相关平台设立“盐城家政”“武进轨道交通技术员”线上活动专区，发布6家劳务品牌合作机构提供的就业岗位204个。

劳动保障事务代理 年内，市人力资源和社会保障局免费为下岗失业人员提供代管档案、代办退休、代发代缴等劳动保障事务代理，拓展服务空间。代管失业人员档案4.36万份，查询档案1.06万人次，代办退休1440人；继续为改制企业提供内养职工代办退休、代发生活费、代缴社保等服务。

劳动纠纷处理 年内，全市劳动人事争议仲裁机构和调解组织接处案件1.27万件。其中，立案受理案件4843件，调解成功率为86.55%，仲裁结案率为99.49%，实现网上运行率100%。江苏省劳动人事争议调解服务平台登记案件数7821件，调解成功率97.93%。“互联网+调解”案件量占比排名、调解成功率位列全省前列。集体争议引发群体性事件为零。为更好地服务企业，提高用人单位遵守劳动法律法规意识，开展“劳动仲裁开庭了”线上模拟庭审活动和“调解员来了”线下普法活动，提升劳动者与用人单位对劳动争议处置认知。拓展仲裁调解路径，推进仲裁机构与司法、法院、工会等部门之间协调，加强部门间的沟通联动衔接，推进劳动人事争议多元化解处理机制。发挥法律援助工作站作用，全市各县（市、区）劳动仲裁机构立案受理窗口都建立法律援助工作站，开展下沉式服务，服务企业、援助职工，充分发挥调解在劳动人事争议案件处理中重要作用，遵循“应调尽调”原则，对劳动纠纷案件处置流程提速，案件“快立、快办、快结”，有效提升仲裁调解质效，提高调解成功率。

劳动监察执法 年内，全市开展工程建设领域农民工工资保障“制度全覆盖”、清理整顿人力资源市场秩序“春雷行动”“制度全覆盖”夏季专项行动、集中整治拖欠农民工工资问题专项行动等系列活动，丰富和畅通劳动保障投诉举报渠道、规范执法行为、提升执法能力。“双随机、一公开”执法检查用人单位2416户，人均78户，完成省定目标任务156%；劳动保障监察举报投诉案件结案率100%，全年接待来访咨询人员4.5万余人，受理投诉举报2397件，向人民法院申请强制执行案件22起，向公安部门移送拒不支付劳动报酬类案件27起，依法纳入失信“黑名单”欠薪企业11家。

农民工合法权益维护 年内，市人力资源和社会保障局将“治理拖欠农民工工资任务完成率”纳入对各县（市、区）高质量考核体系，压实地方政府责任，根治欠薪提质升效。在全市范围内推广农民工工资管理标准化台账，用制度化管理减少乃至杜绝每个环节欠薪隐患，倒逼工程项目制度落实。定期召开欠薪风险研判会，对存在问题隐患的相关行业主管部门和企业发放“风险提示函”，对街道社区基层网格人员加大考核力度，强化风险研判和预警能力。升级现有本地欠薪平台，印刷本地欠薪反映平台宣传画，将本地欠薪平台进驻“我的盐城”App，确保欠薪线索在本地即受即办，提升本地欠薪平台作用。在全省首家试点开展“信用+农民工用工”应用场景运用，该场景应用今年作为盐城市社会信用体系建设先进集体向市信用办推荐，提升施工单位抓好制度落实自觉性。至年底，按月足额支付农民工工资比例提升较快，全市通过专户向农民工直接发放工资78亿元，同比上年增长48%，位列全省第一方阵。盐城获得2021年度全省保障农民工工资支付工作考核第二名，蝉联A级城市，系苏北唯一两次获此殊荣的地级市。（薛传刚）

收入消费

概　况　2022年，盐城市高效统筹推进新冠肺炎疫情防控和经济社会发展，推进富民政策落实，居民收入稳步增长，民生保障水平提高。农村居民收入增长快于城镇居民，城乡居民收入差距缩小，共同富裕步伐加快。盐城市全体居民人均可支配收入38798元，比上年增长5.5%。总量居苏北第一位、全省第九位，增幅为全省第五位。分城乡看，城镇常住居民人均可支配收入45896元，同比增长4.8%；农村常住居民人均可支配收入27794元，同比增长6.7%。随着居民收入稳步增长，居民消费需求逐步释放。年内，盐城市居民人均生活消费23062元，比上年增长4.9%。总量居苏北第一位、全省第九位，增幅为全省第四位。分城乡看，城镇常住居民人均生活消费25194元，同比增长3.7%；农村常住居民人均生活消费19755元，同比增长7.1%。

城镇居民收入　年内，全市城镇常住居民人均可支配收入为45896元，同比增长4.8%，扣除物价上涨影响，实际增长2.2%。增幅列全省第三位，比全省平均增速快0.6个百分点；总量列全省第十位，比第九位低145元。各县（市、区）城镇居民人均可支配收入水平依次为：亭湖区54501元、盐都区49567元、东台市49049元、大丰区46523元、建湖县44542元、射阳县40332元、滨海县39873元、阜宁县38309元、响水县37918元。各县（市、区）城镇居民人均可支配收入增幅依次为：建湖县5.3%，亭湖区和东台市5%，大丰区4.8%，阜宁县和射阳县4.7%，盐都区4.6%，响水县和滨海县4.5%。

工资性收入　人均工资性收入25131元，同比增长5.1%，对可支配收入增长的贡献率57.4%，为四大项收入中最高。政府实施一系列稳定就业、增加就业岗位的政策，促进居民工资性收入增长。全年城镇新增就业5.65万人，引进高校毕业生2.95万人，就业困难人员再就业1.62万人，就业局势保持总体平稳。全年开发新冠肺炎疫情防控临时性公益性岗位5345个，4160名就业困难人员公示上岗。

经营净收入　人均经营净收入8264元，同比增长3.5%，对可支配收入增长的贡献率为13.2%。新冠肺炎疫情背景下，政府助力企业平稳健康发展。全年减免1277家服务业小微企业和5262家个体工商户房屋租金1.05亿元，为154家企业缓缴养老、工伤、失业三项保险费4123.75万元，帮助企业渡过难关。

财产净收入　人均财产净收入3432元，同比增长2.6%，对可支配收入增长的贡献率为4.2%，为四大项收入中最低。财产净收入增长主要来源于利息收入和房租收入的提高。至年底，全市住户存款余额为5662.1亿元，同比增长19.2%，拉动居民利息收入增长。

转移净收入　人均转移净收入9070元，同比增长6.2%，对可支配收入增长的贡献率为25.2%企业退休人员养老金增长。年内，全市60.01万名企业退休人员养老金进行调整，人均增加每月106元,同比增长5%，每月2220元。城乡居民基础养老金人均待遇水平提高。年内，全市城乡居民基础养老金最低标准上调至每人每月235元，上涨16.9%，惠及全市143万名领取对象。全市城乡居民养老保险月人均待遇水平281元，同比增长16.9%。

城镇居民消费　年内，全市城镇居民人均消费支出为25194元，同比增长3.7%。八大类消费六升二降，其中，人均食品烟酒消费7168元，同比增长4.4%；人均居住消费5454元，同比增长9%；人均生活用品及服务消费1550元，同比增长5.3%；人均交通通信消费3562元,同比增长5.7%；人均医疗保健消费1904元，同比增长3.3%；人均其他用品和服务消费692元，同比增长10.4%；人均衣着消费1928元，同比下降3%；人均教育文化娱乐消费2935元，同比下降6.3%。

食品烟酒消费　年内，全市加快建设便民生活圈“15分钟”，一站式满足居民各项生活消费需求。制定《小规模聚集性疫情应急处置黄金24小时生活保障工作方案》，对各大商超的粮油、肉禽蛋、水产品、蔬菜、水果等生活物资销售和库存情况进行严密监测，各类生活必需品总体供应充足，价格稳定，居民基本生活消费需求得到保障。城镇居民人均食品烟酒消费同比增长4.4%，膳食结构进一步优化。人均粮食消费量147.5千克，同比下降8.1%；人均肉类消费量44.5千克，同比增长8.7%；人均水产品消费量27.8千克，同比增长8.1%；人均奶类消费量为15千克，同比增长5.3%；人均鲜瓜果消费量45.1千克，同比增长9.4%。

医疗保健消费　年内，全市城镇居民对连花清瘟、布洛芬等中西医药品需求增加，人均购买药品支出327元，同比增长16.3%。人们更加珍爱生命和健康,健康观念从“有病治病”到“主动预防”，健康保健类的消费需求明显增长。人均购买滋补保健品支出188元，同比增长28.1%。

交通通信消费　年内，全市制定一系列新能源汽车购置补贴政策，新能源汽车销量节节攀高。全市城镇居民人均购买交通工具支出1495元，同比增长8.5%。近年来，在国产品牌高端化建设推进、居民购买力提升、原材料和人力成本上涨等多种因素叠加作用下，汽车、智能手机、电子产品等交通通信设备品质稳步提升，价格水涨船高。居民消费价格调查数据显示，盐城交通通信类价格上涨7.3%，涨幅为八大类中最高。

表42　2022年盐城市城镇居民人均收入和消费支出构成情况统计表

指　标	总量（元）	占　比	增　幅
城镇居民可支配收入	45896	—	4.80%
（一）工资性收入	25131	54.80%	5.10%
（二）经营净收入	8264	18.00%	3.50%
（三）财产净收入	3432	7.50%	2.60%
（四）转移净收入	9070	19.80%	6.20%
城镇居民生活消费	25194	—	3.70%
（一）食品烟酒	7168	28.50%	4.40%
（二）衣着	1928	7.70%	–3.00%
（三）居住	5454	21.60%	9.00%
（四）生活用品及服务	1550	6.20%	5.30%
（五）交通通信	3562	14.10%	5.70%
（六）教育文化娱乐	2935	11.60%	–6.30%
（七）医疗保健	1904	7.60%	3.30%
（八）其他用品和服务	692	2.70%	10.40%

农村居民收入　年内，全市农村常住居民人均可支配收入为27794元，同比增长6.7%，扣除价格因素实际增长4.1%。增幅列全省第五位，比全省平均增速快0.4个百分点；总量为苏北第一位、全省第九位，比第八位的扬州低1538元。各县（市、区）农村居民人均可支配收入水平依次为：亭湖区31956元、东台市31758元、大丰区31297元、盐都区30387元、建湖县27478元、射阳县26752元、阜宁县24921元、滨海县24203元、响水县23686元。各县（市、区）农村居民人均可支配收入增幅依次为：响水县7.5%，亭湖区7.4%，东台市6.8%，射阳县6.7%，滨海县6.6%，盐都区、大丰区和阜宁县6.5%，建湖县6.4%。

工资性收入　人均工资性收入12319元，同比增长7.3%，占可支配收入的比重为44.3%，拉动可支配收入增长3.2个百分点，对可支配收入增长的贡献最大。全市实施保障农民工工资支付五大行动，通过专用账户发放农民工工资76亿元，为1695名劳动者补发工资1462万元，保障农民工工资支付工作连续两年获评全省A类地区。

经营净收入　人均经营净收入8587元，同比增长5.1%，占可支配收入的比重为30.9%，拉动可支配收入增长1.6个百分点。全市农林牧渔业总产值、增加值总量均居全省第一，其中农林牧渔业总产值1415.2亿元，同比增长4.2%；增加值850.6亿元，同比增长4.1%。粮食总产71.6亿千克，创历史新高。下半年生猪价格大幅上涨，农村养殖户效益明显改善。

财产净收入　人均财产净收入1116元，同比增长7.1%，占可支配收入的比重为4%，拉动可支配收入增长0.3个百分点。农村居民财产净收入增长主要得益于土地流转收入增加。流转形式主要有农户之间流转、村集体集中统一流转等，农户之间流转价格正常在每亩300元~500元，集中统一流转给经营大户、企业等价格在每亩1000元左右。加上在农业生产基地上的劳务收入，普通农户年收入可增3000元~5000元。

转移净收入　人均转移净收入5772元，同比增长7.8%，增速在四大项收入中最快，占可支配收入的比重为20.8%，拉动可支配收入增长1.6个百分点。全市城乡居民基础养老金最低标准由每月210元上调至235元，惠及147.57万名领取对象。全市保障城乡低保对象5.35万户8.83万人，发放低保资金6.61亿元；供养特困人员29671人，发放特困人员救助供养资金4.54亿元。

农村居民消费　年内，全市农村居民人均消费支出为19755元，同比增长7.1%。八大类消费六升二降，其中人均食品烟酒消费6029元，同比增长9.3%；人均衣着消费1411元，同比下降2.6%；人均居住消费3999元，同比增长7.6%；人均生活用品及服务消费1046元，同比增长7.2%；人均交通通信消费2947元，同比增长11.6%；人均教育文化娱乐消费2039元，同比下降5.9%；人均医疗保健消费1814元，同比增长14.9%；人均其他用品和服务消费471元，同比增长18%。

消费倾向　消费倾向为消费在收

入中所占的比例，是居民消费信心的重要反映。全市农村居民人均消费倾向为71.1%，比上年上升0.3个百分点。为减少新冠肺炎疫情影响，盐城印发《关于促进消费持续恢复快速发展的措施》，开展第二届“515盐城消费节”，发放餐饮、购物、汽车、旅游、体育等消费券和家电补贴，全市核销使用消费券6800万元，合计拉动消费约10亿元,促进居民消费。

教育文化娱乐消费　人均教育文化娱乐消费同比下降5.9%，为八大项消费最慢。受新冠肺炎疫情影响，全市各类商业综合体、服装实体店、教育培训机构、电影院、景点等客流量减少，销售额和业务量都有不同程度下降。

耐用品拥有量　坚持民生优先，实施新能源汽车推广应用补助、绿色智能家电下乡等政策，城乡居民生活品质持续提升。每百户农村居民家庭拥有汽车20.5辆、手机241部、空调181台、彩电154台、电冰箱120台、洗衣机100台。家电升级趋势显著，智能小家电备受喜爱，每百户农村居民家庭拥有空气净化器38.8台、地面清洁电器37.5台，居民生活体验不断提升。

表43　2022年盐城市农村居民人均收入和消费支出构成情况统计表

指　　标	总量（元）	占　比	增　幅
农村居民可支配收入	27794	—	6.70%
（一）工资性收入	12319	44.30%	7.30%
（二）经营净收入	8587	30.90%	5.10%
（三）财产净收入	1116	4.00%	7.10%
（四）转移净收入	5772	20.80%	7.80%
农村居民生活消费	19755	—	7.10%
（一）食品烟酒	6029	30.50%	9.30%
（二）衣着	1411	7.10%	−2.60%
（三）居住	3999	20.20%	7.60%
（四）生活用品及服务	1046	5.30%	7.20%
（五）交通通信	2947	14.90%	11.60%
（六）教育文化娱乐	2039	10.30%	−5.90%
（七）医疗保健	1814	9.20%	14.90%
（八）其他用品和服务	471	2.40%	18.00%

（陈光亚　赵同庆　徐　峰）

消费价格　年内，全市居民消费价格指数同比上涨2.5%。其中，食品价格同比上涨2.5%，非食品价格同比上涨2.5%，消费品价格同比上涨3.8%,服务项目价格同比上涨0.8%。

八大类商品价格“全面上涨”。与上年同期相比，全年居民消费价格指数的八大类商品和服务消费价格“全面上涨”，涨价面为100%。其中，交通通信类同比上涨7.3%，衣着类同比上涨3.2%，医疗保健类同比上涨2.8%，食品烟酒类同比上涨2.6%，教育文化娱乐类同比上涨2.3%，生活用品及服务类同比上涨2%，其他用品和服务类同比下跌2%，居住类同比上涨0.1%。

交通通信类与食品烟酒类是拉动CPI上涨的主要因素。全年CPI上涨主要是由交通通信类和食品烟酒类拉动，从统计数据看，交通通信类累计上涨7.3%，带动CPI上涨0.98个百分点；食品烟酒类累计上涨2.6%,带动CPI上涨0.72个百分点，两者对CPI涨幅拉动的比例合计达到66.9%。其中，汽油上涨21.3%，带动CPI上涨0.62个百分点，对CPI涨幅贡献的比例为24.4%。

分月环比指数微涨微跌。全年市场消费价格水平处于平稳运行，其中1月环比上涨0.5%，2月环比上涨0.3%，3月环比上涨0.4%，4月环比上涨0.3%，5月环比下跌0.9%，6月环比上涨0.3%，7月环比上涨0.6%，8月环比上涨0.6%，9月环比上涨0.4%，10月环比上涨0.1%，11月环比下跌0.4%，12月环比下跌0.1%。以2011年1月为基期，每月消费价格水平均在137.6以上，即在盐城地区消费：2022年12月的137.6元只相当于2011年1月的100元使用。

CPI涨幅高于全国与全省。全年盐城CPI涨幅为2.5%，高于全国0.5个百分点，高于全省0.3个百分点。

表44　2022年盐城市居民消费和商品零售价格指数情况统计表

项目名称	上年同期=100	项目名称	上年同期=100
居民消费价格总指数	102.50	四、生活用品及服务	102.00
一、食品烟酒	102.60	五、交通和通信	107.30
1.食品	102.20	六、教育文化和娱乐	102.30
(1)粮食	99.70	七、医疗保健	102.80
(2)薯类	95.40	八、其他用品和服务	98.00
(3)豆类	105.60	商品零售价格指数	104.10
(4)食用油	109.10	一、食品	102.50
(5)菜及食用菌	101.70	二、饮料、烟酒	103.20
(6)畜肉类	97.60	三、服装、鞋帽	103.10
(7)禽肉类	104.40	四、纺织品	100.80
(8)水产品	99.40	五、家用电器及音像器材	100.30
(9)蛋类	108.10	六、文化办公用品	101.10
(10)奶类	99.00	七、日用品	102.30
(11)干鲜瓜果类	110.30	八、体育娱乐用品	103.20
(12)糖果糕点类	103.60	九、交通、通信用品	103.40
(13)调味品	106.10	十、家具	100.80
(14)其他食品类	104.30	十一、化妆品	103.10
2.茶及饮料	102.70	十二、金银饰品	101.40
3.烟酒	103.30	十三、中西药品及医疗保健用品	98.20
4.在外餐饮	103.30	十四、书报杂志及电子出版物	100.50
二、衣着	103.20	十五、燃料	118.30
三、居住	100.10	十六、建筑材料及五金电料	109.00

（孙　鑫　许　欣）

社会保险

概　况　2022年，盐城市人力资源和社会保障局启动实施新一轮社保扩面三年提升行动，新增企业职工养老保险参保8.3万人，增幅、总量均居全省第一位。企业职工养老保险全国统筹、工伤保险省级统筹等改革任务如期完成，机关事业退休人员待遇核发和养老保险关系转移实现常态化办理。调增养老保险待遇水平，城乡居保基础养老金待遇水平苏北第一，在全省率先印发被征地农民社会保障实施办法，率先实现“快递小哥”职业伤害保障及工伤保险全覆盖，盐南高新区创新编排“工伤预防”主题淮剧。推进社保基金管理提升年活动，基金运行安全性和规范性显著增强。市人社综合服务中心被人力资源和社会保障部表彰为全国优质服务窗口。

企业职工养老保险　年内，全市参加企业职工养老保险人数120.4万人，实际缴费人数117.5万人；企业职工养老保险基金总收入154.53亿元；全市企业离退休人数62.89万人，全市全年支付企业离退休人员养老金165.22亿元，社会化发放率100%。其中，市区参加企业职工养老保险人数59.51万人，实际缴费人数57.71万人；市区企业职工养老保险基金总收入80.34亿元；市区企业离退休人员23.43万人，市区全年支付企业离退休人员养老金67.44亿元。

机关事业单位职工养老保险　年内，全市机关事业单位参保缴费人数14.27万人，退休人员9.17万人，养老保险基金总收入70.30亿元；职业年金基金总收入19.12亿元。机关事业养老保险制度改革政策全面落地，全市退休人员按新的待遇计发办法核发率为99.3%；按照省统一部署明确具体措施，落实资金来源，完成退休人员2022年度养老金调整发放工作；全市基金管理工作规范有序，健全内控制度、规范经办流程、严格财经纪律、强化内审监督，实现“三个全面取消”。

城乡居民养老保险 年内，全市城乡居民基本养老保险参保216.04万人，人均年缴费1060元；60周岁以上领取养老待遇147.57万人，基础养老金发放率100%。全市城乡居民基本养老保险基础养老金最低标准“十四连调”，2022年，每人每月235元；部分县（市、区）在全市最低标准基础上提高，大丰区每人每月245元、亭湖区每人每月242元、东台市每人每月240元；全市月人均待遇水平284.22元。落实社会保险扩面征缴三年提升行动计划，开展春季扩面征缴突击活动，突出45周岁以上未参保人员、被征地农民、缴费困难群体，鼓励引导高档缴费、续缴保费，推动扩面征缴提质增效。克服新冠肺炎疫情影响，拓宽微信、支付宝、社保卡预存代扣等缴费渠道，全面开展扩面征缴线上“零接触、不见面”服务。

医疗、生育保险 年内，全市基本医疗保险参保人数719.33万人。其中，职工医保参保人数163.87万人，城乡居民医保参保人数555.46万人。全市生育保险参保人数96.5万人。较上年相比，职工医保新增参保6.73万人，同比增长4.28%，职工医保占比提高1.35个百分点。全市职工、城乡居民医保基金收入分别为90.82亿元、62.66亿元，基金支出分别为66.87亿元、57.18亿元，累计结余分别为110.17亿元、17.6亿元，基金备付期分别为18.7个月、3.7个月。

（裴银川）

失业保险 年内，全市失业保险参保人数92.69万人，失业保险基金结余约13.69亿元，年度基金总收入约6.8亿元，年度基金总支出约7.25亿元。全市全年失业保险主要支出项目有：稳岗返还支出2.23亿元，失业保险金支出2.49亿元，代缴医疗保险费6209.59万元，失业补助金支出2661.38万元，一次性留工培训补助1608.7万元，一次性扩岗补助743.55万元，技能提升补贴868.77万元，临时价格补贴409.6万元，丧葬费抚恤金支出154.25万元。

工伤保险 年内，全市参加工伤保险人数123.03万人，比上年末净增19.03万人，其中市区参加工伤保险人数63.8万人，比上年末净增8.04万人；全市工伤保险基金总收入5.09亿元，其中市区工伤保险基金总收入2.62亿元；全市工伤保险待遇支出4.36亿元，其中市区工伤保险待遇支出2.36亿元。

6月7日，全市基层网点快递员参加工伤保险启动仪式举行。 陈志飞 摄

工伤预防新模式构建 年内，市人力资源和社会保障局落实工伤预防五年行动计划，先后实施公交站台、户外大屏、报刊专栏、楼宇电梯广告、黄金时段广播、网上竞答、微课堂视频等工伤预防宣传项目，开展工伤预防进企业、进工地活动，多维度、多渠道帮助单位和职工获取工伤预防知识。结合实际情况，创新培训方式方法，选取工伤事故高发的企业和项目，委托第三方专业机构上门开展现场互动与持续改善式工伤预防培训。年内培训单位81家、职工4000多人，使工伤预防真正深入一线，走进职工群众的生产生活。

社保基金监督 年内，市人力资源和社会保障局强化内部审计监督，通过第三方机构对局系统所有预算单位2021年经费以及专项资金使用情况进行审计，提升资金使用质效。开展“社保基金管理提升年”行动，实施社保基金专项整治“回头看”，核查社保基金疑点数据，组织社保基金安全评估，开展社保基金安全警示教育。推动社保经办机构建立重要事项报告和修订完善内控制度，加强行政监督与经办机构内控管理的协调配合，提升社会保险基金监管水平。

基层人社基本公共服务 年内，市人力资源和社会保障局联合市委编办印发《关于进一步加强镇（街道）基层人社基本公共服务能力建设的意见》，按照有归口机构、有统一标准、有专门人员、有培训体系、有激励机制、有多元服务“六有”标准，探索加强基层人力资源和社会保障公共服务能力建设新路径，各县（市、区）明确1个职能归口机构，规范编制基层人社服务清单，实现基层人力资源和社会保障业务集成管理、统一管理，全市125个镇（街道）配备794名专职服务人员，2386个村（社区）配备2387名专兼职协理员，基本实现“专人专窗”。联合11家银行，按照“先易后难、循序渐进”原则，将“低风险、高频次、易操作”的五大类23项人力资源和社会保障业务，下放至52个银行网点经办，推动形成以自主经办为主体、相关机构合作经办为补充的“一主多辅”网点化服务格局。以省人力资源与社会保障厅《“暖心居保”品牌创建路径探索》课题在盐城落地为抓手，在基层平台、金融网点，配置人力资源和社会保障自助服务一体机，全市建设56个自助服务示范点，试点创建“暖心居保”服务品牌。针对老年人、残疾人等群体，畅通代办服务线下渠道，推出“人社流动服务车”，提供“上门办”服务。

《盐城市被征地农民社会保障实施办法》印发 年内，全市落实《江苏省被征地农民社会保障办法》，在全省率先印发《盐城市被征地农民社会保障实施办法》，明确筹资标准测算参数、安置补助费支付方式、取消单建养老金等制度，规定将所有被征地农民全部纳入现行社会保障体系；针对安置补助费是否抵缴社会保障费用，由被征地农民自愿选择，加大政策宣传力度，动员被征地农民全额抵缴安置补助费；坚持“即征即保”，建立线上线下跨部门联合审批机制，做到随时受理、随报随审。全市筹集社会保障资金20.5亿元，即时将1.84万名被征地农民纳入社会保障，安置补助费全额抵缴率99.7%，位居全省前列。

“快递小哥”职业伤害保障、工伤保险市域全覆盖 年内，全市召开基层网点快递员参加工伤保险推进会，建立人力资源和社会保障、邮政两部门沟通协作、业务协同、数据交换机制，加强参保政策宣传解读，优化参保登记、申报缴费等手续，督促快递网点依法参保，保障快递员群体的合法权益，实现“快递小哥”职业伤害保障、工伤保险市域全覆盖。

新一轮社会保险扩面征缴三年提升行动 年内，市政府印发《盐城市社会保险扩面征缴三年提升行动计划（2022—2024年）》。各县（市、区）将社保扩面纳入民生实事工程，列入年度综合考核；市、县财政加大投入，安排专项资金支持社保扩面工作。年末，全市养老保险参保总人数达到350.56万人。（薛传刚）

社会救助

概　况 2022年，盐城市有城乡低保对象5.35万户8.83万人，其中，城市低保4342户6700人，农村低保4.92万户8.16万人，城乡低保人均补差水平分别达到每人每月608元和600元，全年累计发放最低生活保障金6.61亿元，保障困难群众的基本生活。全市有特困供养对象2.97万人，其中，集中供养对象5192人，分散供养对象2.45万人，集中供养率20.7%；城市特困供养对象737人，农村特困供养对象2.9万人，支出特困人员救助供养资金4.58亿元。全市各地实施临时救助2.34万人次，支出临时救助资金3181万元。

医疗救助 年内，市医疗保障局衔接乡村振兴，建立健全重特大疾病医疗保险和救助制度，常态做好医疗救助对象动态监管和政策帮扶，牵头做好重病患者家庭春节救助慰问，防范化解困难群众因病致贫返贫。为全市严重精神障碍患者免费提供门诊基本用药保障，减轻患者家庭经济负担。全市财政全额资助46.5万名医疗救助对象个人缴费部分1.77亿元，年度支出医疗救助费用8.21亿元。引导推广普惠商业补充医疗保险，“江苏医惠保1号”投保人数从2022年38.97万人跃升到67.44万人，参保人数居全省第一位。（裴银川）

教育救助 年内，市教育局坚持“应助尽助、需助必助”，为12.2万名家庭经济困难学生发放助学金2.04亿元，为义务教育阶段64.7万名在校学生免除杂费9962.52万元、教科书费7600.17万元，为5320名就读普通高中的原建档立卡家庭、低保户家庭学生免除学费819万元，免收中职学生学费9745万元，帮助3563名大学生办理生源地助学贷款3914万元，全市没有一个孩子因贫困而失学。市教育局获得全省学生资助绩效考核“优秀”等次，县（市、区）优秀率100%，列全省第一位。鼓励企业家、社会爱心人士捐资助学，引进江苏仁禾中衡咨询集团公司、江苏金贸建设集团有限公司捐赠2000万元设立仁禾中衡教育基金会、金贸教育基金会，开展奖教奖学助学等活动。（吴恒广　陈尚伟）

红十字救助 年内，市红十字会开展“博爱送万家”活动，建立“物资+服务”救助方式，广泛救助慰问困难群众。实施“博爱助学”“博爱助医”“博爱助老”“博爱光明行”等救助项目。参与“三下乡”活动。做好中国红十字基金会“小天使”“天使阳光”救助项目，争取小天使、天使阳光基金拨款167万元，救助患儿54人；实施省级人道项目6个；全市红十字会系统共使用捐赠款物4433万元，其中支出卫生费用2693.29万元，同比增长9.89%。开展对口支援工作，支援铜川市红十字会系统114.7万元，支援玉树市新寨中心寄宿制学校10万元，完成对口支援目标任务224.9%。（王　蕙）

慈善救助 年内，全市各级慈善总会共募集款物1.85亿元，支出1.37亿元，受益群众11.51万人次。8月，召开2022年全市“助力乡村振兴　促进共同富裕”网络募捐活动动员部署会议，开展“慈善一日捐”“9·9”公益日网络募捐活动，在全市范围内线上募集3688.3万元，线下募集790万元。市慈善总会2022年共募集款物1.05亿元，支出9140.58万元，受益群众达5.42万人次。年初，市民政局组织动员慈善社工力量参与新冠肺炎疫情防控工作，动员慈善组织依法有序参与新冠肺炎疫情防控工作，全市各级慈善组织接收爱心捐赠款物750万余元，全部用于防控一线。

救助排查整治 年内，全市动员1.79万名村（社区）干部和下沉工作人员，组建2370个摸排工作小组，对低保对象等七类困难群体开展全面摸排，摸清已纳入保障范围的对象是否落实救助政策、未纳入保障范围的对象是否存在困难和风险隐患。排查纳入保障服务范围的对象26.5万人，排查未纳入保障可能存在特殊困难或风险的对象7989人，解决问题和风险隐患1784个，确实把“应保尽保、应救尽救”落到实处。

价格临时补贴和生活补贴发放 年内，全市各级民政部门做好困难群众基本生活保障工作，对城乡低保、特困供养人员、低保边缘家庭、困境儿童等民政对象发放价格临时补贴，启动4次临时价格补贴联动机制，发放临时价格补贴资金3280万元，惠及困难群众53.8万人次；先后两次发放一次性生活补贴3756万元，惠及困难群众25万人次，保障困难群众基本生活水平不降低。

社会救助申请渠道拓展 年内，市人力资源和社会保障局编印市民政惠民政策“明白卡·二维码”5000份，张贴到每个村（社区）。公布盐城市社会救助热线，规范政策解答，确保困难群众求救有门。推广“盐易助”“我的盐城”App等线上救助申请模式，完善“无须开证明，只需跑一趟”“一证一书”申请救助，方便困难群众了解政策和申请救助。完成低保、特困人员救助审核确认权下放至镇政府（街道办事处），审核确认时限压缩至20个工作日。（郝龙冬）

社会福利

概　况 2022年，盐城市18周岁以下未成年户籍人口数为127.1万人，占全市户籍人口总数的15.9%。全市困境儿童人口数5.33万人，其中孤儿260人，父母监护缺失儿童686人，父母无力履行监护职责儿童1259人，重病、重残儿童8117人；有农村留守儿童1.46万人。全市村（社区）儿童主任2411人，村（社区）儿童主任覆盖率100%。全市有县级以上儿童福利和未成年人救助保护机构11个，床位有297张，其中，儿童福利机构1个，床位有100张；未成年人救助保护机构10个，床位有197张。

儿童福利 年内，全市建立困境儿童“主动发现”机制，通过先后3次专项排查，摸清全市困境、留守儿童底数，实施分类管理、精准救助服务，防范保障关爱不到位风险。加强困境儿童兜底保障，建立城乡一体化、覆盖全市各县（市、区）的困境儿童保障制度，并建立自然增长机制，提升保障水平。机构孤儿月补助标准为每月3000元、散居孤儿每月2300元，事实无人抚养儿童中监护缺失儿童每月1900元、父母监护无力儿童每月1500元，重病重残儿童每月1300元，机构孤儿、父母监护无力儿童保障标准均列全省第一位，散居孤儿、监护缺失儿童保障标准均列全省第三位。落实困境儿童基本医疗保险和医疗救助政策，为年龄在18周岁及以下的困境儿童购买600元“困境儿童平安健康保险”，优化保险方案，实施“零门槛”赔付，减轻困境儿童因意外伤害或疾病而对家庭造成的经济负担，完善困境儿童的社会保障体系。

儿童关爱服务 年内，市民政局指导各地新建改建10个省级示范性未成年人保护工作站（关爱之家），加强基础设施建设，完善设施设备，采用“专业社工+专业服务”的模式面向儿童及家庭开展政策法规宣传、安全教育、心理咨询、学业辅导、家庭教育指导、个案帮扶等活动，提升关爱工作的广度与深度。市民政局联合市教育局、市法院、团市委、市妇联等多部门依托未成年保护工作站，共同开展“暑托班”“未成年人保护宣传月”等未成年人保护系列关爱活动，为困境、留守儿童提供多元化专业服务。推进“苏童成长”试点项目，指导射阳县民政局确立“有爱射阳 沐光成长”协同关爱机制，在县内选定华中工委、日月岛等40个单位挂牌射阳县未成年人赋能基地，引入5家社会组织，协助在赋能基地开展活动。

福利彩票 年内，全市福彩销售总量4.75亿元，同比增长21.72%，销售总量全省第七位。其中，电脑票销售额4.01亿元，同比增长18.7%，即开票销售额7350.65万元，同比增长41.31%。全省福彩销售总量第七位。福彩发行费收入1373.09万元，同比增长13.36%。福彩公益金收入7285.14万元，其中省补项目资金1549万元。全年支出3758.45万元，其中用于儿童福利支出213.2万元，老年福利及养老服务支出2577.35万元，残疾人福利支出51万元，用于社会救助支出410.2万元，殡葬支出215.5万元，用于民政事务管理及其他支出291.2万元。推进福彩社会责任体系建设，围绕“扶老、助残、救孤、济困”的发行宗旨，开展公益活动，弘扬“公益、慈善、健康、快乐、创新”的福彩文化，塑优福彩公益形象。

残疾人福利 年内，市民政局实施残疾人“两项”补贴制，发放信息全部录入全国残疾人“两项”补贴信息管理系统，存疑数据、信访事项及时处理到位，精准发放率100%。全市共为10.64万名困难残疾人（含扩面对象）发放生活补贴6.6亿元，为10.68万人发放护理补贴1.6亿元，保障和改善残疾人基本生活，维护残疾人合法权益。完善精神障碍社区康复服务体系，创建4个省级精神障碍社区康复服务示范点，示范带动全市精神障碍社区康复服务工作开展。

慈善社工事业 年内，全市慈善组

织使用全国慈善信息公开平台和江苏省社会组织综合业务管理系统，及时录入和发布慈善组织相关信息，21家市属慈善完成审计。全市有慈善组织39家，慈善组织信息公开率97.30%，全市组织3251人参加全国社会工作者职业水平考试，2500余人次参加考前培训，630人通过考试，通过人数比上年增长2倍，现有社工人数为4226人。

（郝龙冬）

住房保障

概　况　2022年，盐城市政府加大住房保障工作力度，推进棚户区改造，发展保障性租赁住房，降低住房保障门槛，让更多家庭享受政府的住房保障惠民政策。市政府印发《关于调整市区住房保障家庭收入标准的通知》，将市区中等偏下收入住房困难家庭申请公共租赁住房保障准入条件中，人均收入标准由原来的每月3250元调整至每月3300元。其中，低收入家庭人均收入标准由原来的每月2200元调整至每月2250元，保障覆盖面进一步扩大。至年底，全市通过保障性安居工程保障51.38万户。

公积金管理　年内，市公积金管理中心以未建制及未全员建制规模企业、人事代理和劳务派遣单位、新办企业、灵活就业人员为重点对象，开展“进园区、进企业、进社区、进商圈”宣传，稳步推进企业扩面和新市民建制。全市新增开户3300个单位、12.48万人（其中新市民0.92万人），归集119.59亿元，同比增长22%，归集余额231.91亿元，同比增长21%，增幅均居全省首位。住房公积金缴存结构进一步优化，新增缴存人数中非公单位占比达87%，实缴存人数中非公单位占比提高到58%。全省率先调整住房公积金贷款政策，提高贷款额度，恢复二次公积金贷款。推行商转公带押转贷，“商转公”实行顺位抵押，借款人无须先行筹措资金还清商贷，解押原房产。全年发放住房公积金贷款1.11万笔41.06亿元，分别同比增长33%和84%，增幅均居全省第一位。加强逾期贷款的管理，2022年年底个贷逾期率为0.023‰。

公积金服务　年内，盐城探索“即申即办、免审即享、动态跟踪”的管理模式，落实住房公积金应对新冠肺炎疫情阶段性支持政策。全市共计1382家企业缓缴和降低缴存比例，减负1997万元。提高租房提取限额，支持2.9万名缴存职工租房消费提取2.13亿元。中心依托合作银行网点多、分布广的优势，将服务延伸至乡镇、街道，推进实现公积金业务“就近办”。巩固服务事项和服务渠道线上“两个全覆盖”成效，深化与市自然资源和规划局、市医疗保障局等部门信息互联互通，提升“网上办”“掌上办”比例，全年单位业务网上办理率94%；个人业务掌上办理率95%。

（杨惠媛）

2月12日，全市住房公积金管理工作暨党风廉政建设工作会议召开。

市住房公积金管理中心　供图

社会事务

编辑　裴力民

人口管理

概　况　2022年，盐城市坚决贯彻落实省委、省政府《关于优化生育政策促进人口长期均衡发展实施方案》，加强政策解读，做好政策衔接，宣传优化生育政策的重要意义和各项政策举措。开展托育机构专项整治行动，为婴幼儿安全健康成长营造良好环境。根据省要求，及时将特扶人员提标资金发放到位。按月兑现市属企业持证退休职工一次性奖励金，共兑现2447人，发放奖励金587.28万元。完善计生特殊家庭关怀帮扶机制，推进“暖心行动”，实施好计划生育特殊家庭联系人制度、家庭医生签约、就医绿色通道“三个全覆盖”。春节前安排资金400万元，慰问计生特殊困难家庭近万户。提高失独人员意外伤害综合保险保障标准，共安排资金268.77万元，为1.02万名失独人员购买保险，解决住院护理问题。

户籍管理　年内，市公安局规范户籍业务办理，加强户籍人口信息数据维护，严格落实“放管服”改革措施。印发《户政业务办理疑难问题处理意见》等通知，完善疑难问题会审会办、日常业务线上线下巡查等工作机制，在解决重点难点痛点堵点问题、严格规范管理。实时获取核酸检测、出生医学证明、火化人员等数据，与全市户籍人口信息比对，推进疑似死亡人员数据核查以及错误注销户口恢复工作。推进户籍窗口规范化建设，落实公安派出所“一站式”办理业务。依托长三角政务服务“一网通办”，优化网上户籍事项证明出具流程，推广跨省户口迁移“一站式办理”、首次申领居民身份证、新生儿落户“跨省通办”及办证“绿色通道”等便民举措。全市户籍人口为796.8万人，年内办理户籍迁移12.7万人次，办理户口登记主项变更更正5635人次，办理居民身份证36.76万张，临时居住身份证5.4万张，居住证1.74万张。　（束东升　孙海余）

流动人口管理　年内，市公安局开展两次实有人口核查“敲门行动”行动，通过组织发动社区工作人员、网格员、志愿者等力量，对全市居民住户、工地厂企单位以及其他提供住宿的场所，开展逐一上门走访，核清全市实有人口底数和具体情况。全市流动人口为64.62万人，其中新登记流动人口信息40.29万条、出租房屋信息2.05万条、实有单位信息2.78万条、从业人员信息44.92万条。定期汇聚民政殡葬火化人员数据、卫健核酸检测数据，与户籍人口进行比对分析，清理疑似死亡未注销以及错误注销等数据3万余条。汇聚出租房屋租赁备案、在盐高校就读学生、城镇职工社保等社会数据资源，搭建实有人口动态监测模型，对全市实有人口进行赋分动态监测管理。拓展社会化信息采集的覆盖面，优化升级二维码电子门牌系统，以群租房安全管理为重点，健全简化自主申报内容、优化自主申报流程、固化自主申报数据核查入库机制。

生育管理　年内，市卫健委加强出生人口监测统计，掌握出生人口动态，每月与民政、疾控比对死亡人员信息，在省平台共清理、核实死亡信息1.92万条。对生育登记服务的监督指导，优化办事流程，开通网上办理，受理一孩登记1.34万对，二孩8381对，三孩966对，其中网上办理4098对。对全市生育二孩及以上家庭数据进行测算，对符合政策人群未来五年购房意愿开展抽样调查，配合市住房和城乡建设局印发《关于有效应对疫情影响促进市区房地产市场健康发展的八项政策》，符合政策生育的二孩、三孩家庭购买新建商品住房分别给予所缴纳契税50%、100%的一次性购房补贴。

（单发令　吴　烨）

婚姻家庭

概　况　2022年，盐城市民政局对照和谐婚姻建设工作的要求，开展婚姻调解、婚姻辅导等系列工作，全年共办理结婚登记3.62万对，离婚登记1.09万对。

婚姻管理　年内，市民政局贯彻落实省民政厅《江苏省内地居民离婚登记“省内通办”实施方案》，推进婚姻登记市内跨区通办和结婚登记“跨省通办”，从2022年9月1日起开始实行内地居民离婚登记“省

8月4日，盐城市第六届大型公益集体婚礼举行。　市民政局　供图

内通办”，全年共办理跨区域婚姻登记业务 2969 对（含申请类）。推进婚俗改革，实现婚姻登记、婚检一体化。8 月 4 日，市民政局联合市文明办、市总工会、市妇联等单位举办第六届大型公益集体婚礼。9 月，东台市通过全国婚俗改革试验区中期评估，全年婚姻家庭辅导服务成功 2256 人次。

收养登记 年内，市民政局组织参加省收养登记工作业务培训，落实收养评估制度，规范收养登记工作，全年办理收养登记 47 例。

市第五届文明家庭、第七届最美家庭颁奖礼 5 月 17 日，市妇联联合市委宣传部、市文明办举办盐城市第五届文明家庭、第七届最美家庭颁奖礼暨第五届“家庭文化月”云启动仪式。活动中，成立“盐城市最美家庭联盟”，现场访谈文明家庭、最美家庭标兵户获奖代表 4 户并为其颁奖，52 万名网友在线观看。市直相关单位、各区相关部门负责人 120 余人参加活动。活动评选文明家庭 20 户、最美家庭标兵户 20 户、最美家庭 80 户。

（郝龙冬）

妇女儿童事务

妇儿民生实事 2022 年，盐城市妇联推动印发《盐城市“一老一小”整体解决方案》等指导性文件，改扩建市妇女儿童活动中心；全市创成 7 家省级普惠托育机构、11 家市级普惠托育机构，推进“一城乡一街道一普惠”；扩大城乡适龄妇女免费“两癌”筛查覆盖面，超额完成年度任务；对 1.15 万名儿童进行孤独症早期征兆识别，对 1654 名孤独症儿童开展康复服务；新增普惠性民办园 10 所，创建省市优质园 50 所，普惠园覆盖率 91%，省、市优质幼儿园覆盖率 93%，义务教育学校提供课后服务，更新添置课桌椅 16.2 万套、教室照明 1.2 万间。市、县建立青少年成长指导中心 10 所，新建乡村“复兴少年宫”105 个；推动市人大将公共场所母婴室建设列入全市立法计划项目。

困境妇女儿童家庭精准“微关爱”项目 年内，市妇联实施困境妇女儿童家庭精准“微关爱”服务项目，发挥全市女性村（社区）书记联盟作用，在响水县等地为全市 60 户家庭提供“一户一策”精准微关爱服务。发动万名妇联执委参与微关爱服务，开展法律法规、心理健康等专题宣传教育，慰问残疾妇女、单亲母亲、留守儿童等特殊困难家庭 2 万余户。

困难家庭子女关爱项目 年内，市妇联实施“爱心助学·筑梦未来”困难家庭子女关爱项目，发动近 400 个爱心单位（团队）、4 万余人次参与“9·9”公益日募捐活动，线上线下筹款（含配捐）313.12 万元，向省儿基会、慈济慈善资金等筹款 832.4 万元，通过“新芽助学”“圆梦助学”等助学项目，帮助 5261 名新考录的大学生和中小学生改善学习条件、圆梦校园。常态开展“把爱带回家”寒暑期儿童关爱服务、“粉红伞”女童守护行动，1000 余场（次）活动惠及 4 万名家长儿童。

（高旭芹　孙　绘）

青少年事务

概　况 2022 年，盐城市关工委开展喜迎中共二十大主题教育、助力乡村振兴、加强校外教育辅导站点建设、关注青少年健康成长、关爱青少年弱势群体等活动。全市建立各级关工委组织 5956 个，参加关心下一代工作的“五老”（老干部、老战士、老专家、老教师、老模范）6.03 万人。9 月，召开市关工委成立 30 周年纪念会议，市委、市政府对 107 个优秀集体和 205 名优秀个人予以通报表扬。年内，有 3 名个人被中央关工委、中央政法委、司法部、团中央、中国法学会表彰为全国青少年普法教育先进工作者、优秀辅导员。

青少年助学 年内，市关工委多方争取各类助学资金，其中向《扬子晚报》申请“阳光助学行动”的大学新生 169 人，每人获助学金 5000 元，总金额 84.5 万元，占全省资助总人数 40%；向省关心下一代基金会“千人助学计划”申报困难中小学生 168 人，资助金额 13.5 万元；向《关心下一代周报》“冰凌花奖学金”项目申报中小学生 224 人，受助 11.2 万元；在大市区开展“金秋助学”行动，资助贫困学生 112 多人，扶持资金 12.54 万元。全市关工委系统资助大、中、小学贫困生共 1.14 万人，资助金 788.93 万元。

青少年法治教育 年内，全市组建各级青少年普法教育宣讲团、队 425 个，参与法治宣讲的老干部和在职志愿者 2086 人，其中应聘兼任中、小学法治教育副校长、法治教育辅导员 549 人，全年共宣讲 2748 场次，受教育青少年 73.59 万人。全市 176 个公安派出所，建立“关爱工作站”162 个。组建结对帮教小组 1018 个，参加“五老”4397 人，帮教弱势青少年 2070 人，转好 1785 人，占 93.51%。“五老”受聘担任人民调解员 1067 人，参与调解民事案件 3933 件。创建零犯罪村（社区）2321 个，占村（社区）总数 2434 个的 95.36%。

校外辅导站（点）建设 年内，全市关工委建立校外教育辅导站（点）3683 个，参与的老教师 1.07 万人，在职教师志愿者 5013 人，其他社会志愿者 3543 人参与辅导站工作，参与活动青少年 75.27 万人次。校外辅导站建有电子阅览室的 410 个，拥有电脑 8245 台，参与网上文体活动青少年 36.07 万人次。开展全市优秀辅导站检查验收，全市有 73 家辅导站被命名为全市优秀校外辅导站。

“三扶两创”活动 年内，全市关工委老科技专家参加“三扶两创”

活动的有1935人，为青年农民扶志、扶技、扶创业，参与创建青年农民示范基地730个，帮扶青年农民创办合作社等新型经营组织695个，评选青年农民创业之星281人，为助力乡村振兴做贡献。10月，在全市“三扶两创”工作表彰暨现场推进会上，19名老干部获评“全市最美老科技”称号。

市关工委成立30周年纪念会议 9月22日，市关工委成立30周年纪念会议在盐召开。各县（市、区）党委分管领导、关工委负责人，市直各相关部门（单位）主要领导、关工委老同志和受表彰的集体和个人代表200余人参加会议。会议表扬全市关心下一代工作优秀集体107个，优秀个人205人。会上，建湖县、盐都区、大丰区关工委作典型发言。

“老少心向党、喜迎二十大”主题教育 年内，市关工委开展“老少心向党、喜迎二十大”主题教育活动，各地关工委组织“五老”和在职志愿者4263人，进学校、进社区、进企业进行宣讲5237场次，受教育青少年84.93万人次。组织青少年参加省关工委、省教育系统关工委、《关心下一代周报》社联合举办的主题征稿活动，全市上传作品2.1万余件，54家学校、幼儿园获得活动组织奖。市关工委选送的东台市实验小学情景剧《梅香阵阵》，参加全省“喜庆二十大”老少同台节目展演，获得一等奖。

（杨佳丽）

老龄事业

概　况 2022年，盐城市民政局聚焦提升养老服务能力，以打造“盐年益寿”幸福养老服务品牌为抓手，将“五个一”幸福养老工程纳入市政府为民办实事项目，推进社区养老、机构养老和居家养老等多层次服务体系建设，全方位解决好老年群体的家门口养老、原居养老、长期照护等问题，科学谋划、多点发力，努力让广大老年人享有更多的获得感、幸福感。

社区养老 年内，大丰区南阳镇广丰村、东台市梁垛镇临塔村、盐都区尚庄镇庆福村3家单位被评为全国示范性老年友好型社区，亭湖区五星街道万户新村社区等21家村（社区）建成老年友好型社区建设单位。

养老服务 1月1日，《盐城市养老服务条例》颁布施行，被省人大常委会列为立法精品培育工程，为全市养老服务高质量发展提供了法治保障。养老服务人才队伍建设纳入全市重点人才项目。开展“三师三员”（养老护理员培训师、老年人能力综合评估师、养老服务膳食师和职业技能等级认定考评员、职业技能等级认定督导员、养老护理员）等系列培训，组织实施敬老院院长“政治素质、业务素质”双提升培训，提升全市养老人才队伍素质。全市共培训养老护理员3637人，通过职业技能等级认定的养老护理员2582人。实施农村敬老院“双提升”工程，建成16家标准化农村区域性养老服务中心。开展“讲红色故事、唱红色歌曲、练手指操、跳广场舞、做营养餐”幸福养老“五个一”活动，丰富住养老年人的精神文化生活。“夕阳别样红　党旗永飘扬”“老幼结对　共享亲情”“浓情端午节　粽香飘满院”等6个案例入选全省“益智乐老”优秀案例。在大市区开展“时间银行”试点，注册志愿者1.8万余人，探索志愿服务与互助养老模式。开展全市独居老人关爱巡访“五个一”（开展一次“拉网式”排查、明确一名关爱责任人、每日提供一次关爱巡访、实行每日一报制度、建立一套风险预警机制）工作，防范和化解独居老人居家养老安全风险。超额完成省定2300户适老化改造任务，全市共完成任务数3598户。联网各县（市、区）智慧养老平台，对居家养老服务状况进行实时监督。制作养老服务机构、设施、设备电子分布图，上线“我的盐城”App，实时动态公布养老服务机构空缺床位数、养老服务综合体、社区居家养老服务中心、长者幸福食堂布局点位和服务项目。

长者幸福食堂 年内，市民政局共建成并集中挂牌100个示范性“长者幸福食堂”。根据老年人口分布和老年人助餐需求评估状况，依托养老服务综合体、农村区域性养老服务中心、社区居家养老服务中心等设施，采取新建示范性助餐点、改造老旧助餐点、优质餐饮商户助餐等方式，加密助餐点布局，建成覆盖城乡、布局均衡、方便可及、多元主体参与的老年助餐服务网络。全市老年人午餐补助2元。

五星街道万户新村长者幸福食堂　　张　冰　摄

各地根据经济发展水平，制定一次性建设补助、运营补贴、困难老年人晚餐补助3项扶持政策，让老年人享受到“看得见、摸得着”的“舌尖”实惠。

“五个一”幸福养老工程 年内，养老服务能力提升被列为市政府为民办实事项目，“五个一”幸福养老能力提升工程助推养老服务高质量发展，建设10个全省领先的枢纽式养老服务综合体，实现全托、日托、综合服务等功能。印发五同步文件，确保为老年人提供基本公共养老服务设施。建成100个示范性长者幸福食堂，同时出台助餐运营及补贴政策，举办全市首届老年人营养餐大赛，让老年人都能吃到方便餐、暖心饭。为80周岁以上高龄老人提供居家上门服务的同时，拓展为1万名75~79周岁中度、重度失能社会老人提供助餐、助洁、助浴等上门服务，扩大居家上门服务普惠面。为1万名经济困难独居老人家庭安装一键呼叫装置列，并建立三级响应系统，为老年人构筑起居家安全服务屏障。实现1000名失能失智特困供养对象集中供养，全市各地均建成1所以上集中供养机构，提升兜底照护能力。

“盐年益寿”服务品牌 年内，市民政局打造供给高质量、普惠高水平、享老高品质的“盐年益寿”幸福养老服务品牌，贯彻老龄化、健康老龄化理念，全方位、多层次提升盐城养老服务整体发展水平，推进养老服务从“有”到“优”，让广大老年人享有更加健康、更加快乐的颐养新生活。

养老诈骗打击整治 年内，市民政局研究制定养老领域防诈骗专项行动工作方案，成立专项整治工作小组，开展民政领域打击整治养老诈骗专项行动。组织防诈骗活动800余次，解答现场咨询7万多人次，确保集中宣传活动“三进”（进村、进社区、进养老服务机构）、“四见”（见海报张贴、见宣传横幅、见宣传资料、见公益视频）。（郝龙冬）

表45 2022年盐城市百岁老人情况统计表

地 区	百岁老人数（个）	地 区	百岁老人数（个）
亭湖区	43	射阳县	59
盐都区	31	建湖县	50
大丰区	76	东台市	71
响水县	50	盐城经济技术开发区	6
滨海县	81	盐南高新区	4
阜宁县	74	合计	545

殡葬管理

概 况 2022年，盐城市有殡葬服务设施167个，其中殡仪馆9个、经营性公墓10个、镇级公益性公墓148个。全面落实惠民殡葬政策，每年惠及6万余人，全年免除金额6500万元，火化率100%。

殡葬服务 年内，市民政局完善殡葬服务供给体系，倡导文明绿色祭扫，开通网络祭扫平台，18万名市民进行线上祭扫，印发《盐城市区殡葬设施布局规划（2021—2030）》，建设完成8个城市公益性公墓，提升改造22个农村公益性公墓，开展殡葬改革工作，市民政局联合发改委开展全市公益性公墓价格成本抽样调查，规范公益性公墓运营管理，平稳有序做好特殊时期的殡仪服务工作，全年城市公益性公墓建设获得省政府真抓实干督查激励，滨海县被列为第一批全省丧葬礼俗改革试点地区。

（郝龙冬）

社区建设

基层自治组织建设 2022年，盐城市民政局规范开展城乡社区布局调整工作。至年底，全市有村委会1759个、居委会640个。推进示范引领，培育自治典型，滨海县八巨镇前案村村民委员会获“全国先进基层群众性自治组织”称号，盐都区潘黄街道宝才社区党总支书记、居民委员会主任陆众山和东台市南沈灶镇天鹅村党总支书记、村民委员会主任黄增华获“全国优秀城乡社区工作者”称号。

社区治理 年内，市民政局完成省政府民生实事项目，改造提升和新建30个城乡社区综合服务中心，丰富和提升社区综合服务中心的功能。高位推动社区减负工作，高质量开展村（社区）出具证明事项清理，市县联动、部门联动，共排查村（社区）证明事项66个，经市司法局审核确定14项正面清单，由市委、市政府以“两办”名义印发全市。在盐都区开展“四全”社区工作者职业体系建设试点，推进“响应式”社区治理，盐都区创建省级现代社区治理创新实验区通过省结项验收。

区划地名管理　年内，全市下辖东台1个县级市和建湖、射阳、阜宁、滨海、响水5个县，以及盐都、亭湖、大丰3个区；共计30个街道、95个镇。

（郝龙冬）

社会组织管理

概　况　2022年，盐城市登记社会组织7376个，其中社团3117个、民办非企业单位4242个、基金会17个，有等级社会组织1586家。市民政局推动社会组织成立党组织，督促社会组织正常开展党建工作，指导社会组织发挥党组织政治核心作用，增强社会组织党建工作的责任感和使命感。至年底，全市社会组织中有中共党员2.47万人、党组织517个。

社会组织监管　年内，市民政局建立健全社会组织综合监管体系，压实综合监管职责。把稳社会组织发展大方向，管好意识形态关键点，妥善处理信访维稳问题。滨海县创新社会组织管理机制，创新打造“红星闪耀、橙心服务、黄色关爱、绿色健康、青色青春、蓝色环保、紫色智慧”七色管理品牌；亭湖区组织开展“公益助力·首善亭湖”创投活动，推进社会治理发展创新。推进行业协会商会乱收费整治，组织开展清理整治“回头看”，并通过国家、省两级联合检查组抽查检查。推进社会组织完善内部法人治理，规范拟任负责人公示制度，推动159个到期未换届社会组织换届整改。在全市部署开展全市社会服务机构（民办非企业单位）非营利监管专项行动，组织各地实施非营利性校外培训机构登记管理等工作。全市262个行业协会商会开展自查自纠，38个行业协会商会主动减免和降低收费，作出缓缴安排的收费项目13个，减轻企业负担323.26万元。全市各地先后组织58个社会组织参与主导乡村振兴项目，对接实施119个乡村振兴帮扶项目，投入帮扶项目资金1256万元。全年社会组织参检495家，年检合格率88.48%，参检率由上年度的75.9%提高至80%。

社会组织培育　年内，全市有社会组织孵化基地15家，其中市级社会组织孵化基地规模600平方米，重点孵化特色亮点组织。严格落实社会组织党建与成立登记、章程核准、年检年报、专项抽查、等级评估、教育培训“六同步”制度机制，推进社会组织党建“两个覆盖”。打造专业能力强、作用发挥好、体量规模大、辐射范围广、社会认可度高的旗舰型、枢纽型社会组织，引领带动全市社会组织整体质量提升。全市食品行业协会“服务会员当先锋，助力发展高质量”项目获评江苏省社会组织服务经济发展十佳优秀案例；东台市心连心志愿者协会“我的书房”公益项目获评江苏省社会组织参与乡村振兴十佳优秀案例；东台市东方一品乒乓球协会“关爱留守儿童　享受快乐乒乓”获评江苏省社会组织协同基层治理优秀案例——社区社会组织优秀项目案例；射阳县新洋农场城中居家养老服务中心“提升老年人幸福感，推动新洋养老产业高质量发展”获评江苏省社会组织协同基层治理优秀案例——社区社会组织高质量发展案例。在省社会组织优秀成果发布会上，市聆心社会工作服务中心的一起向未来——“政策边缘困境儿童”的社会救助帮扶探索项目，获得2020—2021年度第二批次江苏省优秀社会工作案例三等奖；盐都区心语社会工作服务中心的“从自我封闭到主动交往：辍学儿童的赋能个案干预”案例，获得2020年度江苏省优秀社会工作案例三等奖。

（郝龙冬）

志愿服务

概　况　2022年，盐城市把发展志愿服务事业作为践行社会主义核心价值观的重要内容，弘扬“奉献、友爱、互助、进步”的志愿精神。举办“盐志美　城有爱”盐城市新时代文明实践志愿服务暨志愿服务文化季“云”启动仪式，上线“96818”全市志愿服务热线，完成盐城市志愿服务联合会换届工作，发布联合会Logo和“溢彩盐晶”市级志愿服务品牌。开展2022年度盐城市志愿服务先进典型推选宣传活动，表彰10名优秀志愿者、10个优秀志愿服务组织、6个优秀志愿服务社区。举办“喜迎二十大　志愿伴我行”首届盐城市志愿服务项目大赛，组织28个学雷锋先进典型同台打擂，34个优秀志愿服务项目现场竞赛，20家全国文明单位交流经验，评选出金奖项目5个、银奖项目8个、铜奖项目10个。在2022年度江苏省学雷锋志愿服务先进典型推选活动中，全市3名志愿者获评省优秀志愿者，3个项目获评省优秀志愿服务项目，2个组织获评省优秀志愿服务组织，1个社区获评省优秀志愿服务社区，当选数居全省第一位。

青年志愿服务　年内，共青团市委以“志·青春”品牌为总揽，引导全市广大青年志愿者参与赛会保障、社区服务、扶贫济困等志愿服务，引导广大青年志愿者弘扬文明新风尚。组织1000余名青年志愿者，为第五届龙舟赛、中国·盐城第十二届沿海发展人才峰会、第四届中韩贸易投资博览会等大型赛会提供志愿服务工作。组织江苏师范大学、盐城工学院等院校的100名大学生志愿者开展“手绘乡村”主题墙绘志愿服务，引导志愿者围绕乡村新貌、传统文化、乡俗历史、红色文化、生态文明等特色主题，定向设计、绘画墙绘作品，助力农村环境提升和美丽乡村建设。招募236名高校大学生在盐城开展为期1~2年的志愿服务，围绕助力农业发展、农民增收、乡风文明、弱势帮扶、赛会服务等方面，实施“青春助农 我为农产品代言”“乡村少年艺成长”等13个“乡村振兴计划”公益项目，协助当地开展直播带货、困境关爱等工作。举办盐城市“乡村振兴计划”志愿者培训会，印发《盐城市“乡村振兴计划”项目办和服务单位职责》《盐城市“乡村振兴计划”志愿者考核管理办法》等管理文件，邀请专家老师开展党的二十大精神、志愿服务等专题宣讲培训，推进志愿者队伍建设。

“银发志愿者”服务 年内，市老干部局开展“永远跟党走、奋进新征程”银发宣讲进基层活动，引导老同志结合丰富阅历，深入机关、企业、学校、乡村、社区谈发展。制作银发微讲堂视频，通过微信、网站等新媒体进行展播。全市开展银发宣讲167场，受众3万余人次；开展新冠肺炎疫情防控、志愿帮扶等活动600余场次。（张 扬）

“红色温馨”志愿服务 3—10月，市级机关工委提升“红色温馨”党建品牌影响力，开展“党史宣讲走基层”“保护黄海湿地”等系列活动，市级机关工委“红色温馨”志愿宣讲服务队被评为全省基层理论宣讲先进集体，“红色温馨”党建引领公务员诚信教育作为政务诚信创新举措在全省推广。（王 辉）

红十字志愿服务 年内，市红十字会开展“喜迎二十大，勇当排头兵”主题志愿服务活动，结合红十字志愿服务队专业职能，常态化开展志愿服务。发挥党建引领作用，在市红十字会无偿献血志愿服务队成立功能型党支部。加强志愿服务队伍建设，新增志愿者5755人。开展养老照护志愿服务，全市养老照护志愿服务队进“博爱家园”为高龄、失能和残疾老人开展养老照护756次，受益户数1.1万户。联合驻盐高校实施“博爱青春”暑期志愿服务项目，4个入选省支持项目，盐城工学院红十字会“百年薪火耀高墙，与爱同行再起航”项目获得十佳项目奖，盐城幼儿师范高等专科学校红十字会“成长之旅圆梦留守儿童”项目获最佳展台设计奖。（王 蕙）

市志愿服务项目大赛 9月22—24日，“喜迎二十大 志愿伴我行”首届盐城市志愿服务项目大赛举办。28个省学雷锋先进典型候选对象同台竞技，34个优秀志愿服务项目现场打擂，20家全国文明单位交流切磋，展现各自志愿风采。通过PPT展示、视频讲演等方式，现场28个先进典型在擂台赛上展现新时代风采。志愿者充分准备、自信亮相，用生动的事例、真挚的情感分享自己的志愿故事。本次活动由市委宣传部、市文明办、市民政局、团市委主办，盐城经济技术开发区新时代文明实践中心、盐城市志愿服务联合会承办，旨在通过比赛挖掘、培育、宣传一批活动成效好、示范作用强、影响范围广的优秀志愿服务项目，搭建一个项目展示、成果交流和资源共享的平台，促进志愿服务项目化运作、社会化动员和制度化发展。

9月22—24日，首届盐城市志愿服务项目大赛举办。 王亚洲 摄

新时代文明实践志愿服务行动 3月1日，“盐志美 城有爱”新时代文明实践志愿服务行动暨志愿服务文化季“云”启动仪式在盐南高新区朴树下艺术中心举行。为了让志愿服务更加专业化、精准化，现场举行“盐志美 城有爱”盐城市新时代文明实践志愿服务行动授旗仪式，给盐城市新思想志愿宣讲队、盐城市教育志愿服务队、盐城市“健康天使”志愿服务队、盐城市文化志愿服务队等10支志愿服务队进行了授旗。同时，市志愿服务热线“96818”正式上线，盐城市志愿服务联合会Logo揭开面纱。为宣传推选出一批最美志愿者、最佳志愿服务组织、最佳志愿服务项目和最美志愿服务村（社区），2022年度盐城市志愿服务先进典型推选宣传活动也正式开启。仪式最后，发布盐城市志愿服务文化季百项重点志愿服务项目，包括文明风尚、健康生活、教育科普、文化服务等五大类，共开展100项重点志愿服务项目，每个大类细分20个具体项目，旨在把志愿服务融入群众日常生产生活。（郝龙冬）

民族宗教事务

概 况 2022年，盐城市有少数民族53个，人口4.1万人，其中少数民族常住人口2.8万人、流动人口1.3万人，有民族村5个、民族组2个、

新疆班1个，盐城工学院、盐城师范学院、江苏医药职业学校、盐城幼儿高等师范专科学校等驻盐高校有在校少数民族大学生2889名；盐都区、东台市、射阳县、响水县各有1处回民墓地。全市有宗教教职人员469人，爱国民族宗教团体25个，其中市级民族宗教团体5个，分别为市佛教协会、市道教协会、市伊斯兰教协会、市基督教两会、市民族团结进步促进会。全市民宗系统坚持以中共二十大精神为统领，以铸牢中华民族共同体意识为主线，开展“特色品牌年”主题活动，推进少数民族工作品牌化发展，提升民族团结进步创建质效，推进宗教工作数字化管理，加快建设智慧服务平台，抓好宗教活动场所安全工作专项整治和常态化新冠肺炎疫情防控。7月7日，市委、市政府组织召开全市民族宗教工作会议，贯彻中央民族工作会议、全国宗教工作会议和省委民族工作会议、全省宗教工作会议精神，部署新时代盐城民族宗教工作。

民族团结进步　年内，市民族宗教事务局统筹多方资源，创新开展铸牢中华民族共同体意识工作，盐城民族团结工作品牌在全省更加彰显。新获评省级“红石榴家园”9家、省级民族团结进步示范区示范单位2家，“红石榴就业行动”成效显著，东山精密、立凯精密等盐城企业新吸纳少数民族群众2373人，超额完成省定600人的目标。协调解决流动少数民族群众就业创业、子女入学、清真饮食等方面困难11件。常态化开展“民族团结一家亲 同心共筑中国梦”主题宣传系列活动，依托民族团结进步教育基地、“红石榴家园”，开展“民族团结进步+”活动，举办全市“民族团结一家亲·喜迎党的二十大”巡礼活动，指导各县（市、区）举办少数民族文化艺术节、民族团结最美家庭颁奖等活动。

民族村组发展　年内，市民族宗教事务局巩固少数民族村组脱贫攻坚成果同乡村振兴有效衔接，推动滨海县淮河民族村与无锡江阴市长江村开展“‘江’‘河’联动、结对共建”，争取中央和省少数民族发展任务资金478万元，强化与省农担公司盐城分公司合作，为51户少数民族农户解决融资需求4000万元。开展“同心汇盐·石榴花开”活动，引导民族村大力发展特色产业，培育具有鲜明民族特色和地域优势的特色产业基地。

宗教事务管理　年内，在市委民宗工作领导小组的统一安排下，加强宗教安全信息化建设与管理，加快推进智慧服务平台建设，射阳县先行启动省试点建设工作。强化互联网宗教事务管理，14家团体和场所取得互联网宗教信息服务许可证，关停一批未许可的微信公众号和网站。

宗教团体建设　年内，市民族宗教事务局围绕迎接中共二十大，组织全市民族宗教界开展“奋进新征程、建功新时代”主题宣传教育活动和“爱党爱国爱社会主义”系列主题教育活动，加强对民族宗教界的思想政治引领，增强“五个认同”。市、县两级召开宗教团体负责人联席会议30多次，发挥宗教团体骨干主观能动作用，推进各级宗教团体制度创新、管理规范、高效运转，更好地发挥桥梁纽带作用。举办民族宗教团体领导班子培训班20余场次，培训人员4000余人次，发放宣传资料2500余份（册），通过培训学习交流，提高全市民族宗教界人士做好民族宗教工作的能力水平。

宗教活动场所安全管理　年内，市民族宗教事务局深化安全生产三年整治行动，推动既有建筑、燃气专项整治，按照消防要求配置安全设施、配齐配足消防器材。全市使用燃气的场所，100%安装燃气报警设备。加强消防建筑安全检查，建立审验评估机制。加强消防安全培训，采用“培训+测试”双向模式，对测试达标人员发放安全员证。市政府常务会议专题听取全市宗教场所安全管理工作情况汇报。根据新冠肺炎疫情防控“乙类乙管”最新要求，及时跟进做好民宗领域新冠肺炎疫情防控相关工作，制定新冠肺炎疫情防控计划，加强检查督查，赴基层开展安全督查和综合检查20次，检查宗教活动场所154处，发现问题48个，并全部整改到位。

民族宗教执法检查　年内，市民族宗教事务局加强市、县两级民族宗教工作执法队伍建设，开展“双随机、一公开”行政执法检查，制定本单位抽查任务8个，抽取单位36家，探索执法力量优化配置和联合联动执法，与市公安局、射阳县民族宗教事务局开展联合执法检查1次，形成执法工作合力。落实“谁执法谁普法”工作责任，加强对习近平法治思想的学习，宣传贯彻《宗教事务条例》《江苏省宗教事务条例》等政策法规，提升依法行政服务效能。（陆　伟）

退役军人事务

概　况　2022年，全市退役军人事务系统坚持以退役军人为中心发展理念，突出思想政治教育，引导全市广大退役军人退役不褪色、建功新时代。推动退役军人服务中心（站）完成规范化建设。创新队伍锻造，开展退役军人事务系统“锻造过硬干部队伍年”活动，岗位练兵比武获省团体二等奖，2人获个人一等奖，提升服务保障退役军人及其他优抚对象的效能。

退役军人安置　年内，全市退役军人事务系统做好军官转业、退役士兵安置工作。实施“直通车”式安置，法律类专业和工程类专业转业军官安排至司法部门、交通部门工作，做到人尽其才。鼓励非作战部队正营职转业军官到基层任职。市、县国企岗位做到“三明确”（明确管理性质、明确收入底薪、明确工作地点）。创新开展待安置退役士兵跟班锻炼活动，统筹安排退役士兵就近就便在县、镇服务中心（站）适岗锻炼。组织送任和

8月23日，盐城市退役军人事务局在盐都区开展"老兵永远跟党走"巡回宣讲活动。
市退役军人事务局　供图

回访活动，切实彰显关心尊崇。做好全军"三年移交"工作，完成军休人员接收安置任务。

退役军人就业创业　年内，市退役军人事务局在全省率先完成2021年度自主就业退役军人适应性培训和有培训意愿的自主就业退役军人补贴性教育培训。拓宽退役军人就业渠道，依托盐城市退役军人事务局官网，完善升级盐城退役军人网络招聘平台，与市内企业合作，提供线上岗位。为全市退役大学生士兵设立仅限退役军人报考的事业单位专项岗。遴选优质企业提供岗位帮助全市当年高校毕业退役士兵就业。成立盐城市退役军人就业创业促进会，评选12个市级退役军人就业创业示范基地，开展退役军人（军属）专场招聘活动。"戎耀今生·江苏省退役军人就业专场招聘周"苏北片区启动仪式在盐城举办，助力退役军人高质量就业。

优待抚恤　年内，市退役军人事务局开展退役军人和"三属"优待证制发工作，建档立卡、证件申请、备案通过、制证发证等数量位居全省前列。推进"盐阜荣军医保"，为全市重点优抚对象免费提供意外伤害、大病医疗商业保险。开展孤老优抚对象建档立卡工作，为孤老优抚对象落实供养服务责任。制定优抚对象审批审核管理制度，每月通报，强化规范管理，为全省提供盐城经验。与部分医院签订拥军优属医疗合作协议，为优抚对象提供优待优惠服务。市黄海退役军人关爱基金会实质化运行，与省扬子退役军人关爱基金会、响水县人民医院等6单位联合开展退役军人大病专项医疗救助活动。在全省率先完成重点优抚对象年度确认和数据核查工作。按时按标准发放各类抚恤补助优待慰问经费，发放重点优抚对象临时价格补贴。优抚对象享受医疗巡诊、短期疗养待遇。规范完成优抚对象评（调）残审核、带病回乡审核、退役换证审核、60周岁以上农村籍老兵审核、老烈士子女补助审核等工作。印发《关于实行现役军人、退役军人及其他优抚对象免费游园的通知》，全市20个公办收费景点景区于2022年8月1日起对全国退役军人免费开放。

烈士纪念和褒扬　年内，市退役军人事务局依托政府网站、微信公众号，开通清明祭英烈专栏，搭建"清明云祭扫"平台，方便烈士亲属、广大群众祭扫英烈。做好"9·30"烈士纪念日盐城市社会各界向革命烈士敬献花篮活动。开展"致敬英烈·为烈士寻亲"活动，为23名烈士寻找亲人和安葬地，为5名抗美援朝烈士亲属做DNA比对、信息登记和家系图。传承红色基因，讲好红色故事，组织进机关、进校园宣讲活动39场，。开展全市烈士纪念设施更新校核工作，4976座烈士纪念设施做到有照片、有地址、有责任人。投入1500万元改造提升县、镇烈士纪念设施，市经济技术开发区五条岭烈士陵园全面提升并对外开放。

"军旅荣归"信息系统上线　年内，"军旅荣归"信息系统在"我的盐城"App上线，为返乡退役军人提供线上线下一站式服务。返乡退役军人办理事项材料由原来的19份减少到9份，精简率52.6%，全流程办理时间由19个工作日压缩至3个工作日，压缩84.2%，省退役军人事务厅简报转发相关做法。

盐城"最美退役军人"评选　3月3日，市退役军人事务局开展第二届"盐城最美退役军人"发布仪式，推介王乃顶、杨蓉蓉、羊中军等最美退役军人，展示最美退役军人先进事迹。以"老兵永远跟党走"为主题，邀请最美退役军人开展老兵故事巡回宣讲系列活动，展示老兵风采，引导激励全市广大退役军人以先进为榜样，共同投身社会主义现代化新盐城建设。

（宋孝锋　陈　伟）

应急管理

编辑　裴力民

应急处置

概　况　2022年，盐城市应急管理局落实国家、省关于安全生产、防灾减灾救灾、应急救援等方面工作的决策部署，统筹发展和安全，创新工作举措，全市安全生产形势保持稳定，安全专项整治“三年大灶”收官，责任田内未发生亡人事故，台风、龙卷风等自然灾害得到有效应对，全年生产安全事故起数和死亡人数实现连续“双下降”。作为全国唯一地级市代表，完成应急管理部“十四五”期间人才发展规划编制专题研究。制定能力提升三年行动计划和业务知识考试制度，培训、考核3000余人次，专业人员占比87%，省应急管理厅专文转发推介市应急管理局提升应急管理干部能力各项做法。全市打造应急管理综合行政执法队伍规范化建设标杆的相关做法，被应急管理部列入应急管理综合行政执法改革第三批典型经验做法。坚持“小切口、抓关键”，制定轻工重点企业有限空间作业安全管理、中频炉使用安全及监管指导手册、自然灾害会商研判等制度；市县联合攻关23条重点产业链安全，形成不锈钢等产业链指导服务手册。建设应急管理信息化平台，并入选“2022数字政府创新成果与实践案例”，试点建设县级工业企业可视化安全监管预警平台。全市68家化工生产企业开展自动化改造，39家重大危险源企业全部接入风险监测预警系统。滨海沿海工业园和大丰港石化新材料产业园实行封闭化管理，智慧园区管理平台、重大危险源集中监控系统全部建成使用。通过“制度+科技”来加强应急安全监管的做法获得应急管理部的肯定。

应急物资储备　年内，市应急管理局发挥盐城市应急管理综合应用平台优势，推进防灾减灾救灾信息化建设，常态化更新完善应急物资数据，形成纵向贯通、横向集成数据网，提高自然灾害防范应对的科学性。对接省应急管理厅，建成省级应急物资前置储备点。会同市发改委、市财政局联合印发《盐城市市级通用性应急物资储备管理暂行办法》，科学编制2022年市本级生活类物资需求计划，优化储备规模和布局，推进市、县应急物资保障一体化发展。至年底，市、县储备帐篷、棉被、发电机等通用类应急抢险救援物资19类21.58万余件。市应急部门配备无人机、GPS面积测量仪、海事卫星电话等应急抢险救灾装备22类39种，明确生活保障类、抢险救援类、队伍保障类等应急物资生产商22家，确保一旦遇到突发险情，快速启动响应，维护人民群众生产生活秩序。

风险监测预警　年内，市应急管理局制定《盐城市自然灾害会商研判制度（试行）》，对会商频次、会商形式和内容、会商研判职责分工等进行明确。组织全年和季度全市自然灾害形势分析研判6次，专题开展汛期灾害形势会商，并印发分析报告；在重要时段和关键节点，落实应急管理“每日三研判”制度，印发预警提示55次，提前做好灾害的防范应对。完成全市普查应急系统30类2.42万条数据的调查、质检核查和上报工作，其中，承灾体2792条，减灾能力1.42万条，历史灾害7240条。市应急管理局落实《江苏省工业企业安全生产风险报告规定》，全市1.42万家工业企业完成风险报告，实现规模以上工业企业风险报告100%上报，规模以下企业“应报尽报”，上报重大风险510个，较大风险3.98万个。

应急救援能力建设　年内，市应急管理局强化救援队伍建设，有各类救援队伍429支，队员2.6万人。其中，国家消防队12支，队员253人；各类专业队272支，队员1.74万人（其中市、县两级统筹建设危化品、道路运输、内河水上搜救、建筑施工、城镇燃气、防汛排涝等专业队33支，队员1507人）；企业组建各类队伍145支，队员8859人。系统梳理市县层级“1+N”个政府总体、专项应急预案，推动构建基层应急预案体系，其中市县级总体应急预案全部修编完成，市级专项应急预案编制43个，县级专项应急预案编制420个，镇级应急预案编制2123个，村级现场处置方案编制2410个。《盐城市海上搜救应急预案》获评设区市专项应急预案优秀应急预案，《盐城市应急管理局应对自然灾害突发事件应急预案》获评设区市部门应急预案优秀应急预案。开展2022年盐城市地震应急救援演练和危化品生产安全事故应急救援演练，开展复盘评估，固化流程机制，编制演练工作指导手册，在全市面上推广应用。市、县两级政府部门、基层单位和企业举办各类演练1.24万场次。

全市应急管理系统综合行政执法机构集中揭牌　9月23日，盐城市应急管理系统综合行政执法机构集中揭牌仪式举行。揭牌仪式采取视频连线方式进行，各县（市、区）设分会场同步举行，各县（市、区）政府分管领导和应急管理局主要负责人为县应急管理综合行政执法大队揭牌。

《盐城市辐射事故应急预案》　年内，市应急管理局根据《盐城市辐射事故应急预案》组织开展盐城市核与辐射应急演练，模拟开展“一台直线加速器误照射”辐射事故，制定演练方案和脚本，做好演练和总结评估，有效提高盐城市应对处置辐射突发事件能力，保障辐射环境安全。

（周昭然）

防灾减灾

···自然灾害灾情管理···

概　况　2022年，盐城市开展自然灾害灾情管理工作“突破年”活动，实施强基、固本、赋能、增效四项行动，及时调整充实市、县、镇、村四级AB角灾害信息员，进一步改善灾害信息员队伍年龄和学历结构。第一时间赴大丰区处置“6·6”强对流和响水“7·20”龙卷风天气，指导基层做好灾情核查、救灾救助工作。成功应对11号台风“轩岚诺”、12号台风“梅花”、14号台风“南玛都”，及时通过国家灾情系统核实上报灾情。

全国综合减灾示范社区创建　年内，盐城开展全国综合减灾示范社区创建工作，在创社区开展交叉互查和已命名社区“回头看”行动，提升全市综合减灾示范社区创建质量，增强基层综合减灾能力。

灾害信息员队伍　年内，在市委党校举办全市镇级以上灾害信息员暨风险监测和综合减灾业务培训班，全市各地镇级以上灾害信息员230人参训，落实灾害信息员分级培训制度，全面提升基层防灾减灾救灾工作能力。对全市镇级以上灾害信息员进行业务知识测试，突出以测促学、以测促练，表彰奖励一批实绩突出、表现优秀的基层灾害信息员，树立典型、以点带面，全面提升基层自然灾害灾情管理工作水平。（周昭然）

···防汛防旱···

概　况　2022年，盐城市气候异常，天气形势复杂多变，先后遭受60年来罕见干旱、高温和强台风“梅花”正面袭击，闸下潮位超历史极值。盐城市防汛防旱指挥部把防汛抗旱作为重大政治责任和头等大事来抓，坚持人民至上、生命至上，投入大战大考，实现汛期无人员伤亡、无重大险情、无重大损失，防灾减灾效益38.7亿元，支撑全市经济社会安全发展。

防汛调度　年内，市水利局建立市、县、镇、村四级责任体系，调整市防汛抗旱指挥部组成人员。全市流域性工程片区140名责任人、市区防洪区41名责任人、易淹区域50名责任人落实到位，并通过媒体公布。组织开展市县联动、部门协作的防汛防台抢险演练活动。组织开展市、县、镇三级防汛抗旱预案修订，修订16个市本级预案，其中《盐城市防汛抗旱应急预案》《盐城市防御台风应急预案》通过市政府审议，由市政府办公室印发。春节前，市防办部署开展汛前检查和全市水安全隐患排查工作，先后发出排查、整改文件8份，召开专题会议3次，排查出的各类水安全隐患179个全部整改完成；省交办的24个妨碍行洪突出问题全部完成整改。5月23日起，成立3个防汛防台专项督查组，在全市开展常态化督查，督查发现问题并全部整改到位。市防办牵头组织推动各地、各部门贯彻落实市委、市政府和省防指的部署要求。汛前，联合市住房和城乡建设局、市交通运输局等6个部门和滨海县、亭湖区、盐南高新区等4个地区组织开展市县联动、部门协作的防汛防台抢险演练；汛期，建立水利、气象、水文联合会商制度，派出5个工作组针对全市防汛防台工作进行专项督查指导。在省防指台风“梅花”防御视频调度会议及市续会后，市水利局迅速召开专题会商会议，就落实省市领导要求作出具体安排。全年市气象部门汛期发布重要天气报告14期、气象信息参考26期、实况快报26期。农业用水高峰期，市农业农村局每日通报水稻栽插进度。防台期间，市发改委、市自然资源和规划局、市住房和城乡建设局、市交通运输局等部门履行行业督导职责，及时组织人员转移避险。各地防办和相关成员单位每小时滚动报送台风影响，每隔6小时报送台风工作动态。按照市领导的批示，总结防汛抗旱防台特别是防御第12号台风“梅花”过程中的经验和不足，召开各县（市、区）座谈会，征求防指成员单位意见，《工作机制》经市长办公会审议通过后，印发各地防指和市防指成员单位。

旱情防御　年内，全市汛期整体偏旱，全市面雨量430.8毫米，较常年偏少38.2%。各县（市、区）夏季高温日数达19～27天，盐城气象站、大丰气象站、建湖气象站、阜宁气象站、滨海气象站、响水气象站等站高温日数突破历史极值，盐城气象站、东台气象站、大丰气象站等站连续高温日数长达14天，突破历史连续高温日数极值，东台气象站、阜宁气象站最高气温追平历史极端最高气温。汛期干旱少雨，全市出现中等程度气象干旱，局部重旱，市水利局先后发布6次干旱预警。特别是农业用水高峰期的6月降水量只有64.9毫米，比常年偏少49.3%。里下河地区汛期平均水位为0.95米，较常年偏低0.14米；苏北灌溉总渠汛期平均水位1.89米，较常年偏低0.18米；黄河故道汛期平均水位2.69米，较常年偏低0.25米。市防指先后7次向省防指报告本市旱情，争取江都枢纽、高港枢纽全力向里下河地区引江水，增加黄河故道、苏北灌溉总渠供水流量，汛期共调引境外来水90.48亿立方米。5月9日起，启用大套一站、二站、北坍站向黄河故道及苏北灌溉总渠灌区补水；8月5日起，调度23座沿海涵闸实行关闸蓄水保水，调剂境内水源8.2亿方。强化用水管理工作，下达黄河故道、苏北灌溉总渠用水计划，将水量分配至各个口门。成立用水巡查小组，对口门引水情况进行监督。召开2次用水管理工作座谈会，组织北三县签订黄河故道沿线用水管理备忘录，划分用水时段，采取错峰用水措施。

台风防御　9月，第11号台风“轩岚诺”、第12号台风“梅花”接连影响盐城。9月3—4日，第11号台风“轩岚诺”影响期间，苏北灌溉总渠以南地区出现小到中雨，局部大雨，东南部沿海雨量大，最大点雨量亭湖花川站36.8毫米。第12号台风“梅花”是近几年影响盐城市的最强台风之一，9月12日20时开始影响盐城市，15日8时进入东台市新街镇，15日14时从射阳港经济开发区移入黄海。台风过境期间，带来较为明显的风雨影响。最大雨量171.7毫米，出现在东台市弶港镇蹲门村；最大阵风11级，分别为响水陈家港镇东北十公里海面每秒29.9米、大丰区大丰港每秒30.5米、东台国华四期海上升压站每秒32米。台风过境期间正值天文大潮，射阳河闸闸下潮位4.01米、超历史极值0.29米，黄沙港闸闸下潮位3.62米、超历史极值0.04米。以防止城市内涝为着力点，9月14日10时，市防办提前调度封闭市区防洪区外围口门，排涝泵站开机控制内河水位在0.9米~1米。针对强降雨发生概率较大的里下河地区，调度“五大港”等沿海涵闸全力开闸排水，排水1.89亿立方米；调度大套一站、大套二站、北坍翻水站停止向黄河故道、苏北灌溉总渠引水，减轻沿线防洪压力。市防指9月13日11时启动Ⅳ级应急响应，21时将应急响应提升至Ⅲ级，14日20时提升至Ⅱ级。9月15日，全市中小学全部停学，建筑工地应急响应期间全面停工，旅游景区全部闭园，航班、列车、客运班车和旅游包车全部暂停。在电视、网站等各类媒体渠道发布防台提示信息报道71次，其中，“盐城发布”微信公众号12次、《盐阜大众报》头版7条。防御台风“轩岚诺”时，盐城海上搜救中心先后出动4架次直升机，紧急转移21名滞留海上施工人员。防御台风“梅花”期间，全市回港避风船只656艘、海上作业平台3个、转移人员4525人，实现在海作业人员全部撤离上岸。截至9月14日17时，排查整改市政隐患、建筑隐患840处，停课学校64所，关闭景区28个，停工工地530个，停工企业41个。（臧滨城）

···气象测报···

概　况　2022年，盐城市推进贯彻《气象高质量发展纲要（2022—2035年）》，围绕“测得细、报得准、发得快”，推进气象现代化建设。市政府将“灾害性天气监测预警服务示范体系”纳入《政府工作报告》，市气象局编制“黄海湿地生态气象保障工程”等“十四五”重点项目的可研报告。全年全市新增113套地面自动气象观测站和3套海洋气象观测站。优化雷达站网布局，响水S波段雷达立项、选址和可研报告获中国气象局批复，完成射阳L波段雷达大修。启动射阳垂直观测系统建设和设备安装。完成大丰、射阳、响水雷电观测网升级改造，完成海洋气象浮标站跑标事故鉴定和重新布放。完成盐都气溶胶激光雷达和温室气体观测设备安装，响水、阜宁、建湖3个台站完成新址建设，实现业务切换，响水、阜宁完成搬迁任务。发展智能预报，建成灾害性天气辅助研判系统，搭建沿海灾害性天气精细化预报服务平台，对盐城新一代预报服务平台功能进行完善。开展智能网格预报订正技术、短临强天气预报预警技术研究，强化新型雷达观测资料在短临监测预报预警中的融合应用。常态化开展天气过程总结复盘，全市网格预报质量、预警准确率和提前量有新提升，居全省中上游水平，其中强对流天气预警准确率78%，提前量44分钟。“7·20”局地龙卷和台风“梅花”气象服务2个案例被中国气象局“全国预报员联盟”分别评为优秀案例一、二等奖。推进科技创新团队建设，成立多源雷达资料应用研究、生态气象服务等创新团队4个。全市有2个项目通过江苏省气象局科研课题验收，1项课题获批江苏省气象局青年基金项目，2项课题获盐城市自然科学软课题立项。6篇文章在核心期刊发表，1篇被SCI收录。培育气象高层次人才，2人被中国气象局交通气象重点实验室聘为团队专家。

建在海上风电平台上的海洋自动气象站　　陈　洋　摄

气象应急　年内，市政府办修订印发《盐城市气象灾害应急预案》《盐城市突发事件预警信息发布管理办法》。市气象局完善灾害性天气递进式预报预警服务流程，执行重大灾害性天气“叫应”服务和重大气象信息报告党政主要负责人制度，加强面向党委政府主要领导的直通式报告。全市发布气象预警信号（含升级）943次，发布各类决策服务材料1578期，启动气象灾害内部应急响应95次（含30次升级），外部应急响应30次，全网预警发布2次，每次有效预警700万余人次。完成气象灾害风险普查，加强暴雨、大风等风险普查成果应用，决策服务的专业化、精细化程度显著提升。完成两会、中高考、国庆期间气象预报预警服务，做好盐城市第五届龙舟赛等重大活动气象保障。成功应对“7·20”龙卷风、8月持续高温干旱、9月“梅花”台风等灾害性天气。提前10—20分钟成功预警“7·20”局地龙卷风天气。市气象灾害防御工作领导小组修订印发《应急联动工作手册》，以气象灾害预警为先导，建立分灾种、分部门的应急联动机制。联合市委政法委、市应急管理局、市教育局等部门合作完善灾害性天气提醒应对处置机制。市应急管理局发布《气象灾害应对工作提示单》52期，市教育局在台风“梅花”影响时采取停课措施。市气象局完成市县气象、政法部门合作机制的全覆盖，推进气象防御和网格管理深度融合，全市开展网格员气象防灾减灾培训4546人次，“网格+预警”在应对台风、暴雨中发挥重要作用。气象视频会商系统接入政府“城市驾驶舱”，实现政府指挥调度中心和气象局连线会商和气象数据的实时展示。

灾害天气防御 年内，全市天气气候异常性特征明显，夏季高温总日数和连续高温日数破历史纪录，其中高温总日数21天～29天，除射阳县外其余地区均突破历史极值；全市中南部地区连续高温日数12天～14天，大丰区、盐都区和建湖县突破历史极值。极端最高气温东台市38.8℃和阜宁县38.3℃追平当地纪录。汛期，全市出现15场强对流天气，集中发生在6月和7月，7月20日全市自北向南遭遇一次强对流天气，响水县的5个乡镇社区遭遇EF3级龙卷风袭击。第12号台风“梅花”在江苏境内停留约9个小时，全市出现暴雨到大暴雨，171个加密自动站雨量超过50毫米，其中57个气象站达到100毫米以上，最大降水量171.7毫米，出现在东台市弶港镇蹲门村；有30个气象站阵风达9级以上，其中，12个气象站阵风10级，沿海海面3个气象站测到11级阵风。全市气象部门加强监测预报预警，台风“梅花”24小时、48小时路径预报误差较上级主管部门指导预报分别减小13千米和20千米；面对夏季3轮大范围连续高温天气，加密服务频次，为各级政府、能源保供、社会公众做好服务保障。（陈晓明）

···防震减灾···

概　况 2022年，盐城市及邻区（北纬32°～35°，东经119°～122°）发生M2.0级以上地震9次，其中3级以上地震4次，最大地震为11月14日黄海海域3.8级地震。盐城市防震减灾工作获得全省防震减灾工作综合考核先进（全省排名第一）。

地震监测预报 年内，全市完成17个国家地震烈度速报与预警工程台站建设，射阳县被列为全省唯一建设示范县。完成大丰地震台升级改造和大丰联丰强震台搬迁任务，市防震减灾中心主体工程封顶。全年各监测台网运行正常，地震观测资料连续可靠，信息传输及时准确，资料连续率98%以上。在全省地震观测资料质量评比中，盐城获奖7个。7月，“地震震后趋势快速判定系统”通过验收并投入运行，地震应急技术系统运维工作在省考核中获得第二名。

抗震防灾 年内，市住房和城乡建设局推进应急避难场所建设，市、县两级组织召开设计方案评审会4次，审查通过应急避难场所方案设计和施工图设计15个。全市建成中心应急避难场所9个、固定应急避难场所75个。推进区域性地震安全评价工作，完成盐城经济技术开发区、东台经济开发区、盐南高新区、射阳经济开发区、响水工业经济区、盐都区大纵湖镇等9个地块区域性地震安全性评估。完成盐城市城市活断层探测和地震小区划项目，为盐城抗震设计、土地规划利用提供科学依据。加强地震安全监管工作，通过自查、现场抽查等形式，开展全市建设工程地震安全性评价和区域性地震安全性评价情况、一般建设工程抗震设防要求执行情况暨“双随机、一公开”行政执法检查。完成第一次全国自然灾害风险普查任务，全市完成房屋建筑451.87万栋，市政道路1319条、市政桥梁1766座、供水厂站74座，供水管线4623条调查任务。完成房屋设施加固工程抗震设防信息采集工作，全市采集新建房屋设施1.64万幢，加固工程9586项。开展重大基础设施地震灾害风险摸排工作，摸排水利、电力、油气、交通重大基础设施抗震设防能力33个，推进农村住房条件改善专项行动，加强地震灾害风险防控工作，在乡镇组织开展宣传普及工作。

地震科普宣传 年内，市住房和城乡建设局制作完成《地震成因》穹幕影片，并对市民播放。成功举办第一届盐城市防震减灾科普讲解大赛，派员参加第六届全国防震减灾科普讲解大赛，获得全国决赛三等奖。开展全国综合减灾示范社区创建工作，成功创建5个国家级综合减灾示范社区。市住房和城乡建设局、市教育局、市民族宗教事务局、市科协四部门联合开展“地震科普　携手同行”主题活动。

（杨　毅　皋古平）

安全生产监督管理

概　况 2022年，盐城市按照深化提升安全生产专项整治三年行动要求，制定全市深化提升安全生产专项整治三年行动实施意见，明确11个方面40项重点工作任务。结合国务院安委会关于加强安全生产工作15条硬措施和省50项检查重点，确定56项检查内容，逐一明确责任单位和时限要求，推进安全生产大检查。聚焦安全生产10个重点行业领域77条具体事项，开展安全生产“百日攻坚”。做好安全防范工作，推动各级督导组、专治办和专委会牵头部门开展专项执法检查，保障全市安全生产形势平稳。

安全生产责任制落实 年内，市委、市政府召开市委常委会、市政府常务会议10多次，研究部署应急管理各项重点工作。市政府聚焦14个重点行业领域，连续8个月专题周调度，由市“两办”牵头专项督查，推动各地责任落实。市政府成立道路交通安全管理委员会和海上安全防范救援工作领导小组，研究制定新兴领域安全风险隐患防范处置清单，明确储能电站、环保设施、通用航空等17个新兴领域的部门监管责任。明确各专委会牵头部门每年、市安委会成员单位每半年向市安委会报告安全生产履责情况，倒逼监管责任落实。制定企业主体责任清单，督促企业建立健全全员岗位安全责任制，建立健全专家安全评审机制，确保责任、投入、培训、基础管理和应急救援“五到位”。部署开展“百团进百万企业千万员工”活动，覆盖2.1万家次工业企业、28.2万人次。

安全生产培训宣传 年内，市应急管理局对全市安全生产“三项岗位”人员由市安全生产考试中心集中统一开展智能化考试，全年组织4.26万人次参加考试，其中特种作业人员3.69万人次，主要负责人2998人次，安全生产管理人员2707人次；发放特种作业操作证3.28万张、安全合格证4132张。组织开展安全生产月、“5·12”全国防灾减灾日、安全宣传“五进”等活动，提升群众参与度。首推“应急微讲堂”安全应急科普品牌，开展安全生产主题公益广告创作展播活动，在市级主流媒体、自媒体展播安全生产和防灾减灾公益广告、科普视频60个，普及安全知识和应急防范常识，发挥宣传教育引导和警示作用。在《盐阜大众报》和“盐城应急管理”微信公众号分别开设专题专栏，形成宣传矩阵。全年省级以上媒体采用稿件235篇（其中国家级59篇）；市应急管理局被表彰为全省“安全生产月”活动先进单位；作品获江苏省安全生产主题公益广告优秀作品广播类二等奖、电视类三等奖。

安全生产专项整治行动 年内，市应急管理局细化专项整治深化提升工作11个方面40项重点任务清单，市、县成立104个督导巡查组，每月围绕一个主题下沉到镇街、园区开展“四不两直”明察暗访。全市排查整改隐患106.1万处，推动专项整治走深走实。对各地区、市各有关部门“三年大灶”开展情况进行总结评估，汇总收集有关总结报告、典型经验做法和制度成果，形成专项整治的典型经验做法64条，推广制度成果30个。

危化品专项整治 年内，市应急管理局强化部门联动，做好危化品使用安全专项治理，形成齐抓共管态势，排查整治隐患问题10.81万条，立案724件，罚款1468.9万元，没收违法所得11.7万元，行政、刑事责任追究21人，暂扣许可证1家，停产停业整顿16家。深化“一防三提升”，聚焦“生产储存、运输、危废处置、化工园区”四个环节重大安全风险，推进危化品安全风险集中治理，强化高危细分领域排查管控，加强化工园区“五双”（双电源、双停车场、双实训基地、双封闭化、双履职）建设，推动39家重大危险源企业完成双重预防机制数字化建设，开展化工企业从业人员工伤预防培训。

8月20日，全市应急管理系统监管执法人员进行应急管理专业能力测试。
市应急管理局　供图

农业安全生产专项整治 年内，市农业农村局推进农业安全生产专项整治，推动危化品使用安全专项治理、安全生产大检查等主要任务落实落细，开展“三类船舶”清理整治，累计查扣涉渔“三无”船舶431艘，拆解349艘。组织开展“平安农机”示范创建“回头看”，各县（市、区）全部建成国家级和省级“平安农机”示范县（市、区）。

冶金等工业企业监管 年内，市应急管理局推进“百日清零行动”，将中频炉企业、涉及有限空间作业轻工重点企业、单班涉粉作业10人以下粉尘涉爆企业纳入整治范围，756家整治对象重点事项全部清零，排查整治重点事项隐患151条，责令停产停业企业2家，提请关闭企业1家。

安监执法 年内，市应急管理局严格执法，监督检查企业5044家，排查发现隐患8.06万条，事前罚款3245万元，曝光惩戒违法违规企业2372家。市应急管理综合行政执法监督局获全省行政执法工作先进集体；1例案例入选应急管理部工贸行业“百日清零行动”典型执法案例；入选全省深化精准执法工作“年度优秀案例”1例、“季度优秀案例”3例；获得年度全省行政执法工作先进个人3名、全省深化精准执法工作“年度执法之星”1名、“季度执法之星”2名。
（周昭然）

消防安全

概　况　2022年，盐城市消防救援支队推进高层建筑、大型商业综合体、居民住宅小区、电动自行车等15项专项治理，保持火灾隐患整治高压态势，全年火灾形势持续稳定向好，连续7年未发生较大以上亡人火灾事故。坚决扛起“国家队、主力军”的重任，以实战需求为导向，拓展专业队职能，探索建设海上救援力量，挂牌成立水上救援培训基地和智能消防救援实验室，研发水上智能救生系统，提升胜任“全灾种、大应急”的综合性应急救援水平。年内，西环路特勤站被共青团中央表彰为全国五四红旗团支部；支队被省消防救援总队表彰为先进支队，全省消防执法先进单位、执勤训练先进支队、消防安全专项整治先进支队，11个基层大队均被地方党委政府记集体三等功。

火灾灾情普查　年内，全市发生非轻微火灾202起，死亡1人，受伤12人，直接财产损失2776.14万元。与上年同期相比，直接财产损失上升33.24%。从发生火灾的原因上看，电气火灾、生产作业不慎是引发火灾的主要原因。全年因违规用电引发的火灾99起，占火灾总起数49%；生产作业不慎引发火灾22起，占火灾总起数10.89%；另外生活用火不慎引发的火灾12起、遗留火种引起的火灾21起、自燃引发的火灾21起、放火引发的火灾6起、吸烟引发的火灾1起、静电原因引起的火灾1起、其他原因引起的火灾1起。从起火场所上看，住宅、宿舍类火灾仍居高不下，物资仓储场所火灾下降明显。全年发生住宅、宿舍类火灾38起，占火灾总起数18.81%；物资仓储场所火灾7起，占火灾总起数3.47%，同比下降36.36%；厂房火灾30起，占火灾总起数14.85%；商业及公共场所火灾5起，占火灾总起数2.48%；垃圾及废弃物类火灾1起，占火灾总起数0.49%；其他火灾14起，占火灾总起数6.93%；交通工具类火灾96起，占火灾总起数47.52%，造成直接经济损失834.83万元，占总经济损失30.07%。从行业类别上看，第一产业火灾1起，第二产业火灾6起，第三产业火灾2起，其中第二产业火灾损失较大。从火灾发生的时间看，10：00—12：00发生火灾24起，火灾数量占火灾总起数的11.88%，比各时段均值高出48.33%。

表46　2022年盐城市火灾伤亡、损失情况统计表

地　　区	火灾数（起）	死亡（人）	受伤（人）	直接经济损失（万元）
合　　计	202	1	12	2776.14
盐城经济技术开发区	1	0	0	20.00
盐南高新区	2	0	0	5.54
亭湖区	12	0	3	206.19
盐都区	10	0	0	87.73
大丰区	38	0	0	270.46
响水县	5	0	0	62.88
滨海县	37	1	5	256.12
阜宁县	17	0	0	392.21
射阳县	29	0	4	891.27
建湖县	29	0	0	491.52
东台市	22	0	0	92.22

消防设施建设 年内，市消防救援支队加强消防基础设施建设，推进市政府印发《盐城市镇级政府专职消防队站建设三年规划（2021—2023）》，年度立项40个、开工建设46个、投入执勤31个，累计立项128个，开工116个，投入执勤68个。全市新建市政消火栓602只，推广安装独立式感烟火灾探测报警器5357台、简易喷淋装置553套，建设电动车智能充电装置1136套。

消防救援 年内，市消防救援支队共接处警9851起，其中，火灾5792起、抢险救援1709起、社会救助2168起，抢救350人疏散257人，挽救财产价值5628.98万余元。根据“全灾种”“大应急”任务需要，推进灭火救援专业队建设，重点打造高层、大型综合体、化工和地震、水域等5类专业救援队，挂牌成立水域救援训练基地，开展侦查、攻坚、安全员队伍以及绳索、地震、水域等专题培训。按照市委、市政府要求，探索航空救援力量建设，挂牌成立水上救援培训基地和智能消防救援实验室，研发水上智能救生系统。依托警航资源，建立无人机飞手培养体系。开展“三个一百”灭火救援专项行动和化工灭火救援“五知五会三能”专项训练，完成智能接处警系统部署，推进“一短三快”初战机制改革。聘请27名灭火救援专家，定期召开灭火救援联勤联动暨专家组联席会议。深化与市气象局、市水利局、市卫健委等部门联动会商协作机制，与市公安局、市卫健委、市高速公司常态化在高速公路联勤驻点，每逢重大节日、重要活动期间，在高速公路收费站、大型商业综合体和不放心区域前置消防力量驻守备勤，提升快速反应、协同配合能力。

消防执法 年内，市消防救援支队检查单位1.09万家、督改隐患1.29万处、临时查封227处、责令“三停”142家，罚款1405.55万元，火灾总量实现“八年八连降”。在全省市级层面率先制定医疗、教育、养老机构、高层建筑以及公共娱乐场所5类场所消防安全标准化管理规定，并分类召开全市消防安全标准化管理现场会6次。推动构建“一办一站一中心”基层消防监管模式，推动全市144个镇（街道）全部挂牌成立“消防安全委员会办公室”，在盐都区、大丰区、建湖县和射阳县4个地区试点推行镇（街道）消防委托执法。推进居民住宅小区消防安全治理“百日攻坚行动”，全市排查居民住宅小区2341个，整改隐患5942处，张贴公告4.4万余份。开展畅通消防“生命通道”专项行动，全市施划消防车道标志标线1.1万处。部署开展经营性自建房、高层建筑、商场市场和大型商业综合体等消防安全专项治理，排查整治自建房集中连片区域13处、高层建筑422栋、商场市场和大型商业综合体68家。开展重大火灾隐患挂牌整治，推动上年遗留的4处重大火灾隐患单位和新挂牌的38处重大火灾隐患单位全部整改销案。

消防宣传 年内，市消防救援支队在中央级媒体发稿26条，《人民日报》《新华日报》《应急管理报》以及相关新媒体多次刊登支队工作新闻动态。配合应急管理部“追梦火焰蓝·守护万家灯火”媒体行活动，在各级媒体掀起热潮。推进消防宣传“五进”工作，发动近50万名市民关注安全教育平台并开展“学消防、享安全”活动，54期“偶遇火焰蓝”宣传集市走进水街、新弄里等市民休闲场所、旅游景区；“方言说消防”“戏剧唱消防”进茶馆进剧场，“消妹说”“消防微剧场”定期更新，深受网民推崇；1艘消防主题游船、11个消防主题影厅、15个消防主题街区（公园）亮相，成为市民打卡热点。联合市教育局、市商务局、市文广旅局、市交通运输局等部门开展消防集中宣传123场次，10万余名学生参加主题征文、绘画比赛，开辟消防主题公交专线6条，“消防公益说”呼吁3000余名百姓变身“消防宣传公益使者”投身消防志愿服务。每季度组织“市级媒体隐患曝光环盐行”行动，抽取社会单位开展曝光，对重大火灾隐患整改、社区微型消防站建设、火灾高危单位整治等年度重点工作推进情况进行暗访报道。

建湖县某汽车部件有限公司棉纱车间火灾处置 5月3日9时44分许，建湖县某汽车部件有限公司棉纱车间发生火灾。接到报警后，支队和大队两级立即响应，第一时间调集3个消防站、3个专职队、1个战勤保障大队共14辆消防车75名消防救援人员赶赴现场处置。经过全体参战指战员2个小时的不懈努力，成功保护与火场毗邻的2号厂房、3号厂房等建筑，保护财产价值500万余元，无人员伤亡。

大丰某玩具厂厂房火灾处置 6月12日6时21分许，大丰某玩具厂厂房发生火灾。接到报警后，支队和大队两级立即响应，第一时间调集3个消防站、4个专职队、1个战勤保障大队共13辆消防车59名消防救援人员赶赴现场处置。经过全体参战指战员3个小时的不懈努力，成功保护火场南侧厂房等建筑，抢救财产约50万元，保护财产损失约500万元，无人员伤亡。（崔　健）

市县发展

编辑　裴力民

东台市

概　况　东台市地处长江三角洲北翼、江苏沿海中部，位于盐城、南通、泰州三市交会处，新长铁路、沈海高速公路、204国道、344国道、228国道、通榆河贯穿境内。市域面积3558平方千米，辖14个镇及经济开发区、沿海经济区、高新区、西溪景区，至2022年年末总人口104.08万人。年内，东台市跨入千亿县行列，实现地区生产总值1050.52亿元，一般公共预算收入60.6亿元，完成固定资产投资460亿元，进出口总额15.2亿美元，城乡居民人均可支配收入分别达49049元、31758元。年内，东台市获得省政府真抓实干成效明显地区9项表彰、总数全省前三，再次入选中国工业百强县（市）、中国创新百强县（市），跻身全国绿色发展百强县（市）、全国乡村振兴百强县（市），全国县域百强排名前移至第37位，获评国家生态文明建设示范区、国家智慧健康养老应用试点示范基地、“四好农村路”全国示范县、全国科普示范市。

农业经济　年内，东台市实现农林牧渔业总产值290.8亿元、增加值166.8亿元。全年粮食总产量102.5万吨，生猪出栏89万头，猪肉产量7.2万吨，家禽出栏3352万羽，禽蛋产量37.3万吨，水产品产量18.34万吨（不含远洋捕捞），其中淡水产品8.73万吨、海水产品9.61万吨。新建高标准农田0.63万公顷，新开工千万元以上农产品加工项目15个，农产品加工产值突破750亿元。创成国家农村产业融合发展示范园、省现代农业科技示范园各1家。新认定绿色有机农产品14个，总数127个。“东台西瓜”种植基地被评为全国首批“三品一标”基地。探索打造“东台西瓜”互联网标识解析二级节点，成为首家成功将标识解析体系应用在国家地理标志农产品品牌保护和质量追溯的县市。年内，获评全国油菜产业绿色革命科技示范市、全国大豆科技自强示范市，入选全国化肥减量增效试点市、全国肥料包装废弃物回收处理试点市，获批创建省级农业生产全程全面机械化示范市。

工业经济　年内，东台市实现全口径工业开票销售额1500.6亿元，规模以上工业开票销售额969.3亿元。新增东台镇、溱东镇2个工业百亿镇。新一代信息技术、新能源、高端装备、新材料、大健康五大主导产业规模突破1200亿元。新开工总投资100亿元的智泰储能电池项目，新签约总投资100亿元的晶澳光伏产业园项目。全年新签约、新开工、新竣工亿元以上产业项目分别为116个、90个、35个。新创省“专精特新”中小企业36家，江苏富乐德石英科技有限公司入选国家级“专精特新”小巨人企业。新增开票销售额超亿元企业20家、总数190家，江苏磊达股份有限公司成为东台首家百亿企业。新建5G基站432个，领胜电子科技有限公司创成省工业互联网标杆工厂。举办首届“网界河创新大会”，国家高企总数282家，建成全省首家功率半导体产业研究院。新增有效发明专利405件，入选国家知识产权强县建设试点。全面启动规模以上工业企业“智改数转”，新认定省星级上云企业80家，总数147家。东台经济开发区入选省先进制造业和现代服务业深度融合试点。

第三产业　年内，东台市实现第三产业增加值511.52亿元，占地区生产总值比重48.7%；实现社会消费品零售总额308.4亿元。东湖科创园等10个重大服务业项目加快推进，生产性服务业占比提高到48.5%。高品位打造结发街、汉潮街、八佰伴等核心商业圈，发放消费券1500万元，促进消费恢复。西溪文化产业集聚区被认定为第一批省级现代服务业高质量发展集聚示范区。全年接待境内外游客776.1万人次，同比增长5.2%；实现旅游业总收入101.5亿元，同比增长7.1%。列全国县域旅游综合竞争力百强县（市）第69位，西溪天仙缘景区入选2022年“全国非遗与旅游融合发展优选项目”名录，红庄村创成省乡村旅游重点村。至2022年年末全市金融机构本外币存款余额1410.8亿元、贷款余额992.6亿元。

城乡建设　年内，东台市国土空间总体规划基本形成，“三区三线”划定成果获批启用。实施110项城建重点工程，振兴路跨通榆河大桥、经十路跨川东港大桥建成通车，峰峰路、白榆路等9条市区道路全线贯通。城市更新改造老旧小区81个、背街后巷18个，提升特色街区6条、口袋公园17个。弶港城市副中心协同推进，黄海森林公园国际会议中心建成运营，长三角（东台）康养基地通过鸟评环评，弶港老集镇有机更新初具雏形。实施128项城镇提升项目，推进“路、河、房、田、街”综合整治，被表彰为全省农村人居环境整治第一等次。三仓镇被表彰为省乡村振兴先进集体、甘港村创成中国美丽休闲乡村、临塔村入选中国传统村落、方东村获评全国乡村振兴示范基地。东兴高速加快建设，提档升级市域骨干道路42.5千米、农村公路41.5千米，创成省首批城乡公交一体化达标县。创成国家生态文明示范区，国省考断面水质稳定达Ⅲ类，东台梁垛河口—方塘河口岸段获评省首批美丽海湾示范项目。国营东台市林场获评全国绿化先进集体，“‘陆海空’林长队伍护航生态”入选2022年度长三角地区林长制改革十大案例。

社会民生　年内，东台市坚持把稳就业放在首位，发放稳岗就业补贴1.2亿元，新增就业再就业3.5万人。推进“15分钟医保服务圈”建设，城乡居民基本养老保险、基本医疗保险参保率98%。推进特殊困难群体救助帮扶行动，社区教育“留守儿童氧吧”获评全国最佳案例。省双拥模范城市实现“九连冠”。新改建中小学幼儿园14所，8所农村初中进入盐城前10强。建成数字健康“十大信息中心”，被列为省基层卫生健康信息化试点城市。新建养老服务综合体1家、日间照料中心5家、居家养老服务中心 7 家，获评全国智慧健康养老应用示范基地。舞蹈《发绣》、国画《代代有余》获得省五星工程奖。发绣作品《丝绸之路》获得全国工艺美术设计创新大赛“百鹤金鼎奖”，为盐城唯一。安丰镇、富安镇入选省级地名文化遗产。新增弶港镇、新街镇、南沈灶镇 3 个省级智慧广电镇。开展安全生产大排查、大整治、大提升，“三年大灶”收官，创成省安全发展示范城市。

创成“四好农村路”全国示范县 1 月，东台市被交通运输部、财政部、农业农村部、国家乡村振兴局命名为“四好农村路”全国示范县。东台市以全国示范县创建为抓手，推进“四好农村路”建设，建立统一协调的领导机构和政府目标管理体系。提前两年完成省政府农村公路高质量发展目标，率先实现 100% 行政村通达双车道四级以上等级公路，打造出旅游风景路、产业致富路、生态样板路，赋予“四好农村路”更多的地方特色内涵。在《盐城市乡村旅游景观公路建设规划》和盐城市政府办公室印发的《关于推进全市美丽乡村旅游公路建设的实施意见》的总体指导下，明确美丽乡村旅游公路发展方向，先后建设旅游公路 1 号线、旅游公路 3 号线、黄海森林公园支线等美丽乡村旅游公路，实现全市文旅产业与乡村公路有机融合。配套实施农村公路服务驿站 2 个，通过借景、融景等方式，实现以路引景、集聚旅游资源，使“站”成为特色驿站，诠释“路”上的历史文化遗迹和民情风俗，有效串联全市重点景区、特色小镇、美丽乡村，形成黄海滩涂、生态湿地等为主题的生态旅游空间新格局。旅游公路 1 号线东台段入选交通运输部办公厅发布的 2021 年度“我家门口那条路——最具人气的路”名单，巴斗村、红安村、红庄村等一批村庄跻身新的网红打卡点。结合东台市各镇区产业规划和布局，串联起三仓西瓜、南沈灶青椒、新街苗木、弶港水产养殖、富安茧丝绸等农业经营体，构成产、购、销一条龙惠民交通体系，东台成为上海等大城市的“菜篮子”基地，推动乡村振兴。

创成全国科普示范市 年内，东台市推进全国科普示范市创建工作，被中国科协命名为 2021—2025 年度第二批全国科普示范县（市、区）。东台市将全民科学素质工作纳入《东台市国民经济社会发展“十四五”规划和二〇三五远景目标纲要》，制定科普工作“十四五”规划、全民科学素质实施行动规划（2021—2035 年），发挥市全民科学素质工作领导小组作用，推动形成全领域行动、全地域覆盖、全社会参与的格局。把科普工作纳入高质量发展考核体系，每年签订全民科学素质目标责任状、表扬奖励优秀科技创新团队、科技标兵、优秀科技工作者、科技志愿者，造浓敬才氛围。打造融媒矩阵，开设 8 个科普电视电台专栏、3 个科普报纸专版，微信公众号、科协网站浏览量逐年上升。科普专项经费纳入市镇两级财政预算，全年科普专项经费 290 万元，人均超 3 元。全市有镇区科协 19 个、科普志愿者队伍 112 支，科技志愿者 9023 名。建成青少年科技馆、市民健康生活体验馆、生命健康馆、气象科普馆等专业科普馆 13 个，建成东台市实验小学、东台市第一小学、唐洋镇中学、安丰中学等学校 STEM 创客工作室、机器人工作室 18 个。市民广场等公共场所修建科普画廊 15 处、胶囊健康宣传知识栏 100 处。创成全国科普教育基地 2 家、全国科普示范社区 1 家、省级科普教育基地 18 家、科普示范社区 2 家、科普惠农服务站 10 家、省科普特色学校 3 个、盐城市级科普教育基地 31 个。科普“双进”助力教育“双减”，制定东台市《关于进一步加强全市中小学科技教育工作的意见》，组织开展东台市机器人竞赛、青少年科技创新大赛、科技模型大赛、青少年创意大赛、青少年航天创客模型火箭竞赛、金钥匙科技竞赛、“诗词里的科学”等活动，举办院士专家校园行、科学表演秀、航模表演、流动科技馆巡展、科普大篷车进校园、“大手牵小手”科技传播行动等活动 52 场次，8 万人次中小学生参加收（观）听（看）。举办江苏省青少年科技模型大赛东台选拔赛，3500 多名选手现场参赛。东台市被表彰为江苏省青少年科技教育先进单位、江苏省金钥匙科技竞赛青少年科技教育先进单位、江苏省流动科技馆小小科普讲解员大赛优秀组织单位。组织东台中学 45 名学生参加高校科学营活动，被中国科协表彰为优秀组织单位。坚持“大科普”理念，常态化组织科技志愿者“三下乡”“六下村”，组织“全国科技活动周”“全国科普日”品牌活动，每年开展科普活动 100 多场次。开展“疫

江苏黄海海滨国家森林公园美居、会议中心　　孙家录　摄

情防控志愿同行”等活动和抗洪抢险等应急科普，受益群众超3万人。根据“五大重点人群”不同需求开展科普活动，邀请院士专家在“东台大讲堂”为干部作专题报告，组织农业专家在田间地头开展农技培训，组织农民参加全国农民科学素质网络知识竞赛，组织医护专家在社区开展免费义诊等。强化“四长”（农技站长、学校校长、医院院长、企业厂长）示范引领作用，开展“村会合作”助力乡村振兴，带动超20万农户增收，2名“田秀才”获评全国科普惠农兴村先进个人、省最美科技工作者。

创成国家智慧健康养老应用试点示范基地 2月，工业和信息化部、民政部、国家卫生健康委员会联合公布2021年智慧健康养老应用试点示范名单，东台市创成国家智慧健康养老示范基地，东台沿海湿地旅游度假经济区及东台镇、时堰镇分别创成示范园区、示范乡镇。2015年东台被确定为全国智慧城市试点，启动智慧城市建设，2020年投资1.7亿元的智慧城市PPP项目全面运营，其中，智慧养老建成基础数据管理库、补助管理系统、服务质量监督管理系统、服务调度系统、综合管理系统等，服务老年人80.69万人次。建立“69612349”智慧养老服务平台，家庭健康管理、基层健康管理、老年人健康促进、康复辅助训练、互联网+医疗健康、家庭养老床位等10多个应用场景在居家、社区、养老院等全面应用。康养政策全面落地，从体系建设、财政扶持、综合监管等方面为养老产业和服务的发展提供政策保障。推进养老服务“放管服”改革，取消养老机构设立许可，实行备案管理制度。东台市政府建立养老服务联席会议制度，明确各有关部门职责，形成多部门联合推动养老服务发展的整体局面。强化“医、养、康、护”一体化建设，依托市老年公寓，建成失能（失智）特困老人集中供养护理院。推进困难老年人家庭适老化改造项目，累计改造727户。建立基本养老服务指导性目录，将高龄、空巢、独居、失能（失智）、农村留守、计划生育特殊家庭等老年人纳入18项基本养老服务保障重点。全面落实老年人福利补贴制度，每月为80周岁以上老年人发放高龄津贴，为经济困难的高龄、失能老年人购买居家上门服务，保障困难老年人基本生活。建立健全农村留守老年人关爱服务机制，定期探访制度实现全覆盖。全年支出尊老金、老年人护理补贴（居家上门服务费）5404.6万元、2644.7万元。全市拥有医疗机构478家，其中三级医院2家、二级医院12家、一级及以下464家；每千常住人口拥有医护人员5.58人。建成数字健康“十大中心”，进入东台卫生数字健康驾驶舱，真正实现城乡一体化、服务同质化，年均服务25万人次。“以星级敬老院为支撑，以镇级养老服务中心为辐射，以市级老年公寓为补充”的多元化、多层次的城乡统筹的机构养老服务格局全面建成，建成城乡居家养老服务中心（站）351家，养老机构29家，其中公办20家、民办9家，拥有养老床位9275张（含社区居家养老服务站床位5574张），每千名老年人拥有养老床位29张，护理型床位占养老机构总床位50%以上。全市养老机构平均床位使用率45%，其中敬老院床位使用率60%；护理型床位使用率48%，敬老院护理型床位使用率78%。拓展居家养老，为老年人提供助餐、助浴、生活照料、医疗康复、法律援助和精神慰藉等服务。新建1家“枢纽式”养老服务综合体、2家农村区域性养老服务中心、5家日间照料中心、7家居家养老服务中心、10家长者幸福食堂，实现170名失能失智特困人员集中供养。启动1682名养老护理员滚动培训工作，全市养老护理员持证上岗率近100%。加强后备人才建设，每年培养学历与资格教育相结合的养老护理专门人才300人。

2022东台首届网界河创新大会 6月28日上午，2022东台首届网界河创新大会举行，省科技厅副厅长蒋洪，复旦大学副校长、中国科学院院士张人禾，中国工程院院士张铁岗，中国工程院院士张洪程分别线上线下致辞，扬州大学副校长黄建晔等专家学者，以及科创企业家、投资机构负责人300人到会。会上，为王子纯、王斌、孟义贵等7人颁发杰出产业科技人才奖，为潜在独角兽企业、瞪羚企业和产业研究院授牌，为国家工业互联网标识解析二级节点企业、国家级“专精特新”小巨人企业、中国专利优秀奖企业等颁发荣誉证书。大会推出重点科创和人才引进等一揽子激励政策，发布重点人才、重点技术需求，并进行现场和视频集中签约，共引聘科创、文创、农创、双碳、基金等高端人才18名，达成股权投资、技术研发、创新合作、协作配套等项目29个，签约产业投资项目21个。（袁小成）

表47 2022年东台市各镇（区）基本情况统计表

镇（区）	土地面积（平方千米）	耕地面积（公顷）	年末人口（万人）	行政村（社区）（个）	地区生产总值（亿元）				财政收入（万元）	粮食总产量（万吨）	居民人均可支配收入（元）
					合计	一产	二产	三产			
东台镇	180.53	9693.74	21.07	39	187.66	11.28	44.05	132.33	66520	10.06	39420
溱东镇	75.74	3338.52	3.89	14	60.54	5.12	32.58	22.84	17670	3.69	46600
时堰镇	102.26	5620.31	6.26	30	60.97	6.44	28.83	25.70	16160	5.80	39830

续表47

镇（区）	土地面积（平方千米）	耕地面积（公顷）	年末人口（万人）	行政村（社区）（个）	地区生产总值（亿元）				财政收入（万元）	粮食总产量（万吨）	居民人均可支配收入（元）
					合计	一产	二产	三产			
五烈镇	129.27	7708.52	7.91	22	55.22	10.76	16.78	27.68	12481	7.54	34330
梁垛镇	132.17	7411.77	7.30	31	71.73	7.92	34.41	29.40	24957	7.39	38320
安丰镇	71.27	3663.51	4.43	18	55.39	7.67	18.18	29.54	12633	3.91	37950
富安镇	170.00	8242.32	8.25	34	71.24	13.95	25.60	31.69	11115	8.94	38000
三仓镇	157.25	8652.30	6.18	26	54.34	14.89	8.92	30.53	4715	4.30	38160
头灶镇	206.74	13694.97	6.59	24	57.03	13.08	20.17	23.78	8126	12.06	37260
南沈灶镇	103.21	6575.64	4.58	14	32.97	9.50	9.02	14.45	5230	5.19	34340
许河镇	106.90	5455.43	4.17	20	30.95	10.37	6.21	14.37	4720	4.43	38190
唐洋镇	107.43	5135.94	4.28	21	32.90	7.95	8.78	16.17	4803	3.43	35450
新街镇	102.88	3752.00	3.66	12	31.37	12.34	5.09	13.94	2850	0.90	34680
弶港镇	333.69	10966.55	4.09	20	29.47	13.48	2.44	13.55	3030	6.08	40350
经济开发区	71.67	2878.65	4.70	11	127.88	3.02	85.20	39.66	90722	2.94	39590
高新区	38.47	1512.20	3.15	10	41.65	1.88	13.17	26.60	60526	1.97	39550
西溪景区	11.05	347.63	1.53	5	8.84	0.87	1.27	6.71	9470	0.21	39420

建湖县

概　况　建湖县位于盐城市中西部，县域面积1157平方千米，辖11个镇、3个街道、3个省级开发区（旅游度假区），至2022年年末户籍人口74.05万人。全年实现地区生产总值710.4亿元，同比增长4.9%；一般公共预算收入37.65亿元，同比增长9%；固定资产投资同比增长15.9%，其中，建筑安装工程投资同比增长29.8%；完成注册外资实际到账2435万美元，同比增长2.4%；城乡居民可支配收入分别为44542元、27478元，同比增长5.3%、6.4%。年内，建湖县被评为全国百强县、全国绿色发展百强县、全国科技创新百强县、全国县域经济和社会综合发展百强县、长三角百强县、国家级制种大县（水稻）、财政重点工作绩效考核先进县、财政监督工作表现突出县、融资平台公司整合撤并及市场化转型试点县、自然资源节约集约利用模范县、省级生态文明建设示范县、全省基层党员冬训工作示范县、全省信访工作先进县，推进经济开发区转型升级发展、促进制造业创新转型等5项工作获得省政府真抓实干激励表扬。

农业经济　年内，建湖县实现农林牧渔总产值104.12亿元，同比增长3.9%。其中，农业产值52.33亿元，同比下降2.7%；林业产值2.6亿元，同比增长220.4%；牧业产值13.91亿元，同比增长0.7%；渔业产值26.97亿元，同比增长11.7%；农林牧渔服务业产值8.32亿元,同比增长6.9%。第一产业增加值60.83亿元，同比增长3.6%。水产品总量10.42万吨，同比增长0.78%。建湖县农业农村局被省农业农村厅评为夏油生产贡献突出单位。上冈现代农业产业园创成省级农业示范园，恒济镇苗庄村入选全国乡村特色产业超亿元村，近湖现代农业产业园入选第一批省农业生产全程机械化智能化示范基地（园区）名单。高作镇被自然资源部确定为国家级全域土地综合整治示范项目。建湖县“探索以土地综合整治推动乡村‘三生’融合发展路径”改革案例被确定为中国改革2022年度地方全面深化改革典型案例。全省首家“江苏省耕整作业装备创新中心”在建湖成立。“建湖虾稻米”获得国家地理标志证明商标。

工业经济　年内，建湖县全口径开票销售收入、规模以上开票销售收入、规模以上应税销售收入分别完成750.1亿元、528亿元、511.2亿元。三项销售指标增幅列全市第三位。规模以上工业入库税金14.8亿元，同比增长18.5%。工业用电量20.8亿千瓦时，同比增长0.7%，其中规模以上工业用电量13.5亿千瓦时。开展“企业大走访、项目大推进、产业大招商”活动，三大主导产业、六条产业链实现开票销售额399.2亿元、293.5亿元，分别同比增长23.3%、48.2%。数字经济核心产业规模130亿元，同比增长60%。新设15亿元汇悦新能源等3支产业基金，新签约、新开工超亿元产业项目123个、121个，其中超10亿元签约项目18个、开工项目9个，总投资60亿元的益佳通磷酸铁锂动力电池、总投资58.2亿元的润阳14.2吉瓦–N型电池片等重特大项目加速推进，总投资102.3亿元的耀宁锂离子电池及系统总成项目开工建设，实现建湖百亿元重特大项目历史性突破。培育开票超亿元企业102家，其中超50亿元企业2家；税收超千万元企业28家，市三星级以上企业14家，其中五星级3家、四星级4家；新增国家高新技术企业31家，新三板挂牌企业1家，省级智能制造示范工厂（车间）4家、工业互联网标杆工厂2家、重点工业互联网平台1家。落实惠企政策，市场主体享受税收支持11.5亿元，阶段性减免失业保险费2131万元，发放稳岗补贴1526万元，兑付支持民营经济发展二十条奖励资金5183万元。清理闲置土地300.67公顷、厂房77.3万平方米，被评为全省自然资源节约集约利用模范县。

第三产业 年内，建湖县实现社会消费品零售总额239.68亿元，同比增长3.6%，服务业增加值346.61亿元，同比增长3.7%。九龙口景区入选“全国非遗与旅游融合发展优选项目名录”，九龙口淮剧小镇获评省文化和旅游产业融合发展示范区，全市唯一。建成淮乡情特色街区、“新艺坊”剪纸传承馆，举办建湖（苏州）文旅产业合作推介会，开展“建湖有戏·细语姑苏”建湖文旅（苏州）推介活动。成立建湖县旅游协会，推进文旅产业发展。金融生态持续向好，建湖县政府与22家金融机构签订5年新增融资1200亿元战略合作协议，全县贷款余额突破600亿元，新增贷款首次迈上100亿元台阶。建湖农商银行入库税金首次突破亿元。举办“相约建湖城·消费嘉年华”活动，发放各类消费券1000万元，撬动市场消费5000万元，九龙口淮剧小镇、宝龙广场获评盐城市特色夜市街区。

城乡建设 年内，建湖县加快建设国家新型城镇化示范县，开工城乡重点项目63个，完成投资114.3亿元。县城改造棚户区14.6万平方米、整治老旧小区7个，金融政务服务中心主体竣工，工人文化宫建成投用。东翼上冈新城形象初显，串场河道路及景观绿化工程建成开放，大团、榆西安置房工程主体竣工。西翼九龙口影响力不断提升，沙庄古村二期、荷花漫对外开放，九龙口景区建成全国首家“碳中和”景区、国家地理首个“双框之城”，淮剧小镇被评为全省首批、全市唯一文旅融合发展示范区。建湖县获评全省推进乡村振兴战略实绩考核进位第一等次。全年新建扩建新型农村社区14个、住房2570套，冈西镇顾顶新型农村社区、恒济镇恒庆新型农村社区入选第九批江苏省特色田园乡村名单，冈西镇徐王新型农村社区入选第十批江苏省特色田园乡村名单、获评江苏省生态文明建设示范村。高作镇全域土地综合整治获批2022年全省唯一国家试点，宝塔镇被评为省级耕地保护受激励乡镇。中央环保督察交办事项全部完成整改。空气质量优良天数比率居全省第一位，整治城乡黑臭河道16条，4个省考断面水质全部稳定达Ⅲ类，2个饮用水源地水质达标率100%，创成全市首家省级水资源管理集成创新示范县。

建湖县九龙口淮剧小镇夜景　　赵小青　摄

社会民生 年内，建湖县坚持以创业带动就业，城镇新增就业6600人，扶持自主创业2977人。在全市率先试点村集体领办新型农场，所有涉农村（社区）年经营性收入均30万元，50%以上50万元。企业职工五项保险新增扩面3.6万人次，“快递小哥”县域工伤保险实现全覆盖。“一老一幼”保障全面加强，新建“枢纽式”养老服务综合体2个、示范性“长者幸福食堂”10个，完成300户困难老年人家庭适老化改造，县域普惠性幼儿园覆盖率超95%。中高考质量逐年提升，职教高考本科达线人数连续三年位列全市第一。建湖县人民医院在国家三级公立医院绩效考核中列全省县（市）级综合医院第五名。“建湖杂技”入选文旅部典型案例，江苏省杂技团被评为中国华侨国际文化交流基地，县图书馆入选省“最美公共文化空间”，九龙口景区入选“全国非遗与旅游融合发展优选项目名录”。

益佳通12吉瓦时方形磷酸铁锂动力电池项目 年内，益佳通12吉瓦时方形磷酸铁锂动力电池项目由安徽益佳通公司引进实施，计划总投资60亿元，设备投入24亿元。征地33.33公顷，新建厂房及配套设施16万多平方米，购置全自动高效循环制浆系统、全自动组装线、全自动辊分一体机、全自动双层精密挤压涂布机、全自动接触式高真空烘烤线等设备400台（套），年产能12吉瓦时磷酸铁锂动力电池及PACK。10月开工建设，至年底，设备全部进场。

耀宁锂离子电池及系统总成项目 年内，耀宁锂离子电池及系统总成项目由浙江耀宁科技有限公司引进实施，计划总投资102.3亿元，占地30公顷，新建厂房及附属设施36万平方米，设备投入约42亿元，购置NMP存储与转运系统、全自动浆料系统、自动双层涂布机设备194台（套），新上6条国际一流的智能化电池生产线。12月20日，一期开工建设6吉瓦时，占地18.4公顷，建筑面积16万平方米，新建4幢厂房，1幢能源中心，1幢创新中心，110千伏降压站，1座污水处理站，1座NMP泵房，1幢原材料库，1幢成品库以及园区道路、绿化景观、给排水等综合配套设施，投资约69.2亿元。二期建设6吉瓦时，投资约33.1亿元，主要包括厂房建设、设备投入、新品研发、技术更新等，计划2025年12月竣工投产。全部投产达效后，可年产12吉瓦时锂离子电池及系统总成，实现年销售收入100亿元、税收3亿元。

钢弹簧浮置板道床获国家级制造业单项冠军 年内，道尔道科技股份有限公司的钢弹簧浮置板道床获评第七批国家级制造业单项冠军产品，是全市唯一一家。道尔道科技股份有限公司前身系坐落于沿河镇的江苏振华工业集团，创办于2008年2月，是一家专业从事轨道交通减振降噪及大型建筑减振隔振系列产品研发、设计、制造、销售及维护的高新技术企业，年末有员工276人。下辖海南道尔道贸易有限公司、广州道尔道技术有限公司、深圳道尔道技术有限公司3个子公司。公司建有省级企业技术中心、工程技术研究中心、博士后创新实践基地等研发平台，与中国铁道科学研究院、北京交通大学、东南大学、同济大学等20多家科研院所、高等院校建立紧密的产学研合作关系。公司先后实施国家火炬计划、科技部中小企业创新基金项目计划、江苏省科技支撑计划、江苏省科技成果转化专项资金计划、江苏省双创人才计划、江苏省重大战略性新兴产业化等国家级、省部级科技项目8项。公司拥有专利72项，其中实用新型专利41项、发明专利31项。自主研发的钢弹簧浮置板道床产品，已在北京、上海、广州等40多个城市、160多条轨道交通线路中广泛使用；核电减振产品已通过认证，打破国外垄断，助力国家核工业发展；建筑减隔振（震）市场生力军，依托原有技术快速发展中。2022年被盐城市政府评为“五星企业”，并被认定为省级质量标杆企业和全县唯一的省潜在独角兽企业。3月，公司完成股份制改革，正式设立“道尔道科技股份有限公司”；7月，三方机构启动上市前的首轮尽职调查；11月，报江苏省证监局辅导备案；12月，完成消防、环评、能评、安评和职业病三同时等规范化整改验收工作，处于上市辅导阶段。全年销售收入5.37亿元，净利润1.48亿元，纳税1.25亿元。

《炼——倒立技巧》获中国杂技最高奖金菊奖 （参见《文化·杂技<炼——倒立技巧>获金菊奖》相关内容）

（周星辰）

表48　2022年建湖县各镇（区、街道）基本情况统计表

镇（区、街道）	土地面积（平方千米）	年末户籍人口（万人）	行政村（社区）（个）	地区生产总值（亿元）				一般公共预算收入（亿元）	粮食总产量（万吨）	居民人均可支配收入（元）
				合计	一产	二产	三产			
上冈镇	236.86	13.99	45	89.97	13.04	27.77	49.16	1.82	19.27	24221
建阳镇	96.24	5.04	22	52.65	4.63	26.59	21.43	1.64	5.27	26193
颜单镇	55.90	2.43	8	27.88	3.20	13.61	11.07	0.76	2.04	24131
恒济镇	73.40	3.06	12	31.11	4.18	12.97	13.96	0.75	3.30	24595
庆丰镇	93.16	5.48	21	48.32	4.11	22.88	21.33	1.30	7.25	26383
九龙口镇	75.51	3.02	11	31.08	4.95	10.40	15.73	0.67	2.84	24955
高作镇	69.55	3.43	16	24.55	3.32	8.52	12.71	1.01	5.08	24658
芦沟镇	73.80	3.91	16	26.29	5.15	7.91	13.23	0.96	4.29	24208
沿河镇	84.02	3.50	15	25.03	4.02	7.94	13.07	1.05	3.09	23870
冈西镇	68.11	3.13	15	19.18	3.73	6.06	9.39	0.54	5.41	22592

续表48

镇（区、街道）	土地面积（平方千米）	年末户籍人口（万人）	行政村（社区）（个）	地区生产总值（亿元）				一般公共预算收入（亿元）	粮食总产量（万吨）	居民人均可支配收入（元）
				合计	一产	二产	三产			
宝塔镇	50.77	2.51	12	12.73	2.84	3.96	5.93	0.49	4.10	21004
开发区（钟庄街道）	92.96	5.47	21	78.17	3.45	55.60	19.12	4.45	5.95	30145
高新区（塘河街道）	30.16	2.38	8	56.64	0.74	28.79	27.11	2.79	1.20	27960
近湖街道	56.64	16.70	26	186.80	3.47	69.96	113.37	4.84	2.15	30469

射阳县

概　况　射阳县位于中国大陆南北地理分界线的东部起点，地处江苏沿海中心位置，县域面积2573平方千米，辖13个镇、2个省级经济开发区（江苏射阳经济开发区、江苏射阳港经济开发区）和2个市级工业园（盐城市纺织染整产业园、射阳县高新科技创业园），有3个省属农场、1个市属盐场，行政村（社区）238个，至2022年年末户籍人口91.52万人、常住人口75.7万人。全年实现地区生产总值709.67亿元、同比增长4.1%；一般公共预算收入30.76亿元、同口径增长1.9%；城乡居民人均可支配收入分别为40332元、26752元，同比增长4.7%、6.7%。财政、卫生工作获得省政府真抓实干激励表彰，入选县域经济、综合竞争力、投资竞争力、治理能力、科技创新、乡村振兴等全国百强县榜单，分别居第77位、86位、49位、45位、19位、48位。

农业经济　年内，射阳县新建高标准农田8446.67公顷，建成省级水稻绿色高质高效示范区15个，粮食、水产品总量保持全市第一，实现农业总产值213.9亿元，“射阳大米”入选全国农业品牌精品培育计划和农业生产“三品一标”典型案例，大米集团获评全国农业技术推广成果一等奖，“射阳平菇”获批国家地理标志证明商标。落地全省首个国家级沿海渔港经济示范区项目，黄沙港国家中心渔港二期开工建设，恒之鲜农冠央厨和容川生物2个项目入选省级农业农村示范项目，22个农业农村重大项目完成投资18.55亿元、列全市第一。创成苏北苏中地区首个国家级水产健康养殖和生态养殖示范区，入选省农业现代化先行区、省农业生产全程全面机械化示范县创建名单，获全省推进乡村振兴战略实绩考核综合排名第一等次，射阳现代农业产业园获评省级高质量发展示范园区。

工业经济　年内，射阳县开展“企业大走访、项目大推进、产业大招商”活动，优化成立重大项目服务中心，成立“4+3”重点产业链工作专班，推进分产业“月度过堂”、分片区“双月观摩”机制，新签约亿元以上项目138个，新开工亿元以上项目100个，新竣工亿元以上项目59个，项目开竣工数、入统项目数及入统投资额保持全市前列。常态化组织“政企同心联谊会”“金融机构镇区行”活动，发放稳岗返还资金1701万元，帮助解决融资需求130亿元，退税减税降费和缓税缓费13.28亿元。建成运行河德智能装备创新研究院、北京大学射阳拉曼研究中心等校地产业协作平台，新认定国家高新技术企业36家、科技型中小企业403家，新增省级“专精特新”企业20家、市级163家，高创园获评国家小型微型创业创新示范基地。工业企业数字化转型覆盖面50%，新增规模以上工业企业80家、获批省星级上云企业62家，江苏韩塑新材料有限公司入选省首台（套）重大装备认定名单，上海题桥纺织染纱有限公司、江苏光明银宝乳业有限公司、益海（盐城）粮油工业有限公司获批省级智能制造示范工厂。

第三产业　年内，射阳县坚持全域规划引领，一体化推进日月岛生态康阳旅游度假区、环海湿地旅游区、射阳河生态风景区建设，建成投用全域旅游集散中心、湿地观光大桥观景平台，开放运营“泊心·黄沙港”渔档长街等新业态，鹤乡菊海、淮海军垦纪念馆获评国家AAA级旅游景区，千鹤湖酒店通过五星级旅游饭店省级验收，创成省级全域旅游示范区，全年旅游接待量418.2万人次、旅游综合收入40.6亿元。全县域联动开展“1+3+N”系列促销活动，发放惠民消费券2200万元、拉动消费增长3.8亿元，培育规模以上服务业企业35家、限额以上批零住餐企业104家，射阳港一类开放口岸达到国家验收标准，射阳港港口物流园创成省级服务业高质量发展集聚示范园区，落户兴业银行、光大银行等金融机构，设立10亿元的悦阳新兴产业投资基金。全年实现服务业增加值327.7亿元、同比增长3%。

城乡建设　年内，射阳县完成“三区三线”划定，盐射高速、兴新线、合海线建成通车，沈海高速四明互通建设加快、348省道建设，“一主一副四片区”县域空间布局优化重塑，城乡交通运输一体化发展水平被省交通运输厅评定为AAAAA级。统筹新城开发和老城更新，深化全国文明城市创建，工人文化宫、淮剧文化剧场、新城文体中心投入使用，图书馆、美术馆、艺术馆建成开放，完成老旧小区改造、污水管网提质增效工程年度任务，新增省“最美公共文化空间”2个。开展乡村振兴示范镇村创建和富民强村帮促行动，改善农房7717户，引导进城入镇2394户，桃园新型农村社区获评省特色田园乡村，新潮村入选中国传统村落，231个村（社区）集体经营性收入均为40万元以上，其中50万元以上的村为68%。打好蓝天、碧水、净土三大保卫战，建成投运沿海双碳产业发展基地，空气优良率保持全省前列，国考、省考断面水质全部达标，建成生态河道233千米，五岸灌区获评省节水型灌区，创成国家生态文明建设示范区。

社会民生　年内，射阳县民生支出占一般公共预算支出80%以上，10大类26项民生实事项目全部完成年度目标。建成投用人力资源产业园，开展线上线下用工招聘活动80场次，新增就业创业8485人，新发展经营主体6026户。建成投用海都中学、晨光幼儿园、幸福幼儿园，优化调整县城公办学校施教区，义务教育阶段民办教育改革稳步推进，中高考质量保持全市前列。健全“一老一小”服务保障体系，未成年人保护“一中心N基地”建成运行，入选“苏童成长”协同关爱机制建设省级试点，创成省级居家和社区养老服务创新示范县。淮剧《雪枫卖马》入选“戏剧中国”年度优秀剧，9人获评“中国好人”“江苏好人”。全县贯彻总体国家安全观，推进安全生产专项整治三年行动，创新打造“枫桥驿站”“模拟法庭”等治理载体，“蓝纸鹤”入选全国检察机关十佳文化品牌，创成省法治政府示范县、食品安全示范县，获评省双拥模范县。

11月，射阳县被命名为第六批国家级生态文明建设示范区。

射阳县融媒体中心　供图

获批第六批国家级生态文明建设示范区　11月19—20日，在第十届中国生态文明论坛年会上，射阳县获评第六批国家级生态文明建设示范区。射阳县严守自然生态空间，系统推进全县域环境综合治理和修复，一体化实施射阳河湿地和滨海湿地整治修复工程，以骨干河道、重点道路为框架的“田”字形生态廊道基本建成，镇村污水处理设施实现全覆盖，同时做好“生态+”文章，先行先试推进生态碳汇监测、核算与交易，加快建设零碳产业园区、零碳产业港口和沿海绿色能源示范基地，生态环境评价指标保持全省前列。

县行政审批局获评全国人民满意的公务员集体　年内，射阳县行政审批局被中共中央、国务院授予全国“人民满意的公务员集体”称号。8月30号，中共中央、国务院表彰全国公务员队伍的先进个人和先进集体，射阳县行政审批局获评“全国人民满意的公务员集体”，是全市唯一获奖的先进集体，也是全国政务服务系统唯一县级先进集体。射阳县深化“放管服”改革，全省首推非税收入、水电气网联合报装“一件事”、率先推行“拿地即开工”，获评全省创新信用管理与服务试点县，智慧商事登记案例获评全国政务服务百佳实践案例。

比亚迪动力电池盐城基地一期竣工暨二期开工　9月28日，市委、市政府在射阳县举行比亚迪动力电池盐城基地一期竣工暨二期开工活动。比亚迪动力电池盐城基地项目是比亚迪集团在江苏唯一的刀片电池制造基地，是省重大项目，也是江苏建县史上单体投资最大的制造业项目。项目总投资150亿元，一期项目8个月建成投产，二期全面开工建设。项目用地96.47公顷、建筑面积98万平方米，全部建成投产后，可年产30吉瓦时新能源动力电池，实现开票销售额250亿元、税收8亿元，为盐城打造千亿元级汽车产业集群注入强劲动能。

盐射高速公路通车　（参见《交通　邮政·盐射高速公路建成通车》相关内容）　（崔红虹）

表49　2022年射阳县各镇基本情况统计表

镇	土地面积（平方千米）	耕地面积（公顷）	年末人口（万人）	行政村（社区）（个）	地区生产总值（亿元）	财政收入（万元）	粮食总产量（吨）	居民人均可支配收入（元）
合德镇	252.68	13768	27.48	33	123.95	32847	83789	32807
临海镇	184.89	11677	7.65	20	54.14	23616	102476	33059
千秋镇	157.55	10288	5.93	18	29.97	3710	93632	27017
四明镇	174.57	10420	7.79	23	27.64	3121	100994	23852
海河镇	243.16	15411	10.00	28	43.86	6663	153790	29200
海通镇	88.59	4122	3.30	10	38.39	9458	32161	35656
兴桥镇	127.28	8277	5.16	15	27.68	4683	79108	32005
新坍镇	97.97	6134	4.75	14	26.98	2790	56813	27769
长荡镇	95.99	5779	4.22	14	32.15	3366	56335	29715
盘湾镇	94.95	5134	3.75	12	41.40	6154	45599	37028
特庸镇	102.48	3938	3.89	12	29.16	2851	24510	31961
洋马镇	98.58	6016	2.96	8	30.23	4062	43765	33636
黄沙港镇	105.30	4841	1.82	8	31.08	10815	9642	34636

阜宁县

概　况　阜宁县地处江苏沿海中部，南北长52.5千米，东西宽48千米，县域面积1439平方千米。辖13个镇、4个街道办事处、2个社区、1个省级经济开发区。至2022年年末户籍总人口107.25万人；实现地区生产总值700.17亿元，一般公共财政预算收入30.5亿元，一、二、三产业比重11.79 ：41.88 ：46.33；完成固定资产投资184.8亿元，注册外资及中国港澳台资实际到账1.23亿美元，进出口总额9.13亿美元，社会消费品零售总额284.41亿元；城乡居民人均可支配收入分别为38309元和24921元。

农业经济　年内，阜宁县实现农林牧渔业总产值144.86亿元，同比增长9.9%。粮食播种面积12.7万公顷，粮食总产量95.96万吨；生猪饲养量110.2万头，出栏68.56万头，与省农科院合作成立黑猪产业研究院，“阜宁黑猪”入选省农业品牌目录区域公用品牌；家禽出栏1719.38万只，水产品产量7.89万吨。现代农业发展较快，农作物耕种收综合机械化率85%，新建高标准农田9700公顷，现代农业产业园获批省级现代农业产业高质量发展示范园创建单位，创成AAAAA级农业园区1家、AAAA级1家、AAA级2家。创成省级绿色优质农产品基地5个，全县绿色优质农产品比重80.28%。新申请地理标志证明商标2个，新增省级农产品品牌目录1个，“阜宁黑猪”入选2022年江苏农业品牌目录区域公用品牌。建成杂交水稻制种基地3187公顷，获评新一轮全国杂交水稻制种大县，“阜宁大米”连续五年获中国国际粮油产品展示交易会金奖。新增千万元以上农产品加工项目13个。创成省级蔬菜标准园1个，建成省级农业生产全程机械化智能化典型基地2个。实现镇级农产品电商直播全覆盖，完成线上销售13.8亿元。全县328个涉农村居集体经营性收入均突破30万元。秸秆、畜禽粪污综合利用率分别为98.34%、95%，农药、化肥使用量连续三年实现“双下降”。

工业经济　年内，阜宁县实现工业增加值203.32亿元，同比增长6.2%，工业增加值占地区生产总值比重29%，对全县经济增长的贡献率达到32.1%。全县规模以上工业总产值同比增长14.9%，八大产业链中5个产业链实现增长。其中，晶硅光伏产业链实现产值149.08亿元，同比增长77.7%，占全县规模以上工业总产值32.8%；全县29个行业大类中有16个行业实现正增长，增长面为55.2%。全县实现战略性新兴产业产值176.8亿元，同比增长52%，占规模以上工业总产值的38.9%，对工业增长的贡献率122%。实现全口径工业开票销售收入564.19亿元、同比增长15%。三大主导产业规模以上开票销售额占全县比重提高32.1%。阀体装备产业基地创成国家级火炬特色产业基地，阜宁环保滤料入选全国重点培育纺织服装百家品牌名单。全县开票销售收入超亿元企业76家，获批国家“两化”融合贯标认证企业6家、省“专精特新”中小企业13家、省五星级上云企业3家，盐城阿特斯协鑫阳光电力科技有限公司成为全县首个开票销售额超百亿元企业。大龙网跨境电商产业园获评市级跨境电子商务孵化基地，实现交易额3000万美元。与常州市武进区、苏州市常熟市签订战略合作协议。全县开工亿元以上工业项目58个，其中超50亿元3个。研发投入16亿元，创成省级工程技术研究中心2家、企业技术中心3家，建成环保新材料产业技术研究院。新增国家高企21家，获评国家科技型中小企业358家。完成869家工业企业资源集约利用综合评价，盘活低效闲置土地41.63公顷、厂房34.1万平方米。培育省级绿色工厂2家。首批整县制屋顶分布式光伏项目并网发电。

第三产业　年内，阜宁县完成社会消费品零售总额284.41亿元、服务业增加值324.37亿元。举办阜宁县首届文旅消费节，新盛街获评市特色夜市街区。七彩阜宁农业公园创成国家AAA级旅游景区，穆沟盐阜水乡文化会客厅、七彩阜宁玫瑰工坊建成运营。完成建筑业产值650亿元，新增规模以上建筑企业24家。

城乡建设　年内，阜宁县文体中心主要场馆完成主体框架结构建设，白天鹅公园城市阅读新空间建成交付。完成房屋征收13万平方米，提升老旧小区11个，建设安置小区4个。县城东、西出入口完成改造，开发区大道及周边环境全面出新，澳门路东延工程主体竣工。新建、改造口袋公园5个、绿地20万平方米。新建镇村污水管网415千米、污水处理设施54座，行政村生活污水处理设施实现全覆盖。铺设燃气主管网6.4千米，配套居民5700户。益林镇加快副中心建设，被纳入省经济发达镇培育。改善农民住房条件2415户，新建、扩建新型农村社区8个。新培植示范家庭农场40个、示范合作社20个，培育高素质农民7000人。13个黄河故道生态富民廊道重点项目有序实施，完成投资7.05亿元。推进淮河入海水道二期工程前期工作，盐阜快速通道阜宁段进展迅速，新长铁路益林道口平改立工程建成通车。完善提升乡村旅游公路40千米，改造危桥40座。实现主城区、重点镇区5G网络全覆盖。整治村庄河塘511条，建成生态河道140千米。通过省级生态文明示范县创建验收，创建省级生态文明建设示范镇4个。

社会民生　年内，阜宁县空气质量优良率86.6%、列全省第二位。国省考断面水质、集中式饮用水源地水质全部达Ⅲ类。落实新冠肺炎疫情防控第九版方案，建立县、镇、村三级防控体系、隔离体系、诊疗体系。县核酸检测基地建成运营，全县日检测能力8万管。定点收治医院完成改造，方舱医疗点启动建设。65周岁以上老年人健康调查和重点特殊就诊需求人员包保服务实现全覆盖。发放稳岗补助1333万元，开发公益性岗位556个，全县新增城镇就业7206人，技能培训1.2万人，引进高校毕业生2430人。医保参保75.62万人，建成“15分钟医保服务圈”省级示范点3个、市级示范点17个。建成城市街道“枢纽式”养老服务综合体、区域性养老服务中心各1个，创成省、市普惠性托育机构各1家。规范殡葬秩序，建成镇级公益性公墓7个。开展特殊困难群体救助帮扶和妇女儿童权益保障问题专项排查整治。发放救助资金3.57亿元。实验初中滨湖校区、滨湖高中交付使用，完成镇级中小学提档升级工程，创成市级以上优质幼儿园4所。成立水庆霞女子足球工作室。推进县人民医院二期工程、县第二人民医院整体搬迁工程，改造提升基层卫生院5家。获评省最美公共文化空间2个，抗击“6·23”特大龙卷风纪念馆被评为省科普教育基地。入选省红色地名6个，陈集

阜宁县穆沟古村航拍图　　阜宁县政府办　供图

停翅港被中共中央组织部评为红色党建示范村，“铁军驻地·华中热土”项目成为省首批红色旅游融合发展示范项目。生产安全事故起数同比下降50%。食药安全形势稳定向好，通过省级食品质量安全示范县创建验收。连续16年获评省平安县。

阜宁县第二十二届“5·18”经贸洽谈会 5月19日，阜宁县举行“共‘阜’未来 欢迎‘宁’来”第二十二届“5·18”经贸洽谈会。集中签约产业项目25个，计划投资130.4亿元。此次“5·18”活动采用云直播、云推介、云签约等方式举行，开幕式有来自全国各地的200余名企业家朋友在线参与和收看。同时举办各镇区专题推介、农旅分场推介、2022“阜明水秀·物阜民宁”首届阜宁文旅消费节等一系列活动，实现线上线下互动、经贸文化旅游互动。会议发布第二十二届“5·18”经贸洽谈会成果，推介阜宁县经济社会发展情况，并举行常熟市与阜宁县友好合作云签约仪式。

阜宁在苏州招商活动 8月13日，阜宁县在苏州开展招商活动，重点推介阜宁县产业基础和特色农业，洽谈项目合作。在参加盐城（苏州）产业发展暨农业合作恳谈会上，现场展示推介阜宁大糕、阜宁黑猪、益林酱油、七彩玫瑰等多款阜宁县优质特色农产品。恳谈会上，阿特斯12吉瓦光伏切片项目和谷香园养生杂粮深加工项目与阜宁县进行签约。

百名旅游同行金秋阜宁行 11月9—10日，阜宁县举办“百名旅游同行金秋阜宁行”活动，邀请市县旅游业工作者领略阜宁县风光并参与阜宁县旅游开发和景区运营建设，先后到访县金沙湖景区、七彩阜宁国家农业公园、马家荡景区以及中共中央华中局第一次扩大会议旧址等景点考察。

承办黄河故道片区乡村振兴市级重点实施项目现场推进会 10月14日，黄河故道片区乡村振兴市级重点实施项目现场推进会在阜宁县召开。与会人员实地观摩桃花源林果交易中心、羊寨镇世明果园村、芦蒲镇三联村堆上人家、牧原生态养殖基地项目现场。

告破“6·27”特大电信网络诈骗案 7月18日，阜宁县警方告破“6·27”特大电信网络诈骗案，捣毁涉案窝点18处，抓获违法犯罪嫌疑人430人，扣押涉案电脑100余台、硬盘400余个、手机400余部，涉案金额3000万余元。

承办“8+X”综合服务集市盐城·阜宁专场活动 8月17日，阜宁县总工会承办，江苏省总工会、盐城市总工会主办的苏工暖“新”行动——“8+X”综合服务集市盐城·阜宁专场活动在阜宁县文化中心举行。活动现场，新就业形态劳动者代表获赠清凉大礼包，参观“8+X”综合服务活动、倡议墙，实地走访阜宁县户外劳动者驿站和饿了么阜宁站职工之家等服务职工阵地。

表50 2022年阜宁县各镇（街道、社区）基本情况统计表

镇（街道、社区）	土地面积（平方千米）	耕地面积（公顷）	年末人口（万人）	行政村（社区）（个）	地区生产总值（亿元）				规模工业总产值（亿元）	全口径工业应税开票销售额（亿元）	居民人均可支配收入（元）
					合计	一产	二产	三产			
沟墩镇	112.09	7255	6.21	22	53.36	10.59	22.99	19.78	8.93	16.69	31965
陈良镇	67.50	4441	4.28	16	23.76	4.75	6.84	12.17	3.55	6.01	25473
三灶镇	88.70	6105	5.67	18	19.69	3.40	7.03	9.26	2.28	6.49	21861
新沟镇	77.39	5212	5.12	15	29.65	5.83	9.83	13.99	16.83	19.41	29950
陈集镇	85.82	5541	5.08	19	21.79	4.44	7.18	10.17	2.72	5.00	22647
羊寨镇	94.25	5948	5.67	19	20.60	3.66	6.04	10.90	2.16	6.83	21145
芦蒲镇	86.65	5013	4.90	19	15.66	3.55	6.11	6.00	4.11	8.46	21086
板湖镇	69.27	4694	4.69	18	20.79	3.29	9.15	8.35	4.80	6.07	24052
东沟镇	66.28	4106	4.84	19	34.62	3.74	17.60	13.28	12.43	15.93	26816
益林镇	108.74	6695	8.78	24	72.64	6.47	32.68	33.49	42.98	48.48	29166
古河镇	87.14	5925	5.59	20	19.95	4.24	6.95	8.76	4.89	5.27	22757

续表50

镇（街道、社区）	土地面积（平方千米）	耕地面积（公顷）	年末人口（万人）	行政村（社区）（个）	地区生产总值（亿元）				规模工业总产值（亿元）	全口径工业应税开票销售额（亿元）	居民人均可支配收入（元）
					合计	一产	二产	三产			
罗桥镇	88.71	6072	5.59	20	23.54	5.80	8.24	9.50	1.77	4.28	23538
郭墅镇（高新区）	76.05	5054	4.93	17	30.02	2.66	15.53	11.83	49.55	76.99	24231
硕集社区	47.32	3128	3.06	8	10.79	3.22	2.38	5.19	1.15	2.34	25018
公兴社区	57.72	3605	3.01	13	8.52	3.68	1.74	3.10	1.21	1.16	24794
阜城街道	64.67	2070	17.97	29	140.62	2.31	64.28	74.03	55.09	70.09	36387
吴滩街道	87.96	6126	5.24	21	22.79	6.10	7.57	9.12	3.13	7.26	24310
金沙湖街道	22.63	1168	2.19	7	6.69	1.77	1.24	3.68	0.00	70.09	26185
花园街道（开发区）	36.50	1552	4.43	17	88.53	3.07	59.83	25.63	236.90	257.41	27375

滨海县

概　况　滨海县位于盐城市东北部，东临黄海，南依射阳河、苏北灌溉总渠与射阳县交界，西与涟水县毗邻，西南与阜宁县相连，北隔黄河故道、中山河与响水县相望。东西最大直线距离55千米，南北最大直线距离47千米。县域面积1921平方千米，其中，耕地面积10.03万公顷、滩涂面积1.07万公顷，海岸线长44.6千米，辖15个镇（区、街道）、1个省级经济开发区（江苏滨海经济开发区），300个村（社区）。境内驻有省属国营滨淮农场、淮海农场（部分）以及市属新滩盐场。至2022年年末总人口118.12万人。全年实现地区生产总值605.93亿元，同比增长4.3%；完成一般公共预算收入28.96亿元；社会消费品零售总额264.5亿元。城乡居民人均可支配收入分别为39873元、24203元。

农业经济　年内，滨海县实现农业总产值147.3亿元、农业增加值88.6亿元。全县粮食种植面积为13.23万公顷，粮食总产量98.99万吨。全年生猪出栏76.71万头，年末存栏51.47万头，生猪出栏同比增长2.1%，生猪存栏及出栏总量居全市第二位。年末家禽存栏1029.25万羽，全年家禽出栏1796.42万羽。海淡水养殖面积7066公顷，水产品总产量10.2万吨，实现渔业经济总产值44.9亿元，渔业增加值25.2亿元。实施黄河故道片区项目38个、总投资41.9亿元，创建国家级绿色食品原料标准化生产基地1.53万公顷，新增高效设施农业2000公顷，数字农业、数字乡村得到发展，“三四五”农业社会化服务模式在全省推广、获中央广播电视总台《新闻联播》点赞。国家级海洋牧场示范区通过专家评审，现代农业产业园入选国家农村产业融合发展示范园。

工业经济　年内，滨海县实现全口径工业开票销售额498.58亿元、规模以上工业开票销售额348.75亿元，入库税收7.52亿元。落实苏盐合作战略，深化招商竞赛活动，全县新签约、新开工、新竣工亿元以上工业项目分别为88个、57个、39个，铸造产业加速向机械制造转型，电子信息加快向智能家电集聚，原料药逐步向成品药延伸，全年新创国家级“专精特新”小巨人企业3家、省级“专精特新”12家。成立黄海新区滨海港片区统筹发展指挥部，全面“换道”沿海开发，正威新能源科技城等29个重大项目签约，国信2×100万千瓦高效清洁煤电等13个超10亿元项目开工，绿色能源、绿能装备制造、功能性新材料、电池正负极材料、现代物流等千亿级产业集群加速形成。新成立大健康等产业基金4支、总规模35亿元，建设标准厂房86.5万平方米，推动园区基础设施提升，带动产业链式发展，绿岛智能制造深度合作县内65家企业。以“三项清理”为抓手，有效盘活低效土地138.47公顷，沿海工业园安全风险等级“C升D”通过省级初评，互联网双创基地获评省级电子商务示范基地，滨海科创园等载体加快建设。

第三产业　年内，滨海县实现社会消费品零售总额264.5亿元，网络零售额19.4亿元，服务业增加值278.39亿元。全年新增限额以上批零住餐企业120家，新增数位居全市第三位。梨花语景区创成国家AAA级景区，“回味滨海老城”成功申报省级特色风貌地段，吾悦广场城市综合体主体竣工。首次开展消费券发放活动，通过“建行生活”App平台，分8期向在县内消费人群线上发放1300万元消费券，使用资金1060万元，使用率81.5%,使用率位处全市各县（市、

9月26日，中国海油盐城“绿能港”（江苏LNG）项目投产仪式现场。
滨海县融媒体中心　供图

区）前列，直接带动消费9100多万元。开展第二届“5·15”滨海消费节暨“滨海网上消费节”和“一镇一主题”特色消费促进活动100余场。

城乡建设　年内，滨海县推进全国文明城市创建，推动城市更新，完成“三区三线”划定，累计拆迁7386户、66.9万平方米，改造提升老旧小区8个，向阳大道特色街区建成开放。新建城市道路8条、打通断头路5条，完成“四好农村路”提档升级42千米，海港大道与北海大道连接线开工建设，328省道二期提前竣工通车、获评省十大重点优质工程奖。系统加强城市精细化管理，县城89条主次干道、23处街头游园、100个住宅小区实现管理全覆盖，全县集镇环境有效改善。实施城市雨污分流改造10千米，完成农村生态河道162千米、农村改厕5500多座，创成省特色田园乡村4个、传统村落1个，建成绿美村庄6个，森林覆盖率、林木覆盖率均居全市前列。推动生态环境提质增优行动，中央环保督察交办问题全部整改销号，全县国省考断面均达Ⅲ类或以上水质，空气优良天数比例86.6%。

社会民生　年内，滨海县新改扩建学校30所，新增学位8800个，有效缓解“大校额”问题。推进医共体试点扩面，建成县公共卫生临床救治中心，滨海县人民医院即将投入使用，8家镇区卫生院改扩建工程加快建设，县域卫生信息化“一张网”上线运行。县文化艺术中心基本建成，图书馆通过国家一级馆初评，小淮戏《菊花开了》获评省“五星工程奖”。坚持就业优先，全年新增城镇就业7000多人，农村劳动力转移就业3000多人。通榆、天场等区域性养老服务中心加快建设，县未成年人保护中心、残疾人康复托养中心建成运营，创成“全省双拥模范县”。推进社会保险扩面征缴三年提升行动，兜牢因病致贫底线，基本建成“15分钟医保服务圈”，在苏北率先全域推广乡村医疗互助，尊老金“秒批秒办”、困难救助“容缺审批”等创新做法得到省民政厅肯定。开展安全生产专项整治，安全事故起数同比下降33.3%，创成省级食品安全示范县。开展“大走访大排查大整治”行动，推动信访积案化解，全县信访总量同比下降33%。全县推进“精网微格”工程，深化平安滨海建设，刑事警情、刑事案件实现“双下降”，公众安全感不断提升。

获评江苏省食品安全示范县　4月15日，江苏省食品安全委员会召开全体（扩大）电视电话会议，会上发布江苏省食品安全示范县（市、区）名单（14个）和江苏省农产品质量安全县（市、区）名单（8个），滨海县获评江苏省食品安全示范县。滨海县坚持将省级食品安全示范城市创建工作作为推动城市能级提升、保障群众健康安全的重要抓手，以“四个最严”为遵循、以“四有两责”为引领，加快预防和长效机制建设、规范食品生产经营行为，推进食品生产标准化、经营规范化、监管法治化、信用普及化，建立从“田头”到“餐桌”的全覆盖食品安全保障体系，巩固全县食品安全形势稳定向好的良好局面。经过专家组初审评估、随机调查、材料报送、评价验收、深度访谈等环节，达到示范县标准，创成省级食品安全示范县。

首添农产品区域品牌集体商标　6月19日，滨海县天场镇综合服务中心申请注册的“滨海天场山芋干”农产品区域品牌集体商标经国家知识产权局审定并公告，这是滨海县首件也是盐城市第三件农产品区域品牌集体商标。滨海县在2015年将山芋产业作为调整特粮特经首选产业及黄河故道农业产业结构调整优先种植品种之一，江苏省现代农业（特粮特经）产业技术体系也将滨海山芋列入“苏北特粮特经改良换代新品种”试验、示范和推广基地。天场镇拓展山芋绿色食品种植基地1400余公顷，培训6200多位种植户成功加盟。为传承和保护县“山芋传统制作技艺”，提升“滨海天场山芋干”的区域品牌知名度，天场镇党委、政府在滨海县知识产权局的支持下，与“李氏山芋坊”第六代传承人李杨和江苏大唐现代农业发展有限公司团队共同协作，完成“滨海天场山芋干”农产品区域品牌集体商标的注册。

新增3家小巨人企业　8月12日，工信部第四批“专精特新”小巨人企业培育审核名单公示结束，滨海县3家企业入选其中，分别是江苏万恒铸业有限公司、江苏腾龙石化机械有限公司、江苏雄越石油机械设备制造有限公司。

梨花语景区入选国家 AAA 级旅游景区 1月5日，市文广旅局发布《关于确定大丰狮子口会师纪念地景区等5家景区为国家AAA级旅游景区的公告》，梨花语景区为国家AAA级旅游景区。梨花语景区位于县现代农业产业园区，由农旅集团投资建设。景区分为印象梨花坞、烟墅梨花村、萌宠乐园梨养心苑、自然研学营地五大功能板块，融合“梨”的多种寓意，打造集梨产业、梨文化体验、梨文化旅游交流等功能于一体的综合景区。梨花语景区于2020年启动创建国家AAA级景区工作，县文广旅局指导景区的规划和建设，多次邀请市文广旅局领导和专家现场观摩指导，配合景区制定创建工作方案、完善相关台账和申报手续。景区的游客中心、旅游交通、安全卫生、标识标牌、综合管理等各项软硬件配套设施完善，通过评审，入选国家AAA级旅游景区。

（李群龙）

表51　2022年滨海县各镇（区、街道）基本情况统计表

镇（区、街道）	土地面积（平方千米）	耕地面积（公顷）	年末人口（万人）	行政村（社区）（个）	地区生产总值（亿元）	财政收入（万元）	居民人均可支配收入（元）
五汛镇	153	9749	8.38	31	49.16	6911	34278
蔡桥镇	92	5567	5.84	17	22.21	8655	29039
正红镇	145	8096	10.28	31	52.21	7036	29973
通榆镇	56	3121	3.89	11	16.83	4589	28803
天场镇	145	7008	4.82	14	19.65	8306	25738
界牌镇	100	6230	7.81	21	33.11	9007	32561
陈涛镇	133	8111	6.75	19	23.31	7490	27552
八巨镇	69	4416	5.08	12	23.79	5962	26973
八滩镇	111	6315	8.59	22	42.32	7309	39772
滨海港镇	309	13653	5.83	15	30.47	5535	28979
滨淮镇	227	12549	10.60	27	43.79	12382	39302
农业园区	63	2932	45.97	13	15.10	5138	41654
滨海港经济区	193	8297	9.11	21	31.89	5324	36166
东坎（含坎南）街道	97	3795	18.61	30	86.06	24499	43238
坎北街道	74	3026	6.17	15	9.71	4385	40611

响 水 县

概　况　响水县位于长三角区域一体化最北端，因灌河潮起潮落、跌水轰鸣数里而得名，拥有43千米黄海岸线和46千米灌河岸线。县域面积1470平方千米，至2022年年末户籍人口60.72万人。辖8个镇、1个省级经济开发区和1个市级工业经济区，152个村（社区）。主导产业有不锈钢产业、再生纸产业，特色产业有绿色动力产业、食品加工产业和色纺纱产业。全县实现地区生产总值480.55亿元，同比增长4.3%；一般公共预算收入25.35亿元，同比增长0.2%；社会消费品零售总额128.2亿元；城乡居民人均可支配收入分别达37918元、23686元，同比增长4.5%和7.5%；规模以上工业增加值同比增长8.6%，完成规模以上工业开票销售收入1815.82亿元，规模以上工业开票销售总量全市第一。全年实现服务业增加值194.6亿元，同比增长3.1%。金融机构存贷款余额分别增长10.2%和26.1%。风景名胜区主要有古云梯关遗址、孝子坊、大地九丰农博园、韩家荡天荷园、网红海滩等。年内，全县6家企业获批省级“专精特新”中小企业。

农业经济　年内，响水县农林牧渔总产值116亿元。全年粮食种植面积8.51万公顷，总产60万吨，新建高标准农田6666.67公顷，全域实现稻麦两季“吨粮田”目标，粮食产量连续四年达6亿千克以上，水稻示范片亩产769.35千克、全市第一。大豆玉米带状复合种植面积940公顷，大豆总播种面积1920公顷，超额完成省市“扩油增豆”任务。运河镇大豆百亩示范方单产368.26千克，获农业农村部“金豆王”奖。全年完成蔬菜播种面积3.36万公顷；完成水产品总产量7.24万吨；完成生猪存栏30.82万头，累计出栏商品肥猪49.24万头。依托响水县高品质海水养殖基地项目，成功创建2022年国家级生态养殖、健康养殖示范区。国家农业社会化服务创新试点县、省级农业生产全程全面机械化示范县创建全面推进，建成全程机械化智能化典型基地（园区）3家，打造省级西兰花生产全程机械化示范基地3个，建成稻麦轮作“无人化农场”，“响水西兰花机械化生产模式与典型案例”在全国推广，“两花一豆”高效轮作模式被列入江苏省主推模式。“响水西兰花”“响水浅水藕”“响水秋月梨”等入选全国名特优新农产品。

工业经济 年内，响水县实现全口径工业开票销售收入1800亿元，增长17.5%，总量居全市第一位；开票销售收入百亿元企业4家，纳税超千万元企业25家，新增规模以上工业企业56家、星级企业25家。江苏德龙镍业有限公司成为全国最大的300系不锈钢生产企业，列中国民营企业500强第56位。聚焦黄海新区响水片区主阵地，开展项目建设“百日会战”，德龙二炼钢正式点火，新行无缝管、富星二期建成投产，腾凯棒线材、金田二期设备调试，盐城钢铁职业技术学院、不锈钢加工贸易市场正式投运；总投资30亿元的兰德森碳化硅项目成功落户，建成66.67公顷汽车部件产业园，带动21个新能源汽车部件项目快速集聚。全年新开工、新竣工亿元以上项目59个、28个。数字产业实现突破，与东南大学国家科技园、东大资本合作共建“联合创新中心”，在南京软件谷设立“离岸孵化器”，数融智升等数字龙头实现“当年引进、当年落户、当年达规”，103家企业实施“智改数转”。战略性新兴产业年产值600亿元，占规模以上工业比重超过50%，企业税收34亿元。

第三产业 年内，响水县实现服务业增加值194.60亿元，同比增长3.1%；社会消费品零售总额128.2亿元，同比增长3.2%。新增规模以上服务业企业46家，同比增长25家，位列全市第三位。文化艺术中心、全民健身中心、开元温泉酒店、盐城钢铁职业技术学院、汤姆猫亲子乐园等一批精品项目交付使用，金融大厦、红星美凯龙全球家具广场、爱琴海购物公园、书香花园酒店等重大项目加快推进。响水港物流园区创成市AAA级服务业集聚区，脱离市级储备园区，获批省级示范物流园区。制定《响水县服务业高质量发展扶持奖励办法》《响水县助企纾困解难政策直达行动工作方案》，累计发放“两上企业”培植奖励资金226万元。灌河跨境电商产业园获批市级园区，新落户跨境电商企业14家。举办响水首届消费节，拉动消费增长超5000万元，规模以上服务业营业收入增速全市第一。南京银行、省农担公司在响水设立分支机构，全县新增贷款超80亿元。

城乡建设 年内，响水县推进城市更新，空间布局更加优化，科学编制国土空间规划，“三区三线”获得自然资源部批准，沿海城镇建设用地达2.47万公顷。实施城建重点工程147个，县城长江路东延等断头路春节前打通，19个老旧小区、后街背巷完成改造，灌江书苑、红旗路安置区建成交付，处理9个小区历史遗留问题、6742户办理不动产权证。港城打通与工业经济区通道，下穿228国道的新东路北延、淮海大街东延建成通车，书香花园酒店、文体共享空间投入使用，港城新增人口1万人。黄河故道片区“五个一”工程加快实施，67千米古黄河大道全线贯通，200公顷鲜食玉米丰产丰收，场地共建1333.33公顷生态优质稻米基地，6个示范村环境综合整治取得初步成效。全县新扩建新型农村社区15个、改善农房2218户、拆除“空关房”2000户、更换彩钢瓦屋顶41.9万平方米，创成省市级特色田园乡村4个，康庄村成为全县第一个省级传统村落，80%以上村（社区）集体经营性收入超30万元。提档升级农村公路84千米，新建改造桥梁46座，群众出行更加安全便捷。开展大气环境专项整治行动，59项治气工程全部完成，空气优良天数比率83.8%。深化“三长”联动治水，城西生活污水处理厂投入运行，46个行政村达到“双60”治理标准，建成农村生态河道75条、261千米，国考、省考断面平均水质优Ⅲ类比例100%。

社会民生 年内，响水县用于民生领域的投入占财政收入的80%左右，40件为民办实事工程加快推进。社会保障“稳就业”，发放“富民创业贷”1.8亿元、就业困难人员社保补贴1539万元，城镇新增就业超5000人。新增企业职工养老保险参保1.18万人，城乡居民基础养老金标准实现“十一连增”，企业退休人员基本养老金标准提高到每月2747元。高度关注“一老一小”，全市首家未成年人健康成长指导服务中心成立运行，港城养老服务综合体建成开放。清源中学等8所学校投入使用，高考本科达线1193人，中考高分段人数再创新高，人民群众对教育的满意度明显提升。响水县人民医院新院区主体竣工，港城医院创成二级综合医院，黄圩、老舍2个卫生院完成改造，公共卫生服务体系日益完善。全县实施文化惠民工程，举办图书《叶珍》响水首发式、文化艺术周等系列活动，4件书法美术作品入围省“五星工程奖”，县美术馆、县图书馆城东分馆入选2022年江苏省“最美公共文化空间”。

江苏德龙镍业有限公司位列中国民营企业排行榜56位 江苏德龙镍业有限公司始建于2010年，主要致力于300系不锈钢材料生产、加工、研发等全产业链发展，经过十余年艰苦创业，形成50万吨镍铁合金冶炼、247万吨不锈钢精炼、200万吨热轧、200万吨冷轧、印度尼西亚400万吨镍铁炼钢五大生产版块。江苏德龙镍业有限公司累计完成投资超200亿元，新建厂房、办公、科研及附属用

响水县响水湖美景　　响水县融媒体中心　供图

房98.14万平方米，有在职员工7142人，其中高级工程技术人员548人；长期与东北大学、北京科技大学等高校开展产学研合作，建成“省镍合金冶炼工程技术研究中心”“省企业技术中心”等6个技术创新平台，拥有发明专利51项、实用型专利106项，德龙镍业、德丰金属获批国家高新技术企业，巨合金属车间获批省级智能制造示范车间；300系不锈钢卷板通过ISO 9001和欧盟REACH认证，市场占有率位居全国前二。江苏德龙镍业有限公司实现开票销售额1539.65亿元，列中国民营企业排行榜第56位，连续多年被评为盐城市“五星级企业”。

响水县文化馆获评“国家一级馆” 年内，根据文旅部每五年组织县级以上公共文化馆、图书馆评估定级的要求，响水县文化馆在全国第五次文化馆评估定级中获评“国家一级馆”。响水县图书馆城东分馆和响水县美术馆入选2022年江苏省文旅厅公布的“最美公共文化空间”。（朱炜健）

表52　2022年响水县各镇（区）基本情况统计表

镇（区）	土地面积（平方千米）	耕地面积（公顷）	年末人口（万人）	行政村（社区）（个）	地区生产总值（亿元）				一般公共预算收入（万元）	粮食总产量（万吨）	居民人均可支配收入（元）
					合计	一产	二产	三产			
响水镇	62.69	2547.61	8.46	11	55.73	2.59	14.55	38.59	17070	1.92	32319
小尖镇	188.48	12526.29	10.12	30	55.01	12.33	11.36	31.32	9920	10.12	26514
陈家港镇	83.76	3418.07	6.84	19	41.32	8.86	6.98	25.48	7138	4.25	29971
大有镇	112.35	7553.13	5.96	14	30.13	7.08	9.17	13.88	5093	8.82	22122
南河镇	116.97	8354.90	6.11	19	31.35	6.91	9.89	14.55	4284	8.52	23594
双港镇	127.92	7925.84	6.25	17	30.45	7.09	8.54	14.82	6755	6.04	22728
运河镇	131.92	8624.75	7.43	22	36.75	6.25	10.73	19.77	4849	8.19	20568
黄圩镇	68.85	4412.03	3.49	10	17.89	3.31	5.23	9.35	2845	4.07	24182
经济开发区	6.27	73.05	3.67	10	64.07	2.02	48.02	14.03	41811	1.26	29516

大丰区

概　况　大丰区位于江苏沿海中部，是盐城的滨海新城区、大市区副中心，也是江苏省面积最大的城市区，坐拥世界湿地自然遗产核心区，区域面积3488平方千米，至2022年年末户籍人口68.73万人。辖11个镇、2个街道、2个省级经济开发区、268个村（社区），境内有江苏省属农场3家、上海市属农场1家。全区实现地区生产总值816.63亿元，财政总收入88.81亿元，一般公共预算收入58.16亿元，全部工业开票销售额1610.4亿元，城乡居民人均可支配收入分别达46523元、31297元。年内，大丰区获评国家知识产权强县建设试点县、江苏省土地执法模范县，杂交水稻制种面积全省第一、全程机械化率全国第一。

农业经济　年内，大丰区实现农林牧渔业总产值214.69亿元，农林牧渔业增加值128.89亿元。农作物总播种面积21.986万公顷，其中，粮食播种面积13.48万公顷，粮食总产量91.6万吨；油料播种面积8753.3公顷，油料总产量2.67万吨；蔬菜瓜类播种面积7.25万公顷，蔬菜瓜类总产量314.83万吨。全区有果园面积4333.3公顷，生产各类果品6.8万吨。年内，全区实现水产品总产量16.59万吨，农机总动力92.9万千瓦，新发展家庭农场59家、累计628家，新办农民专业合作社97家、累计登记注册农民专业合作社938家，新开工建设千万元以上农产品加工项目14个。大丰区作为第三次全国土壤普查试点县之一，完成全区1668个表层样点调查采样和制备检测工作。

工业经济　年内，大丰区开票销售收入超10亿元企业23家、新增3家，其中超50亿元企业6家、新增1家，超百亿元企业3家、新增1家。税收超千万元企业48家，新增纳税超10亿元企业1家。市三星级以上工业企业32家，其中五星级工业企业6家，数量全市第一。江苏博敏电子有限公司获批省级智能制造示范工厂，盐城正泰新能源科技有限公司建成省智能制造示范车间。江苏丰东热技术有限公司、江苏谷登重型机械科技有限公司2家企业被评为省“两化”融合管理体系贯标示范培育企业。江苏中车电机有限公司建成国家级绿色工厂，江苏博汇纸业、盐城正泰新能源科技有限公司、江苏德和绝热科技有限公司被认定为省级绿色工厂，2022年单位地区生产总值能耗下降率全市第一。江苏大洋精锻有限公司、江苏森威精锻有限公司成功获批国家“专精特新”小巨人企业，21家企业获批省级“专精特新”中小企业。海聆梦家居股份有限公司入选工信部重点培育纺织服装百家名单，盐城市恒丰海绵有限公司成功建成省级企业技术中心，江苏森威精锻有限公司“驱动电机空心变径轴增量体积成形技术”、江苏中车电机有限公司“10兆瓦（DD9）直驱永磁风力发电机分瓣定子”、盐城市联鑫钢铁有限公司“建筑用高强度耐火钢筋”被列入省新技术新产品目录。

第三产业　年内，大丰区实现服务业增加值415.48亿元，占地区生产总值比重50.9%。全年新培植规模以上服务业企业35家，实现规模以上服务业企业营业收入105.67亿元。新培植限额以上批零住餐企业156家，实现限额以上零售额59.7亿元。全区开展促销活动200余场，发放消费券25.6万张，实现社会消费品零售总额253.9亿元。中汽研汽车试验场股份有限公司登陆深交所，实现全市创业板上市、注册制上市“双零”突破。长三角（盐城）智能网联汽车试验场、郁金香康养基地列入省服务业重点项目。全区创成市级现代服务业高质量发展集聚示范区4家，总数全市第一。举办“爱上夜花海”、百合花文化月等各类活动，荷兰花海获评省级文明旅游示范单位、省“十佳夜演”项目，全区接待游客700万人次，实现景区综合收入2.2亿元。

城乡建设　年内，大丰区推进农房改善与美丽宜居乡村建设，全年完成闲置土地处置199.33公顷，低效用地再利用154公顷。组织实施城建交通重点工程36项，完成投资75亿元。大丰港铁路支线开工建设，盐丰快速通道快速推进。大中修农村公路49千米，改造农村危桥54座，整治陈李线路域环境70千米。新建、扩建新型农村社区项目7个。实施10个老旧小区综合整治，黄海东路、春柳路等新建雨污管网12千米，泰西十二排河、四小北沟完成清淤和生态修复，城北污水厂尾水净化工程发挥功效。西河口片区启动区完成覆绿工程，龙昌码头、西河口路、西沿河路、健康路西延等启动建设，大刘路（人民路—金海路）改造完成，新丰里文创产业园、幸福大街公建提升二期、常盐工业园区建成区基础设施提升等竣工。开展违法建设、线杆线缆、餐饮油烟等专项整治，创成省级垃圾分类达标小区35个，城区居民小区生活垃圾“四分类”基本实现全覆盖。大中街道红花、丰华街道朝荣、南阳镇诚心、草堰镇双河二期4个新型农村社区创成省级特色田园乡村，总数列全市第一。

社会民生　年内，大丰区20项民生实事工程完成投资39.59亿元。大丰区实验小学常新路分校、大丰区实验初中常新路分校竣工，20所公办中小学更新课桌椅、34所公办中小学更新照明灯具完成。大丰区第三人民医院异地建设项目投入使用。完成康平小区、东风小区等9个老旧小区整治和2271户农房改善。康馨雅苑、润富花园二期、常盐工业园拓展区安置房一期3个保障房完成年度投资20亿元。幸福小区、安居苑等35个小区加装电梯40部。完成花溪公园健身步道5千米，提档升级27个小区一代全民健身路径。建成15个口袋公园。完成农村河道生态治理51条，村庄河塘整治195条。建成草堰镇丁溪村、大中街道阜北村、南阳镇祥西村等191个自然村生活污水治理设施。完成新丰镇、刘庄镇智慧广电乡村建设。中央厨房和10个“长者幸福食堂”完成改造，2000平方米的“枢纽式”养老服务综合体竣工。为1500名75~79周岁中度、重度失能社会老人提供居家上门服务。1167名重度失能人员享受照护保险待遇，建成60个“梦想小屋”。开展招聘活动55场，城镇新增就业2.24万人，新开发公益性岗位503个，培育高素质农民3601人。

获评省第十二届双拥模范城(县、区)

8月1日，大丰区被省委、省政府命名为省双拥模范城（县、区)，大丰区人武部获评省双拥模范单位。大丰区是革命老区，近年来，大丰区发扬双拥传统，军地携手同心，探索出一套具有大丰特色的双拥工作模式。“入伍慰问、春节慰问、立功慰问、关爱军人亲属”的“三慰问一关爱”现役军人服务保障办法被《中国双拥》杂志报道，实现区镇退役军人服务中心（站）全覆盖，代表盐城接受国家双拥模范城创建现场检查。

特色种业 年内，大丰区是全省主要农作物种子生产基地，是国家级杂交水稻种子生产基地之一，全区有“新三板”挂牌种业企业2家，数量保持全省最多。全国有35个企业在大丰开展杂交水稻制种。品种组合69个，制种面积4902公顷，保持全省最多，制种量5422吨，合格率90%以上。全年常规小麦繁种面积1.53万公顷，繁种量14.89万吨，合格率95%以上；常规稻繁种面积7666公顷，繁种量5.75万吨，合格率90%以上。9月19日，大丰区杂交稻机械化制种技术典型经验，在全国杂交稻全程机械化制种培训班线上培训作交流发言。

企业发展服务中心启用 7月31日，大丰区企业发展服务中心正式启用，为全市首家为企服务专业机构。中心通过整合全区各部门涉企服务事项，最大限度减环节、优流程、强服务，建设一站式线下服务大厅和线上综合服务平台，为企业提供广覆盖、全过程、信息化、精准化、便利化的服务，实现服务一站供给、业务一网受理、诉求一帮到底。

银宝集团30万吨粮食仓储项目开工

9月29日，盐城市银宝集团30万吨粮食仓储项目开工。该项目位于大丰港经济开发区江苏省黄海粮食产业园内，总投资15亿元，占地面积约30公顷，共分为2期实施。项目全部建成后，可实现30万吨总仓容，成为集仓储、米面油精深加工、质量检测、教育培训于一体的多功能粮食现代物流产业示范园。

大丰港铁路支线全线开工 9月27日，大丰港铁路支线项目开工建设。该项目自新长铁路大丰西站引出，途经大丰区刘庄镇、常盐工业园区、开发区、大中街道、丰华街道、沪苏集聚区、苏盐工业园区，终至大丰港经济开发区大丰港站，线路全长50.6千米，建设工期2年6个月，投资估算46亿元。项目建成后，大丰港区可通过铁路支线连接新长铁路、陇海铁路、宁启铁路，成为辐射中部地区和苏中、苏北内陆城市货物运输的重要出海通道，对于推动运输结构调整，发展多式联运，提升盐城港综合竞争力具有十分重要的意义。

（陈志伟）

大丰图书馆　　　　大丰区融媒体中心　供图

表53　2022年大丰区各镇（街道）基本情况统计表

镇（街道）	年末人口（万人）	行政村（社区）（个）	地区生产总值（亿元）				一般公共预算收入（万元）	粮食总产量（万吨）	居民人均可支配收入（元）
			合计	一产	二产	三产			
草堰镇	3.57	13	24.37	5.99	5.47	12.91	7352	5.42	35180
白驹镇	3.66	17	27.79	6.65	6.27	14.87	6804	7.33	39691
刘庄镇	3.94	15	33.41	6.29	9.75	17.37	8099	5.83	44217
西团镇	2.76	13	34.26	4.70	14.30	15.26	16738	4.60	38054
小海镇	3.68	15	24.87	6.95	7.16	10.76	7074	6.58	37004
大桥镇	2.98	13	16.80	6.22	2.10	8.49	8861	6.73	38524
草庙镇	2.61	16	19.28	6.09	3.70	9.49	8210	7.91	38009
万盈镇	4.48	18	28.12	7.66	7.32	13.14	9763	7.52	35643
南阳镇	3.37	13	27.04	6.58	8.41	12.05	13554	2.84	41033
三龙镇	5.14	22	29.30	13.30	4.43	11.57	7739	7.58	34801
新丰镇	9.94	38	84.84	17.33	21.39	46.12	12665	10.24	44307
丰华街道	3.45	13	65.23	4.80	13.07	47.35	31574	1.91	44975
大中街道	14.82	46	168.99	10.09	44.49	114.41	79057	4.02	46243

盐都区

概　况　盐都区位于江苏省沿海中部，地处江淮之间，里下河腹部，为盐城市主城区之一，盐淮高速、宁靖盐高速、204国道贯通全境。区域总面积1016平方千米，辖镇8个、街道4个，国家级高新区1个、国家级台创园1个和省级旅游度假区1个，行政村（社区）250个，至2022年年末户籍人口69.58万人。全区实现地区生产总值714.3亿元、同比增长2.6%，一般公共预算收入42.8亿元、同口径增长0.7%，固定资产投资增长10%，外贸进出口总额14.28亿元、同比增长5.5%，社会消费品零售总额272.8亿元，全社会研发投入占地区生产总值比重2.5%，城乡居民人均可支配收入分别为49567元、30387元，节能减排等指标均完成省市下达任务。

农业经济　年内，盐都区实现农林牧渔业总产值104.3亿元，同比增长4.5%；农林牧渔业增加值67.04亿元，可比价增长3.4%。全年粮食稳产丰收，粮食播种面积6.46万公顷，同比增加113.33公顷，总产47.1万吨，与上年持平。畜牧业规模稳定，生猪饲养量14.68万头，其中，年末生猪存栏5.4万头，同比增长0.4%；生猪出栏9.28万头，同比增长0.1%。家禽饲养量581.24万只，同比下降5.3%，其中，存栏255万羽，同比下降11.3%，出栏313.6万只，同比下降3.8%。蔬菜瓜果总产55.6万吨，同比增长3.2%。年内，新建高标准农田面积3466.67公顷，“盐麦3号”“盐糯20”通过国家新品种审定，“盐都草莓”跻身全国草莓区域公用品牌20强、大纵湖小龙虾获评国家地理标志证明商标。新增省级合作社示范社3家、示范家庭农场6家，粮食科技产业园被列为全省农业农村重大项目典型。

工业经济　年内，盐都区实现全口径工业开票销售额604亿元，同比增长17.6%，实现规模以上工业开票销售收入473.6亿元，同比增长15.1%，其中智能终端、高端装备、新能源三大主导产业开票销售收入375.2亿元，占规模以上工业的79.2%。全年开票销售收入超亿元企业82家，其中，50亿元以上企业2家、10亿元以上企业3家；创成市三星级以上企业38家，净增7家；新增规模以上工业企业62家。规模以上工业增加值同比增长7.4%，累计实现规模以上工业总产值467.3亿元，同比增长6.9%，其中战略性新兴产业产值、高新技术产业产值占规模以上工业总产值的比重分别42.7%和69%。

第三产业 年内，盐都区实现社会消费品零售总额272.79亿元，同比增长0.9%。分行业来看，限额以上批发业实现销售总额253.5亿元，同比增长16.1%；限额以上零售业实现销售总额104.7亿元，同比增长11.2%；限额以上住餐业实现营业额7.51亿元，同比增长10.7%。新增限额以上批零住餐企业123家。在限额以上企业商品零售额中，销售额占比较大的烟酒类同比增长24.9%，汽车类同比增长5.1%，中西药品类同比增长23.1%，煤炭及制品类同比增长12.7%。年内，盐都区接待游客435万人次，实现旅游收入51亿元，同比分别下降20.9%、17.7%。盐都区有省级旅游度假区1个，AAAA级景区2家，AAA级景区6家，全国乡村旅游重点村2家，省级乡村旅游重点村2家，省工业旅游区1个，自驾游基地、房车露营基地等景区景点20多处。年内，盐都区创成省级全域旅游示范区、潘黄街道仰徐村入选全国乡村旅游重点村名单、盐渎街道花吉村获评2022年江苏省乡村旅游重点村。

城乡建设 年内，盐都区实施城建重点项目101项，科技广场中央商务区等功能性项目加速推进，青年路高架西延等一批交通项目加快实施，建成口袋公园15个。组织城市更新，新建安置小区3个，整治老旧小区8个，惠及群众6300余户。新建农村污水处理设施62个，改建农村户厕4535户，改造老旧村庄9个，改善农民住房2208户。提档升级农村公路35千米，改造农村危桥37座，实施农村公路生命安全防护工程176千米。年内，打好蓝天、碧水、净土三大保卫战，空气质量优良天数比例85%，PM2.5浓度水平保持全市前列，国省考断面和饮用水源水质全部达标。推进植树造林，创成国家园林城市、全国绿化模范城市，全区林木覆盖率26.24%。拓建新型农村社区，扩建三官村、蒋河村、华府村3个新型农村社区，全年改善农房2208户，超额完成省市任务。创成学富蒋河、尚庄民胜2个省级特色田园乡村，创建总数13个。创成丁马港村、张本村、蒋河村3个中国传统村落，总量占全市50%。创成潭溪、葛武康居示范点2个省级传统村落，总数13个。创成丁马港村3个省级建筑组群，创建数量居全市第一、全省前列。大纵湖旅游度假区推进平湖南路美食一条街规划建设和项目招商，大纵湖镇实施工业园区污水管网工程，秦南镇整治修复集镇道路，尚庄镇改造提升人民公园，龙冈镇加快腾龙嘉园二期、消防站工程建设，郭猛镇实施街心公园、农贸市场污水改造及电力改造施工工程，大冈镇、楼王镇提升森林小镇建设品位，推进产镇融合发展，夯实全国重点镇、全国特色小镇、省园林城镇建设根基。

社会民生 年内，盐都区有养老机构18个，其中公办机构13个、民办机构3个、公建民营机构2个，住养老人824人、工作人员265人。新增企业职工养老保险参保1.13万人，城乡基本养老保险、失业、工伤保险参保人数分别为32.69万人、8.96万人和11.41万人。企业退休人员养老金平均水平2264.8元，城乡居民基础养老金最低标准提高到每人每月235元，城乡居民基本养老保险保障水平295.47元，居全市前列。新增城镇就业8160人，新增企业职工养老保险参保1.13万人，企业退休人员养老金实现“18连增”，城乡居民基础养老金最低标准提高到每人每月235元。全域构建“15分钟医保服务圈”，高质量通过省级首轮验收。新建中小学6所、公办幼儿园4所，新增学位1.15万个，南师大盐城实验学校智创校区揭牌成立，全区中小学幼儿园全部实行集团化办学，创成省高质量平安校园建设区。市第三人民医院通过三甲综合医院复评，盐城复兴医院、区老年医院建成投用。全年送戏下乡500余场次，3部作品获得省“五星工程奖”。加强社会养老建设，区老年大学新校区建成使用，入围全省示范性居家社区养老服务网络建设地区，尚庄镇庆福村创成全国示范性老年友好型社区。盐都区创成全国平安校园是盐城市唯一一家通过评估的县（市、区），盐都区气象局创成全国气象科普教育基地，为全市唯一入选单位。

入选“科创江苏”试点县（区）建设名单 年内，盐都区作为全市唯一入选“科创江苏”试点县（区）建设名单，获评国家知识产权强县建设示范县。2022年，盐都区国家高企预计净增超100家，培育瞪羚企业12家、潜在独角兽企业1家，高新技术产业产值占比65%、居全市首位。新增省级企业技术中心7个、工程技术研究中心18个，规模以上工业企业研发投入强度3.28%。盐城超算中心建成运营，盐城工学院研究生院建成招生，与南京信息工程大学签署战略合作协议，举办数字经济与超算产业化发展论坛、全国“双创”周江苏分会场等活动。建成“都U+”系列人才公寓1810套，引进领军人才80人、高层次人才创业项目24个。主动融入长三角一体化发展，与常州高新区、武进高新区签订南北园区共建合作协议，促进资源互补、合作共赢。“三争一创”深入推进，创成省级以上品牌27项，争取竞争性资金7.1亿元。

第六届特色农产品展销会 9月8—10日，为庆祝2022年度中国农民丰收节，展示盐都乡村振兴发展成果，在万达广场举办第六届特色农产品展销会。展销会设置17个展区，大纵湖大闸蟹、张庄藕粉圆、秦程咸鸭蛋、秦南水牛肉、龙冈茌梨等200多种特色农产品参展。

大纵湖大闸蟹开捕节 9月23日，2022中国·盐都大纵湖大闸蟹开捕节启动仪式在大纵湖畔举行。“好湖好水出好蟹”，大纵湖是盐都人民的“母亲湖”，大纵湖大闸蟹具有“劲大肥满、鲜腥甘脆”的独特品质。2022年，大纵湖大闸蟹入选江苏省特色农产品优势区名单。

第七届中国杨侍生态美食节 9月17日，第七届中国杨侍生态美食节暨盐城地方菜烹饪技能大赛开幕。美食节活动邀请盐城市烹饪行业工作者们，制作以盐城地方原料为主食材的乡土地标菜，通过中餐热菜、中式面点、冷拼与食雕，展示具有典型的创新意识，适应当地消费者的需求，有一定特色的风味创新菜。

“重大项目攻坚年”行动 年内，盐都区在上海市、苏州市、深圳市等地举办招商活动6场次，新签约亿元以上项目137个，其中，10亿元以上项目13个，总投资50亿元的东山IC载板、国电投高效储能电池等项目相继落户。推进77个省市区三级重大项目、重点工程，京泉华、瑞莱铂机器人等64个亿元以上项目开工建设，龙创智能驾驶、博盛新材料等41个亿元以上项目竣工投产。实施载体焕新行动，腾退低效企业97家，盘活闲置工业用地52.07公顷、低效厂房51万平方米。（刘 菲）

表54 2022年盐都区各镇（区、街道）基本情况统计表

镇（区、街道）	土地面积（平方千米）	耕地面积（公顷）	年末人口（万人）	行政村（社区）（个）	地区生产总值（亿元）				一般公共预算收入（万元）	粮食总产量（万吨）	城镇居民人均可支配收入（元）	农村居民人均可支配收入（元）
					合计	一产	二产	三产				
大纵湖镇	93.81	4887	4.74	20	31.02	7.50	10.32	13.21	6587	2.42	50735	31245
楼王镇	153.21	5699	6.42	28	28.50	10.81	9.79	7.89	6892	5.77	42835	27000
学富镇	83.49	5300	4.67	20	19.20	5.68	5.73	7.78	6731	4.12	44208	27502
尚庄镇	72.56	4330	4.21	18	20.58	4.17	8.49	7.93	3074	4.30	43651	27255
秦南镇	127.51	8387	7.86	32	41.85	9.79	14.37	17.69	8767	9.57	49305	30440
龙冈镇	93.95	5102	7.16	31	71.55	7.14	29.46	34.94	11446	6.46	53532	32903
大冈镇	101.71	5384	5.72	21	47.20	4.84	19.02	23.34	9937	5.69	51044	31212
郭猛镇	43.03	2375	3.27	10	30.97	1.72	13.04	16.20	12144	1.75	51439	31623
台创园	49.94	3067	3.34	12	4.02	2.83	0.44	0.75	615	2.62	49557	30655
大纵湖旅游度假区	37.61	972	1.48	6	6.35	1.03	0.14	5.18	1913	0.36	49571	29542
盐渎街道	59.78	2221	7.52	15	115.06	0.84	28.34	85.88	82998	1.82	61179	35657
张庄街道	22.85	1067	2.96	9	32.77	0.75	21.74	10.28	12448	0.89	52758	32766
盐龙街道	52.63	1563	4.97	15	154.27	0.50	131.99	21.78	66215	1.02	59244	36395
潘黄街道	24.14	584	5.25	13	111.47	5.36	28.66	77.45	58156	0.33	62416	38970

亭 湖 区

概 况 亭湖区地处黄海之滨，位于“一带一路”倡议和长江经济带、长三角区域一体化、江苏沿海开发、淮河生态经济带等多个国家战略叠加区，是盐城市的中心城区。区域面积790平方千米，辖5个镇、7个街道、2个经济园区。至2022年年末，全区常住人口68.3万人，户籍人口67.33万人。年内，全区实现地区生产总值669.51亿元，完成一般公共预算收入45.32亿元，同比增长0.7%。规模以上工业企业开票销售收入478.7亿元，同比增长30.9%。实现服务业增加值378.79亿元，同比增长4.4%。城乡居民人均可支配收入分别为54501元、31956元。2022年，成功入选全省高质量发展优秀县（市、区）跻身全国创新百强区、全国幸福百强区、全国高质量发展百强区、全国投资竞争力百强区，知名度和竞争力再上新台阶。

农业经济 年内，亭湖区粮食播种面积3.57万公顷，全年粮食产量2.55亿千克。高标准农田2.72万公顷，占耕地面积76.9%。家禽年饲养量1038.18万羽，生猪年饲养量16.75万头。农村产权累计交易总数1.2万宗，交易金额28亿元，位居全省前列。全区省级农民合作社示范社12个、家庭农场31家。盐东镇入选国家现代农业产业强镇，坞港片区项目入选全省首批示范项目，国家一、二、三产业融合示范园创建通过省级评审。建成水稻绿色高质高效示范片4

个，创成全国农作物病虫害绿色防控示范区。黄尖菊花入选省地理标志农产品保护工程项目，乾宝牧业公司入选国家种业阵型企业。亭湖区推行“小田变大田”实践，解决农村土地细碎化、农业生产副业化和劳动力低质化等问题，在推动农业适度规模经营，促进农业增效、农民增收等方面取得明显成效。“小田变大田”改革成果刊发在中央改革办《改革情况交流》、农业农村部《农村改革动态》、新华社内参，得到国务院领导和省委、省政府主要领导的批示肯定，农业农村部调研组到亭湖区专题调研。

工业经济 年内，亭湖区新增规模以上工业企业34家，完成规模以上工业企业开票销售收入478.7亿元，同比增长30.9%。电子信息、绿色环保、新型交通三大主导产业累计开票销售额371.6亿元，占比77.6%，同比增长45%。立铠精密科技有限公司开票销售收入223亿元，同比增长104.4%，实现翻番，是亭湖区历史上首个制造业“两百亿”企业。创成国家级“专精特新”小巨人企业2家，省级“专精特新”中小企业18家，市首批创新型中小企业107家。昆岳互联的“INECO平台的智慧运维综合解决方案创新应用”入选国家级工业互联网平台创新领航应用案例，高精机电的“基于数字孪生装备制造智能工厂标准应用”入选国家级智能制造标准应用试点项目。至年底，全区有国家级“专精特新”小巨人企业4家、省级“专精特新”中小企业25家。

第三产业 年内，亭湖区实现服务业增加值378.8亿元，占地区生产总值比重达56.6%，同比增长4.4%。实现社会消费品零售总额283.96亿元，同比增长0.3%。规模以上服务业营业收入159.65亿元。建军路商业集聚区实现营业收入102.39亿元，增幅7.6%，税收3.41亿元，增幅10.71%。在全市率先实施服务业经济网格化管理，累计盘活闲置商务楼宇46万平方米。推动各类服务业市场主体“个转企、小升规”，全区限额以上批零住餐企业264家，规模以上服务业企业125家，服务业企业全年实现入库税收25.34亿元。建成投运1956星剧场，竹林大饭店获长三角城市最美公共文化空间大赛第一名，建军路文商旅街区被认定为省级现代服务业高质量发展集聚示范区。中国黄海湿地博物馆、希尔顿逸林酒店建成开放，大洋湾唐渎里获评省级夜间文化和旅游消费集聚区。

城乡建设 年内，亭湖区启动棚改项目21个，新开工安置房1.87万套，基本建成1.16万套，改造提升老旧小区34个，实施雨污分流小区17个。新建改建新洋路等市政道路13条，成功申报德惠尚书房等2个省级宜居示范居住区项目。建成农村公路生命防护工程118千米、生态河道127千米。改善农房1602户，创成省级生态宜居美丽乡村、省级特色田园乡村8个，黄尖镇创成省级生态宜居美丽乡村示范镇，新兴镇获“2022中国最美村镇”乡村振兴榜样奖。开展全国文明典范城市创建，打造市级精细化管理样板点6个，建成长亭路智能示范街。创成省级垃圾分类达标小区30个，盐东镇创成省级垃圾分类试点乡镇。开发农村人居环境整治“五位一体”云平台，实现农村环境整治智能化监管，获评2022全国县域农业农村信息化发展先进县。

社会民生 年内，亭湖区新扩建中小学校和学前教育服务阵地15所，中考质量全市领先。省运会亭湖青少年金牌数、奖牌数、总积分领跑全市。在全国首创“幼教托育一体化”服务，在全省率先建成全链条课后服务体系，打造“假日课堂”“爱心托管班”等服务品牌，教育改革创新工作被《人民日报》《中国教育报》等媒体聚焦报道30多次。实施城乡医疗卫生服务体系建设三年行动计划，新改建基层卫生服务机构8个，国家级卫生镇、家庭医生签约服务、基层医疗机构中医馆实现全覆盖。建成省级特色科室孵化基地2个、省级专家工作室1个。亭湖第一村医团队入选中国家庭健康守门人榜单。城乡居民养老保险参保人数13.8万人，提前全覆盖建成“15分钟医保服务圈”，“馨医保365”品牌不断叫响。建成全省首个分散供养人员照护管理信息系统，新建社区“嵌入式”养老服务站8个、“长者幸福食堂”10个，街道综合养老服务中心建设实现全覆盖。

创成省级全域旅游示范区 6月10日，省文旅厅公示第五批省级全域旅游示范区及建设单位名单，亭湖区榜上有名。亭湖区致力培育“世遗核心地·悦游在亭湖”品牌，构建以世界遗产旅游为中心、以亭湖版鹤乡生活为主线的城乡统筹、文旅融合、景城

亭湖区先锋岛全貌　　孙华金　摄

一体的全域旅游格局。全区有省级旅游度假区1家，AAAA级景区3个、AAA级景区2个，三星、四星级乡村旅游点3个。全年接待旅客280万人次，实现旅游收入22.5亿元。

入选全省“普惠托育体系建设成效明显的地方” 6月，亭湖区普惠托育体系建设获省政府真抓实干督查表扬激励事项。近年，全区高度重视普惠托育体系建设，在全国率先出台0~3周岁婴幼儿照护服务工作指引，逐步完善特色鲜明、主体多元、管理规范、质量上乘的全区婴幼儿托育服务体系。至2022年年底，全区公办托育机构占托育机构总数比例超50%，婴幼儿家庭接受科学育儿指导率、健康管理率超50%，建成托位2800个以上，实现村（社区）提供托育服务全覆盖。

建军路入选省高质量发展集聚示范区 3月17日，江苏省发展和改革委员会发布《关于认定第一批省级现代服务业高质量发展集聚示范区的通知》，亭湖区建军路商业集聚区位列其中。该商业集聚区位于盐城市中心区域，共计1.71平方千米，是江苏省放心消费创建示范街区、盐城市AAAAA级服务业集聚区、盐城市特色夜市街区。集聚区内聚集1438家企业（经营户），汇聚金鹰、八佰伴等大型购物广场，集合浠沧商业街、华兴步行街等特色街区。竹林大饭店、盐城第一高楼——国贸中心万豪酒店也坐落于此，更有长达1682米的高品质地下商业步行街。

亭湖“长者幸福食堂”打造 4月13日，亭湖区印发江苏省首个《“长者幸福食堂”建设方案》，明确每个街道专业化运营2个以上能容纳50人以上同时就餐的“长者幸福食堂”，3年实现城市社区老年人助餐全覆盖。“长者幸福食堂”由街道、社区提供用房，区财政按照每平方米1000元的标准给予装修补助；每人次2元的标准给予运营补助；特殊困难群体按午餐每人次2元、早餐和晚餐每人次1元标准给予就餐补助。

（蔡金峰　余卫兵）

表55　2022年亭湖区各镇（区、街道）基本情况统计表

镇（区、街道）	土地面积（平方千米）	耕地面积（公顷）	年末人口（万人）	行政村（社区）（个）	地区生产总值（亿元）				财政收入（万元）	规模以上工业总产值（亿元）	居民人均可支配收入（元）
					合计	一产	二产	三产			
南洋镇	126.33	5975.03	73048	25	42.79	8.41	23.39	11.00	16595	11.56	35906
盐东镇	122.19	7161.12	48595	14	27.14	7.43	12.11	7.61	9460	16.01	36085
黄尖镇	253.15	9013.25	36731	10	14.35	5.62	3.01	5.72	5113	5.11	32214
新兴镇	90.83	4194.23	60016	24	32.91	9.56	16.12	7.23	9415	16.01	36774
便仓镇	71.97	4057.66	34674	13	20.72	6.13	10.77	3.82	7294	26.01	31770
新洋经济区	29.59	525.51	59946	13	58.23	0.37	33.22	24.63	57226	27.34	46159
大洋街道	7.78	33.20	41349	8	47.21	—	2.49	44.72	21993	—	55897
五星街道	2.84	12.20	39576	12	42.46	—	11.70	30.77	31913	—	56452
文峰街道	5.53	0.80	80747	15	105.15	—	8.78	96.36	36015	0.71	55859
先锋街道	6.08	22.91	44242	15	39.64	—	2.70	36.94	15588	—	56010
毓龙街道	5.44	0.37	70828	14	74.50	—	25.67	48.82	30572	—	55908
宝瓶湖街道	48.17	2024.05	21895	6	61.26	1.29	47.50	12.47	27959	92.55	45877
东亭湖街道	24.74	421.71	61621	9	103.16	—	54.45	48.71	100529	278.14	47176

人物　荣誉

编辑　曹懿超

新任市领导

徐　缨　女，汉族，江苏常州人，1967年9月出生，1989年8月参加工作，1986年11月加入中国共产党，大学学历，学士学位。1989年8月常州绝缘材料总厂技术科、企管科干部；1991年8月共青团武进县委青工部干事、副部长，组织部副部长、部长；1994年7任共青团武进县（市）委副书记；1998年4任共青团武进市委书记、党组书记；1999年6月任武进市安家镇党委书记；2001年3月任武进市委常委、宣传部部长；2002年4月任常州市武进区委常委、宣传部部长，湖塘镇党委书记；2002年10月任常州市钟楼区委副书记、副区长、代区长；2003年1月任常州市钟楼区委副书记、区长；2005年8月任常州市钟楼区委书记；2006年1月任常州市钟楼区委书记、区人大常委会主任；2008年2月任常州市委宣传部代部长；2009年6月任常州市委常委、宣传部部长；2016年9月任常州市委副书记、政法委书记；2017年3月任省网信办（筹）主任兼省委宣传部副部长；2017年9月任省委网络安全和信息化领导小组办公室（省互联网信息办公室）主任兼省委宣传部副部长；2018年10月任省委网络安全和信息化委员会办公室（省互联网信息办公室）主任兼省委宣传部副部长；2022年4月任盐城市委书记。

1997年9月至1999年7月河海大学应用经济学专业研究生课程进修班学习；2003年9月至2003年12月参加省高级管理人才经济研究班赴美国培训；2019年3月至2019年7月中央党校中青年干部培训二班学习。

马小军　男，汉族，河南洛宁人，1968年10月出生，1991年7月参加工作，1993年2月加入中国共产党，在职研究生学历，学士学位。2021年3月任盐城军分区大校政治委员；2022年1月任盐城市委常委，盐城军分区政治委员。

杨雪峰　男，汉族，江苏滨海人，1970年4月出生，1992年8月参加工作，1995年9月加入中国共产党，在职研究生学历，博士学位。1992年8月盐城市国税局直属分局工作人员；1996年5月盐城市政府办公室办事员、科员；1998年4月任盐城市政府办公室副主任科员；2000年6月任盐城市政府办公室金融贸易科（金融流通处）科长（处长）；2002年12月任盐城市城区（亭湖区）政府副区长；2006年6月任盐城市亭湖区委常委、大洋湾生态运动园区党工委书记、管委会主任；2008年2月任盐城市亭湖区委常委、大洋湾生态运动园区党工委书记、管委会主任，亭湖经济开发区党工委书记，南洋高新技术产业园区党工委书记、管委会主任；2009年1月任盐城市亭湖区委常委、大洋湾生态运动园区党工委书记、管委会主任，亭湖经济开发区党工委书记，南洋经济区党工委书记，盐城环保产业园党工委书记；2009年12月任盐城市亭湖区委常委、区政府副区长，亭湖经济开发区党工委书记，盐城环保产业园党工委书记；2010年6月任盐城市亭湖区委常委、区政府副区长，亭湖经济开发区党工委书记，盐城环保产业园党工委书记，盐城农副产品批发市场（农副产品加工集中区）党工委书记；2011年3月任盐城市亭湖区委常委、常务副区长，亭湖经济开发区党工委书记，盐城环保产业园党工委书记，盐城农副产品加工交易园区党工委书记；2013年11月任盐城市亭湖区委副书记、代区长、区长；2014年12月任盐城市发展和改革委员会主任、党组书记；2016年5月任盐城市城南新区管委会主任、党工委副书记；2018年12月任盐城市城南新区管委会主任、党工委副书记（主持城南新区工作）；2019年5月任盐城市城南新区管委会（2019年6月，更名为江苏省盐南高新区）党工委书记、管委会主任；；2020年4月任东台市委书记；2020年8月任东台市委书记、一级调研员；2022年7月任盐城市委常委、政法委书记，东台市委书记；2022年9月任盐城市委常委、政法委书记。

1999年3月至2001年12月南京大学商学院工商管理专业在职研究生学习，获工商管理硕士学位；2004年4月至2007年12月河海大学管理科学与工程专业在职研究生学习，获管理学博士学位。

谢继步　男，汉族，河南永城人，1973年6月出生，1996年8月参加工作，1995年3月加入中国共产党，省委党校研究生学历，学士学位。1996年8月丹徒县公安局三山派出所民警、副指导员；1998年9月丹徒县公安局经济案件侦察大队副大队长；1998年11月任共青团丹徒县委副书记；2000年2月任丹徒县黄墟镇副镇长；2001年8月任丹徒县（区）委办公室副主任（2002年11月兼区委农办主任）；2002年11月任省司法厅工作人员；2003年1月任省司法厅办公室秘书科副科长（正科级）；2003年8月任镇江市丹徒区高资镇党委书记，丹徒经济开发区管委会副主任；2004年12月任镇江市丹徒经济开发区党工委书记、管委会主任、发展总公司总经理兼高资镇党委书记；2006年6月任镇江市丹徒区委常委，丹徒经济开发区党工委书记、发展总公司总经理兼高资镇党委书记；2008年12月任镇江市纪委党风廉政室主任；2009年2月任镇江市纪委常委、党风廉政室主任；2010年8月任镇江市纪委常委；2011年5月任丹阳市委常委、市纪委书记；2014年1月任镇江市住房和城乡建设局局长、党委书记；2017年8月任镇江市丹徒区委副书记、代区长；2018年1月任镇江市丹徒区委副书记、区长；2019年12月任镇江市丹徒区委书记；2022年1月任盐城市政府副市长、党组成员，市公安局局长、党委书记、督察长兼市委政法委副书记。

2002年9月至2005年12月省委党校科学社会主义专业在职研究生学习；2010年9月至2010年11月省委党校县处级中青年干部培训班学习。

夏思军 男，汉族，江苏阜宁人，1976年1月出生，1997年8月参加工作,1996年1月加入中国共产党，省委党校研究生学历。1997年8月滨海县人事局办事员；1999年5月滨海县委组织部办事员；2000年6月滨海县委组织部组织员；2001年12月任滨海县五汛镇副镇长；2003年7月任滨海县五汛镇副镇长（正科级）；2004年2月任滨海县通榆镇党委副书记、镇长；2006年6月任滨海县樊集乡党委书记；2009年1月任滨海县大套乡党委书记；2011年1月任滨海县现代农业产业园区党工委书记；2012年1月任东台市政府副市长；2014年1月任东台市委常委、纪委书记；2017年4月任盐城市城市管理局局长、党组书记、市城市管理行政执法局局长、市数字化城市管理监督指挥中心常务副主任；2018年12月任盐城市城市管理局局长、党组书记、市城市管理行政执法局局长；2019年1月任盐城市城市管理局局长、党组书记、市城市管理综合行政执法局局长；2020年4月任盐城市亭湖区委书记；2021年10月任盐城经济技术开发区党工委书记、亭湖区委书记；2022年2月任盐城市政府副市长、党组成员，盐城经济技术开发区党工委书记、亭湖区委书记。

1998年8月至2000年12月中央党校行政管理专业在职大学学习；2006年9月至2009年7月省委党校区域经济学专业在职研究生学习。

王 娟 女，汉族，江苏建湖人，1976年8月出生，1998年8月参加工作，1996年7月加入中国共产党，大学学历，硕士学位。1998年8月盐城市城区张庄乡（镇）政府工作人员；1999年4月盐城市城区张庄镇妇联副主任、镇团委副书记；2001年11月任盐城市城区张庄镇党委宣传委员；2002年12月任共青团盐城市城区区委副书记；2003年12月任共青团盐城市城区（亭湖）区委书记；2005年6月任共青团盐城市委副书记、党组成员；2006年6月任响水县委常委、组织部部长(其间：2010年6月至2011年6月兼任响水经济开发区党工委书记)；2011年6月任共青团盐城市委书记、党组书记；2014年9月任盐城市人力资源和社会保障局局长、党委副书记；2015年4月任盐城市人力资源和社会保障局局长、党委书记；2018年11月任盐城市人力资源和社会保障局局长、党委书记，盐城市盐都区区长候选人；2018年12月任盐城市盐都区委副书记、代区长；2019年1月,任盐都区区长；2020年12月任盐城市盐都区委书记、区长；2021年6月任盐城市盐都区委书记；2021年9月任盐城市盐都区委书记、盐城高新区党工委书记；2022年2月任盐城市政府副市长、党组成员，盐都区委书记、盐城高新区党工委书记。

2000年8月至2001年1月参加省委党校第4期青年公务员班学习；2008年3月至2010年12月苏州大学公共管理专业在职学习，获公共管理硕士学位；2012年9月至2012年11月参加省委党校第5期处级干部进修班学习。

高尚德 男，汉族，江苏响水人，1969年8月出生，1990年8月参加工作,1990年5月加入中国共产党，在职研究生学历，硕士学位。1990年8月盐城市建委办事员；1992年3月盐城市计经委农村能源办公室办事员、科员；1994年12月任盐城市计经委农村能源办公室副主任；1997年1月任盐城市计经委农村能源科副科长；1998年5月任盐城市计经委企业管理科副科长；1999年2月任盐城市计经委政治部主任；2001年9月任盐城市发展计划委员会发展规划处处长；2002年12月任射阳县政府副县长；2007年11月任射阳县委常委、射阳经济开发区党工委书记；2011年6任盐城市住房保障和房产管理局副局长、党委委员；2011年12月盐城市城南新区党工委委员、管委会副主任；2013年10月任盐城市城南新区党工委副书记；2014年12月任盐城市城南新区开发建设投资有限公司董事长；2019年5月任盐城市城南新区管委会（2019年6月更名为江苏省盐南高新区）党工委副书记、管委会副主任（正处职级）；2020年6月任江苏省盐南高新区党工委书记、管委会主任；2022年7月任盐城市政府副市长人选、市政府党组成员，盐南高新区党工委书记、管委会主任兼滨海港工业园区管理办公室党委书记；2022年8月任盐城市政府副市长、党组成员，盐南高新区党工委书记、管委会主任兼滨海港工业园区管理办公室党委书记；2022年9月任盐城市政府副市长、党组成员，滨海港工业园区管理办公室党委书记。

2004年9月至2006年5月中国科技大学工商管理专业在职研究生学习，获工商管理硕士学位。

戴荣江 男，汉族，江苏盐城人，1963年10月出生，1984年9月参加工作，1985年6月加入中国共产党，省委党校研究生学历。1984年9月盐城市郊区郭猛乡西扬小学教师；1991年6月盐城市郊区郭猛乡政府文书；1994年1月任盐城市郊区中兴乡党委宣传委员；1996年1月任盐城市郊区（盐都县）中兴乡政府副乡长；1998年2月任盐都县中兴乡党委副书记；2000年1月任盐都县大纵湖镇镇长、党委副书记；2001年1月任盐都县大纵湖镇党委书记；2002年12月任盐都县（区）龙冈镇党委书记；2004年3月任盐都区龙冈镇党委书记（副县级）；2005年12月任盐都区龙冈镇党委书记（副县级）、兼任西区党工委书记；2006年6月任盐都区委常委、龙冈镇党委书记、兼任西区党工委书记；2006年9月任盐都区委常委、常务副区长；2010年2月任盐城市政府副秘书长、政府办党组成员（正处级）；2011年11月任盐城市政府副秘书长、政府办党组成员兼市金融与企业上市办公室主任；2013年6月任盐城市政府副秘书长、政府办党组成员兼市金融与企业上市办公室主任，市财政局局长、党委副书记；2013年9月任盐城市财政局局长、党委副书记，市金融与企业上市办公室主任；2014年7月任射阳县代县长，市财政局局长、党委副书记，市金融与企业上市办公室主任；2014年8月任射阳县委副书记、代县长；2014年12月任射阳县委书记，县人大常委会主任；2016年5月任射阳县委书记；2018年9月任盐城经济技术开发区党工委书记；2021年6月任盐城市人大常委会党组成员（副厅级）；2022年2月任盐城市政协副主席、党组成员。

1985年4月至1987年4月盐城教师进修学校中专学习；1993年8月至1996年6月中央党校党政管理专业在职大专学习；1996年8月至1998年12月中央党校党政专业在职大学学习；2004年9月至2007年7月省委党校世界经济专业在职研究生学习。

徐龙波　男，汉族，江苏滨海人，1963年7月出生，1982年7月参加工作，1986年11月加入中国共产党，省委党校研究生学历。1982年7月到盐城市刑警大队工作；1985年1月共青团盐城市委办公室工作人员；1986年11月任市青年联合会副秘书长；1989年1月任共青团盐城市委办公室主任；1992年10月任共青团盐城市委副书记；1997年4月任城区政府副区长；2001年1月任亭湖区委常委、常务副区长；2006年6月任亭湖区委副书记；2009年1月任亭湖区委副书记（正县级）；2010年2月任盐城市委政法委副书记、综治办主任；2015年2月任市政府秘书长、市政府党组成员，市政府办公室党组书记；2018年9月任盐城经济技术开发区管委会主任，市政府秘书长、市政府党组成员，市政府办公室党组书记；2018年10月任盐城经济技术开发区管委会主任、党工委副书记；2020年12月任市政协党组成员，市总工会主席（副厅级）；2022年2月任盐城市政协副主席、党组成员、市总工会主席。

1998年9月至2000年6月参加东南大学领导干部研究生课程进修班科技与哲学专业学习；1995年8月至1997年12月中央党校函授学院经济专业在职大学学习；2000年8月至2002年12月中央党校函授学院法律专业在职大学学习；2001年9月至2002年12月省委党校政治经济学专业在职研究生学习。

李东成　男，汉族，江苏滨海人，1970年1月出生，1991年8月参加工作，1995年11月加入中国共产党，大学学历，学士学位。1991年8月《盐阜大众报》新闻部记者、编辑；1992年11月盐城晚报社编辑、新闻部主任助理、采访部副主任；1996年5月盐城市政府办公室综合科办事员，科员；1997年10月任盐城市政府办公室综合科副科长；2000年7月任盐城市政府办公室综合一科科长；2001年11月任盐城市政府办公室综合一处处长；2002年6月任盐城市政府办公室副主任；2007年11月任射阳县委常委、常务副县长；2011年6月任盐城市亭湖区委副书记、代区长；2012年4月，任盐城市亭湖区副书记、区长；2013年9月任盐城市亭湖区委副书记、区长（主持亭湖区全面工作）；2013年11月任盐城市亭湖区委书记；2014年1月任盐城市亭湖区委书记、区人大常委会主任；2017年1月任盐城市亭湖区委书记；2020年4月任盐城市政协党组成员、市委统战部常务副部长；2020年6月任盐城市政协党组成员、市委统战部常务副部长、一级调研员；2022年2月任盐城市政协副主席、党组成员，市委统战部常务副部长；2022年9月任盐城市政协副主席、党组成员。

丁　成　男，汉族，江苏阜宁人，1971年10月出生，1995年11月参加工作，民进会员，在职研究生学历，博士学位。1995年11月盐城职业大学食化系教师；1996年8月盐城工学院教师；2005年8月任盐城工学院环境工程系主任；2008年10月盐城工学院化学与生物工程学院教师；2010年6月任盐城工学院环境科学与工程学院副院长；2011年12月任盐城工学院环境科学与工程学院副院长（主持工作）；2013年7月任盐城工学院环境科学与工程学院院长；2017年1月任盐城工学院实验室与设备管理处处长；2017年11月任盐城工学院科技产业处处长，民进盐城工学院支部主委；2018年1月任盐城工学院科技产业处处长兼建材研究院院长，民进盐城工学院支部主委；2021年3月任盐城工学院科技产业处处长兼建材研究院院长，民进盐城市委委员兼任盐城工学院支部主委；2021年4月任民进盐城市委副主委，盐城工学院科技产业处处长兼建材研究院院长；2021年8月任民进盐城市委副主委，盐城工学院科学技术处处长；2021年12月任民进盐城市委主委，盐城工学院科学技术处处长；2022年2月任盐城市政协副主席、民进盐城市委主委，盐城工学院科学技术处处长。

1997年9月至2000年6月南京化工大学应用化学专业在职研究生学习，获硕士学位；2003年3月至2007年6月东南大学环境工程专业在职研究生学习，获博士学位；2008年11月至2009年9月加拿大滑铁卢大学高级访问学者。

汤冬青　男，汉族，江苏南通人，1972年10月出生，1995年10月参加工作，农工党党员，大学学历，硕士学位。1995年10月盐城市外经贸委综合计划科办事员（其间：1997年4月至1998年10月珠海科大实业公司工作锻炼）；1999年6月盐城市外经贸委外资管理科科员；2001年1月任盐城市外经贸委外资管理科副主任科员；2001年12月任盐城市外经局办公室副主任；2002年12月任盐城市外经局外资管理处副处长；2004年5月任盐城市对外贸易经济合作局开发区管理处处长（其间：2005年7月下派盐城新泉化工有限公司）；2006 年 4 月任盐城市对外贸易经济合作局局长助理；2007 年 2 月任大丰市市长助理（副县级）；2007 年 11 月任东台市政府副市长；2016 年 12 月任建湖县副县长候选人；2017 年 1 月任建湖县副县长；2017 年 4 月任盐城市体育局局长；2022 年 2 月任盐城市政协副主席、市工商联主席。

1998年9月至2000年6月 参加复旦大学经济学院世界经济专业研究生进修班学习；2006年3月至2007年12月 南京大学公共管理专业在职学习，获公共管理硕士学位。

市级领导职务变动

周 斌 2022 年 2 月任盐城市人民政府市长。

陈 璐 2022 年 2 月任盐城市监察委员会主任。

李泽勇 2022 年 1 月调离。

王 荣 2022 年 2 月任盐城市人大常委会主任。

崔 浩 2022 年 2 月任盐城市人大常委会副主任，不再担任市政协党组副书记职务。

顾云岭 2022 年 2 月任盐城市人大常委会副主任，不再担任市政府副市长职务。

孙大明 2022 年 2 月任盐城市人大常委会副主任，不再担任市政协副主席职务。

张礼祥 2022 年 2 月不再担任盐城市人大常委会副主任职务。

邹毅实 2022 年 2 月不再担任盐城市人大常委会副主任职务。

郭玉生 2022 年 2 月不再担任盐城市人大常委会副主任职务。

张 镇 2022 年 1 月调离。

夏思军 2022 年 5 月调离。

葛启发 2022 年 2 月不再担任盐城市政协副主席职务。

吕拔生 2022 年 2 月不再担任盐城市政协副主席职务。

孙长春 2022 年 2 月不再担任盐城市政协副主席职务。

沈洪清 2022 年 2 月不再担任盐城市政协副主席职务。

姜友新 2022 年 2 月不再担任盐城市政协副主席职务。

（刘爱武 薛春雨 王 玉）

先进模范

・・・国家级先进・・・

朱 陈 男，江苏东台人，1977 年 1 月出生，中共党员，省委党校研究生学历，市纪委监委第九监督检查室原主任。1994 年至 2006 年，在原东台市新农乡东北小学任乡村老师期间，他带头研究教学业务，实现全校国家级教育期刊发表论文零的突破。2006 年至 2017 年，在市商务局（市商贸办）工作期间，他用心用情化解疑难复杂信访积案。2017 年开始从事纪检监察工作，他坚持原则、敢于善于斗争，市纪委监委第九监督检查室成立后，线索处置数、立案数等在市纪委监委各职能处室中居第一位，梳理处置举报近万件，在全省位居前列。2022 年春节前夕，他带病坚持奋战在新冠肺炎疫情防控监督一线，连续工作 36 小时查清重要问题线索，第一时间对有关责任人员进行问责处理，消除相关管理漏洞，为全市新冠肺炎疫情防控监督工作做出重大贡献。他生活简朴，却资助多名贫困学生。朱陈因公牺牲后，被省委追授“江苏省优秀共产党员”称号，被省委宣传部列为“江苏时代楷模”，2022 年 8 月，被中共中央、国务院表彰为全国“人民满意的公务员”。

李广宁 男，江苏南京人，1965 年 12 月出生，中共党员，本科学历，市纪委监委案件监督管理室主任、三级调研员。李广宁从事纪检监察工作 36 年，讲政治、肯吃苦、重实干。曾连续 300 余天驻点办案。在他的牵头带领和多方协作下，盐城在全省率先完成“走读式”谈话场所建设任务，实现标准化谈话场所市、县、镇三级全覆盖。高标准组建专职公安看护队伍，该项工作在全省领先。2019 年 12 月，新冠肺炎疫情暴发后，李广宁迅速落实对全市留置场所实施全封闭管理工作，春节期间带头全程封闭驻点监管。创新开展“案管业务微讲堂”活动，提升全市案管条线人员整体水平。牵头制定市纪委监委与反腐败协调小组有关成员单位深化协作配合“六项机制”，推动全市反腐败工作在制度化规范化轨道上走深走实。牵头市纪委案管室在场所新冠肺炎疫情防控、留置申报、指定管辖等方面 20 余项制度文件的制定，为全市纪检监察工作高质量发展做出贡献。2022 年 9 月，因在纪检监察工作中取得优异成绩，受中央纪委、国家监委嘉奖。

杨 磊 男，江苏常州人，1995 年 5 月出生，中共党员，本科学历，盐城机场出入境边防检查站执勤二队民警。2021 年 3 月，杨磊响应国家扶贫号召，赴广西壮族自治区柳州市三江县独峒镇玉马村玉马小学开展为期一年的支教工作。2021 年春季学期指导学生参加英语竞赛，获指导老师三等奖，并在 2021 年春季学期镇政府的教学总结上获评年度优秀教师。2021 年秋季学期，在三年级英语硬笔书法比赛中获指导老师二等奖，并指导学生参加镇一级的运动会选拔，在县一级决赛中学校学生获得跳高和跳远三等奖。“学习强国”学习平台、“紫牛新闻”“江苏边检”“三江县独峒镇人民政府”微信公众号等平台报道其先进事迹。2022年1月，被国家移民管理局评为支教工作成绩突出个人。

王军华 男，江苏东台人，1981年2月出生，中共党员，研究生学历，国家统计局盐城调查队综合处（执法监督处）处长、一级主任科员。王军华统计业务能力突出，踏实勤勉，承担的工作曾连续7年荣获优秀等次。致力盐城调查“数库”“智库”建设，分析居民收入、农业发展等重点民生指标，服务盐城高质量发展监测工作，精准反映盐城高质量发展现状。曾获“盐城市劳动模范”“盐城市扶贫开发工作先进个人”“江苏省第三次全国农业普查先进个人”“盐城市第三次全国经济普查先进个人”等称号。2022年8月，被国家统计局表彰为全国统计系统先进个人。

朱军华 男，江苏东台人，1966年11月出生，中共党员，本科学历，市市场监督管理局（知识产权局）知识产权保护处处长、四级调研员，兼任盐城仲裁委员会知识产权仲裁院院长和盐城市公职律师法律业务委员会主任。2020年至2022年，朱军华被聘为全省市场监管系统法治专家。2021年至2022年，朱军华审结专利侵权纠纷行政裁决案件22件，组织和指导全市立案查处假冒专利案件242件、商标侵权违法案件687件，1件案件被评为全国专利行政保护十大典型案例。朱军华注重创新知识产权保护机制，在市市场监督管理局提请市委、市政府印发《关于强化知识产权保护的实施方案》过程中起到积极作用。在市市场监督管理局与市中级人民法院构建诉调对接机制，两部门联合印发《规范诉调对接工作强化知识产权全链条保护的实施意见》，在形成知识产权行政保护与司法保护合力过程中起积极作用。发挥全系统38名公职律师专业优势，开展知识产权“百日维权援助活动”，多次应邀到省知识产权局作执法专题讲座，创立“建立健全非诉纠纷解决机制”被评为全省知识产权营商环境评价改革亮点。朱军华主管负责的全市知识产权行政保护绩效考核进入全国157个副省级城市和地级市的前20强，被江苏省司法厅表扬为2022年度全省优秀仲裁员。2022年6月，被国家知识产权局、公安部联合发文表扬为全国知识产权保护工作突出成绩个人。

杨蓉蓉 女，1995年4月出生，盐城市公安局盐南高新区分局科城派出所社区警务队副指导员。2020年8月11日和2021年1月30日，杨蓉蓉在处置两起女性轻生警情时，果断出手，两度挽救他人生命。两起事件被新华网、《人民日报》《半月谈》等媒体关注报道，杨蓉蓉被网友称为最“飒”女警。杨蓉蓉利用自身特长，免费为辖区内女大学生、青少年、女职工传授简单实用的防身技能，由其打造的“蓉蓉课堂”被省公安厅、省妇联联合命名为首个江苏省妇女儿童安全教育实践基地。杨蓉蓉结合江苏省妇联“预防性侵未成年人、维护女童人身权益”工作五项机制，在日常工作中提炼出“多元化调解、柔性化执法、实用化防范、亲情化服务”蓉蓉工作法，创造性打造基层维权载体“蓉蓉工作室”，受理调处370余起矛盾纠纷，化解率98%，有力推动辖区妇女儿童维权工作的开展。曾被评为“盐城市三八红旗手”“盐城好人”“盐城最美警察”等称号，曾获盐城青年五四奖章。2022年2月，被中国关工委、中央政法委、司法部、共青团中央、中国法学会联合发文表彰为全国青少年普法教育先进工作者。

陆立勇 男，江苏盐城人，1981年10月出生，中共党员，本科学历，盐城市司法局普法与依法治理处三级主任科员。“七五”普法以来，陆立勇能够深入贯彻教育部颁布的《青少年法治教育大纲》，抓住青少年这个“关键时期”，以求真务实的精神和担当实干的品格，全身心的投入到了青少年普法工作中。针对青少年普法教育工作特点，广泛开展“法治歌曲唱响校园”“模拟法庭”“法治报告会”等“法治阳光润校园”主题宣传活动，不断提升青少年法治宣传教育工作的针对性和实效性，深受学校、家长、学生普遍赞誉。2022年3月，被中国关工委、中央政法委员会、司法部、共青团中央、中国法学会表彰为全国青少年普法教育优秀辅导员。

黄正桂 男，江苏盐城人，1972年10月出生，致公党党员，研究生学历，盐城市城市管理局局长。黄正桂在盐城经济技术开发区和城管局任职期间，发挥自身优势，认真履行职责，推动党务与业务融合，围绕助力打赢脱贫攻坚战和全面建成小康社会，积极参政议政，提出相关建议、议案10余件。聚焦群众身边实事小事，组织谋划城市容貌系列环境整治，致力推动城市管理成果更好惠及城乡居民，推动垃圾分类工作提质增效，聚焦城市管理精管善治，持续推进厕所革命。接续新建遮阳挡雨棚，为过往行人遮风挡雨，盐城市该项工作被省委宣传部作为“文明创建”经验在全省宣传推广。因地制宜推进“城管护学岗”、实施人行道降坡改造、路面残留螺桩治理、城市停车秩序治理等城市“微治理”，组织海滩垃圾治理，强化农村人居环境整治，城市管理为民惠民便民，赢得群众的口碑。11月24日，被致公党中央委员会表彰为中国致公党社会服务先进个人。

王志兰 女，江苏盐城人，1972年11月出生，农工党党员，本科学历，盐城幼儿师范高等专科学校图书馆副馆长。王志兰担任农工党盐城幼儿师范高等专科学校支部委员会主委后，带领支部党员参政议政，开展社会服务，支持对口援疆，投身新冠肺炎疫情防控，4篇提案获奖，18篇社情民意被农工党中央、农工党省委采用。王志兰积极履行职责，精心打造盐城幼儿师范专科学校支部“农工之家”，被评为省第一批示范“农工之家”，成为基层组织的标杆。农工党盐城幼儿师范高等专科学校支部在农工党盐城市委会基层组织年度综合考评中连续6年获奖，2021年获特等奖，王志兰多次受到省、市表彰。王志兰持续30年做好阅读推广工作，组织“学海书香”读书节12次，组织人员参加“盐渎风”读书节10次。王志兰先后被评为“盐渎风”读书节服务之星、优秀志愿者、省高校图书馆先进工作者。王志兰参与大型音乐剧《华中鲁艺记》的制作，主持省市社科项目3项，发表论文6篇，出版学术专著1本，多篇论文在国家级评比、省级评比中获奖。2022年12月，被农工党中央委员会表彰为先进个人。

仓定志 男，1967年12月生，江苏盐城人，中共党员，本科学历，盐城市敬贤路实验小学党支部书记，正高级教师，江苏省小学数学特级教师，江苏人民教育家培养工程培养对象。仓定志积累多年一线任教经验形成“行思教育”办学思想和“行思数学”教学主张，主持省级规划课题5项，在省级以上期刊发表文章40篇，出版专著2部，获江苏省教学成果奖一等奖2项、二等奖3项，教学思想被《江苏省著名特级教师教学思想录》收编。仓定志领衔名师工作室，培养数十名教师成长为省、市名师或管理骨干，先进事迹被《中国教育报》《江苏教育》等媒体专题报道。仓定志曾参加中国少年先锋队第五次全国代表大会、江苏省青年联合会第九届委员大会。2016年7月，仓定志被选调至城南新区（现为盐南高新区）社会事业局全面负责教育工作，2019年12月任盐南高新区教育发展中心主任、党委书记，兼任盐城市敬贤路实验小学党支部书记，任教数学。先后被评为全国优秀少先队辅导员、全国群众体育先进个人、江苏省师德模范、江苏省“333工程”培养对象。2022年4月，被全国总工会授予全国五一劳动奖章。

任婷婷 女，江苏盐城人，1987年9月出生，中共党员，本科学历，中国邮政集团有限公司江苏响水县分公司新区支局理财经理。任婷婷始终坚持以“脚踏实地，真诚待客”为服务宗旨，面对顾客，时刻保持耐心和细心。在2020年初新冠肺炎疫情暴发期间，坚持每天编辑新冠肺炎疫情防范小知识短信、小视频在客户微信群里分享，用心用情帮助客户解决问题。集团组织“客户大走访”活动开展以来，任婷婷利用午休和休息日时间对周边商户、中小企业进行摸排走访，累计走访943户，营销标保235万元、储蓄415万元、理财225万元，为群众送服务上门。2022年4月，被全国总工会授予全国五一劳动奖章。

赵海涛 男，江苏盐城人，1985年1月出生，中共党员，本科学历，江苏森威精锻有限公司技术工程师。赵海涛曾担任大丰森威精锻有限公司精工部加工中心操作手、精工部现场线长和技术中心技术工程师，多次参与公司新产品开发和降本增效等项目。赵海涛在工作上精益求精，通过努力将公司生产产品“19577法兰由”的加工时间由5分钟缩减至3分钟。改进“19577法兰刀具”，将加工成本减少为0.4元/件。在2018年公司上马凸轮环项目期间，由于刀具成本大，加工时间长，赵海涛为优化凸轮环加工中心优化程序和改进刀具，生产时间由12分42秒缩减至9分48秒，刀具成本由12.4元/件缩减至5.8元/件。优化提升“长城轴7DCT”产品，减少产品报废，每年为公司增效240万元。赵海涛年加班时间达300小时以上，工作实绩突出。曾获盐城市大丰区“最美劳动者”、盐城市五一“创新能手”等称号，曾获盐城市大丰区五一劳动奖章、盐城市五一劳动奖章、江苏省五一劳动奖章。2022年4月，被全国总工会授予全国五一劳动奖章。

乐华泽 男，汉族，1975年2月出生，中共党员，盐城市盐都区尚庄镇南吉村文化党支部书记、尚庄镇华泽书社创办人。1993年他自费创办华泽书社，无偿服务一方乡邻。30年来，其先后举办阅读推广、农技培训、校外辅导、社科普及、文体活动400余场次，开展农村未成年人着汉服阅读“国学经典”“九点课堂”“冬日暖阳”等特色主题活动60余场次，倾力打造“百姓讲堂”“阅读漂流”“书香农家”等阅读推广品牌，实施“布谷鸟”“都来讲”“支部课堂”等理论宣讲活动，连续举办十届农民读书节和六届“三关爱”志愿服务集中行动，累计服务20万余人次。曾被表彰为江苏好青年、江苏省优秀志愿者、盐城市道德模范。2019年8月，当选中国好人；2019年11月，获评全国首届乡村阅读榜样；2020年3月，被省委宣传部、省文明办表彰为江苏省岗位学雷锋标兵；2021年，被评为江苏省优秀共产党员；2021年8月，当选省第十四次党代会代表；2022年4月，获评全国首届乡村振兴十大阅读推广人。

陈仁杰 男，江苏盐城人，2001年3月出生，共青团员，大专学历，盐城市昕荟传媒有限公司总经理。陈仁杰在校期间担任团总支、学生会主席等职务，曾获江苏省“三下乡”先进个人、江苏省最美职校生、盐城市最美职校生、江苏省优秀共青团员等荣誉。陈仁杰在创业途中始终坚持专业学习，熟练掌握后期音视频制作等技能，主动与各级单位对接，接各类演出100余场，后期制作20余次。通过努力，陈仁杰与盐城欧风花街、建湖淮剧小镇等景区签订长期合作协议，帮助20余人解决就业，为家乡建设贡献青春力量。2022年5月，被共青团中央授予“全国优秀共青团员”称号。

杨悦悦 女，江苏盐城人，1983年12月出生，中共党员，研究生学历，盐城市实验高级中学团委书记，高级教师。杨悦悦担起团学改革先锋，把握思想引领主线，致力于弘扬新四军革命精神，引领青少年学生开展爱国主义教育活动及党史教育学习近百场，培养数百名红色文化学生志愿讲解员，以实际行动彰显一名优秀团干部的奋斗姿态和高尚品质。杨悦悦入选盐城市“名校长培养工程”第二批培养对象，盐城市第六届青年联合会委员，共青团盐城市教育局第五届委员会委员。2022年5月，被共青团中央授予“全国优秀共青团干部”称号。

潘　晔　女，江苏盐城人，1994年11月出生，本科学历，建湖县司法局一级科员。大学毕业后，潘晔通过招考，成为一名“苏北计划”志愿者，坚持在基层一线贡献自己的青春力量。曾服务共青团建湖县第十七次代表大会。2019年，任建湖县司法局一级科员，在“12348”法律咨询服务热线工作期间，潘晔以大学期间所学法律专业知识为群众提供免费法律咨询服务，对待群众所提问题，耐心解答疑问。在遇到群众提出的疑难复杂问题时，潘晔积极帮助查找相关法律资料，并向从事法律工作的同学、师长寻求解决办法，千方百计为群众解决燃眉之急。2022年5月，被共青团中央授予“全国优秀共青团员”称号。

刘　丹　男，江苏盐城人，1995年1月出生，本科学历，盐城市奥甘昵客农业发展有限公司董事长。2019年刘丹创办盐城市奥甘昵客农业发展有限公司。由刘丹为主创的“授虾以蚕”项目获第九届“创青春”中国青年创新创业大赛银奖、第六届江苏省农村创业创新项目创意大赛三等奖、2021年“创响江苏”盐城赛区二等奖、2021年盐城返乡创业大赛三等奖、江苏省第四届“互联网+”大学生创新创业大赛三等奖、第十一届“挑战杯”江苏省大学生创业计划竞赛银奖、2018年“创青春”江苏省大学生创业大赛铜奖。创业项目获奖后，刘丹回到家乡创业，将“授虾以蚕”项目孵化落地，让沙蚕清除对虾养殖蓄积在塘底的残饵和粪便，维持良好养殖环境，实现“0换水”养虾，尾水达标排放，减轻对虾养殖对地下水的污染，养虾收益增加，每亩4000元以上。至2022年年底，刘丹带领团队推广对虾与沙蚕混养面积6666公顷，优化养殖基地周边环境，农民收益增加4亿元。2022年7月，获共青团中央、人力资源和社会保障部、农业农村部、商务部、国家乡村振兴局、省政府联合举办的第九届“创青春”中国青年创新创业大赛（乡村振兴专项）银奖。

周桐骁　男，江苏盐城人，2002年9月出生，中共党员，本科学历。2022年6月，周桐骁毕业于江苏省盐城技师学院电气工程学院，9月就读于盐城师范学院。周桐骁在盐城技师学院学习期间，获得电工高级技能证书.在院系演讲比赛蝉联三届第一，曾获国家级奖学金并多次获得特等奖学金、一等奖学金。周桐骁作为项目负责人带领团队参加第二届“技工院校创业创新大赛”，获江苏省第一名，在第十七届“振兴杯”全国青年职业技能大赛中获全国金奖。在盐城师范学院，周桐骁现担任班级班长和学生党支部党小组组长一职。在校期间积极参加各项活动，在大学生“学习强国”知识竞赛中获一等奖并被授予“杰出青年勋章”称号。作为党小组组长以身作则带领小组成员，参与举办“雷锋月”“学习强国知识问答”等活动，获得一致好评。2022年，周桐骁被盐城市教育局评为盐城市优秀学生。2022年7月，被共青团中央及人力资源和社会保障部联合授予“全国青年岗位能手”称号。

张家娇　女，江苏盐城人，1985年2月出生，中共党员，本科学历，盐城市串场河小学大队辅导员。张家娇曾被评为江苏省十佳少先队辅导员，是全国红领巾巡讲团成员、全国“青马工程”少先队工作者培养对象、江苏省第八次少代会代表、江苏省第八届少工委委员。作为“江苏省少先队优秀辅导员工作室”领衔人，张家娇针对“为谁培养人、培养什么人、怎样培养人”三个问题始终如一敬业奉献。张家娇利用丰富多彩的少先队活动，培养少年儿童对党、对祖国、对家乡最朴素的情感。张家娇组织的主题实践活动多次被中央广播电视总台《新闻联播》报道，多次登上“学习强国”学习平台，并被“中国辅导员”“江苏少先队”等微信公众平台刊播。张家娇牵头制作的视频《红土地上结出致富果》被“全国少工委”微信公众号联展联播，点赞数突破300万人次。2022年12月，被共青团中央、教育部、全国少工委授予“全国优秀少先队辅导员”称号。

吴红梅　女，江苏盐城人，1984年3月出生，中共党员，大专学历，盐城市阜宁县荣威有限公司高频车间线长。吴红梅在基层生产一线的岗位上刻苦钻研，熟练掌握操作技能及流程，并做好“传帮带”，对新来的同事热心传授生产技术和技巧。2022年10月，吴红梅作为盐城市唯一的一线产业工人代表，参加中国共产党第二十次全国代表大会。会议结束后，吴红梅迅速回到阜宁县，在街道、社区，企业等一线宣讲二十大精神，激励大家在劳动中实现人生价值，在奋斗中创造美好未来。吴红梅是阜宁县啄木鸟志愿者协会成员，工作之余助力文明城市创建，参与“文明宣传进万家”“保护环境从我做起”等志愿活动20余次、文明宣传300余场次。吴红梅先后获得“全国劳模”“全国三八红旗手”、江苏省“最美巾帼人物”等称号。2022年2月，被中华全国妇女联合会授予“全国三八红旗手”称号。

李晓燕　女，1971年4月出生，中共党员，四川西昌人，现任盐城市公安局盐南高新区分局科城派出所副所长。李晓燕曾在治安、维稳、户籍等岗位历练。2017年，在李晓燕积极努力下，盐南高新区一村三社区被中央防范处理邪教办评定为无邪教示范村（社区）。2018年继续推动辖区内10个社区创建全省“平安示范区”。2020年初，新冠肺炎疫情暴发，李晓燕在隔离观察一线驻点为群众做好安全保障工作。2021年，全市推动公安“放管服”

试点改革工作，李晓燕率先落实责任，盐城市“盐之 e 警”服务中心新都窗口作为全市改革样板，日均接待群众 300 余人次，未接到一起群众投诉。李晓燕先后被评为全国优秀基层民警、全省公安机关抗击新冠肺炎疫情成绩突出个人、全省教育转化专家能手、盐城最美警察、全市风险评估先进个人、全省教育转化专家能手、盐城市十佳女警、全市优秀政法干警，被记个人三等功 4 次。2022 年 5 月，被公安部授予“全国优秀人民警察”称号。

曹　流　男，江苏盐城人，1973 年 6 月出生，中共党员，本科学历，建湖县公安局交巡警大队教导员。1996 年，曹流成为一名公安干警，曹流业务素质过硬，警务技能精湛，法律知识全面，多次参加警务技能、体能竞赛并获奖，成为既管交通，又管治安的多面手，积极探索推进“交巡合一、所队融合”改革。在队伍建设方面，曹流坚持抓班子，带队伍，促发展，实现队伍连续多年零违纪、零有效投诉、零行政败诉，展示“千里国道一杆旗”的良好形象。曹流在上冈中队任职期间，带领同事，抓获一大批违法犯罪嫌疑人。先后被记个人三等功 1 次，个人二等功 3 次，曾被表彰为“盐城市最美警察”“盐城市劳动模范”。2022 年 5 月，被公安部表彰为全国公安机关爱民模范。

徐旭鸣　男，江苏盐城人，1982 年 1 月出生，中共党员，本科学历，盐城市公安局刑警支队一大队大队长。徐旭鸣长期在公安打击重案、黑恶等犯罪条线工作，曾组织侦办多个大案要案，立个人三等功 3 次，被评为全国扫黑除恶专项斗争先进工作者。徐旭鸣牵头破获全国扫黑办交办的涉恶集团案，赴中越边境缉捕重大黑恶逃犯，侦办省扫黑办挂牌督办涉黑组织案等案件。曾牵头开展以扫黑除恶为重点的集中统一收网行动，重点打击整治“贷恶、赌恶合流”，打掉 18 个涉网“套路贷”团伙，31 个开棚聚赌黑恶团伙，促进深挖整治和长效常治。徐旭鸣自主研发“智慧 E 侦”扫黑除恶作战平台，挖掘三起省挂牌团伙线索，推动辖区内扫黑除恶工作模式由“经验型”向“数据型”转变。2022 年 5 月，被公安部授予“全国优秀人民警察”称号。

许　毅　男，江苏盐城人，1983 年 7 月出生，中共党员，本科学历，盐城市公安局治安支队案查大队教导员。围绕“网格 + 警格”联动融合，许毅推动建成新民警网联勤指挥中心，探索基层派出所优化社区治理方法路径。创新成立“东亭有义”平安志愿者联盟，会员 400 余人，实现多部门人、财、物、事、情等有效资源的充分整合。许毅带领的东城派出所深入践行和发展新时代“枫桥经验”，统筹推进维护稳定、主业推进、公安改革等重点工作，曾获“江苏省最美基层警队”“全国枫桥式公安派出所”等称号。2022 年 4 月，被公安部授予“全国优秀人民警察”称号。

孙益海　男，江苏盐城人，1969 年 10 月出生，中共党员，高中学历，盐都分局郭猛派出所一级警长。1995 年，孙益海在收缴非法枪支时被火药枪炸伤，左腿截肢才保住性命，体内还留有 36 颗钢弹，每隔 20 天就要做一次尿道扩张手术。身体受创后，孙益海以惊人的毅力克服病痛，毅然重返工作岗位，始终扎根基层一线，为民服务。打造 365 天永不打烊的“益海户籍室”，总结“听找用宣”四字工作法，推行户政服务承诺“五项制度”广受好评，办理户籍业务 4 万余次、调解矛盾纠纷 3500 余起。组建集户政、调解、服务、宣传于一体的“益海志愿联盟”，一批贫困家庭得到帮扶、一批失学孩子重返校园、一批受害群众得到伸张正义。先后获得“全国公安系统二级英雄模范”“中国好人”“全国优秀人民警察”“全省李树干式派出所民警”“全省人民满意的公务员”“江苏最美警察”等称号，荣记个人一等功 1 次、个人三等功 3 次，其家庭被评为“全国五好家庭”“江苏省文明家庭”。2022 年 5 月，被人力资源和社会保障局、公安部联合发文授予“全国特级优秀人民警察”称号；2022 年 9 月，被中央宣传部、公安部联合发文授予“最美基层民警”称号。

・・・省级先进・・・

概　况　年内，盐城市各行各业涌现出一批先进典型，在部门、单位履职尽责、在推进中国式现代化盐城新实践中实干争先，获江苏省委、省政府，省委组织部、省人力资源和社会保障厅表彰。

王　轩　男，江苏射阳人，1989 年 9 月出生，中共党员，本科学历，盐城市委政法委基层社会治理处四级主任科员。王轩在盐城市综治平安和基层社会治理工作中，聚焦乡村社会治理工作，强化乡村治理阵地和队伍建设，深化平安乡村建设，在推进乡村扫黑除恶专项斗争、助力乡村新冠肺炎疫情防控、网格治理等工作中做出贡献。2022 年 1 月，被江苏省委、省政府表彰为江苏省乡村振兴先进个人。

龚　彧　男，江苏淮安人，1973 年 9 月出生，中共党员，本科学历，国网盐城供电公司纪委书记、工会主席。龚彧分管纪委、工会、创新工作，为公司经营管理和党风廉政建设做出积极贡献。领衔打造创新产业发展基地和具有影响力的行业创新平台，100 余项成果获国家发明专利、实用新型专利。牵头编写出版《电力物联网技术基础与应用场景》，在电力行业广泛推广。龚彧负责的科技创新项目高分通过省电力公司专家评审验收；负责的青创项目获国网公司青年创新创意大赛银奖。牵头与市总工会联合举办职业技能竞赛 9 项，提升员工素质技能。加强劳模先进选树，培育全国劳模 1 人，省级劳模 2 人，市级劳模 8 人。完善班组长培育机制，创新人才培养模式，全面激发产业工人队伍活力。2022 年 4 月，被江苏省总工会授予江苏省五一劳动奖章。

蔡　慧　女，江苏盐城人，1973 年

11 月出生，中共党员，大学本科，盐城市慈善事业发展中心副主任、助理研究员。1996 年，蔡慧毕业于东南大学社会学系社会保障和商业保险专业，先后在市民政局救灾救济、社会事务、办公室等处室工作。自 2003 年盐城市慈善总会成立以来，一直从事慈善工作，始终知责明责尽责，担责敬责畏责，见证从总会成立之初，每年慈善募捐不足 100 万元到 2022 年每年 2000 万元，救助困难人群从每年 5000 人次到每年 11 万人次的发展历程。在慈善前行的路上，不断加强学习，善行善为、严于律己、狠抓落实，时刻保持清醒头脑，履职尽责。获得市级表彰奖励 13 次、省级表彰 4 次，负责的慈善工作多次获得国家和省市级表彰。2022 年 9 月，被江苏省人民政府表彰为优秀慈善工作者。

陶友祥 男，江苏盐城人，1977 年 1 月出生，中共党员，本科学历，盐城市司法局普法与依法治理处三级主任科员。陶友祥从部队副团职岗位转业到盐城市司法局普法与依法治理处工作以后，始终以高度的责任感和强烈的事业心，在本职岗位上兢兢业业、恪尽职守，出色地完成上级交给的各项任务。在"七五"普法终期考核工作中，坚持部署到位、督促到位、参与到位，全身心投入考核准备中，取得较好的效果。2022 年 11 月，被江苏省政府表彰为全省"七五"普法工作先进个人。

万　凯 男，1977 年 11 月出生，汉族，中共党员，大学本科，盐城市委老干部局三级主任科员。他健全完善离退休干部数据库，为精准化服务老干部提供信息化保障；推进离退休干部志愿服务队伍建设，打造"正能量之星""银辉耀盐"等品牌，推动"银发生辉"工程开展，在组织全市老干部参与新冠肺炎疫情防控、乡村振兴、服务基层治理、培育时代新人等方面做出积极贡献；做好老干部读书研学、健康疗养、节日慰问等服务保障工作，抓实老年大学改扩建工程、离退休干部党建基地等"为老干部办实事"项目工程，工作上做到"让组织放心、让老同志满意"。2022 年，被省委组织部、省委老干部局、省人力资源和社会保障厅授予"全省先进老干部工作者"称号。

王海燕 女，江苏淮安人，1969 年 2 月出生，中共党员，大学本科，中共盐城市委党史工作办公室副主任。王海燕从事党史工作 31 年，长期坚守党史编研一线。深化党史基本著作编研，主编、执行主编或参加撰稿党史书籍 20 余部，2021 年具体负责组织编著出版的《红色盐城百年记》获评全省党员教育培训精品教材、全省党史部门党史优秀成果著作类一等奖、盐城市第十四次哲学社会科学优秀成果特等奖。潜心党史理论研究，在国家及省市级报刊发表党史文章、论文等 20 余万字，2 次获得全国党史部门优秀成果二等奖。加强新四军革命精神研究，具体策划组织编纂和出版《新四军在盐城》丛书 6 部 7 卷 300 万余字。积极投身党史宣传教育。为省党史部门党史学习教育宣讲辅导团成员、市党史学习教育宣讲团成员，在市直机关及县区巡回宣讲党史。宣讲报告《华中人民的长城：从新四军抗战的四个维度谈坚定中国共产党的领导》入选中央党史和文献研究院全国《百篇党史宣讲报告》。曾获评全国党史工作部门先进工作者。2022 年 12 月，被江苏省人力资源和社会保障厅、中共江苏省委党史工作办公室联合表彰为全省党史部门先进工作者。

表56　2022年盐城市部分省级先进个人荣誉一览表

荣誉获得者	所在单位及职务	荣誉名称	授奖单位	授奖时间
丁　智	盐都区农业农村局副局长	省乡村振兴先进个人	省委、省政府	2022-01
王　轩	市委政法委基层社会治理处一级科员	省乡村振兴先进个人	省委、省政府	2022-01
王海燕（女）	滨海县陈涛镇友渔村党总支书记	省乡村振兴先进个人	省委、省政府	2022-01
韦桂和	大丰区委农办主任、区农业农村局局长	省乡村振兴先进个人	省委、省政府	2022-01
左保年	建湖县近湖街道党工委书记	省乡村振兴先进个人	省委、省政府	2022-01
刘宏伟	亭湖区委农办副主任	省乡村振兴先进个人	省委、省政府	2022-01
安才华	射阳县兴桥镇西移村党总支书记、村委会主任	省乡村振兴先进个人	省委、省政府	2022-01
孙高明	东台市政府副市长	省乡村振兴先进个人	省委、省政府	2022-01
李文卫	阜宁县东沟镇党委书记	省乡村振兴先进个人	省委、省政府	2022-01

续表56

荣誉获得者	所在单位及职务	荣誉名称	授奖单位	授奖时间
束长明	大丰区刘庄镇友谊村党总支书记、村委会主任	省乡村振兴先进个人	省委、省政府	2022-01
吴春龙	东台市弶港镇党委书记	省乡村振兴先进个人	省委、省政府	2022-01
宋　江	盐都区大冈镇党委书记	省乡村振兴先进个人	省委、省政府	2022-01
周万中	市农业农村局综合处处长	省乡村振兴先进个人	省委、省政府	2022-01
夏正东	建湖县九龙口镇收成村党总支书记、村委会主任	省乡村振兴先进个人	省委、省政府	2022-01
曹平苏（女）	射阳县特庸镇党委书记	省乡村振兴先进个人	省委、省政府	2022-01
翟洪华	市委组织部组织二处处长	省乡村振兴先进个人	省委、省政府	2022-01
殷凤山	江苏丰山集团股份有限公司董事长	第六届“江苏慈善奖”最具爱心慈善捐赠个人	省政府	2022-09
蔡　慧（女）	市慈善事业发展中心副主任	第六届“江苏慈善奖”优秀慈善工作者	省政府	2022-09
陶友祥	市司法局普法与依法治理处副处长	全省“七五”普法工作先进个人	省政府	2022-11
纪卫东	东台市司法局四级主任科员	全省“七五”普法工作先进个人	省政府	2022-11
孙楠楠	市委宣传部宣教处副处长	全省“七五”普法工作先进个人	省政府	2022-11
严拥军	市交通运输局法规处副处长	全省“七五”普法工作先进个人	省政府	2022-11
熊　雄	国家税务总局盐城市税务局四级主办	全省“七五”普法工作先进个人	省政府	2022-11
阎怀东	国网江苏省电力有限公司盐城供电分公司总经理	全省“七五”普法工作先进个人	省政府	2022-11
吴红卫	响水县人力资源和社会保障局党组书记、局长	全省“七五”普法工作先进个人	省政府	2022-11
耿志峰	射阳县司法局副局长	全省“七五”普法工作先进个人	省政府	2022-11
王海燕（女）	市委党史工作办公室副主任、三级调研员	全省党史部门先进工作者	省人力资源和社会保障厅、省委党史工作办公室	2022-12
万　凯	市委老干部局三级主任科员	全省先进老干部工作者	省委组织部、省委老干部局、省人力资源和社会保障厅	2022-12
朱广登	阜宁县老干部局服务管理科科长	全省先进老干部工作者	省委组织部、省委老干部局、省人力资源和社会保障厅	2022-12
朱临梅（女）	市第一人民医院离退休干部处处长	全省先进老干部工作者	省委组织部、省委老干部局、省人力资源和社会保障厅	2022-12
汪　锋	大丰区老干部活动中心副主任	全省先进老干部工作者	省委组织部、省委老干部局、省人力资源和社会保障厅	2022-12

退役功勋

陈景俞 男，盐城响水人，1988年11月出生，中共党员，高中学历，2006年12月入伍，2022年12月退役。转业前为海军91599部队机务机械技师。在部队服役期间，陈景俞先后参加“东海维权”“九三阅兵”“神电系列”“北鹰系列”等多次演习保障任务，连续保障飞机安全飞行2500多小时无事故。2018年8月，被海军航空兵二师授予个人二等功；2020年7月，被海军航空兵第十二团授予个人三等功；2021年12月，被海军航空兵二师授予个人二等功；曾多次获得优秀士官嘉奖。

顾　鑫 男，江苏盐城人，1990年3月出生，中共党员，大专学历，2008年12月入伍，2021年4月退役。在95526部队服役期间，曾任班长、地形联测员、电源技师、作训参谋等职。服役期间表现突出，2019年1月，被中央军委政治部授予全军优秀士官人才一等奖。2019年4月，被95526部队政治工作部授予个人二等功；曾获得优秀士兵2次、嘉奖4次。

“好人”典范

概　况 2022年，盐城市“厚德盐城”品牌持续彰显，全市上下持续涌现出一大批“好人”典范。全年，全市有3人入选“中国好人榜”，26人入选“江苏好人榜”，60人入选“盐城好人榜”。至年底，全市有105人（组）“中国好人”，219人（组）“江苏好人”，652人（组）“盐城好人”。

表57　2022年盐城市“好人”名录一览表

“中国好人”	“江苏好人”	“盐城好人”
张同祥、路　璐、王其稳	顾　平、杨　威、张秀云、刘爱红、李玉良、徐兆香、陆嫔嫔、陈　玮、王其稳、何俊成、杨　峰、鞠瑞红、姚万顺、顾建志、周　进、王月月、王惠惠、秦　凯、徐　瑶、徐为兵、徐宏秀、付　强、刘保顺、陈晓冬、陈跃兰、陈连芳	付　强、时同玉、陈连芳、姜志玲、傅俊桥、陈兆苹、盛宏才、柏玉春、李玉良、郑翠红、朱　陈、吕　鑫、宋红浩、周　进、陆嫔嫔、陈　玮、吴启珍、徐宏秀、杨亚芳、刘　军、高汉荣、姚万顺、顾建志、何爱珍、秦　凯、董梅芳、陈康龙、杨　峰、鲜志强、鞠瑞红、刘保顺、陈秀兰、陈　莲、徐兆付、董　标、仇万东、沈学荣、陈晓冬、曹兆民、张玉荣、孙佳鑫、陆荣干、杨龙祥、陆崇贵、陈跃兰、陈贵和、史兰秀、王毛毛、仇　宽、孙人鉴、张开兵、张国洋、王竞进、武锦华、卢翠凤、倪同维、薛志明、吴秀兰、曹扣宝、薛卫军

注：加□为逝世人物

集体荣誉

概　况 2022年，盐城市各级党组织、部门和单位履职尽责、在推进中国式现代化盐城新实践中实干争先。有多家单位和集体获得国家级、省级表彰。

射阳县行政审批局获评全国人民满意的公务员集体 （参见《市县发展·县行政审批局获评全国人民满意的公务员集体相关内容》）

表58　2022年盐城市部分国家级、省级集体荣誉一览表

获奖单位	荣誉名称	授奖单位	获奖时间
江苏仁禾中衡会计师事务所有限公司	全国三八红旗集体	中华全国妇女联合会	2022-02
共青团盐城市大丰区委员会	2022年全国青少年模拟政协提案征集活动组织实施工作突出单位	共青团中央维护青少年权益部 中华全国学生联合会秘书处	2022-03

续表58

获奖单位	荣誉名称	授奖单位	获奖时间
江苏射阳农村商业银行股份有限公司营业部	全国工人先锋号	全国总工会	2022–04
江苏那美实业有限公司自动单层封口班组	全国工人先锋号	全国总工会	2022–04
国网江苏省电力有限公司滨海县供电分公司	全国五一劳动奖状	全国总工会	2022–04
省消防救援总队盐城市支队西环路特勤站团支部	全国五四红旗团支部	共青团中央	2022–05
海聆梦家居股份有限公司团支部	全国五四红旗团支部	共青团中央	2022–05
盐南高新区伍佑街道珠溪社区团支部	全国五四红旗团支部	共青团中央	2022–05
江苏大丰农村商业银行团委	全国五四红旗团委	共青团中央	2022–05
市妇联	第十三届全国家庭工作先进集体	中华全国妇女联合会	2022–05
市公安局亭湖分局东城派出所	全国第二批“枫桥式公安派出所”	公安部	2022–05
东台市公安局法制大队	全国优秀公安基层单位	公安部	2022–05
市公安局亭湖分局铜马广场警务工作站	全国优秀公安基层单位	公安部	2022–05
市公安局信访处	全国公安机关爱民模范集体	公安部	2022–05
市公安局盐都分局盐龙派出所	全国优秀公安基层单位	公安部	2022–05
亭湖区盐东镇	全国农业产业强镇创建试点	农业农村部、财政部	2022–05
市司法局	全国司法行政系统先进集体	人力资源和社会保障部、司法部	2022–06
射阳县行政审批局	人民满意的公务员集体	中共中央、国务院	2022–08
大丰区大中街道泰西村	全国农村集体产权制度改革典型案例	农业农村部	2022–09
市市场监督管理局信用监督管理处	2022年全国清理整顿人力资源市场秩序专项行动取得突出成绩单位	人力资源和社会保障部、国家市场监督管理总局	2022–10
响水县司法局	节约型机关	国家机关事务管理局、中共中央直属机关事务管理局、 国家发改委、财政部	2022–10
滨海县司法局	节约型机关	国家机关事务管理局、中共中央直属机关事务管理局、 国家发改委、财政部	2022–10
市委网信办	全国数字化绿色化协同转型发展综合试点	中央网信办、国家发改委、 工信部、能源部、生态环境部	2022–11
盐城大纵湖水利风景区	国家级红色基因水利风景区	水利部精神文明建设指导委员会办公室	2022–12
渠南灌区、双南干渠灌区、五岸灌区	2022年度国家节水型灌区	水利部	2022–12
市委农办	全国农村集体产权制度改革工作先进集体	农业农村部	2022–12
盐南高新区伍佑小学	全国优秀少先队集体	共青团中央、教育部、全国少工委	2022–12
市交通运输局	全国行政执法先进集体	司法部	2022–12

续表58

获奖单位	荣誉名称	授奖单位	获奖时间
刘庄船闸管理所	2020—2021年度全国交通运输行业文明示范窗口	交通运输部	2022-12
东台市三仓镇党委	江苏省乡村振兴先进集体	省委、省政府	2022-01
建湖县冈西镇徐王村党总支	江苏省乡村振兴先进集体	省委、省政府	2022-01
射阳县黄沙港镇党委	江苏省乡村振兴先进集体	省委、省政府	2022-01
阜宁县益林镇党委	江苏省乡村振兴先进集体	省委、省政府	2022-01
滨海县天场镇秉义村党总支	江苏省乡村振兴先进集体	省委、省政府	2022-01
响水县陈家港镇党委	江苏省乡村振兴先进集体	省委、省政府	2022-01
盐都区潘黄街道党委	江苏省乡村振兴先进集体	省委、省政府	2022-01
大丰区西团镇党委	江苏省乡村振兴先进集体	省委、省政府	2022-01
东台市义工联合会	第六届“江苏慈善奖”最具影响力慈善组织	省政府	2022-09
市司法局	全省“七五”普法工作先进单位	省政府	2022-11
大丰区司法局	全省“七五”普法工作先进单位	省政府	2022-11
亭湖区司法局	全省“七五”普法工作先进单位	省政府	2022-11
阜宁县司法局	全省“七五”普法工作先进单位	省政府	2022-11
射阳县委党史工作办公室	全省党史部门先进集体	省人力资源和社会保障厅、省委党史工作办公室	2022-12
江苏省大丰麋鹿国家级自然保护区管理处	江苏省自然资源系统先进集体	省人力资源和社会保障局、省自然资源厅	2022-12
市委老干部局	全省老干部工作先进集体	省委组织部、省委老干部局、省人力资源和社会保障厅	2022-12
东台市委老干部局	全省老干部工作先进集体	省委组织部、省委老干部局、省人力资源和社会保障厅	2022-12
滨海县委老干部局	全省老干部工作先进集体	省委组织部、省委老干部局、省人力资源和社会保障厅	2022-12
建湖县委老干部局	全省老干部工作先进集体	省委组织部、省委老干部局、省人力资源和社会保障厅	2022-12
市公安局离退休干部服务处	全省老干部工作先进集体	省委组织部、省委老干部局、省人力资源和社会保障厅	2022-12

附　　录

编辑　曹懿超

组织机构及负责人名录

市级机构及负责人名录

中共盐城市委

书　记　徐　缨（女）（2022.04—）
副书记　周　斌
　　　　羊维达
常　委　王　荣（—2022.02）
　　　　勾凤诚
　　　　陈　璐（女）
　　　　李泽勇（—2022.01）
　　　　薛盛堂
　　　　费　坚
　　　　陈卫红（女）
　　　　吴本辉
　　　　马小军（2022.01—）
　　　　杨雪峰（2022.07—）
秘书长　薛盛堂
副秘书长　王　亚
　　　　　徐华明
　　　　　崔恒华（—2022.05）
　　　　　邓小锋
　　　　　潘迎华
　　　　　付　阳（2022.05—）
　　　　　王华清（挂）

盐城市人民代表大会常务委员会

主　任　王　荣（2022.02—）
党组书记　王　荣（2022.02—）
党组副书记　崔　浩（2022.02—）
　　　　　　张礼祥（—2022.02）
副主任　张礼祥（—2022.02）
　　　　崔　浩（2022.02—）
　　　　顾云岭（2022.02—）
　　　　邹毅实（—2022.02）
　　　　周键云（女）
　　　　孙大明（2022.02—）
　　　　郭玉生（—2022.02）
　　　　陈　平
党组成员　戴荣江（—2022.02）
秘书长　肖汝宏
副秘书长　季　放
　　　　　史学健
　　　　　王　亚（2022.11—）
　　　　　刘海峰（—2022.11）

盐城市人民政府

市　长　周　斌（2022.02—）
代市长　周　斌（—2022.02）
副市长、党组副书记　勾凤诚
副市长　吴本辉
　　　　蒋　巍
　　　　顾云岭（—2022.02）
　　　　张　镇（—2022.01）
　　　　汤如军（挂）
　　　　王连春
　　　　唐　敬
　　　　谢继步（2022.02—）
　　　　夏思军（2022.02—2022.05）
　　　　王　娟（女）（2022.02—）
　　　　高尚德（2022.07—）
秘书长　刘光球
副秘书长　姚学龙（—2022.05）
　　　　　徐宁建
　　　　　顾亚军
　　　　　颜　彦
　　　　　张亚钊
　　　　　张　波
　　　　　胡柏林（—2022.05）
　　　　　马志宏（2022.09—）
　　　　　朱杰成（2022.09—）
　　　　　徐　徐（挂）

中国人民政治协商会议盐城市委员会

主席、党组书记　陈红红（女）
党组副书记　潘道津
　　　　　　羊维达
　　　　　　崔　浩（—2022.02）
副主席　潘道津
　　　　唐伯平
　　　　葛启发（—2022.02）
　　　　吕拔生（—2022.02）
　　　　孙长春（—2022.02）
　　　　沈洪清（—2022.02）
　　　　姜友新（女）（—2022.02）
　　　　孙大明（—2022.02）
　　　　戴荣江（2022.02—）
　　　　徐龙波（2022.02—）
　　　　李东成（2022.02—）
　　　　丁　成（2022.02—）
　　　　汤冬青（2022.02—）
秘书长　殷　勇
副秘书长　赵　勃
　　　　　崔文军
　　　　　刘桂湘（女）
　　　　　孙秀丽（女）
　　　　　王东升（兼）（—2022.02）
　　　　　王永和（兼）（—2022.02）
　　　　　姜菊萍（女）（兼）
　　　　　张永辉（兼）（—2022.02）
　　　　　陈守年（兼）（—2022.02）
　　　　　陈　翊（兼）（2022.02—）
　　　　　傅秀军（兼）（2022.02—）
　　　　　胥江华（兼）（2022.02—）
　　　　　陈苏宁（兼）（2022.02—）

中共盐城市纪律检查委员会

书　记　陈　璐（女）
副书记　刘向阳
　　　　李新华
　　　　嵇红梅（女）
常　委　张国锋
　　　　胡国良（—2022.11）
　　　　樊　杉
　　　　赵玉霞（女）
　　　　董金宇
　　　　陈锡钢（2022.11—）
秘书长　陈锡钢（2022.11—）
　　　　胡国良（—2022.11）

盐城市监察委员会

主　任　陈　璐（女）
副主任　刘向阳
　　　　李新华
　　　　嵇红梅（女）
委　员　胡国良（—2022.11）
　　　　樊　杉
　　　　董金宇
　　　　陈锡钢（2022.11—）
　　　　胡中兵
　　　　黄　辉（2022.09—）

市纪委监委内设机构

办公室
主　任　朱红江（2022.09—）
　　　　胡国良（—2022.09）

组织部
部　长　杨　鹏

宣传部
部　长　赵春城

法规研究室
主　任　朱红江（—2022.09）

党风政风监督室
主　任　仲明桓

信访室
主　任　沈海城

案件监督管理室
主　任　李广宁

第一审查调查室
主　任　陈开尚

第二审查调查室
主　任　徐长友

第三审查调查室
主　任　唐　烽（2022.09—）
董金宇（—2022.09）

第四审查调查室
主　任　朱洪坤

第五审查调查室
主　任　刘文胜

第六监督检查室
主　任　朱　伟（—2022.11）

第七监督检查室
主　任　陈乃浪

第八监督检查室
主　任　沃　近（女）

第九监督检查室
主　任　许道春（2022.09—）
朱　陈（—2022.02）

监督审查技术室
主　任　唐　烽（—2022.09）

案件审理室
主　任　黄　辉（—2022.09）

纪检监察干部监督室
主　任　谷清华

市纪委监委派驻机构

第一派驻纪检监察组
组　长　郑志龙

第二派驻纪检监察组
组　长　吴宏庆

第三派驻纪检监察组
组　长　周为勇

第四派驻纪检监察组
组　长　邱雨云（女）

第五派驻纪检监察组
组　长　张小明（女）

第六派驻纪检监察组
组　长　鞠　宾

第七派驻纪检监察组
组　长　吴济民

第八派驻纪检监察组
组　长　李　健

第九派驻纪检监察组
组　长　许学荣

第十派驻纪检监察组
组　长　李士龙（2022.11—）
皋古庆（—2022.11）

第十一派驻纪检监察组
组　长　曹　阳

第十二派驻纪检监察组
组　长　潘卫东

第十三派驻纪检监察组
组　长　戴永根

第十四派驻纪检监察组
组　长　黄日健

第十五派驻纪检监察组
组　长　陈少华（2022.11—）
陈友根（—2022.11）

第十六派驻纪检监察组
组　长　仇洪安

第十七派驻纪检监察组
组　长　吴进中

第十八派驻纪检监察组
组　长　刘亚东

第十九派驻纪检监察组
组　长　李树红（女）（2022.11—）
刘　杰（—2022.11）

第二十派驻纪检监察组
组　长　施　伟

盐城市中级人民法院

院　长　李江蓉（女）（2022.02—）
王世华（—2022.02）
书　记　李江蓉（女）（2022.01—）
王世华（—2022.01）
副院长、副书记　陈国华
副院长　胡　勇
李　悦（女）
周　宏
韩　标
政治部主任　刘高山（2022.11—）
杨越华（女）（—2022.11）
审判委员会专职委员
龚春光（—2022.09）
詹荣安
王　彦
杨越华（女）（2022.11—）
执行局局长　黄旭东

盐城市人民检察院

检察长、书记　葛　冰
副检察长、副书记　吴海龙
副检察长　姚　图
李　勤（女）
童加舟（—2022.11）
政治部主任　黄圣年
检察委员会专职委员
马　筠（女）
胡立东
大中地区人民检察院检察长
赵　萍（女）

市委工作机关

办公室

主　任　王　亚
副主任　周　卫（—2022.05）
　　　　马志宏（—2022.09）
　　　　杨小进
　　　　陈　建
　　　　李海军
　　　　齐　华（2022.09—）

组织部

部　长　费　坚
副部长　成　辉
　　　　蒋红萍（女）（兼）
　　　　陈允春（兼）（2022.07—）
　　　　冯明印（兼）（—2022.07）
　　　　沈卫民
　　　　袁加珍

宣传部

部　长　陈卫红（女）
副部长　薛万昌
　　　　赵国锋
　　　　徐　曼（女）
　　　　戴为洋（2022.11—）
　　　　董光威（挂）

统一战线工作部

部　长　羊维达
副部长　徐华明（2022.09—）
　　　　李东成（—2022.09）
　　　　陈湘珍（女）
　　　　张慧娟（女）
　　　　黄　斌（兼）
　　　　马志虎（—2022.09）

政法委员会

书　记　杨雪峰（2022.07—）
　　　　王　荣（—2022.07）
副书记　张　镇（兼）（—2022.01）
　　　　谢继步（兼）（2022.01—）
　　　　韦应生
　　　　戴红春
　　　　姚世健
　　　　丁　煌
政治部主任　瞿保富

研究室

主　任　潘迎华
副主任　齐　华（—2022.09）
　　　　陈　军
　　　　孙立昕（2022.09—）

网络安全和信息化委员会办公室

主　任　董光威
副主任　陈　雯（女）
　　　　郑智勇
　　　　刘安民（挂）（—2022.11）
　　　　仲思超（挂）（—2022.12）
　　　　王　鑫（挂）（2022.11—）

机构编制委员会办公室

主　任　蒋红萍（女）
副主任　胥晨霞（女）
　　　　刘　毅
　　　　徐　义

台湾工作办公室

主　任　钱　勇（2022.05—）
　　　　羊维元（—2022.05）
副主任　袁　溥（女）
　　　　马卫忠
　　　　孙少军

市级机关工作委员会

书　记　孙　红（女）（2022.12—）
　　　　蔡保生（—2022.12）
副书记　周晓东
　　　　陈铁军
纪工委书记　王　森（2022.11—）
　　　　　　韦　明（—2022.11）

巡察工作办公室

主　任　张国锋
副主任　郭　红（女）
　　　　陈益林（—2022.09）
　　　　戚友祥（2022.09—）
巡察组组长　张炜东
　　　　　　张永娣（女）
　　　　　　谢　伟
　　　　　　王胜利
　　　　　　须卫琴（女）
　　　　　　姜冠军（—2022.11）
　　　　　　王甫同（2022.11—）
巡察组副组长　王　康
　　　　　　　刘汝华
　　　　　　　葛明翔
　　　　　　　祁玉华
　　　　　　　花鲁宁（—2022.11）
　　　　　　　吴　彦
　　　　　　　徐文蕴（女）
　　　　　　　葛育富
　　　　　　　叶　森
　　　　　　　王淑华
　　　　　　　朱磊磊（女）
　　　　　　　周振宇
　　　　　　　王爱明（2022.11—）

老干部局

局　长　陈允春（2022.05—）
　　　　冯明印（—2022.05）
副局长　赵光华
　　　　王良海（2022.11—）

市委直属事业单位

党　校

校　长　费　坚
书记、副校长　郑荣文
副校长、副书记　郭　云（女）
副校长　李建兵
　　　　盛海丰（2022.11—）
　　　　吴宏博（2022.11—）
教育长　张爱民（2022.11—）
　　　　盛海丰（—2022.11）

盐阜大众报报业集团

社长、书记　李　强
总编辑、副书记　周　劲
纪委书记　徐建成
副社长　崔宇宙
　　　　颜廷亮
副总编辑　季学根
　　　　　陈志燕（女）

盐城广播电视总台

台长、书记　戴为洋
总编辑　胥爱华
纪委书记　仇江明（2022.11—）
　　　　　王乃顶（—2022.11）
副台长　许岩峰
　　　　唐卫华
　　　　张苏艳（女）
副总编辑　王建怀

档案馆

馆　长　张玉辉（—2022.12）
副馆长　赵弘迈（女）
　　　　房　标（—2022.11）
　　　　刘永红（2022.11—）

党史工作办公室
地方志办公室
主　任　唐　宏
副主任　王海燕（女）
　　　　张守中

市委其他议事协调机构办公室

全面依法治市委员会办公室
副主任　顾海文

国家安全委员会办公室
副主任　张　昭

农村工作领导小组办公室
副主任　倪志成

市委部门挂牌、合署机构及下属单位

机要局
局　长　王　亚
副局长　陈　良（—2022.11）
　　　　郑　荣（2022.11—）

国家保密局
局　长　王　亚
副局长　王劲松

国家密码管理局
局　长　王　亚

档案局
局　长　王　亚

非公有制企业和社会组织工作委员会
书　记　沈卫民（2022.11—）
副书记　沈卫民（—2022.11）
　　　　朱春明（2022.11—）
　　　　陈　政（兼）（—2022.11）

党建工作领导小组办公室
副主任　陈义芳（女）

公务员局
局　长　成　辉

考核工作委员会办公室
副主任　袁加珍

党员教育中心
主　任　倪一华

政府新闻办公室
主　任　徐　曼（女）（2022.09—）
副主任　倪世勇

精神文明建设指导委员会办公室
主　任　赵国锋
副主任　夏　斌

新闻出版局（版权局）
局　长　薛万昌
副局长　朱友明（女）

政府侨务办公室
主　任　张慧娟（女）
副主任　陈新锋（—2022.11）

事业单位登记管理局
局　长　蒋红萍（女）
副局长　崔红军

绩效考评中心
主　任　马明柱

政府台湾事务办公室
主　任　钱　勇（2022.05—）
　　　　羊维元（—2022.05）

离退休干部工作委员会
书　记　陈允春（2022.05—）
　　　　冯明印（—2022.05）
副书记　许仁德

市人大常委会机关

办公室
主　任　季　放
副主任　姚　刚
　　　　刘海峰（—2022.11）

研究室
主　任　张玉辉（2022.12—）
副主任　苏　红（女）

监察和司法工作委员会
主　任　高维华
副主任　邵开云

预算工作委员会
主　任　李　梅（女）
副主任　王　龙（2022.12—）

农村工作委员会
主　任　崔成富
副主任　陈向前

教育科学文化卫生委员会
主　任　曹子洪
副主任　顾晓军

环境资源城乡建设委员会
主　任　蒋　春
副主任　严东升

人事代表联络委员会
主　任　蔡保生（2022.12—）
　　　　尹贵尧（—2022.12）
副主任　周海东

民族宗教侨务外事委员会
主　任　徐　杰
副主任　冯　佐

法制工作委员会
主　任　吴　敦
副主任　姚长俊

市政府工作部门

办公室
书　记　刘光球
主任、副书记　徐宁建（2022.05—）
　　　　　　　姚学龙（—2022.05）
副主任　夏咸健（—2022.11）
　　　　张文群（女）
　　　　施赟之（2022.11—）
　　　　徐　翔
　　　　施兴华
　　　　宋卫星（2022.09—）

发展和改革委员会
主任、书记　顾明东
副主任、副书记　朱如万（—2022.11）
副主任　罗　强
　　　　袁永军（—2022.01）
　　　　袁明明（女）
　　　　王冀军（女）
　　　　束　翊（2022.11—）
　　　　韩　健（女）（挂）
　　　　张孝荣（挂）
　　　　管　仲（挂）（—2022.06）
总工程师　陈　锋

教育局
局长、书记　戴红光
副局长　江　楫（—2022.11）
周为仲
徐卫东

科学技术局
局长、书记　韦向东
副局长　丁桂林
葛兆建
姜浩然
王兆军（2022.11—）
张祥林（挂）（—2022.06）

工业和信息化局
局长、书记　臧　冲（2022.05—）
陈　斌（—2022.05）
副局长、副书记　袁志亚（—2022.11）
副局长　朱照伟（—2022.11）
沈乃峰
郑荣东
李薇莎（女）（2022.11—）
王　胜（挂）
薛友祥（挂）
宋　阳（挂）（2022.05—）

民族宗教事务局
局长、书记　黄　斌
副局长　王尤东
吴凤俊
马登军（—2022.11）
陈铁汉（2022.11—）

公安局
局长、书记　谢继步（2022.01—）
张　镇（—2022.01）
副局长、副书记　吴柏林
姜学儒（—2022.05）
副局长　张满昌
孙玉东（—2022.05）
王玉海
王　炜
政治部主任　王　健（—2022.11）

民政局
局长、书记　连　倩（女）（2022.05—）
刘永轩（—2022.05）
副局长、副书记
连　倩（女）（—2022.05）
副局长　彭　涛
张伟中
戴云峰
司爱平（2022.11—）

司法局
局长、书记　洪家宁
副局长、副书记　许　峰
副局长　刘　慧（女）
雍庆丰（—2022.11）
王永忠
朱维明
薛为民（—2022.11）
许　亮（2022.11—）
政治部主任　王　江

财政局
局长、书记　俞全新
副局长　虞　水
陈科文
吴　遥
朱高峰（2022.11—）

人力资源和社会保障局
局长、书记　吴启飞
副书记　郑英舜
副局长　顾正钧（—2022.11）
还少丹
吴旭东
孙众嶔（2022.11—）

自然资源和规划局
局长、书记　戚太龙
副局长、副书记　糜　海（—2022.06）
副局长　樊　荣（—2022.11）
张中俊
俞全胜
杨　满（—2022.07）
汤中文
铁小军
冯一飞
刘月仲（2022.11—）
总规划师　宋迎春

生态环境局
局长、书记　张步胜
副局长、副书记　吕明光（2022.06—）
副局长　吕明光
马志军
王　彬
徐玉军
总工程师　郑田雄

住房和城乡建设局
局长、书记　刘　源（2022.05—）
张宏春（—2022.05）
副局长、副书记
魏　炜（2022.11—）
黄　实（—2022.09）
副局长　肖乐农
叶小强（—2022.11）
许国兴（—2022.11）
刘必利（2022.11—）
朱端倪（2022.11—）
总工程师　严东鸣（2022.11—）
魏　炜（—2022.11）

城市管理局
局　长　黄正桂（2022.05—）
陈志会（—2022.05）
书　记　樊　玮（2022.05—）
陈志会（—2022.05）
副局长、副书记　樊　玮（—2022.05）
副局长　吕　伟
王从香
何成效

交通运输局
局长、书记　宋　勇
副局长、副书记　薛　华
副局长　葛春宽（2022.11—）
裴义婷（女）
高曙红
傅清贤
陈惠民
单　纯（女）（兼）
总工程师　丁　胜

水利局
局长、书记　周　岚（女）（2022.05—）
许德智（—2022.05）
副局长、副书记　何玉良
副局长　王国佐（—2022.11）
樊六亚
梁喜辉
张　勇（2022.11—）
总工程师　顾　京

农业农村局
局长、书记　施建霞（女）
副局长、副书记　孙新建

副局长　宋成荣
　　　　滕友仁
　　　　陶　成
总农艺师　吕文婧（女）(2022.11—）
总畜牧兽医师　颜东平

商务局
局长、书记　郭庆生
副局长、副书记　贾子农（—2022.11）
副局长　何春明
　　　　程　颖（女）(—2022.09）
　　　　费晓燕（女）
　　　　袁　悦（2022.09—）
　　　　陈伟峰（2022.11—）

文化广电和旅游局
局长、书记　袁国萍（女）
副局长　王永和（—2022.09）
　　　　路竞竞（女）(2022.11—）
　　　　唐文健
　　　　朱　超
　　　　陈杏勇
　　　　侯德志（2022.12—）

卫生健康委员会
主任、书记　崔国静（女）
副书记、副主任　王　正（—2022.05）
副主任　邓义军
　　　　房安银（—2022.11）
　　　　王　勇
　　　　李军民（2022.11—）

退役军人事务局
局长、书记　王旭东
副局长、副书记　徐汉林
副局长　杨连君
　　　　吴昊天
　　　　智月明
　　　　杨凯峰
　　　　邱志刚（挂）(—2022.11）
　　　　马晋苏（兼）(2022.05—）
　　　　王　兵（挂）(2022.11—）

应急管理局
局长、书记　张鹏程
副局长　许立设
　　　　王奇东
　　　　苏　峰
　　　　郑效青
总工程师　沈巍昆（2022.11—）
　　　　薛家玉（—2022.11）

审计局
局长、书记　孙海山
副局长、副书记
　　　　孙红青（女）(—2022.11）
副局长　陈献东
　　　　张晓鸣
　　　　李树峰
　　　　陈欣彦（女）(2022.11—）
总审计师　陶振华（2022.11—）
　　　　陈欣彦（女）(—2022.11）

外事办公室
主任、书记
　　　　周晓晴（女）(2022.11—）
　　　　董玲玲（女）(—2022.09）
副主任　周晓晴（女）(—2022.11）
　　　　陆　帅（—2022.09）
　　　　申　森（2022.11—）

国有资产监督管理委员会
主任、书记　王　强
副主任　张晓政（—2022.11）
　　　　蒋　斌
　　　　成友贵
　　　　单正兵（2022.11—）

行政审批局
局长、书记
　　　　胡柏林（2022.05—）
　　　　周　岚（女）(—2022.05）
副局长、副书记　徐金珠
副局长　邢晓峰
　　　　张锡良
　　　　王　祥
　　　　沈国军

市场监督管理局
局长、书记　顾　硕
副局长、副书记　葛　龙
副局长　王海南（—2022.11）
　　　　陈德美
　　　　孟令永
　　　　王东升
　　　　杨　樾
　　　　陈　政（—2022.11）
　　　　王德祥（—2022.11）
食品安全总监　徐文龙（2022.11—）
　　　　谭鑫春（—2022.11）
总工程师　侍学兵（2022.11—）

体育局
局　长　方仕德（2022.05—）
　　　　汤冬青（—2022.02）
书　记　方仕德
副局长　杜明东
　　　　陈如俊
　　　　张德凯（2022.09—）

统计局
局长、书记　李宝会
副局长　李　刚（—2022.11）
　　　　瞿建权
　　　　朱　杰
　　　　王鸿章（2022.11—）
总统计师　肖　勇（2022.11—）
　　　　王鸿章（—2022.11）

医疗保障局
局长、书记　潘亚军（2022.05—）
　　　　范建江（—2022.05）
副局长、副书记　祁新桐
副局长　李国光
　　　　马新玉

信访局
局长、书记　付　阳（2022.05—）
　　　　崔恒华（—2022.05）
副局长、副书记　陈海峰
副局长　唐海峰
　　　　温开鉴
　　　　刘　军
信访督查专员　赵立军
　　　　陶　春
　　　　沈亚军

地方金融监督管理局
局长、书记　戴　翔（2022.05—）
　　　　朱金明（—2022.05）
副局长　金骏培
　　　　吴　江
　　　　孙秀春

机关事务管理局
局长、书记　蔡群华
副局长、副书记　夏仲书（—2022.11）
副局长　张芬萍（女）
　　　　侍晓红（女）
　　　　臧海波

王　群（2022.11—）

市政府派出机构

政府驻北京联络处

主　任　张孝荣

政府南京办事处

主　任　韩　健（女）
副主任　施赟之（—2022.11）

政府驻上海联络处

主　任　王　胜
副主任　余云娟（女）

政府驻深圳办事处

主　任　薛友祥

沪苏大丰产业联动集聚区

书　记　董　坤
主　任　董　坤（—2022.11）
副主任　张四福
　　　　陈苏萍（女）
　　　　杨荣富
纪工委书记　陆　斌

苏州盐城沿海合作开发园区

书　记　王华清（挂）
副书记、主任　王　卫（挂）
副主任　袁永军（挂）（—2022.01）
　　　　徐　晖（挂）
纪工委书记　王　军（挂）

常州盐城工业园区

书　记　汤如军
副书记、主任　姚　勇
副主任　张文伟
　　　　王　庆
　　　　嵇成刚

市政府直属事业单位

住房公积金管理中心

主任、书记　张成中
副主任　魏彧晖（—2022.11）
　　　　宋云龙
　　　　夏斯翰（2022.11—）

供销合作总社

主任、书记　朱　雯（女）
副主任　葛广东
　　　　顾加广
　　　　沙附生
　　　　左文荷（2022.11—）
监事会主任　赵金华（—2022.11）
工委主任　陈庆红（女）（2022.11—）
　　　　　石　峰（—2022.11）

滨海港工业园区管理办公室

党委书记　高尚德（兼）（2022.07—）
　　　　　勾凤诚（兼）（—2022.07）
副书记、主　任　李晓明
副书记、副主任　戴　道（—2022.11）
副主任　徐　健（挂）（2022.11—）
　　　　徐加晔（挂）（2022.11—）
　　　　姚士界（2022.11—）
　　　　曹海军

农业科学研究院

党委书记、院长　葛汉勤
副院长　孙明法
　　　　吴　春
　　　　秦光蔚（女）（—2022.11）
纪委书记　水　淼（2022.09—）
　　　　　陆　伟（—2022.09）

江苏盐城国家级珍禽自然保护区管理处

主　任　蒋　巍（兼）
党组书记　王甫同（—2022.11）
副主任　陈　浩
　　　　陈志洲

江苏省大丰麋鹿国家级自然保护区管理处

主　任　孙大明（兼）
党组书记　李志军（兼）
副主任　沈　华
　　　　王立波

仲裁委秘书处

秘书长　马　力（2022.11—）
　　　　洪家宁（兼）（—2022.11）
副秘书长　许　亮（—2022.11）

市政府部门挂牌、合署、管理机构

政府研究室

主　任　姚学龙（—2022.05）
副主任　武正华

市委教育工作委员会

书　记　戴红光
副书记　倪国华

粮食和物资储备局

局　长　顾明东
副局长　郑海峰（2022.11—）
　　　　束　翊（—2022.11）

大数据管理局

局　长　臧　冲（2022.05—）
　　　　陈　斌（—2022.05）
副局长　李薇莎（女）（—2022.11）
　　　　王　鑫
　　　　何　华（2022.11—）

海洋局

局　长　戚太龙

林业局

局　长　戚太龙

人民防空办公室

主　任　刘　源（2022.05—）
　　　　张宏春（—2022.05）
副主任　滕春青（—2022.11）

地震局

局　长　刘　源（2022.05—）
　　　　张宏春（—2022.05）
副局长　刘必利（—2022.11）

园林局

局　长　刘　源（2022.05—）
　　　　张宏春（—2022.05）
副局长　朱端倪（—2022.11）

城市管理综合行政执法局

局　长　黄正桂（2022.05—）
　　　　陈志会（—2022.05）

港口管理局

局　长　宋　勇
副局长　赵　飞

乡村振兴局

局　长　施建霞（女）
副局长　王丽萍（女）

口岸办

主　任　郭庆生
副主任　陈国亮

韩玉军

文物局
局　长　袁国萍（女）

中医药管理局
局　长　崔国静（女）
副局长　张国瑞

政府港澳事务办公室
主　任　周晓晴（女）（2022.11—）
　　　　董玲玲（女）（—2022.09）

政务服务管理办公室
主　任　胡柏林（2022.05—）
　　　　周　岚（女）（—2022.05）

知识产权局
局　长　顾　硕
副局长　张海波

政府金融工作办公室
主　任　戴　翔（2022.05—）
　　　　朱金明（—2022.05）

铁路建设办公室（机构已撤销）
副主任　陈建斌
　　　　商　颖

市政府部门下设机构、派出机构、下属单位

电子政务办公室
主　任　刘　强（2022.11—）
　　　　刘益彬（—2022.11）

江苏省苏北农村人才市场管委会办公室
主　任　郑英舜
副主任　孙众嵚（—2022.11）
　　　　曹　杨（女）
　　　　林向阳（2022.11—）

数字化城市管理监督指挥中心
主　任　樊　玮
副主任　李朝阳

中国国际贸易促进委员会盐城市委员会
副会长　王　卉（女）

公安局政治安全保卫支队
支队长　刘　杰
政　委　吴素成

公安局治安警察支队
支队长　丁红兵（—2022.02）
政　委　张荣兵

公安局交通警察支队
支队长　夏咸健（2022.11—）
　　　　于　宽（—2022.11）
政　委　马　良

公安局刑事警察支队
支队长　薛红军
政　委　陈箫竹

公安局经济犯罪侦查支队
支队长　梅继军
政　委　王　兵

公安局巡特警支队
支队长　李培根
政　委　唐　洲

公安局技术侦察支队
支队长　高　丽（女）

公安局网络安全保卫支队
支队长　傅　军

公安局禁毒支队
支队长　徐向东（—2022.11）
政　委　葛富春

公安局海防支队
支队长　张同武
政　委　傅吉林

公安局经济技术开发区分局
局　长　李卫东
政　委　赵学森

国库集中支付中心
主　任　唐　康（女）（—2022.11）

劳动监察支队
支队长　张益明

国土资源监察支队（机构已撤销）
支队长　李荣祥（—2022.09）

规划管理监察支队（机构已撤销）
支队长　单连军（—2022.11）

市自然资源和规划监察支队
支队长　单连军（2022.11—）

城市管理行政执法支队
支队长　闻建荣

湿地和世界自然遗产保护管理中心
主　任　吴其江

不动产登记中心（房产交易中心）
主　任　季　峰

生态环境综合行政执法局
局　长　张卫东

农业综合行政执法监督局
局　长　陆立中

文化市场综合执法支队
支队长　高庆云

应急管理综合行政执法监督局
支队长　佘志勇

国际交流中心
主　任　申　森（—2022.11）

新四军纪念馆
馆　长　仇金标
副馆长　周志明
　　　　张树忠

海盐博物馆
馆　长　铁春燕（女）

房屋征收办公室
主　任　高卫芝（—2022.11）

公共资源交易中心
主　任　孙九山

对外建筑管理处
党总支书记、主任
　　　　严东鸣（—2022.11）

交通运输综合行政执法支队
党委书记、支队长　陈正华

公路事业发展中心
党委书记、主任　唐海峰

港航事业发展中心
党委书记、主任　徐　军

水利工程管理处
党委书记、主任
　　　　朱榛国（2022.11—）
　　　　张　勇（—2022.11）

通榆河枢纽工程管理处
党委书记、主任　杨启明

市区防洪工程管理处
主　任　朱榛国（—2022.11）

新洋农业试验站
党委书记、站长　洪立洲

一　院
党委书记　查文章
院　长　王　正（2022.05—）
　　　　邓义军（—2022.05）
副院长　闻国华
　　　　穆向明
　　　　郭建军（2022.09—）
　　　　柏宏坚（—2022.02）
　　　　李明祥（—2022.09）
纪委书记　卞学梅（女）
总会计师　刘　静（女）（2022.09—）

一院城南医院（2020.09机构撤销）
副院长　李奇志（女）
　　　　李　浒（—2022.09）
　　　　李自强
　　　　张　鹏

卫生监督所
所　长　祁新辉

疾病预防控制中心
党委书记、主任　汤　权

妇幼保健院
党委书记　朱向军
副书记、院长　卞洪亮

中医院
党委书记　顾月星（2022.11—）
院　长　顾月星

二　院
党委书记　苗立云（鼓楼医院派）
　　　　（2022.09—）
副书记、院长　朱发兵（2022.05—）
　　　　刘　宏（—2022.05）

三　院
党委书记、院长　戴真煜（相当副处职）

四　院
党委书记　严建国
副书记、院长　支云峰

劳动就业中心
主　任　单康珍（女）

社会劳动保险中心
主　任　蔡　葳

医疗保险基金管理中心
主　任　惠恒松

市政协机关

办公室
主　任　赵　勃
副主任　李立公
　　　　程　宁

研究室
主　任　崔文军
副主任　商中兵

教文卫体委员会
主　任　朱金明（2022.05—）
　　　　孙国栋（—2022.05）
副主任　孙福军

经济科技（农业农村）委员会
主　任　高晨光
副主任　厉汝标

港澳台侨（外事）委员会
主　任　陈乃军
副主任　吴亚东

提案委员会
主　任　徐瀚文
副主任　陆体兵

学习文史委员会
主　任　华林泰
副主任　周　耀

委员联络委员会
主　任　徐翠华（女）
副主任　颜成俊

人口资源环境委员会
主　任　黄金文
副主任　朱冬梅（女）

社会法制（民族宗教）委员会
主　任　裴磊滨
副主任　夏国书

民主党派

民主同盟盐城市委员会
主　委　唐伯平
副主委　姜菊萍（女）
　　　　蔡建玮（兼）
　　　　姜浩然（兼）
　　　　徐桂中（兼）

民主建国会盐城市委员会
主　委　穆向明
副主委　吴海燕（女）（兼）
　　　　陈　翊
　　　　邢　蓉（女）（兼）
　　　　路　璐（兼）

民主促进会盐城市委员会
主　委　丁　成
副主委　韦　国（兼）
　　　　傅秀军
　　　　杨建群（女）（兼）
　　　　熊志平（女）（兼）

农工民主党盐城市委员会
主　委　邓义军
副主委　胥江华
　　　　刘　玲（女）（兼）
　　　　李志阳（兼）
　　　　邵　荣（女）（兼）

九三学社盐城市委员会
主　委　孙大明
副主委　陈苏宁（女）
　　　　孙高明（兼）
　　　　彭　涛（兼）
　　　　高　阳（兼）

群团机构

总工会
主　席　徐龙波
书记、副主席　王玉新
副主席　周彩枫（女）
　　　　王　龙
　　　　戴红军
　　　　周小进
　　　　还少丹（挂）
　　　　宋红浩（兼）
　　　　杨　爱（女）（兼）
　　　　秦以培（兼）

团市委
书　记　张阳光（2022.11—）
　　　　翟大伟（—2022.09）
副书记　张阳光（—2022.11）
　　　　万　强
　　　　陈　凡（2022.11—）
　　　　包婷婷（女）（挂职）（2022.11—）
　　　　倪启南（挂职）（2022.11—）
　　　　武　斌（兼）（—2022.11）
　　　　仇云杰（女）（兼）（—2022.11）
　　　　黄云鹰（兼职）（2022.11—）
　　　　赵钧羡（兼职）（2022.11—）

妇　联
主席、书记　徐　丹（女）
副主席　高清华（女）
　　　　胡忠秀（女）
　　　　夏红霞（女）
　　　　朱　俊（女）（兼）
　　　　蔡金兰（女）（兼）
　　　　吴　伟（女）（兼）
妇儿工委办专职主任　王　艳（女）

科　协
主席、书记　缪志伟
副主席　张琍琍（女）
　　　　高福华
　　　　邹苏豫（女）（2022.11—）
　　　　邵　荣（兼）
　　　　陈爱蓓（女）（兼）
　　　　葛汉勤（兼）
　　　　王子纯（兼）
　　　　史　践（兼）

侨　联
主席、书记　周　卫（2022.05—）
　　　　　　季卫军（—2022.05）
专职副主席　李永红（女）
副主席　张中明
　　　　孟庆安（兼）
　　　　沈进进（兼）
　　　　徐正环（兼）

文　联
主席、书记　李　军
副主席　蒋婉求（女）（兼）
　　　　张曙光（—2022.11）
　　　　朱桐生
　　　　朱卫东（2022.11—）

社科联
主席、书记　李晓奇
副主席　胡晓军
　　　　焦宏图

残　联
理事长、书记　陈　刚（2022.11—）
　　　　　　　鞠烨平（—2022.11）
副理事长　朱友余
　　　　　杜鸿儒
　　　　　王春林
　　　　　施　政
　　　　　黄　枥（兼）（2022.11—）
　　　　　梁中宝（兼）（2022.11—）

工商联
主　席　汤冬青（2022.02—）
　　　　吕拔生（—2022.02）
书　记　陈湘珍（女）
副主席　赵德生
　　　　李建松

红十字会
会　长　王连春
专职副会长、书记　孙为祥
副会长　徐维林
　　　　张　辉（2022.11—）
　　　　蔡浩然（兼）
　　　　孙国栋（兼）
　　　　戴红光（兼）
　　　　胡柏林（兼）（—2022.05）
　　　　崔国静（女）（兼）
　　　　唐　康（女）（兼）
监事会监事长　连　倩（女）

双重及垂直领导单位

国家税务总局盐城市税务局
局长、书记　卢李华（2022.12—）
　　　　　　钟武斌（—2022.12）
副局长、副书记　陈扬清（2022.08—）
副局长　孟宪春（—2022.04）
　　　　张　军（—2022.08）
　　　　陈洪军（—2022.10）
　　　　吴泉芳（—2022.10）
总经济师　严汝青
总会计师　胥　峰
纪检组长　周光炜

盐城气象局
局长、书记　张志刚
副局长　冯还岭
　　　　刘　青
纪检组组长　盛海峰

盐城海关
关　长　吴志明（2022.06—）
　　　　胡正良（—2022.06）
缉私分局局长　蔡　皿
南京海关第十四派驻纪检组组长
　　　　夏海明
副关长　孙　迅
　　　　李　玲（女）

盐城海事局
局长、书记　程　欣
副局长　蒋惠林
　　　　史德华
　　　　刘　东

省统计局盐城调查局
局　长　侯海连（—2022.09）
副局长　卞永来
　　　　徐俊春

国家统计局盐城调查队
队长、书记　黄祥凤
副队长　顾德富
　　　　苏正芳
纪检组组长　杨前进

盐城邮政管理局
局长、党组书记　单　纯（女）
副局长　周中元
周向东（挂）（2021.12—）

盐城邮政分公司
党委书记、总经理　张旭东
副总经理　芮　丰（2022.05—）
荣燕东（2022.05—）
陆红林（2022.05—）
沈晓建（—2022.05）
副总经理、工会主席　陈　仪
副总经理、纪委书记
朱轶辉（—2022.05）

盐城电信分公司
党委书记、总经理　钱　进
副总经理、纪委书记
徐乐华（—2022.03）
副总经理　吴信和
赵宏志
胡宏娟（女）（2022.01—）
纪委书记　孙　敏（2022.08—）
王　炫（2022.03—2022.08）

盐城移动分公司
党委书记、总经理　许兴盛
副总经理　孔令舟
郭大干
副总经理、工会主席
王　俊（女）（2021.04—）
副总经理、纪委书记　刘　洪

盐城联通分公司
党委书记、总经理　夷淑华
副总经理　陈　伟
郭　峰
孙江徽（2022.02—）
胥　锋（—2022.02）

盐城铁塔分公司
党委书记、总经理
沈　文（2022.06—）
梁茂华（—2022.06）
副总经理　崔　岩（2022.10—）
彭明瑞（—2022.06）
纪委书记、副总经理　于少云

盐城供电公司
党委副书记、总经理
黄壁荣（2022.05—）
阎怀东（—2022.05）
党委书记、副总经理
吴　强（2022.05—）
黄壁荣（—2022.05）
纪委书记、工会主席　龚　彧
副总经理　周　宇
张文华
陈　辉（2022.05—）
吴　强（—2022.05）
总会计师　刘　平（2022.08—）
党委委员　王国平
总工程师　郑许林（2022.05—）

盐城发电有限公司
董事长　解其林（2022.06—）
吴　江（—2022.06）
党委书记　王世成
党委副书记、副董事长、总经理
束长勇
副总经理　刘忠德
程韶华（女）
纪委书记、工会主席　沈　军

射阳港发电有限责任公司
党委书记、董事长　吴　江
副书记、总经理　沈增明
党委副书记、工会主席
徐道中（2022.06—）
纪委书记　沈　军
副总经理　陈益飞
姜旭舟
刘华山（2022.11—）

盐城市烟草专卖局（省烟草公司盐城市公司）
党组书记、局长、经理　赵宏贵
副经理　丁　伟
孙君荣（女）
副局长　袁　炜
纪检组长　韩亚军（2022.02—）

盐城市盐业有限公司
党委书记、执行董事、总经理
孙寿军
副总经理　王　凯
吴登明（2022.05—）
伏彩东（—2022.08）
纪委书记　许卫华（2022.09—）

中石化江苏盐城石油分公司
副书记、经理　顾亚平
党委书记、纪委书记、工会主席
段广明
副经理　孙　练
李迎松（女）

中石油江苏盐城销售分公司
副书记、经理　钱　伟（2022.05—）
窦鹏远（—2022.05）
党委书记、纪委书记、工会主席、副经理
孔　东
财务总监、副经理　许永胜
安全总监、副经理
董　波（2022.06—）
高　山（—2022.06）

省广电有线信息网络股份有限公司盐城分公司
党委书记、总经理
徐金美（2022.12—）
吴宇鹏（—2022.11）
副总经理　郭　政
朱世前
李庆龙（—2022.09）
纪委书记　周　亮（2022.12—）
黄镇洋（—2022.10）
工会主席　卞继红（2022.02—）

金融、保险机构

人民银行盐城市中心支行
党委书记、行长　吴从法
副行长　庞　勇
陈剑耀
张　伟
纪委书记　戴　凯
工会主任　高季锋

盐城银保监分局
党委书记、局长　刘金锋（2022.04—）
殷路鸣（—2022.04）
副局长　王德宏
黄传耀
李丽君（女）（2022.08—）
汤忠东（—2022.07）
纪委书记　叶晓群（女）

工商银行盐城市分行
党委书记、行长　冯　凡（2022.07—）
周良坤（—2022.07）

副行长　薛桂英（女）
胡伯斌
刘　刚（2022.03—）
范立兵（—2022.05）
纪委书记　杨晓炜

农业银行盐城市分行
党委书记、行长　汪　洋（2022.02—）
顾　明（—2022.02）
副行长　姜龙箭
刘　奕（女）
赵宇驰（2022.01—）
徐　铁（—2022.01）
纪委书记　张　力

中国银行盐城分行
党委书记、行长　储晓庆
主任级高级经理　石海港
副行长　颜荣康
范　冕（2022.06—）
魏懋疆（2022.08—）
丁秀梅（女）
陈　俊（—2022.08）
高级经理　朱全开
纪委书记　谭　甬（2022.03—）
朱国庆（—2022.03）

建设银行盐城分行
党委书记　高开昂（2022.11—）
党委书记、行长　遇宝林（—2022.11）
副行长　纪家中
欧　磊
陶全胜
季震海
纪检组长　赵　强

交通银行盐城分行
党委书记、行长　邓琪燕（女）
副行长　许勇兵
孙友平（2022.09—）
闫国强（2022.08—）
沈宇久（2022.11—）
纪小卫（—2022.09）
闫海鲲（—2022.09）

农业发展银行盐城市分行
党委书记、行长　刘从万
副行长　刘东荃
赵红明
付　华（2022.03—）
潘向阳（—2022.03）

江苏银行盐城分行
党委书记、行长　毛　亮
副行长　孙　健
刘百玲（女）（2022.05—）
崔建松（2022.05—）
纪委书记、副行长　朱海泉

中国邮政储蓄银行盐城市分行
党委书记、行长　章小健
副行长　何　敏
蔡　强
唐　静（女）（—2022.11）
纪委书记、副行长　裘靖宇

中信银行盐城分行
党委书记、行长　韩　勇
纪委书记、副行长　宦文锋
副行长　王　旭
伍正龙

华夏银行盐城分行
行　长　张　建（2022.10—）
朱希庭（—2022.10）
副行长　丁俊根
孙卫红（2022.04—）
金安湖
金建明
戴竹岭（—2022.04）

浦发银行盐城分行
党委书记、行长　李　明
纪委书记、副行长　张金权
副行长　张延军
袁晓明

招商银行盐城分行
党委书记、行长　陈明朗（2022.12—）
卢国华（—2022.12）
党委委员、行长助理　纪新星
姜奕奕
党委委员、银行部总裁　陈　锋

江苏盐城农村商业银行股份有限公司
党委书记、董事长　李一平
副书记、行长　沙健健
监事长、纪委书记　陈　俊
副行长　陈　旭
徐朝晖
贾中军
杨书琴（女）
陈　立

人民财产保险公司盐城市分公司
党委书记、总经理　宋建新
纪委书记、副总经理　匡加桂
副总经理　邵晓冬
周　园
徐　亚

人寿保险公司盐城市分公司
党委书记　江礼志
副总经理　刘金扬
李向东
刘　剑（—2022.02）
总经理助理　王建锋
纪委书记、总经理助理
丁　洁（女）（2022.02—）

人寿财产保险公司盐城中心支公司
党委书记、总经理　胡　旭（—2022.04）
副总经理　高　阳（2022.04—）
邱广来（2022.07—）
纪委书记　李彦平

太平洋财产保险公司盐城中心支公司
总经理　刘　勇
总经理助理　陈　斌
孙　津
谢雨瀚

太平洋人寿保险公司盐城中心支公司
总经理　毛玉牛
副总经理　马　勇
总经理助理　刘晓妍（女）
马如娟（女）

江苏省信用再担保公司盐城分公司
总经理　沈影帆
副总经理　吴居海（—2022.10）

紫金财产保险股份有限公司盐城分公司
总经理　杨　娟（女）
副总经理　王　朗（2022.08—）

中储棉盐城有限公司
总经理　王勇伟（—2022.10）
副总经理　冯立军

袁　强

各类学校

盐城工学院
党委书记　方海林（女）（2022.07—）
　　　　　刘祖汉（—2022.07）
副书记、院长
　　　　　邵　荣（2022.07—）
　　　　　方海林（女）（—2022.07）
副书记　薛　浩
副院长　崔　刚（2022.07—）
　　　　王资生
　　　　丁　成（2022.02当选市政协副主席）（2022.07—）
　　　　王　伟（2022.07—）
　　　　张勤芳（2022.07—）
　　　　邵　荣（—2022.07）
　　　　宋长春（—2022.07）
　　　　王路明（—2022.07）
　　　　魏少华（—2022.07）
纪委书记　陈　伟（2022.07—）
　　　　　陈春雷（—2022.07）

盐城师范学院
党委书记　戴斌荣
副书记、院长　张宏如（2022.07—）
　　　　　　　方　忠（—2022.07）
副书记　于建江
副院长　崔　刚（—2022.07）
　　　　庞　波
　　　　张桂华
　　　　汤克明
　　　　毕凤珊（女）
　　　　徐　华（2022.07—）
纪委书记、省监委派驻盐城师范学院监察专员　韩雅丽（女）

盐城开放大学
党总支书记、校长　陈志华
副校长　夏金海
　　　　李晓燕（女）

盐城工业职业技术学院
党委书记　邵从清
副书记、院长　瞿才新
副书记　张林龙（—2022.03）
副院长　孙卫芳（女）
　　　　刘必千（—2022.03）
　　　　蔺　俊
　　　　陈宏武（2022.07—）
纪委书记　夏燕萍（女）

江苏医药职业学院
党委书记　郝达富
副书记、院长　陈国忠
副书记　李玉华
副院长　王　辉
　　　　高璀乡（女）
　　　　侍杏华
纪委书记　徐伯静

盐城幼儿师范高等专科学校
党委书记　刘毓航（女）
副书记、校长　姜统华
副校长　陈长飞
　　　　崔　霞（女）
　　　　戴永湖
纪委书记　王志刚（2022.11—）
　　　　　马　力（—2022.11）

江苏省盐城技师学院
党委书记　张体松
副书记、院长　张　兵
副院长　夏建友
　　　　唐监怀（2022.09—）
　　　　葛富有（2022.09—）
　　　　郑海风（女）（2022.09—）
　　　　王东生（—2022.09）
　　　　李成飞（—2022.09）
　　　　陈远芝（女）（—2022.09）
纪委书记　陆　伟（2022.09—）
　　　　　杨桂春（—2022.09）

盐城生物工程高等职业技术学校
党委书记、校长　孙永龙
副校长　童朝亮
　　　　王　会
　　　　宋孝春（2022.09—）
　　　　成敦杰（—2022.09）
　　　　朱余清（—2022.09）
纪委书记　许为柏（2022.09—）
　　　　　谷远钧（—2022.09）

盐城中学
党委书记、校长　丁才林
副书记、副校长　朱　俊（女）
副校长　李　生
　　　　王乃宁
纪委书记　李士龙（—2022.11）

盐城机电高等职业技术学校
党委书记、校长　茆艾磊

市中小学素质教育实践中心
主　任　殷志琴（女）

盐城市实验高级中学（盐城市高级实验中学）
校　长　刘海滨（2022.09—）
　　　　李　生（兼）（—2022.09）

盐城市第一小学教育集团
党委书记、校长　瞿汉荣

盐城体育运动学校
校　长　李文进

县级机构及负责人名录

响水县

中共响水县委员会
书　记　郭　超
副书记　陆文忠
　　　　郭书峰（挂）（—2022.04）
　　　　雷延军（挂）（2022.04—）
　　　　徐　健
常　委　杨荣生
　　　　刘高山（—2022.11）
　　　　刘中明
　　　　施宁琳（女）
　　　　周　飞
　　　　李　益（—2022.11）
　　　　姜加文
　　　　钱德强
　　　　梅真卿（2022.11—）

响水县人大常委会
主　任　邵礼青
副主任　李　刚（—2022.01）
　　　　刘中连
　　　　张孝将
　　　　顾祝生（—2022.01）
　　　　吴　超
　　　　贺　琰（女）（2022.01—）

响水县人民政府
县　长　陆文忠
副县长　李　益（—2022.11）
　　　　周　飞（2022.11—）

刘中明（2022.01—）
王鲁文
周汝琴（女）（2022.01—）
纪劲松
贺　琰（女）（—2022.01）
张炜生
张　璐（挂）
田大波（2022.01—）

政协响水县委员会
主　席　田国举
副主席　桑良举
周汝琴（女）（—2022.01）
汤熙康
卞兆辉（2022.01—）
程风雷（2022.01—）
邵金芬（女）（2022.11—）

中共响水县纪律检查委员会
书　记　施宁琳（兼）

响水县监察委员会
主　任　施宁琳（兼）

响水县人民法院
院　长　徐　祥

响水县人民检察院
检察长　孟庆松

滨海县

中共滨海县委员会
书　记　吴启标（—2022.01）
副书记　吴启标（—2022.01）
徐加晔（2022.09—）
李　杰（—2022.09）
王　伟（挂）（2022.09—）
张志远（挂）（—2022.03）
常　委　沈卫东
王海荣
高明荣（援疆）
陈锡钢（—2022.11）
王大为（—2022.11）
陈亚新
鲍晓峰
申建春（女）
仇　飞
龚春红（女）（2022.11—）
朱　伟（2022.11—）
吴小平（挂）（2022.09—）

滨海县人大常委会
主　任　宋滨东
副主任　韩立扩（—2022.01）
赵远新
薛正红（女）
王成松
左其安

滨海县人民政府
县　长　吴启标
副县长　王海荣
仇　飞
吴小平（挂）（2022.09—）
侯德志（—2022.12）
龚春红（女）（—2022.11）
陈浩海
倪　亚
李　品（2022.01—）
黄　军（2022.01—）
江　强（挂）（—2022.08）

政协滨海县委员会
主　席　姚兆春（女）
副主席　郑成铨（—2022.01）
程　熙（女）
王兆华（2022.01—）
王亚平
蔡莹翠（女）（2022.01—）

中共滨海县纪律检查委员会
书　记　陈锡钢（兼）（—2022.11）
朱　伟（兼）（2022.11—）

滨海县监察委员会
主　任　陈锡钢（兼）（—2022.11）
朱　伟（兼）（2022.11—）

滨海县人民法院
院　长　许成华

滨海县人民检察院
检察长　朱　进

阜宁县

中共阜宁县委员会
书　记　张利华
副书记　许根林
戴云峰（挂）
钱　勇（—2022.05）
郭碧玉（女）（2022.09—）
常　委　郭碧玉（女）（—2022.09）
王峻松
张国胜（—2022.11）
徐加晔（—2022.09）
王怀亮
杨春涛
陈　聪
于木村
李凯虎（挂）（2022.09—）
袁　超（挂）（2022.09—）
赵　亮（2022.09—）
丁小虎（2022.11—）

阜宁县人大常委会
主　任　林　进
副主任　朱　玲（女）
王　飞
陈志国（—2022.01）
计　俊
徐静平

阜宁县人民政府
县　长　许根林
副县长　郭碧玉（女）
张桂军
王福权（挂）
丁小虎（—2022.11）
王　伟
陈艳燕（女）
金凤邦（2022.01—）
才旦加（挂）（2022.05—）
王海强（2022.11—）

政协阜宁县委员会
主　席　丁政万
副主席　蔡如航
路宝亚
吴正年
李德平
嵇　田（—2022.01）
周婧苏（女）（2022.01—）

中共阜宁县纪律检查委员会
书　记　王怀亮（兼）

阜宁县监察委员会
主　任　王怀亮（兼）

阜宁县人民法院
院　长　丁益钧

阜宁县人民检察院
检察长　何新龙

射阳县

中共射阳县委员会
书　记　吴冈玉（女）
副书记　王　宁
　　　　孙庆树
　　　　葛兆建（挂）
常　委　凌晓东
　　　　陈　俊
　　　　尹胤祥
　　　　戴　翔（援青）（—2022.05）
　　　　付　阳（—2022.05）
　　　　王海兵
　　　　洪　磊（女）
　　　　胥亮亮
　　　　梁明洲
　　　　王　胜（挂）（2022.09—）
　　　　陶晓林（2022.09—）

射阳县人大常委会
主　任　崔晓荣
副主任　徐旭东
　　　　王占芬（女）
　　　　戴　淦
　　　　陈少祥（—2022.01）
　　　　王正军

射阳县人民政府
县　长　王　宁
副县长　凌晓东
　　　　胥亮亮
　　　　王　胜（挂）（2022.09—）
　　　　吴海燕（女）
　　　　张　超（挂）（—2022.11）
　　　　刘成志
　　　　陶晓林（—2022.09）
　　　　王延杰（挂）
　　　　李　东（2022.01—）
　　　　陈剑峰（2022.01—）
　　　　孙良海（2022.09—）

政协射阳县委员会
主　席　邱德兵
副主席　陈以奎
　　　　戴翠芳（女）
　　　　李　洁
　　　　吴　俊（女）（2022.01—）
　　　　徐必友（2022.01—）

中共射阳县纪律检查委员会
书　记　陈　俊（兼）

射阳县监察委员会
主　任　陈　俊（兼）

射阳县人民法院
院　长　林　毅

射阳县人民检察院
检察长　许永进

建湖县

中共建湖县委员会
书　记　祁从峰
副书记　陈　霞（女）
　　　　许　刚
常　委　胡　铭（—2022.01）
　　　　徐　军
　　　　孙　红（女）
　　　　臧　冲（—2022.05）
　　　　乔宗华
　　　　王　玮
　　　　朱亮亮
　　　　孙振宏
　　　　王　弋（2022.01—）
　　　　白玛措毛（女）（挂）（2022.06—）
　　　　马圣群（2022.11—）

建湖县人大常委会
主　任　张连国
副主任　徐为祥
　　　　金　明
　　　　唐广群
　　　　刘登石

建湖县人民政府
县　长　陈　霞（女）
副县长　臧　冲（—2022.05）
　　　　王　玮（2022.09—）
　　　　马圣群（2022.01—）
　　　　唐　坤
　　　　郭　刚
　　　　周　成（女）
　　　　王　弋（—2022.01）
　　　　王　茜（女）
　　　　李　振（挂）
　　　　谢超云（2022.11—）

政协建湖县委员会
主　席　俞进虎（—2022.01）
　　　　胡　铭（2022.01—）
副主席　陈秀花（女）
　　　　曹征松（—2022.01）
　　　　徐守忠
　　　　徐为高
　　　　夏正军（2022.01—）
　　　　潘　清（女）（2022.01—）

中共建湖县纪律检查委员会
书　记　胡　铭（兼）（—2022.01）
　　　　王　弋（兼）（2022.01—）

建湖县监察委员会
主　任　胡　铭（兼）（—2022.01）
　　　　王　弋（兼）（2022.01—）

建湖县人民法院
院　长　许雪峰

建湖县人民检察院
检察长　征汉年

东台市

中共东台市委员会
书　记　杨雪峰（—2022.09）
　　　　商建明（2022.09—）
副书记　商建明（—2022.09）
　　　　李　杰（2022.09—）
　　　　张志东（挂）（2022.09—）
　　　　潘亚军（—2022.05）
常　委　葛建华
　　　　孙燕春（女）（—2022.09）
　　　　朱杰成（—2022.09）
　　　　马志虎（2022.09—）
　　　　何国东
　　　　王晓峰
　　　　潘春舒
　　　　王　珏
　　　　李建军
　　　　王颜勤（女）（2022.11—）

东台市人大常委会
主　任　周爱东
副主任　吴　琼
　　　　黄淑华（女）（—2022.01）
　　　　李春桃（—2022.01）
　　　　徐　越
　　　　焦小平（2022.01—）

吕洪涛（2022.01—）

东台市人民政府
市　长　商建明（—2022.09）
李　杰（2022.09—）
副市长　潘春舒
王　珏
沈　阳
孙高明（—2022.01）
王颜勤（女）（—2022.11）
杨小锋（援陕）
崔恒荣
邓　硕（挂）（—2022.07）
缪　斌（2022.01—）
王金龙（2022.01—）
夏少青（2022.01—）
袁　聪（挂）（2022.11—）
陈丽珺（女）（2022.11—）

政协东台市委员会
主　席　邱海涛
副主席　金学宏
陈志文
焦小平（—2022.01）
鲍家峰（—2022.01）
朱均东（2022.01—）
蒋为刚（2022.01—）

中共东台市纪律检查委员会
书　记　何国东（兼）

东台市监察委员会
主　任　何国东（兼）

东台市人民法院
院　长　谭　斌

东台市人民检察院
检察长　陈宏成

大丰区

中共大丰区委员会
书　记　李志军
副书记　戴　勇
陈允春（—2022.05）
何为志（挂）
常　委　陈　刚（—2022.11）
刘海峰（2022.11—）
张林海（—2022.09）
陈　华（女）
房其勇
王　卫（挂）
卫爱军
朱晓春
黄同城
陆友江
何昊宇（2022.11—）

大丰区人大常委会
主　任　范大玉
副主任　江　波（女）（—2022.01）
朱国新（—2022.01）
韦　国（2022.01—）
钱　江
李实业
季明珍

大丰区人民政府
区　长　戴　勇
副区长　张林海（—2022.09）
房其勇
何昊宇
韦　国（—2022.01）
杨云峰
朱梅芳（女）（2022.01—）
薛文杰
夏文锦（2022.01—）
潘　伟（2022.03—）
梁呈元（挂）（—2022.08）

政协大丰区委员会
主　席　石根美
副主席　汤小山（—2022.01）
李志阳
汤云庆
朱梅芳（女）（—2022.01）
沈旭峰（2022.01—）
季晓路（女）（2022.01—）
徐　韡（女）（2022.01—）

中共大丰区纪律检查委员会
书　记　陈　刚（兼）（—2022.11）
刘海峰（兼）（2022.11—）

大丰区监察委员会
主　任　陈　刚（兼）（—2022.11）
刘海峰（兼）（2022.11—）

大丰区人民法院
院　长　王如平

大丰区人民检察院
检察长　王　冰

盐都区

中共盐都区委员会
书　记　王　娟（女）
副书记　马正华
刘　源（—2022.06）
朱　伟（挂职）（2022.09—）
翟大伟（2022.09—）
常　委　杨劲松
罗时荣
周达虎
宋海东
张素东
吴　军
曹志伟

盐都区人大常委会
主　任　季晓春
副主任　陈育群
季　风
葛永良（—2022.01）
郝汉金（—2022.01）
徐永生
万光清（2022.01—）

盐都区人民政府
区　长　马正华
副区长　刘　源（—2022.06）
吴　军
孙高明（2022.01—）
周　昉（女）
谢　戎（挂）（—2022.08）
贾中军（挂）（—2022.10）
王柱军
徐启楼
吕　杨（女）
雷　昊（挂职）（2022.05—）
张京波（挂职）（2022.09—）

政协盐都区委员会
主　席　王铁根
副主席　阮宜春
张荣銮（女）（—2022.01）
许丽萍（女）
张鸿新
沈德成
李庆銮（2022.01—）

中共盐都区纪律检查委员会
书　记　杨劲松（兼）

盐都区监察委员会
主　任　杨劲松（兼）

盐都区人民法院
院　长　朱　亮

盐都区人民检察院
检察长　张扣华

亭湖区

中共亭湖区委员会
书　记　盛　艳（女）（2022.07—）
　　　　夏思军（—2022.05）
副书记　盛　艳（女）（—2022.07）
　　　　田海波（2022.10—）
　　　　徐海宁（2022.01—2022.10）
　　　　刘　玮（挂）（2022.09—）
常　委　徐海宁（—2022.01）
　　　　徐　莉（女）
　　　　张云云（女）
　　　　张哲峰
　　　　丁金海（2022.01—）
　　　　王爱军
　　　　张德凯（—2022.09）
　　　　孙燕春（女）（2022.09—）
　　　　常红旗
　　　　王立群（2022.01—2022.11）
　　　　吉旭东（挂）（2022.11—）

亭湖区人大常委会
主　任　陆汉超
副主任　吕志平（—2022.01）
　　　　沈　政
　　　　周质恂
　　　　陈云龙
　　　　成月红（女）

亭湖区人民政府
区　长　盛　艳（女）（—2022.10）
　　　　田海波（2022.10—）
副区长　徐海宁（—2022.01）
　　　　刘　玮（挂）（2022.09—）
　　　　丁金海（2022.01—）
　　　　迮大猛
　　　　蔡建玮
　　　　郁　荣（援陕）
　　　　王立群（—2022.11）
　　　　于婷婷（女）
　　　　严　迅（挂）（—2022.09）
　　　　丁长海（2022.01—）
　　　　钱成银（2022.01—）

政协亭湖区委员会
主　席　孙红艳（女）
副主席　朱淑萍（女）（—2022.01）
　　　　李洁莲（女）
　　　　李建荣
　　　　王志道
　　　　杨百忍（2022.01—）
　　　　王立武（2022.01—）

中共亭湖区纪律检查委员会
书　记　王爱军（兼）

亭湖区监察委员会
主　任　王爱军（兼）

亭湖区人民法院
院　长　时庆海

亭湖区人民检察院
检察长　李　响

盐城经济技术开发区

中共盐城经济技术开发区工作委员会
书　记　王旭东（2022.09—）
　　　　夏思军（—2022.05）
副书记　董玲玲（女）（2022.09—）
　　　　王旭东（—2022.09）
委　员　杨义宽
　　　　陈　鹏
　　　　周　翔
　　　　路竞竞（女）（—2022.11）
　　　　邓既明
　　　　谢　纬
　　　　黄正桂（—2022.05）
　　　　田海波（—2022.10）
　　　　徐　亚
　　　　胡国良（2022.11—）
　　　　沈　剑（挂）
　　　　王大为（2022.11—）
　　　　李卫东
　　　　苗华山

盐城经济技术开发区管理委员会
主　任　王旭东
副主任　杨义宽
　　　　陈　鹏
　　　　谢　纬
　　　　黄正桂（—2022.05）
　　　　田海波（—2022.10）
　　　　徐　亚（2022.11—）
　　　　沈　剑（挂）
　　　　刘　影（女）（挂）（—2022.11）
　　　　许众威（挂）（2022.11—）

中共盐城经济技术开发区纪律检查工作委员会
纪工委书记　路竞竞（女）（兼）（—2022.11）
　　　　胡国良（兼）（2022.11—）

盐城经济技术开发区监察工作委员会
主　任　路竞竞（女）（兼）（—2022.11）
　　　　胡国良（兼）（2022.11—）

盐城经济技术开发区法院
院　长　许建兵

盐城经济技术开发区检察院
院　长　钱亚祥

盐南高新区

中共江苏省盐南高新产业开发区工作委员会
书　记　唐高明（2022.09—）
　　　　高尚德（—2022.09）
副书记　唐高明（—2022.09）
　　　　徐海宁（2022.10—）
委　员　陆晓钢
　　　　崔成江
　　　　周志成（—2022.11）
　　　　丁金海（—2022.01）
　　　　李佩建（—2022.11）
　　　　张敬东
　　　　袁永军（2022.01—）
　　　　周　俊（2022.11—）
　　　　李天松（2022.11—）
　　　　侯晓飞（挂）
　　　　韩传丰（挂）
　　　　欧洪标
纪工委书记　崔成江（兼）

江苏省盐南高新产业开发区管理委员会
主　任　高尚德（—2022.09）
　　　　唐高明（2022.09—）
副主任　唐高明（—2022.09）

徐海宁（2022.10—）
陆晓钢
周志成（—2022.11）
丁金海（—2022.01）
李佩建（—2022.11）
张敬东
袁永军（2022.01—）
周　俊（2022.11—）
李天松（2022.11—）
韩传丰（挂）
侯晓飞（挂）
王立辉（挂）

文献选编

深入学习贯彻党的二十大精神 奋力谱写中国式现代化盐城新篇章

——2022年12月9日在市委八届四次全会上的讲话

市委书记　徐　缨

同志们：

这次全会的主要任务是：高举习近平新时代中国特色社会主义思想伟大旗帜，坚定拥护“两个确立”、坚决做到“两个维护”，按照省委全会的部署，全面学习、全面把握、全面落实党的二十大精神，落实“疫情要防住、经济要稳住、发展要安全”重大要求，锚定勇当沿海地区高质量发展排头兵的目标定位，以绿色低碳发展示范区建设为总抓手，坚定信心、苦干实干，踔厉奋发、勇毅前行，为谱写中国式现代化盐城新篇章而团结奋斗。

下面，我根据市委常委会会议讨论的精神，讲四点意见。

一、深刻领悟“两个确立”的决定性意义，更加自觉地用党的二十大精神统一思想、统一意志、统一行动

党的二十大是在全党全国各族人民迈上全面建设社会主义现代化国家新征程、向第二个百年奋斗目标进军的关键时刻召开的一次具有里程碑意义的大会，为新时代新征程党和国家事业发展、实现第二个百年奋斗目标指明了前进方向、确立了行动指南。学习宣传贯彻党的二十大精神，事关党和国家事业继往开来，事关中国特色社会主义前途命运，事关中华民族伟大复兴，是当前和今后一个时期的首要政治任务。

一要学深悟透“五个牢牢把握”重要要求，深刻认识党的二十大的精神实质和丰富内涵。坚决贯彻习近平总书记“五个牢牢把握”和“全面学习、全面把握、全面落实”的重要指示，按照中央和省委部署要求，深入学、反复学，读原文、悟原理，持续拓展深度、延伸广度，切实把思想和行动统一到党的二十大精神上来。要深刻认识党的二十大主题和主要成果，更好地理解把握我们党在新征程上举什么旗、走什么路、以什么样的精神状态、朝着什么样的目标继续前进，准确把握党的二十大的“灵魂”和党和国家事业发展的“总纲”。要深刻认识新时代十年伟大变革的深远历史意义，坚定“四个自信”，坚持道不变、志不改，始终沿着习近平总书记指引的方向砥砺前行。要深刻认识习近平新时代中国特色社会主义思想的世界观和方法论、贯穿其中的立场观点方法，牢牢把握“两个结合”和“六个必须坚持”，做到学思用贯通、知信行合一，自觉用党的创新理论武装头脑、指导实践、推动工作。要深刻认识中国式现代化的中国特色和本质要求，牢牢把握推进中国式现代化的重大原则，在新征程上全面推进中国式现代化盐城新实践。要深刻认识党的中心任务和未来五年统筹推进“五位一体”总体布局、协调推进“四个全面”战略布局的重大部署，全面对标对表、创新工作举措，更好地扛起“争当表率、争做示范、走在前列”光荣使命，谱写“强富美高”新盐城现代化建设新篇章。要深刻认识以党的自我革命引领社会革命的重要要求，坚决扛起“全面从严治党”政治责任，把严的基调一贯到底，确保党不变质、不变色、不变味，始终成为现代化建设的坚强领导核心。要深刻认识江山就是人民、人民就是江山的根本政治立场，更加自觉践行以人民为中心的发展思想，把为民造福作为最大政绩，扎实推进共同富裕，团结带领群众开创更加美好未来。要深刻认识统筹发展和安全的重大原则，完整准确全面贯彻总体国家安全观，坚持以新安全格局保障新发展格局，增强忧患意识、树牢底线思维，下先手棋、打主动仗，守牢安全稳定底线。要深刻认识“三个务必”的谆谆教导和团结奋斗的时代要求，弘扬伟大建党精神，增强斗争精神、提高斗争本领，以团结凝聚力量、以奋斗成就伟业，努力交出不负历史、不负时代、不负人民的盐城答卷。党的二十大还对国防和军队建设、港澳台工作、外交工作等方面提出大政方针、作出工作部署，我们要认真学习领会、全面贯彻落实。

二要深刻领悟“两个确立”决定性意义，以实际行动坚定拥护“两个确立”、坚决做到“两个维护”。学习贯彻党的二十大精神，最重要最根本的是要深刻领悟“两个确立”的决定性意义，深刻理解其历史逻辑、理论逻辑、实践逻辑，切实增进政治认同、思想认同、理论认同、情感认同，以实际行动和实际成效拥护“两个确立”、做到“两个维护”。“两个确立”是党的十八大以来发生伟大变革、取得历史性成就的决定性因素，是新时代十年最大政治成果、最重要历史经验、最客观实践结论。“两个确立”对全面建设社会主义现代化国家、全面推进中华民族伟大复兴、实现党的第二个百年奋斗目标具有决定性意义，是我们应对一切不确定性的最大确定性、最大底气、最大保证。“两个确立”是走好新的赶考之路必须始终坚持的重大政治原则，也是必须全面贯彻的重大实践要求，在新时代新征程上我们要用实际行动坚定拥护“两个确立”、坚决做到“两个维护”。现在，“两个确立”已经成为全党全军全国各族人民的高度共识和共同意志，写在了新时代的伟大征程上、写在了全党全军全国各族人民的心坎上。我们要更加坚定地忠诚核心、信赖核心、紧跟核心、维护核心，坚决维护党中央权威和集中统一领导，学深悟透笃行习近平新时代中国特色社会主义思想，不断提高政治判断力、政治领悟力、政治执行力，胸怀“两个大局”、牢记“国之大者”，坚决贯彻总书记重要指示和党中央决策部署，做到政治上绝对忠诚、思想上高度统一、意志上更加坚韧、行动上坚决有力，在以习近平同志为核心的党中央周围团结成“一块坚硬的钢铁”，步调一致向前进，紧跟习近平总书记走好新的赶考之路。

三要深刻把握习近平新时代中国特色社会主义思想的立场观点方法，自觉用党的创新理论武装头脑、指导实践、推动工作。习近平新时代中国特色社会主义思想是当代中国马克思主义、二十一世纪马克思主义，是中华文化和中国精神的时代精华，是系统全面、逻辑严密、内涵丰富、内在统一、不断发展的科学理论体系。党的二十大深入总结我们党坚持和发展马克思主义的历史经验，系统阐述、精辟概括了习近平新时代中国特色社会主义思想的世界观、方法论和贯穿其中的立场观点方法，集中体现为“两个结合”“六个必须坚持”，深刻阐明了马克思主义在中国创新发展的内在机理，揭示了习近平新时代中国特色社会主义思想的理论品格和鲜明特质。我们要把“两个结合”“六个必须坚持”作为学深悟透习近平新时代中国特色社会主义思想的“金钥匙”，深刻领会党的创新理论的道理学理哲理，自觉用于改造客观世界和主观世界的全部实践，真正让习近平新时代中国特色社会主义思想在全面推进中国式现代化新实践中充分彰显真理力量和实践伟力，更好造福人民。要在学懂弄通上下功夫，全面系统学、及时跟进学、联系实际学，对重大论断、重大观点、重大要求了然于胸，对内在本质和客观规律充分领会，真正理解把握习近平新时代中国特色社会主义思想的核心要义、精神实质、丰富内涵、实践要求，做到知其言更知其义、知其然更知其所以然。要在知行合一上下功夫，大力弘扬理论联系实际的马克思主义学风，自觉用习近平新时代中国特色社会主义思想之“矢”去射盐城发展之“的”，时时对表、事事对标，着力解决实践遇到的新问题、改革发展稳定存在的深层次问题、人民群众急难愁盼问题、党的建设面临的突出问题，不断提高工作的科学性、预见性、主动性，不断开创事业发展的新局面。要在常悟常进上下功夫，不仅要知之行之，更要在实践中常修常炼、常悟常进，体悟蕴含其中的真理力量和实践伟力，体悟贯穿其中的坚定信仰信念、强烈历史担当、真挚为民情怀，在领悟不止、精进不怠中内化为自觉、上升为信仰，自觉做习近平新时代中国特色社会主义思想的坚定信仰者和忠诚践行者。

二、切实扛起新时代新征程党的使命任务，奋力谱写中国式现代化盐城新篇章

党的二十大全面把握党和国家事业发展新要求、人民群众新期待，明确提出新时代新征程党的中心任务，发出了为全面建设社会主义现代化国家、全面推进中华民族伟大复兴而团结奋斗的动员令。奋进新征程，使命光荣；建功新时代，正逢其时。全市上下要切实提高政治站位，以强烈的政治责任感、历史使命感、发展紧迫感，竞逐新赛道、勇当排头兵，奋力谱写中国式现代化盐城新篇章。

当前和今后一段时期全市工作的总体要求是：坚持以习近平新时代中国特色社会主义思想为指导，深入贯彻党的二十大精神，坚定拥护“两个确立”、坚决做到“两个维护”，牢牢把握新时代新征程的使命任务，深刻领会中国式现代化的中国特色、本质要求、战略安排、重大原则，完整准确全面贯彻新发展理念，主动服务和融入新发展格局，按照省委全会部署要求，锚定勇当沿海地区高质量发展排头兵目标定位，以建设绿色低碳发展示范区为总抓手，统筹经济社会发展全局，展现“国际湿地、沿海绿城”的生态魅力、发展活力，奋力谱写中国式现代化盐城新篇章。

一要准确把握高质量发展首要任务，奋力谱写工业强市新篇章。党的二十大报告指出，高质量发展是全面建设社会主义现代化国家的首要任务。当前盐城正处在工业化加速期，工业经济特别是先进制造业，是高质量发展的重要支撑。我们要牢固树立工业强市的鲜明导向，深入开展“企业大走访、项目大推进、产业大招商”活动，推动经济实现质的有效提升和量的合理增长。要突出产业集聚夯实发展根基，做大做强汽车、电子信息等特色优势产业，发展壮大新材料、新能源等战略性新兴产业，加快现代服务业与先进制造业融合发展，着力构建产业生态、锻造产业链条，切实提升产业集聚度和竞争力。高水平建设产业转型升级平台，加快长三角一体化产业发展基地和黄海新区建设，打造长三角产业承接高地。要突出项目招引积蓄发展动能，发挥投资“逆周期稳定器”作用，以投资超亿元项目为重点，强化“单月调度、季度通报、年度考核”招商推进机制，优化重点产业链供应链全景图和招商地图，创新“云招商”“云签约”等模式，以生态共生关系引进强链补链延链龙头项目，构建梯次招商大格局。深化金融赋能，集聚各类金融资源，发挥盐城产业母基金引领作用和绿色金融支撑作用，助力绿色低碳项目建设。要突出强企惠企提升发展质效，坚定不移支持实体经济发展，全面落实各类减税降费、助企纾困政策，制定出台更多“能感知、有温度、见效果”的政策举措。加大服务支持力度，推进“规改股”“股上市”工作。持续擦亮“盐诚办”服务品牌，优化完善市场主体直接评价营商环境制度，围绕产业发展全链条、企业发展全生命周期提供精细化服务，努力让政策更优、办事更快、成本更低、服务更好“四更”营商环境成为盐城高质量发展的新动能和新标识。

二要准确把握科教人才基础性战略性支撑，奋力谱写创新发展新篇章。党的二十大报告强调，教育、科技、人才是全面建设社会主义现代化国家的基础性、战略性支撑。科技第一生产力、人才第一资源、创新第一动力的重要地位更加突出。要加快推进教育强市、科技强市、人才强市建设，着力增强创新资源集聚力、产业创新策源力、创新人才吸引力。要坚持教育优先发展，坚持立德树人，强化学前教育、特殊教育普惠发展，加快义务教育优质均衡发展和城乡一体化，坚持高中阶段学校多样化发展，提高高等教育和职业教育服务地方发展水平，全力办好人民满意的教育。要坚持科技自立自强，强化企业创新主体地位，完善高新技术企业培育机制，布局一批具有较大行业影响力、标志性的重大科技创新平台，拓展提升盐城在北京、上海、南京等地的研发中心功能，积极融入区域创新体系。营造有利于科技型中小微企业成长的良好环境，推动创新链产业链资金链人才链深度融合，积极培育“专精特新”企业、行业“小巨人”和“单项冠军”，2025年全市高企数量达到3000家以上。要坚持人才引领驱动，落实“黄海明珠人才计划”，放大沿海发展人才峰会、高层次人才创新创业大赛品牌效应，持续深化“名校优生”汇盐行动、“万名学子”聚盐行动、“人才强链”行动，构建高标准人力资源市场体系，打造全国沿海高质量发展产才融合示范区、长三角绿色转型发展人才高地，让天下英才在盐城遇见和创造更加美好的未来。

*三要准确把握全过程人民民主本质属性，奋力谱写社会主义民主政治建设新篇章。*党的二十大报告指出，全过程人民民主是最广泛、最真实、最管用的民主。基层作为国家治理的基础一环，是落实全过程人民民主的根基所在。要坚持党的领导、人民当家作主、依法治国有机统一，扩大人民有序政治参与，巩固和发展生动活泼、安定团结的政治局面。要充分发挥人民代表大会制度作为保证人民当家作主根本政治制度作用，支持和保证人大及其常委会依法行使职权、开展工作，丰富人大代表联系人民群众的内容和形式，健全吸纳民意、汇集民智工作机制，确保党委政府在决策、执行、监督落实各个环节都能听到来自人民的声音。要充分发挥人民政协“重要阵地、重要平台、重要渠道”作用，大力推进专门协商机构建设，坚持线上线下并行，建好用好基层协商议事室，不断提高深度协商互动、意见充分表达、广泛凝聚共识水平，完善民主监督和委员联系界别群众制度机制。要充分发挥统一战线凝聚人心、汇聚力量的重要法宝作用，坚持和完善大统战工作格局，巩固和发展最广泛的爱国统一战线，找到最大公约数，画出最大同心圆。加强国防动员建设，推进双拥模范城市创建，巩固军政军民团结。要充分发挥工会、共青团、妇联等群团组织的桥梁纽带作用，突出政治性、先进性、群众性，把群众紧紧凝聚在党的周围。

*四要准确把握全面依法治国必然要求，奋力谱写法治盐城建设新篇章。*党的二十大报告把全面依法治国作为专章论述、专门部署，指出全面依法治国是国家治理的一场深刻革命，关系党执政兴国，关系人民幸福安康，要围绕保障和促进社会公平正义，坚持依法治市、依法执政、依法行政共同推进，法治盐城、法治政府、法治社会一体建设。要完善立法工作格局，坚持党委领导、人大主导、政府依托、各方参与，加强运用新媒体新技术拓宽社会公众参与渠道，加快推进重点领域、新兴领域地方立法，提高立法质量。要深化法治政府建设，以2025年进入全省法治城市行列、创成全国法治政府建设示范市为目标，推进严格规范公正文明执法，推行服务型执法，提升依法行政水平。要严格公正司法，深化司法体制综合配套改革，提高司法质量、效率和权威，努力让人民群众在每一个司法案件中感受到公平正义。要加快建设法治社会，完善覆盖城乡的公共法律服务体系，高质量推进“八五”普法工作，积极推进诚信盐城建设，使法治和诚信成为盐城现代化建设的显著优势和核心竞争力。

*五要准确把握物质文明与精神文明相协调重要特征，奋力谱写文明典范城市建设新篇章。*党的二十大报告指出，中国式现代化是物质文明和精神文明相协调的现代化。物质富足、精神富有是社会主义现代化的根本要求。要大力培塑城市品格，用伟大建党精神引领城市精神，赓续红色根脉、传承红色基因，牢牢把握意识形态工作领导权，巩固壮大主流思想舆论。持续抓好“四史”教育，完善思想政治工作体系，深化全民阅读活动，让社会主义核心价值观融入方方面面，全面提振城市“精气神”。要大力繁荣城市文化，积极发展文化新业态、文化消费新模式，推进文旅深度融合发展，扩大城乡公共文化服务供给，创作更多讴歌伟大时代、彰显盐城精神的精品力作，切实提升城市文化软实力和影响力。要深化群众性精神文明创建活动，坚持全域全时全民推进，实施新时代文明实践中心建设提升工程，推进新时代文明实践中心提质扩面，全方位提升城乡居民文明素养，创成一批全国文明县城，争创全国文明典范城市。

*六要准确把握以人民为中心根本立场，奋力谱写共同富裕新篇章。*党的二十大报告强调，要实现好、维护好、发展好最广大人民根本利益。要始终坚持以人民为中心的发展思想，推动高质量发展与创造高品质生活紧密结合，促进全体人民共同富裕。要加快群众增收步伐，健全工资合理增长机制，探索多种渠道增加中低收入群众要素收入，增加城乡居民财产性收入，扩大中等收入群体规模，逐步形成橄榄型收入群体结构。健全就业公共服务体系，强化就业优先政策，完善促进创业带动就业、多渠道灵活就业保障制度。要切实保障和改善民生，注重基础性、普惠性、兜底性民生建设，深入实施社会保险扩面征缴提升行动，提高城乡居民基础养老金标准，健全重大疾病医疗保险制度，建立分层分类社会救助体系。用心关爱“一老一幼”，完善生育支持政策措施体系，发展养老事业和养老产业。加快健康盐城建设，提高医疗保障水平，健全全生命周期健康服务体系，深化医药卫生体制改革，促进优质医疗资源扩容和均衡布局，推动卫生健康体系更加完善。构建更高水平全民健身公共服务体系，推进体育强市建设。要促进区域协调发展，落实好省委“1+3”重点功能区建设总体布局，充分发挥黄海新区向海发展主阵地作用，大力推动黄河故道片区乡村振兴，实现盐城北部地区加速隆起。促进大市区向南与大丰、向北与建湖融合发展，深入推进基础设施互联互通，加快市域一体化发展步伐。

*七要准确把握尊重自然、顺应自然、保护自然内在要求，奋力谱写人与自然和谐共生新篇章。*党的二十大

报告强调，必须牢固树立和践行绿水青山就是金山银山理念，站在人与自然和谐共生的高度谋划发展。大自然赐予盐城得天独厚、弥足珍贵的生态财富。要胸怀国之大者，坚持山水林田湖草沙一体化保护和系统治理，努力让天更蓝、地更绿、水更清，建好“美丽江苏”的绿心地带，为“美丽中国”版图增添一片绚丽风景。要深化国土空间全域综合整治，加快实施国家级试点项目，积极申报省级示范项目，持续优化镇村生产、生态和生活空间。要勇当碳路先锋，围绕实施“双碳”战略，积极探索绿电绿证交易、碳排放预算管理等改革创新，大力推进绿色产业化、产业绿色化，建立完善生态产品价值实现机制，做美生态、经济“双面绣”，让盐城的“两山”之路越走越宽广。

*八要准确把握改革开放动力活力，奋力谱写服务构建新发展格局新篇章。*党的二十大报告指出，要坚持深化改革开放，不断增强社会主义现代化建设的动力和活力。盐城地处沿海，“沿海”本身就蕴含改革与开放双重特质，要主动把盐城发展的“小气候”融入全国发展的“大环境”。要以更深层次改革激发新活力，持续深化国资国企、农业农村等重点领域改革，加快数字经济、共同富裕等牵引性强的集成改革，让改革红利更加可感可及，更显综合效能。要以更高水平开放增创新优势，依托长三角一体化和沿海开放平台载体，发挥中韩盐城产业园和省级以上开发园区的平台优势，加大对韩招商引资力度，努力形成内涵更丰富、领域更广泛的全方位合作关系。抢抓以德国为代表的欧洲企业新一轮战略布局机遇，招引世界500强企业、细分领域“隐形冠军”、高科技“独角兽”。更高质量服务参与实施RCEP，加快中国（盐城）跨境电商综试区建设，积极发展跨境电商、市场采购等外贸新业态新模式，提高利用外资质效，稳住外贸外资基本盘，在服务国内国际双循环上展现新作为。

*九要准确把握总体国家安全观重要内涵，奋力谱写以新安全格局保障新发展格局新篇章。*党的二十大报告指出，国家安全是民族复兴的根基，社会稳定是国家强盛的前提。我们要以“一失万无”的忧患意识，守住“万无一失”的发展底线，扎实推进安全体系和能力现代化，努力创成全国社会治安防控体系建设示范城市，建设更高水平的平安盐城，实现高质量发展和高水平安全的良性互动。要增强维护国家安全能力，严格落实党委（党组）国家安全责任制，提升预警预防、风险研判、危机管控、应急处置能力，严厉打击敌对势力渗透、破坏、颠覆、分裂活动，坚决维护政权安全、制度安全、意识形态安全。要完整准确全面贯彻落实中央和省委新冠肺炎疫情防控工作要求，着力提高应对重大突发公共卫生事件的能力和水平。要切实提升公共安全治理水平，压紧压实安全生产各方责任，加强重点行业、重点领域安全监管，保障粮食、网络、能源资源、重要产业链供应链安全，有效防范化解财政金融领域风险，推动公共安全治理模式向事前预防转型。要持续完善社会治理体系，坚持和发展新时代“枫桥经验”，健全共建共治共享的社会治理制度，积极争创全国市域社会治理现代化试点合格城市。加强和改进信访工作，完善基层网格化治理方式，健全城乡社区治理体系。要不断巩固政法队伍教育整顿成果，不断推动常态化扫黑除恶斗争走深走实，坚决防范各种“黑天鹅”“灰犀牛”事件发生，营造安全稳定的社会环境。

“九个新篇章”是深入贯彻党的二十大精神的实际行动，是全面落实省委现代化建设部署要求的具体举措，也是盐城现代化建设的工作重点。全市上下要紧紧围绕谱写“九个新篇章”，以勇当沿海地区高质量发展排头兵的奋进姿态，以人一之我十之的拼搏劲头，一步一个脚印把党的二十大精神付诸行动、见之于成效。

三、站在人与自然和谐共生的高度谋划发展，全面加快绿色低碳发展示范区建设

深入贯彻党的二十大精神，必须以统一的思想凝聚人心，以精准的抓手推动落实。全市上下要把贯彻党的二十大精神与落实习近平总书记对江苏提出的“强富美高”重大指示要求、赋予的“三大光荣使命”结合起来，与省委对盐城提出的目标定位和殷切期望结合起来，与盐城的发展阶段、市情实际结合起来，发挥自身比较优势，抢抓绿色低碳转型机遇，坚定不移加快绿色低碳发展示范区建设，走出一条贯彻中央精神、体现省委要求、彰显盐城特色的现代化之路。

*建设绿色低碳发展示范区，是贯彻党的二十大精神、落实习近平总书记重要指示的实际行动。*习近平总书记在《湿地公约》第十四届缔约方大会开幕式致辞中强调，将保护4条途经中国的候鸟迁飞通道，支持举办全球滨海论坛会议，这些重要内容都与盐城密切相关，既是对盐城多年来湿地遗产保护成果的肯定，更是对我们坚持生态优先、推进绿色低碳发展的巨大鼓舞。建设绿色低碳发展示范区，是我们全面贯彻党的二十大精神，站在人与自然和谐共生的高度谋划发展的重大行动举措。“绿色”就是要强化生态保护，厚植生态优势，打造城市标识，全面落实好绿水青山就是金山银山的理念；“低碳”就是要摒弃传统思维，推进生态优先、节约集约、绿色低碳发展，服务“双碳”战略，加快构建绿色产业体系，推动生产方式、生活方式和价值观念深刻变革，全面落实好高质量发展这一现代化建设的首要任务；“示范区”就是要勇于开拓创新、先行先试，积极探索可复制可推广的经验做法，走出一条生态良好、生活富裕、绿色低碳、安全高效的路径，打造推动绿色发展、人与自然和谐共生的典范城市。

*建设绿色低碳发展示范区，是贯彻落实省委决策部署的关键举措。*省委对盐城提出“勇当沿海地区高质量发展排头兵”的目标定位，省委常委会会议多年来首次专题研究盐城工作，出台了《关于支持盐城建设绿色低碳发展示范区的意见》，省委吴政隆书记在省委十四届三次全会讲话中指出，支持盐城建设绿色低碳发展示范区，充分体现了省委对盐城发展的关心厚爱、精准把脉。我们要认真落实省委要求，按照《意见》的部署，以建设绿色低碳发展示范区为“破

题之钥”，坚定走好生态优先、绿色低碳发展之路，形成更多竞争新优势，为勇当沿海地区高质量发展排头兵提供支撑。

建设绿色低碳发展示范区，是竞逐新赛道的重要抓手。农耕文明看平原，工业文明看沿海，现代文明看生态，盐城三者兼具，我们有责任、有义务把弥足珍贵的发展资源保护好、利用好，为百姓创造一个天朗气清的绿色家园，给未来留下一个碧海银滩的美丽空间。美丽盐城需要绿色发展，绿色发展成就美丽盐城。我们要坚定落实习近平生态文明思想，像保护眼睛一样保护自然和生态环境，发挥好湿地碳汇优势、世遗生态优势、新能源产业优势，积极培育绿色产业，做大生态“绿色财富”，提高社会“绿色福利”，让生态优势转化为发展优势，实现人与自然和谐共生，为美丽中国建设贡献盐城经验。

一是坚持“把发展经济的着力点放在实体经济上”，建设绿色制造之城。产业绿色化是潮流所在、大势所趋。要着力打造绿色产业地标。加快布局新能源汽车及核心零部件、新能源、新一代信息技术、新材料、大健康等产业，推动产业高端化、智能化、绿色化发展，培育壮大数字经济、海洋经济等未来产业，推动资源循环利用、清洁能源等绿色低碳产业发展，支持盐城环保高新区等国家绿色产业示范基地建设，优化调整23条产业链，加快打造一批千亿级产业集群，确保2023年工业经济规模突破万亿。落实招商项目准入评估机制，完善重大项目跨区域利益共享机制，推动沪苏大丰产业联动集聚区、常盐工业园区、苏盐沿海合作园区高质量发展，加快引进一批长三角产业链供应链关键项目。要着力建设绿色低碳园区。低（零）碳产业园是绿色工业革命的重要载体。要积极开展“低（零）碳”园区试点示范，支持黄海新区、射阳港经济开发区等园区开展零碳园区建设试点，推广“新能源+工业”等应用模式，探索构建园区纯绿电供应体系。推动省级以上开发区开展低碳园区试点建设，探索园区低碳转型路径，力争2025年全市50%以上开发区创成省级绿色低碳循环发展示范区。要着力构建绿色制造体系。深入开展节能降碳推进行动和工业企业资源集约利用综合评价，落实要素资源差别化价格政策和配置措施，探索能耗“双控”向碳排放总量和强度“双控”转变机制，不断提高资源综合利用效率。持续开展“三项清理”，为高质量发展腾出空间。加快钢铁、化工、造纸等重点行业节能技术改造，积极开展绿色制造试点示范，鼓励企业开发推广应用绿色产品，推进企业循环式生产、园区循环化改造、产业循环型组合，加快建立一批绿色循环经济示范园区和节水型工业园区。

二是坚持“推动能源清洁低碳高效利用”，建设绿色能源之城。盐城处在长三角这个能源消费集中地，要积极探索“风光火气氢”一体化发展，为国家能源绿色低碳转型和安全保障贡献力量。要做好风光资源开发。盐城是长三角地区首个千万千瓦新能源发电城市，绿色能源使用占比接近七成。要聚焦打造千万千瓦级海上风电大基地，力争年均新增近远海海上风电装机规模300万千瓦。聚焦建设全国光伏发电示范区，实施“千家万户沐光行动”，开展整县（区）屋顶分布式光伏开发试点，加大近海和滩涂集中式光伏资源开发力度，力争年均新增光伏装机规模200万千瓦，“十四五”末新能源发电装机容量突破2000万千瓦。深入推进清洁能源高比例消纳试点示范城市建设，实施一批能源数字孪生、虚拟电厂示范项目，推进坚强智能电网工程建设，布局一批新型储能电站，不断增强新能源消纳能力，在全省率先构建清洁低碳、安全高效的现代能源体系。要强化综合能源保障。以打造长三角综合能源保供基地为目标，积极推进沿海煤炭中转储备基地建设，扎实推进射阳港电厂2×100万千瓦、国信滨海港2×100万千瓦清洁高效煤电项目，加快中海油、国信LNG接收站和滨海港LNG码头等重点设施建设，构建国家天然气海上通道重要支点。积极开展规模化海上风电制氢、光伏制氢等试点应用，建设沿海综合制氢基地。要推动装备制造发展。持续拉长新能源产业链条，光伏产业要加快突破新型电池组件、逆变器等重点环节，风电产业要加快突破控制系统、齿轮箱、大功率海上风电零部件等关键环节，新型储能产业要加快突破固液态储能电池、电池管理系统等主要环节，氢能产业要加快补齐储运输设备、新型氢燃料电池等空白环节，力争2025年新能源装备制造产业规模达2000亿元。聚焦新能源关键技术，依托江苏沿海可再生能源技术创新中心等平台，开展低风速、大容量、防盐雾等风电机组技术研发，攻坚异质结等新型光伏电池技术和关键设备，推动更多风电、光伏和储能关键技术成果在盐城转化。

三是坚持“绿水青山就是金山银山”，建设绿色生态之城。盐城兼具森林、湿地、海洋三大生态系统，守住蓝天碧水是我们最大的责任。要加快打造绿色生态“会客厅”。认真落实总书记关于湿地保护的最新指示要求，积极探索湿地修复和生物多样性保护的有效做法，为提升中国在全球生态治理领域的国际话语权多作贡献。要深化国际湿地生态合作，放大世界自然遗产品牌优势，进一步扩大滨海生态保护国际朋友圈，推动全球滨海论坛秘书处、NbS亚洲中心落户盐城，高水平办好全球滨海论坛会议。要全力保护绿色生态“瓷名片”。生态系统破坏容易恢复难。要坚持山水林田湖草沙一体化保护，实施重要生态系统修复工程，完善湿地保护管理体系，加大湿地原真性和完整性保护，重点开展黄（渤）海候鸟栖息地（第一期）生态修复工程，推动东台条子泥、建湖九龙口、盐都大纵湖湿地“生态岛”试验区、生态安全缓冲区建设。实施生物多样性保护战略和行动计划，加强国家级自然保护区建设，提升生态系统多样性、稳定性、持续性。深入推进环境污染防治，坚持精准治污、科学治污、依法治污，举一反三抓好生态环保督察交办问题整改，协同推进降碳、减污、扩绿、增长，积极创建新一批全国“无废城市”，让百姓心中的生态愿景照进现实。要持续擦亮绿色生态“金招牌”。守护绿水青山就是守护百姓的“金饭碗”。

要依托“世界自然遗产”“国际湿地城市”两大国际品牌，以两个国家级保护区和条子泥等区域为重点，加快建设“探秘自然遗产、戏水湖荡湿地”等五条文旅产业带，打造世界级滨海生态旅游廊道；依托田园风光，扎实推进城郊都市休闲圈和里下河水乡风光带、沿海滩涂风光带、古黄河生态风光带等美景建设；依托长三角高端化康养市场，加快长三角康养基地、大纵湖疗休养基地、大洋湾康养基地等建设，创建国家级康养旅游示范基地。要建立完善生态产品价值实现机制、碳汇补偿和交易机制，建立生态产品目录清单，积极申报国家绿色金融创新改革试验区，支持东台、大丰推进省级生态产品价值实现机制试点。

四是坚持“更好满足人民对美好生活的向往”，建设绿色宜居之城。环境就是民生，青山就是美丽，蓝天也是幸福。要坚持把良好生态环境作为最普惠的民生福祉，努力创造高品质绿色幸福生活。要倾力打造美丽宜居城乡。城乡建设是推动绿色发展、建设美丽盐城的重要载体。要优化城市功能布局，系统推进城市有机更新，建立空间重塑和规划留白制度，完善城乡绿地生态系统，建设一批口袋公园，持续开展幸福河湖建设、农村河道生态治理和城镇污水处理提质增效攻坚，塑造城市绿色生态空间，争创国家和省人居环境奖、生态园林城市、城市管理示范市（县），打造“精管善治”样板。加快新型城镇化建设，推进新城新区功能混合和产城融合，提升中心城市功能品质和辐射能力。坚持房子是用来住的、不是用来炒的定位，加快建立多主体供给、多渠道保障、租购并举的住房制度，努力实现城乡居民住有所居、住有宜居。加快县城绿色低碳建设，促进县域特色经济和农村二、三产业集约节约发展。推动小城镇多元化特色化发展，建设世遗条子泥、斗龙港、丹顶鹤生态景区、黄沙港特色渔港等一批滨海风情小镇，打造全省“生态百里”特色风貌示范带。全面提升基础设施水平，补齐城乡基础配套设施发展短板，推进港口、航道能级提升，加快实施淮河入海水道二期工程，开工建设盐泰锡常宜铁路，拓展航空班线，着力构建公铁水空现代化综合交通体系，全面提升综合交通快速通达能力。要全面推进乡村振兴战略。盐城是农业大市，农业是盐城的大事。要围绕建设“大粮仓、大超市、大花园”，提升农业现代化水平，加快农业大市向农业强市跨越。坚决扛起粮食稳产保供责任。守好耕地“命根子”，抓住种源“牛鼻子”，加强高标准农田建设，实施种业振兴行动，推进“小田”变“大田”等改革，确保粮食播种面积稳定在1480万亩、总产量保持在140亿斤以上，加快建设国家粮食物流核心枢纽，为全国粮食安全和重要农产品稳产保供做出盐城贡献。推动一、二、三产融合发展。做强粮油果蔬、肉制品加工等精深加工产业，健全农产品仓储保鲜冷链物流设施，推动畜牧业高质量发展，积极建设海洋牧场，提升“盐之有味”农产品绿色生态品质，打造长三角绿色优质农副产品供应基地。深化美丽乡村建设。打造黄河故道特色农业集聚带，建设生态良好、产业兴旺、百姓富裕的生态富民廊道。统筹乡村基础设施和公共服务布局，引导农村住宅向布局合理、功能完善、特色鲜明、节能环保方向发展。实施农村人居环境整治提升行动，完善农村生活垃圾处理体系，创建一批省“三美一高”宜居宜业和美乡村。要积极倡导绿色低碳生活。积极推动绿色低碳文明建设，深入推进绿色低碳全民行动，广泛开展节约型机关、绿色学校、绿色社区、绿色家庭等创建，引领人民群众加快形成绿色低碳生活价值观。鼓励引导绿色出行、绿色消费，发展绿色低碳建筑，推行垃圾分类和资源化利用，让绿色低碳生活方式成为社会新风尚。

四、坚持和加强党的全面领导，以党的自我革命引领社会革命

办好盐城的事情，关键在党。全市各级党组织和广大党员要坚定拥护“两个确立”、坚决做到“两个维护”，始终牢记全面从严治党永远在路上、党的自我革命永远在路上，认真落实新时代党的建设总要求，弘扬伟大建党精神，压紧压实全面从严治党主体责任，确保习近平总书记重要指示和中央、省委决策部署在盐城不折不扣落到实处，确保党始终成为盐城现代化建设的坚强领导核心。

一要强化思想引领，汇聚团结奋斗的强大力量。要充分发挥党委（党组）总揽全局、协调各方的领导作用，严格执行民主集中制，严明政治纪律政治规矩，不断提高把方向、管大局、作决策、保落实的能力。深入实施党的创新理论学习教育计划，把新思想的力量转化为坚定理想、锤炼党性和指导实践、推动工作的强大力量。要分期分批开展学习党的二十大精神集中轮训，紧密结合党中央即将在全党开展的主题教育，面向全市党员开展多形式、分层次、全覆盖的全员培训。精心组织开展党的二十大精神宣讲活动，坚持领导带头，创新载体形式，强化典型引领，把鲜活的思想讲鲜活、生动的案例讲生动。加强研究阐释，依托各类理论平台和社科理论研究力量，推出一批有深度、有厚度的科研成果，放大理论与实践互促共进效应。牢牢把握正确政治方向、舆论导向，严格落实意识形态工作责任制。坚持理论武装同常态化长效化开展党史学习教育相结合，引导广大党员干部牢记“三个务必”，赓续红色血脉，扛起时代担当。

二要聚焦堪当重任，锻造敢为善为的过硬队伍。坚持党管干部原则，落实新时代好干部标准，修订政治体检指标体系，做深做实干部政治素质考察，把政治过硬、敢想敢为、善作善成的干部及时发现出来、合理使用起来。强化各级领导班子建设，加强领导干部实践锻炼、专业训练，提升高质量发展、服务群众、财政金融、防范化解风险等方面的素质本领。抓好后继有人这个根本大计，完善培养选拔优秀年轻干部常态化工作机制，落实优秀年轻干部培养选拔五年行动计划，深化“千名年轻干部下基层、到园区、进机关”，确保事得其人、后继有人。统筹做好女干部、党外干部培养选拔工作，切实用好各年龄段干部。坚持严管和厚爱相结合，贯彻落实领导干部能上能下规定，研究出台进一步激励干部担当作为措施，探索开展

"担当指数"评价，赋予担当作为者更多"想做事"的激情、"敢做事"的底气，做到平常时候看得出来、关键时刻站得出来、危难关头豁得出来。

三要坚持大抓基层，构建严密高效的组织体系。突出政治功能、强化组织功能，持续推进基层党建"五聚焦五落实"深化提升行动，把基层党组织建设成为有效实现党的领导的坚强战斗堡垒。坚持扬优势、固底板，推动"1+6"政策文件落到实处，不断夯实乡村振兴的组织基础、人才基础、物质基础。深化党建引领基层治理，推进"多网合一"，健全"村村到、户户进、人人访"常态化机制。持续巩固城市、机关、国有企事业单位等传统领域党建工作，切实加强混合所有制、非公有制企业党建工作，不断扩大党在新经济组织、新社会组织、新就业群体中的影响力号召力，确保有形有效覆盖，推动全面进步、全面过硬。坚持一手抓示范、一手抓规范，加强党员特别是流动党员教育管理，切实保持党员队伍先进性和纯洁性。

四要突出常态长效，以严的基调强化正风肃纪。作风建设只有进行时，没有完成时。要锲而不舍落实中央八项规定及其实施细则精神，把作风建设不断引向深入。大力弘扬党的光荣传统和优良作风，抓住关键少数以上率下，推动各级领导干部带头改进工作作风，严于律己、严负其责、严管所辖。带头反对特权、不搞特权，带头深入基层调查研究，密切联系群众，解决实际问题，让"踏石留印、抓铁有痕"成为盐城党员干部的鲜明特质。坚持党性党风党纪一起抓，开展"转作风、树新风、带民风"专项行动，持续深化纠治"四风"，重点纠治形式主义、官僚主义，大力培树新风正气，以优良党风政风带动社风民风持续向善向好。坚持严管与厚爱相结合，落实"三个区分开来"要求，加强关心关爱、精准容错纠错，为干事创业者撑腰鼓劲。进一步健全澄清保护机制，严肃查处诬告陷害行为，提振干事创业精气神。

五要坚决惩治腐败，打造人民满意的清廉盐城。坚持不敢腐、不能腐、不想腐一体推进，同时发力、同向发力、综合发力，推动惩治震慑、制度约束、思想教育紧密结合，坚决打赢反腐败斗争攻坚战持久战。加大国有企业、金融、政法、开发区等重点领域反腐败力度，严肃查处不收敛不收手、群众反映强烈、政治问题和经济问题交织的腐败案件，深化开展国有企业融资突出问题专项整治，切实防范化解腐败风险及关联性经济社会风险。深入整治群众身边腐败和不正之风，围绕教育医疗、养老社保、安全环保、食品药品安全等重点民生领域，持续开展"一领域一专项、一地区一治理"行动，让群众获得感幸福感更可持续。健全以党内监督为主导、各类监督贯通协同的工作机制，更好发挥巡察综合监督作用，推动基层监督提质增效。更加注重年轻干部教育管理监督，引导扣好"第一粒扣子"、夯实清廉思想根基。加强新时代廉洁文化建设，深耕厚植新四军廉政文化，深化"510"警示教育，推动党性教育、政德教育、警示教育和家风教育常态化长效化，教育引导广大党员一心为公、一身正气、一尘不染，共同维护好发展好盐城风清气正的政治生态。

同志们！党的二十大擘画了新征程的宏伟蓝图，吹响了新时代的奋进号角。我们必须不负时代、勇担重任，锚定奋斗目标，撸起袖子加油干，风雨无阻向前行，在新征程上跑出属于我们这一代人的最好成绩。必须埋头苦干、锐意进取，勿忘昨天的苦难辉煌，无愧今天的使命担当，不负明天的伟大梦想，以归零的心态、赶考的状态、奋进的姿态，不断开创盐城现代化建设新局面。必须敢于斗争、善于斗争，时刻准备经受风高浪急甚至惊涛骇浪的重大考验，沉着有效应对外部环境的不确定性，推动盐城现代化建设乘风破浪、行稳致远。必须不忘初心、竭诚为民，始终与人民群众站在一起、想在一起、干在一起，想人民之所想，行人民之所嘱，用各级党员干部的"辛苦指数"提升人民群众的"幸福指数"，让盐城现代化建设成果更加可感、更富成色。

时代风起，黄海潮涌。新征程是充满光荣与梦想的远征，让我们更加紧密地团结在以习近平同志为核心的党中央周围，高举中国特色社会主义伟大旗帜，切实扛起"争当表率、争做示范、走在前列"光荣使命，加快建设绿色低碳发展示范区，勇当沿海地区高质量发展排头兵，为谱写中国式现代化盐城新篇章而团结奋斗！

政府工作报告

——2023年1月7日在盐城市第九届人民代表大会第二次会议上的报告

市长　周　斌

各位代表：

现在，我代表盐城市人民政府向大会作工作报告，请予审议，并请各位市政协委员和其他列席人员提出意见。

2022年工作回顾

2022年是党的二十大胜利召开之年，是继往开来、接续奋斗的一年。面对复杂多变的外部环境和艰巨繁重的改革发展稳定任务，我们在以习近平同志为核心的党中央坚强领导下，坚持以习近平新时代中国特色社会主义思想为指导，完整、准确、全面贯彻新发展理念，落实"疫情要防住、经济要稳住、发展要安全"重大要求，按照省委、省政府和市委决策部署，锚定"勇当沿海地区高质量发展排头兵"目标定位，竞逐绿色低碳发展新赛道，高效统筹新冠肺炎疫情防控和经济社会发展，统筹发展和安全，加快建设绿色制造之城、绿色能源之城、绿色生态之城、绿色宜居之城，完成市九届人大一次会议确定的主要目标任务，"强富美高"新盐城现代化建设迈出坚实步伐。

坚持把迎接党的二十大、学习宣传贯彻党的二十大精神作为工作主线。推动学习习近平新时代中国特色社会主义思想走深走实，坚持不懈武装头脑，与时俱进指导实践，引领全市政府系统深刻领悟"两个确立"的决定性意义，增强"四个意识"、坚定"四个自信"、做到"两个维护"。牢记

"国之大者"，扛稳粮食、生态和能源安全政治责任，连续八个月每周调度新冠肺炎疫情防控、安全生产、环境保护、经济运行等重点工作，全市保持平稳健康的经济环境、国泰民安的社会环境、风清气正的政治环境。迅速掀起学习宣传贯彻党的二十大精神热潮，坚决贯彻习近平总书记"五个牢牢把握"和"全面学习、全面把握、全面落实"的重要指示，学报告、读原文、悟原理，开展多种形式宣讲活动，汇聚现代化建设的磅礴力量。坚持知行合一、以知促行，优化提升发展路径，谋划绿色低碳发展示范区建设，省委、省政府出台专门意见支持，与15个省部门单位开展合作共建，为打造全省绿色发展典范、当好全国低碳转型先锋奠定基础。

新冠肺炎疫情防控更加科学精准。面对突发输入性新冠肺炎疫情，坚决听从中央号令，坚持人民至上、生命至上，坚决扛起"疫情要防住"政治责任。坚持"要求、调度、收治"三个统一，实行"提级指挥、转运隔离、风险提示"三个不过夜，以最快速度、最小代价迅速扑灭局部新冠肺炎疫情，坚决守住了城市之门，有效守护了人民生命安全和身体健康。强化科学调度，全力保通保畅，采取公转铁、陆转水、货车司机AB角等措施，畅通当季农产品销售渠道，保障产业链供应链稳定。牢固树立全局意识，先后选派医务人员3700多人次，支援省内兄弟城市抗疫，支持打赢大上海保卫战，为全省全国新冠肺炎疫情防控大局做出贡献。新冠肺炎疫情防控优化措施出台后，坚决贯彻执行中央部署，精准谋划、转换重心，加强定点医院、发热门诊、居家保障等能力建设，做到该放的坚决放开、该管的坚决管住、该保障的坚决到位，确保平稳过渡、大局稳定。

经济增长基础更加稳固。全面落实国家和省稳经济各项政策，开展"企业大走访、项目大推进、产业大招商"活动，出台助企纾困"二十条"等措施，多措并举扩内需、畅循环、稳增长，经济加快恢复、持续向好。预计地区生产总值突破7000亿元，增长4.5%左右，人均GDP超过10万元；一般公共预算收入453.3亿元，同口径增长8.1%；固定资产投资增长9.2%；规模以上工业企业增加值增长9.4%。预计6项主要指标增幅列全省前三，交出了"经济要稳住"的出色答卷。内需潜力加速释放。积极扩大有效投资，优化招商体制，每月观摩推进，项目建设提速，新签约、新开工、新竣工亿元产业项目920个、700个和213个，淮河入海水道二期、国信高效清洁燃煤发电、SK动力电池二期、耀宁锂电池等开工建设，中海油盐城"绿能港"、比亚迪、蜂巢等一批百亿级项目竣工投产。列入国家中长期贷款备选项目、设备购置与更新改造贷款贴息项目数均列全省第一。促进消费持续恢复，出台"房八条"支持刚性和改善性住房需求，提振汽车、家电等大宗消费，推动接触性聚集性消费回升，社会消费品零售总额增长1%左右。各项贷款余额增长18.1%、全省第一，办理留抵退税106亿元，新增减税降费36.5亿元、缓税缓费46.9亿元，助力企业恢复发展。产业结构优化提升。工业战略性新兴产业产值占规模以上工业企业总产值比重41%，23条重点产业链规模以上工业企业开票销售额5800亿元，钢铁、新能源产业和晶硅光伏产业链开票销售突破千亿。阜宁阀体装备产业基地获批国家级火炬特色产业基地。全口径工业企业开票销售额9700亿元，龙头企业加快涌现，新增超百亿元企业6家，响水德龙镍业公司跻身中国民营企业100强。规模以上工业企业智能化改造数字化转型覆盖面达40.9%。大力发展现代农业，加快黄河故道生态富民廊道建设，农林牧渔业总产值列全省第一，粮食总产71.6亿公斤、创历史新高。盐都入选国家首批乡村振兴示范县创建名单，建湖高作镇全域土地综合整治获批全省唯一国家试点，射阳入选省级农业现代化先行区创建名单，滨海农业社会化服务模式在全省推广。服务业发展提质增效，连续4年受到省政府督查激励，亭湖建军路商业集聚区、东台西溪文化产业集聚区成为首批省级现代服务业高质量发展集聚示范区。科技创新动能加强。深入开展科技创新推进年活动，江苏沿海可再生能源技术创新中心落户盐南，高新技术产业产值增长30%，新增省级以上科创平台120家，新培育高新技术企业239家、省级以上专精特新企业186家，盐城经济技术开发区润阳新能源公司成为苏北首家省级独角兽企业。完成股改企业8家，大丰中汽股份在深交所创业板上市。改革开放全面深化。开展优化营商环境突破年活动，深化"放管服"改革，全省首创不动产交易登记"一链办理"，打造"盐诚办"服务品牌，射阳县行政审批局荣获全国"人民满意的公务员集体"。长三角一体化产业发展基地、黄海新区全面起势，中韩（盐城）产业园建设扎实推进，成功举办第四届中韩贸易投资博览会。外贸外资稳中提质，进出口总额超200亿美元，实际利用外资12亿美元，分别增长14.8%、11.1%，黄海新区金光纤维素纤维列入国家重大外资项目库，盐城港货物吞吐量增幅全国海港第一。

绿色生态品牌更加彰显。坚持生态优先、绿色发展，高质量完成国土空间规划"三区三线"划定。获得"国际湿地城市"认证，成为2023全球滨海论坛会议举办地。环境质量持续改善。统筹抓好长江经济带警示片、省政府挂牌督办等问题整改，中央生态环保督察反馈问题全省最少。高标准打好蓝天、碧水、净土保卫战，落实长江大保护任务，空气质量优良天数比率84.1%、全省第一，PM2.5年均浓度26.6微克/立方米、全省第二，建成幸福河湖120条，国省考断面水质优Ⅲ比例、受污染耕地和重点建设用地安全利用率均达100%。盐都创成中国天然氧吧，东台、射阳创成国家生态文明建设示范区。城乡建设绿色宜居。全市新开工城镇棚户区改造3.6万套、完成老旧小区改造149个，改善农村住房2.1万户，创成省级特色田园乡村15个。城北地区改造实现三年阶段性目标。盐南珠溪古镇入选省级首批城市更新示范项目，大丰被纳入省生态宜居美丽乡村示范县（市、区）培育计划。节能降碳扎实推进。出台碳达峰碳中和意见，开展工业企业资源集约利用综合评价，试点

建设低(零)碳产业园。新增成片造林866.58公顷，超额完成省定目标。“生态+”经济加快发展。擦亮“世界自然遗产”靓丽名片，推动生态+文旅、康养等深度融合，西溪、九龙口景区入选全国非遗与旅游融合发展优选项目，射阳、盐都、亭湖创成省级全域旅游示范区，东台入选国家智慧健康养老示范基地、苏北苏中唯一。

*安全发展防线更加牢固。*全面贯彻总体国家安全观，坚决打好防范化解风险主动仗，筑牢“发展要安全”的坚固防线。安全生产形势稳定向好。聚焦14个重点领域和17个新兴领域，持续深化安全生产专项整治“三年大灶”，扎实开展安全生产大检查和“百日攻坚”行动，排查整改各类风险隐患近22万个，生产安全事故起数和死亡人数同比下降32%、24%。提升应急救援能力，有效应对罕见的极端天气。金融领域风险防范有力有效。密切关注地方法人银行风险，加大非法金融打击力度，守住不发生系统性区域性金融风险的底线。建立全口径债务监测和闭环管理机制，政府性债务规模和债务率持续下降，国有企业新增融资成本压降57个BP，债务风险等级保持在浅黄区间。建湖镇级化债经验得到省纪委肯定和推广。着力稳地价稳房价稳预期，“一企一策”有效化解问题楼盘，房地产市场形势总体平稳。社会大局和谐稳定。严厉打击侵害妇女儿童等群体权益和养老诈骗问题。常态化开展扫黑除恶斗争，加强社会治安打防管控体系建设，创成全省法治政府建设示范市，法治建设社会满意度全省第二。

*人民群众生活更加幸福。*坚持以人民为中心，20项民生实事完成年度投资任务。就业形势总体平稳。发放失业保险稳岗返还资金2.2亿元、惠及企业近3万户，城镇新增就业7.8万人。全体居民人均可支配收入38860元，增长5.7%。保障农民工工资支付工作连续两年获评全省A类地区。公共服务供给优化。教育现代化水平不断提升，“双减”和规范民办义务教育发展工作有序推进，新建扩建学校56所，新增学位6.32万个。职业教育产教融合步伐加快，盐城钢铁职业技术学院开班招生，盐城技师学院学生余守安在世界技能大赛上摘得金牌。健康盐城建设扎实推进，医改工作不断深化，市一院二期工程加快建设，市三院南院二期主体封顶，市中医院新院区投入使用，蝉联全国健康城市建设样板市。南京鼓楼医院盐城分院成功落户，大丰与上海中山医院共建苏北健康管理中心。养老服务能力显著提升，实施“五个一”幸福养老工程，打造“盐年益寿”服务品牌。文化事业繁荣发展，《范公堤》入选文旅部历史题材创作工程，杂技《炼》荣获“金菊奖”，舞蹈《发绣》、戏剧《白兰花》等9部作品入选省五星工程奖、数量全省第一。全民文明素养持续提升，以优异成绩通过全国文明城市年度测评。盐城健儿在第二十届省运会上取得佳绩。社会保障扩面提质。实施照护保险制度，覆盖230多万参保人员。新增企业职工养老保险参保8.24万人，在全省率先为5.6万名重点优抚对象提供免费大病医疗商业保险，在全省首家出台被征地农民社会保障实施办法，“快递小哥”职业伤害保障及工伤保险实现市域全覆盖。综合交通体系加快构建。盐宁高铁联络线、盐射高速、盐丰快速通道一期建成通车，滨海港铁路支线、南洋机场T1航站楼改造完成主体工程。优化调整公交线路44条，提档升级农村公路358公里、改造桥梁353座，城乡交通运输一体化建设等级提升至5A，群众出行更加方便快捷。

*政府自身建设更加严实。*不忘初心、牢记使命，建设人民满意的法治政府、廉洁政府、服务型政府。坚持高质量发展导向，科学系统谋划，强化统筹调度，提升专业素养，牢牢把握工作主动权。树牢法治思维，严格依法行政，以数字政府建设为引领加快转职能、提效能。依法接受人大工作监督、法律监督，自觉接受政协民主监督、社会和舆论监督，办理市人大代表议案和建议239件、市政协委员提案430件，满意率和基本满意率100%。落实全面从严治党要求，严格执行中央八项规定精神和省市委作风建设要求，持续为基层减负，坚持过紧日子，腾出财力兜牢“三保”底线。

过去一年，全市科协、地方志、哲学社会科学、妇女、儿童、青少年、老龄、慈善、残疾人、红十字等工作取得新成效，审计、统计、市场监管、民族宗教、机关事务、供销社、住房公积金、外事、侨务、对台等工作有了新进步，国防动员、双拥共建、退役军人事务、人民防空等工作迈出新步伐，援疆、援青和对口协作工作得到新加强。

各位代表，盐城发展成绩的取得，根本在于有习近平总书记作为党中央的核心、全党的核心掌舵领航，在于有习近平新时代中国特色社会主义思想科学指引，是市委团结带领全市人民共同奋斗的结果。在此，我代表市人民政府，向全市干部群众，向全体人大代表、政协委员，向离退休老同志，向各民主党派、工商联和社会各界人士，向驻盐人民解放军、武警官兵、公安干警、消防救援队伍指战员和省属各单位，向所有关心和支持盐城发展的海内外朋友们，致以崇高敬意和衷心感谢！

面对新的征程和使命，我们也清醒地看到，发展不平衡不充分问题仍然是最大市情，科技创新能力还不强，高质量发展任重道远；现代化产业体系还不健全，战略性新兴产业融合集群发展还需发力；民生领域还有欠账，城乡居民收入水平需要加快提升，教育、医疗、养老等方面仍有短板弱项；一些领域还存在安全隐患，防范化解重大风险压力较大；政府作风建设、效能建设、本领建设还需加强。我们一定正视不足、直面挑战，全力解决、接受检验。

2023年主要工作

2023年是全面贯彻落实党的二十大精神的开局之年，是建设绿色低碳发展示范区的起步之年，也是盐城撤地设市四十周年。虽然前进道路上仍将面临诸多风险挑战，但我们对未来发展前景充满信心，这是基于对总体形势、发展趋势、自身优势的分析和把握。一是我国经济长期向好的基本面没有改变，特别是新冠肺炎疫情防控措施的不断优化，国家存量政策和增量政策的叠加发力，经济活力将加速释放，只要我们遵循党中央指引，把握规律性、掌握主动权，就一定能够迎来更大发展。二是长三角一体化、淮河生态经济带、江苏沿海发展等多重国家战略机遇叠加，盐城的空间优势、资源优势和生态优势加快彰显，只要我们更加主动系统谋划，更加积极对接跟进，更富创造性服务新发展格局，就一定能够把机遇转化为现实行动和发展成果，创造新的更大机遇。三是生态优先、绿色低碳发展理念形成共识，绿色低碳发展示范区建设契合中央精神，顺应时代趋势，合作空间广阔，外界对盐城绿色发展预期持续看好，全市上下竞逐新赛道、勇当排头兵激情高涨、步伐有力。四是坚持系统思维谋划“5+2”战略性新兴产业和23条重点产业链，产业生态更加健全，产业方向更加明晰，发展韧劲更加充足，而且与新一轮产业结构和布局调整高度吻合，我们完全有条件、有基础、有能力在全球产业分工中赢得先机。这些都是盐城发展的底气所在，只要我们对标对表党的二十大精神，聚焦市委提出的“九个新篇章”，拿出勇当先锋的劲头，付出艰苦卓绝的努力，就一定能够使盐阜大地迸发出更加旺盛的生机与活力。

今年政府工作的总体要求是：坚持以习近平新时代中国特色社会主义思想为指导，全面贯彻落实党的二十大精神，坚定拥护“两个确立”、坚决做到“两个维护”，认真落实中央经济工作会议精神，按照省市委部署要求，坚持稳中求进工作总基调，完整、准确、全面贯彻新发展理念，服务构建新发展格局，着力推动高质量发展，更好统筹新冠肺炎疫情防控和经济社会发展，更好统筹发展和安全，全面深化改革开放，大力提振市场信心，把实施扩大内需战略同深化供给侧结构性改革有机结合起来，突出做好稳增长、稳就业、稳物价工作，有效防范化解重大风险，推动经济运行整体好转，保持社会大局安全稳定，更大力度建设绿色制造之城、绿色能源之城、绿色生态之城、绿色宜居之城，加快绿色低碳发展示范区建设，勇当沿海地区高质量发展排头兵，充分展现“国际湿地、沿海绿城”的生态魅力、发展活力，为奋力谱写中国式现代化盐城新篇章开好局起好步。

今年经济社会发展的主要预期目标是：地区生产总值增长6.5%左右，一般公共预算收入增长6.5%，固定资产投资增长9%，规模以上工业企业增加值增长9.5%，实际使用外资增长8.5%，外贸进出口总额增长9%，社会消费品零售总额增长6.5%，全社会研发投入占GDP比重达到2.3%以上，城镇和农村常住居民人均可支配收入分别增长6.8%、7.5%，单位GDP能耗、单位GDP二氧化碳排放量完成省定任务。

重点做好十个方面工作：

一、坚持工业强市，构建现代化产业体系。坚守实体经济，开展工业经济提质增效年活动，更大力度培育产业、营造生态、打造集群，实现工业经济总量破万亿。

*推动产业融合集群发展。*顺应产业发展趋势，聚焦新能源汽车及核心零部件、新能源、新一代信息技术、新材料、大健康和数字经济、海洋经济，以及优化后的23条重点产业链，打造链条完备、特色鲜明、优势突出的现代化产业体系。更加明确补链延链强链方向，编制“三图三清单”，组织开展精准招商，突破更多“链主”企业，新增开票销售额超百亿元级大企业3家以上，实现50亿元级企业各板块全覆盖。

*加快传统产业转型升级。*实施产业基础再造、重大技术装备攻关等工程，推动钢铁、汽车、装备制造等产业迈向价值链中高端。实施工业企业提质增效三年行动，促进企业增品种、提品质、创品牌，新增制造业单项冠军企业3家以上，国家级专精特新“小巨人”企业实现全市全覆盖。优化提升滨海、大丰化工园区发展定位，重点发展新材料产业。

*大力发展数字经济。*坚持“三数”联动，深入推进产业数字化、数字产业化，培育数字创意和数据服务产业，数字经济核心产业增加值占GDP比重达到8.5%。开展制造业数字化赋能行动，创建省级示范智能制造工厂5家，建设5G全连接工厂5个，规模以上工业企业智能化改造数字化转型覆盖面超过70%。加快数字基础设施建设，扩容城域网出口带宽，新建行业级、区域级工业互联网平台10个。

二、坚持扩大内需，夯实高质量发展根基。坚定实施扩大内需战略，提振居民消费，扩大有效投资，激发市场活力，不断增强经济发展内生动力。

*培育扩大消费需求。*把恢复和扩大消费摆在优先位置，实施消费提振行动，制定消费扩容政策，支持住房改善、新能源汽车、养老服务等消费，全面恢复市场消费信心。发挥重点商圈、特色景区和网红街区等引领作用，创新直播带货、网红打卡等新模式，培育夜间经济、首店经济等新热点。围绕“515盐城消费节”，做优四季主题消费，推进县域商业体系建设，构建“15分钟便民生活圈”，打造一批现代服务业高质量发展集聚示范工程。

*强化投资关键作用。*抓好省市重大项目、重点工程建设，强化要素保障和全周期服务，不断提高项目的年度投资率、竣工达效率和列统率，力争形成更多实物工作量。围绕壮大产业规模、提升创新动能、拉长产业链条，充分发挥产业投资基金撬动作用，集聚更多高端要素，确保全年新开工亿元以上产业项目750个。通过政府投资和政策激励有效带动全社会投资，加强民生领域基础设施补短板建设，适度超前布局有利于引领产业发展和城镇化建设的基础设施。积极争取国家和省支持，谋划实施一批事关长远发展的重大项目。做好第五次全国经济普查工作。

*激发市场主体活力。*坚决兑现国家和省市各项惠企政策，及时制定实施增量政策，让市场主体留得青山、赢得未来。持续优化营商环境，一体推进“五个环境”建设，做优“12345”“一企来”服务专区和线上企业“直通车”，擦亮“盐诚办”服务品牌。深入实施融资畅通工程，不断提升金融服务实体经济质效。坚持“两个毫不动摇”，完善公平竞争的市场秩序，实施民营企业梯度培育工程，依法保护民营企业产权和企业家权益，着力构建亲清政商关系，促进

民营经济发展壮大。深化国有企业改革，完善现代公司治理体系，聚焦主责主业，强化债务风险管控，推动健康可持续发展。

三、坚持创新发展，不断塑造新动能新优势。以高质量教育涵养源头活水、以高水平创新增强发展活性、以高素质人才激发内生活力，开辟发展新领域新赛道。

办好人民满意的教育。落实立德树人根本任务，深化教育综合改革，持续巩固"双减"成效，加快义务教育优质均衡和城乡一体化，进一步缩小区域、城乡、校际差距。坚持走内涵发展道路，加快学前教育公益普惠发展，推动高中阶段学校提质增效，提高职业教育产教融合和高等教育校地协同创新水平。着力提升办学条件，新建、改扩建中小学幼儿园19所。全面加强师德师风建设，培养高素质教师队伍。

完善科技创新生态。开展科技创新提升年活动，发布关键核心技术攻关清单，构建区域协同创新体系。依托江苏沿海可再生能源技术创新中心等科创平台，推动原创性引领性科技攻关，提升产业自主可控能力。鼓励企业扩大研发投入，规上工业企业研发机构覆盖面超过50%，新增高新技术企业300家、省级以上"专精特新"企业110家以上，新增报会上市企业5家、股改企业20家。强化知识产权保护和转化应用，万人发明专利拥有量达5件。

打造人才发展高地。深入实施人才强市战略，落实"黄海明珠人才计划"，放大沿海发展人才峰会、高层次人才创新创业大赛品牌效应，深化名校优生"汇盐行动"、万名学子"聚盐行动"，引进高校毕业生3.5万人以上。构建高标准人力资源市场体系，实施"人才强链"行动，统筹推进教育、医疗等各类人才队伍建设，全力打造全国沿海高质量发展产才融合示范区、长三角绿色转型发展人才高地。

四、坚持"双碳"引领，推动能源清洁高效低碳利用。立足资源禀赋，推进能源革命，探索"风光火气氢"一体化发展，打造长三角规模最大的综合能源基地。

大力发展新能源。提升风电产业能级，聚焦风场开发、装备制造和运维服务，筹建海上风电重点实验室，在全国率先启动百万级深远海示范项目，建设近海千万千瓦级风电大基地。做优光伏产业生态，统筹装备制造和电站开发，促进与工业、农业、交通、建筑等融合发展。打造储能产业样板，加快天合、智泰、阿特斯等储能电池项目建设，开展新型储能试点示范，引进新型储能电池龙头企业。探索氢能产业化路径，依托沿海化工园区和中海油"绿能港"，谋划布局制氢、储氢及氢能应用等产业。

强化传统能源多元保障。大力发展清洁能源项目，非化石能源占一次能源消费比重提升至34%左右。加强煤炭清洁高效利用，加快建设国信滨海港和国信徐矿射阳港各2×100万千瓦清洁高效煤电项目，推进存量煤电机组节能降耗改造、供热改造、灵活性改造"三改联动"。加快中海油、国信LNG接收站和滨海港LNG码头、中俄东线天然气管道盐城支线等工程建设，探索推广冷能利用模式，打造国家天然气海上通道重要节点。构建坚强智能电网，加快推进沿海500千伏、220千伏输变电及其配套工程，增强新能源消纳能力。

科学稳妥推进碳达峰。加强能源消耗总量和强度调控，坚决遏制"两高"项目盲目发展，鼓励用能企业开展节能降碳改造，新培育省级以上绿色工厂15家。积极布局未来低碳产业，射阳港低（零）碳产业园试点全面启动。推动建筑产业绿色低碳转型，推广超低能耗建筑、近零能耗建筑，装配式建筑占新建建筑比例达41%，争创国家绿色建材试点城市。落实节能优先方针，引导全社会形成绿色生活风尚，城市绿色出行比例达到72%，创成国家绿色出行示范城市。

五、坚持农业农村优先发展，全面推进乡村振兴。放大农业优势，深挖农业潜力，提高农业效益，加快农业大市向农业强市跨越。

夯实粮食安全根基。落实最严格的耕地保护制度，坚决遏制耕地"非农化"、防止"非粮化"。实施粮食产能提升和种业振兴行动，健全种粮农民收益保障机制，新建、改造提升80万亩旱涝保收、高产稳产"吨粮田"，做强国家级杂交水稻种子生产基地和全国重要的蟹苗供应基地，全年粮食总产量保持在70亿公斤以上。树立大食物观，深化食物节约各项行动，巩固生猪、水产、蔬菜等综合产能，打造长三角绿色优质农产品供应基地。

大力发展现代农业。推动农业全产业链高质量发展，培育优质粮油、绿色蔬菜、经济林果、规模生猪、现代禽业、特色水产等6条产业链，做好"土特产"文章，形成"一县一业、一镇一特、一村一品"发展格局，扩大"盐之有味"品牌影响力。积极发展设施农业，深化场地联动，推动农副产品精深加工规模化发展，强龙头、补链条、兴业态、树品牌，每个县（市、区）至少引进2个亿元以上农产品加工项目，全市农业产业化重点企业突破420家。实施智慧农业工程，加快现代农业园区"生产+加工+科技"一体化发展，创建一批省级数字农业农村基地，盐城港大丰港区打造国家粮食现代物流产业示范园和全国农牧林产业特色港。

深化农村领域改革。放大"小田变大田"改革效应，支持发展家庭农场、农民合作社等新型经营主体，健全农业社会化服务体系，扩大农业适度规模经营。扎实开展国家和省全域土地综合整治工程，加快农村产权流转交易市场建设，推进宅基地线上审批、闲置住宅线上交易等改革试点，完善土地增值收益分配机制，赋予农民更多财产权益。开展强村富民帮促行动，持续实施农民收入十年倍增行动，壮大新型农村集体经济，全市集体经营性收入30万元以上、50万元以上的村分别达到100%和50%。加强农村人才培养，新培训培育高素质农民4.5万人。

打造更多和美乡村。扎实开展乡村建设行动，改善乡村水电路气信等基础设施条件和教育、医疗卫生、养老托幼等基本公共服务，不断提高乡村基础设施完备度和公共服务便利度。深入实施农村人居环境整治提升行动，统筹推进农村厕所革命、生活垃圾处理和生活污水治理，高水平推进特色田园乡村建设，新增农村生态河道1060公里，新改善1.9万户农村住房条件，新创成20个省市级特色田园乡村和省“三美一高”和美乡村，让农民就地过上现代文明生活。

六、坚持深化开放合作，积极拓展未来发展空间。勇立时代潮头，把握发展大势，敢为人先、海纳百川，推进高水平对外开放，不断增创发展新优势。

*全方位融入新发展格局。*紧扣“一体化”和“高质量”两个关键，扎实推进长三角一体化产业发展基地建设，推动沪苏、常盐、苏盐等南北合作共建园区展现新形象，全市引进长三角地区亿元以上项目超350个。推动黄海新区瞄准央企、国企和全球500强企业开展敲门招商，更好承接重大生产力布局，持续突破一批百亿级重特大项目，不断提升区域产业标识度。全面向海图强，培育海水淡化、海工装备、海洋生物医药、海洋牧场等海洋产业，推进黄沙港等渔港经济区建设，打造名副其实的海洋大市。

*更大力度吸引和利用外资。*全方位深化开放合作，深耕韩国、发力欧日、拓展东南亚、盯住国内外资企业、专班开拓国际市场，推动中韩（盐城）产业园高质量发展，加快突破外资标志性项目，实际使用外资突破13亿美元。开展外资企业利润再投资专项促进活动，推进悦达起亚、SK、金光等重点外资企业创建总部。更高质量参与实施RCEP，开展全方位贸易促进活动，推进内外贸一体化发展，支持企业拓市场、抢订单，进出口总额超220亿美元。依托德龙等龙头企业，支持企业“走出去”，全面提升国际贸易份额。

*做强做优园区平台载体。*推动全市14个省级以上经开区、高新区创新发展，主攻产业链细分领域，突破一批科技含量高、带动性强的龙头项目，形成产业集群效应。优化园区体制机制，完善基础配套，引导政策资金、科创资源、人员力量更加聚焦产业培育。树立“亩均论英雄”的鲜明导向，开展工业企业资源集约利用综合评价，促进工业用地提质增效，进一步显著提升全市省级以上经开区和高新区的经济发展贡献度、产业转型引领力。

七、坚持人与自然和谐共生，打造生态文明建设样板。深入践行“两山”理念，高水平举办2023全球滨海论坛会议，打造美丽中国的市域典范。

*强化环境污染防治。*坚持科学治污、精准治污、依法治污，持续深入打好蓝天、碧水、净土保卫战，集中攻坚重污染天气、黑臭水体、土壤污染防治、噪音扰民等突出问题，推动生态环境质量持续向好。扎实抓好中央生态环保督察反馈问题和交办信访件整改，严格落实长江“十年禁渔”任务，严密防控重大环境风险。大力推进城镇污水处理提质增效，加快环境基础设施建设，提升生态环境治理能力。

*加强生态系统保护修复。*扛起世界自然遗产保护责任，严格落实自然生态保护修复行为负面清单，推进生态安全缓冲区、“生态岛”试验区建设，自然湿地保护率达63.2%。扎实开展国土绿化行动和盐碱地造林试点工程，新增造林953.24公顷。开展侵蚀性海岸治理，继续做好浒苔绿潮联防联控工作，努力建设人海和谐的美丽海洋。

*提升生态旅游影响力。*推动“生态+”文旅融合发展，推进全域统筹规划、合理布局、服务提升和系统营销，构建良好自然生态、人文社会和放心消费环境。建设世界级滨海生态旅游廊道，打造探秘世界自然遗产、戏水湖荡湿地等文旅产业带，荷兰花海创成5A级旅游景区，东台、建湖创建省级文旅融合示范区，打造更多城市生态会客厅。

八、坚持区域统筹发展，建设更加宜居宜业城市。落实以人为核心的新型城镇化要求，建设幸福美好家园。

*增强中心城区能级。*实施城市更新行动，新开工棚户区改造1.29万套、改造老旧小区204个。科学有序推进城北地区改造。深化城市环境综合整治，加快推进生活垃圾分类和处理设施、城市防洪和水系联通工程建设，争创省人居环境奖、生态园林城。盐阜快速通道完成主体工程，盐丰快速通道建成通车，提高主城辐射带动能级。落实“房住不炒”定位，积极引导市场预期，加快建立多主体供给、多渠道保障、租购并举住房制度，推动房地产市场平稳健康发展。

*促进县城集聚发展。*加快提升县城综合承载力，完善县城的基础设施、公共服务和富民功能，打造100个“五个一”城乡建管精细化样板点，建设县域经济发展新引擎和新型城镇化主阵地。挖掘沿海风貌、历史文脉等独特禀赋，推动县域副中心和沿海重点镇特色化发展，培育一批中小城市和特色小镇，打造滨海特色城镇体系。

*构建现代交通体系。*坚持多元立体、融合互联，全面推进交通运输现代化建设。加密高快路网，开工建设东兴高速东延工程，加快推进盐宁（东兴）、建兴、滨淮高速和盐阜、盐丰二期快速通道建设，做好盐临高速开工前期工作。完善轨道交通，开通运营滨海港铁路支线，开工建设盐泰锡常宜铁路盐城段，积极推进新长铁路改造。强化港口航道，加快盐城港滨海港区20万吨级航道、响水港区5万吨级航道整治等工程建设，开辟至RCEP国家港口航线，推进淮河入海水道二期配套通航工程申报工作。提升空港能级，恢复韩日全货机航线，完成南洋机场T1航站楼改造，推进飞行区等级提升，增强综合服务能力。构建现代水网，加快淮河入海水道二期工程建设，推动中小河流治理、病险水闸泵站更新改造，提高区域防洪排涝和水资源保障能力。

九、坚持共同富裕，在发展中保障和改善民生。深入践行以人民为中心的发展思想，尽力而为、量力而行，持续改善人民生活。

*实施就业优先战略。*抓好高校毕业生、农民工、退役军人、就业困难人员等重点群体就业，确保城镇新增就业7万人以上。健全就业公共服务体系，促进创业带动就业，提供更多市场化就业创业机会。健全工资合理增长机制，拓宽群众增收致富渠道。促进中等收入群体扩围增收，巩固拓展脱贫致富奔小康成果，扎实推动共同富裕。

*推进健康盐城建设。*落实新冠肺炎疫情防控优化措施，做好重点人群

防护，保健康、防重症，最大程度保护人民生命安全。深化医药卫生体制改革，加强三级公立医院能力和紧密型县域医共体建设，新成立专家工作室130个，建设市老年康复医院。实施中医药传承创新行动，提标升级二级中医院，推进市中医院与南京中医药大学深度合作。聚焦“一老一幼”群体，健全基本养老服务清单制度，推进家庭养老照护床位建设，争创全国示范性老年友好型社区3–5家。完善生育支持政策，做好关心下一代工作，创建省普惠托育机构5家，新建改建省级未成年人保护站、儿童关爱之家11个。深入开展爱国卫生运动，居民健康素养水平保持在32%以上。高水平办好市第九届运动会，加快推进体育强市建设。

提高社会保障水平。实施社会保险扩面征缴提升行动，新增企业职工养老保险参保8万人以上。健全社保待遇随经济发展同步调整机制。促进多层次医疗保障有序衔接，优化生育保险支持政策，扩大照护保险实施范围，积极发展普惠商业补充医疗保险，构建更加便捷的“15分钟医保服务圈”。统筹做好社会救助、社会福利、住房保障、退役军人事务、妇女儿童权益和残疾人福利保障等工作，兜住民生底线。

繁荣发展文化事业。注重保护、传承和创新，赓续新四军红色文化基因，实施盐业文明探源工程，彰显城市文化底蕴。支持文艺创作，壮大文艺人才队伍，创造更多精品力作。实施文化数字化战略，发展数字创意、数字娱乐等新业态，打造长三角（盐城）视听产业基地。健全现代公共文化服务体系，提升公共文化场馆，培植一批小剧场，推动全民阅读高质量发展。深化拓展新时代文明实践中心建设，巩固提升文明城市创建质效，争创全国文明典范城市。

今年，我们排出了23项民生实事，提请各位代表投票确定20项。我们将对民生实事实行清单式管理、项目化推进、节点化调度，一年接着一年干、一件接着一件办，让人民群众看到新变化、得到更多实惠。

十、坚持底线思维，以新安全格局保障新发展格局。全面落实总体国家安全观，扎实推进安全体系和能力现代化，全力维护社会大局和谐稳定。

以人民安全为宗旨。压紧压实各方责任，巩固安全生产专项整治“三年大灶”成果，持续开展全覆盖、拉网式排查整治，防范和遏制重特大事故发生，夯实本质安全基础。突出以防为主、防抗救相结合，加强灾害监测预报预警，扎实做好防灾减灾救灾工作，全面加强城市系统安全。强化食品药品安全监管，筑牢保障人民生命健康的坚固防线。

以经济安全为基础。强化各类政策协调配合，加强区域间协调、上下游配套，保障产业链供应链健康稳定运行。加强政府债务及国有企业投融资管理，坚决控制增量、化解存量。严厉打击非法金融活动，妥善做好涉众型金融风险化解工作，严防发生“黑天鹅”“灰犀牛”事件。

以社会安全为保障。推进更高水平平安盐城建设，深化全国社会治安防控体系建设示范市创建，推进扫黑除恶常态化，严厉打击各类违法犯罪行为。坚持和发展新时代“枫桥经验”，落实好《信访工作条例》，完善基层网格化治理方式，推动矛盾纠纷多元化解、联动处置，争创全国市域社会治理现代化试点合格城市。深化全民国防教育，加强双拥共建，进一步巩固和发展新型军政军民关系。

加强政府自身建设

新时代新征程新使命，对政府自身建设提出了新的更高要求。我们将以贯彻落实党的二十大精神为强大动力，全面推进政府治理体系和治理能力现代化。

旗帜鲜明讲政治。全面学习把握落实党的二十大精神，更加深刻领悟“两个确立”的决定性意义，更加坚定地忠诚核心、信赖核心、紧跟核心、维护核心，不断增强“四个意识”、坚定“四个自信”、做到“两个维护”，确保政治上绝对忠诚、思想上高度统一、意志上更加坚韧、行动上坚决有力。坚持不懈用习近平新时代中国特色社会主义思想武装头脑，在学懂弄通、知行合一、常悟常进上下功夫，做到知其言更知其义、知其然更知其所以然，自觉做新思想的坚定信仰者和忠实践行者。坚持在党的领导下忠诚履职，胸怀“两个大局”、牢记“国之大者”，不断提高政治判断力、政治领悟力、政治执行力，坚决贯彻落实好党中央和省、市委各项决策部署，在新的征程上答好时代之卷。

依法行政优服务。深入践行习近平法治思想，尊崇宪法和法律权威，坚持和完善政府学法制度，加快建设人民满意的法治政府。坚持法无授权不可为，落实和完善行政许可事项清单，持续推动政府职能转变。突出服务高质量发展、保障改善民生、创新社会治理、统筹发展和安全等重点领域，提升政府立法质量，完善法律顾问制度，更好发挥法治固根本、稳预期、利长远的重要作用。坚持科学决策、民主决策、依法决策，严格落实重大行政决策程序，提高行政决策效能。树立正当程序理念，全面落实行政执法公示、执法全过程记录、重大执法决定法制审核“三项制度”，推进严格规范公正文明执法，努力让群众从每一项执法决定中都能感受到公平正义。加快政府数字化转型，提升政务服务效能，深化“一件事”改革，优化升级城市驾驶舱和“我的盐城”App，完善市县镇村四级政务服务体系，推动更多事项“一网通办”“全市通办”“跨市通办”。加强政务公开，主动接受人大法律和工作监督、政协民主监督，以及国家监察、司法、社会和舆论监督，强化审计监督，办好人大代表议案、建议和政协委员提案、建议案，让权力始终在阳光下运行。

奋斗实干勇争先。坚持勇挑重担、不负使命，以“功成不必在我”的胸襟和“成功必定有我”的担当，聚精会神谋发展、一心一意抓落实，充分激发各层各级的聪明才智、干事激情，营造浓厚发展氛围，让投资者心生向往、企业家心无旁骛、创业者心怀梦想。坚持艰苦奋斗、埋头苦干，保持“人一之我十之、人十之我百之”的奋斗姿态，干好每一天、抓好每件事，让干部敢为、地方敢闯、企业敢

干、群众敢首创在盐城蔚然成风。坚持脚踏实地、真抓实干，瞄准新目标，提升新标杆，发扬“孺子牛、老黄牛、拓荒牛”精神，当事不推责、遇事不推诿，扛得了重活、打得了硬仗，用心血和汗水为党和人民多干实事。坚持大胆探索、开拓创新，抓住用好绿色低碳发展示范区建设机遇，依靠全市人民，以创新理念谋划发展、用创新办法破解难题，不断开创盐城高质量发展新局面，创造出无愧于历史、时代和人民的崭新业绩。

清正廉洁塑形象。时刻保持永远在路上的坚韧和执着，坚决贯彻党的自我革命战略部署和全面从严治党战略方针，持之以恒正风肃纪反腐，把严的基调、严的措施、严的氛围长期坚持下去。锲而不舍落实中央八项规定及其实施细则精神，坚决执行省市委作风建设要求，坚持不懈纠正“四风”，紧盯工作中层层加码、麻痹松懈、任性用权、不担当不作为等问题，科学精准靶向整治，锻造善作善成、敢于斗争的优良作风。始终把纪律建设摆在更加突出位置，心有所畏、言有所戒、行有所止，不断锤炼意志力、坚忍力、自制力，让铁纪铁规成为政府工作人员的自觉遵循。厉行勤俭节约，严控“三公”经费等一般性支出，以政府的紧日子换取群众的好日子，永葆为民务实清廉的政治本色。

各位代表，团结就是力量，奋斗开创未来。让我们更加紧密地团结在以习近平同志为核心的党中央周围，在市委坚强领导下，自信自强、守正创新，矢志不渝、笃行不怠，在绿色低碳发展新赛道上扬帆破浪，勇当沿海地区高质量发展排头兵，为奋力谱写中国式现代化盐城新篇章而团结奋斗！

中共盐城市委　盐城市人民政府关于加快建设绿色低碳发展示范区的实施意见

（2023年1月10日）

为深入学习贯彻党的二十大精神，全面落实省委、省政府关于支持盐城建设绿色低碳发展示范区的意见，打造绿色制造之城、绿色能源之城、绿色生态之城、绿色宜居之城，加快推动绿色低碳高质量发展，结合我市实际，提出如下实施意见。

一、紧抓绿色低碳发展示范区建设重大战略机遇

（一）提高政治站位。党的二十大提出必须牢固树立和践行绿水青山就是金山银山的理念，站在人与自然和谐共生的高度谋划发展。开展绿色低碳发展示范区建设是深入贯彻习近平生态文明思想和习近平总书记对江苏工作重要指示精神，坚决扛起“争当表率、争做示范、走在前列”的使命担当，是贯彻落实省第十四次党代会精神，坚持生态优先绿色发展，在绿色转型中始终走在前列的内在要求，对全市高质量发展具有全局性、战略性意义，为新时代新征程盐城全面建设社会主义现代化注入了强劲动力和活力。全市上下要坚定捍卫“两个确立”，坚决做到“两个维护”，切实把思想和行动统一到党的二十大精神上来，胸怀“两个大局”、牢记“国之大者”，紧扣省委、省政府决策部署，上下协力、乘势而上，坚持不懈、久久为功，在绿色低碳发展道路上“勇挑大梁”，奋力谱写中国式现代化盐城新篇章。

（二）把握总体要求。坚持以习近平新时代中国特色社会主义思想为指导，深入贯彻党的二十大精神，完整、准确、全面贯彻新发展理念，加快服务构建新发展格局，按照省第十四次党代会的部署，围绕勇当沿海地区高质量发展排头兵的总体定位，把绿色低碳发展示范区建设作为高质量发展的总抓手，以壮大绿色发展新动能为中心任务，以改革创新为根本动力，协同推进降碳、减污、扩绿、增长，推进生态优先、节约集约、绿色低碳发展，积极稳妥推进碳达峰碳中和，加快建立健全绿色低碳循环发展经济体系，着力探索出一条生态良好、生活富裕、绿色低碳、安全高效的路径，打造推动绿色发展、人与自然和谐共生的示范城市。

（三）明确发展定位。推动盐城绿色低碳发展在全省做出示范，在长三角塑造特色，在全国提升影响。

——推动生产绿色转型。聚焦优势产业、科技创新、数字经济等重点领域，大力发展绿色低碳产业，推动高质量承接产业转移、传统产业绿色转型、绿色低碳技术研发推广、绿色发展机制创新，率先推动质量变革、效率变革、动力变革，提高产业发展含绿量、含金量。

——加快能源绿色赋能。以构建清洁低碳、安全高效能源体系为方向，推动能源生产消费方式绿色低碳变革，加快能源系统向适应新能源大规模发展方向演变。

——厚植生态绿色本底。坚决扛起生态环境保护责任，坚持山水林田湖草沙一体化保护和系统治理，持续优化国土空间发展格局，实行最严格的生态管控制度，进一步加大生态系统保护修复、生物多样性保护力度，建立健全生态产品价值实现机制，提升生态系统多样性、稳定性、可持续性。

——建设宜居绿色城乡。深入推进以人为核心的新型城镇化，全面推进乡村振兴，畅通城乡要素流动，推动城乡建设绿色低碳转型。高质量建设好中心城区，推进以县城为重要载体的城镇化建设，打造绿色低碳高质量发展的区域发展格局。

——创造美好绿色生活。以满足人民日益增长的美好生活需要为导向，提供绿色优质均衡公共服务，倡导绿色消费和简约适度生活方式，推动经济社会发展全面绿色转型，成为人民精神生活丰富、社会文明进步、人与自然和谐共生的幸福美好家园。

（四）确立主要目标。到2025年，绿色产业比重显著增加，绿色创新能力显著提高，资源能源利用更加高效，可再生能源消费占比稳步提高，生态环境质量持续改善，绿色生活品质不断提升，单位地区生产总值能耗和二氧化碳排放超额完成省下达目标任务，重点行业能源利用效率和主要污染物排放控制水平基本达到国际先进水平，生态环境人民满意度、公共服务人民满意度指标位于全省前列。

——综合实力。全市地区生产总值力争达9000亿元左右，人均地区生产总值超11万元；外贸进出口总额超230亿美元，注册外资实际到账超

18亿美元。

——绿色制造。高新技术产业产值占规模以上工业企业产值比重达45%以上；单位地区生产总值二氧化碳排放比2020年下降20%以上，单位地区生产总值能耗比2020年下降13.5%以上；单位地区生产总值建设用地使用面积38公顷/亿元，单位地区生产总值用水量比2020年下降19%。

——绿色能源。新能源累计装机容量突破2000万千瓦，非化石能源占一次能源消费比重达35%；氢能、储能参与能源调节作用明显增强，能源结构不断优化，以清洁能源为主体的新型电力系统加快构建。

——绿色生态。地表水省级及以上考核断面达到或者好于Ⅲ类水体比例达100%，城市空气质量优良天数比率达87%，林木覆盖率达25%，自然湿地保护率达65%。

——绿色宜居。绿色优质农产品比重达75%；绿色出行比例达73%以上，水运和铁路货运周转量占比达60%左右，新增清洁能源及新能源城市公交车、出租车、物流配送车、环卫车占比达90%左右；城镇新建建筑全面执行绿色建筑标准。

——示范特色。打造具有全国影响力的新能源产业基地、新能源汽车及零部件产业基地；打造长三角综合能源保障基地、长三角粮食安全保障基地；建设“两山”理论实践创新基地，生态文明建设示范成效进一步巩固。

到2030年，示范区绿色产业能级大幅跃升，绿色低碳循环经济体系建立健全，高比例可再生能源率先实现，自然生态环境更加优美，绿色宜居的沿海城市特质更加鲜明，形成人与自然和谐共生的良好局面。

二、发展特色优势产业，构建绿色制造产业体系

（五）推动产业绿色化高端化发展。大力推进汽车、电子信息等特色优势产业绿色转型升级，推动新能源汽车及核心零部件、新能源、新一代信息技术、新材料、大健康等战略性新兴产业融合集群发展，培育壮大数字经济、海洋经济等未来产业。推动悦达起亚加快导入新能源车型，服务华人运通持续提升整车产销量，加快车用动力电池全产业链发展，积极发展智能网联汽车产业。推动资源循环利用、清洁能源等绿色低碳产业发展，加快盐城环保高新技术产业开发区等国家绿色产业示范基地建设，培育绿色低碳发展领域“专精特新”“小巨人”企业和高精尖特企业，打造一批“隐形冠军”。[市发改委、市科技局、市工信局等，各县（市、区）人民政府，盐城经济技术开发区、盐南高新区管委会按职责分工负责，本文件各项举措均需各地区落实，以下不再一一列出]

（六）提高服务业绿色发展水平。推动生产性服务业向专业化和价值链高端延伸，开展先进制造业和现代服务业融合试点。加快推广绿色低碳技术，促进商贸企业绿色升级，培育一批绿色商贸流通主体，实现物流供应链的绿色低碳发展。推动大数据服务绿色转型，加快建成运营绿色云计算中心、云业务承接中心等项目。促进绿色会展经济发展，提升全球滨海论坛、中国新能源发展论坛、环保产业博览会等会展品牌影响力。积极推进环保服务业绿色创新，发挥长三角生态环保产业链联盟功能，依托国家工程重点实验室技术力量，加快突破一批环境治理修复等关键技术。（市发改委、市科技局、市工信局、市自然资源和规划局、市生态环境局、市商务局、市市场监管局、市湿地和遗产保护中心等按职责分工负责）

（七）推进绿色科技攻关与应用示范。促进产业链和创新链深度融合，打通产业链、做强创新链、提升价值链，构建绿色技术创新体系。通过应用牵引、整体带动、揭榜挂帅等新机制组织攻关，重点开展大功率海上风电机组、新一代高效光伏电池、海上风电直流输电、海上风电耦合制氢、近海漂浮式光伏等关键核心技术突破。强化高效碳捕集、燃料电池、绿色能源制氢等领域前沿技术的超前部署。加快推进新能源+储能、智能微电网等创新示范项目建设。高水平布局建设一批绿色低碳领域的产业创新中心、技术创新中心、制造业创新中心等创新载体平台，加快建设江苏沿海可再生能源技术创新中心。推动金风科技、润阳光伏等新能源企业创建国家级、省级企业重点实验室。深化与上海、深圳、苏南等科创资源富集地区对接，发展“域外创造+盐城制造”离岸研发合作模式。（市发改委、市科技局、市工信局等按职责分工负责）

（八）培育绿色循环经济新业态。围绕钢铁、化工、造纸等重点行业制定节能节水、清洁生产、绿色工艺、循环低碳等技术改造提升计划。推动企业循环式生产，推行产品绿色设计，建设绿色产品“生产中心”。推动园区循环化改造，实施基础设施升级和绿色生产管理，打造绿色循环经济园区和节水型工业园区。推动产业循环型组合，加快主导产业、战略性新兴产业与绿色低碳发展深度融合。争创新一批全国“无废城市”，逐步实现大宗工业固体废物贮存处置总量趋零增长、主要农业和园林绿化废弃物综合利用、生活垃圾减量化资源化水平全面提升、危险废物全面安全管控。推广使用资源综合利用产品，加快探索退役光伏组件、风电机组叶片、废旧动力电池等重点品种的综合利用。推进盐城市静脉产业园建设。（市发改委、市工信局、市生态环境局、市城管局、市农业农村局、市商务局、市水利局等按职责分工负责）

（九）激活数字经济赋能可持续发展。加快5G、双千兆等数字基础设施建设。大力发展大数据、电子信息制造、集成电路、新型显示、人工智能、物联网等重点领域。加快全市规模以上工业企业智能化改造和数字化转型，推进生产装备智能化升级、工艺流程智慧化改造和基础数据网络化共享，推进服务业数字化发展，推动现代农业、智慧能源等关键领域开展数字经济示范工程。加快布局绿色数据中心，提升数据中心可再生能源利用水平。加快数据交易机构建设，探索建立数据要素交易定价机制、利益分配机制和流通交易规则，发展数据资产评估、大数据征信等配套服务。扎实推进全国首批开展数字化绿色化协同转型发展综合试点工作。（市委网信办、市发改委、市科技局、市工信局、市生态环境局、市农业农村局等

按职责分工负责）

（十）构建现代化海洋经济体系。加快海洋传统产业深度转型和海洋新兴产业提质增效，培育打造一批海洋产业特色园区和重点企业，加快建设国家海洋经济发展示范区。优化海水养殖布局，推动海洋牧场建设，积极稳妥发展外海渔业，拓展海洋离岸养殖和集约化养殖，创建国家级水产健康养殖和生态养殖示范区。推进海洋工程装备产业及科技创新力量整合，提升产业集聚度。加快海洋生物产业园建设，壮大海洋药物和生物制品产业，打造海洋生物医药产业化示范基地。开展海水淡化技术协同攻关，提升以风电水一体化为主的海水淡化成套装备产业化水平，推动海水淡化规模化利用，打造国内新能源淡化海水产业示范基地。积极发展航运服务、贸易服务、现代物流等新业态新模式，推动海洋服务业提档升级。推进设立南京海事法院盐城法庭，依法保障海洋经济高质量发展。（市法院，市发改委、市科技局、市工信局、市自然资源和规划局、市交通局、市农业农村局等按职责分工负责）

（十一）打造产业升级转移承接高地。积极融入长三角一体化发展、共建"一带一路"、长江经济带发展、粤港澳大湾区建设等国家重大战略，深化与长三角、珠三角等重点城市全面合作，促进产业跨区域升级转移。加快建设长三角一体化产业发展基地，重点发展新能源、电子信息等主导产业，加快发展高端装备、新材料等优势产业，集聚发展科教创新、生态文旅、现代物流、都市休闲等现代服务业，引建一批长三角产业链供应链关键项目。发挥沪苏大丰产业联动集聚区与上海临港集团、光明集团共建优势，高水平建设省际合作园区。推动常州盐城工业园区、苏州盐城沿海合作开发园区高质量发展，探索建立重大项目跨区域利益共享机制，加快承接优质产业项目。推进黄海新区开发建设，打造淮河生态经济带出海门户。（市发改委、市工信局、市财政局、市商务局，黄海新区、沪苏大丰产业联动集聚区、常州盐城工业园区、苏州盐城沿海合作开发园区等按职责分工负责）

（十二）加强国际绿色经贸合作。深化与"一带一路"共建国家绿色能源、绿色农业、绿色金融等领域合作，发展高质量、高效益、高附加值绿色产品贸易，搭建绿色产品评价和交易平台，扩大节能环保、新能源等优势领域技术装备、服务和产品出口。提高利用外资质效，引导外资投向绿色制造、节能环保和绿色化改造。开展绿色产品标准、认证认可、检验检测国际交流与合作，在开拓国际绿色贸易市场中作出示范。加快建设中韩（盐城）产业园，积极承办中韩贸易投资博览会等活动，引领构建环黄海生态经济圈，加强与区域全面经济伙伴关系协定（RCEP）成员国的城市开展绿色低碳合作，打造绿色国际合作园区。［市发改委、市工信局、市商务局、市外办、市市场监管局、中韩（盐城）产业园等按职责分工负责］

三、加快能源低碳转型，推动绿色能源高效发展

（十三）推进新能源开发利用。打造千万千瓦级近海和深远海海上风电示范基地，推进百万级深远海示范项目建设。推动风电装备制造规模化、集聚化、高端化发展，推进亨通电缆、上海电气等重大项目，建设国家级海上风电检验中心，打造具有全球影响力的风电产业基地。推进盐城港大丰港区、射阳港区及滨海港区海上运维服务基地建设。整合滩涂光伏资源，通过竞争性配置方式，有序推动"光伏+"综合利用基地建设。稳妥开展整县（市、区）屋顶分布式光伏开发，探索可持续开发运营模式。加快高效低成本光伏电池技术研发和产业化，推动通威高效光伏组件、润阳电池片等重大项目投产。推动分布式发电市场化交易试点建设。促进光伏与储能、微电网融合发展，推动光伏综合利用平价示范基地建设。因地制宜推进生物质成型燃料、沼气、光热能、地热能、海洋能开发利用，开展海上风光渔、海上风光氢、海上能源岛等未来能源开发利用示范，推动陆上风电制氢、风电大机组试验等示范项目加快落地，加快建设绿氢生产基地。（市发改委、市科技局、市工信局、国网盐城供电公司等按职责分工负责）

（十四）加强新能源消纳与应用。推动煤炭等化石能源和新能源优化组合，增强新能源消纳能力。开发公共交通、公务用车、物流配送、农业生产、基建施工等领域的绿色能源替代。推进能源数字化和智能化发展，实施一批能源数字孪生、虚拟电厂示范项目。加强源网荷储协同，开展多元化应用的新型储能示范项目建设。鼓励企事业单位、公共机构和个人优先使用可再生能源，主动认购绿电绿证。在重点园区推广综合能源服务新业态。深入推进清洁能源高比例能源互联网试点示范城市建设。强化与水电水利规划设计总院等单位合作，高质量举办中国新能源发展论坛。（市发改委、市科技局、市工信局、市住建局、市交通局、市农业农村局、市机关事务局、国网盐城供电公司等按职责分工负责）

（十五）提升能源资源利用效率。建立健全节能管理、监察、服务"三位一体"管理体系，实施年综合能源消费量5000吨标准煤以上重点用能单位能源预算管理。全面落实最严格的水资源管理制度，推进"四水四定"，强化农业节水增效、工业节水减排、城镇节水降损、全民节水普及，推进节水载体示范引领。实施能效、水效领跑者行动，挖掘钢铁、化工、建材、纺织、造纸、大数据中心等重点行业节能、节水潜力。加大非常规水源利用力度，提高水资源利用效率。推动全市所有在役燃煤电厂开展节能降碳、灵活性和供热"三改联动"。有序推进天然气利用，加快完善城乡燃气基础设施建设，优先推广使用高效先进天然气锅炉，积极探索LNG冷能利用。（市发改委、市工信局、市生态环境局、市住建局、市水利局、市农业农村局等按职责分工负责）

（十六）严格控制化石能源消费。加强煤炭消费总量控制，严格控制新增耗煤项目，提高电煤占煤炭消费比重。科学控制成品油消费总量，力争"十四五"达到峰值。合理引导天然气消费，优先保障民生用气。统筹煤电发展和保供调峰，有序衔接好化石能源消费占比下降和可再生能源消费比例提高。强化能耗强度标杆引导，严格“两高”项目准入。率先探索能耗“双控”向碳排放总量和强度“双控”转变的机制创新，强化能耗监测预警，建立碳排放统计核算体系。（市发改委、市工信局、市生态环境局、市住建局、市交通局、市商务局、国网盐城供电公司等按职责分工负责）

（十七）打造长三角综合能源保障基地。加快实施风光火气氢综合能源项目，优化各类电源规模配比，构建国家天然气海上通道重要支点，重点推进滨海港2000万吨LNG接收站、国信滨海2台100万千瓦超超临界二次再热火电机组、国电投滨海5000万吨海河联运储备煤基地等重大项目。推动沿海地区新上火电、燃气调峰机组、1000kV特高压站及配套500kV接入工程建设。规划集成多种能源资源的海上“能源岛”，探索海上风电、光伏发电和海洋牧场融合发展。建设坚强智能绿色电网，完善提升配网规划体系、建设标准和供能质量，布局煤炭、电力、油气产供储销体系建设重点工程，推进滨海、射阳、大丰等煤炭中转储备基地建设。大力发展新能源微电网、分布式能源微电网。（市发改委、市工信局、市自然资源和规划局、市交通局、市水利局、国网盐城供电公司、黄海新区等按职责分工负责）

四、建强低碳产业载体，提升绿色园区开放能级

（十八）推进试点园区建设。先行开展射阳港经济开发区低（零）碳产业园区试点，积极推动大丰港经济开发区、黄海新区、常州盐城工业园区等低（零）碳产业园区建设，形成示范推广经验。引导园区低碳化、循环化、集约化发展，有序推进其他省级以上开发区开展低（零）碳产业园区试点建设，创建省级绿色循环发展示范区。全面推进清洁生产，加强资源综合利用，增加绿色产品供给。（市发改委、市科技局、市工信局、市自然资源和规划局、市生态环境局、市商务局、国网盐城供电公司等按职责分工负责）

（十九）打造亮点示范项目。优化园区产业和基础设施布局，开展产业链招商，全面推进清洁生产，形成1+N+1低（零）碳产业园区亮点示范项目，即设立1个能碳系统管理平台，建成N个零碳能源、绿电供应输变电设施、零碳工厂、零碳交通、零碳建筑、零碳港口、碳汇、储能等低（零）碳示范项目，招引1批对碳税有强烈需求的产业项目。构建适应高比例可再生能源的园区能源体系，探索将新增海上风电纳入源网荷储一体化示范项目。积极开展工业烟气二氧化碳捕集。（市发改委、市工信局、市生态环境局、市住建局、市交通局、国网盐城供电公司、盐城港集团等按职责分工负责）

（二十）加强低碳产品管理。围绕生态环境部、市场监管总局关于碳排放核算方法和标准制定的要求，研究推动绿电认证认可以及风电、光伏、动力电池等重点产品碳足迹核算和低碳供应链管理。探索开展碳排放预算管理试点。主动应对国际碳边境调节机制，对标国际标准，提升碳足迹标识认证的国际化水平。（市发改委、市工信局、市生态环境局、市市场监管局、国网盐城供电公司等按职责分工负责）

（二十一）构筑绿色投资高地。打造以绿电为支撑的低（零）碳产业园区特色招商品牌，提高产品突破碳关税壁垒的绿色竞争力。推动高水平对外开放，招引对碳税有强烈需求、高附加值、高科技含量的项目，吸引更多跨国公司、头部企业入驻，建设长三角绿色投资集聚区。（市发改委、市工信局、市商务局、市外办、国网盐城供电公司等按职责分工负责）

（二十二）强化各方联动协调。低（零）碳产业园区建设任务艰巨、业务领域叠加，涉及能源结构优化、产业转型升级、绿色交通建筑、碳汇管控交易等。积极与华为、天合光能、三峡新能源、远景能源、万帮数字能源、中国能源研究院、中海油、国家电投集团、国网江苏电力等研究机构、能源企业、电网公司开展合作，联合推进低（零）碳产业园区建设。市直有关部门加强协同配合，主动与省直对口部门对接沟通，争取要素保障和政策指导。（市发改委、市科技局、市工信局、市财政局、市自然资源和规划局、市生态环境局、市住建局、市交通局、国网盐城供电公司等按职责分工负责）

五、强化生态环境保护，创塑绿色生态鲜明标识

（二十三）打造优美和谐生态空间。加快构建全域国土空间开发保护新格局，打造以东部黄海湿地、西部湖荡湿地、中部淮河入海河道为主，黄河故道生态富民廊道为补充的生态框架。严守生态保护红线和生态空间管控区管控要求，严格执行项目准入和环评制度，严格落实发展规划、国土空间规划、专项规划、区域规划和“三线一单”分区管控体系约束要求。加快打造世界级滨海生态旅游廊道，构建海洋自然景观、滨海城镇景致、沿海产业景色和谐一体的大美海岸线。加强国际湿地城市建设，开展近岸海域环境功能区划调整和江苏盐城湿地珍禽国家级自然保护区规划完善工作。加强国家级自然保护区建设，探索构建世界自然遗产、自然保护区、自然公园协同管理模式。高水平举办全球滨海论坛等活动，推动全球滨海论坛秘书处、NbS亚洲中心落户盐城，打造世界知名生态会客厅。（市发改委、市自然资源和规划局、市生态环境局、市水利局、市文广旅局、市外办、市湿地和遗产保护中心等按职责分工负责）

（二十四）持续改善生态环境质量。实施黄（渤）海候鸟栖息地生态修复工程，推进侵蚀岸线整治修复。推动东台条子泥、建湖九龙口、盐都大纵湖等试点建设“生态岛”，加快黄河故道绿色屏障建设。开展河湖生态缓冲带保护修复，创建一批“美丽河湖”和“幸福河湖”。深入打好污染防治攻坚战，围绕PM2.5和臭氧浓度“双控双减”、NOx和VOCs协同减排、多污染物协同控制和区域协同治理，扎实开展扬尘污染、挥发性有机物、机动车尾气、餐饮油烟、清洁城市等专项治理行动。加大河道水环境整治和国省考断面水质达标攻坚力度，推进以通榆河、新洋港、串场河整治为重点的环境治理工程，建立完善市县镇污水处理一体化运营机制。健全土壤污染源头预防、调查评估与风险管控机制，建立污染地块名录及开发利用负面清单和历史遗留污染地块数据库。分类梯次推进海岸带整治修复、海洋生物多样性抢救性保护、陆海贯通的生态安全屏障建设，建立有利于促进绿色发展的排污总量控制制度，严格控制入海河流总氮、总磷浓度。健全环境保护行政执法与司法联动机制，完善环境资源刑事、民事、行政案件“三审合一”审判模式，发挥黄（渤）海湿地检察保护联盟作用，依法惩治破坏生态、环境污染违法犯罪，严厉打击排污监测数据造假、环境监管失职渎职等违法犯罪活动，完善生态环境保护公益诉讼制度。（市法院、市检察院，市发改委、市公安局、市自然资源和规划局、市生态环境局、市住建局、市水利局、市农业农村局、市湿地和遗产保护中心等按职责分工负责）

（二十五）着力发展生态经济。打造滨海旅游品牌，宣传麋鹿、丹顶鹤、勺嘴鹬等珍稀物种，培育湿地观光、体育健身、休闲渔业、科普体验等高端旅游业态，开发特色化、多样化、差异化滨海休闲旅游产品，建设滨海港城、滨海风情村镇，积极参与“水韵江苏”建设。加快长三角（东台）康养基地建设，创建国家级康养、旅游品牌。发展节能环保产业，加快高效节能、水污染防治、大气污染防治、固体废弃物处理等装备和产品研发制造推广，培育环保龙头企业和标杆企业。推动省级以上园区争创国家级、省级生态工业园区。（市发改委、市工信局、市生态环境局、市水利局、市文广旅局、市卫健委、市湿地和遗产保护中心等按职责分工负责）

（二十六）推动生态产品价值实现。建立生态产品目录清单，在生态产品价值核算、经营开发融资、生态保护补偿、生态资源权益交易等方面开展探索实践，积极推进东台市、大丰区围绕沿海湿地生物多样性保护，全面推动省级生态产品价值实现机制试点。开展碳普惠机制创新，争取碳减排信贷计划等政策工具支持，申报国家绿色金融创新改革试验区。提升生态产品溢价，打造特色鲜明的生态产品区域公用品牌。依法妥当处理涉碳排放权、碳汇、碳衍生品等确权、交易、担保及执行的相关民事纠纷，依法受理和审理涉碳公益诉讼、生态环境损害案件。（市法院、市检察院，市发改委、市财政局、市自然资源和规划局、市生态环境局、市水利局、市金融监管局、市湿地和遗产保护中心、人民银行盐城市中心支行、盐城银保监分局等按职责分工负责）

（二十七）提升生态系统碳汇能力。推进国土绿化行动，在严格落实遏制耕地“非农化”、基本农田“非粮化”基础上，优化林地布局，新增绿化空间。在沿海盐碱地、坑塘水面（基本为淡水或海水养殖塘）、草地等“三调”地类中相对集中连片的地块，分类实施盐碱地种植耐盐（碱）水稻和造林试点工程。开展森林、湿地、海洋等碳汇碳贮研究、监测计量和核算，积极开发温室气体自愿减排项目，探索建立碳汇补偿和交易机制。建立蓝色碳汇生态功能区。（市发改委、市自然资源和规划局、市生态环境局、市农业农村局、市湿地和遗产保护中心、市农业科学院等按职责分工负责）

六、推动城乡融合发展，展现绿色宜居美丽风貌

（二十八）提升城市建设和治理现代化水平。优化城市功能板块布局，建立健全空间重塑和留白制度，完善公园、绿廊、居住区和单位绿化等绿地生态系统功能，推进生态园林城市建设。实施城市更新行动，建设活力街区。推进绿色城区建设，探索打造零碳社区。加快新型城市基础设施建设，提升城市治理数字化网格化精细化水平。构建适度超前、车桩相随的城乡公共充电网络，开展氢燃料电池汽车试点和加氢站规划布局建设。加大生态环境基础设施建设，提升城镇污水处理综合能力，系统开展城市水环境治理。（市发改委、市工信局、市生态环境局、市住建局、市城管局等按职责分工负责）

（二十九）大力发展绿色低碳建筑。提高新建居住建筑节能标准，开展公共建筑能耗限额管理，推进既有建筑、老旧供热管网等市政基础设施节能改造，提升建筑节能低碳水平。全面推广绿色建材，加快光伏瓦、光伏幕墙等建材型光伏技术在城镇建筑中一体化应用，推动建筑材料循环利用。推进现代化农房和绿色村庄建设。（市工信局、市住建局、市农业农村局、市市场监管局、市机关事务局等按职责分工负责）

（三十）统筹城乡区域协调发展。推进新城新区功能混合和产城融合，增强中心城市功能品质和辐射能力。加快县城绿色低碳建设，促进县域特色经济和农村二、三产业集聚发展，推动建湖县打造国家县城新型城镇化建设示范。推进小城镇多元特色发展，优化服务功能，发展特色产业，塑造特色风貌。加快完善城乡融合发展体制机制和政策体系，推动城市优质资源要素向乡村覆盖。创建一批具有滨海风情的特色小镇和特色乡村。（市发改委、市自然资源和规划局、市生态环境局、市住建局、市城管局、市农业农村局、市文广旅局、市卫健委、市湿地和遗产保护中心等按职责分工负责）

（三十一）提高农业现代化水平。实施种业振兴行动，提升特色产业种子种苗自给率。实施新一轮优质粮食稳产增效工程，加强高标准农田建设和灌区现代化改造，建设长三角粮食安全保障基地和国家粮食物流核心枢纽，打造东部沿海大粮仓。在黄河故道沿线培育更多特色优势农产品，加快发展粮油果蔬加工、肉制品加工等精深加工产业，健全农产品仓储保鲜冷链物流设施，提升“盐之有味”农产品绿色生态品质，建设长三角绿色优质农产品和果蔬供应保障基地，打造生态食品大超市。发展“农业+”休闲观光、旅游民宿、健康养老等新业态，建设长三角乡村休闲旅游度假目的地，打造乡村休闲大花园。加快数字农业农村建设，开展绿色食品、有机农产品认证。积极创建国家现代农业产业园、国家农业现代化示范区、国家农村产业融合发展示范园、国家农业绿色发展先行区、中央农作物秸秆综合利用重点县、中央绿色种养循环农业试点县等示范载体。（市发改委、市工信局、市财政局、市生态环境局、市水利局、市农业农村局、市市场监管局、市自然资源和规划局等

按职责分工负责）

（三十二）加快美丽乡村建设。统筹乡村基础设施和公共服务布局，引导农村住宅向布局合理、功能完善、特色鲜明、节能环保方向发展，建设绿色农房和零碳公共服务设施。实施农村人居环境整治提升行动和农村河道生态治理，完善农村生活垃圾处理体系，推广小型化、生态化、分散化的污水处理工艺，推进太阳能、地热能、生物质能等可再生能源的应用。开展秸秆综合利用整县推进，科学引导秸秆肥料化、能源化、饲料化、基料化和工业原料化利用。推进化肥减量增效示范区（片）建设，整治畜禽养殖污染，加强农业废弃物循环利用，推动农田排灌和水产养殖池塘标准化改造，降低农业面源污染。实施耕地质量保护提升行动，开展耕地土壤酸化治理。健全农村河道、道路交通、绿化美化、环境保洁、公共设施“五位一体”综合管护机制。加大司法服务保障乡村振兴力度，不断提升乡村自然景观、人文景观的司法保护水平，依法惩治非法占用、污染耕地、毁林挖草等违法犯罪行为。（市法院、市检察院，市发改委、市公安局、市自然资源和规划局、市生态环境局、市住建局、市交通局、市水利局、市农业农村局、国网盐城供电公司等按职责分工负责）

（三十三）推动绿色交通体系建设。完善铁水、公水、公铁等多式联运体系，打造东部沿海区域性综合交通枢纽。推进大丰港区、射阳港区、滨海港区、响水港区码头及进港航道等基础设施建设，完善港口岸电、LNG加注站等相关设施，将盐城港打造为沿淮河生态经济带与环黄海生态经济圈的重要节点枢纽港。加快滨海港和大丰港铁路支线以及连申线等建设，推动运输结构调整，实现大宗货物运输公铁水多式联运。进一步完善区域交通网络，推进阜溧、滨淮、东兴及东延等高速公路以及盐丰、盐阜等快速通道建设，加快实施盐临高速公路盐城段工程、盐靖高速公路改扩建工程、新长铁路扩能改造工程，积极开展临海高速公路、沿海高铁（连云港至盐城段）、淮河入海水道二期通榆河以东段叠加航运功能等规划研究。实施南洋机场T1航站楼改造和飞行区等级提升工程。（市发改委、市交通局、市水利局、盐城港集团、南洋机场等按职责分工负责）

七、开展低碳文明实践，打造绿色生活示范城市

（三十四）提倡绿色低碳行为方式。大力开展绿色低碳全民行动。扩大绿色消费市场，推广新能源汽车、节能家电、高效照明等绿色产品，构建绿色产品销售网络，建立绿色低碳产品标识。鼓励绿色产品消费，扩大政府绿色采购覆盖范围，引导企业执行绿色采购指南，全面推行绿色办公。提升绿色出行比例，创建国家公交都市建设示范城市。推进生活垃圾分类，限制一次性用品、餐具使用，开展“光盘行动”，引导消费者使用绿色包装或减量包装。全面提高教育、就业、社保、医疗、养老、托育、住房等基本公共服务均等化水平，加快构建绿色优质均衡的公共服务体系。创建国家全民运动健身模范市。（市文明办、市发改委、市教育局、市民政局、市财政局、市人社局、市生态环境局、市住建局、市城管局、市交通局、市水利局、市商务局、市卫健委、市体育局、市机关事务局等按职责分工负责）

（三十五）提升沿海城市安全韧性。系统推进海绵城市建设，加强区域骨干引排河道治理，改善城市排水防涝供水条件。加快推进城市生命线系统、应急救援和物资储备系统建设，积极探索新冠肺炎疫情防控、公共卫生安全和重特大突发事件的风险防控新机制，提升安全风险防控和重特大突发事件联合应对能力。加强沿海灾害性天气监测预报预警，加快海洋防灾减灾信息服务平台建设，提升海洋灾害预警预报能力。建设黄海湿地生态气象服务保障工程，研发基于气象灾害风险普查的智能天气预报技术，保障城市、海洋、湿地安全发展。（市发改委、市公安局、市自然资源和规划局、市住建局、市水利局、市卫健委、市应急局、市消防支队、市气象局等按职责分工负责）

（三十六）提高绿色低碳文明程度。大力倡导绿色低碳理念，引导全社会自觉践行节约适度、绿色低碳、文明健康的生活方式和消费模式。拓展生态文明教育的广度和深度，将绿色低碳发展纳入教育教学体系，增强公众生态文明意识，创建全国文明典范城市。积极参与湿地保护全球行动，开展湿地相关学科、学院建设。发挥典型引领作用，统筹推进节约型机关、绿色家庭、绿色学校、绿色社区、绿色商场等建设。引导企业深化低碳理念和环境责任意识，推动上市公司、发债企业等依法披露、定期公布企业碳排放信息。引导全社会节约粮食、节水节电节气、低碳出行，探索建立个人碳账户。（市文明办、市发改委、市教育局、市生态环境局、市交通局、市商务局、市市场监管局、市机关事务局等按职责分工负责）

八、强化实施保障

（三十七）加强组织领导。坚持和加强党的全面领导，把党的领导贯穿绿色低碳发展示范区建设的全过程、各领域、各环节。成立市绿色低碳发展示范区建设工作领导小组，统筹推动工作开展，及时解决推进过程中的重大事项。市各有关部门单位根据工作职责，具体负责示范区建设的协同推进。各地区切实履行主体责任，细化落实各项重点任务。重大情况及时向市委、市政府报告。（市各有关部门按职责分工负责）

（三十八）强化政策支持。对符合条件的绿色低碳项目重点列入市重大项目，优先申报省重大项目，在资金、产能置换、用地用海等方面给予支持。建立健全有利于绿色低碳发展的财政、金融、产业、土地、能耗、环保等政策。推动用能权、用水权、排污权有偿使用和市场化交易。实施“黄海明珠人才计划”，加大绿色低碳领域人才培养力度，引进具有国际化创新力和领导力的复合型人才，打造长三角绿色转型发展人才高地。鼓励各地区开展具有特色的绿色低碳发展试点示范，推动生态环境高水平保护和经济社会高质量发展协同并进。（市委组织部、市发改委、市科技局、市工信局、市财政局、市人社局、市自然资源和规划局、市生态环境局、市水利局等按职责分工负责）

（三十九）开展监测评估。加强对各地区、各部门单位贯彻落实情况进行监测评价，将绿色低碳发展示范区建设纳入全市高质量发展考核。定期总结提炼试点示范的特色亮点，及时推广典型经验和制度成果。（市各有关部门按职责分工负责）

（四十）造浓宣传氛围。发挥党政机关、国有企事业单位在绿色低碳发展中的示范表率作用。开展全民绿色低碳宣传，充分利用电视、报刊、广播、新媒体等宣传力量，倡导节约、环保、绿色的生产生活方式，增强公众的资源节约和生态环保意识。加快建立鼓励公众参与绿色低碳行动的激励机制，鼓励多元参与，从家庭、学校、社会多管齐下，使绿色低碳文化、理念和意识深入社会各行各业。各地区、各部门单位要及时宣传绿色低碳发展成效，总结好盐城经验，讲述好盐城故事，营造大家关心、人人参与的良好环境，让绿色低碳成为盐城鲜明特色。（市各有关部门按职责分工负责）

文件目录选编

盐城市委印发、盐城市委市政府联合印发文件

・・・盐发文件・・・

中共盐城市委　盐城市人民政府　关于做好2022年全面推进乡村振兴重点工作的实施意见　盐发〔2022〕1号　（2022年3月31日）

中共盐城市委　盐城市人民政府　关于深入贯彻省第十四次党代会精神　勇当沿海地区高质量发展排头兵的实施意见　盐发〔2022〕2号　（2022年1月28日）

中共盐城市委　盐城市人民政府　关于深入打好污染防治攻坚战的实施意见　盐发〔2022〕4号　（2022年3月25日）

中共盐城市委　盐城市人民政府　关于印发《盐城市法治政府建设工作规划（2021—2025年）》的通知　盐发〔2022〕5号　（2022年4月22日）

中共盐城市委　盐城市人民政府　关于印发《江苏沿海地区发展规划盐城实施方案》的通知　盐发〔2022〕6号　（2022年4月29日）

中共盐城市委　盐城市人民政府　关于促进中医药传承创新发展的实施意见　盐发〔2022〕7号　（2022年4月29日）

中共盐城市委　盐城市人民政府　关于推进新时代人才强市建设的意见　盐发〔2022〕11号　（2022年6月29日）

中共盐城市委　关于印发《盐城市法治社会建设实施方案（2021—2025年）》的通知　盐发〔2022〕13号　（2022年7月13日）

中共盐城市委　关于省委涉粮问题专项巡视反馈意见整改进展情况的通报　盐发〔2022〕14号　（2022年7月13日）

中共盐城市委　盐城市人民政府　关于全面推进盐城交通运输现代化建设的实施意见　盐发〔2022〕17号　（2022年8月24日）

中共盐城市委　关于转发《盐城市人大常委会2022—2026年立法规划》的通知　盐发〔2022〕18号　（2022年9月13日）

中共盐城市委　盐城市人民政府　关于印发盐城市深化新时代教育评价改革实施办法的通知　盐发〔2022〕19号　（2022年10月24日）

中共盐城市委　盐城市人民政府　印发关于加快绿色低碳发展做好碳达峰碳中和工作实施意见的通知　盐发〔2022〕22号　（2022年11月25日）

中共盐城市委　关于深入学习贯彻党的二十大精神加快建设绿色低碳发展示范区在新征程上全面推进中国式现代化盐城新实践的决定　盐发〔2022〕24号　（2022年12月9日）

・・・盐委文件・・・

中共盐城市委关于2021年度工作情况的报告　盐委〔2022〕1号　（2022年1月10日）

中共盐城市委关于盐城宣传思想文化工作情况的报告　盐委〔2022〕2号　（2022年1月6日）

中共盐城市委　盐城市人民政府　关于2021年度打好污染防治攻坚战工作落实情况的报告　盐委〔2022〕3号　（2022年1月6日）

中共盐城市委关于“两在两同”建新功行动开展情况的报告　盐委〔2022〕4号　（2022年1月7日）

中共盐城市委　盐城市人民政府　关于全球滨海论坛举办情况的报告　盐委〔2022〕5号　（2022年1月18日）

中共盐城市委　盐城市人民政府　关于2021年度法治政府建设工作情况的报告　盐委〔2022〕7号　（2022年1月27日）

中共盐城市委　盐城市人民政府　关于新华社《国内动态清样》反映相关问题的情况报告　盐委〔2022〕8号　（2022年1月26日）

中共盐城市委　盐城市人民政府　关于贯彻落实省第十三安全生产巡查组反馈意见整改落实情况的报告　盐委〔2022〕9号　（2022年1月27日）

中共盐城市委关于市委常委会党史学习教育专题民主生活会情况的报告　盐委〔2022〕10号　（2022年1月27日）

中共盐城市委关于市委常委会党史学习教育专题民主生活会情况的通报　盐委〔2022〕11号　（2022年1月27日）

中共盐城市委　盐城市人民政府　关于印发2021年度县（市、区）综合考核和全市综合先进个人评选结果的通知　盐委〔2022〕12号　（2022年1月29日）

关于2021年省管领导干部自然资源资产离任审计发现涉及我市建湖县问题整改情况的报告　盐委〔2022〕15号　（2022年2月14日）

中共盐城市委关于朱陈同志有关情况的报告　盐委〔2022〕17号　（2022年2月17日）

中共盐城市委　盐城市人民政府　关于开展向朱陈同志学习活动的决定　盐委〔2022〕18号　（2022年2月17日）

中共盐城市委关于追授朱陈同志“盐城市优秀共产党员”称号的决定　盐委〔2022〕20号　（2022年2月

26日）

中共盐城市委关于市政府领导班子分工调整的请示　盐委〔2022〕21号（2022年3月3日）

关于我市建湖县蔡徐村吴思见信访事项调查处理情况的报告　盐委〔2022〕22号（2022年3月7日）

中共盐城市委关于当前新冠肺炎疫情防控工作情况的报告　盐委〔2022〕23号（2022年3月14日）

中共盐城市委关于市委常委会专题民主生活会情况的报告　盐委〔2022〕24号（2022年3月24日）

中共盐城市委　盐城市人民政府关于当前新冠肺炎疫情防控工作情况的报告　盐委〔2022〕25号（2022年3月27日）

中共盐城市委关于确定盐城市出席中国共产党第二十次全国代表大会代表候选人推荐人选名单的报告　盐委〔2022〕26号（2022年4月1日）

中共盐城市委　盐城市人民政府关于射阳“4·15”疫情处置阶段性工作的报告　盐委〔2022〕27号（2022年4月17日）

中共盐城市委　盐城市人民政府关于表彰2021年度盐城市文明创建工作先进集体和先进个人的决定　盐委〔2022〕28号（2022年4月19日）

中共盐城市委关于彭正华等人反映香檀公寓两幢安置楼无法办理不动产权证信访事项调查处理情况的报告　盐委〔2022〕30号（2022年5月3日）

中共盐城市委　盐城市人民政府关于表扬盐城市劳动模范的决定　盐委〔2022〕31号（2022年5月6日）

中共盐城市委关于成立中共盐城市委人才工作领导小组的通知　盐委〔2022〕33号（2022年5月13日）

中共盐城市委关于中国盐城投资环境说明会暨丹顶鹤国际湿地生态旅游节情况的报告　盐委〔2022〕34号（2022年5月21日）

中共盐城市委关于大丰通用机场项目情况的报告　盐委〔2022〕36号（2022年5月23日）

中共盐城市委关于省委吴政隆书记就无名快艇失联续报批示贯彻落实情况的报告　盐委〔2022〕37号（2022年5月23日）

中共盐城市委　盐城市人民政府关于加强债务管理工作情况的报告　盐委〔2022〕38号（2022年5月23日）

中共盐城市委　盐城市人民政府关于印发2021年度市级机关单位综合考核结果的通知　盐委〔2022〕39号（2022年5月21日）

中共盐城市委　盐城市人民政府关于成立盐城市碳达峰碳中和工作领导小组的通知　盐委〔2022〕40号（2022年5月21日）

中共盐城市委　盐城市人民政府关于表彰全市乡村振兴先进集体和先进个人的决定　盐委〔2022〕41号（2022年5月24日）

中共盐城市委关于同意召开中国共产党盐城工学院第四次代表大会的批复　盐委〔2022〕42号（2022年5月25日）

中共盐城市委关于我市阜宁县欲拆除全县LED门头招牌引发部分商户不满舆情调查处理情况的报告　盐委〔2022〕43号（2022年5月27日）

中共盐城市委关于同意召开中国共产党盐城师范学院第四次代表大会的批复　盐委〔2022〕44号（2022年6月9日）

中共盐城市委关于同意召开中国共产党江苏省盐城技师学院第三次代表大会的批复　盐委〔2022〕45号（2022年6月9日）

中共盐城市委　盐城市人民政府关于上报《盐城市贯彻落实第二轮中央生态环境保护督察报告整改方案》的报告　盐委〔2022〕46号（2022年6月17日）

中共盐城市委关于请求省委支持盐城建设绿色低碳发展示范区的请示　盐委〔2022〕47号（2022年7月3日）

中共盐城市委　盐城市人民政府盐城军分区关于推荐省双拥模范城（县、区）的报告　盐委〔2022〕48号（2022年7月4日）

中共盐城市委关于大丰通用机场项目推进情况的报告　盐委〔2022〕49号（2022年7月7日）

中共盐城市委关于《南方周末》报道盐城市罚没收入情况的报告　盐委〔2022〕50号（2022年7月19日）

关于吕亚波等四人信访反映拖欠房屋征收补偿款调查处理情况的报告　盐委〔2022〕51号（2022年7月29日）

中共盐城市委关于贯彻落实省委工作会议精神的报告　盐委〔2022〕52号（2022年8月10日）

关于《江苏12345专报》第69期通报涉及我市问题整改情况的报告　盐委〔2022〕53号（2022年8月11日）

中共盐城市委关于悦达起亚汽车有限公司合营延期事项办理情况的报告　盐委〔2022〕54号（2022年9月1日）

中共盐城市委关于中央巡视反馈意见整改落实情况的自查报告　盐委〔2022〕55号（2022年8月31日）

中共盐城市委关于市政府领导班子分工调整的请示　盐委〔2022〕56号（2022年9月4日）

中共盐城市委　盐城市人民政府关于表扬全市关心下一代工作优秀集体和优秀个人的决定　盐委〔2022〕57号（2022年9月20日）

中共盐城市委关于江苏省盐城技师学院院长张兵拟率团访问奥地利的请示　盐委〔2022〕60号（2022年10月11日）

中共盐城市委关于盐城市人大常委会副主任孙大明拟率团访问意大利（过境）、瑞士的请示　盐委〔2022〕61号（2022年10月13日）

中共盐城市委关于第四届中韩贸易投资博览会筹备情况的报告　盐委〔2022〕62号（2022年10月24日）

中共盐城市委　盐城市人民政府盐城军分区关于设立江苏悦达集团人民武装部的批复　盐委〔2022〕63号（2022年10月25日）

中共盐城市委　盐城市人民政府盐城军分区关于设立市城投集团人民武装部的批复　盐委〔2022〕64号（2022年10月25日）

中共盐城市委　盐城市人民政府关于2021年度深入打好污染防治攻坚战自评总结的报告　盐委〔2022〕65号（2022年11月4日）

中共盐城市委关于《湿地公约》第十四届缔约方大会全球滨海论坛研

讨会边会情况的报告　盐委〔2022〕66号　（2022年11月9日）

中共盐城市委　盐城市人民政府省委外办省商务厅省政府外办关于邀请省领导出席第四届中韩贸易投资博览会开幕式暨江苏—韩国经贸合作交流会的请示　盐委〔2022〕67号（2022年11月15日）

中共盐城市委　盐城市人民政府关于资助2022年度“黄海明珠人才计划”领军人才项目的决定　盐委〔2022〕68号　（2022年11月15日）

中共盐城市委关于第四届中韩贸易投资博览会暨江苏—韩国经贸合作交流会有关情况的报告　盐委〔2022〕69号　（2022年11月24日）

中共盐城市委关于中央有关文件传达学习情况的报告　盐委〔2022〕70号　（2022年11月25日）

盐城市疫情防控工作情况汇报　盐委〔2022〕71号　（2022年11月26日）

中共盐城市委关于盐城市第十四届全国政协委员（党外）初步人选推荐情况的报告　盐委〔2022〕72号（2022年12月4日）

中共盐城市委批转《中国共产主义青年团盐城市委员会关于筹备召开共青团盐城市第九次代表大会的请示》的通知　盐委〔2022〕73号（2022年12月5日）

中共盐城市委　盐城市人民政府关于盐城市2022年度食品安全工作情况的报告　盐委〔2022〕75号（2022年12月7日）

中共盐城市委关于贯彻落实省委十四届三次全会精神的报告　盐委〔2022〕76号　（2022年12月9日）

中共盐城市委关于盐城宣传思想文化工作情况的报告　盐委〔2022〕77号　（2022年12月15日）

中共盐城市委关于贯彻落实省委吴书记在《江苏督查专报　（2022年第30期）》上批示情况的报告　盐委〔2022〕78号　（2022年12月16日）

中共盐城市委　盐城市人民政府关于2022年度人口工作情况的报告　盐委〔2022〕79号　（2022年12月20日）

中共盐城市委关于盐城市省第十三届政协委员（党外）人选推荐情况的报告　盐委〔2022〕80号（2022年12月20日）

中共盐城市委　盐城市人民政府关于盐城市信访突出问题攻坚化解年行动开展情况报告　盐委〔2022〕81号　（2022年12月20日）

中共盐城市委关于盐城市十四届全国人大代表候选人推荐人选建议名单酝酿推荐情况的报告　盐委〔2022〕82号　（2022年12月21）

中共盐城市委关于盐城市省市四届人大代表候选人推荐人选酝酿推荐情况的报告　盐委〔2022〕83号（2022年12月21日）

中共盐城市委关于盐城市省十三届政协委员（党内）人选推荐情况的报告　盐委〔2022〕84号　（2022年12月21日）

中共盐城市委　盐城市人民政府关于盐城市2022年河湖长制工作的报告　盐委〔2022〕86号　（2022年12月29日）

中共盐城市委关于2022年度工作情况的报告　盐委〔2022〕87号（2022年12月30日）

中共盐城市委关于贯彻落实省委经济工作会议精神的报告　盐委〔2022〕88号　（2022年12月30日）

盐城市政府印发文件

《关于下达2022年市政府为民办实事项目任务的通知》　盐政发〔2022〕1号　（2022年3月4日）

《关于公布盐城市第二批历史建筑保护名录的通知》　盐政发〔2022〕2号　（2022年1月4日）

《关于推进知识产权高质量发展的激励措施》　盐政发〔2022〕3号（2022年2月1日）

《关于印发盐城市人民政府工作规则的通知》　盐政发〔2022〕7号（2022年03月12日）

《关于印发盐城市全民健身实施计划（2021—2025年）的通知》　盐政发〔2022〕8号　（2022年3月20日）

《关于进一步帮助市场主体纾困解难稳定经济增长的二十条政策意见》　盐政发〔2022〕11号　（2022年4月3日）

《关于推动现代服务业高质量发展的若干政策措施》　盐政发〔2022〕13号　（2022年4月30日）

《关于调整部分市属国有企业建制的通知》　盐政发〔2022〕14号2022年5月6日）

《关于做好第三次全国土壤普查工作的通知》　盐政发〔2022〕15号（2022年9月7日）

《关于印发盐城市国家知识产权强市建设试点城市工作方案（2022—2025年）的通知》　盐政发〔2022〕16号　（2022年9月25日）

《关于印发盐城市政府数字化转型实施方案的通知》　盐政发〔2022〕18号　（2022年10月18日）

《关于明确盐城东方投资开发集团有限公司等3户企业建制的通知》　盐政发〔2022〕19号（2022年11月16日）

《关于印发加快推进政务服务标准化规范化便利化实施方案的通知》　盐政发〔2022〕20号　（2022年11月16日）

《关于公布盐城市第十四次哲学社会科学优秀成果奖的通知》　盐政发〔2022〕21号　（2022年12月13日）

盐城市委办印发、盐城市委办市政府办联合印发文件

・・・盐办发文件・・・

市委办公室　市政府办公室印发《关于支持盐城经济技术开发区高质量发展的实施意见》的通知　盐办发〔2022〕2号　（2022年1月4日）

市委办公室　市政府办公室印发《关于支持盐城高新技术产业开发区高质量发展的实施意见》的通知　盐办发〔2022〕3号　（2022年1月4日）

市委办公室　市政府办公室关于印发《盐城市促进未成年人健康成长工作的意见》的通知　盐办发〔2022〕4号　（2022年1月30日）

市委办公室　市政府办公室关于进一步加强市委、市政府有关部门与市政协专门委员会对口联系的通知　盐办发〔2022〕8号　（2022年3

月22日）

市委办公室 市政府办公室关于下达2022年全市国民经济和社会发展预期目标的通知 盐办发〔2022〕9号 （2022年3月26日）

中共盐城市委办公室关于印发《中共盐城市委党的建设工作领导小组2022年工作要点》的通知 盐办发〔2022〕10号 （2022年5月20日）

中共盐城市委办公室印发关于推动党史学习教育常态化长效化的实施意见的通知 盐办发〔2022〕12号 （2022年5月31日）

市委办公室 市政府办公室印发《关于加快全市文化旅游产业高质量发展的实施意见》的通知 盐办发〔2022〕13号 （2022年6月13日）

市委办公室 市政府办公室印发《关于推动现代服务业高质量发展的实施意见》的通知 盐办发〔2022〕14号 （2022年6月23日）

市委办公室 市政府办公室印发《关于在全市开展“企业大走访、项目大推进、企业大招商”活动的实施意见》的通知 盐办发〔2022〕18号 （2022年7月26日）

市委办公室 市政府办公室印发关于深化应急管理综合行政执法改革实施方案的通知 盐办发〔2022〕19号 （2022年8月11日）

市委办公室 市政府办公室关于印发《盐城市数字经济发展三年行动计划（2022—2024年）》的通知 盐办发〔2022〕20号 （2022年8月12日）

中共盐城市办公室关于转发《盐城市人大常委会五年工作规划（2022—2026年）》的通知 盐办发〔2022〕24号 （2022年9月13日）

市委办公室印发关于加强和改进新时代全市政协工作实施办法的通知 盐办发〔2022〕26号 （2022年11月22日）

市委办公室印发《关于高质量党建引领乡村振兴的实施意见》的通知 盐办发〔2022〕27号 （2022年11月24日）

市委办公室 市政府办公室印发《关于加快培育新型农业经营主体的实施意见》的通知 盐办发〔2022〕28号 （2022年11月24日）

市委办公室 市政府办公室印发《关于全面加强国有企业监管的实施意见》的通知 盐办发〔2022〕30号 （2022年12月29日）

· · · 盐办文件 · · ·

《关于下达2022年市政府为民办实事项目任务的通知》 盐政发〔2022〕1号 （2022年3月4日）

《关于公布盐城市第二批历史建筑保护名录的通知》 盐政发〔2022〕2号 （2022年1月4日）

《关于推进知识产权高质量发展的激励措施》 盐政发〔2022〕3号 （2022年2月1日）

《关于印发盐城市人民政府工作规则的通知》 盐政发〔2022〕7号 （2022年3月12日）

《关于印发盐城市全民健身实施计划（2021—2025年）的通知》 盐政发〔2022〕8号 （2022年3月20日）

《关于进一步帮助市场主体纾困解难稳定经济增长的二十条政策意见》 盐政发〔2022〕11号 （2022年4月3日）

《关于推动现代服务业高质量发展的若干政策措施》 盐政发〔2022〕13号 （2022年4月30日）

《关于调整部分市属国有企业建制的通知》 盐政发〔2022〕14号 （2022年05月6日）

《关于做好第三次全国土壤普查工作的通知》 盐政发〔2022〕15号 （2022年9月7日）

《关于印发盐城市国家知识产权强市建设试点城市工作方案（2022—2025年）的通知》 盐政发〔2022〕16号 （2022年9月25日）

《关于印发盐城市政府数字化转型实施方案的通知》 盐政发〔2022〕18号 （2022年10月18日）

《关于明确盐城东方投资开发集团有限公司等3户企业建制的通知》 盐政发〔2022〕19号 （2022年11月16日）

《关于印发加快推进政务服务标准化规范化便利化实施方案的通知》 盐政发〔2022〕20号 （2022年11月16日）

《关于公布盐城市第十四次哲学社会科学优秀成果奖的通知》 盐政发〔2022〕21号 （2022年12月13日）

盐城市政府办印发文件

《关于公布2020年度盐城市政府文艺奖获奖作品名单的通知》 盐政办发〔2022〕1号 （2022年1月4日）

《关于印发盐城市进一步推进城乡生活垃圾分类工作实施方案（2021—2025年）的通知》 盐政办发〔2022〕2号 （2022年1月9日）

《关于印发进一步加强自然资源要素保障严格规范管理秩序的通知》 盐政办发〔2022〕4号 （2022年1月12日）

《关于印发盐城市规模以上工业企业智能化改造和数字化转型三年行动计划（2022—2024年）的通知》 盐政办发〔2022〕6号 （2022年1月28日）

《关于印发盐城市全民科学素质行动规划实施方案（2021—2025年）的通知》 盐政办发〔2022〕7号 （2022年1月27日）

《转发人民银行盐城市中心支行等部门关于盐城市大力发展绿色金融实施意见的通知》 盐政办发〔2022〕8号 （2022年2月1日）

《关于印发盐城市“十四五”沿海发展规划的通知》 盐政办发〔2022〕10号 （2022年2月15日）

《印发盐城市关于加强沿海海上活动安全管理实施意见的通知》 盐政办发〔2022〕11号 （2022年2月18日）

《关于分解落实2022年市政府工作报告主要目标任务的通知》 盐政办发〔2022〕12号 （2022年3月6日）

《关于下达2022年全市城乡建设重点项目投资计划的通知》 盐政办发〔2022〕14号 （2022年3月14日）

《关于印发2022年盐城市深化“放管服”改革工作要点的通知》 盐政办发〔2022〕16号 （2022年4月2日）

《关于印发盐城市重大项目审批帮办代办制实施办法的通知》 盐政办发

〔2022〕17号（2022年4月2日）

《关于印发开设12345“一企来”专区和线上服务企业“直通车”工作方案的通知》盐政办发〔2022〕18号（2022年4月2日）

《关于印发盐城市社会保险扩面征缴三年提升行动计划（2022—2024年）的通知》盐政办发〔2022〕19号（2022年4月2日）

《关于印发盐城市推进医疗保障基金监管制度体系改革实施方案的通知》盐政办发〔2022〕20号（2022年4月2日）

《关于印发建立全市服务企业政策“点对点”送达机制工作方案的通知》盐政办发〔2022〕21号（2022年4月8日）

《关于印发加强全市政府专职消防救援队伍建设管理意见的通知》盐政办发〔2022〕24号（2022年4月18日）

《关于印发做好跨周期调节进一步稳外贸实施意见的通知》盐政办发〔2022〕25号（2022年4月23日）

《关于促进服务业领域困难行业恢复发展的政策意见》盐政办发〔2022〕26号（2022年4月30日）

《关于印发盐城强对流灾害性天气监测预警服务示范体系建设方案的通知》盐政办发〔2022〕28号（2022年4月29日）

《关于印发盐城市“十四五”世界自然遗产可持续发展战略规划的通知》盐政办发〔2022〕29号（2022年5月9日）

《关于印发盐城市农村住房规划建设管理指导意见的通知》盐政办发〔2022〕30号（2022年5月12日）

《关于印发盐城市区殡葬设施布局规划（2021—2030）的通知》盐政办发〔2022〕31号（2022年5月12日）

《关于印发盐城市贯彻江苏省“十四五”地方志事业发展规划实施意见的通知》盐政办发〔2022〕32号（2022年5月29日）

《关于印发盐城市“十四五”老龄事业发展规划的通知》盐政办发〔2022〕33号（2022年6月2日）

《关于印发盐城市2022年政务公开工作要点的通知》盐政办发〔2022〕34号（2022年6月8日）

《关于印发加强农村道路交通安全工作实施意见的通知》盐政办发〔2022〕35号（2022年6月4日）

《关于印发加快全市文化产业高质量发展激励政策的通知》盐政办发〔2022〕37号（2022年6月14日）

《关于印发加快全市旅游产业高质量发展激励政策的通知》盐政办发〔2022〕38号（2022年6月14日）

《关于印发盐城市工业企业资源集约利用综合评价办法（修订）的通知》盐政办发〔2022〕39号（2022年5月24日）

《关于印发盐城市工业企业资源集约利用差别化政策指导意见（试行）的通知》盐政办发〔2022〕40号（2022年5月24日）

《关于印发促进消费持续恢复快速发展措施的通知》盐政办发〔2022〕41号（2022年6月18日）

《关于印发2022年度市政府立法计划的通知》盐政办发〔2022〕43号（2022年7月3日）

《关于加快推进基础设施投资建设的实施意见》盐政办发〔2022〕45号（2022年7月11日）

《印发关于推进“个转企”“小升规”“规改股”“股上市”工作若干意见的通知》盐政办发〔2022〕46号（2022年7月10日）

《关于印发盐城家政服务劳务品牌建设实施意见的通知》盐政办发〔2022〕47号（2022年7月13日）

《关于印发盐城市新兴领域安全风险隐患防范处置责任清单的通知》盐政办发〔2022〕51号（2022年8月9日）

《关于印发切实加强全市农村河道管护工作实施意见的通知》盐政办发〔2022〕52号（2022年8月13日）

《关于印发进一步保障和改善民生实施意见的通知》盐政办发〔2022〕54号（2022年8月16日）

《关于印发加快推进城乡融合发展实施意见的通知》盐政办发〔2022〕55号（2022年8月16日）

《关于印发盐城市残疾预防行动计划（2022—2025年）的通知》盐政办发〔2022〕56号（2022年8月29日）

《关于公布2021年度盐城市市长质量奖获奖组织名单的通知》盐政办发〔2022〕57号（2022年9月7日）

《关于公布盐城市行政许可事项清单的通知》盐政办发〔2022〕59号（2022年9月21日）

《关于印发盐城市产业链赋能行动方案（2022—2024年）的通知》盐政办发〔2022〕60号（2022年9月20日）

《关于印发深化“双随机、一公开”监管提升市场监管效能实施意见的通知》盐政办发〔2022〕61号（2022年9月22日）

《关于印发盐城市高标准农田建设规划（2021—2030年）的通知》盐政办发〔2022〕62号（2022年9月30日）

《关于公布2021年度盐城市人民政府专利奖获奖名单的通知》盐政办发〔2022〕65号（2022年10月16日）

《关于印发全市住宅小区雨污分流改造三年行动方案的通知》盐政办发〔2022〕66号（2022年10月20日）

《关于印发加快全市电子商务高质量发展实施意见的通知》盐政办发〔2022〕67号（2022年10月25日）

《印发关于推动新型农村集体经济高质量发展的若干政策措施的通知》盐政办发〔2022〕68号（2022年11月3日）

《关于印发盐城市突发事件预警信息发布管理办法的通知》盐政办发〔2022〕69号（2022年11月10日）

《关印发关于推动城市停车设施发展实施方案的通知》盐政办发〔2022〕70号（2022年12月4日）

《关于公布2021年度盐城市政府文艺奖获奖名单的通知》盐政办发〔2022〕72号（2022年12月13日）

《关于印发盐城市健全重特大疾病医疗保险和救助制度实施办法的通知》盐政办发〔2022〕73号（2022年12月19日）

《关于印发盐城市“无废城市”建设实施方案的通知》盐政办发〔2022〕74号（2022年12月30日）

媒体报道题录

表59　2022年新闻媒体宣传报道盐城一览表

媒　　体	新　闻　标　题
《人民日报》	强基建扩大内需 稳增长政策加力
《人民日报》	江苏多措并举保丰收
《人民日报》	江苏盐城加快建设绿色低碳发展示范区
《人民日报》	心往一处想 劲往一处使
《人民日报》	确保党永远不变质、不变色、不变味
《人民日报》	江苏盐城:治理盐碱地 菌草来助力
《人民日报》	三座全球最大液化天然气储罐同步升顶
《人民日报》	青春,在“火焰蓝”中淬炼
《人民日报》	安居优居 温暖民心
《人民日报》	共赏中秋月 浓浓家国情
《人民日报》	促进学生全面发展健康成长
《人民日报》	“光盘行动” 持续推动
《人民日报》	无愧于誓言 不止于平凡
《人民日报》	更好履行党和人民赋予的新时代职责使命
《人民日报》	汇聚乡村振兴的精神力量
《人民日报》	书写高质量发展的绿色答卷
《人民日报》	精打细算 用好水资源
《人民日报》	筑牢法治防线 清朗网络空间
《人民日报》	藏粮于地,让更多农田变良田
《人民日报》	江苏盐城大丰区：“客货分道”让出行更安全
《人民日报》	完善制度建设,湿地保护法治化水平持续提升
《人民日报》	江苏盐城市盐都区织密乡村防溺水安全网
《人民日报》	东台市法律援助中心：依法化解矛盾 送去法律温暖
《人民日报》	算力网络可以用来做什么
《人民日报》	杂技剧——“技”“艺”跨界融合 丰富舞台表演
《人民日报》	盐城大丰区梅花湾景区薄雾弥漫,景色宜人
《人民日报》	和谐号列车在盐通铁路上驰骋
《人民日报》	盐城市沿海滩涂“风光渔”产业示范基地
《人民日报》	工人在盐城市射阳县一光伏发电站进行巡视检查
《人民日报》	筑牢平安防线 共享和谐生活
《人民日报》	盐城市黄海湿地上的风力发电场

续表59

媒　　体	新　闻　标　题
《人民日报》	东台：麋鹿种群 有效恢复
《人民日报》	财政政策提效能 惠企利民实打实
《人民日报》	数商兴农：助力乡村消费升级
《人民日报》（海外版）	中国湿地保护之路
《人民日报》（海外版）	江苏高质量打造沿海海洋经济隆起带
《人民日报》（海外版）	去条子泥看鸟
《人民日报》（海外版）	细数新时代中国世遗“年轮”
《人民日报》（海外版）	守护“长江之肾”
《人民日报》（海外版）	夏粮丰收，夯实全年经济根基
《人民日报》（海外版）	交出“丰收答卷” 端稳“中国饭碗”
《人民日报》（海外版）	节粮减损，增加“无形良田”
《人民日报》（海外版）	巧用高科技，练出好身体
《人民日报》（海外版）	盐城：农业生态旅游热
《人民日报》（海外版）	呵护海洋蓝 澎湃绿动能
《人民日报》（海外版）	体验到“办事简便”的畅快
《人民日报》（海外版）	江苏沿海地区首次发现麦类遗存
《人民日报》（海外版）	东台条子泥湿地五彩斑斓
《人民日报》（海外版）	盐城市亭湖区聚焦老年人多元化养老服务需求
《人民日报》（海外版）	东台市国家现代农业产业园冬季西瓜开始开花坐果
《人民日报》（海外版）	东台市 10 万亩粮田稻谷丰收在望
《人民日报》（海外版）	深秋美景如画
《人民日报》（海外版）	守护“地球之肾”
《人民日报》（海外版）	江苏盐城东台条子泥湿地蓝天碧海，麋鹿撒欢
《人民日报》（海外版）	江苏盐城建设农村“智慧养老”平台
《人民日报》（海外版）	观候鸟 夸生态
中央广播电视总台《新闻联播》	中国成为“国际湿地城市”最多的国家
中央广播电视总台《新闻联播》	我国最大液化天然气储备基地主体全面开建
中央广播电视总台《新闻联播》	国内规模最大液化天然气储备基地投产
中央广播电视总台《新闻联播》	我国生物多样性保护取得显著成就
中央广播电视总台《新闻联播》	世界最大麋鹿保护区麋鹿数量突破 7000 头
中央广播电视总台《新闻联播》	开启人与自然和谐共生新篇章
中央广播电视总台《新闻联播》	夯实基础稳粮保供 春耕备播由南向北梯次展开
中央广播电视总台《新闻联播》	加强服务保障 助力夏管有序推进
中央广播电视总台《新闻联播》	多措并举加强田间管理 确保小麦安全越冬
中央广播电视总台《新闻联播》	推广冰雪运动 乐享冰雪魅力
中央广播电视总台《新闻联播》	龙腾虎跃庆新春 幸福美满中国年
中央广播电视总台《新闻联播》	红火庆新春 欢乐中国年

续表59

媒　体	新　闻　标　题
中央广播电视总台《新闻联播》	各地持续优化措施 为居家隔离群众提供服务保障
中央广播电视总台《新闻联播》	品民俗赏花灯 欢欢喜喜闹元宵
中央广播电视总台《新闻联播》	品味民俗 欢度端午假期
中央广播电视总台《新闻联播》	品味中秋古韵 共度幸福时光
中央广播电视总台《新闻联播》	欢度国庆佳节 祝福伟大祖国
中央广播电视总台《新闻联播》	欢度国庆 乐享假日新风尚
中央广播电视总台《新闻联播》	欢度国庆 乐享幸福时光
中央广播电视总台《焦点访谈》	守住粮食生产的“命根子”
中央广播电视总台《焦点访谈》	乘风而上　“能”动世界
中央广播电视总台《焦点访谈》	稳增长：靠前发力 适时加力
中央广播电视总台《焦点访谈》	凝聚共识 守护地球家园
中央广播电视总台《焦点访谈》	生态优先 绿色发展
中央广播电视总台《焦点访谈》	让党放心 人民满意
中央广播电视总台《晚间新闻》	走进中国湿地— 听黄海之滨呦呦鹿鸣
中央广播电视总台《晚间新闻》	团结奋斗创伟业 万众一心向未来
中央广播电视总台《晚间新闻》	江苏盐城：保障线路安全畅通 坚守已成常态
中央广播电视总台《晚间新闻》	江苏盐城：迁徙栖息候鸟数量创造新纪录
中央广播电视总台《晚间新闻》	春节里的中国・古韵新景享佳节
中央广播电视总台《晚间新闻》	春节里的中国・立春赏美景 品民俗
中央广播电视总台《晚间新闻》	五一市民选择近郊游 疫情防控不松劲
中央广播电视总台《晚间新闻》	我国夏收过两成半 进展顺利
中央广播电视总台《晚间新闻》	“口袋公园”到身边 带来怎样体验？
中央广播电视总台《晚间新闻》	江苏盐城：游古镇赏非遗 感受传统文化魅力
中央广播电视总台《晚间新闻》	江苏盐城：田间运动会 趣味庆丰收
中央广播电视总台《晚间新闻》	听！这是湿地的声音
中央广播电视总台《新闻 30 分》	江苏盐城：舞龙舞狮闹新春 民俗活动年味浓
中央广播电视总台《新闻 30 分》	江苏盐城：听淮剧 赏花灯 小镇流光溢彩
中央广播电视总台《新闻 30 分》	3 座全球最大液化天然气储罐今日同步升顶
中央广播电视总台《新闻 30 分》	国内规模最大液化天然气储备基地投产
中央广播电视总台《24 小时》	江苏盐城：“鹿王争霸”激烈上演 繁衍后代角力大战
中央广播电视总台《24 小时》	每次寻找都是对烈士的缅怀和纪念
中央广播电视总台《24 小时》	他们就是我的亲人
中央广播电视总台《24 小时》	江苏盐城：千亩梅花竞相绽放 暗香浮动沁人心脾
中央广播电视总台《24 小时》	中秋假期 高速电动汽车出行创新高
中央广播电视总台《朝闻天下》	保驾护航 湿地保护法 6 月 2 日实行
中央广播电视总台《朝闻天下》	江苏盐城：加大生态保护力度 候鸟栖息地环境改善
中央广播电视总台《朝闻天下》	海上“风电卫士”保障风机稳定运行

续表59

媒　体	新 闻 标 题
中央广播电视总台《朝闻天下》	保护区麋鹿种群数量突破7000头
中央广播电视总台《朝闻天下》	江苏盐城：纾困政策落实落细 助力企业平稳运营
中央广播电视总台《朝闻天下》	江苏盐城：春季西兰花大面积定植
中央广播电视总台《朝闻天下》	江苏盐城：游客免费入园 民俗活动精彩纷呈
中央广播电视总台《朝闻天下》	江苏盐城：趣味活动过端午 感受传统文化
中央广播电视总台《东方时空》	江苏盐城：发挥世遗品牌效应 推进生态文明建设
中央广播电视总台《东方时空》	备年货迎新春 阜宁大糕添年味
中央广播电视总台《东方时空》	盐蒿火红如霞 麋鹿相伴如画
中央广播电视总台《东方时空》	防控疫情扩散 做好民生保障
中央广播电视总台《新闻直播间》	江苏盐城："强国复兴"传薪火 "奋斗有我"踏征程
中央广播电视总台《新闻直播间》	江苏盐城：关爱老人学雷锋 志愿活动暖人心
中央广播电视总台《新闻直播间》	江苏盐城：书写新雷锋故事 锤炼文明实践"生力军"
中央广播电视总台《新闻直播间》	江苏盐城：法治护航营商 假期服务不打烊
中央广播电视总台《新闻直播间》	江苏盐城：主动求变 助力各类企业复工复产
中央广播电视总台《新闻直播间》	江苏盐城：不误农时促生产 为粮食丰收打基础
中央广播电视总台《新闻直播间》	江苏盐城：民警携"反诈教材" 开讲"入学第一课"
中央广播电视总台《新闻直播间》	十年来 濒危候鸟小青脚鹬数字翻一番
中央广播电视总台《新闻直播间》	生态环境修复 让迁徙候鸟成群"驻足"
中央广播电视总台《新闻直播间》	盐城"绿能港"项目6座储罐完成拱顶吊装
中央广播电视总台《新闻直播间》	江苏盐城：走进中国黄海湿地博物馆 感受生命奇观
中央广播电视总台《新闻直播间》	江苏盐城：看！丹顶鹤宝宝是这么破壳而出的
中央广播电视总台《新闻直播间》	江苏盐城：全面建设人与自然和谐共生的现代化
中央广播电视总台《新闻直播间》	江苏盐城：激发城市活力"夜经济"快步复苏
中央广播电视总台《新闻直播间》	江苏盐城：文化赋能 串起城市现代服务业新亮点
中央广播电视总台《午夜新闻》	江苏盐城：走进博物馆 童心颂祖国
中央广播电视总台《午夜新闻》	江苏盐城：助企纾困 精准施策 打好"组合拳"
中央广播电视总台《第一时间》	江苏盐城：十九载除夕不缺席 守护万家灯火
中央广播电视总台《第一时间》	江苏盐城：条子泥湿地，全球生物多样性保护的中国样本
中央广播电视总台《第一时间》	江苏盐城：加强高速充电保障 便利新能源车出行
中央广播电视总台《第一时间》	江苏盐城：农副产品专列发往上海 助力保供
中央广播电视总台《天下财经》	江苏盐城：麋鹿种群数量壮大 黄海湿地迎来越冬丹顶鹤
中央广播电视总台《天下财经》	江苏盐城：新鲜蔬菜驰援上海 助力保供
中央广播电视总台《天下财经》	江苏盐城：北斗导航助力水稻制种插秧
中央广播电视总台《正点财经》	江苏盐城：全力保障上海"菜篮子"
中央广播电视总台《正点财经》	江苏盐城：三夏时节 春茧迎来收获季
中央广播电视总台《正点财经》	江苏盐城：开辟"绿色通道" 助力蟹苗销售
中央广播电视总台《经济信息联播》	江苏盐城：海事部门登船检查 排除安全隐患

续表59

媒　体	新 闻 标 题
中央广播电视总台《经济信息联播》	国产风力发电机踏上出海之旅
中央广播电视总台《经济信息联播》	江苏盐城：野生丹顶鹤“先头部队”抵达
中央广播电视总台《中国新闻》	江苏盐城：舞龙舞狮闹新春 民俗活动年味浓
中央广播电视总台《中国新闻》	江苏盐城：特色集体婚礼 别样浪漫“七夕”
中央广播电视总台《中国新闻》	江苏盐城：数百只鸬鹚齐捕鱼
中央广播电视总台《中国新闻》	江苏盐城：海水稻亩产量创新高
中央广播电视总台特别直播	大美中国 候鸟北归
中央广播电视总台特别直播	江苏盐城：全球最大液化天然气储罐成功升顶
中央广播电视总台《远方的家》	盐城：黄海西岸的生态家园
中央广播电视总台《远方的家》	仙鹤家园 活力盐城
中央广播电视总台《远方的家》	黄海之滨 麋鹿之乡
中央广播电视总台《远方的家》	黄海之滨话滨海
中央广播电视总台《国家记忆》	麋鹿归来 放归自然
中央广播电视总台《国家记忆》	麋鹿归来 复兴种群
中央广播电视总台《中国缘》	郁金香情缘
中央广播电视总台《地理·中国》	神奇的潮汐树
中央广播电视总台《地理·中国》	滩涂中的秘密
中央广播电视总台《地理·中国》	寻奇潮间带
中央广播电视总台《跟着书本去旅行》	走进盐城——盐利之争（上）
中央广播电视总台《跟着书本去旅行》	走进盐城——盐利之争（下）
中央广播电视总台《跟着书本去旅行》	走进盐城——奇境守望（上）
中央广播电视总台《跟着书本去旅行》	走进盐城——奇境守望（下）
中央广播电视总台《跟着书本去旅行》	走进盐城——守护迁徙鸟
中央广播电视总台《探索·发现》	东闸新村汉墓
中央广播电视总台九套	看冬天一又见火烈鸟
中央广播电视总台九套	荷兰大叔的中国梦
中央广播电视总台九套	大美中国 江苏的夏天
《新华每日电讯》	盐城：“新种粮大军”把种粮当“金饭碗”
《新华每日电讯》	盐城：守护绿色湿地，发展绿色能源
《新华每日电讯》	盐城：473 亿元新项目签约，谱写中韩合作新篇章
《新华每日电讯》	江苏盐城：推进政协协商赋能基层治理
《新华每日电讯》	守护长三角“绿心”
《新华每日电讯》	世遗保护与经济发展的“盐城答卷”愈发精彩
《新华每日电讯》	在世界最大丹顶鹤越冬地看见美丽中国
《新华每日电讯》	江苏建湖：提升产业“含绿量”，做足“水文章”
《新华每日电讯》	江苏阜宁警方：用“辛苦指数”换取“平安指数”
《新华每日电讯》	江苏响水：“助力微梦”呵护好“一老一小”

续表59

媒　　体	新　闻　标　题
《新华每日电讯》	江苏大丰：厚植生态底蕴，推动绿色高质量发展
《经济参考报》	江苏盐城吸引近千家韩资企业
《参考消息》	盐城黄海湿地案例启迪世界
《参考消息》	一位英国候鸟专家的中国情缘
《参考消息》	在中国发光发热的外籍“劳模”
《参考消息》	“中国国际传播影响力”领先城市名单
《参考消息》	中国城市国际传播优秀案例展示
《光明日报》	江苏：“勇挑大梁”奋进新征程
《光明日报》	传承红色基因 致敬革命英烈
《光明日报》	“绿”风劲吹盐阜大地
《光明日报》	推动产业结构调高调绿调优
《光明日报》	黄海之滨 万鸟翔集
《光明日报》	全球滨海论坛在江苏盐城举办
《光明日报》	山魂海韵中的盐城史诗
《光明日报》	书香萦绕在乡土中国
《光明日报》	江苏射阳：政务服务变思路 惠企便民再提速
《光明日报》	盐城市大丰区图书馆：一道美景 一抹书香
《光明日报》	盐城师范学院：文化浸润青春心灵
《经济日报》	绿色电能海上来
《经济日报》	新发展理念贯穿发展全过程
《经济日报》	用新的伟大奋斗创造新的辉煌
《经济日报》	储气设施建设加速跑
《经济日报》	美丽江苏图景充分展现
《经济日报》	金融助力端稳“中国饭碗”
《经济日报》	绘就江苏“强富美高”鲜亮底色
新华社客户端	新华全媒+|大美湿地城市 1盐城
新华社客户端	新华全媒+|江苏盐城：湿地珍禽守护人
新华社客户端	瞭望|“小田”变“大田”思想观念如何通?
新华社客户端	江苏盐城：中韩贸易投资博览会搭建经贸交流平台
新华社客户端	第四届中韩贸易投资博览会在盐城开幕
新华社客户端	江苏盐城：多方合力促进湿地保护
新华社客户端	“国际湿地 沿海绿城”2022 中外媒体盐城行启动
新华社客户端	绿色制造智转数改，绿色能源链式集聚
新华社客户端	擦亮生态世遗品牌，展现城市发展活力
新华社客户端	让世界看到世遗保护与经济发展的“盐城力量”
新华网	盐城市文化和旅游产业发展大会召开
新华网	大美湿地城市|盐城
新华网	江苏盐城：展现“国际湿地、沿海绿城”魅力活力

续表59

媒　体	新 闻 标 题
新华网	盐城大丰：遇见五彩斑斓的“野鹿荡”
人民网	江苏盐城：坐拥“海绿”生态优势 书写出海门户篇章
人民网	盐城文旅产业发展大会举行
人民网	全球滨海论坛在江苏盐城举办
人民网	江苏盐城：助企纾困“及时雨” 提振信心促发展
央视网	江苏盐城在瑞士日内瓦获颁“国际湿地城市”证书
央视网	中外媒体江苏盐城探“绿”之行
央广网	盐城：聚焦世遗建廊道 培植产业向未来
央广网	“国际湿地 沿海绿城” 盐城：绿能涌动 绿意盎然
央广网	16标箱援沪农副产品专列从盐城发出
中国新闻社	江苏盐城赋能文旅产业高质量发展
中国新闻社	全球滨海论坛在江苏盐城举行
中国新闻社	全球滨海论坛：盐城何以语“滨”？
中国新闻社	中外媒体江苏盐城探“绿”：黄海之滨美得令人陶醉
中国新闻社	中国规模最大液化天然气储备基地在江苏盐城投产
中国新闻社	江苏盐城粮食产量连续7年超140亿斤
新华社全球连线	畅通合作，共赢未来：韩国友人筑梦江苏盐城
新华社全球连线	盐城湿地：鸟类的天堂
新华社全球连线	中国国际湿地城市一瞥
新华社全球连线	韩国企业家抓住中国东部的机遇
新华网韩语频道	第四届中韩贸易投资博览会18日在江苏盐城开幕
人民网葡萄牙语频道	条子泥湿地壮观的景象
人民网葡萄牙语频道	中国东部建造了三个巨大的液化天然气储罐
中国国际电视台	中国：野生动物家园
中国国际电视台	候鸟的旅行：丹顶鹤的爱，温暖盐城的冬!
中国国际电视台	黄海湿地成为候鸟的海岸游乐场
中国国际电视台	野生丹顶鹤“先头部队”抵达江苏盐城
《中国日报》	麋鹿在江苏大丰自然保护区繁衍生息
《中国日报》	中外媒体走进盐城 见证产业发展 体验生态建设
《中国日报》	中国海油盐城“绿能港”6座天然气储罐成功升顶
中国人大网	盐城人大：突出“三化三导向” 推动立法创新发展
中国人大网	以政治建设为统领 践行全过程人民民主的“盐城实践”
《人民政协报》	盐城市政协探索委员联系服务界别群众新路径
《人民政协报》	飞入寻常百姓家——东台市宣讲党的创新理论小记
《人民政协报》	幸福河湖擘画“水韵盐城”新图景
《中国纪检监察报》	火红的“盐蒿草”
《中国纪检监察报》	绿色发展的“碳路先锋”

续表59

媒　体	新　闻　标　题
《中国纪检监察报》	做好送上门的群众工作
《中国组织人事报》	江苏盐城全覆盖建立党支部工作联系点
《中国组织人事报》	江苏盐城发布“1+7”人才政策体系
《组织人事报》	江苏盐城：“小制度”产生“大效应”
《法治日报》	盐城政法机关“1+4”解决企业急难愁盼
《法治日报》	“大铜马”下，平安铁军“四个街面化”
《法治日报》	孙益海：单腿拄拐的全国特级优秀人民警察
《法治日报》	东台法院打好司法权制约监督“组合拳”
《中国国防报》	盐城市廉洁征兵纳入党风廉政建设巡察
《中国民兵》	动员保障续写新篇
《人民公安报》	盐城智慧水警夯实水域管控根基
《人民公安报》	盐城亭湖践行“100+1”服务理念
《人民公安报》	射阳：“智慧海防”筑牢沿海平安屏障
《人民公安报》	滨海：矛盾纠纷98.6%调结 重复警情下降36.7%
《人民法院报》	盐城：执行赶考路上活用三个“辩证法”
《人民法院报》	三千里外，保全两架直升机
《人民法院报》	追梦不止步
《检察日报》	检察蓝＋海警绿 共护海上安全线
《检察日报》	多维构建未成年人司法保护综合体系
《检察日报》	给孩子上下学加筑安全屏障
《工人日报》	江苏盐城：劳模工匠领讲“开学第一课”
《工人日报》	滨海做实镇（区、街道）工会主席全职化
《工人日报》	阜宁县总从地位、权益、生活、技能四方面给予关爱
《中国青年报》	守护丹顶鹤
《中国青年报》	“上古瑞兽”归国成长记
《中国青年报》	这里的年轻人敢对婚俗陋习“说不”
《中国青年报》	孙益海：用一条腿撑起百姓祥和天
《中国绿色时报》	2023年全球滨海论坛将在中国盐城举办
《中国绿色时报》	盐城黄海湿地举行国际摄影大赛
《中国县域经济报》	携手共建 齐护滨海一全球滨海论坛侧记
《中国县域经济报》	向海图强
《中国县域经济报》	“国际湿地”书写绿色传奇
《新华日报》	盐城：奋楫争先，黄海之滨起宏图
《新华日报》	盐城：发力“一体化”，建设长三角“金北翼”
《新华日报》	黄海之滨，项目建设春潮澎湃
《新华日报》	盐城：高效履职扛起人大新使命
《新华日报》	盐城厚植绿色发展新优势

续表59

媒 体	新 闻 标 题
《新华日报》	盐城发力“三件大事”稳经济
《新华日报》	盐城加快构建现代化交通运输体系
《新华日报》	中韩（盐城）产业园设立五周年
《新华日报》	盐城夯实绿色本底竞逐新赛道
《新华日报》	锚定“双战双赢”，盐城按下“加速键”
《新华日报》	勇当沿海地区高质量发展排头兵
《新华日报》	盐城：生态财富再添国际名片
《新华日报》	盐城加快建设绿色低碳发展示范区
《新华日报》	盐城：高效服务全力稳住经济大盘
《新华日报》	盐城：把实事办到群众的心坎上
《新华日报》	四个“绿色盐城”竞逐低碳新赛道
《新华日报》	盐城在更大坐标系中绘出人才同心圆
《新华日报》	战鼓擂响，盐城特色优势产业蓄势待发
《新华日报》	他的最后一个背影，疲惫却坚定
《新华日报》	锻造“好公安”队伍 书写“很平安”答卷
《新华日报》	盐城警方助企便民“送清凉”
《新华日报》	盐城：东方湿地之都实至名归
《新华日报》	盐城国际生态朋友圈聚共识
《新华日报》	盐城发出文旅合作“邀请函”
《新华日报》	盐城市委政法委首获“平安中国建设先进集体”称号
《新华日报》	盐城打造数字经济创新发展新高地
《新华日报》	首笔湿地修复蓝色碳汇贷款落地盐城
《新华日报》	盐城“绿能港”给“气墩墩”戴上“帽子”
《新华日报》	稳岗增效，盐城打好复工复产“组合拳”
《新华日报》	盐城启动新一轮农房改善五年专项行动
《新华日报》	盐城今年列省重大项目已全部开工
《新华日报》	建设开新局，盐城虎虎“项”前冲
《新华日报》	盐城以工业大突破推动大发展
《新华日报》	盐城：跨越赶超，开创现代化建设新局面
《新华日报》	盐城：扛起大市担当，擦亮农业名片
《新华日报》	东台黄海森林公园6.8万亩林海的传奇故事
《新华日报》	东台“四力”齐发淬炼经济韧性
《新华日报》	建湖：做好助企纾困“加减法”
《新华日报》	建湖县新能源产业再添新动能
《新华日报》	射阳竞逐低碳发展新赛道
《新华日报》	射阳变“民生账单”为“幸福清单”
《新华日报》	阜宁优势“雁阵集群”蓄势崛起

续表59

媒　　体	新　闻　标　题
《新华日报》	阜宁打造50项群众性主题宣教活动
《新华日报》	滨海扛起“北部隆起”使命
《新华日报》	60亿锂电项目落户滨海的背后故事
《新华日报》	逐梦深蓝 响水勇当排头兵
《新华日报》	响水春耕田园色彩斑斓
《新华日报》	海上“丰”起，唱响“春天的故事”
《新华日报》	借梯登高，打造长三角的“金大丰”
《新华日报》	追高求新，盐都“科创森林”枝繁叶茂
《新华日报》	盐都“网事”创新基层社会治理
《新华日报》	亭湖解锁产业发展新密码
《新华日报》	亭湖：打造更有幸福质感的新城区
《新华日报》	盐城经开区推进重大项目成为发展增长极
《新华日报》	盐城推进地标性产业链建设
《新华日报》	盐南高新区打造“科创之核”
《新华日报》	盐南高新区：构筑主城功能辐射的“桥头堡”
江苏卫视	我省举行“坚持生态优先绿色发展”理论研讨会
江苏卫视	为推进绿色发展多作盐城贡献
江苏卫视	高举伟大旗帜 谱写崭新篇章
江苏卫视	盐城：在绿色转型新赛道上跨越赶超
江苏卫视	盐城：澎湃“绿”动能 绘就新“蓝”图
江苏卫视	盐城：拥抱“双碳”不负“风光”
江苏卫视	盐城：用“党员红”守护群众的“健康绿”
江苏卫视	盐城：承载乡愁 老饭店成为“新名片”
江苏卫视	盐城：超高功率光伏组件下线
江苏卫视	研发创新 保持产业集群优势
江苏卫视	勇挑大梁 坚定不移推动高质量发展
江苏卫视	盐城获颁国际湿地城市
江苏卫视	全球滨海论坛在盐城举行
江苏卫视	中韩贸易投资博览会在盐城开幕
江苏卫视	中国盐城·第十二届沿海发展人才峰会举行
江苏卫视	中国海油盐城“绿能港”投产
江苏卫视	第九届“创青春”中国青年创新创业大赛启动
江苏卫视	宁盐联络线正式开通 南京盐城高铁两小时直达
江苏卫视	“Go Jiangsu”活动走进盐城大丰
《现代快报》	勇当“碳路先锋”，向海向绿赢未来
《现代快报》	盐城：建设人民满意的幸福之城
《现代快报》	“一个真实的故事”还在这里延续

续表59

媒　体	新　闻　标　题
《现代快报》	文旅融合激荡浓浓家国情怀
《现代快报》	众摄影家与两万余株盛梅“抢镜”争春
《扬子晚报》	盐城：坚定绿色低碳发展 争先进位勇当排头兵
《扬子晚报》	东台：“点绿成金”勇当高质量发展领头雁
《扬子晚报》	阜宁：奋力描绘“阜明水秀、物阜民宁”现代化崭新画卷
《扬子晚报》	盐都：绘就绿色低碳发展新画卷
《扬子晚报》	盐南高新区：河湖“秋波” 涤荡幸福城居
中国江苏网	盐城文旅产业发展大会 构建世界级滨海生态旅游廊道
中国江苏网	盐城发力“三件大事”稳经济
中国江苏网	盐城今年列省重大项目已全部开工
中国江苏网	江苏盐城：大力发展乡村旅游 描绘美丽乡村新画卷
中国江苏网	E路守鹤|鹤子回家！ 盐城今年首次监测到越冬丹顶鹤
荔枝网	盐城文旅产业释放蓬勃发展新动能
荔枝网	全球滨海论坛在盐城开幕
荔枝网	我国规模最大液化天然气储备基地在盐城投产
荔枝网	盐城：《反诈教材》筑牢青少年反诈“防火墙”
荔枝网	“鹿王争霸”直播！全景展示麋鹿生存状态
《解放日报》	一见倾心，满“盐”是你
《解放日报》	盐城经开区：高水平打造中韩合作示范区
《解放日报》	江苏经济高质量发展关键变量为何在沿海
《解放日报》	“输血”变成“造血” 盐城为湿地建银行
《解放日报》	候鸟栖息地打造盐城“金名片”
《解放日报》	盐城演艺新空间 嵌入寻常百姓家
《解放日报》	盐城好“风光”
《文汇报》	湿地之都，一见倾心，满“盐”是你
《文汇报》	“魅力盐城” 全城有戏
《文汇报》	加速构建全球滨海生态保护“朋友圈”
《文汇报》	江苏盐城等七城最新入选
《新民晚报》	在“东方湿地之都” 探寻盐城生态之美
《新民晚报》	盐城连续十二年举办沿海发展人才峰会
《新民晚报》	“魅力盐城” 全城有戏
《新民晚报》	1.1万幅摄影作品展现盐城黄海湿地独特风貌
《新民晚报》	盐城凝聚保护滨海湿地全球共识
《新民晚报》	2023全球滨海论坛将在盐城举办
《新民晚报》	盐城加速引人国际贸易投资集聚主导产业
《新民晚报》	全球首次！三座最大液化天然气储罐同步升顶
《新民晚报》	盐城再添一张耀眼生态名片

续表59

媒　体	新　闻　标　题
《新民晚报》	盐城打造世界级滨海生态旅游廊道
《新民晚报》	盐城新能源产业蓄力助“双碳”
东方卫视	江苏盐城：保供不断档 驰援上海“菜篮子”
东方卫视	江苏盐城：6座世界最大液化天然气储罐完成拱顶模块吊装
东方卫视	宁盐联络线正式开通 南京盐城高铁两小时直达
东方卫视	江苏盐城：科技光影秀为祖国庆生
东方卫视	江苏盐城：伏季休渔结束 百船竞发忙出海
东方卫视	江苏盐城：国内规模最大液化天然气储备基地投产
东方卫视	江苏盐城：国产汽车出口新通道开启直达南非德班
东方卫视	江苏盐城：“无人化救援”水上智能救生系统亮相
上观新闻	明明产业都在盐城，却叫“长三角基地”
上观新闻	盐城蔬菜包直送上海居民区
上观新闻	盐城有车，还有“风光”
上观新闻	盐城打造“韩国街”
上观新闻	盐城是绿色的
上观新闻	盐城有气
《文汇报》客户端	盐城：探寻世遗保护与经济发展“最优解”
《文汇报》客户端	盐城：以独特湿地之美，从沿海走向世界
《文汇报》客户端	守“沪”“菜篮子” 盐城“蔬菜包”来了
《文汇报》客户端	盐城荣获“国际湿地城市”称号
《文汇报》客户端	国内规模最大的液化天然气储备基地在盐城启用
《文汇报》客户端	黄海之滨，崛起绿色能源的“风光之城”
《新民晚报》客户端	盐城扩大生态领域“国际朋友圈”
《新民晚报》客户端	盐城与韩国起亚签署投资协议
《新民晚报》客户端	盐城首批4万份蔬菜包驰援上海
《新民晚报》客户端	盐城全力保供上海“菜篮子”“米袋子”
《新民晚报》客户端	再添世界级名片！盐城荣获“国际湿地城市”称号
《新民晚报》客户端	中外媒体走进盐城
澎湃新闻	全球滨海论坛聚焦生态保育
澎湃新闻	国内在建最大LNG储备基地运输大动脉疏通
澎湃新闻	盐城援沪农副产品专列抵达上海
澎湃新闻	江苏首趟援沪农副产品专列来了：发自盐城
澎湃新闻	“鸟中大熊猫”为何在这里度假：盐城准备了“五星级酒店”
澎湃新闻	通威组件进击：40亿元投建25Gw盐城基地
《凤凰周刊》	盐城：绿色低碳先行
《大公报》	中韩贸易投资博览会 签约473亿
《欧洲时报》	盐城：绽放“国际湿地、沿海绿城”魅力活力

续表59

媒　　体	新　闻　标　题
《俄罗斯龙报》	沐光向海 大美鹤乡
《俄罗斯龙报》	黄海林工的坚守："守着森林就像守着自己的孩子"
《加中时报》	东台巴斗村：吃"巴斗饭"的小渔村端上"生态金饭碗"
《中央日报》	江苏盐城："国际湿地、沿海绿城"展新姿
《中央日报》	盐城是韩国人的"第二故乡"
《今日亚洲》	盐城文化与韩流相遇，诞生新热点
《韩国易得财经》	中国通过出口控制电动汽车生产和内需
韩联社	在盐城举行的中韩贸易投资博览会强调合作共赢

统计资料

表60　2022年盐城市行政区划、人口及土地面积情况统计表

指　　标	计量单位	全市	亭湖区	盐都区	大丰区	响水县	滨海县	阜宁县	射阳县	建湖县	东台市
镇	个	95	5	8	11	8	11	13	13	11	14
街道办事处	个	30	8	4	2	0	3	4	0	3	0
村民委员会	个	1759	91	164	208	100	261	247	151	199	308
居民委员会	个	640	87	86	60	52	39	92	87	49	43
行政区域土地面积	平方千米	17718	790	1016	3488	1470	1921	1439	2573	1157	3558
年末总户数	万户	267.71	24.03	23.82	26.06	16.82	35.24	34.36	30.16	27.44	37.93
年末总人口	万人	796.80	67.33	69.58	68.73	60.72	118.12	107.25	91.52	74.05	104.08
男性人口	万人	410.98	34.11	36.25	34.33	32.12	62.34	56.28	47.00	38.18	52.43
女性人口	万人	385.82	33.22	33.32	34.40	28.60	55.78	50.97	44.52	35.87	51.66
农村人口	万人	286.62	12.12	22.35	22.95	25.56	52.01	45.93	38.98	26.80	36.01
城镇人口	万人	510.17	55.21	47.22	45.77	35.16	66.12	61.31	52.54	47.25	68.07
年平均人口	万人	800.32	27.61	23.61	22.89	17.58	33.06	30.66	26.27	23.63	34.04
当年出生人口	人	32517	3017	2974	2390	3181	5366	4235	3234	2449	3386
出生率（‰）	—	4.06	4.44	4.30	3.48	5.25	4.55	3.89	3.48	3.22	3.25
当年死亡人口	人	69446	5167	6218	6895	4432	8361	8932	8285	6917	12381
死亡率（‰）	—	8.67	7.70	8.88	9.99	7.22	7.08	8.25	9.02	9.26	11.84
自然增长人数	人	−36929	−2150	−3244	−4505	−1251	−2995	−4697	−5051	−4468	−8995
自然增长率（‰）	—	−4.61	−3.26	−4.58	−6.51	−1.97	−2.53	−4.36	−5.54	−6.04	−8.59
迁入人数	人	25698	1190	833	723	5917	1304	1092	1492	2659	9049
迁出人数	人	62658	3305	2874	2402	9143	7728	8044	5616	7839	13895

表61　2022年盐城市国民经济主要指标情况统计表

指　　标	计量单位	全市	亭湖区	盐都区	大丰区	响水县	滨海县	阜宁县	射阳县	建湖县	东台市
一、地区生产总值（当年价格）	亿元	7079.78	669.51	714.81	816.63	480.55	605.93	700.17	709.67	710.40	1050.52
第一产业	亿元	793.81	38.81	62.88	121.22	63.66	82.89	82.57	118.14	60.83	157.35
第二产业	亿元	2927.78	251.90	321.64	279.94	222.28	244.66	293.23	260.51	302.96	381.65
第三产业	亿元	3358.20	378.79	330.29	415.48	194.60	278.39	324.37	331.02	346.61	511.52
二、规模以上工业主要指标											
工业总产值	亿元	7197.21	473.45	467.26	1280.28	1207.51	324.69	454.50	539.56	512.43	901.18
利润总额	亿元	444.56	17.18	27.47	97.99	111.84	17.82	33.75	40.37	42.21	74.57
三、农业总产值及主要产品产量											
农林牧渔业总产值（当年价格）	亿元	1415.20	69.32	104.31	214.69	116.00	147.31	144.86	213.91	104.12	290.82
粮食产量	万吨	715.81	25.49	47.12	91.60	59.99	98.99	95.96	114.14	71.46	102.51
棉花产量	吨	125.98	0.22	—	25.10	—	—	—	5.32	—	94.72
油料产量	万吨	14.01	0.62	0.64	2.67	1.15	1.51	1.12	1.53	1.35	3.24
四、固定资产投资增速	—	9.40%	9.10%	10.00%	15.20%	1.00%	17.00%	10.80%	7.50%	15.90%	11.20%
五、社会消费品零售总额	亿元	2700.59	283.96	272.79	253.90	128.20	264.53	284.38	278.90	239.68	308.42
六、进出口总额	亿美元	206.38	22.41	14.28	45.46	10.40	12.27	9.13	12.04	6.78	15.20
七、注册外资实际到账	亿美元	11.83	0.66	0.40	1.20	0.13	0.44	1.23	1.05	0.24	0.48
八、一般公共预算收入	亿元	453.26	45.32	42.82	58.16	25.35	28.96	30.50	30.76	37.65	60.60
一般公共预算支出	亿元	1093.91	57.01	90.77	113.82	70.06	110.75	100.83	101.24	115.49	139.81
九、年末金融机构各项存款余额	亿元	9870.57	—	—	1193.51	370.93	692.52	759.87	803.03	783.73	1406.43
住户存款	亿元	5653.21	—	—	732.90	242.97	444.07	558.78	600.94	561.21	1002.78
年末金融机构各项贷款余额	亿元	9586.97	—	—	1131.43	377.61	659.58	505.90	711.08	603.19	992.21
十、人民生活											
城镇常住居民人均可支配收入	元	45896	54501	49567	46523	37918	39873	38309	40332	44542	49049
农村常住居民人均可支配收入	元	27794	31956	30387	31297	23686	24203	24921	26752	27478	31758

表62　2022年江苏省辖市国民经济主要指标情况统计表

指　　标	南京市	无锡市	徐州市	常州市	苏州市	南通市	连云港市	淮安市	盐城市	扬州市	镇江市	泰州市	宿迁市
年末总人口（万人）	739.36	519.01	1031.90	389.21	774.73	746.69	531.41	551.11	796.80	448.46	266.86	488.43	588.03
地区生产总值（当年价格）（亿元）	16907.85	14850.82	8457.84	9550.06	23958.34	11379.60	4005.03	4742.42	7079.78	7104.98	5017.04	6401.77	4111.98
第一产业增加值（亿元）	315.56	133.65	771.89	172.36	192.98	510.04	424.23	445.42	793.81	326.62	163.87	334.41	374.55

续表62

指标	南京市	无锡市	徐州市	常州市	苏州市	南通市	连云港市	淮安市	盐城市	扬州市	镇江市	泰州市	宿迁市
第二产业增加值（亿元）	6069.64	7177.39	3593.22	4664.47	11521.41	5611.06	1814.25	2011.90	2927.78	3470.02	2471.61	3158.01	1843.98
第三产业增加值（亿元）	10522.65	7539.78	4092.73	4713.23	12243.95	5258.50	1766.55	2285.10	3358.20	3308.34	2381.56	2909.35	1893.45
规模以上工业营业收入（亿元）	16046.06	22666.56	6292.94	16499.88	44769.82	12015.53	4018.36	3358.90	7985.55	6752.27	5309.64	7792.25	4107.07
规模以上工业营业成本（亿元）	13504.63	19452.69	5217.92	14236.74	38561.39	10227.02	3210.25	2739.04	6950.58	5853.33	4608.20	6324.64	3435.92
规模以上工业利润总额（亿元）	825.91	1460.33	360.56	939.73	2383.90	740.89	301.16	189.84	444.56	262.48	239.55	551.88	344.84
工业用电量（亿千瓦小时）	355.25	600.40	249.20	456.39	1213.31	388.12	159.52	149.86	293.99	200.15	211.30	254.53	182.33
固定资产投资增速	3.50%	2.20%	3.00%	2.20%	1.50%	-2.90%	1.50%	9.70%	9.40%	10.00%	0.10%	9.40%	9.50%
社会消费品零售总额（亿元）	7832.41	3337.60	4102.73	2856.16	9010.71	3956.87	1197.69	1820.19	2700.59	1518.91	1364.02	1588.36	1465.89
进出口总额（亿美元）	943.05	1106.52	193.30	484.97	3866.02	549.84	161.16	64.30	206.38	165.74	156.15	196.18	83.93
#出口总额（亿美元）	573.22	727.88	166.36	376.71	2324.22	353.10	59.94	48.27	138.94	130.98	116.41	134.46	75.44
注册外资实际到账（亿美元）	48.50	38.26	12.24	28.31	74.18	29.52	7.80	10.18	11.83	15.35	5.68	11.39	11.76
一般公共预算收入（亿元）	1558.21	1133.38	517.43	631.78	2329.18	613.00	212.81	300.08	453.26	325.49	303.96	416.65	271.78
金融机构存款余款（亿元）	48372.91	23613.48	10553.62	15438.33	44500.47	17993.40	5223.01	5801.78	9870.57	8903.02	7344.33	9623.68	4986.59
#住户存款（亿元）	13078.05	9929.26	5902.71	6916.66	16723.66	10648.19	2467.54	2840.98	5653.21	5006.37	3679.81	4941.56	2373.56
金融机构贷款余额（亿元）	48201.43	19562.10	9338.85	13777.88	45247.30	16007.07	6004.64	6446.90	9586.97	8115.69	7921.03	8579.05	5136.62
城镇常住居民人均可支配收入（元）	76643	73332	42610	68578	79537	59605	41282	46041	45896	53673	61552	56576	36756
农村常住居民人均可支配收入（元）	34664	41934	25210	37852	43785	30819	22667	23404	27794	29332	33129	29417	23058

索　　引

编辑　曹懿超

说　明

1.本索引采用主题分析法编制，按标引词第一字汉语拼音字母顺序排列，同音字按声调排列，音调相同按下一字的音序排列。

2.类目、分目标题用小5号黑体字标示，正文所作款目，全部用小5号宋体字标示。

3.标引词后的数字表示内容所在页码，数字后的字母a、b、c分别表示一、二、三栏。

4.本索引编有二级索引，放在主款目下行缩一字排；部分款目在索引中重复出现。

A

B

C

D

E

F

G

M

N

Q

R

S

Y

Z

《盐城年鉴（2023）》审稿人员

（按姓氏笔画为序）

丁桂林	于云村	马正华	马晋苏	王从香	王书亚	王　号	王　宁
王　旭	王军华	王　政	王　勇	王峻峰	王鸿章	王海燕	卞建霞
卞　浩	卞继红	尹　跃	邓　洋	孔令舟	左文荷	申　森	田海波
朱卫东	朱王卫	朱红江	朱素云	朱海龙	朱　超	刘从万	刘永红
刘　军	刘　彬	刘　源	许根林	纪家中	孙卫红	孙玉玺	孙秀春
孙　逊	杜鸿儒	杨小进	杨书琴	李　杰	李晓东	李晓奇	李　鹏
束秀玉	肖乐农	吴　江	吴启标	吴其凯	吴柏林	吴海龙	吴　遥
余云娟	邹　进	沈　文	沈海澄	沈巍昆	宋龙云	张乃文	张东东
张志刚	张步胜	张炜炜	张建云	张　荣	张荣荣	张树忠	张晓东
张　海	张琍琍	张德凯	陆文忠	陈　凡	陈正华	陈必芳	陈亚红
陈伟峰	陈　军	陈志洲	陈苏宁	陈欣彦	陈宝田	陈建华	陈铁汉
陈　翊	陈　雯	陈湘珍	陈　霞	武正华	林　彬	杭　璐	郁怀峰
侍学兵	侍晓红	侍　群	周　卫	周　宏	周　劲	周晓东	郑英舜
郑荣文	郑荣东	孟　林	赵宇驰	赵宏志	荀以宏	胡　勇	柏明超
俞全胜	姜菊萍	洪家宁	胥爱华	胥晨霞	姚　刚	袁　溥	顾　飞
顾晔明	铁春燕	徐龙波	徐汉林	徐华栋	徐金珠	徐春凝	徐维林
徐　森	徐慕华	高卫芝	高清华	郭本凯	郭　红	黄传耀	黄兴港
黄　亮	黄壁荣	常　青	章小健	葛启发	蒋　斌	程　宁	程　欣
傅秀军	谢　纬	蔡　勇	翟怀兵	颜之博	颜东平	潘　晓	薛万昌
戴红光	戴　勇	戴舒婷	瞿才新	瞿建权			

《盐城年鉴（2023）》撰稿人员

（按姓氏笔画为序）

丁介玉	丁德富	王　子	王　玉	王永红	王亚云	王　刚	王　坤
王春明	王　盼	王　俊	王洁如	王洁如	王　莹	王　悦	王宽存
王宵宵	王　晨	王琦玥	王靓楠	王　辉	王　瑶	王　蕙	尤晶晶
方　亮	邓洪卫	史小奇	冯　钰	成先华	吕景林	朱炜健	朱栋才
朱昭元	华　娟	刘　昌	刘　星	刘　洋	刘莹莹	刘晓曼	刘爱武
刘　菲	闫　超	祁靖川	许寅生	孙成淼	孙宏军	孙岩钢	孙　波
孙　绘	孙海余	杨天琦	杨佳丽	杨　超	杨惠媛	杨雯莉	杨　毅
杨鑫仪	李　旭	李　俊	李家辉	李　雪	李新峰	李群龙	束东升
肖立春	肖　亚	肖景元	吴才保	吴　昊	吴恒广	吴　莉	吴莹莹
吴　烨	何求金	余卫兵	余　佳	邹湘彬	沈亚军	沈碧云	宋孝锋
张龙飞	张永涛	张　扬	张荣峰	张海林	张　晶	张　静	张　磊
陆　伟	陈　伟	陈旭东	陈　军	陈志伟	陈启伟	陈尚伟	陈　怡
陈荣鑫	陈　艳	陈晓明	陈　健	陈　萌	陈　晨	邵　玉	罗　东
季　明	季琳琳	季　鹏	金　一	金青宇	金重庆	周广杰	周玉香
周本东	周　苏	周星辰	周昭然	周　洁	周晓键	周　峰	郑步祥
单发令	居益龙	郝龙冬	荣海勇	胡中耕	柏天奇	俞　亮	施凯杰
祝春燕	姚　慧	骆　瑶	秦　雨	袁万龙	袁小成	袁　泉	桂　杰
夏智勇	晏子扬	倪　侃	倪梦莹	皋古平	徐　凤	徐迎东	高文超
高旭芹	高　梅	高　梅	唐修祥	唐　颖	黄大海	梅丹嵘	曹征雷
曹敏智	戚宏健	崔　伟	崔红虹	崔　健	梁　蓉	葛　潇	董　雪
董维山	韩　奎	韩炳泉	曾呈昊	谢　冰	甄玄玄	蔡松杰	蔡金峰
臧滨城	裴银川	颜婷婷	潘志飞	薛丹丹	薛传刚	薛春雨	薛　港
戴一宁	戴万林	戴书伟	戴宏娟				